KB265567

한국 고대사 속의 가야

한국 고대사 속의 가야

한국 고대사 속의 가야

부산대학교 한국민족문화연구소 편

혜안

간 행 사

    이 책은 가야사정책연구위원회가 1999년도 사업으로 수행한 문헌 중심의 가야사 연구논문을 '한국 고대사 속의 가야'라는 이름으로 묶은 것이다.
    가야사정책연구위원회는 현재까지 축적되어 온 가야사의 연구성과를 종합·정리하여 가야사 연구를 진작시키고, 가야지역의 각종 문화유산을 연구자와 일반 시민들이 쉽게 접근하여 활용할 수 있도록 그 토대를 마련하기 위해 만들어진 조직이다. 이런 활동을 통해 신라 및 백제문화권에 이어서 가야문화권 정비를 위한 학술적 근거를 제공함은 물론, 가야사의 문헌학적, 고고학적인 심층적 연구를 통해 한국 고대사의 재구성에 이바지하는 사업을 수행하고 있다.
    국내외 가야사 관련 전공학자로 구성된 본 위원회는, 이미 완료된 1998년도의 '가야사연구 및 교육에 대한 정책연구' 외에 2000년도의 '가야 각국사의 재구성' 심포지움 개최와 그 성과의 집성사업도 완료한 바가 있는데, 문헌 중심의 본 연구논문집은 우리위원회 1999년도 사업의 마무리 편이다.
    여기에 실린 개별 연구논문의 제목은 한국 고대사 속에서 가야의 위상을 찾는다는 큰 주제 아래 선정하였다. 우선 가야사의 연구사 검토, 가야의 성립과 발전, 대외교섭과 경제, 사회상, 자료화 방안 등 5개의 주제별 연구목적을 설정한 후 이를 달성하는 데 필요하다고 생각되는 연구과제를 2~4개씩 만들어 최종적으로 확정하는 방법으로 하였다. 연구과제의 선정은 가급적 가야사 전 분야에 걸쳐 그 맥락을 짚을 수 있고 문헌 중심의 가야사 연구현황도 파악할 수 있는 것으로 하였으며, 아울러 현재의 연구추세에 발맞추어 가야사 자료의 데이터베이스화 및 홈페이지 구축방안에 대한 의견도 제시하였다. 원래는 15편의 연구과제를 계획하였으나, 가야사 연구사의 검토 주제에서 1과제가 빠져 결과적으로 14편의 논문만 실리게 되어 매우 안타깝게 생각한다.

연구자 선정은 국내외 가야사 및 고대사 전공자 가운데 해당 주제의 연구목적을 충분히 달성할 수 있다고 판단되는 연구자를 위원회에서 선정하여 집필을 의뢰하였고, 또 연구결과를 국내외 관련 분야 전문연구자에게 의뢰하여 심사를 거친 후 게재하였다.

이 논문집이 가야사 연구자와 가야사에 관심이 많은 시민들에게 가야사의 맥락과 가야사 연구현황을 쉽게 파악할 수 있는 디딤돌 역할을 하여 가야사의 새로운 이해와 대중화의 밑거름이 되었으면 하는 것이 우리 가야사정책연구위원회의 간절한 바람이다.

좋은 논문을 집필해 주신 연구자 여러분과 심사를 맡아 수고해 주신 심사위원 여러분들께 감사드린다. 또한 이 사업을 흔쾌히 맡아 순조롭게 진행해 주신 부산대학교 한국민족문화연구소 채상식 전 소장님, 이헌홍 현 소장님과 간사인 백승충 교수, 그리고 실무적인 업무를 헌신적으로 추진해 주신 이동찬 선생의 노고를 잊을 수 없다.

끝으로 이 사업을 뒷받침해 주신 교육인적자원부 당국과 가야사정책연구위원회 위원 여러분들께 감사드리고, 출판에 애쓰신 혜안 관계자 여러분들께도 고마움을 전한다.

2001. 10
가야사정책연구위원회
위원장 정 징 원

가야사 연구의 어제와 오늘

노 중 국[*]

1. 머리말

　가야는 고구려·백제·신라처럼 통일왕국을 이루지 못하였고 또 그 성립에서부터 멸망에 이르기까지의 과정을 보여 주는 연대기적 자료가 남아 있지 않다. 그로 말미암아 가야사 연구는 三國史에 대한 연구에 비해 부진을 면하지 못하였다. 더구나 일제시대에 日人연구자들은 倭가 한반도 남부지역을 지배하였다는 이른바 任那日本府說에 입각하여 왜가 가야를 어떻게 지배하였는가를 밝히려는 데 연구의 초점을 맞추었다. 이로 말미암아 가야사는 왜곡될 수밖에 없었다.

　해방 이후 1970년대까지 우리 학계의 가야사에 대한 연구는 일인사학자들의 任那日本府說을 극복하면서 일정한 성과를 거두었다. 그렇지만 그 연구경향은 가야사를 主體로 하기보다는 백제사나 신라사를 설명하는 과정에서 가야사를 논급하는 것이 일반적이었다. 이로 말미암아 가야사는 부수적으로 취급되어 그 역사적 자리매김도 올바로 확보하지 못하게 되었다.

　그러나 1980년대에 들어와 가야 각 지역에서 고고학적 발굴이 활발하게 이루어지고 호화롭고도 다양한 유물들이 출토되면서 가야사에 대한 관심이 크게 고조되었다. 이에 따라 가야사를 연구하는 연구자들의 수도 늘어나게 되고 또 가야사를 주체로 하는 새로운 연구 시각과 방법에 의해 가야

---

* 계명대학교 인문학부 사학전공 교수

사 연구는 활기를 띠게 되었다. 그리하여 가야사를 전문적으로 다룬 많은 연구성과들이 문헌사학과 고고학에서 나오게 되었다.

필자에게 주어진 과제는 일제시대 이후 오늘에 이르기까지 가야사 연구가 어떻게 이루어져 왔고 그 논점이 무엇이었으며, 앞으로 해결해야 할 과제가 무엇인가를 모색해 보는 것이었다. 그러나 일제시대부터 1970년대까지의 연구사는 이미 여러 논저들에서[1] 정리되었기 때문에 여기서는 1980년대 이후의 연구성과들을 전반적으로 개관해 보고 논쟁이 된 사항들이 무엇이며 그것을 해결할 수 있는 방안이 무엇인지를 살펴보기로 한다.

먼저 이 시기에 이루어진 가야사 연구의 경향을 살펴본 후 가야지역에서의 고고학 발굴성과를 지역별로 정리하기로 한다. 다음으로는 가야사의 전개과정에 대한 연구성과를 개관한 후 가야 各國史에 대한 연구성과, 가야의 대외관계사에 대한 연구성과, 임나일본부에 대한 연구성과, 분류사적 관점에서 생활사·신앙·습속·장신구·무기·위세품·마구 등에 대한 연구성과 등을 정리해 보기로 한다. 마지막으로 그 동안 가야사 연구에서 쟁점이 되어 온 몇 가지 사항에 대해 그 요지가 무엇이며 그러한 쟁점을 해결할 수 있는 방안이 무엇인지를 검토해 보기로 한다.

2. 연구경향

1980년대에 와서 가야지역에 대한 고고학 발굴이 활발하게 이루어지고 또 가야사에 대한 기왕의 연구방법이나 태도에 대한 반성이 일어나면서 가야사를 주체로 하고 고고자료와 문헌자료를 다각도로 활용하는 새로운

---

1) 일제시대의 연구경향은 末松保和,『任那興亡史』, 大八洲出版, 1949에 요약·정리되어 있다. 한편 1970년대까지의 가야사에 대한 연구사 정리로는 김현구,『大和政權の對外關係研究』, 吉川弘文館, 1985 ; 김태식,『가야연맹사연구』, 일조각, 1993; 이영식,『加耶諸國と任那日本府』, 吉川弘文館, 1993 ; 백승충,『가야의 지역연맹사연구』, 부산대학교 박사학위논문, 1995 ; 권주현,『가야문화사 연구』, 계명대학교 박사학위논문, 1998 ; 남재우,『안라국의 성장과 대외관계 연구』, 성균관대학교 박사학위논문, 1998 등을 들 수 있다.

연구들이 많이 나오게 되었다. 이러한 연구성과들의 量이 어느 정도였는가
는 加耶史研究論著 목록을2) 보면 쉽게 짐작할 수 있다. 이러한 각종의 연
구논문과 저서에 나타난 연구경향을 정리하면 다음과 같다.

첫째, 종래의 연구가 백제 또는 왜가 가야를 어떻게 지배하였는가에 초
점을 맞춘 대외관계 중심의 연구였던 것에 대해 반성하고 이를 비판적으
로 극복하고자 하였다. 대외관계 중심의 연구는 가야의 활동을 주체로 한
것이 아니라 백제나 신라 또는 왜의 활동을 축으로 하고 이 활동을 설명하
는 과정에서 가야사를 논급하는 것이 일반적이었다. 결과적으로 이러한 연
구는 가야사를 부수적으로 다룬 셈이 된다. 근래의 연구는 이러한 연구경
향을 반성하면서 가야를 주체로 하는 가야사의 전개과정을 파악해 나가려
고 하고 있다. 동시에 가야사를 부수적인 역사가 아니라 한국고대사에서
당당한 한 주체로서의 자리매김을 강조하고 있다.

둘째, 종래의 연구에서는 가야연맹체의 형성·발전 문제와 연맹체를 주
도해 나간 맹주세력의 성장과 교체에 초점이 맞추어졌다. 그리하여 어느
세력이 연맹체의 주도권을 장악하게 되었고 그 주도권이 언제 어떻게 하
여 다른 세력에게 넘어가게 되었는가를 파악하는 데 중점이 두어졌다. 그
러나 가야사는 單一國史가 아니라 複合國史이므로 맹주국의 중심의 종래
연구는 가야를 구성한 개별 國들의 독자성을 상대적으로 소홀히 다루었다
고 할 수 있다. 최근의 연구는 이러한 경향에 비판을 가하면서 加耶諸國
각각을 집중적으로 연구한 후 이를 토대로 가야사의 전개과정을 종합적으
로 정리해 보려는 경향을 보이고 있다. 대가야사 연구, 안라국사 연구 등
이른바 加耶各國史 연구가 그것이다.

셋째, 고고학적 자료를 활용하여 문헌사료의 부족함을 보완하고 있다.
가야사 연구에서 최대의 어려움은 문헌자료의 부족이다. 『삼국사기』에는
가야의 연대기가 없으며, 『삼국유사』에는 駕洛國記에 금관가야의 王世系
만 나오고 있을 뿐이다. 또 금석문의 경우도 陜川梅岸里碑3)나 합천 저포

---

2) 창원문화재연구소, 『가야연구논저목록』, 1991 ; 김동수, 「가야(논저목록)」, 『한국사
　논저 분류총목 1』, 혜안, 1996 ; 권주현, 「가야사 논저목록」, 『한국고대사논총』 8,
　1996.

리에서 '下部沙利利'가 새겨진 토기[4] 등이 출토되었지만 그 수도 극히 제한적이다. 따라서 새로운 문헌자료가 출현하지 않는 한 이 한계성을 극복한다는 것은 불가능하다.

이러한 문헌자료의 부족함을 보완해 주는 것이 바로 고고자료이다. 1980년대에 들어와 가야지역에 대한 고고학적 발굴이 활발히 행해지면서 출토된 화려하고도 다양한 유물들은 가야사에 대한 관심을 크게 증대시켰고, 각 발굴기관에서 간행한 보고서는 가야의 발전 모습을 物的으로 볼 수 있게 하였다. 그러나 개별 유적에 대한 보고서는 그 유적과 유물 자체에만 초점이 맞추어졌기 때문에 가야사 전체의 모습을 그려내기에는 한계가 있다. 따라서 여러 유적·유물을 종합적으로 검토하고 이를 문헌자료와 연계시켜 체계화하는 것이 필요하다. 이러한 작업을 선도해 간 것이 김태식의 『가야연맹사연구』라고 할 수 있다. 이후 가야사 연구는 문헌자료와 고고자료를 종합적으로 활용하여 연구하는 방법론이 대세를 이루게 되었다.

넷째, 『일본서기』에 나오는 가야 관계기사를 적극적으로 활용하려 하고 있다. 종래의 우리학계는 『일본서기』에 나오는 한반도 관계기사들은 『일본서기』 편찬자들에 의해 왜곡·윤색된 것으로 보고 이의 활용을 의도적으로 도외시하여 왔다. 그러나 김석형이 『일본서기』에 나오는 한반도 관계기사는 日本列島 내에 설치되었던 삼한·삼국의 分國들에 관한 것이라는 分國說을 제기하고,[5] 또 천관우가 『일본서기』에 보이는 가야 관계기사는 百濟軍司令部와 관련되는 것이라는 說을[6] 제기한 후 『일본서기』에 실려있는 한반도 관계기사를 비판적으로 검토하여 우리 고대사를 복원하는 데 활용하려는 경향이 나오게 되었다. 『일본서기』의 기사를 비판적으로 검토하여 가야사 연구에 본격적으로 활용한 선도적인 연구로는 김현구, 이영식, 김태식의 연구 등을 들 수 있다.[7]

---

3) 합천매안리비에 대해서는 김상현, 「합천매안리고비에 대하여」, 『신라문화』 6, 동국대학교신라문화연구소, 1989 참조.
4) 이 명문에 대해서는 부산대학교박물관, 『陜川댐수몰지구발굴조사보고6 합천저포리 E지구유적』, 1987 및 채상식, 「합천저포4호분출토 토기의 명문」, 『가야』 2호 참조.
5) 김석형, 『초기조일관계연구』, 사회과학원출판사, 1966.
6) 천관우, 「복원 가야사」 상·중·하, 『문학과 지성』 28·29·31, 1977·1978.

　다섯째, 문헌사학과 고고학과의 연대하여 공동의 연구성과를 내는 경향이 나오게 되었다는 점이다. 가야사를 동태적으로 파악하기 위해서는 고고자료와 문헌자료를 종합적으로 활용하여야 하지만 현실적으로 문헌사학자들이 고고자료를 제대로 이해하기 힘들고 고고학자들도 문헌사료에 대해 비판적 이해를 가지기도 어렵다. 이러한 어려움을 해결하기 위한 노력의 하나로서 나온 것이 문헌사학자들과 고고학전공자들과의 공동연구이다. 그 첫 시도가 대구지역의 문헌사학자와 고고학전공자들이 함께 연구한 대가야에 대한 공동연구였다.[8) 이후 문헌사학과 고고학과의 공동연구의 분위기가 확산되어 갔다.

　여섯째, 일반시민을 위한 개설적 연구서가 출간되었다. 역사 연구가 연구자들만의 전유물이어서는 안되며 그 결과는 시민들과 공유하여야 한다. 이러한 공유를 위해서는 시민들이 읽고 이해하기 쉬운 형태의 교양서이면서 어느 정도의 전문성을 가지는 저서들이 필요하다. 이러한 목적에서 만들어진 책으로 이기백이 편한 『한국사시민강좌 - 특집 임나일본부설 비판』 11집[9), 부산·경남역사연구소가 편한 『시민을 위한 가야사』[10) 및 국사편찬위원회가 발행한 『한국사』 7 삼국의 정치와 사회 Ⅲ-신라·가야[11) 등을 들 수 있다. 이러한 책들은 앞으로 계속 나와야 할 것이다.

　일곱째, 종래의 연구가 정치사나 대외관계사 등에 치중한 것을 반성하면서 가야사회의 삶의 모습을 복원해 보려는 문화사적 관점에서의 연구가 행해졌다. 물론 가야의 불교라든가 건국신화 및 가야사회의 매장의례라든가 장신구·농기구 등등 사회문화적 측면에서의 논급이 없었던 것은 아니지만 대개는 단편적인 것이었으며 자료제시적 측면을 벗어난 것은 아니었다. 이러한 한계성을 인식하고 생활사적 시각에서 고고학 자료와 문헌자료

---

　7) 김현구, 『大和政權の對外關係研究』, 吉川弘文館, 1985 ; 김태식, 『가야연맹사연구』, 일조각, 1993;　이영식, 『加耶諸國と任那日本府』, 吉川弘文館, 1993 참조.
　8) 노중국 외, 『가야사연구 - 대가야의 정치와 문화』, 경상북도, 1995.
　9) 이기백 편, 『한국사시민강좌 - 특집 임나일본부설 비판』, 일조각, 1992.
　10) 부산·경남역사연구소, 『시민을 위한 가야사』, 집문당, 1996.
　11) 국사편찬위원회, 『한국사』 7 삼국의 정치와 사회Ⅲ-신라·가야, 1997.

를 종합하여 가야인들의 삶의 모습과 죽음을 정리한 연구로 권주현의 「가야문화사연구」를12) 들 수 있다. 이는 가야사 연구에서 새로운 연구방향의 제시라고 할 수 있다.

여덟째, 연구자들의 가야사에 대한 이해를 높이고 가야관계의 자료에 보다 쉽게 접근할 수 있도록 자료 및 기왕의 연구성과들을 분류 정리하는 작업이 행해졌다. 東潮·田中俊明의 『韓國の古代遺蹟 2 - 백제·가야편』(1989)은 가야의 역사를 개관하면서 여러 유적·유물을 소개하고 있고, 김태식·이익주 편의『가야사사료집성』(1992)은 조선후기에 이르기까지 가야와 관련되는 문헌자료를 정리하고 있다. 한편 한국고대사회연구소가 펴낸『역주 한국고대금석문 Ⅱ - 신라Ⅰ·가야편』(1992)은 가야와 관련되는 금석문을 집성하고 주석을 한 것이다.

아홉째, 가야의 유물들을 종합적으로 정리하여 유물을 통해 가야사의 변천을 눈으로 확인할 수 있도록 하는 圖錄의 편집도 빼놓을 수 없는 업적이다. 가야 전체와 관련되는 도록으로는 국립중앙박물관의『신비의 고대왕국 '가야' 특별전』(1991), 동경국립박물관의『KAYA』(1992), 경상북도의『가야문화도록』(1998)을 들 수 있고, 특정지역의 유적·유물을 집대성한 것으로는 계명대학교 박물관의『성주성산동고분 특별전도록』(1988, 개관 10주년기념), 부산광역시립박물관복천분관의『부산의 역사와 복천동고분군』(1996), 국립김해박물관·부산광역시립박물관 복천분관의『고고학이 찾은 선사와 가야』(2000), 함안문화원의『아라가야의 출토유물』(1999) 등을 들 수 있다.

열 번째, 고지리 및 지질에 대한 연구가 이루어졌다는 사실이다. 고지질과 지리에 대한 연구는 가야사회가 성립할 당시의 자연조건과 취락 형성이나 광물자원의 분포 등을 확인하는 데 중요하다. 이는 당시 集落의 규모를 이해하고, 그 지역의 경제력을 파악하는 데 도움이 된다. 그러나 가야지역 가운데 고지질 연구가 행해진 것은 주로 김해지역에 한정되고 있다.13)

---

12) 권주현,『가야문화사연구』, 계명대학교 박사학위논문, 1998.

13) 오건환,「완신세후반의 낙동강삼국주 및 그 주변해안의 고환경」,『한국고대사논총』2, 1991 ; 오건환·곽종철,「김해평야에 대한 고고학적 연구(1) - 지형환경과 유적」,『고대연구』2, 1989 ; 반용부,『낙동강삼각주의 지형과 표층퇴적물분석』, 경

따라서 이러한 연구는 다른 지역에도 확산되어야 할 것이다.

열한 번째, 1980년대에 들어와 가야관계를 전문적으로 다루는 연구기관이나 가야지역에 소재한 地自體가 가야사 관련 전문 연구잡지를 출간하거나 특집 형태로 다루는 빈도가 많아지게 되었다. 가야사를 중점적인 연구대상으로 한 연구소와 그 곳에서 발간하는 잡지는 다음과 같다. 경남대학교 가라문화연구소와 『加羅文化』, 사단법인 가야문화연구원과 『伽耶文化』, 사단법인 한국고대사회연구소와 『한국고대사논총』, 부산여자대학교 가야문화연구소와 『가야문화연구』, 부산대학교박물관과 『가야통신』 등이다. 이외에 인제대학교 가야문화연구소에서는 두 차례의 가야 관련 국제학술대회를 개최하였고, 가야대학교의 가야문화연구소에서도 대가야와 관련한 학술대회를 개최하였다.

한편 지자체가 지원하는 가야사 연구는 주로 학술대회의 형태로 행해졌다. 그중에서도 가장 활기를 띤 것은 김해시의 학술대회 개최이다. 근래에 와서 경상북도와 고령군에서도 대가야를 중심으로 한 학술행사를 개최하고 있다. 지자체에서 행한 가야사 관련 학술대회의 주제를 정리하면 다음과 같다.

김해시, 1991, 『가야사의 재조명』
김해시, 1992, 『가야와 동아시아』
김해시, 1997, 『가야와 일본』
김해시, 1998, 『가야와 신라』
김해시, 1999, 『가야의 대외교섭』
김해시, 2000, 『가야와 백제』
경상북도, 1996, 『가야사의 새로운 이해』, 경상북도 개도100주년기념 가야
　　　　　　문화학술대회
경상북도, 1998, 『새롭게 조명해 본 가야사』
고령군, 1999, 『대가야의 정치와 문화적 특성』, 제1회 대가야학술세미나

희대학교 박사학위논문, 1986 ; 윤선, 「고김해만의 자연환경변화와 금관가야」, 『가야문화』 10, 가야문화연구원, 1997.

3. 고고학 발굴성과

가야지역의 유적에 대한 발굴은 일제시대부터 시작되었지만 본격적인 것은 1970년대에 들어와서부터이다. 낙동강 유역의 개발사업이 추진되면서 이루어지게 된 발굴은 이후 1980년대 및 1990년대에도 계속되었다. 이 발굴에는 여러 학술기관이 일정 지역에 공동발굴을 하기도 하고, 특정 기관이 일정 지역에 대해 계획적인 발굴을 행하기도 하여 많은 성과를 내었다. 이러한 발굴성과들을 일별하기 위해 지역별·시기별로 정리해 보기로 한다. 지역은 지리적 측면과 문화적 측면을 고려하여 부산-김해지역, 고령-성주지역, 함안-의령지역, 합천-거창지역, 고성-진주지역, 함양-산청지역, 남원-장수-진안지역, 창녕지역으로 구분하였다.

1) 부산-김해지역

(1) 부산지역

부산지역에서는 동아대학교박물관이 1970년에 복천동1호분을,[14] 1971년에는 부산대학교박물관이 五倫台古墳群을,[15] 1972년에는 華明洞古墳을 발굴하였다.[16] 1981년 부산대학교박물관에 의해 복천동고분군에 대한 발굴이 시작되었고[17] 부산시립박물관에 의해 계속되어 1990년까지 3차의 조사가 있었다.[18] 이 발굴에 의해 이른 시기의 목관묘로부터 수혈식 석실분에 이르기까지 여러 고분이 확인되었고, 또 내부구조가 主副槨式에서 單槨式으로 변화하는 양상이 밝혀짐으로써 가야지역 전체의 묘제 변화의 추이를 이해하는 데 매우 귀중한 자료가 되었다. 부산광역시립박물관 복천분관에서는 복천동고분군을 중심으로 부산의 역사를 정리한 도록을 내었다.

---

14) 김동호, 『東萊福泉洞一號古墳發掘調査報告』, 동아대학교박물관, 1971.
15) 부산대학교박물관, 『五倫台古墳群發掘調査報告』, 1973.
16) 부산대학교박물관, 『釜山華明洞古墳群』, 1979.
17) 부산대학교박물관, 『東萊福泉洞古墳群 I』, 1982 ; 『東萊福泉洞古墳群 II』, 1990.
18) 부산광역시립박물관, 『東萊福泉洞53號墳』, 1992.

(2) 김해지역

김해지역에서는 부산대학교박물관이 1976년에 김해 禮安里고분군을 조사하기 시작한 이후 연차적으로 발굴 조사하여 보고서를 출간하였고,[19] 경성대학교박물관이 1987년에 七山洞古墳群을 조사하였다.[20] 1990년대에 와서 경성대학교박물관에서는 1990년부터 1992년에 이르기까지 3차례에 거렇 大成洞古墳群을 발굴 조사하였다.[21] 이 발굴 조사는 4세기대까지의 금관가야의 존재를 부각시키는 중요한 계기가 되었다. 동의대학교박물관에서는 1990년부터 1996년까지 4차에 걸쳐 良洞里古墳群을 발굴 조사하였다.[22] 이 발굴은 장기간에 걸친 계획발굴로서 남부가야지역의 弁辰韓墓制로부터 가야의 성립과 발전에 이르는 단계를 한 눈에 보여주는 조사였다고 할 수 있다.

2) 고령-성주지역

(1) 고령지역

고령지역에서는 1977년에 경북대학교박물관이 지산리44호분을, 계명대학교박물관에서 45호분을 발굴하여 다량의 유물과 함께 殉葬墓라는 새로운 묘제를 확인하였다.[23] 1978년에 계명대학교박물관이 지산리32~35호분과 주변의 석곽묘들을 발굴하였는데 32호분에서 대가야식 金銅冠과 철판갑옷 및 투구가 출토되었다.[24] 1983년에는 계명대학교박물관이 고령읍 본관리고분군을 발굴 조사하였다.[25]

1995년에 영남문화재연구원에서 고령 지산리30호분과 그 주변의 200여 기의 고분군을,[26] 1999년에는 경북문화재연구원에서 大加耶歷史館 부지

---

19) 부산대학교박물관, 『金海禮安里古墳群 I』, 1985 ; 『金海禮安里古墳群 II』, 1990.

20) 신경철 외, 『金海七山洞古墳群 I』, 慶星大學校博物館, 1989.

21) 신경철・김재우, 『金海大成洞古墳群 I』, 2000 ; 『金海大成洞古墳群 II』, 2000.

22) 임효택・곽동철, 『金海良洞里古墳文化』, 동의대학교박물관, 2000.

23) 윤용진・김종철, 『大伽倻古墳發掘調査報告書』, 고령군, 1979.

24) 김종철, 『高靈池山洞古墳群』, 계명대학교박물관, 1981.

25) 계명대학교박물관, 『高靈本館洞古墳群』, 1995.

에서 120여기의 고분을 조사하였다.[27] 그리고 영남문화재연구원에는 고령읍 快賓里 고분군을 조사하였는데 고령지역에서는 처음으로 4세기대의 목곽묘에 대가야양식 토기가 출토되어[28] 대가야 묘제의 변화양상과 지산리 고분군의 성격을 규명하는데 귀중한 자료가 되었다.

(2) 성주지역

성주지역에서는 1986년에 계명대학교박물관에서 星山里고분 5기를 계획 발굴하였고[29] 1997년에는 경산대학교박물관에서 船南面 明浦里古墳群을 조사하였다.[30] 이러한 조사를 통해 성주지역의 묘제는 경계를 접하고 있는 고령의 대가야와는 다르고 대구 內塘洞, 飛山洞고분과 통한다는 것이 재확인되었다.

3) 함안-의령지역

(1) 함안지역

함안지역에서는 1986년에 창원대학교박물관에서 말이산 14호 및 14-1호분을 조사하였다.[31] 1991년부터 창원문화재연구소는 末伊山34號墳을 시작으로 1992년에는 馬甲塚을,[32] 1994년에는 8호분과 5호분 등을 조사하는 등 1995년까지 4차에 걸쳐 많은 유구를 정리 조사하였다.[33] 그리고 1992년

---

26) 영남문화재연구원, 『高靈池山洞30號墳』, 1998.
27) 경상북도문화재연구원·고령군, 『大伽耶歷史館新築敷地乃高齡池山洞古墳群』, 2000.
28) 영남문화재연구원, 『高靈快賓洞古墳群』, 1996.
29) 김세기, 「星州 星山洞古墳 發掘調査槪報」, 『嶺南考古學』 3, 영남고고학회, 1987 ; 계명대학교박물관, 『星州星山洞古墳 特別展圖錄』, 1988.
30) 경산대학교박물관, 「星州 明浦里遺蹟 發掘調査 現場說明會資料」, 1998.
31) 박동백 외, 『咸安阿羅伽耶의 古墳群 I』, 창원대학교박물관, 1992.
32) 홍성빈·이주헌, 「咸安 말갑옷(馬甲)出土 古墳 發掘調査槪報」, 『文化財』 26, 문화재관리국, 1993.
33) 이주헌, 「咸安地域 古墳文化의 調査와 成果」, 『加羅文化』 12, 경남대학교 가라문화연구소, 1995.

에서 1995년에 이르기까지 연차적으로 도항리고분군을 발굴하였다. 한편 1991년 경상대학교박물관은 法水面 筕沙里古墳群을 발굴 조사하였다.[34]

(2) 의령지역

의령지역에서는 1992년 경상대학교박물관에서 禮屯里古墳群을,[35] 1995년에는 영남문화재연구원에서 大義面 泉谷里古墳群을,[36] 1998년에는 경상대학교박물관이 龍德面 雲谷里古墳群을[37] 조사하였다. 이중 운곡리고분은 횡혈식석실분으로 평면구조가 '切端舟形'이면서 後壁 쪽에 돌선반이 있는 특이한 구조를 가지고 있었다.

2000년에 와서 경상대학교박물관에서는 富林面 景山里古墳을 발굴하였는데[38] 횡혈식 석실에 판석 석관을 매납한 구조가 확인되었다. 이는 일본 고분과의 연관성을 보여주고 있어 주목된다.

4) 고성-진주지역

동아대학교박물관에 의해 1977년 사천 禮樹里고분이[39], 경상대학교박물관에 의해 1988년 진주 加佐洞古墳群이,[40] 1989년 하동 古梨里古墳群이,[41] 국립진주박물관에 의해 1989년 고성 栗垈里2號墳이[42] 발굴 조사되었다.

5) 합천-거창지역

---

34) 조영제 외,『咸安筕沙里古墳群』, 경상대학교박물관, 1994.
35) 조영제 외,『宜寧禮屯里古墳群』, 경상대학교박물관, 1994.
36) 영남문화재연구원,『宜寧泉谷里古墳群Ⅰ·Ⅱ』, 1997.
37) 조영제 외,『宜寧雲谷里古墳群』, 경상대학교박물관, 2000.
38) 경상대학교박물관,「의령 경산리고분군 발굴조사 현장설명회자료」, 2000.
39) 동아대학교박물관,『泗川禮樹里古墳群發掘調査報告書』, 1977.
40) 조영제·박승규,『晉州加佐洞古墳群』, 경상대학교박물관, 1989.
41) 조영제 외,『河東古梨里遺蹟』, 경상대학교박물관, 1990.
42) 김정완 외,『固城栗垈里2號墳』, 국립진주박물관, 1990.

(1) 합천지역

1981년에는 동아대학교박물관에서 합천 삼가고분군을 발굴하였다.[43) 특히 1980년대 중반에 합천댐의 건설이 추진되면서 수몰지역에 대한 발굴조사가 여러 기관의 공동 참여로 이루어지게 되었다. 진주박물관에서는 鳳山面 松林里의 磻溪堤古墳群을,[44) 경상대학교박물관에서는 中磻溪古墳群을[45), 동아대학교박물관에서는 鳳溪里古墳群을,[46) 부산대학교박물관·대구가톨릭대학교박물관·경북대학교박물관에서는 苧浦里古墳群을[47) 발굴조사하였다. 이중 저포리 E지구 고분에서는 대가야 양식 토기에 '下部舍利利'라고 음각된 명문이 나와 많은 관심을 끌게 되었다. 그리고 동아대학교박물관에서는 大幷面 倉里古墳群을 조사하였다.[48)

합천지역 발굴에서 주목되는 것은 경상대학교박물관에 의한 합천군 雙冊面 城山里 玉田古墳群에 대한 발굴이다. 이 발굴은 1985년에서 1991년에 이르기까지 5차에 걸쳐 계획적으로 이루어졌다.[49) 이 발굴로 木棺墓, 木槨墓, 수혈식 석곽묘, 대형 목곽 봉토분, 수혈식 석실분, 횡구식 석실분, 횡혈식 석실분 등 여러 형태의 묘제가 시기와 계층을 달리 하면서 축조되었음이 밝혀졌으며, 또 금제품과 환두대도를 비롯한 다종 다양한 많은 유

---

43) 심봉근,『陜川三嘉古墳群』, 동아대학교박물관, 1982.

44) 김정완 외,『陜川磻溪堤古墳群』, 국립진주박물관, 1987.

45) 조영제·박승규,『陜川中磻溪古墳群』, 경상대학교박물관, 1987.

46) 심봉근,『陜川鳳溪里古墳群』, 동아대학교박물관, 1986.

47) 부산대학교박물관,『陜川苧浦里E地區遺蹟』, 1987 ; 이은창,『陜川苧浦里C·D地區遺蹟』, 대구가톨릭대학교박물관, 1987 ; 윤용진,『陜川苧浦里D地區遺蹟』, 경북대학교박물관, 1987.

48) 심봉근,『陜川倉里古墳群』, 동아대학교박물관, 1987.

49) 경상대학교박물관에서 본 발굴의 성과를 펴낸 보고서는 다음과 같다.
조영제,『陜川玉田古墳群Ⅰ-木槨墓』, 경상대학교박물관, 1988 ; 조영제·박승규,『陜川玉田古墳群Ⅱ-M3號墳』, 경상대학교박물관, 1990 ; 조영제 외,『陜川玉田古墳群Ⅲ-M1·M2號墳』, 경상대학교박물관, 1992 ; 조영제 외,『陜川玉田古墳群Ⅳ-M4·M6·M7號墳』, 경상대학교박물관, 1993 ; 조영제 외,『陜川玉田古墳群ⅤM10·M11·M18號墳-』, 경상대학교박물관, 1995 ; 조영제 외,『陜川玉田古墳群Ⅵ-23·28號墳』, 경상대학교박물관, 1997 ; 조영제 외,『陜川玉田古墳群Ⅶ-12·20·24號墳』, 경상대학교박물관, 1998 ; 조영제 외,『陜川玉田古墳群Ⅷ-5·7·35號墳』, 경상대학교박물관, 1999.

물이 출토되어 多羅國 연구에 중요한 자료를 제공하였다.

(2) 거창지역

동의대학교박물관이 1989년에 黃江 상류에 위치한 居昌郡 南下面 大也里의 가야시대 수혈주거지를 조사하였다.[50] 가야시대 주거지는 원형의 수혈주거지 안에 파수부 주구발, 양이부 시루, 옹, 단경호 등의 가야토기가 들어 있었다. 1885년에는 국립진주박물관이 居昌 末屹里古墳群을 조사하였다.[51]

6) 함양-산청지역

(1) 함양지역

함양지역에 대한 발굴은 동아대학교박물관이 1972년에 咸陽 上栢里古墳群을,[52] 1986년에는 부산대학교박물관이 咸陽 白川里고분을 발굴하였다.[53] 이 발굴을 통해 함양지역이 대가야 고분지역임이 밝혀지게 되었다. 또 대전-진주간 고속도로 구간인 咸陽 蒜谷里, 山淸 默谷里 등에서도 대가야와 관련된 고분들이 조사되었다.[54]

7) 남원-장수-진안지역

(1) 남원지역

전영래가 1983년에 月山里古墳을 고분군을 발굴하였고,[55] 전북대학교

---

50) 임효택 외, 『大也里住居址 I』, 동의대학교박물관, 1988 ; 『大也里住居址 II』, 동의대학교박물관, 1989.
51) 한영희・김정완, 「거창말흘리고분」, 『국립박물관 고적조사보고』 제17책, 1985.
52) 동아대학교박물관, 『咸陽上栢里古墳群發掘調査報告』, 1972.
53) 부산대학교박물관, 『咸陽白川里1號墳』, 1986.
54) 박순호 외, 『咸陽白川里遺蹟』, 부산대학교박물관, 1998.
55) 전영래, 『南原月山里古墳群發掘調査報告』, 원광대학교 마한백제문화연구소, 1983.

박물관에서 1988년과 1989년에 걸쳐 乾芝里古墳群과[56] 斗洛里古墳群을 발굴 조사하였다.[57] 이 발굴을 통해 이 지역이 대가야 권역임이 확인되었다.

(2) 장수-진안지역

1995년에는 군산대학교박물관에 의해 전북 長水郡 天川面 三顧里古墳群이 조사되었고,[58] 같은 수계인 鎭安郡 龍潭面 月溪里·黃山里古墳群도[59] 조사되었다. 이러한 발굴로 금강 상류의 소백산맥 서쪽지역에서도 대가야식 묘제와 대가야식 토기가 주류를 이루고 있음이 확인되었다.

8) 창녕지역

창녕지역에 대한 발굴은 조선총독부에서 교동고분군을 발굴한 것이 처음인데,[60] 穴澤和光·馬目純一은 이 자료들을 새로이 정리하였다.[61] 해방 이후 이 지역에 대해서는 1977년에 경상남도에서 桂城고분군을,[62] 영남대학교박물관에서 1991년에 桂南고분군을,[63] 동아대학교박물관에서 校洞고분군을,[64] 부산대학교박물관과 호암미술관에서 1995년에 계성고분군을[65]

---

56) 문화재연구소,『南原乾芝里古墳群 發掘調査報告書』, 1991.

57) 윤덕향·곽장근,『斗洛里 發掘調査報告書』, 전북대학교박물관, 1989.

58) 곽장근·한수영,『長水三顧里古墳群』, 군산대학교박물관, 1998.

59) 군산대학교박물관,「진안 용담댐 수몰지구내 문화유적」,『大學과 發掘』1, 한국대학박물관협회, 1996 ; 한수영,「鎭安 黃山里 古墳群 發掘調査 槪報」,『湖南地域 古墳의 內部構造, 』, 호남고고학회, 1997 ; 곽장근,『湖南 東部地域 石槨墓 研究』 서경문화사, 1999.

60) 浜田耕作·梅原末治,『大正七年度古蹟調査報告』, 조선총독부, 1922.

61) 穴澤和光·馬目純一, 「昌寧校洞古墳群-梅原考古資料を中心とした谷井濟一氏 發掘資料の研究-」,『考古學雜誌』60-4, 日本考古學會.

62) 경상남도,『昌寧桂城고분발굴조사보고』, 1977.

63) 영남대학교박물관,『昌寧桂南里고분군』, 1991.

64) 심봉근·박광춘,『昌寧校洞고분군』, 동아대학교박물관, 1992.

65) 부산대학교박물관,『昌寧桂城고분군』, 1995 ; 호암미술관,『昌寧桂城고분군』, 2000.

발굴 조사하였다. 이러한 발굴조사로 창녕양식토기가 확인되었다.

4. 연구성과

1) 가야사 전반에 대한 연구

1980년대 이후 고고학 발굴이 활발하게 이루어지고 또 기왕의 연구방법이나 태도에 대한 반성이 일어나면서 가야사에 대한 새로운 연구들이 많이 나오게 되었다. 그것을 단적으로 보여 주는 것이 문헌자료를 중심으로 가야사 전반을 다룬 專論 저서들과 박사학위논문들이 다수 나오게 되었다는 점이다. 전론 저서로는 윤석효,[66] 천관우,[67] 田中俊明,[68] 김태식,[69] 조희성,[70] 이희진,[71] 정중환[72] 등의 저서를 들 수 있다. 가야사를 주제로 한 박사학위논문으로서 단행본으로 출간된 것을 제외하면 백승충,[73] 권오영,[74] 권주현,[75] 남재우[76] 등의 연구를 들 있다. 이외에 가야사 전반을 개관한 연구로는 문경현,[77] 김정학,[78] 강봉원,[79] 武田幸男,[80] 주보돈[81] 등을

---

66) 윤석효, 『가야사』, 민족문화사 1990 ;『신편 가야사』, 혜안, 1997.

67) 천관우, 『가야사연구』, 일조각, 1991.

68) 田中俊明, 『大加耶連盟の興亡と任那』, 吉川弘文館, 1992.

69) 김태식, 『가야연맹사연구』, 일조각, 1993.

70) 조희승, 『가야사연구』, 사회과학출판사, 1994(국학간행회 영인).

71) 이희진, ,『가야정치사연구』, 학연문화사, 1998.

72) 정중환, 『가라사연구』, 혜안, 2000.

73) 백승충, 『가야의 지역연맹사연구』, 부산대학교 박사학위논문, 1995.

74) 권오영, 『삼한의 '國'에 대한 연구』, 서울대학교 박사학위논문, 1996.

75) 권주현, 『가야문화사연구』, 계명대학교 박사학위논문, 1998.

76) 남재우, 『안라국의 성장과 대외관계 연구』, 성균관대학교 박사학위논문, 1998.

77) 문경현, 「가야사의 신고찰」,『대구사학』9, 1975.

78) 김정학, 「고대국가의 발달(가야)」,『한국고고학보』12, 1982 ;「가야사연구」,『사학연구』37, 1983.

79) 강봉원, 「가야의 정치적 발전과 경제적 배경에 관한 소고」,『경희사학』12·13합, 1986.

80) 武田幸男, 「文獻からみた伽耶」,『伽耶文化展』, 朝日新聞社, 1992.

81) 주보돈, 「서설 - 가야사의 새로운 정립을 위하여」,『가야사연구』, 경상북도, 1995.

24 한국 고대사 속의 가야

들 수 있다.

한편 고고자료를 중심으로 가야사를 집중적으로 연구한 전론 저서로는 최종규82)의 연구를 들 수 있고, 박사학위논문으로는 안춘배,83) 임효택,84) 이성주85) 등의 연구를 들 수 있다. 이외에 가야와 관련한 고고학적 연구로는 김원룡,86) 이은창,87) 임효택,88) 김정학·신경철,89) 김세기,90) 권학수,91) 김종철,92) 강현숙,93) 안춘배,94) 최병현,95) 최몽룡·강형태·이성주·김승원96) 등의 연구를 들 수 있다.

한편 이 시기에는 가야사 전반을 다룬 특집 형태의 연구서들도 다수 나왔다. 중요 성과로는 국내에서는 이기백이 편한 『한국사시민강좌 - 가야사 특집』 11집97), 한국고대사회연구소가 편한 『한국고대사논총』 2집·3집·4집 특집호,98) 동의대학교 인문과학연구소가 편한 『인문연구논집』 5집 특

---

82) 최종규, 『삼한고고학연구』, 서경문화사, 1995.
83) 안춘배, 『가야토기와 그 영역의 연구』, 동아대학교 박사학위논문, 1993.
84) 임효택, 『낙동강하류역 가야의 토광묘 연구』, 한양대학교 박사학위논문, 1993.
85) 이성주, 『신라·가야사회의 정치·경제적 기원과 성장』, 서울대학교 박사학위논문, 1998.
86) 김원룡, 『신라토기의 연구』, 을유문화사, 1960 ; 「고고학에서 본 伽倻」, 『伽倻문화』 5, 1992.
87) 이은창, 「가야묘제의 연구」, 『연구논문집』 22, 대구가톨릭대학교, 1980.
88) 임효택, 「낙동강하류 가야토광묘의 연구」, 『한국고고학보』 4, 1978.
89) 김정학·신경철, 「가야토기」, 『부대사학』 3, 1979.
90) 김세기, 「수혈식묘제의 연구 - 가야지역을 중심으로」, 『한국고고학보』 17·18, 1983.
91) 권학수, 「가야제국의 성장과 환경」, 『백산학보』 30·31, 1985.
92) 김종철, 「북부지역 가야문화의 고고학적 고찰」, 『한국고대사연구』 1, 1988.
93) 강현숙, 「가야 석곽묘 연구 시론」, 『한국고고학보』 23, 1989.
94) 안춘배, 「가야토기의 연구 - 지역적 특징을 중심으로」, 『영남고고학』 9, 1991.
95) 최병현, 「신라와 가야의 묘제」, 『한국고대사논총』 3, 1992.
96) 최몽룡·강형태·이성주·김승원, 「신라·가야토기의 생산과 분배에 관한 연구」, 『한국상고사학보』 18, 1995.
97) 이기백 편, 『한국사시민강좌』 11, 1992.
98) 한국고대사회연구소, 『한국고대사논총』 2(특집 - 가야사의 제문제), 1991 ; 『한국고대사논총』 3집(특집 - 가야·신라문화 특성 비교), 1992 ; 『한국고대사논총』 4(특집 - 가야의 사회와 문화), 1992.

집호,99) 인제대학교 가야문화연구소가 편한 『가야제국의 왕권』과 『가야제국의 철』,100) 고려대학교 한국학연구소가 편한 『가야사론』,101) 한국고고학회가 편한 『고고학을 통해 본 가야』102) 등을 들 수 있다. 그리고 일본학계의 성과로는 鈴木靖民 등이 엮은 『加耶はなぜほろだか』103)와 古代學協會에서 나온 『東アジアの古代文化』 68호와 『東アジアの古代文化』 90호 특집 「考古學の最新成果からみた加耶」, 小田富士雄 등이 집필한 『伽耶と古代東アジア』104) 등이 있다.

그리고 가야의 멸망과 관련하여 문헌을 중심으로 한 연구로는 주보돈,105) 이형우,106) 이용현,107) 田中俊明,108) 이희진,109) 角林文雄110) 등을 들 수 있다. 고고자료를 이용하여 가야의 멸망을 논한 연구로는 이희준111)의 연구를 들 수 있다.

2) 各國史에 대한 연구

---

99) 동의대학교 인문학연구소 편, 『인문연구논집』 5(가야의 역사와 문화), 2000.

100) 인제대학교 가야문화연구소, 『가야제국의 철』, 신서원, 1995 ; 『가야제국의 왕권』, 신서원, 1997.

101) 고려대학교 한국학연구소, 『가야사론』, 국학자료원, 1993.

102) 한국고고학회, 『고고학을 통해 본 가야』(한국고고학회 학술총서 1), 2000.

103) 鈴木靖民 외, 『加耶はなぜほろだか』, 大和書房, 1991 ; 『東アジアの古代文化』 68호, 1991 ; 『東アジアの古代文化』 90호(특집 - 考古學の最新成果からみた加耶), 古代學協會, 1997.

104) 小田富士雄, 『伽耶と古代東あじあ』, 新人物往來社, 1993.

105) 주보돈, 「가야멸망 문제에 대한 일고찰 - 신라의 팽창과 관련하여」, 『경북사학』 4, 1982.

106) 이형우, 「대가야의 멸망」, 『가야사연구』, 경상북도, 1995.

107) 이용현, 「6세기 전반기 가야의 멸망과정」, 고려대학교대학원 석사학위논문, 1998.

108) 田中俊明, 「大加耶聯盟の興亡 - 加耶の政治的發展」, 『가야사론』, 고려대학교 한국학연구소, 1993.

109) 이희진, 「가야의 소멸과정을 통해 본 가야·백제·신라관계」, 『역사학보』 141, 1994.

110) 角林文雄, 『任那滅亡と古代日本』, 學生社, 1989.

111) 이희준, 「신라의 가야 복속과정에 대한 고고학적 검토」, 『영남고고학』 25, 1999.

가야는 여러 국들로 이루어진 복합적인 정치체이다. 이 시기에는 가야 자체에 대한 연구와 더불어 가야를 구성한 개별 국들의 성립에서부터 멸망에 이르기까지의 과정에 대한 연구도 활발히 이루어졌다. 여기서는 이러한 연구성과들을 국별로 나누어 정리해 보기로 한다.

(1) 금관가야

가야를 구성한 개별 국 가운데 일찍 연구의 대상이 된 것은 금관가야였다. 금관가야의 성립과 성장에 대해 문헌을 중심으로 하면서 고고자료를 종합하여 정리한 것으로는 김태식,[112] 백승충,[113] 이영식[114]의 연구가 있다. 고고자료를 중심으로 한 연구로는 신경철,[115] 홍보식,[116] 임효택,[117] 임효택·곽동철[118] 등을 들 수 있다.

이러한 연구에서 금관가야 성립의 기반으로 交易關門으로서의 기능이 강조되고,[119] 그 중심지에 대해서는 초기에는 양동리였다가 대성동으로 이동되었다고 보는 견해와[120] 처음부터 대성동이 중심지였던 것으로 보는 견해로[121] 나뉘어져 있다. 고고학적으로는 구야국의 발전을 부여족의 남하와 연관시켜 설명한 견해가 제기되었고[122] 이에 대한 반론도[123] 나왔다.

---

112) 김태식, 『가야연맹사연구』, 일조각, 1993.
113) 백승충, 『가야의 지역연맹사연구』, 부산대학교 박사학위논문, 1995.
114) 이영식, 「문헌으로 본 가락국사」, 『가야 각국사의 재구성』, 혜안, 2001.
115) 신경철, 「김해 대성동·동래 복천동 고분군 點描」, 『부대사학』 19, 1995 ; 「금관가야의 성립과 전개」, 『김해의 고분문화』, 김해시, 1998 ; 「금관가야의 성립과 연맹의 형성」, 『가야 각국사의 재구성』, 혜안, 2001.
116) 홍보식, 「금관가야의 성립과 발전」, 『가야문화유적조사 및 정비계획』, 경상북도·가야대학교부설 가야문화연구소, 1998 ; 「고고학으로 본 금관가야」, 『고고학을 통해 본 가야』, 한국고고학회, 2000.
117) 임효택, 「양동리유적의 제문제」, 『가야문화』 6, 1993.
118) 임효택·곽동철, 『김해양동리고분문화』, 동의대학교박물관 학술총서, 2000.
119) 이현혜, 「4세기 가야사회의 교역체계의 변천」, 『한국고대사연구』 1, 1988 ; 김태식, 『가야연맹사연구』, 일조각, 1993.
120) 임효택, 앞의 논문, 1993.
121) 신경철, 앞의 논문, 1995.
122) 신경철, 앞의 논문, 1995.

금관가야의 최대 영역은 외절구연고배의 분포를 중심으로 설정되고 있지
만 부산지역에 대해서는 김해 대성동고분군이 동래 복천동고분군 세력과
연합하여 금관가야가 성립된 것으로 파악하는 견해와[124] 동래지역은 보다
일찍 신라화되었다는 견해가[125] 제기되고 있다.

(2) 대가야

가야 각국 가운데 근래에 와서 가장 활발하게 연구되고 있는 것이 대가
야이다. 문헌을 중심으로 하면서 고고자료를 활용한 연구로는 김태식,[126]
백승충,[127] 이명식,[128] 김정숙,[129] 이형우,[130] 노중국,[131] 이문기,[132] 이형
기,[133] 김현숙[134] 등의 연구를 들 수 있다. 고고학 자료를 중심으로 한 연
구로는 이희준,[135] 박천수,[136] 김세기의[137] 연구 등을 들 수 있다.

---

123) 홍보식, 앞의 논문, 1998.

124) 신경철, 앞의 논문, 1995 ; 홍보식, 앞의 논문, 2000.

125) 박천수, 「대가야권 분묘의 편년」, 『한국고고학보』 39, 1998.

126) 김태식, 『가야연맹사연구』, 일조각, 1993 ; 「歷史學에서 본 高靈 加羅國史」, 『가야
　　각국사의 재구성』, 혜안, 2001.

127) 백승충, 『가야의 지역연맹사연구』, 부산대학교 박사학위논문, 1995.

128) 이명식, 「대가야의 역사 · 지리적 환경과 경역」, 『가야사연구』, 경상북도, 1995.

129) 김정숙, 「대가야의 성립과 발전」, 『가야사연구』, 경상북도, 1995.

130) 이형우, 「대가야의 멸망과정」, 『가야사연구』, 경상북도, 1995.

131) 노중국, 「대가야의 정치 · 사회구조」, 『가야사연구』, 경상북도, 1995 ; 「대가야의 발
　　전과 정치운영」, 『고령지역의 역사와 문화』, 계명대학교 한국학연구원 · 고령문화
　　원, 1997.

132) 이문기, 「대가야의 대외관계」, 『가야사연구』, 경상북도, 1995.

133) 이형기, 「대가야의 연맹구조에 대한 시론」, 『한국고대사연구』 18, 2000.

134) 김현숙, 「대가야의 정치발전과 영역지배방식」, 『가야문화유적 조사 및 정비계획』,
　　경상북도, 1998.

135) 이희준, 「고령양식 출토 고분의 편년」, 『영남고고학』 15, 1994 ; 「토기로 본 대가야
　　의 권역과 그 변천」, 『가야사연구』, 경상북도, 1995.

136) 박천수, 「대가야의 고대국가 형성」, 『윤용진교수정년퇴임기념논총』, 1996 ; 「정치
　　체의 상호관계로 본 대가야의 왕권」, 『가야제국의 왕권』, 신서원, 1997 ; 「고고학
　　을 통해 본 대가야」, 『고고학을 통해 본 가야』, 한국고고학회, 2000.

137) 김세기, 「가야의 순장과 왕권」, 『가야제국의 왕권』, 신서원, 1997 ; 「고령양식 토기
　　의 확산과 대가야문화권의 형성」, 『가야문화유적조사 및 정비계획』, 경상북도,

대가야 연구에서 가장 주목되는 성과는 대가야의 영역과 국가적 성격에 대해서이다. 이 과정에서 대가야의 영역은 고령양식 토기의 확산을 통해 시기별로 추정되었다.138) 그리고 下部 沙利利의 명문, 지산리고분군 규모와 위계성, 가라왕 荷知의 남제 견사와 본국왕으로의 책봉, 수위조직의 존재 등을 근거로 하여 대가야의 국가적 성격에 대한 논의가 진행되었다. 그 과정에서 대가야는 부체제단계로까지 발전한 것으로 보는 견해,139) 중앙과 지방의 개념이 존재하여 신라의 마립간기와 비슷한 것으로 보는 견해,140) 고대국가의 단계까지 발전한 것으로 보는 견해141) 등 다양한 견해가 제기되었다.

(3) 아라가야

아라가야(안라국)에 대한 연구도 근래에 활발히 이루어졌다. 문헌을 중심으로 하되 고고자료를 활용한 연구로는 권주현,142) 김태식,143) 이영식,144) 남재우,145) 조인성,146) 이형기,147) 윤석효148) 등의 연구를 들 수 있다. 고고학 자료를 중심으로 한 연구로는 김정완,149) 조영제,150) 이성주,151) 이주

1998.

138) 이희준, 「토기로 본 대가야의 권역과 그 변천」, 『가야사연구』, 경상북도, 1995.

139) 노중국, 앞의 논문, 1995.

140) 주보돈, 「서설 - 가야사의 새로운 정립을 위하여」, 『가야사연구』, 경상북도, 1995 ; 김현숙, 「6세기 대가야의 발전단계에 대한 일고」, 『경북사학』 23, 2000.

141) 박천수, 앞의 논문, 1996.

142) 권주현, 「아라가야의 성립과 발전」, 『계명사학』 4, 1993 ; 「안라국에 대하여」, 『대구사학』 50, 1995.

143) 김태식, 「함안 안라국의 성장과 변천」, 『한국사연구』 86, 1994.

144) 이영식, 「6세기 안라국사 연구」, 『국사관논총』 62, 1995.

145) 남재우, 『안라국의 성장과 대외관계 연구』, 성균관대학교 박사학위논문, 1998.

146) 조인성, 「6세기 아라가야(안라국)의 지배세력의 동향과 정치형태」, 『가라문화』 13, 1996.

147) 이형기, 「아라가야연맹체의 성립과 그 추이」, 『사학연구』 57, 1999.

148) 윤석효, 「아라가야에 관한 연구」, 『한성사학』 8, 1996.

149) 김정완, 「함안권역 도질토기의 편년과 분포변화」, 경북대학교대학원 석사학위논문, 1994.

헌,152) 김형곤153) 등의 연구를 들 수 있다.

이들 연구에서는 포상팔국과 안라국과의 관계 및 그 시기가 논점이 되었다. 이 과정에서 안라국이 포상팔국의 중심적인 존재였다는 견해와154) 이와는 달리 포상팔국의 공격대상이 도리어 안라국이었다는 견해가155) 제기되었다. 그리고 광개토왕비문에 보이는 '安羅人戍兵'의 '安羅'를 안라국으로 파악하는 견해, 이 安羅는 安羅國을 지칭하는 것이 아니라 '新羅人을 安置한 것'으로 보는 견해, '高句麗 巡邏人을 안치한 것'으로 보는 견해 등으로 나뉘어졌다.156)

고고자료에 의할 때 아라가야의 특징적인 토기인 화염형투창고배의 등장과 소멸이 아라가야의 발전 및 쇠퇴와 연관지워 설명되기도 하였다. 그리고 아라가야 전성기의 최대 범위는 함안분지를 중심으로 하여 그 외곽지역인 칠원권, 창원권, 진동권, 군북권, 의령권까지를 포괄하는 것으로 파악되고 있다.

(4) 소가야 · 다라국 · 비화가야 · 성산가야

앞에서 언급한 금관가야 · 대가야 · 아라가야 이외의 가야의 개별국에 대한 연구는 상대적으로 적다. 그 중에서 일정한 연구성과가 있는 국으로는 小加耶 · 多羅國 · 非火加耶 · 星山加耶 정도이다.

소가야에 대해 문헌을 중심으로 하되 고고자료를 활용한 연구로는 백승

---

150) 조영제, 「아라가야의 고고학」, 아라가야사 학술토론회 발표요지, 함안문화원, 1994.
151) 이성주 외, 「아라가야 중심고분군의 편년과 성격」, 『한국상고사학보』 10, 1992 ; 「고고학을 통해 본 아라가야」, 『고고학을 통해 본 가야』, 한국고고학회, 2000.
152) 이주헌, 「함안지역 고분문화의 조사와 성과」, 『가라문화』 12, 1995 ; 「토기로 본 안라와 신라」, 『가야와 신라』, 김해시, 1998.
153) 김형곤, 「아라가야의 형성과정연구 - 고고학적 자료를 중심으로」, 『가라문화』 12, 1995.
154) 권주현, 앞의 논문, 1993 ; 김태식, 앞의 논문, 1994.
155) 남재우, 앞의 논문, 1998.
156) 이에 대한 연구사 정리로는 김태식, 「광개토왕비문의 임나가라와 '安羅人戍兵'」, 『한국고대사논총』 6, 1994.

30 한국 고대사 속의 가야

옥,[157] 이형기,[158] 김태식,[159] 권주현[160] 등의 연구를 들 수 있다. 그리고 고고학 자료를 중심으로 한 연구로는 김동호,[161] 윤정희,[162] 이성주[163] 등의 연구를 들 수 있다.

소가야의 성장에 대해서는 남해안을 이용한 교역과 철 생산 등이 거론되고 있다. 그리고 이 고자국은 포상팔국의 중심국이었는데 금관가야 또는 안라국을 공격하다가 실패함으로써 쇠퇴의 길을 걷게 된 것으로 파악되고 있다. 고고학적으로는 사천-고성식, 진주식, 고성식 등으로 불리우는 토기 양식이 성립된 것이 밝혀져서 소가야의 권역이나 정치구조를 해명하는 데 토대가 된다.

비화가야에 대해 문헌을 중심으로 하면서 고고자료를 활용한 연구로는 백승옥[164]의 연구가 있고, 고고자료를 중심으로 한 연구로는 박천수,[165] 정징원·홍보식[166] 등의 연구가 있다. 그러나 백승옥은 비화가야의 존립시기를 6세기 전반까지 늦추어 보는 데 비해 박천수는 이보다 이른 5세기 후반 경에는 신라에 편입된 것으로 파악하고 있다.

다라국의 경우, 『일본서기』에 下旱岐·二首位 등의 존재가 보이지만 기본적으로 문헌자료가 너무 영성하다. 때문에 문헌을 중심으로 한 연구는 별로 없다. 반면에 옥전고분군을 계획적으로 발굴한 조영제에 의해 몇 편의 논고가 발표되었다.[167] 조영제는 광개토왕 남정 이후 금관가야 세력이

---

157) 백승옥, 「고성 고자국의 형성과 발전」『한국고대사회의 지방지배』, 한국고대사연구회, 1997.
158) 이형기, 「소가야연맹체의 성립과 그 추이」, 『민족문화논총』 17, 1997.
159) 김태식, 「역사적으로 본 소가야의 정치체」, 『묘제와 출토유물로 본 소가야』, 국립창원문화재연구소 개소 10주년기념 학술회의 발표요지문, 2000.
160) 권주현, 「古自國의 역사적 전개와 그 문화」, 『가야 각국사의 재구성』, 혜안, 2001.
161) 김동호, 「고고학상에서 본 소가야의 제문제」, 『영남고고학』 1, 1986.
162) 윤정희, 「소가야토기의 성립과 전개」, 경남대학교 석사학위논문, 1997.
163) 이성주, 「소가야지역의 고분과 출토유물」, 『묘제와 출토유물로 본 소가야』, 국립창원문화재연구소 개소 10주년기념 학술회의 발표요지문, 2000.
164) 백승옥, 「신라·백제 각축기의 비사벌가야」, 『부대사학』 15, 1992.
165) 박천수, 「삼국시대 창녕지역 집단의 성격연구」, 『영남고고학』 13, 1993.
166) 정징원·홍보식, 「창녕지역의 고분문화」, 『한국문화연구』 7, 1995.
167) 조영제, 「다라국의 경제적 기반」, 『가야제국의 철』, 신서원, 1995 ; 「옥전고분군의

해체되면서 그 일부가 합천지역으로 이동해 옴으로써 다라국이 성립된 것
으로 파악하고 있다. 한편 성산가야에 대해서는 지역연맹체로 그 성격을
파악한 이형기168)의 연구가 있다.

3) 분야사 연구

가야사 전반에 대한 연구성과와 가야 各國史에 대한 연구성과는 앞에서
이미 언급하였다. 여기서는 대외관계사나 생활사 및 정신사, 장신구, 무기
등 분야사와 관련되는 연구성과들을 정리해 보기로 한다.

(1) 대외관계사

분야사 연구에서 가장 많이 논급된 것이 대외관계사이다. 가야의 대외관
계사 연구는 가야를 주체로 하여 대외관계의 변화를 추적한 것과 가야 제
국과 관계를 가진 주변국의 입장에서 고찰한 것으로 나누어 볼 수 있다.
가야를 주체로 하면서 삼국과의 관계를 중심으로 한 연구로는 이현
혜,169) 백승충,170) 田中俊明,171) 김현구,172) 이희진,173) 이문기,174) 송성
유,175) 이성시,176) 백승옥,177) 이영식,178) 백승옥,179) 이용현180) 등을 들 수

편년연구」,『영남고고학』18, 1996 ; 「옥전고분군의 계층분화에 대한 연구」,『영남
고고학』20, 1997.
168) 이형기, 「성산가야연맹체의 성립과 그 추이 - 가야사에서의 지역연맹체에 대한 일
시론」,『민족문화논총』18 · 19, 1998.
169) 이현혜, 「4세기 가야사회의 교역체계의 변천」,『한국고대사연구』1, 1988.
170) 백승충, 「3-4세기 한반도 남부지방의 제세력동향」,『부산사학』18, 1990 ; 「문헌에
서 본 가야 · 삼국과 왜」,『한국민족문화』12, 부산대학교 한국민족문화연구소, 1990.
171) 田中俊明, 「加耶をめぐる國際環境」,『アジアからみた古代日本』, 角川書店, 1992.
172) 김현구, 「4세기 가야와 백제 · 야마토왜와의 관계」,『한국고대사논총』6, 1994.
173) 이희진, 「광개토왕비문에 나타난 임나가라정벌 배경과 영향」,『삼한의 사회와 문
화』, 신서원, 1995.
174) 이문기, 「대가야의 대외관계」,『가야사연구』, 경상북도, 1995.
175) 송성유, 「위진남북조시기 동북아시아 국제관계 질서와 가야국」,『가야의 대외교
섭』김해시 제5회 가야사 학술회의, 1999.
176) 이성시, 「가야의 국제환경과 외교」,『가야의 대외교섭』김해시 제5회 가야사 학술

있다. 가야와 백제와의 관계에 대해서는 이영식,[181] 김태식,[182] 김수태,[183] 백승충[184] 등의 연구를 들 수 있다.

가야와 왜의 관계에 대해서는 문헌을 중심으로 한 연구로는 김태식,[185] 정효운,[186] 고관민,[187] 연민수,[188] 김은숙,[189] 白石太一郎,[190] 전춘원[191] 등을 들 수 있다. 고고학적 자료를 중심으로 한 연구로는 김정학,[192] 신경철,[193] 박광춘,[194] 大塚初重,[195] 東潮,[196] 西谷正,[197] 김두철,[198] 홍보식,[199]

회의, 1999.

177) 백승옥, 「가야 대외교섭의 전개과정과 그 담당자들」, 『가야의 대외교섭』 김해시 제5회 가야사 학술회의, 1999.

178) 이영식, 「가야의 국제관계」, 『가야사의 새로운 이해』, 경상북도·고령군 경상북도 개도 100주년 기념 가야사학술회의, 1996 ; 「가야제국의 외교형식」, 『신라말 고려초의 정치사회변동』, 한국고대사연구회, 1994.

179) 백승옥, 「가야 대외교섭의 전개과정과 그 담당자들」, 『가야와 동아시아』, 김해시, 1999.

180) 이용현, 「가라(대가야)를 둘러싼 국제적 환경과 그 대외교섭」, 『한국고대사연구』 18, 2000.

181) 이영식, 「백제의 가야지역 진출」, 『한국고대사논총』 7, 1995.

182) 김태식, 「백제의 가야지역 관계사 - 교섭과 정복」, 『백제연구논총』 5, 충남대학교 백제연구소, 1997.

183) 김수태, 「백제 성왕대의 대가야외교와 고구려」, 『가야와 백제』, 김해시 제6회 가야사학술회의, 2000.

184) 백승충, 「가야·백제 관계사 제문제」, 『가야와 백제』, 김해시 제6회 가야사학술회의, 2000.

185) 김태식, 「문헌상에 나타난 가야와 왜」, 『가야문화』 6, 가야문화연구원, 1993.

186) 정효운, 『고대한일정치교섭사연구 - 6, 7세기 한일관계사를 중심으로』, 학연문화사, 1995.

187) 고관민, 『고대조선제국と왜국』, 雄山閣, 1997.

188) 연민수, 「일본서기에 본 가야와 고대일본」, 『가야와 고대일본』, 김해시, 1997 ; 『고대한일관계사』, 혜안, 1998.

189) 김은숙, 「新撰姓氏錄의 加耶系 씨족」, 『한국고대사논총』 2, 한국고대사회연구소, 1991.

190) 白石太一郎, 「일본열도에 있어서의 국가형성과 가야」, 『가야의 대외교섭』 김해시 제5회 가야사 학술회의, 1999.

191) 전춘원, 「삼국정립 항쟁 시기 가야와 왜(대화국)의 관계」, 『가야의 대외교섭』, 김해시 제5회 가야사 학술회의, 1999.

192) 김정학, 「가야와 일본」, 『고대한일문화교류연구』, 한국정신문화연구원, 1990.

193) 신경철, 「금관가야의 성립과 대외관계」, 『가야와 동아시아』, 김해시, 1992.

武末純一,[200] 박천수[201] 등의 연구를 들 수 있다.

(2) 임나일본부 연구[202]

戰前의 일인사학자들은 4세기에서 6세기에 걸쳐 왜가 남한지역을 지배하였다는 이른바 임나일본부설을 만들어 내었는데 이를 체계적으로 정리한 것이 末松保和의 『任那興亡史』[203]이다. 이 임나일본부설은 해방 이후 여러 각도에서 검토되고 비판되면서 이제는 어느 정도 극복되었다고 할 수 있다. 이러한 극복의 轉機를 만들어 준 것은 김석형이 조선에는 任那도 日本府도 없었고 임나일본부 관련기사의 모두는 九州의 百濟系 分國과 大和政權 사이에 吉備의 加羅系 分國의 지배를 둘러싸고 충돌한 것이었다고 하는 分國論이었다.[204] 이후 井上秀雄은 임나일본부를 한반도 남부 해안지대에 거주한 왜인집단으로 파악하였고,[205] 천관우는 임나일본부는 369년에 가야 제국을 평정한 백제가 설치한 派遣軍司令部로 파악하였다.[206] 천관우의 백제군사령부설은 왜인용병설을 주장한 김현구에[207] 의

---

194) 박광춘, 「일본 구주 북부지역의 신라·가야계 유적·유물-토기와 묘제를 중심으로-」, 『한국고대사논총』 3, 한국고대사회연구소, 1992.

195) 大塚初重, 「考古學から見た伽耶と倭」, 『가야와 동아시아』, 김해시, 1992.

196) 東潮, 「考古學から見た加耶と倭國」, 『新視點 日本の歷史(古代篇)』, 新人物往來社, 1993.

197) 西谷正, 「加耶と倭文物交流」, 『加耶史論』, 고려대학교 한국학연구소, 1993.

198) 김두철, 「전기가야의 마구」, 『가야와 고대일본』, 김해시, 1997.

199) 홍보식, 「묘제에서 본 가야와 고대일본」, 『가야와 고대일본』, 김해시, 1997.

200) 武末純一, 「토기에서 본 가야와 고대일본」, 『가야와 고대일본』, 김해시, 1997.

201) 박천수, 「일본속의 가야문화」, 『가야사의 새로운 이해』, 경상북도·고령군 경상북도 개도 100주년 기념 가야사학술회의, 1996.

202) 이 문제에 대한 연구사 정리는 김현구, 『大和政權の對外關係研究』, 吉川弘文館, 1985 ; 김태식, 『가야연맹사연구』, 일조각, 1993의 부록(임나일본부문제의 연구사 검토) ; 이영식, 『加耶諸國と任那日本府』, 吉川弘文館, 1993 제1장 참조.

203) 末松保和, 『任那興亡史』, 大八洲出版, 1949.

204) 김석형, 『초기조일관계연구』, 사회과학원출판사, 1966 ; 『초기조일관계사(하)』, 사회과학원출판사, 1988.

205) 井上秀雄, 『任那日本府と倭』, 東出版 寧樂社, 1973.

206) 천관우, 「복원 가야사」 상·중·하, 『문학과 지성』 28·29·31, 1977·1978.

해 보다 정치화되었다. 한편 이병선은 『일본서기』에 나오는 국명·지명의 분석을 통해 임나를 대마도에 비정하였다.[208]

이러한 견해와는 달리 임나일본부를 왜인 使者나 외교교섭단체로 본 견해로는 鈴木靖民,[209] 鬼頭淸明,[210] 奧田尙,[211] 大山誠一[212] 등의 견해를 들 수 있다. 이외에 가야와 왜 사이의 외교나 교역의 측면을 중시하여 교역기관으로 보는 견해로는 吉田晶,[213] 이근우[214] 등의 견해를 들 수 있고, 안라에 설치된 倭臣館으로 본 견해로는 김태식,[215] 연민수[216] 등의 연구를 들 수 있다. 그리고 왜가 가야 제국과의 외교교섭을 위해 임시 파견한 사신단으로 본 견해로는 請田正幸,[217] 이영식[218] 등의 연구를 들 수 있다. 이외에 고고학적으로 임나일본부 문제를 다룬 논고로는 안춘배[219]의 연구가 있다.

(3) 생활·종교·의례 분야

가야사와 관련하여 근래의 연구에서 주목되는 것은 정치사나 외교사 외에 가야의 문화·생활·종교·신앙 등과 관련한 연구들도 다수 나오게 되

---

207) 김현구, 『大和政權の對外關係研究』, 吉川弘文館, 1985 ; 『임나일본부연구』, 일조각, 1993.

208) 이병선, 『任那國과 對馬島』, 아세아문화사, 1987.

209) 鈴木靖民, 「いわゆる任那日本府および倭問題」, 『歷史學研究』 405, 1974.

210) 鬼頭淸明, 「加耶諸國の史的發展について」, 『朝鮮史研究會論文集』 11, 1974 ; 「任那日本府の檢討」, 『日本古代國家の形成と東あじあ』, 1976.

211) 奧田尙, 「任那日本府と新羅の倭典」, 『古代國家の形成と展開』, 吉川弘文館, 1976.

212) 大山誠一, 「所謂任那日本府の成立について」, 『古代朝鮮と日本』, 1980.

213) 吉田晶, 「古代國家の形成」, 『岩波講座 日本歷史 - 古代 2』, 1975.

214) 이근우, 「일본서기 임나관계 기사에 관하여」, 『청계사학』 2, 1985.

215) 김태식, 「530년대 안라의 일본부 경영에 대하여」, 『울산사학』 4, 1991.

216) 연민수, 「6세기전반 가야제국을 둘러싼 백제·신라의 동향 - 소위 임나일본부설의 구명을 위한 서장」, 『신라문화』 7, 1990.

217) 請田正幸, 「6世紀 前期の日朝關係 - 任那日本府を中心として」, 『朝鮮史研究會論文集』 11, 1974.

218) 이영식, 『加耶諸國と任那日本府』, 吉川弘文館, 1993.

219) 안춘배, 「고고학상에서 본 임나일본부설」, 『가라문화』 8, 1991.

었다는 사실이다. 이러한 연구경향은 가야사의 폭을 넓혀 주고 있다는 측
면에서 의미하는 바가 크다. 가야문화를 고고학적으로 개관한 것으로는 윤
용진[220]의 연구를 들 수 있고, 문헌자료와 고고자료를 종합하여 가야인의
삶의 모습을 정리한 것으로는 권주현[221]의 연구 등을 들 수 있다. 가야의
종교 가운데 불교와 관련하여서는 김영태,[222] 홍윤식,[223] 전호태,[224] 김복
순,[225] 김영화,[226] 이영식,[227] 전호태[228] 등의 연구를 들 수 있다. 토착신앙
이나 건국설화를 중심으로 한 연구로는 이은창,[229] 임세권,[230] 최광식[231]
등의 연구를 들 수 있다.

　가야지역 고분의 발굴결과 순장이라는 장법이 새로이 확인된 것도 주요
한 업적이라 할 수 있다. 가야의 순장에 대해서는 김종철,[232] 주용립,[233]
권오영,[234] 김기흥,[235] 김세기[236] 등의 연구를 들 수 있다. 인골 분석과 관
련하여서는 田中良之,[237] 김재현,[238] 홍형우,[239] 武末純一[240] 등의 연구를

---

220) 윤용진,「가야문화의 고고학적 개관」,『한국의 미 22 - 고분미술』, 1985.
221) 권주현,『가야문화사연구』, 계명대학교 박사학위논문, 1998.
222) 김영태,「가락불교의 전래와 그 전개」,『불교학보』27, 1991 ;「가야문화의 사적 고
　　찰」,『가야문화』10, 1997.
223) 홍윤식,「가야불교에 대한 제문제와 그 사적 의의」,『가야고고학논총』, 1992.
224) 전호태,「가야고분벽화에 관한 일고찰」,『한국고대사논총』4, 1992.
225) 김복순,「대가야의 불교」,『가야사연구』, 경상북도, 1995.
226) 김영화,「가야불교의 수용에 대한 비판적 고찰」,『경대사론』20, 경남대학교 사학
　　회, 1997.
227) 이영식,「가야불교의 전래와 문제점」,『가야문화』11, 가야문화연구원, 1998.
228) 전호태,「가야고분벽화에 관한 일고찰」,『한국고대사논총』4, 한국고대사회연구소,
　　1992.
229) 이은창,「고령 양전동암각의 조사약보」,『고고미술』112, 1971.
230) 임세권,『한국 선사시대 암각화의 성격』, 단국대학교 박사학위논문, 1994.
231) 최광식,「대가야의 신앙과 제의」,『가야사연구』, 경상북도, 1995.
232) 김종철,「고분에 나타나는 삼국시대 순장양상 - 가야·신라지역을 중심으로」,『윤
　　무병박사 회갑기념논총』, 1984.
233) 주용립,「한국 고대의 순장연구」,『손보기박사정년기념한국사학논총』, 1988.
234) 권오영,「고대 영남지방의 순장」,『한국고대사논총』4, 1992.
235) 김기흥,「한국 순장제의 역사적 성격」,『건대사학』8, 1993.
236) 김세기,「가야의 순장과 왕권」,『가야제국의 왕권』, 신서원, 1997.
237) 田中良之,「埋葬人骨による日韓古墳時代の比較」,『4·5세기 한일고고학』영남

들 수 있다. 가야인의 삶과 인식체계를 정리한 것으로는 김세기[241]의 연구
를, 매장의례와 관련한 연구로는 안순천[242]의 연구 등을 들 수 있다. 우륵
과 가야금을 중심으로 가야의 음악문제를 다룬 논고로는 장사운,[243] 송방
송,[244] 문성엽[245] 등의 연구를 수 있고, 이를 정치사와 연계시켜 본 연구로
는 田中俊明,[246] 백승충[247]의 연구를, 그리고 우륵을 통해 대가야의 문화
를 정리한 논고로는 권주현[248] 등의 연구를 들 수 있다.

(4) 장신구·위세품·무구·마구에 대한 연구

고고학 발굴에서 많은 유물이 출토되자 이러한 유물들을 통해 가야사의
면모를 새롭게 조명해 본 연구들이 다수 나오게 되었다. 장신구는 당시 귀
족들의 생활 취향을 보여 줌과 동시에 위세를 나타내는 것이기도 하다. 장
신구에 대한 연구로는 윤세영,[249] 윤선희,[250] 이인숙,[251] 최종규,[252] 이
상,[253] 이경자,[254] 김기웅,[255] 최종규·姜昊希[256] 등의 연구를 들 수 있다.

·구주고고학회 제2회 합동고고학대회 발표요지, 1996.
238) 김재현, 「한국의 순장연구에 대한 검토」, 『문물연구』 2, 1997.
239) 홍형우, 「고고학에 있어서 인골의 연구성과와 방향」, 『한국상고사학보』 17, 1994.
240) 武末純一, 「韓國禮安里古墳群の階層構造」, 『고문화담총』 28, 1992.
241) 김세기, 「가야인의 삶과 죽음」, 『가야사의 새로운 이해』, 경상북도 개도100주년기
    념 학술대회 발표요지문, 1996 ; 「가야의 문화」, 『가야문화도록』, 경상북도, 1998.
242) 안순천, 「소형철제모형농공구 부장의 의의 - 대가야고분의 매장의례와 관련하
    여 - 」, 『영남고고학』 18, 1996.
243) 장사운, 『증보한국음악사』, 세광음악출판사, 1994.
244) 송방송, 『한국고대음악사연구』, 일지사, 1985.
245) 문성엽, 「가야금의 전신악기와 우륵의 음악활동」, 『역사과학』 133, 1990.
246) 田中俊明, 「于勒十二曲と大加耶聯盟」, 『東洋史硏究』 48-4, 1995.
247) 백승충, 「가라국과 우륵12곡」, 『부대사학』 19, 1995.
248) 권주현, 「우륵을 통해 본 대가야의 문화」, 『한국고대사연구』 18, 2000.
249) 윤세영, 「장신구」, 『한국사론 15 - 한국의 고고학』, 국사편찬위원회, 1985.
250) 윤선희, 『삼국시대 과대의 기원과 변천에 관한 연구』, 서울대학교대학원 박사학위
    논문, 1987.
251) 이인숙, 「가야시대 장신구 양식고 - 冠類와 耳飾·頸飾을 중심으로」, 『한국학논
    집』 14, 한양대학교 한국학연구소, 1988.
252) 최종규, 「濟羅耶의 문물교류」, 『백제연구』 23, 1991.

위세품에 대한 연구로는 김기웅,[257] 穴澤和光·馬目純一,[258] 구자봉,[259] 박보현,[260] 이한상,[261] 町田章,[262] 박순발[263] 등의 연구를 들 수 있다.

무구와 마구는 국가가 자국을 방어하거나 정복적 팽창활동을 하는 데 절대적이다. 가야 고분에서는 종류도 다양한 무기와 마구들이 다량 출토되었다. 무기에 대해서는 이은창,[264] 김기웅,[265] 田中晉作,[266] 정징원·신경철,[267] 전옥년,[268] 조영제,[269] 최종규,[270] 김성태,[271] 송계현[272] 등의 연구를 들 수 있다. 馬具·馬裝에 대해서는 신경철,[273] 김두철,[274] 이상율,[275]

253) 이한상, 「대가야계이식의 분류와 편년」, 『고대연구』 4, 1995 ; 「대가야권 장신구의 편년과 분포」, 『한국고대사연구』 18, 2000.

254) 이경자, 「대가야계고분 출토 이식의 부장양상에 대한 일고찰」, 『영남고고학』 24, 1999.

255) 김기웅, 「가야의 장신구」, 『가야문화』 3, 1990.

256) 최종규·姜炅希, 「옥전M4호분 출토 水晶被伏彩色珠」, 『고대연구』 4, 1995.

257) 김기웅, 「가야의 冠帽에 대하여」, 『문화재』 12, 1979.

258) 穴澤和光·馬目純一, 「三國時代の環頭大刀」, 『考古學ジャーナル』 No.236, 1984.

259) 구자봉, 「환두대도의 분류와 명칭에 대한 고찰」, 『영남고고학』 17, 1995.

260) 박보현, 「가야관의 속성과 양식」, 『고대연구』 5, 1997.

261) 이한상, 「장식대도의 하사에 반영된 5-6세기 신라의 지방지배」, 『군사』 35, 1997.

262) 町田章, 「가야의 환두대도와 왕권」, 『가야제국의 왕권』, 신서원, 1997.

263) 박순발, 「가야와 한성백제」, 『가야와 백제』, 김해시, 2000.

264) 이은창, 「삼국시대 4-무구」, 『韓國の考古學』, 1972.

265) 김기웅, 「삼국시대의 무기소고」, 『한국학보』 5, 1976 ; 「무기와 마구」, 『한국사론』 15, 1985 ; 「가야무기고」, 『伽倻文化』 8, 1995.

266) 田中晉作, 「武器の所有形態からみた古墳被葬者の性格」, 『ヒストリーア』 93, 1981.

267) 정징원·신경철, 「고대 한일 甲冑斷想」, 『윤무병교수회갑기념논총』, 1984.

268) 전옥년, 「동래복천동 제22호 출토 호록금구를 통해 본 호록의 복원」, 『가야통신』 11·12, 1985 ; 「가야의 금동제품에 관하여 - 성시구연구」, 『가야고고학논총』 1, 1992.

269) 조영제, 「옥전고분출토 철촉에 대한 고찰」, 『가야문화』 5, 1992.

270) 최종규, 「성시구고」, 『박물관연구논집』 1, 1992.

271) 김성태, 「한반도 동남부지역출토 철촉의 연구」, 『한국상고사학보』 10, 1992.

272) 송계현, 「가야갑주문화의 변화」, 『가야고분편년의 연구 Ⅲ』, 제4회 영남고고학회 학술발표회집, 1995.

273) 신경철, 「가야의 무구와 마구」, 『국사관논총』 7, 1989 ; 「가야 초기마구에 대하여」, 『부대사학』 18, 1994 ; 「복천동고분군의 갑주와 마구」, 『가야사복원을 위한 복천동

김영민,[276] 千賀久,[277] 류창환[278] 등의 연구를 들 수 있다.

5. 연구쟁점

1) 가야사의 전개과정

(1) 변한사와 가야사

한국고대사에서 1~3세기는 고고학적으로는 원삼국시대로, 문헌으로는 삼한시기로 불리워진다. 삼한 가운데 마한은 그 구성원의 하나인 백제국에 의해 통합되었고, 진한도 사로국에 의해 통합되었다. 그러나 변한은 어느 한 세력에 의해 통합되지 못한 채 가야사회로 전환되었다. 마한이 백제국에 의해 통합되고, 진한이 사로국에 의해 통합되는 시기는 분명하지 않지만 『진서』에 의하면 3세기말 경에도 마한과 진한이 각각 西晉에 사신을 파견한 것으로 나오므로 그 전환시기는 3세기말 4세기 초로 볼 수 있다. 그렇다면 변한에서 가야로의 전환도 이 시기에 이루어진 것으로 볼 수 있을 것이다.

1~3세기의 변한을 가야사에서 어떻게 다루어야 할 것인가에 대해서는 두 가지의 견해로 정리해 볼 수 있다. 하나는 가야사에 포함시켜 가야사의 범주에 넣는 것이고,[279] 다른 하나는 1~3세기는 변한의 역사이고 가야의

고분군의 재조명』, 부산광역시립복천박물관, 1997.

274) 김두철, 「신라·가야의 마구 - 馬裝을 중심으로」, 『한국고대사논총』 3, 1992 ; 「영남지방 騎乘문화의 수용과 발전」, 『가야고분의 편년연구Ⅲ』 제4회 영남고고학 술발표회 발표요지문, 1995 ; 「가야전기의 마구」, 『가야논총』, 김해시, 1998.

275) 이상율, 「삼국시대행엽소고」, 『영남고고학』 13, 1993 ; 「삼한시대의 鑣轡에 대하여」, 『윤용진교수정년퇴임기념논총』, 1998.

276) 김영민, 「삼한시대 철기문화」, 『제8회 부산-구주고고학 공동연구회 발표논문집』, 1994.

277) 千賀久, 「日本の初期馬具と加耶の馬具 - 5世紀後半の馬裝具を中心に」, 『加耶および日本の古墳出土遺物の比較研究』, 國立歷史民俗博物館, 1994.

278) 류창환, 「가야고분 출토 등자에 대한 연구」, 『한국고고학보』 23, 1995.

279) 대표적으로는 김태식, 『가야연맹사연구』, 일조각, 1993을 들 수 있다.

성립은 3세기말 4세기 초로 보아야 한다는 견해이다.[280] 이 두 견해를 주보돈은 전자를 前期論으로, 후자를 前史論으로 명명하였다.

1~3세기의 변한사를 前史라고 할 때 김태식의 비판처럼[281] 전사가 '이전의 역사'를 의미한다면 문제가 되는 용어이다. 그런데 前史論·前期論이란 1~3세기의 변한사를 변한의 역사로 보는 입장과 가야사의 전반부로 보는 연구경향을 구분하기 위해 고안된 것에 불과한 용어이지 역사적 변화의 시기나 단계를 나타내는 것은 물론 아니다. 그러므로 김태식의 주장처럼 전사론은 변한사 분리론으로, 전기론은 변한사 포함론으로 표현하는 것이 보다 정확한 표현일 수도 있다.

1~3세기는 분명히 삼한이 존립하고 있었던 시기이며, 후일 마한을 통합한 백제국이나 진한을 통합한 사로국도 각각 마한과 진한의 한 구성체였으며, 후일 가야를 구성한 국들도 변한의 구성체들이었다. 그러므로 삼한이 존재한 1~3세기를 三韓시기로 설정하는 것은 당연하다. 이러한 입장에서 볼 때 1~3세기의 마한은 분명히 마한사이지 백제사는 아닌 것이고, 또 1~3세기의 진한은 진한사이지 신라사는 아닌 것이다. 이를 백제사, 신라사라고 하는 것은 최종적으로 마한과 진한을 병합한 백제와 신라를 중심으로 한 것이다. 마찬가지로 변한사도 가야사가 될 수 없는 것이다. 1~3세기의 변한사를 전기가야사에 포함시키는 것은 가야를 중심에 두고 나온 발상이라고 하겠다. 이렇게 되면 결과적으로 三韓史는 존재하지 않게 되며 나아가 1~3세기에 마한과 진한과 변한을 구성한 여타 국들의 모습과 활동은 捨象되어 버리고 만다.

그러나 삼국시기의 신라가 삼국의 하나에 지나지 않았던 것처럼 사로국도 본래는 진한의 한 구성원이었고 백제국도 마한의 한 구성원이었으며, 가야를 구성한 주요한 국들도 처음에는 변한의 구성원들이었다. 물론 백제국이나 신라국의 기원이나 성립과정을 설명하기 위해서는 마한의 일국인

---

280) 주보돈, 「서설 - 가야사의 새로운 정립을 위하여」, 『가야사연구 - 대가야의 정치와 문화』, 경상북도, 1995.
281) 김태식, 「가야연맹체의 성격 재론」, 『한국고대사논총』 10, 한국고대사회연구소, 2000.

伯濟國이나 진한의 한 구성원인 斯盧國을 논급하여야 함은 물론이다. 그렇지만 이들은 마한이나 진한의 한 구성원에 한정되는 것이므로 마한이나 진한을 이들로 대치시킬 수는 없다. 그러므로 사로국에 의해 통합되기 전의 진한은 진한사로, 백제국에 통합되기 전의 마한은 마한사로, 그리고 3세기 이전의 변한은 변한사로 파악하는 것은 당연하다고 하여야 할 것이다.

개설적인 시기구분과 개별국가사의 변화는 가능하면 일치되어야 한다. 이러한 측면에서 볼 때 마한사와 백제사, 진한사와 신라사, 변한사와 가야사가 단절의 역사가 아니라 연속적인 성격을 가지고 있음이 주목된다. 즉 진한사는 신라의 태동이라는 측면을 내포하고 있고, 마한사에 백제국의 태동이라는 측면을 내포하고 있어 양자는 어느 정도의 연결고리를 가지고 있는 것이다. 변한사에도 가야를 구성한 중요한 국들이 이미 존재하고 있었으므로 태동의 측면을 내포하고 있었다.282) 그러므로 변한사와 가야사는 단절된 것이 아니라 변한사 속에서 가야사가 태동하는 것으로 보아야 할 것이다.

(2) 가야사의 시기구분

가야사회가 성립해서 멸망할 때까지 그 역사의 전개과정을 보다 체계적으로 이해하기 위해서는 시기구분이 필요하다. 가야사의 시기구분에 대해서는 다음의 몇 가지 견해가 있다. 김정학은 청동기시대부터 기원전후까지를 '先加耶時代'로, 1~3세기는 변한연맹국가로서 '가야시대 전기'로, 4~6세기를 가야연맹국가로서 '가야시대 후기'로 설정하였다.283) 김태식은 가야사는 4세기말 5세기 초의 대변동기를 기준으로 삼아 1~4세기는 구야국 중심의 전기가야연맹으로, 4~6세기는 대가야 중심의 후기가야연맹으로 나누어 설명하였다.284) 백승충의 지역연맹사론도 전기는 김해지역연맹사이고 후기는 대가야지역연맹사이므로285) 결과적으로 가야사 전개를 전·

---

282) 武田幸男, 「文獻からみた伽耶」, 『伽倻文化展』, 朝日新聞社, 1992.
283) 김정학, 『任那と日本』, 小學館, 1977.
284) 김태식, 『가야연맹사연구』, 일조각, 1993.
285) 백승충, 『가야의 지역연맹사연구』, 부산대학교 박사학위논문, 1995.

후기로 나눈 셈이 된다.

　가야사를 전기가야연맹과 후기가야연맹으로 크게 나눈 김태식은 전기가야를 세분하여 토광목관묘 문화가 시작되는 기원전 1세기부터 기원후 1세기 경까지를 가야문화 기반의 형성시기로, 토광목곽묘 문화가 형성되는 기원후 2세기대까지를 加耶諸國 성립시기로, 3~4세기는 김해의 가락국을 중심으로 한 전기가야연맹의 시기라 하였다. 또 후기가야연맹을 세분하여 400년 경에 전기가야연맹이 해체된 이후 석곽묘 문화가 나타나기 시작하는 5세기 전반기를 가야제국 복구시기로 설정한 후, 5세기 후반부터 560년대까지는 고령의 대가야를 중심으로 한 후기가야연맹의 시기로 설정하되 세부적으로 540년대까지는 대가야 중심의 연맹기로, 540년대는 대가야-안라의 남북이원체제로 분열된 시기로, 550년대는 백제의 부용체제기로 파악하였다.[286]

　가야사의 전개과정을 전기와 후기로 나누어 보는 견해에서 구야국과 대가야가 각각 그 중심적인 세력이었다는 것은 의문의 여지가 없다. 그렇지만 그 시기를 전기와 후기로만 구분하게 되면 가야사 전개의 역동성을 제대로 파악하기 어렵게 된다. 왜냐하면 전기가야에서 구야국이 맹주국임은 분명하다고 하더라도 400년이라고 하는 장구한 기간 동안의 변화상이 설명되고 있지 않기 때문이다. 더구나 변한시기에 구야국과 안야국의 신지가 똑같이 優號를 받고 있으므로 1~3세기에 구야국이 변한연맹체를 대표하는 맹주국이었다고 단정하기도 어렵다. 그러므로 1~4세기 동안의 가야사를 구야국 중심의 전기가야연맹으로 부르는 것은 변한사를 전기가야사에 포함시킴으로써 빚어진 결과라 할 것이다.

　가야사를 가야제국의 연맹사로 파악하는 관점에서 볼 때 맹주국의 성립과 교체는 중요한 의미를 지닌다. 따라서 가야사에서 맹주국의 교체 내지 변화를 가져올 수 있는 상황을 잘 분석하면 가야사의 전개과정을 보다 동태적으로 파악할 수 있지 않을까 한다. 가야사의 전개과정에서 맹주국의

---

286) 김태식, 「5세기 후반 대가야의 발전에 대한 연구」, 『한국사론』 12, 1985 ; 「6세기 전반 가야 남부제국의 소멸과정 고찰」, 『한국고대사연구』 1, 1988.

등장이나 교체를 가져올 만큼 영향을 미친 사건으로는 3세기말 4세기대의 변화, 5세기 초의 고구려군 南征, 6세기 전반 금관가야=구야국의 멸망, 554년 관산성 전투에서의 패배 등을 들 수 있을 것이다.

3세기말 4세기 초는 낙랑·대방군이 멸망하고, 백제가 마한을, 신라가 진한을 통합한 시기이기도 하다. 이러한 주변 정세의 변화는 변한사회에 커다란 충격을 주었고 그것에 대응하는 과정에서 변한사회는 가야사회로 전환되었던 것 같다. 변한사회에서 가야사회로의 전환과정에서 구야국은 교역의 거점이라는 지정학적 조건을 최대한으로 이용하여 새로운 구심세력으로 등장하여 가야사회에서의 맹주국이 된 것으로 볼 수 있겠다. 이것은 가야사에서 중요한 획기가 된다고 할 수 있다.

다음 광개토왕비에 의할 때 任那加羅=金官國은 고구려군의 공격을 받아 그 세력이 약해지면서 정치적 주도권을 잃게 되었다. 이러한 상황에서 고령의 加羅國=大加耶가 두각을 나타내면서 새로운 맹주국이 되었다. 이 점은 5세기대에 오면 고령에서 고총고분의 조영이 본격적으로 이루어지고 있다는 고고학적 편년관과도 일정하게 대응된다. 고령의 가라국이 맹주국으로 부상하는 것은 가야사에서 중요한 획기로 볼 수 있겠다.

가야를 구성한 제국 가운데 南加羅를 비롯하여 탁기탄과 탁순이 530년대에 멸망하게 된다. 이들의 멸망은 여타 가야 제국의 자구책 모색을 강요하게 되었고, 그러한 사태를 미연에 막지 못한 대가야는 권위의 상실을 가져오게 된 것 같다. 이러한 상황은 안라국이 새로운 활로를 모색하면서 그 행동반경을 넓혀 가야 제국을 주도하는 세력으로 등장할 수 있게 된 배경이 되었다 하겠다. 이 때의 안라국의 활동을 중시하여 이 시기를 대가야-안라국의 남북이원체제로 설정한 것은 의미가 있다고 본다.

그후 가야는 551년 백제가 한강유역을 회복하려고 할 때 신라와 더불어 군대를 파견하여 고구려를 공격하였고, 554년 백제가 신라를 공격할 때 역시 원군을 파견하여 신라와 싸웠다. 이러한 사실은 550년대에 들어와 가야가 친백제정책으로 기운 것을 보여 준다. 그러나 가야의 친백제정책은 도리어 신라의 반격을 초래하여 마침내 멸망에 이르게 되었다. 이렇게 볼 때

550년 이후 562년에 이르기까지를 친백제 또는 백제에의 附庸시기로 구분해 보는 것은 의미가 있다고 하겠다.

필자는 가야사의 전개과정을 보다 동태적이고 체계적으로 이해하기 위해서는 그 시기를 전기·후기로 나누기보다는 세분하는 것이 타당하다고 본다. 즉 김태식이 전기·후기 속에서 세분한 것을 각각의 독자적인 시기로 설정하는 것이 좋지 않을까 한다. 이렇게 볼 때 목곽묘 문화가 형성되는 기원후 1~3세기는 변한사로서 가야의 모태 시기로, 가야사회로 전환된 3세기말~4세기초에서 4세기말까지는 구야국 중심의 연맹체 시기로, 5세기 초에서 6세기 전반기까지는 대가야 중심의 연맹체 시기로, 남가라가 멸망한 532년 경에서 540년대에 이르는 시기는 대가야-안라의 남북이원체제 시기로, 그 이후는 백제에의 부용관계 시기로 설정해 볼 수 있겠다.

2) 가야사회의 정치적 성격

(1) 단일연맹체론과 지역연맹체론

가야의 정치적 성격에 대해서는 크게 두 가지 견해로 나누어 볼 수 있다. 하나는 가야가 연맹체를 형성한 것으로 보는 견해이고, 다른 하나는 가야는 연맹체를 형성한 것이 아니라 개별 국으로 존재하였다고 보는 견해이다.[287] 그런데 가야라는 용어는 單一國을 지칭하는 것이 아니라 그 내부에 여러 國들을 포괄하는 용어이다. 복수의 국들이 가야라는 명칭으로 불리고 있으므로 개별 국들의 독자성을 강조한다면 가야라는 명칭을 사용할 수 없게 된다.

연맹체론은 다시 가야제국 전체를 포괄하는 단일연맹체론과 지역연맹체론으로 나뉘어진다. 단일연맹체설은 가야제국이 특정국을 맹주국으로 하여 연맹을 형성한 것으로 파악하는 것이다.[288] 지역연맹체론은 가야는 삼

---

287) 이영식, 「가야제국의 국가형성 문제 - 가야연맹체설의 재검토와 전쟁기사분석을 중심으로」, 『백산학보』 32, 1985.
288) 김정학, 「가야사의 연구」, 『사학연구』 37, 1983 ; 「가야의 국가형성단계」, 『정신문화연구』 32, 1987 ; 김태식, 『가야연맹사연구』, 일조각, 1983.

국과는 달리 분립적·고립적 성격을 특징으로 하고 있기 때문에 ‘가야’ 전
지역을 하나의 정치체로 묶을 수 없다는 인식에서 나온 것이다. 백승충은
전·후기 시기의 맹주로 인식되고 있는 김해의 가락국과 고령의 가라국의
정치적 범주를 ‘김해지역연맹체’와 ‘고령지역연맹체’로 규정하고 이 두 연
맹체는 계기적으로 성장하였으나 가야지역 전체를 포괄하지 못한 것으로
파악하였다.[289] 田中俊明이 대가야가 고령양식 토기가 출토되는 지역들과
우륵의 가야금 12곡에 나오는 국들을 중심으로 대가야연맹체를 형성한 것
으로 본 것도[290] 지역연맹체설로 볼 수 있겠다. 그리고 『삼국유사』에 나오
는 6가야를 지역연맹체를 형성한 국으로 생각하여 이를 아라가야연맹체,
소가야연맹체 등으로 파악한 견해도[291] 같은 범주에 속한다고 하겠다.

지역연맹체설은 고고학 자료의 분석에서도 나오게 되었다. 가야지역은
5세기 전반에는 고령과 성주가 각가 중요한 역할을 수행하다가 5세기 후
반에는 고령 중심의 서북가야군, 김해 중심의 동부가야군, 함안 중심의 서
남가야군이라는 3개의 소연맹이 형성된 것으로 파악한 견해,[292] 함안지역
이 고령양식 토기의 주 분포권에서 벗어나서 독자적인 토기 분포를 가지
고 있다는 점에서 가야전역을 포괄하는 單一聯盟體說을 비판하고 몇 개의
지역연맹체가 존재하였을 것으로 상정한 견해,[293] 그리고 지역연맹체라는
표현은 사용하지 않았지만 5~6세기의 가야지역을 고령권, 김해권, 함안권,
고성-사천권(진주권)을 나눈 것도[294] 같은 맥락이라고 하겠다.

지역연맹체설은 複合國史의 성격을 가지고 있는 가야사회가 여러 세력
권으로 나뉘어져 있음을 보여준다는 측면에서는 의미가 있다. 그렇지만 이

---

289) 백승충, 『가야의 지역연맹사연구』, 부산대학교 박사학위논문, 1995.

290) 田中俊明, 『大加耶連盟の興亡と任那』, 吉川弘文館, 1992.

291) 이형기, 「성산가야연맹체의 성립과 그 추이 - 가야사에서의 지역연맹체에 대한 일
　　시론」, 『민족문화연구』 18·19, 1998.

292) 권학수, 「가야제국의 성장과 환경」, 『백산학보』 30·31, 1985 ; 「가야의 복합사회
　　출현」, 『한국상고사학보』 13, 1993.

293) 이희준, 「토기로 본 大伽耶의 圈域과 그 변천」, 『加耶史硏究 - 대가야의 政治와
　　文化』, 경상북도, 1995, 365~444쪽.

294) 박승규, 「경남 서남부지역 도질토기에 대한 연구 - 진주식토기와 관련하여」, 『경상
　　사학』 9, 1993.

지역연맹체를 포괄하는 정치체를 설정하지 않고 지역연맹체의 개별성만을 강조할 경우 개별 지역연맹사는 복원될 수 있을지는 몰라도 가야사의 복원은 어렵게 된다. 그리고 지역연맹체에 포괄되지 않은 국들의 존재도 捨象되어 버릴 가능성도 크다.

이 문제에 대해 필자는 복합국으로 이루어진 가야의 정치적 성격을 단일연맹체로 보고 그 내부에는 여러 '地域勢力圈'이 형성되어 맹주국과 일정한 관계를 맺고 있었던 것으로 파악하고자 한다. 필자가 '지역세력권'이라고 한 것은 聯盟이라는 용어가 빈번히 사용됨으로써 오는 혼란을 피하기 위해서다. 이렇게 볼 때 구야국이 가야연맹체의 맹주국이었을 때 그 내부에는 안라국 중심의 지역세력권, 고자국 중심의 지역세력권, 반파국(고령) 중심의 지역세력권, 다라국 중심의 지역세력권들이 형성되어 있었을 것으로 생각된다. 그리고 맹주권이 고령의 가라국으로 넘어왔을 때에도 금관국 중심의 지역세력권 외에도 안라국, 고자국, 다라국 중심의 지역세력권들도 비록 힘의 강약에는 변화가 있었을지라도 여전히 존립하고 있었던 것이다. 그리고 경우에 따라서는 어느 세력권에도 속하지 않은 국도 존재하기도 하였을 것이다.

문제는 맹주국과 지역세력권과의 관계가 어떻게 설정되어 있었느냐 하는 점이다. 즉 맹주국과 구성국과의 권리 및 의무, 연맹체를 이탈하였을 때의 제제 여부와 그 정도, 공동의 목표와 이를 수행하기 위한 방법 및 그에 따른 의무 등이 밝혀져야 한다. 그리고 이러한 문제들을 다루기 위한 기구들이 있었는지, 있었다면 그 기구는 어떻게 구성되고 또 어떻게 운영되었는지 등도 밝혀져야 할 것이다.

필자는 일단 연맹 전체와 관련되는 중요한 사항은 諸國 수장들의 모임인 '諸國旱岐會議體'에서 논의·결정하였을 것으로 추론하고 있다. '諸國旱岐會議體'의 존재는 백제 성왕에 의해 소집된 泗沘會議에 가야제국의 수장이나 대표들이 모여 회의를 한 것에서 추론해 볼 수 있다. 이 제국한 기회의체에서 다룰 수 있는 문제로는 군대의 파견[295] 등과 같은 사항을 들

---

295) 481년 신라의 요청에 의해 군대를 파견하여 미질부성 전투에서 고구려군을 물리

수 있겠다. 군대를 파견하고자 할 때 파병 여부 및 파견할 군대 규모 등과 같은 중요한 사안에 대해 맹주국은 아마도 제국한기회의를 개최하여 이를 논의·결정하였을 것이다. 이 과정에서 각 국들이 져야할 부담들도 논의되고 결정되지 않았을까 한다.[296]

(2) 가야 각국의 정치적 성격

① 王 稱號의 국

가야를 구성한 각국의 정치적 발전수준은 어느 단계였을까. 이는 가야사회의 정치적 성격과 연결되는 문제이기도 한다. 가야 각국의 국가적 성격을 논함에 먼저 전제로 하여야 할 것은 가야를 구성한 각국의 정치발전 수준이 동일하지 않았다는 점이다. 『일본서기』흠명기 2년조와 5년조에 의하면 가라국과 안라국은 최고지배자로서 왕이 있고 왕 아래에 한기조직과 수위조직이 있은 것으로 나오나 여타 국들은 최고지배자로서 한기만 보인다. 이는 왕을 칭하면서 한기조직과 수위조직을 가진 국과 한기를 칭한 국의 정치발전 수준이 다른 것을 보여주는 것이다. 여기서는 먼저 王을 칭한 국의 정치적 성격을 정리해 보기로 한다.

가야를 구성한 개별국 가운데 그 국가적 성격에 대해 가장 활발히 논의가 이루어진 것이 대가야이다. 이에 대한 연구자들의 공통적인 견해는 대가야의 정치발전 수준이 다른 가야국들보다 높았다고 하는 사실이다. 그러나 그 발전 정도에 대해서는 성읍국가 단계로 보는 견해,[297] 도시국가 수준으로 보는 견해,[298] 영역국가적 모습도 보이지만 복합군장사회로 보아야

친 것, 551년 백제의 요청에 의해 군대를 파견하여 고구려를 쳐서 한강 유역을 회복한 것, 554년 백제의 요청에 의해 군대를 파견하여 관산성에서 신라군과 전투를 한 것 등이 대표적인 예이다.

296) 『三國志』 동이전 한전에 인용된 『魏略』에 廉斯鑷설화가 나오는데 사망한 중국인 500명에 대한 대가로 辰韓人 15,000명과 牟韓布 15,000필을 배상으로 낸 사실이 기록되어 있다. 이 많은 인원과 布를 조달하는 방법과 각국이 부담하여야 할 양에 대해 아마도 연맹체의 맹주국과 각국의 대표들이 모여 논의·결정하지 않았을까 한다.

297) 천관우, 「삼한의 국가형성」상·하, 『한국학보』 2·3, 1976.

한다는 견해,[299] 부체제단계로 보는 견해,[300] 신라의 마립간기에 준하는 정도로 보는 견해,[301] 등이 나왔다. 이러한 견해들은 대가야가 아직까지 중앙집권적 국가체제 단계에는 이르지 못한 것으로 본 것이다. 그러나 근자에는 고고학 자료를 적극 활용하면서 대가야가 중앙집권적 고대국가의 단계까지 진입한 것으로 보는 견해도 [302] 나오고 있다. 필자는 대가야의 정치발전 수준을 부체제단계로 파악하는 바이다.[303]

이처럼 대가야의 국가적 성격에 대한 논의가 활발히 이루어지고 있는 반면에 여타 국들에 대한 논의는 상대적으로 소홀히 되었다고 할 수 있다. 그러므로 대성동고분군을 조영한 금관가야, 말이산고분군을 조영한 아라가야(안라국), 옥전고분군을 조영한 다라국 등의 국가적 성격이 무엇인지도 진지하게 논의되어야 할 것이다. 이 가운데 우선 생각해 볼 수 있는 것이 대가야처럼 수장이 왕을 칭한 안라국과 한 때 가야연맹의 맹주국이었던 금관가야이다.

아라가야(안라국)은 최고수장이 왕을 칭하고 그 아래에 한기와 수위 등의 관료조직을 두고 있다. 또 『일본서기』에 의하면 임나부흥을 위해 국제회의를 개최하는 등을 중요한 역할을 수행하고 있다. 그리고 말이산에 거대한 고분군을 조영하였고, 화염형투창고배라고 하는 특징적인 토기를 만들었다. 그리하여 전성기의 최대범위는 함안분지를 중심으로 하여 그 외곽지역인 칠원권, 창원권, 진동권, 군북권, 의령권까지를 포괄하는 것으로 파악되고 있다. 물론 함안양식 토기의 분포범위가 함안분지를 크게 벗어나지 않아 고고학적으로는 대가야의 고령양식 토기의 확산과는 대조적인 측면

---

298) 이영식, 「가야제국의 국가형성문제-'가야연맹설'의 재검토와 전쟁기사 분석을 중심으로-」, 『백산학보』 32, 1985.

299) 김태식, 『가야연맹사연구』, 일조각, 1993.

300) 이형기, 「대가야의 연맹구조에 대한 시론」, 『한국고대사연구』 18, 2000.

301) 주보돈, 「서설 - 가야사의 새로운 정립을 위하여」, 『가야사연구』, 경상북도, 1995 ; 김현숙, 「6세기 대가야의 발전단계에 대한 일고」, 『경북사학』 23, 2000.

302) 김세기, 「고령양식토기의 확산과 대가야문화권의 형성」, 『가야문화유적조사 및 정비계획』, 경상북도, 1995 ; 박천수, 「대가야의 고대국가 형성」, 『윤용진교수정년퇴임논총』, 1996.

303) 노중국, 「대가야의 정치·사회구조」, 『가야사연구』, 경상북도, 1995.

을 보이기는 한다. 그렇지만 중심 고분의 규모라든가 왕의 존재 및 내부의 계층분화 등에서 미루어 볼 때 아라가야=안라국도 대가야와 비슷한 정치발전단계, 필자의 견해대로라면 部體制단계에까지 도달하지 않았을까 한다.

금관가야의 경우 그 수장은 『삼국사기』에는 國主로 나온다. 물론 멸망기의 금관가야는 '最小尒'라는 표현에서 보듯이 매우 미약하였지만 전성기의 영역은 외절구연고배의 분포범위에서 볼 때, 동으로는 철마-해운대, 북으로는 낙동강, 서로는 가음정동-도계동-웅천으로 연결되는 지역으로 파악되고 있으며,304) 또 복천동고분군 세력을 그 하부에 두었다고 한다.305) 그리고 「駕洛國記」에는 泉府卿, 宗正寺 등의 기구와 각간, 아질간, 급간 등의 관등도 나온다. 이러한 사실들은 전성기의 금관가야는 부체제적 성격을 지니는 정치체였음을 보여주는 것이라 하겠다.

한편 다라국의 경우 『일본서기』에는 한기조직과 수위조직이 있었던 것으로 나온다. 그리고 이 다라국은 거대한 옥전 고분군을 조영하였다. 옥전고분군이 보여주는 문화양상이 어디까지 미쳤는지는 분명하지 않아 그 권역을 설정하기는 어렵다. 그렇지만 한기조직과 수위조직 및 金銅環頭大刀 등에서 미루어 볼 때 이 다라국의 정치발전은 최고수장이 한기를 칭한 여타의 국들보다는 한 단계 진전된 것으로 볼 수 있다. 그러나 그 수준이 가라국이나 안라국 정도였는지는 세밀한 검토가 필요하다.

② 旱岐 칭호의 국

---

304) 홍보식, 「고고학으로 본 금관가야」, 『고고학을 통해본 가야』(한국고고학회 학술총서 I), 2000, 35~36쪽 및 <도 6> 참조.

305) 이와는 달리 금관가야의 양대 핵심세력을 대성동과 양동리 집단으로 보고 금관가야의 영역을 낙동강 서쪽으로 국한시켜 보는 견해도 있다. 이러한 견해에 의하면 복천동 고분군 세력은 이른 시기에 신라의 지배 하에 들어간 것으로 된다(이현혜, 「김해지역의 고대 취락과 성」, 『한국고대산논총』 8, 1996 ; 이성주, 「1-3세기 가야 정치체의 성장」, 『한국고대사논총』 5, 1993 ; 박천수, 「대가야권 묘제의 편년」, 『한국고고학보』 39, 1998 ; 주보돈, 「4-5세기 부산지역의 정치적 향방」, 『복천동고분군의 재조명』 제1회 부산광역시립복천박물관 학술발표대회 발표요지, 1997).

앞에서 본 것처럼 가라와 안라국의 정치적 발전 수준에 대해서는 여러 가지 논의가 이루어졌다. 그러면 최고수장이 한기를 칭한 국의 경우 그 성격을 어떻게 파악하여야 할 것인가. 이에 대해 김태식은 가야사회에서 가장 발전한 대가야를 복합군장사회로 파악하였으므로[306] 한기를 칭한 국들은 단순군장사회로 보고 있다고 할 수 있겠다. 또 이영식은 4세기 이전은 군장사회이고 4세기말 5세기초 이후의 대가야나 아라가야와 같은 중심세력은 도시국가에 해당된다고 보았으므로[307] 여타의 국들은 군장사회에 머물렀던 뉘앙스를 풍긴다.

북한학계의 경우 금관가야를 비롯한 가야의 여러 나라들은 철기문화를 기반으로 하였고, 금관가야에는 국왕 아래에 9干들로 구성된 평의기구가 있고 각간 또는 대아간 등의 벼슬등급을 가진 제1관료층, 아간급의 벼슬등급을 받는 제2관료층, 그 밖의 관리들로 이루어진 제3관료층이 형성되었다고 하면서 이러한 가야 각국의 국가적 성격은 봉건적 관계가 지배적인 것으로 파악하고 있다.[308] 이 견해는 가야사회를 기본적으로 봉건사회로 보고 있는 것이 특징이지만 고대사회로 보고 있는 우리 학계의 견해와는 시각 차이가 너무 크다고 하겠다.

4세기 이전의 변한 제국이 君長사회인지도 분명하지 않지만 4세기 이후 국의 모습이 4세기 이전과 동일하지 않다는 것은 분명하다. 문헌상에서 그 변화의 모습은 다음과 같이 추적해 볼 수 있다. 4세기 이전 국의 모습은 『삼국지』에 "國邑雖有主帥 邑落雜居 不能善相制御"[309]라는 기사에서 보듯이 국읍과 읍락으로 이루어졌지만 국읍의 주수가 여타 읍락을 잘 제어하지 못한 상태였다. 따라서 4세기 이전의 국은 읍락연맹적 성격의 국이라고 할 수 있겠다. 그리고 지배의 형태는 국읍에는 主帥의 지배력이 직접 미쳤지만 이외의 읍락은 渠帥를 통한 간접지배가 행해졌다고 할 수 있다.

---

306) 김태식, 「가야의 사회발전단계」, 『한국 고대국가의 형성』, 민음사, 1990.
307) 이영식, 「가야제국의 국가형성문제 - 가야연맹체설의 재검토와 전쟁기사분석을 중심으로」, 『백산학보』 32, 1985.
308) 조희성, 『가야사연구』, 사회과학출판사, 1994.
309) 『삼국지』 동이전 한전.

그러나 4세기 이후로 오게 되면 국읍 主帥의 세력이 더욱 증대되어 읍락에 대한 통제가 강화된 것으로 보인다. 이러한 상황은 고고자료에 의해서도 입증된다. 최종규에 의하면 삼국은 삼한(저포-반계제-옥전)보다 성층화가 더 진행되었고, 수장묘만이 累世代的인 축조로 형성되었으며, 4세기 이후의 분묘는 입지의 우월성(입지에서 자기완결적인 장소의 선택은 성원들과의 분리를위한 의도로 생각된다), 墓廣의 장대화(부곽의 출현 및 목곽의 장대화-재화의 몰가치적 투하-사회적 생산물의 독점현상 반영), 무기의 개인집중화(무기의 다량소유는 전쟁상황과 더불어 철기 내지는 사회적 부의 소유, 관리자임을 표현), 순장의 존재(지배-피지배관계 외에 노예공급의 원활 및 人身供犧 사상의 유행을 반영) 등을 특징으로 한다고 하였다.310)

이처럼 국읍 주수의 세력이 증대되었기 때문에 4세기 이후에 와서 수장의 칭호는 한기로 바뀌게 되었고 또 그 지위도 세습되어진 것 같다.『일본서기』흠명기 2년·4년조에 한기의 아들이 國의 대표로 泗沘회의에 참석한 것은 수장직의 세습을 짐작하게 한다. 이렇게 볼 때 4세기 이후 가야 각 국은 변한시기 당시의 권역 내에 존립하고 있던 읍락들을 통합하여 읍락 渠帥를 통한 간접지배 대신 그 영역에 대해 직접지배를 행한 것으로 보인다. 다만 이들 국의 범위는 고고자료의 분포양상에서 볼 때 종래의 범위를 크게 넘어서지 못한 것 같다. 이러한 정도의 정치발전을 이룬 국을 무엇이라 명명할 것인지는 앞으로의 과제로 두고자 한다.

3) 권역의 설정

(1) 가야사회의 권역

가야사의 연구에서 또 하나 정리하여야 할 것은 권역의 설정이다. 이 권역 문제는 두 가지로 나뉘어진다. 하나는 가야 전체의 권역이 어디까지를 포괄하느냐 하는 것이고, 다른 하나는 개별 국들의 권역이 어디까지였느냐 하는 점이다. 圈域이란 시간의 흐름에 따라 변화하기 마련이다. 가야사회

---

310) 최종규, 「무덤에서 본 삼한사회의 구조 및 특징」,『한국고대사논총』2, 1991.

의 경우 권역의 변화는 가야사회가 성립할 당시인 3세기말 4세기 초에서 4세기 후반기까지와 4세기 후반기에서 6세기 후반기까지로 나누어 볼 수 있다.

가야사회가 성립될 당시의 권역은 가야가 변한을 모태로 하여 성립되었으므로 변한 12국의 위치를 토대로 추론해 볼 수밖에 없다. 그리하여 초기 가야사회의 범위는 대략 김해·함안·밀양·동래 등의 낙동강 하류지역을 중심으로 해서 고령·개령 등의 낙동강 중상류지역과 고성·단성·진주 등의 서남부 경남지역과 창원·의창지역 및 합천·성주지역으로 추정되고 있다.311)

이러한 범위는 대체적으로는 받아들일 수 있다. 그렇지만 문제가 되는 것은 『삼국유사』에 나오는 非火加耶와 古寧加耶의 경우이다. 비화가야는 창녕에 비정되는데 이 창녕은 比斯伐(比自伐)로도 표기되었으며 진한 12국의 하나인 弗斯國이 위치한 곳이었다. 따라서 창녕지역은 삼한시기에는 진한연맹체의 한 구성체였다. 그런데 『일본서기』 신공기 49년조에는 가야 7국의 하나인 比自㷱로 나온다. 비자발은 음운상에서 볼 때 비자벌과 상통한다. 창녕이 비화가야였다는 사실이나 비자발이 가야 7국의 하나였다는 것은 이 지역이 언제인가 가야사회의 일원이 되었음을 나타낸다. 그 시기는 신공기 49년이 369년이라는 설을 따른다면 4세기 후반을 넘지 않을 것이다. 이렇게 볼 때 창녕지역은 본래 진한연맹체의 일원이었지만 3세기말 4세기 초의 변화 속에서 가야사회의 일원이 된 것으로 볼 수 있다. 따라서 창녕지역도 초기가야사회의 범주에 넣어야 할 것이다.

한편 古寧가야는 『삼국유사』에 의하면 咸昌에 위치하였던 것으로 기록되어 있다. 그러나 함창이 너무 북으로 치우쳐 있기 때문에 그 위치를 晋州지역으로 비정하는 견해도312) 나왔다. 그렇지만 낙동강을 매개로 한 水路 교통과 이 지역이 어쨌든 가야사회의 일원이었다는 傳承이 있었다는 사실 등에서 미루어 볼 때 이 지역도 처음에는 가야사회의 한 구성원이었

---

311) 김태식, 「가야사 연구의 시간적·공간적 범위」, 『한국고대사논총』 2, 1991.
312) 이병도, 「가라제국의 연맹체」, 『한국고대사연구』, 박영사, 1976.

던 것으로 볼 수 있지 않을까 한다. 그러다가 창녕지역보다 일찍이 신라권
역으로 편입된 것이 아닐까 한다.

4세기 이후 가야사회의 범위는『삼국유사』가락국기에 “東以黃山江 西
南以蒼海 西北以地理山 東北以伽耶山 南而爲國尾”라는 기사와『일본서
기』흠명기 23년조에 보이는 이른바 ‘任那 13國’의 위치를 토대로 하여 추
론해 볼 수 있다. 임나 13국의 구체적인 위치에 대해서는 여러 說이 있지
만 대략적인 범위는 낙동강 이서, 가야산 이남, 지리산 이동의 범위에 분포
한다는 데는 별 이론이 없다.313) 이는 가락국기에 설정된 범위와 일치하며
고고학적 자료를 통해서 볼 때 가야양식토기가 분포하는 지역과도 대략
일치한다.

그러나 여기서 정리되어야 할 것의 하나는 釜山지역이 어디에 귀속하느
냐는 문제이다. 이는 복천동고분의 성격을 어떻게 파악하느냐에 연관된다.
복천동고분군의 성격에 대해서는 가야의 것으로 보는 견해,314) 신라의 고
분으로 보는 견해,315) 이 지역은 원래는 가야였지만 5세기 무렵에 신라에
편입된 것으로 보는 견해316) 등이 있다. 특히 두 번째의 견해를 따른다면
부산지역은 가야사의 범주에서 제외되게 되며, 세 번째 견해를 따른다면 5
세기 이후에는 이 지역은 가야사에서 역시 제외되게 된다.

한편 경남 서부지역의 경우 곽장근이 남강수계권·섬진강수계권·금강
수계권을 중심으로 묘제와 토기의 분포상을 세밀히 추적하여 시기에 따른
변화상을 그려내었다. 그에 의하면 남강수계권은 5세기 중엽 이후부터 6세
기 중엽까지 고령양식 토기가 일색을 이루었고, 금강수계권은 동부지역권

---

313) 김태식,「가야사연구의 시간적·공간적 범위」,『한국고대사논총』2, 1991.
314) 신경철,「김해 대성동·동래 복천동 고분군 點描」,『부대사학』19, 1995 ; 권학수,
「가야제국의 상호관계와 연맹구조」,『한국고고학보』31, 1994.
315) 최병현,『신라고분연구』, 일지사, 1992 ; 이희준,「토기에 의한 신라고분의 분기와
편년」,『한국고고학보』38, 1997.
316) 김태식,『가야연맹사연구』, 일조각, 1993 ; 백승충,『가야의 지역연맹사연구』, 부산
대학교 박사학위논문, 1995. 홍보식도 4세기 말까지 김해와 부산지역은 금관가야
를 구성한 것으로 보고 있다(홍보식,「고고학으로 본 금관가야」,『고고학을 통해
본 가야』, 2000).

의 경우 6세기 초엽까지 고령양식 토기 일색이고 서북부지역권은 5세기 말엽 이른 시기에 고령양식 토기가 나타나나 곧 백제토기와 혼재되며, 섬진강 수계권은 5세기 말엽부터 6세기 초엽까지 제한된 시기에 고령양식 토기가 나타나는 것으로 정리되었다.[317]

(2) 개별국의 권역

가야사회의 모습을 제대로 이해하기 위해서는 가야를 구성한 개별 국들의 권역이 어디까지였고 그 지역이 어떤 형태로 지배되었느냐 하는 점도 밝혀져야 한다. 『삼국지』 동이전에 의하면 변한 12국은 대국과 소국으로 구분되었고 대국은 4~5천가, 소국은 6~7백가였던 것으로 나온다. 이는 개별 국들의 영역이 동일하지 않았음을 보여주는 것인데, 대국·소국의 구분 기준이 무엇인지 분명하지 않으나 인구의 대소 외에 영역의 廣狹도 고려되었을 것이다. 그러나 그 영역이 어느 정도인지 단정하기 어려우므로 대개는 삼한시기의 國은 오늘날의 郡 정도의 규모로 추정해 왔다.

가야사회로 들어와 사회통합력이 확대되고 권력의 집중화가 추진되면서 영역의 확대도 이루어지게 되었다. 그리하여 가야제국 가운데는 주변세력에 눌려 본래의 영역을 유지하기에 급급한 국도 있었지만 그와는 달리 사방으로 그 영역을 확대시킨 세력도 나오게 되었다. 이 경우 그 영역이 어디까지이며 그것을 결정해 줄 수 있는 객관적인 기준이 무엇이냐가 문제이다. 이를 해결하기 위한 방법의 하나로서 제시된 것이 토기양식의 분포권을 가지고 영역을 설정하는 것이다.

이희준은 각 사회가 일정한 정치적 의미가 개재될 정도로까지 진화한 단계에서는 유물의 공통분포권을 해석함에 있어 특히 여러 유물이 일정한 조합을 이루면서 양식적으로 하나의 분포권을 나타낼 때 그것을 단순히 문화권에만 결부짓기는 어렵고 그 이면의 정치체의 존재를 고려하지 않을 수 없다는 입장에서 고령양식 토기의 분포권을 추적하여 대가야의 권역을 시기별로 설정하였다. 그리하여 6세기 2/4분기의 경우 대가야의 직접지배·

---

317) 곽장근, 『호남동남부지역 석곽묘연구』, 서경문화사, 1999.

지역, 고령양식 토기 일색지역, 고령양식·재지계 토기 혼합지역, 고령양식·재지계·외래계 토기 복합지역 등을 추출해 내었다.[318]

이후 이 방법은 여러 연구자들에 의해 받아들여졌다. 금관가야의 경우 외절구연고배를 근거로 하여 금관가야가 최대의 영역을 나타내는 시기는 4세기 후반이고 그 범위는 동으로는 철마-해운대, 북으로는 낙동강, 서로는 가음정도-도계동-웅천으로 연결되는 지역으로 파악되었다.[319] 안라국의 경우 그 영역은 5세기를 지나면서 함안분지를 중심으로 그 외곽지역인 칠원권, 창원권, 진동권, 군북권, 의령권까지 직경 35km에 이르는 지역으로 설정되었다.[320]

가야 각국의 정치적 권역을 보여주는 문헌자료가 없는 현재로서는 특정국의 특징적인 양식토기를 설정하고 이것이 집중적으로 또 여러 시기에 걸쳐 출토되는 지역을 그 권역으로 설정하는 것은 현재로서는 유용한 방법이라고 할 수 있다. 그렇지만 필자는 다음과 같은 사항도 고려되어야 한다고 본다.

첫째는 어느 지역이 다른 정치체의 영역이냐 아니냐를 판별함에 있어서 일차적으로는 그 지역이 독자적인 國名을 가지고 있느냐의 여부도 중시되어야 한다는 것이다. 비록 특정한 나라의 樣式토기가 집중 분포한다고 하더라도 그 지역이 독자적인 국명을 가지고 있을 때는 영역으로 설정하기 어렵다고 본다. 그 예로서 들 수 있는 것이 多羅國의 경우이다. 다라국은 자신의 국명을 후기까지 유지하고 있었을 뿐만 아니라 玉田고분군이라는 고총군을 조영하였고, 旱岐조직과 首位조직을 갖추고 있었다. 그러므로 옥전고분군에서 고령양식 토기가 집중적으로 출토한다고 하여 다라국을 대가야의 영역으로 처리할 수는 없다. 동시에 옥전고분군에서 신라양식의 출자형 금동관이 출토되었다고 하여 이를 근거로 신라의 영역으로 편입시킬 수도 없다고 할 것이다.

---

318) 이희준, 「토기로 본 대가야의 권역과 그 변천」, 『가야사연구』, 경상북도, 1995.
319) 홍보식, 「고고학으로 본 금관가야」, 『고고학을 통해 본 가야』, 한국고고학회, 2000.
320) 김형곤, 「아라가야의 형성과정연구 - 고고학적 자료를 중심으로」, 『가라문화』 12, 1995.

둘째로 고려하여야 할 것은 국명은 가지고 있되 독자적인 토기양식을 성립시키지 못할 정도로 세력이 약한 국들의 영역설정 문제이다. 이른바 '任那 13國' 가운데 독자적인 토기양식을 성립시킨 국은 加羅國·安羅國·金官國·古自國·多羅國 등에 지나지 않는다. 그러면 여타 국들의 범위는 어떻게 설정하여야 할 것인가 하는 방법이 모색되어야 한다. 이 소국들의 규모를 일반적으로 후대의 郡 규모라고 말하는 것은 너무 개괄적이기 때문이다.

마지막으로 이성주가 소가야양식 토기의 분포가 소가야 정치체의 영역과 관련되는 것이 아니라 소가야양식 토기의 불규칙한 분포는 고성 소가야 정치체의 대외적 관계망을 반영하는 것으로 인지된다고 한 견해도[321] 경청해야 할 것이다. 이러한 견해는 특정지역양식 토기의 분포권을 문화권으로 볼 것이냐, 경제권으로 볼 것이냐 아니면 정치권으로 볼 것이냐를 결정하는 것이 상당히 어렵다는 것을 반영해 주는 것이기도 하다.

4) 지배형태에 대해

(1) 직접지배와 간접지배

가야사에서 지배의 형태와 관련하여 많이 사용된 용어가 직접지배와 간접지배이다. 직접지배라는 것은 중앙정부가 지방관을 파견하여 통치하는 방식이며, 간접통치란 복속지역에 대해 상당한 정도로 자치를 보장해 주고 공납이라는 복속의례를 통하여 통치하는 방식으로 파악되고 있다. 그 유형으로는 儀禮的인 貢納 등이 형식으로 臣屬을 표시하는 대가로 거의 완전한 자치를 허용하는 경우(제1유형), 피복속지역의 자치는 허용하되 당해 지역의 유력 세력에 대해서는 중앙에 의해 일정한 재편과정을 거친 경우(제2유형), 피복속지역의 유력세력을 중앙으로 이주시켜 귀족화시키고 종래의 지역은 재편하여 식읍과 유사한 형태로 지급하는 경우(제3유형), 피복속지

---

321) 이성주, 「고고학을 통해 본 소가야」, 『고고학을 통해 본 가야』, 한국고고학회, 2000.

역 가운데 중요한 군사요충지에는 중앙에서 직접 파견한 軍官을 상주시킨 경우(제4유형)로 나누었다.[322] 이에 대해 김태식은 기본적으로 가야제국 가운데 어느 국도 영역국가에 진입하지 못하였다는 입장에서 이를 비판한 바 있다.[323]

국가가 성립되면 중심세력은 그 영역을 직접 지배하려고 하는 것은 당연하다. 그렇지만 그것을 행사할 만큼의 힘을 담보하지 못할 경우 직접지배가 가능한 지역 외에는 간접지배의 형태를 취할 수밖에 없을 것이다. 즉 한 국가 내에서 직접지배와 간접지배가 동시에 관철되는 양상은 어느 한 나라가 타국을 병합하여 그 영역이 확대되었지만 병합한 지역 수장의 힘이 상대적으로 온존되어 있을 때 나타나는 양상이라고 할 수 있다. 이를 보여주는 것이 『삼국지』 동이전에 보이는 부여의 상황이다.

方 2천리에 8만호의 인구를 가진 이 시기의 부여는 영역 내에 독자적인 국명을 가진 세력은 존재하지 않았으며, 국왕은 加와 使者를 분화시킨 지배조직을 가지고 있었다. 그렇지만 아직까지 지방관 파견이 이루어지지 않았다. 이러한 상황에서 부여 왕의 영역지배를 보여주는 것이 "諸加別主四出道 大者主數千家 小者數百家"라는 기사이다. 이 기사에 의하면 부여왕은 자신의 직접지배 지역을 제외하고 四出道에 포함되는 수천 가·수백 가에 대한 지배를 大加·小加들에게 위임하고 있다.. 이 대가·소가들은 자신의 독자적인 관직조직을 통해 위임된 지역을 지배하였던 것이다. 필자는 이러한 四出道式 지배를 간접지배로 파악하고자 하는 바이다.

이렇게 볼 때 간접지배는 적어도 본래 국의 범위를 넘어서는 영역을 가지며, 중심세력의 힘이 상대적으로 강할 뿐만 아니라 동시에 중심세력을 보좌하는 일정 규모의 관제조직도 있어야만 가능하다고 할 수 있다. 가야 각국 가운데 이러한 조건을 충족시킬 수 있는 국으로는 대가야와 안라를 들 수 있을 것 같다. 『일본서기』 흠명기 2년조와 5년조에 의하면 대가야와 안라의 최고지배자는 왕으로 불리웠고, 그 아래에 旱岐-下旱岐 조직과 上

---

322) 주보돈, 「마립간시대 신라의 지방통치」, 『영남고고학』 19, 1996.
323) 김태식, 「가야연맹체의 성격 재론」, 『한국고대사논총』 10, 2000.

首位-二首位 조직이 있었으며, 고고학적으로 볼 때 고령 지산리고분군과 함안 말산리·도항리고분군은 어느 지역의 고분군보다 큰 규모를 가지고 있다. 특히 대가야의 경우 고령양식 토기가 고령군의 범위를 훨씬 넘어선 지역에서까지 집중적·지속적으로 분포하고 있다.

가라왕과 안라왕 아래에 있는 한기-하한기 조직은 고구려·부여의 왕 아래에 있는 대가-소가와 대응시켜 볼 수 있고, 상수위-이수위 조직은 부여의 마가·우가 …… 대사자·사자 조직 및 고구려의 상가·대로·패자 …… 사자·조의·선인 조직과 대응시켜 볼 수 있다. 그리고 고령양식 토기가 넓은 지역에 집중 분포하고 있다는 것과 함안식 토기가 일정한 지역에까지 집중 분포하고 있다는 것은 이들의 영역이 종래 국의 범위를 넘어선 것을 의미한다고 할 수 있다. 이렇게 볼 때 대가야나 안라국은 자신의 본래의 근거지였던 소국에 대해서는 직접 지배하면서 자신의 영역으로 편입된 지역에 대해서는 그 지역의 수장인 한기를 통해 간접지배를 행한 것으로 보인다.

그러면 가야연맹체의 최초 맹주국이었던 금관가야=금관국은 어떠한 형태로 그 영역을 지배하였까. 금관가야가 광개토왕군의 남정 이전까지 연맹체의 맹주국이었다는 사실에 대해서는 연구자들의 의견이 일치하고 있다. 그렇지만 그 국가적 성격이나 지배방식에 대해서는 거의 논급이 없는 실정이다. 이는 고령의 가라국이나 함안의 안라국이 창성할 시기에 금관국은 해체기에 들어갔다고 하는 것과 5세기 이후 김해지역에서 고총고분이 존재하고 있지 않다는 사실들이 걸림돌로 작용하지 않았을까 한다.

그러나 금관국의 국가적 성격이나 지배방식은 금관국 말기의 상황을 기준으로 해서가 아니라 맹주국으로서의 지위를 당당히 누리고 있을 당시의 상황을 근거로 하여 살펴보아야 할 것이다. 이러한 각도에서 볼 때 대성동 고분군의 규모와 거기에서 출토되는 부장품은 이 시기 어느 지역보다도 크고 우수하다고 하는 사실이 주목된다. 이러한 힘을 바탕으로 금관국은 늦어도 5세기 초까지 맹주국의 지위를 누리고 있었던 것이다. 이 금관국의 영역에 대해 고고학적으로 외절구연고배가 김해와 부산지역에서만 집중적으로 출토되고 있다고 하는 사실에 착목하여 4세기 이후 김해세력은 외절 구연고배와 노형토기가 분포하는 부산의 복천동 세력까지 포함하고 있다는 견해도 있다.[324]

금관가야가 복천동 세력까지 아울렀다면 복천동 지역세력은 독자적인 국명을 상실당하고 금관가야국 내의 유력세력으로 존재한 것으로 파악할 수 있다. 그런데 복천동고분군은 다량의 무기와 갑주가 나오는 등 유물의 양과 질이 매우 우수하다. 이는 복천동 세력이 상대적으로 그 힘을 유지하고 있었던 것을 의미한다. 이렇게 볼 때 금관가야 왕은 김해지역을 자신의 직접지배지역으로 하고 복천동지역은 이 지역 수장을 통해 간접지배를 행한 것으로 볼 수도 있지 않을까 한다.[325]

(2) 服屬儀禮的 貢納 支配

직접지배와 간접지배에 대한 논의와 관련하여 또 하나 정리하여야 할 것은 貢納이라고 하는 복속의례이다. 貢納的 복속의례에 대해서는 몇 가지 사례를 들 수 있을 것 같다. 하나는 『삼국지』 동옥저전에 "國小迫於大國之間 遂臣屬句麗 句麗復置其中大人爲使者 使相主領 又使大加 統責租賦貊布魚鹽海中食物 千里擔負致之 又送其美女 以爲婢妾 遇之如奴僕"이라 한 기사이다. 이 기사에 의하면 동옥저는 자신의 국명을 가지고 있으면서 고구려에 臣屬하였고 신속에 대한 의무로서 조부와 맥포·해산물을 비롯하여 미녀까지도 바쳤던 것이다. 이를 복속의례적 공납이라고 할 수 있겠다.

다른 하나는 『삼국사기』 신라본기에 "馬韓王讓瓠公曰 辰卞二韓 爲我屬國 比年不輸職貢 事大之禮 其若是乎"[326]라 한 기사이다. 이 기사는 진한과 변한이 각자의 이름을 지닌 채 마한에 대해 일정한 職貢을 바친 것을

---

324) 홍보식,「고고학으로 본 금관가야」,『고고학을 통해 본 가야』, 한국고고학회, 2000.
325) 이러한 추론이 성립된다고 하면 비록 왕호의 사용은 보이지 않지만 하한기와 이
      수위가 나오는 다라국의 경우도 한 영역 내에서 직접지배와 간접지배가 행해진
      것으로 볼 수 있지 않을까 한다.
326)『삼국사기』권제1 신라본기 혁거세왕 38년조.

보여 준다. 이 또한 복속의례적 공납이라 할 수 있다. 이외에『삼국지』동이전에서 고구려가 현도군이나 요동군에 '屬하였다'든가[327] 挹婁가 부여에 '臣屬하였다'[328]고 하는 기사에 보이는 '屬'도 복속의례적 공납관계를 보여 주는 것이다.

이때의 '屬' 또는 '屬國'은 자신의 독자적인 국명과 영역을 가지고 대국에 대해 일정하게 신속하면서 臣屬의 표시로서 사대를 한 것을 말하는데 그 구체적인 형태는 職貢을 바치는 것으로 나타나고 있다. 이러한 사실은 공납적 복속의례가 國과 國 사이에 이루어지는 의례이며 그 형태는 貢納으로 이루어진 것을 말해 주는 것이다. 따라서 공납적 복속의례는 간접지배의 구체적 내용을 보여 주는 것이 아니라 별도의 지배방식의 하나로 파악해야 하지 않을까 한다.

공납적 복속의례가 국과 국 사이에 이루어지는 것이라고 하면 이러한 관계는 연맹체의 경우에도 적용시켜 볼 수 있을 것이다. 연맹체는 맹주국이 여타의 국들과 연맹을 형성한 것이다. 이때 맹주국과 구성국들과의 관계는 지배-피지배의 수직적인 관계가 아니라 비록 힘의 우열은 있지만 상대적으로 수평적인 관계를 이룬 상태이다. 즉 연맹체에 참여한 국들은 독자적인 국명과 영역을 가지고 있었지만 맹주국과 일정한 臣屬관계를 맺고 그러한 신속관계의 구체적인 표시로서 공납을 하지 않았을까 한다.

그러나 공납적 복속의례 관계라고 하더라도 공납을 받은 국과 공납을 바치는 국의 힘의 우열 여하에 의해 공납의 종류나 양 및 횟수에는 차이가 있었다. 부여가 읍루에 대해 취한 것은 매우 가중한 형태의 공납 요구였고,[329] 고구려가 중국의 현도군이나 요동군에 대해 비록 신속을 하였지만 고구려가 직공을 바치는 대상을 자신이 스스로 바꾸는 정도는 매우 느슨한 臣屬관계라고 할 수 있겠다.

이 모습은 연맹체의 경우에도 해당되리라 본다. 즉 맹주국의 힘이 강할

---

327) 『삼국지』 동이전 고구려전.
328) 『삼국지』 동이전 읍루전.
329) 『삼국지』 동이전 읍루전에 "自漢以來臣屬夫餘 夫餘責其租賦重 以黃初中叛之" 이라 한 기사 참조.

경우 여기에 대응할 수 있는 힘이 상대적으로 약한 국은 복속의 정도가 심하였을 것이고, 어느 정도의 대응력을 가진 국의 경우는 좀 완화되었을 것이다. 그러나 복속의 정도가 심하였다고 하더라도 그 국을 맹주국의 영역으로 볼 수는 없을 것이다. 왜냐하면 비록 臣屬國이라고 하더라도 독자적인 국명을 가지고 독자적인 운동력을 행사하고 있었기 때문이다.

이러한 각도에서 필자는 가야사회의 지배형태를 복속의례적 공납관계와 직접지배-간접지배의 형태로 정리하고자 한다. 복속의례적 공납관계는 연맹체단계에서 맹주국과 연맹구성국과의 관계를 규정하는 것이다. 반면에 직접지배-간접지배가 동시에 관철되는 것은 이른바 '部體制'단계에 들어간 국의 영역 내에서 행해지는 지배형태라 할 수 있다. 이는 최고지배자의 힘이 상대적으로 강화되었기 때문에 가능하였던 것이다. 직접지배-간접지배가 관철된 곳은 대가야·안라국 그리고 금관가야 정도가 아니었을까 한다.

5) 『일본서기』 신공기 49년조의 문제

(1) 主體교체론의 관점

가야사와 관련하여 많은 논란을 일으키고 있는 사료 중의 하나가 『일본서기』 신공기 49년조의 기사이다. 그 내용은 왜가 卓淳에 모여 신라를 쳐서 깨뜨린 후 다시 比自㷆·南加羅·喙國·安羅·多羅·卓淳·加羅의 7국을 쳐서 평정하였고, 이 군대는 다시 서쪽으로 돌아 고해진에 이르러 南蠻忱彌多禮를 치니 比利·辟中·布彌支·半古 등의 4邑도 항복한 것으로 되어 있다.[330]

이 기사에 대해서 일인사학자들은 연대를 2주갑 인하하면 당시의 상황을 반영하는 것이라 하고 그 내용은 왜가 남한지방을 쳐서 임나일본부를 설치한 것을 반영해 주는 것으로 보아 왔다.[331] 그러나 이병도가 이 기사

---

330) 『일본서기』 권9 신공기 49년조.
331) 末松保和, 『任那興亡史』, 大八洲出版, 1949.

는 임나일본부 설치와는 관계가 없고 그 대신 백제의 전라도지방 정복을 보여주는 것으로 해석하면서 우리 역사에 구체적으로 적용되기 시작하였다.[332] 이를 토대로 하여 천관우는 이 기사의 왜를 백제로 대체하면 백제 근초고왕이 가야 7국을 평정하고 나아가 영산강유역까지 평정한 것을 반영해 주는 것으로 파악하였다.[333] 이병도·천관우의 견해는 종래『일본서기』기사의 인용을 꺼려 왔던 학계의 분위기를 바꾸어 이를 백제사와 가야사에 적극적으로 활용하도록 하는 계기가 되었다.

이 기사에 대한 학계의 입장은 몇 가지로 나누어진다. 첫째 이 기사의 연대는 369년이고 그 실제 내용은 백제의 가야 및 영산강 유역으로의 진출을 보여 주는 것이라는 견해이다. 이를 主體交替論的 입장이라고 할 수 있다. 둘째 이 기사의 사실성을 부정하는 견해이다. 셋째 木羅斤資와 관련된 사건은 180년을 인하하여 429년의 사실로 보는 견해이다. 이러한 연구자들의 다양한 입장은 김태식의 논고에[334] 요약·정리되어 있다. 때문에 여기서는 주체교체론적 관점에서 몇 가지 사항을 논급하기로 한다.

신공기 49년조 기사는 백제와 왜와의 최초 교섭, 백제의 가야 7국 평정, 백제의 영산강유역 정복 등을 재구성해 볼 수 있게 하는 자료이다. 다만 이러한 역사 사실의 규명이 이루어질 수 있는 전제는 본 기사에 나오는 왜의 군사활동을 백제의 활동으로 대체하는 것이다. 천관우가 이를 제기한 것은 큰 의미가 있다. 그렇지만 천관우가 이후의 기사에도 자주 나오는 이른바 '任那日本府'의 활동을 모두 백제군사령부의 활동으로 대체하여 마치 가야가 멸망하기 전까지 백제의 지배 하에 있었던 것처럼 파악한 것은 받아들이기 어렵다.

주체교체설의 입장에서 가야 7국 평정 이후 백제와 가야와의 관계를 해명하고자 할 때 단서가 되는 것이 가야 7국의 명칭은 이후에도 계속 나오지만 영산강유역에 자리한 침미다례 및 4현의 이름은 더 이상 나오지 않는다는 점이다. 어느 정치체이고 간에 자신의 이름을 가지고 있다는 것은 정

---

332) 이병도,『한국고대사연구』, 박영사, 1976.
333) 천관우,「복원 가야사」상·중·하,『문학과 지성』28·29·31, 1977·1978.
334) 김태식,「가야연맹체의 성격 재론」,『한국고대사논총』10, 2000.

치적 독립성을 지니고 있다는 것을 의미한다. 가야 7국이 자신의 명칭을 그대로 지니고 있다는 것과 영산강유역에는 독자적 국명을 가지는 세력이 없는 것으로 나오는 것은 백제의 對가야 시책과 對영산강유역 세력에 대한 시책의 차이를 반영해 준다고 할 수 있다. 즉 백제의 對가야 시책이란 그들의 정치적 독립성은 보장해 주는 대신 그들로 하여금 백제에 대해 일정한 의무를 지게 하는 것이었고, 영산강유역 세력에 대한 시책은 그 지역을 영역으로 편입하는 것이었다. 그 결과 영산강 유역에서는 더 이상 독자적인 국명을 사용하는 세력이 존재하지 않게 되었던 것으로 보인다.

백제가 가야지역과 영산강유역 지역에 대해 차별적인 정책을 취하게 된 배경은 삼한시기의 마한과 변한과의 관계 속에서 그 단서를 찾을 수 있지 않을까 한다. 『삼국지』 진변한전에 의하면 '其十二國屬辰王'이라 한 기사에서 보듯이 변한은 마한에 대해 '屬'의 관계에 있었다.335) '屬'의 관계란 앞에서 언급한 바와 같이 중심국에 대한 복속의례적 공납관계를 말한다. 따라서 변한은 마한에 대해 비록 臣屬관계를 맺고 있었지만 기본적으로는 독립적인 정치체였던 것이다. 그러므로 마한의 맹주국인 목지국은 馬韓諸國을 통합의 대상으로 설정하였지만 弁韓諸國은 臣屬의 대상으로 생각하였던 것으로 보인다.

이러한 인식은 목지국을 대신하여 마한의 맹주국이 된 백제에도 작용하지 않았을까 한다. 그리하여 근초고왕대의 백제는 변한의 후신적 성격을 지니는 가야에 대해서는 臣屬의 관계를 설정한 것으로 보인다. 이리하여 가야제국은 정치적으로는 독립성을 지녔지만 백제에 대해서는 신속의 의무를 지게 되었던 것 같다. 이를 방증해 주는 것이 광개토왕의 비문이다.

광개토왕비문에 의하면 백제가 왜와 和通한 후 신라에 대해 압력을 가하자 신라는 고구려에 군사원조를 요청하였고 그 요청을 받아들여 고구려는 대군을 보내 南征을 단행하였는데, 이때 고구려군의 공격을 받은 대상으로 任那加羅가 나온다. 임나가라가 고구려와의 전쟁에 참여하게 된 것은 비문의 전후 문맥에서 미루어 볼 때 백제와의 관련성 때문임을 부정할

---

335) 12국을 진한으로 보는 견해도 있다.

수 없다. 즉 백제가 이들을 이 전쟁에 끌어들인 셈이 되는데 그것이 가능하였던 것은 이 시기에 이들이 백제에 대해 복속의례적 공납관계에 있었기 때문이 아닐까 한다.[336)

(2) 木羅斤資·南加羅·比自㶱의 문제

① 목라근자의 활동 시기 문제

『일본서기』 신공기 49년조에는 백제 장군 木羅斤資가 가야 7국을 평정하는데 핵심적인 역할을 한 것으로 나온다. 그리고 『일본서기』 응신기 25년조에는 목라근자의 아들 목만치가 구이신왕대에 국정을 좌지우지하였음을 기록하고 있다.

목라근자의 활동 시기와 관련하여 369년설을 부정하는 견해에서는 『일본서기』 신공기 49년조 기사 가운데 목라근자와 관련한 사항은 그 기년을 180년 인하하여 백제사에 적용시키고 있다. 180년 인하설은 『일본서기』 응신기 25년조에 나오는 목만치를 『삼국사기』 개로왕 21년조에 나오는 목협만치와 동일 인물로 보는 것에 근거한다. 그리하여 목라근자는 429년대의 인물이 되어야 한다는 것이다.

그러나 木滿致가 임나에서 전횡하게 된 배경을 설명하기 위해서는 백제가 任那지역에 대해 무언가 큰 영향력을 행사할 수 있어야 하는데 현재의 자료로서는 5세기 초반에 그러한 사실을 찾아낼 수 없다. 그리고 『일본서기』의 연대는 대체적으로 120년을 인하하면 『삼국사기』의 연대와 거의 일치하는데 이 기사의 일부만을 180년 인하하는 것도 문제이다. 또 『일본서기』에 보이는 목만치와 『삼국사기』에 보이는 목협만치를 동일 인물이라고 하는 것도 두 사람의 이름이 비슷하다고 하는 것 외에는 아무 증거가 없다. 그렇다고 하면 목라근자의 활동연대를 굳이 180년 인하하여 볼 필요는 없을 것이다. 필자는 목라근자가 4세기 중엽 경 즉 백제 근초고왕대에 활동

---

336) 복속의례적 공납관계에서 군대의 동원도 그 의무로 주어졌다는 방증사례로는 『삼국지』 동이전 예전에 "不耐濊侯等擧邑降 …… 四時朝謁 二郡有軍征賦調 供給役使 遇之如民"이라 한 기사를 들 수 있다.

한 인물로 보는 견해를 취신하는 바이다.

② 南加羅 명칭 문제

『일본서기』 신공기 49년조에는 백제에 평정된 가라 7국의 국명이 나온다. 이 국명들은 520년대에 작성된 것으로 추정되는 『梁職貢圖』[337]의 '百濟傍小國'으로 나오는 국명과 대비해 보면 상당히 일치도가 높다.[338] 이 가운데 南加羅는 김해세력을 가리키고, 加羅는 고령세력을 가리킨다는 데는 이론의 여지가 없다. 김해세력이 남가야로 불리워졌다는 것은 『삼국사기』 김유신 열전에 남가야가 보이고, 또 『일본서기』 흠명기에도 下加羅가 보이고 있다는 것에서도 확인된다.

南加羅＝下加羅는 加羅를 중심에 놓고 한 표현이므로 가라가 상위에 남가라가 하위의 세력인 것은 느낌을 갖도록 한다. 따라서 신공기 49년조를 믿으면 고령＝加羅세력이 4세기 대에 이미 가야의 핵심국이 되고 김해세력은 남가라로서 그 세력이 미약해진 것으로 생각되어진다. 이는 5세기 초까지 김해세력이 가야연맹체의 맹주국이었다는 역사적 사실과 배치되므로 본 기사의 연대와 그 사실은 부정되어야 한다는 견해가 나오게 되었다.

이 기사는 기본적으로 백제와 관련되는 기사이며 백제적 시각이 투영되어 있다는 데는 이론이 없다. 이는 흠명기 2년조에 백제 성왕이 안라·가라·탁순 등이 백제와 결호를 맺었다고 한 회고담 내용과[339] 상통한다는 것에서도 입증되리라 본다. 따라서 이 문제는 신공기 49년조에 김해가 남가라로, 고령이 가라로 표현되게 된 배경을 추적하면 어느 정도 해명될 수 있지 않을까 한다.

이 기사가 보여 주는 시기인 4세기대에 김해세력의 명칭은 加羅＝駕洛이였고 고령세력의 명칭은 伴跛＝半路였을 것이다. 그후 어느 시기에 김

---

337) 이홍직, 「梁職貢圖 論考 - 특히 百濟國使臣圖經을 중심으로」, 『한국고대사의 연구』, 신구문화사, 1971.
338) 연민수, 「일본서기 신공기의 사료비판」, 『일본학』 15, 1996.
339) 『일본서기』 권19 흠명기 2년조, "聖明王曰 昔我先祖速古王貴須王之世 安羅加羅 卓淳旱岐等 初遣使相通 厚結親好 以爲子弟 …… ".

해는 南加羅 또는 下加羅로, 고령은 加羅로 불리게 되었다. 그 시기는 늦어도 5세기 후반으로 추정된다.[340] 그런데 이 기사가 기록된 시기는 근초고왕 당대가 아니라 6세기대이다. 이는 이 기사가 『百濟記』에 나온다는 데서 알 수 있다. 『백제기』는 인명이나 지명에 쓰인 字音假名字가 推古朝 遺文의 표기법과 높은 근사성을 보이므로[341] 推古朝에 성립되었을 가능성이 크다. 그리고 이 『백제기』의 바탕이 된 『原百濟記』는 한성이 함락되고 웅진으로 천도한 시기로부터 그리 멀지 않은 때로 추정되고 있다.[342]

『백제기』가 편찬된 시기가 6세기라고 할 때 이 시기에 가야연맹체의 맹주국은 고령의 대가야로 바뀐 이후이다. 그리하여 이 시기에 김해는 이미 남가라로, 고령은 가라로 불리고 있었다고 할 수 있다. 때문에 『백제기』에 근초고왕이 가야 7국을 평정한 사실을 기록하게 될 때 사건이 일어난 당시를 중시하면 김해가 加羅가 되고, 『百濟記』가 만들어진 당시를 중시하면 고령이 加羅가 된다. 『백제기』는 사서가 만들어진 당시의 명칭을 중시하여 김해는 南加羅로, 고령은 加羅로 정리한 것이 아닐까 한다.

이러한 점과 더불어 이 기사의 서술목적이 가야사회에서 고령의 가라가 주도권을 장악하였느냐, 김해의 남가라가 주도권을 장악하였느냐를 보여주는 것이 아니라 백제가 가라 7국을 평정한 것을 摘示한 것이라는 점도 고려되어야 한다. 이점은 7국명을 나열할 때 주도적인 국을 기준으로 하였다면 가라를 제일 먼저 기록하였을 것이지만 실제로는 맨 뒤에 기록하고 있다는 데서 확인되는 바이다. 따라서 고령이 加羅로 나온다고 하여 고령세력이 4세기대에 가야의 주도국이 되었다고 강조할 필요도 없으며, 김해세력이 南加羅로 나온다고 하여 그 힘이 약화된 것으로 파악할 필요도 없다. 그러므로 이 기사가 4세기대에 김해의 맹주적 지위를 부인하는 것으로 간주하여 백제의 가야평정 사실을 신빙할 수 없는 것으로 치부할 필요는

---

340) 이용현은 438년에서 451년 사이로 보고 있다(이용현, 「가라(대가야)를 둘러싼 국제적 환경과 그 대외교섭」, 『대가야의 정치와 문화적 특성』(제1회 대가야사 학술대회 발표요지), 고령군, 1999).

341) 木下禮仁, 「日本書紀にみ百濟史料史料的價値」, 『朝鮮學報』 21 · 22, 1961.

342) 이근우, 「일본서기에 인용된 백제삼서에 관한 연구」, 한국정신문화연구원 한국학대학원 박사학위논문, 1994.

없을 것이다.

③ 比自㳌 문제

신공기 49년조에서 또 하나 정리하여야 할 사항은 比自㳌이다. 비자발은 음운상에서 볼 때 창녕의 비사벌과 통하며,『삼국지』동이전 진한조에 나오는 弗斯國과 같은 것으로 비정되고 있다.[343] 그러면 진한연맹체의 일원이었던 창녕의 불사국이 어떻게 하여 가야 7국 중의 하나로 나오게 되었까. 창녕지역은 낙동강 이동에 위치하여 다른 가야제국들이 낙동강 서쪽에 주로 위치한 것과 지리적으로 차이가 난다. 뿐만 아니라 고고학적으로 볼 때 5세기 후반 이후로 가면 이 지역에는 신라의 영향력이 강하게 미치고 있다고 한다.[344] 이점은『일본서기』의 5세기 이후의 기사에서 가야 7국 가운데 비자발만 그 국명이 나오지 않는다고 하는 데에서 입증된다. 즉 5세기 후반 이후에 비자발은 신라에 편입되어 가야사회에서 완전히 이탈된 것으로 볼 수 있는 것이다.

따라서 신공기 49년조의 연대를 180년 인하하여 비자발과 관련한 기사를 429년의 사실로 보거나 그 내용이 후일 백제 聖王대의 사실을 근거로 소급하여 만들어진 것으로 보기는 어렵다. 그렇다고 하면 본 기사는 통설대로 120년 인하하여 4세기대의 사실로 보아야 하지 않을까 한다. 이렇게 볼 때 창녕 지역의 역사적 전개과정은 다음과 같이 정리할 수 있다. 1-3세기에 창녕지역에는 불사국이 성립되어 진한연맹체의 한 구성체로 존재하고 있었다. 그러다가 3세기말 4세기 초에 변한사회에서 가야사회로 전환되는 상황에서 이 불사국은 진한에서 이탈하여 가야사회에 합류하였다. 이때의 국명은 比自㳌로 표기되었는데 이것이 창녕지역이 후일 비화가야로 불리게 된 역사적 배경이 되었을 것이다. 이후 창녕지역은 백제가 이 지역을 평정할 때 평정 대상의 하나로 되었으나 자신의 국명을 가지면서 독자적인 세력으로 존립하다가 5세기 후반 이후의 어느 시기에 신라영역으로 편

---

343) 백승옥, 「신라·백제 각축기의 비사벌가야」,『부대사학』15·16, 1992.
344) 박천수, 「삼국시대 창녕지역 집단의 성격연구」,『영남고고학』13, 1993.

입되었던 것으로 보인다.

6) 가야 제국의 성장 배경

(1) 교역설

4세기 이후 가야 제국이 발전할 수 있었던 배경으로는 각 지역 농업생산력의 발전, 철의 생산과 유통, 대외교역 등이 공통적으로 언급되고 있다. 이 중에서도 가장 많이 논급된 것이 교역설이다. 이 교역설을 본격화한 것이 이현혜의 견해이다.[345] 이현혜는 3세기대의 狗邪國은 남해안지역에서 關門사회(Gateway community)와 같은 기능을 발휘하면서 물자의 집산과 보급을 통해 영향력을 행사할 수 있게 된 것으로 보았다. 그리고 4세기대에 들어와 낙랑·대방군의 축출로 弁辰의 철과 중국산 물자를 매개로 하는 구야국 중심의 국제교역 체계가 후퇴되고 고구려-신라-가야-왜로 연결되는 새로운 교역루트가 성립되고 또 백제가 가야지역으로 진출하여 창원의 卓淳國을 매개로 왜와의 직접적인 통교를 시작함으로서 백제-가야-왜라는 새로운 교역루트가 개척되었다고 보았다. 그리고 400년에 고구려군의 공격으로 금관국의 세력은 크게 위축되고 전기가야연맹이 해체되었다고 보았다. 이러한 이현혜의 교역설은 이후의 연구자들에게 영향을 주어 가야 각국의 발전을 논하는 글에서는 예외 없이 교역이 크게 강조되고 있다.

교역은 바로 交通路 내지 交易路를 필수로 한다. 가야사회의 발전에 교역이 중요한 역할을 하였다는 견해가 유행하면서 내륙에서 바다로 나가는 교통로와 내륙의 지역과 지역을 연결짓는 교역로나 교통로를 추적하는 작업이 水系를 중심으로 이루어지게 되었다. 대가야가 중국이나 일본으로 가기 위한 교통로로서 田中俊明은 고령-거창-함양-남원-섬진강-하동 코스를 상정하였고,[346] 박천수는 고령-거창-함양-운봉고원-섬진강 수계로 코스를 설정한 후 산간분지의 대가야가 정치적 통합을 이룰 수 있었던 것은

---

345) 이현혜, 「4세기 가야지역의 교역체계의 변천」, 『한국고대의 생산과 교역』, 일조각, 1998.
346) 田中俊明, 『大加耶連盟の興亡と任那』, 吉川弘文館, 1992.

철을 이용한 지역 내의 교역과 더불어 5세기 3/4반기에 남해안의 하동으로
가는 교통로를 중심으로 왜와의 교역과 교류를 장악하게 된 것을 중요한
요인으로 보고 이 반월상의 대왜교역루트는 線上구조로 되어 있기 때문에
이 루트를 보호할 수 있도록 그 주변에 산성이 배치되었다고 하였다.347)
한편 곽장근은 호남동부지역을 금강수계권, 남강수계권, 섬진강수계권으로
나누고 수계를 연결하는 교통로를 중심으로 묘제와 토기의 분포양상을 종
합하여 권역을 설정해 내기도 하였다.348)

교역체계와 교역망의 형성이 정치발전에 큰 영향을 준다는 것에 대해서
는 별 異論은 없다. 그리고 이 시기의 교역망이 내륙지역에서는 水系를 따
라 線上으로 이루어졌음이 밝혀진 것도 커다란 수확이라 할 수 있다. 그러
나 가야 각국의 발전 동력이나 방향이 대외교역로의 확보에 있는 것처럼
지나치게 강조되는 것은 문제라고 하지 않을 수 없다. 왜냐하면 교역이 가
능하기 위해서는 자체적인 경제력의 증대가 있어야 하기 때문이다. 즉 농
업생산력의 발전이라든가 수공업 및 광업의 발전 및 이렇게 생산된 물자
들의 圈域 내에서의 교환이 가지는 의미도 천착되어야 한다. 동시에 외국
과의 교역과 교류에서 들어온 물품들이 당시 각국의 경제력 증대에 어느
정도 비중을 차지하였는지도 함께 정리되어야 할 것이다.

이렇게 볼 때 이성주가 특정 가야가 交易網을 만들기 위해 세력을 뻗치
고 그래서 연맹의 통합이 가능했다고 하기보다는 특정한 가야국이 정치경
제적으로 성장을 했고 그 결과 주변으로 關係網을 넓히게 되고 결국 원거
리 교역망도 생성된 것으로 설명하여야 한다는 지적은349) 유념되어야 할
것이다.

(2) 중심집단의 이동설

4세기에 들어와 가야제국의 발전은 4세기초 낙랑·대방군이 멸망하고,

---

347) 박천수, 「대가야의 고대국가 형성」,『碩晤尹容鎭교수정년논총』, 1996, 386~390쪽.
348) 곽장근,『호남동부지역 석곽묘 연구』, 서경문화사, 1999.
349) 이성주, 「고고학을 통해 본 아라가야」,『고고학을 통해 본 가야』, 한국고고학회,
    2000.

백제와 신라가 마한과 진한을 통합하여 고대국가로 등장하는 것과 같은 주변 국제정세의 변화를 배경으로 하여 이에 대응하는 과정에서 이루어진 것으로 보는 것이 일반적이다. 이러한 일반적인 견해와는 달리 특정 국의 발전은 특정한 시기에 외부로부터 이동해 온 집단에 의해 이루어진 것으로 보는 견해도 있다. 이러한 견해로는 다음의 몇 가지를 들 수 있다.

첫째는 대가야나 다라국의 발전에 원동력이 된 것은 금관가야로부터 이주해온 집단의 활동으로 본 견해이다. 김태식은 광개토왕의 남정 결과 금관가야 세력이 해체되면서 그 세력의 일부가 내륙으로 이동해 와서 선진 문물로 철산을 개발하는 등의 활동을 하게 됨으로써 고령의 대가야가 발전하고 마침내 후기 가야연맹의 맹주가 되었다고 보았다.[350] 한편 조영제는 多羅國의 성립을 논하면서 옥전고분군을 비롯한 고령·함안 등지에서의 가야 소국은 400년 고구려군의 南征에서 초래된 김해·부산지역의 가야집단의 동요의 결과에서 비롯되었다고 하였다. 그리고 玉田고분군에 국한시킨다면 묘제와 출토유물의 대부분이 이 지역과 계통적으로 연결되고 있기 때문에 고구려군의 남정으로 야기된 혼란의 와중에서 김해·부산지역에 있던 어떤 소집단이 이동하여 옥전지역에 정착함으로써 다라국이 성립되기 시작한 것으로 파악하고 있다.[351]

한 국가의 발전이 외부의 충격이나 외부로부터의 주민 이동에 의해 이루어질 수는 있다. 그렇지만 5세기대에 와서 고령세력의 발전이나 다라국의 성립이 고구려군의 남정에 의해 파생된 김해집단의 이동에 의해서 이루어진 것으로 보는 것은 이 지역세력 자체가 가지는 내재적 發展力量을 과소평가하는 것으로 인식되기 쉽다. 따라서 내재적 발전역량을 중시한다면 가야 각국은 광개토왕군의 남정에 의해 파생된 상황의 변화를 자국의 발전에 적극 이용하였고 그 과정에서 외부로부터 이주해온 주민들을 자국의 체제 내로 받아들인 것으로 파악해 보는 것이 좋지 않을까 한다.

한편 김해집단의 이동에 의한 고령세력과 합천세력의 발전이라는 시각

---

350) 김태식, 『가야연맹사연구』, 일조각, 1993.
351) 조영제, 「다라국의 성립에 대한 연구」, 『가야 각국사의 재구성』, 혜안, 2001.

은 고령 지산동고분군과 합천 옥전고분군의 편년과 직결되어 있다. 근래에
와서 지산동에서의 고총고분의 성립이 5세기 초나[352] 4세기 말로[353] 올라
갈 수 있다는 견해가 나오고 있고, 옥전고분군의 경우 옥전23호분에 대한
편년을 4세기 4/4분기로 보는 견해도[354] 제기되고 있다. 현재의 필자로서
는 어느 편년이 타당한지를 검정할 수 있는 능력은 없다. 다만 두 지역의
고분의 연대가 소급될 수 있다면 5세기초 김해지역 주민의 이동에 의한 고
령 및 합천세력의 발전이라는 논리는 성립할 수 없게 된다. 따라서 고고학
계에서 고령 지산리고분군과 합천 옥전고분군에 대한 공통된 편년이 나오
기를 기대해 보는 바이다.

둘째는 금관가야는 扶餘族이 이동해 와서 발전하게 되었다고 보는 견해
이다. 이 견해에 의하면 도질토기-양이부호는 한반도 남부에서 새로이 창
출된 독특한 토기문화로서 도질토기의 등장을 기점으로 철제의 갑주류·
마구류·오르도스 銅鍑의 출현, 사람과 말을 희생시키는 행위, 刀와 鉾 등
무기를 일부러 구부려서 부장하는 행위 등 북방유목민족 특유의 습속도
동시에 낙동강 하구에 유입되고 있다. 이들 북방유목민족의 문화는 부여의
무덤일 가능성이 높은 길림성 楡樹老河深遺蹟 등에서도 확인되고 있다.
이러한 전제 위에서 신경철은『通典』부여조에 "至太康六年 爲慕容廆所
襲破 其王依慮刺殺 子孫走保沃沮"라 한 기사를 근거로 태강 6년(285)에
부여족은 해로로 단숨에 김해에 도착한 후 新支配者로 출현하여 복천동고
분군 집단과의 정치연합을 이루면서 금관가야를 성립시켰다고 하였다.[355]

이에 대해 홍보식은 구야국세력과 독로국세력이 축이 되어 금관가야가
성립되었다고 하는 것에는 동의하면서도 이것을 부여족 남하와는 관계 없
는 자체의 성장 결과로 파악하고 있다.[356] 그리고 임효택은 양동리고분군

---

352) 이희준, 「고령양식토기 출토 고분의 편년」, 『영남고고학』 15, 1994 ; 박천수, 「대가
    야권 분묘의 편년」, 『한국고고학보』 39, 1998.
353) 김세기, 「대가야 묘제의 변천」, 『가야사연구』, 경상북도, 1995.
354) 박천수, 「대가야권 분묘의 편년」, 『한국고고학보』 39, 1998.
355) 신경철, 「김해대성동·동래복천동고분군 點描 - 금관가야 이해의 일단」, 『부대사
    학』 19, 1995 ; 『김해대성동고분군 I』(경성대학교박물관 연구총서 제4집), 경성대
    학교박물관, 2000.

에 대한 발굴성과를 근거로 구야국의 중심지는 처음에는 양동리였다가 4세기에 들어 와서 대성동으로 중심지가 옮겨진 것으로 파악하고 있다.[357] 또 최종규도 1~3세기묘와 4세기묘 간의 차이는 입지의 우월성, 묘광의 장대화, 무기의 개인집중화, 순장의 존재를 들면서 동시에 도질토기 제작기술의 이입연대를 魏晉대로 추정하여 신경철의 부여족남하설을 비판하였다.[358]

이러한 비판은 북방민족 특유의 습속이 대성동 고분군에 강하게 나타나게 된 배경에 대해서는 명쾌한 설명을 하고 있지 못하다. 따라서 이 문제의 해명도 앞으로의 과제라 할 것이다.

6. 맺음말

필자는 앞에서 1980년 이후 이루어진 가야사와 관련되는 연구성과들을 정리해 보았다. 그 내용을 요약하면 다음과 같다.

이 시기에 가야사 연구가 활발히 이루어지게 된 주된 동기는 가야 각 지역에서 이루어진 고고학 발굴의 성과이다. 김해·고령·합천·진주·부산 등지에서 많은 발굴이 이루어지고 발굴 결과가 보고서로 간행되었다. 이러한 발굴로 출토된 호화롭고도 다양한 유물과 여러 형태의 묘제 등은 가야 사회가 결코 낙후된 사회가 아님을 물적으로 보여 주었다. 이리하여 문헌자료의 부족으로 부진을 면치 못하였던 가야사 연구는 활기를 띠게 되었던 것이다.

이 시기에 이루어진 연구들의 일반적인 경향을 보면 가야를 주체로 하면서 가야사의 전반에 걸친 논고가 다수 나왔으며 동시에 가야 각국의 역사에 대한 연구도 활발히 이루어졌다. 그리고 방법론적으로는 문헌자료를

---

356) 홍보식, 「금관가야의 성립과 발전」, 『가야문화유적조사 및 정비계획』, 경상북도·가야대학교부설 가야문화연구소, 1998.
357) 임효택, 「양동리유적의 제문제」, 『가야문화』 6, 1993.
358) 최종규, 「무덤에서 본 삼한사회의 구조 및 특징」, 『한국고대사논총』 2, 1991.

토대로 고고자료를 종합적으로 검토하여 활용하고 있고 또 『일본서기』에
보이는 가야관련 자료를 적극 이용하고 있다. 한편 정치사나 대외관계사
등에 편중되어 온 종래의 연구 경향을 비판하면서 문화사·생활사 등에도
눈을 돌린 연구들이 나온 것도 주목할 만한 성과라 할 수 있다. 또 문헌사
학자와 고고학자들이 공동의 연구를 수행한 것과 가야지역에 소재한 地自
體에서 학술대회를 개최하는 등 가야사의 발전을 위해 學界와 官이 공동
의 노력을 기울인 점도 주목되는 현상이라 하겠다.

가야사 연구에서의 쟁점사항은 여러 가지로 설정해 볼 수 있다. 그렇지
만 여기서는 가야사의 전개과정 문제, 가야사회의 정치적 성격 문제, 영역
의 설정 문제, 지배방식의 문제, 『일본서기』 신공기 49년조의 문제, 가야제
국의 성장 배경 문제 등에 한정하여 검토해 보았다.

가야사의 전개과정에서 대해 弁韓史를 가야사에 포함시켜 전기가야로
보는 견해도 있지만, 변한사는 三韓史의 한 부분으로서의 변한사로 취급하
여야 하며 이 속에서 가야사가 배태된 것으로 보아야 할 것이다. 가야사의
시기구분은 전기·후기로 나누는 것이 일반적이다. 그러나 변한시기까지
합하면 600년 가까이 지속된 가야사를 동태적으로 파악하기 위해서는 시
기를 세분하여 보는 것이 필요하다. 그 시기는 1~3세기의 변한시기, 4세기
초에서 5세기 초까지의 구야국 중심의 연맹체시기, 5세기 초에서 6세기 전
반기까지의 가라국 중심의 연맹체시기, 532~540년대의 가라국-안라국의
남북이원체제시기, 540년 이후 562년까지의 백제에의 附庸시기로 나누어
볼 수 있겠다.

가야사회의 정치적 성격과 관련한 견해는 개별국가설과 연맹체설로 크
게 나뉘어지고 연맹체설은 다시 단일연맹체설과 지역연맹체설로 나누어진
다. 가야는 단일국이 아니라 복합국이므로 이를 개별 國으로 보기 보다는
연맹체로 보아야 할 것 같다. 그러나 가야제국이 단일연맹체를 형성하였다
고 하더라고 내부적으로는 각 지역의 유력세력들이 일정한 ‘地域勢力圈’,
이른바 ‘地域聯盟體’를 형성하고 있었던 것 같다. 따라서 연맹 전체와 관련
되는 사항은 맹주국이 諸國旱岐會議를 통해 논의·결정하였던 것으로 보

인다.

가야 각국의 정치적 발전수준은 동일하지 않고 그 영역의 규모도 달랐다. 따라서 가야제국의 정치발전 수준은 최고지배자가 왕을 칭한 국과 旱岐를 칭한 국으로 나누어 볼 수 있다. 최고 지배자가 왕을 칭한 국은 가라국·안라국이었는데 이들은 소국의 범위를 넘어서는 영역을 확보하였고 또 旱岐조직과 首位조직을 지니고 있었다. 이들은『삼국지』동이전에 보이는 扶餘와 같은 부체제단계까지 발전한 것으로 볼 수 있겠다. 그리고 초기가야의 맹주국이었던 금관가야도 가라국·안라국 수준에 이르지 않았을까 한다. 한편 旱岐를 칭한 국들은 종래의 邑落聯盟體的 성격에서 벗어나 자국 내의 읍락들을 보다 강력하게 통합하는 형태로 발전하지 않았을까 한다.

가야사회의 영역에 대해 3세기말 4세기초에 변한사회에서 가야사회로 전환될 시기의 영역은 변한 12국의 위치를 중심으로 파악하는 것으로 보는 견해가 타당하다. 다만 문제가 되는 것은 昌寧지역과 咸昌지역이다. 창녕지역은『일본서기』신공기 49년조에 나오는 비자발이 4세기대에 가야 7국의 하나로 나오므로 초기 가야의 영역으로 설정할 수 있을 것이다. 그렇다고 하면 古寧가야가 위치하였다고 하는 함창도 초기가야의 영역으로 넣을 수 있을 것이다. 다만 함창지역은 신라에 편입된 것이 창녕지역보다 빨랐던 것으로 보이며, 창녕지역은 5세기 후반 이후에는 신라의 영역으로 된 것으로 보인다. 4세기 이후 가야 전체의 영역은「가락국기」의 기사와 ‘任那 13國’의 위치 및 고고자료를 종합하여 설정한 기왕의 연구성과는 그대로 받아들여도 좋을 것이다. 다만 부산지역의 경우 복천동고분군을 가야사에 넣을 것이냐 신라사에 편입시킬 것이냐에 따라 그 귀속은 달라지게 된다. 이에 대한 앞으로의 세밀한 연구가 필요하다.

한편 가야 각국의 영역은 특정국에서 성립된 양식토기의 분포권을 통해 설정해 보는 것도 타당한 견해라고 할 수 있다. 이러한 관점에서 볼 때 왕을 칭한 가라국이나 안라국은 적어도 그 영역이 다른 국을 병합한 형태로까지 확대된 것으로, 여타의 국들은 종래의 小國로서의 범위를 크게 벗어나지 못한 것으로 파악된다. 그러나 토기분포권을 기준으로 하여 영역을 설정할 때 염두에 두어야 할 것은 다라국처럼 國名이 溫存되었을 경우 비록 특정의 토기양식이 집중적으로 나타난다고 하여도 그 정치적 독자성은 인정되어야 할 것이라는 점이다.

가야의 지배방식과 관련하여 직접지배와 간접지배가 주로 논급되었다. 종래에는 직접지배는 지방관을 파견하여 일정 지역을 지배하는 것이고 간접지배는 유력 수장을 매개로 지배하는 것으로 보고 그 구체적인 내용은 공납적 복속의례로 파악하였다. 그러나 본고에서는 공납적 복속의례는 독립적인 國과 國 사이에 이루어지는 관계로서 '臣屬'의 대가로 공납을 바친 것으로 보고 한 영토 내에서 이루어지는 간접지배와는 성격이 다른 것으로 파악하였다. 이러한 공납적 복속의례 관계는 연맹체에도 적용될 수 있다는 관점에서 가야사회에서는 맹주국과 구성체 사이에 공납적 복속의례 관계가 형성된 것으로 보았다.

한편 한 영역 내에서 직접지배-간접지배라는 지배방식이 동시에 나타나는 예로서는 부여의 경우를 들 수 있다. 부여 왕은 자신의 직접지배지역을 제외하고는 四出道에 대한 지배를 諸加들에게 위임하였던 것이다. 이는 국왕이 諸加들의 세력을 완전히 장악하지 못한 상황에서 나타난 현상이라 할 수 있다. 본고에서는 부여사회가 보여주는 직접-간접지배(四出道式 지배) 방식은 가야사회에서도 적용될 수 있다고 보았다. 이러한 관점에서 직접-간접지배라고 하는 지배방식이 관철된 국으로는 왕을 칭한 加羅國과 安羅國 및 초기가야연맹체의 맹주국이었던 金官國 정도로 추정하였다. 그리고 이외의 가야 각국은 종래의 읍락연맹적 성격을 청산해 나가는 것으로 보았다.

『일본서기』 신공기 49년조의 문제에 대해서는 主體교론적 입장에서 369년에 백제의 가야지역 평정을 보여주는 것으로 보는 견해, 그 시기를 429년으로 고쳐보는 견해, 이 기사의 사실성을 부정하는 견해 등 다양하다. 본고에서는 주체교체론적 입장에서 이 기사는 4세기의 상황을 반영해 주는 것으로 보았다. 그리고 백제가 가야 7국과 영산강 유역의 침미다례 등을 평정한 후에도 가야 각국은 그 국명을 유지하고 있었지만 영산강 유역 세력들은 국명을 해체당하였다는 사실에서 근거하여 이 시기의 백제와 가야의 관계는 공납적 복속의례 관계가 형성하였지만 영산강유역은 백제의 영역으로 편입된 것으로 보았다.

한편 신공기 49년조에 나오는 백제 장군 木羅斤資의 활동시기를 429년으로 보는 견해에 대해『일본서기』의 연대는 120년 인하하면『삼국사기』의 연대와 대략 일치한다는 것과 목만치와 목협만치를 동일 인물로 볼 결정적인 근거가 없다는 전제 하에서 목라근자의 활동시기를 369년으로 보았다. 그리고 본 기사에서 가야 7국 가운데 김해가 南加羅로, 고령이 加羅로 표현된 것은 초기가야연맹의 맹주국이 김해세력이라는 사실과 배치된다는 입장에서 이 기사의 사실성을 부정하는 견해도 있다. 이에 대해 본고에서는『百濟記』또는『原百濟記』에는 사건 당시의 국명이 아니라 이 사건이 기록될 당시 즉 6세기의 국명이 採錄됨에서 생겨난 것이라는 것과 이 기사의 핵심은 가야의 주도세력을 밝히려는 것이 아니라 가야 7국이 백제에 의해 평정되었다는 사실을 摘示하기 위한 것이라는 관점에서 이 기사의 사실성을 부정할 수 없는 것으로 정리하였다. 또 창녕지역에 비정되는 比自烋은 진한의 불사국이었는데 가야사회가 성립되면서 이 지역은 가야사회로 편입된 것으로 보았다. 그리고 5세기 후반 이후가 되면 창녕지역은 신라에 편입되므로 가야 7국의 기사는 5세기 후반 이후의 사실이 아니라 4세기 중반의 사실로 보아야 할 것으로 파악하였다.

가야사회의 발전배경으로서 교역설과 중심집단의 이동설을 검토하였다. 교역이 사회발전에 동력이 되는 것은 물론이며, 이러한 교역설에 의해 수계에 따른 교통로나 교역로가 파악된 것은 의미있는 성과라고 할 수 있다. 그러나 대외교역이 마치 가야사회 발전이 주된 동력인 것처럼 지나치게 강조되는 것은 문제로 지적될 수 있다. 그러므로 내부적 발전의 결과가 대외적 교역의 활성화를 가져올 수 있다는 점도 고려되어야 할 것이다.

중심집단의 이동설에는 400년 고구려군의 남정에 의해 김해세력이 해체되면서 그 집단의 일부가 고령과 합천으로 이동해 옴으로써 대가야가 발전하고 다라국이 성립되었다고 본 견해가 있다. 이러한 견해는 고령과 합천의 기존세력의 내재적 發展力量을 과소 평가할 위험성이 있다. 동시에 지산동에서의 高塚의 조영을 4세기 말로 올려 보는 견해도 있고 옥전고분군의 편년도 5세기초 이전으로 보는 견해도 있으므로 정확한 편년의 설정이 이 문제를 해결할 단서를 제공할 것으로 보인다.

한편 금관가야는 3세기 후반에 부여족이 남하해 와서 복천동 세력과 연합함으로써 성립되었다는 견해가 있다. 김해 대성동고분군에서 북방유목민족 특유의 습속을 보여주는 다수의 유물들이 이를 입증해 주는 것으로 보았다. 이러한 견해에 대해서는 이미 홍보식 등에 의해 비판이 제기되었다. 그렇다고 하더라도 대성동 고분군에서 북방유목민족의 습속을 보여주는 유물이 출토된 배경과 그 의미가 무엇인가는 다각도로 검토되어야 할 것이다.

이상이 본고의 요약이다. 그러나 1980년 이후 나온 연구성과가 양적으로 엄청나기 때문에 그것들을 일일이 검토하는 것은 불가능하였다. 또 해당 논문의 논지의 요점을 제대로 정리하지 못한 점도 많을 것으로 본다. 이런 미비한 점에 대해서는 叱正을 바라는 바이다.

가야 건국신화의 재조명

백 승 충[*]

1. 머리말

건국신화는 고대국가 형성과정에서 생겨난 정치 이데올로기의 산물로서, 여기에는 당대 왕실의 유구성과 개국의 당위성이 내포되어 있다. 건국신화의 내용은 대개 역사적 사실을 담보하기도 하지만, 어떤 경우에는 오히려 역사적 사실이 설화적으로 풀이된 경우도 적지 않다. 따라서 건국신화는 기본적으로 '설화성'을 가지면서도, '역사성'을 추출하는 데에도 많은 실마리를 제공하고 있다.

가야의 건국신화는 가락국의 수로왕 신화와 가라국의 이진아시왕(=내진주지, 뇌질주일) 신화로 나눌 수 있다. 여기에 더하여 전자에는 허왕후와의 결혼담이, 후자에는 시조 이진아시왕과 수로왕(=뇌질청예)과의 형제관계가 각각 언급되고 있다. 특히 가락국의 수로왕 신화와 허왕후 신화는 내용의 풍부성·신이성 및 불교와의 관련성으로 인해 역사학적인 관점에서의 접근은 물론 신화학, 민속학, 국문학 방면에 좋은 소재를 제공하여 왔다.

가락국 수로왕 신화의 경우, '난생설화'와 '구지가'에 대한 해석이 다양하게 시도되는 속에서 '6란설'에 근거한 혹은 이를 모티브로 한 '가락국' 중심의 연맹체 단계를 설정하고 있는 점은 거의 공통적이다. 다만 9간 사회 이후의 수로왕 신화가 반영하는 歷史像의 해당 시기에 대해서는 1세기 전반

---

* 부산대학교 사회교육학부 교수

설, 2세기 초·중반설, 3세기 전반설 등 다양한 견해가 제기된 바 있다. 허왕후 신화에 대해서는 수로왕과의 결혼담과 출자에 대한 논의가 주류를 이루었다. 출자 문제와 불교적인 윤색 과정에 대해서는 논란이 있지만, 허왕후는 수로 이후 도래한 유이민 세력으로서 가락국 개국기의 사회 성격을 어느 정도 반영하는 것으로 보고 있다. 가라국의 이진아시왕 신화에 대해서는 시조모인 가야산신 정견모주와 가라국의 세계, 불교 전래, 가라국과 가락국의 상호관계 등의 문제가 집중적으로 거론되고 있다. 논자마다 시기는 각각 달리하지만 형제 간의 종지관계는 대체로 가라국이 정치적으로 대두하는 징표로서 간주하여, 주변 제국을 아울러 연맹체를 형성했던 것을 방증하는 것으로 보고 있다.[1]

가야사 연구에 있어서 개국신화 자료가 분량상으로 절대적인 비중을 차지하는 관계로, 종래의 이 같은 해석은 현재의 가야사 이해에 상당한 영향을 미쳤다고 할 수 있다. 그러나 '6가야연맹'이든 '상·하 가야연맹'이든, 논지의 핵심을 이루는 '가야연맹체'의 상정은 삼국의 고대국가 발전과정을 그대로 옮겨온 도식적인 가설로서 많은 비판을 받고 있다. 또한 가야 제국 모두를 포괄하는 '가야연맹체'를 상정한다든지, 불교적인 내용 등 자료의 특징적 요소를 당대의 역사적 사실과 결부시키는 것도 많은 문제가 있다고 생각한다. 그리고 기존의 연구가 구지가, 수로와 허왕후의 결혼담, 세계 등 개별 사실에 대한 연구에 치우친 결과 가야 건국신화 전체의 역사상을 재구성하기에는 충분하지 않다고 하겠다.

이에 본고에서는 기존의 연구성과를 참고함은 물론 여러 사서에 보이는 신화 관련 자료를 종합하여, 자료 비판적 측면에서 그것의 몇 가지 성격을 새롭게 추출해 보고자 한다. 그리고 별개로 전하는 가락국과 가라국 건국신화의 관련사료를 양 자의 상관관계를 중심으로 그 역사적 의미를 살펴

---

1) 가야의 건국신화에 대한 역사학 방면에서의 전반적인 연구사 정리는 拙稿, 「가야의 개국설화에 대한 검토」, 『역사와 현실』 33, 1999, 112~115쪽, 허왕후에 대한 근래의 연구는 金泰植, 「駕洛國記 所載 許王后 說話의 性格」, 『韓國史硏究』 102, 1998 참조. '구지가'와 허왕후의 결혼담 등에 대한 국문학·민속학 방면의 연구는 필요할 때마다 본문에서 별도로 언급하기로 한다.

보고자 한다.

2. 가야 건국신화의 자료분석

가락국의 건국신화는 김해의 '구지봉'을 배경으로 한 수로왕의 出自와 허왕후와의 결혼담이 주류를 이루고 있고, 가라국의 건국신화는 고령의 '가야산'을 배경으로 한 시조 이진아시왕의 출현과정과 세계를 전하고 있다. '가야'는 흔히 '국명'으로 알고 있으나 '지역명'으로 쓰여질 때도 흔하며, 가야를 범칭으로 하면서도 '모모가야' 혹은 '모모국' 등 개별 국명으로 나오기도 한다. 여기서 '가야'가 국명인가 아니면 지역명인가 하는 점이 중요한 것은, 가야 제국 상호간에 정치·문화적으로 상호 연동관계에 있었는가 아니면 독립적이었는가 하는 판단의 기준이 되기 때문이다. 이것은 '가야' 멸망 이후의 이 국에 대한 인식을 반영하는 것인데, 본고에서는 이런 점을 염두에 두고 두 국의 건국신화 관련자료를 차례대로 검토해 보고자 한다. 다만 가락국의 건국신화는 편의상 수로왕 신화와 허왕후 신화로 나누어 살펴볼 것이다.

1) 수로왕 신화

A1. 천지가 개벽한 뒤로 이 나라의 이름이 없었고 또한 군신의 칭호도 없었다. 이에　我刀干·汝刀干·彼刀干·五刀干·留水干·留天干·神天干·五天干·神鬼干 등 9干이 있어 이들 추장이 백성을 통솔하였으니 100戶에 7만 5천명이었다. 산이나 들에 도읍하고 우물을 파 마시고 밭을 일구어 먹었다. 마침 後漢의 世祖 光武帝 建武 18년 壬寅 3월 3일에 북쪽 龜旨[이것은 산의 이름인데 열 붕새가 엎드린 형태이므로 이름한 것이다]에서 무엇이 이상한 소리로 부르는 기척이 있었다. 군중 이·삼 백 명이 모여들었다. 사람 소리가 있는 것 같으나 모습은 보이지 않고 소리만 나면서 "여기에 사람이 있느냐?" 한다. 9干 등이 "우리들이 있습니다." 하니, 또 "내가 있는 데가 어디냐?" 한다. "구지입니다." 하니, 또 "하늘이 내게 命하여 이

곳에 나라를 세우고 임금이 되라 하시므로 여기에 왔으니 너희는 이 봉우
리의 흙을 파서 모으면서 노래하되 '거북아 거북아 머리를 나타내라. 나타
내지 아니하면 구워 먹으리라' 하고 춤을 추면 이것이 대왕을 맞이하면서
기뻐 날뛰는 것이라" 한다. 9干 등이 그 말대로 즐거이 노래하며 춤추다가
얼마 후 우러러보니 하늘에서 붉은 줄이 늘어져 땅에까지 닿았다. 줄 끝을
찾아보니 붉은 幅에 金合을 싼 것이 있었다. 그 합을 열어 보니 알 여섯
개가 있고 태양처럼 황금색으로 빛났다. 여러 사람들이 모두 놀라 기뻐하
면서 백 번 절하고 다시 싸서 我刀干의 집으로 돌아갔다. …… 그 달 보름
날에 즉위하였고 처음 나타났다고 하여 諱를 首露 혹은 首陵[즉 죽은 뒤
의 시호이다]이라 하고 국호를 大駕洛 또는 伽耶國이라 하였으니 즉 가야
가운데 하나이다. 남은 다섯 사람도 각각 돌아가 5가야의 임금이 되었다.
동쪽은 황산강, 서남은 창해, 서북은 지리산, 북은 가야산 남쪽까지 국경을
삼았다(『三國遺事』 권2 紀異2 「駕洛國記」).

A2. 居登王은 아버지가 首露王이고 어머니는 許皇后이다. …… 開皇曆에는
　　성이 金氏니 대개 나라의 世祖가 金卵에서 나왔기 때문에 金으로 姓을 삼
　　았다고 한다(上同).

A3. 首露王은 임인 3월에 알에서 나서 이 달에 즉위하여 158년간 나라를 다스
　　렸다. 金卵에서 났으므로 姓을 金氏라고 하니 開皇曆에 실려 있다(『三國
　　遺事』 권1 王曆1).

A4. 金庾信은 서울사람이었다. 그의 12代祖 首露는 어떠한 사람인지 알 수 없
　　으나 後漢 建武 18년 임인에 龜旨에 올라서 駕洛 9村을 바라보고 드디어
　　그 땅에 나라를 열고 가야라 이름하였다가 뒤에 금관국이라 고쳤고 그 자
　　손은 대대로 왕위를 계승하여 9대손 仇亥 혹은 仇次休라고 하는 이에까지
　　이르렀는데 이가 유신에게 증조뻘 된다. 신라사람들이 자칭 少昊金天氏의
　　후손이라고 하여 金으로 성을 삼았고 유신의 비문에도 '軒轅의 후예요 少
　　昊의 직계'라고 하였으니 南加耶의 시조 首露는 신라와 동일한 姓氏이다
　　(『三國史記』 권41 列傳1 金庾信(上)).

A5. 古記에 이르되, 萬魚寺는 옛날 慈成山 또는 阿耶斯山[摩耶斯를 써야 하

니 이곳 말로 고기라는 뜻이다]이다. 산 옆에 呵囉國이라는 나라가 있었다. 옛날 하늘에서 알이 해변으로 내려와 사람이 되어 나라를 다스렸으니 그가 곧 首露王이었다(『三國遺事』 권3 塔像4 魚山佛影條).

A6. 金州는 원래 駕洛國이었다. 신라 儒理王 18년에 가락의 추장 아도간·여도간·피도간 등 9명이 부락사람들을 데리고 계제사를 지내고 술을 마시다가 龜旨峰에서 이상한 소리가 들리므로 곧 가서 보니 하늘에서 내려온 金合이 있었는데 그 속에 해와 같이 둥근 금빛 나는 알이 들어 있었다. 9명의 추장은 이를 신기한 일로 생각하고 그것을 아도간의 집에 가져다가 모셨다. 이튿날 아홉 추장이 모두 모여서 합을 열어 보니 15세 가량 되어 보이는 아이가 알 껍질을 깨뜨리고 나왔는데 …… 이 달 보름날 아홉 추장은 그를 받들어 임금으로 모셨는데 이가 곧 수로왕이다 …… (『高麗史』 권57 志11 地理2).

A7. 金海都護府는 본래 駕洛國인데, 後漢 光武 皇帝 建武 18년 임인에 駕洛의 長 아도간·여도간·피도간 등 아홉 사람이 그 백성을 거느리고 禊飲하다가 구지봉을 바라보니 이상한 聲氣가 있어 가보았더니 金樻이 하늘에서 내려왔는데 그 속에 둥글기가 日輪과 같은 금빛 알이 있었다 …… 합을 열어보니 한 아이가 껍데기를 벗고 나왔는데, 나이는 열 다섯 살 가량 될 만하고 용모가 매우 잘 났으므로 여러 사람들이 모두 拜賀의 禮를 다 하였다. 아이가 날마다 크고 뛰어나서 10여 일이 지나자 신장이 9척이었다. 그 달 보름날에 아홉 사람이 마침내 받들어서 임금으로 삼으니 바로 首露王이다 …… (『世宗實錄地理志』 권150 慶尙道 金海都護府條).

A8. 龜旨峯은 부 북쪽 3리 지점에 있다. 後漢 光武帝 建武 18년 3월에 駕洛의 9干인 아도·여도·피도·오도·유수·유천·신천·오천·신귀 등이 물가에 모여서 술을 마시다가 구지봉을 바라보니 이상한 기운이 있었다. 가서 보니 자주색의 줄로 金合을 매어 하늘에서 내려오는 것이었다. 합을 열어보니 해처럼 둥근 여섯 개의 금빛 알이 있었으므로 아도의 집에 가져다 두었다. 이튿날 아홉 사람이 다 모여서 또 열어보니 알 여섯 개는 껍질이 쪼개졌고 여섯 동자로 되어 있었다. 나이는 열 다섯 살쯤 되었고 용모가 매우 거룩하여 모두 절하며 축하하였다. 동자는 나날이 자라서 10여 일을

지나니 키가 9척이나 되었다. 무리들이 드디어 한 사람을 받들어서 임금으로 삼으니 이가 곧 首露王이었다. 金合에서 났다고 하여 姓을 金氏라 하고 나라 이름을 가야라고 하였는데 신라 유리왕 18년 때의 일이었다. 나머지 다섯 사람도 각자 헤어져 가서 다섯 가야의 임금이 되었다. …… 5가야는 高靈이 大伽倻, 固城이 小伽倻, 星州가 碧珍伽倻, 咸安이 阿那伽倻, 咸昌이 古寧伽倻였다(『新增東國輿地勝覽』 권32 金海都護府 山川條).

A9. 수로왕릉은 부 서쪽 3 백 보 지점에 있다. 해마다 봄과 가을에 부중의 부로들이 함께 모여서 제사지낸다. …… 고려 文宗 때에 知州事가 陵銘을 짓기를, "元胎가 비로소 열리고 利眼도 처음으로 밝았다. 사람의 무리는 태어났으나 임금의 자리는 이루어지지 않았다 …… 산중에다 알을 내렸으나 안개 속에 형체를 감추었다. 안쪽은 오히려 막막하여 겉도 또한 어두웠다. 바라봐도 형상이 없는 듯하나 이에 들리는 소리가 있었다. 무리는 노래하며 연주하고 무리로 춤을 추어 호소했다. 이레 뒤에 한때를 만났으니 바람 불어 구름 걷혀 공중이 파랗고 하늘이 푸르렀다. 여섯 개 둥근 알을 내렸는데 한 가닥 자주색 끈이 드리웠다. 먼 지방 딴 지역에 집이 나란히 섰고 대마루가 잇닿았는데 보는 자가 담같이 둘러섰고 국같이 들끓었다. 다섯 사람은 각 고을로 돌아가고 한 사람만이 이 성에 남았다. 같은 때 같은 자취가 아우 같고 형 같았다. 진실로 하늘이 덕 있는 이를 낳았고 세상을 위한 법을 만들었다. 보위에 처음 오르니 천하가 청명하였다 ……."(『新增東國輿地勝覽』 권32 金海都護府 陵墓條).

A10. 옛일을 살펴보건대 駕洛國 始祖王의 姓은 金氏요 諱는 首露이시니 탄강하실 때 金같은 瑞氣가 있었기 때문에 김씨로 하셨다 하기도 하고 혹은 少昊金天氏의 후예이기 때문에 김씨로 하셨다 하기도 한다. 처음 태어나시어 生民의 선조가 되셨기 때문에 수로로서 왕호를 삼으셨다고 한다. 대왕께서는 서기 32년 3월 3일에 탄강하시어 10세가 되시자 그 현명하심이 뛰어나시고 어질고 용맹하시어 그 지혜가 신과 같으시므로 9간들이 추대하여 왕위에 오르셨다. 분산의 양지에 도읍을 정하시고 국호를 大駕洛이라 하니 서기 42년 3월 15일이었다 …… 왕후를 맞으시어 예를 갖추어 결혼하시고 다섯 아우님들을 5伽耶의 왕으로 책봉하여 本支를 명백히 구분하며 9卿을 세워서 관제를 정하셨다 ……(『駕洛國太祖陵崇善殿碑文』).2)

　　사료 A1~10에서는 가락국 시조 수로왕의 출생과 관련하여 이른바 '金卵說'을 전하고 있다. '金合' 혹은 '金卵'은 천손강림의 한 유형인 난생설화의 구성요소인데, 하늘이 보낸 '알'에 대한 관념은 단군신화를 비롯하여 고구려나 신라에서도 확인된다. 즉 천손강림 설화에는 天神을 父로 母를 胎內로 한 것(단군), 父는 天神인데 '알'로부터 나온 난생형 등 두 종류가 있다. 특히 난생형에는 '알'이 태내로부터 생긴 것(주몽)과 하늘로부터 내려온 것(혁거세, 알지, 수로 등)으로 나누어진다.[3] 시조 난생설화는 중국에서도 이른 시기에 보이는데, 商(殷) 왕조의 시조인 '契'와 춘추시대 徐國의 '偃王'도 각각 '알'을 품고 회임하거나 '알'에서 출생하고 있다.[4] 이런 점에서 볼 때 위의 수로왕 건국신화는 난생설화의 전형을 보여주는 것임은 물론 그 유래도 오래되었음을 알 수 있다.

　　수로왕 건국신화의 주요 내용은 김해지역의 유력층인 9간이 구지봉에서 여섯 개의 알을 수습하여 집에 가져오니 모두 사람으로 화하자 그 가운데 한 사람은 키가 9尺이나 되었는데 이를 '수로왕'으로 추대하고 나라 이름을 '가락국'으로 하고 나머지 사람들도 모두 돌아가 '5가야'의 임금이 되었다는 것이다. '구지가'가 불리어지고 하늘에서 여섯 개의 알이 내려오는 등 일련의 시조탄생 과정을 한층 神異的으로 묘사하고 있다. 구지봉·구지가와 직접 관련이 있는 '거북'은 '곰'과 함께 우리나라 전통의 신앙이 될만큼 그 기원이 오래되었다. 古來로 거북은 점복에 사용되었는데, 구지가의 '구워서 먹으리라(燔灼而喫)' 구절을 참고하여 거북으로 희생을 供한 뒤 음복하는 의식의 절차가 있었던 것으로 추정하기도 한다.[5] 고대 중국에서는 제

---

2) 朝鮮總督府, 『朝鮮金石總覽(下)』, 1919, 1326~1329쪽.

3) 金兩基, 「韓國の神話傳說」, 『世界の神話と傳說·總解說』, 自由國民社, 1983, 133쪽. 「廣開土王陵碑文」에 의하면 고구려 시조 芻牟(朱蒙)는 "出自北扶餘天帝之子 母河伯女郎 剖卵降世 生而有聖德"이라고 하여 '알'을 깨고 나왔음을 분명히 하고 있다.

4) 伊藤淸司, 「中國の神話傳說」, 『世界の神話と傳說·總解說』, 自由國民社, 1983, 115~116쪽.

5) 李玉, 「首露王 神話」, 『崔虎鎭博士華甲記念 韓國經濟史學論叢』, 瑞文堂, 1982, 141쪽.

사에 쓰이는 희생물을 숭배의 대상으로 여겼음은 주지의 사실이다.[6] 또한 거북의 머리는 남성을 상징하는데, 여성의 상징인 땅에 구멍을 파는 행위와의 결합은 생산과 번영을 기원하는 일종의 제의 형태로 보기도 한다.[7]

가락국 수로왕 신화의 전개과정은 사로국 6부가 알천가에 모여 '알'을 수습하여 동자로 화한 인물을 왕으로 추대하는 혁거세 강림설화와 아주 유사하다. 다만 차이가 있다면, 수로왕 신화에서는 수로 이전에 이 지역을 지배한 '9干'[8]의 출자에 대한 언급이 없는 반면 혁거세 설화에서는 그 이전의 '6부' 조상이 천강했던 사정을 자세하게 전하고 있다는 점이다. 또한 '알'의 색깔에 있어서도 차이가 있는데, 수로왕 신화에서는 '황금색'으로 묘사하고 있음에 비해 혁거세 신화에서는 '자주색'(혹은 '푸른색 큰 알')으로 묘사하고 있다.[9] 그러나 수로왕 신화에서도 '줄[繩]'(가락국기조) 혹은 '끈[纓]'(오가야조)이 '자주색'으로 나오기 때문에 신성한 의미를 가진 원래의 모티브는 동일하다고 하겠다. '자주색'을 '日光' 내지는 '電光과 같은 異氣'로 간주하여 땅과 하늘의 가교 역할을 하는 무지개 빛을 가리키는 것으로 보기

---

6) 전호태, 「고구려 고분벽화의 직녀도」, 『역사와 현실』 38, 2000, 135쪽.

7) 周采赫, 「거북신앙과 그 분포」, 『민간신앙』, 教文社, 1989, 208~223쪽. 한편 '구지가'의 해석과 관련하여 기우제·지신제와 수로 탄강설화와 결합한 '공동제의'로 보기도 하고(岡山善一郎, 「龜旨歌傳承の一考察」, 『朝鮮學報』 119·120, 1986, 588~593쪽), '집단강우축술제' 혹은 '풍요제'로 보기도 한다(성기옥, 「'구지가'의 작품적 성격과 그 해석(1)」, 『울산어논문집』 3, 1987, 75쪽).

8) 9간과 수로의 관계에 대해서는 상반된 견해가 있는데, 수로 등극이 9간의 추대 형식이기는 하지만 강제적인 성격이 강하다는 점에 대해서는 전고에서 이미 언급한 바가 있다(拙稿, 앞의 논문, 1999, 121~122쪽). 같은 관점에서 9간에 대한 수로의 우월성을 9간의 왕비 천거를 거부한 것에서 찾고, 위협적인 톤을 동반하고 있는 '구지가'는 인간들에게 재해를 초래하는 악신에 대한 직접적인 협박인 동시에 수로집단들이 선주민들에게 가하는 위협적인 자세까지도 반영한다고도 한다(이강옥, 「首露神話의 서술원리의 특수성과 그 현실적 의미」, 『加羅文化』 5, 慶南大學校 加羅文化硏究所, 1987, 145·162·166쪽). 이와는 달리 수로왕은 정복적인 성격을 가진 것이 아니라 기존의 9간들이 자신들의 필요성에 의해 강력한 결속을 도모하는 과정에서 추대된 것으로 본 견해도 있다(金泰植, 앞의 논문, 1998, 40쪽).

9) 『三國遺事』 권1 紀異2 新羅始祖 赫居世王條. 후술할 바와 같이 가라국의 건국신화에 보이는 腦窒朱日과 腦窒靑裔라는 시조명을 통해서 붉은색과 푸른색은 상통함을 알 수 있다.

도 하는데,[10] 그렇더라도 하늘과 땅을 잇는 신성성을 상징하는 원래의 의미는 그대로 가지는 것이다.

가락국의 건국신화인 수로왕 신화는 무슨 자료를 참고했을까? 물론 완전한 형태로 전하는 것은 「가락국기」이지만, 후대 일정한 가필과 윤색이 거듭된 것이기 때문에 원 자료의 측면에서 볼 때 신빙성에 한계를 가지고 있다. 가장 이른 시기의 자료인 『삼국사기』 김유신열전에는 수로에 대해서는 잘 알 수 없다고 하면서도, 「가락국기」에 보이는 '建武 18년 개국설'과 '구지봉 설화'를 간략하게 전하고 있다(사료 A4). 이것은 『삼국사기』 편자 자신이 언급한 바와 같이, 長淸 편찬의 김유신 行錄 10卷에는 번잡한 기록이 매우 많아 쓸 만한 것만을 추려서 쓴 까닭일 것이다.[11] 다만 종래의 '김씨금란설'을 대신하여 중국풍의 유교적 관점에서 채용한 「김유신비문」의 '소호금천씨후예설'을 인용하고 있는데, 이 같은 언급이 가능했던 것은 비문 편찬 당시인 문무왕대에 이미 향전 등 여러 자료를 바탕으로 가락국의 건국신화에 대한 구체적인 정리작업이 이루어졌기 때문일 것이다. 이러한 과정을 거쳐 고려 문종대에 최종적으로 정리된 것이 「가락국기」인 것이다.

「가락국기」의 관련 내용은 전반부에는 시조 수로왕의 건국과정과 허왕후와의 결혼담, 후반부에는 왕과 왕후 사후의 제향과 사적을 기술하고 있다. 이 자료는 太康 年間(1075~1084)에 金官知州事 文人이 지은 능명 「가락국기」를 간략하게 줄여서 기록한 것인데, '略載' 과정에서 편찬자인 一然의 역사인식이 투영되었을 것임은 자명하다.[12] 물론 고려 초의 이 원 자료도 다른 문헌이나 향전을 참고했을 것이다. 이것은 사료 A2~11을 통해 확

---

10) 李玉, 앞의 논문, 143쪽.

11) 『三國史記』 권43 列傳3 金庾信(下).

12) '略載' 과정에서의 자의적인 취사와 편집, 서사와 구성, 그리고 前代의 기록 全文面을 대비해 볼 수 없는 현재의 상황에서 「駕洛國記」는 一然의 기술로 보아야 한다는 견해도 있다(金永一, 「「駕洛國記」 敍事의 構成原理에 關한 一考察」, 『加羅文化』 5, 慶南大學校 加羅文化研究所, 1987, 31쪽). 한편 문종대에 금관지주사 문인이 「駕洛國記」를 편찬할 때 삼국과는 달리 국가 차원에서 왕묘와 사당 등 가야의 사적 복구를 지원했다는 직접적인 증거는 없다(拙稿, 「통일기~신라말 가야사인식」, 『鶴山金廷鶴博士頌壽紀念論叢 韓國古代史와 考古學』, 學研文化社 2000, 857~858쪽).

인할 수 있는데, 『개황록[력]』·「수로왕능명」·「김유신 비문」·김유신행록 10권·김유신열전·고기 등이 그것이다. 그러나 이들 자료는 陵銘 아니면 傳記類가 중심을 이루고 있기 때문에 대체적인 줄거리는 같지만, 내용상으로는 구체성을 띤 것만큼이나 원형을 잃어버린 채 과장되거나 조작된 것이 많다. 9간의 성격 문제, 개국연도 문제, 국호 문제 등 검토해야 할 내용은 여러 가지가 있으나, 전고에서 일부 언급한 바가 있다.13) 따라서 아래에서는 역사적 해석과 관련하여, 수로의 출자와 연관되어 있는 '금란설'과 '가야연맹체'의 문헌적 근거가 되는 '6란설' 두 문제를 중심으로 살펴보고자 한다.

(1) 금란설

'금란설'을 가장 구체적으로 말하고 있는 것은 사료 A1이다. 이것이 '김해 김씨' 성의 기원으로 말해지고 있음을 알 수 있는데, 사료 A2, 3, 6, 7에서는 모두 이를 따르고 있다. 이와는 달리 사료 A5와 A8, 9에서는 단순히 '알' 혹은 '둥근 알'로 표현하고 있어 차이를 보이고 있다. 특히 사료 A9는 사료 A1의 편찬의 저본이 된 고려 문종대의 금관지주사 문인이 지은 陵銘을 인용한 것이어서, 원전의 어느 부분을 신뢰할 것인가 하는 것이 문제가 된다. 실제 「가락국기」 후반부에 가락국 사적을 옮기고 있는 '銘'14)과 '오가야조'에서도 '둥근 알'로만 묘사하고 있어, 본문의 그것과는 차이를 보이고 있다.

A11. 혼돈이 처음 열리자 해와 달이 밝게 되었다. 人倫이 비록 생겼으나 임금의 지위는 아직 이루어지지 않았다. 중국에는 벌써 여러 대 지냈으나 東國에서는 아직 서울이 갈라져 있었다. 계림이 먼저 정해지고 駕洛은 후

---

13) 拙稿, 앞의 논문, 1999, 117~124쪽.

14) 『三國遺事』에서 '銘'이 있는 것은 「駕洛國記」뿐인데, 一然 때 붙여진 것으로 추정되기도 한다(曺圭益, 「龜旨歌의 현실적 성격 고찰 - 「배경산문·노래·銘」의 의미망을 중심으로」, 『加羅文化』 5, 慶南大學校 加羅文化硏究所, 1987, 196~200쪽).

에 경영되었다. …… 산중에 알이 내려오니 안개 속에 형체를 감추었다. 안도 오히려 아득하고 밖도 또한 캄캄했다. 바라보니 형상은 없는 듯 했으나 들으면 곧 소리가 있었다. 군중은 노래로서 아뢰고 무리는 춤을 추었다. 7일을 지난 후에는 한 때 안정하게 되었다. 바람이 불어 구름이 걷히자 푸른 하늘이 터져 나왔다. 여섯 개의 둥근 알이 한 가닥 자주색 끈에 매여 내려왔다 …… (『三國遺事』 권2 紀異2「駕洛國記」).

A12. 駕洛記贊에 의하면 한 자주색 끈이 내려와 여섯 개의 둥근 알을 주었는데 그 중 다섯은 각 읍으로 돌아가고 하나는 이 성에 있어서 수로왕이 되고 나머지 다섯은 각각 5가야의 주가 되었다 하니 금관이 다섯에 들지 않는 것은 당연하다. 그런데 本朝史略에는 금관까지 그 수에 넣고 창녕을 더 기록하였으니 그릇된 것이다(『三國遺事』 권1 紀異2 五伽耶條).

사료 A11은 祭文의 형식으로 씌어진 '銘'인데, 사료 A9의 수로왕 능명과 비슷한 것으로 볼 때 이를 全載한 것으로 추정된다. 전체 내용은「가락국기」본문과 비슷하지만, '銘'인 까닭에 수식어가 많이 붙고 한층 神異的으로 묘사하고 있다. 특히 본문과 마찬가지로 '임금의 지위가 계림이 먼저 정해지고 가락국은 뒤에 경영되었다'고 말하는 등 신라 중심의 서술을 읽을 수 있다. 그러나 내용상으로는 '황금 알'이 아니라 '둥근 알'로 묘사되고 있고, '구지가'의 내용은 대폭 줄어 단순히 '노래로서 아뢰었다'라고만 말하는 등 차이를 보이고 있다. 사료 A12는 '오가야조' 첫머리에 나오는 一然의 細註인데, 저자가 인용하고 있는 '가락기'는「가락국기」를 가리키는 것이다. 그런데 여기에서도 '금합'이라든지 '황금색 알'이라는 표현은 전혀 보이지 않고 단순히 '둥근 알'로서만 나오는 등 위의 '銘'과 흡사하다. 따라서 이들 사료 A11, 12를 통해서는 '금란설'을 확인할 수 없기 때문에 사료 A5, 8, 9와 마찬가지로 '김해 김씨'성의 기원과는 연결되지 않음을 알 수 있다.

'김해 김씨' 성의 기원과 관련해서는 '금란설' 이외에도 '소호금천씨후예설'이 있는데(사료 A4), 신라에서도 양 자가 함께 전하여 유사성을 보이고 있다. 신라의 경우『삼국사기』찬자는 두 설을 모두 소개하면서 어떤 계통인지 그 판단을 유보하고 있고,[15] 가야의 수로에 대해서는 어떤 사람인지 알 수 없다고 하였다(사료 A4). 후대 하륜의 기에는 ‘수로왕의 태어난 일은 참으로 기이하다’[16]라고 하여 ‘금란설’을 염두에 두기도 하지만, 크게 참고할 것은 못 된다.

그러나 훨씬 후대의 자료에서는 ‘김해 김씨’ 성의 기원과 관련하여 어느 한 설을 취하지 않고 두 설을 모두 소개하고 있다(사료 A10). 이것은 건국신화가 가진 신성성과 중국의 전설시대와 결부한 합리성을 잃어버리지 않기 위한 최선책이었던 것으로 보여진다. ‘소호금천씨후예설’은 「김유신비문」과 「삼랑사비문」에 보이고 있기 때문에[17] ‘김해 김씨’ 성의 기원과 관련해서는 적어도 7세기 중반 문무왕대에는 정리가 이루어졌을 것이다. 즉 문무왕은 가라계의 외손으로서 수로왕을 종묘에 합하여 제사를 계속하고 이를 위해 王位田을 붙이고 있고, 김유신 사후에는 비문이 만들어지고 있다. 따라서 이 때에 이르러 가락국에 대한 인식이 재고되었을 것은 분명한데, 그 일환으로 출자라든지 세계에 대해서 일차적으로 정리가 이루어졌을 가능성이 높다. 이와 관련하여 신라의 ‘소호금천씨후예설’이 바로 앞의 무열왕의 즉위와 함께 시작한 것으로 본 견해[18]가 있어 참고가 된다.

여기서는 ‘금란설’과 ‘소호금천씨후예설’의 선후관계가 문제가 되는데, 그러나 보다 소박한 형태인 ‘금란설’이 먼저 나타나고 이후 김유신비문에서 중국의 ‘소호금천씨후예설’을 채용하여 신성성을 강조한 것으로 보는 것이 타당할 것 같다. 왜냐하면 신라에서도 김씨 왕족들은 ‘소호금천씨출자설’에 앞서 ‘금궤’ 설화를 가지고 있는 김알지 설화가 있었던 것으로 파악되고 있기 때문이다.[19] 태양신화에 의하면 태양에는 ‘까마귀’가 서식하는데, 이를 ‘火烏’ 혹은 ‘金鷄’라고 하고 다리가 3개라고 한다.[20] 우리 기록과 유물에도 보이는 ‘三足烏’가 그것인데, 이 모두 ‘金卵’의 관념과 상통하는

---

15) 『三國史記』 권28 百濟本紀6 義慈王條.
16) 『新增東國輿地勝覽』 권32 金海都護府 佛宇條.
17) 『三國史記』 권28 百濟本紀6 義慈王條.
18) 李文基, 「新羅 金氏王室의 少皓金天氏 出自 觀念의 標榜과 그 變化」, 『歷史敎育論集』 23·24, 1999, 670쪽.
19) 李文基, 앞의 논문, 671쪽.
20) 伊藤淸司, 앞의 논문, 111쪽.

것으로서 그 기원은 상당히 오래되었음을 추론할 수 있다.

어쨌든 「가락국기」는 '금란설'을, 『삼국사기』는 '소호금천씨후예설'을 각각 따르고 있음을 알 수 있다. 그러나 이후의 「가락국기」의 '銘'과 『신증동국여지승람』 소전 수로왕릉 비문에는 모두 '금란설'이 빠져 있고 단순히 '여섯 개의 둥근 알'로 나타나 있다(사료 A8, 9). 두 자료 모두 수로의 능명을 참고한 것인데, 소박하지만 비역사적인 '금란설'이 후대에 갈수록 점차 사라지고 있음을 확인할 수 있다. 이와 관련하여 「문무왕릉비문」의 다음 기록이 주목된다.

A13. 그 신령스러운 멀리서부터 내려와 火官之后에 창성한 터전을 이루었고 높이 세워서 바야흐로 융성하니 이로부터 □枝가 靈異함을 담아낼 수 있었다. 秺候 祭天之胤이 7대를 전하여 …… 하였다. 15代祖 星漢王은 하늘에서 바탕이 내려오고 仙岳에서 영혼이 나왔다(「文武王陵碑文」).[21]

이 비편의 내용은 천손강림 설화의 한 유형을 보여준다는 점에서 주목된다. 즉 '15대조 星漢王은 하늘에서 바탕이 내려오고 仙岳에서 영혼이 나왔다'고 말하고 있는데, 난생의 여부는 알 수 없지만 사료 A1 등 가락국의 건국신화에서 보이는 '황금색 알'의 표현은 전혀 보이지 않는다. 이것은 신라에서도 '김씨' 성의 기원과 결부하여 만들어낸 '금란설' 관념이 사라지고 있음을 반증하는 것이 아닐까 한다.[22]

즉 같은 비문에서 '火官之后'(＝神農氏. 그의 子가 黃帝임)라고 하여 중국의 '3皇 5帝' 전설과 함께 金姓의 유래를 '秺候祭天之胤'(＝少昊金天氏)과 연결시키고 있다든지,[23] 문무왕대에 건립된 「김유신비문」에 '軒轅之裔 少昊之胤'설을 말한다든지(사료 A4), 효소왕대에 건립된 것으로 보이는 「金仁文碑文」에서 그의 세계를 '少皥'와 '金天'에 연결시키는[24] 등 신라 문무

―――――――――

21) 韓國古代社會硏究所, 『譯註 韓國古代金石文』 제2권, 1992, 128쪽.
22) 국문학 방면의 문화기호론의 시각에서 金首露王의 '金'은 그 본질이 검(감) 즉 '거북'과 '쇠'에 연결시키기도 한다(정호완, 「'가락(駕洛)'의 거북신 상징」, 『地名學』 2, 1999, 213쪽).
23) 李文基, 앞의 논문, 654~655쪽.

왕대를 전후해서는 이미 '소호금천씨출자설'이 존재했기 때문에 전대부터 내려온 '金卵' 혹은 '金櫃'라는 표현은 의도적으로 피했을 가능성을 시사하고 있다.

이렇게 볼 때 가야의 경우도 '금란설'의 기원이 보다 오래되었음을 알 수 있고, 7세기 중반 중국으로부터 '소호금천씨설'을 채용하면서 이제는 '황금색의 알'이 아닌 보다 소박한 형태인 '둥근 알'로 기술되고 있음을 알 수 있다. 다만 「가락국기」에는 『삼국사기』의 김유신열전을 따르지 않고 『개황록[력]』 등에 전하는 '금란설'을 취함으로써 수로왕 탄생의 신이성을 한층 더한 것이다.

(2) 6란설

'6란설'은 종래 '6가야' 혹은 '6가야연맹체설'의 기원이 되었음은 주지하는 바와 같다. 지금에 와서는 많은 비판을 받고 있는 것도 사실인데, 그러나 그것이 의미하는 바에 대해서는 다소 소홀하지 않았나 한다. '6란설'도 사료 A1이 대표적인데, 같은 원전을 사용했던 것으로 추정되는 사료 A8과 A9에서도 이 설을 그대로 따르고 있다. 그러나 사료 A6와 A7에서는 '금란설'에 기초하고는 있으나, '6란'이 아니라 분명히 '1란'으로 말하고 있다. 사료 계통의 차이로도 볼 수 있으나, 모티브는 거의 동일하므로 특별히 다른 자료를 이용했을 가능성은 희박하다.

언제부터인지는 모르지만 아마 각종 사서나 향전으로 알려지고 있던 '6란설'이 기이하고 불합리하다고 생각되어 편자 나름대로 합리화하여 '1란설'로 재구성되었을 가능성이 높다. 이 같은 합리화의 흔적은 곳곳에서 보이는데, '그 달 보름에 즉위했다'는 것을 '15세 가량의 동자가 나와 즉위했다'고 말하고 있다든지(사료 A6, 7, 8), 수로의 42년 즉위 기년을 합리화하기 위하여 32년 3월 3일에 탄강하여 10세가 된 42년에 즉위한 것으로 기술하기도 한다(사료 A10). 같은 난생설화를 가지고 있는 혁거세는 13세에 즉위하고 있고,[25] 고구려의 주몽은 22세에 즉위[26]한 것으로 되어 있어 참고가

---

24) 韓國古代社會硏究所, 앞의 책, 136쪽.

된다.

'6란설'이 가야 당대의 관념이 아니라는 사실은 의심의 여지가 없는데, 후술할 가라국의 개국설화에도 '6가야' 대신 가락국과 가라국 2국만 보이기 때문에 신라 말까지는 '6가야' 관념이 없었음은 명백하다. '거북'이 '多卵'의 동물임을 들어 '6란'의 논거가 마련된다는 견해[27]도 있는데, 어쨌든 이것이 「가락국기」 원전에서부터 붙여졌는지 아니면 一然이 초략하면서 임의로 붙여진 것인지는 분명하지 않다. 원래는 혁거세 신화 등 한국의 다른 건국신화와 마찬가지로 '1란'이었을 것인데, 후대 '가야연맹체' 관념이 투영되면서 붙여졌을 것이다. 「本朝史略」에 이미 '6(5)가야'가 보이고 있으므로, 고려 초에 '6(5)가야' 관념이 있었던 것은 분명하다. 다만 맹주국인 '금관국'을 중심으로 여기에 '5가야'가 덧붙여진 것이 선종의 '一花五葉' 관념과 밀접한 관련을 가진다면,[28] 정형화된 6(5)가야 관념은 『삼국유사』「가락국기」와 '오가야조' 편찬 때 붙여졌을 가능성이 높다고 하겠다.

사실 '6란설'에 기초한 '6가야' 관념에는, '5가야조'를 설정하고 있는 것에서 알 수 있는 바와 같이 '5'와 '6'의 숫자 관념이 복합적으로 내재하고 있다. 우리 사서는 물론 『일본서기』에도 이와 유사한 관념이 표출되고 있는데,[29] 이와 관련해서는 신라의 시조인 혁거세의 다음 기록이 참고된다.

A13. …… 나라를 다스린 지 61년 만에 왕은 하늘로 올라갔다가 7일 만에 남은 뼈가 땅으로 흩어져 떨어졌다. 왕후도 죽으므로 사람들이 한데 모아 장사 지내려 하나 큰 뱀이 따라다니며 막으므로 5체를 각각 묻어서 5릉이 되었는데 蛇陵이라고도 하니 曇嚴寺 북쪽 능이 그것이다. 곧 태자 남해왕이 즉위하였다(『三國遺事』 권1 紀異2 新羅始祖 赫居世王條).

---

25) 『三國史記』 권1 新羅本紀1 始祖赫居世居西干 元年條.

26) 『三國史記』 권13 高句麗本紀1 始祖東明聖王 元年條.

27) 金永一, 앞의 논문, 18쪽.

28) 拙稿, 앞의 논문, 1999, 124쪽.

29) 拙稿, 「문헌에서 본 가야·삼국과 왜」, 『韓國民族文化』 12, 釜山大學校 韓國民族文化硏究所, 1998, 285쪽의 주 118 ; 앞의 논문, 1999, 124쪽.

소위 사체화생에 의한 天地創成神話를 전하는 것인데, 하나의 사체로부터 5岳이라는 다섯 개의 名山이 생긴다는 새로운 관념은 중국에서 통일국가가 형성된 秦·漢代 이후에 나타난다고 한다.[30] 가야에서의 主國 및 '5가야' 관념도 이와 유사하여 '금관국'이 중심이 되어 새로운 국가사회를 연다는 의미가 강하게 내포되어 있다. 즉 '금관국'을 '本'으로 하고 나머지 5가야를 '支'로 명백히 구분하는 것(사료 A10)도 같은 의미라고 하겠다. 혁거세의 몸이 5개로 찢어져 묻힌 설화를 풍작을 기원하는 제의로 보기도 하는데,[31] 관념적으로는 천지창성과 상통하는 것은 물론이다. 다만 수로와 혁거세 모두 건국신화를 가진다는 점에 보다 주목한다면, '5가야'와 '5체(릉)'의 관념에는 재생 혹은 부활의례 이외에 광의의 '개국'의 의미가 내포되어 있음은 명백하다. 『삼국사기』 시조온조왕 20년조에, "봄 2월에 왕이 큰 제단을 설치하고 천지 신명에 몸소 제사를 지내니 '이상한 새[異鳥]' 다섯 마리가 날아왔다."[32]는 기사에서 다섯 마리의 이상한 새가 천상의 메시지를 전달하는 '신의 사자'로 이해되는 것[33]도 이 같은 해석과 관련하여 참고된다.

지금까지 '금란설'과 '6란설'을 중심으로 가락국의 건국신화를 살펴보았다. 이외에도 여러 가지 검토할 사항이 있지만, 아래에서는 특히 수로의 탄강 무대가 되고 있는 '구지봉'과 3월 3일 '계욕일'에 대하여 약간 부언해 두고자 한다.

수로가 물·바다·거북과 밀접한 관련을 가지고 있고 '계음' 행사도 물과 불가분의 관계에 있다고 한다면, 전고에서 밝힌 바와 같이 원래 탄강은 바닷가에서 이루어졌는데 후대 천손강림의 건국신화로 만들어져 유습으로 정착하는 과정에서 신성한 제례의 장소로서 '구지봉'이라는 새로운 무대가 생겨난 것으로 보는 것이 타당하다.[34] 신라의 만파식적 설화에 바다 속 산

---

30) 伊藤淸司, 앞의 논문, 110쪽.

31) 권오영, 「한국고대의 새 관념과 제사」, 『역사와 현실』 32, 1999, 117쪽.

32) 『三國史記』 권23 百濟本紀1 始祖溫祚王 20年條.

33) 金杜珍, 『韓國古代의 建國神話와 祭儀』, 一潮閣, 1999, 193쪽.

34) 拙稿, 앞의 논문, 1999, 119~121쪽.

이 거북이 머리 모양을 하고 용이 나온다고 전하고 있는데,[35] 거북은 원래 산보다는 바다를 관념화한 것임을 알 수 있다. 또한『삼국유사』'수로부인 조'에도 보이는 바 '구지가'와 형태가 같은 소위 '海(神)歌'의 존재라든지, 바다 속 용궁을 다녀온 수로부인의 행적[36]은 '수로'라는 음의 유사성만큼 이나 바다와의 깊은 관련성을 잘 말해주고 있어 가락국 건국시조 수로왕 의 성격을 파악하는 데 도움이 된다. 또한 3월 3일의 계욕 행사와 관련해 서는『삼국사기』의 아래 사료도 참고된다.

A14. 古記에 이르기를 …… "고구려에서는 항상 3월 3일에 낙랑구에 모여 돼 지·사슴을 잡아 天과 山川에 제사지낸다"고 한다(『三國史記』 권32 雜 志1 祭祀條).

  3월 3일은 名日로서 추운 겨울을 지나 따스해진 봄볕에 기운을 펴고 대 자연의 품속에서 새로워진 생명의 기운을 받는 날이다.[37] 이 때 행해지는 '계욕 행사'는 태양숭배 민속으로서 동쪽으로 흘러가는 맑은 물에 목욕함 으로써 모든 맑지 못한 것과 재액을 씻고 복을 맞이한다는 푸닥거리의 의 미도 있고,[38] 예축제적 성격을 가지기도 한다.[39] 이것만 가지고 특별히 고 구려와 가야의 관계를 말할 수는 없지만, 아마 중국의 영향을 받아 가야, 신라, 고구려 모두 이 날을 기해 목욕하고 제사지내는 풍습이 있었음은 분 명하다. 가락국의 경우 그 대상은 거북이었을 것인데, 주로 강가나 바닷가 에 모여 행했을 것이다. 즉 계욕의 제사를 올리던 구지봉 기슭의 냇물이 오늘날의 해반천 곧 거북천[龜川]으로 상정하기도 하는데,[40] '조문형 동기' 등이 출토되는 영남지역의 수혈식 유구 제사유적들의 입지가 주로 강변이

---

35)『三國遺事』권2 紀異2 萬波息笛條.
36)『三國遺事』권2 紀異2 水路夫人條.
37) 崔南善,『朝鮮常識問答』(三星文庫16), 1972, 103쪽.
38) 丁仲煥,「三國遺事와 日本書紀에 보이는 祓禊思想」,『東國史學』15·16, 1981 ; 『加羅史研究』, 혜안, 2000, 402~415쪽.
39) 井上秀雄,『古代朝鮮史序說 - 王者と宗敎』, 寧樂社, 1978, 51~52쪽.
40) 정호완, 앞의 논문, 223쪽.

나 바닷가라는 점[41]은 시사하는 바가 크다.

2) 허왕후 신화

B. 建武 24년 무신 7월 27일에 9干 등이 왕을 조알할 때 말씀을 올렸다. "대왕께서 강림하신 후로 좋은 배필을 아직 얻지 못하였습니다. 신들이 기른 처녀 중에서 가장 좋은 사람을 궁중에 뽑아 들여 왕비를 삼게 하시기 바랍니다." 왕은 말했다. "내가 이 곳에 내려옴은 하늘의 명령이다. 내게 짝지어 왕후로 삼게 함도 또한 하늘이 명령할 것이니 그대들은 염려하지 말라." 드디어 留天干에게 명령하여 가벼운 배와 빠른 말을 주어 望山島로 가서 서서 기다리게 하고, 또 神鬼干에게 명령하여 乘岾[망산도는 서울 남쪽의 섬이요 승점은 輦下의 나라이다]으로 가게 했다. 문득 바다의 서남쪽으로부터 붉은 빛의 돛을 달고 붉은 기를 휘날리면서 북쪽으로 향하여 오는 것이다. …… 이에 왕은 왕후와 함께 침전에 있는데, 조용히 왕에게 말했다. "저는 阿踰陁國의 공주입니다. 성은 許라 하고 이름은 黃玉이며 나이는 열 여섯입니다. 본국에 있을 때 올 5월 달에 父王과 皇后께서 제게 말씀하시기를 '우리 내외가 어젯밤 꿈에 함께 하늘의 上帝를 뵈오니 上帝께서 駕洛國王 首露는 하늘이 내려보내 오르게 했으니 신성한 분이란 이 사람이며 또 새로 나라를 다스림에 있어 아직 배필을 정하지 못했으니 그대들은 공주를 보내어 배필을 삼게 하라' 하시고 말을 마치자 하늘로 올라가셨다. 꿈을 깨고 난 뒤에도 上帝의 말씀이 오히려 귀에 쟁쟁하니 '너는 이 자리에서 곧 부모와 작별하고 그 곳 駕洛國을 향해 떠나라' 하시었습니다. 저는 바다에 떠서 멀리 증조를 찾고 하늘로 가서 멀리 반도를 찾아 지금 이 아름다운 모습으로 용안을 가까이 하게 되었습니다." 왕은 말했다. "나는 나면서부터 자못 신성하여 공주가 먼 곳으로부터 올 것을 먼저 알았으므로 신하들에게서 왕비를 맞이하자는 청이 있었으나 굳이 듣지 않았소. 이제 현숙한 그대가 스스로 왔으니 이 사람으로서는 다행이오." 드디어 혼인하여 두 밤을 지내고 또 하루 낮을 보냈다. 이에 그들이 타고 왔던 배는 돌려보냈는데 뱃사공은 모두 15명이었다. 각각 쌀 10석과 베 30필을 주어서 본국으로 돌아가게 했

---

41) 김두철, 「祭祀考古學의 研究成果와 課題 - 竪穴式儀禮遺構를 중심으로」, 『고고학의 새로운 지향』(제4회 부산복천박물관 학술발표회), 2000, 61쪽.

다. 8월 1일에 왕은 대궐로 돌아오는데 왕후와 함께 수레를 타고 媵臣夫妻
도 나란히 수레를 탔다. 漢肆雜物을 모두 실려서 천천히 대궐로 들어오니
시각은 午正이 되어 버렸다. …… 後漢의 靈帝 中平 6년 기사 3월 1일에 왕
후가 세상을 떠나니 나이가 157세였다(『三國遺事』 권2 紀異2 「駕洛國記」).

이 사료에서는 허왕후의 도래과정과 수로왕과의 결혼담을 전하고 있다.
수로왕이 天命을 빌어 허왕후의 도래를 예견하고 있다든지, 天神인 '上帝'
(=上皇)의 명령으로 가락국에 오게 되었다는 허왕후의 설명은 신성성을
강조함은 물론 天帝子로서의 도래의 당위성을 말해주는 것이기도 하다. 9
간에 의해 추대된 수로왕은 9간 즉 토착세력 자신의 처녀 가운데 왕비를
간택해 줄 것을 요청 받았으나, 모두 거절하고 먼 곳 아유타국에서 온 공
주를 맞이하여 혼인하고 있다. 이후 허왕후가 죽자 가락국 백성들은 그녀
를 잊지 못하여 왕후가 거쳐 온 곳 각각에 주포촌, 능현, 기출변 등의 이름
을 붙이는 한편 사모하는 놀이로서 매년 7월 29일에 왕후의 도래 과정을
競走의 형태로 재현하고 있다.[42] 또한 8대 질지왕 때에는 허왕후의 명복을
빌기 위해 혼례를 치른 곳에 王后寺를 지었다고 한다.
　허왕후와의 결혼담이 수로왕의 혈통 강조에 아무런 도움이 되지 못한다
든지, '元君' '大寶' 등이 후대적 용례임을 들어 이 기록을 후대의 표현으로
보기도 한다.[43] 후대의 윤색·가필은 충분히 예상되는 것인데, 그러나 결
혼담은 건국신화의 중요한 구성 요소임은 부정할 수 없고 또한 전체 신화
내용 가운데 상당히 비중 있게 다루고 있는 점을 감안해 본다면, 가락국의
건국신화가 정리되는 과정에서는 수로왕의 강림 못지 않게 허왕후의 도래
도 중요하게 취급되었음은 분명하다. 바닷가 혹은 강가에서의 허왕후에 대
한 추모놀이는 이 지역의 전통적인 습속과 결부되어 있음을 짐작할 수 있
는데, 지금까지도 '구지봉'을 중심으로 재현되는 수로 강림의 탄생과정과는
대조적이다. 수로왕의 탄강은 신성함과 엄숙함을 수반하기 때문에 제의의

---

42) 『三國遺事』 권2 紀異2 「駕洛國記」.
43) 楊熙喆, 「「駕洛國記」의 龜旨曲과 建國神話 硏究 - 呪術·積層·意味·世界觀」,
　　『加羅文化』 5, 慶南大學校 加羅文化研究所, 1987, 107~108쪽.

대상이 되고 허왕후의 도래과정은 생기만만한 것으로서 민속놀이로 발전되었을 것이라는 견해44)가 있는데, 그러나 원래 두 신화 모두 신성함과 축제적인 분위기를 가졌을 것인데 후대 전래과정에서 가락국의 건국신화가 수로왕 중심으로 재구성되면서 수로왕 신화는 제의로, 허왕후 신화는 민속놀이로 각각 굳어졌을 것이다.

허왕후의 도래과정은 아유타국, 파사석탑, 왕후사 등 불교적 특징을 가지고 있다. 모두 허왕후의 출자와 관련이 있는데, 인도의 아유타국에서 왔다고 한다. 아유타국은 인도 갠지즈강 상류에 있던 고대 왕국인 아요디아(Ayodyha) 왕국을 가리키는데, 불교와 밀접한 관련이 있다. 이 곳은 阿輪迦王(＝阿育王, Asoka王)의 舊蹟의 都城으로서, 어느땐가 불교 동점 신앙이 가락국의 건국신화와 결합한 것으로 보고 있다.45) 즉 가락국 건국신화의 일부를 이루는 혼인담은 왕권의 정당성을 갖추기 위한 방편으로 신성성을 강조하고자 하였는데, 불교와 인연이 깊은 아유타국과 관련시킴으로써 그 타당성을 증명하려고 하였던 것이다.

그러나 허왕후 신화를 단순히 후대 가락국에서 행한 제의나 축제의 한 형태로만 볼 수는 없을 듯하다. 건국신화에는 항상 제의적 요소가 수반됨은 물론인데, 그것 역시 역사성을 담보한 정치 이데올로기의 산물이라는 점에 주목하지 않을 수 없다. 특히 수로왕이나 허왕후 모두 9간과는 이질적인 신성족 집단으로서, 이주민계의 특징을 보여주고 있음은 분명하다. 수로왕 신화가 시조신에 대한 제의로 정착하는 한편 허왕후 신화가 유희로 정착하게 되는 것은 왕후사 창건 등 불교적인 영향을 받아 일반인들에 회자되면서부터라고 생각한다.

허왕후 집단이 유이민 집단임은 분명한데, 어디로부터 왔을까? 여기에 대해서는 일본열도에서 돌아온 가락국 왕녀설, 인도 야요디아 왕국의 식민지인 야유티야에서 온 왕녀설, 야요디아국에서 중국 사천성 안악현을 거쳐 이주해온 허씨족 소녀설, 낙랑에서 온 2차 유이민(상인)설 등이 있다.46)

---

44) 이강옥, 앞의 논문, 151쪽.
45) 三品彰英, 『三國遺事考証(中)』, 塙書房, 1979, 335쪽.
46) 金泰植, 앞의 논문, 1998, 21~26쪽.

수로왕이 가락국을 건국한 이후 이곳에 도래한 예로는 허왕후 집단과 탈해 집단이 있다. 탈해는 龍城國(또는 正明國 또는 玩夏國) 사람으로서 '大卵'에서 태어나는 등[47] 난생설화의 유형을 가지면서 수로와 다투고 있는데, 허왕후는 이와는 달리 원래는 아유타국의 공주로서 '上帝'의 명을 받아 수로와 혼인할 수밖에 없는 당위성이 있음을 말하고 있다. 즉 탈해와 허왕후 모두 천제자를 표방하면서 수로 이후 바다를 건너온 2차 도래집단임에는 틀림없는데, 다만 허왕후는 수로와 다투기 위해 온 탈해와는 달리 애초부터 수로와 혼인하기 위해 온 부차적인 집단임을 나타내고 있다.

이것이 같은 천제자이면서도 허왕후가 수로나 탈해와는 달리 난생설화를 가지지 못하는 이유라 하겠다. 물론 '붉은 돛'을 달고 '붉은 깃발'을 휘날리는 허왕후의 첫 모습은 후술할 바와 같이 도래자로서의 신성성과 위엄은 갖추고 있다. 또한 결혼담의 한 구절로서 '높은 언덕에서 쉬면서 입고 있던 비단바지를 벗어 폐백으로 삼아 산신령에게 바쳤다'는 내용이 있는데, 이 지역 전통의 산악숭배를 배경으로 한 통과의례[48] 혹은 결혼에서의 폐백행위[49]와 관련을 가질 수도 있다. 그러나 '베 짜는 행위' 혹은 '베' 자체가 신앙적 의미와 기능을 가진다는 점[50]을 참고해 보면, 허왕후 자체가 하나의 신성성을 가진 존재임을 상징하는 것으로도 볼 수 있다.

어쨌든 허왕후의 출자와 관련해서는 우선 중국과 관련된 내용이 많다는 점을 지적하고자 한다. 첫째, '漢肆雜物'이라 하여 중국 상점의 여러 물건을 언급한 점, 둘째, 泉府卿(물가조절 관아)·宗正監(황족의 일 담당)·司農卿(漢 9卿의 하나) 등 중국계 관직이 많다는 점, 셋째, 바다를 건너오면서 옷, 필단, 금은주옥, 장신구 등 중국 물품을 많이 가져온 점 등이 그것이다. 전체적으로 볼 때 허왕후 집단이 선진문물을 가진 북방 도래인임은 분명하기 때문에, 낙랑에서 온 유이민 혹은 수시로 왕래한 상인집단과 관련시킨 견해[51]는 타당성이 있다고 생각된다.

---

47) 『三國遺事』 권1 紀異2 第四代脫解王條.
48) 三品彰英, 앞의 책, 334쪽 ; 金泰植, 앞의 논문, 1998, 18~20쪽.
49) 崔珍源, 「韓國神話考釋(2) - 首露神話」, 『大東文化研究』 24, 1990, 82쪽.
50) 전호태, 앞의 논문, 137쪽.

다만 허왕후 관련 사료에서 보이는 관명 및 세조, 원군, 황후, 왕후 등 중국식 용어와 함께 이들 중국 관련 내용들은 후대 일괄 윤색했을 가능성도 있기 때문에 그 출자와 관련된 증거로 삼기에는 한계가 있음도 분명하다. 중국식으로의 윤색과정은 수로왕 신화와 마찬가지로 신라 문무왕대로 추정되는데, 「김유신비문」에 수로를 '소호금천씨'의 후예로 묘사하고 있는 것이 하나의 단서가 된다. 즉 '黃金'＝黃帝이고 黃은 '黃玉'과 같은 의미[52]임을 참고해 보면, '허황옥'도 사실은 '황제' 즉 '소호금천씨'에서 유래한 것이 된다. 따라서 김해 김씨의 기원은 물론 '허황옥'이라는 왕후명까지도 모두 '소호금천씨'와 연결되어 있음을 추론할 수 있다. 이렇게 보면, 가락국 수로왕 신화에 대한 일차적인 정리는 물론 현재 전하는 허왕후 신화의 모습도 신라 문무왕대에 완성되었을 가능성이 높다.

3) 이진아시왕 신화

C1. 高靈郡은 본래 大加耶國으로서 시조 伊珍阿豉王[內珍朱智라고도 한다]으로부터 道設智王까지 무릇 16세 520년이다. 眞興大王이 이를 침공하여 없애고 그 지역을 大加耶郡으로 하였다. 景德王이 고령군으로 개칭한 것인데 지금도 그를 따른다(『三國史記』 권34 雜志3 地理1 高靈郡條).

C2. ① 본래는 大伽倻國이다. 자세한 것은 金海府 산천편을 보라. 시조는 伊珍阿豉王[內珍朱智라고도 한다]인데 그로부터 道設智王까지 대략 16세 520년이다. ② 崔致遠의 釋利貞傳을 살펴보면 "伽倻山神 正見母主는 곧 天神 夷毗訶之에 感應한 바 되어 大伽倻王 惱窒朱日과 金官國王 惱窒青裔 두 사람을 낳았는데 惱窒朱日은 伊珍阿豉王의 별칭이고 青裔는 首露王의 별칭이다"라고 하였으나 駕洛國 古記의 6란설과 함께 모두 허황하여 믿을 수 없다. ③ 또 釋順應傳에는 "大伽倻國의 月光太子는 正見의 10세손이요 그의 아버지는 異惱王인데 신라에게 청혼하여 迎夷粲 比枝輩의 딸을 맞이하여 태자를 낳았으니 異惱王은 惱窒朱日의 8세손이다"라고 하

---

51) 金泰植, 앞의 논문, 1998, 40쪽.
52) 諸橋轍次, 『大漢和辭典』 권12, 大修館書店, 1985, 947쪽.

였다. 그러나 역시 참고할 것이 못 된다(『新增東國輿地勝覽』권29 高靈縣 建置沿革條).

사료 C1, C2는 가라국 이진아시왕(＝내진주지, 뇌질주일)의 건국신화를 전하는데, 앞서 살펴본 가락국 수로왕의 난생설화와는 달리 여기서는 地(母)神과 天神의 感應說話를 전하고 있다. 천신과 지신의 결합이라는 기본 요소를 가지면서도 세계를 말할 때 천신이 아닌 지모신인 가야산신 '정견모주'가 중심이 되는 등 천손강림의 성격이 상대적으로 약하게 나타나는데, 이는 천지신을 강조하는 유이민계 가락국의 건국신화와는 대비된다. 물론 고령 개진면 양전리의 암각화가 있는 부근 마을을 알현 즉 '알터'로 부르고 있고, 그곳에 천신과 산신이 교감해 알을 낳았다는 이야기가 전해오기도 한다.53) 이렇게 불린 시기는 잘 알 수 없는데, 난생 설화적 요소는 가락국의 건국신화와 상통하고 '산신'의 요소는 가라국의 건국신화와 연결된다. 그러나 앞서 살펴본 바와 같이 가라국의 건국신화에는 난생의 요소를 전혀 확인할 수 없기 때문에 '알터'의 구전 내용은 후대 수로왕 신화 등 가락국의 건국신화가 알려지면서 부가된 것으로 보는 것이 타당하지 않을까 한다.

가라국의 이진아시왕 건국신화는 앞의 가락국의 수로왕 신화와 비교해 볼 때 내용적으로는 그렇게 풍부하지 않다. 가장 오래된 자료로 간주되는 『삼국사기』 지리지에는 始祖와 末王, 世數와 歷年만을 언급하고 있다(사료 C1). 이것은 물론 가락국의 경우에도 똑같이 기술하고 있어 형식상 일관성을 보이기는 하지만, 차이점도 있다. 즉 『삼국사기』 지리지 김해소경조에는 다음과 같이 기술하고 있다.

C3. 金海小京은 옛 金官國[혹은 伽落國이라 하고 혹은 伽耶라고도 한다]이다. 시조 首露王으로부터 10대 仇亥王에 이르러 梁 나라 中大通 4년인 신라 法興王 19년에 백성을 거느리고 와서 항복했으므로 그 땅을 金官郡으로

---

53) 崔光植, 「大伽耶의 信仰과 祭儀」, 『加耶史研究 - 대가야의 政治와 文化』, 慶尙北道, 1995, 259쪽.

삼았다가 文武王 20년인 唐 나라 永隆 원년에 소경으로 삼았다. 景德王이 이름을 고쳐서 金海京이라 했는데 지금의 金州이다(『三國史記』 권34 雜志3 地理1 金海小京條).

여기서는 가락국의 시조, 말왕, 세대수만을 언급할 뿐 역년은 말하지 않는 등 사료 C1의 가라국보다 오히려 소략한 느낌마저 준다. ‘혹은 가락국이라고도 한다’라는 세주를 통해서는 이 용어가 전적으로 사용되고 있는 문종대 편찬의 「가락국기」를 참고했음을 추론할 수 있는데, 이 때 역년도 분명히 확인했을 것이다. 그럼에도 불구하고 여기서 적기하지 않은 것은, 향전인 까닭에 아마 찬자의 입장에서는 神異的인 건국과정과 함께 그대로 수용하기 어려웠기 때문일 것이다. 이 문제는『삼국사기』 찬자의 가야사 인식과 관련이 있는데, 특히 ‘대가야국’ 용례(사료 C1)를 통해 볼 때 이 사서의 찬자는 가라국 중심의 가야사 인식을 가지고 있었음이 분명하다.

어쨌든 후대 자료인『고려사』와『세종실록지리지』에서도 모두 사료 C1만을 그대로 轉寫할 뿐 다른 자료는 참고하지 않고 있다.54) 다만『신증동국여지승람』에는『삼국사기』는 물론 최치원 편찬의 「석이정전」과 「석순응전」을 싣는 등 보다 상세한 건국신화를 전하고 있다(사료 C2). 대부분의 논자들은, 후대의 자료이기는 하지만 보다 자세한 내용을 전하는 사료 C2를 중심으로 가라국 이진아시왕의 건국신화를 분석하고 있다. 이 사료를 통해서는 가라국에도 가락국 못지 않게 가야의 중심국으로서의 전통이 상당히 공고하게 남아 있음이 확인된다. 그러나 세계 수를 언급하면서 사료 C1과 C2-①에서는 16대로, 사료 C2-②에서는 10대로 각각 다르게 말하는 등 당시 가라국의 건국신화에는 두 계통이 있었음을 짐작할 수 있다.

사료 C2-①은『삼국사기』의 내용(사료 C1)을 그대로 전제한 것이다. 사료 C2-②③은 최치원이 지은 「석순응전」과 「석이정전」의 내용을 인용하면서 찬자의 견해를 붙이고 있는데, 가라국의 건국설화는 가락국의 6란설과 마찬가지로 허황하고 세계 역시 믿을 것이 못 된다고 하였다. 모두 사료

---

54)『高麗史』 권57 志11 京山府 高靈郡條 ;『世宗實錄地理志』 권150 慶尙道 高靈縣條.

C1과 C2-①에 없는 내용이거나 틀린 부분을 언급한 것으로서, 찬자는 『삼국사기』의 입장을 지지하고 있음을 알 수 있다. 사료 C2-①에서 '김해부 산천편을 보라'는 것은 아마 '수로의 탄강'과 '6란설'을 염두에 둔 듯하고, 사료 C2-③에서는 월광태자를 가야산신 정견모주의 10세손, 그의 부인 이뇌왕을 시조인 뇌질주일의 8세손으로 말하는 등 세계를 계산하는 기준이 각각 다르다는 점도 특이하다.

사실 위의 기록들은 후대 가라국 위주로 서술된 것이기 때문에 가락국 위주로 기술된 「가락국기」와 마찬가지로 가야 당대의 사정을 그대로 반영한다고 보기는 어렵다. 특히 이 사료에는 막연히 '6란'을 언급하고 있는 가락국의 건국신화와는 달리 가라국과 가락국 두 국만을 형제관계로 묘사하고 있다(C2-②). 종래 이것을 두 지역의 정치적 연합[55] 혹은 현실적 필요에 의한 신화상의 조작[56]으로 보기도 했는데, 형식상으로는 '같은 때 같은 자취가 아우 같고 형 같다'(사료 A9)는 구절과 유사하다. 또한 이진아시왕과 수로왕의 별칭인 뇌질주일과 뇌질청예의 '朱日'과 '靑裔'는 각각 붉은색과 푸른색을 상징하면서 대비되고 있는데, 모두 천제자로서의 신성성을 나타내는 것은 물론이다.

그러나 분명한 것은 가라국 건국신화의 정리과정에서 가야의 원조인 가락국을 의식하고 있다는 점이다. 즉 사료 비판의 측면에서 보면 개국 연도, 세계 수, 역년은 모두 가락국의 그것을 바탕으로 하고 있는데,[57] 양 국의 시조를 형제 간으로 묘사한 것도 사실은 가락국의 개국년과 세계 수를 취하는 과정에서 불가피하게 끌어들였던 것으로 추정된다. 또한 가라국의 건국신화는 가락국의 그것에 비해 상당히 후차적이면서, 서술상 중국적·불교적 윤색이 두드러진다는 점도 특이하다. 이것을 보다 구체적으로 살펴보면 다음과 같다.

첫째, 가라국의 건국신화는 가락국의 그것에 비해 시간적으로 볼 때 후

---

55) 末松保和, 『任那興亡史』, 大八州出版, 1949/再版, 吉川弘文館, 1956, 224쪽.
56) 金哲埈, 「韓國古代國家發達史」, 『韓國文化史大系Ⅰ(民族·國家史)』, 高麗大學校 民族文化研究所, 1964, 486쪽.
57) 拙稿, 앞의 논문, 1999, 133~135쪽.

대 관념을 반영한다는 점이다. 제사적인 측면에서만 본다면 위의 산신과 천신의 결합은 하나의 제례 형태를 가지고 있는데, 고령 양전리와 인화리 의 암각화에서 볼 수 있는 바와 같이 천신과 산신을 숭배하여 제사하는 기 원은 상당히 오래되었을 것이다.[58] '산신'은 주로 여성으로 나오고 있는데, 천손강림의 형태가 아니라 토착 재지신인 산신 위주로 기술되고 있는 점 은 유이민 단계 다음의 재지화하는 상황을 반영하는 것이다. 월광태자의 대(세) 수를 말하면서 시조 '뇌질주일'부터가 아니라 가야산신인 '정견모주' 로부터 말하고 있는 것도 이와 무관하지 않을 터인데, 천신 중심의 가락국 의 천손강림형 신화보다는 후차적인 관념을 나타내고 있다. 사료 C2-②의 '靑裔'는 '靑陽의 후예'로서 '少昊金天氏'의 후손임을 가리키는데,[59] 이 전 통은 문무왕대의 「김유신비문」에서부터 비롯되기 때문에 가라국에서 가락 국의 이 설을 취한 것은 그 이후가 되어야 타당할 것으로 생각된다. 수로 왕 건국신화가 초기국가 단계의 선민사상에 기반한 제1단계 개국신화이고, 형제관계의 설정을 통해 초기국가가 결합한 연맹왕국의 성립을 전하는 이 진아시왕 건국신화는 제2단계 개국신화로 간주되고 있는 것[60]도 이를 뒷 받침한다.

둘째, 불교적인 요소에 관한 것이다. 사실 가야산신 '정견모주'는 여신으 로서 '정견'은 불교 '八正道'의 처음으로 '바른 견해를 갖는다'는 뜻이고, '母 主'는 '聖母'에서 비롯된 것임은 이미 지적된 바가 있다.[61] 특히 이 지역의 불교전래와 관련하여, '거덕사'와 '월광사' 등을 들어 월광태자 당대의 사정 을 반영하는 것으로 이해하기도 한다.[62] 6세기 전반 당시 가라국에 불교가

---

58) 崔光植, 앞의 논문, 263쪽.
59) 末松保和, 앞의 책, 225쪽. 이에 대해 지나친 고증이라는 비판도 있다(金泰植, 앞 의 논문, 1996, 7쪽). 그러나 신라 문무왕대에 이미 가락국의 시조 수로왕이 '少昊 金天氏'의 후예라는 설과 가락을 '金官'으로 부르고 있었음을 감안해 보면, 가락국 의 건국신화에 대해 충분한 지식이 있었음은 물론 중국 사서에 밝은 최치원으로 서는 수로왕을 黃帝 軒轅氏의 첫째 아들 소호금천씨 즉 '靑陽'의 후손으로 상정 했을 가능성은 충분히 있다.
60) 金哲埈, 앞의 논문, 486~487쪽 ; 金杜珍, 앞의 책, 228쪽.
61) 丁仲煥, 『加羅史草』, 釜山大學校 韓日文化硏究所, 1962 ; 앞의 책, 2000, 96쪽.
62) 金福順, 「大伽耶의 불교」, 『加耶史硏究 - 대가야의 政治와 文化』, 慶尙北道,

전래되었을 가능성은 이미 지적된 바 있는데, 백제 부여 능산리 벽화전분의 영향을 받은 고아동 벽화고분의 '연화문양'의 존재, 南齊 遣使 때(479)의 불교 수입 가능성, 우륵 12곡 중 부처님의 사자 혹은 사원의 장례·법회에 쓰이던 獅子舞의 음악인 '師子伎', 불경에 자주 나오는 향나무의 일종인 '栴檀'으로 만든 栴檀門[梁]이 가라국에 존재한다는 사실, 522년 결혼동맹을 전후하여 신라로부터 수용되었을 가능성 등63)으로 추론 가능하다.

그러나 가야에 불교가 언제 전래되었는가 하는 문제와 이들 사찰과 월광태자의 행적이 당대의 사정을 반영하느냐 하는 문제는 별개이다. 불교 전래 이전에 이미 가라국 건국신화의 줄거리나 인명은 있었는데, 이 때와서 단지 가야산신이나 가야왕자의 이름을 불교적으로 雅化하는 정도였다는 견해64)도 있다. 주목되는 바가 없는 것은 아니지만, 그러나 가라국 건국신화의 배경이 되는 가야산 산명 자체가 불교와 깊은 관련이 있음을 고려해 본다면 불교적인 윤색이 내용에는 전혀 미치지 못했다는 것은 받아들이기 힘들다. 즉 이 지역 최초의 정치체인 가라국 시조를 聖山인 가야산신과 결부시킴으로써 그 연원을 높이고, 불교진흥책의 일환으로 이 지역 불교 전래의 유구함을 강조했을 수도 있다. 또한 불교 전래 이전에 가라국 신화 내지는 월광태자 설화의 기본 골격이 갖추어져 있었다고 확실하게 말할 수도 없는데, 이 점은 『개황록[력]』과 「김유신비문」에서 '建武18년 개국설'과 '구지봉설화' 등 건국설화의 편린을 확실하게 남기고 있는 가락국과는 대비된다. 따라서 현재 남아있는 자료로 보는 한, 가라국의 건국신화를 가야 당대에 정리하고 구체화시킨 계기는 사실상 찾아지기 어렵다고 하겠다.65) 오히려 해인사라는 대사찰의 창건을 계기로 이 지역의 불교 진

1995, 289쪽.

63) 金福順, 앞의 논문, 284~295쪽 ; 金泰植, 「大加耶의 世系와 道設智」, 『震檀學報』 81, 1996, 13~15쪽.

64) 金泰植, 앞의 논문, 1996, 11쪽.

65) 사실 5세기 후반 이후 가라국의 국내외적인 위상과 고대국가로 나아가는 정치적 발전단계로 볼 때 자국의 역사서를 편찬한다거나 건국신화에 대한 나름대로의 정리가 이루어졌을 가능성은 있다. 이 점은 6세기 후반대에 역사서를 편찬하는 신라와 비교해 보아도 전혀 어색하지 않다. 따라서 가라국 건국신화의 편린을 남기고

흥을 위해 가야산 및 그 주변을 중심으로 번성했던 최초의 정치체인 가라국의 시조 및 세계와 결합하여 불교적인 윤색이 가해졌을 가능성이 농후하다.

한편 월광태자를 신라의 마의태자와 비교하기도 하는데,[66] 그러나 마의태자와는 달리 월광태자는 가라국 마지막 왕인 도설지왕으로 즉위하고 있기 때문에 직접적인 비교 대상은 되지 않는다. "월광사는 야로현 북쪽 5리에 있는데 세상에 전해 오기를 대가야 태자 월광이 창건한 것이라고 한다"라고 말한다든지, 최치원이 「석순응전」에서, "그 서쪽산 두 시냇물이 합치는 곳에 거덕사라는 절이 있는데, 옛 대가야국 태자 월광이 결연한 곳이다"라고 말하고 있는 것으로 볼 때[67] 물론 최치원 당대에는 월광태자에 관한 전설이 있었던 것이 분명하다. 지금은 월광사터에 삼층석탑(국보 제204호)이 남아 있는데, 통일신라 후기의 것으로 추정된다. 어쨌든 뒤에 왕위에 올랐던 이 인물이 '월광태자'로 전해지는 것은 무슨 까닭이 있었을 것이다.

'월광태자'는 석존이 과거에 태자이던 때의 이름인데, 출타 중에 만난 癩病人을 위해 뼈를 깨뜨려 骨髓를 내고 血髓를 바르고 피를 마시게 하여 병을 다스렸다고 한다.[68] 이 같이 '무한의 희생'을 표상으로 하는 불교식 인명이 어떻게 해서 가야 태자의 이름으로 붙여졌는지는 잘 알 수 없다. 다만 추정해 본다면, 어머니의 나라이면서 혈통의 절반을 이어 받은 신라에 투항하지 않고 가라국을 위해 끝까지 싸워 나라를 지키려 했던 '살신구국'의 정신 때문이 아니었을까 추측해 본다.[69] 즉 월광태자는 갓 태어나서

있는 『삼국사기』 지리지나 『신증동국여지승람』 소전 최치원의 저술은 가라국 당대에 만들어진 어떤 사료에 근거했을 수도 있다. 문제는 이들 기록에는 '古記' 등 그 어떤 전거도 밝히지 않고 있고, 내용상으로 보면 오히려 『개황력[록]』 등 가락국의 기록을 참고했을 가능성이 농후하다는 점이다. 이에 본고에서는 일단 가라국 당대에 역사서 편찬 내지는 건국신화에 대한 정리가 이루어졌을 가능성은 있다고 보는데, 다만 현존하는 가라국 건국신화의 편린은 향전과 가락국의 그것을 크게 참고하여 정리한 것으로 추정한다.

66) 金福順, 앞 논문, 290쪽.

67) 『新增東國輿地勝覽』 권30 陜川郡 佛宇條·古跡條.

68) 耘虛龍夏, 『佛敎辭典』, 東國譯經院, 1995, 660쪽.

69) 신라가 그를 희생양으로 삼아 '대가야'를 정복하겠다는 의식 속에 '월광태자'로 명

부터 어머니의 나라와는 절연한 상태에서 성장하게 되는데, 태자도 태자이려니와 그의 母는 고국으로 돌아가지도 못하고 한 평생 핍박 속에서 지냈던 것으로 추정된다. 따라서 월광태자는 성장하면서 그의 母는 물론 그 스스로 신라를 그리워하는 마음이 지극했을 것인데, 그러나 이것을 버리고 백제와 협력하여 신라에 끝까지 대항하였던 것이다. 월광태자의 이 같은 기이한 운명과 나라를 지키려 했던 정신은 후대 이 지방 사람의 입에 오르내릴 수 있는 상당히 좋은 소재를 제공했을 것이며, 가야산 인근에 사찰이 건립되면서 자연스럽게 연결되었을 것이다.

이상에서 가락국과 가라국의 건국신화 관련 사료를 살펴보았다. 가락국의 ‘금란설’은 ‘소호금천씨 후예설’이 성립함에 따라 단순히 ‘둥근 알’로 표현되고 있고, ‘6란설’의 정형화된 관념은 『삼국유사』 편찬 때에 표출된 것이다. 허왕후는 그 출자가 한군현과 연결되지만, 중국적 요소는 문무왕대에 윤색된 것이다. 가라국의 건국신화는 『삼국사기』 지리지에 기본 골격을 갖추어 전하는데, 보다 구체적으로 전하는 『신증동국여지승람』의 내용은 가락국의 수로왕 신화를 바탕으로 하여 불교적인 윤색이 가해지는 등 후대 많은 변화를 겪었다.

3. 가야 건국신화의 전승과정

1) 가락국의 건국신화

천손강림 신화의 전형을 보여주고 있는 가락국의 건국신화는, ‘난생설화’의 한 유형으로서 신화상의 의의는 물론이거니와 이를 통해 가야의 역사상을 상당히 복원할 수 있다. 사실 『삼국사기』에는 가야는 3국과는 달리 ‘본기’가 따로 전하지 않고 관련 기록 대부분이 ‘신라본기’에서 간략하게 다루고 있다. 또한 신이성을 띠고 있는 기록은 배제하고 있기 때문에 개국신

명했을 가능성을 제기하기도 하지만(金泰植, 앞의 논문, 1996, 14쪽), 받아들이기 힘들다.

화가 언급될 여지는 거의 없다. 『삼국유사』「가락국기」는 많은 정보를 제공하는 것은 분명하지만, 비교할 다른 자료가 거의 전무하고 불교적인 윤색이 심하기 때문에 신화 원래의 모습으로 복원하기가 쉽지 않다.

수로의 건국신화는 天·地·冥의 구성 요소를 가지는 전형적인 신화체계를 갖추고 있다. 즉 혼돈의 상태에서 부정을 물리치고, 이렇게 정돈된 시·공간 속에 건국주의 성스러운 탄생을 보게 되는 것이다.[70] 특히 수로의 강림을 맞이하는 매개물로서 '자주색 끈'이 나오고 있는데, 다른 신화에서는 화살·새 등이 등장하여 천상과 지상을 중개하는 역할을 하고 있다. 실제 그 무대가 되고 있는 '구지봉'도 천손이 내려온 聖山이자 天祭를 올리는 종교적 聖地로서 文明과 정치적 권위의 뿌리를 뜻하는 곳으로 추측되기도 하고,[71] '구지'를 '굿'으로 새겨 '큰 굿' 곧 '큰 제례'가 거행되던 봉우리라는 견해를 취하여 속(profane)에서 성(scared)으로 전이가 이루어지는 날에 공간적 배경으로서 불제의 의식을 치르기에 안성마춤의 장소였다고 보기도 한다.[72]

어쨌든 여기서는 '자주색'의 붉은 빛깔이 주목되는데, 예로부터 신성한 색으로 여겨왔고 의관이나 인수에 쓰여지기도 하였다. 천손강림형의 건국신화에는 흔히 신성성을 강조하기 위하여 자주 쓰이는 색이라고 할 수 있다. 허왕후 신화에서는 '붉은 돛'과 '붉은 깃발'로 등장하고(사료 B), '금관성 파사석탑조'에서는 '붉은 빛깔의 돌'이 등장하기도 한다(사료 D6, D7). 혁거세 신화와 김알지 신화에서도 각각 '자주색 알[紫卵]'과 '자주색 구름[紫雲]'이 나오고, 탈해는 신라에 올 때 '붉은 용[赤龍]'의 호위를 받았다고 한다. 이와 관련해서는 아래 기사가 참고된다.

D1. 고구려의 樂은 通典에서 말하기를 "樂工人은 자줏빛 비단 모자[紫羅帽]를 썼는데 새의 깃으로 장식했으며 노란빛 큰 소매에 자줏빛 비단 띠를 매었고 가랑이 넓은 바지에 붉은 가죽신을 신었으며 오직 검은 노끈으로 매었

---

70) 金和經, 「首露王 神話의 硏究」, 『震檀學報』 67, 1987, 138~139쪽.
71) 鄭璟喜, 『韓國古代社會文化硏究』, 一志社, 1990, 159쪽.
72) 金和經, 앞의 논문, 139쪽.

었다. 춤추는 이 네 사람은 상투를 뒤에 쫓었고 빨간빛으로 이마를 칠했으며 금귀고리로 장식했으나 두 사람은 노랑 치마저고리와 적황색 바지를 입었고 두 사람은 적황색 치마저고리와 바지를 입었는데 매우 긴 소매에 검은 가죽신을 신고서 쌍쌍이 나란히 서서 춤을 추었다 ……."(『三國史記』 권32 雜志1 樂條)

D2. 천황이 都怒我阿羅斯等에게 "그대의 나라에 돌아가고 싶은가?"라고 물었다. 대답하여 "몹시 돌아가고 싶습니다."라고 하였다. 천황은 阿羅斯等에게 조하여 …… 붉은 비단을 阿羅斯等에게 주어 본국으로 돌려 보냈다. 고로 그 국호를 彌摩那國이라 함은 이것에서 연유한 것이다. 阿羅斯等은 받은 붉은 비단을 자기 나라의 郡府에 거두어 두었다. 신라인이 그것을 듣고 군사를 일으켜 와서 붉은 비단을 모두 빼앗아 갔다. 이것이 두 나라가 서로 원망하는 시초라고 한다(『日本書紀』 권6 垂仁紀 2년 시세조).

사료 D1에서는 고구려 악공의 모습을 묘사하고 있는데, 모자와 옷 모두 붉은 계통으로 장식되어 있다. 古記에 의하면 신라에서는 악공을 '尺'이라고 하는데, 새내금과 대금무 연주 때 무척과 금척은 '붉은 옷'과 '푸른 옷'을 입었다고 전한다. 백제에서도 춤추는 이는 두 사람인데 '자줏빛' 큰 소매에 치마저고리를 입었다고 한다.[73] 삼국의 악공들이 어떤 목적으로 '자줏빛' 옷을 주로 입었는지는 분명하지 않다. 다만 고대정치에 있어서 음악이 즉위 및 장송의례 등을 포함한 '국가의례'와 직접적인 관련이 있음을 상기해 볼 때, 음악행위 그 자체는 제사·주술과 무관하지 않았을 것이다. 따라서 악공이 '하늘의 대리인' 역할을 하고, 붉은 빛 나는 자주 색 옷을 갖춤으로써 신성성을 강조하였을 것이다.

사료 D2의 '아라사등' 기사는 우리의 '연오랑·세오녀 설화'를 연상시키는데, '미마나국' 국호의 기원을 '아라사등'이 붉은 비단을 가져왔기 때문으로 말하고 있다. 잘 알려진 바와 같이, 연오랑·세오녀 설화는 명주 비단을 '일월의 빛' 혹은 '일월의 정기'와 관련시키는 등[74] 도래인에 의한 개국의

---

73) 『三國史記』 권32 雜志1 樂條.
74) 『三國遺事』 권1 紀異2 延烏郎細烏女條.

기원으로 언급한 것이다. 왜에서 '아라사등'에게 '붉은 비단'을 주었다든지 이들 두고 가야와 신라가 서로 다투었다는 사실을 통해서, 붉은 비단이 하늘로부터 내려진 성스러운 '神物'임을 암시하고 있다.

'비단'을 가져온다거나 베를 짜는 행위는 흔히 신을 섬기는 기본 의례인 동시에 신험의 상징물로서 작용하여 신성을 현현하는 결과에 이르게 한 것으로 보고 있다.[75] 이것은 허왕후 신화에서 단적으로 나타나고 있는데, 새로운 문물의 전래라는 의미도 내포되어 있다. 여기에 '붉은' 색깔까지 드러나면, 신성성은 더욱 강조되어 신령한 영험을 얻게 되는 것이다. 이와 관련해서는 다음의 사료가 참고된다.

D3. (仙桃山의 神母는) 일찍이 諸天의 仙女들에게 비단을 짜게 하고 붉은 빛[緋色]으로 물을 들여 朝服을 만들어서 그의 남편에게 주었으니 國人이 이로써 비로소 신령한 영험을 얻었다고 한다…….(『三國遺事』 권5 感通7 仙桃聖母隨喜佛事條)

위의 사료에서 '붉은 색'과 '비단'의 요소는 천상과 지상을 연결짓는 중요한 구성요소로 작용하고 있음을 알 수 있고, 실제 '神驗'으로 말해지고 있다. 천제자는 이 모두를 갖추고 지상에서 현신하는 것인데, '제천의 선녀'는 이를 잘 말해주고 있다. 『日本書紀』 神代에 등장하는 天照大神도 '神衣를 짜는 齋服殿에 居하고 북[梭]에 몸을 다쳤다'[76]고 하는 것을 볼 때, 그가 織造와 깊은 '巫女'임은 명백하여 위의 '제천의 선녀'와 상통한다고 하겠다.

이렇게 볼 때 '비단'을 가져왔다는 허왕후는 물론 '붉은 천에 싸인 금합자 속의 황금알'에서 태어난 수로는 천제자로서의 신성성을 갖추고 있음을 다시 한번 확인시켜 주고 있다.

한편 사료 D1에서는 악공의 모자에 특히 '새의 깃'이 장식되어 있음을 알 수 있다. '새의 깃'의 의미에 대해서는 『삼국지』에서 '큰 새의 깃을 사용

---

75) 崔珍源, 앞의 논문, 82쪽.
76)『日本書紀』 권1 神代上 第七段 本文, "又見天照大神 方織神衣 居齋服殿 則剝天斑駒 穿殿甍而投納 是時 天照大神驚動 以梭傷身".

하여 장사를 지내는데, 그것은 죽은 사람이 새처럼 날아다니라는 뜻이다'77)라고 하여 이승과 저승을 잇는 매개 역할을 하고 있음을 분명히 하고 있다. 이것 또한 천제자인 수로가 '새'로 변신하는 능력에서도 확인된다.

D4. 이 때에 玩夏國 含達王의 부인이 갑자기 태기가 있어 알을 낳았더니 사람이 되어 이름을 탈해라 하였다. 그가 바다로부터 오니 신장은 석 자이고 머리의 둘레는 한 자나 되었다. 흔연히 대궐로 들어와서 왕에게 말하기를 "내가 왕위를 빼앗고자 한다" 하거늘 왕은 "하늘이 나에게 명하여 즉위한 것이다. 장차 나라를 편히 하고 백성을 복되게 하려는 것이니 감히 천명을 어겨 이 자리를 남에게 줄 수 없다. 또한 내 나라 백성을 너에게 부탁할 수는 없다" 하였다. 탈해가 "만일 그렇다면 술법으로 겨루어 보는 것이 좋겠다" 하니, 왕도 "좋다" 하였다. 탈해가 매가 되면 왕은 독수리가 되고 탈해가 참새가 되면 왕은 새매가 되었다. 그 동안이 寸陰이 걸리지 않았다. 얼마 후에 탈해가 본래의 모습으로 돌아가니 왕도 다시 사람으로 되었다. 탈해가 이어 항복하며 "아까 술법을 겨루는 자리에서 매가 독수리에게 참새가 매에게 죽을 것을 면하였으니 이것은 聖人이 죽이기 싫어하는 인자하심이었습니다. 제가 왕과 자리를 다투는 것은 어렵습니다" 하고 하직하고 나갔다. 麟郊의 나루로 가서 장차 중국 배가 오가는 뱃길을 따라 떠났다. 왕은 슬그머니 그가 이 곳에 머물면서 반란을 꾸밀까 염려하여 급히 병선 5백 척을 동원하여 뒤쫓았더니 계림국경으로 들어가므로 수군이 그대로 돌아왔다. 그러나 이 기록에 씌어진 것은 신라의 것과 많이 다르다(『三國遺事』 권2 紀異2「駕洛國記」).

이 기사는 마지막 내용에서 밝히고 있는 바와 같이 같은 내용을 전하고 있는 『삼국유사』 탈해왕조 및 『삼국사기』 신라본기의 기록과는 많이 다르다. 즉 전자에서는 '가락국 바다에 배가 와서 닿았으나 수로왕이 백성들과 북을 치며 맞아 맞게 하자 배가 계림으로 달아났다'고 하였고,78) 후자에서는 '(궤가) 금관국 바닷가에 닿았으나 금관국 사람들이 괴이하게 여겨 거두

---

77)『三國志』 권30「魏書」東夷傳 韓條.
78)『三國遺事』 권1 紀異2 第四代脫解王條.

지 않았다'고 전한다.79) 이에 비해 사료 D4에서는 탈해가 가락국에 와서 왕위를 요구하는 과정을 생생하게 말하고 있는데, 수로와 함께 '새'로 변신하는 능력을 보여주고 있다.

이 기사에 대해서 수로집단은 수렵문화, 탈해집단은 어로문화를 각각 가지고 '왕의 정의(king's justice)'를 위해 의례적인 싸움을 행했다는 견해80) 도 있고, '변신경쟁담(intertextuality)'에 묘사된 탈해의 모습은 건국신화와 거리가 멀고 만약 이것이 수로왕의 신성한 능력을 보여주는 것이라면 상대인 탈해의 용모 역시 장대해야만 하는데 그렇지 못한 점을 들어 이 기사를 후대의 역사·사회적 환경의 반영이라는 견해81)도 있다. 당대의 사정을 반영하는 것인지 아니면 후대 사실이 소급되어 신화적으로 기술된 것인지 확인할 수는 없으나, 수로와 탈해 모두 천제자로서의 신성성을 가지면서 가야 건국신화의 일부를 이루고 있는 점은 분명하다.

고대 시베리아 사회에서 변신의 능력 즉 둔갑술은 흔히 샤먼의 고유한 권능의 하나로서 말해지고 있는데, 수로와 탈해는 그에 해당한다고 볼 수 있다. 영혼은 지금 막 나는 새와 같은 존재로서, 말레이인은 조류혼(bird-soul)의 관념으로 닭을 부르기도 하고 독일에서는 흰쥐와 새가 영혼과 관계 있는 것으로 보고 있다.82) 이집트 신화의 모든 신들 가운데 가장 인기 있는 신인 대지의 왕 '오리시스'의 누이이며 아내인 '이시스'는 새매로 변신하여 남편의 유해 위에 날아가 임신하고 있는 것83)도 '새'와 영혼과의 관련성을 암시하고 있다. 우륵이 만든 가야금곡 3곡에도 '까마귀'와 '쥐'가 들어 있고(나머지는 '메추라기'이다),84) 『삼국유사』 사금갑조에도 '까마귀'와 '쥐'가 나온다.85) 고구려에서는 '까마귀'가 瑞鳥로 알려져 있는데, 태양을 상징하

---

79) 『三國史記』 권1 新羅本紀1 脫解尼師今條.

80) 金和經, 앞의 논문, 143쪽.

81) 楊熙喆, 앞의 논문, 105~106쪽.

82) Frazer, J.G., *The Golden Bough*, The Macmillian Company, 1950/金相一 譯, 『黃金의 가지』, 乙酉文化社, 1975, 243쪽.

83) Frazer, J.G./金相一 譯, 앞의 책, 453~454쪽.

84) 『三國史記』 권32 雜志1 樂(加耶琴)條.

85) 『三國遺事』 권1 紀異2 射琴匣條.

거나 하늘의 뜻을 전달하는 신의 대리자이기도 하다.[86]

  어쨌든 '내가 왕위를 빼앗고자 한다'고 하여 수로와 탈해가 매와 참새, 독수리와 매로 각각 변신하여 다투는 과정은 가락국에 대한 지배권을 차지하기 위한 것이었다. 『동국이상국집』의 동명왕편에 보이는 바 보다 우월한 변신을 통해 '천제자'임을 나태내는 해모수와 마찬가지로, 수로도 탈해와의 변신 경쟁에서 이김으로써 진정한 '천제자'임을 확인시켜 주고 있다.[87] 비록 탈해가 변신 능력에 있어서 수로에 미치지는 못하지만, '大卵'에서 나서 '붉은 용'의 호위를 받아 신라로 가서 결국 남해차차웅에 이어 왕위에 오르는 것[88]을 볼 때 '야철장'으로서 혹은 '샤먼(왕)'으로서의 능력이 대단했음을 입증하고 있다.[89]

  가락국의 건국신화에서 수로는 신성성을 가지면서 '나는 새'의 형상을 하고, 3계를 자유로이 왕래하는 巫者로서의 신이성과 신통력을 가진 존재로서의 성격을 확연하게 드러내고 있다. 이와 관련하여 앞 장에서 문무왕대부터 수로가 '소호금천씨'의 후예라는 설이 있음을 살펴보았는데, 西方의 神인 少昊가 세운 少昊國은 '새의 왕국'으로서 네 계절을 새가 다스리고 국정을 전담하는 것도 다섯 마리의 새였다고 한다.[90] 따라서 수로가 '나는 새'의 형상을 하는 것도 우연이 아님을 알 수 있는데, 건국과정에서의

---

86) 손정희, 「山神信仰研究-文獻說話를 中心으로」, 『韓國民族文化』16, 釜山大學校 韓國民族文化研究所, 2000, 28~29쪽.

87) 崔珍源, 앞의 논문, 72~73쪽.

88) 『三國遺事』 권1 紀異2 第四代脫解王條.

89) 아프리카에서는 추장과 呪醫 사이에 명확한 구분이 없고, 추장은 呪醫인 동시에 신성한 직업인 대장장이로서 추장 이외에는 이 직업을 가질 수가 없다고 한다(Frazer, J.G./金相一 譯, 앞의 책, 130쪽). 이를 참고해 본다면, 탈해의 변신 능력은 물론 대장장이로서의 역할은 신성자의 자태를 한껏 뽐내는 것이라 하겠다. 또한 주몽의 왕위계승 과정에서도 보이지만 탈해가 남해왕의 長公主와 결혼함으로써 왕위에 등극할 수 있었던 예는, 왕자가 출생국을 떠나 먼 나라에 가서 그 나라의 공주와 결혼하여 왕위에 올랐다고 하는 그리스의 많은 전설상의 기록과 함께 女系의 왕위계승 전통을 반영하는 것인지도 모른다(Frazer, J.G./金相一 譯, 앞의 책, 213쪽 참조).

90) 袁珂, 『中國의 古代神話』, 中華民國 里仁書局, 1982/鄭錫元 譯, 文藝出版社, 1991, 79~80쪽.

王者의 이 같은 모습은 일정 기간 동안 고유신앙으로서 거의 변함없이 추앙되었을 것이다. 이와 관련해서는『삼국지』「위서」동이전 한조의 '祭鬼神', '信鬼神', '事鬼神' 등의 용례가 참고된다. 즉 일차적으로는 소도의 본질적 측면에 해당하는 국읍 주수 중심의 시조묘 의례가 존재하고, 그 다음으로 국중대회로서 자연신에 대한 숭배가 중심이 되는 농경의례가 존재하고 있음을 알 수 있다.[91] 아마『삼국사기』「신라본기」에 보이는 바 시조묘와 명산에 제사지내는 것[92]과 동일한 양상이라고 할 수 있다.

『삼국지』「위서」동이전 한조의 '(변한은) 귀신을 제사지내는 것이 진한과 다르다'는 구절을 통해 볼 때 변한 즉 초기 가야에서도 신라와는 다른 시조신에 대한 제사가 있었을 것으로 추정된다. 즉 그 대상은 '붉은 색'을 띠면서 '새'로 형상화한 수로일 가능성이 높고, 이것은 자연신에 대한 숭배와는 다른 시조신에 대한 숭배 차원에서 이루어졌을 것이다. 초기에 수로왕 신화와 허왕후 신화의 결합이 있었지만, 원시신앙으로서 시조신인 수로왕에 대한 제사가 우선적으로 행해졌을 것이다. 후대에도 수로왕에 대한 제향이 끊이지 않았음을 보여 주는데,『삼국유사』「가락국기」에는 가락국의 제사일로서 정월 3일과 7일, 3월 계욕일, 5월 5일, 8월 5일과 15일, 허왕후 기일인 3월 3일, 수로왕 기일인 3월 23일 등이 말해지고 있다.

이 가운데 수로왕묘 제사일은 중국의 3대 명절과 근접하기 때문에 유교 家廟祭祀의 영향을 받은 것으로 보고 있다.[93] 5월과 8월의 제사는 농경관련 의례가 궁중제의로 바뀐 것이고, 정월의 제사는 신라의 경우를 참고해 보면 풍농을 기원하면서 조상신에게 제사를 드리고 신탁을 물어 새해의 대책을 세우는 즉위 의례와 관련된 예축제적인 성격이 강하다.[94] 가락국에서도 신왕이 등극한 이후 즉위 의례가 이루어졌을 가능성이 있는데, 그러나 신년 제사가 왕좌의 권리를 매년 합법화하는 수단이 된다는 점[95]을 참

---

91) 鄭再敎,「新羅의 國家的 成長과 神宮」,『釜大史學』11, 1987, 4~17쪽.
92)『三國史記』권2 新羅本紀2 沾解尼師今 7年 夏4月條.
93) 三品彰英, 앞의 책, 351쪽.
94) 井上秀雄, 앞의 책, 61쪽 ; 金和經, 앞의 논문, 136쪽.
95) Frazer, J.G./金相一 譯, 앞의 책, 358쪽.

고해 본다면 신왕이 즉위하지 않더라도 즉위 의례와 거의 같은 의미를 가지면서 왕은 의무이자 권리로서 매년 시행했을 가능성이 높다.

이 같은 성격을 가진 수로왕 신화도 허왕후 도래설화와 불교가 전면에 개입함으로써 많은 변화를 겪게 된다. 물론 배를 타고 온 여성과의 결합이 수로로 보아서는 冥界와 관련을 갖게 되어 巫者로서의 완전한 권능을 갖는 것으로 해석될 수도 있다.[96] 다만 허왕후 신화는 기록상으로는 신화의 기본 요소를 많이 가지고 있으나, 가야지역의 불교전래 문제라든가 파사석탑 등 불교적인 윤색이 두드러지기 때문에 해석상 많은 주의를 요한다. 고대사회에서 兩性의 결합은 일정한 종교의식의 하나로 취급하는 것이 보편적이지만, 형제관계의 설정과 마찬가지로 정치세력의 연합으로 볼 여지는 충분하다.

허왕후는 '上帝'의 명령을 받아 배를 타고 가락국에 도착하고 있고, 사후에도 수로왕과 함께 후대인들에 의해 신성시되고 있는 등 가락국 건국신화의 한 부분으로 간주해도 무방하다. 물론 수로왕과는 달리 허왕후는 하늘로부터의 수직 이동이 아니라 바다로부터의 수평 이동이라는 점에서 차이가 나기는 하지만,[97] '天帝'의 명령을 받고 있다는 점에서 모티브는 동일하다고 하겠다. 실제 도래설화가 降雨祭禮의 한 유형 또는 '天船'(=선진문명)의 도착을 기다리는 '선박신앙' 유형과 관련된다면,[98] 허왕후의 도래가 천신의 관념을 반영하고 있음은 분명하다. 따라서 허왕후 신화를 지신족 신앙으로 단정하는 견해[99]는 의문의 여지가 있는데, 수로왕과 마찬가지로 같은 천신족의 도래족이지만 수로왕에 밀려 김해지역의 주도세력으로 자리잡지 못하고 왕비족으로 등장하고 있다 하겠다.

허왕후 신화에서 무엇보다도 중요한 것은 불교와 연관되어 있다는 점이다. 이 점은 수로 관련기사에서도 보이는데, 아래의 사료가 참고된다.

---

96) 李玉, 앞의 논문, 146쪽.
97) 金杜珍, 앞의 논문, 238쪽.
98) 李玉, 앞의 논문, 146쪽.
99) 金杜珍, 앞의 책, 238~239쪽.

D5. 古記에 말하기를 옛날의 萬魚寺는 慈成山 또는 阿耶斯山[마땅히 摩耶寺
라고 해야 할 것이니 곧 魚라는 말이다]인데 그 옆에 呵羅國이 있었다. 옛
적에 하늘에서 알이 바닷가에 내려와 사람이 되어 나라를 다스렸으니 곧
首露王이다. 이 때에 境內에 玉池가 있어 못 속에 毒龍이 살고 있었다. 萬
魚山에 다섯 羅刹女가 있어 (그 毒龍과) 서로 왕래 교통하였다. 그러므로
번개와 비를 때때로 내려 4년이 지나도록 오곡이 되지 않았다. 왕이 주술
로서 금하려 하였으나 능히 금하지 못하자 머리를 조아려 부처에 청하여
설법한 뒤에야 나찰녀들이 5戒를 받아 그 뒤에는 災害가 없어졌다. 그러
므로 東海의 魚龍들이 구령의 돌로 변하여 각각 경쇠 소리가 난다고 하였
다[이상은 古記의 기록이다](『三國遺事』 권3 塔像4 魚山佛影條).

여기서의 '毒龍'은 토착종교 내지 토착종교의 神格을 상징하는 것이며,
이들 설화의 유형들은 토착종교와 불교 간의 갈등을 표출한 것으로 본 견
해[100]가 있어 참고가 된다.『三國遺事』의 기록 대부분이 불교의 성격으로
채색되어 있기는 하지만, 수로의 통치능력이 불교의 설법과 직접 비교되는
것은 이 용례가 유일하다. 아마 가야지역의 기존의 고유신앙 대신 새로운
신앙인 불교가 대체되는 것으로 볼 수도 있지 않을까 한다. 가야지역의 불
교신앙과 관련해서는 다음의 허왕후가 가져왔다고 전해지는 '금관성파사
석탑' 자료가 참고된다.

D6. 金官 虎溪寺 婆娑石塔은 옛날 이 읍이 金官國이 되었을 때 世祖 首露王
의 妃 許皇后가 이름은 黃玉인데 東漢 建武 24년 갑신에 西域 阿踰陁國
에서 싣고 온 것이다. 처음에 공주가 어버이의 명을 받들고 동쪽으로 오려
하다가 波神의 노여움에 막혀서 할 수 없이 돌아가 父王에게 아뢰니 부왕
이 이 탑을 싣고 가라고 하여 바다를 잘 건너서 금관국의 남쪽 물가에 와
서 닿았다. …… 제8대 銍知王 2년 임진에 거기에 절을 세우고 또 王后寺
[阿道 訥祗王 때에 있었으니 법흥왕보다 전이다]를 지어 지금까지 명복을
비는 절로 받든다. 겸해서 倭國을 진압하는 것이 本國의 本記에 나타나

---

100) 徐永大,『韓國古代 神觀念의 社會的 意味』, 서울대학교 박사학위논문, 1991,
257쪽.

있다. 탑은 사면으로 모가 나고 5층인데 그 조각이 매우 기이하여 돌에는 조금씩 붉은 반점이 있고 석질이 매우 부드럽고 좋아서 이 지방에서 나는 종류가 아니다. 本草에서 말한 닭의 벼슬의 피를 찍어 징험한다는 것이다. 금관국은 또한 駕洛國이라고도 하니 本記에 자세히 기재되어 있다. 찬문을 쓰되 "탑을 실은 붉은 배의 가벼운 깃발 덕분에 바다 물결 헤쳐왔구나 어찌 황옥만을 도왔었으랴 천년 동안 南倭의 침략을 막아 왔구나."(『三國遺事』 권3 塔像4 金官城婆娑石塔條).

D7. 婆娑石塔은 虎溪 가에 있으며 5층이다. 돌 빛이 붉게 아롱졌으며 질은 좋으면서 약하고 조각한 것이 매우 기이하다. 전설에는 許王后가 西域에서 올 때 이 탑을 배에 실어서 풍파를 진정시켰다고 한다(『新增東國輿地勝覽』 권32 金海都護府 古蹟條).

「가락국기」에는 보이지 않는 내용인데, 허왕후는 서역에서 올 때 '波神'의 노여움을 피하기 위해 파사석탑을 가져오니(사료 D6) 풍파를 진정시킬 수 있었다고 한다(사료 D7). '波神'은 곧 '海神' '水神'으로서 파사석탑을 가져온 것 자체가 '佛法'의 중요성을 말하는 것에 다름 아닌데, 부처님의 설법으로 재해가 없어졌다는 내용(사료 D5)과도 일맥상통한다. 허왕후의 결혼담과 마찬가지로 이 이야기의 기본 줄거리도 왕후사 창건 때 연기담으로서 불교적으로 윤색되었을 것이다. 그 시기는 잘 알 수 없는데, 다만 파사석탑으로 상징되는 불법이 허왕후만을 보호하는 것이 아니라 남쪽의 '왜'도 막아낸다는 인식을 가지고 있기 때문에(사료 D6), 왜에 대한 적대감이 최고조에 이른 문무왕대의 관념을 반영했을 가능성을 강하게 시사하고 있다. 또한 '풍파를 진정시켰다'든지 '남왜의 성난 고래도 막으리라'는 기술은, 해양이라는 환경 조건을 가진 이 지역의 지리적 특성과 무관하지 않을 것이다.

이와 같이 허왕후 신화가 신성성을 가지면서 전통을 유지할 수 있었던 것은, 가락국 건국신화 즉 수로왕 신화가 가진 고유신앙적 요소가 불교신앙에 의해 구축되었기 때문이다. 수로왕 신화는 특수하게도 신성혼 과정이 신화 전체 양의 거의 절반을 차지하는 속에서 그 주체가 수로왕이 아니라 허왕후라는 점101)이 주목되는데, 이것은 허왕후에 대한 역사적 인식의 강화라는 측면에서 이해해야 할 것이다. 또한 왕후사 건립이라든지, 후대의 사료이지만 쌍계사 七佛 설화도 허왕후 신화가 신성화되는 과정의 일단으로 이해된다.102) 이와 관련해서는 다음의 기록이 참고된다.

D8. 坐知王은 一云 金叱이라고도 한다. 義熙 3년에 왕위에 올랐다. 傭女에게 장가들어 그 여자의 당으로써 벼슬을 시키니 국내가 요란해졌다. 鷄林國이 꾀를 내어 이 나라를 치려 했다. (이 때 가락국에) 朴元道라는 신하가 있어 왕에게 간하되 "변변치 못한 풀이 늘려 있어도 벌레가 먹는다 하는데 하물며 사람에 있어서야 하늘이 무너지고 땅이 꺼지면 사람이 어떻게 보존하겠습니까?" 하고 또 점성가가 점괘를 풀되 "엄지손가락을 자르면 그 붕당은 돌아온다 하였으니 왕은 이 주역 괘를 보시오" 하니 왕이 "옳다" 하고 傭女를 물리쳐서 荷山島로 귀양보내고 정사를 고쳐 행하니 길이 왕위를 보존하여 백성이 편안하게 되었다. 15년을 재위하고 永初 2년 신유 5월 12일에 죽었다. 왕비는 道寧大阿干의 딸 福壽요 아들 吹希를 낳았다 (『三國遺事』 권2 紀異2 「駕洛國記」).

위의 기록에서는 가락국 坐知王이 '傭女'에게 장가들어 그녀의 黨으로써 벼슬을 시킨 이후 나라가 요란하자 朴元道 등 신하들의 요구로 제거되고 있는데, 이후 좌지왕은 道寧大阿干의 딸 福壽를 정식으로 왕비로 받아들이고 있다. '傭女'와 '福壽' 양 자는 대등한 관계이기는 하지만 평가에 있어서는 상반되는데, 참고로 가락국 왕비의 계보를 살펴보면 다음과 같다.

① 首露王(42~199) : 阿踰陀國의 공주 許黃玉＊
② 居登王(199~259) : 泉府卿 申輔의 딸 慕貞＊
③ 麻品王(259~291) : 宗正監 趙匡의 손녀 好仇＊
④ 居叱彌王(291~346) : 阿躬阿干의 손녀 阿志

---

101) 金永一, 앞의 논문, 25쪽.
102) 金杜珍, 앞의 책, 247쪽. 한편 가락국의 불교설화 가운데 두드러지는 것이 七佛思想이라는 견해도 있다. 여기에 대해서는 김용덕, 「가야 불교설화의 연구」, 『韓國學論集』 21·22, 漢陽大學校 韓國學硏究所, 1992, 209~217쪽 참조.

⑤ 伊尸品王(346~407) : 司農卿 克忠의 딸 貞信
⑥ 坐知王(407~421) : 道寧大阿干의 딸 福壽
⑦ 吹希王(421~451) : 進思角干의 딸 仁德
⑧ 銍知王l(451~492) : 金相沙干의 딸 邦媛
⑨ 鉗知王(492~521) : 出忠角干의 딸 淑
⑩ 仇衡王(521~532) : 分叱水爾의 딸 桂花

허왕후는 아유타국에서 가락국으로 올 때 신하 泉府卿 申輔와 宗正監 趙匡, 그의 처 慕貞과 慕良, 비복 등 20여 명과 함께 하고 있다. 신보와 조광은 온지 30년 후에 아들은 없이 각각 두 딸만을 낳았고, 일 이 년 사이에 부부가 모두 세상을 떠났다. 그 밖의 노비들은 7~8년 사이에 소생도 없이, 고향을 그리는 슬픔으로 죽어갔다고 전한다.103) 그런데 허황옥이 왕비가 된 데 이어 2대 居登王(199~259)은 泉府卿 申輔의 딸 慕貞을 왕비로 취하고 있는데, '慕貞'은 母와 이름이 같다. 3대 麻品王(259~291)도 宗正監 趙匡의 손녀 好仇를 왕비로 취하고 있다. 이렇게 보면 수로왕~마품왕까지 250년 동안은 허왕후 집단이 왕비를 독점적으로 배출하는 등 가락국 조정에 강한 영향력을 미치고 있음을 알 수 있다. 신보의 딸이 '母'의 이름을 그대로 취한 것도 허왕후 집단의 왕비족으로서의 이 같은 영향력 행사와 무관하지 않을 것이다. 이와 관련하여 王后寺의 창건이 주목된다.

D9. 銍知王은 혹은 金銍王이라고도 한다. 元嘉 28년에 왕위에 올랐다. 이듬해 世祖의 妃 許黃玉 王后를 위해 그 명복을 빌기 위해 왕후가 처음 시조와 결혼했던 곳에 절을 세워 王后寺라 하고 밭 10결을 받쳐 비용에 충당하게 했다(『三國遺事』 권2 紀異2 「駕洛國記」).

일설에는 8대 銍知王代(451~492)에 王后寺가 창건되고 있기 때문에 이 때까지도 허왕후 집단의 영향력이 미치고 있었음을 추론하기도 한다.104)

---

103) 『三國遺事』 권2 紀異2 「駕洛國記」.
104) 金杜珍, 앞의 책, 250~251쪽.

그러나 시기적으로 200여 년의 차이가 나는 훨씬 후대의 일이기 때문에 왕후사 창건연대를 그대로 두고 허왕후 생존 시기의 절대연대를 낮추어 보지 않는 한 그 때까지 영향력을 행사한 증거로 보기에는 무리가 있다. 4대 居叱彌王(291~346)과 5대 伊尸品王(346~407) 때에 허왕후 계열과 무관한 阿躬阿干의 손녀 阿志와 司農卿 克忠의 딸 貞信이 왕비로 등장한다든가, 좌지왕대에 이름 모를 傭女 집단의 등장과 추방 등의 사실(사료 D8)을 참고해 보면, 이 사이에는 허왕후 계열의 영향력 퇴조 속에 왕비 간택 혹은 이를 둘러싼 세력 다툼과 관련하여 가락국 내부에 어떤 분란이 있었음을 추론할 수 있다. 기년 비정의 문제는 있으나, 같은 시기에 '신라가 꾀로서 치려 했다'(사료 D8)는 것도 가락국 내부의 이 같은 사정과 무관하지 않을 것이다. '용녀 집단'의 성격은 분명하지 않은데, 불교와 밀접한 관련을 가진 허왕후 계열과는 대비되는 존재로 상정한다면 혹 이 지역의 전통신앙을 배경으로 한 토착세력(9간의 후손?)을 나타내는 것은 아닌지 추론해 본다.

　어쨌든 가락국은 이 같은 내홍을 겪은 이후 8대 질지왕대에 왕후사가 창건되고 있는데, 이는 그간 일시 퇴조한 허왕후 계열의 영향력 재건이 목적이었을 가능성이 높다. 왕후사 창건과 유사한 내용이 조선 숙종대에 쓰여진 「明月寺事蹟碑文」에도 전한다.

D10. 산은 부남 40여 리에 있는데 절이 봉우리를 돌아가 수풀이 빽빽한 곳에 있은 즉 수로왕이 세운 바의 터이다. 한 건무 18년 성에 처음 도읍하고 국호를 가락이라 하며 후 7년에 왕과 허후가 서로 이 산에서 만났고 높은 산 아래 만전을 베풀어 후를 맞이하고 다음날 輦을 같이하여 궁으로 돌아왔다. 입었던 비단치마를 벗어 산령에게 예물로 드리니 왕이 그 신령스럽고 다름에 느껴 산 이름을 明月이라 짓고 뒤에 세 곳에 절을 세우도록 명령하고, 興·鎭·新 3字로 國字 위에 얹어 편액하여 길이 나라를 위하여 축원하고 다스리는 장소로 했다. 新國寺는 世子를 위해 세운 바인데 서남쪽 벼랑에 있고 鎭國寺는 王后를 위한 것인데 산동쪽 골짜기에 있으며 興國寺는 王 자신을 위한 것인데 산 가운데 있다. 곧 이 절이 지금 三願堂으로 칭하고 두 절은 다만 유지가 되었다…(「明月寺事蹟碑文」).105)

이 비문에는 국가(＝가락국)의 번영과 世子(＝居登王)・許王后・首露王 자신을 위하여 각각 新國寺・鎭國寺・興國寺 세 절을 지었다고 한다. 모두 후대의 기록으로서 가야 왕실과 사찰을 관련시켜 가야지역의 불교 전래를 이른 시기로 올려 보려는 의도에서 만들어낸 이야기로 추정된다. 비문에서 전하는 바 임란 이후 몇 차례의 중건 과정에서 나왔다는 명문의 내용 즉 ‘建康 元年(144)에 長遊和尙이 西域에서 불법을 들여왔다’는 것도 역시 믿기는 어렵다. 앞서 살펴본 왕후사 창건 연기담이 허왕후 중심으로 잘 정리되어 있음에 비해 여기서는 상당히 장황한 느낌을 주고 있고, 세 곳의 사찰 모두 수로왕 당대에 세워졌다고 하는 등 역사성도 떨어지는 조작임을 쉽게 알 수 있다. 즉 수로왕을 중심으로 왕후와 세자를 위해 세 사찰을 세웠다는 기록을 통해서는, 사료 D9와는 달리 가야 불교 자체를 수로왕 중심으로 엮고자 하는 후대의 관념이 투영되고 있음을 짐작할 수 있다.

다만 사료 D9에서 주목되는 것은, 사찰 건립이 질지왕대에 이루어지고 있으므로 가야 불교와 관련하여 이 시기가 어떤 상징성이 있음은 분명하다는 점이다. 이 때 허왕후의 사적을 정리하여 왕후사의 연기를 설명하면서 수로왕과 허왕후의 결혼담이 소용되었을 것이라는 추정106)도 있는데, 그러나 여기서는 왕후사 창건 시기를 믿을 수 있는가 하는 점과 혼인담의 골격이 언제 갖추어졌는가 하는 점이 문제가 된다. 이에 대하여 문무왕대 이후 신라 중대 어느 시기에 왕후사가 창건된 것으로 보고, 이전에 기본 골격이 갖추어진 혼인담이 이 때 연기담과 관련지어 지면서 불교적인 윤색이 추가된 것으로 보기도 한다.107) 시사점이 많다고 생각하는데, 다만 왕후사 창건과 불교적인 윤색을 신라 중대 전 시기까지 넓혀 볼 필요가 있는가 하는 점이 있다.

‘왕후’의 칭호가 문무왕~경덕왕대에 전형적으로 사용되고 있는 점과 이

---

105) 이 비문은 현재 녹산 지사동에 소재하고 있는 「明月寺事蹟碑文」인데, 같은 내용이 『金海邑誌』(1929년도 간행)에도 전하고 있다. 비문은 숙종 34년(1708)에 세워지고, 僧 證元이 찬한 것으로 전한다. 비의 釋文은 釜山大學校 韓國文化硏究所, 「蓂山 文化遺蹟 學術調査報告」, 『韓國文化硏究』 4, 1991, 335쪽 참조.

106) 楊熙喆, 앞의 논문, 111쪽.

107) 金泰植, 앞의 논문, 1998, 41~42쪽.

때가 신라에서 불국토 사상이 유행했던 시기임을 방증으로 들고 있는데, 만약 가락국 당대에 혼인담에 관한 기본 줄거리가 있었고 불교 전래가 있었다면 왕후사 창건이라든지 불교적인 윤색은 시기적으로 소급될 여지가 있다. 질지왕대에 왕후사가 건립되었는지 또는 이 때 왕실불교로 자리잡았는지[108] 여부는 판단할 수 없다. 다만 본고에서는 질지왕대를 가야의 불교 전래와 관련하여 하나의 획기로 간주하고, 비록 용어 사용의 적합성 여부에 문제가 있지만, '왕후사' 등 사찰 건립도 여기에서 그리 멀지 않은 시기에 있었던 것으로 판단한다. 그리고 혼인담에 보이는 중국적 요소와 불교적인 윤색은『개황록[력]』을 바탕으로 가락국 건국신화의 전반적인 모습이 정리되는 문무왕대에는 추가되었으리라고 추정한다. 즉 문무왕대에는 당의 침입에 맞서 四天王寺를 창건하여 道場을 열고 있고,[109] 왜병을 진압할 의도로 感恩寺를 始創하고 있다.[110] 또한 허왕후가 가져왔다는 파사석탑도 '南倭'의 침략을 막았다고 하므로(사료 D6) 문무왕대와 연결될 가능성이 높다. 따라서 문무왕대에는 호국을 위한 사찰건립이 활발하게 전개됨을 알 수 있는데, 이 때 가락국의 건국신화가 정리되면서 왕후사 창건이라든지 파사석탑에 대한 의미 부여가 있었을 가능성은 충분하다.

이상에서 가락국 건국신화의 전승과정을 살펴보았는데, 수로왕 신화와 허왕후 신화 각각은 독자적인 기반을 형성하고 있었음을 알 수 있었다. 그런데「가락국기」를 참고해 보면 가락국 멸망 이후 수로왕 능묘에 대한 보수와 제향이 끊이지 않았고, 문무왕 재위 때 최고조에 달했던 것으로 추정된다. 즉 왕위전 30경이 있었음을 통해서는 시조묘 제사를 위한 토지가 별도로 존재함을 알 수 있고, 구형왕이 나라를 잃은(532) 이후 용삭 원년(661)에 이르기까지 가락국의 시조인 수로왕에 대한 제향이, 간혹 끊기기는 하였지만, 면면히 그 명맥을 유지하여 17대손 갱세 급간까지 이어짐을 볼 때 수로왕에 대한 인식은 크게 변함이 없었던 것으로 추정된다.

---

108) 洪潤植,「伽倻佛敎에 대한 諸問題와 그 史的 位置」,『伽倻考古學論叢』1, 伽倻
　　文化硏究所, 1992, 235쪽.
109)『三國遺事』권2 紀異2 文虎王法敏條.
110)『三國遺事』권2 紀異2 萬波息笛條.

다만 신라 하대에 가면 김해 김씨의 몰락과 함께 제향이 끊기고 능묘에 대한 훼손이 나타나기 시작하는데, 영규 아간에 의한 '음사'와 사당의 도둑 사건이 그것이다.111) 이는 신라 하대 김해 김씨계의 몰락과 함께 가락국 시조인 수로에 대한 인식이 현저하게 낮아진 것과 무관하지 않은데,112) 같은 시기에 그 동안 향전으로만 남아 있던 가라국의 건국신화가 최치원에 의해 정리되는 것과 비교해 볼 때 대조적이다. 나말여초를 지나 이후 고려 문종대에 이르러 「가락국기」가 편찬되는 것을 계기로 수로왕 중심의 가락국 건국신화는 정형화된 형태로 지금까지 전해져 내려오고 있다. 약간의 곡절은 있으나, 조선시대에 들어서도 가락국의 영화와 수로왕에 대한 제향이 끊임없이 이야기되고 있다.113)

2) 가라국의 건국신화

가라국은 562년 신라에 의해 무력으로 멸망당했기 때문에 자국의 역사는 향전으로밖에는 남겨질 수가 없었을 것이다. 종래 이 지역은 친백제지역이었을 뿐만 아니라 특히 의자왕대의 신라에 대한 백제의 공격이 옛 가야지역, 그 가운데서도 서부 경남의 고령·합천 등을 거점으로 진행되었기 때문에 백제가 멸망할 때까지 이들 지역은 친백제적인 경향을 완전히 버렸다고는 볼 수 없다.114) 따라서 통일과정에서뿐만 아니라 그 이후에도 신라는 이들 지역에 대해 김해와는 정반대로 강압적인 통치수단을 동원했을 가능성이 높다.

이렇게 볼 때, 신라의 압제 속에 이들 지역에 산재해 있던 가라국의 역사 특히 건국신화는 제대로 정리될 기회를 갖지 못하고 거의 소멸했을 것이다. 설령 남아있다고 하더라도 가락국의 수로왕 신화와 같이 구체성을 띠지는 못하였을 것이다. 이것은 이후 김해지역이 역사인식적으로 그 위상

---

111) 『三國遺事』 권2 紀異2 「駕洛國記」.
112) 拙稿, 앞의 논문, 2000, 852쪽.
113) 『新增東國輿地勝覽』 권32, 金海都護府 宮室·樓亭·佛宇·陵墓條.
114) 拙稿, 앞의 논문, 2000, 841~844쪽.

이 크게 부각되는 것과 표리관계에 있는데, 수로왕 신화에 대한 정리작업이 이루어지는 문무왕대 이전까지 가라국의 건국신화는 체계화되지 못했다고 보는 것이 순리이다. 이후에 전개되는 가라국 건국신화의 정리과정은 두 단계로 나눌 수 있다. 첫째는 문무왕대를 지나 약 1세기 뒤인 경덕왕대(742~765)의 지방제도 개편과 함께『삼국사기』지리지의 원자료가 편찬될 때이고, 둘째는 신라의 중앙정치무대에서 가락국 출신의 김유신계가 완전히 몰락하고 가야산에 海印寺가 창건되는 혜공왕대부터 애장왕대까지(765~808)이다.[115]

가라국의 건국신화는 천손강림 설화의 유형과는 일정한 거리가 있는데, '정견모주'라는 지모신이 중심이 되어 천신과 교감하는 형태로 나타난다. 수로왕 신화와『신증동국여지승람』의 내용을 참고해 보면 시조의 탄생과 세계 중심으로 기술되었을 것으로 추측되지만, 사실 최치원의「석이정전」과「석순응전」을 제외하고 이와 관련된 문헌조차 있었는지 의심스럽다. 또한『신증동국여지승람』에 전하는 바「석이정전」과「석순응전」의 내용도 그대로 믿을 수 있는가 하는 문제도 있다. 즉 '정견'과 '월광태자' 모두 불교로 윤색된 인명이고, '청예'는 중국 전설시대의 소호금천씨의 子 '靑陽'과 연결되어 있음은 주지하는 바와 같다. 그리고 무엇보다도 중요한 것은 '가야산신 정견모주'라고 하여 '가야산'과 '산신'이 언급되고 있다는 점이다. 이들 요소는 가라국 건국신화의 복합성을 반영하는데, 고유신앙적·불교적·유교적 요소 모두를 포괄하고 있다.

고유신앙적 요소는 가야산을 배경으로 한 것이다. 그러나 가야산도 불교적인 용어로서 원래는 '牛頭山'인데 '석가의 도를 이룬 곳과 같다'[116]는 이유로 그렇게 붙였다고 한다.[117] 신라 小祀 가운데 하나인 菁州(=康州) 소

---

115) 拙稿, 앞의 논문, 1999, 136~139쪽.
116)『東文選』권64「新羅迦耶山海印寺結界場記」.
117) '가야'가 인도어로 '소(牛)'를 의미하고 가야산을 '牛頭山'으로 칭한 것을 근거로 이 지역에서는 소가 신성한 제물로 바쳐졌음을 추론하기도 한다(崔光植, 앞의 논문, 263쪽).『日本書紀』권6 垂仁紀 2년 시세조에 전하는 바 '가라국에서 군공들이 소를 제물로 바쳤다'는 기록을 참고해 보면, 가라국에서는 소를 신성시하여 제물로 바치는 관습이 있었을 가능성이 높다.

속 '加良岳'118)은 곧 가야산을 가리키는 것인데, 언제 가야산으로 불리어졌는지는 잘 알 수 없다. 『신증동국여지승람』에는 가야산을 '우두산'과 병렬적으로 말하고 있고, 徐居正의 '蘇利菴重創記'에 가야산은 牛頭·雪山·象王·衆香·只怛 등 모두 여섯 개의 이름을 가지고 있었다고 한다.119) 어쨌든 '가야'라는 산명 자체는 불교와 관련이 있는 것임은 분명한데, 문제는 믿을 만한 사료에 근거하는 한 '대가야' 즉 '가야'라는 불교식 국명이 가야 당대에는 전혀 보이지 않는다는 사실이다.

즉 멸망 무렵의 사정을 전하는 『隋書』 신라전에 의하면 '迦羅國'으로 나오고 있고,120) 같은 책 煬帝紀에 의하면 大業 4년(608) 3월에 百濟, 倭, 赤土와 함께 '迦羅舍國'이 사자를 파견하고 방물을 바쳤다고 한다.121) 당시 가야는 이미 멸망한 상태이기 때문에 사실성에 의문이 가지만, 주목되는 점은 가야의 국명과 관련하여 7세기 초반에도 '가라' 계통으로만 나온다는 사실이다. 따라서 이 때까지는 '가야'계 국명은 나타나지 않은 것으로 보는 것이 순리인데, 앞서 살펴본 신라 小祀 가운데 하나로서 '가량악'이 통일기에 그대로 사용되고 있다는 사실도 하나의 방증이 될 수 있다. '가라' 혹은 '가량'이 원래의 국명이었는데, 멸망 이후 불교식으로 윤색되는 과정에서 음이 유사한 '가야'가 취해졌을 것이다. 『삼국사기』 지리지를 신빙한다면 '가야' 용례는 가야 멸망 이후 적어도 지리지의 원자료가 편찬되는 경덕왕대에 있었던 것은 분명하고, '가량악'이 '가야산'으로 바뀐 것은 해인사 창건에서 그리 멀지 않은 시기로 추정된다.

어쨌든 가야산신인 정견모주가 있었는데, 천신 이비가지에 감응된 바 시조를 낳았다고 한다(사료 C2-②). 산신인 '정견'은 여성신인데, 원래는 가야산을 신성시하는 이 지역의 숭배 대상이었을 것이다. 이와 관련하여, 다음 사료에서는 그 내용을 약간 달리하여 나오고 있어 상호 비교된다.

---

118) 『三國史記』 권32 雜志1 祭祀 小祀條.
119) 『新增東國輿地勝覽』 권30, 陜川郡 佛宇條.
120) 『隋書』 권81 列傳46 東夷傳 新羅條.
121) 『隋書』 권3 帝紀3 煬帝(上), "大業四年 …… 三月…… 壬戌 百濟倭赤土迦羅舍國 並遣使貢方物".

E1. 正見天王祠 : 해인사 안에 있다. 속설에는, "대가야국 왕후 정견이 죽어서 山神이 되었다"고 한다(『新增東國輿地勝覽』 권30 陜川郡 祠廟條).

E2. 聖母祠 : 사당이 둘이다. 하나는 지리산 천왕봉 위에 있고 하나는 郡 남쪽 嚴川里에 있다. 고려 李承休의 帝王韻記에, "聖母는 太祖의 모친 威肅王后라고 한다"고 하였다(『新增東國輿地勝覽』 권31 咸陽郡 祠廟條).

E3. 古記에 이르기를, "東明王 14년 가을 8월에 王母 柳花가 東夫餘에서 죽으매 그 나라의 왕 金蛙가 太后의 예절을 갖추어 그를 장사하고 드디어 神廟를 세웠다. 太祖王 69년 겨울 10월에 왕이 부여에 가서 太后廟에 제사를 지냈으며 新大王 4년 가을 9월에 왕이 卒本에 가서 始祖廟에 제사를 지냈다 ……."(『三國史記』 권32 雜志1 祭祀條)

사료 E1은 가라국의 시조모인 정견모주에 관한 설화의 변형인데, '시조모'를 '왕후'라고 말하는 등 앞서 살펴본 사료 C2-②와는 차이가 있다. 전승과정에서 이설이 생긴 것인지 잘 알 수 없다. 이와 유사한 사례로서 사료 E2가 참고된다. 즉 聖母를 위숙황후 즉 태조의 모친이라고 하여 사료 C2-②에서 가라국의 시조 이진아시왕의 모를 정견모주라고 한 것과 비슷하다. 다만 이 사료에서 주체가 된 것은 위숙왕후가 아니라 태조라는 점이 차이가 나는데, 시조모 정견모주가 주체가 된 가라국의 건국신화보다는 보다 현실적인 서술이라고 하겠다.

정견모주가 가라국 시조 이진아시왕의 모라고 한다든지 정견을 가라국의 왕후라고 한 것을 통해서는, 후대 가야산신을 가라국 왕실의 가계와 연관지어 신성화하는 과정이 있었음을 알 수 있다. 물론 종래부터 가야산을 배경으로 산신에 대한 신성 관념이 있었겠지만, 언젠가 이것이 가라국의 기원 및 불교와 결합함으로써 '시조모 정견모주' 혹은 '왕후 정견'을 만들어 내었던 것이다. '感應되었다'(사료 C2-②)는 것은 '感通되었다'는 말과 같은 것으로서 '신심이 부처나 신령에 통한 것'으로 본다면 불교적인 영향을 받은 용어임을 알 수 있다. 또한 사료 E1에 보이는 '正見天王祠'의 '天王'도 불교 四天王의 영향을 받은 것인데, 이것은 해인사 창건 연기담과 관련하여 생겨난 것으로 볼 수 있다.

사료 E3에서는 동명왕의 母 유화가 죽으매 사당을 세웠는데, 태조왕이 부여에 가서 태후 사당에 제사를 지냈다고 한다. 정견모주의 성격을 이와 유사한 성격을 가진 것으로 보기도 하는데,[122] 설득력 있는 비교로서 가능성도 있다고 하겠다. 그러나 가야의 건국설화가 고구려만큼이나 잘 정리된 것이었다고 한다면 모르겠으나 그렇지 못하다는 것이 난점이다. 사료 C2를 통해서 알 수 있는 바와 같이, 가락국과 가라국이 형제 간으로 묘사된다든지 가라국 개국 기년도 사실은 가락국의 그것에 다름 아님을 참고해 보면, 가라국 당대에는 시조와 관련된 자체의 정리된 내용이 없었다고 보는 것이 순리이다. 따라서 가라국 당대 왕실에서는 가야산신을 가라국 시조의 모주로 삼아 신묘로 세워져 배알되었다고는 볼 수 없고, 후대 불교가 도입되고 가야산에 해인사가 창건됨에 이르러 가라국 왕실과 관련지어진 것으로 보는 것이 타당하지 않을까 한다.

한국 고대의 산신은 대개 여신이었다는 것이 정설이다. 『신증동국여지승람』에 의하면, '父岳' '男山' 등 극히 예외적인 경우를 제외하고는 '阿未(山)(＝애미山)城' '母岳' '大母山' '大母城山' '婦山' '大母山城' '母岳山' '母山堂' '母后山' '慈母山城' '善女山' '慈母山' 등 여성과 관련된 다수의 산이 확인된 바 있다.[123] 또한 영일만 서쪽에 있는 雲梯山聖母는 신라 南解次次雄의 妃 雲帝(혹은 雲梯)夫人과 관련이 있고,[124] 김유신설화에서 길을 가다 만난 세 여인이 스스로를 奈林·穴禮·骨火 3곳의 護國神이라고 말한다든지,[125] "전하는 말에 이 山의 主人은 辨才仙女라 한다"[126]라고 하는 등 女山神임을 밝히는 경우도 있다. 따라서 현재 남성을 산신으로 한 것은 후세 지배계급의 의식적 기도가 다분히 내포되어 있는데, 대개 신라 성시로부터 고려 때까지 중국 전래의 부권본위의 사고에 의하여 점차 산

---

122) 金泰植, 앞의 논문, 1996, 16쪽.
123) 孫晋泰, 「朝鮮 古代 山神의 性에 就하여」, 『震檀學報』 1, 1934, 153∼154쪽.
124) 『三國遺事』 권1 紀異2 第二南解王條.
125) 『三國遺事』 권1 紀異2 金庾信條.
126) 『三國遺事』 권5 避隱8 郎智乘雲 普賢樹條.

신을 남성으로 하고자 하는 경향이 있었던 것으로 파악된다.[127] 여산신이
남산신으로 바뀌는 예는 후대에 많은데, 아래의 사료는 이것을 잘 보여주
고 있다.

E4. 聖居山 …… 金寬毅의 編年通錄에, "聖骨將軍이 扶蘇山 오른쪽 골짜기에
  살았는데, 하루는 같은 마을 사람 9명과 함께 平那山으로 매를 잡으러 갔
  다. 마침 날이 저물어 바위구멍에서 자는데 범이 와서 구멍 앞에 막아서서
  크게 소리지르니 10명이 서로 말하기를, '범이 우리들을 잡아먹으려 하니
  冠을 벗어 던져 보아 범이 그 관을 웅키는 자가 나가 당하는 것이다' 하고
  모두 관을 벗어 던졌는데 범이 성골의 관을 웅켰다. 성골이 나가서 범과
  싸우려 하는데 범은 문득 보이지 않고 구멍이 무너지며 9명이 모두 나오지
  못하였다. 성골이 돌아와서 평나군에 보고하여 와서 9명을 장사지내며 먼
  저 산신에 제사드렸는데, 그 신이 나타나서 말하기를 '내가 과부로서 이 산
  을 맡아 왔었는데 다행히도 성골장군을 만나 부부가 되어 함께 神政請을
  다스리려 하니 봉하여 이 산의 大王이 되기를 청한다' 하고 말을 마치자,
  성골과 함께 숨고 보이지 않았다. 고을 사람들이 인하여 성골을 大王으로
  봉하고 사당을 세워 제사드리며 9명이 함께 죽었으므로 산 이름을 고쳐 9
  龍이라"고 하였다. 성골의 손자 寶育이 중이 되어 지리산에 들어가 수도하
  고 돌아와 이 산 북쪽 골짜기에 살았다(『新增東國輿地勝覽』 권42 牛峯縣
  山川條).

이 설화에 대해서는 산신이 호랑이로 化한 점, 산신 스스로 寡婦라고 하
는 점, 女山神이 夫神을 얻어 부부로 神政을 公利하겠다는 점 등에 주목
하여 여산신 사상이 점차 남산신 사상으로 변화하는 과정을 보여 준다고
한다.[128] 부부로 결합한 이후 대왕을 청한 것은 여산신이지만, 성골이 대왕
이 된다든지 성골의 孫子 寶育이 이 산 북쪽 산협에 살았다는 것으로 보
아 남산신 사상으로 바뀌고 있음은 분명하다. 그런데 앞서 살펴본 가라국
의 건국신화도 비슷한 형태를 보이고 있어 흥미롭다. 즉 산신이 호랑이로

---

127) 孫晋泰, 앞의 논문, 154~155쪽.
128) 孫晋泰, 앞의 논문, 152쪽.

화했다는 내용은 없으나, 가야산신 '정견모주'가 천신 '이비가지'에 감응되어 부부가 되었다는 것이 바로 그것이다. 건국신화 속에 나오는 천신은 비록 성골장군과 같은 인격체는 아니지만, 하늘의 신령인 남신으로서 가야산신 정견모주와 부부로 맺어져 함께 신정을 행하는 것은 동일한 모티브라고 하겠다.

또한 가라국의 세계를 말하면서 월광태자는 가야산신 정견모주로부터 언급하는 등 여산신 전통을 반영하면서도, 그의 父인 이뇌왕은 시조로부터 언급하는 등 남성 중심의 사상도 함께 보이고 있다. 이와 관련하여 '正見天王祠'(사료 E2)라는 사당이 있어 주목된다. 해인사 안에 '정견'을 제사하는 사당이 있음을 알 수 있는데, 민간에 전해오기를 정견은 대가야국 '왕후'로서 산신이 되었다고 한다. 종래부터 있어 온 '가야산신'에 대한 숭배 관념이 9세기 초 해인사가 창건된 이후 경내에 모셔온 것으로 볼 수 있다. 그런데 천왕은 불교의 사천왕에서 나온 것으로 남신을 상징하므로, 이것은 고래 전통신앙인 여산신 사상이 후대 사찰 건립과 함께 남산신 사상으로 변화하였음을 보여 주는 것이다. 따라서 가야산이 聖山으로 받들어진 것은 그 연원이 오래되었을 것은 분명하지만, '가야'라는 불교식 국명이 가야 당대에는 보이지 않은 점을 감안해 보면 숭상의 대상인 '가야산신'이 불교식 인명인 '정견'으로 바뀌어 가라국의 '시조모' 혹은 '왕후'로 등장하고 또한 남신 사상의 영향을 받아 '정견천왕사'로 불리어진 것은 가야 멸망 이후의 일이라고 하겠다.

이상에서 가락국과 가라국 개국설화의 전승과정을 살펴보았다. 가락국의 건국신화는 고려 문종대의 「가락국기」에 잘 정리되어 전하기는 하지만, 고유신앙에 근거한 수로왕의 건국신화가 있은 이후 불교신앙이 유입되고 수로왕 신화는 祭儀의 형태로, 허왕후 신화는 놀이의 형태로 각각 정착되는 등 몇 단계의 변화과정을 겪고 있음을 알 수 있다. 가라국 건국신화는 『三國史記』 지리지 단계에서 일차 정리되는데, 이것을 한층 구체적으로 중국 기록과 결부하여 정리한 것이 해인사 창건 이후 최치원이 편찬한 「석이정전」과 「석순응전」 두 전기였다. 이후 어느 땐가 가라국 건국신화는 여

신인 '정견모주'가 '정견천왕'으로 나오는 등 남신 사상으로 바뀌고 있음을 알 수 있다.

4. 맺음말

이상에서 가락국과 가라국의 건국신화 관련사료와 전승과정을 살펴보았다. 아래에서는 본문의 내용을 요약함으로써 맺음말에 대신하고자 한다.

가락국의 수로왕 신화는 전형적인 천손강림형 난생설화로서 많은 역사성을 담보하고 있는데, 특히 '금란설'과 '6란설'이 주목되었다. '김해 김씨'성의 기원으로 언급되고 있는 '금란설'은 그 연원이 상당히 오래되었는데, 신라 문무왕대를 전후하여 '소호금천씨 후예설'이 성립함에 따라 단순히 '둥근 알'로 표현되고 있다. '6란설'은 '오가야조'와 마찬가지로 가락국을 중심으로 한 후대의 '맹주관'과 관련되어 있고, '6(5)'이라는 수의 관념은 '개국'의 의미를 가진다고 하겠다.

가락국의 허왕후 신화는 가락국에서 수로 못지 않은 중요성을 가지고 있고, 새로운 도래자로서의 신성성도 가지고 있다. 허왕후 집단은 탈해 집단과 마찬가지로 수로 이후 가락국에 온 2차 도래 집단으로서 당시 선진적이었던 북방과 연결되는데, 설화상에 보이는 중국적 요소는 신라 문무왕대에 윤색된 것이다. 그러나 허왕후는 탈해와는 달리 애초부터 수로와 다투기보다는 결혼을 위해 온 부차적인 집단이다. 이것은 도래자로서의 세력 간의 우열을 반영하는 것으로서, 허왕후 집단이 왕비족으로 등장한다든가 유이민 집단이면서도 난생설화를 가지지 못하는 이유가 된다.

가라국의 이진아시왕 신화는 『삼국사기』 지리지에 일부 내용을 전하고 있는데, 최치원 편찬의 「석이정전」과 「석순응전」의 내용은 보다 구체적이다. 그러나 가락국의 수로왕 신화를 크게 참고하고 불교적인 윤색이 가해지는 과정에서 많은 변화를 겪었다. 가야산을 배경으로 한 지모신 중심의 천신 감응설화로서, 난생설화를 가진 수로왕의 건국신화보다는 후차적이다. 또한 인명 등에 보이는 불교적 요소는 가야산 내지는 해인사의 창건과 밀접한 관련이 있다. 월광태자의 전설은 출생과 관련한 태자 자신의 기이한 운명과 행적이 많은 사람들의 입에 오르내리는 과정에서 이야기로 꾸며져서 후대 사찰 건립과 함께 연결된 것이다.

수로왕과 허왕후의 이야기로 구성되어 있는 가락국의 건국신화는 「가락국기」에 정리된 형태로 전하기는 하지만, 오랜 기간을 거치면서 많은 변화를 겪게 된다. 수로왕은 3계를 잇는 건국주의 성스러운 탄생을 가지고 있는데, '자주색'의 붉은 빛깔 및 '새'로 변신하는 능력과 탈해와의 경쟁에서의 승리는 그 신성성을 더하여 천제자임을 확인시켜 주고 있다. 3세기대 가야지역에서는 천지신에 대한 제사는 물론 시조신에 대한 제사도 있었을 것인데, 그 대상은 수로였을 것이다. 그러나 이후 허왕후 신화와 불교 사상이 전면에 개입함으로써 고유신앙에 바탕한 수로왕 신화는 변화를 겪는다. 왕후사 건립, 파사석탑 전설, 칠불 사상 등은 모두 불교사상의 유입에 의한 허왕후 신화의 신성화 과정을 반영한다. 이후 수로왕 신화는 시조에 대한 제례 형태로, 허왕후 신화는 민속놀이로서 각각 정착하는 등 독자적인 과정을 거친다. 고려 문종대에 「가락국기」가 편찬되면서 가락국의 건국신화는 수로왕 중심으로 완성을 보게 되는데, 조선시대를 거쳐 지금까지 이르고 있다.

가라국의 건국신화는 가야산을 배경으로 여산신과 천신의 감응설화인데, 가야산신은 원래 이 지역 고유신앙의 대상이었을 것이다. 시조모 정견모주 혹은 왕후 정견으로 나오는 것은 불교사상을 바탕으로 하여 이 지역 최초의 정치체인 가라국과 연관되어 있음을 뚜렷하게 나타낸다. 특히 여신인 정견모주가 정견천왕사로 나오는 것은 여산신 사상이 점차 남산신 사상으로 바뀌고 있음을 말하는데, 여기에는 신라 성시 이후의 후대 남성 중심의 관념이 투영되어 있다.

가야의 건국신화는 가락국과 가라국에 각각 독자적으로 전하고 있다. 여러 가야 제국 가운데 유독 이들 두 국만이 건국신화를 남기고 있는 데에는 어떤 이유가 있었을 것이다. 먼저 가야 당시 이들이 중심국이었거나 후대까지 가야의 전통을 가장 많이 가졌을 가능성을 지적할 수 있다. 선후관계에 있기는 하지만, 이 두 국이 가야의 중심세력이었음은 문헌은 물론 고총 고분 등 고고유적·유물로서도 증명되고 있다. 다음으로는 멸망 이후 이 지역의 역사를 재발견할 만한 결정적인 계기가 있었던 것도 중요한 요인으로 지적할 수 있다. 가락국의 경우, 532년 신라에 투항한 이후 가야왕족인 김유신 家系의 활동과 外孫인 문무왕의 가락국에 대한 지대한 관심에 의해 그에 대한 인식을 높였다. 가라국의 경우, 신라말 유학자인 최치원이 마지막으로 은거한 곳이 가야산의 해인사였는데, 여기서 이 사찰의 창건에 중추적인 역할을 담당한 釋 이정과 순응의 전기를 쓰게 된다. 이때 이 지역의 유래를 설명하면서, 이 곳을 배경으로 번성했던 최초의 정치체인 가라국의 역사를 가야산 중심으로 엮게 된다.

이렇게 볼 때, 위의 두 국을 제외한 가야제국 가운데 함안의 안라국과 합천의 다라국과 같이 고총 고분을 남기고 있는 지역이 주목된다. 이들 지역은 비록 건국신화를 전하고 있지는 못하지만,『일본서기』등에 의하면 5세기 후반~6세기 중반에는 가라국과 함께 가야의 중심세력으로서 그 위상이 돋보이고 있다. 이것을 어떻게 설명할 것인가 하는 점이 문제인데, 가야 당대에는 중심국의 하나로 번성했지만 가락국이나 가라국과는 달리 멸망 이후에는 두각을 나타낼 만한 어떤 계기도 갖지 못하고 지역세 자체도 크게 떨치지 못함에 따라 후대 역사에 그 어떤 흔적도 남기지 못하고 있는 것이 아닐까 한다. 이들 지역의 신화 관련 문헌자료가 전무한 상태이기는 하지만, 향후 고고학적인 탐색과 함께 그 실체를 밝히는 작업이 필요하다고 생각한다.

전기 가야 小國의 성립과 발전

백 승 옥[*]

1. 머리말

가야사를 시기 구분할 때 세 시기로 구분하는 논자도 없지는 않으나 전기와 후기로 나누는 것이 보다 일반적이며, 그 구분점은 전기 가야의 주요 세력이었던 김해의 南加羅國[1]이 쇠퇴하는 5세기 전반대를 기준으로 하고 있다. 따라서 본고의 시간적 서술 하한은 5세기 전반대까지로 한다.

문제는 서술의 상한이 되어야 할 가야사의 起點이다. 논자에 따라 기원전 3~2세기로 보는 견해가 있는가 하면 기원후 3~4세기로 보는 견해도 있어 무려 500년 이상의 차이를 보이고 있는 실정이다. 이는 가야사를 바라보는 시각차에서 생겨난 것이다. 이른바 원삼국시대 또는 삼한시대 역사를 加耶前期로 파악하는 경우는, 삼한 소국의 형성시기부터 가야의 역사로 보아 가야사의 기점은 기원을 전후한 시기 혹은 그 이전으로 소급된다. 이들은 대부분 삼한시기를 가야사의 범위에 넣고 있다. 한편, 삼한의 역사를 가야와는 별도로 삼한 그 자체의 역사로 보고 진정한 가야사의 시작은 3세기 중·후엽 이후로 보는 견해도 있다.

---

[*] 부산대학교 강사

1) 김해에 존재했던 가야 정치세력에 대한 명칭은 金官伽耶, 金官國, 駕洛國 등 다양하게 지칭되고 있으나 가야 당시의 명칭은 '加羅' 혹은 '加羅國'이었다. 단 고령의 가야세력도 동일국명을 사용하고 있었기 때문에 본고에서는 구분하는 의미에서 '南加羅' 혹은 '南加羅國'으로 명칭한다. 白承玉, 『加耶 各國의 成長과 發展에 관한 研究』, 부산대학교 박사학위논문, 2001, 42~49쪽.

본고는 삼한사회와 가야사회의 획기는 인정하지만 양 사회 모두 가야사의 범주에 넣어야 한다는 입장에 서 있다. 삼한 소국과 가야 제국은 연속선상에 있고, 삼한 소국의 형성과 성장·발전의 결과가 곧 가야 제국이라는 생각에서이다. 삼한에서 가야라는 외형적 명칭의 변화만으로 시대를 분류하는 것은 사실상 무의미하고, 중요한 것은 사회 내부의 변화양상이라 할 수 있다. 아래에서 구체적으로 설명하겠지만 본고에서는 소국의 형성을 기원전 3세기부터 그 始原的 모습이 보이는 것으로 파악한다. 따라서 본 연구의 시간적 범위는 기원전 3세기부터 5세기 전반대까지로 한다.

본고의 공간적 서술 대상은 변한지역 소국들과 이들이 변화 발전한 가야 제국들이 되어야 할 것이지만, 이에는 변한과 진한의 구분과 경계 문제 및 자료상의 제약 때문에 한계가 따른다. 따라서 본고가 서술하는 지역이 전기 가야의 전 지역을 포괄하는 것은 아님을 미리 밝힌다.

그리고 본고 서술 대상 시기에 있어서 가야사의 전반적 추이는 소국이 형성되어 상호병립의 상태에 있다가 대내외적 상황에 의해 지역적으로 소국연합 혹은 연맹의 형태인 地域聯盟體로 변화 발전해 가는 것으로 인식하고 있음을 미리 밝힘으로써 이해에 도움을 주고자 한다.

2. 변한 소국의 성립

1) 성립시기

한반도 남부지방에서 최초 國의 형성과 성립은 三韓 小國으로부터 설명되고 있다. 李丙燾는 準王을 韓氏朝鮮(기자조선)의 마지막 왕으로 보고 그의 南來와 함께 韓이 칭해지게 되었다고 하였다.[2] 이에 반해 丁仲煥은 중국기록에 韓이라고 함은 우리의 고유적 칭호를 한자로 표시한 것에 지나지 않는 것이라고 하면서 韓이라는 칭호는 韓族과 같이 있어 온 것이고 결

---

2) 李丙燾, 「三韓問題의 新考察(2)」, 『震檀學報』 3, 1935, 100쪽 ; 『韓國古代史研究』, 博英社, 1976, 250쪽.

코 준왕에 의하여 준왕 남래 이후로 생겨난 것이 아니라고 하였다. 그리고 한은 韓·汗·翰·干·旱岐·干岐·검·감이라고 하여 大人, 君長, 大를 의미하는 族稱 내지 족장의 칭호에서 유래한 것이라고 하였다.[3] 金貞培는 韓은 성씨와는 아무런 관련이 없는 종족명으로서 漢代의 駤貊이란 駤이 後漢代에 韓이란 이름으로 나타나게 된 것으로 추정하였다.[4]

　한편 고고학 자료를 중심으로 하여 韓稱의 시작과 한족사회의 성립 경위를 설명한 경우도 있다. 三上次男은 한반도 남부지방의 지석묘사회가 점진적인 발전을 거쳐 1세기 무렵 小部族國家를 형성 대두하게 된 것이 『三國志』의 三韓이라고 하였다.[5] 金元龍은 한반도 남부지방이 한강 유역을 경계로 그 북쪽지방과 구별되는 특색 있는 문화권을 형성하기 시작한 것은 청동기시대이며, 한강 이남의 지역화된 濊貊人들이 북쪽의 '濊貊퉁구스 프로퍼'와 구별되어 韓族으로 불리게 된 것은 초기 철기시대라고 하였다.[6] 이러한 견해들에 의하면 韓이라는 종족 명칭의 사용과 그 유래에 대한 문제와는 별도로 韓 小國을 형성한 주민집단의 종족적 원류는 고고학상 적어도 청동기문화 단계의 종족집단까지 소급될 수 있을 것이다.[7] 최근 安在晧도 三韓時代를 시기구분하면서 前期를 靑銅利器가 주로 매납되는 무문토기 후기의 전반대 즉 斷面圓形口緣의 粘土帶土器[8]와 黑色磨硏土器의 시기로 보았는데,[9] 이는 비록 삼한(시대)이라는 문헌사적 용어를 빌려쓴 것이지만 역으로 韓의 시작이 무문토기시대까지 소급될 수 있다는

---

3) 丁仲煥, 「辰國·三韓 及 加羅의 名稱考」, 『釜山大學校十周年記念論文集』, 1956 ;『加羅史硏究』, 혜안, 2000, 271~272쪽.

4) 金貞培, 「辰國과 韓에 관한 고찰」, 『史叢』 12·13, 1968, 381~382쪽.

5) 三上次男, 「南部朝鮮における韓人部族國家の成立と發展」, 『古代東北アジア史研究』, 吉川弘文館, 1966, 96쪽.

6) 金元龍, 「百濟建國地로서의 漢江下流地域」, 『百濟文化』 7·8, 1975, 31~34쪽.

7) 李賢惠, 『三韓社會形成過程硏究』, 一潮閣, 1984, 38쪽.

8) 최근 朴辰一은 이를 '圓形粘土帶土器'라 호칭할 것을 주창하고 있다(朴辰一, 「圓形粘土帶土器文化研究 - 湖西 및 湖南地方을 중심으로」, 부산대학교 석사학위논문, 2000).

9) 安在晧, 「三韓時代 後期 瓦質土器의 編年 - 하대유적을 중심으로」, 『嶺南考古學』 14, 1994, 63~64쪽.

점을 보여주는 것이라 할 수 있다. 이러한 여러 연구들을 고려해 볼 때 韓에 대한 칭호는 準王 南來(기원전 194년 무렵)[10] 이전부터 있어 왔으며, 韓族 사회의 형성도 그 이전 시기부터 인정해야 할 것이다. 즉 韓族의 기원은 기원전 3세기 이전으로 소급될 수 있다고 본다.

그러면 이러한 韓族들이 정치적 발전을 계속하여 小國을 형성하기 시작하는 시기는 언제부터일까? 일반적으로 韓 小國 성립의 시점은 古朝鮮 準王의 南來時期, 위씨조선의 멸망시기(기원전 108년 무렵), 또는 특정한 역사적 사건과 결부시키지 않고 단지 기원전 3~2세기 경으로 추정되어 왔다.[11] 이러한 견해들은 대부분 나름대로의 근거와 논리를 가지고 있어 최선의 선택이란 없어 보인다. 기존 견해의 대부분은 준왕의 남래지점 등을 마한지역을 중심으로 하는 중서부지역으로 한정하여 설명하고 있다. 그러나 마한지역이 기원전 3~2세기 단계에 고고학적으로 선진지역이라는 논리로 이 시기 변한지역에는 韓 小國이 형성되지 않았다고 설명하는 것은 타당하지 않다.『三國志』에서 보이는 바와 같이 韓 小國들은 그 규모나 발전의 정도가 일률적이지 않았다. 따라서 이 시기 변한지역이 마한지역보다 선진적 문화를 이루지 못했다 해서 小國의 존재를 부정할 수는 없다. 하지만 준왕 남래 기사가 변한지역에 국이 형성되었다는 것을 적극적으로 확인시켜 주는 것은 아니다. 이 기사는 그 가능성 정도로만 보아두는 것이 좋을 듯 싶다.

다음 기사들은 남부지방 小國 형성이 기원전 3세기 무렵에 이루어졌음을 알 수 있는 기록들이다.

A1. 이로써 滿은 군사의 위세와 재물을 얻게 되어 그 주변의 小邑들을 침략하여 항복시키니, 진번과 임둔도 모두 와서 복속하여 (그 영역이) 사방 수천 리가 되었다. 아들을 거쳐 손자 우거 때에 이르러서는 유인해 낸 한나라 망명자 수가 대단히 많게 되었으며, 또 일찍이 (천자를) 알현치 않을 뿐만

---

10)『三國志』卷30 魏書 烏丸鮮卑東夷傳 韓條(이하에서는 韓條로 略記한다), "侯準旣僭號稱王 爲燕亡人衛滿所攻奪 將其左右宮人走入海 居韓地 自號韓王".

11) 李賢惠, 앞의 책, 1984, 39쪽의 정리 참조.

아니라 진번 주변의 여러 나라들이 글을 올려 (천자를) 알현하고자 하는
것도 또한 가로막고 통하지 못하게 하였다.[12]

A2. 韓은 대방의 서쪽에 있는데, 동쪽과 서쪽은 바다로 한계를 잡고 남쪽은 왜
와 접경하니 사방은 사천리 쯤 된다. (한에는) 세 種이 있으니 첫째는 마
한, 둘째는 진한, 셋째는 변한인데 진한은 옛 진국이다.[13]

A3. 辰王은 目支國을 다스린다. 신지는 혹은 우대하여 부르는 호칭인 臣雲遣
支報, 安邪踧支, 瀆臣離兒不例, 狗邪秦支廉의 칭호를 더하기도 한다.[14]

A4. 위략에는 이르기를, '처음에 우거가 아직 파괴되지 않았을 때 朝鮮相인 歷
谿卿이 우거에게 諫했으나 듣지 않자 동쪽으로 진국에 갔다. 이 때 민으로
서 따라간 자가 이천여 호나 되었다'고 하였다.[15]

A5. 진한은 마한의 동쪽에 있다. 그 노인들이 전하여 스스로 말하기를, '옛날의
망인으로 秦나라의 부역을 피해서 한국으로 도망왔는데, 마한이 그 동쪽
경계를 나누어 주었다'고 하였다. 성책이 있고 그 언어는 마한과 같지 않
았다. 國을 邦이라 하고, 弓을 弧라 하고, 賊을 寇라 하고, 行酒를 行觴이
라 하였다. 서로 부르기를 모두 徒라 하였는데 秦나라 사람들과 비슷했으
며 燕齊의 것과는 달랐다. 樂浪人을 이름하기를 阿殘이라 하였는데, 東方
人들이 我를 阿라 한즉, 樂浪人들이 본래 그들의 殘餘人임을 이름이다.
지금도 秦韓이라고 부르는 자가 있다. 처음에 六國이 있었는데 점차 나누
어져 十二國이 되었다.[16]

---

12) 『史記』卷115 朝鮮列傳, “以故 滿得兵威財物 侵降其旁小邑 眞番 臨屯 皆來服屬
   方數千里 傳子至孫右渠 所誘漢亡人滋多 又未嘗入見 眞番旁衆國 欲上書見天子
   又擁閼不通”.
13) 『三國志』韓條, “韓在帶方之南 東西以海爲限 南與倭接 方可四千里 有三種 一
   曰馬韓 二曰辰韓 三曰弁韓 辰韓者 古之辰國也”.
14) 『三國志』韓條, “辰王治月(目)支國 臣智或加優呼 臣雲遣支報 安邪踧支 瀆臣離
   兒不例 拘邪秦支廉之號”.
15) 『三國志』韓條, “魏略曰 初右渠未破時 朝鮮相歷谿卿以諫右渠不用 東之辰國 時
   民隨出居者 二千餘戶(下略)”.
16) 『三國志』韓條, “辰韓在馬韓之東 其耆老傳世自言 古之亡人 避秦役來適韓國 馬

이제까지 이들 기사는 A1의 사료에 보이는 '眞番旁衆國'과 관련하여 '衆國'이냐 아니면 '辰國'이냐의 논란과 함께 그 성격문제에 논의의 초점이 맞추어졌다.

李丙燾는 「三韓問題의 新考察」에서 校刊『史記集註』索隱正義札記 4의 '眞番旁衆國' 註에 '宋本 衆作辰'이라고 한 것에 의하여, 宋刊本『사기』에는 '衆國'이 분명히 '辰國'으로 되어 있음을 말하고『한서』에 '眞番 辰國'이라 함은 그 사이에 '旁'자가 누락된 것으로 보았다.[17] 그리고『資治通鑑』권21에도 '辰國'으로 되어 있음을 확인하고, '衆國'은 '辰國'의 誤刊 또는 訛傳이라 하였다. 즉 '眞番旁衆國'이 아니라 '眞番旁辰國'이 옳다고 본 것이다. 나아가 그는 辰國을 당시 한반도 남부지방, 특히 마한지역 諸 부족사회를 이끄는 맹주국으로 파악하였다. 이 시기 아직 진변한사회의 형성을 인정하지 않는 입장인 그로서는 辰國을 당시 한반도 남부지방을 대표하는 一大 聯盟體로 파악하고 있는 것이다.[18]

三品彰英은 이 辰國의 존재를 책상 위에서 만들어낸 가상적인 國이라고 하였다.[19]

丁仲煥은 '辰國'을 한 개의 정치적 통일체를 의미하는 단수 칭호가 아니라 복합 칭호, 즉 여러 부족집단을 범칭하여 말한 한 개의 Collective Noun으로 파악하였으며, 그 뜻은 '臣智의 나라'라고 하였다.[20]

한편, 千寬宇는 辰國을 남하중이던 辰韓族이 일시적으로 漢江 유역에 세운 정치집단으로 보았으며,[21] 金貞培는 益山 일대에 있던 古朝鮮 準王系의 辰國이 경상도지역으로 이동하여 辰韓의 일부를 구성하였다고 하였

韓割其東界地與之 有城柵 其言語不與馬韓同 名國爲邦 弓爲弧 賊爲寇 行酒爲行觴 相呼皆爲徒 有似秦人 非但燕齊之名物也 名樂浪人爲阿殘 東方人名我爲阿謂樂浪人本其殘餘人 今有名之爲秦韓者 始有六國 稍分爲十二國".

17) 李丙燾, 「三韓問題의 新考察(1)」, 『震檀學報』 1, 1934, 4쪽.
18) 李丙燾, 위의 논문, 22~24쪽 ; 「「蓋國」과 「辰國」問題」, 『韓國古代史硏究』, 博英社, 1976, 238~241쪽.
19) 三品彰英, 「史實と考證」, 『史學雜誌』 55-1, 1944, 76쪽.
20) 丁仲煥, 앞의 논문, 1956, 10쪽.
21) 千寬宇, 「三韓의 成立過程」, 『史學硏究』 26, 1975, 39~40쪽.

다.22) 이들의 견해는 진한만이 진국과 연결되는 것으로 본 것이다.

李賢惠는 중남부지방에서 출토된 기원전 3~2세기 단계의 청동기 유물을 검토한 뒤, 당시 중남부지방 청동기문화의 수준을 고조선사회와 비교해 볼 때 그 규모는 알 수 없으나 다수의 정치집단을 통할하는 정치권력의 존재 가능성은 충분히 인정할 수 있다고 하였다. 그리고 그 정치집단의 존재는 기원전 3세기 이래 청동기문화의 중심지로 존속·발전해 온 충남·전라지역 내에서 찾아야 할 것이라 하였으며, 『史記』의 기록도 衆國보다는 辰國이라는 구체적인 정치집단을 지칭하는 것으로 해석하는 편이 논리적이라고 하였다.23)

權五榮은 진국을 포함한 衆國說에 무게 중심을 두면서 그 위치는 금강유역으로 보았다.24)

필자는 衆國說이 보다 타당성이 있다고 보고 辰國을 衆國 중의 一國으로 보나, 그 위치는 辰韓지역으로 생각한다. 따라서 A3에 보이는 辰王은 마한 월(목)지국의 왕이므로 辰國과는 관계없는 인물로 보아야 할 것이다. 辰國의 성립시기는 사료 A1과 A4로 보아 기원전 2세기대로 보는 것은 무난하다. 그런데 A5로 보아서는 秦代(기원전 3세기)까지 소급해 볼 수도 있다.

權五榮은 이 기사를 辰韓과 秦의 관련성보다는 진한인들이 낙랑인을 자신의 잔여세력으로 여기고 阿(我)殘이라 부른다는 점에 초점을 맞추어 위만조선 멸망 후의 사실을 반영한 것으로 보았다. 그리고 그 시기는 기원전 2세기 후반이나 1세기 전반 경에 해당되므로 마한이란 실체가 나타난 것도 늦어도 이 무렵으로 올라갈 수 있을 것이라 하였다.25) 한족사회가 삼한으로 분리되는 시점을 진정한 의미의 삼한사회 출발점으로 보고 그 형성시기를 기원전 1세기대로 보는 설의 근거는 바로 사료 A5의 시기를 위만조선 멸망 후로 보는 것에 있다고 할 수 있다. 그러나 사료 A5에 보이는

---

22) 金貞培,「準王 및 辰國과 三韓正統論의 諸問題」,『韓國史研究』13, 1976, 17쪽.
23) 李賢惠, 앞의 책, 1984, 36~37쪽.
24) 權五榮,『三韓의「國」에 대한 研究』, 서울대학교 박사학위논문, 1996, 30~34쪽.
25) 權五榮, 앞의 박사학위논문, 1996, 43~45쪽.

樂浪을 漢四郡 설치 이후에 생겨난 지명으로만 보는 데에는 맹점이 있다. 樂浪은 玄菟, 臨屯, 眞番과 함께 漢四郡 이전부터 있었던 고유지명이었다.[26] 사료 A1에도 위만조선 멸망 이전에 이미 眞番 臨屯 사회는 존재하고 있었던 것이 확인되고 있다. 樂浪이 313년 고구려에 접수된 이후에도 樂浪이란 호칭은 여전히 사용되고 있는 것으로 보더라도 樂浪이란 호칭의 성격을 짐작해 볼 수 있다.[27] 따라서 기원전 1세기 삼한성립설은 그 논거를 잃게 된다.

三韓 小國의 형성은 기원전 3세기대로 보아도 좋다고 생각한다. 사료 A5로 보아 마한이 진한보다 조금 앞서 형성된 것으로 보이지만, 사료가 갖는 한계성과[28] 변한지역에서의 최근 발굴성과[29] 등으로 판단할 때 그 시기 차이는 크지 않을 것으로 생각한다. 진한과 변한은 거의 동시기거나 진한이 약간 앞서 형성된 것으로 생각한다. 그리고 위의 각 사료에서 보이는 '國'의 존재로 보아서도 삼한 小國들은 이미 기원전 3세기 무렵부터 그 형성의 시초는 있었다고 인정해야 할 것이다. 그러나 辰國으로 대표되는, 수많은 小國들(衆國) 중에 辰國 정도가 중국에 알려졌던 초기 단계의 삼한 小國과『三國志』에 그 국명이 일일이 擧名된 기원후 3세기 무렵의 小國은 그 내부 성장 정도의 차를 인정해야 할 것이다. 본고에서는 前者를 前期

---

26) 李炳銑,『韓國古代國名地名硏究』, 螢雪出版社, 1982, 152~153쪽.

27) 高句麗 故國原王(釗)이 前燕(349~370)으로부터 元璽 4년(355)에 '營州諸軍事 征東大將軍 營州刺史 樂浪公'(『晋書』慕容僎載記)에 봉해진다. 중국으로부터의 책봉호가 일방적으로 정해지는 것은 아님을 상기할 때, 樂浪郡 소멸 이후에도 고구려에서는 樂浪이란 명칭은 계속 사용한 것으로 보인다. 그리고 평양과 경주를 樂浪이라고도 칭했다고 하는 사실이 朝鮮時代 地理書인『新增東國輿地勝覽』平壤, 慶州 郡名條에 보이고 있다.

28) 사료 A5는 기본적으로 설화적 요소가 가미된 것이다. 陳壽가 서술의 첫머리에 '其耆老傳世自言'라고 한 점을 보아서도 알 수 있는 일이다. 설화적 요소가 가미된 사료에서 역사적 사실과 비역사적 사실을 가려내는 작업이 간단한 것은 아니지만, 이 사료에서 말하고 있는 내용 중에서 馬韓과 辰韓의 선후관계는 사료의 골격을 이루는 내용이 아니다.

29) 金賢植,「陜川盈倉里 遺蹟 槪報」,『考古學으로 본 弁·辰韓과 倭』(嶺南·九州考古學會 제4회 합동고고학대회 발표요지), 2000, 185쪽. 발표자에 의하면 盈倉里 遺蹟의 연대는 28호 출토 세형동검의 출현기인 기원전 300년에서 원형점토대 토기가 소멸하는 시기인 기원전 100년 사이에 해당된다고 한다.

三韓 小國, 後者를 後期 三韓 小國이라 구분하여 보고자 한다.

『三國志』에 보이는 관련사료를 통해 볼 때, 후기 삼한 소국들은 대부분 중국과의 관계 속에서 國으로서의 인정 여부도 결정되었을 것이다. 아래의 기사들은 중국 본토 및 郡縣과의 관계 속에서 후기 삼한 소국의 형성시기를 추측해 볼 수 있는 것들이다.

A6. 그 관직에는 魏率善·邑君·歸義侯·中郞將·都尉·伯長이 있다.[30]

A7. 왕망의 지황연간(20~22)에 염사치가 진한의 우거수가 되어, 낙랑의 토지가 비옥하여 사람들의 생활이 풍요하고 안락하다는 소식을 듣고 도망하여 항복하기로 작정하였다. …… 그리하여 치는 호래를 데리고 출발하여 함자현으로 갔다. 함자현에서 군에 연락하자 군은 치를 통역으로 삼아 쭉中으로부터 큰 배를 타고 진한에 들어가서 도리어 호래의 무리를 취하여 갔다. …… 진한 사람 1만 5천명과 牟[弁]韓布 1만 5천필을 내어 놓았다. 치는 그것을 거두어 가지고 곧바로 돌아갔다. 군에서는 치의 功과 義를 표창하고, 관책과 전택을 주었다. 그의 자손은 여러 대를 지나 안제 연광 4년(125)에 이르러서는 그(선조의 공)로 인하여 부역을 면제받았다.[31]

A8. 변진도 12국이 있었다. 또 여러 소별읍이 있어서 제각기 거수가 있다. 큰 사람은 신지라고 하고, 다음에는 험측이 있고, 다음에는 번예가 있고, 다음에는 살해가 있고, 다음에는 읍차가 있다.[32]

---

30) 『三國志』韓條, "其官有魏率善 邑君 歸義侯 中郞將 都尉 伯長".
31) 『三國志』韓條, "至王莽地皇時 廉斯鑡爲辰韓右渠帥 聞樂浪土地美 人民饒樂 亡欲來降 出其邑落 見田中驅雀男子一人 其語非韓人 問之 男子曰 我等漢人 名戶來 我等輩千五百人伐材木 爲韓所擊得 皆斷髮爲奴 積三年矣 鑡曰 我當降漢樂浪 汝欲去不 戶來曰可 辰鑡因將戶來 來出詣含資縣 縣言郡 郡卽以鑡爲譯 從芩中乘大船入辰韓 逆取戶來降伴輩 尙得千人 其五百人已死 鑡時曉謂辰韓 汝還五百人 若不者 樂浪當遣萬兵 乘船來擊汝 辰韓曰 五百人已死 我當出贖直耳 乃出辰韓萬五千人 牟韓布萬五千匹 鑡收取直還 郡表鑡功義 賜冠幘田宅 子孫數世 至安帝延光四年時 故受復除".
32) 『三國志』韓條, "弁辰亦十二國 又有諸小別邑 各有渠帥 大者名臣智 其次有險側 次有樊濊 次有殺奚 次有邑借".

A9. 경초연간(237~239)에 (魏의) 명제가 몰래 대방태수 유흔과 낙랑태수 선우사로 하여금, 바다를 건너가서 二郡을 평정하게 했다. 여러 한국의 신지들에게 읍군의 인수를 더해주고, 그 다음가는 이들에게는 읍장의 벼슬을 주었다.33)

A10. 건무 20년(44)에 韓의 염사인 소마시 등이 낙랑에 나아가 공물을 바쳤다 [염사는 邑名이다. 諟의 음은 是다]. 광무제는 소마시를 봉하여 漢의 염사 읍군으로 삼았다.34)

사료 A1에서 알 수 있듯이 읍군이란 중국 측에서 諸韓國의 거수급들에게 수여하는 관작이다. 또한 읍군은 거수 중에서도 大者인 臣智級에게 수여된 관직이었음을 사료 A8과 A9를 통해 알 수 있다. 따라서 읍군을 수여받은 거수는 '國'으로 표현된 정치집단의 수장임은 분명하다 하겠다. 이는 읍군의 존재가 곧 國의 존재를 보여주는 것으로 생각할 수 있다.

읍군의 존재가 한반도 남부지방에서 문헌상 최초로 보이는 예가 사료 A10이다. 이는 기원후 44년의 일이므로 이 시기가 한반도 남부지방의 후기 삼한 小國 성립의 하한으로 볼 수 있을 것이다. 그런데 사료 A10과 관련하여, 사료 A7에도 동일 지역명으로 보이는 廉斯가 보이고 있다. 두 기사는 읍군의 존재 여부와 관련하여 중요한 차이점이 보이므로 좀 더 검토할 필요가 있다.

廉斯지역의 수장으로 보이는 염사치와 사료 A10의 소마시를 약 20년이라는 연대차로 보아 동일 인물일 가능성을 제기하기도 하나,35) 이는 달리 해석하여야 할 것으로 본다. 그 근거는 사료 A7의 '郡表鑊功義 賜冠幘田宅 子孫數世 至安帝延光四年時 故受復除' 부분에 대한 해석에 있다. 丁

<hr>

33) 『三國志』 韓條, "景初中 明帝密遣 帶方太守劉昕 樂浪太守鮮于嗣 越海定二郡 諸韓國臣智加賜邑君印綬 其次與邑長". 명제는 경초 2년 1월에 殁하였다. 따라서 이 기사는 237년의 기사일 가능성이 높다.

34) 『後漢書』 卷85 東夷 列傳75 韓條, "建武二十年 韓人廉斯人蘇馬諟等 詣樂浪貢 獻(廉斯邑名也 諟音是) 光武封蘇馬諟爲漢廉斯邑君".

35) 金杜珍, 「三韓 別邑의 蘇塗信仰」, 『韓國古代의 國家와 社會』, 一潮閣, 1985, 99쪽.

仲煥은 염사치의 자손은 수대를 계속하여 後漢 安帝 延光 4년에 이르기까지 계속 염사읍의 읍군 노릇을 한 것으로 보았으며, '故受復除' 부분에 대한 해석을 '본래 받았던 封을 다시 除授하였다'라고 하여, 소마시에게 封爵했던 작호를 安帝의 延光 4년(125)에 소마시의 후손이 다시 除授받은 것으로 보았다.[36] 그러나 '故受復除' 부분에 대한 해석은 '그런 까닭(그의 선조가 공이 있는 까닭)에 徭役을 免除받았다'로 해석하여야 한다. 여기서의 復은 '면제받다'라는 뜻으로, 復除·復租 등의 용례로 흔히 쓰이고 있다. 丁仲煥은 復除를 '다시 除授받다'로 해석하였는데 이는 한문 문장 자체로서도 어색할 뿐만 아니라 염사치도 冠幘과 田宅만 받은 것으로 되어 있지 封爵을 받은 것은 아니다. 따라서 復除의 해석을 '다시 제수받다'라고 해서는 안 된다. 물론 封爵없는 冠幘 수여는 없다고 볼 수도 있을 것이다. 그러나 '其俗好衣幘 下戶詣郡朝謁 皆假衣幘 自服印綬衣幘 千有餘人'의 기록에서도 알 수 있듯이 冠幘의 착용은 일반적인 반면 封爵은 흔치 않은 일이었다는 점을 생각한다면, 만약 염사치가 爵號를 받았다면 당연히 그 사실을 기록했을 것이다. 염사치는 爵號를 받지 못했으며, 그로부터 100여 년 후 그의 자손도 작호를 받지 못했다. 다만 염사치의 공덕으로 인해 그 후손들은 요역을 면제받는 혜택을 입게 된 것이다. 그런데 염사치보다 20여 년 후의 사람이면서 동일 지역 출신인 소마시는 염사읍군이라는 관작을 받게 된다.

이상의 논증에서 하나의 중요점을 지적할 수 있다. 廉斯鑡와 蘇馬諟는 동일인물이 아님은 물론 그 子孫도 아니라는 점이다. 『後漢書』는 『三國志』를 열람한 상태에서 쓰여졌기 때문에 사료 A7과A10은 전혀 다른 계통의 원사료를 바탕으로 쓰여졌음을 알 수 있다. 즉 사료 A10은 사료 A7의 후반부 내용과 비슷하나, 서로 각기 다른 年代를 명기하였고, 사료 A7에서의 廉斯鑡가 사료 A10에서는 廉斯人 蘇馬諟로 되어 있다. 『후한서』는 동일 사실을 기록하면서 『삼국지』의 사실을 추가 기록한 사실은 있지만 연

---

36) 丁仲煥, 「廉斯鑡 說話考 - 加羅前史의 試考로서 - 」, 『大丘史學』 7·8, 1973, 7쪽 ; 앞의 책, 2000, 295~296쪽.

도를 변경한 경우는 없다.『後漢書』권1下 光武記 建武 20년조에도 '秋 東夷韓國人 率衆詣樂浪內附'라고 되어 있어 사료 A10의 연대에 대한 확실성을 확인할 수 있다. 사료 A10은『三國志』동이전 기사에 대한『後漢書』의 補充記事라고 할 수 있다.[37] 『後漢書』는 사료 A10을 기술하면서 사료 A7과는 내용상 아무런 연관성을 보이지 않고 있다. 동일 지역에서 일어난 사건이기 때문에 만약 염사치와 소마시가 동일인 혹은 그 자손이라면 그 관련성에 대하여 언급하지 않았을 리 만무하다. 또한『삼국지』의 찬자인 陳壽는『후한서』의 廉斯人 蘇馬諟 관계기사의 대본이 된 원사료 계통은 보지 못했던 것으로 추측된다. 만약 보았다면 중국으로부터 爵號까지 받은 그를 염사치와 관련하여 적기하지 않았을 리 만무하다. 蘇馬諟는 염사치 기사의 주인공과는 무관한 사람이었기 때문에『삼국지』의 염사치 관계기사에서는 등장하지 않은 것이었다.『후한서』동이전 본문 기사의 3/4이『삼국지』기사의 轉寫임을 상기할 때,[38] 蘇馬諟는 염사치 기사의 주인공과는 혈연적으로 전혀 무관한 사람이었기에『後漢書』의 補充記事로 선택되어졌다고 볼 수 있다.

위의 사실에서 두 가지 정도의 중요한 사실을 발견할 수 있다.

첫째는 약 20년 사이에 염사읍의 최고 통치자는 교체되었다는 점이다. 이는 혈연에 바탕한 권력의 세습이 이루어지지 않고 있다는 증거가 될 것이다. 혈연에 의한 왕위 세습이 제도화되었는가의 여부 또한 고대국가 성립 여부의 중요한 지표가 될 수 있다는 점을 생각하면, 염사읍은 비록 변진사회에서 비교적 큰 읍락이었음에도 불구하고 고대국가적 체제를 구축한 단계에까지는 이르지 못했음을 알 수 있다. 권력 유지를 위한 구조를 갖추는 것이 국가 성립의 중요한 목적이라고 할 때, 권력의 세습은 국가 성립 지표의 중요한 요소로 볼 수 있는 것이다.

둘째는 염사치의 경우는 군현 측에 공이 많았음에도 불구하고 중국 측으로부터 冠幘과 田宅만 받았을 뿐 작호를 수여받지 못한 반면 소마시는

---

37) 全海宗,『東夷傳의 文獻的 研究』, 一潮閣, 1980, 106~121쪽.
38) 全海宗, 앞의 책, 1980, 51쪽.

염사읍군이라는 작호를 받았다는 점이다. 冊封관계의 성립이란 상호간의 정치적 상황에 따라 맺어지는 것이 보통이지만, 약 20년의 시간적 차이를 두고 동일 지역에서의 이러한 차이는 중시하여 볼 필요가 있다고 생각한다. 특히 사료 A9에 보이는 것처럼 3세기대에 오면 삼한의 諸小國들은 邑君의 印綬를 받는 것이 일반화된다.[39) 이는 중국 측의 원심분리 정책에 기인하는 측면이 있었을 것이지만, 한편으로는 小國이 성장하여 중국과의 통교를 통해 官號를 획득한 것으로도 해석 가능하다. 양 측면을 모두 인정한다 하더라도 중요점은 그러한 소국들이 『三國志』에 등재되고 또한 그 내용으로 채워졌다는 사실이다. 따라서 읍군 인수의 수여는 3세기대 小國이 가지는 한 표징이라고도 할 수 있을 것이다. 이 점은 전기 삼한 小國과 후기 삼한 小國과의 커다란 차이점이라고도 할 수 있다. 변화의 기점이 되는 시기는 사료 A10에서 볼 수 있는 1세기 전반대이며, 이를 기준으로 전·후기 삼한 小國의 형성과 발전과정을 획기할 수 있을 것이다.

한편, 비록 설화적 형태로 남아 있지만 가야의 건국을 보여주는 기록으로는 『삼국유사』「가락국기」와 『新增東國輿地勝覽』 고령군 建置沿革條에 보이고 있다. 이들은 김해 남가라와 고령의 가라국 모두 기원후 42년에 건국되는 것으로 기재하고 있다. 이는 후기 삼한 小國 중의 一國인 狗邪國의 성립 시기와 거의 일치하지만, 직접적으로 연결시키기에는 무리가 있다고 생각한다. 狗邪國 건국의 사실이 설화적으로 구전되다가 정착된 것으로 보아 42년(壬寅年)이 갖는 의미를 완전히 무시할 수는 없지만, 두 건국 설화에서 보듯 이는 인위적으로 조작되었을 가능성이 높다.[40) 따라서 『三

---

39) 魏代의 邑君印(綬)에 대한 발견 예는 알려져 있지 않다. 다만 晋代의 것으로는 ‘晋蠻夷率善邑君’의 예가 있는데 銀印駝紐라고 한다. 일반적으로 晋代에는 歸義侯는 金印, 率善中郎將은 銀印, 率善仟長·率善邑長은 銅印이었다고 한다. 魏代에도 率善中郎將이 銀印, 率善邑長은 銅印이라고 알려져 있다. 大谷光男는 漢代에는 銅印이었고 晋代에는 銀印인 邑君印이 魏代에도 晋代와 마찬가지로 銀印일 가능성이 있다고 하였다(大谷光男, 「朝鮮における中國から冊封された官印について ―古代より淸に至る―」, 『中吉先生喜壽記念 朝鮮の古文化論讚』, 國書刊行會, 1987, 60쪽). 동감하지만 사료 A6의 배열 순서를 중시한다면 魏代 邑君의 印은 金印일 가능성도 있다고 본다.

40) 이에 대해서는 아래에서 상술한다.

國史記』초기 기록의 기년을 그대로 믿을 수 없듯이 42년을 구야국의 실제 건국연도로는 볼 수 없다.

이상에서 小國의 형성시기에 대해서 논급했다. 그 결과 삼한 소국의 형성시기는 기원전 3세기로 소급해 볼 수 있었다. 그리고 기원전 3세기 단계의 여러 소국들과『삼국지』한조에 일일이 擧名되어 있는 3세기 전반대의 소국들과는 그 사회발전의 정도 차를 고려하여 전·후기 삼한으로 구분하였다. 그 획기는 기원후 1세기로 하였다. 단 가야지역에 있어서 각 小國의 형성은 각 지역마다 시기 차가 있었을 것이며, 동일 시기에 형성되었다고 하더라도 그 발전 정도의 차는 존재했었다는 점을 염두에 두어야 할 것이다.

2) 성립의 기반과 내부구조

(1) 성립 기반

小國의 형성과 관련하여 그 시원은 전기 삼한시기부터 볼 수 있지만, 본격적 형성은 후기 삼한시기부터라고 볼 수 있다. 그동안 학계에서는 이 시기를 部族聯盟段階,[41] 聯盟王國時代,[42] 혹은 三韓時代,[43] 三國時代 前期,[44] 金海期, 金海時代, 熊川文化期, 原三國時代[45] 등 실로 다양한 이름으로 일컬어 왔다. 이러한 다양한 명칭들은 그 시기를 특징지을 수 있는

---

41) 金哲埈,「古代國家發達史」,『韓國文化史大係Ⅰ(民族·國家史)』, 高麗大學校 民族文化研究所, 1964, 478쪽.

42) 李基白,『韓國史新論』(개정판), 1976, 38~39쪽.

43) 李丙燾,「三韓問題의 新考察(1)~(6)」,『震檀學報』 1·3·4·5·6·7, 1934~1937.

44) 崔夢龍,「鐵器時代와 古代國家의 發生」,『韓國史研究入門』, 1986, 58쪽 ;「韓國考古學의 時代區分에 대한 약간의 提言」,『崔永禧先生華甲記念 韓國史學論叢』, 1987, 783~788쪽.

45) 김해기, 김해시대, 웅천문화기 등은 모두 考古學에서 부르는 명칭이다. 原三國時代란 명칭은 삼국시대의 원초기, 또는 原史段階의 삼국시대라는 뜻으로 金元龍이 제시한 이후 고고학계에서는 이를 보편적으로 쓰고 있다. 金元龍,『韓國考古學概說』(제3판), 一志社, 1986, 128~144쪽.

가장 큰 기준이 무엇인가 하는 데서 오는 차이라고 생각되며 이러한 다양성은 이 시기가 그 이전 시기와는 다른 현격한 변화를 전제로 하는 것임은 동일하다 하겠다.

기존 학계에서는 이러한 변화의 동인으로 철기의 보편적 사용과 도작의 보급을 들어 설명하여 왔다. 변한지역에서 鐵器의 사용은 勒島 遺蹟과[46] 義昌 茶戶里 遺蹟의 發掘[47] 및 東萊 福泉洞 萊城遺蹟의[48] 발굴 등을 통해서 알 수 있다. 특히 『三國志』의 弁辰에 대한 서술 부분에서 "나라에서는 鐵이 생산되는데, 韓·濊·倭人들이 모두 와서 사 간다. 시장에서의 모든 매매는 鐵로 이루어져서 마치 中國에서 돈을 쓰는 것과 같으며, 또 (樂浪과 帶方의) 두 郡에도 공급하였다."[49]라는 기록은 鐵이 생산되고 널리 보급까지 하였던 사실을 나타내 주는 것이다. 이를 미루어 보아 철의 사용도가 상당히 높았던 것을 알 수 있다.

한편, 한반도 내에서 오늘날까지 알려진 가장 이른 농경의 증거는 黃海道 鳳山郡 智塔里 遺蹟에서[50] 출토된 조(또는 피)의 炭化穀粒(신석기시대 말기인 기원전 1500년 경 이후로 추정)이며 稻粒은 기원전 7~10세기 경의 것으로 추정되는 京畿道 驪州郡 欣岩里住居址의[51] 것이다. 韓半島 南部 弁韓-加耶지역에 있어서의 稻作은 기원전 2~1세기로 추정되는 늑도유적과[52] 기원전 1세기 후반 내지 기원 전후 단계의 義昌 茶戶里,[53] 1~2세기

---

46) 釜山大學校博物館,『勒島 住居址』, 1989.

47) 李健武 외,「義昌 茶戶里遺蹟 發掘進展報告(1)」,『考古學誌』1, 1989.

48) 1989년 11월 25일에서 12월 24일 간에 걸쳐 釜山 市立博物館에 의해 조사된 이 유적은 무문토기시대 주거지에서 철기가 출토됨으로써 적어도 영남지역에서는 기원전 2세기 대에 철생산이 시작되었음을 알 수 있다. 河仁秀,「동래복천동 내성유적발굴 조사개요」,『釜山直轄市立博物館年報』12, 1989, 91~103쪽 ; 宋桂鉉·河仁秀,『東萊福泉洞萊城遺蹟』, 부산시립박물관 발굴보고서, 1990.

49)『三國志』韓條, "國出鐵 韓 濊 倭 皆從取之 諸市買皆用鐵 如中國用錢 又以供給二郡".

50)『智塔里 原始遺蹟 發掘報告』, 遺蹟發掘報告 8집, 1961 ; 金廷鶴 編,『韓國の考古學』, 東京 : 河出書房, 1972, 55~57쪽.

51) 서울大學校博物館,『欣岩里 住居址 4』, 考古人類學叢刊 第8冊, 1978.

52) 주 46)과 같음.

53) 주 47)과 같음.

로 추정되는 金海 府院洞,[54] 기원전 2~1세기 遺蹟으로 보이는 朝島遺蹟[55] 등에서 稻作의 흔적이 보임으로써 기원전에 이미 稻作이 행하여지고 있었다고 볼 수 있다.

이러한 두 가지의 변화상은 상호작용을 하면서 사회집단을 변질시켰음을 알 수 있다. 즉 도작은 鐵器가 사용됨으로 해서, 이전의 靑銅器나 石器, 木器 등을 사용할 때보다 한층 생산력이 提高될 수 있었던 것이다. 그리고 생산력의 提高는 철기의 일반화를 더욱 촉진시키게 되며, 이는 인구의 증가를 동반하여 사회변화를 일으키는 動因으로 작용하게 되는 것이다.

그리고 전기 삼한에서 후기 삼한으로의 이행기 무렵, 당시의 사회가 그 이전과 달라졌다는 증거는 土器의 변화상에서도 볼 수 있다. 서력기원을 전후하여 胎土의 精選化(泥質粘土), 成形에 있어서 回轉板 導入, 打捺技法의 採用, 燒成時의 火度, 硬度 등에서 이전의 土器와는 현격한 차이로 우월성을 보이는 이른바 瓦質土器의 등장이다.[56]

생산력이 높아지면 자연히 생산수단에 대한 소유관계가 발생하게 되고, 그것은 곧 계급발생과 동시에 권력을 창출하게 된다. 권력이 창출되면 각 소집단 간의 모순을 타파하기 위해 전쟁이 시작되는데『삼국사기』초기 기록 중 많이 보이는 전쟁 기사들은 곧 이러한 사실을 방증하는 것이라 볼 수 있다. 다만 경향성을 보인다는 것이지『三國史記』초기 기록을 그대로 신빙한다는 입장은 아니다. 특히 농업생산력을 바탕으로 한 사회집단이었다면 새로운 可耕地로의 진출도 시도했을 것이다. 즉 도작으로 인한 생산력의 발전은 잉여생산물을 낳았으며, 잉여생산물은 사람들의 생활을 안정시켜, 인구의 증가를 가져왔을 것이다. 인구의 증가는 새로운 可耕地로의 진출을 필요로 했을 것이다.

成長基盤에 대한 考察은 그 원동력이 되는 經濟的 基盤의 究明으로써 이루어질 수 있다고 생각한다. 변한사회의 성장기반은 철기보급에 따른 농

---

54) 沈奉謹,『金海府院洞 遺蹟』, 東亞大學校博物館, 1981.
55) 韓炳三·李健茂,『朝島遺蹟』, 國立博物館 古蹟調査報告 第9冊, 1976.
56) 崔鍾圭,『三韓考古學硏究』, 서경문화사, 1995. 이에 대해서는 편년 문제 등 여러 가지 논란이 있다.

업생산력의 제고와 교역에 있었다고 생각된다. 먼저 농업생산력을 보자.
『三國志』韓條 弁辰記事 중에는 "토지는 비옥하여 오곡과 벼를 심기에 적
합하다. 누에치기와 뽕나무 가꾸기를 알아 비단과 베를 짤 줄 알았으며, 소
와 말을 탈 줄 알았다."[57]라는 기록이 있다. 이로 미루어 보아 변한 제국들
은 이미 상당한 수준의 농업생산력을 갖추고 있었던 것으로 생각할 수 있
다. 특히 토지가 비옥하다고 기록한 것은 그 支流를 포함한 洛東江 주변의
沖積平野에 대한 지칭으로 볼 수 있을 것이다. "五穀 및 稻"라고 표현한
점에서 稻作이 행해졌음을 알 수 있는데, 旱田에서 생산되는 五穀 및 稻의
생산량을 무시할 수는 없다.[58] 그러나 당시에 있어서 水稻作이 갖는 사회
경제적인 의미는 단순히 생산량의 증가 이상이다. 즉 水稻作은 생산량의
增幅은 물론 鐵器의 보급을 전제로 하고 있으며, 또 水稻栽培는 水利施設
을 이용한 안정된 用水供給이 가장 중요한 요소라는 점에서 水利灌漑施
設을 만들고 통제할 수 있는 정치사회집단의 存在有無와도 관련되는 것이
다.

변한지역에서의 수도작은 谷間 평야를 이용한 것이 일반적이었다고 생
각되지만, 洛東江 背後濕地를 이용한 수도작도 이루어졌다고 생각된다.[59]
韓半島는 地殼이 비교적 안정된 데다가 浸蝕의 역사가 오래기 때문에 규
모가 큰 자연적인 內陸湖가 그리 발달되어 있지 않다.[60] 그러나 낙동강과
남강 중·하류지역에는 배후습지가 발달되어 있다. 오늘날뿐만 아니라 古
代에도 이러한 自然湖를 간척하거나, 또는 이들 自然湖를 이용하여 주위

---

57) 『三國志』韓條, "土地肥美 宜種五穀及稻 曉蠶桑作縑布 乘駕牛馬".

58) 郭鍾喆은 한반도에 있어서 선사·고대농업은 田作 우세 내지는 田作과 水田稻作
의 혼합형태였음을 지적하고 있다(郭鍾喆, 「한국과 일본의 고대 농업기술 - 김해
지역과 북부 구주지역과의 비교검토를 위한 기초작업」, 『韓國古代史論叢』 4,
1992, 韓國古代社會研究所, 62~65쪽). 그러나 연구대상으로 한 유적이 대부분 기
원 전후한 시기의 것이다. 그리고 남부지역에 있어서는 稻(米)의 비중이 점차 증
가하고 있음을 밝히고 있어 본고의 논지와 다른 것은 아니다.

59) 郭鍾喆도 稻作遺蹟의 입지조건을 논하면서 수전경영은 背後濕地와 開析谷底(谷
底平野) 같은 크고 작은 곡간의 저습지를 중심으로 전개되었을 가능성이 높다고
서술하고 있다(郭鍾喆, 앞의 논문, 1992, 70~71쪽).

60) 權赫在, 「洛東江 下流 地方의 背後濕地性 湖沼」, 『地理學』 14, 1976, 3쪽.

의 沖積平野에 灌漑했음은 쉽게 생각할 수 있다.

그런데 이들 自然湖들이 형성된 시기에 대한 考慮가 있어야 할 것이다. 왜냐하면 기왕의 地理學界에서는 洛東江 하류지방의 이들 自然湖의 형성시기에 대해 각각 견해를 달리하기 때문이다. 첫째 견해는 大矢雅彦의 주장으로 이 지역의 자연제방과 自然湖의 발달을 최근 濫伐에 의한 삼림의 황폐로 인한 上流山地에서의 가속화된 토양침식이 중·하류지역에서 퇴적으로 진행되어 河床이 砂礫堆積으로 높아가며 그에 따라 자연제방이 발달하고 背後濕地가 점차로 沼澤地化되었다는 견해이다.61) 둘째 견해는 權赫在의 주장으로 그는 大矢雅彦의 주장을 부정하고 우리나라 주요 하천 하류지역의 背後濕地性 湖沼가 後氷期 海面上昇과 關聯下에 발달되었다고 하고 現在의 背後濕地性 沼澤地는 점차로 매립되어 가는 과정에 있고 삼림남벌로 인해 유실되는 상류지역의 토사가 하류에 쌓임으로써 河床이 주목할 만큼 높아지고 있지는 않다고 했다.62) 이러한 두 견해의 시비를 가리기 위해서는 이 지역 평야상의 정밀한 微地形 分類와 沖積層의 내부구조 및 堆積物의 분석학적 研究가 필요한데 曹華龍 등의 共同研究 결과, 이 지역의 自然湖는 權赫在가 주장한 바와 같이 後氷期 海面上昇, 그리고 그 후의 안정과 더불어 谷地가 매적되어 가는 과정상에 나타나는 지형으로 보아 그 형성의 기원을 수천년 전으로 봄이 타당하다고 하였다.63) 따라서 낙동강 주변에 존재하는 諸自然湖들이 삼한시대 당시에도 존재했었음을 알 수 있다. 특히 古代에 있어서는 南海岸의 海岸線 水位가 현재보다 높았던 점으로 미루어 보아 낙동강 주변의 自然湖들은 현재보다 상당히 내륙지역에도 분포해 있었음을 생각할 수 있다. 그런데 現在로서는 이들 自然湖의 用水를 당시인들이 어떻게 水利灌漑했는지를 알려 주는 자료는

---

61) Masahiko Oya, *Geomorphological Flood Analysis On The Naktong River Basin, Southern Korea*, Waseda University, 1971, 1~77쪽.

62) 權赫在, 앞의 논문, 1976, 2쪽.

63) 曺華龍·朴春洛·李美幸, 「三浪津 周邊 平野의 地形發達」, 『地理學』 23, 1981, 12쪽. 이들은 洛東江 하류지방의 背後濕地性 自然湖지역의 남단에 위치하고 自然堤防과 自然湖가 발달해 있는 삼랑진 부근의 沖積低地를 대상으로 지형분류, 퇴적물 粒度分析 및 花粉分析을 통한 研究를 시도하여 이러한 결론을 내었다.

없다. 그러나 『삼국사기』에 보이는 "命國人開稻田於南澤"[64]이라는 기록은 바로 자연환경을 고려한 도작의 경영을 엿볼 수 있게 한다. 특히 '南澤'이라 했을 때의 '澤'이란 자연적 소택지를 일컫는 것으로 추측 가능하다.[65]

　現 昌寧郡 大合面에 소재했던 龍湖는 1960년대 이후 洛東江岸에 제방을 쌓아 홍수의 침입을 막는 동시에 排水를 하여 전부 논으로 개간하였고, 蛇沒浦에서는 상류 측의 일부를 제방으로 막아 貯水池로 이용하고 있으며, 그 하류부는 논으로 변형하였다. 그밖에 昌寧郡 南旨邑 북쪽의 번개호와 丈尺湖도 蛇沒浦와 같은 방법으로 변형시킨 것이다.[66] 古代에 있어서는 크고 작은 自然湖가 더욱 많았으리라 생각되는데 당시에도 이러한 방법을 사용하여 水利灌漑했을 것으로 짐작이 된다. 그러한 사실을 직접 방증해 주는 것이 密陽 守山의 守山堤이다. 守山堤는 洛東江의 범람을 막고 洛東江 背面을 水利灌漑하기 위한 堤堰시설인 것이다.[67] 그리고 낙동강 주변지역에 많이 존재했을 크고 작은 自然湖들은 비교적 干拓이 용이하다. 洛東江 背後 自然湖들의 지면 해발고도는 약 8m 내외인데 洛東江 연안의 자연제방은 곳에 따라서는 10m 이상으로 나타나 있다.[68] 따라서 홍수시 洛東江 범람을 막을 수 있을 정도의 인공제방만 설치하면 이들 自然湖들은 쉽게 貯水池로 사용가능하며 또한 干拓도 용이하다. 守山提도 바로 이러한 목적을 위해 쌓은 인공제방인 것이다. 그런데 홍수 시에 洛東江의 逆水를 막는다 하더라도 內水가 많으면 인위적으로 배수한다는 것은 대단히 어려운데 낙동강 주위의 自然湖들 중 牛湖를 제외하면 대부분 流路延長이 10km 이내인 것이다.[69]

---

64) 『三國史記』 卷24 百濟本紀 古爾王 9(242)年 春2月條.

65) 곽종철의 앞의 논문에는 이외에도 『삼국유사』「駕洛國記」의 '新畓坪', 開仙寺石燈記(891년)의 川邊 소재의 '渚畓' 등을 이와 유사한 성격의 토지로 추정하고 있다. 그리고 이러한 토지가 선호된 이유로는 ① 水田조성을 위한 選地에 있어서 1차 규정요인인 물의 문제를 극복하지 못했던 시대적 한계와 ② 無施肥이거나 施肥術이 그렇게 발달하지 못한 시대적 상황을 들고 있다(郭鍾喆, 앞의 논문, 1992, 74~75쪽).

66) 權赫在, 앞의 논문, 1976, 6쪽.

67) 魏恩淑, 「12세기 농업기술의 발전」, 『釜大史學』 12, 1988, 90쪽.

68) 權赫在, 앞의 논문, 1976, 7쪽.

　삼한 小國의 成長基盤으로서 이와 같은 농업생산력을 提高하는 바탕 외에도 또 하나의 중요한 성장기반으로 작용했던 것은 交易이었다. 남해안 과 洛東江을 중심 무대로 하여 交易의 중심 세력으로 활동했던 집단은 現 金海地域에 위치했던 狗邪國이었다.[70] 그런데 交易의 대상으로서, 또는 중간 중계자로서 洛東江 연변의 중요 길목에 위치한 주요 세력들도 交易 에 있어 일정 정도 영향력을 행사했다고 할 수 있다. 洛東江은 상호 정치 집단들 간에 交易路로서 중요한 역할을 했을 것이기 때문이다. 그 교역물 로는『삼국지』의 기록[71]으로 볼 때 鐵이 주 대상이었을 것으로 생각된다.

(2) 내부구조

　小國의 구조와 특징 및 존재 양상에 대해서는 삼한 小國이란 이름 하에 이미 많은 연구가 있어 왔다.[72] 이들 연구들에 의하면 삼한 小國의 내부구 조는 邑落과 國邑, (小)別邑으로 이루어져 있다고 보는 것이 일반적이다. 국읍이란 읍락 중 主帥가 살고 있는 대읍락이며, 별읍은 마한조와 변진조 에 각기 달리 해석된다. 즉 마한조에는 "여러 소국에 별읍이 있는데 이름 하여 소도라 한다."[73]라 하고, 변진조에는 "변진에 열두 나라가 있고 또 여 러 작은 별읍들이 있는데, 각기 거수가 있다."[74]라고 하고 있다. 전자의 별

---

69) 牛湖가 아직 원형을 대체로 유지하고 있는 것도 他湖와는 달리 비교적 內水가 많
　　은 까닭으로 생각한다.

70) 白承忠,「1-3세기 가야세력의 성격과 그 추이 - 수로집단의 등장과 浦上八國의 亂
　　을 중심으로」,『釜大史學』13, 1989, 17~27쪽.

71) 주 49)와 같음.

72) 李賢惠,「三韓의「國邑」과 그 成長에 대하여」,『歷史學報』69, 1976 ;「金海地域
　　의 古代 聚落과 城」,『韓國古代史論叢』8, 1996 ; 金杜珍, 앞의 논문, 1985 ; 盧重
　　國,「韓國古代의 邑落의 構造와 性格 - 國家形成過程과 관련하여」,『大丘史學』
　　38, 1989 ; 白南郁,『삼한사회의 國에 관한 연구』, 건국대학교 박사학위논문, 198
　　9 ; 白承忠,「弁韓의 成立과 發展」,『三韓의 社會와 文化』, 韓國古代史硏究會,
　　1995 ; 權五榮,「三韓 國邑의 기능과 내부 구조」,『釜山史學』28, 1995 ; 앞의 박
　　사학위논문, 1996.

73)『三國志』韓條, "又諸國各有別邑 名之爲蘇塗".

74)『三國志』韓條, "弁辰亦十二國 又有諸小別邑 各有渠帥".

읍은 『삼국지』 한전의 설명대로 신앙과 관련한 공동체로 이해하는 것이 일반적이다. 문제는 변진의 별읍인데, 이를 소국에 포함되지 않은 여러 읍락으로 보는 견해가 있지만,75) 일반 읍락과는 구별되는 읍락일 가능성이 높다. 일반 읍락은 小國을 이루는 기본 단위로서, 그 읍락의 長도 존재했을 것이다.

　변·진한 읍락의 존재 양상에 대한 구체적 기록은 없다. 그러나 그 사회 발전 정도가 거의 같은 단계였다고 여겨지는 다음의 濊에 관한 기록은 변·진한 小國의 존재 양상을 짐작해 볼 수 있는 기록이라 할 수 있다.

A11. 그 풍속에는 산천을 중시하였는데, 산천에는 각각 부분이 있어 상호간에 함부로 들어가지 않았다. 同姓과는 혼인하지 않았다.76)

　위의 사료로 보아 각기 공동체마다의 생활권이 정해져 있어 함부로 다른 경계에 들어가서 경제활동을 하지 않은 것으로 보인다. 이 기사에서 묘사한 공동체는 읍락으로 볼 수 있을 것인데, 읍락 간의 경계는 주로 자연적 장애물인 산과 강으로 구분되어 졌음을 말해 준다. 비록 濊에 관한 기록이지만 三韓의 小國들도 대개 이러한 외형을 띤 읍락들이 모여서 이루어졌을 것이다. 그리고 同姓不婚이란 그 당시 아직 姓이 없었으므로 중국인들이 와서 토착사회의 일정한 집단 내에 있어서는 결혼하지 않는 현상을 보고 그 일정한 집단을 同姓이라 부른 것일 것이다.77) 그 집단은 산천을 경계로 하는 읍락이었을 것이고, 이 단위가 곧 서로 혼인하지 않는 씨족공동체였을 것이다. 다음의 사료도 小國 내부 단위읍락의 존재양상을 알 수 있게 한다.

A12. 앞서 朝鮮의 遺民들이 山谷의 사이에서 흩어져 살면서 六村을 이루었다.78)

---

75) 金杜珍, 「三韓時代의 邑落」, 『韓國學論叢』 7, 1984.
76) 『三國志』 濊條, “其俗重山川 山川各有部分 不得妄相涉入 同姓不婚”.
77) 金哲埈, 앞의 논문, 1964, 469쪽.

斯盧 6촌의 형성과정을 설명하는 기사인데, 산골짜기 사이에 나누어 살았다는 것은 대개의 읍락이 산과 강과 같은 자연지형물로서 그 경계를 삼았음을 알게 한다.

각각의 집락에서 생산 영역을 침범하지 않는 범위가 반경 2.5km라는 인류학의 연구성과[79]와 삼한 小國의 평균 규모를 대략 반경 20km로 상정한 견해[80]를 수용한다면 小國은 대략 7~8개의 읍락으로 이루어져 있었다고 볼 수 있다. 물론 소국 중에서도 大·小가 구별되는 만큼 일률적이지는 않았을 것이다. 아래의 그림은 본고가 생각하는 小國의 내부구조 모형이다.

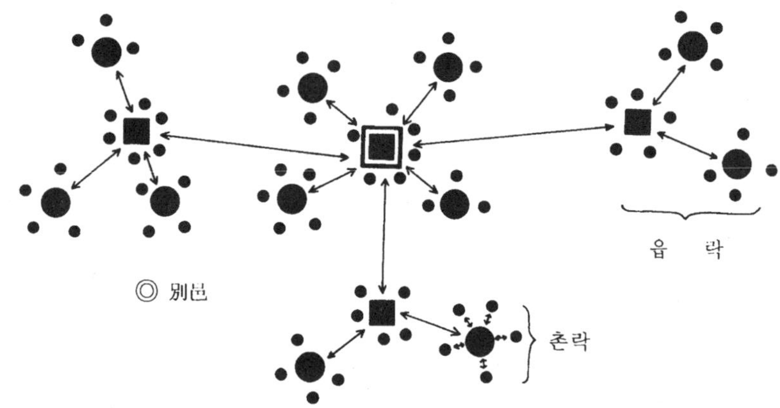

● 小村 ● 村(촌락의 중심촌) ■ 邑(읍락의 중심)

▣ 國邑(大邑落 ; 主帥 居處) ◎ 別邑

<그림 1> 小國의 내부구조 모형[81]

---

78) 『三國史記』 卷1 新羅本紀1 始祖 赫居世居西干 元年條, "先是 朝鮮遺民 分居山谷之間爲六村".

79) Kent V. Flannery, Empirical determination of site catchment in Oaxaca and Tehuacan, *The Early Mesoamerican Village*, 1976, 91~92쪽(白承忠, 「弁韓의 成立과 發展」, 『三韓의 社會와 文化』, 韓國古代史硏究會, 1995, 207쪽에서 재인용).

80) 白南郁, 「三國志 韓傳의 '國'에 관한 問題」, 『白山學報』 26, 1981, 46쪽.

81) 李熙濬, 「삼한 소국 형성과정에 대한 고고학적 접근의 틀 - 취락 분포 정형을 중심으로」, 『韓國考古學報』 43, 2000, 130쪽에서 수정 전재.

　小國의 형성과 성립이란 大邑落의 기타 단위 읍락에 대한 규제 강화 내지는 조직화의 강화 차원으로 보아야 할 것이다. 삼한 小國을 小國으로 볼 수 있는 것도 이러한 점 때문이다. 즉 삼한시대 小國은 주위 小國들에 대한 정치적 통합이나 영역의 확보보다는 자연적 경계를 중시하면서 존재하고 있었던 것이다.

　小國을 구성하는 읍락들 가운데 主帥가 존재하고 있는 읍락이 국읍이다. 이러한 국읍에 존재하는 主帥의 존재 양상을 통해서도 小國의 존재 실상을 짐작해 볼 수 있다. 다음의 사료는 해석 여하에 따라 논점이 다르기 때문에 원사료를 그대로 싣고 검토해 보기로 한다.

A12. 其俗小綱紀 國邑雖有主帥 邑落雜居 不能善相制御[82]

　'그 풍속에는 강령과 기율이 적었다. 국읍에는 비록 主帥가 있으나 읍락에 섞여 살았다. 능히 서로 잘 제어할 수 없었다.'라고 해석되는 이 기사는 삼한사회가 미분화된 사회임을 보여주는 사료로 많이 활용해 왔었다. 그런데 이 기사는 고대국가의 형성문제와 관련하여 중요한 시사점을 준다. 밑줄 친 부분을 해석함에 있어 '國邑의 主帥가 邑落에 섞여 살았기 때문에 능히 잘 制御할 수 없었다'라고 해서는 안 된다. 이를 撰者의 입장을 고려하여 해석해 본다면 '國邑에는 主帥가 있긴 있었지만 독립된 居館을 만들어 살 수 있을 만큼 권력을 가지고 있지 못했다'라는 의미가 내포되어 있는 것이다. 즉 권력이 강력하지 못했기 때문에 일반인들과 구별되는 배타적 주거지를 확보할 수 없었던 것이다. 民을 능히 잘 제어할 수 없었다는 것은, '雜居'했기 때문이 아니라 제어할 수 있을 만한 권력이 없었기 때문이며, '雜居'는 그 현상인 것이다. 그렇다고 한다면 이후 어느 단계에 있어서는 主帥의 권한이 강화되어 별도의 居館을 세워 '民'을 다스리는 단계를 추측해 볼 수 있다. 좀 더 유추한다면 主帥가 독립된 居館을 세울 단계가 되면 民을 잘 제어하면서 다스릴 수 있다는 것이다. 고대국가의 형성문제

---

82) 『三國志』 韓條.

에 있어서 가장 중시해야 될 것이 지배자와 피지배자의 관계라고 본다면 지배자가 체계적으로 民을 다스리는 시초를 보여주는 증거가 바로 독립된 居館의 존재라고 볼 수 있다. 삼한시대에 있어서 수장 거관과 관련한 뚜렷한 자료가 현재는 찾아지지 않는다. 이 시기에 있어서 주수의 별도 거관의 출현시기를 알아 볼 수 있는 고고학적 발굴성과를 기대해 본다.

3. 地域聯盟體의 형성

1) 3세기 중엽 三韓 사회의 변화

小國의 형성기반에서도 언급했듯이 한반도 남부지방은 자체 생산력의 향상과 함께 북쪽지역과의 관계 속에서 성장·발전해 간다. 끊임없는 전쟁과 교섭은 남부 諸小國을 자극하는 계기가 되었을 것이다. 남부지방에서 우월한 小國의 등장은 양호한 입지 조건을 바탕으로 선진지역과의 활발한 교섭을 통해서였을 것이다. 최근 한반도 남부지역의 김해 양동,[83] 대성동,[84] 울산 하대유적[85] 등에서 출토된 倭系, 혹은 중국系 유물은 그 방증 자료가 된다. 그리고 평화적 교섭이 아닌 대규모의 전쟁 또한 전체 사회를 변화시키는 계기가 되기도 한다.

아래는 『三國志』 韓條에 보이는 韓 諸小國과 二郡(낙랑, 대방)과의 전쟁 기사이다. 이들 기사의 검토를 바탕으로 3세기 중엽 韓사회 내부, 특히 변한지역에 어떠한 변화가 있었는지를 살펴보고자 한다.

B1. ① 경초연간(237~239)에 (魏의-필자) 명제가 몰래 대방태수 유흔과 낙랑 태수 선우사로 하여금, 바다를 건너가서 이군을 평정하게 했다. ② 여러 한국의 신지들에게 읍군의 인수를 더해주고, 그 다음가는 이들에게는 읍 장의 벼슬을 주었다. ③ 그들의 풍속에는 의책을 좋아하여 하호가 군에 나

---

83) 東義大學校博物館, 『金海良洞里古墳文化』, 2000.
84) 慶星大學校博物館, 『金海大成洞古墳群 I 』, 2000 ; 『金海大成洞古墳群 II 』, 2000.
85) 釜山大學校博物館, 『蔚山下垈遺蹟 - 古墳 I 』, 1997.

아가 조알할 때에도 모두 의책을 빌려 입으며, 스스로 인수와 의책을 입는 자가 천 여명이나 되었다. ④ 부종사 오림은 낙랑이 본래 한국을 통할했다는 이유로, 진한의 8개국을 분할하여 낙랑에 주려고 하였다. 이 때 통역을 담당하는 관리가 말을 옮기는 도중에 잘못됨이 있어 신지가 韓을 격분시켜 대방군의 기리영을 공격하였다. 이 때 (대방태수 -필자) 궁준과 낙랑태수 유무가 군사를 일으켜 그들과 싸웠는데, 궁준은 전사하였으나 이군은 마침내 한을 멸망시켰다.[86]

『三國志』韓條 기사의 전반적 배치는 韓 전체에 대한 지리적 위치와 종족에 대한 기사→마한 관계기사→진한 관계기사→변진 관계기사의 순으로 되어 있다. 그러나 각 기사군들 사이에는 서로 간의 출입이 있어 엄격한 제한을 둔 것은 아니다. 예를 들면, 변진의 기사 속에 변진 국명과 더불어 진한 국명을 명기한다든지, '지금의 진한 사람의 머리는 모두 납작하다(今辰韓人皆徧頭)'는 이른바 진한인 편두기사가 변진조에 나온다든지 하는 등이다.

마한 관계기사 중에도 그러한 점이 보인다. 마한 기사를 세분해 보면, ㉮ 마한의 지리적 위치 및 의식주 관계기사 → ㉯ 마한 제국명 → ㉰ 진왕 기사와 신지가우호 및 관직 기사 → ㉱ 準王 관계기사(『魏略』을 인용하여 쓴 衛滿 관계기사 포함) → ㉲ 『魏略』을 인용하여 쓴 염사치 관계기사 → ㉳ 환령말기 한·예강성기사 및 대방군설치기사 → ㉴ 낙랑·대방 이군과의 관계 및 전쟁기사[위의 ①~④기사] → ㉵ 풍속기사 → ㉶ 제사 및 소도기사 → ㉷ 토산물 관계기사 → ㉸ 州胡國기사로 이루워져 있다.

이들 가운데 마한 전속기사도 있지만(㉮, ㉯, ㉵, ㉶, ㉷), 마한만의 기사라기보다는 韓사회 전체와 관계되는 기사(㉰, ㉱, ㉲, ㉳, ㉴)도 있다. 이들 중

---

86) 『三國志』韓條(본고의 원전은 중국 金陵書局本을 대본으로 삼은 中華書局의 新校本으로 하였다), "① 景初中 明帝密遣 帶方太守劉昕 樂浪太守鮮于嗣 越海定二郡 ② 諸韓國臣智加賜邑君印綬 其次與邑長. ③ 其俗好衣幘 下戶詣郡朝謁 皆假衣幘 自服印綬衣幘 千有餘人 ④部從事吳林 以樂浪本統韓國 分割辰韓八國 以與樂浪 吏譯轉有異同 臣智激韓忿 攻帶方郡崎離營 時太守弓遵 樂浪太守劉茂 興兵伐之 遵戰死 二郡遂滅韓".

㉤기사의 경우는 마한 관계기사라기보다는 오히려 진한 관계기사에 속하는 것이 자연스러운 것도 있다. 이러한 점을 염두에 두고 위의 ①~④기사를 살펴보자.

①~④기사는 기사의 배치상으로는 한조 가운데 마한 관계기사이다. 이 기사들은 분리되어 있는 것이 아니라 연이어 있다. 언뜻 보면 ①와 ②·③, ④가 각각 별개의 기사처럼 보인다. 그러나 자세히 보면 시간적 경과를 거치기는 하나 일련의 연관성을 갖는 기사들임을 알 수 있다.

①을 보면, 경초연간(237~239)에 魏의 명제가 대방태수 유흔과 낙랑태수 선우사로 하여금 바다를 건너가서 이군을 평정하게 했다. 이는 遼東을 근거지로 한 公孫氏의 지배 하에 있던, 낙랑·대방 2군을 魏가 평정하는 상황을 말하는 것이다.

그런데 두 태수는 韓과의 관계에서 무력이나 강압보다는 읍군과 읍장들에게 인수나 의책 등을 주는 회유책을 썼던 것 같다. 사료 ②는 그러한 상황을 보여주는 것이다. 만약 ①과 ②를 연결된 기사로 보지 않으면 ②기사는 주어가 없다. 이 또한 ①, ②기사가 연결구조를 가진 것으로 보아야 한다는 증거이다. 사료 ③도 앞의 기사와 별도의 기사가 아니라, ②기사에 대한 동기 설명이다. 한인들이 인수와 의책을 좋아했기 때문에 그를 통해서 회유책을 쓴 것으로 보아야 할 것이다. 이러한 회유책은 양쪽의 이익에 맞았는지 어느 정도의 기간 동안(④기사 시기까지)은 평화로운 관계를 유지했던 것 같다.

④기사는 韓과 二郡과의 전쟁기사다. 이군의 군대 출동은 嶺東濊의 경우87)와 같이 藩國의 상태를 벗어날 경우나, 그에 준하는 중대한 일이 일어날 경우 발생하는 것으로 보인다.88)

첫째 살펴보아야 할 것은 이 전쟁이 일어난 시기 문제다. 기사①로 보아 경초연간으로 보이지만 ④기사에 나오는 낙랑·대방 두 태수의 이름이 ①

---

87) 『三國志』 濊條, "正始六年 樂浪太守劉茂 帶方太守弓遵 以領東濊屬句麗 興師伐之".

88) 權五重, 『樂浪郡研究 - 中國 古代邊郡에 대한 事例的 檢討』, 一潮閣, 1992, 154쪽.

기사 속의 두 태수 이름과는 다르게 나오기 때문에 앞의 기사들과 동일 시기가 아닐 가능성이 있다. 이는 이 시기에 이군에 의해 한이 멸망하는 것으로 되어 있으므로 좀 더 자세히 살펴볼 필요가 있다.

『삼국지』 한조의 濊 관계기사에 보면 정시 6년(245)에 낙랑태수 유무와 대방태수 궁준이 함께 고구려를 공격하는 기사가 있는데,[89] ④기사에 보이는 두 태수와 동일인이다. 이로 미루어 보아 한과의 전쟁에서 죽는 궁준이 245년까지는 살아 있었다는 사실을 알 수 있다. 따라서 ④기사의 사건이 일어난 시기는 245년를 포함한 그 이후이다.

한편,『삼국지』 권4 위서 제왕방기의 정시 7년(246)에는 한의 나해 등 10국이 魏에 항복해 오는 기사가 있다.

B2. 정시 7년(246) ⑤ 봄 이월에 유주자사 관구검이 고구려를 토벌하였다. ⑥ 여름 5월에 예맥을 토벌하여 깨뜨렸다. ⑦ 한의 나해 등 수십국이 각각 종락을 거느리고 항복하였다.[90]

위의 기사에서 먼저 주목되는 것은 ⑦부분이다. 韓 那奚 등 수십 국이라 했으니 나해는 삼한 제국 중 어느 일국으로 보아야 할 것이다. 그 위치에 대해서는 음상사 이외에 찾아낼 방법이 보이지 않는다.[91] 그런데 한의 나해국 등 수십 국이 魏에 항복한 것은 B1의 ④기사에 보이는 韓 멸망의 결과로 봄이 순리적일 것이다.[92] 왜냐하면 ④기사의 시기는 韓을 멸한 두 태수(대방 태수는 전사하긴 하지만)가 영동예의 회복을 위해 싸우는 시기(245)와 그렇게 멀지 않는 시기임은 분명한데, 그 다음해인 정시 7년(246)에 韓의 수십 국이 魏에 항복하기 때문이다. 그렇다면 한의 멸망시기는 245년에

---

89)『三國志』濊條, 앞의 주 87) 참조.

90)『三國志』卷4 魏書 帝王芳紀 正始 7년(246), "正始七年 春二月 幽州刺史毌丘儉 討高句麗. 夏五月 討濊貊 皆破之 韓那奚等數十國 各率種落降".

91) 武田幸男은 이를 辰韓 冉奚國에 비정한 바 있다. 武田幸男,「三韓社會における 辰王と臣智(下)」,『朝鮮文化研究』3, 1996, 17쪽.

92) 池内宏,「公孫氏の帶方郡設置と曹魏の樂浪帶方二郡」,『史苑』2-6, 1929 ;『滿鮮史研究』上世 第一冊, 吉川弘文館, 1951, 244~248・257쪽.

서 246년 5월 사이가 된다.

그런데 輯安縣 板石嶺에서 발견된 관구검의 기공비 내용을[93] 통해 볼 때, 관구검의 고구려 침입은 정시 7년이 아니고 정시 6년에 일어난 것으로 되어 있다. 『삼국지』 제왕방기의 기사와는 1년 차가 있는 것이다. 우리 측 기록인 『삼국사기』 고구려본기 동천왕 20년(246)조에도 같은 내용으로 나온다.[94] 당대의 금석문에 비중을 더 두어야 하는 만큼 위의 사건은 정시 6년에 일어난 것으로 보아야겠다. 제왕방기는 어떠한 이유에서인지는 몰라도 1년의 오차가 있었던 것 같다. 『삼국사기』는 중국 측 기록에 의한 편년임을 알 수 있다. 따라서 관구검의 고구려 침략과 함께 한의 나해 등 수십 국이 위에 항복한 사건이 정시 6년(245)임을 알 수 있다. 이는 바로 한의 멸망시기도 245년임을 알 수 있게 한다. 좀 더 정확히는 그 해 5월 이전이다.

두 번째로 살펴볼 것은 전쟁의 주체에 관한 것이다. 상대방은 낙랑과 대방 이군으로 명백하지만 韓 측은 한의 어느 지역인지, 어느 나라인지 명백하지 않다. 기사의 배치가 마한 관계기사 속에 있긴 하나 반드시 마한만의 기사가 아닐 가능성은 위에서 살펴보았다. 진한의 문제로 인해 전쟁이 발생한다는 점과 함께 전쟁 후 나해국 등 수십 국이 魏에 항복한다는 점은 진한지역을 포함한 삼한지역 전체와 관련된 전쟁이었을 가능성을 인정할 수 있을 것이다.

학계에서는 중국 군현과 맞서 싸운 臣智를 韓人 국가의 맹주로 보고, 『三國史記』에 의거하면 당시 활약하던 백제 제8대 古尒王(234~286)으로 보는 견해가 있다.[95] 그러나 이 견해는 당시의 전쟁을 이군과 마한과의 전쟁으로만 국한해서 보고, 백제를 마한 연맹체의 맹주국으로 본 것에서 주장된 것이기 때문에 본고에서는 수긍할 수 없다.

전쟁이 삼한사회 전체가 관련된 대규모 전쟁이란 점과, 당시 三韓사회

---

93) "(正始) 五年 (句麗)復遣寇, 六年五月旋帥". 李丙燾, 『역주 삼국사기』, 을유문화사, 1983, 317쪽 ; 池內宏, 「曹魏の東方經略」, 『滿鮮地理歷史研究報告』 第十二, 岩波書店, 1941 ; 앞의 책, 1951, 256쪽.

94) 『三國史記』 卷17 高句麗本紀 東川王 20年(246)條.

95) 李丙燾, 『韓國史 - 고대편』, 乙酉文化社, 1959, 336~337·347~349쪽.

는 전체가 통일된 연맹체를 형성하였다고는 볼 수 없기 때문에, 臣智를 일
개국의 臣智로 보기보다는 복수로 보는 것이 보다 타당할 것이다. 즉, 삼한
여러 소국들 중의 중심국(小國 중의 大國)들이 주변의 韓 小國들을 격분시
켜 대이군전쟁에 임하는 것으로 봄이 보다 순리적이다.

당시 韓사회의 주요국 중, 변한지역만을 국한해서 본다면 安邪國과 狗
邪國이 있었다.[96] 오늘날의 함안과 김해에 해당한다. 이들도 주변의 小國
들을 격분시켜 전쟁에 참가했을 것으로 판단된다. 이들에 대해서는 아래
관계장에서 보다 상세히 설명할 것이다.

세 번째로, '滅'의 의미에 대해서 살펴보자. 전쟁의 결과 드디어 韓이 멸
망하는 것으로 되어 있다. 이는 ①기사 앞의 '이후부터 드디어 왜와 한은
대방군에 속하게 되었다'[97]는 기사와 비교해 보면 대조적임을 알 수 있다.
중국 측 입장에서 '屬'의 의미는 이른바 冊封體制 속에 편입시켰다는 것이
다.[98] 그러나 韓의 입장에서 보면 四時朝謁함으로써 얻는 실질적 이익(조
공 무역)에 충분히 만족했을 것이다. 이러한 관계의 유지는 평화의 지속이
다. 그런데 어느 한쪽의 불만족은 이러한 관계를 깨뜨리게 된다. 이것이 격
화되면 전쟁으로 되는 것이다. 한의 대이군전쟁도 다를 바 없다. 전쟁 발발
의 직접적 원인은 사실 ④기사의 전반부에 기록되어 있다. 구체적 사건의
전개는 잘 알 수 없지만 이군을 통한 魏의 분할정책에 韓이 불만을 가지고
대방군 기리영을 공격하는 것으로 보여진다. 이의 내부에는 韓사회의 성장
이 그 배경이 되었을 것이다. 그러나 결과는 중국 측 표현이긴 하나 韓의
'滅'로 나타나며, 나해 등 수십 국이 항복하게 된다.

'滅'이란 것은 內屬과는 달리 중국 측과의 조공관계 단절이란 측면과 함
께 한사회 내부의 변화를 예상할 수 있다. 또한 한사회 전체가 관련되어

---

96) 『三國志』 韓條, "臣智或加優呼 臣雲遣支報 安邪踧支 濆臣離兒不例 拘邪秦支廉
之號." 武田幸男은 이를 臣雲新國(光州광역시 부근에 비정), 臣濆活國(서울 부
근), 安邪國(경남 함안), 狗邪國(경남 김해)의 4개국으로 보고 있다(武田幸男, 앞
의 논문, 1996, 6~7쪽).

97) 『三國志』 韓條, "桓靈之末 韓濊彊盛 (중략) 興兵伐韓濊 舊民稍出 是後倭韓遂屬
帶方".

98) 權五重, 앞의 책, 1992, 128~167쪽 참조.

있다는 점과 함께 전쟁의 규모를 생각하면 비록 중국 측의 표현이라 하더
라도 '滅'의 의미는 중시해야 할 필요가 있다고 본다. 내부의 사회경제적
변화 양상의 검토가 전제되어야 하겠지만, 이는 기존 삼한사회 체제에 크
다란 변화를 야기시켰을 가능성이 높다. 변화의 양상은 기존에 서서히 진
행되어 오던 연맹체의 결성이 전쟁의 경험으로 인해 더욱 강화·촉진되었
을 것이다. 그리고 그 중심국은 변한사회의 중심국이었던 狗邪國과 安邪
國 등이었을 것이다.

한편, 『晉書』 한조를 보면 3세기 후반 마한과 진한은 중국과의 통교를
회복하고 있다.[99] 이들 두 지역에서는 3, 40년 만에 구체제를 회복한 것으
로 보인다. 오직 변한만이 그 존재가 보이지 않는다. 이를 단순히 기록의
누락으로 볼 수도 있겠지만, 『晉書』는 唐太宗의 御撰으로서 편찬과정에서
전체 체제를 중시하였던 점을 생각한다면 이의 원인은 다른 곳에서 찾아
야 할 것이다. 아마도 변한지역에서는 이 시기 일시적으로 중국의 晉 본국
과 통교할 만한 중심세력이 존재하지 않았던 것으로 볼 수 있지 않을까 한
다. 이는 마한과 진한지역이 전쟁 후 기존 체제로의 회복이 빠른 반면 변
한지역에서는 답보상태에 있었기 때문일 것이다. 이는 마한과 진한지역이
기존의 체제를 그대로 유지한 채 다음 단계(백제와 신라)로 발전한 반면, 변
한지역은 여전히 분립상태를 유지한 것이 원인이었다고도 볼 수 있을 것
이다. 이렇게 본다면 245년의 전쟁은 변한사회 기존 체제의 변화란 측면
외에도 이후 가야사 전개과정에 있어서 중요한 의미를 갖는다고 할 수 있
다.

2) 南加羅 地域聯盟體

---

99) 『晉書』 동이전 마한조, "(西晉)武帝 太康 元年(280)과 2년에 그들의 임금이 자주
　　사신을 파견하여 토산물을 조공하였고, 7년(286)·8년·10년에도 자주 왔다. 太熙
　　元年(290)에는 東夷校尉 何龕에게 와서 조공을 바쳤다. 咸寧 3년(277)에 다시 (사
　　절이) 왔으며, 이듬해에 또 內附하기를 청하였다." ; 同 진한조, "(西晉)武帝 太康
　　元年(280)에 (진한)왕이 사신을 보내어 方物을 바쳤다. 2년에 다시 와서 조공하였
　　으며, 7년에도 또 왔다".

본고에서는 '연맹'이란 '동일한 군사 외교적 처지에서 공동의 이익을 위해 결합 구조를 가지는 것'이라고 정의하고, '地域聯盟體'란 '일정한 지역을 중심으로 복수의 小國이 결합한 형태의 연맹체'를 말한다. '地域聯盟體'란 용어는 盧重國이 백제의 국가형성과정을 설명하는 도중, 마한연맹체 내에서 각 지역별로 형성된 소연맹체를 지칭하면서부터 쓰이기 시작하였는데, 그 내용은 소국과 소국이 연맹한 형태를 말하는 것이었다.[100) 본고에서의 '지역연맹체'도 이와 동일한 형태를 말하지만, 씨가 말하는 마한연맹체와 같은 변한사회 전체를 포괄하는 연맹체의 존재는 부정한다.[101) 『삼국지』와 『후한서』에 보이는 '弁辰與辰韓雜居'란 구절로 보아 진한과 변한지역에 각각 전체를 아우르는 연맹체가 존재하고 있었다고는 볼 수 없기 때문이다. 서로 섞여 살면서, 또한 생활양식이 거의 동일한 집단끼리 서로 다른 별도의 연맹체를 형성하고 있었다고 보기는 어렵기 때문이다.

가야 諸小國은 결코 단일동맹으로 결속한 것은 아니지만 동일한 시기에 다수의 연맹 즉 '소지역권'이 존재하였다고 한 견해나[102) 가야의 局地的·分岐的 특성을 강조하여 '地域聯盟體'를 설정한 견해는 받아들여질 수 있다고 본다.[103)

가야 지역연맹체는 이미 『삼국지』가 표현하고 있는 大·小國 가운데 大

---

100) 盧重國, 『百濟政治史硏究』, 一潮閣, 1988, 62~63쪽.

101) 노중국은 加耶의 시조형제설화를 바탕으로 대가야와 금관가야가 중심이 되어 가야연맹체를 형성하였다고 하여, 사실상 가야 전체연맹체를 인정하고 있다(위의 주와 동일).

102) 權鶴洙, 「加耶諸國의 相關關係와 聯盟構造」, 『韓國考古學報』 31, 1994, 152~158쪽.

103) 白承忠, 『加耶의 地域聯盟史硏究』, 부산대학교 박사학위논문, 1995, 24~30쪽. 단 씨가 말하는 지역연맹체와 본고의 지역연맹체는 약간의 차이가 있다. 씨는 김해 지역연맹체를 설명하면서 小國 단계의 구야국과 소지역연맹체 단계를 하나로 묶어 '김해 지역연맹체' 단계로 설정하였다(위의 논문, 83쪽). 그리고 3세기 후반부터 김해 지역연맹체는 분열되는 것으로 설명하고 있다(위의 논문, 85~91쪽). 본고는 구야국 단계의 일부 시기(소국형성시기부터 2세기 중·후엽 무렵까지)는 小國 단계로 보며, 2세기 중엽 무렵부터 지역연맹체가 형성하기 시작하여, 3세기 중·후엽 무렵 지역연맹체는 한층 강화(이 시기부터 남가라 지역연맹체)되고, 이후 5세기 전반까지 남가라 지역연맹체는 존재하는 것으로 본다.

國들의 상당수는 小國의 단계를 탈피한 지역연맹체의 형태로 존재했을 것이다. 소국과 대국의 인구 차를 보면,

B3. 변한과 진한은 합하여 24국이 된다. 대국은 4~5천가이고, 소국은 6~7백가로서 총 4~5만호이다. 그 가운데 12국은 진왕에 속한다.[104]

라고 하여 무려 7~8배의 차를 보이고 있다. 이는 대국들 중에는 小國의 형태가 아니라 복수의 小國을 연맹의 형태로 결합한 國들도 있었을 것임을 짐작케 한다. 그러한 國들 가운데 주목할 수 있는 國이 변한 狗邪國과 安邪國이다. 앞의 사료 A3에 보이는 狗邪·安邪 2개 국의 臣智는 특별히 우대하여 부르는 칭호가 있었다. 이는 이들이 변한지역에서 주변 小國들을 주도하는 위치에 있었음을 보여주는 것이다.

　小國 가운데 비교적 큰 나라가 중심이 되어 연맹적 결속을 한 정치체가 곧 지역연맹체인 것이다. 이러한 지역연맹체의 형성은 이미 2세기 중·후엽 무렵부터 시작되었을 것으로 보이며,[105] 3세기 중엽 對二郡과의 전쟁을 계기로 그 연맹체의 결속 정도는 더욱 강화되었을 것임은 앞에서 말한 바와 같다. 즉 韓의 對二郡과의 전쟁에 있어 그 구심체 역할을 한 國들이 바로 狗邪國과 安邪國이었으며, 이들은 지역연맹체의 형태로 대이군과의 전쟁을 수행하였던 것이다. 그리고 이 때의 전쟁이 삼한지역 전체와 중국 군현과의 대립이었기 때문에 지역별 연맹체의 결속은 일반적 양상이었을 것으로 추측한다.

　戰爭으로 인한 小國연합과 그것의 강화는 이전까지의 비교적 간단했던 정치구조의 변화를 요구하였을 것이다. 여기에 사회통합에 대한 전쟁의 긍정적 요소가 있는 것이다. 『三國志』韓條에는 대이군 전쟁의 결과 韓이 멸망당한 것으로 묘사되어 있지만 이는 중국 측 입장에서의 시각이고 韓 諸國은 오히려 대이군 전쟁시 경험했던 연맹체 결성이 더욱 촉진되었을 것이다. 그것은 혹은 평화적 연합의 방법으로 혹은 군사적인 정복을 통하여

---

104)『三國志』韓條, "弁辰韓 合二十四國 大國四五千家 小國六七百家 總四五萬戶".
105)『三國志』韓條, "桓靈之末 韓濊彊盛 郡縣不能制 民多流入韓國".

이루어졌을 것이다. 그리고 연맹을 주도한 중심국도 이전 시기와 커다란 변동은 없었을 것이다. 즉 이전 시기 '小國' 가운데 大國이 연맹체의 중심국으로 대두되었을 것이다. 그 중 교역의 중심지로서 주변국을 주도한 구야국의 경우도 여전히 중심적 위치를 점하고 있었던 것으로 보인다.

아래서는 남가라 지역연맹체을 중심으로 그 내부구조의 모습을 추측해 보고자 한다.

B4. 가락국기[문종대 태강연간에 금관지주사 문인이 撰한 것이다. 지금 간추려 싣는다.]

천지가 개벽한 뒤로 이 나라의 이름이 없었고 또한 군신의 칭호도 없었다. 이에 我刀干·汝刀干·彼刀干·五刀干·留水干·留天干·神天干·五天干·神鬼干 등 9干이 있어 이들 추장이 백성을 통솔하였으니 百戶에 7만 5천 명이었다. 산이나 들에 도읍하고 우물을 파 마시고 밭을 일구어 먹었다. 마침 後漢의 世祖 光武帝 建武 18년 壬寅 3월 3일에 북쪽 龜旨[이것은 산의 이름인데 열 봉새가 엎드린 형태이므로 이름한 것이다]에서 무엇이 이상한 소리로 부르는 기척이 있었다. …… 그 달 보름날에 즉위하였고, (6알 중) 처음 나타났다고 하여 諱를 首露 혹은 首陵[즉 죽은 뒤의 시호이다]이라 하고 국호를 大駕洛 또는 伽耶國이라 하였으니, 즉 6가야 가운데 하나이다. 남은 다섯 사람도 각각 돌아가 5가야의 임금이 되었다. 동쪽은 황산강, 서남은 창해, 서북은 지리산, 북은 가야산 남쪽까지 국경을 삼았다. …… 仇衡王은 金氏이고 正光 2년(521)에 즉위하여 42년을 다스렸다. 保定 2년 壬午(562) 9월에 신라 제24군 眞興王이 군대를 일으켜 다가와서 쳤는데, 왕이 친히 군졸을 부렸으나 그들은 많고 우리는 적어서 대적할 수 없었다. 이에 同氣 脫知爾叱今을 보내서 나라에 머무르게 하고, 王子와 上孫 卒支公 등은 항복하여 신라에 들어갔다. 왕비는 分叱水爾叱의 딸 桂花이며 아들 셋을 낳았다. 첫째는 世宗角干이고, 둘째는 茂刀角干이고, 셋째는 茂得角干이다. 開皇錄에 이르기를 梁 中大通 4년 壬子(532)에 신라에 항복했다고 한다.106)

---

106) 『三國遺事』卷2 紀異2 「駕洛國記」, "駕洛國記[文廟朝大康年間 金官知州事文人所撰也 今略而載之] 開闢之後 此地未有邦國之號 亦無君臣之稱 越有我刀干 汝刀干 彼刀干 五刀干 留水干 留天干 五天干 神鬼干等 九干者 是酋長 領總百姓

B5. 김유신은 서울사람이었다. 그의 12대조 수로는 어떠한 사람인지 알 수 없
　　다. 後漢 건무 18년 임인(서기 42)에 구봉에 올라가 가락의 9촌을 바라보
　　고, 드디어 그곳에 가서 나라를 열고 이름을 가야라고 하였다. 후에 금관
　　국으로 고쳤다. 그 자손이 서로 계승하여 9세손 구해에 이르렀다. [仇亥는]
　　혹은 仇次休라고도 하며, 유신의 증조이다. 신라사람들이 자칭 少昊金天
　　氏의 후손이라고 하여 金으로 姓을 삼았고, 유신의 비문에도 '軒轅의 후예
　　요 소호의 직계'라고 하였으니 南加耶의 시조 수로는 신라와 동일한 성씨
　　이다.107)

　「駕洛國記」는 그 편찬연대로 보면 『三國史記』보다 약 70년 앞서는 사
료이다. 비록 「가락국기」가 기전체나 편년체의 史體로 편찬되지는 않았지
만, 가야사를 연구하는 데 있어서는 중요한 문헌학적 기본 사료라 할 수
있다. 그러나 위의 사료에서 제시하고 있는 가야의 개국연대에 대해서는
신빙할 수 없다. 그 이유는 첫째는 위의 사료 자체가 설화적 요소로 짜여
있다는 것이며, 둘째는 「가라국기」의 찬자도 의심하고 있다는 점,108) 셋째
는 비교적 신빙성 있는 자료인 사료 B5에는 수로가 가야의 마지막 왕인 구
형왕의 9대조, 김유신의 12대조라고 기록한 부분 때문이다. 30년을 한 세대

凡一百戶 七萬五千人 多以自都山野 鑿井而飮 耕田而食 屬後漢世祖光武帝建武
十八年壬寅三月禊浴之日　所居北龜旨(是峯巒之稱　若十朋伏之狀　故云也)　有殊
常聲氣呼喚 …… 其於月望日卽位也　始現故諱首露　或云首陵(首陵是崩後謚也)
國稱大駕洛　又稱伽耶國　卽六伽耶之一也　餘五人各歸爲五伽耶主　東以黃山江　西
南以滄海　西北以地理山東　北以伽耶山南　而爲國尾 …… 仇衡王　金氏　正光二年
卽位　治四十二年　保定二年壬午九月　新羅第二十四君眞興王　興兵薄伐　王使親軍
卒　彼衆我寡　不堪對戰也　仍遣同氣脫知爾叱今留在於國　王子上孫卒支公等　降入
新羅　王妃分叱水爾叱女桂花　生三子　一世宗角干　二茂刀角干　三茂得角干　開皇
錄云　梁中大通四年壬子　降于新羅".

107) 『三國史記』卷41 列傳1 金庾信傳(上), "金庾信　王京人也　十二世祖首露　不知何
　　許人也　以後漢建武十八年壬寅登龜峰　望駕洛九村　遂至其地開國　號曰加耶　後改
　　爲金官國　其子孫相承　至九世孫仇亥[亥　恐是充字之訛(『見譯註』)] 或云仇次休
　　於庾信爲曾祖　羅人自謂少昊金天氏之後　故姓金　庾信碑亦云　軒轅之裔　少昊之胤
　　則南加耶始祖首露與新羅同姓也".
108) 『三國遺事』卷2 駕洛國記, "議曰 案三國史 仇衡以梁中大通四年壬子　納土投羅
　　則計自首露初卽位東漢建武十八年壬寅　至仇衡末壬子　得四百九十年矣　若以此
　　記考之　納土在元魏保定二年壬午　則更三十年　總五百二十年矣　今兩存之".

로 잡는 일반적 추정에 의거해 보면 수로왕은 3세기 중·후엽의 인물로 볼 수 있을 것이다.

그런데 「가락국기」는 왜 수로의 탄생과 즉위를 後漢 건무 18년 임인년(42)으로 하였을까? 그것은 수로왕이 昔脫解와 경쟁을 벌였다는 설화 및 수로왕이 婆娑尼師今代에 音汁伐國과 悉直谷國 사이의 영토분쟁을 중재하였다는 기사를 충족시키기 위한 것으로 보인다. 즉 탈해의 즉위년이 신라 왕력에 기원 57년으로 설정되어 있고, 파사의 재위연대가 신라왕력에 79년부터 112년까지로 되어 있는 결과, 수로왕이 그들과 같은 시기에 활동하였다는 설화로 인하여 그의 즉위연대가 이에 따라 상향 조정된 것이라고 보는 견해가109) 타당한 것으로 보인다. 신라 왕계와의 관련성이 작용한 것이다. 사료에 대한 이러한 시각을 바탕으로 남가라 지역연맹체의 내부구조에 대해 접근해 보고자 한다.

사료 B4에 보이는 我刀干·汝刀干·彼刀干·五刀干·留水干·留天干·神天干·五天干·神鬼干 등의 9干과 이들이 추대하는 수로는 연맹체 소속의 長과 맹주국의 長으로 볼 수 있을 것이다. 문제는 9간의 성격이다. 즉 9간이 읍락의 長인지, 아니면 小國의 長인지를 살펴보아야 한다.

干＝부족장으로 보는 일반적 시각에 의거한다면, 9干이 '干'으로 묘사되어 있으므로 9간을 小國의 長으로 볼 수도 있을 것이다. 그러나 합천 매안리 가야비에110) 보이는 40干支를 염두에 두었을 때 가야사회에서 '干'이란 읍락 단위 소집단의 長에게도 '干'의 칭호는 사용되었던 것으로 보인다. 따라서 9간의 干이 읍락의 長일 가능성도 열어 두어야 할 것이다.

B6. 어느날 왕이 신하들에게 말했다. '구간들은 여러 벼슬아치들의 어른인데, 그 지위와 명칭이 모두 소인이나 농부들의 칭호이니 이것은 벼슬 높은 사람의 명칭이 못 된다. 만일 외국 사람들이 듣는다면 반드시 웃음 거리가

---

109) 金泰植, 『加耶聯盟史』, 一潮閣, 1993, 40~41쪽.
110) 「陜川 梅岸里碑」 판독문 - 辛亥年□月五日□□村四十干支. 해석 - 辛亥年 □月 5日 □□村의 40干支가 … 하였다. 李文基, 「陜川 梅岸里碑」, 『譯註 韓國古代金石文』 제2권(신라1·가야편), 1992, 253~254쪽.

될 것이다.' 이리하여 我刀을 我躬이라 하고, 汝刀를 汝諧라 하고…….111)

위의 기사는 수로왕이 9간의 칭호를 개칭하는 이유와 명칭에 대해 적고 있다. 여기서 주목되는 점은 9간들이 여러 벼슬아치들의 長(庶僚之長)으로 묘사되고 있다는 점이다. 이는 9간의 하부에도 단위 집단이 존재하고 있다는 사실을 말해준다. 따라서 9간은 한개 단위 읍락의 長으로만 볼 수 없고, 몇 개의 읍락을 거느린 小國의 主帥임을 보여준다. 그러나 9라는 숫자에 대해서는 그렇게 의식할 필요는 없다고 생각하지만, 9간 모두가 小國의 主帥였는지는 의심스럽다. 그 속에는 소국단계까지 발전하지 못한 읍락의 長도 포함되었을 가능성이 높다. 9간 중에는 아도간과 같이 주도적인 일을 하고 있는 干과 그렇지 못한 干들은 일정의 구분이 보이기 때문이다. 이 때의 수로왕은 小國의 首長이 아니라 지역연맹체의 長으로 추대되고 있는 것이다.

이러한 9간의 성격을 바탕으로 남가라 지역연맹체의 구조를 추측해 볼 수 있을 것이다. 남가라 지역연맹체는 3세기 중엽 무렵 복수의 小國이 모여 결성된 연맹체였으며, 그 연맹의 長인 수로는 평화적 추대에 의해 결정된 것으로 보인다. 그리고 또 하나 주목해 볼 것은 9간에 의해 추대되었던 수로가 9간의 명칭을 바꾼다는 점이다. 그 명분은 위에서 본 바와 같이 그 명칭이 鄙野하다는 점 때문이었지만 실상은 연맹 소속국에 대한 간섭의 강화라는 측면으로 해석해 볼 수도 있을 것이다. 지역연맹체 단계에서 내부 결속력이 더욱 강화되게 되면 고대국가로 발전하게 되는데 남가라 지역연맹체의 경우, 고대국가로의 성장은 이루지 못한 것으로 생각한다. 그 원인은 5세기 전반대 남가라 지역연맹체를 둘러싼 국제상황에 있었던 것으로 보인다.

한편, 남가라 지역연맹체의 범위는 김해지역을 중심으로 동북으로는 양산 남쪽의 이른바 황산진를 포함한 양산지역, 부산 복천동, 화명동, 북으로

---

111) 『三國遺事』 卷2 駕洛國記, "一日上語臣下曰 九干等俱爲庶僚之長 其位與名 皆是宵人野夫之號 頓非簪履職位之稱 儻化外傳聞 必有嗤笑之耻 遂改我刀爲我躬 汝刀爲汝諧".

는 남지 남쪽의 낙동강 경계, 서로는 경남 창원을 그 경계로 본다. 이러한 추정은 3세기말~4세기대 南加羅의 상징적 표식토기인 外折口緣高杯의 분포 범위[112]를 바탕으로, 교역망과 주변세력들과의 세력 범위를 염두에 둔 범위이다(<그림 2> 참조). 이는 시기에 따라 약간의 차이는 있으나 남가라 지역연맹체 세력 극성기(5세기 전엽 이전까지를 포함)의 최대 판도로 생각된다. 이 지역은 남가라 지역연맹체의 교역권역 중에서도 장악력이 강한 지역이었을 것이다.

지역연맹체의 존재양상 및 상호결합의 성격 등에 대해서는 보다 심도 있는 연구와 충분한 논의가 있어야 될 것이지만, 3세기 중엽 이전의 삼한 단계의 연맹체보다는 보다 강화된 연맹체였을 것이다. 그리고 지역연맹체 간의 차이는 간과할 수 없지만, 남가라 지역연맹체는 무력을 배경으로 하는 지배·복속관계의 성립이 진행되어 가고 있었을 것으로 보인다. 이는 3세기~4세기대가 되면 철제 무구류가 대량 출토되는 점에서도 추측 가능하다. 그리고 「가락국기」 속의 건국신화도 그러한 사정을 반영하는 것으로 생각한다.

3) 安羅 지역연맹체

(1) 국명의 정리와 유적의 분포

安羅國에 대한 연구는 김해와 고령 가야세력 중심의 연구경향을 반성하고, 가야 個別 各國史研究에 관심을 가지기 시작한 1990년대 이후부터 본격적으로 진행되었다. 權珠賢의 석사학위 논문에서 대략적인 윤곽이 드러난 安羅史는 이후 많은 연구자들에 의해 조명되어졌다. 최근에는 安羅國史를 전론으로 한 박사학위논문까지 제출된 바 있다.[113] 고고학적 연구도

---

112) 外折口緣高杯의 분포범위에 대해서는 申敬澈, 「金海大成洞·東萊福泉洞古墳群 點描 - 金官加耶 이해의 一端 - 」, 『釜大史學』 19, 1995., 24~26쪽과 홍보식, 「금관가야의 성립과 발전」, 『加耶文化遺蹟調査 및 整備計劃』, 경상북도·가야대학교부설 가야문화연구소, 1998, 193~196쪽 참조.

113) 權珠賢, 「阿羅加耶의 成立과 發展」, 『啓明史學』 4, 1993 ; 「安邪國에 대하여 - 3세기를 중심으로 - 」, 『大丘史學』 50, 1995 ; 金泰植, 「咸安 安羅國의 成長과 變

<그림 2> 外折口緣高杯 분포도[114]

遷」, 『韓國史硏究』 86, 1994 ; 南在祐, 『安羅國의 成長과 對外關係 硏究』, 성균관
대학교 박사학위논문, 1998.

114) 홍보식, 위의 논문, 197쪽에서 전재.

활발히 이루어지고 있는데 함안 주변의 대학박물관과 창원문화재연구소 등이 연구의 중심이 되고 있으며, 개별 연구자들의 성과도 속속 발표되고 있다.115)

이러한 安羅國에 대한 관심과 연구성과는 가야사를 김해와 고령 중심의 연맹체만으로 설명하는 논의에 대한 반성을 촉구하게 되었다고 볼 수 있다. 여기에서는 기존 연구성과를 토대로 安羅國의 史的 전개과정 가운데 小國의 형성과정과 소국연맹체, 즉 安羅 地域聯盟體로의 발전과정에 대해 살펴 볼 것이다.

현 함안지역에 존재했던 小國은 安邪國으로 확인된다.116) 『三國志』 韓條에 보이는 諸國의 위치 비정에 대해서는 논란이 많지만 安邪國을 함안 지역에 존재했던 소국으로 비정함에는 이견이 없다. 安邪國은 삼한 소국들 중에서도 '加優呼'한 國으로 보이는 만큼,117) 소국에서 지역연맹체단계를 거치면서 주변 소국들을 이끄는 주도국 중의 일국이었던 것으로 판단된다.

"변한과 진한은 합하여 24국인데, 대국은 4~5천가이고 소국은 6~7백가로서 총 4~5만호이다.118)"라는 기사는 대국이 단위 읍락들뿐만 아니라 여러 소국들의 연합체인 것을 알 수 있게 해준다. 변한의 여러 國들 가운데 大國으로 분류되는 安邪國도 단일 소국으로 존재했다기보다는 『三國志』에 국명이 기록될 당시에는 이미 지역연맹체 상태를 이루고 있었다고 보아야 할 것이다. 3세기 중엽 중국 군현과의 전쟁 수행과정에서 연맹체의 결속은 더욱 강화되어 갔을 것이다. 安羅라는 국명도 연맹체 속에서 安邪國의 위상이 더 높아졌을 때의 것으로 여겨진다.

---

115) 김정완, 「함안권역 도질토기의 편년과 분포변화」, 경북대학교 석사학위논문, 1994 ; 이주헌, 「함안지역 고분문화의 조사와 성과」, 『加羅文化』 12, 1995 ; 「토기로 본 安羅와 新羅」, 『加耶와 新羅』, 김해시, 1998 ; 金亨坤, 「阿羅伽耶의 形成過程研究 –考古學的 資料를 중심으로–」, 『加羅文化』 12, 1995 등이 있다.

116) 『三國志』 韓條.

117) 『三國志』 韓條, "臣智或加優呼 臣雲遣支報 安邪踧支 濆臣離兒不例 拘邪秦支廉之號".

118) 앞의 사료 B3.

　이러한 安邪國이 지역연맹체단계를 거쳐 安羅단계로[119] 성장하게 되는데, 그 국명은 다양한 형태를 보이고 있다.『三國史記』地理志에는 阿尸良國과 阿那加耶,[120] 列傳 勿稽子傳에는 阿羅國,『三國遺事』五伽耶條에는 阿羅伽耶,『日本書紀』에서의 安羅,[121] 阿羅[122] 등의 모습으로 확인된다.『梁職貢圖』의 前羅[123]는 安羅로 보는 설[124]도 있지만, 慶山의 押督國으로 비정하는 설[125]과 김해의 南加羅로 비정하는 설[126] 등이 있어 安羅의 異稱으로 확정하기는 어렵다.

　이들 중 '某가야'의 형태는 가야연맹 존재 당시의 이름이 아니라 新羅末 高麗初에 생겨난 이름으로 추정한 견해[127]가 타당하다고 인정되며, 阿尸良에서의 '尸'는 古語에 사이시옷 'ㅅ'의 표기로 阿尸良은 '아ㅅ라'를 표기한 것이고, 이는 阿那, 또는 阿羅로도 표기된 것으로 보인다.[128] 따라서 阿

---

119) 여기서 安羅 단계라 함은 安羅 지역연맹체 단계에서 보다 진전된 國의 형태를 의미하며, 이 시기부터 安羅라는 國名을 사용했다는 의미는 아니다. 이 단계를 古代國家 단계로 볼 수 있는가는 별도로 논하기로 한다.

120)『三國史記』卷34 雜志3 康州 咸安郡條, "咸安郡 法興王以大兵滅阿尸良國[一云 阿那加耶] 以其地爲郡 景德王改名 今因之 領縣二 玄武縣 本召彡縣 景德王改名 今召彡部曲 宜寧縣 本獐舍縣 景德王改名 今因之".

121)『日本書紀』에 보이는 安羅의 용례는 神功紀 49년조의 이른바 가야 7국 평정기사 속의 '安羅'를 필두로, 繼體紀에 6회, 欽明紀에 26회(安羅, 安羅日本府, 安羅人, 安羅王, 安羅國 등의 형태로 보임) 등 모두 33회의 예가 보인다. 한편, 광개토왕릉비문 속에서도 '安羅人戍兵'의 형태로 '安羅'가 3회 보이고 있으나, 이를 국명으로 볼 것인지의 문제가 있다.

122) 安羅國을 지칭하는 阿羅는 欽明紀에 1회, 推古紀에 1회 보이고 있다.

123)『梁職貢圖』百濟國使臣圖經, "普通二年(521) 其王餘隆遣使奉表云 …… 旁小國 有叛波 卓 多羅 前羅 斯羅 止迷 麻連 上己文 下枕羅等 附之".

124) 金泰植, 「6세기 전반 加耶南部諸國의 소멸과정 고찰」,『韓國古代史硏究』1, 1988, 204쪽의 주 97).

125) 李弘稙, 「梁 職貢圖 論考 - 특히 百濟國 使臣 圖經을 중심으로 -」,『高大60周年紀念論文集(人文科學篇)』, 1965 ;『韓國古代史의 硏究』, 新丘文化社, 1971, 416 ~417쪽.

126) 武田幸男, 「文獻よりみた伽耶」,『伽耶文化展』, 東京國立博物館, 1992, 16쪽의 有力伽耶諸國名の對照表.

127) 金泰植, 「加耶의 社會發展段階」,『한국 고대국가의 형성』, 한국고대사연구회편, 1990, 55~56쪽 ; 앞의 논문, 1988, 32~37쪽.

128) 金廷鶴, 「加耶史의 硏究」,『史學硏究』37, 1983, 57쪽.

尸良, 阿羅, 阿那, 安羅 등은 모두 '아ㅅ 라'라는 國을 표기한 음차 혹은 훈차한 것으로 볼 수 있다. 현대음을 기준하여 볼 때 사이시옷은 'ㄹ'받침의 음가를 나타내는 것이므로 '아ㅅ 라'는 '알라'로 읽혀진다.[129] '알라'의 음차자로 가장 가까운 것은 '安羅'로 보여지므로, 현 함안지역에 있었던 국명으로는 '安羅' 또는 '安羅國'으로 표기함이 가장 적절한 것으로 여겨진다.

함안군의 지형은 南高北低의 분지형이다. 남동쪽으로 해발 500~800m 전후의 산들이 창원, 마산, 진주와 경계를 이루며, 북서쪽으로는 낙동강과 남강이 합류하는 남쪽에 위치하고 있다. 남강으로서 의령군, 낙동강으로서 창녕군과 각각 경계를 이루고 있다. 이러한 지형 조건은 외부로부터의 방어에 유리했을 것이다.

남쪽의 산지에서 발원한 크고 작은 溪谷流水를 이용한 곡간평야들과 남강·낙동강의 배후 저습지를 이용한 농경이 安羅의 기반이 되었을 것이다. 그리고 낙동강·남강을 이용한 교통로 확보와 교통의 결절점을 이용한 경제적 이익 등도 安羅의 주요 성장기반이었을 것이다. 자연 지리적 여건으로 볼 때 함안지역에 존재했었던 安羅는 가야 개별국의 특성을 잘 보여주고 있다고 할 수 있다.

安邪國의 형성시기를 분명히 말해주는 자료는 없지만, 한반도 중남부지역에 있어서 小國의 형성시기는 기원전 3세기까지 소급 가능하고, 남부지방에 철기보급이 일반화되는 기원전 2세기 무렵에는 小國 형성이 비교적 활발히 이루어졌을 것임을 인정할 때, 安邪國 형성의 시작은 기원전 3~2세기대부터 서서히 이루어진 것으로 볼 수 있을 것이다. 國의 형성이란 집단의 통합과 성층화 과정이므로 小國 형성시기의 유적 분포도는 小國의 형성과정을 이해하는데 도움을 줄 수 있을 것이다.

安邪國 형성의 기원을 지석묘의 분포와 그들 사이의 관계망 속에서 구하려는 시도는 있어 왔다.[130] 현재까지의 발굴성과로 보아 지석묘의 분포

---

129) '尸'가 外破의 r, 즉 rV의 표기에 차용됨은 李炳銑, 『韓國古代國名地名研究』, 螢雪出版社, 1982, 213~223쪽 참조.

130) 權珠賢, 앞의 논문, 1993 ; 앞의 논문, 1995 ; 金亨坤, 「阿羅伽耶의 形成過程 研究 -考古學的 資料를 중심으로-」, 『加羅文化』 12, 경남대학교 가라문화연구소,

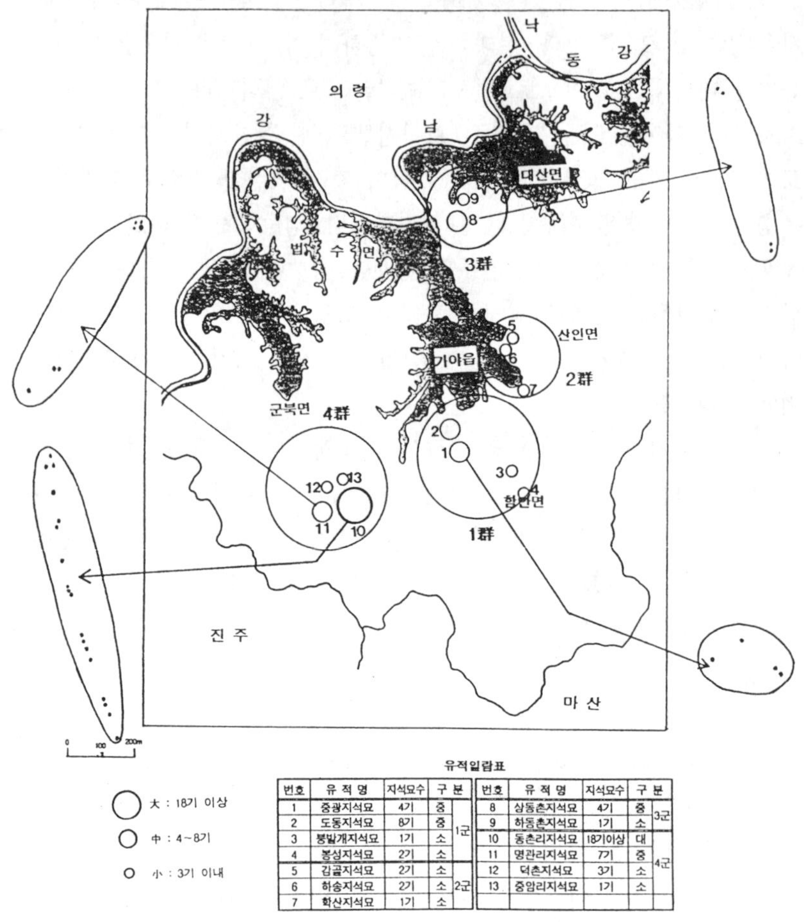

유적일람표

번호	유 적 명	지석묘수	구 분	
1	중광지석묘	4기	중	
2	도동지석묘	8기	중	1군
3	봉발개지석묘	1기	소	
4	봉성지석묘	2기	소	
5	갑골지석묘	2기	소	
6	하송지석묘	2기	소	2군
7	학산지석묘	1기	소	

번호	유 적 명	지석묘수	구 분	
8	상동촌지석묘	4기	중	3군
9	하동촌지석묘	1기	소	
10	동촌리지석묘	18기이상	대	
11	명관리지석묘	7기	중	4군
12	덕촌지석묘	3기	소	
13	중암리지석묘	1기	소	

<그림 3> 함안분지권과 군북권 지석묘 분포도[131]

는 취락지의 분포와 거의 동일성을 보이기 때문에 단위 사회의 영역 표지로 보아도 무방할 것이다.

　김형곤의 검토에 의하면, 함안지역의 유적 분포현황은 ① 함안분지권, ② 군북권, ③ 칠원권으로 대별해 볼 수 있다고 한다.[132] 그런데 이 중 칠

　1995 ; 南在祐, 앞의 박사학위논문, 1998.
131) 南在祐, 앞의 박사학위논문, 1998, 24쪽에서 전재.

원권은 안야국의 범위로 넣을 수는 없을 것 같다. 칠원권이 함안지역권으로 들어오는 시기는 포상팔국 전쟁 이후로 생각된다. 그 이전에는 포상팔국 중의 柒浦國이 있었던 것이다. 따라서 안야국의 형성과 관련하여서는 함안분지권과 군북권 지석묘의 분포도를 살펴볼 필요가 있다.

앞의 그림에서 보는 바와 같이 1군과 4군의 경우, 거리는 비록 멀지 않지만 각각의 중심군을 이루면서 분포하고 있음을 볼 수 있다. 2군과 3군은 그 분포상으로 보아 1군 지석묘군과의 관련성 속에서 존재했을 가능성이 높다. 이들 중 특히 1군은 숫적 우세뿐만 아니라 圓形竪穴住居地와 環濠로 추정되는 溝 등이 확인되었다.[133] 그리고 이 지역은 후대 安羅國의 중심고분군인 말이산고분군 일대의 구릉과 서쪽 들판에 해당되는 지역이다. 따라서 안야국의 형성부터 이후 안라국으로의 발전에 이르기까지 중심지 역할을 했던 지역으로 보인다. 안야국 단계에는 국읍이 존재했던 지역으로 볼 수 있을 것이다. 2군과 3군은 1군의 영향력 아래 있는 읍락단위로 발전해 간 집단으로 상정해 볼 수 있을 것이다.

4군의 범위는 현 군북면과 법수면의 대부분을 차지하며 넓게 보아 남강 이서지역인 진주시 일부 지역도 포함시킬 수 있다.[134] 1군이 중심이 되는 함안분지와는 삼봉산을 경계로 하고 있으며 남으로는 여항산, 오봉산, 괘방산, 방어산으로, 북서편으로 남강이 蛇行狀으로 굽이쳐 흐르면서 자연적인 경계를 이루고 있다. 1군과의 거리는 대략 10㎞이다. 청동기시대 유적 9개소, 삼한·삼국시대 유적 25개소 등 모두 34개소의 유적이 법수면, 군북면의 북서쪽 남강변에 이어져 내려온 구릉 일대와 군북면 소재지의 주변 야산과 들판에 폭넓게 분포하고 있어 함안군 전체 유적의 24%에 해당한다.[135] 안야국 단계에 있어서 이 지역이 함안분지세력 소속 하의 읍락으로 존재한 곳이였는지, 아니면 국읍을 갖춘 小國이 존재했는지는 속단할 수

---

132) 金亨坤, 위의 논문, 53쪽.
133) 崔憲燮, 「咸安道項里先史遺蹟」, 『韓國上古史學報』 10, 1992 ; 昌原大學校博物館, 『咸安 阿羅伽耶의 古墳群(Ⅰ)』, 1992.
134) 金亨坤, 앞의 논문, 1995, 37쪽.
135) 金亨坤, 앞의 논문, 1995.

없다. 그런데 포상팔국 전쟁이 일어난 3세기말 4세기 전반대 이후에는 함안분지 세력권 하에 들어갔을 것이므로 그 직전단계의 사정이 중요하다.

그런데 군북권의 삼한·삼국시대 유적은 대부분 4~6세기대의 것이 중심이다. 그리고 4세기대를 중심으로 한 황사리고분군[136]이 안라국 중심유적군인 말이산고분군 일대의 대형 목곽묘와는 차이가 나는 중·소형분 중심 고분유적이란 점은 4세기 단계 양 집단 간의 위계를 직접적으로 반영하는 것으로 볼 수 있을 것이다. 그러나 군북지역의 청동기시대 유적과 10여 군데나 되는 삼한·삼국시대 유적 및 자연지리적 환경을 감안해 볼 때 국읍이 존재한 군북지역 독자의 소국을 상정해 볼 수도 있을 것이다. 다만 크다란 성장 없이 이웃 세력에 연합·복속되었던 것으로 생각된다. 초기 안야국의 형성은 함안분지권 내의 통합과 군북권 세력의 통합에 의해 이루어졌을 것이다.

(2) 성장의 계기와 권역

가. 성장의 계기

安邪國이 소국단계에서 지역연맹체로 나아가는 시점은 타지역연맹체보다 조금 빨랐을 가능성은 있다. 이는 김해의 남가라 지역연맹체의 경우도 마찬가지인데, 이들은 모두 삼한시기부터 두각을 나타냈던 國들이다.

'桓靈之末 韓濊彊盛 郡縣不能制 民多流入韓國'의 기사를 중시한다면, 後漢末 이미 삼한의 주요 중심국들은 주변 소국과 연맹의 형태를 추진하고 있었던 것으로 볼 수 있다. 따라서 가야지역에 있어서 지역연맹체의 본격적 형성은 3세기 중·후엽 무렵부터라고 하더라도, 김해와 함안지역에 있어서는 2세기 말엽 경으로 소급시켜 볼 수 있을 것이다.

앞에서 3세기 중·후반에서 4세기 초의 한반도 남부지방은 3개군의 지역연맹체가 존재하였다고 하였다.[137] 김해의 남가라 지역연맹체와 古自國

---

136) 慶尙大學校博物館, 『咸安 篁沙里墳墓群』, 1994.

137) 한편 이 시기 북부 가야지역에 대해서는 자료의 결핍으로 잘 알 수가 없다. 지금까지의 자료로 보는 한, 문헌적으로나 고고학적으로 두드러진 세력이 보이지 않

을 중심으로 한 浦上八國 지역연맹체, 함안의 安羅 지역연맹체이었다. 이 중 남가라 지역연맹체의 경우 동일 토기문화권으로 그 범위를 설정해 보았으며, 영역범위는 김해지역을 중심으로 동북으로는 양산 남쪽의 이른바 황산진을 포함한 양산지역, 부산 복천동, 화명동, 북으로는 남지 남쪽의 낙동강 경계, 서로는 경남 창원을 그 경계로 보았다. 浦上八國은 고성, 사천지역을 중심으로 한 남해안지역과 진주 주변지역을 포괄한다. 이러한 주변 상황으로 보아 浦上八國 戰爭 이전 시기까지의 安羅 지역연맹체 범위는 함안분지와 군북권을 넘지 않은 것으로 보인다.

安羅가 가야 제국 중 비교적 강력한 國으로 성장하게 된 것은 그 영역이 함안분지 정도에 머물러 있다가 浦上八國의 일원이었던 칠원의 柒浦國 등의 병합 및 진동만을 통한 해안으로의 진출이 가능했기 때문으로 여겨진다. 즉 3세기 중·후엽에서 4세기 전반대의 시기에 일어났던 浦上八國 전쟁의 결과 安羅는 획기적 성장을 이루게 되었던 것이다.

소국 분립상태(3세기 중엽 이전)에서 지역연맹의 상태로 나아가는 시기인 3세기 중·후엽 4세기 전반대의 시기는 한반도 남부지방에 있어서 급변기라고 할 수 있다. 연맹체를 결성하여 전쟁을 통해 주변지역으로의 진출도 시도한 시기였다. 그러한 상황을 잘 보여주는 것이 浦上八國 지역연맹체가 일으킨 전쟁이었다.

관계기사에 대해서는 검토한 바가 있는데,138) 그 결과에 의하면,『삼국사기』물계자 열전에 보이는 '阿羅'는 '加羅'에 대한 誤記가 아니라 사료에 있는 그대로 봄이 옳다고 하였다. 즉 安羅는 浦上八國 전쟁을 배후에서 주도한 국으로 볼 수 없으며, 오히려 浦上八國에 의해 공격당한 쪽이었다. 浦上八國이 모의하여 阿羅國을 공격하자 아라국이 신라에 사신을 보내어 구원을 요청하고, 신라는 이에 王孫인 㮈音으로 하여금 近郡 및 六部의 軍隊를 보내어 팔국의 兵을 물리치고 아라국을 구하는 상황으로 해석되는 것이다. 阿羅는 安羅(國)의 異表記로서 이 때의 安羅(阿羅)는 지역연맹체

는 점으로 미루어 보아 小國 병립의 상태였을 것으로 추정한다.
138) 白承玉, 앞의 박사학위논문, 2001, 70~77쪽과 아래의 4)-(1)항 참조.

단계로 인식된다. 신라의 도움이[139] 있기는 하였으나 결과적으로는 安羅가 승리하였던 것이다. 이는 安羅가 浦上八國연맹에 대적할 만한 역량이 있었던 것으로 보아야 할 것이다. 그것은 安羅가 소국단계를 벗어난 연맹체단계로까지 발전했음을 간접적으로나마 보여주는 것이다.

이후 安羅國 성장의 계기도 이 전쟁에서 구할 수 있을 것 같다. 浦上八國이 전쟁을 일으킨 목적은 安羅지역으로의 진출이었다. 그들이 가지고 있는 입지조건상 교역에는 좋은 조건을 가지고 있었지만, 海上으로부터의 외세 침입에 대비할 수 있는 안전지대와 농경지의 확보, 내륙지역에 대한 교역망의 확보가 필요했던 것이다. 浦上八國은 이러한 조건을 보충하기 위해, 그들 주변에 있으면서 호조건을 갖춘 安羅로 진출하고자 했던 것이다.

그러나 결과는 浦上八國의 패배로 나타났다. 이는 역으로 戰勝國인 安羅가 해안으로 진출함과 동시에 浦上八國 중의 일부국이 安羅의 영향권 속에 들어오는 결과를 가져왔다고 보여진다. 3세기 중·후엽～4세기 전반대 安羅의 성장은 이러한 전개과정 속에서 이루어지게 되었던 것이다. 즉 칠원지역의 장악과 진동만으로의 진출은 安羅가 바다를 통해 해외로 나아갈 수 있는 발판을 마련한 것이다. 이후 安羅國은 이미 확보하고 있던 성장 잠재력 위에 浦上八國이 가지고 있던 장점이 결합됨으로 해서 급속한 성장을 이루는 것으로 보인다.

4세기대 이후 함안지역에서 南加羅圈뿐만 아니라 新羅系 및 倭系 등 외래계 토기문화의 양상이 다양하게 보이는 것도[140] 해상을 통한 교역이 가능했던 까닭이었다. 그리고 지역연맹체에서 고대국가로의 성장은 연맹지역에 대한 장악력의 강화 속에서 이루어졌을 것이다. 安羅의 경우 그 시기는 5세기초 이후로 생각된다. 그 논거는 말이산고분군의 축조 시점을 기준한 것이다.

---

139) 신라의 도움을 부정할 수는 없지만, 군대의 규모에 대해서는 알 수 없다. 특히『三國史記』는 신라 위주의 史書라는 점도 상기할 필요가 있다.
140) 이주헌, 「阿羅伽耶에 대한 考古學的 檢討」,『가야, 각국사의 재구성』, 혜안, 2001, 265～283쪽.

安羅國 지배층의 묘역으로서 고총고분군 형성이 갖는 정치 사회적 의미는 크다. 이는 4세기대 이전 함안과 그 외곽지역에서 보이는 묘역의 형성과는 차원을 달리한다. 피지배층에 대한 지배층의 배타적 이데올로기가 작용한 것이다. 분산되어 있던 권력이 집중화를 보여주는 한 표징이며, 지배자 혹은 권력자 개인의 존재가 아닌 지배계층의 출현을 보여주는 것이다.

나. 圈域

권역이란 史的 전개과정에 따라 부단히 변화하는 것이므로 시기별로 구분해서 설명할 필요가 있다. 安羅國의 권역도 마찬가지다. 安羅의 권역에 대해서는 앞에서 부분적으로 설명한 바 있는데 이를 정리하면 다음과 같다.

小國단계에서는 지금의 함안분지를 그다지 벗어나지 못했을 것으로 보이며, 주변의 칠원권과 鎭東灣으로의 진출은 浦上八國과의 전쟁에서 승리한 후로 보았다.

『日本書紀』의 기록으로 보아 6세기대 安羅國은 동북쪽으로 낙동강을 경계로 신라와 대치하고 있었음을 알 수 있다.141) 그리고 신라의 군현설치가 복속지역의 사정을 고려한 것으로 본다면 咸安郡의 속현으로 편재된 玄武縣과 宜寧縣지역을 安羅 말기의 권역으로 볼 수 있을 것이다.142) 현무현은 지금의 함안 군북지역이며, 의령현은 지금의 의령읍 일대이다.

기존 연구에서 권역 설정의 잣대로써 사용한 바 있는 山城의 분포양상이나 토기권의 분포양상 등에 대해서는 사실 문제를 제기할 수 있다. 즉 山城의 축조연대가 확인되지 않은 상태란 점과 산성은 권역보다는 지형지물을 이용하여 축성된다는 점 때문에 산성의 위치만으로는 권역설정에 한계가 있다. 토기의 분포상은 문화상과 정치적 양상이 일치하는가 라는 근본적 의문을 제기할 수도 있다. 현 고고학계에서는 일반적으로 동일시하는 분위기지만 회의적인 연구자도 있다. 이 문제는 출토량 및 공반유물 상

---

141) 『日本書紀』 卷19 欽明 5年(544) 11月條, “竊聞 新羅安羅 兩國之境 有大江水 要害之地也”.

142) 『三國史記』 卷34 雜志3 康州 咸安郡條.

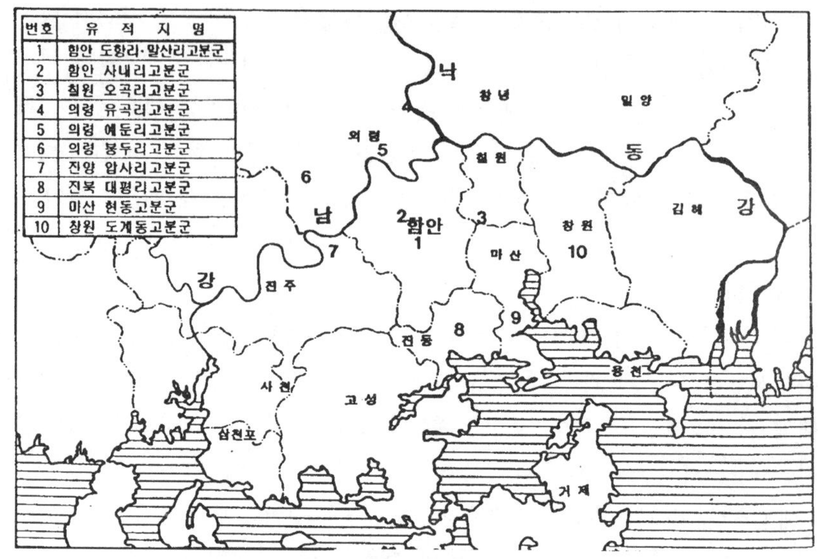

<그림 4> 火焰文透窓高杯 출토지역 분포도[143]

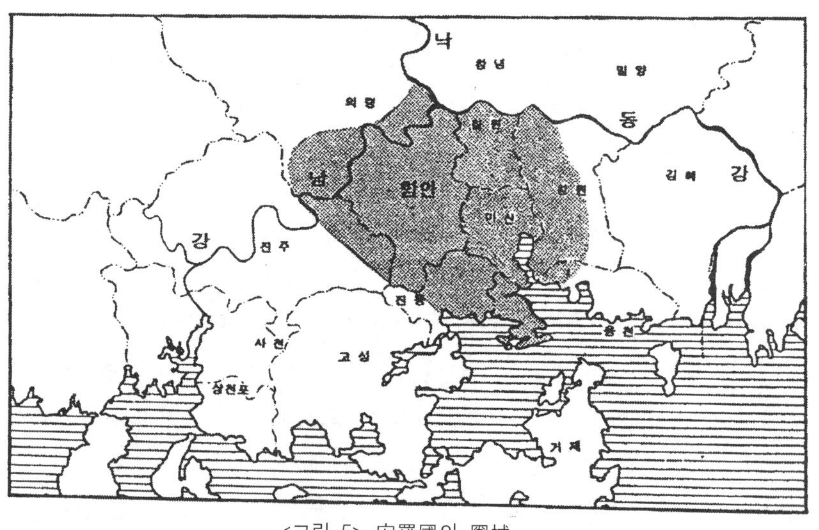

<그림 5> 安羅國의 圈域

---

143) 南在祐, 앞의 박사학위논문, 1998, 138쪽에서 전재.

144) 『三國史記』卷2 新羅本紀2 奈解尼師今14年(209) 秋7月條, "浦上八國 謀侵加羅

황을 충분히 고려한 후 결정하여야 할 것이지만, 어느 정도 정치적 양상을
반영하는 것으로 보아도 무방할 것으로 생각한다.

5세기대 安羅의 권역을 상정해 볼 수 있는 것은 화염문투창고배의 분포
지역이다(<그림 4>). 이를 토대로 安羅國의 권역을 설정해 본 것이 <그림
5>이다.

4) 浦上八國 지역연맹체

(1) 관계기사의 분석

3세기 중엽 이후 가야 남부지역에 형성된 또 하나의 지역연맹체로는 浦
上八國 지역연맹체를 들 수 있다. 관련기사는 『삼국사기』 신라본기 내해
니사금 14년 추 7월조와 물계자 열전, 『삼국유사』 물계자전에 나온다.

B7. 포상팔국이 모의하여 加羅를 침략했다. 가라왕자가 와서 구원을 요청하자,
   (신라)왕이 태자 于老와 이벌찬 利音에게 명하여 六部의 군사를 이끌고
   가서 加羅을 구하게 했다. 포상팔국의 장군을 쳐서 죽이고 사로 잡혔던
   6000인을 빼앗아 (가라국에) 돌려 주었다.144)

B8. 勿稽子는 奈解尼師今 때의 사람이다. …… 이 때 8포상국이 같이 모의하
   여 阿羅國을 쳤다. 아라국의 사자가 (신라에) 와서 도움을 청했다. 尼師今
   이 왕손인 㮈音으로 하여금 인근의 郡 및 六部의 군사를 이끌고 가서 구
   하게 했다. 팔국의 병사들을 패배시켰다. …… 삼년 뒤에 骨浦 柒浦 古史
   浦 삼국 군대가 와서 竭火城을 공격했다. 왕이 군사를 이끌고 가서 구했
   다. 삼국의 군대를 크게 패배시켰다.145)

---

144) 『三國史記』 卷2 新羅本紀2 奈解尼師今14年(209) 秋7月條, "浦上八國 謀侵加羅
   加羅王子來請救 王命太子于老 與伊伐湌利音 將六部兵 往救之 擊殺八國將軍
   奪所虜六千人 還之".
145) 『三國史記』 卷48 列傳8 勿稽子傳, "勿稽子 奈解尼師今時人也 …… 時八浦上國
   同謀伐阿羅國 阿羅使來請救 尼師今使王孫㮈音率近郡及六部軍往救 遂敗八國
   兵 …… 後三年骨浦 柒浦 古史浦 三國人來攻竭火城 王率兵出救 大敗三國之
   師".

B9. 제10대 임금인 奈解王 즉위 17년인 壬申年에 保羅國 古自國[지금(고려 때)의 固城] 史勿國[지금(고려 때)의 泗州] 등 팔국이 힘을 합하여 변경지역을 침범해 왔다. 왕이 태자 㮄音과 장군 一伐 등에게 명하여 군사를 이끌고 가서 막게 했다. 팔국이 모두 항복했다. …… (왕 즉위) 10년인 乙未年에 骨浦國[지금(고려 때) 合浦이다] 등의 삼국 王이 각각 군사를 이끌고 竭火를 공격해 왔다[갈화는 아마도 屈弗일 것이다. 지금(고려 때)의 蔚州이다]. 왕이 친히 군대를 이끌고 가서 막았다. 삼국이 모두 패했다.[146]

이 사건이 일어난 시점에 대한 논의는 『三國史記』의 편년을 그대로 따라 3세기 초로 보는 설이 있으며,[147] 기년을 그대로 믿을 수 없다는 입장에서 수정하여 4세기 전반으로 보는 설,[148] 고구려 남정 전후로 본 견해,[149] 김해 가야세력의 멸망 이후 대가야 멸망 이전의 6세기 중엽으로 보는 설,[150] 대가야 멸망 이후 7세기초 무렵으로 보는 설[151] 등이 있다.

사료상의 실제 연대를 그대로 따라 이 사건이 일어난 연대를 3세기 초로 보는 논자들의 경우, 이 사건을 계기로 3세기 초에 김해의 가야세력은 약화된다던가[152] 신라의 영향력 아래 놓였다고 보았다.[153] 그러나 이러한 논점들은 1990년 이후 부산 경성대학교박물관에 의해 네 차례 실시된 김해 대성동고분군의 발굴성과를 보면 성립될 수 없음을 알 수 있다. 대성동고

---

146) 『三國遺事』 卷5 避隱8 勿稽子條, "第十奈解王卽位十七年壬辰 保羅國 古自國[今固城] 史勿國[今泗州] 等八國 幷力來侵邊境 王命太子㮄音 將軍一伐等 率兵拒之 八國皆降 …… 十年乙未 骨浦國[今合浦也]等 三國王 各率兵來攻竭火[疑屈弗也 今蔚州] 王親率禦之 三國皆敗.

147) 千寬宇, 앞의 책, 1991, 16쪽 ; 李賢惠, 앞의 논문, 1988, 166쪽 ; 白承忠, 앞의 논문, 1989, 30쪽 ; 權珠賢, 앞의 논문, 1993, 23쪽.

148) 金泰植, 앞의 논문, 1994, 51쪽.

149) 허재혁, 「5세기대 남부가야의 세력재편 - 浦上八國 戰爭과 高句麗軍 南征을 중심으로 - 」, 부산대학교 석사학위논문, 1998, 27쪽.

150) 金廷鶴, 『任那と日本』, 小學館, 1977, 57~58쪽 ; 宣石悅, 「三國史記 新羅本紀 加耶關係記事의 檢討 - 初期記錄의 紀年推定을 중심으로 - 」, 『釜山史學』 24, 1993, 36~38쪽.

151) 三品彰英, 『日本書紀朝鮮關係記事考證 上』, 吉川弘文館, 1962, 174쪽.

152) 千寬宇, 앞의 책, 1991, 18쪽.

153) 白承忠, 앞의 논문, 1989, 30쪽 ; 權珠賢, 앞의 논문, 1993, 24~25쪽.

분군의 유물상은 3세기 후반에서 5세기 전반 사이에 있어서, 김해의 남가라 지역연맹체가 신라 및 주변세력에 비해 결코 뒤지지 않고 오히려 능가하는 힘을 가진 정치집단이었음을 알게 해 준다.[154]

그리고 사건의 시기를 6, 7세기로 보는 견해들도 김태식의 비판대로[155] 기존설이나 편년 전체에 대한 검토 없이 갑자기 제시한 가설적인 것이거나, 논거 속에 자체 모순을 포함하고 있는 것들이 많아 따르기 어렵다.

여러 논자들 가운데 김태식은 포상팔국의 전쟁을 해상교역권과 관련하여 가야세력권 내의 내분이 일어난 사건으로 파악한 기존의 연구를[156] 받아들여 사건이 일어난 시기를 4세기 전반으로 보았다. 이는 낙랑군과 대방군이 소멸되는 시기에 주목한 것이다. 즉 두 郡의 소멸은 한반도 남부에 있어서 급격한 교역체계 상의 변동을 초래했을 것으로 보아 이 사건이 그의 영향으로 일어난 것으로 이해하는 것이다. 그리고 500년 경 지증왕의 즉위 시기부터 그 이전 代의 왕 및 친족의 출생관계를 逆算하여 내해왕의 즉위 시기를 대략 310년대 후반의 시기로 추정한 姜鍾薰의 연구성과를 참고했음을 밝히고 있다.[157]

비록 상황논리에 근거한 것이지만, 김태식의 논리가 비교적 타당하다고 여겨진다. 그러나 그가 설정한 남부지방에서의 급격한 교역체계의 변동이란 상황은 2군 소멸 이후인 4세기 전반보다 좀더 소급해서 적용해도 가능하다. 낙랑·대방 二郡의 소멸이 교역체계의 변화를 증폭시킨 원인을 제공한 것만은 분명하지만, 二郡의 소멸 이전에 이미 한반도 남부에서는 교역체계의 다양화가 진행되고 있었기 때문이다.[158]

그리고 사료 B7에 나오는 于老는 비록 전설적인 인물이라 해도,[159] 『삼

---

154) 申敬澈, 「金海大成洞古墳群の發掘調査成果」, 『東アジアの古代文化』 68, 1991 ; 「金海大成洞·東萊福泉洞古墳群 點描 - 金官加耶 이해의 一端 - 」, 『釜大史學』 19, 1995.
155) 金泰植, 앞의 논문, 1994, 46~51쪽.
156) 李賢惠, 앞의 논문, 1988, 166쪽.
157) 金泰植, 앞의 논문, 1994, 52쪽.
158) 최근 한반도 남부지역의 김해 양동, 대성동, 울주 하대유적 등에서 출토된 비교적 이른 시기의 倭系, 혹은 중국 漢系 유물은 그 방증자료가 된다.

국사기』于老列傳을 통해 그가 활동했던 실제 시기를 추정해 볼 수 있다.
열전에 의하면 于老와 訖解王은 부자관계로 되어 있다.[160] 于老는 249년
(혹은 253년)에 사망한 것으로 되어 있고, 그의 아들 訖解王은 356년에 죽
고 있다. 그러니까 訖解王이 그의 遺腹子라 해도, 訖解王은 107세로 사망
한 것이 된다. 그러나 于老列傳에 의하면 그는 유복자도 아니다. 그는 부
친이 焚死당했을 때 비록 유약한 몸이기는 했으나, 于柚(抽)村의 新羅軍
陣營에 있었던 것으로 되어 있다.[161] 訖解王이 100여 세 이상 장수했을 가
능성이 없는 것은 아니지만, 于老의 활동시기가 『삼국사기』 기록 그대로
따를 수 없음을 전제로 한다면 1주갑(60년) 정도 인하하여 보면 흘해왕의
나이 문제도 무리 없이 해결된다. 이러한 추측이 근거를 가진다면 사료 B7
의 실연대는 269년이 된다. 그러나 포상팔국 전쟁이 일어난 실연대를 269
년으로 볼 수 있으려면 흘해왕의 사망연대의 기년이 안정되어야 한다. 본
고는 4세기 중엽 「신라본기」의 기록을 그대로 따르지 않는 입장이다. 이를
포상팔국 전쟁의 상한시기로만 보고자 한다. 이상의 논증으로 본고는 포상
팔국 전쟁이 일어난 시기를 3세기 후엽에서 4세기 전반으로 설정한다.

  다음으로 정리의 필요성을 느끼는 것은 전쟁 대상국의 문제다. 사료 B7
에서는 포상팔국이 모의하여 加羅國을 공격하는 것으로 되어 있지만 B8에
서는 阿羅國을 공격하는 것으로 되어 있다. 포상팔국이 공격한 대상국은
과연 어느 곳일까?

  이 문제에 대해서는 이미 茶山 丁若鏞이 『疆域考』에서 '阿羅'를 '柯羅'

---

159) 李基東, 「于老說의 世界」, 『韓國古代國家의 國家와 社會』, 一潮閣, 1985.
160) 『三國史記』 卷45 列傳5 昔于老傳, "奈解尼師今之子(或云角干水老之子也) 助賁
    王二年七月 以伊湌爲大將軍 出討甘文國破之 以其地爲郡縣 四年七月 倭人來侵
    于老逆戰於沙道 乘風縱火 焚賊戰艦 賊溺死且盡 …… 七年癸酉 倭國使臣葛那
    古在館 于老主之 與客戲言 早晚以汝王爲鹽奴 王妃爲爨婦 倭王聞之怒 遣將軍
    于道朱君討我 大王出居于柚村 于老曰 今玆之患 由吾言之不愼 我其當之 遂抵
    倭軍 謂曰 前日之言戲之耳 豈意興師至於此耶 倭人不答 執之積柴置其上 燒殺
    之乃去 于老子幼弱不能步 人抱以騎而歸 後爲訖解尼師今 味鄒王時 倭國大臣來
    聘 于老妻請於國王 私饗倭使臣 及其泥醉 使壯士曳下庭焚之 以報前怨 倭人忿
    來攻金城 不克引歸".
161) 李基東, 앞의 논문, 1985, 189쪽 참조.

로 고쳐[162] 列傳의 기사가 잘못되었다고 한 이후, 최근 다수[163]가 加羅說을 지지하고 있다. 즉, 사료 B8의 阿羅를 加羅의 誤記로 보고, 포상팔국이 加羅를 공격하는 것으로 보는 것이다(이를 阿羅 誤記說이라 할 수 있다).

阿羅 誤記說을 주장하는 권주현의 경우, 포상팔국 전쟁을 변한 제소국의 주도권을 장악하기 위한 두 세력권의 다툼으로 간주하고, 낙동강 서부지역의 중심세력으로 등장한 안야국이 포상팔국 지역연맹체를 주도하여 금관가야 중심의 지역연맹체와 실력대결을 벌인 것으로 이해하였다.[164]

그런데 만약 함안의 안라국이 포상팔국 속에 속했다고 한다면, 『三國志』韓條에 이미 '安邪國'이라는 이름으로 나오는 등, 안라국의 당시 위상으로 보아 포상팔국의 이름을 나열하는 중에 등재되었을 가능성이 높다. 그러나 사료상에는 安邪國 또는 安羅의 이칭으로 볼 만한 어떠한 國도 보이지 않고 있다. 또한 『삼국사기』 찬자에 의해 의도적으로 수정되었을 가능성도 없어 보인다.[165]

그리고 동일 阿羅 誤記說論者인 김태식에 의해서도 이미 비판되었듯이, 『삼국사기』 초기 기록에 나오는 '加耶'는 본래 가야국을 가리킬 수도 있고 가야 계통의 다른 소국을 가리킬 수도 있다는 시각[166]은 따를 수 없다. 만약 이 시각이 옳다면 원사료에는 阿羅國으로 나오는 것을 『삼국사기』 찬자가 국명을 수정하면서 일부는 加羅 또는 加耶로 고치고 일부는 미쳐 고치지 못해서 위의 차이가 났다고 볼 수 있을 것인데, 그렇다면 오히려 사

---

162) 丁若鏞, 『彊域考』卷2 弁辰別考, "勿稽子傳云 浦上八國同謀伐柯羅國 柯羅遣使請救".

163) 千寬宇, 「復元加耶史(상)」, 『文學과 知性』 28, 1977 ; 『加耶史研究』, 一潮閣, 1991, 16쪽 ; 李賢惠, 「4세기 加耶社會의 交易體系의 변천」, 『韓國古代史研究』 1, 1988, 165쪽 ; 李永植, 「加耶諸國의 國家形成問題 - '加耶聯盟說'의 再檢討와 戰爭記事 分析을 중심으로 - 」, 『白山學報』 32, 1985, 75쪽 ; 白承忠, 「1~3세기 가야세력의 성격과 그 추이 - 수로집단의 등장과 浦上八國의 亂을 중심으로 - 」, 『釜大史學』 13, 1989, 30쪽 ; 權珠賢, 「阿羅加耶의 成立과 發展」, 『啓明史學』 4, 1993, 21쪽 ; 金泰植, 「咸安 安羅國의 成長과 變遷」, 『韓國史研究』 86, 1994, 56~58쪽. 필자도 이를 따른 바 있다(白承玉, 앞의 논문, 1997, 173쪽).

164) 權珠賢, 앞의 논문, 1993, 23쪽.

165) 金泰植, 앞의 논문, 1994, 56쪽.

166) 李永植, 앞의 논문, 1985, 69~74쪽 ; 白承忠, 앞의 논문, 1989, 9쪽.

료 B8의 열전에 보이는 阿羅國이 더 정확하다고 보아야 할 것이다. 그러나 『삼국사기』에는 위의 기사에 나오는 阿羅國 외에도 召文國·甘文國·押督國·多伐國 등 소국의 이름이 많이 나오고, 그 중에는 金官國·居柒山國·草八國·大加耶國·阿尸良國 등 가야계통 소국들의 이름도 분명히 나오므로, 『삼국사기』 찬자가 의도적으로 수정하였을 가능성은 거의 인정되지 않는다.167) 역으로 『삼국사기』의 加耶 혹은 加羅는 모든 가야 제국에 통칭되었다고 보아 본기의 加羅는 곧 阿羅國으로 볼 수 있다는 시각(이를 加羅 誤記論이라 할 수 있을 것이다)도 인정할 수 없다. 『삼국사기』에 가라 혹은 가야로 표기된 국들은 김해의 가야세력 아니면 고령의 가야세력을 나타내기 때문이다.168)

김태식은 사료 B8에서의 阿羅國이 加羅의 誤記임을 인정하면서, 浦上八國 중에 위치 고증이 가능한 骨浦(現 창원·마산), 柒浦(現 칠원), 古史浦＝古自國(現 고성), 史勿國(現 사천)의 토기문화권과 함안 道項里·篁沙里 고분군에서 출토된 筒形高杯의 형식상 동일 토기문화권인 점으로 보아 포상팔국이 동일 문화권의 안라국(現 함안)을 쳤다기보다는, 다른 문화권에 속하면서 세력이 큰 加耶國(現 김해)을 쳤다고 보는 것이 합리적이라고 하였다. 즉 고고학적 증거를 통해서 보아도 포상팔국의 공격대상은 阿羅國이 아니라 加羅였다는 추정이 보다 타당하다고 하였다.169) 그리고 이 기사에 '阿羅國'의 국명이 나오는 것은 포상팔국의 난을 지휘한 세력이 함안의 안라국이었기 때문에 誤記되었을 가능성을 제기하고 있다.170)

김태식의 견해대로라면 공격의 주도국이 공격을 받는 國으로 誤記되었다는 것이다. 불가능한 추정은 아니라 할지라도, 그 가능성을 인정하기 어렵다. 기준 유물에 따라 김해의 南加羅圈도 포상팔국의 문화권과 동일 문화권역으로 볼 수도 있으며, 함안의 阿羅國 문화권역과 포상팔국 권역을 구분지울 수 있는 문화적 차별성도 도출 가능하다. 그리고 동일 문화권 내

---

167) 金泰植, 앞의 논문, 1994, 56쪽.
168) 白承玉, 앞의 박사학위논문, 2001, 46쪽의 <표 2> 참조.
169) 金泰植, 앞의 논문, 1994, 57쪽.
170) 金泰植, 앞의 논문, 1994, 58쪽.

에서의 전쟁이 없으란 법도 없다.

한편, 加羅 誤記論者들(공격받는 나라를 함안의 阿羅國으로 보는 논자들)171)의 경우, 대부분 전쟁의 시기를 6세기대 이후 남가라 멸망 이후로 보아 논지를 전개시키고 있기 때문에 본고와 관련하여 특별히 논급할 필요성은 없다.

전쟁의 시기를 3세기 말로 보는 남재우는 포상팔국 전쟁기사를 포상팔국이 김해 가라국을 공격한 것이 아니라 농경지 확보를 위해 안라국을 공격한 것으로 해석하고 있다.172) 전쟁의 시기 및 이유에 대해서는 동감한다. 그러나 사료 B7에 대한 해명이 부족하다. 茶山 丁若鏞이 '柯羅'로 쓴 이유를 추구하여, 阿羅의 誤記라고 설명하고 있다.173) 그러나 茶山이 그의 『疆域考』에서 加羅에 대한 표기로서 주로 쓴 迦羅 대신에, 포상팔국 전쟁기사에서는 柯羅를 쓴 것은 同기사에 대한 茶山이 가진 의문의 발로로 보아야 할 것이다.

그러면 앞의 사료 B7, B8, B9를 서로 모순 없이 어떻게 해석할 수 있을까?

문제 해결의 관건은 비교적 간단하다. 사료를 자세히 보면, 사료 B8과 B9는 동일 시기 동일 사건에 대한 기술이지만, B7은 다른 시기 다른 사건에 대한 기술이다. 즉 사료 B7은 포상팔국이 加羅國을 친 사건을 기록한 것이고, 사료 B8은 포상팔국이 阿羅國을 친 사건이다. 전쟁 대상국이 각각 다른 것이다. 차이점을 표로 만들어 대조해 보자.

전쟁 대상국을 加羅로 보는 설은 사료 B7, B8이 기본적으로 동일 구조를 가졌다는 점에서 正史인 『삼국사기』에 중점을 둔 관점으로 여겨진다. 그런데 위의 사료들은 자세히 살펴보면 일정 정도의 차이를 가지고 있어 과연 동일 사건에 대한 기술인가 하는 의심을 갖게 한다.

위의 사료 B8과 B9는 동일 계통의 원전은 아니라 할지라도 동일 사건에

---

171) 宣石悅, 『新羅國家成立過程研究』, 혜안, 2001, 73~78쪽 ; 三品彰英, 앞의 책, 1962, 174쪽 ; 田中俊明, 『大加耶連盟の興亡と「任那」』, 吉川弘文館, 1992, 30쪽.
172) 南在祐, 앞의 박사학위논문, 1998, 71~72쪽.
173) 南在祐, 앞의 박사학위논문, 1998, 73쪽.

<표 1> 浦上八國戰爭 관계기사 비교 대조표

	전쟁 도발국	대상 국	전쟁 시기	구원 사자	구원군	전쟁의 경과 및 결과	비 고
사료 B7	浦上八國	加羅	奈解尼 師今 14年	加羅 王子	太子 于老와 이벌찬 利音이 거느린 6部兵	포로로 잡힌 6천인을 빼앗아 돌려줌	
사료 B8	八浦上國	阿羅 國	奈解尼 師今代	阿羅 國의 사신	王孫 㮈音이 이끄는 近郡 및 6部軍	八國兵을 무 찌름	3년 후 골포, 칠포, 고사포 삼국이 갈화성을 공격하자 왕이 병사를 이끌고 나아가 대패시킴
사료 B9	保羅國 古自國 史勿國 등 八國	新羅 邊境	奈解王 17년		太子㮈音과 將軍 一伐 등이 兵을 이끔	八國이 모두 항복함	奈解王 20년에 골포국 등 삼국왕이 갈화을 공격하자 왕이 직접 출격하여 막음

대한 것을 기술한 것으로 보인다. 이는 사건의 내용이나 所載된 곳이 모두 列傳이라는 점에서도 수긍할 수 있을 것이다. 그렇다면 사료 B8의 전쟁시기는 奈解尼師今 17년으로 볼 수 있다. 반면 사료 B7의 전쟁시기는 奈解尼師今 14년이다.

사료 B7에서는 포상팔국과 전쟁을 벌이는 상대국은 加羅이며, 加羅王子가 신라에 청원을 요청하자 신라왕이 태자 于老와 이벌찬 利音을 보내 加羅를 구원하는 것으로 되어 있다. 사료 B8에서는 포상팔국이 阿羅를 공격하자 阿羅使가 신라에 구원을 청하자 신라왕이 왕손 㮈音으로 하여금 가서 구원케 하는 것으로 되어 있다. 이 두 기사 간에는 몇 가지 차이점이 있다. 결정적으로 전쟁의 시기와 상대국이 다르다. 이러한 차이점을 부정하고 오히려 동일 사건으로 보았기 때문에 문제를 복잡하게 만든 것이다. 이제까지의 誤記論者들은 포상팔국과 加羅 혹은 阿羅와의 전쟁으로만 생각해 왔기 때문에 이러한 차이점을 보지 못한 것 같다.

한편, 포상팔국의 위치에 대해서는 대체로 창원 이서 곤양 이동으로 비정[174]할 수 있을 것이다.

---

174) 丁若鏞, 『疆域考』卷2 弁辰別考, "鏞案 旣云浦上不云海中 則今巨濟 南海不在計

이상의 논의를 정리하면 다음과 같다. 내해왕 14년(실연대는 3세기 중·후엽~4세기 전반 사이의 어느 시기)에 포상팔국이 김해의 南加羅를 공격하지만, 구원군으로 온 신라에 의해 패배하고 사로잡았던 가라인 6천 명마저 빼앗긴다. 그로부터 3년 후인 내해왕 17년, 포상팔국은 함안의 阿羅國을 공격한다. 이 때에도 포상팔국은 신라 구원군에 의해 패하게 된다. 내해왕 20년[175])에는 (포상팔국 중의) 骨浦·柒浦·古史浦의 삼국이 竭火城(지금의 울산지역)을 공격하지만 신라왕이 몸소 이끄는 군대에 의해 대패하고 만다.

이상의 사실에서 포상팔국 동맹[176] 즉 지역연맹체는 동남해안을 누비며, 9년 동안 전쟁을 일으킨 것을 알 수 있다. 즉 3세기 중·후엽에서 4세기 전반대에 걸쳐 한반도 남부지방은 전쟁의 혼란기였다고 볼 수 있다. 그러면 이러한 전쟁은 왜 일어나게 되었을까?

(2) 연맹 결성의 목적

그동안 이들 포상팔국의 전쟁기사에 대해서는 가야와 신라 간의 교역체계의 변화라는 차원에서 다루어져 왔다.[177] 이러한 시각은 사료 B7에 국한하는 한 타당하다고 여겨진다. 포상팔국과 南加羅는 모두 해상세력으로서 그 성장기반을 교역에 두고 있었다. 두 세력 간의 충돌은 당연히 있을 수 있는 것이며, 사료 B7은 그러한 사실을 뒷받침해 주는 사료인 것이다.

포상팔국 동맹결성의 목적은 전쟁의 발발시기 및 전쟁의 원인 등과 아울러 생각해 보아야 한다. 한반도 남부지역에서 이러한 사건이 일어날 수 있었던 상황을 보다 다각적인 차원에서 천착해 볼 필요가 있다. 즉 이를 외부 환경의 변화에 의한 결과로 보는 시각도 필요하지만, 포상팔국의 성

也 今浦上之地 東自昌原 西至昆陽 恰爲八邑 而咸安 固城 本有加耶之名 骨浦 漆浦 已著新羅之史.” 다만, 여기서 咸安도 본래 가야였기 때문에 포상팔국 속의 한 나라로 추정한 것은 따르기 어렵다.

175)『三國遺事』卷5, 避隱8 勿稽子條의 원문에는 ‘十年乙未’로 되어 있으나, 이는 ‘十’字 앞에 ‘二’字가 탈락된 것으로 보아야 한다. 그래야만 干支 ‘乙未’도 맞아진다.

176) 白承玉, 앞의 논문, 1997, 176쪽.

177) 李賢惠, 앞의 논문, 1988 ; 白承忠, 앞의 논문, 1989.

장과 그를 발판으로 한 새로운 욕구의 충족을 위한 전쟁이라는 시각도 필
요하다. 포상팔국은 그 이름에서도 알 수 있듯이 浦口나 해양을 그 존립
근거로 하는 國들이었다. 이러한 國들이 새로운 도약을 위해서는 그들 경
쟁국과의 전쟁 또는 새로운 활로의 모색은 필연적이었을 것이다. 이는 앞
에서 논급한 3세기 중엽, 중국 郡縣(樂浪·帶方)과의 전쟁 이후 새롭게 전
개되는 삼한사회의 역사적 진행과정과도 무관하지 않은 것이다.

그리고 또 하나 주목해야 할 바는 安羅國과 관련된 사료 B8이다. 포상
팔국이 阿羅國을 친 이유는 이들 공동의 이익을 위해서였을 것이다. 이들
이 전쟁을 통해서 추구하고자 했던 것은 그들에게는 없지만 阿羅國은 가
지고 있었던 것이었을 것이다. 이에 대한 남재우의 주장은 많은 시사를 준
다. 그는 포상팔국이 阿羅國을 공격한 것은 농경지의 확보와 내륙지방으
로의 진출 모색에 있다고 하였다.[178]

포상팔국은 1~2세기 동안 중국 군현과의 교역관계 등을 통해서 선진적
인 문화를 받아들일 수 있었고, 그에 따라 일층 발전된 사회조직에 대한
욕구를 가지게 되었을 것이다. 그러나 포상팔국은 입지조건상 지속적인 발
전을 이룰 수 있는 객관적인 조건을 갖추고 있지는 못하였다. 해상에 있었
기 때문에 교역에는 좋은 조건을 갖추고 있었지만, 대신에 海上으로의 왜
세 침입에 대비해야만 하는 불리한 조건도 동시에 가지고 있었다.[179] 이러
한 조건을 보충하는 데에 그들 주변에 있으면서 호조건을 갖춘 阿羅國은
당연히 그들의 진출 대상지였을 것이다. 포상팔국은 이러한 목적을 달성하
기 위해 결성되었던 것이다.

그러나 포상팔국이 의도한 목적은 新羅가 남가라와 안라를 도와줌으로
써 번번이 좌절되었다. 이에 내해왕 20년에는 신라의 해외 교역항이자, 남
해안으로의 진출기지인 竭火(지금의 울산)을 공격하게 되는 것이다. 그러나
결과는 포상팔국의 패배로 나타났다. 패배의 원인은 비록 古自國이 중심
국[180]이긴 해도 강력한 주도국이 없었다는 점과 결속력의 미약 등을 들 수

---

178) 南在祐, 앞의 박사학위논문, 1998, 85쪽.
179) 南在祐, 위와 동일.
180) 白承玉, 「固城 古自國의 형성과 변천」, 『韓國古代史硏究』 11, 韓國古代史硏究會,

있을 것이다. 포상팔국 지역연맹체의 패배는 역으로 戰勝國인 南加羅와 安羅國, 新羅의 약진을 가져오게 되었다.

이상 본장에서 논의한 내용을 정리하면 다음과 같다.

245년 魏는 낙랑·대방 2군을 통해 韓 諸國에 대한 분할정책을 시도하지만, 한 제국은 당시 주요국들(함안의 安邪國, 김해의 狗邪國 포함)을 중심으로 對二郡전쟁을 감행한다. 이는 당시 韓社會 성장의 한 모습이기도 했다. 대이군전쟁은 대방태수가 전사하는 등 이군 측의 피해도 있었지만 韓의 滅로 나타난다. 그런데 滅이란 표현은 중국 측에서 볼 때 韓地가 그들의 체제 안에서 벗어났다는 의미이며, 韓의 멸망을 의미하는 것은 아니다. 이는 오히려 韓사회의 성장을 의미하는 것으로 파악했다.

3세기 후반~4세기 전반대 가야 남부지역의 모습은 3개군의 지역연맹체를 형성하고 있었다. 이들 중 비교적 두각을 보인 것은 김해의 남가라 지역연맹체였다. 그런데 이 김해 남가라 지역연맹체는 고령의 가야세력과 동일한 '加羅'라는 국명을 사용했다. 다만 구별할 필요가 있을 경우 '南加羅'로 별칭했다. 변한 사회체제의 와해 후 새로운 국명, 즉 가라의 탄생을 진정한 가야사의 시작으로 보았으며 그 시기는 3세기 중엽으로 파악했다. 남가라 지역연맹체 내부구조에 대해서는 수로를 추대한 9간의 성격에 초점을 맞추어 小國이 연맹한 형태로 보았다. 성장기반에 대해서는 구체적 논급을 하지 못했지만, 기존의 연구성과대로[181] 교역에 바탕을 둔 것으로 여긴다. 가야전기 가장 강력한 지역연맹체였던 南加羅가 쇠퇴하기 시작한 시기는 5세기 전반 무렵으로 생각된다. 5세기 전반대가 되면 고구려의 세력을 등에 업고 급성장한 신라가 낙동강 하류역의 가야지역을 蠶食하게 된다. 이때 김해 남가라를 중심으로 한 지역연맹체는 사실상 와해되고 만다. 이후 남가라 지역연맹체는 고대국가로의 성장은 이루지 못한 채, 6세기 전반까지 명맥을 유지하다가 신라에 병합됨으로서 역사의 장에서 사라지게 되는 것이다.

1997.

181) 李賢惠, 앞의 논문, 1988 ; 白承忠, 앞의 논문, 1989.

포상팔국 지역연맹체와 관련하여서는 먼저 관계기사를 검토하였다. 그 결과 포상팔국이 동맹하여 동남해안을 누비며 전쟁을 일으킨 것으로 보았으며, 그 이유는 교역권에 대한 쟁탈, 농경지의 확보와 내륙지방으로의 진출 모색에 있었던 것으로 보았다. 이렇게 볼 때 포상팔국 지역연맹체는 연맹체의 이익 추구라는 목적을 이루기 위해 결성되었다는 것을 알 수 있다. 이 점은 남가라 지역연맹체의 결성과정과 비교해 볼 때 약간의 차이를 인정할 수 있다. 남가라 지역연맹체가 이군과의 전쟁과정에서 형성되고 경제적 동일교역망의 구축과정에서 강화되었다면, 포상팔국 지역연맹체는 소국 공동의 이익 추구를 위해 형성되었다가 목적 달성을 못하자 해체되는 양상을 보이고 있는 것이다.

4. 맺음말

이상 전기 가야 小國의 성립과 발전에 대해 살펴보았다. 본고는 기본적으로 기존의 전·후기 단일 가야 연맹체론을 부정하는 입장에 서 있다. 가야는 어느 시기도 가야 전체가 단일의 연맹체로 결합되었던 적이 없었다. 이 점을 명백히 하지 않으면 전체 가야사를 구성하는 데에 많은 혼란과 모순이 따를 수밖에 없다. 본고는 이 점에 유의하면서 전체 가야사는 小國의 형성에서부터 출발하여 → 小國의 병립단계 → 지역연맹체단계(각 지역별 小國의 연합 및 연맹단계) → 지역연맹체가 보다 강화된 단계(이를 고대 영역국가로 파악할지는 별도의 문제이다)로 발전해 나간다는 입장에서 논의를 전개하였다. 논의한 바를 요약함으로써 맺음말에 대신하고자 한다.

삼한 소국의 형성은 기원전 3세기대로 소급해 볼 수 있었다. 그리고 기원전 3세기 단계의 여러 소국들과 『삼국지』 한조에 일일이 擧名되어 있는 3세기 전반대의 소국들과는 그 사회발전의 정도 차를 고려하여 전·후기 삼한으로 구분하였다. 그 획기는 기원후 1세기로 하였다. 단 가야지역에 있어서 각 小國의 형성은 각 지역마다 시기 차가 있었을 것이며, 동일 시기에 형성되었다고 하더라도 그 발전 정도의 차는 존재했었다는 점을 인정해야 할 것이다.

小國의 내부구조에 대해서는 기존 연구를 참작하여 邑落과 國邑, (小)別邑으로 이루어져 있다고 보았다. 국읍이란 읍락 중 主帥가 살고 있는 대읍락이며, 별읍은 일반 읍락과는 구별되는 읍락으로 보았으며, 일반 읍락은 小國을 이루는 기본 단위로 존재했으며 그 읍락에는 長도 존재했던 것으로 보았다.

小國 병립의 상태로 있던 삼한 소국들은 내부 성장을 거쳐 서서히 소국연합 내지는 연맹체로의 결합을 이루어가는데 이것이 각 지역 단위의 지역연맹체의 결성이다. 이는 소국 가운데 비교적 대국을 중심으로 이루어져 갔다. 변한지역에서 그 중심은 拘邪國과 安邪國이었다. 이러한 지역연맹체의 결성은 3세기 중엽 무렵 일어난 중국 군현과의 전쟁을 통해서 더욱 가속화되었다. 그러한 변화 후 변한지역에서는 3개의 지역연맹체의 모습이 보이는데 김해의 南加羅 지역연맹체, 함안의 安羅 지역연맹체, 남해안 일대의 浦上八國 지역연맹체가 그들이었다. 이들은 각기 성장과 부침을 거듭하는데, 남가라 지역연맹체의 경우 연맹체 상태에서 더 결속력을 강화하지 못하고 결국 5세기 전반대 이전에 그 세력을 잃고 만다. 물론 6세기대까지 명맥은 유지하지만 대성동고분군 축조단계를 끝으로 전기 가야를 주도했던 雄姿는 꺾기고 마는 것이다.

반면 安羅 지역연맹체의 경우 安邪國으로서의 출발은 함안분지와 군북권에 한정된 것이었지만 3세기 후반~4세기 전반대의 어느 시기에 일어난 주변 浦上八國과의 세력권 싸움에서 승리함으로써 연맹체단계를 뛰어 넘어 후기 가야의 강국으로 성장할 수 있는 기반을 닦은 것으로 보았다.

浦上八國 지역연맹체는 古自國이 중심국이긴 하나 강력한 결집력을 보인 것은 아니었다. 주변국들 간의 경쟁에서 패배함으로써 연맹체는 무너지고 일부국은 安羅國에 병합되거나 소멸되고 일부국은 후기 가야의 일국으로 이행해 간다.

이상이 본고에서 언급한 내용의 간추림이다. 기존의 연구성과를 충분히 반영하려고 하였으나 한계를 인정하지 않을 수 없다. 그리고 논리의 비약도 눈에 띄며 모순도 많을 줄로 안다. 많은 가르침을 부탁한다.

後期 加耶聯盟體의 成立과 發展

김 태 식[*]

1. 머리말

加耶聯盟體의 역사를 前期와 後期로 나눈다고 할 때, 크게 보아 전기는 4세기 이전 김해 駕洛國 중심 가야연맹체의 역사를 말하며, 후기는 5세기 이후 고령 大加耶國 중심 가야연맹체의 역사를 말한다.[1]

그러므로 여기서는 5세기 초부터 6세기 중엽까지 후기 가야연맹체에 참여하는 10여 개 소국들의 역사적 추이를 대가야국을 중심으로 정리하고자 한다. 연구방법은『三國史記』와『日本書紀』의 기사를 중심으로 하고,『三國遺事』와『新增東國輿地勝覽』 등의 사료를 보조적으로 사용하여 역사 전개과정을 정리하되, 그동안 발굴 조사된 고고학 자료들에 대한 연구성과를 애매한 문헌자료의 의미를 재해석하는 데 활용하고자 한다.

특히 1980년대 이후 축적되어 온 후기 가야사 분야의 연구성과를 종합 정리하고, 최근에 발굴을 통하여 새로이 축적된 자료를 추가하여 논의를 심화시키고자 한다. 그런 과정에서 가야사와 관련되어 왜곡되어 거론되던 이른바 '任那日本府', 즉 '安羅倭臣館'의 성격에 대한 논의도 병행하여 정리할 것이다.

---

* 홍익대학교 역사교육과 교수

1) 金泰植,『加耶聯盟史』, 一潮閣, 1993 ;「가야의 발전과 쇠망」,『한국사 7 - 삼국의 정치와 사회 Ⅲ』, 국사편찬위원회, 1997.

2. 5세기 加耶諸國의 再構成

가야지역은 4세기 후반 이후 백제와의 교역이 이루어지면서 다시 통합하여 발전하다가, 고구려-신라 연합군의 任那加羅(김해와 창원 일대) 정벌이후 큰 타격을 입고 약화되었다.[2] 그러나 전쟁의 영향이 직접적으로 미치지 않은 가야지역 내의 다른 지역들은 오히려 전쟁의 직접적인 화를 입지 않고 기왕의 세력 기반을 착실히 성장시켜 갈 수 있었다.

5세기 전반기에는 백제도 광개토왕 군대에 대한 패전의 충격을 받아 왕위쟁탈의 혼란이 일고 신라와 제휴를 모색하는 등 어려운 시절을 보내고 있었다. 반면에 신라는 고구려의 도움을 받아 신라를 침공하던 왜군을 물리치고 그 배후기지인 가야 중심부를 몰락시킴으로써 낙동강 동쪽 연안의 최대 세력으로 부각되어 차츰 주변 소국에 대한 통제력을 강화시켜 나갔다. 그러나 아직은 내부적으로 중앙집권력이 약하였고, 대외적으로도 왜군의 침략이 계속 이어지고 왕위 계승에 고구려의 간섭을 받는 등의 문제점이 있어서 낙동강 넘어 가야지역에 대해서까지 적극적인 대외정책을 펼수는 없었다.

4세기 후반 이후 5세기대 신라문화권의 팽창을 반영하는 유적으로는 경주 황남동고분군을 비롯하여, 의성 탑리고분, 안동 마동·중가구동·조탑동고분군, 칠곡 구암동고분군, 대구 내당동·비산동·불로동고분군, 창녕 교동고분군, 양산 부부총, 부산 복천동 10·11호분, 1호분, 학소대고분군, 칠산동 1호분, 부산 당감동고분군, 성주 성산동고분군 등이 있다.

묘제를 볼 때 경주지방에서는 積石木槨墳이 주류를 이루며 대두되었으나, 다른 지역에서는 竪穴式石槨墳이나 橫口式石槨墳이 성행하여, 경주와 다른 지방 사이에 일정한 차이가 나타난다. 그러나 유물로 볼 때, 우선 대구, 경산, 양산, 부산 등지에서 출토된 金銅冠은 경주의 적석목곽분들에서 출토된 金冠과 같이 出字形立飾이 달린 거의 비슷한 양식을 띠며 그러한

---

2) 고구려의 임나가라 정벌에 대해서는 金泰植, 「廣開土王陵碑文의 任那加羅와 '安羅人戍兵'」, 『韓國古代史論叢』 6, 韓國古代社會研究所, 1994 참조.

유사성은 귀걸이나 허리띠 등의 장신구에서도 그대로 드러난다. 또한 위에서 언급한 고분들에서 출토된 신라토기 중의 한 양식인 二段透窓 有蓋高杯들은 서로 비슷한 면모를 보이고 있다. 각 고배의 시기는 어느 정도 진폭이 있을테지만, 경주를 비롯한 성주, 칠곡, 부산, 안동, 창녕, 대구 등지의 고배 형식이 대체로 비슷하며, 뚜껑손잡이에 투창이 뚫려 있다거나 臺脚部의 투창이 두 단으로 서로 엇갈리게 뚫려 있는 모습 등의 기본적 특징이 같다.

그러므로 이들 지역은 동일한 문화기반 아래 발전하고 있다고 볼 수 있으나, 고분의 규모 면에서 경주지방의 것이 다른 지역의 것들보다 월등하게 크고 부장품도 훨씬 많이 나오며, 관모를 비롯한 장신구에서도 경주지방에서는 純金製, 金銅製, 銀製의 것이 모두 나오나 다른 지방에서는 금동제와 은제의 것만 나와 차별성이 나타난다. 그러므로 이러한 유물들이 출토된 지방은 아직 그 지역 지배층의 통치기반이 해체당하지는 않았다고 하더라도 이미 경주세력에 의하여 일정한 규제를 받고 있었다고 볼 수 있다.

특히 그 중에서도 성주, 창녕, 부산지방은 4세기 경까지는 가야연맹에 속해 있다가 신라에 자발적으로 투항하였다고 보인다. 이 지방의 세력들은 5세기 내내 크게 발전하여 고분 규모가 커지고 그 안에서 유물이 풍부하게 나타난다. 다만 그 유물들은 경주에서 직접 받거나 또는 경주지방의 것을 그대로 모방한 것으로 보인다. 그 당시에 이른바 '洛東江 東岸樣式' 文化圈에3) 속하는 성주, 대구, 창녕, 양산, 부산 등의 소국들에게 문물을 지원하고 對內的 통치권을 보장하여, 가야 제국의 팽창을 저지하고 견제하는 역할을 담당케 하였던 듯하다.

반면에 5세기대 가야문화권의 前代 계승적인 측면을 반영하는 유적으로는 고령 지산동·본관동·쾌빈동고분군, 합천 옥전·저포리·반계제고분군, 남원 청계리·월산리·건지리고분군, 장수 삼고리고분군, 함양 상백리·백천리·손곡리고분군, 거창 말흘리고분군, 산청 중촌리·묵곡리고분

---

3) 金元龍, 『新羅土器의 硏究』(國立博物館叢書 甲 第四), 乙酉文化社, 1960.

군, 함안 말산리·도항리·오곡리·윤외리고분군, 의령 예둔리·천곡리고분군, 고성 송학동고분군, 사천 예수리고분군, 창원 도계동·반계동고분군, 마산 현동·신촌리고분군, 김해 예안리·두곡고분군 등이 있다. 우선 묘제로 보아 위의 고분들은 거의 모두가 수혈식석곽분이며, 신라지역처럼 횡구식석곽분으로의 질적 전환이 나타나지 않아서 고구려 및 신라 문화와의 연관성이 일단 배제되며, 다만 시대가 내려갈수록 수혈식석곽묘의 규모가 커지는 양적 팽창만이 인정된다.

또한 위에 나열한 고분군들에서 출토된 가야토기 중에서 고배들을 보면 서로 비슷한 모습을 띠고 있다. 고령을 비롯한 합천, 남원, 함양, 함안, 사천, 마산, 김해 등지의 고배형식이 대체로 비슷하며, 뚜껑손잡이의 모습이 신라지역과 달리 단추 모양이고 대각부의 투창이 二段으로 아래위에 한 줄로 뚫려 있거나 또는 一段일 경우에는 좁고 긴 형태로 뚫려 있다. 이들 지역의 고배형식이 신라 고배와 차이가 나면서 가야지역 내에서는 서로 비슷하다는 점은, 두 지역 간의 문화적인 분화를 반영할 뿐만 아니라 정치적 세력권의 일정한 차이도 반영한다고 볼 수 있다. 다만 투창이 二段인 것도, 一段인 것도 있고, 투창의 모습이 장방형인 것도 있고, 길쭉한 세장방형인 것도 있어서 지역별로 약간의 차이를 보인다는 한계성이 있다.

이 지역의 토기문화가 낙동강 東岸지역과 같이 획일적인 면모를 보이지는 않지만, 신라지역의 토기문화와는 구별되면서 전체적으로는 전 시대의 특성을 계승하고 있다는 공통성을 보인다. 그러한 동질성은, 5세기 후반 들어 고령, 함양, 함안, 김해 등지를 포괄하는 이 지역에 후기 가야연맹, 즉 고령의 대가야를 중심으로 한 연맹체가 형성되는 토대로 작용하게 되는 것이다.

토기를 중심으로 한 유물 출토상황을 토대로 5세기 이후 가야지역 내부의 정세를 정리해 볼 때, 후기 가야문화권은 고령권, 함안-고성-진주권, 김해권의 3개 권역으로 나뉜다. 각 권역은 상호 간에 서로 다른 특징과 발전 과정을 보이는데, 이를 하나씩 설명하면 다음과 같다.

우선, 패총 및 대형 목곽분 등이 다량 출토되던 김해를 중심으로 한 낙동강 하구유역의 해안지대에서는 5세기에 들어오면서 갑자기 고분 유적의 수효가 줄어들고 규모도 소형 석곽분 정도로 위축되었다. 그와 동시에 김해 예안리 고분군이나 창원 도계동 고분군과 같은 곳에서는 일부 신라계통 유물이 복합되는 현상이 나타났다. 이러한 현상은 그 지역에서 번성하였던 전기 가야연맹의 소멸을 직접적으로 반영하는 것이다. 그러나 김해 예안리 36호분에서 신라지역과는 다른 이단직렬투창 고배가 다량 출토되는 것으로 보아,[4] 대국적으로는 가야 문화권과 교류를 끊지 않고 그와 동조하고 있음을 확인할 수 있다.

반면에 경남 서남부지역의 함안 및 그 서쪽지역에서는 신라 유물의 영향이 거의 보이지 않는 상태에서 기존의 문화 내용을 점진적으로 팽창시켜 나갔다. 즉, 함안 말산리·도항리고분군, 사천 예수리고분군, 마산 현동고분군, 산청 묵곡리고분군 등에서는 그 유물 성격이 경주를 비롯한 낙동강 東岸 신라지역의 고분 유물과는 분명히 구분되고, 전단계의 형식을 거의 그대로 계승하고 있다. 이들은 전기의 경쟁세력이었던 김해세력의 약화에 힘입어 가까운 인근지역에 대한 지배력을 확충시켜 나갔던 듯하다. 그런 중에 함안, 고성, 진주 등의 세력이 어느 정도 향상된 것은 사실이나, 일정한 한계성을 가지고 있었다.

혹자는 가야지역의 토기문화로 보아, 4세기 말부터 5세기 중엽까지 咸安지방을 중심한 中期 加耶聯盟을 상정해야 한다는 언급을 하기도 하였다.[5] 그러나 5세기 전반의 시기에 함안의 安羅國이 가야 전역의 연맹장 역할을 하였다는 것은 문헌적, 고고학적 증거가 미약하다. 함안지방의 토기문화는 가야 전역에 영향을 미치면서 뻗어나가지 못하였으며, 화염형투창 고배와 같은 함안지방의 독특한 토기문화는 함안군, 의령군, 진주시 동부, 창원시 서부, 마산지방 등지에 제한적인 영향을 미치고 있었을 뿐이다.[6] 그러므로

---

4) 釜山大學校博物館, 『金海禮安里古墳群 I』, 1985.

5) 朴升圭, 「慶南 西南部地域 陶質土器에 대한 研究 - 晉州式土器와 관련하여 - 」, 『慶尙史學』 9, 경상대학교, 1993, 27쪽.

6) 金正完, 「咸安地域 陶質土器의 編年研究」, 『제2회 영남고고학회 학술발표회 발표 및 토론요지』, 1993, 8쪽 ; 趙榮濟, 「阿羅伽倻의 考古學」, 『阿羅伽倻史 學術討論會 발표요지』, 1994, 38쪽.

5세기 전반에서 중엽의 시기를 안라국 위주의 중기 가야연맹시대로 간주할 만큼 두드러진 것은 아니었다.

반면에 최근 들어 小加耶 양식 토기의 존재 범위가 예상보다 넓게 나타난다는 점에서 고고학계의 주목을 받고 있다. 즉, 남원 월산리 고분군, 거창 말흘리 고분군, 합천 봉계리 고분군, 저포리 A지구 고분군에서 소가야 양식의 토기가 존재한다든가[7] 함양 손곡리 고분군, 산청 묵곡리 고분군, 옥산리 고분군에서 소가야 양식 토기가 집중적으로 출토된다는 주장이[8] 나왔다.

토기 자료를 위주로 한 위의 보고들을 정리해 볼 때, 4세기부터 5세기 중엽까지의 시기에 가야 서부지역은 4세기 말 5세기 초의 김해 가야국 멸망에 그다지 큰 영향을 받지 않았다고 할 수 있다. 이 지역은 세부적으로 咸安을 중심으로 하여 의령, 칠원, 마산지방까지를 포괄하는 小地域聯盟體와 固城을 중심으로 하여 합천 서부, 진주, 산청, 함양, 아영지방까지를 포괄하는 小地域聯盟體로 나뉘어 있었으며, 그 시기에 이들은 크게 보아 비슷한 토기 유형을 공유하고 있어서 정치적으로 다른 지역 세력과 대립할 필요가 있을 때는 협조할 수 있는 공통적 문화기반을 가지고 있었다.[9]

여기서 함안 양식 토기권의 소지역연맹체는 규모가 작다고 해도 이를 통솔하는 세력이 함안 도항리 고분군의 축조 세력이었다는 것을 분명하게 알 수 있다. 그러나 소가야 양식 토기권의 소지역연맹체는 그들 사이에 토기 양식이 유사하다는 점을 알 수는 있으나, 혹자는 그 토기 양식을 固城泗川式이라고 부르기도 하고,[10] 혹자는 晉州式,[11] 陜川地域群,[12] 또는 그

---

7) 安在晧, 「鐵鎌의 變化와 劃期」, 『伽耶考古學論叢』 2, 駕洛國史蹟開發研究院, 1997, 79~88쪽.

8) 朴天秀, 「器臺를 통하여 본 加耶勢力의 동향」, 『가야의 그릇받침』, 국립김해박물관, 1999, 98쪽.

9) 위와 같은 유물상태로 볼 때, 4세기 당시에 이 지역의 세력들을 모두 포괄하는 浦上八國 同盟을 고성의 古自國이 단독으로 인솔하였다고 보기는 어렵다. 그러므로 이를 '소가야 지역연맹체'로 總稱할 수는 없을 듯하다.

10) 定森秀夫, 「韓國慶尙南道泗川·固城地域出土陶質土器について」, 『角田文衛博士古稀紀念古代學論叢』, 1983.

11) 朴升圭, 앞의 논문.

저 固城式으로 부르기도 하는 등13) 그 중심지를 알기 어렵다. 고성, 사천, 진주 어디에도 이 시기의 대표적인 고분군이 무엇이라고 말하기 어려울 정도로 자료가 부족하다. 게다가 거창, 함양, 남원 아영 등지의 고분군은 고성 토기권과 별도의 세력권에 있으면서 일시적인 교류를 가진 것으로 볼 수 있다.

지금까지의 조사 결과들을 토대로 할 때 여러 가지의 한계성은 있으나, 4세기부터 5세기 전반의 서부 가야지역에 함안의 安羅國을 중심으로 하는 '加耶中西部地域聯盟體'와 고성의 古自國을 중심으로 하면서 남강 및 황강 중상류 水系를 통하여 교역관계를 유지하던 '加耶西南部地域聯盟體'가 있었다고 볼 수 있다. 다만 가야 중서부지역은 크게 뻗어나가지 못하고 대외적으로 고립된 상태에서 인접한 지역에만 제한적인 영향을 미칠 뿐이었고, 가야 서남부지역은 발전의 주체를 찾을 수 없는 특이한 존재 양상을 보이고 있다. 이는 연맹 전체의 발전을 선도할 수 있는 강대한 힘과 경제력을 갖춘 존재가 이 지역에서는 배출될 수 없는 일정한 한계성이 있었다는 것을 반영한다.

한편 전기 가야시대에 후진지역이었던 고령, 합천 등의 경상 내륙 산간지대는 5세기 전반 이래로 가야의 기존 문화내용을 유지하면서 발전하였는데, 묘제나 유물의 성격 면에서 그들은 4세기 이전 김해, 부산 등 낙동강 하류 유역의 것과 현저한 유사성을 보였고, 신라문화권의 고분들과는 구별되었다.

고령권에는 고령 쾌빈동·지산동·본관동·고아동고분군, 합천 옥전·저포리·봉계리·반계제·중반계·삼가고분군, 거창 동부동·말산리고분군, 함양 백천리고분군, 남원 월산리·두락리고분군, 장수 삼고리고분군, 진안 월계리황산고분군, 순천 죽내리고분군 등의 유적이 포함된다. 이단직렬투창 유개고배, 유개장경호, 발형기대, 원통형기대, 개배(蓋杯 : 뚜껑접시)

---

12) 朴廣春, 「日本 九州 북부지역의 신라·가야계 유물·유적」, 『韓國古代史論叢』 3, 韓國古代社會硏究所, 1992.

13) 安在晧, 「鐵鎌의 變化와 劃期」, 『伽耶考古學論叢』 2, 駕洛國史蹟開發硏究院, 1997, 75~88쪽.

등은 고령 양식 토기의 전형적인 것이다. 다만 이 지역 문화권의 성장은 5세기 전반에는 두드러지지 못하다가 5세기 후반에 들어 본격화되는 면모를 보인다.

3. 後期 加耶聯盟體의 形成 : 5세기 후반

토기 양식 연구에 의하면, 5세기 후반의 시기에는 함안을 중심으로 하는 토기문화가 고성-진주 토기권과 단절되고 고령 계통의 大加耶 토기문화가 고성-진주 토기권으로 확산된다고 보았다.[14] 또한 혹자는 5세기 후반에 남강 상류의 남원 아영지방, 남강 상류의 위천 수계에 위치하는 함양 백천리 고분군, 황강 하류역의 합천 옥전 고분군, 반계제 고분군 등에 대가야 양식의 토기가 본격적으로 반입되어 다수파가 되고 소가야 양식의 토기는 소수파로 전락한다고 하였다.[15]

위의 견해들을 참조해 볼 때, 5세기 후반 이후로 고령의 대가야가 세력을 확장함에 따라 가야 서남부지역의 소국들이 그에 소속되고, 함안 동쪽 지역과의 교류가 거의 단절됨에 따라 가야 서남부지역 연맹체가 차츰 축소되고 있었음을 알 수 있다.

이처럼 5세기 후반 이후 고령지방의 급속한 발전은, 단연 가야지역 전체의 발전을 선도하는 중심축을 이루었다. 특히 고령 지산동 고분군의 유물 문화가 이 지역 내에서 일원적으로 확산된다는 것이 특징적이다. 고령 지산동의 경우에, 소형 석곽묘의 형태를 보이는 지산동 32NE-1, 32NW-2, 32SW-5, 35NW-2호 묘곽의 단계를 거쳐,[16] 점차 석곽의 규모가 커져서 5세기 및 6세기 초의 상태를 반영한다고 보이는 지산동 32, 33, 34, 35호분[17] 및 44, 45호분의[18] 단계로 발전해 가는 모습을 볼 수 있다.

---

14) 尹貞姬, 앞의 논문, 43~46쪽.
15) 朴天秀, 앞의 논문, 100~103쪽.
16) 啓明大學校博物館, 『高靈池山洞古墳群』, 1981, 104~159쪽.
17) 위의 책, 9~103쪽.

이에 따라 5세기 후반 이후로 고령계의 유물들은 합천, 거창 등의 인접 지역을 넘어서서, 가야 서남부의 진주, 산청, 함양지방뿐만 아니라 동남부의 김해, 창원지방 및 소백산맥 서쪽의 남원, 장수 일대까지 퍼져 나갔다. 고령 지산동고분군을 비롯하여, 합천 옥전·반계제고분군, 산청 중촌리고분군, 함양 상백리·백천리고분군, 남원 월산리고분군, 장수 삼고리고분군 등에서 출토된 5세기 후반 이후 유물들의 유사성은 그러한 상황을 반영하는 것이고, 6세기 전반에는 고령계 유물 문화의 전파가 더욱 심화되어 진주 수정봉·옥봉고분군, 고성 율대리고분군, 함안 도항리고분군에까지 고령계 토기가 확산되었다.[19] 그러면서도 고령 지산동고분군의 유물은 다른 지역들의 것에 비해 질과 양의 측면에서 우월성을 유지하였다. 이는 해당 시기에 고령을 중심으로 한 연맹체가 존재했다는 증거로 볼 수 있다.

왜와의 교역도 김해를 대신하여 고령을 중심으로 계속되어 나갔다. 5세기 후반의 일본열도 각 지역의 유력한 수장묘들에 대가야 계통의 威勢品으로 보이는 마구, 장신구들이 주류를 나타내고 있고,[20] 고령 양식의 토기들도 일본 큐슈 및 세토나이海 연변 각지에 널리 분포되었다.[21] 또한 夜光貝, 倭鏡 등의 왜계 물품이 고령, 합천 등의 가야 북부지역에 들어왔다. 왜의 古墳時代 중기 후반기에 소위 '도래계 문물'의 출처가 금관가야권에서 대가야권으로 전환한 것과 왜계 문물의 도착지가 금관가야권에서 대가야권으로 이동한 것은 왜와의 무역과 교류의 중심이 김해에서 고령으로 옮겨진 정치적 변화를 반영하는 것이다.[22]

고령지방 및 그 주변세력이 이처럼 갑자기 크게 발전한 기반은 무엇이었을까?

---

18) 高靈郡, 『大伽倻古墳發掘調査報告書』, 1979.
19) 李熙濬, 「토기로 본 大伽耶의 圈域과 그 변천」, 『加耶史硏究 - 대가야의 정치와 문화』, 慶尙北道, 1995.
20) 박천수, 「도래계 문물에서 본 가야와 왜에 있어서의 정치적 변동」, 『동아시아 고대사』, 동경 : 고고학연구회, 1994.
21) 定森秀夫, 「초기 스에키와 한반도제 도질토기」, 『한국고대의 토기』(특별전 도록), 국립중앙박물관, 1997, 173~174쪽.
22) 앞의 주 20)과 같음.

첫 번째로는 이 지역의 농업생산성이 매우 좋았다는 점이다. 『擇里志』
에 의하면, 조선 후기에 보통 지역에서는 볍씨를 뿌리면 대개 3~4배의 수
확을 거두게 되나,[23] 가야천 유역 고령, 성주, 합천의 水田은 13~14배의
수확을 거두며, 이 지역은 旱害를 잘 입지 않는다고 하였다.[24] 후기 가야
연맹의 성장기반은 일차적으로 이러한 안정되고 우수한 농업생산성에 있
다고 하겠다.

두 번째로 이 지역은 전쟁의 피해를 입지 않아서 전기 가야의 선진문화
가 이 지역에 직접적으로 전파되었다는 점이다. 고령 지산동고분군 초기와
합천 옥전 Ⅱ기의 토기문화는 김해, 부산, 창원 등 경남 해안지대 4세기 말
의 토기문화를 가장 잘 계승하고 있다는 점에서 이를 확인할 수 있다.[25]

세 번째로는 고령 대가야가 전기 가야의 선진 기술자들을 받아들여 製
鐵 능력을 갖추었다고 추정되는 점이다. 대가야는 가야산록의 야로지방(지
금 합천군 야로면, 가야면 일대)에 우수한 철광산을 갖추고 있었는데, 이는 조
선시대 3대 철광산의 하나이다.[26] 대가야는 이를 개발함으로써 독자적인
힘을 갖추게 되었다고 생각된다.

앞에서 보았듯이, 고령지방이 발전하고 있는 동안에 함안, 고성 등의 가
야 서부지역이 김해를 배제한 상태에서 상호 간의 교류가 일정하게 증가
되는 면모를 보였으나, 더이상의 지역으로 확대되지도 못하고 강대한 부의
축적을 이루지도 못하였다. 이는 고령지방이 갖추고 있었던 위의 세 가지
장점, 즉 우월한 농업생산성, 토기와 철 생산을 위한 선진적인 기술력, 풍
부한 철광산 등을 가야 서부지역의 소국들이 고루 갖추지 못하였던 때문

---

23) 李重煥, 『擇里志』 卜居總論 生利條, "國中最沃之土 惟全羅道南原求禮慶尙道星
州晋州等處 水田種一斗 最上者收一百四十斗 次者收百斗 最下者收八十斗 餘邑
不能盡然 慶尙道 則左道皆土瘠民貧 惟右道饒沃".

24) 李重煥, 『擇里志』, 卜居總論 山水條, "洞外伽倻川水田極沃 種一斗 出百二三十
斗 小不下八十斗 水饒而不知旱災 又木綿爲上田 最稱衣食之鄕." ; 같은 책, 八道
總論 慶尙道條, "甘川南則禪石山 山南則星州高靈 高靈古伽倻國也 又南則爲陜
川 幷在伽倻之東 而三邑水田爲嶺南最上腴 少種多收 故土着幷富饒 無流移者".

25) 金泰植, 「後期加耶諸國의 성장기반 고찰」, 『釜山史學』 11, 1986 ; 趙榮濟, 「多羅
國의 成立에 대한 硏究」, 『가야 각국사의 재구성』, 혜안, 2001.

26) 文暻鉉, 「辰韓의 鐵産과 新羅의 强盛」, 『大丘史學』 7·8, 1973.

이라고 판단된다.

그러면 이제 고령 대가야국이 대두하는 면모를 문헌사료 속에서 확인해 보자.

5세기에 들어 국제환경은 다시 변화하기 시작하여, 신라는 눌지왕이 즉위한 후 5세기 중엽까지 고구려의 간섭을 배제하였고, 독자적인 고대국가의 기반을 닦아가면서 백제와 화친을 맺었다. 백제도 전란 이후의 왕위계승 분쟁 및 귀족연합체제에서 벗어나, 왕권 강화를 추구하고 활발한 대외관계를 맺으면서 고구려의 국제적 고립을 도모하였다.

이에 대하여 고구려의 장수왕은 평양천도를 단행한 이후 남하정책을 추구하더니, 결국 475년에 백제를 쳐서 수도 慰禮城(서울)을 함락시켰다. 그리하여 백제는 부득이 熊津(공주)으로 남천하고, 신라는 그 기회를 틈타 추풍령을 넘어 三年山城(충북 보은)까지 진출하는 등27) 국제관계가 크게 동요하게 되었다.

5세기 후반에 이르러 주변정세가 이처럼 급변하자, 이에 대해 위기의식을 느낀 옛 가야지역의 소국들 사이에 다시 결속의 기운이 일었다. 『삼국사기』 등의 문헌사료에 한동안 보이지 않던 ‘加耶’의 이름이 이 무렵부터 다시 나타나는 점, 그리고 이 지역 고분군의 규모나 유물의 양이 이 무렵부터 크게 증대되는 점 등은 가야지역의 재통합 움직임과 직결된 결과였다. 그 재통합을 새로이 주도하던 세력은 고령 지산동고분군을 축조하던 집단이었다. 이들은 원래 변한 소국연맹 또는 전기 가야연맹의 한 후진세력인 伴跛國이었는데, 4세기에서 5세기에 걸치는 변란기에 낙동강 하구지역과는 달리 심한 타격을 입지 않은 채로 실력을 축적해 나가다가, 그 중의 일부 세력이 5세기 후반에 들어 그동안 축적한 富와 무력을 토대로 크게 대두하여 ‘大加耶’라는 이름으로 예전의 김해 중심 가야연맹의 판도를 복구하고자 하였던 것이다.

고령지방에 전하고 있는 대가야 시조신화28)도 5세기 후반의 그러한 상

---

27) 『三國史記』 卷3 新羅本紀3 慈悲麻立干 13年(470)條.
28) 『新增東國輿地勝覽』 卷29 高靈縣 建置沿革에 인용된 崔致遠撰 釋利貞傳. “按崔致遠釋利貞傳云 伽倻山神正見母主 乃爲天神夷毗訶之所感 生大伽倻王惱窒朱日金官

204 한국 고대사 속의 가야

황으로 미루어 다시 해석할 필요가 있다. 즉, 이는 고령세력이 김해 金官國 首露王과의 시조대부터의 형제관계를 표방함으로써, 전기 가야연맹의 정통성을 계승한다는 인식 아래 가야지역을 재통합하려고 한 것이다. 고령세력이 옛 이름인 '가야'를 따서 '대가야'라는 국호를 사용한 이유는, 낙동강 서안의 소국들이 당시 크게 성장한 신라에게 쉽사리 포섭될 가능성을 우려하여 옛 가야연맹으로서의 동질감을 고취시키자는 배려를 한 것이라고 추정된다. 그렇기 때문에 고령 대가야를 중심으로 한 여러 주변 소국들의 연맹체를 4세기 이전의 것과 구별하여 '後期 加耶聯盟'이라고 불러야 할 것이다.

이제 5세기 후반에 들어 활발한 활동을 함으로써 여러 계통의 문헌기록에 나타나기 시작하며 국제관계의 한 변수로 작용하게 되는 고령 지산동 세력, 즉 대가야의 움직임을 살펴보기로 하겠다. 그 첫 번째로서 『南齊書』의 기록이 눈에 띈다.

> 加羅國은 三韓의 종족이다. 建元 원년에 국왕 荷知의 사신이 와서 공물을 바쳤다. 조서를 내려 이르기를, "널리 헤아려 비로소 등극하니 먼 오랑캐가 교화에 젖는다. 加羅王 荷知가 바다 밖에서 방문하여 동쪽 멀리서 폐백을 바쳤다. 가히 輔國將軍本國王을 제수한다" 하였다.[29]

대체적인 줄거리를 보면, 479년에 가라왕 荷知가 중국 남조에 사신을 보내 조공하므로, 남제의 高帝가 보국장군 본국왕 즉 '加羅國王'을 제수하였다는 것이다. 이 기사에서 가라왕 하지는 고령 대가야 왕이라고 보는 것이 가장 온당하다. '하지'는 가야금을 만들었다는 가야국 '嘉悉王'과 이름이 유사하여 동일성을 추측할 수 있는데, 가야금 및 가실왕 관계 전설이 고령지방에 전하고 있으므로, 하지가 고령 대가야의 왕이라는 추정을 뒷받침할

國王惱窒靑裔二人 則惱窒朱日爲夷珍阿豉王之別稱 靑裔爲首露王之別稱".

29) 『南齊書』卷58 列傳 第39 東南夷傳 東夷, "加羅國 三韓種也 建元元年 國王荷知 使來獻 詔曰 量廣始登 遠夷洽化 加羅王荷知 款關海外 奉贄東遐 可授輔國將軍 本國王".

수 있다.

당시의 대가야는 일단 육로로 섬진강 하구의 하동지방으로 나와 해로로 중국에까지 교통하였을 가능성이 높은데, 그 교통로를 보유하기 위해서는 가야지역 내부의 통솔관계를 분명히 하고 해로에 대해 백제와 고구려가 가하는 제약을 극복해야만 하였을 것이다. 이러한 내적·외적 제약을 극복하고, 가라왕 하지가 중국에 대한 교역을 독자적으로 성공시켜 남제로부터 輔國將軍이라는 제3품에 해당하는 벼슬을 받았다는 점은, 가야지역에 신라나 백제에 의존치 않는 독립적인 지배권력의 성장이 있었다는 증거로서 제시될 수 있다.

『삼국사기』 신라본기에 의하면, 그 후 481년에 고구려가 말갈과 함께 신라 狐鳴城(위치 미상) 등 일곱 성을 빼앗고 다시 彌秩夫(포항시 흥해읍)로 진군하자, 가야는 백제와 함께 원병을 보내 신라군을 도와 막았다고 하였다.30) 즉, 가야는 이제 삼국관계에서도 하나의 세력 변수로 등장하여, 고구려가 동해안 길을 따라 신라까지 깊숙이 공략하려는 것을 신라, 백제와 함께 공동 대처하는 모습을 보이고 있는 것이다.

또한 490년대에 들어 신라는 백제 동성왕의 청혼을 받아들이고 고구려의 남하정책에 백제와 공동 대처하면서, 한편으로는 그 허약함을 틈타 추풍령의 안팎에 축성하며 팽창하고 있었는데,31) 496년에 가야는 신라에게 흰 꿩(白雉)을 보내 호의를 표시하였다.32) 가야가 신라에게 호의를 표한 것이 백제와의 분쟁 때문이었는지의 여부는 사료의 결핍으로 알 수 없으나, 여하튼 연맹 결성 이후로 대가야 중심 후기 가야연맹이 국제관계에서 '가야국'의 이름 아래 지속적으로 대처해 나가는 모습을 확인할 수 있다.

---

30) 『三國史記』 卷3 新羅本紀3 炤知麻立干 3년(481) 봄2월조, "幸比列城 存撫軍士 賜征袍 三月 高句麗與靺鞨入北邊 取狐鳴等七城 又進軍於彌秩夫 我軍與百濟加耶援兵 分道禦之 賊敗退 追擊破之泥河西 斬首千餘級".

31) 『三國史記』 卷3 新羅本紀 第3 소지마립간 8년(486)에 이찬 實竹을 장군으로 삼아 일선군 땅의 장정 3천 명을 징발하여 三年山城(충북 보은)과 屈山城(충북 옥천) 두 성을 고쳐 쌓았으며, 同 16년(494)에는 실죽이 犬牙城(충북 괴산군 청천면)을 지키고 있었다는 이야기가 나온다.

32) 『三國史記』 卷3 新羅本紀3 炤知麻立干 18년(496)조.

5세기 후반에 들어와서 복구된 가야연맹의 범위는 어떠하였을까? 5세기 초에 전기 가야연맹이 해체된 후, 신라는 지속적인 발전을 거듭하고 있었고, 백제는 귀족 내부의 모순이 심화되어 결국은 475년에 수도인 위례성을 상실하고 남쪽으로 쫓기는 신세가 되었다. 그러한 세력관계가 반영되어 가야연맹의 범위는 신라와의 접경에서는 약간 축소되고 백제와의 접경에서는 약간 확장되는 변천을 겪었다.

후기 가야연맹의 범위는 항상적으로 고정되어 있었던 것이 아니고 시기에 따라 민감하게 변하였지만, 여기서는 일단 사료 상에 나오는 가야 관련 지명들을 포괄함으로써 그 최대판도의 범위를 보이고자 한다. 참고가 되는 사료는 『三國史記』 樂志의 우륵 12곡에 반영된 소국 명들과 『日本書紀』 繼體紀, 欽明紀에 나오는 13개의 국명과[33] 5개의 지명[34]이다. 그 지명 비정 결과를 종합해 볼 때, 후기 가야연맹은 북쪽으로는 가야산과 덕유산을 경계로 삼고, 서쪽으로는 노령산맥 이남의 섬진강 수계를 포괄하였으며, 남쪽으로는 여천반도로부터 낙동강 하구까지의 해안에 닿았고, 동쪽으로는 고령 이남의 낙동강 중하류를 경계로 삼되 낙동강 동안의 창녕 靈山지역을 포함한 지역을 범위로 삼고 있었다. 이러한 결과를 전기 가야의 영역과 비교해 보면, 동쪽과 북쪽 경계는 대폭 줄어들었고, 서쪽 경계는 대폭 늘어났다.

특히 전라북도와 전라남도의 호남 동부지역 대부분이 한동안 가야지역에 포함되었던 것은 주목된다. 이 지역은 조선 후기 영조 때의 실학자 申景濬이 작성한 『山經表』에서 한반도 13정맥의 하나인 湖南正脈[35]의 서쪽 줄기로 구분되어 조선시대에 全羅左道라고 불린 곳이다. 그 산줄기는 대체로 곰재-만덕산-鯨角山-오봉산-내장산-백암산-秋月山-山城山-雪山-무등산-天雲山-斗峰山-용두산-제암산 등으로 이어져 영산강 유역을 이루는 서

---

33) 金泰植, 『加耶聯盟史』, 一潮閣, 1993, 161∼163쪽.

34) 金泰植, 「百濟의 加耶地域 關係史 - 交涉과 征服」, 『百濟의 中央과 地方』, 忠南 大學校 百濟研究所, 1997, 58∼63쪽.

35) 湖南正脈은 전북 장수군 珠華山에서 뻗어 내장산에 이르러 전남지역을 동서로 가로지르며 다시 동쪽으로 굽어 경남 하동의 백운산에 이르는 산줄기의 옛 이름 이다.

쪽 해안의 평야지대와 섬진강 유역을 이루는 동쪽의 산간지대로 갈라 놓
았다. 그러므로 이 지역의 소국들이 문화적으로 구분되는 호남 서부지역과
달리 한동안 가야지역에 속하였다는 것은 자연스러운 일이라고 하겠다.

4. 大加耶와 百濟 사이의 紛爭 : 510년대

삼국 및 가야 사이의 국제관계는 6세기에 접어들어서도 큰 변화는 없어
서 고구려와 백제는 계속하여 변경을 다투었으며, 백제와 신라는 서로 충
돌하지 않았으나 변경을 정비하는 정도의 암투는 있었다. 신라는 그런 속
에서 지증왕대에 들어 州縣制를 정하는 등 제도를 정비하고, 한편으로는
波里(삼척군 원덕면 옥원리), 彌實(포항시 홍해읍), 珍德(위치 미상), 骨火(영천
시) 등 12성을 쌓고36) 悉直州(삼척시) 軍主를 두는 등 북방 동해안 교통로
의 경영에 힘을 기울였다. 이렇게 고구려의 침입에 대비한 변경 정비와 영
역 확보에 주력하느라 신라는 백제 및 가야와 다툴 수 없었다.

그러므로 대가야로서는 이 시기를 전후하여, 세력을 정비하고 영역을 확
보해 나갈 수 있는 조건이 조성되어 있었다. 고고학적으로 보아 당시 대가
야의 세력권은 고령에서부터 서쪽으로 확산되어 합천, 거창, 함양 등을 거
쳐 소백산맥과 지리산을 넘어 남원, 임실, 장수 및 순천지방까지 미치고 있
었다. 정도의 차이는 있으나 호남지역에서 고령계통의 유물, 유적의 성격
을 나타내는 고분군으로는, 남원시 아영면 월산리고분군, 동면 건지리고분
군, 두락리고분군, 장수 삼고리고분군, 임실 금성리고분군, 순천 죽내리고
분군 등이 있다.

한편 백제는 6세기초 무령왕대에 들어, 30여년 전 고구려에 패하여 남쪽
으로 쫓겨 내려온 후유증을 거의 극복하고, 남방 경영을 서둘러서 지리산
방면으로 진출하였다. 그 결과 백제의 남방 경영과 대가야의 서방 진출 정
책이 부딪쳐서 대가야와 백제는 전라남북도 동쪽 일대의 땅을 둘러싸고

---

36) 『三國史記』 卷4 新羅本紀4 智證麻立干 5년(50) 가을9월조.

충돌하였다.

『日本書紀』繼體紀의 해당 기사 줄거리에 의하면, 계체 6년(512)에 백제가 왜에 조공하면서 任那國의 上哆唎, 下哆唎,[37] 娑陀, 牟婁의 네 縣을 달라고 요구하였다. 그러자 哆唎國守 호즈미노 오미 오시야마[穗積臣押山]가 이에 찬성하는 의견을 왜국 조정에 냈으며, 오호토모노 오호무라지 가나무라[大伴大連金村]가 이에 동조하여 그 땅을 백제에게 주었다는 것이다.[38]

이 사료는 전체적으로 설화적 성격이 짙고, 기사 중에 "스미노에노 오호미카미[住吉大神]가 胎內에 있는 호무다 대왕[譽田天皇]에게 고구려, 백제, 신라, 임나 등의 나라를 주었다"는 등의 황당한 내용이 섞여 있는 것으로 보아, 그 신빙성을 확신할 수 없다. 또한 여기서 백제가 왜에게 '朝貢'을 했다거나 '表'를 올렸다거나 하는 표현은, 8세기 당시 『일본서기』 편찬자의 天皇制 중심 史觀에 의해 윤색된 것이므로, 그다지 신경쓸 필요가 없다.

그러나 그를 제외한 줄거리를 받아들일 수 있다면, 결과적으로 백제가 임나국의 4현을 빼앗은 것이 되므로, 원래는 그 곳이 임나 즉 가야의 범위에 해당하는 셈이 된다. 특히 임나 4현 중 '다리'는 대가야 궁정 악사인 于勒이 지은 12곡[39] 중의 '達巳'와 발음이 같고, '모루'는 우륵 12곡 중의 '勿慧'와 거의 비슷하여 흥미롭다. 만일 그것이 동일한 지명을 가리킨다면, 우륵이 '달이'와 '물혜', 즉 '다리'와 '모루'의 음악을 지었다는 것은 다리국과 대가야국의 가까운 관계를 방증해 주는 것이다. 그렇다면 다리국을 비롯한 임나 4현은 후기 가야연맹에 소속된 소국들이었다고 볼 수 있다.

이 임나 4현의 위치는 섬진강 유역의 전남지역에 해당한다. 상·하다리(=달이)는 여수시 및 돌산읍, 사타는 순천시, 모루(=물혜)는 광양시 광양읍 일대로 비정된다.[40] 이 지역은 앞서 언급한 湖南正脈의 동쪽 줄기인 방장

---

37) 上哆唎·下哆唎의 哆唎는 원래의 음으로는 '치리'로 읽어야 하나, 『일본서기』에 대한 일본의 전통적인 독법에서 이를 '다리(たり)'로 읽었으므로, 여기서는 多唎 또는 哆唎와 같은 음으로 보아 '다리'로 읽었다.

38) 『日本書紀』卷17 繼體天皇 6년(512) 12월조.

39) 『三國史記』卷32 雜志1 樂 加耶琴條, "于勒所製十二曲 一曰下加羅都 二曰上加羅都 三曰寶伎 四曰達巳 五曰思勿 六曰勿慧 七曰下奇物 八曰師子伎 九曰居烈 十曰沙八兮 十一曰爾赦 十二曰上奇物".

산-존제산-백이산-조계산-희아산-동주리봉-백운산으로 이어지는 산맥의
아래쪽에 속하여 호남 동남부의 別天地를 이루고 있다. 그러므로『일본서
기』에 이 지역이 이른바 '임나 4현'으로 불리고 있는 것은 우연이 아니라고
하겠다.

그렇다면 원래 대가야의 영향력 아래 있었던 전남 동부지역 일대를, 백
제가 탈취한 것이라고 볼 수 있다. 여기서 哆唎國守란 왜에서 이 지역으로
파견되었던 사신을 가리키는 듯하며, 4현을 백제에게 주었다는 것은 그 지
역을 통해서 이제부터는 백제와 교역한다는 것을 왜가 인식한 정도로 파
악하여야 한다. 즉, 이 문제에 대하여 왜국의 주도권은 인정되지 않는다.

한편 그 이듬해에 대가야와 백제는 '己汶'이라는 곳을 놓고 영역을 다투
게 되는데, 이 사실은『百濟本記』를 토대로 하여 개작된 듯한 다음 기사
에[41] 보인다. 여기서도 문장 표현에는『일본서기』찬자의 윤색이 있다고
보이나, 이 기사는 백제 측 또는 백제계 유이민 계통의 기록으로 보이는
『백제본기』를 참조한 것으로서 사료적 가치가 높다.

그에 따르면, 백제가 姐彌文貴將軍과 州利卽爾將軍을 왜에 사신으로
보내 伴跛國이 백제 땅인 己汶을 공격하여 빼앗았으니, 이를 돌려달라고
왜왕에게 요청하였다는 것이다. 그런데 반파국은 대가야의 옛 이름으로서
백제에 의해 의도적인 별명으로 불린 것이고 여기서의 실상은 大加耶, 그
자체이다. 일단 그 분쟁 대상지의 위치가 어디인지 살펴보자.

기문은 가야 계통 소국의 하나로서, 지명이나 유물관계의 여러 가지 증
거로 볼 때 전북 남원, 장수, 임실 일대로 비정된다. 특히 5세기 후반 이래
의 남원 월산리・건지리・두락리고분군에서는[42] 전형적인 고령 계통의 토
기를 비롯한 유물들이 나타나고, 임실 금성리의 한 석곽묘(A호분)에서는[43]

---

40) 全榮來,「百濟南方境域의 變遷」,『千寬宇先生還曆紀念韓國史學論叢』, 146쪽, 1985.

41)『日本書紀』卷17 繼體天皇 7년(513) 6월조.

42) 全榮來,『南原 月山里 古墳群 發掘調査報告』, 圓光大學校 馬韓百濟文化研究所,
1983 ; 文化財研究所,『南原 乾芝里 古墳群 發掘調査報告書』, 1991 ; 全北大學校
博物館,『斗洛里』, 1989.

43) 全榮來,「任實 金城里 石槨墓群」,『全北遺蹟調査報告 제3집』, 全羅北道博物館,
1974.

고령 지산동 식의 유개장경호가 출토되기도 하였다. 같은 시기의 장수 삼 고리고분군에서도 고령 양식 토기가 압도적으로 나타나며,[44] 대가야 궁정 에서 연주되었던 于勒 12曲 중에 上·下奇物이 나오는 것으로[45] 보아, 그 들 사이의 연원은 보다 오래전에 시작된 것이었다고 추정된다. 그러므로 5 세기 후반에 대가야는 서쪽으로 영토를 개척하여, 소백산맥을 넘어 전라북 도 남원, 장수, 임실지방을 영유한 것을 알 수 있다.

그리하여 6세기에 들어와 왕권의 안정을 회복한 백제는 왜와의 교역을 빙자하여 가야연맹의 소속국인 己汶 즉 남원·임실지역을 잠식해 들어온 것이며, 왜와 기문국은 선진문물 면에서 반파국 즉 대가야보다 우월한 백 제의 유도에 따르지 않을 수 없었을 것이다. 6세기 전반의 것으로 추정되 는 남원 초촌리고분군의[46] 문화 성격은 백제의 지방지배력이 본격적으로 이 지역까지 침투해 왔음을 반영한다. 그 결과 가야는 장수, 임실과 남원 서부지방을 빼앗기고 남원시 운봉읍 동쪽으로는 세력을 유지하여, 가야와 백제는 소백산맥과 지리산을 자연적 경계로 삼게 되었다.

또한 백제는 그 사실을 국제사회에 공표함으로써 힘을 과시하고, 성공의 여세를 몰아 가야의 커다란 이권의 하나였을 왜와의 교역항구인 帶沙津을 빼앗으려 하였다.[47] 이에 왜는 백제의 문화에 경도되어 백제 측에 동조하 였던 듯하다. 왜가 국제회의를 열어 기문과 대사를 백제에게 주었다고 표 현한 것은, 그런 정도의 상황에 대한 왜곡일 것이다. 帶沙(=多沙)의 위치 는 경남 河東郡 古田面 일대에 비정된다.

왜가 백제 측에 동조하려고 하자, 대가야는 급히 왜측에게 무역선을 보 내 교역을 청하였으나, 이미 백제가 사전 공작을 벌여 선수를 빼앗은 뒤라 효력을 보지 못하였다.[48] 앞서 5세기 후반에 후기 가야연맹체를 형성시키

---

44) 郭長根, 『湖南東部地域 石槨墓研究』, 書景文化社, 1999, 81쪽.
45) 앞의 주 39)와 같음.
46) 全榮來, 『南原 草村里 古墳群 發掘調査報告書』(全北遺蹟調査報告 제12집), 全 州市立博物館, 1981.
47) 『日本書紀』 卷17 繼體天皇 7년 11월조.
48) 『日本書紀』 卷17 繼體天皇 7년 11월 시월조.　.

고 그 맹주로 대두된 대가야는, 6세기 초에 이르러 백제의 반격과 세련된
대처방안에 휘말려 기문 즉 남원·임실지방을 빼앗기고, 이제 교역을 빌미
로 하여 대사진 즉 하동지방까지 위협받게 된 것이다.

그러자 대가야는 주변과의 경계지역에 성을 쌓음으로써, 자기 세력권을
안으로 정비해 나갔다. 그리하여 繼體 8년(514)에 반파, 즉 대가야는 子呑
(진주)과 帶沙(하동군 고전면)에 성을 쌓아 滿奚(광양)에 이어지게 하고, 봉
수대와 저택을 설치하여 백제 및 왜국에 대비하였다. 또한 爾列比(부림)와
麻須比(영산)에 성을 쌓아 麻且奚(삼랑진) 및 推封(밀양)에까지 뻗치고, 사
졸과 병기를 모아서 신라를 핍박하였다.[49]

여하튼 대가야의 축성 범위로 보아, 후기 가야연맹 중에서도 대가야의
영향력이 직접적으로 미치는 세력권은 서쪽으로는 소백산맥을 경계로 삼
고, 동남쪽으로는 낙동강과 남강으로 경계를 삼는 것을 볼 수 있다. 다만
대가야의 축성 범위가 南江 이남의 함안, 김해, 고성 등지까지 미치지 못한
것은, 그들 지역이 대외적으로는 백제와 신라 등으로부터 구분되어 가야연
맹의 경역 안에 포함되지만, 대가야의 영향력이 직접적으로는 거기까지 미
치지 못하였다는 것을 의미한다.

이는 고령계통 토기 유물의 분포지역 범위와도 일치하니, 문화적으로도
가야 남부지역은 대가야 문화권과 일정한 차이가 있었던 것이다. 이러한
현상은 가야 남부지역에서 패권을 가지고 있던 함안 安羅國과 같은 소국
들이 대가야의 패권에 적극적으로 동조하지 않았던 것과 연관이 있을 것
이다. 가야의 문화권이 자연적으로도 경남 해안지대와 내륙 산간지대 사이
에 일정한 차이가 있기는 하였지만, 대가야가 이를 일원적으로 장악할 수
없었던 것은, 대가야가 대외적으로 팽창해 나가는 데 일정한 한계성으로
작용하였을 것이다.

대가야는 당시의 축성작업 이후에도 대내외적으로 무력을 행사하여, 사
방에서 공포의 대상이 되었다. 대가야의 무력 행사는 경남 해안지대에서의
중개무역 권리를 보호하기 위한 것이었던 듯하다. 이와 관련하여, 반파 즉

---

49) 『日本書紀』 卷17 繼體天皇 8년 3월조.

대가야의 동향을 전하는 『日本書紀』의 기사가 있다.

그에 따르면 왜에 갔던 백제 사신 文貴將軍 등이 귀국할 때 모노노베노 무라지[物部連]가 호송하였는데, 沙都嶋에 이르러 伴跛人이 사납게 군다는 소리를 듣고 모노노베노 무라지는 문귀 장군을 신라에 상륙시킨 후 수군 500명을 이끌고 곧장 帶沙江에 이르렀고, 얼마 후 반파가 군대를 보내서 공격하므로 모노노베노 무라지 등은 무서워서 달아나 汶慕羅에 정박했다는 것이다.50)

여기서 백제 사신의 귀국을 호위했다는 왜의 정체는 정확히 알 수 없지만, 백제의 조종에 의해 움직이던 일단의 세력으로 보인다. 왜의 선단이 처음에 정박하였던 沙都嶋는 지금의 거제도 사등성 일대에 비정된다. 백제 사신이 거기서 신라를 통하여 귀국했다는 것으로 보아, 반파 즉 대가야는 거제도 동쪽의 신라 측 해안에 대해서는 통제를 못하고 있었던 듯하다. 그 후 왜의 선단이 닿았다는 帶沙江은 지금의 섬진강 하류 부근으로 추정된다. 대가야는 그들의 대사강 유역 정박을 무력으로 저지하였다.

위 기사에서는 그러한 모든 사건이 반파 즉 대가야의 횡포와 무도함에 연유한 것으로 기술하였다. 왜선들이 달아나서 정박했다는 汶慕羅의 위치는 자세치 않다. 사건 전개상황으로 보아서는 지금의 남해군(옛 지명 轉也山郡) 일대가 아닐까 하나, 지명의 유사성이 확인되지 않는다.

다만 이 사건의 경과를 시간의 흐름에 구애받지 않고 대가야 측 또는 대가야에 동정적인 왜 측에서 회고한 기사로 보이는 『日本書紀』 소재의 다른 사료에서는, 가라(대가야) 소유의 多沙津을 백제왕이 왜국에게 달라고 하자 왜는 모노노베노 무라지 등을 보내 나루를 백제왕에게 주었으며, 이에 대해 대가야 왕은 하동이 "전통적으로" 가야와 왜 사이의 교역장이었다는 점을 들고, 그 땅 자체도 대가야의 영토라는 점을 말하고 있다.51) 즉 가야의 무역권과 백제의 무역권이 경쟁할 때 왜가 보다 이익이 많은 백제와 연결하고자 하자, 대가야 왕이 자기의 이권을 완곡하게 표현하며 그 곳에

---

50) 『日本書紀』 卷17 繼體天皇 9년(515) 2월 및 4월조.
51) 『日本書紀』 卷17 繼體天皇 23년(529) 3월조 및 첫 번째 시월조.

서의 백제와 왜의 교역을 반대하는 입장을 나타내는 것으로 되어 있다. 말하자면, 이는 대가야 측이 왜의 선단에 대한 무력행사를 변명한 것이다.

그러나 섬에 후퇴해 있던 왜인들은 그 다음해에 결국 己汶(남원 일대)까지 도착하였으며, 백제는 이들을 도성에 불러들여 의상, 도끼, 철, 비단 등을 주어 후한 교역을 이루었다.[52] 왜인 일행이 기문까지 어떻게 들어왔는지는 불문하고, 그들이 일년 이상이나 기다렸다는 점이나 대가야의 방해를 무릅쓰고 통과하여 기문까지 도달하였다는 점으로 보아, 당시 왜는 백제와의 교역에 대하여 집요하고 적극적인 자세를 취하고 있었으며, 백제는 그들을 우월한 교역물품으로 유인하는 여유 있는 태세였다.

일련의 기사들을 모두 종합해 볼 때, 多沙津(=帶沙津) 즉 하동은 전통적으로 가야와 왜 사이의 교역항구였는데, 백제가 우수한 물품을 미끼로 왜를 하동으로 유인하여 그 곳에 대한 대가야의 기존 독점권을 유린하려 하였다. 왜의 선단은 지난 번 己汶을 둘러싼 백제-가야의 영역 분쟁 이후로 백제의 우월성을 믿고, 다사진에 와서 백제 측의 교역 상대가 오기를 기다리다가 이를 용납지 않는 대가야의 공격을 받아 도망쳤다. 대가야는 왜에 대한 중개무역의 주도권을 백제에게 빼앗길지 모른다고 우려하여, 군사력을 행사해서라도 하동지방의 이용을 억제한 것이다.

사건의 결과, 대가야는 多沙津 영유권 분쟁에서는 백제에게 이기고 하동을 지켜냈으나, 왜에 대한 무역경쟁에서는 결국 선진문물을 앞세운 백제에게 패배한 꼴이 되었다. 그 이후로 백제와 왜는 가야를 제쳐두고 己汶을 통해 빈번한 교역을 성립시켰으니, 가야는 아직 내부 체제도 정비하지 못한 중에 소백산맥 서쪽의 영역을 백제에게 빼앗기고 아울러 대외적인 고립에 직면하게 되었다.

5. 後期 加耶聯盟의 不和 : 520년대

---

52)『日本書紀』卷17 繼體天皇 10년(516) 5월조.

520년대의 가야 주변 국제정세는 심상치 않았다. 백제는 무령왕 후반기에 들어 변경의 소규모 전투에서나마 고구려를 연속 격파하여 다시 강국이 되었음을 선언할 정도였고,[53] 신라는 법흥왕이 율령을 반포하는 등[54] 국가체제 정비 면에서 가야연맹보다 앞서 나가고 있었다. 특히 백제는 한편으로는 왜와의 교역을 트고, 한편으로는 중국 남조 梁나라와의 교역을 재개하면서 신라를 이에 동행시키는 등 국제교역의 중심으로 대두되었다.

대가야를 중심으로 하는 가야연맹은 앞서 본 바와 같이 6세기 초에 이르러 전라남북도 동부지역에 대한 패권과 섬진강 하구의 이용권을 두고 백제와 다투었다. 그러나 당시 남한지역의 국제교역을 주도하는 백제에게 대항하는 것은 곧 국제교역상 고립되는 것을 의미하였으므로, 대가야는 고립을 탈피하기 위하여 신라와 우의를 다질 수밖에 없었을 것이다. 게다가 섬진강 서쪽 연안을 백제에게 빼앗겨 섬진강의 水路를 이용하기 어렵게 되었기 때문에, 그 代案으로 다시 낙동강 水路를 이용하려면 그 동쪽 연안을 점유하고 있는 신라의 협조가 필요하였을 것이다.

그리하여 대가야는 신라와 결혼동맹을 추구하였으니, 522년에 고령 대가야의 異腦王이 신라에 청혼하자 법흥왕이 伊湌 比助夫의 누이동생을 보내 주어 결혼이 성립되었다.[55] 비조부가 신라 왕실에서 어떤 계보에 속하는 자인지는 알 수 없으나, 진골 이상만이 가질 수 있는 벼슬인 이찬의 관등을 가지고 있는 것으로 보아 신라 왕족임에는 틀림없다.

당시의 신라는 미숙하나마 중앙집권적 국가 체제를 완비하여 정복 전쟁 및 영토 확장의 잠재력을 갖춘 상태였으나, 조금 앞서 있다고는 해도 가야연맹을 일거에 함락시키기는 쉽지 않았다. 게다가 고구려의 남하정책에 대비하여 백제와 동맹을 맺은 상태에서, 쉽사리 가야지역에 대한 정복에 나설 수는 없었다. 그런 상태에서 가야로부터 청혼이 들어오자 이를 통합의

---

53) 『梁書』卷54 列傳48 百濟傳, "普通二年(521) 王餘隆始復遣使奉表稱 累破句驪 今始與通好 而百濟更爲强國".

54) 『三國史記』卷4 新羅本紀4 法興王 7년(520)조.

55) 『三國史記』卷4 新羅本紀4 法興王 9년(522)조 및 『新增東國輿地勝覽』卷29 高靈縣 建置沿革에 인용된 「釋順應傳」.

좋은 계기로 보고 수락하였을 것이다.

이렇게 성립된 가야와 신라 사이의 동맹관계는 얼마 동안 우호적으로 지속된 듯하다. 그리하여 시기는 분명치 않으나 대가야에 시집온 신라 왕녀는 아들 月光太子를 낳았으며,56) 결혼 2년 후인 524년에는 신라 국왕이 남쪽 경계를 돌아보며 땅을 개척하는데 가야 국왕이 가서 만나기도 하였다.57)

그러나 얼마 후 가야와 신라 사이에는 결혼동맹을 둘러싸고 분쟁이 일어나게 되었다. 그에 대한 『日本書紀』의 기사는 다음과 같다.

> 加羅王이 新羅王女를 아내로 맞아들여 드디어 아이를 가졌다. 신라가 처음 여자를 보낼 때 100인을 아울러 보내 그녀의 시종으로 삼았으므로, 받아들여 여러 현에 나누어 배치하였는데 (후에 신라는 그들에게) 신라의 의관을 입도록 하였다. 阿利斯等은 그들이 變服했다고 성내며 사자를 보내 돌아가게 하라고 시켰다. 신라는 크게 부끄러워 그녀를 도로 돌아오게 하려고 하여, "전에 그대가 장가드는 것을 받아들여 나는 즉시 혼인을 허락했으나, 지금 이미 이처럼 되었으니 왕녀를 돌려주기 바라오"라고 말했다. 加羅 己富利知伽[상세치 않다]가 대답하여, "부부로 짝지어 겼는데 어찌 다시 헤어질 수 있겠소? 또한 아이가 있으니 그를 버리면 어디로 가겠소?"라고 말했다. 결국 지나가는 길에 刀伽, 古跛, 布那牟羅의 3성을 함락시키고 또한 북쪽 변경의 5성을 함락시켰다.58)

위의 사료는 신라와 대가야의 결혼동맹과 그 파탄의 과정을 『삼국사기』나 『신증동국여지승람』 고령현조보다 자세하게 기술하고 있다. 위의 기사에 나오는 아리사등은 뒤의 「繼體紀」 24년 9월조에 '任那王 己能末多干岐'라고도 나오는데, 창원 卓淳國의 왕 또는 그에 버금가는 유력자였던 것으로 보인다.59) 加羅 己富利知伽는 '가라의 큰 벌의 간', 즉 가야의 大邑君

---

56) 위의 「釋順應傳」.

57) 『三國史記』 卷4 新羅本紀4 法興王 11년(524) 9월조.

58) 『日本書紀』 卷17 繼體天皇 23년(529) 3월 첫 번째 시월조 후반.

59) 金泰植, 『加耶聯盟史』, 一潮閣, 1993, 194쪽.

이라는 뜻으로서 당시의 대가야 왕인 異腦王을 가리킨다.

이 기사를 분석한 결과는 다음과 같다. 522년에 대가야 이뇌왕은 가야연 맹의 맹주로서 신라 왕실과 결혼관계를 맺은 것을 널리 과시하기 위해 신라 왕녀의 시종들을 각 지방에 분산 배치하였다. 그러나 몇 년 후인지는 분명치 않으나, 신라 법흥왕은 비밀리에 그녀의 시종들에게 신라의 의관을 입도록 하여 오히려 신라의 정치적 위엄을 과시하려 하였다. 이에 대해 가야연맹 소속의 국가들은 대가야 왕이 신라 측에 굴종적인 밀약을 맺지 않았는가 하는 의심을 품게 되었고, 그 중 하나인 卓淳國(창원)의 아리사등이 대가야 왕의 허락 없이 자신의 직권으로 자기 지역 내에 있던 시종들을 신라로 쫓아버리려고 하였다.

그러자 신라 측에서는 이를 트집잡아 대가야에게 결혼동맹 자체의 폐기를 요구하였으며, 이에 대가야 왕은 동맹 자체를 폐기할 뜻은 없음을 밝혔다. 결국 대가야는 이 분쟁을 떠맡아 해결하지 않고 그 책임을 연맹 소속국인 탁순국에게 전가시킨 셈이 되었으며, 이는 신라가 탁순을 문책해도 문제삼지 않겠다는 입장을 보인 것이다.

그리하여 신라는 탁순을 문책하러 가는 길에 刀伽, 古跛, 布那牟羅의 세 성과 '북쪽 변경'의 다섯 성을 함락시켰다. 여기서 도가성 등의 위치는 알 수 없으므로, 북쪽 변경이라는 것이 어디의 북쪽인가 하는 점이 문제로 된다. 그런데 위의 사료는 탁순국 아리사등의 당당한 입장을 서술하고 있으므로, 탁순 계통의 사료로 보아 위치의 기준도 창원으로 보면, 이는 곧 창원의 북쪽지역과 낙동강 건너편의 영산 또는 밀양지방의 몇몇 성을 가리키는 것이 된다.

그렇다면 결과적으로 「欽明紀」에 가장 먼저 신라에게 멸망한 가야 소국으로 거론되는 喙己吞國이 그 때 망하였을 것이다. 탁기탄의 멸망 원인에 대하여 훗날 백제 성왕은 두 차례에 걸쳐 언급하였다. 첫 번째로 탁기탄은 위치가 대가야와 신라의 접경에 있어서 늘 공격을 당하는데 임나 즉 가야연맹이 구원할 능력이 없었던 것이 원인이었다고 하였다. 두 번째는 喙國의 函跛旱岐가 대가야에 두 마음을 품어서 신라에 내응한 것이 원인이라

고 하였다.60)

이런 것으로 보아, 탁기탄은 낙동강 동안의 영산지방에 위치한 가야 소국으로서 번번이 신라에게 시달리다가, 분쟁의 마지막 단계에 신라의 힘에 눌리고 또 대가야를 믿을 수 없게 되어 신라에 내응하여 쉽사리 멸망한 것을 짐작케 한다. 그리하여 탁기탄국은 후기 가야연맹 내에서 신라에게 가장 먼저 멸망당한 나라가 되었는데, 그 멸망 연대는 대략 529년을 전후한 2, 3년간의 어느 시기로 추정된다.

이로써 신라의 법흥왕은 결혼동맹 당시부터의 가야지역 병합 목표를 1단계 성공시켰고, 대가야는 결혼동맹으로 인한 신라의 술책에 빠져 연맹 내의 불화를 일으켜 탁기탄국을 상실하였다. 가야연맹은 그 동남부지역 국가의 이탈로 와해되기 시작한 것이다.

위에서 본 것처럼 탁순국이 신라로부터 공격을 받고 그 와중에 탁기탄국이 신라에 병합되자, 가야연맹 내의 남부 제국은 그것을 저지하지 못하고 방조한 고령의 대가야를 불신하게 되었다. 그들은 자구책으로 자체 내의 단결을 도모하게 되었으니, 그 지역 중에서 가장 강성했던 함안의 安羅國이 주도하였다. 그러한 움직임은 진주, 사천, 고성, 함안, 산청, 하동 등의 가야 서남부지역의 고분 출토유물에서 엿보이는 문화적 공통성에 기반을 둔 것으로 보인다.

「繼體紀」 23년(529)조의 사료에서 그런 움직임을 읽을 수 있다. 기사들은 주로 백제 측을 두둔하는 입장에서 쓰여져 있으므로, 원사료의 계통을 짐작케 하나, 그런 윤색을 제거하고 가야의 입장에 서서 줄거리를 살펴보자.

가야 남부 제국의 단결을 주도한 安羅는 우선 새로 높은 건물을 지어서 새로운 정치적 합의체 맹주로서의 면모를 갖추고, 백제·신라·왜 등의 사신을 초빙하여 몇 달 동안이나 지속되는 국제회의를 개최하였다.61) 이 안라회의의 명분은 탁기탄을 멸망시킨 신라에게 외교적 압력을 가해 탁기탄

---

60)『日本書紀』卷19 欽明天皇 2년(541) 4월조 및 5년(544) 3월조.
61)『日本書紀』卷17 繼體天皇 23년 3월 두 번째 시월조.

을 다시 회복하려는 것이었으나, 그 실질적인 목적은 국제회의 개최를 통해 가야 남부 제국 내에서 안라의 맹주로서의 위치를 고착시키고 이를 대외적으로 과시하려는 데 있었다. 그리하여 가야 남부 제국 중에서 안라의 뜻에 동조하는 소국들로부터 대표자들이 먼저 와서 안라회의에 참석하였다.

이러한 회의가 개최되자, 전통적으로 가야 남부지역을 통해 교역하던 왜의 한 세력으로부터 한 사신이 왔다. 그가 아후미노 게나노오미[近江毛野臣]라고 인식되는 자였다.[62] 그들은 親안라적인 성향을 띠고 있었으며, 그들의 대외적인 후원을 백제와 신라에게 과시하려던 안라 측의 요청에 의하여 상당한 수행 병력도 거느리고 온 것으로 추정된다.

백제는 당시에 신라와는 교빙관계에 있었으나, 가야지역의 대표 세력인 대가야와는 대왜 무역경쟁 이후로 적대관계에 있었기 때문에, 신라가 탁기탄국을 함락시키고 가야 제국이 분열을 일으키는 상태를 중시하였을 것이다. 그래서 백제는 將軍君尹貴, 麻那甲背, 麻鹵 등과 같은 고위 관직자를 사신으로 파견하여[63] 안라 등의 가야 남부 제국에 대한 백제의 영향력을 증대시킬 방안을 모색하였다.

한편 신라는 탁기탄의 병합은 그의 자발적인 내응에 의한 편입이었다는 정당한 명분을 가지고 있었고, 아직까지는 親신라적인 성향을 포기하지 않은 대가야를 그대로 가야지역의 대표자로 공식 인정해 둘 필요가 있었을 것이다. 그래서 신라는 이 안라회의 자체에 대하여 그다지 큰 의미를 부여할 수 없었으므로, 대인을 보내지 않고 의례적으로 夫智奈麻禮, 奚奈麻禮 등과 같은 나마(제11관등) 급의 외교사절을 파견할 뿐이었다.[64]

이 회의를 자기 영향력의 확대의 기회로 삼으려던 백제의 의도는 안라의 자주적인 태도에 의하여 무산되었고, 오히려 안라의 친왜정책에 대해 깊은 소외감과 우려를 느꼈다. 예전에 대가야와의 투쟁에 의해 획득해낸 대왜교역 상의 주도권을 안라에 의해 다시 위협받게 되었던 것이다.

---

62) 위와 같음.
63) 위와 같음.
64) 위와 같음.

6. 加耶 南部諸國의 消滅 : 530년대

520년대를 거치면서 가야연맹은 외부 문제를 해결하는 과정에서 내부 불화가 일어났고, 대가야가 이를 제대로 해결하지 못함에 따라 가야 남부 제국에서는 함안의 안라국이 새로운 중심으로 대두할 조짐이 보였다. 그러자 백제는 비상한 관심을 가지고 그 정권의 성격을 관찰하다가 안라의 자주적이고 친왜적인 성향을 주목하게 되었다.

낙동강 하구를 통한 교역을 중시하는 백제에게 이러한 상황 전개는 바람직하지 않은 것이었다. 때문에 백제는 결국 비상수단을 써서 군사력으로 이를 저지하려고 하였다. 당시 백제의 행동을 보여주는 『百濟本記』의 자료가 있다.

> 太歲 辛亥 3월, 군대가 나아가 安羅에 이르러 乞乇城을 영유하였다. 이 달에 高麗가 그 왕 安을 시해하였다. 또 듣건대 日本天皇과 太子, 皇子가 모두 훙거하였다고 한다.[65]

위 글에서 『백제본기』의 기년에 의한 신해년은 서기 531년에 해당한다. 이 해는 『삼국사기』 고구려본기의 安臧王 붕년과도 일치하므로, 그 편년은 그대로 따라도 무방하다. 또한 일본천황과 태자, 황자가 모두 죽었다는 것이 반드시 大和國에서의 사건인지 아니면 北九州 등 다른 지역에서의 사건인지는 확정지을 수 없으나, 어쨌든 倭地 내에서 어떤 중대한 변고가 있었음은 틀림없다.

이러한 사료 고증을 전제로 하면서 위의 기사를 해석해 보건대, 백제는 531년 당시에 고구려가 내부 정변을 겪고 있는 와중이므로 북방의 변경을 침공할 우려가 없고 왜지에서도 어떤 중대 변고가 일어나 외부에의 개입을 못할 것이라는 정보를 입수한 다음에, 안라로 침공해 들어가서 걸탁성을 영유하게 된 것이다. 당시에 백제는 남방 경영을 거의 마무리지어 전남 섬진강 하구까지 직접 통치하고 있었으므로, 그곳에서부터 강을 건너 하동

---

65) 『日本書紀』 卷17 繼體天皇 25년(53) 12월조 細注의 『百濟本記』 인용문.

으로 상륙하여 진주 南江의 남쪽 연안을 거쳐 함안까지 진군해 들어온 것이 아닌가 하고 추정된다. 여기서 걸탁성의 위치는 정확히 알 수 없으나, 安羅 즉 함안의 인근에 있는 성임은 틀림없겠다.

이러한 백제의 공격을 받게 되자, 게나노오미[毛野臣] 등의 왜국 사신 일행은 이를 피하여 다른 곳으로 쫓겨나고 말았고, 안라 및 그 서남부의 가야 소국들은 백제의 정치적 영향력 아래 놓이게 되었다고 보인다. 다만 백제의 영향력이라는 것은 신라와 같은 군현 편제에 의한 직접적 통제가 아니라, 재지의 지배체제를 그대로 인정하고 그 내부에 백제의 군사적 거점을 일부 확보해 놓는 과도적이고 간접적인 통제방법이었다. 이로써 안라 서쪽의 가야 서남부지역은 일정한 백제의 영향력을 받게 되어, 그 소국들이 멸망한 것은 아니더라도 그 주권의 일부는 백제에 의하여 소멸된 것이라 하겠다.

탁기탄국이 신라에 병합되고 안라국에 백제군이 진주해 들어왔으니, 이제 가야 남부지역에서 독립 세력은 낙동강 하구 부근의 南加羅國(=金官國)과 卓淳國만 남게 되었다. 이들은 이후 자체 내의 결집을 통하여 힘으로 자기 보존을 유지하기는 어렵게 되었으므로, 그 지역이 대왜교역 상의 요충지라는 점을 빌미로 하여 자기 지배체제를 보존시키려고 하였다.

그리하여 탁순국왕 阿利斯等 즉 己能末多干岐는 백제와 신라 양쪽으로부터의 침공상황에 대하여 우려하고 있다가, 자기 지역에 와 있던 왜국 사신 게나노오미[毛野臣]를 중재인 자격으로 두고, 신라왕과 백제왕에게 탁순과 남가라를 일종의 비무장지대로 인정시키기 위한 평화회담을 요청하였다. 그러나 양국에서 모두 상위 관직자를 보내지 않는 무성의한 태도를 보였다.[66] 이미 백제는 안라로부터 그 서쪽에 대한 견제력을 지니고 있었고 신라는 백제의 그러한 움직임을 경계하고 있었기 때문에, 양국 모두 이 지역에 대한 평화협정따위는 신뢰할 수 없었을 것이다. 「繼體紀」 23년 4월조에는 그 뒤의 사태에 대해 중요한 기사를 남기고 있다.

---

66)『日本書紀』卷17 繼體天皇 23년 4월조.

이로 인하여 신라는 다시 그 上臣 伊叱夫禮智干岐를 보내 무리 3천을 이끌고 와서 조칙 듣기를 청했다. 게나노오미[毛野臣]는 멀리서 병장기에 둘러싸여 있는 무리 수천 명을 보고 熊川에서 任那 己叱己利城에 들어갔다. 이질부례지간기가 多多羅 벌에 머무르면서 삼가 귀복하지 않고 석 달을 기다리며 자주 조칙을 듣고자 청했으나, 끝내 전하지 않았다. …… 상신은 4촌[金官, 背伐, 安多, 委陀의 4촌이다. 다른 책에서는 多多羅, 須那羅, 和多, 費智의 4촌이라고 하였다.]을 약탈하고 사람들을 모두 데리고 그의 본국으로 들어갔다.

위의 기사에서 신라의 상신이 일본의 조칙 듣기를 청했다던가 하는 대목은 모두 일본 측의 윤색에 불과하므로, 이를 제외하고 줄거리를 살펴보자. 우선 신라는 중요한 해운 기지인 김해지방까지 백제나 왜의 영향에 휩쓸릴 것을 경계하여 서둘러 上臣 이질부례지간기 즉 異斯夫를 파견하였으며, 그는 3천 병사를 이끌고 다다라(부산시 사하구 다대포) 벌에 주둔하였다. 신라가 거기서 석 달 동안이나 기다렸다는 것은 침략 의도를 위장하거나, 또는 그의 남가라 침공에 대한 가야, 백제, 왜 등의 태도를 살피기 위해서였던 듯하다.67) 이에 대하여 게나노오미는 충돌을 꺼려 熊川(진해)에서 己叱己利城(마산)으로 후퇴하였다.

그러자 신라는 낙동강을 건너 서서히 공략을 전개하여 고립무원의 多多羅村, 須那羅村, 和多村, 費智村 등을 함락시켰고, 그 와중에 신라에게 투항한 사람들을 비롯한 수많은 인원을 신라 영토 내로 옮겼다. 이 때 함락된 네 촌 가운데 비지(＝배벌)나 화다(＝위타)의 위치는 알 수 없으나, 다다라(＝안다)는 부산 서남쪽의 다대포, 수나라(＝금관)는 김해에 해당하므로,

---

67) 『삼국사기』 열전 이사부전에 의하면, 그는 지도로왕 즉 지증왕 때 지방관이 되어, 居道의 권모를 습용하여 馬戲로써 加耶를 오인케 함으로써 그를 빼앗았다고 하였다. 여기서 지증왕 때로 되어 있는 것은 법흥왕 때로 고쳐 보아야 할 것이다. 또한 이 기사에 따른다면, 이사부가 석 달 동안이나 김해 옆의 다대포에서 기다렸다는 것은 일본의 조칙을 듣기 위해서가 아니라, 늘 재미로 말놀이를 하는 것처럼 보임으로써 금관국 사람들에게 침략 의도를 위장하기 위한 술수였다 하겠다. 그러나 그 기다림 속에는 군사적 시위에 대한 주변국들의 반응을 엿본다는 의도도 물론 있었을 것이다.

이로 인하여 南加羅國 즉 金官國은 멸망한 것이라고 하겠다. 금관국의 멸망 연대에 대해서는 여러 가지 설이 있으나, 『삼국사기』 신라본기 법흥왕 19년의 기년을 따라 532년으로 보는 설이 가장 타당하다.

마지막으로 금관국의 멸망 원인에 대하여 사료별로 차이가 있어서 약간의 의문점이 남으므로 이를 고찰해 보자. 우선 『三國史記』 新羅本紀에 따르면, 금관국왕 金仇亥가 그 가족들과 함께 보물을 가지고 와서 항복하였으므로, 신라가 이를 예우하여 上等의 위계를 주고 본국으로 食邑을 삼게 하였다고 되어 있다.[68] 둘째로 『三國遺事』 駕洛國記에 의하면, 신라 진흥왕이 군대를 일으켜 다가와서 쳤는데 仇衡王은 인원 부족으로 대적할 수가 없어서 王子, 上孫과 함께 항복하여 신라에 들어갔다고 하였다.[69] 셋째로 『日本書紀』 繼體紀에서는 위에 설명한 바와 같이 신라 상신 이사부가 남가라 4촌을 정벌하고 사람들을 모두 데리고 본국으로 들어갔다고 하였으며, 欽明紀에 나오는 성왕의 언급에 의하면 남가라는 작고 협소하여 갑자기 준비하지 못하고 의탁할 곳을 몰랐기 때문에 망했다고 하였다.[70] 한편 『삼국사기』 권34 지리지 양주 금관소경조에 의하면, 신라는 금관국을 金官郡으로 편제하였다.

이를 종합해 볼 때, 신라가 군대로 남가라국=금관국을 정벌한 것이 멸망의 직접적인 원인이 된 것은 틀림없으며, 남가라는 어느 정도 대항하다가 항복한 것이다. 다만 여기서 신라가 작고 협소한 나라일 뿐인 금관국 왕손에게 上等의 위계 즉 眞骨의 신분을 준 것은, 그들을 신라 왕족과 대등한 수준의 가야연맹 맹주국의 왕족으로 간주한 것을 의미한다. 이는 곧 신라가 훗날 가야 전역을 병합하기 위한 명분을 축적한 것이라 하겠으며, 대가야의 맹주권을 부인한다는 의미를 내포한 것이기도 하였다. 한편 이 지역이 신라에 쉽사리 투항하였다는 것은, 고고학적으로 이 지역이 5세기 이후로 상당 기간에 걸쳐서 신라문화권에 복합되어 있었다는 사실과 무관하지 않을 것이다.

---

68) 『三國史記』 卷4 新羅本紀4 法興王 19년(532)조.
69) 『三國遺事』 卷2 紀異2 駕洛國記 끝 부분.
70) 『日本書紀』 卷19 欽明天皇 2년(541) 4월조.

전 번에 기능말다간기가 왜의 사신 게나노오미를 중재인으로 삼아 웅천에서 회의를 소집하여 김해와 창원 일대의 국제적 안정을 도모하고자 하였을 때, 게나노오미는 이에 전혀 도움을 주지 못하였으며, 신라의 남가라 침공에 대해서도 물러나 관찰만 하였을 뿐이었다. 그래서 창원의 탁순국은 그가 왜지에서의 대표성도 없고 문제해결 능력도 없다고 판단하여 그를 쫓아내려 하였다.

그러나 게나노오미는 久斯牟羅(창원)에 두 해 동안이나 머물러 있으면서 그 곳에 세력을 부식시키려고 획책하였다. 그리하여 탁순국 阿利斯等은 이번에는 왜인 사신을 제외시키고 탁순-백제-신라의 3자 협정으로 지역 안정을 도모하고자 하여, 신라와 백제에 각기 사신을 보내 倭勢 배척의 명분으로 군사 도움을 요청하였다. 그러자 이번에는 안라의 걸탁성까지 진주해 있던 백제가 선수를 쳐서 背評(위치 미상)에서 게나노오미를 공격하였으며, 게나노오미는 여기서 패배하였다.71)

백제는 결국 탁순국 북방의 久禮牟羅(칠원)에 성을 쌓아 군대를 주둔시키고 철군을 하였다. 그리고 그 곳까지의 통로를 확보하면서 신라로부터의 반격을 대비하고자 그 근처의 騰利枳牟羅, 布那牟羅, 牟雌枳牟羅, 阿夫羅, 久知波多枳 등 다섯 성을 함락시켰다.72)

그 사태의 결과는 탁순국 자체의 멸망이 아니라 백제의 구례모라성 축성과 군대 주둔 및 주변 5성의 함락으로 결말지어졌는데, 이는 안라에서의 경우처럼 백제의 상투적인 수법이었다. 여기서 백제가 함락시킨 5성의 위치는 확실치 않으나, 그 중에 포나모라성은 예전에 신라가 결혼동맹 결렬 후에 함락시켰던 성인데, 이번에는 백제가 함락시켰다. 그 5성은 뒤에 久禮山 5城이라고도 불리는 것으로 보아, 대체적인 위치는 함안군 칠원면 및 그 북쪽인 칠서면, 칠북면 일대가 아닐까 한다. 그리하여 백제는 일단의 목표를 달성하게 되었으며, 이를 터전으로 삼아 탁순국에 대한 정치적 압박

---

71) 『日本書紀』 卷17 繼體天皇 24년 가을 9월조. 이 해에 게나노오미[毛野臣]라는 왜 사신은 왜지로 돌아가는 도중 對馬島에서 죽었다고 한다(같은 책, 같은 해, 시세조).

72) 위와 같음.

224   한국 고대사 속의 가야

을 지속적으로 가하였으리라고 본다.

가야 서남부지역에 군대를 주둔시켜서 신라의 진출을 일단 억제한 백제
는, 530년대 후반의 어느 시기에 안라에 친백제 왜인관료 이키미[印岐彌]를
파견하여 이른바 '任那日本府', 즉 '安羅倭臣館'을 설치하였다.73) 백제는
아마도 자기 나라에 온 왜국 사절인 이키미를 포섭하여 왜에 가까운 안라
의 館舍에 주재케 한다는 명분으로 일을 추진하였으되, 그에게 맡긴 직무
는 백제와 왜국 사이의 통상적인 교역의 대행이었을 가능성이 높다.

즉, 백제는 534년에 구례모라성을 축조하여 탁순에 압력을 넣을 수 있게
된 계기를 맞이하여 대왜교섭을 강화하면서도, 당시 화친관계에 있던 신라
나 해당 지역에 있는 가야 제국으로 하여금 강한 거부감을 가지지 않도록
할 필요가 있었다. 그래서 백제는 가야연맹 남부 제국의 새로운 영도자로
대두할 가능성이 있는 安羅에 친백제계 왜인들이 상주하는 기구를 설치하
고, 그를 매개로 하여 대왜교섭에 유리한 卓淳路74)를 설치 운영코자 하였
다. 그것이 백제가 안라에 이키미를 파견한 이유이며, 그 시기는 백제의 가
야 남부지역 공략이 일단 완료된 534년 이후 그리 멀지 않은 때였을 것이
다.

한편 백제의 구상은 안라를 비롯한 가야연맹 제국의 독립성을 전제로
한 것이므로, 안라를 비롯한 가야 남부 제국과 왜국의 입장에서 볼 때도
그리 나쁘다고만은 할 수 없었다. 그리고 현실적으로 안라 동쪽의 久禮牟
羅城(칠원)에 백제의 군대가 주둔해 있는 상태에서는 부득이한 일이라고
보아, 안라는 백제의 조치에 대하여 협력하지 않을 수 없었을 것이다.

이렇듯 왜국과는 거의 무관하게 백제의 의도와 안라의 부응에 의하여
安羅倭臣館이 성립되었다고 보인다. 그러므로 성립 당시의 안라왜신관은

---

73) 『日本書紀』卷19 欽明天皇 5년 3월조 및 11월조. 여기서 '임나일본부'라는 말에서
   '일본'이라는 말은 왜가 7세기 후반부터 국명으로 표방한 것이므로 해당 시기의
   용어가 아니다. 반면에 「欽明紀」 15년 12월조에는 이들을 '在安羅諸倭臣', 즉 안
   라에 있는 여러 왜신이라는 용어로 부른 적이 있으며, 이것이 당시의 실제 용어에
   가까운 것이었다고 생각된다. 그러므로 본서에서는 임나일본부라는 용어를 때에
   따라 '안라왜신관'으로 바꾸어 부르기로 한다.
74) 안라국(함안)에서 탁순국(창원)을 거쳐 바다로 왜에 연결하는 통로를 말한다.

안라에 위치하는 왜국 사절 駐在館의 명분을 지니되, 실제적으로는 친백제계 왜인들로 구성된 백제와 왜 사이의 교역기관, 정확히 말하자면 '백제의 對倭무역 중개소'와 같은 성격을 띠는 것이었다.

그럼으로써 백제는 안라와 탁순을 거쳐 왜로 통하는 교역로를 잠정적으로 확보하고, 그러한 교역을 빌미로 하여 신라와의 마찰을 피하고 가야지역의 동향을 감시하면서, 백제에 가까운 지역인 '임나의 下韓'에 郡令, 城主를 파견하여 백제의 행정구역으로 만들어 나갔다.[75] 여기서 임나의 하한이란, 위치상으로 보아 앞에서 언급한 전남·북의 섬진강 유역 일대와 경남 서남부지역의 하동 일대로 추정된다. 군령, 성주의 성격은 백제의 지방 군현을 통치하는 지방관이었다.

이리하여 530년대에 후기 가야의 남부지역 소국들은 백제와 신라의 분할 점령으로 인하여 거의 소멸되었다. 다만 신라에게 병합된 가야 동남부지역의 탁기탄과 남가라는 그 자립성을 잃고 군현으로 편제된 것에 비하여, 백제에게 점령된 가야 서남부지역의 구례모라성(칠원) 서쪽의 소국들은 자립성을 보유한 채로 백제의 영향권 아래 들게 된 것에서 차이가 난다. 다만 그 상태에서 백제는 가까운 하동·산청 등지를 서서히 행정구역으로 만들어 나가고 있었다. 그 결과 후기 가야연맹은 남부지역의 영토 및 주권이 축소되는 과정 중에 약화되어, '加耶'로서의 통합 움직임은 상당한 타격을 입고만 것이다.

가야 남부 제국이 소멸 과정을 밟는 530년대에, 고령의 대가야국을 비롯한 가야 북부 제국이 어떠한 상태에 있었는지에 대해서는 사료가 전혀 없어서 알기 어렵다. 다만 『日本書紀』 欽明紀의 여러 가지 기록에 다시 '加羅' 등의 이름이 열거되는 것으로 보아, 이 당시의 가야 북부 제국은 세력기반을 그대로 유지하면서 백제와 신라로부터의 개입을 막아낼 수는 있었으나, 그 남부 제국이 신라와 백제에 의하여 소멸되는 것을 막아줄 만한 여력을 가지지 못하였다. 그리고 백제와 신라의 일차적 침공 방향이 일단

---

75) 당시에 '任那의 下韓'을 백제가 점령하고 있었을 것이라는 것은 『日本書紀』 卷19 欽明天皇 4년(543) 11월조 이후의 구절에 거기 있었던 '百濟郡令城主'가 외교 공방의 초점이 되는 점을 보아 추측할 수 있다.

해운 기지를 확보하려는 것이어서, 가야 북부 제국은 그 적극적인 대상이 되지 않았을 수도 있다.

한편 창원의 卓淳國은 가야 남부지역의 유일한 독립지대였으되, 그 북부의 구례산성을 점령하고 있던 백제로부터 지속적인 억압을 받고 있었고, 결과적으로 일부 백제에 부응하는 내부 세력도 생겨났던 듯하다. 그러던 중 백제가 내부적인 요인으로 인하여 대외적인 관심이 흐트러져 있을 때, 창원의 탁순국은 신라에 투항하였다. 탁순국의 멸망 원인에 대하여 훗날 백제 성왕이 언급한 바에 의하면, 탁순은 상하가 서로 다른 마음을 품고 있었고, 결국 탁순국주가 스스로 종속되기를 원하여 신라에 내응하여 도적을 불러들인 것이 주된 요인이었다고 하였다.[76] 그러므로 탁순국왕은 신라 측의 정치적 제의를 받고, '도적' 즉 신라군을 불러 들여서 자기 나라 안의 친 백제 무리를 소탕함으로써 스스로 신라에 편입된 것임을 알 수 있다.

탁순국이 신라에게 멸망된 시기는, 백제가 구례모라에 축성한 534년 이후부터 성왕의 탁순국 멸망에 대한 언급이 있었던 541년 이전까지의 사이에 해당하되, 백제가 부여 천도 등으로 인하여 대외적인 문제에 적극적인 대응을 하기 어려운 538년 직후의 어느 시기였을 것으로 추정된다.

7. 두 차례 泗沘會議의 顚末 : 540년대

탁순국이 자체 내분을 겪다가 신라에 투항한 이후, 신라는 한 걸음 더 나아가 구례산성(칠원)에 주둔한 백제 군사를 물리쳐 쫓아냈다.[77] 이로써 신라는 탁순국의 영유를 확고히 할 수 있었으며, 반면에 백제는 가야 병합을 위한 전진기지를 상실하게 되었다. 그러자 안라는 백제가 설치하였던 倭臣館의 인원을 친안라 왜인관료들로 재편성함으로써 그 기구를 장악하였다.[78]

---

76) 『日本書紀』 卷19 欽明天皇 2년(541) 4월조 및 5년 3월조.
77) 『日本書紀』 卷19 欽明天皇 5년(544) 3월조의 성왕 회고담, "신라는 봄에 탁순을 취하고, 나아가 우리 구례산성을 쫓아내고 나서 마침내 그를 가졌다".

그 결과 540년대 안라왜신관의 관료는, 안라가 왜와의 연관 아래 또는 독자적으로 임명한 倭臣인 이쿠하노오미[的臣](卿), 기비노오미[吉備臣](執事), 가후치노아타히[河內直]와 백제가 임의로 파견한 왜신인 이키미[印支彌], 고세노오미[許勢臣], 안라 측의 입장을 대변하는 가야계 왜인인 이나사(移那斯), 마도(麻都) 등으로 구성되었다. 그 이후 안라왕은 실제적으로 이나사, 마도 등을 통하여 안라왜신관을 지휘 운영하여, 눈 앞의 구례산성에 주둔하고 있는 신라와 교통케 함으로써 안전을 도모하기도 하였다. 즉, 안라왕은 이를 가야연맹 제국이 신라와 백제로부터의 외부 압력을 막아내는 방패막이로 활용하였고, 그런 과정 중에 가야연맹 내에서 안라의 지위를 높였다.

그러므로 그 후의 안라왜신관은 대외적으로는 성립 당시와 같이 倭國에서 온 使節들의 駐在館이라는 명분을 유지하되, 실제적으로는 안라왕의 지휘를 받아 안라를 비롯한 가야연맹 제국의 독립 보장을 위하여 활동하는 외교 지원기관, 즉 '안라의 특수 외무관서'로 변질되었다. 그러한 성격의 기구를 '任那日本府'라고 부르는 것은 적합지 않다. 안라에 위치하고 안라가 운영하는 倭人官僚 駐在館이라는 뜻에서 '安羅倭臣館'이라고 부르는 것이 적절하다. 안라는 그 후 주변의 가야 남부지역으로 세력을 확대함으로써, 북부의 대가야에 버금가는 또 하나의 중심 세력으로 대두할 수 있었다.

여기서 6세기 중엽 가야지역의 유적 상황을 살펴보면, 이들은 전반적으로 묘제 및 토기 유물 등의 면에서 전 시대 이래의 문화기반을 거의 그대로 유지하면서 존속하였다. 다만 고령, 합천, 거창, 진주 등 주로 대가야문화권은 그에 대한 추가 요소로서 백제계통의 횡혈식석실분[79] 및 三足土器[80] 등 백제 문물의 요소들이 약간 나타났다. 반면에 함안, 고성, 사천 등

---

78) 이는 위 주석의 사료에서 백제 성왕이 왜에게 '的臣 等이 여전히 安羅에 거주하면 任那國은 아마도 건립하기 어려울 것이니, 빨리 퇴각시켜야 마땅하다.'고 말하는 것으로 보아, 안라왜신관의 새로운 책임자인 的臣 等이 백제와는 관계없이 안라 및 왜의 의도에 의하여 대두된 것을 추정케 한다.

79) 啓明大學校博物館, 『高靈古衙洞壁畵古墳實測調査報告』, 1984 ; 金元龍・金正基, 「高靈壁畵古墳調査報告」, 『韓國考古』 2, 서울대학교 考古人類學科, 1967.

의 가야 서남부지역은 여전히 기존의 문화 기반을 유지 발전시킬 뿐 상대적으로 백제 문물의 영향이 희박하였다.[81] 또한 후기 가야지역 전체의 고분 분포 상황을 통관해 볼 때, 개개의 봉분 및 고분군의 규모가 가장 큰 것은 고령 지산동고분군과 함안 말산리·도항리고분군이다. 이는 고령과 함안의 지배 세력들이 가야 말기에 문화 성격이 서로 구별되는 가야 북부 및 남부지역의 중심 세력이었을 것을 추정케 한다.

가야 남부지역에 안라국을 주도로 하는 자주적 성격의 연맹 주체가 형성되자, 백제는 가야지역의 최대 세력인 대가야와 그에 동조하는 가야 북부지역에 대해서는 이전의 적대관계에서 벗어나서 적극적으로 포섭코자 일단의 문물 공세를 편 듯하다. 그러한 과정에서 가야 북부의 대가야 측 소국들은 신라의 배반과 남부지역 안라 측 소국의 독립적 태도에 대응하기 위하여 쉽사리 친백제적인 성향으로 기울어졌다고 하겠으니, 고령, 거창, 합천 등 대가야 문화권 일부에서 나타나는 백제 문물의 요소는 그의 반영이라 하겠다.

이제 안라는 왜국과의 친분을 내세움으로써 백제에 대하여 좀더 독자적인 자세를 취할 수 있게 되었고, 대외적으로 대가야에 못잖은 가야연맹 중심 세력의 하나로 대두하게 되었다. 이러한 안라의 대두로 말미암아, 이제 가야연맹은 남북으로 분열되어 명실상부하게 大加耶-安羅 二元體制시대로 돌입한 것이다.

540년대의 신라는 眞興王이 즉위하여 제도 정비와 함께 팽창을 도모하

---

80) 거창군,『거창박물관도록』, 1997, 32쪽의 삼족토기 참조.

81) 혹자는 창원문화재연구소에서 발굴한 함안 도항리 47호분이 장방형 수혈식 석곽묘에서 변형된 횡혈식 석실구조를 갖추고 있고 단각고배 대각에 장방형투창과 함께 원형 투공이 배치되어 있는 점, 개배의 배신이 얕고 저부가 평평한 모습을 띠는 점 등을 토대로 하여, 함안의 아라가야에 백제 문화의 요소가 이입되었으며, 이는 Ⅳ기(6세기 2/4분기)에 아라가야가 신라의 진출을 막기 위하여 백제로부터 도입한 것으로 추측하였다(李柱憲,「阿羅伽耶에 대한 考古學的 檢討」,『가야 각 국사의 재구성』, 혜안, 2001, 275쪽). 그러나 이런 요소들은 합천 옥전, 반계제, 창리 등 고령계 유물 문화가 성행하던 지역과 마찬가지의 현상이므로, 이는 대가야를 매개로 이루어진 문화적 변형이라고 보아야 할 것이다. 즉, 대가야의 문화가 함안지방까지 영향을 미치던 가야 말기의 상황을 보이는 것이다.

고 있었고, 백제도 聖王이 사비 천도 이후 중흥을 모색하고 있었다. 신라와 백제에서 두 사람의 名君主가 동 시대에 태어나 각자의 기량을 다하면서, 아직 중앙집권적인 대응 태세를 갖추지 못한 가야지역을 선점함으로써 상대적인 우위를 차지하고자 했던 것이다. 그러나 그들은 북방의 강국인 고구려의 남하정책에 함께 대항하여야 했기 때문에, 가야지역에 대한 패권을 둘러싸고 즉각적인 무력 충돌을 벌일 수는 없었다.

반면에 가야연맹은 내부적으로는 10개 정도의 소국들이 대가야 및 안라를 중심으로 한 남북의 이원체제로 갈라져 있었으나, 대외적인 면에서는 동일한 보조를 취하였다. 그리하여 가야연맹은 신라와 백제가 서로 경쟁하는 사이에서 보다 유리한 조건을 차지하기 위해 공동의 외교적인 노력을 기울였다. 가야연맹은 우선 두세 차례나 신라에게 회의를 요청하였다가 거절당한 후 다시 백제에게 요청하여 둘 사이에 외교 교섭이 이루어졌다. 그리하여 541년 4월에 安羅(함안), 加羅(고령), 卒麻(함양), 散半奚(초계), 多羅(합천), 斯二岐(부림), 子他(진주) 등의 가야지역 7개 소국 旱岐들과 안라왜신관 관리, 즉 가야연맹을 대표하는 사신단이 백제에 모였다.[82]

여기서 회의 장소인 '百濟'는 곧 천도 직후의 새로운 수도인 泗沘(충남 부여)의 백제 왕정을 가리키는 것이 틀림없다. 그러므로 이 회의를 제1차 泗沘會議라고 지칭할 수 있을 것이다. 기존 설에서는 이 회의에 대하여 '任那 復興會議'라고 하였고, 근래에는 약간 어감을 바꾸기 위해 '任那 復建會議' 또는 '任那 再建會議' 등으로 표현하기도 하였다. 그 회의의 주체에 대해서는 왜로 보는 설, 백제로 보는 설이 있다. 그 회의의 성격에 대해서는 왜의 임나 지배체제를 복구하기 위한 것으로 보기도 하고, 백제가 임나를 부속시키기 위한 것으로 보기도 한다. 그러나 이런 관점들은 왜나 백제의 관점에서 본다면 어느 정도 타당한 측면이 있으나, 가야의 입장에서는 회의의 성격을 종합적으로 드러내지 못하고 있다. 그러므로 가치중립적인 개념으로서 회의 장소를 따서 단순히 '사비회의'라고 명명해 두는 것이 좋을 듯하다.

---

82) 『日本書紀』 卷19 欽明天皇 2년(541) 4월조.

여기서 가야연맹의 사신단은 자신들의 독립 보장 및 백제와 화친하게 될 때 예상되는 신라의 공격에 대한 우려를 표시하였다. 이에 대하여 백제 성왕은 자신이 가야 문제에 대하여 이미 왜와 협조하고 있음을 과시하고, 만일 신라가 쳐들어오면 가서 구해줄 것이라는 말을 하고, 물건들을 줄뿐이었다. 백제는 안이한 자세로 신라보다 먼저 가야연맹 제국을 附庸國으로 삼으려고 한 것이다.

그러나 가야연맹 제국은 백제로부터 군령, 성주 축출 건에 대한 언급이 없고 가야의 독립 보장도 불철저한 백제와의 교섭 결과에 불만을 품고, 곧바로 신라와 다시 접촉을 시도하였다. 신라와의 교류 내용은 알 수 없으나, 어쨌든 제1차 사비회의는 상호간의 이해관계 조정에 실패한 것이다. 가야-백제 사이의 첫 번째 교섭은 상호간의 구체적인 요구 사항이 쟁점화되지 못하고 잠복해 있는 상태에서, 별다른 성과를 내지 못하고 끝났다.

그 후 안라와 백제는 외교를 자기 측에 유리하게 이끌기 위하여 각기 제3자인 왜국에 사신을 보내 지원을 요청하였는데, 왜의 사신이 543년 11월에 한반도에 와서 안라를 옹호하는 입장을 취하였다. 왜국은 임나의 下韓에 들어와 있는 백제 군령, 성주를 왜신관, 즉 안라에 귀속시켜야 한다는 주장을 내세운 것이다.[83] 왜 측이 안라 및 가야연맹에 유리한 국서를 백제에게 전달한 것은 왜신관을 지휘하는 안라의 외교활동이 성공한 결과였다.

이에 대하여 백제는 군령, 성주를 내보낼 수 없으며, 임나를 건립하기 위하여 가야연맹 집사들을 불러 모아 같이 계획을 세워 이를 왜에 통보해야 한다는 결정을 내렸다. 또한 이 사태의 주모자가 안라에 있는 왜신관 관리들 중 가후치노아타히[河內直], 이나사(移那斯), 마도(麻都) 등임을 알고, 그들을 외교적 압력으로 쫓아내려고 하였다.[84] 즉 가야연맹 제국 및 왜와의 대외적 협조관계를 해치지 않으면서, 왜를 이용한 독자노선 추진집단을 몰아내려는 것이었다.

그리하여 이번에는 백제가 가야연맹에게 회의를 요구하였으나 가야연맹

---

83) 『日本書紀』 卷19 欽明天皇 4년(543) 겨울 11월조.
84) 『日本書紀』 卷19 欽明天皇 4년(543) 겨울 11월조 및 12월조.

은 이에 응하지 않았다. 543년 12월에는 모두 정월 초하루를 지나고 가겠다고 하였고, 544년 정월이 되자 신을 제사지낼 때가 되었으니 제사가 끝나면 가겠다고 하였다. 그 다음에는 권한이 있는 집사를 보내지 않고 지위가 낮은 자를 보내서, 책임 있는 논의가 이루어지지 못하게 하였다.[85] 그 해 2월에 백제의 독촉이 급해지자, 가야연맹 집사들은 倭臣館卿이 허락하지 않았다는 핑계를 대고, 왜신관경은 왜왕의 동의가 없었다는 핑계를 댔다.[86] 사실 가야연맹이 왜신관이나 왜왕의 명령에 따라 움직이는 것은 아니나, 왜왕과의 합의라는 명분 아래 가야연맹을 외교적으로 복속시키려는 백제의 의도를 교란시키기 위해서, 가야연맹도 왜신관이라는 대왜외교 전담자를 전면에 내세운 것이다.

그러므로 백제는 외교적 압박에 의한 가야의 자발적 복속을 이끌어내기 위하여, 실지로 왜를 끌어들여 자신의 우방으로 만들고 이를 가야 측에 입증하여야만 하였다. 이에 백제는 544년 3월에 사신을 왜에 보내, 對임나정책 실패의 모든 원인인 왜신관의 인원들 중 反백제정책의 주모자인 이나사와 마도의 축출을 요구하였다.[87]

이에 대해 왜왕은, 이쿠하노오미[的臣] 등이 신라에 왕래하는 것은 자신이 시키지 않았지만, 자신이 알기로는 안라에 대한 신라의 위협을 감소시키고 안정적인 농경을 하기 위하여 그들이 신라에 왕래하였다고 들은 바 있다고 하였다. 그리고 백제에게, 이나사와 마도는 임나가 건립되면 저절로 퇴각할 것이니, 어서 임나 건립을 서두르라고 하였다.[88]

백제는 이에 대하여, 안라가 안전하게 농사를 짓고 있는 것은 신라가 돌보기 때문이 아니라 백제가 수시로 군대를 보내 구해 주기 때문이라고 반박하였다. 그리고 친신라적인 이쿠하노오미 등이 안라에 있으면 임나 건립은 어려우니 이들을 本處로 빨리 옮기게 하라고 요구하였다.[89]

---

85) 『日本書紀』 卷19 欽明天皇 5년(544) 정월조.
86) 『日本書紀』 卷19 欽明天皇 5년(544) 2월조.
87) 『日本書紀』 卷19 欽明天皇 5년 3월조.
88) 위와 같음.
89) 위와 같음.

이런 요구에 대해 왜왕은 아무 대답을 하지 않았다.[90] 이는 보류 또는 무관함의 표시이다. 왜 측에서 생각하는 임나 건립이란, 왜에 지리적으로 가까운 가야를 통하여 한반도의 선진문물을 안정적으로 받아들일 수 있는 교역체제를 마련하는 것이었다고 생각된다. 그렇다면 왜는 안라를 통하여 신라 및 백제 어느 쪽과 교역하는 것이 유리한지 섣불리 판단할 수 없었을 것이며, 그것은 실상 전통적으로 중계역을 맡아 온 안라국과 같은 가야연맹 소국의 의사에 달린 것이었다.

그러나 백제는 왜에 갔던 사신이 돌아온 것을 빙자하여 즉시 가야연맹과의 제2차 사비회의를 소집하였다. 이번에는 가야연맹 집사들이 별다른 구실을 찾지 못한 채 그에 응함으로써 회의가 성립되어, 544년 11월에 다시 안라, 가라, 졸마, 사이기, 산반해, 다라, 자타, 久嗟 등 8국의 대표들과 왜신관 관리가 백제에 갔다.[91] 제2차 사비회의에 임하는 가야연맹 집사들의 태도는 적극적이지 않고 형식적이었으니, 백제의 가야 부용화 방안을 대체로 짐작하기 때문이었다.

반면에 백제 성왕은 이 회의에서 세 가지 계책을 제시하였으니, 이를 요약하면, ① 임나 보호를 위하여 왜군을 요청하는 문제 ② 백제의 군령, 성주를 내보낼 수 없다는 변명 ③ 일부의 왜신관 관리들을 本處로 송환하는 문제 등이었다.[92] 이는 지금까지 백제가 제시하였던 것들과 같은 취지의 것이지만, 기존의 주장들보다 훨씬 더 구체적인 것이었다.

우선 첫 번째 계책에서, 백제는 임나를 보호하기 위하여 신라와 안라의 경계지역인 함안 동북방의 낙동강 변에 6성을 쌓고, 그 곳에 왜의 3천 병사와 백제군을 함께 주둔케 하되 그 비용은 백제가 댄다고 하였다.[93] 즉, 백제는 그 6성을 왜 및 가야연맹의 협조 아래 경영하고, 그 대외적 명분을 바탕으로 신라군을 공략하여 530년대 후반에 빼앗긴 칠원의 구례산 5성을 회복하며, 아울러 창원의 탁순로를 다시 장악하고자 하는 것이었다.

---

90) 『日本書紀』 卷19 欽明天皇 5년 겨울 10월조.
91) 『日本書紀』 卷19 欽明天皇 5년 11월조.
92) 위와 같음.
93) 위와 같음.

성왕의 첫 번째 계책에 대해서, 가야연맹 제국도 그 정도면 타협할 수 있다고 보았을 것이다. 왜냐하면 백제의 그 계획에 의하면 신라의 공세를 어느 정도 막아낼 수 있을 것이고, 백제의 가야 제국에 대한 독점적인 성격도 상당히 희석되어 나타났기 때문이다. 그러나 문제는 두 번째 및 세 번째 계책에 있었다.

성왕의 두 번째 계책이란, 南韓에 백제의 군령, 성주를 두는 것은 가야와 일본의 교통을 막으려는 것이 아니고 고구려와 신라의 공격을 대비하여 임나를 보존시키는 것이므로, 그들을 철수시킬 수 없다는 것이었다.[94]

성왕의 세 번째 계책은, 안라왜신관의 기비노오미[吉備臣], 가후치노아타히[河內直], 移那斯, 麻都의 네 사람은 임나 건립에 저해가 되기 때문에, 백제와 가야연맹이 뜻을 같이하여 일본 천황에게 이들을 本邑으로 돌려보내 달라고 청하자는 것이었다.[95]

가야인의 눈으로 볼 때 가야지역 일부에 대한 백제의 군령, 성주 설치는 强權에 의한 영토 침탈에 지나지 않는 것이었으며, 이는 앞으로의 장기적인 백제의 침탈방향을 예고하는 것이었기 때문이다. 또한 기비노오미 등의 본읍 송환 요구는, 안라 중심의 독자세력 추진집단인 안라왜신관을 무력화시킴으로써, 가야지역 내에 친백제세력을 부식시키는 데 대한 장애 요인을 제거하려는 것이었다.

성왕의 세 가지 계책(三策) 제안에 대하여, 가야연맹 제국의 한기들과 안라왜신관의 왜신은 최종 답변을 '日本大臣' 및 安羅王, 加羅王의 3인에게 미루었다.[96] 여기서 가야연맹 내에서 최고 의사결정권자로서 안라왕과 가라왕의 존재가 확인된다. 다만 여기서 '일본대신'은 임나에 있는 倭臣館의 대신 즉 이쿠하노오미[的臣]를 가리키는 것으로서, 그는 가야지역 내에서 안라왕의 권력 및 대표성을 보완해 주는 간판에 지나지 않는다. 가야연맹 집사들이 최종 답변을 그들 3인에게 미룬 것은, 백제의 3책 제안을 완곡하게 거절한 것이었다. 결국 이로써 가야연맹과 백제 사이의 제2차 사비회의

---

94) 위와 같음.
95) 위와 같음.
96) 위와 같음.

는 결렬되었다. 가야-백제-왜 사이의 논의가 몇 년에 걸쳐 계속되는 중에, 각국 사이의 이해관계는 분명히 드러났으며, 그 결과 그들은 서로 합치할 수 없음이 확인된 것이다.

제2차 사비회의 결렬 이후 국제정세는 큰 변화가 없어서, 고구려에 대항하여 신라와 백제 사이의 우호가 유지되는 상태에 있었다. 그런 가운데 백제는 왜 및 가야에 대한 지속적인 문물 공급 및 인원 파견을 함으로써, 그 대가로 가야지역에 대한 기존의 세 가지 계책을 관철시키려고 하였다. 그래서 백제는 545년부터 547년까지의 사이에, 가야연맹 제국의 세력가들에게 중국의 선진문물을 나누어주기도 하고, 왜에 방물을 주거나 기술자 또는 학자 등을 연이어 파견하기도 하였다.[97] 그에 대한 화답으로 왜는 말 70필과 배 10척을 보내어 백제와의 교역을 선호한다는 의사를 표명하였고, 결국은 548년 1월에 왜 병사를 보내줄 것을 약속하였다.[98] 백제의 세 가지 계책 중 하나가 왜와의 동조 아래 이루어지려는 순간이었다.

이에 대하여 안라국은 불안을 느꼈다. 백제장군이 지휘하는 백제-왜 연합군이 안라 부근의 6성에 주둔하게 되면, 안라의 자주적 태세의 안정판 역할을 하는 안라왜신관에 대하여 백제의 압력이 강화되고, 이는 곧 안라국이 백제의 속국으로 전락하는 길이기 때문이다. 그리고 가야 북부지역을 중심으로 한 일부 세력들은, 백제의 거듭되는 선진문물 증여에 의하여 차츰 경계심이 이완되다가 결국 친백제적인 태도로 돌아서기도 하였다. 그래서 안라는 대항체제를 다시 정비할 여유를 얻기 위하여 고구려에게 백제 정벌을 요청하였다.

얼마 후 548년 정월에 고구려가 濊兵 6천을 보내 백제의 獨山城 즉 馬津城(예산군 예산읍)을 공격해 왔으며, 백제는 신라에게 구원군을 청할 정도로 어려운 상태에 빠졌다. 그러자 신라가 백제의 요청을 받아들여, 신속하게 장군 朱珍과 군사 3천을 보내 독산성 아래에서 고구려군을 대적하였다.[99]

---

97) 『日本書紀』 卷19 欽明天皇 6년(545) 5월·9월조, 7년 6월조, 8년 4월조.
98) 『日本書紀』 卷19 欽明天皇 9년(548) 봄 정월조.
99) 『三國史記』 卷26 百濟本紀 4 聖王 26년(548) 정월조.

이 전쟁은 신라의 신속한 참전으로 인하여 고구려의 패배로 끝났고, 전투에서 잡힌 고구려 측 포로가 '이 전쟁의 발단이 안라국 및 왜신관이 백제의 처벌을 요청하였기 때문'이라고 증언하였다.[100] 사태가 예상치 않은 방향으로 진전되어, 고구려와 안라 사이의 밀통이 발각되었던 것이다.

그러한 증거를 잡은 백제가 안라 및 왜신관의 소환을 요청하자 그들은 번번이 응하지 않았다. 그러자 백제는 가야 외곽지역에 왜군 및 백제군을 배치하는 데 필요한 왜 및 가야연맹의 협조를 확신할 수가 없어서, 왜에 병사 파견 중지를 요청하였다.[101]

왜는 백제의 의심에 대하여 변명하지 않을 수 없었다. 그래서 왜는 자신은 사태에 연루되지 않았으니 의심하지 말라고 부탁하였다. 그리고는 그에 대한 혐의를 벗기 위하여, 약간의 사람을 보내 안라가 도망한 빈 곳을 채우겠다고 자청하였다. 그리고 얼마 지난 후에 왜는 이나사와 마도가 몰래 고구려에 사신 보낸 것을 따지겠다고 하여[102] 백제 편을 들었다.

그러자 안라의 상층부는 백제에 대하여 더 이상 대항할 계책이 궁해져 무력화되었다. 이제 성왕이 전에 주장하였던 세 가지 계책은 실행할 필요가 없어진 것이다. 이후로는 가야연맹의 어느 한 나라나 왜가 백제의 의사에 반대하여 행동하는 기사가 나타나지 않는다. 즉, 백제 성왕은 549년 및 550년 초에 걸쳐서 가야연맹을 半 屬國으로 만들었으며, 왜에 대해서도 선진문물을 매개로 하여 영향력을 미치는 大盟主의 위치에 섰다.

541년부터 550년까지의 10년 간에 걸쳐, 가야연맹은 안으로는 대가야와 안라가 남북으로 갈라진 패권을 하나로 모으려는 내부 경쟁을 계속해 왔으며, 밖으로는 백제, 신라, 왜, 고구려 등의 사이에서 상호간의 경쟁관계를 이용하여 독립을 유지할 수 있는 방안을 외교적으로 모색해 왔다. 그러나 백제 성왕이 신라와 외면적인 화친을 유지하면서 선진문물을 이용하여 가야연맹 제국 및 왜를 포섭하는 외교전략을 펴나감에 따라, 결국 그에 휘말려 가야연맹은 독자적 세력을 수립키 위한 자구노력이 모두 수포로 돌아

---

100) 『日本書紀』 卷19 欽明天皇 9년(548) 여름 4월조.
101) 위와 같음.
102) 『日本書紀』 卷19 欽明天皇 10년(549) 여름 6월조.

간 채 백제의 半 속국으로 전락하였다.

8. 맺음말

　지금까지 5세기 이후 6세기 중엽에 이르는 후기 가야연맹체 역사의 전개 과정을 살펴보았다. 그러나 가야연맹체를 이루는 소국이 많은데다가 관련 사료가 많고 복잡하여, 이를 따라 설명하느라고 후기 가야연맹체의 전체적 발전과정을 구조적으로 드러내지 못한 듯하다. 그러므로 여기서는 시간의 진행에 따라 후기 가야연맹체의 성립, 발전 및 약화 과정을 간략하게 보이면서, 그 단계별로 후기 가야사회의 구조적 특성을 설명하고자 한다.

　후기 가야사는 5~6세기 동안 고령 대가야를 중심으로 한 경상 내륙 및 낙동강 서안 10여 소국들의 역사를 말한다. 그 시대를 세분하면, 수혈식석곽묘 문화가 각지에서 나타나기 시작하는 5세기 전반기를 가야 제국 복구 시기로 볼 수 있다.

　이 시기에는 전기 가야연맹의 중심국인 김해의 가락국이 급격하게 약화되어 일개 소국의 지위로 전락하였고, 낙동강 동쪽 연안에 있는 부산의 독로국, 창녕의 비사벌국과 낙동강 중류 성주의 벽진국 이북의 소국들은 신라계열 소국으로 편입되어 경주 계통의 문화를 받아들이면서 급속하게 성장하였다. 나머지 가야 소국들은 개별적으로 분산되어 존재하였으나, 그 중에서 함안, 마산, 의령 등지에 함안 중심의 가야 중서부지역 연맹체가 존재하였고, 고성, 사천, 진주, 산청 등지에 중심지가 분명치 않으면서 동일 문화 교역권을 유지하고 있는 가야 서남부지역 연맹체가 존재하였으며, 그들 상호간의 교류도 비교적 활발하였다. 고령, 합천 등의 가야 북부지역에는 낙동강 하류 유역의 선진문화가 유입되었으나 아직은 충분히 성장한 면모를 보이지 못하였다.

　그러므로 이 시기에 가야 소국들은 대외적으로 외부 세력의 간섭을 받지 않아 독립된 지위에 있었으나, 가야 전역을 대표할 만한 맹주국은 존재하지 않았다. 내부적으로는 김해 가락국의 몰락을 계기로 해서 전반적으로 약화되어 분산되어 있었으나, 각 지역 내부에서 복구와 세력 재편성의 움직임이 활발하게 일어나고 있었다.

5세기 후반부터 6세기 초 510년까지는 고령 대가야의 우월성이 두드러지는 후기 가야연맹 시기이면서 가야문화의 중흥기로 볼 수 있다.

5세기 후반의 초기에 고령 지산동고분군 축조집단은 기존의 문화 축적을 기반으로 크게 성장하여 합천 및 남원 동부지방까지 진출하여 이를 종속적으로 연합하였으며 더 나아가 전북 진안 및 장수, 임실지방까지 밀접한 교류관계를 맺었다. 5세기 후반의 후기와 6세기 초에는 해당 지역에 대한 복속관계를 강화시키고, 고성, 진주, 김해, 창원 등 옛 가야지역으로 연합관계를 확장해 나갔다. 가야지역의 전통적 교역대상인 倭와의 대외교역 주체도 고령지방으로 변경되었다. 그런 과정에서 가야 서남부지역의 교류관계는 약화되었고 함안 중심의 가야 중서부지역은 더 이상 팽창하지 못하고 좁은 범위의 세력권을 유지할 뿐이었다.

그러므로 이 시기에 가야 전역을 대표할 수 있는 세력이 나타났으며, 이는 반파국에서 대가야국으로 이름을 바꾼 고령 집단이었다. 그리하여 대가야국은 470년대 이후로 대외적으로 加耶의 이름을 드러내면서 중국 남제, 한반도의 백제, 신라와 대등한 관계를 맺으며 대두하였다. 이 시기에 가야는 고령 대가야국 중심으로 한 일원적인 諸小國聯盟體를 복구하였으며, 때에 따라서는 중앙집권적인 고대국가처럼 기능하기도 하였다. 그러나 함안지방을 중심을 한 가야 중서부지역을 장악하지 못하였고, 가야 서남부 및 동남부지역에 대한 복속관계도 강력하지 못한 한계성을 가지고 있었다.

510년대는 가야연맹이 발전의 정점에서 백제와 격돌하는 시기였다. 백제는 무령왕 때에 들어 南遷의 후유증을 극복하고 왕권을 안정시켜 외부로 팽창하기 시작하였기 때문에, 이미 호남 동부지역까지 장악하고 있었던 가야연맹과 충돌하지 않을 수 없었다. 여기서 대가야가 패배하여 호남지역의 소국들이 백제에게 복속된 것은 가야연맹의 발전에 큰 장애가 되었다. 그러나 대가야는 소백산맥과 낙동강을 경계로 하면서 사방에 築城함으로써 가야 전체 소국들에 대한 맹주로서의 패권을 유지하였다.

520년대는 가야연맹이 약화되기 시작하는 시기이니, 그 후 530년대에는 신라와 백제의 침투로 인하여 남부지역의 일부 소국들이 멸망하였다. 이 시기에는 백제에 성왕이 등극하고 신라에 법흥왕이 왕위에 올라 제도를 정비하며 왕권을 강화하였고 이를 토대로 하여 경쟁적으로 대외정복에 나섰다. 그리하여 가야연맹은 영산의 탁기탄국, 김해의 남가라국(금관국), 창원의 탁순국이 차례로 신라에게 정복되고, 하동, 산청 등 가야 서부의 일부 지역이 백제에게 복속되고 함안지방까지 백제의 간섭을 받게 되면서 약화되었다.

그러므로 이 시기에는 고령 대가야국의 맹주로서의 패권이 약화되었고, 그런 와중에 함안의 안라국이 가야 남부지역의 새로운 맹주로 나설 가능성을 모색하고 있었다. 안라에 있던 '安羅倭臣館'은 이런 배경을 토대로 생겨난 것으로서, 안라왕의 지휘를 받아 안라를 비롯한 가야연맹 제국의 독립 보장을 위하여 활동하던 외교 지원기관이었다.

540년대는 大加耶(고령)와 安羅(함안)의 南北 二元體制로 분열된 시기였다. 그러나 이는 안라국의 실질적인 세력 강화에 따른 정상적인 것이 아니었고 대가야국의 대외교섭 능력의 약화에 따른 반사적인 것이었기 때문에 가야연맹체를 위하여 바람직한 것이 아니었다. 뿐만 아니라 이들은 백제나 신라의 압력을 극복하기 위해서는 전처럼 제한적으로나마 협력하지 않을 수 없었으나, 이러한 분열상은 중앙집권체제가 우월한 백제, 신라의 공략 앞에 한계성을 드러낼 수밖에 없었다.

가야의 멸망과정과 '任那調', '任那復興'의 의미

이 희 진*

1. 머리말

『日本書紀』기록에 의하면 562년 가야가 멸망한 이후에도 임나에서 사신이 파견되고 있다. 가야와 임나가 불가분의 관계에 있다는 점을 감안하면 결국 왜는 멸망한 나라들과 교류했다는 뜻이 된다. 이런 기록이 남아 있다는 사실 자체가 이상한 현상이 아닐 수 없다.

그 동안에도 이 현상을 설명하기 위해 많은 설이 제기되어 왔다. 末松保和로 대표되는 초기 연구에서는『日本書紀』기록을 그대로 인정하는 경향이 강했다. 왜가 기득권을 가진 임나를 병합한 신라가 왜의 기득권을 인정하여 '임나의 調'를 바쳤다는 식으로 해석했던 것이다.[1] 이보다 후에 나온 井上秀雄은 한반도 남부에 왜의 직할지가 있었다는 증거로 해석하기도 한다.[2]

그러나 이 설들은 그렇지 않아도 문제가 많은『日本書紀』기사들을 자의적으로 편집해서 논지를 전개한 흔적이 뚜렷하다. 결국 고대일본의 한반도 지배라는 뿌리깊은 편견에서 벗어나지 못한 듯하다.

국내에서도 이러한 일본학계의 한계를 극복해 보려는 노력이 있기는 했

---

* 성신여자대학교 강사

1) 이러한 성향의 연구로는 末松保和,『任那興亡史』, 大八洲出版, 1949/再版, 吉川弘文館, 1956이 대표적이다.

2) 井上秀雄,『任那日本府と倭』, 東出版寧樂社, 1978.

다. 그러나 이 노력은 임나가 일본열도에 있었던 증거라고 보던가,[3] 사건이 일어난 시기를 바꾸어 보려는 정도[4]에 그치고 있다. 이 설들은 그 한계가 비교적 뚜렷하기 때문에 큰 설득력을 갖지는 못하고 있는 듯하다.

사실 이 문제는 단순히『日本書紀』에 이상한 현상이 기록되어 있다는 선에서 그칠 문제가 아니라고 생각한다. 가야가 멸망해 버리고 난 이후 백제·신라 등과 왜와의 관계가 어떻게 전개되어 나아갔는지는 상대적으로 그동안 가야가 차지하고 있었던 역사적 비중을 보여줄 수 있기 때문이다. 이를 보여줄 수 있는 상황이 바로 '任那調'와 '任那復興'을 둘러싸고 일어나는 일련의 사건들이라 사료된다.

본고에서는 가야 멸망 이후에 일어났던 사건들을 일관된 논리로 설명할 수 있을 만한 해결책을 모색해 보고자 한다. 그러기 위해서 먼저 기존 연구와 문제점을 검토한 후, '任那調'와 '任那復興'의 의미를 살펴보며 이것이 가야의 멸망과정과 어떻게 연관되는지 살펴보아야 할 것이다.

여기서 문제가 되는 두 가지 개념은 이른바 '任那調'와 '任那復興'이다. 우선 '任那調'가 등장하는 상황을 보면 대체로 이렇다.『日本書紀』를 보면 임나가 멸망한 이후에도 '임나의 조'라는 것을 바쳤다. 어느 때에는 신라가, 어느 때에는 백제가 바치고 있으며 임나의 사신이 와서 바치는 경우도 있다. 얼핏 생각해 보아도 앞뒤가 맞는 기록이라고 생각하기는 어렵다. 이미 멸망해서 없어져 버린 임나에서 사신을 파견하여 세금이나 다름 없는 '조(調)'를 바친다는 게 있을 수 있는 일 같지는 않다. 여기에 그치지 않고 이미 망해버린 임나가 신라와 전쟁을 벌인다던가, 신라가 임나를 또 정벌해서 자신 영토에 편입시켰다던가 하는 기록이 나오면 더욱 혼란스러울 것이다. 이런 기록이 推古天皇 때를 중심으로 상당 수 나온다. 이 기록에 대한 기존의 해석에 문제가 많음을 지적하고 새로운 해석을 시도해 보려 한다.

다음으로 문제가 되는 개념이 '任那復興'이다. 특히 이 개념은 시기에 따

---

3) 김인배·김문배,『任那新論』, 고려원, 1995.
4) 鄭孝雲,『古代韓日政治交涉史研究』, 學硏文化社, 1995.

라 전혀 다른 뜻으로 쓰인 특징이 있다. '任那復興'이라는 말이 530~540년 대에도 나타나는데 그 뜻은 가야 멸망 이후에 나타나는 '任那復興'과는 상당히 다른 뜻으로 쓰여졌던 것이다. 이 때문에 그동안 연구자들은 여러 모로 혼선을 빚을 수밖에 없었다. 하지만 왜 이렇게 같은 말이 다른 뜻으로 쓰여졌는가를 살펴본다면 오히려 사건의 전말을 읽어낼 수 있는 단서가 될 수도 있다. 본고에서는 이 점에 착안하여 같은 말이 다른 뜻으로 쓰이게 된 원인을 찾아보고 '任那復興'이 가지는 의미를 추적해 보려 한다.

'任那調'나 '任那復興' 같은 개념이 이렇게 표리가 같지 않을 만큼 복잡하게 꼬인 원인으로는 대체로 두 가지가 작용하는 것 같다. 하나는 그만큼 가야가 멸망해 가는 과정이 단순하지는 않았다는 데에 있는 듯하다. 본고가 추구하는 주요 목적 중 하나도 이러한 작업을 통해 가야가 멸망해 가는 과정을 분석해 보고자 하는 것이다.

그리고 다른 하나는 기록의 왜곡일 것이다. 특히 『日本書紀』 기록은 구조적으로 왜곡될 수밖에 없는 문제를 가지고 있다. 이 작업에 주로 이용되는 기록의 대부분이 『日本書紀』 기록이기 때문에 이 점은 특히 주의해야 할 문제이다. 그동안 『日本書紀』에는 수많은 문제점이 드러났기 때문에 '『日本書紀』 기록은 잘못된 것'이라고 치부해 버릴 수도 있다. 기록의 사이사이에 납득하기 어려운 모순이 나타나기 때문에 잘못된 기록이 아니라고만 할 수도 없다.

그러나 그렇기 치부해 버리고 말기에는 곤란한 점도 있다. 가야 멸망 이후 나타나는 '任那調'와 '任那復興'에 관한 기록이 100년이라는 장기간에 걸쳐 여러 차례 나타나는 데다가 고구려·백제·신라 등과의 관계를 통해 일정 수준의 사실성은 확인된다. 사실 100% 거짓으로만 이루어진 역사서는 존재하기도 어렵다. 그렇다면 거짓과 진실이 섞여 있는 기록을 일방적으로 무시하기보다 역사적 사실에 최대한 접근해 가려는 노력이 필요할 것이다. 이러한 노력을 통해 가야멸망 과정에 대한 완전한 진실을 밝히기는 어렵다 해도 최소한 역사적 사실에 가깝게 다가갈 수 있는 계기가 되기를 바란다.

2. 기존연구와 문제점

1) 일본학계의 연구와 문제점[5]

고대한일관계사에 대한 대부분의 문제가 그렇듯이, 가야 멸망 이후에 나타나는 '任那調'와 '任那復興' 등에 관한 연구 역시 일본 측 학자가 선점했다. 그 대표격이라 할 수 있는 사람이 末松保和이다. 그는 대체로 『日本書紀』의 기록을 그대로 인정하는 성향을 나타냈다. 이 경우에도 마찬가지다. 그는 서기 600~645년 사이에 나타나는 『日本書紀』의 이른바 '任那調' 관련 기사를 그대로 인정한다. 6회에 걸쳐 신라 등이 조공을 바쳤다는 기록이 있으므로 신라가 '任那調'를 바쳤던 사실은 의심할 여지가 없이 확실하다는 것이다. 신라가 '任那調'를 바칠 수밖에 없었던 이유도 왜가 임나에 기득권을 가지고 있었기 때문이라고 본다. 간단하게 말하자면 임나를 병합한 신라가 임나에 대한 왜의 기득권을 인정하여 '임나의 調'를 바쳤다는 해석이다.

이러한 해석의 근거는 『日本書紀』기록 중, '六月 新羅遣使進調 多益常例 幷進多多羅·須奈羅·和陀·發鬼四邑之調'[6]라는 구절에 두고 있다.

---

5) 본고에서 검토한 연구 이외에도 '任那調'에 대한 연구로 鬼頭淸明, 「任那日本府檢討」, 『日本古代國家の形成と東アジア』, 校倉書房, 1976 ; 延敏洙, 「日本書紀 '任那調' 關係記事檢討」, 『九州史學』 105/『고대한일관계사』, 혜안, 1998 재수록 ; 山尾幸久, 「任那の調の實態と性格」, 『古代の日朝關係』, 塙書房, 1988 ; 鈴木英夫, 「任那の調の起源と性格」, 『國史學』 119, 1983/『古代の倭國と朝鮮諸國』, 靑木書店, 1996 재수록 ; 西本昌彦, 「倭王權と任那の調」, 『ヒストリア』 129, 1990 등의 연구가 있다. 鬼頭淸明의 연구는 '任那調'에 대한 기사를 역사적 사실로 인정한다는 점에서는 末松保和와 비슷한 성향을 보이고 있다. 단지 이 때의 왜를 구주의 왜와 야마토 왜로 구별해 보는 점만 다를 뿐이다. 延敏洙, 山尾幸久 등은 관념적 인식일 뿐, 실제로 있었던 일이 아니라는 입장이다. 鈴木英夫는 백제가 왜의 군사원조를 받아내기 위해 '任那復興'을 내세우자 신라가 그에 대한 대응조치로 취한 것이 '任那調'라고 본다. 西本昌彦은 신라가 고구려 같은 주변 세력에 압력을 받는데도 수·당의 원조를 기대할 수 없을 때, 왜에 임나사신을 파견하여 '任那調'를 바쳤다고 한다. 이 연구들의 논지를 자세히 살핌에는 지면상의 무리가 있어 다음 기회로 넘긴다.

6) 『日本書紀』 권20 敏達天皇 4년 6월조.

여기에 나오는 4개의 邑이 529년 신라의 異斯夫가 抄掠한 4읍과 일치하기 때문에 이것이 바로 왜의 영향 아래에 있던 지역을 신라가 차지하면서 그에 대한 대가를 지불한 이른바 '任那調'의 기준점이 될 수 있다고 했다. 신라가 임나를 병합한 후 의무로 원칙으로 약속했는지, 575년(敏達 4년)에 약속 받았는지는 몰라도 신라가 '任那調'를 바칠 의무를 왜에 약속한 점은 분명하다는 것이다.7) 백제가 '任那調'를 바쳤다는 기록도 같은 맥락으로 파악한다. 백제세력이 신라와의 분쟁 속에서 大耶城을 비롯한 임나의 옛 영토를 점령하게 되자 '任那調'도 백제가 바치게 되었다고 본다.8)

　이와 같이 『日本書紀』 기록을 그대로 인정하여 해석하게 되면 상황을 대부분 쉽게 이해할 수 있으며, 명쾌한 해석으로까지 비칠 수도 있다. 그래서 이러한 해석을 이른바 '실증사학'이라고 생각해온 적도 있었다. 그렇지만 실증사학이라는 것이 있는 사료를 아무 의심 없이 글자 그대로 해석하라는 것은 아니다. 여기서 기본적인 문제는 末松保和가 인용한 『日本書紀』 기사들을 얼마만큼이나 신뢰할 수 있는가이다. 그 중에서도 신라가 '任那調'를 바쳤다는 근거로 인용된 기록부터 의구심이 생길 수밖에 없다. 그 기록들을 우선 살펴보자.

600년(推古 17년) 신라·임나 두 나라가 사신을 보내어 調를 바쳤다.
601년(推古 18년) 가을 7월 신라의 사신 沙喙部 奈末 竹世士가 임나의 사신 喙部 大舍 首智買와 함께 筑紫에 이르렀다. 9월 사신을 보내어 신라와 임나의 사신을 불렀다. 겨울 10월 신라와 임나의 사신이 서울에 도착하였다.
611년(推古 19년) 가을 8월 신라가 沙喙部 奈末 北叱智를 보내고, 임나가 習部 大舍 親智周智를 보내어 함께 조공하였다.
623년(推古 31년) 가을 7월 신라가 大使 奈末 智洗爾를, 임나가 達率 奈末智를 보내어 함께 來朝하였다.
638년(舒明 10년) 이 해 백제·신라·임나가 나란히 조공하였다.

---

7) 末松保和, 앞의 책, 1956, 189~195쪽.
8) 末松保和, 위의 책, 1956, 208~212쪽.

645년(孝德 大化 元年) 가을 7월 丁卯 초하루 병자 고려·백제·신라가 함께
사신을 보내 調를 바쳤다. 백제의 調使가 임나의 사신을 겸
하여 임나의 調를 바쳤다.9)

　조금만 주의를 기울여 보아도 이 기사들 중에 의심이 가는 내용을 쉽게
발견할 수 있다. 바로 신라·임나와 백제는 물론 고구려(고려)까지 왜에 조
공을 바쳤다는 기록이다. 다른 나라는 몰라도 고구려가 왜에 조공을 바쳤
다는 것을 사실이라고 믿을 수는 없다. 신라가 조공을 바쳤다는 것도 바로
이렇게 믿기 어려운 내용 중에 포함되어 있는 것이다. 그럼에도 불구하고
이런 내용을 아무 비판없이 수용하여 '신라가 왜에 임나에 대한 조공을 바
친 것이 任那調'라는 식으로 이해할 수는 없을 듯하다.
　임나가 『日本書紀』에 기록된 대로 大化政權의 관가였다고 한다면 調에
대한 반대급부로서 祿이 주어지는 것은 불필요한 것이며, 신라의 사신으로
파견된 인물의 관위를 보면 阿湌·沙湌·大奈麻·一吉湌·奈末 등 하위
관리가 많은데 이들을 大國에 대한 조공사로 파견된 인물로 보기 어렵다
는 지적도 있다.10)
　반면 이른바 '任那調' 문제를 다루는 왜의 태도는 판이하다. 高向黑麻呂
라는 인물이 투입되고 있는 것이다. 高向黑麻呂는 末松保和 자신이 지적
했듯이 도당유학생 출신으로 國博士가 되어 고대일본의 성립에 중대사건
이었던 大化改新에도 중요한 역할을 했던 사람이다.11) 한 나라에서 보내
는 사신의 비중은 상대국의 외교적 비중을 반영하는 게 보통이다. 그러므
로 상대가 중요 인물을 파견하여 성의를 보이는데도 하급관리를 보내 사
안을 다룰 정도로 왜를 비중 있게 다루지 않은 신라가 왜에 조공을 바치는
입장이라고 하기는 곤란하다.
　더욱이 末松保和는 신라가 '任那調'를 바쳤다는 자신의 논지를 정당화

---

9) 이 사료는 末松保和, 위의 책, 1956, 191쪽에서 제시된 것임.
10) 李根雨, 「百濟本記와 任那問題」, 『加羅文化』 8, 1990, 29쪽. 나말은 신라의 관등
　　중 11등급에 속하는 하위직이다.
11) 末松保和, 앞의 책, 1956, 189~191쪽.

시키기 위해 안 그래도 왜곡이 심한 『日本書紀』 기사들을 또다시 편집한 흔적이 뚜렷하다. 그가 제시한 첫 번째 '任那調' 관련 기사인 서기 600년 (推古 8) 기사부터 살펴보자. 이 기사의 전체적인 내용은 다음과 같다.

推古 8년(600) 봄 2월 신라가 임나와 더불어 서로 공격하자, 천황이 임나를 구원하고자 하였다.

이해 境部臣을 대장군으로 삼고 穗積臣을 부장군으로 삼아, 만여 명의 군사를 거느리고 임나를 위하여 신라를 치도록 명하였다. 이에 곧바로 신라를 향하여 바다를 건너갔다. 신라에 이르러 5성을 공격하여 빼앗았다. 이에 신라왕이 두려워하여 흰 기를 들고 장군의 깃발 아래에 이르러 서서 多多羅 · 素奈羅 · 弗知鬼 · 委陀 · 南迦羅 · 阿羅羅 6성을 떼어 주며 항복을 청하였다. 그 때 장군이 함께 의논하여, "신라가 죄를 알고 항복하니 억지로 공격하는 것은 옳지 않다"라 하고 곧 (천황에게) 아뢰었다. 천황이 다시 難波吉師 神을 신라에 보내고, 또 難波吉士 木蓮子를 임나에 보내어 일의 상황을 살피도록 하였다. 이에 신라 · 임나 두 나라가 사신을 보내어 調를 바치고 표를 올려 "하늘에는 신이 있고 땅에는 천황이 있으니 이 두 신을 제외하고 또 무엇을 두려워하겠습니까. 앞으로는 이후로 서로 공격하지 않겠으며, 또 배와 노를 마르지 않도록 해마다 반드시 조공하겠습니다"라고 하였다. (천황이) 곧 사신을 보내어 장군을 불러 들였다. 장군들이 신라로부터 이르자, 신라가 또 임나를 침략하였다.

앞에서 末松保和는 단순히 신라와 임나의 사신이 조공을 바쳤다는 정도만 소개해 놓았다. 하지만 실제의 기사는 위와 같이 장황하다고 할 정도로 많다. 그리고 그 중에는 이미 망해버린 임나가 신라와 전쟁을 벌인다던가, 신라가 임나를 또 정벌해서 자신 영토에 편입시켰다던가 하는 내용도 있다. 더욱이 왜가 두려워 多多羅 · 素奈羅 · 弗知鬼 · 委陀 · 南迦羅 · 阿羅羅 6성까지 떼어주면서 항복하고 조공을 맹세했던 왜의 장군들이 철수하자마자 다시 임나를 침략했다는 같은 내용이 나타나는 등 자체모순이 심하게 나타난다. 실제로 어떤 사실을 묘사하고 있는지 종잡을 수가 없을 정도다.

따라서 推古 8년의 기사는 '신라·임나 두 나라가 사신을 보내어 調를 바쳤던 기록'이라고 단순하게 믿어줄 수가 없다. 오히려 왜 이렇게 문제가 많은 기록이 남게 되었는지를 따져보고 난 이후에 당시 상황에 대한 복원을 시도해야 한다. 그럼에도 불구하고 이렇게 이해하기 어려운 모순이 나타난다는 점은 도외시하고 자신의 논지에 유리한 점만 골라내어 당시 상황을 해석하는 태도에는 문제가 있다고 할 수밖에 없다. 그렇다면 문제 있는 기록을 무비판적으로 수용하여 전개한 논리도 인정하기 곤란할 것이다.

末松保和의 설에 대해 많은 비판이 제기되자 일본학계 자체에서도 이에 대한 반성이 있었다. 그런 차원에서 이 문제에 대해 다른 해석을 내놓은 사람이 井上秀雄이다. 그는 한반도 남부에 왜의 직할지가 있었기 때문에 '任那調'가 생겨났다고 해석했다. 그 내용은 대략 이런 것이다.

백제·신라가 예로부터 조공을 바쳐온 반면 임나는 이러한 기록이 없다. 오히려 가야세력이 멸망한 이후가 되어서야 신라 또는 백제가 '任那調'를 바치고 있다. 이러한 현상이 나타나게 된 원인은 임나의 상당 지역이 왜의 군현이었다는 데에서 찾는다. 그 전제는 일본부의 군현 내지는 직할지가 神功皇后 때 왜의 군사행동에 의해 복속된 임나지역에 만들어졌던 군사적인 거점이었다는 것이다. 즉 임나에는 대화정권이 현지로 파견한 군대가 물자를 징발하던 지방이 있었는데, 이것이 왜의 군현으로 편제되었다는 뜻이다.[12]

이렇게 보면 왜의 군현으로 편제되어 있는 임나가 조공을 바치지 않은 현상도 당연하다고 주장할 수 있다. 신라나 백제가 '任那調'를 바치게 된 원인도 왜의 군현을 점령하고 나서 그 사태를 평화적으로 해결하는 과정에서 대가를 지불하며 수습한 상황으로 해석하게 된다. 단 이러한 해석이 성립하려면 임나에 왜의 군현이 존재했다는 점이 확인되어야 한다.

그래서 임나에 왜의 군현이 있었다는 근거로 다음과 같은 것들을 제시했다. 일본 측 사료에는 임나·안라 등의 국명과 哆唎·帶沙 등 군현명이 구별되고 있는데, 백제 측 사료에는 이것이 그다지 명료하게 구별되고 있

---

12) 井上秀雄, 앞의 책, 1978, 7~12쪽.

지 않다는 것이다. 백제의 입장에서는 임나 제국과 그 군현 사이에 특별한 차이를 인식할 필요가 없었지만, 왜에서는 그 구별이 필요하였기 때문이라는 것이 그 이유이다.13)

이 사실을 뒷받침하는 기록으로『日本書紀』의 세 가지 기사를 제시하고 있다. 첫 번째는 繼體 3년에 '任那의 日本 縣邑에 있는 백제의 백성으로 도망하여 호적에서 빠진지 3, 4代되는 사람들을 찾아내어 백제로 옮기고 호적에 넣었다'14)는 기사이고, 두 번째는 '任那의 下韓에 있는 백제의 郡슈과 城主를 日本府에 귀속시키라'는 欽明 4년과 5년의 기사이며, 세 번째는 '日本府의 관인인 移那斯와 麻都가 경작지의 일로 신라와 일을 꾸몄다'는 欽明 5년의 기사이다.

첫 번째 기사에 대한 분석에서 井上秀雄은 繼體 3년에 해당하는 509년인 6세기 초에서 3, 4代 전이면 4세기 후반에서 5세기 초가 된다는 점에 주목했다. 4세기 후반은 지금의 충청남도와 전라남도에 이르는 지역이 神功皇后에게 투항해온 시기이고, 5세기 초는 백제에게 峴南·支侵·谷那·東韓의 땅을 빼앗았던 應神天皇 때라는 것이다.15) 또 應神天皇 때는 고구려

---

13) 그러나 그는 백제 측 사료가 무엇을 뜻하는지부터 분명히 하지 않고 있다. 이를 한국계 사서에 나타나는 백제 측 사료라고 본다면,『三國史記』를 비롯한 사료에서는 단순히 임나제국과 군현명을 구분하지 않고 있는 정도가 아니라 그가 제시하고 있는 繼體 3년, 欽明 4년과 5년 등에 군현명을 거론하고 있는 사건 자체가 기록되어 있지 않다. 뿐만 아니라 백제의 입장에서 가야지역의 군현은 물론 가야제국 자체에 대해서 언급하고 있는 사료가 별로 없다. 그렇다면 이는 백제가 임나제국과 군현명을 구별하지 않았다는 근거가 아니라 한국계 사서에서는 사료의 소실 때문이건 고의로 기록을 누락시켰건 백제 측 사료가 기록되지 않았기 때문으로 보아야 한다.『日本書紀』에 인용된 百濟三書를 의미하는 것이라 해도 문제가 해결되는 것은 아니다. 백제삼서는『日本書紀』의 서술 중 단편적인 문제에 대하여 간혹 단편적으로 인용되고 있을 뿐이다. 더구나 엄청난 왜곡이 자행된 채 수록되어 있다는 점은 일본학계에서도 인정되고 있다. 따라서『日本書紀』가 백제 측의 기록을 온전하게 전해준다고 볼 수가 없다. 그렇다면 이런 식으로 인용된 사료에 가야지역에 있던 군현에 대한 백제의 입장이 온전하게 기록되어 있지 않다는 점을 문제삼는 발상 자체가 오히려 문제라고 해야 할 것 같다.

14)『日本書紀』권17 繼體天皇 3년 봄 2월조.

15)『日本書紀』권10 應神天皇 8년에는 백제기를 인용하여 '阿花王이 왕위에 있으면서 貴國에 예의를 갖추지 않았으므로 우리의 峴南·支侵·谷那·東韓의 땅을 빼앗았다'는 기록이 나타난다.

광개토왕의 활동시기인데, 이 때 고구려와 왜의 전투범위를 감안하면 한반
도 각지에 군사거점을 확대하고 있던 왜의 세력범위도 확인된다고 본다.
그리고 이렇게 왜의 세력범위가 확인된다면 繼體 6년에 나타나는 4현에
대한 기사는 4현을 중심으로 한 왜 군현의 존재를 확인시켜 주는 기록으로
인정할 수 있다는 것이 井上秀雄이 주장하는 요지이다.16)

백제 백성을 송환하였다는 내용도 이러한 전제 아래에서 해석한다. 왜를
따르고 있었던 백제가 고구려의 압력 때문에 남진정책을 노골적으로 추진
하자 일본부의 紀生磐이 임나와 연합하여 백제세력을 제거하려 하였다.
그러나 일본부의 세력이 쇠퇴하여 그게 곤란해지자, 대화정권이 직접 나서
서 해결하려 한 것이 이런 사건으로 나타나게 되었다고 본다.

두 번째 기사에서는 '任那의 下韓'이라는 구절에 주목했다. 이 지역은 繼
體 7년 백제와 가라의 분쟁에서 백제에 할양했던 己汶·帶沙지역을 중심
으로 한 경상남도 해안지대였다고 추측했던 것이다.

세 번째 기사에서는 신라와 안라의 접경지대에 移那斯와 麻都가 경작하
려 했던 땅이 있었다는 점을 강조했다. 이 지역이 왜의 군현이었다는 것이
다.

이 밖에 왜의 군현이 있었음을 확인해 주는 사료로『新撰姓氏錄』左京
皇別下 吉田連條의 기사를 든다.

> …… 임나국이 奏를 올려, '신의 나라는 동북쪽에 上巴汶·中巴汶·下
> 巴汶이라는 삼파문의 땅을 가지고 있습니다. 땅은 삼백 리에 이르고 토지
> 와 백성 역시 풍족하지만 신라와 서로 싸워 서로 지배하지 못하여 병사와
> 무기만 서로 상하고 백성도 편안히 살지 못합니다. 신이 장군에게 그 땅을
> 통치하도록 명해주기를 청하니 귀국의 部가 되고자 하는 것입니다. ……

그는 이 사료를 그대로 받아들여서는 안 된다고 하면서도 사실상 사료
의 내용을 인정하는 입장을 취한다. 이 기사에서 신라와 임나의 분쟁으로
왜의 군대가 파견된 사실을 반영하고 있다는 점만큼은 인정해야 한다고

---

16) 井上秀雄, 앞의 책, 1978, 8~9쪽.

주장한 것이다. 그 결과 왜의 직할지가 설치되었고, 이에 따라 신라와 임나 양국의 분쟁이 해결되었다고 한다.

백제와 임나의 접경지역에도 왜의 군현 같은 것이 설치된 적이 있었으며, 이는 신라와 임나 사이에 왜의 군현이 설치되었던 점과도 일맥상통한다고 본다. 백제와 임나 사이에 왜의 군현이 있었다는 사실을 반영하고 있는 기록이 『日本書紀』顯宗 3년의 기사라고 한다.

이 기사에는 紀生磐宿禰가 爾林·帶山을 공격했을 때 任那軍도 참가하고 있었고, 己汶·帶沙지역을 할양할 때에도 임나 측이 반대한 기록이 있었다. 이 사실은 왜의 군현이 원래 백제·임나 양국의 분쟁지로 임나 제국에서도 발언권이 있었다는 점을 나타낸다고 주장한다. 임나가 백제·신라와 분쟁이 생긴 지역을 왜에 바쳐 백제·신라의 침입을 막으려 했기 때문에 이러한 현상이 나타난다는 것이다.

결론적으로 왜의 군현은 군사적 성격에서 행정적 성격이 강해짐에 따라 임시로 설치되었던 왜의 근거지가 상설화한 형태라고 할 수 있다. 각지의 군현에서 발생하는 문제를 해결하기 위해 임나의 외교·군사문제를 담당하게 되었고, 이에 따라 설치된 것이 '임나일본부'라고 한다.17)

이와 같은 井上秀雄의 주장은 왜가 한반도 남부 전체를 직접 지배한 것이 아니라고 주장했다는 점에서 한때 상당한 주목을 받은 적도 있었다. 그렇지만 이 설 역시 제한적이기는 하더라도 한반도 남부에 왜가 직접 지배하던 군현이 있었다는 전제에서 시작하고 있다. 가야 멸망 후에도 '任那調'를 신라·백제 등이 바쳐야 했던 이유도 바로 이렇게 왜가 직접 지배하던 군현이 있었다는 전제가 있어야 성립한다는 것이다.

문제는 이러한 왜의 군현이 확인되지 않으면 이 주장 역시 사상누각이 되어 버린다는 점이다. 그럼에도 불구하고 왜의 군현을 확인시켜 주는 사료라고 제시된 기사들부터 확실한 근거가 된다고 볼 수 없을 듯하다.

우선 첫 번째 근거라는 繼體 3년의 기사부터 살펴보자. 井上秀雄이 주장하는 이 기사의 요지는 繼體天皇 때로부터 3, 4대 거슬러 올라간 神功皇

---

17) 井上秀雄, 앞의 책, 1978, 9~10쪽.

后-應神天皇 때에 지금의 충청남도에서 전라남도에 이르는 광범위한 지역이 투항하면서 왜의 군현이 성립했다는 것이다. 그러나 여기서도 주변 사료와의 관계를 편집하여 논지를 전개한 자의성이 엿보인다. 우선 繼體 6년과 내용이 연결되는 繼體 7년, 8년의 기사부터 살펴보자.

겨울 12월 백제가 사신을 보내어 調를 바쳤다. 따로 표를 올려 任那國의 上哆唎·下哆唎·娑陀·牟婁의 4현을 청했다. 哆唎國守 穗積臣押山이 "이 4현은 백제와 인접해 있고 일본과는 멀리 떨어져 있습니다. (백제와는) 아침 저녁으로 통하기 쉽고 (어느 나라의) 닭과 개인지를 구별할 수 없을 정도이니 지금 백제에게 주어 합쳐서 같은 나라로 만들면 굳게 지키는 계책이 이보다 나은 것이 없을 것입니다. 비록 주어서 나라를 합치더라도 후세에는 오히려 위태로울 것인데, 하물며 다른 곳이 된다면 몇 년이나 지킬 수 있겠습니까"라 아뢰었다. 大伴大連金村이 이 말을 다 듣고 같은 계책을 아뢰었다. 이에 大伴大連麁鹿火를 조칙을 선포하는 사신으로 삼았다. 大伴大連이 難波館을 향해 출발하여 百濟客에게 조칙을 선포하고자 하였다. 그의 처가 진실로 간하기를 "主吉大神이 처음에 바다 밖의 금은의 나라 고려·백제·신라·임나 등을 胎中의 譽田天皇에게 주겠다고 예언하였습니다. 그래서 大后 息長足姬尊과 大臣 武內宿禰가 나라마다 처음으로 官家를 두어 바다 밖의 蕃屛으로 삼았는데 그 유래가 오래되었고 또한 까닭이 있습니다. 만약 떼어서 다른 곳에 주면 본래의 구역을 어기게 되니 길이 이어질 비난이 어찌 입에서 떠나겠습니까"라 하였다. 大連이 응답하기를 "가르쳐 준 것이 이치에 맞으나 天勅을 거스를까 두렵다"라 하였다. 그 처가 간절하게 "병이라고 핑계대고 선포하지 마십시오"라 하자 大連이 이를 따랐다. 이로 말미암아 사신을 바꾸어 조칙을 선포하고 내리는 물건과 制旨를 붙여서 表에 따라 임나의 4현을 주었다. 大兄皇子가 전에 다른 일이 있어서 나라를 내려주는 데 관여하지 않았는데 뒤늦게 조칙을 선포한 것을 알고 놀라서 뉘우치며 고치고자 하였다. 영을 내려 "태중의 천황 때부터 관가를 두었던 나라를 경솔하게 번국의 요청에 따라 갑자기 줄 수 있느냐"라 하였다. 이에 日鷹吉士를 보내어 百濟客에게 조칙을 바꾸어 선포했다. 使者가 답하여 아뢰기를 "아버지인 천황이 편의를 도모하여 칙으로써 주는 것을 이미 마쳤습니다. 아들인 皇子가 어찌 천황의 조칙을 어기고 함부로 고쳐서 명령할 수 있습니까. 반드시 이는 가짜일 것입니다. 비록 이것이 진짜일지라도 큰 막대기를 가지고 때리는 것과 작은 막대기를 가지고 때리는 것 가운데 어느 쪽이 더 아프겠습니까"라 하고 드디어 파기했다. 이 때 혹 떠도는 말로 "大伴大連과 哆唎國守 穗積臣押山이 백제의 뇌물을 받았다"라고 하였다.

7년(513) 여름 6월 백제가 姐彌文貴장군과 州利卽爾장군을 穗積臣押山[『百濟本記』에는 委意斯移麻岐彌라 하였다]에 딸려 보내어 五經博士 段楊爾를 바쳤다. 따로 아뢰기를 "伴跛國이 우리 己汶의 땅을 빼앗았습니다. 엎드려 청하옵건대 天恩으로 본래 속했던 곳으로 되돌려 주게 해주십시오"라 하였다.

가을 8월 癸未 초하루 戊申 백제 태자 淳陀가 죽었다.

겨울 11월 癸未 초하루 乙卯 조정에서 백제의 姐彌文貴 장군과 斯羅의 汶得至, 安羅의 辛巳奚와 賁巴委佐, 伴跛의 旣殿奚와 竹汶至 등을 불러 놓고 恩勅을 선포하여 己汶과 帶沙를 백제국에 주었다.

이 달 伴跛國이 戢支를 보내어 진기한 보물을 바치고 己汶의 땅을 요구했으나 끝내 주지 않았다.

8년(514) 3월 伴跛가 子呑과 帶沙에 성을 쌓아 滿奚와 이어서 봉수와 軍倉을 설치하여 일본에 대비했다. 또 爾列比와 麻須比에 성을 쌓아 麻且奚와 推封에 걸치게 했다. 士卒과 兵器를 모아 신라를 핍박하여 백성을 약탈하고 촌읍을 노략질하였으니 흉악한 세력이 가해진 곳은 남겨진 것이 거의 없었다. 포학하고 사치하였으며 괴롭혀 해를 끼치고 침략하여 죽인 것이 매우 많았으므로 이루다 실을 수 없다.

이 기사의 중심 줄거리는 백제와 伴跛(가야)가 4현을 서로 자신에게 달라고 분쟁을 벌이는 내용이다. 그리고 이 4현을 결국 백제에 주었다는 것이다. 이런 중심 줄거리만 제대로 이해한다면 이 기사들을 피상적으로 받아들일 수 없다는 점은 금방 인식할 수 있다.

무엇보다도 왜의 소유인 4현에 대해 백제와 가야 같은 주변세력이 자신의 땅이라며 생떼를 쓰는 상황이 국제사회에서 가능할 턱이 없다. 뿐만 아니라 『日本書紀』 기록을 무조건 믿겠다고 하지 않는 바에야 인심 좋게 자기 땅을 남에게 주었다는 내용을 액면 그대로 믿을 수도 없다. 즉 기사 자체가 완전한 신뢰를 가질 수 없을 만큼 천황중심 사관으로 왜곡된 내용이라는 점을 감안해야 한다는 것이다.

그래서 오래전부터 이 기사 자체가 '이렇게 인심 좋은 국제관계가 있을 수 있는가'라는 비판18)을 받고 있는 상태이다. 그럼에도 불구하고 繼體天皇 때에 나오는 4현을 백제에 주었다는 전제를 놓고 왜의 군현이 확인되었다고 할 수는 없을 것이다.

神功皇后-應神天皇代의 기사라고 크게 다를 것은 없다. 神功 49년조에 '함께 卓淳國에 모여 신라를 격파하고, 比自㶱·南加羅·喙國·安羅·多羅·卓淳·加羅의 7국을 평정하였다. 또 군대를 옮겨 서쪽으로 돌아 남쪽의 오랑캐 忱彌多禮를 무찔러 백제에게 주었다'라 하여 애써 정복한 지역을 백제에 주어 버린 것처럼 되어 있고, 應神 8년에는 '阿花王이 왕위에 있으면서 貴國에 예의를 갖추지 않았으므로 우리의 峴南·支侵·谷那·東韓의 땅을 빼앗았다'라 하여 왜가 마음대로 백제의 땅을 빼앗은 것처럼 기록되어 있지만 이 역시 국제관계에서 실제로 일어날 수 있는 일은 아니다. 이런 기록들을 글자 그대로만 해석해서 '임나지역에 왜가 직접 지배하는 군현이 있었다'고 주장하는 것은 무리이다. 더욱이 神功 39년에 나타나는 가야지역 평정의 주체와 광개토왕대 전쟁의 형태에 대해서는 논란이 계속되고 있음에도 반대의견이 일방적으로 묵살된 것은 문제가 있다.

두 번째와 세 번째 기사를 근거로 삼는 것 역시 문제가 많다. 특히 세 번째 기사에서 移那斯와 麻都가 경작하려 했던 땅이 왜의 군현이었다고 본 점은 사료를 거두절미하고 해석한 점이 뚜렷하게 드러난다.『日本書紀』欽明 5년의 기사 중에는 '移那斯·麻都가 남의 경계를 넘어 경작하다가 6월에 도망하였다'는 구절이 나올 뿐이다. 이 구절 자체만 본다면 '移那斯와 麻都가 왜의 군현에서 농사를 짓다가 그에 만족하지 못하고 경계를 넘어 경작하다가 도망쳤다'는 식으로 상상할 수 있을지도 모르겠다. 그러나 이와 관련된 欽明 5년 3월의 기사를 전체적으로 보면 이렇다.

---

18) 千寬宇,『加耶史研究』, 一潮閣, 1991, 23~24·41쪽.

　　백제에서 奈率 阿乇得文·許勢의 奈率 奇麻·物部의 奈率 奇非 등을 보내어 표를 올려 말하였다. “奈率 彌麻沙·奈率 己連 등이 臣의 나랍에 이르러 조서를 받들어 ‘너희들은 日本府와 함께 좋은 계책을 꾀하여 빨리 임나를 세우는 것이 마땅하니, 너희는 경계하여 저들(신라)에게 속지 말라’고 하였습니다. 또 津守連 등이 신의 나라에 이르러 칙서를 받들어 임나를 세우는 일을 물었습니다. 삼가 勅에 따라 감히 시간을 지체하지 못하고 함께 도모하고자 하여 사신을 보내어 일본부와 임나를 불렀으나 모두 대답하기를 ‘새해가 이미 왔으니 지나간 다음에 가고자 한다’라고 말하였습니다. 오랫동안 오지 않으므로 다시 사신을 보내어 부르니 모두 대답하기를 ‘이미 제사지낼 때가 되었으니 지나간 다음에 가고자 한다’라고 말하였으나 오랫동안 오지 않았습니다. 다시 사신을 보내 불렀는데, 미천한 자를 보낸 까닭으로 함께 도모하지 못하였습니다. 무릇 임나는 안라를 형으로 삼아 오직 그 뜻을 좇고, 安羅人들은 일본부를 하늘로 삼아 오직 그 뜻을 따르므로[『百濟本記』에는 안라를 아버지로 삼고 일본부로써 근본을 삼았다고 하였다.] 이제 的臣·吉備臣·河內直 등은 모두 移那斯·麻都의 지휘를 좇았을 따름입니다. 移那斯·麻都는 비록 小家의 미천한 자이나 일본부의 정치를 오로지 제멋대로 하며 또 임나를 제압하여 (길을) 막고 (사신을) 보내지 않았습니다. 이로 말미암아 함께 꾀하여 천황에게 답변을 아뢸 수 없었으므로, 己麻奴跪[아마도 津守連인 듯하다]가 머무르고 있었는데 특별히 나는 새와 같이 빠른 사신을 보내어 천황에게 받들어 아뢰기를,‘만일 두 사람[두 사람은 移那斯와 麻都이다]이 안라에 있어 간특하고 아첨하는 일을 많이 행하면 임나도 세우기 힘들 것이며, 바다 서쪽의 여러 나라도 반드시 섬길 수 없을 것입니다. 엎드려 바라옵건대 그 두 사람을 옮겨 그 본래 있었던 곳으로 돌아가도록 하고 일본부와 임나에게 조칙을 내려, 임나 건설을 도모하도록 하십시오. 그러므로 신이 奈率 彌麻沙·奈率 己連 등을 己麻奴跪에게 딸려 보내어 표를 올립니다’라고 하였습니다. 이에 조칙을 내려, ‘的臣 等[等이라 한 것은 吉備弟君臣·河內直 등을 말한다]이 신라를 왕래한 것은 짐의 뜻이 아니다. 옛날 印支彌[자세하지 않다]와 河鹵旱岐가 있을 때 신라의 핍박을 받아 논밭을 갈고 씨앗을 뿌리지 못하였는데, 백제는 길이 멀어 그 위급함을 구하지 못하였다. 的臣 등이 신라를 왕래하므로 말미암아 바야흐로 논밭을 갈고 씨를 뿌릴 수 있게 되었다고 짐은 일찍이 들었다. 만일 이미 임나를 세웠다면 移那斯·麻都는 자연히 물러났을 것이니 어찌 족히 말할 필요가 있겠는가'라고 하였습니다. 엎드려 이 조칙을 듣고 기쁨과 두려움이 교차하며 신라가 천조를 속이고 칙명을 따르지 않음을 알았습니다. 신라는 봄에 喙淳을 취하고 이어 우리의 久禮山 수비병을 내쫓고 드디어 점유하였습니다. 안라에 가까운 곳은 안라가 논밭을 일구어 씨를 뿌렸고 구례산에 가까운 곳은 斯羅가 논밭을 일구고 씨를 뿌렸는데, 각각 경작하고 서로 침탈하지 아니하였습니다. 그런데 移那斯・麻都가 남의 경계를 넘어 경작하다가 6월에 도망하였습니다. 印支彌의 뒤에 온 許勢臣의 때에는[『百濟本記』에는 우리가 印支彌를 머무르게 한 뒤에 온 旣洒臣의 때라고 하였으나 모두 자세하지 않다] 신라가 다시 남의 경계를 침범하지 못하였습니다. 안라는 신라의 핍박을 받아 농사짓지 못함을 말하지 않았는데, 신이 일찍이 듣건대 신라는 매년 봄과 가을에 군사와 무기를 많이 모아놓고 안라와 荷山을 습격하고자 한다 하며, 또는 가라를 습격하려 한다고 들었습니다. 최근에 서신을 받고서 바로 군대를 보내어 임나를 굳게 지키는 데 게으르지 않았으며 자주 날랜 군사를 보내어 필요할 때마다 가서 구하였습니다. 이로써 임나가 때에 따라 농사를 짓고 신라가 감히 침범하여 핍박하지 못하였습니다. 그런데 '백제는 길이 멀어 능히 위급함을 구하지 못하였는데, 的臣 등이 신라를 왕래하면서부터 바야흐로 농사를 지을 수 있게 되었습니다'라고 아뢰었으니, 이것은 위로는 천조를 속이는 것으로서 매우 간특한 일입니다. 사실의 명확함이 이와 같은데도 오히려 천조를 속이니 그 밖에도 거짓됨이 필시 많을 것입니다. 的臣 등이 여전히 안라에 거주하고 있다면 임나의 나라를 건립하기는 어려울 것이니, 마땅히 일찍 물러나게 해야 할 것입니다. 신이 매우 두려워 하는 것은 佐魯麻都가 비록 韓 출신으로서 지위가 大連에 이르러 일본 執事의 사이에 섞여 명예롭고 권세 있는 자리에 들어섰지만, 이제는 오히려 신라 奈麻禮의 冠을 썼으니 곧 몸과 마음으로 귀부하여 다른 사람에게 쉽게 드러나는 바입니다. 행한 바를 자세히 보면 도무지 두려워함이 없습니다. 그러므로 전에 악행을 아뢰고 모두 글을 갖추어 보고하였습니다. 아직도 다른 나라의 관복을 입고 날마다 신라의 땅에 나아가 公・私의 일로 내왕하면서 도대체 꺼려하지 않습니다. 무릇 喙國의 멸망은 다른 까닭이 아니라, 喙國의 函跛루岐가 加羅國에 두 마음을 품어 신라에 내응하고 가라는 밖에서 싸움으로써 이로 말미암아 망한 것입니다. 만일 函跛루岐로 하여금 내응하지 못하게 하였다면 喙國이 비록 작다 하더라도 반드시 망하지는 않았을 것입니다. 卓淳의 경우에도 역시 그러하였습니다. 만일 卓淳國의 왕이 신라에 내응하여 적들을 불러들이지 않았다면 어찌 멸망에 이르렀겠습니까. 여러 나라가 패망하게 된 화근을 살펴보면 모두 안에서 응하여 두 마음을 두어 드디어는 그 나라의 옷을 입고 아침 저녁으로 내왕하면서 속으로 간악한 마음을 굳혀 왔습니다. 이에 임나가 이로 말미암아 영원히 멸망할까 두렵습니다. 임나가 만일 멸망한다면 신의 나라가 고립되어 위태할 것이니, 朝謁하고자 생각하나 어찌 다시 할 수 있겠습니까. 엎드려 바라옵건대 천황께서는 깊이 살피시고 멀리 헤아리시어, 속히 본래 있었던 곳으로 옮기셔서 임나를 안정시키십시오." 19)

이 내용은 '신라와 안라가 서로 침범하지 않고 각자의 영역에서 경작해왔는데 移那斯·麻都가 남의 경계를 넘어 경작하다가 도망쳤다'는 내용이다. 그리고 뒤이어 "'백제는 길이 멀어 능히 위급함을 구하지 못하였는데, 的臣 등이 신라를 왕래하면서부터 바야흐로 농사를 지을 수 있게 되었습니다'라고 아뢰었으니, 이것은 위로는 천조를 속이는 것으로서 매우 간특한 일입니다. 사실의 명확함이 이와 같은데도 오히려 천조를 속이니 그밖에도 거짓됨이 필시 많을 것입니다. 的臣 등이 여전히 안라에 거주하고 있다면 임나의 나라를 건립하기는 어려울 것이니, 마땅히 일찍 물러나게 해야 할 것입니다"라는 백제의 비난이 붙어 있다.

이 기사는 백제가 안라의 안보를 잘 지켜 주었는데 移那斯·麻都 등이 중간에서 말썽을 부리면서도 자신들이 안라의 안보에 기여하고 있는 것처럼 거짓말을 하고 다닌다는 뜻이다. 移那斯·麻都가 안정적으로 경작할 땅을 차지하고 있었다는 내용 같은 것은 없다. 결국 移那斯·麻都와 관련된 기사도 있지도 않은 내용의 기사를 근거로 삼은 셈이다.

임나와 백제 같은 주변세력과의 분쟁지역에 왜군이 파견되고 직할지를 두어 분쟁을 해결했다고 보는 시각도 문제가 있다. 특히 顯宗 3년 기사 등을 근거로 삼은 것은 지나치게 자의적인 듯하다. 사실을 확인하기 위해 먼저 顯宗 3년 기사를 전체적으로 살펴보자.

---

19) 『日本書紀』 권19 欽明天皇 4년조. 같은 내용이 欽明 5년조에도 나타난다.

487년(顯宗 3년) 이 해 紀生磐宿禰가 임나를 점거하고 고려와 교통하였으며, 서쪽에서 장차 삼한의 왕노릇하려고 관부를 정비하고 스스로 神聖이라고 칭하였다. 임나의 左魯·那奇他甲背 등이 계책을 써서 백제의 適莫爾解를 爾林에서 죽이고(爾林은 고려의 땅이다) 帶山城을 쌓아 동쪽 길을 막고 지켰으며, 군량을 운반하는 나루를 끊어 군대를 굶주려 고생하도록 하였다. 백제의 왕이 크게 화가 나, 領軍 古爾解·內頭 莫古解 등을 보내 무리를 거느리고 帶山城에 나아가 공격하게 하였다. 이에 生磐宿禰는 군대를 내보내 맞아 쳤는데 膽力이 더욱 왕성하여 향하는 곳마다 모두 깨뜨리니 한 사람이 백 사람을 감당할 정도였다. 그러나 얼마 후 군대의 힘이 다하니 일이 이루어지지 못할 것을 알고 임나로부터 돌아왔다. 이로 말미암아 百濟國이 左魯·那奇他甲背 등 300여 인을 죽였다.

이 기사에서 백제와 임나 사이에 왜의 군현이 있었다는 사실을 확인해 주는 부분이 있는지는 의문이 아닐 수 없다. 紀生磐宿禰는 '임나를 점거하고 고려와 교통하였으며, 서쪽에서 장차 삼한의 왕노릇하려고 관부를 정비하고 스스로 神聖이라고 칭'하였다. 이런 행위는 스스로 왕이 되려 하는 자가 하는 짓이지 왜의 군현을 관리하는 자가 할 일이 아니다. 이를 제외하면 이 기사에는 왜의 군현이 있었음을 시사하는 어떠한 구절도 없다.

己汶·帶沙지역을 할양할 때 임나 측이 반대한 기록을 가지고 임나가 백제와의 분쟁지를 왜에 바쳤던 근거로 해석하는 것도 문제다. 己汶·帶沙지역과 관련된 繼體 6, 7, 8년 기사를 보면 임나뿐 아니라 백제도 己汶·帶沙지역의 영유권을 주장하고 있다. 결국 백제·가야 양측이 서로 영유권을 주장하는 지역에 대해 왜가 백제의 편을 들어준 것뿐이다.

이런 기록을 임나가 백제와 분쟁이 생긴 지역을 왜에 바쳤던 증거라고 해석하는 것은 지나치게 자의적이라 하지 않을 수 없다. 사실 己汶·帶沙지역 등이 왜에 바쳐진 지역이라면 그런 지역을 왜가 백제에게 주어버렸을 리도 없다. 그럼에도 이런 기사들을 백제와 임나 사이에 왜의 군현이 존재했다는 근거로 삼는 것은 사료를 심하게 왜곡 해석한 결과라고 할 수밖에 없다.

2) 한국학계의 연구와 문제점

'任那調'와 '임나재건'에 대한 일본학계의 연구에 이렇게 문제가 많기 때문에 그동안 한국학계에서도 그 대안을 모색해왔다. 그 중에는 임나를 일본열도에 있었다고 보는 설과 『日本書紀』 기년을 조정해서 새로운 해석을 시도하는 설도 포함되어 있다. 임나가 일본열도에 있었다고 보는 설은 이미 반증이 드러난 상태이기 때문에[20] 논외로 쳐야겠지만 연표를 조정하는 문제에 대해서는 일단 반론을 제기할 필요가 있을 것 같다.

기년을 조정해야 한다는 설의 요지는 推古天皇 때 임나와 관련된 기록들을 1주갑 즉 60년씩 올려야 한다는 것이다. 이렇게 해야 하는 원인은 推古天皇 30년의 기록에 있다고 한다.

이 기록의 내용을 보면 '신라가 임나를 공격해서 임나가 신라에 복속되었다'는 등 대가야 멸망의 기록과 매우 비슷한 점이 나타난다. 그리고 1주갑(60년)만 조정하면 대가야 멸망의 시기와 정확하게 맞아 들어가는 것도 우연이 아니라고 한다.

이 뿐만 아니라 推古 8년의 기록 역시 6세기 중반의 상황과 잘 맞아 들어간다고 본다. 여기에 나타나는 신라와 임나의 분쟁을 A.D. 540년에 있었던 신라와 안라의 분쟁이라고 보면 바로 다음 해인 A.D. 541년에 있었던 이른바 '任那復興' 회의와 일맥상통한다는 것이다. 결국 推古 8년과 30년, 두 개의 기록을 중심으로 연표를 조정해야 한다는 것이다. 그러면 推古 30년의 기록은 대가야가 멸망했던 연대인 A.D. 562년이 되며 推古 8년의 기록은 A.D. 540년이 된다고 한다.

그렇다고 推古天皇 때의 기록을 모조리 6세기 중반으로 옮겨야 한다는 뜻은 아니다. 이 중에서 일부만 60년씩 앞으로 당겨 놓아야 할 기록이 있다는 뜻이다. 여기에 기준은 임나 사신의 이름이 보이는 것과 보이지 않는 것으로 삼는다. 즉 임나 사신의 이름이 보이지 않는 것은 推古天皇 당시의 기록이고, 보이는 것은 60년을 앞으로 당겨야 하는 기록이라는 것이다.[21]

---

20) 이 내용에 대해서는 李熙眞, 「任那加羅의 위치에 대한 고찰」, 『忠北史學』 11 · 12, 2000, 94~100쪽 참조.

　이런 기준에 해당되는 것은 敏達 4년, 신라가 '임나의 調'를 보냈다는 기록, 崇峻 4년 왜의 紀男麻呂軍이 筑紫로 출병한 기록 등이다. 이렇게 다시 짠 6세기 중반의 연표는 아래와 같이 된다.

　　515년 신라, 4읍의 調를 보내어 옴.
　　524년 신라 법흥왕이 南境을 開拓할 때 금관가야 왕이 來會함.
　　531년 백제, 안라에 주둔함. 왜의 紀男麻呂軍, 筑紫 출병.
　　532년 임나(금관가야), 투항함.
　　535년 축자출병군, 귀환함.
　　540년 신라, 임나(안라)와 싸움.
　　541년 '任那復興'회의
　　542년 來目皇子의 신라정벌계획
　　543년 當摩皇子의 신라정벌계획
　　544년 '任那復興'회의
　　562년 임나(대가야) 멸망.

　그리고 이렇게 다시 짠 연표에 의해 6세기 중반의 고대한일관계사가 새롭게 해석된다. 6세기 중엽은 안라의 귀속을 둘러싸고 신라와 백제가 다투고 있었던 시기이다. 신라와 임나가 싸웠다고 하는 推古天皇 때의 기록도 이 상황에 맞는다. 이 점은 欽明天皇 때에 보이는 '任那復興'회의의 사실에서 확인할 수 있다. 따라서 推古 8년의 기록은 이 상황과 맞추어 해석해야 한다는 것이다.

　새로운 해석은 대체로 이런 내용이다. 推古 8년의 기록에 나타나듯이 "신라와 임나가 싸웠다. 그 결과 신라는 남가야의 4읍을 점령하였다. 그리고 안라까지 공격하려 하였지만 왜가 개입한 모종의 군사적 상황 때문에 저지되었다. 그러나 신라는 재차 안라를 공격하였다"라고 이해할 때, 推古 30년의 기사는 임나(대가야)가 신라에 멸망당한 역사적 사실의 기록으로 복원할 수 있다는 것이다.[22]

---

21) 鄭孝雲, 앞의 책, 1995, 120~144쪽.
22) 鄭孝雲, 앞의 책, 1995, 141~144쪽.

그러나 이런 논리에는 상당한 문제가 있는 듯하다. 우선 推古 30년의 기사라는 것부터가 문제이다. 이 기사의 구체적인 내용은 이렇다.

추고 31년(623) 가을 7월 신라가 大使 奈末 智洗爾를, 임나가 達率 奈末 智를 보내어 함께 來朝하였다. 불상 1구 및 금탑과 사리, 또한 큰 觀頂幡 1구와 작은 幡 12條를 바쳤다. 이에 불상은 葛野의 秦寺에 두고, 그 나머지 사리와 금탑, 관정번 등은 모두 사천왕사에 들였다. 이 때 당에서 학문을 닦던 승려인 惠齋·惠光 및 醫 惠日·福因 등이 모두 지세이 등을 따라 돌아왔는데, 혜일 등은 "당나라에 머물며 공부하고 있는 사람들은 모두 학업을 달성하였으므로 불러 들여야 할 것입니다. 또 저 당나라는 법식이 두루 정비된 보기 드문 나라입니다. 모름지기 항상 왕래하여야 합니다"라고 함께 아뢰었다.

이 해 신라가 임나를 공격하여 임나가 신라에 복속되었다. 이에 천황은 장차 신라를 치고자 대신들에게 묻고 여러 경들과 의논하였다. 田中臣은 "서둘러 치는 것은 좋지 않습니다. 먼저 상황을 살펴서 (신라의) 반역을 알아 본 뒤에 공격하여도 늦지 않을 것입니다. 청컨대 시험삼아 사자를 보내어 그 사정을 엿보게 하십시오"라고 대답하였다. 그러나 中臣連國은 "임나는 원래 우리나라의 內官家였는데 오늘날 신라인이 그것을 쳐서 소유하였습니다. 청컨대 군대를 정비하여 신라를 정벌하고 임나를 취하여 백제에 부속시키십시오. (그것이) 신라에 소속되어 있는 것보다 이익이 아니겠습니까"하고 말하였다. 전중신은 "그렇지 않습니다. 백제는 배반함이 많은 나라로 길가는 잠깐 사이에도 오히려 속임수를 씁니다. 무릇 그가 청한 바는 다 잘못된 것이므로 (임나를) 백제에 부속시켜서는 안 됩니다"라고 말하였다. 그래서 결국 정벌하지 않게 되었다. 그리고 吉士 磐金을 신라에 보내고 吉士 倉下를 임나에 보내어 임나의 일을 묻게 하였다. 이 때 신라의 국왕은 8명의 대부를 파견하여 신라국의 일을 반금에게 아뢰고 또한 임나국의 사정을 창하에게 아뢰었다. 그리고 "임나는 작은 나라이지만 천황의 부용국이다. 어찌 신라가 함부로 그것을 영유하겠는가. 평상시대로 내관가로 정할 것이니 원컨대 걱정하지 말라"라고 약속하고, 내말 智洗遲를 길사 반금에게 딸려 보내고 또한 임나인 달솔 奈末遲를 길사 창하에 딸려 보내어 두 나라의 調를 바쳤다. 그러나 반금 등이 아직 돌아가지 않았는데, 그 해에 大德 境部臣雄摩侶·小德 中臣連國을 대장군으로 하고, 소덕 河邊臣禰受

·소덕 物部依網連乙等·소덕 波多臣廣庭·소덕 近江脚身臣飯蓋·소덕 平群臣宇志·소덕 大伴連·소덕 大宅臣軍을 부장군으로 하여, 수만의 군대를 거느리고 신라를 정벌하게 하였다. 그때 반금 등은 모두 항구에 모여서 배를 띄우려 바람과 파도를 살피고 있었는데, 바로 이 때에 군대를 실은 배가 바다를 가득 채우며 수없이 들어오고 있었다. 두 나라의 사신은 멀리서 그것을 바라보고 깜짝 놀라 돌아가 머무르며, 대신에 堪遲 大舍를 임나의 조공 사신으로 삼아 바치게 하였다. 이 때에 반금 등은, "이렇게 군대를 일으키는 것은 이전의 약속에 어긋나는 것이다. 이 때문에 임나의 일은 이번에도 성공할 수 없게 되었다"라고 서로 말하고, 배를 내어 건너갔다. 장군들은 처음에 임나에 도착해 의논하여 신라를 습격하고자 하였다. 그러나 신라 국왕은 많은 군대가 이르렀다는 말을 듣고 미리 두려워하여 항복을 청하였다. 이에 장군들이 함께 의논하여 표를 올리니 천황이 허락하였다.

겨울 11월 반금·창하 등이 신라에서 귀국하였다. 이 때 대신이 그 상황을 물으니, "신라는 (천황의) 명령을 받들고는 놀라고 두려워하며 나란히 사자를 파견하여 (신라·임나) 두 나라의 調를 바치려고 하였습니다. 그러나 군사를 실은 배가 이른 것을 보고 조공사신은 다시 돌아가 버렸으므로 다만 調만을 올리게 되었습니다"라고 대답하였다. 이에 대신은 "후회스럽구나, 너무 빨리 군대를 파견한 것이"라고 말하였다. 그 때 사람들은 "이번에 군사를 일으킨 일은 경부신과 阿曇連이 일찍이 신라의 뇌물을 받았던 까닭에, 대신에게 권한 것이다. 이 때문에 사자의 뜻을 미처 기다리지도 않고 서둘러 정벌한 것이다"라고 말하였다. 처음에 반련 등이 신라로 건너가던 날 항구에 도착할 즈음에 장식한 배 한 척이 바닷가에서 맞이하였다. 반금이 "이 배는 어느 나라의 영접선인가"하고 물으니, "신라의 배이다"라고 대답하였다. 반금이 또 "어찌하여 임나의 영접선은 없는가"라고 물으니, 곧바로 임나를 위하여 배 한 척을 더하였다. 신라가 영접선을 2척으로 하는 것은 이 때부터 시작된 일인 듯하다.……

지금까지 임나(대가야)의 멸망이라는 역사적 사실이 반영되어 있다고 주장해왔던 것은 推古 30년의 기록이라고 해왔다. 이 推古 30년이 서력으로 A.D. 622년이므로 1주갑만 조정하면 대가야 멸망 시기인 A.D. 562년과 정확하게 1주갑 차이가 난다는 논지였던 것이다.

그런데 『日本書紀』 원전에는 推古 30년에 대해 아무 기록도 없다. 지금까지 推古 30년의 기록이라고 해왔던 것은 사실 推古 31년의 기록일 뿐이다. 이렇게 되면 애초부터 기년을 조정해야 한다고 주장했던 전제조건부터 흔들리는 셈이다. 推古 30년이 대가야 멸망 시기인 A.D. 562년과 정확하게 1주갑 차이가 난다고 했기 때문에 이걸 기준으로 推古 8년의 기록을 비롯한 다른 기록들을 60년씩 끌어 올렸던 것이다. 그런데 중심적인 기록부터 정확한 1주갑 차이가 아니라면 있지도 않은 시기의 기록을 가지고 1주갑 차이가 난다고 주장한 셈이 된다.

따지고 보면 6세기 중반으로 옮겨야 할 기록의 기준도 흔들리고, 내용 역시 6세기 중반의 상황과 정확하게 맞아 들어가는 것도 별로 없다. 우선 A.D. 562년으로 이동시킨 推古 31년의 기록부터 보자.

이 기록이 60년 당겨져야 하는 기준은 임나 사신의 이름이 나타나는 것이라 했다. 위에 소개된 전체 내용을 보면 여기에는 분명히 임나 사신이라고 하는 奈末智가 등장한다. 그런데 바로 뒤에 '당에서 학문을 닦던 승려' 운운하면서 唐나라가 튀어나온다. 6세기 중반에는 있지도 않았던 나라다. 이렇게 당나라와 연관된 기록이 6세기 중반의 것이라고 할 수 있을까?

문제는 또 있다. 推古 31년의 기록 같은 경우, 推古天皇 당시에 활동하던 인물이 나타나는 문제가 생긴다. 예를 들어 推古 31년에 나오는 難波吉士 木蓮子나 吉士 磐金 같은 인물들이 推古天皇 때의 다른 기록에도 나오는 것이다.

여기에 대해 제시된 해결책의 내용은 대체로 이렇다. 難波吉士 木蓮子나 吉士 磐金 같은 실제 인물들이 사실은 推古 31년에 나타나는 사건과는 아무 관계가 없다고 한다. 즉 조작한 기록의 신빙성을 높이기 위해 실재 인물을 끼어 넣었다는 것이다.

그렇지만 이런 논리가 해결책이 될 수는 없을 듯하다. A.D. 620년대인 推古天皇 때라면 『日本書紀』를 편찬하기 시작했던 때와 그리 먼 시기가 아니다. 이때 활동했던 사람들에 대한 기억이 아직 희미해질 만한 때가 아니며, 심지어 推古天皇 때 활동했던 일부 사람들도 아직 살아있을 때다.

그럼에도 推古天皇 때 활동했던 인물들이 자신들의 활동시기에 있지도 않았던 사건에 등장하면 기록의 신빙성이 높아질 수가 없다.

推古 8년의 기록이라고 다를 게 없다. 이 기록이 A.D. 540년에 신라와 안라가 싸운 흔적이었다고 해석했다. 그러나 과연 A.D. 540년에 신라와 안라가 싸울 상황이었을까? 바로 다음해인 A.D. 541년, 欽明 2년에 해당하는 기록을 보자

가을 7월 백제는 안라의 일본부가 신라와 더불어 계책을 공모한다는 말을 듣고, 前部 奈率 鼻利莫古, 奈率 宣文, 中部 奈率 木劦眯淳, 紀臣 奈率 彌麻沙 등을 보내, 안라에 가서 신라에 온 임나의 집사를 불러 임나를 세울 것을 도모하게 되었다. 따로 안라 일본부의 河內直이 신라와 공모한 것을 심하게 꾸짖었다. 그리고 왕은 임나에게, "옛적에 우리 선조 速古王, 貴首王이 옛날의 한기 등과 처음으로 화친을 맺고서 형제가 되었다. 이에 우리는 그대를 자제로 여기고 그대는 우리를 父兄으로 생각하며, 함께 천황을 섬기고 함께 강적에게 항거하며 나라를 평안하게 하고 왕실을 보전하여 오늘에 이르렀다. 선조가 옛날에 한기와 화친할 때의 말을 생각하면 해와 같이 밝음이 있다. 그 후 이웃과 삼가 우호를 닦아서 드디어 다른 나라와 돈독하게 되었으니, 은혜가 골육보다 더하였다. 처음을 잘하고 끝도 좋아야 한다는 것은 과인이 항상 원하는 바다. 그런데 무슨 까닭으로 가벼이 헛된 말들을 하고 몇 해 사이에 한탄스럽게 뜻을 잃게 되었는지 잘 모르겠다. 옛날 사람들이 '후회막급이다'라고 한 말은 바로 이를 두고 이른 것이로구나. 위로 하늘에 다다르고 아래로 지하에 이르기까지 이제 신에게 맹세컨대, 옛날의 허물을 고치겠으며, 하나도 숨김없이 행할 바를 밝히겠다. 정성이 신령에 통하고 깊이 자기를 책하는 것은 역시 취할 만한 바가 있다. 듣건대 선대의 뒤를 계승한 자는 조상이 남긴 궤범을 이어받고, 선조의 업을 번성하게 하여 공훈을 이루는 것을 귀하게 여긴다고 한다. 그러므로 이제 先世의 화친한 우호를 받들고 삼가 천황이 명령한 말에 따라, 신라에게 빼앗긴 나라인 南加羅와 㖨己呑 등을 취하여 본래대로 돌이켜 임나에 옮기고 길이 父兄의 나라가 되어 항상 일본을 섬기려 한다. 이는 과인이 먹어도 맛이 없고 자도 자리가 편안치 못한 바이다. 지난 일을 뉘우쳐 오늘날을 경계하는 것이 힘써 생각할 바이다. 신라가 감언으로 속이는 것은 천하가 다 아

는 바인데도, 그대들은 망령되이 믿었다가 이미 다른 사람의 속임수에 빠졌었다. 바야흐로 지금 임나의 경계는 신라와 접하고 있으니, 항상 방비를 하여야 한다. 어찌 경계를 게을리 할 것인가. 속이는 함정에 빠져 국가를 망하게 하며, 남에게 사로잡히게 될까 두려우니, 과인이 이를 생각하면 걱정이 되어 편안히 지낼 수 없다. 저으기 들으니 임나와 신라가 계책을 꾸미는 자리에 벌과 뱀이 괴이함을 드러냈다고 하는데, (그것은) 또한 많은 사람들이 아는 바이다. 대개 괴이한 조짐은 행동을 경계하는 것이며, 재난과 이변은 사람을 깨우치는 것이다. 곧 이는 하늘이 경계하는 것이고 조상이 징조를 보이는 것이니, 화가 이르른 다음에 후회하고, 멸망한 후에 부흥하기를 생각하여도 주가 미칠 수 있겠는가. 이제 그대가 나를 따라 천황의 명령을 들으면 임나를 일으킬 수 있으니, 어찌 이루지 못할 것을 걱정하겠는가. 만약 본래의 땅을 길이 보존하고 원래의 백성을 영원히 다스리고 싶다면, 그 계략이 여기에 있으니, 신중하지 않을 수 있겠는가"라고 말하였다.

안라에 있는 일본부가 신라와 음모를 꾸민다는 내용이다. 안라일본부의 실체가 어떤 것이건 그게 안라에 기반을 두고 있었던 것은 틀림없다. 바로 전 해에 신라와 안라가 싸움을 벌였고, 왜가 이걸 저지하려 했다면서 다음 해에는 백제가 우려할 만큼 신라와 결탁해서 음모를 꾸밀 수 있었을까?

오히려 이 시기에는 백제와 안라의 갈등이 두드러지고 있을 뿐이다. A.D. 530년 안라가 주도한 국제회의에서 가장 박대를 받은 사신이 바로 백제의 사신이다. 그 사실은

백제의 사신 장군 君 등은 堂 아래에 있었는데 몇 달 간 여러 번 堂 위에 오르고자 하였다. 장군 君 등은 (堂 위에 올라가 보지도 못하고) 뜰에 있는 것을 한스럽게 여겼다.[23]

라는 기록에 뚜렷이 반영되어 있다. 그리고 바로 다음 해 백제군이 안라로 진주해 들어갔다. 백제와 안라의 갈등은 A.D. 530년대에 잠깐 나타나고 끝난 게 아니다. A.D. 548년에는 안라가 고구려를 끌어들여 백제를 치게 하

---

23) 『日本書紀』 권17 繼體天皇 23년 봄 3월조.

도록 음모를 꾸몄다는 의심까지 받은 바 있다. 그 사이라고 백제에 협조적인 시기가 있었던 것도 아니었다.

최소한 A.D. 530년에서 540년대의 왜는 오히려 임나와 함께 백제를 견제하는 데 온갖 신경을 쓰고 있다. 안라를 비롯한 임나 소속국들과 왜가 걱정하는 것은 신라가 아니라 백제의 야욕이었다는 뜻이다.

결론적으로 推古天皇 때 기록의 기년을 조정해서 당시의 역사적 사실을 밝히겠다는 발상은 문제가 있는 것 같다. 무엇보다도 推古 31년의 기록을 30년으로 만들어 A.D. 562년 대가야 멸망과 1주갑 차이로 만든 것부터가 무리이며, 설혹 1주갑 차이가 난다고 해도 그리 큰 문제는 아니다. 神功皇后 때의 백제왕들에 대한 기록처럼 여러 개의 기록이 줄줄이 맞아 들어가면서 등장인물들까지 일치하는 정도가 아닌 바에야, 간지는 항상 1/60의 확률이 있는 것이다. 어쩌다 하나가 맞는 것은 우연으로 생각할 수도 있다.

더구나 기년을 조정한 기록들은 6세기 중반, 구체적으로는 A.D. 530년에서 540년대의 상황과 잘 맞아 들어가지도 않는다. 무엇보다도 백제가 강요하는 '任那復興'회의에 서로 협력하여 저항하던 임나와 왜가 공연히 신라와 싸움을 벌일 상황이 아닌 것이다.

여기에 推古 31년의 기록에 등장하는 인물들이 실제로 7세기에 활동하던 인물들인 점까지 감안하면, 推古天皇 때의 기록을 편집해서 옮겨 놓는 발상은 인정하기 어려울 듯하다.

3. 6~7세기 『日本書紀』 기록에 대한 사료비판

기존 연구에 이렇게 많은 문제점이 생기게 된 이유는 여러 가지가 있을 것이다. 그렇지만 이른바 '천황중심 사관'으로 왜곡된 『日本書紀』 기록의 성격을 심각하게 고려하지 않은 채 논지를 전개시켰던 것만큼 중요한 요인이 있을지는 의문이다. 사실 당시 역사적 사실에 대한 이해를 더욱 어렵게 만드는 주요 원인이 『日本書紀』 기사의 왜곡에 있다고 해도 과언은 아니다. 다시 말해서 『日本書紀』 기사의 왜곡이 심하기 때문에 정확한 상황

을 분석하기가 어렵다는 것이다. 이러한 점은 가야멸망 직후부터 이 사안
에 대응하는 왜의 움직임을 기록한 기사에서 극명하게 나타난다.

기존 연구에서 여러 각도에서 사료비판을 시도한 일도 있기는 했지만
설득력 있는 대안을 제시하는 데 실패하는 경우가 많았다. 그 대안을 제시
한다 해도 앞에서 보았듯이 사건의 내용은 그대로 둔 채 연표를 조정해 버
린다던가, 사건이 일어난 지역을 일본열도로 바꾸어 보아야 할 이유를 찾
는 데 치중하는 경향까지도 있었다. 이렇게 되면 오히려 천황중심 사관에
의해 왜곡된 기록을 바로 잡는 데에는 장애가 될 수도 있다.

더욱이 일본에서 나온 연구들은 이 정도의 비판도 없이 일단『日本書
紀』기록을 수용하는 태도를 보이는 경향이 강하게 나타난다. 이렇게『日
本書紀』기록을 피상적으로 수용하는 태도를 바꾸지 않고서는 당시의 역
사적 사실에 접근해 나아가기 어렵다고 생각된다. 가야의 멸망과정과 연관
된, 이른바 '任那調'나 '任那復興' 등의 실체를 밝히려는 시도를 하는 데 있
어서도『日本書紀』의 왜곡은 많은 어려움을 만드는 요인이 될 수 있다는
것이다. 이러한『日本書紀』기록의 문제점은 가야멸망 직후의 기사에서부
터 발견된다.

　　欽明 23년 여름 6월 조칙을 내려 "신라는 서쪽의 오랑캐로 작고 보잘것
　　없는 나라이다. 하늘을 거스리고 예의가 없어 우리의 두터운 은혜를 저버
　　리고 나의 官家를 깨뜨렸으며 나의 백성에게 해독을 끼치고 나의 郡縣을
　　멸망시켰다. 우리 氣長足姬尊은 거룩하고 총명하여 천하를 두루 돌아다니
　　시며 뭇 인민을 힘써 보살피시고 온 백성을 먹이고 길렀다. 신라가 窮해져
　　가는 것을 애달피 여기시고 신라왕이 장차 목 베일 것을 온전히 두었으며
　　신라에게 요충의 땅을 주었고 신라를 남달리 번영하게 해주시었다. 우리
　　氣長足姬尊께서 신라에 대하여 무슨 원한이 있었는가. 그러나 신라는 긴
　　창과 강한 활로 임나를 능욕해 멸망시켰고 강한 이빨과 갈고리 같은 손톱
　　으로 잔인하게 백성을 죽였다. 간을 꺼내고 발목을 끊어도 마음에 흡족해
　　하지 않고 뼈를 드러내고 주검을 태워도 혹독하다고 생각하지 않았다. 임
　　나의 귀족과 백성 이하 모두는 칼을 다 쓰고 도마를 다하도록 이미 살육당
　　하고 膾쳐졌으니 어찌 온 천하가 왕의 신하라 말할 수 있겠는가. 또 다른

사람 곡식을 먹고 다른 사람 물을 마시면서 누가 차마 이것을 들을 수 있겠으며 누가 마음으로 슬퍼하지 않겠는가. 하물며 태자·대신이 형제 친척에게 피눈물을 흘리고 원한을 머금고 부탁하여, 蕃邦을 지키는 임무를 맡음에 머리를 부수는 것이 발꿈치에까지 이르도록 은혜롭게 하고 대대로 前朝의 덕을 받아 후대의 지위를 맡았으니 쓸개를 마시고 창자를 꺼내어 함께 간악한 역적을 죽여 천지의 아픔을 씻고 임금과 아비의 원수를 갚지 못하면 죽어서도 신하와 아들의 도리를 이루지 못하는 한이 있다고 함에 있어서랴"라고 하였다.

가을 7월 己巳 초하루 신라가 사신을 보내어 調賦를 바쳤다. 그 사신이 신라가 임나를 멸망시켰다는 것을 알고 나라(일본)의 은혜를 저버린 것을 부끄럽게 여겨 감히 돌아가기를 청하지 못하고 마침내 머물러 본토에 돌아가지 않았다. (그를) 국가의 백성과 같은 예로 대우하였는데, 지금 河內國 更荒郡 鸕鷀野邑 신라인의 선조이다.

이 달 대장군 紀男麻呂宿禰를 보내어 군사를 거느리고 哆唎에서 출동하고, 부장군 河邊臣瓊缶는 居曾山으로부터 출동하도록 하여 신라가 임나를 공격한 상황에 대하여 문책하고자 하였다. 드디어 임나에 도착하여 薦集部首登弭를 백제에 보내어 군사계책을 약속케 했다. 登弭는 처가에 묵었는데, 봉인한 서신과 활과 화살을 길에 떨어뜨렸다. 신라가 군사계획을 모두 알고 갑자기 군사를 크게 일으켰으나 얼마 후에 패하였으므로 항복하여 귀부하기를 빌었다. 紀男麻呂宿禰가 승리를 거두고 나서 군사를 돌려 백제의 군영에 돌아갔다. 軍中에 명을 내려 "무릇 이겨도 패하는 것을 잊지 말고 편안할 때도 반드시 위험을 생각하여야 하는 것은 옛날의 훌륭한 가르침이다. 지금 처해 있는 땅은 들개와 이리와 같이 사나운 무리들과 이웃해 있으니 가볍고 소홀히 하여 변란이 일어날 것을 생각지 않을 수 있으랴. 하물며 또 태평한 시대에도 칼을 몸에서 떼어놓지 않는 법이니, 무릇 군자가 무기를 갖추는 것은 그만둘 수 없는 것이다. 마땅히 깊이 경계하고 이 명령을 받드는 데 힘쓰라"라고 하였다. 병졸들은 모두 마음으로부터 복종하고 섬겼다.

河邊臣瓊缶는 홀로 나아가 이곳 저곳에서 싸워 가는 곳마다 모두 함락시켰다. 신라가 문득 흰 깃발을 들고 무기를 던져버리고 항복했는데, 河邊臣瓊缶는 원래 軍事에 밝지 못하여 마주 대하여 흰 기를 들고 헛되이 혼자 앞으로 나아갔다. 신라 장군이 “장군 河邊臣이 지금 항복하려고 한다”고 하고는 진군하여 역습하여 싸웠다. 매우 날쌔고 빠르게 공격하여 깨뜨렸는데, 맨 앞선 부대는 패한 바가 매우 많았다. 倭國造手彦이 구하기 어렵다는 것을 알고 군사를 버리고 도망하였다. 신라 장군이 손에 갈고리 창을 쥐고 성의 해자에까지 뒤쫓아와 창을 휘두르며 공격하였다. 手彦은 날랜 말을 타고 있었으므로 성의 해자를 뛰어 건너 겨우 죽음을 면하였다. 신라 장군이 성의 해자 가에 서서 ‘久須尼自利’[이는 신라말로 자세하지 않다]라고 탄식하였다. 이에 河邊臣은 마침내 군사를 이끌고 물러나와 들에 급히 군영을 만들었다. 이 때 병졸들은 모두 서로 속이고 업신여기며 우르러 따르지 않았다. 신라 장군이 스스로 군영에 나아가 河邊臣瓊缶 등과 그를 따라왔던 부인을 모두 사로잡았다. 이 때는 아버지와 아들, 부부 사이에서도 서로 도울 수가 없었다. 신라 장군이 河邊臣에게 “너의 목숨과 부인 중에서 어느 것을 더 아끼는가”라고 묻자, “어찌하여 한 여자를 아껴 화를 취하겠습니까. 어떤 것도 목숨보다 더한 것은 없습니다”라 대답하고 첩으로 삼기를 허락하였다. (신라)장군은 마침내 벌판에서 그 여자를 간음하였다. 여자가 후에 돌아가니, 河邊臣이 가서 사정 이야기를 하고자 하였다. 부인은 너무 부끄럽고 한스럽게 여겨 따르지 않고 “옛날에 당신이 저의 몸을 가볍게 팔았는데 지금 무슨 낯으로 서로 만나겠는가”하고는 마침내 승낙하는 말을 하지 않았다. 이 부인은 坂本臣의 딸인데 이름은 甘美媛이라 한다.

함께 사로잡혔던 調吉士伊企儺은 사람됨이 용맹하여 끝까지 항복하지 않았다. 신라 장군이 칼을 빼서 목을 치려고 하며 억지로 잠뱅이를 벗기고 이어서 엉덩이를 일본으로 향하게 하여 “일본 장군은 내 엉덩이를 물어라”라고 크게 부르짖게 하자, 곧 “신라왕은 내 엉덩이를 먹어라”고 소리쳤다. 비록 고통과 핍박을 받았으나 여전히 앞에서와 같이 소리쳤다. 이로 말미암아 죽음을 당하였다. 그의 아들 舅子 역시 그의 아버지를 안고서 죽었다. 伊企儺의 말하고자 하는 바를 빼앗기 어려운 것이 모두 이와 같았다. 이로 말미암아 특히 여러 장수들이 가슴 아파하는 바가 되었다. 그의 아내 大葉子도 역시 잡혔는데 비통하게 노래하기를 “韓國의 城 위에 서서 大葉子는 머리에 쓰는 천을 흔들며 일본으로 향하네”라고 하자, 어떤 사람이 和答하기를, “韓國의 성 위에 서서 大葉子는 머리에 쓰는 천을 흔들어 보이며 난파로 향하네”라고 하였다.

8월 천황이 대장군 大伴連狹手彦을 보내어 군사 수만 명을 이끌고 고려를 치게 하였다. 狹手彦는 이에 백제의 꾀를 써서 고려를 쳐서 깨뜨렸다. 그 왕이 담을 넘어 도망하자 狹手彦은 마침내 승세를 타고 왕궁에 들어가 진귀한 보물과 갖가지 재화, 七織帳, 鐵屋을 모두 얻어 돌아왔다. [옛 책에 "鐵屋은 고려 서쪽의 누각 위에 있으며 織帳은 고려왕의 내전 침실에 걸려 있다"고 한다.] 七織帳은 천황에게 바치고 갑옷 2벌, 금으로 장식한 칼 2자루, 무늬를 새긴 구리종 3개, 五色幡 2竿, 미녀 媛[媛은 이름이다] 및 그의 시녀 吾田子를 蘇我稻目宿禰 大臣에게 보내었다. 이에 大臣는 두 여자를 맞아들여 처로 삼고 輕의 曲殿에 살게 했다[鐵屋은 長安寺에 있다. 이 절이 어느 나라에 있는지는 알지 못한다. 어떤 책에는 "11년 大伴狹手彦連이 백제국과 함께 고려왕 陽香을 比津留都에서 쫓아 내었다"고 한다].

겨울 11월 신라가 사신을 보내어 물건을 바치고 아울러 調賦를 바쳤다. 사신은 신라가 임나를 멸망시킨 것을 일본이 분하게 여기고 있음을 알고 감히 돌아가기를 청하지 못하였다. 형벌을 받을까봐 두려워 본국에 돌아가지 않았다. (그를) 백성과 같은 예로 취급하였는데, 지금의 攝津國 三嶋郡 埴盧 신라인의 선조이다.

우선 이 기사들을 액면 그대로 믿을 수 없는 이유부터 보자. 欽明 23년 의 기사는 '任那調'의 기원을 보여 준다는 점에서 매우 중요하다. 그런데 이 欽明 23년 7월의 기사에서부터 인정할 수 없는 내용이 나타난다. 먼저 '대장군 紀男麻呂宿禰를 보내어 …… 병졸들은 모두 마음으로부터 복종하고 섬겼다'의 내용을 살펴보자. 왜의 군사행동을 간파하고 군대를 크게 일으킨 신라가 갑자기 패하여 귀부하기를 빌었다는 내용이다. 그런데 바로 뒤에 나오는 '河邊臣瓊缶는 …… "韓國의 성 위에 서서 大葉子는 머리에 쓰는 천을 흔들어 보이며 난파로 향하네"라고 하였다'의 기사에서는 완전히 내용이 뒤집혀 버린다. 신라를 격파하고 귀부를 받은 상태에서 아무 설명도 없이 河邊臣이 전투를 벌였다. 그리하여 승승장구하다가 갑자기 패배하여 굴욕을 당하는 장면이 이어지는 것이다. 귀부했다는 신라를 무엇 때문에 다시 정벌해야 했는지에 대해서부터 납득할 만한 상황 설명이 없다.

기사 자체만 보아서도 이 내용은 모순이라고 할 수밖에 없다. 상대방의 작전을 알고 군대를 일으켰어도 패할 정도밖에 안 되는 신라가 별다른 이유도 없이 왜가 철수하자 곧바로 반란을 일으켰다고 했다. 게다가 신라는 결국 승리를 거두어 왜의 河邊臣에게 온갖 굴욕을 다 주었다. 이런 일이 현실에서 일어나기는 어렵다.

이후에 일어나는 상황도 이런 모순과 혼란을 확인해 준다. 겨울 11월 신라가 사신을 보내어 調賦를 바치는 기사만 하더라도 그렇다. 河邊臣과의 전투를 승리로 이끌며 왜를 능멸하려 했던 신라가 별다른 이유도 없이 사신을 파견해서 조부를 바쳤다는 내용이다. 더욱이 이때 파견된 신라의 사신은 '신라가 임나를 멸망시킨 것을 일본이 분하게 여기고 있음을 알고 감히 돌아가기를 청하지 못하였다' 한다. 전쟁에서 승리하여 상대를 능멸한 나라가 調賦를 바치며 복속을 표시하는 것도 현실적으로 일어나기 어려운 일이다. 뿐더러 신라는 전쟁을 치른 상대가 분하게 여기고 있음도 모르고 사신을 파견한 셈이다. 또 신라의 사신은 왜가 '단지 분하게 여기고 있기 때문에' 고국에 돌아가겠다는 말도 못했다는 것이다. 이런 상황 역시 실제로 벌어지기는 어렵다.

더욱이 이런 상황이 수십 년 동안 계속되고 있다. 이미 살펴본 바 있는 推古 8년의 기사에도 이 상황은 비슷하게 반복된다. 신라와 임나 사이에 분쟁이 생기자 왜는 대규모 원정을 감행했다. 신라는 왜의 공격에 견디지 못하고 항복했다. 그러자 왜는 병력을 철수시켰고, 왜병이 철수하자 신라는 다시 배신하고 임나를 공격했다는 내용이다.

사실 『日本書紀』에 기록된 신라-왜 관계는 대체로 이런 식이다. 왜가 원정을 와서 신라를 굴복을 받고 나서 곧바로 신라가 배신을 하는 관계가 초기부터 시작해서 6~7세기까지 이어진다. 물론 이런 관계의 사실성을 인정할 수는 없다. 배신을 거듭한 나라를 믿고 병력을 철수시켰다거나 그렇게 정복을 당하고도 곧바로 배신을 거듭하는 관계가 현실에서 나타나기는 어려울 것이다. 이런 관계가 한두 번도 아니고 수백 년 동안 실제로 지속된다고 믿을 수는 없다.

믿을 수 없는 기록이 이뿐만이 아니다. 欽明 23년 8월의 기록 중에는 고구려를 정벌해서 왕궁을 함락시키고 금은보화를 탈취해 왔다는 것까지 나타난다. 몇 년 후인 敏達天皇 때에는 저승에서 돌아온 사람이 백제의 음모를 알려 준다는 황당무계한 기록도 있다.24) 따라서 이런 기사를 액면 그대로 인정할 수는 없다. 또『日本書紀』기사를 이용하면서 이 점을 의식하지 않는다면 역사적 사실에 접근하기 어렵다.

그러면 무엇 때문에 이렇게 믿을 수 없는 기록들이 나타날까? 그 이유는 『日本書紀』의 '천황중심 사관'에서 찾아야 할 듯하다. 잘 알려져 있다시피 『日本書紀』는 백제의 멸망으로 인해 대륙으로부터 고립된 왜가 내부정비 즉 강력한 중앙집권국가 및 천황제의 확립이라고 하는 최대의 정치적 과제를 안고 있던 시기에 쓰여졌다.25) 즉『日本書紀』가 이러한 정치적 요청에 부응하여 편찬된 측면이 있다는 점을 감안해야 한다는 것이다.

이 때문에『日本書紀』에서는 국가의 중심이라고 할 수 있는 천황의 위상을 높이고자 그 가문까지 미화하였다. 이렇게 천황에 대한 미화가 극단으로 치달리다 보니,『日本書紀』에 나타나는 천황의 위상은 중국의 황제와 맞먹는 수준까지 올라갔다. 중국이라는 명칭을 스스로에게 쓰고 있는 것만 보아도 그렇다.26) 중국이라는 명칭은 자기들이 세계의 중심이라고 생각했던 중국인들의 의식 속에서 나온 것이다. 中國의 '中'자 자체가 세상의 중심을 의미하는 '가운데 중'자인 것이다. 이것이 이른바 中華思想이다.

이 명칭이 현재는 물론이고,『日本書紀』가 나오기 훨씬 이전부터 중국인들이 사용하고 있었음에도『日本書紀』에서는 일본 스스로를 중국이라고 자처하고 있다. 일본 천황이 중국 황제와 같거나 심지어는 더 높은 위치에 있다고 말하려는 것이다. 이러한 관념을 가지고 있었기 때문에 주변 국가들이 왜의 천황에게 복속되어 있었다고 쓸 수밖에 없었다. 물론 이는 실제의 역사적 상황과는 아무 상관이 없다. 그러나 그렇기 때문에라도『日

---

24)『日本書紀』권20 敏達天皇 12년 겨울 10월조. 이 기사 중에는 백제인의 손에 죽은 日羅가 다시 살아나 자신을 죽인 범인을 일러 주고 다시 죽었다는 내용이 있다.

25) 야마다 히데오, 이근우 옮김,『日本書紀入門』, 民族文化社, 1988, 14쪽.

26) 이 내용은『日本書紀』권14 雄略天皇 7년과 8년조에 나타난다.

本書紀』 기록은 왜곡될 수밖에 없었을 것이다.

그렇다고 해서 『日本書紀』 기록을 100% 무시해야 한다는 뜻은 아니다. 특히 欽明紀 같은 경우는 한반도 관계기사가 많고 상당부분이 『三國史記』 등과 일치한다. 초기 『日本書紀』 기록은 『三國史記』와 120년 차이를 보이지만 欽明紀를 전후한 시기가 되면 연표상으로도 일치한다. 이 시기에 대한 『日本書紀』 기록이 완전히 허구로만 구성된 것이 아니라는 점을 보여준다. 상식적으로 생각해 보아도 역사에 관한 기록이라면 정도의 차이는 있을지언정 완전한 사실 또는 완전한 거짓만 기록할 수는 없기 마련이다.

'任那調'에 대한 기록이라고 해서 예외는 아니다. '천황중심 사관'으로 왜곡되어 있다고 해서 『日本書紀』가 처음부터 끝까지 있지도 않은 사실을 창작해 냈다고 볼 수는 없다는 뜻이다. 그렇다면 오히려 일단 '천황중심 사관'으로 윤색된 부분만 제거한다면 역사적 사실에 접근할 가능성도 있을 것이다.

이런 측면에서 보자면 제거해야 할 내용은 어느 정도 윤곽이 잡힌다. 신라나 고구려를 정벌해서 복속시켰다는 등 천황의 위상을 높이는 데 이용되는 부분이다. 이 부분은 상응하는 한국계 사료도 없고, 무엇보다 사료자체가 구체성이나 일관성도 없기 때문에 이런 측면에서 보아도 군이 사료적 가치를 인정할 필요가 없다.

반면 인정할 수 있는 부분은 당시 왜의 입장을 말해주는 부분일 것이다. 사실 『日本書紀』 기사들 중에는 도저히 신뢰할 수 없는 부분들이 많지만 전체적으로 보면 하나의 일관성은 엿볼 수 있다. 임나를 부흥시키고자 하는 왜의 의지이다. 이는 欽明에서 推古까지 4대에 걸친 숙원사업이다. 다른건 몰라도 『日本書紀』가 자기네 천황들의 의지표명까지 군이 조작해 넣었으리라고 생각되지는 않는다.

또 왜에게 불리한 기록이라면 어느 정도의 사실성은 인정할 수 있을 것이다. 欽明 7월의 기사 같은 경우가 이에 해당한다. 왜에 불리한 상황을 기록하기 꺼리는 『日本書紀』의 성향을 감안하면 자기네 장군이 패배하여 굴욕을 당한 장면까지 군이 조작해 넣지는 않았을 것이기 때문이다. 그러면 이상과 같은 이해를 바탕으로 당시의 역사적 사실을 재구성해 보려 한다.

4. 가야의 멸망과정과 그 영향

지금까지 가야의 멸망과정에 대해서는 비교적 연구가 많은 편이지만[27] 그 이후에 대한 연구는 많지 않다. 연구의 대부분도 부분적인 문제를 규명하는 데에 그쳤을 뿐이다.[28] 따라서 이 부분을 깊이 파헤쳐 보는 것은 의미가 있을 것이다.

가야의 멸망이 그 시대에 미친 영향은 여러 가지가 있을 수 있다. 하지만 한반도 남부에 자리잡고 있던 한 세력이 없어져 버림으로써 야기된 국제관계의 변화는 다른 분야에도 막대한 영향을 줄 수밖에 없다.

따라서 이 부분을 우선 살펴볼 필요가 있다. 이런 측면에서 보자면 가야의 멸망으로 인해 큰 변화를 겪었던 것 중의 하나는 일단 왜와 한반도 제국과의 관계라고 보아야 할 듯하다. 전통적으로 가야와 왜의 관계가 매우 밀접했기 때문에 가야멸망이라는 충격이 왜에게 미치는 파급효과가 적지 않았다는 점은 쉽게 짐작할 수 있다. 왜가 4세기 중엽 근초고왕의 가야지역 평정에 협조해준 이유부터가 신라 때문에 곤란을 겪고 있던 한반도와의 교역을 열기 위해서였다. 3세기 후반 교역에 타격을 받은 왜가 4세기 중반 백제와의 협조를 통해 교역체계의 회복을 시도했던 것이다. 4세기 중엽에서부터 왜의 이권이 연계되어 있었다고 할 수 있다.[29] 그만큼 가야는 왜의 교역 파트너로서 중요한 비중을 차지하고 있었다. 6세기 중엽 이런

---

27) 이 부분을 다룬 논문으로는 朱甫暾, 「加耶滅亡問題에 대한 一考察 - 新羅의 膨脹과 關聯하여 - 」, 『慶北史學』 4, 1982 ; 李鎔賢, 「6世紀 前半頃 伽耶의 滅亡過程」, 고려대학교 석사학위논문, 1988 ; 千寬宇, 「復元加耶史」, 『加耶史研究』, 1991 ; 金泰植, 앞의 책, 1993 ; 李熙眞, 「加耶의 消滅過程을 통해 본 加耶-百濟-新羅關係」, 『歷史學報』 141, 1994 등이 있다.

28) 주 5)에서 소개한 연구를 비롯한 상당수의 연구성과가 '任那調'의 성격을 규명하는 데에 치중하고 있다.

29) 李熙眞, 『加耶政治史研究』, 학연문화사, 1998, 66~77쪽 참조.

상대가 갑자기 없어져 버린 것이다. 이런 사태가 변화를 부르지 않을 수 없었다. 왜와 가야를 멸망시킨 신라와의 관계부터 분쟁을 낳을 소지를 안고 있었다.

신라에 대한 왜의 반응을 보여주는 기록이 欽明 23년(562)의 '신라가 任那官家를 타멸했다'고 한 기록 직후부터 나타난다. 欽明 23년 6월, 임나를 멸한 신라를 비난하는 내용과 연이은 欽明 23년 7월 군대를 보내어 신라를 문책하는 내용이 그것이다. 欽明 32년 여름 4월 기사에도 欽明天皇이 아들에게 신라를 쳐서 임나를 세워 봉하라는 말을 남기고 있다.[30) 이 기사들은 가야가 멸망한 직후 왜의 반응을 보여주는 것이므로 주목된다.

이 기록들 자체가 모두 사실이라고 볼 수 없음은 앞에서도 밝힌 바 있다. 그러나『日本書紀』편찬자들이 자기네 천황들의 발언까지 모두 조작해 넣었다고 볼 수 없다면, 적어도 왜의 입장에서 쓰여진 반응은 어느 정도의 사실성이 있다고 보아야 할 것이다. 그리고 가야를 멸망시킨 신라에 대한 왜의 반응은 증오와 적대감이라고 요약할 수 있다. 이러한 반응은 왜가 가야의 멸망과 함께 닥쳐올 교역상의 타격을 앞서어 용납할 수 없다는 표시이기도 했다. 이때뿐 아니라 왜는 전통적으로 교역에 타격을 받는 상황에서 상당한 위기의식을 느끼며 분쟁을 일으켜 왔다.[31)

『日本書紀』에 나타나는 왜의 신라정벌 기록도 이런 상황을 이해하고 해석해야 한다. 앞장에서도 강조했듯이 왜가 신라를 정벌해서 항복을 받았다는 식의 황당한 기록을 그대로 믿을 수는 없다. 하지만 왜를 세계의 중심이라고 써야 했던『日本書紀』의 편찬의도를 감안하면 이런 기록이 오히려 해답을 얻는 단서가 될 수도 있다.『日本書紀』찬자들이 왜가 주변세력 때

---

30)『日本書紀』권19 欽明天皇 32년 여름 4월조, "천황이 병환으로 자리에 누웠다. 황태자는 밖에 나가 없었으므로 역마로 불러들였다. (천황이) 누워 있는 내전에 불려 들어가니, 그의 손을 잡고 명하기를 '내 병이 심하니 이후의 일을 너에게 맡긴다. 너는 반드시 신라를 쳐서 임나를 세워 封하라. 다시 서로 화합하여 옛날과 같이 된다면 죽어도 한이 없겠다'고 하였다".

31) 3세기에도 이런 상황이 있었을 뿐 아니라(李熙眞, 앞의 책, 1998, 68~77쪽 참조) 훨씬 이후인 조선시대의 삼포왜란도 결국 교역제한이 분쟁으로 번진 경우라 하겠다.

문에 곤란을 겪었다고 쓸 수는 없었기에 무도하게 구는 주변세력을 정벌했다는 식으로 왜곡했다고 볼 수 있기 때문이다.

왜의 신라정벌에 대한 서술을 이런 차원에서 볼 수 있다면 당시 상황은 표면적인 『日本書紀』 기록과는 달리 해석할 수 있다. 신라에 의해 가야가 멸망함으로써 야기된 왜의 위기를 감추기 위해 자기 식으로 과장·왜곡해서 서술했다는 것이다. 이러한 과장과 왜곡이 첨가되다 보면 두서 없고 황당한 기록이 남는 것도 당연하다. 왜가 신라에 쳐들어가 항복을 받았다는 기록도 실상은 위기를 극복하기 위해 왜가 나름대로 노력하고 있었음을 왜곡한 기록 중 하나라고 이해할 수 있다.

이렇게 보면 신라-왜 관계에서 왜가 주도적인 역할을 했다고 볼 수 없다. 따라서 분쟁의 발단도 신라에서 찾아야 한다. 가야의 멸망으로 왜가 위기의식을 느끼게 된 원인이 기본적으로 가야를 흡수한 신라의 정책에서 나왔다고 보아야 할 것이기 때문이다. 이런 측면에서 보자면 가야세력에게 자율권을 주기보다는 군현편제에 사민정책까지 강행하는 정책을 채택했던 신라의 정책이 주목된다.

특히 신라가 임나지역에 대한 통제력을 강화하는 과정에서 취한 정책은 백제와 비교된다. 백제는 정복한 가야지역에 기존의 유력자를 그대로 두고 협조를 구하는 방식을 취했다. 이 때문에 백제의 영향권에 들어간 가야소국은 충분한 자율권을 확보하고 있었고, 왜도 그들과 자유롭게 교류할 수 있었다.[32]

그러나 신라는 정복한 가야소국들을 신라의 군현으로 편성하고 직접 지배하는 방식을 택했다. 이런 정책을 취하게 되면 신라의 군현으로 흡수된 가야지역의 자율권은 줄어들고 왜와 이 지역과의 교류도 신라 중앙정부의 통제를 받게 된다. 이러한 정책은 옛 가야세력과 왜에게 영향을 주지 않을 수 없다.

먼저 옛 가야세력의 입장에서는 신라의 통제를 정치적 핍박으로 느낄 수 있다. 그러다 보면 이 과정에서 일부 가야의 잔여세력과 신라 사이에

---

32) 李熙眞, 앞의 책, 1998, 84~91쪽 참조.

분쟁이 생기는 경우도 있었을 것이다. 推古 31년 신라가 임나를 공격하여 복속시켰다는 기사처럼 대가야가 멸망하고 임나가 해체된 이후에도 『日本書紀』에 신라가 임나를 침략했다는 기록이 나타나는 이유도 바로 여기에 있다고 생각된다. 신라로서는 이들을 진압하지 않을 수 없다. 저항하는 임나의 잔여세력을 힘으로 진압하는 과정이 '신라가 임나를 침략했다'는 식으로 기록되었다는 것이다.

이런 사태가 왜를 자극하지 않을 수 없다. 왜로서는 신라의 통제를 조금이라도 덜 받는 가야의 잔여세력이 당연히 훨씬 거래하기 편한 상대이다. 이런 상대가 신라의 통제를 받게 된다는 사실 자체가 왜에게 달가울 리 없다. 신라가 임나를 침략했다는 기록과 함께 왜가 신라를 비난하며 '任那復興'을 외치는 배경은 이런 것이라 생각된다. 왜의 입장에서는 신라가 3세기 경 가야지역을 장악했을 때와 마찬가지로 타격을 받을 수 있는 상황을 의식해야 했을 것이다. 따라서 왜가 아무런 조치도 취하지 않고 사태를 좌시할 수는 없었다. 이런 사정을 고려해 볼 때, 왜가 신라를 정벌했다는 기록은 글자 그대로 믿을 수 없지만 어떠한 형태로든 신라에 압력을 넣었던 것만은 사실인 듯하다.

그렇지만 이번에는 갈등이 극단으로 치닫지는 않았다. 신라와 왜가 서로 타협을 모색했기 때문이다. 사실 신라는 대가야를 멸망시킨 직후부터 왜를 회유하려 한 것 같다. 欽明 23년 7월, 11월 신라의 사신이 파견된 기록이 이를 뒷받침한다. 이 기사들 중 사신의 행적은 그대로 믿을 수 없지만, 사신이 파견되었다는 사실까지 부정할 필요는 없을 것이다. 이와 같이 신라가 사신을 보낸 것 자체가 왜와의 관계개선을 모색한 것이라 할 수 있다. 이후에도 갈등을 빚는 중간 중간에 신라의 사신이 와서 調를 바쳤다는 기록이 나오는 것도 결국 관계개선 기조를 유지하려 한 타협의 산물이라고 보아야 할 것이다. 이 타협은 왜의 위기의식을 누그러뜨려 줄 수 있었고, 신라는 왜의 압력에서 벗어날 수 있다는 의미를 가지고 있었다.

신라가 왜와의 관계개선을 모색한 이유는 과거의 교훈 때문이라고 생각된다. 신라는 3~4세기에 왜를 괄시하다가 백제에게 그 상황을 이용당해 여러 차례 홍역을 치른 경험이 있었다.[33] 5세기에 접어들면서 인질까지 보내며 관계개선을 시도했지만 이 역시 백제의 방해로 실패했고, 이후 오히려 백제와의 관계가 개선되면서 왜와의 관계개선은 뒷전으로 밀려난 상태였다.[34] 그러나 6세기 중엽의 국제정세에서는 사정이 달랐다. 다시 말해서 신라가 왜와의 관계개선을 모색한 배경에는 당시 주변세력과의 관계가 작용하고 있었다는 것이다.

우선 5세기 중엽에는 동맹관계로까지 발전했던 백제와의 관계가 파탄이 난 상황이었다. 신라의 입장에서는 이 점을 의식하지 않을 수 없었다. 이미 백제와는 회복하기 어려울 만큼 관계가 악화되어 있었다. 여기에 왜와의 관계까지 적대관계를 유지한다면 신라의 입장에서는 그만큼 부담스럽게 된다. 왜가 단독으로 넣어 오는 압력은 신라에 그리 큰 문제가 된다고 할 수 없을지 모르겠지만, 왜가 적극적으로 백제에 가담하여 압력을 넣어 오게 된다면 백제와의 분쟁이 심화되는 상태에서 그 충격이 다를 수밖에 없기 때문이다.[35] 이런 상황에서 신라가 왜와의 관계에 신경 쓰지 않을 수 없었을 것이다. 신라가 왜와의 관계개선을 모색하려 했던 데에는 이런 배경이 작용했다고 생각된다.

왜도 굳이 신라와 대립하려 하지 않았다. 4세기 중엽 백제의 협조로 상황을 타개한 것과는 전혀 다른 방법을 택한 셈이다. 이 선택에는 갈등도 따랐다. 이 시기의 『日本書紀』 기록 중에는 '신라를 정벌하고 임나를 취하여 백제에 부속시키자'[36]는 내용이 나온다. 이 내용은 물론 왜가 남의 땅을 마음대로 빼앗아 주고 싶은 대로 준다는 뜻으로 해석할 수는 없다. 그렇지만 이 역시 『日本書紀』의 성향을 감안하면 백제와의 협조를 통하여 신라를 물리치고 목적을 달성하자는 정도의 의미로 해석할 수 있다.[37] 쉽게 말

---

33) 李熙眞, 앞의 책, 1998, 96~108쪽 참조.

34) 李熙眞, 앞의 책, 1998, 121~133쪽 참조.

35) 한 세력과의 관계가 주변세력과의 관계에도 큰 영향을 줄 만큼 국제정세가 복잡해지는 4세기 이래 백제-신라관계가 6세기 중엽 이후처럼 악화되었던 적은 없었다.

36) 앞서 소개한 『日本書紀』 권22 推古天皇 31년조의 기록에 이 내용이 나타난다.

37) 실질적인 내용은 백제가 임나를 장악하도록 하는 편이 왜에게도 이익이 된다는

해서 백제에 의지해서 문제를 해결하자는 뜻이다. 이런 의견이 나온 것은 그동안 백제-왜 관계가 돈독했고 왜 조정 내에도 상당 수의 친백제 인물들이 포진하고 있었기 때문일 것이다.

그러나 왜는 이 방법을 택하지 않았다. 그 이유는 '백제는 배반을 잘하는 나라로 잠깐 사이에도 속임수를 쓰니, 임나를 백제에 부속시켜서는 안 된다.'는 기사38)에 잘 나타난다. 쉽게 말해서 백제를 믿을 수 없으니 다른 대책을 찾자는 뜻이다. 6~7세기『日本書紀』기록에는 이와 같이 백제에 대한 불신을 표현하는 기록이 여러 차례 나타난다.

이렇게 백제에 대해 불신을 갖게 된 이유도 과거의 교훈에 있었다. 왜는 5세기 신라와의 관계개선을 시도하다가 백제의 간섭으로 포기한 적이 있었다. 그래놓고 이후 백제는 신라와 동맹을 맺은 것이다. 왜로서도 이익에 따라 의리를 저버리는 냉엄한 국제관계를 경험한 셈이다. 이후 왜는 그전처럼 백제의 노선에 충실히 따라주지 않았다.39) 이 시기에는 왜에게도 백제가 자신들을 이용해 먹는다는 인식이 확산되고 있었던 것이다.

그런 교훈을 얻은 왜가 독자노선을 걸으려 한 것은 어쩌면 당연하다고 보아야 한다. 사실 백제의 도움을 받는다면 아무런 반대급부 없이 도움만 받으리라고 기대할 수도 없었다. 백제의 필요에 따라 어떠한 형태로든 대신 희생을 치르는 부담을 의식했다는 것이다. 따라서 백제의 도움을 받기보다 스스로 실리를 얻을 수 있는 방법을 택한 셈이다. 왜는 결국 백제에 의지하는 방법을 포기하고 말았다.

그렇다고 해서 왜가 손해를 보지는 않았다. 오히려 왜의 선택은 단순히 신라와의 관계를 개선한다는 것 이상의 효과를 보았다. 왜가 그 효과까지 예상하고 있었는지는 알 수 없지만 신라-왜의 관계개선이 백제를 자극한 것만은 분명하다. 敏達 4년과 6년 기사에 나타나듯 백제도 사신을 파견했다. 특히 敏達 6년의 기사는 백제가 왜에 적극적으로 불교문화를 제공해 주었음을 시사해 준다. 어떻게 보면 백제와 신라가 경쟁적으로 선진문물

뜻으로 볼 수도 있다.

38) 이 내용 역시『日本書紀』권22 推古天皇 31년조의 기록에 나타난다.

39) 李熙眞, 앞의 책, 1998, 128~133쪽 참조.

제공에 나선 셈이다.

이 상황을 이해하고 보면 백제가 '任那調'를 바친다든가 임나를 건립하는 문제에 연관되는 것도 이해할 수 있다. 敏達 4년 기사 같은 경우가 그 점을 보여 준다. 백제의 사신이 왔다는 기록이 나타난 후, '천황은 신라가 任那를 세우지 않은 것과 관련하여 皇子와 대신에게 "任那의 일을 게을리 하지 말라"고 명령하였다'40)라 하면서 '任那復興' 문제를 들고 나온다. 백제의 사신을 맞고 나서 새삼스럽게 임나를 세워야 한다는 언급이 나온 데에는 백제의 사주가 있었음을 의심해 볼 만 하다. 이후에도 백제는 '任那復興' 문제와 여러 차례 관련되고 있다. 이러한 기록들에서 왜에 대한 영향력을 유지하며 신라를 견제하려던 백제의 의도를 엿볼 수 있다.

이렇게 왜에 대한 영향력을 유지하려 한다면 백제는 당연히 왜의 요구를 들어 주어야 했다. 그 요구는 주로 교역과 관련되는 문제였을 것이다. 孝德 大和 원년의 기사처럼 '백제의 調使가 임나의 사신을 겸하여 調를 바쳤다'41)는 기록이 이를 반영한다.

실제로 백제가 왜에 조공을 바쳐야 하는 관계였다고 볼 수 없는 바에야 이 기록 역시 백제가 왜와 임나와의 교역을 돕는 형태였다고 보아야 할 것이다. 그 과정에서 백제는 직접 나서서 왜와 교류하는 방법도 있었겠지만, 합천지역 같이 백제의 세력권에 들어온 옛 임나의 일부 세력을 이용하기도 했을 것이다. 백제는 이렇게 해서 왜가 가야의 멸망으로 타격받은 교역의 일부를 채워주며 영향력을 유지하려 했다고 생각된다. 이것이 『日本書紀』에는 '백제의 調使가 임나의 사신을 겸하여 調를 바쳤다'라는 식으로 기록되었다고 보인다.

하지만 백제의 노력에도 불구하고 왜는 등거리 외교노선을 굳혀갔다. 왜는 심지어 고구려까지 끌어들이려 한 듯하다. 欽明 26년과 31년 기사에 고구려인의 귀화를 받아들인다던가 고구려의 사신을 맞아들이는 기록이 나타난다. 특히 欽明 31년의 기사는 난파한 고구려의 사신을 극진히 대접하

---

40) 『日本書紀』 권20 敏達天皇 4년조.
41) 『日本書紀』 권25 孝德天皇 大化 元年條.

여 교류를 확대하려 한 의도가 엿보인다.[42]

신라도 백제의 사신 파견에 대응하여 민달 4년 4월을 비롯하여 8년, 9년, 11년 등 계속 사신을 파견했다. 이전처럼 왜와의 관계를 경시하다가 곤욕을 치르는 일을 피하려 한 흔적이 뚜렷하다.

왜가 등거리 외교노선을 견지하려 한 데에는 순탄치 않았던 백제-왜 관계도 한 몫을 한 것 같다. 敏達 12년 '日羅'에 관련된 기사가 이를 시사한다. 기사 중에는 죽었던 자가 깨어나는 등 믿을 수 없는 부분이 없는 것은 아니지만 '任那復興' 문제와 관련되어 백제와 갈등을 빚고 있었다는 정도는 굳이 조작이라고 볼 이유가 없다. 이 내용은 천황의 권위를 높이는 데에 전혀 도움이 되지 않기 때문이다. 그렇다면 이 시기 '任那復興' 문제를 둘러싸고 백제와 왜도 갈등을 빚고 있었음은 분명하다. 이러한 백제-왜의 갈등은 신라-왜 관계에도 영향을 줄 수밖에 없다. 왜의 입장에서도 백제와의 관계가 불안한 상태에서 함부로 신라와의 관계마저 훼손시키기는 곤란해지기 때문이다.

백제로서도 신라가 왜에게 협조적으로 태도를 바꾼 상황에서 뾰쪽하게 압력을 넣을 만한 수단도 별로 없었다. 이 상황에서는 백제로서도 마음대로 왜를 이용하기가 어렵게 되었다. 백제의 정책은 왜가 적대세력으로 돌아서는 것을 막는 정도에서 그칠 수밖에 없었다.

고구려-왜 관계라고 크게 다를 것은 없었다. 고구려 같은 경우는 왜와의 교류에 그리 큰 비중을 두지 않았다. 『三國史記』高句麗本紀에 왜에 대한 언급이 하나도 없는 데에서도 나타나듯이 고구려는 전통적으로 왜를 중시하지 않았다. 이 점은 『日本書紀』에도 반영되어 있다. 이를 감안해 보면 고구려가 왜와의 교류에 나선 데에는 왜의 비중을 인정했다는 점보다 백제 같은 나라에 더 강력하게 속박되는 것을 막기 위한 일종의 견제수단이라는 측면이 더 강하게 작용했던 것 같다. 사실 고구려는 관직조차 제대로 기록되지 않은 요원 몇 명 파견하는 정도 이상의 성의를 보이지는 않았다.

---

42) 우연한 사고를 기회로 국가 간 관계 개선의 디딤돌로 이용하는 경우는 현대사에도 흔하다. 예를 들어 대한항공 여객기가 소련에 불시착했을 때, 중국 민항기가 한국에 불시착했을 때도 이를 외교교섭의 한 통로로 이용하려는 움직임이 있었다.

왜가 이런 고구려에 전적으로 의지할 수는 없었다.

그런 만큼 신라와의 관계개선 노력은 필연적인 것이었다고 할 수 있다. 덕분에 신라-왜 관계는 개선되는 방향으로 흐를 수 있었다. 물론 신라-왜 관계라고 해서 순탄하기만 했던 것은 아니다. 崇峻 4년 등, 신라와 왜가 갈등을 빚고 있었음을 반영하는 기록도 계속 나타난다. 그러나 신라-왜 관계가 기본적으로는 협조적인 관계로 나아가는 기조를 바꾸지는 못했다. 갈등과 교섭이 거듭되면서 신라와 왜의 교류는 점점 활발해져 갔던 것이다.

결국 왜는 자신의 미미한 영향력이나마 최대한 활용하여 적당히 한반도 삼국의 경쟁을 유도하면서 이익을 챙기는 방향으로 외교노선을 정한 셈이다. 이 편이 실속도 있었다. 담징과 법정 같은 고구려의 승려를 받아들이는 것도 왜의 입장에서는 한반도계 인물들을 귀화시켜 이들을 선진문물 도입에 활용하며 고대국가 체제를 정비해 나아가려는 의도에서였다고 해석할 수 있다.

이로써 가야가 멸망할 이후로는, 백제가 멸망할 때 잠시 적극적으로 개입한 것 이외에, 왜가 한반도의 사건에 개입하는 일이 크게 줄어들게 되었다. 그러면서 왜는 눈길을 돌려 본격적으로 대륙과 교류의 폭을 넓히려는 노력에 박차를 가했다. 왜의 노력은 이른바 遣隋使 파견에서부터 나타난다. 推古 15년 隋에 사신을 파견했던 것이다. 그러나 이 노력은 왜의 외교적 미숙으로 말미암아 실패하고 말았다.[43)]

隋와의 교섭에서 커다란 성과를 얻지 못한 왜는 隋를 계승한 唐과의 교섭을 모색했다. 앞서 소개했던 推古 31년 기사 중 "'저 당나라는 법식이 두루 정비된 보기 드문 나라입니다. 모름지기 항상 왕래하여야 합니다"라고 함께 아뢰었다'는 내용이 있다. 신라 사신의 발언을 통해 당과의 교류 필요성이 강조되었던 것이다.

그럼에도 불구하고 처음에는 왜와 당의 교류가 쉽지는 않았다. 舒明 4년

---

43) 『隋書』倭國傳에 의하면, 왜의 國書에 '해 뜨는 곳의 天子가 해 지는 곳의 天子에게 글을 올리나니 …… ' 라고 하여 이를 본 隋煬帝는 '蠻夷의 書가 무례하니 다시는 받지 말라'고 했다 한다. 이 사건에서도 당시 국제외교상의 관례에 어두운 왜의 미숙함을 엿볼 수 있다.

의 기록을 보면 '당이 高表仁을 파견하여 三田耜을 보내 주었는데, 함께 대마도에 다다랐다. 이 때 학문승 靈雲과 僧旻 및 勝鳥養 신라의 송사 등이 그를 따랐다'고 한다. 이 노력 역시 실패했다.『舊唐書』倭國傳에 따르면 이 때 파견된 당의 高表仁은 聖德太子와 모종의 의례문제로 다툰 후 당 태종의 조서를 전하지 않고 되돌아 갔다고 한다. 여기서도 왜의 외교적 미숙함을 알 수 있다.

이런 실패를 거친 후 왜는 신라를 통해 대륙과 교섭하려 했다. 舒明 11년 唐(원래는 隋)에 파견되었던 승려 惠隱·惠雲이 신라의 사신을 따라 돌아왔고 다음해인 舒明 12년에도 당에서 유학하던 승려와 학생이 신라를 거쳐 돌아왔다. 신라를 통해 당과 문화교류부터 시작한 셈이다. 白雉 5년에도 신라를 통해 사신이 파견되었다. 齊明 3년에는 당에 파견되는 신라 사신에 왜의 사신도 같이 갈 수 있도록 해달라고 요구했으나 신라의 거절로 실패했다. 그러나 신라도 결국 왜의 요구를 들어 주었다. 다음해인 齊明 4년 신라의 배로 왜인들을 태워 당에 보내 주었던 것이다.

이렇게 해서 왜는 중국의 당과 직접 교류하는 루트를 개발했다. 이른바 遣唐使가 그것이다. 왜가 遣唐使를 보내면서부터는 이후의 한일관계에도 평화로운 시대가 열렸다. 그리고 견당사 파견을 전후해서 '任那調'도 끝나고 '任那復興'에 대한 언급도 사라졌다. 이는 대륙과의 교류문제가 해결되면서 임나에 대한 집착도 사라졌다는 방증이기도 하다.

이러한 정세의 흐름을 이해하고 보면 가야가 멸망한 이후에도 임나의 사신이 왕래하는 이유도 해명할 수 있을 것이다. 혹자는 이런 기록 때문에 임나가 한반도가 아니라 일본열도에 있었다는 식의 주장을 하기도 한다.44) 임나뿐 아니라 백제가 멸망한 다음에도 백제의 사신이 파견되기도 하므로 피상적으로만 보면 의문을 가지는 것도 무리는 아니다.

그러나 이것은 중앙정부의 소멸을 전체 세력권의 소멸과 같은 것으로 생각하기 때문에 나오는 오해일 뿐이다. 따라서 그 해답도 당시의 정치상황이 현대와 달랐다는 점에서 찾아야 할 듯하다. 현대국가라면 중앙정부가

---

44) 김인배·김문배, 앞의 책, 1995, 23~31쪽.

무너져 다른 나라에 흡수되면 지방도 급속도로 같은 과정을 밟는 게 당연하다. 그러나 7세기 정도만 하더라도 현대의 국가처럼 지방지배체제가 정비되었다고 볼 수는 없다. 더욱이 가야는 하나의 국가로 통합되어 있는 상태도 아니었다. 따라서 고령의 대가야 세력이 멸망했다고 해서 다른 가야 세력까지 한꺼번에 신라에 편입되었다고 보기는 어렵다. 562년 신라가 대가야를 멸망시키면서 임나가 해체되고 그 소속국들이 신라로 흡수되기 시작하기는 했지만, 정치적인 복속이라는 것이 그렇게 하루아침에 이루어지지 않는다. 교통과 통신 등 제반 여건이 발달하지 못한 당시로서는, 비록 중심세력이 멸망했다 하더라도 임나가 차지하고 있던 지역 전체에 대한 통제력을 한꺼번에 확보하기는 어렵다.

여기에 옛 다라국의 거점인 합천지역 같은 경우도 감안해야 한다. 이 지역은 백제와 신라의 분쟁 속에서 소속이 바뀌기까지 했다. 이러한 혼란 속에서는 백제, 신라 모두가 이 지역을 완벽하게 통제하기가 어렵다. 이 틈에 가야의 일부 잔여세력이 외부세력과 교류를 했다고 해서 이상할 것은 없다. 가야가 멸망 후에도 왜가 이 지역과 교류를 계속하는 기록도 실제로는 이런 형태였던 것 같다.

여기에는 신라의 묵시적인 방조도 일조를 했을 것이다. 가야 제국이 멸망했다고는 하지만 신라가 한꺼번에 그들을 군현으로 편제해 버릴 수는 없었다. 형식적으로는 가능했을지 모르나 실제로 가야 제국의 지역에 강력한 지배권을 행사하기는 어려웠다는 것이다. 가야 제국은 단지 고령세력의 소멸 후 정치적인 구심점을 잃었을 뿐이라고 보아야 한다. 그렇다면 신라로서도 그 잔여세력에 대한 처리는 장기적인 차원에서 다루어야 할 문제가 된다. 신라가 장기적으로는 그들을 모두 군현편제하려 했겠지만 한꺼번에 처리할 수 없을 바에야 그 동안이라도 가야의 잔여세력에게 어느 정도의 자율권은 허용할 수밖에 없었을 것이다. 이런 상황에서라면 신라도 굳이 가야의 잔여세력을 압박하기만 할 필요는 없다. 오히려 적당한 선에서 이용하는 편이 신라에게도 유리하다.

또한 신라는 이 지역과의 교류에 대한 왜의 요구를 충족시켜 주어야 할 입장이었다. 그러려면 자국의 사신을 보내 왜의 욕구를 충족시켜 주기도 하지만 왜와 장기간 교류한 옛 가야세력을 이용할 필요도 있다. 이들에게 어느 정도의 자치권만 보장해 주고 왜와의 교역을 묵인해 주기만 하면 된다. 이렇게 장기간 교류해왔던 집단과의 교역이 유지되는 쪽이 왜의 입장에서도 편하다.

덕분에 왜는 옛 임나지역의 소국들과 교류를 계속할 수 있었다. 임나에 사신을 보냈다거나 임나의 사신이 와서 調를 바쳤다는 식의 기록이 나타나는 것도 이 때문이라고 생각된다. 신라나 백제가 반독립적인 가야의 잔여세력 또는 자기들에게 복속된 잔여세력을 통해 교역의 일부를 허용한 것을 『日本書紀』에서는 신라·백제 또는 임나에서 사신을 파견하여 조공을 바쳤다고 왜곡해서 적었을 가능성이 크다는 것이다.

가야멸망 이후의 사태 발전을 한반도와 왜관계라는 관점에서 본다면 결국 그동안 왜에 대한 임나의 역할을 신라가 대치해 나아가는 과정으로 볼 수 있다. '任那調'나 '任那復興'이라는 것도 결국 이 과정 속에서 나온 것이라 생각되지만 이에 관한 설명은 논지전개상 다음 장으로 미룬다.

5. '任那調'와 '任那復興'의 의미

1) '任那調'의 의미

앞장에서는 가야멸망 이후 국제정세가 변해가는 과정을 살펴보았다. 그러면 이를 기반으로 '任那調'와 '任那復興'의 개념도 재정립해 보고자 한다. 먼저 '任那調'에 대해 살펴본다. '任那調'는 임나가 멸망한 후 신라 또는 백제가 임나의 조를 바쳤다는 『日本書紀』 기록에 의해서 생성된 용어다. 따라서 이 용어도 『日本書紀』 특유의 왜곡으로 윤색되어 있을 가능성이 크다.

그럼에도 '任那調'에 대해서는 대체로 末松保和나 井上秀雄처럼 '임나에서 바친 세금(調)'이라는 식으로 이해하는 게 보통이다. 조금 시각이 다르다고 해야 '삼국 등에서 들어오는 선진물품을 調라고 부르게 되었다'고 추측하는 설 정도이다. 후대 일본 국내에서 거두어 들이게 되는 調의 품목과 삼국으로부터 오는 물품이 유사함을 보아 이렇게 유추해 볼 수 있다는 것이 그 근거이다.[45]

기존의 연구에서는 이와 같이 '任那調란 무엇인가'에 대해 먼저 결론을 내리고 논지를 전개하는 경향이 있다. 그러나 이런 경향은 별로 바람직한 것 같지는 않다. '任那調'에 대해 가지는 기본적인 의문은 이것이 무엇 때문에 하필이면 가야가 멸망한 이후부터 시작되고 있느냐는 것이다. 이런 의문은 곧 당시의 역사적 상황이 실제로는 어떤 것이었으며『日本書紀』 등의 기록은 무엇 때문에, 어떤 식으로 왜곡되어 현재와 같이 남게 되었는가에까지 연장된다. 단순히 '任那調란 이런 것이다'라는 단언만 가지고서는 이런 의문들을 해결할 수 없다. 따라서 '任那調'에 따르는 기본적인 의문들을 해결하기 위해서는 '任那調'에 대한 단순한 정의가 아니라 당시의 역사적 상황과 그 용어가 생기게 된 기원까지 추적할 필요가 있다.

이를 위해 앞장에서 '任那調'에 대한 기사가 집중되어 있는『日本書紀』에 대하여 검토한 바 있다. 이러한『日本書紀』의 성격을 고려한다면 지금까지 혼선을 빚어왔던 '任那調' 관련 사건도 해결의 실마리를 얻을 수 있을 듯하다.

그 실마리는 바로『日本書紀』의 세계관에서 발견된다. 일본은 근세에 이르기까지도 자신이 세계의 중심이고 주변국가가 조공을 바치러 온다는 의식을 가지고 있었다. 일본이 이러한 의식을 가지고 있었다는 점은 최근 일본의 통사류에서까지 인정되고 있는 바이다.[46]

이런 의식이 중세나 근세에 접어들어 갑자기 생긴 것은 아니다. 어떻게 보면『日本書紀』에 반영된 의식이 일본인들의 의식 속에 면면히 이어져 왔다고 보아야 한다. 이러한 의식은『日本書紀』 기록에도 영향을 주지 않을 수 없다. 쉽게 말해서『日本書紀』 기록은 당시의 상황을 이러한 시각으

---

45) 李根雨, 앞의 논문, 1990, 27~28쪽.
46)『岩波講座 日本通史』12권, 岩波書店, 1994, 173쪽.

로 윤색시켜 놓았을 가능성이 크다는 것이다.

이러한 측면에서 주목할 만한 기록이 있다. '담징과 법정을 바쳤다'[47]는 기사이다. 사실 고구려의 국제적 지위로 보아 고구려가 왜에 자국의 승려를 '바쳤다'고 볼 수는 없다. 이러한 문화적 교류조차 『日本書紀』에서는 '담징을 바쳤다'는 식으로 표현한 것이다.

'任那調'라는 표현도 이러한 의식의 영향을 받은 듯하다. '任那調'가 등장하는 시기는 앞장에서 살펴보았듯이 가야가 멸망하고 난 이후다. 이 때는 신라나 백제가 왜에게 가야의 멸망으로 타격을 받은 교역의 일부를 채워주고 있던 시기이다. '任那調'라는 용어도 이 교류를 서술하는 과정에서 나오고 있다.

『日本書紀』의 의식을 감안해 볼 때, 이 시기 신라나 백제 같은 주변국가와의 교류를 조공을 받았다고 적는 것은 어떻게 보면 당연한 일이다. 중세에도 교류가 빈번한 주변국가에서 교역차원의 사신이 오고 교역이 이루어진 것을 '조공을 바쳤다'라는 식으로 적었다. 그렇다면 '任那調'라는 것은 결국 주변국가에서 가지고 온 교역품을 의미한다고 할 수 있다.

이 때 교역이 성사된 배경도 고려해야 한다. 주변국가, 특히 신라가 왜와 본격적으로 교류를 시작한 데에는 당시 상황이 크게 작용했다. 국제정세를 고려하여 왜를 회유해야 할 필요가 있었다는 것이다. 결국 '任那調'는 신라가 왜를 회유하기 위한 목적으로 시작되었다고 보아야 한다.[48] 그렇다면

---

47) 『日本書紀』 권22 推古天皇 18년 봄 3월조.

48) '任那調'라는 것이 신라가 왜를 회유하기 위해서 보낸 것이라고 보는 견해는 일단 옳다고 해야 한다(李根雨, 앞의 논문, 1990, 86~92쪽). 그러나 이것만 가지고는 부족하다. 여기서는 신라가 무엇 때문에 왜를 회유해야 했는지에 대한 설명 등, 당시 국제정세에 대한 분석이 전혀 없다. 또 이 당시 조가 교역의 의미일 가능성을 지적하기는 했지만 이를 상호 교역으로 파악하였다. 그래서 임나일본부 자체가 교역기관이고 왜에서 파견된 요원도 교역을 수행하기 위한 요원이었다는 전제를 깔고 있다. 그렇게 되면 '任那調'는 왜 하필 가야가 멸망하고 난 후, 즉 임나일본부가 없어지고 난 이후에 시작되느냐를 해명할 수 없다. 또한 이 때의 조를 상호교역의 의미로만 파악하다보니 '任那調'의 근원을 백제와 왜의 교역에 치우쳐 찾게 되었다. 그 결과 정작 중요하다고 할 수 있는 신라-왜 관계에 대한 설명은 신라사신의 지위로 보아 朝貢使로 볼 수 없다는 지적 이외에는 별로 없다. 이 정도의 논리로는 '任那調'의 기원과 실질적인 의미를 제대로 조명했다고 할 수 없을 듯하다.

이는 조선시대에 세견선을 보낸 것과 매우 유사하다. 조선시대에 세견선을 보낸 배경에도 교역을 막았을 경우 생기는 분쟁으로 비싼 대가를 치르느니 일정 수준의 교역을 보장해 주는 편이 이익이라는 계산이 작용했다. 신라가 왜에 보낸 '任那調' 역시 이러한 개념과 크게 다르다고 생각되지 않는다. 다시 말해서 '任那調'라는 것은 조선시대의 세견선 같이 교역차원에서 신라가 왜에 제공한 물건을 의미한다고 정의할 수 있다는 것이다. 지금까지는 일본이 세계의 중심이라는 관념으로 왜곡된『日本書紀』기록 때문에 혼란이 생겼을 뿐이라고 생각된다.

2) '任那復興'의 의미

지금까지 '任那調' 못지 않게 혼선을 빚어온 용어가 '任那復興'이다. 사실 피상적으로 보자면 그다지 큰 문제가 있을 것 같은 용어는 아니다. 글자 그대로만 새기면 '임나를 부흥시킨다'라는 간단한 개념이기 때문이다.

그러나 의미를 이렇게 글자대로만 해석한다면 이 용어 자체와 용어가 사용되는 상황을 언뜻 이해하기가 어렵다. 이 용어가 집중적으로 나타나는 두 시기의 시대상황과 전혀 맞아 들어가지 않는 것처럼 보이기 때문이다.[49] 그만큼 이 말이 글자 그대로와는 너무나 동떨어진 상황에서 많이 쓰였다는 뜻이다.

이 말이 처음 나오기 시작한 시기는 6세기 초·중반이다. 이 때는 540년대에 백제의 주도로 이른바 '任那復興'회의가 열리던 시기이다. 그런데 이 때에 쓰인 '任那復興(또는 임나재건)'부터가 글자대로만 이해하기 어려운 측면이 있다. 상당 수의 연구자들이 '부흥'이라는 낱말에 집착하여 '任那復興' 회의의 궁극적인 목적이 금관가야를 비롯한 탁순·탁기탄 등의 원상회복이었다는 식으로 해석하는 경향도 있다.[50]

---

49) 6세기 중반에는 '任那復興'과 함께 임나재건, 임나복건 등의 용어가 쓰였다. 그러나 6세기 후반에는 '任那復興'이라는 용어가 많이 쓰여졌다. 이렇게 미묘한 차이가 나는 원인도 백제와 왜의 입장 차이가 반영되어 있었다는 데에서 찾을 수 있을 듯하다.

50) 三品彰英,『日本書紀朝鮮關係記事考證』, 吉川弘文館, 1962. 165쪽 ; 金泰植, 앞

일본에서 '任那復興'이 금관가야의 원상회복을 의미한다는 해석이 나온 이래 한국학자들 대부분이 이런 결론을 아무 생각 없이 쫓아가는 것 같다. 기록 자체가 그런 오해를 불러 일으키기 쉽게 되어 있으니 당연한 지도 모른다.

그렇지만 이 부분도 조금만 생각해보면 문제점이 금방 발견된다. 금관가야는 신라의 침략을 받아 망한 게 아니라 신라에 투항했다. 약간 혼선을 빚게 하는 기록이 없는 것은 아니지만, 『三國史記』나 『日本書紀』 기록은 금관가야가 자발적으로 신라에 투항했다는 점을 명백히 밝혀주고 있다. 자발적인 투항이 아니고서야 김유신의 조상들이 신라에서 대우를 받았을 리도 없다.

이 사실만 확인하더라도 '任那復興' 회의의 목적이 금관가야의 원상회복이라고 할 수는 없을 것이다. 그런 논리를 고집한다면 '任那復興'의 뜻이 서로의 합의 하에 통합한 두 나라에게 주변의 세력이 '내 비위에 거슬리니 다시 분리하라'고 요구했다는 뜻밖에 안 되기 때문이다. 자발적으로 통합한 나라들에게 다시 분리하라고 요구하는 것은 선전포고나 다름없는 행위이다. 이런 게 협상의 대상이 될 수가 없다. 그러면 '任那復興' 회의라는 것은 외교적 협상의 대상이 될 수도 없는 사안을 가지고 거의 십년 가까이 지루한 실랑이를 벌인 회의라는 뜻이 된다. 백제·신라·임나와 왜의 지배자들이 이런 짓을 했을 리가 없다.

그리고 신라에 통합된 나라들을 원상회복시켜 신라의 팽창야욕을 막자는 명분에 임나와 왜가 왜 그렇게 비협조적이었을까 하는 문제에 대해서도 제대로 된 설명을 하기 곤란하다. A.D. 540년대에 있었던 이른바 '任那

의 책, 1993, 265~266쪽 ; 白承忠, 「「任那復興會議」의 전개와 그 성격」, 『釜大史學』 17, 1993, 47쪽. 末松保和처럼 '任那復興'은 왜가 임나관가 내지는 임나일본부의 재건을 시도한 것이라고 보는 경우도 있다(末松保和, 앞의 책, 1956, 149~168쪽). 이에 관한 일련의 사건들이 형식적으로는 왜가 신라나 백제에 조칙을 내려 명하거나 책임을 묻는 것처럼 되어 있기 때문이다. 그러나 이는 앞서 살펴 보았듯이 『日本書紀』의 편찬 의도를 무시한 일방적인 주장일 뿐이다. 末松保和의 주장에 대한 문제점은 기존 연구를 검토하면서 많이 지적했으므로 여기서는 더 이상의 언급을 생략한다.

復興'회의에서는 안라를 위시한 임나 전체가 백제에 비협조적이었다. 백제는 회의를 소집하기 위해 여러 차례 재촉을 하는 반면 임나와 왜 측에서는 온갖 핑계를 다 동원해서 회의를 무산시키려 하고 있었다. 신라에 통합된 나라들의 원상회복이 '任那復興'의 목적이었다면 가야 제국이 이렇게까지 비협조적이어야 할 이유도 없다.

이렇게 보면 '任那復興'의 의미가 또다시 애매해진다. 여기서 임나의 의미는 연맹체 자체로 가야 제국을 총칭한다고 볼 수 있으므로[51] '任那復興(또는 임나재건)'이라는 것도 연맹체 자체를 다시 재건하겠다는 의미가 될 수밖에 없다. 그러나 이 논의가 진행되는 6세기 전반에는 일부 가야 제국이 신라에 투항하기는 했지만 대부분의 가야 제국이 건재한 상황이었다. 가야 제국 전체가 멸망한 것도 아니고 임나 한기들이 활동하고 있는 것으로 보아서 연맹체 자체의 해체를 상정할 수 있는 것도 아니라는 것이다. 따라서 임나를 재건한다거나 부흥시키겠다는 말이 나오는 것도 이해하기 어려운 문제가 된다. 더욱이 임나를 구성하고 있는 당사자들을 불러모아 놓고 그 자리에서 '任那復興'을 논한다는 것은 앞뒤가 맞지 않는 것처럼 보인다.

이러한 피상적인 모순을 설명하려면 당시의 정치상황은 물론 임나, 임나 재건이라는 용어 자체의 의미와 함께 그 배경까지 이해해야 할 것으로 생각된다. 6세기 초반 백제가 '任那復興'을 외치던 당시는 일부 가야소국들이 신라에 투항하자 백제가 이 사태를 막으려 애를 쓰던 상황이었다. 결국 백제는 '任那復興' 또는 '任那再建'을 명분으로 내세우며 가야와 왜를 대상으로 활발한 외교전을 벌이고 있었던 것이다.

물론 이 목적은 글자 그대로 '임나를 부흥시키자'는 것이었다고 할 수는 없다. 그랬다면 정작 임나의 소속국들이 이를 탐탁하게 여기지 않는 사태는 없었을 것이기 때문이다. 그러면 왜 이런 현상이 나타나는 것일까? 이를 이해하기 위해서는 6세기 초 성왕이 말하고 있는 '任那復興'의 숨은 의미를 확인해야 한다.

---

51) 李熙眞, 「임나의 개념」, 『日本歷史硏究』 7, 1998, 17~25쪽.

　성왕이 부르짖은 '任那復興'이나 '임나재건'도 글자만 보면 임나 소속국들을 위해 임나를 재건하겠다는 뜻으로 해석될 수 있겠지만 실제의 뜻은 그게 아니었다. 여기에 단서가 되는 것은

　　聖明王이 "任那의 나라는 우리 百濟와 예로부터 子弟가 되기를 약속하였다. …… 옛날부터 지금까지 新羅는 무도하여 약속을 어기고 신의를 거스려 卓淳을 멸망시켰다. 충직한 나라를 속히 회복하려 하는데 (그렇지 않으면) 도리어 후회할 것이다. 그래서 사신을 보내어 오게 하여 함께 恩詔를 받들어, 임나의 나라를 일으켜 맥을 잇고 옛날처럼 영구히 형제가 되기를 바랐다.[52]

라는 부분이다. 이 말뜻은 근초고왕 때에 좋았던 백제와 임나의 관계가 지금 악화되어 있음을 한탄하며 다시 그 때의 관계를 회복시켜야 한다고 강조하는 것이다. 결국 성왕은 근초고왕 때의 백제와 임나의 관계로 회복시키는 데 중점을 두고 있음을 알 수 있다. 쉽게 말해서 백제의 의도는 어디까지나 임나를 근초고왕 때처럼 백제가 마음대로 조종하는 형태로 돌려놓겠다는 것에 불과했다. 그렇기 때문에 정작 임나 소속국들은 거부감을 갖고 백제의 계획에 저항했던 것이다.[53]
　이와 같이 임나를 재건하겠다거나 부흥시키겠다는 명분을 내세웠다고 해서 그것이 실질적인 목적은 아닌 경우가 많다. 명분은 명분일 뿐이고 실제로는 그 명분의 뒷전에서 자기에게 유리한 요소만 살리는 일은 별로 희귀한 일도 아니다.
　왜가 내세운 6세기 후반의 '任那復興'도 같은 맥락에서 본다면 쉽게 이해할 수 있을 것이다. 물론 이 역시 피상적으로만 보자면 이해할 수 없는 점이 많다. 이 때는 유독 왜에서 임나를 부흥시키겠다고 나서게 되는데, 정작 재건이 되어야 할 당사자들은 없어져 버린 상태이다. 이 자체로는 현실성이 있었다고 볼 수도 없다. 540년대에는 가야 제국과 함께 임나재건 시

---

52) 『日本書紀』 권19 欽明天皇 5년 11월조.
53) 李熙眞, 앞의 책, 1998, 158~177쪽 참조.

도를 방해하려 했던 왜가, 막상 가야가 소멸해 버린 이후에는 주변에 협조해주는 세력도 없이 독자적으로 임나의 재건을 주장하고 나선 셈이다.

따라서 왜가 내세운 ‘任那復興’도 백제가 내세웠던 것과 마찬가지로 말뜻과 속뜻이 다른 명분이었다고 해야 할 것이다. 그렇다면 여기서 중요한 것은 말뜻이 아니라 속뜻이다. 이 속뜻을 이해하려면 가야멸망, 즉 임나 해체 이후 왜가 느꼈던 위기의식을 상기해 보아야 할 듯하다.

가야 즉 임나의 멸망으로 왜가 위기를 느꼈다는 사실을 바꾸어 말하면, 임나의 존속이 왜에게는 자신들의 이권과 연결되는 무엇인가가 있었다는 뜻이 된다. 이러한 점은 ‘任那復興’이라는 명분을 내세우는 상황에서도 나타난다. ‘任那復興’이라는 명분은 무도한 신라로 인하여 야기된 사태를 극복할 대안으로서 제기되고 있는 것이다.

물론 『日本書紀』에 피상적으로 나타난 대로 신라가 왜 천황에 대해 무례와 배신을 일삼았기 때문에 왜와 분쟁이 생겼다고는 할 수 없을 것이다. 그보다 왜가 위기를 느꼈던 중요한 원인은 앞장에서 강조했던 대로 가야의 멸망으로 인하여 입을 것이라고 예측되는 교역상의 타격이라고 보아야 할 것 같다. 이 점은 왜가 신라와의 분쟁 사이사이에도 교류를 멈추지 않았다는 점에서도 확인될 수 있다. 뿐만 아니라 이 당시 신라-왜 관계에서 왜가 신라에 갖는 불만은 주로 ‘調’에 관한 것이다. 앞서 확인한 바와 같이 ‘任那調’라는 것이 결국 왜와의 교역을 의미한다면 ‘調’에 대한 불만은 결국 분쟁의 근본 원인이 교역문제에 있었다고 할 수 있다. 이렇게 따지고 보면 ‘任那復興’이라는 명분은 교역문제와 밀접하게 연결되어 있음을 알 수 있다. 즉 왜는 자신에게 닥칠 교역상의 손해를 임나를 부흥시켜 극복하겠다고 나선 셈이다.

다시 말해서 ‘任那復興’이라는 명분은 교역확대라는 목적을 가지고 내세운 것이라고 볼 수 있다는 것이다. 그런데 왜 하필이면 ‘任那復興’을 명분으로 내세워야 했을까?

이에 대한 단서는 ‘임나’ 자체가 하나의 연맹체였다는 사실에서 얻을 수 있다. 연맹체 같은 정치기구는 설립목적과 기능이 있게 마련이다. 단 임나는 가야 제국 이외에도 백제·왜 등이 얽혀 있어 그 성격이 매우 복잡했을 뿐이다. 그렇기 때문에 임나를 두고 갈등을 빚을 때면 각 세력마다 자신에게 유리한 임나의 기능을 강조하게 된다. '任那復興'도 이런 맥락에서 볼 수 있다. 특히 6세기 중엽 성왕이 언급하는 내용과 6세기 후반 왜가 언급하는 내용을 비교해 보면 자신의 입장에 따라 언급하는 내용이 틀려지는 성향이 보다 명확해질 수 있을 것이다.

540년대에 성왕이 주도했던 '任那復興'의 정치적 의미는 4세기에 성립했던 백제-가야-왜 동맹체제의 재건이었다는 점은 이미 밝힌 바 있다. 이를 '임나'가 연맹체였다는 점과 피상적으로만 연결시켜 본다면 '任那復興'은 이 연맹체를 부흥시키겠다는 의미처럼 해석된다. 물론 이러한 피상적인 해석은 타당하지 않다. 6세기 중엽이라도 이 연맹체 자체가 해체된 상태가 아니므로 멀쩡한 연맹체를 부흥시키겠다는 발상이 성립할 수 없기 때문이다.

그러나 이를 백제의 입장에서 보면 사정이 다르다. 6세기 중엽이라면 적어도 백제의 입장에서는 4세기 중엽과는 상황이 틀리다. 성왕 자신도 4세기 중엽인 근초고왕·근구수왕 때 각별했던 백제-가야(임나) 관계를 자주 비교해서 언급하고 있다. 그 내용은 근초고왕·근구수왕 때 특별한 관계였던 백제와 가야의 관계가 성왕 자신의 시대에는 많이 소원해졌으니 이를 회복해야 한다는 것이다. '任那復興'(또는 재건 등)은 바로 이런 맥락에서 나오고 있다.

여기에는 백제와 가야의 관계가 근초고왕·근구수왕 때만큼 각별하지 않다는 뜻이 숨어 있고, 이 점은 주변세력에 대응하는 백제와 가야의 동맹체제도 성왕대에는 이미 와해되었음을 시사한다. 이 뜻은 임나 자체가 유지되고 있다 하더라도 백제의 입장에서는 그 기능이 옛날 같지 않다는 의미가 된다. 다시 말해서 4세기 중엽에 성립했던 백제-가야-왜 동맹체제가 와해된 상태에서 임나 자체의 존속은 백제의 입장에서 무의미하다는 뜻이다.

결국 백제에게 중요한 것은 임나 자체의 존속이 아니라 자신에게 충실한 동맹의 역할을 해주었던 '임나의 기능'인 것이다. '任那復興'이라는 것도 이러한 맥락에서 나왔다는 점을 유의해야 한다. 이렇게 본다면 6세기 중반의 '任那復興'은 연맹체 자체의 재건을 의미하는 것이 아니라 백제의 입장에서 지리멸렬해진 연맹체의 기능, 즉 백제를 중심으로 한 백제-가야-왜의 동맹체제를 회복하자는 의미라고 해석할 수 있다.

이러한 의미를 이해하면 6세기 중반 백제와 가야 제국 사이의 갈등도 납득할 수 있을 것이다. 백제가 추진하는 '任那復興'은 당사자인 가야 제국이 원하지도 않는 동맹체제를 강요한 셈이기 때문이다.[54] 왜 역시 가야 제국과 함께 백제의 의도에 저항한 이유를 납득할 수 있다. 이 때 왜는 백제에 대해 깊은 불신을 가지고 있었다.[55] 이런 상태에서 가야까지 백제가 장악하게 된다면 왜의 입장에서 좋을 것이 없다. 그만큼 영향력이 커진 백제에게 왜와 한반도와의 교역이 통제될 가능성이 커지기 때문이다.

자신에게 중요한 임나의 기능을 강조하는 성향은 6세기 후반의 왜에게도 적용된다. 왜 역시 자신의 입장에서 '임나'를 바라볼 수밖에 없다는 것이다. 당연히 임나 자체의 부흥보다도 자신에게 중요한 임나의 기능을 강조하게 마련이다. 그리고 왜에게 중요한 임나의 기능은 교역에 있었다. 애초에 왜가 4세기 중엽 백제에 협조한 것도 한반도를 통한 교역문제가 커다란 비중으로 작용했기 때문이라는 점은 여러 차례 밝혀온 바 있다. 결국 왜가 내세운 '任那復興'이란, 임나가 없어지면서 타격을 받은 상황을 복구시켜 달라는 뜻이다.

어떻게 보면 '任那復興'이라는 뜻은 임나의 기능을 회복하자는 의미로 해석할 수 있다. 단지 이 말을 사용하는 주체에 따라 속뜻이 달랐을 뿐이라 할 수 있다.

백제에게는 정치·군사적인 측면에서 임나의 기능이 중요했으므로 백제가 내세운 '任那復興'의 목적은 백제 중심의 동맹체 재건이었다. 왜에게는

---

54) 가야는 백제와의 동맹관계 때문에 5세기 초 고구려에 정벌 당한 경험이 있다(李熙眞, 앞의 책, 1998, 108~121쪽). 이런 경험을 가진 가야가 남의 분쟁에 끼어 들어 피해를 볼 수 있는 동맹관계에 또다시 속박되는 사태를 원했을 리 없다.

55) 李熙眞, 앞의 책, 1998, 121~135쪽.

임나가 경제·문화적인 의미가 강한 교류의 창구로서 중요했다. 그렇기 때문에 왜가 내세운 '任那復興'은 바로 이렇게 교류의 창구로서 중요했던 임나의 기능을 회복시키자는 뜻이다. 이 때문에 같은 용어가 다른 의미로 사용되었다고 정리할 수 있겠다.

6. 맺음말

이상으로 가야멸망 이후 임나와 왜의 교류가 이루어졌던 현상을 중심으로 '任那調''任那復興'의 실체를 추적해 보았다. 그리고 이를 위해서 먼저 가야의 멸망이 당시 국제정세에 미친 파장을 살펴보았다. 여기서 얻은 결론을 요약하자면 다음과 같다.

흔히 대가야가 신라에 병합된 562년을 가야 멸망 시점으로 본다. 그러나 가야멸망의 파장은 그 시점에서 끝날 수 없다. 그 영향을 크게 받았던 세력이 왜였다. 왜는 가야의 멸망으로 전통적으로 중요한 교역 파트너를 잃었다. 이로 인한 타격을 우려한 왜는 가야를 멸망시킨 신라에 압력을 넣었다. 왜의 압력을 받은 신라는 백제 같은 주변 강국과의 관계를 우려하여 왜를 회유하는 방법을 택했다. 그 결과 신라-왜 관계는 갈등과 타협을 거쳐 협조관계로 발전해 나아갔다. 신라-왜 관계의 개선은 백제를 자극하여 한때 백제와 신라가 경쟁적으로 왜에 선진문물을 제공하는 상황이 벌어지기도 했다.

이러한 국제정세의 흐름을 놓고 본다면 그 동안 의문으로 여겨져 왔던 여러 상황을 규명할 수 있다. 그 중에서 먼저 가야가 멸망한 이후에 임나에서 왜에 사신이 파견되고 이른바 '任那調'가 시작되었던 현상을 주목해 보았다. 그리고 이런 현상이 나타나게 된 이유는 기본적으로 가야가 신라에 단계적으로 흡수되었기 때문이라고 결론지었다. 즉 당시에는 중앙정부의 지방통제가 지금처럼 강력할 수 없었기 때문에 어느 정도 자율권을 가진 가야의 잔여세력이 왜와 교류할 수 있는 여지가 있었다. 더욱이 신라-왜 관계가 개선되어 가면서 신라는 왜와 오랫동안 교류해 왔던 가야의 잔여세력을 왜를 회유하는 정책에 이용했다.

백제 역시 신라와의 경쟁을 의식하여 왜와의 교류를 확대했고, 합천지역 같이 백제세력권에 들어온 가야 잔여세력도 이용했던 듯하다. 이러한 과정이 『日本書紀』에는 '임나의 사신이 왔다' 던가 '신라나 임나의 사신을 데리고 왔다' 혹은 '백제가 임나의 조를 대신 바쳤다'는 등으로 기록되었다고 생각된다. 이렇게 보면 가야가 멸망한 이후 신라와 백제가 왜에 이른바 '任那調'를 바치는 현상이 설명될 수 있을 것이다.

'任那調'와 '任那復興'도 바로 이러한 국제정세의 흐름과 밀접한 관련이 있는 개념이라고 보았다. 『日本書紀』는 일본이 세계의 중심이라는 관념으로 쓰여졌다. 이런 관념으로는 주변세력과의 교류도 일본과의 조공관계가 되지 않으면 안 된다. 당연히 『日本書紀』에는 주변세력과의 교역을 조공관계라고 쓰여지게 된다.

이 점을 감안한다면 '任那調'는 일본학자들의 주장대로 신라나 백제가 임나에 기득권을 가진 왜에 '調'를 바친 것이라고 해석할 수는 없다. 오히려 가야의 멸망을 우려했던 왜의 반응, 왜를 회유하려 했던 신라의 정책 등을 고려해 보면 '任那調'는 조선시대 세견선과 유사한 점이 매우 많다. 이렇게 보면 '任那調'란 '임나와 관련된 교역' 정도로 해석하는 편이 타당하다고 생각한다. 신라나 백제가 왜를 외교적으로 회유하기 위해 교역을 해주고 선진문물을 전수하는 과정이 『日本書紀』에는 '조공을 바쳤다'는 식으로 기록되었다는 것이다.

'任那復興'도 이러한 측면에서 분석해 보아야 한다. 이 말뜻이 단순하게는 '임나를 부흥시킨다'는 뜻이지만, 이런 피상적인 해석으로는 이해할 수 없는 측면이 많다. 첫째 똑같은 말이 6세기 중반에도 쓰이는데, 이 때의 뜻은 가야 멸망 이후에 나타나는 '任那復興'과는 도저히 같은 뜻이라고 볼 수가 없다. 또한 '임나를 부흥시키자'는 제안에 막상 임나에 소속되어 있는 당사자들이 탐탁하게 여기지 않는다. '임나를 부흥시키자'는 피상적인 이해만으로는 이러한 모순을 제대로 설명할 수 없다.

여기에서의 단서는 6세기 중반의 '任那復興'은 백제가, 가야멸망 이후의

‘任那復興’은 왜가 주장하고 나섰다는 점이다. 이 사실은 용어를 쓰는 주체에 따라 실질적인 뜻이 달라졌음을 의미한다. 이렇게 된 이유는 ‘任那復興’이라는 용어 자체가 글자 그대로의 뜻과 다른, 속뜻이 있었기 때문이라고 보았다.

먼저 6세기 중엽 백제가 내세운 ‘任那復興’에는 ‘백제가 주도하는 동맹체를 재건하겠다’는 뜻이 숨어 있었다. 백제가 자신의 야욕을 숨긴 채, 그럴듯한 명분을 내세우려 했기 때문에 실질적 의미와 표면적으로 내세우는 말이 틀리게 되었을 뿐이다. 즉 6세기 중엽의 ‘任那復興’은 백제의 입장에서 윤색된 용어라는 것이다.

반면 가야멸망 이후에 사용된 ‘任那復興’은 왜의 입장에서 윤색된 용어였다. 단지 6세기 중엽 백제의 목적이 4세기 중엽 근초고왕 때 만들어 놓았던 백제-가야-왜 동맹의 재건에 있었던 반면 가야멸망 이후 왜의 목적은 한반도를 통한 교류의 유지에 있었다는 차이가 있을 뿐이다.

이와 같이 서로 다른 목적을 가지고 있었음에도 불구하고 굳이 ‘任那復興’이라는 공통된 용어가 명분으로 내세워진 이유는 임나가 갖는 성격 때문이라고 보았다. 임나는 일종의 연맹체라고 할 수 있는데, 여기에는 가야 제국뿐 아니라 백제·왜 같은 주변세력도 깊숙이 얽혀 있었다. 임나와 관련된 백제나 왜는 정치상황에 따라 자신에게 중요한 임나의 기능을 강조했다. 그러면서도 겉으로는 공동의 이익을 추구하는 것처럼 명분을 내세우다 보니 ‘임나 자체를 부흥시키자’는 뜻인 ‘任那復興’을 외치게 되었다는 것이다.

이렇게 해서 가야의 멸망과정과 ‘任那調’, ‘任那復興’의 개념을 추적해 보았다. 본고의 논리가 완벽하다고 단언할 수는 없지만, 적어도 『日本書紀』 기록을 합리적으로 해석해 보려는 시도로서의 가치는 있다고 생각한다.

加耶의 交易과 經濟
-낙동강 하구지역을 중심으로-

이 현 혜[*]

1. 머리말

加耶史연구에 있어서 지난 십수 년 간은 자료축적과 연구활동이 어느 때보다 왕성한 시기였다. 특히 열성적으로 진행된 고고학 발굴은 加耶史 연구의 최대 취약점인 문헌기록의 부족을 보완하여 加耶史의 실상에 좀더 구체적으로 접근할 수 있는 실마리를 제공하였다. 그리고 한일관계사나 백제·신라관계사에서 부수적인 존재로 다루어지던 加耶史연구의 문제점을 절감하고 가야 중심의 연구시각을 정립함으로써 加耶史 복원을 한걸음 앞당기는 성과를 거두었다. 그러나 加耶史의 기점이나 가야의 정치적 발전수준, 加耶史의 전개과정 등 핵심사항에 대해서는 여전히 다양한 의견과 논쟁이 진행되고 있다.[1]

대다수 연구자들이 인정하듯이 加耶史는 그 연구대상이 10여 개가 넘는 복수의 정치체로 구성되어 있기 때문에 加耶史를 인식하는 방식도 다양하다. 예컨대 加耶史의 실체를 연맹체로 파악하는 입장에서는 加耶史의 전개과정을 각 시기별, 지역별로 가야를 대표하는 맹주국의 변천과 교체를 중심으로 정리하거나, 각 지역별 연맹체의 존재를 밝히는 데 초점을 맞추

---

* 한림대학교 사학과 교수

1) 朱甫暾, 「序說 - 加耶史의 새로운 定立을 위하여」, 『加耶史연구』, 1995 ; 金泰植, 「加耶聯盟體의 性格再論」, 『韓國古代史論叢』, 2000.

고 있다.[2] 이와 달리 가야를 구성한 각국의 성립과 성장과정, 정치, 사회구조를 개별적으로 파악하여 종합함으로써 가야사의 성격을 추출하려는 노력도 있다.[3] 加耶史연구의 또 하나의 주요 쟁점은 弁韓에서 가야로의 이행과정과 시점에 관한 것이다. 모두가 인정하듯이 弁韓 小國에서 가야 각국으로의 변화는 연속선상에 있다. 그러나 죽순이 자라 대나무가 되었다고 해서 죽순과 대나무를 동일시할 수 없듯이 弁韓과 가야를 동일시할 수는 없다. 말하자면 계기적 발전과정 속에서 질적, 양적 차이점을 발견하는 것이 또 하나의 주요 과제다.

3세기 말 이후 중남부지역에서 진행된 중요 변화의 하나는 각종 통합작용의 가속화다. 辰韓에서 신라로, 馬韓에서 백제로의 변화는 양적 팽창과 질적 변화를 동반한 것이었다. 弁韓지역에서도 통합된 정치체의 대두와 질적 변화가 파악된다면 이는 弁韓과 가야를 구분짓는 기준이 될 수 있다. 문제는 통합작용과 그 변수를 밝히는 것인데 정치·군사적인 요소 못지 않게 경제적인 활동이 중요 변수로 작용함은 加耶史에 있어서도 예외가 아닐 것이다. 오히려 加耶史만큼 '교역'이 '연맹체'의 존재나 대두과정을 설명하는 중요 수단으로 활용되고 있는 경우도 많지 않다. 이는 加耶史 연구자들 간에 교역활동이 중요한 요소로 인식되고 있다는 증거이기도 하다.

교역은 물자교류의 한 형식으로 상거래와 물물교환을 포함하며 때로는 무역과 같은 뜻으로 사용된다. 일반적으로 대외교역이 이루어지는 것은 지역별로 생산되는 물자와 기술수준이 서로 다르기 때문이며 대외교역활동은 일정한 조직을 배경으로 전개된다. 따라서 교역활동은 여러 정치체 간의 관계를 정립시키는 중요한 매커니즘으로 작용하기도 한다. 그러므로 물자교역이라는 측면을 통해 加耶史 전개과정을 살펴보는 것도 加耶史 이해의 한 방편이 될 수 있을 것이다.

---

2) 金泰植, 「加耶의 社會發展段階」, 『한국고대국가의 형성』, 한국고대사연구회, 1990 ; 노중국, 「총설 - 가야사회의 성립과 전개」, 『加耶文化遺蹟調査 및 整備計劃』, 1998, 29~34쪽 ; 白承忠, 『加耶의 地域聯盟史研究』, 부산대 박사학위논문, 1995.

3) 부산대학교 한국민족문화연구소, 『가야 각국사의 재구성』, 혜안, 2001 ; 한국고고학회, 『考古學을 통해 본 加耶』(한국고고학회 학술총서 1), 1999.

가야지역 내에서도 교역과 관련하여 가장 주목받는 곳은 낙동강하구지역이다. 이에 본고에서는 교역활동의 중심지로 번영했던 낙동강하구를 중심으로 1~4세기 간의 교역활동의 전개과정을 살펴보고자 한다. 먼저 김해 弁辰狗邪國의 대외교역의 중요대상이었던 중국 郡縣과의 교역활동 및 이곳이 교역중심지로 발달하게 된 배경을 검토하고자 한다. 다음으로 3세기 말 三韓 토착사회의 성장과 4세기 초 중국 군현의 축출, 북방문화의 유입 그리고 고구려의 등장이라는 정치, 문화적 변동을 거치면서 弁韓지역의 정치, 경제적 질서가 어떻게 재편되었는가를 정리해 보고자 한다. 마지막으로 4세기 말까지 任那加羅와 신라, 백제, 倭 사이에 확립되는 새로운 국제질서와 대외교섭의 추이를 검토하고자 한다. 그리하여 대외교역체계의 양상과 그 변화과정을 통해 한국고대사 체계 안에서의 4세기 가야사의 위상을 정립하는 실마리를 찾고자 한다.

2. 弁韓의 對外交易

1) 樂浪·帶方郡과의 교역

(1) B.C.1세기 후반~A.D 2세기 중반

청동기문화 후기단계에 들어오면 발달한 농업생산력을 토대로 한반도 각지의 주민들 간에도 이미 활발한 교역이 이루어지고 있었다. 창원 진동리에서 출토된 비파형동검, 김해 무계리 지석묘에서 출토된 청동화살촉 그리고 김해 내동리에서 출토된 세형동검 등은 일찍부터 이 지역의 정치체들이 한반도 각지의 교역망에 연계되어 있었던 증거이다. 그러나 弁韓지역이 교역의 중심지로 크게 번성한 것은 한반도 서북지역에 중국 郡縣이 설치된 이후다. 특히 樂浪郡지역으로부터 각종 사치품이 토착사회로 유입되고 辰弁韓지역의 철자원 개발이 촉진되면서 교역이 활발해지고 교역대상도 크게 확대되었다.

외래 교역품은 희소가치가 높아 소수 지배계급을 중심으로 소유되었고 주인공의 주검과 함께 무덤에 부장되는 경우가 많다. 지금까지 弁韓지역에서 고고학적 조사가 활발하게 이루어졌고 외래교역품이 가장 많이 출토된 곳은 김해와 그 인근지역이다. 그러므로 김해에 위치하였던 弁辰狗邪國을 통해 弁韓의 교역양상을 구체적으로 살펴볼 수 있다. 弁韓지역에서 출토된 외래교역품은 중국 군현지역에서 들어온 것과 일본열도로부터 들어온 것으로 대별된다. 낙랑군이 설치된 것은 기원전 108년이지만 弁韓지역에서 이들과의 물자교류의 흔적이 나타나는 것은 기원전 1세기 후반 경이다.

이 시기 외래교역품을 부장한 대표적인 유적은 경남 의창군 다호리 1호분으로 이곳에서는 前漢대의 銅鏡 1점과 前漢의 동전인 五銖錢, 의복과 관련된 靑銅帶鉤, 붓 등의 유물이 출토되었다.[4] 장신구로는 남색 둥근구슬(丸玉), 고리구슬(環玉) 등 각종 구슬이 나왔는데 樂浪郡과의 교역활동을 뒷받침하는 것이다.[5] 이밖에 김해패총에서도 前漢鏡 파편이 출토되었고 김해 양동리에서도 前漢鏡 1점이 출토된 것으로 전해지고 있다.[6] 그러나 이 단계에서는 교역품의 양이나 종류 면에서 김해지역은 아직도 경주, 대구, 영천지역을 앞서는 상태는 아니다.

그런데 弁辰狗邪國의 중심지인 김해지역 지배계급의 분묘에서는 기원후 2세기대에 이르면서 외래교역품의 양이 크게 늘어난다. 대표적인 교역품인 銅鏡을 보면 경주, 대구, 영천, 경산 등 辰韓지역에서는 前漢鏡이 주로 출토되는 데 비해 김해지역에서는 後漢대의 銅鏡이 더 많이 출토된다. 수량 면에서 한반도에서 군현지역 다음으로 많다.[7] 이와 함께 김해지역 지배계급의 분묘에서는 장신구로 사용된 각종 색깔의 유리구슬의 출토량이 크게 늘어나고 수정이 첨가된다.

중국이나 낙랑지역 지배계급에게 있어서 銅鏡은 이미 용모를 비춰보는

---

4) 李健茂 외, 「義昌茶戶里遺蹟發掘進展報告 I」,『考古學誌』1, 1989.

5) 李仁淑,『한국의 古代유리』, 1993, 15쪽.

6) 李在賢, 「加耶地域出土 銅鏡과 交易體系」『한국고대사논총』9, 2000, 46쪽.

7) 李在賢, 앞의 논문, 2000, 47~50쪽 참조. 김해 양동리 162호분에서 2점, 양동리 390호 주변에서 파편 3점, 고성패총 파편 1점, 김해 내덕리 19호 목관묘에서 1면, 傳양동리 출토 1점, 대성동 14호에서 1점, 대성동 23호 파편 1점, 대성동 2호에서 파편 1점이 출토된 것으로 조사되었다.

일상적 생활용품이었다.[8] 중국 漢代 畵像石 자료에 의하면 거울에 얼굴을 비춰보는 장면이 있다.[9] 그리고 낙랑지역 고분에서 출토된 銅鏡의 부장 위치를 보면 거의가 칠기를 비롯한 각종 생활용품과 함께 널 바깥 부장품 칸에 놓여 있다(정백동 1~4호분, 6~12호분).[10] 때로는 빗과 함께 칠기 화장품곽에 들어 있기도 하고, 거울 받침대가 함께 들어 있기도 하다(정백동 37호). 그러나 辰弁韓지역에 있어서 銅鏡은 경주 조양동 38호분과 양동리 55호, 162호, 427호분에서 보이듯이 기원후 2세기대까지도 주인공의 머리나 가슴, 허리부분에 부장되어[11] 청동기시대 이래의 전통적인 장착 모습을 보여준다. 이는 弁韓지역에서 청동거울은 여전히 정치적 지배자의 권위를 상징하는 물품으로 사용되었으며 특히 漢鏡은 단절된 細文鏡을 대신하여 小國 지배자의 전통적인 욕구를 충족시키는 데 유용한 물건이었음을 뜻한다.

중국에서 銅鏡은 궁정의 재정을 관할하는 少府 소속의 尙方에서 제작된다고 한다.[12] 銅鏡이 중앙의 官營工房에서 제작된 고급 수공업품이라면 원칙적으로 정부 관리 하에서 제작유통되었을 것이다. 그런데 漢代의 銅鏡 중에는 私營工房에서 제작된 것도 상당히 많은 것으로 밝혀져 그 유통경로가 단순하지 않은 것 같다.[13] 문제는 이러한 물품들이 어떠한 경로를 통해서 弁韓지역에 유입되었고 지배계급의 무덤에 부장되었는가 하는 것이다. 거울의 경우 제작장소와 제작주체가 비록 다양하다 할지라도 辰弁韓지역에서 출토되는 銅鏡의 공통점은 낙랑지역으로부터 들어온 것이라는 점이다.

弁韓 토착사회가 낙랑지역으로부터 사치품을 획득할 수 있는 방법은 조공이란 형식을 통해 토산물을 바치고 그 대가로 하사품을 받거나 아니면

---

8) 王仲殊, 『漢代考古學槪說』, 1998, 60쪽.

9) 林巳奈夫, 『漢代の文物』, 1976, 그림 2-150.

10) 사회과학원 고고학연구소, 『고고학자료집』 6, 1983.

11) 崔鍾圭, 『三韓考古學硏究』, 1995, 318쪽 ; 林孝澤·郭東哲, 『金海良東里古墳文化』, 2000.

12) 西嶋定生, 『中國古代の社會と經濟』, 1981, 156쪽.

13) 王仲殊, 앞의 책, 1998, 29쪽.

상거래를 통한 것이다. 원칙적으로 弁韓 지배계급이 중국 郡縣과 공식적으로 접촉하려면 군현을 방문하여 朝貢하고 책봉을 받는 절차를 거쳐야 한다. 『後漢書』帝紀와 동이전 韓條에 의하면 後漢 建武 20년(A.D. 44년) 東夷 韓國人 蘇馬諟가 낙랑군을 찾아가 공헌하고 "韓廉斯邑君"의 책봉을 받고 四時 조알했다는 기록이 있다. 그리고 『三國志』魏書 東夷傳 韓條에 인용된 『魏略』에도 王莽 地皇년간(A.D. 20~22년)에 廉斯鑡이라는 辰韓의 右渠帥가 낙랑군에 조알했다는 기록이 있다. 三韓의 지배계급들은 이러한 절차를 거친 후 본인 또는 그 대리인이 정기적으로 낙랑군을 통해 漢 왕조에 조공을 바치고 하사품을 받음으로써 낙랑군에서 취급하던 사치품이 辰弁韓지역에 유입되었을 것이고 그 중에 銅鏡이 포함되었을 것이다.

일본열도에서도 北九州 糸島평야(三雲南小路 1, 2호 옹관묘)와 福岡평야(春日市 須玖岡本 D지점 옹관묘)에서 집중 출토되는 前漢鏡은 伊都國과 奴國의 핵심 지배계급이 漢으로부터 받은 하사품으로 해석되고 있다.14) 『漢書』지리지 燕地條에는 倭人이 歲時로 朝獻했다는 기록이 있다.15) 그리고 『後漢書』帝紀에도 기원후 57년 倭 奴國이 漢에 조공하고 인수를 받았다는 기록이 있고,16) 福岡市 志賀島에서는 "漢委奴國王"이라 새겨진 金印이 출토되어 奴國의 조공과 漢의 印綬 사여기록을 뒷받침한다. 그리고 後漢 安帝 永初 元年(A.D. 107년) 倭國王師升等이 生口百六十人을 바치고 조알을 청했다는 기록이 이어지고 있다.17) 魏代의 기록이긴 하나 倭왕 卑彌呼는 魏에 遣使, 조공한 대가로 "親魏倭王"이란 관작과 金印紫綬를 받았으며 이 때 받은 하사품 중에 각종 비단과 五尺刀 2口를 포함하여 銅鏡이 100매나 들어 있다.18) 이 기록과 관련하여 일본 椿井大塚山古墳을 비롯하여 近畿지방에서 집중 출토되는 魏代의 三角緣神獸鏡

---

14) 高倉洋彰, 「前漢鏡にあらわれた權威の象徵性」, 『國立歷史民俗博物館硏究報告』 55, 東京, 1993, 33~34쪽.
15) "樂浪海中有倭人 分百餘國 以歲時來獻見".
16) "光武帝 中元2년…東夷倭奴國王遣使奉獻"; "建武 中元2年 倭奴國奉貢朝賀… 光武賜以印綬"(『後漢書』東夷傳 倭人條).
17) 『後漢書』東夷傳 倭人條.
18) 『三國志』魏書 東夷傳 倭人條.

과 이 고분에서 함께 나온 길이 93㎝의 小環頭大刀 역시 魏로부터의 하사품으로 해석되고 있다. 더욱이 일본 출토 三角緣神獸鏡은 倭에 하사품으로 주기 위해 특별히 제작한 것이라는 견해도 있다.[19]

이처럼 일본에서 다량의 중국제 銅鏡이 쏟아져 나오는 것은 銅鏡 선호도가 그만큼 높았다는 증거인 동시에 중국 문헌에 연대와 국명, 왕명이 구체적으로 기록될 정도의 倭의 적극적인 조공 활동과도 관계가 있다. 다시 말하면 銅鏡의 주된 유입 경로는 제작처가 어디이건 일단 중국 왕조와 조공과 하사라는 공식적인 절차에 의한 것으로 볼 수 있고, 이같은 銅鏡의 유통 경로는 辰弁韓지역 출토 銅鏡 해석에도 마찬가지로 적용될 수 있다.

그런데 銅鏡의 유입과 관련하여 일본이나 낙랑군에서 발견되는 漢鏡은 주로 직경이 15㎝~20㎝ 또는 그 이상되는 대형이 주로 많은 데 비해 경상도 지역에서 출토되는 前漢鏡들은 거의가 10㎝ 미만의 소형이므로 조공에 의한 것이 아니라 중국상인과의 시장교환에 의한 것이라는 견해가 있다.[20] 일본 출토 前漢鏡에 대한 高倉洋彰의 논고를 보면, 중국의 경우 銅鏡의 크기와 수량은 무덤 주인공의 官爵 高下와 관련되어 있다. 한 사람의 무덤에 대, 중, 소 각종 크기의 銅鏡이 함께 출토되기도 하나 대체적으로 대형의 銅鏡은 왕급의 높은 지위의 주인공 무덤에서 주로 출토된다.[21] 그리고 三雲南小路 옹관묘에서도 1호에서 대형鏡 35면이 집중 출토되고 2호에서는 소형鏡이 22면 출토되었는데 銅鏡 이외의 부장품 구성 등을 비교하여 2호 주인공은 1호 피장자의 처 또는 차기 수장의 무덤이었을 것으로 추정하였다.[22] 그러므로 辰弁韓지역에서 출토되는 銅鏡이 소형이기 때문에 조공에 의해 유입된 것이 아니라는 해석에는 문제가 있다. 조공집단의 세력 크기나 조공품의 질량, 전략적 가치의 크고 작음 등에 따라 王, 邑君, 邑長 등 서로 다른 관작이 주어지고 印綬 재료도 금, 은, 동의 구별이 있듯이 하사품에도 차이가 있었을 것이기 때문이다.

---

19) 京都大學文學部, 『椿井大塚山古墳と三角緣神獸鏡』, 1989, 68・69쪽.

20) 李在賢, 앞의 논문, 2000, 66쪽.

21) 高倉洋彰, 앞의 논문, 1993, 33・55쪽.

22) 高倉洋彰, 앞의 논문, 1993, 30・32・34쪽.

중국적 표현대로 왕조를 예방하여 공물을 바치고 책봉을 받는 것은 황제의 德治에 대한 감화와 중국적 통치질서에 內屬한다는 표시가 되겠지만,[23] 조공의 외교적 의미는 중국에 대해 침략 행위를 하지 않고 우호적인 관계를 유지하겠다는 의사 표현이기도 하다. 예를 들면 後漢 初 고구려가 玄菟郡에 조알하고 조복, 의책을 받아가는 동안은 원만한 관계가 유지되었으나 후에 점차 교만하고 방자해서 다시 玄菟郡에 오지 않았다는 것은 고구려의 침략이 있거나 평화적인 관계가 깨어졌다는 의미다. 특히 교통수단이 발달하지 못한 당시 상황에서 군현까지 장거리 여행을 한다는 것은 상당한 위험 부담이 따르는 것으로 이를 무릅쓰고 토산물을 가지고 중국 군현을 찾아간다는 것은 그에 상응하는 대가가 있었기 때문이다. 단순히 중국왕조가 주는 관작이나 인수, 의책 등을 받음으로써 집단 내부에서 臣智의 정치 사회적인 권위를 높여주는 효과 때문만은 아닐 것이다. 보다 실질적인 목적은 합법적인 절차를 통해 군현과 접촉하고 필요한 물품을 획득하는 데 있었을 것이다. 즉 조공과 하사의 형식을 통해 물자교역이 가능하였고 이에 따른 경제적 이익이 있었기 때문일 것이다. 그러므로 중국 군현과 토착사회와의 관계에 있어서 조공과 책봉이라는 정치외교적인 형식은 물자교역이라는 경제적인 기능을 수반하였고 이러한 형태의 교역활동은 朝貢貿易이라 칭할 수 있겠다.[24]

조공무역을 통해 낙랑지역에서 三韓으로 들어오는 한식 물품 중에는 청동거울 이외에 유물로 잘 확인되지 않으나 衣幘, 刀劍類가 있었을 것이다. 경남 창원 다호리1호분에서 나온 청동대구는 의복에 딸린 것으로 衣幘의 흔적으로 이해되고 있다. 궁정용 직물과 의복, 刀劍류는 중앙의 少府 소속의 織室과 考工室에서 제작되었으므로[25] 이러한 종류의 물자는 공적인 경로를 통해 유통되는 것이 원칙이다. 그런데 낙랑군에 들어온 중국산 사치품은 낙랑지역에서 거의 소비되었고 三韓지역에 보급된 漢式 유물의 상당 부분은 토착사회의 특성을 고려하여 낙랑군에서 제작한 것이라는 견해가

23) 權五重,『樂浪郡硏究』, 1992, 140쪽.
24) 李賢惠,『韓國古代의 생산과 교역』, 1998, 266~267쪽.
25) 西嶋定生, 앞의 책, 1981, 156쪽.

있다.26) 물품 제작지에 대한 구체적인 연구가 뒷받침되어야겠지만 설사 衣
幘이나 刀劍류가 낙랑군에서 제작된 것이라고 하더라도 이것이 하사품이
라는 경로를 통해 관리되었다면 일반 상거래와는 구분되어야 한다.

조공에 대한 하사 이외에 弁韓인들이 漢式 물품을 획득할 수 있는 방법
은 상거래에 의한 것이다. 조공무역이란 원칙적으로 중국 정부와 토착 首
長과의 공식적인 관계를 바탕으로 이루어지는 직접적인 물자교환이므로
품목이나 물량에 제약이 따르게 마련이다. 그리고 漢代에는 문헌에 邑君
으로 책봉받은 인물이나 정치체를 기록할 정도로 後漢 말~魏代에 비하면
三韓지역의 渠帥들이 군현을 조알하고 조공하는 횟수가 훨씬 적었던 것으
로 생각된다. 이에 비해 상인 또는 상인 역할을 하는 중개인이 등장하면
훨씬 다양하고 활발한 교역이 이루어질 수 있다. 이 경우 화폐 또는 화폐
의 기능을 가지는 교역 매개물이 사용되기도 한다. 문헌기록에 의하면 낙
랑군에는 중국 상인들이 들어와 있었다.27) 당시 낙랑은 樂浪練, 樂浪檀弓
등 주변 토착사회의 토산품을 낙랑산으로 상품화하여 중국에 팔았으며 漆
器, 직물, 동전, 철기 등을 자체 생산하여 三韓지역에 공급했다는 견해가
있다.28) 낙랑지역 고분에서 출토되는 화려한 유물들로 미루어 무덤 주인공
들이 경제적인 풍요를 누리고 있었던 것은 사실로 인정된다. 그리고 이들
의 분묘에는 흔히 五銖錢이 함께 묻혀 있다.29) 그러므로 三韓지역과의 교
역활동에는 內郡상인 이외에 대규모 낙랑고분의 주인공들이 관여했을 가
능성이 있다.

이들 상인들의 활동무대가 어디까지 미쳤는지는 불확실하나 廉斯鑡설
화에30) 의하면 韓人에게 억류되어 노역에 동원된 중국인의 존재가 확인된
다. 그러므로 신변 안전 등의 문제로 상인들의 직접적인 활동은 포구와 같

---

26) 尹龍九, 「三韓의 朝貢貿易에 대한 一考察」, 『歷史學報』 162, 1999a, 13~14쪽.

27) 『漢書』 地理志 燕地條, "都邑頗放效 吏及內郡賈人 往往以杯器食".

28) 尹龍九, 앞의 논문, 1999a, 13~14쪽.

29) 『고고학자료집』 5, 1978 ; 『고고학자료집』 6, 1983 ; 高久健二, 『樂浪古墳文化研
究』, 1995.

30) 『三國志』 魏書 東夷傳 韓條 所引 『魏略』.

은 일정 지역에 국한되었을 가능성이 높다. 실제 한반도 남부지역에서는 김해를 포함하여 서남해안을 잇는 해로교통상의 요지를 중심으로 중국 화폐인 五銖錢, 貨泉, 大泉, 半兩錢[31] 등이 적지 않게 출토되며 기원전 1세기대에서 기원후 1세기대에 걸치는 시기의 것이 주로 많다.[32] 특히 전남 여수 삼산면 거문도에서 980여 점의 五銖錢이 발견되어 [33] 五銖錢이 단순히 교역과 관련된 징표로서의 기능 이외에 매개물로 통용되었음을 시사한다. 근래에는 서울 風納土城,[34] 경산 林堂유적 등 내륙지방에서도 五銖錢이 출토되어 중국 화폐의 분포 범위가 확대되고 있다.[35] 이러한 중국 화폐는 상인들의 상거래 활동의 흔적으로 해석될 수 있다.

이들이 취급한 물품을 정확히 알 수는 없지만 유리구슬과 수정류의 장신구들이 중요한 교역품이었던 것으로 생각된다. 전남 海南 郡谷里패총과 창원 다호리1호분, 창원 삼동동 옹관묘, 경주 조양동 고분에서 나온 유리구슬은 중국을 통해 들어온 것으로 추정되고 있다. [36] 그리고 군곡리, 다호리 유적의 경우 중국 화폐가 함께 발견되므로 중국 상인의 매개 가능성을 뒷받침한다. 경산 임당동고분에서 출토된 유리구슬 분석 결과 중국 漢代의 영향을 받은 칼리(potash, K_2O)유리가 대부분인 것으로 밝혀졌으며 이곳 임당동고분에서는 漢代의 五銖錢이 출토되었다.[37] 그러므로 김해 양동리

---

31) 삼천포 늑도유적 C지구 발굴에서 漢武帝 5년 기원전 108년에 제작한 四銖半兩錢이 출토되었다(한국고고학회 홈페이지 자료실).

32) 池健吉, 「남해안지방 漢代화폐」, 『昌山金正基博士華甲紀念論叢』, 1990, 541~547쪽 참조. 전남 여천 삼산리 거문도에서는 2형식(기원전 74년~기원후 5년 사이)이 주류이며 1형식과 3형식(기원후 40~145년)도 포함되어 있다고 한다.

33) 池健吉, 앞의 논문, 1990, 541·547쪽.

34) 한신대학교 박물관 풍납토성유적 발굴현장.

35) 경북 경산 임당동 A-I-74호분, A-I-121호분, E-132호분에서 五銖錢이 출토되었다. 한국토지공사·한국문화재보호재단, 『慶山林堂遺蹟 I』, 1998, 162·259쪽.

36) 군곡리패총에서 출토된 유리는 성분상 제작지와 유입계통이 다른 4종류 이상으로 구성되어 있고, 경주 조양동, 김해 양동리 7호, 21호 출토 남색, 초록색 유리구슬들은 칼륨계 유리로 이러한 조성성분은 중국 漢代 유리를 대표하는 구성성분이라고 한다. 그리고 해남군곡리와 창원삼동동 출토 적황색 유리는 동남아시아, 인도지역과 연결되는 것이라고 한다(李仁淑, 앞의 책, 1993, 17~19·75~76·81쪽).

37) 김규호·허우영, 「SEM-EDS를 이용한 임당유적출토 유리질 구슬의 재질분석」,

고분군에서 출토되는 장신구 재료 중에도 낙랑을 통해 들어온 것이 상당히 많았을 것이다.

(2) A.D. 2세기 후반~ 3세기 후반

後漢 末의 혼란기에 들어와 204년 경 遼東의 公孫氏가 황해도 방면에 帶方郡을 설치한 이래 三韓 토착인들의 공적인 對郡縣 접촉 창구가 낙랑군에서 대방군으로 바뀌었다. 뒤이어 景初년간(236~238년)에 魏가 낙랑, 대방군을 접수하는 등 군현지역의 정치적 변동으로 토착사회와의 교역 부면에도 상당한 변화가 있었던 것으로 생각된다.

김해지역의 경우 군현지역으로부터 중국제 銅鏡의 도입은 끊어지고 銅鼎, 銅鍑, 鐵鍑, 鐵壺 등 금속제용기 유입이 두드러진다. 김해지역 지배계급의 무덤에서는 2세기 후반부터 금속제용기가 나타나기 시작하여 3세기대가 되면 그 수가 늘어난다. 특히 김해 양동리322호분에서는 漢에서 궁정용으로 제작된 銅鼎이 출토되었다. 이 銅鼎은 제작연대가 기원전 100년~기원후 100년 사이로 추정되는 것으로[38] 어디선가 傳世되어 오다가 魏代에 이르러 교역품으로서 김해지역에 유입된 것이다. 낙랑지역을 보면 초기부터 금속제용기가 부장되며 다른 유물에 비해 상대적으로 부장 빈도가 낮다.[39] 이와 달리 김해지역에서는 2세기 후반 양동리 162호 목곽묘에서 鐵鍑이 출토된 이래 3세기대에 이르면서 최상위급에 속하는 분묘에서 금속제용기가 자주 출토되며 이들은 모두 화려한 장신구를 공반한다.[40]

특히 2세기 후반~3세기대에 걸쳐 김해지역에서 출토되는 지배계급의 부장품 중에는 각종 색깔의 유리, 마노, 金箔 연주장식, 수정 등으로 구성된 장신구가 큰 비중을 차지하여 경제적 번영을 누리고 있음을 알 수 있다.

『慶山林堂遺蹟 I-IV 附錄』, 1998, 57쪽.

38) 林孝澤, 「金海良東里古墳群 調査와 그 成果」, 『金海良東里古墳文化』, 2000a, 198~199쪽.

39) 高久健二, 앞의 책, 1995, 84쪽 ; 申勇旻, 『漢代木槨墓研究』, 2000, 267~268쪽.

40) 양동리 162호분 - 철복, 양동리 235호분 - 銅鍑, 318호 - 鐵壺, 322호 - 銅鼎(林孝澤·郭東喆, 앞의 책, 2000).

유리구슬과 수정은 낙랑지역 고분에서는 이미 前漢 말기부터 다수 출토되었으나 後漢 중후기에 이르면서 최상위급 분묘에서는 유리나 수정제보다 금은제 반지류의 장신구가 주류를 이룬다.41) 이와 달리 김해지역에서는 오히려 2세기 후반부터 3세기대에 이르면서 유리구슬의 양이 크게 늘어나고 특히 수정제 장신구가 풍부하게 출토된다. 수정의 경우 3세기 전반 이전의 것은 가공형태가 대추모양, 주산알모양, 육각형 등으로 낙랑지역에서 출토되는 것과 형태가 거의 비슷하고 그 중에는 양동리 162호 무덤처럼 後漢鏡을 동반하는 것이 있다. 그리고 3세기 후반 이전으로 편년되는 김해 양동리462호 무덤에서 출토된 金箔의 연주장식으로 된 구슬 역시 중국 군현으로부터의 수입품으로 간주되고 있다.42) 그러나 3세기 후반 경에는 曲玉모양으로 가공한 수정이 주류를 이루고 있으며 중국이나 낙랑지역에서는 曲玉모양으로 가공한 수정 장신구가 출토된 예가 없는 것을 근거로 이를 재지산으로 보기도 한다.43) 일본의 경우 유리제 장신구 중에는 성분 분석을 통해 중국산 유리재료를 이용한 것이 확인되고 있어44) 장신구에 대한 제작지와 원료산지에 대한 과학적 분석이 있어야만 유통과정이 정확히 밝혀질 것이다. 어쨌든 낙랑지역에서는 수정 장신구 사용이 크게 감소되는 시기에 辰弁韓지역에서는 오히려 사용량이 크게 늘고 모양이 다양화되는 이유가 무엇인지 의문이다. 이것은 금속제용기 출토 빈도에서도 비슷하게 나타나는 현상이다.

이와 함께 이 시기 김해지역 지배계급 부장품에서 주목되는 또 하나의 사실은 이러한 화려한 장신구와 용기 사용에도 불구하고 중국제 銅鏡 즉 魏鏡은 아직 발견되지 않는다는 점이다. 김해지역에서는 倣製鏡을 비롯하여 전세되어 오던 漢鏡조각이 4세기 이후 무덤에서도 부장되는 것으로 보아45) 지배계급의 銅鏡에 대한 선호도가 떨어졌기 때문은 아니다. 倭의 경

---

41) 高久健二, 앞의 책, 1995, 280~299쪽 도표 참조.

42) 林孝澤, 앞의 논문, 2000a, 200쪽.

43) 李在賢, 앞의 논문, 2000, 9·81쪽.

44) 藤田等, 『彌生時代ガラスの硏究』, 1994, 48·55쪽.

45) 김해 대성동 2, 23, 14호 고분, 양동리 441호 고분(申敬澈·金宰佑, 『金海大成洞

우, 魏에 대한 조공 기록의 물증으로 간주되는 銅鏡이 그처럼 다량 출토되는 데 비해 김해지역에서는 화려하고 풍부한 각종 유물이 부장됨에도 불구하고 魏鏡이 나오지 않는 것은 의문이다. 이러한 현상은 魏代에 이르러 弁韓지역의 대외교역활동에 일정한 변화가 있었던 것을 시사한다.

『三國志』 魏書 동이전에 의하면 魏나라 明帝가 景初년간(237~239년)에 公孫氏를 몰아 내고 낙랑, 대방군을 접수하면서 韓의 臣智들에게 邑君, 邑長의 印綬를 加賜했다는 기록이 있다. 그리고 韓人들은 군현에서 주는 衣幘을 좋아하고 下戶가 군현을 찾아가 朝謁할 때는 모두 衣幘을 빌려 입었고 衣幘과 印綬를 自服하는 사람이 千餘人이 넘었다고 한다.[46] 이 부분의 기록은 전후맥락상 시기적으로는 魏의 진출 이후 辰韓 8國 분할이 시도되기 이전의 상황을 반영하는 것으로 後漢이 혼란기에 들기 전과는 사뭇 다른 모습이다. 魏는 낙랑, 대방군 접수에 즈음하여 韓의 臣智들에게 회유정책 차원에서 邑君, 邑長의 인수를 加賜하였다. 그 이후 下戶도 衣幘을 빌려 군현에 와서 朝謁하며 의책, 인수를 自服하는 자가 1,000여 명이 넘었다는 사실로 미루어 의책, 인수 賜與가 남발되고 관리체계에도 변화가 있었던 것 같다. 1,000餘人을 단순 계산으로 三韓 70여 국으로 나누면 1국 평균 15명 정도가 되고 朝謁하러 가는 國의 수가 이보다 적으면 국당 평균은 훨씬 많아진다. 그러므로 이들은 군현에 조알하러 가는 臣智나 그 대리인 이외에 대다수 일반인으로 구성되어 있으며 이로 미루어 印綬, 衣幘은 이미 소수 지배계급의 권력 상징물로서의 가치가 감소되어가고 있었음을 알 수 있다. 이처럼 많은 사람들이 자발적으로 군현에 조알하기를 원했다면 그만한 대가가 있었다는 뜻인데 인수, 의책은 互市에 출입하여 교역할 수 있는 허가증과 같은 기능을 했다는 견해가 있다.[47] 또는 이들 1,000餘人을 대리인 또는 전문상인으로 보기도 한다.[48] 이들의 구체적인 성격에

古墳群 Ⅰ』, 2000a ; 林孝澤・郭東喆, 앞의 책, 2000).

46) 『三國志』 魏書 東夷傳 韓條, "景初中 明帝密遣帶方太守劉昕 樂浪太守鮮于嗣 越海定二郡 諸韓國臣智加賜邑君印綬 其次與邑長 其俗好衣幘 下戶詣郡朝謁 皆假衣幘 自服印綬衣幘 千有餘人".

47) 尹龍九, 앞의 논문, 1999a, 7쪽.

48) 李在賢, 앞의 논문, 2000, 75쪽.

대해서는 의문이 있지만 적어도 3세기 전반 三韓지역에는 군현지역을 오가며 교역에 종사하는 사람들이 1,000여인이 넘었다는 것은 사실로 인정된다. 그리고 이들은 상대적으로 군현지역에서 가까운 곳에 거주하는 사람들이 많았을 것이고 상황이 이러하다면 군현에서 보다 멀리 떨어진 지역을 대상으로 중개무역이 이루어졌을 가능성도 있다.

요컨대 토착인이 중국 군현에 출입하는 빈도가 이처럼 크게 높아졌다는 것은 군현지역과의 물자교류가 더욱 활성화되었다는 뜻이다. 특히 魏, 吳, 蜀 3국은 230년대 이후 배후지 안정과 재원 조달을 위해 변경과 이민족사회를 적극 개척하였고, 魏의 경우 公孫氏 공략과정에서 遼東의 철산지가 피해를 입어 철의 수습이 원활하지 않아 이로 인해 辰弁韓의 철이 낙랑대방군에 공급되었을 것으로 추정하고 있다.49) 이것이 사실이라면 3세기 전반 경에 이르러 辰弁韓産 철에 대한 수요가 크게 늘어났고『三國志』魏書 東夷傳 韓條의 "國出鐵 韓濊倭皆從取之 諸市買皆用鐵 如中國用錢"이란 기록도 3세기 전반 철이 화폐로 사용될 정도로 철 유통이 더욱 촉진된 상황을 설명한 것으로 해석된다. 그리고 한반도 남부지역에서는 2세기 후반 이후 중국 화폐가 발견되지 않아 철의 화폐 대용을 뒷받침한다. 이는 철이 교역매개물로서 객관적 가치와 효용성을 획득한 결과일 것이다. 김해지역에서도 2세기 후반 양동리162호분에서 이미 규격화된 철정이 부장되고 있다.50) 이것은 중개인과 매개물이 배재된 조공무역보다 화폐를 사용하는 교역활동이 일반화된 것을 의미한다.

당시 馬韓이나 濊, 倭가 철을 교역하기 위해 가져왔던 물자가 무엇인지 낙랑,대방군이 辰弁韓의 철을 구입하는 경로가 어떠했는지 앞으로의 연구과제이다. 그러나 이처럼 물자 유통과정에서 상거래가 차지하는 부분이 크게 늘어나고 활성화되면 교역범위와 참여세력도 점차 확대되고 중개무역이 이루어질 가능성도 높아진다. 즉 군현지역이나 馬韓 등지의 토착세력들은 교역가치가 높은 물자를 확보하기 위해 노력했을 것이고 이를 위해 자

---

49) 尹龍九,「三韓의 對中交涉과 그 性格」,『國史館論叢』85, 1999b, 109~112쪽.
50) 林孝澤・郭東喆, 앞의 책, 2000, 55쪽.

체 생산이나 중개무역을 시도했을 가능성이 높다.51) 『三國志』 東夷傳 韓
條에 韓은 金銀, 비단을 보배로 여기지 않고 구슬을 귀하게 여긴다는 기록
이 실린 것도 경험적으로 군현지역 지배계급에게는 일반화된 금은제 장신
구가 韓에서는 별다른 관심을 끌지 못하고 오히려 구슬류가 인기있는 교
역품으로 가치를 인정받았기 때문이다. 적어도 이 시기가 되면 김해지역에
서 금은제 장신구가 나오지 않는 것은 공급물량이 부족해서라기보다 토착
인들에게 교역품으로서 인기가 상대적으로 높지 않았던 것으로 이해되어
야 한다. 3세기 경 중국제 銅鼎이 김해와 울산지역에 들어온 것도 마찬가
지 이유일 것이다. 요컨대 3세기대에 들면서 김해지역에서 두드러지게 나
타나는 이러한 현상은 그간에 진행된 교역형태의 변화를 반영하는 것이다.
즉 이 시기에 이르면 교역물량이 크게 늘어나고 중개무역 등 교역과정이
다양해지면서 교역 참여세력과 조직이 확대되는 등 대외교역의 실질적인
내용이 상거래 중심으로 전환되었을 것으로 생각된다.

2) 일본열도와의 교역

이밖에 弁韓과의 교역에 적극적으로 참여한 세력은 倭이다. 三韓지역에
서 발견되는 倭系 물품뿐 아니라 일본열도에서 발견되는 한반도계 유물의
존재들로 미루어 양 지역 간에 빈번한 교역이 있었으리란 점은 널리 인정
된다. 그리고 倭系 유물의 대부분은 경상도지역과 南海岸 일대에서 출토
되고 있어 倭와 활발한 교역관계를 가지고 있었던 것은 주로 辰弁韓지역
의 집단들이었던 것을 알 수 있다. 당시 倭의 對韓교역 욕구를 촉진시킨
것은 철이었으며, 철을 매개로 김해 일대에 모여드는 낙랑, 대방, 濊, 馬韓
을 비롯한 각지의 교역품도 倭의 對韓교역을 자극하는 요인이 되고 있었
을 것이다. 일본의 彌生時代 유적에서는 각종의 수입 철소재와 이를 이용
한 철기들이 출토되고 있다. 특히 赤井手, 須久岡本, 比惠유적 일대는 奴
國의 중심지로 弁韓지역과의 철 물류센터로 알려져 있다.52) 이 중 눈에 띠

---

51) 後漢대 낙랑지역에서는 철제용기들이 자체 제작되었다고 한다(李南珪, 「1-3세기
    낙랑지역의 금속기문화」, 『韓國古代史論叢』 5, 1993, 267쪽).

312 한국 고대사 속의 가야

는 것은 北九州 福岡평야 赤井手유적의 鍛冶工房으로 이곳 6호 土壙에서 출토된 棒狀 철소재(鑿狀철기)는[53] 김해 양동리200호분에서 출토되는 판상철부형 철정과 형태나 크기가 유사하다. 특히 양동리200호분에서는 倭系 廣形銅矛가 출토되어 倭와의 접촉을 뒷받침한다.[54]

역으로 倭로부터 辰弁韓지역에 들어온 교역품 중에는 일본열도의 토산품이 포함되었을 것이나 현재 유물로서 확인되는 것은 거의가 실용성이 퇴색된 儀器化된 청동제품들이다.[55] 3세기 이전에는 倣製鏡이나 무기로서의 기능이 퇴화된 廣鋒銅矛, 銅戈가 그 대부분이다. 근래에는 방제경의 일본열도 제작설에 대해 의문이 제기되고 있다.[56] 구체적인 의문은 성분 분석을 통해 밝혀져야겠지만 그 중에는 일본열도 제작품이 포함되었을 가능성이 있다. 그것은 4세기 이후 단계에 이르기까지도 왜계 유물은 청동제 儀器가 큰 비중을 차지하고 있다는 점에서 방제경 수입 가능성을 생각해 볼 수 있다. 그리고 弁韓지역에서는 이미 철제도구가 널리 보급되면서 금속기 제작이 철기 중심으로 전환되어 감에 따라 청동기 생산은 쇠퇴하고 있었다는 것도 이유 중의 하나이다.

그런데 韓과 倭 사이의 빈번한 교류의 흔적에도 불구하고 양 지역 간의 교역이 구체적으로 어떠한 형태로 진행되고 있었는지에 대해서는 알려진 것이 별로 없다. 일반적으로 倭人들이 樂浪, 帶方 또는 三韓과 교역하러 오기 위해서는 항해기술의 뒷받침이 있어야만 하고 현해탄을 건느는 데 따른 항해의 위험을 감수해야 한다. 특히 倭人들이 가져오는 청동기와 같은 교역품은 정치지배자의 통제 하에서 전문제작인에 의해 제작된 것이므로 개인이 다량으로 확보할 수 있는 물자가 아니다. 그러므로 弁韓지역에

---

52) 東潮, 『古代東アジアの鐵と倭』, 1999, 214~225쪽.

53) 東潮, 앞의 책, 1999, 217쪽.

54) 김해양동리 200호분 출토 판상철부형 철정 참조(林孝澤 · 郭東㙒, 앞의 책, 2000, 63쪽).

55) 왜계 유물은 다음 자료 참조. 有田康雄, 「朝鮮半島の倭系遺物の解釋」, 『東アジアの古代文化』 73호, 1992 ; 李在賢, 앞의 논문, 2000, 51~58쪽.

56) 林孝澤, 「金海良東里 第427號 土壙木棺墓 考察」, 『金海良東里古墳文化』, 2000b, 213쪽 ; 李在賢, 앞의 논문, 2000, 58쪽.

와서 교역활동을 하는 倭人들은 정치지배자의 통제 하에서 그들의 조직과 기술을 지원받아 교역 업무에 종사하던 사람들로 이해된다.

後漢 初에는 문헌기록상 奴國과 같이 한반도로 건너가는 교통의 요지에 위치한 北九州 일대의 小國들이 개별단위로 對韓교역에 참여한 것으로 미루어 倭人의 교역주체나 규모도 다양했을 것이다. 그러나 3세기 경 邪馬臺國이 일본열도 내의 다수 정치집단에 대한 지배권을 확립하게 되면서 倭人들의 對韓, 對中國교역 역시 邪馬臺國의 통제 하에 들어갔다. 邪馬臺國은 對外교역로 및 교역품을 효과적으로 장악하기 위해 일본열도에서 한반도로 건너오는 교통로상에 위치한 중요 小國들의 개별적인 교역활동을 통제하였다. 『三國志』倭人傳 기록에 의하면 邪馬臺國의 독점적인 교역체계가 유지되는 동안은 중국인이나 韓人들이 일본열도에 들어 갈 경우에도 배가 도착하는 나루터에서부터 모든 물품을 邪馬臺國에서 인수, 관리하였다.[57] 그러므로 邪馬臺國의 통제권 안에 들어있는 세력들은 韓人, 중국인과의 개별적 교역은 이루어질 수 없었다. 따라서 倭의 대외교역 활동이 邪馬臺國을 중심으로 집중되는 동안은 小國 단위의 개별적 교역활동은 상대적으로 제한되었을 것이다.

그리고 倭系 유물의 분포 범위가 경남 해안일대에 집중되어 있는 것으로 보아 倭人들의 교역활동의 범위도 중국 상인들과 마찬가지로 해안지역을 크게 벗어나지 못하였던 것으로 생각된다. 그것은 내륙지역으로 들어갈 경우 안전상의 문제도 있겠지만 보다 직접적인 것은 낙동강 하구지역의 교역환경 때문일 것이다. 즉 낙동강 하구지역에서는 拘邪國을 거점으로 철 교역뿐 아니라 이 곳을 찾아온 교역자들 간에 철을 매개로 다양한 물자 교역이 이루어지고 있었기 때문에 굳이 내륙지역으로 들어가야 할 필요성이 적었을 것이다.

3) 교역 발달의 배경

---

57) 『三國志』魏書 東夷傳 倭人條, "諸韓國及郡使倭國 皆臨津搜露 傳送文書賜遺之物".

弁韓 소국 주민들의 생업경제는 농경이었다.『三國志』동이전에 辰弁韓
은 토지가 비옥하여 五穀과 벼를 재배하는 데 적합하다는 기록이 있어 이
들의 경제기반이 농경이었고 대다수 주민들은 농경에 종사하였음을 알 수
있다. 三韓지역에서 교역이 이처럼 발달한 것은 철제생산도구 보급율의 증
가와 생산력의 증대로 철을 비롯한 사치품을 구입할 수 있는 경제적인 능
력이 전반적으로 크게 상승한 데 있다. 三韓지역에서는 기원후 1~2세기
경에 이르도록 철제기경구의 보급률은 그리 높지 않았다. 유물출토 상황을
보면 철제칼이나 도끼처럼 일상적인 도구로써 널리 보급된 품목은 분묘뿐
아니라 조개무지나 집자리 같은 생활유적에서도 흔히 발견되나 괭이, 따비
는 부장품이 풍부한 지배계급의 무덤에서 주로 발견된다. 기원전 1세기 후
반 경 다호리1호분에 부장된 주조괭이는 사용 흔적이 없는 신제품으로 무
기, 칠기와 마찬가지로 소중한 물품으로 여겨졌다.[58] 이것은 철제기경구의
생산량이 많지 않았고 이들이 소수 지배계급을 중심으로 제한적으로 소유
되었기 때문이다. 이에 반해 김해 양동리고분에서 보이듯이 2세기 후반 이
후 3세기대에 이르면서 철제농기구의 출토 빈도가 크게 높아진다. 철제로
된 따비, 괭이를 사용하면 땅을 갈고 고랑을 타는 등 起耕, 治田 작업뿐 아
니라 풀을 뽑고 覆土를 하는 등 각종 작업이 훨씬 능률적으로 이루어질 수
있다. 또한 나무삽에 쇠테를 돌린 쇠삽의 보급은 밭농사뿐 아니라 수전농
사에 있어서 水路 개착과 준설작업, 수전 관리의 효율화를 가져왔다. 아직
은 이전 단계에 비해 休耕기간을 단축할 정도로 농경기술 자체가 근본적
으로 달라지지는 않았으나 철제농기구 보급으로 인해 노동효율이 증대하
고 경작지의 절대 면적이 크게 확대되는 효과가 있었을 것이다. 그리고 일
반적으로 목제농기구가 널리 사용되던 상황에서 철제생산도구를 소유하고
그 혜택을 누릴 수 있었던 것은 지배계층이었다. 그러므로 철제생산도구의
보급은 생산력 자체의 증대뿐 아니라 철제생산도구의 제작과 관리를 통해
지배계층들에게 새로운 형태의 권력기반을 제공하였다. 그리고 농업생산
물의 증대는 교역활동을 촉진시키는 물적 토대가 되었고 역으로 교역발달

---

58) 李健茂 외, 앞의 논문, 1989, 22쪽.

은 철제생산도구의 보급을 촉진시켜 생산력 증대를 가져왔다.

농업생산력 증대라는 기본적인 경제력의 바탕에 덧붙여 弁韓의 여러 소국들 중에서도 弁辰狗邪國이 대외교역활동의 중심지로 부상할 수 있었던 배경으로 김해의 지리적 특성과 철자원이라는 두 가지 요소를 들 수 있다. 당시의 가장 인기있던 교역품이 철이었고, 辰弁韓지역에서는 당시의 기술 수준에서 개발이 용이한 철자원이 풍부하게 생산되고 있었다. 양동리유적에서는 철제 완제품뿐만 아니라 철기제작의 중간소재로 쓰이는 각종 형태의 鐵鋌이 다량 부장되어 있어 拘邪國의 지배계급들이 어느 지역 못지 않게 철의 풍요를 누리고 있었음을 알 수 있다.

더욱이 김해는 지리적으로 낙동강 중상류 각지로 통하는 관문인 동시에 서해 및 일본열도를 연결하는 해로상의 요지이므로 중국 군현, 馬韓, 濊, 倭 등 주변 세력들이 접근하기에 편리한 지점이다. 철은 부피에 비해 무거운 물자이므로 운반시 선박을 이용하는 것이 편리하고 운반 비용도 절감된다. 당시 애용된 해상교역루트로는 서남해안루트뿐 아니라 김해에서 울산으로 이어지는 동남해안루트 역시 철 운반을 위한 해상루트의 하나로 이용되었을 가능성이 높다. 울산 인근에 달천 철산지가 있고 울산 하대의 3세기대 무덤에서 김해 양동리 출토품과 유사한 중국제 청동솥이 출토되는 것은 우연이 아니다.59) 이처럼 김해지역은 중요 철산지인 동시에 철의 집산지로서도 유리한 위치에 있었다.

그러나 이러한 요건만으로는 번영의 배경을 이해하기에 부족한 면이 있다. 이는 狗邪國을 포함하는 弁韓지역의 정치 경제적 상황과 관계되는 것으로써 지리적으로 비슷한 조건을 가졌다고 해서 항상 교역이 발달하는 것은 아니다. 예를 들면 정치 권력이 집중화되어 지배계급이 물자의 集積, 분배, 교역 등 여러 가지 과정을 장악하게 되고 교역활동은 모두 정치활동의 중심지에서만 진행된다면 교역을 위한 자유로운 접근과 교역활동은 보장되기 어렵다. 그러나 3세기대까지도 김해지역을 포함하는 낙동강하구의 교역환경은 이와 달리 상당히 개방적인 상태를 유지하였던 것 같다.

---

59) 부산대학교 박물관, 『蔚山下垈遺蹟 - 古墳 I』, 1997, 122쪽.

弁韓의 지리적인 여건을 살펴보면 弁韓 小國들이 분포되어 있는 지역은 경상남도 해안일대와 낙동강 중하류 연안으로 대별된다. 이 가운데서 동래, 김해지역이 일본열도와 거리 면에서 상대적으로 가깝고, 大韓海峽을 건너는 출발지점이 되고는 있으나 서남해안 해로상에 있는 마산, 고성, 사천, 하동 등지가 倭 또는 중국 郡縣과 접촉하는 데 김해보다 지리적으로 특별히 불리하거나 소외될 이유는 없다. 倭 邪馬臺國이 北九州의 출입항을 장악하여 한반도와의 통교를 독점하듯이 拘邪國이 경남해안 각지의 중요 포구 세력을 장악하지 않는 한 이들과 군현 그리고 倭와의 교섭을 규제하거나 통제하기 어렵다. 다시 말하면 낙랑, 대방군이 국제교역의 구심체로 기능하고 해로를 통한 교섭이 큰 비중을 차지하던 단계에서는 拘邪國이 경남 해안일대의 弁韓 小國들을 통제할 수 있는 여건이 조성되기 어렵다. 일본열도산으로 판단되는 유물들이 김해,[60] 고성,[61] 마산,[62] 창원,[63] 삼천포[64] 등 경남 각지에서 출토되어 김해지역이 상대적으로 숫자가 많은 것은 인정되나 여전히 拘邪國이 다른 弁韓 소국들의 대외교섭을 통제하거나 독점하는 상태는 아니었다.

다만 弁韓 小國들 가운데서도 낙동강을 통해 남해안과 연결되는 江岸 좌우의 세력들 즉 양산, 밀양, 창녕, 합천, 고령 일대의 小國들이라면 남해안으로 나가거나 해로로 왕래하는 세력들과 접촉하려면 河口의 김해라는 관문을 거쳐야 한다. 그러므로 이 지역의 소국들은 拘邪國을 통한 중개무

---

60) A지구 H 1 pit 최하층에서 일본 九州지방의 彌生後期 또는 古墳시대의 土師器와 닮은 二段口緣土器가 출토되었다(동아대학교 박물관, 『金海府院洞遺蹟』, 1981, 232쪽).

61) 固城 동외동 패총에서 3세기대의 일본열도산 廣鋒銅鉾가 발견되었다(金東鎬, 「固城東外洞貝塚」, 『上老大島』, 동아대학교박물관, 1984, 372쪽).

62) 마산 城山貝塚 東區 상층과 중층 사이에서 古式 土師器가 나왔다고 한다(崔鍾圭, 「陶質土器 成立前夜와 展開」, 『韓國考古學報』 12, 1982, 229쪽 주 55).

63) 창원 삼동동 석관묘 2호에서 일본열도산 銅鏃이 발견되었다(부산여자대학교박물관, 『昌原三東洞甕棺墓』, 1984, 204쪽).

64) 삼천포 늑도유적에서 다수의 彌生土器가 출토되었다(申敬澈, 「慶南三千浦市 勒島遺蹟」, 『제9회 韓國考古學全國大會發表要旨』, 1985, 65쪽 ; 부산대학교박물관, 『勒島住居址』, 1989).

역에 만족하거나 하구 통과에 대한 대가를 치러야 했을 것이다. 아마도 이
들 지역에 대해서라면 拘邪國도 물자의 집산과 보급을 통해 일정한 영향
력을 행사했을 가능성이 있다. 그러나 3세기대까지도 拘邪國의 통제력이
미칠 수 있는 범위는 아직도 弁韓의 일부지역에 국한되었다.

　그리고 3세기 후반까지도 弁韓 소국들 사이에 교역활동을 위한 통합적
인 조직의 존재를 인정할 만한 근거는 찾아지지 않는다. 예를 들면 277년
부터 290년 사이에 馬韓과 辰韓지역의 소국들은 馬韓, 辰韓의 이름으로
西晉에 遣使하여 원거리교역을 실시하였다. 원거리 국제교역은 다량의 물
품을 모아 관리할 수 있는 내부조직의 발달과 원거리 여행에 필요한 교통
수단과 기술축적 없이는 불가능하다. 교역규모가 커지고 교역거리가 멀어
지면 그만큼 위험부담도 커지므로 교역을 위한 체계적인 조직이 요구되고
결과적으로 교역을 주도하는 구심체가 등장하게 된다. 원거리 국제교역이
일반화되면 다원적이고 산발적인 대외교역은 지양되고 교역 주도세력을
중심으로 권력과 물자가 집중되어 간다.

　그런데 晉書 四夷傳에는 馬韓, 辰韓과 달리 弁韓 또는 弁辰의 이름으로
遣使한 기록은 없다. 그 이유에 대해서는 여러 가지 해석이 가능하지만 弁
韓소국들은 원거리 교역의 필요성이 상대적으로 낮았고 이로 인해 통합조
직의 결성이 늦어진 데 원인이 있었던 것같다. 馬韓에서는 3세기 전반경
이미 辰王 주도의 對군현 교역조직이 있었고, 辰韓지역에서도 늦어도 24
5~246년 魏의 辰韓8國 분할 시도 이후 낙랑군을 상대로 하는 대외활동은
집단적으로 이루어졌을 가능성이 높다. 이에 반해 拘邪國은 풍부한 철생
산과 지리적 여건으로 인해 철을 필요로 하는 집단들의 빈번한 교역대상
이 되어 왔으므로 3세기 말까지도 스스로 교역물자를 얻기 위해 원거리 교
역에 적극 나서야 할 필요성이 상대적으로 적었다. 아마도 3세기 후반 晉
에 보내는 遣使행렬에서 弁韓이 빠진 것은 이러한 사정과 관련있을 것이
며 이는 拘邪國 중심의 원거리 교역조직이 운용되지 않았다는 반증이기도
하다. 三韓시기 낙동강 하구지역은 이처럼 특정 정치세력의 권력집중과 독
점적 운용이 배제되어 있었고 이런 지역에서는 교역로의 자유로운 이용,

다양한 교역품의 확보가 가능하다. 즉 拘邪國은 접근이 용이하고 자유로운 교역활동이 이루어지며 다양한 물자를 얻을 수 있는 곳으로 알려졌고 이것이 拘邪國이 교역중개지로 번영할 수 있는 중요한 조건의 하나로 작용했을 것이다. 그러므로 弁韓지역의 자유로운 교역활동의 전개는 3세기 弁韓사회가 가지는 교역체계상의 중요한 특징으로 간주될 수 있다. 이후 弁韓사회의 추이는 이같은 3세기대의 교역환경이 어떻게 달라지는가에 초점이 맞추어져야 하겠다.

3. 任那加羅의 교역체계

1) 任那加羅의 성립

3세기 말에서 4세기 전반은 弁韓에서 가야로의 변화가 진행된 시기로 이해되고 있다. 이 시기는 각지의 정치체들 간에 세력 경쟁을 통해 수직적인 정치경제적 질서가 확립되어가던 시기였다. 중부지역에서는 346년 백제 近肖古王이 즉위하였고, 경주에서는 訖解를 마지막으로 昔氏왕계와 尼師今시대가 끝나고 356년 金氏 출신 奈勿의 즉위로 麻立干시대가 열렸다. 그간 弁韓지역에서도 나름대로 변화가 진행되었을 것이며 그 중 하나가 廣開土王陵碑에 나오는 任那加羅의 등장이다.

연구자에 따라 4세기 김해세력은 任那加羅 또는 金官伽耶로 다르게 칭해지고 있다. 金官國은 후대의 칭호이긴 하나 김해지역의 소국 명칭으로서 혼란이 없다는 장점이 있다. 이에 비해 金官伽耶는 모모伽耶 중의 하나라는 인상이 앞선다. 이에 반해 任那加羅는 지리적 위치 비정에 이견이 있어 문제다. 그러나 廣開土王陵碑의 ‘任那加羅’를 당시 가야지역의 가장 유력한 정치세력으로 이해한다면 이는 고령세력이 아니라 김해세력이 되어야 한다.65) 그리고 광개토왕릉비에서 갈등의 소용돌이 속에 등장할 정도의

---

65) 廣開土王陵碑의 任那加羅는 고구려, 신라 합동군사작전의 토벌대상이 되었다는 점에서 당시 가야지역에서 倭와 교섭하던 유력한 정치체임이 인정된다. 그리고

정치체라면 단일 小國 수준의 정치체는 아니며 최소한 '연맹체' 수준의 정치체로 보아야 한다. 그러므로 4~5세기 당시의 명칭으로서 범위는 별개로 하더라도 일단 '가야연맹'과 같은 보다 확대된 정치체를 시사하는 용어로는 任那加羅가 金官國이나 金官伽耶보다 상대적으로 적절한 감이 있다.

그런데 이 시기는 중요성에 비해 문헌기록의 공백으로 그간의 변화과정을 밝히는 데 어려움이 많아 상대적으로 고고학자료에 대한 의존도가 높다. 加耶史연구에 있어서도 사정은 비슷하여 弁韓에서 금관가야 내지는 任那加羅로의 변화과정을 어떻게 그리고 어떠한 기준에서 파악할 것인가를 두고 고고학 자료의 적용과 해석이 다양하다.

金泰植은 弁韓12國聯盟體는 중국 군현의 소멸 이후 얼마 지나지 않아 浦上八國의 난을 계기로 함안 安羅國 중심의 서부지역과 김해 拘邪國 중심의 동부지역으로 일시 분열되었으나 369년 백제 近肖古王의 가야지역 진출 이후 가야연맹은 분열상을 극복하고 다시 김해 拘邪國을 중심으로 일원적으로 통합되어 백제, 倭 사이의 중개기지로서 안정적인 교역체계를 형성하였고 이것이 廣開土王陵碑의 任那加羅의 실체인 것으로 파악하였다.[66]

申敬澈은 3세기 말엽 이후 김해지역에는 고고학상 선행 분묘를 파괴하고 축조된 Ⅱ류 木槨墓(金海形木槨墓)와 북방계 유물이 갑자기 출현하게 되는데 이를 拘邪國에서 금관가야로의 변화를 나타내는 증거로 해석하였다. 이른바 Ⅱ류 목곽묘의 출현과 부장품의 변화로 가시화된 금관가야의 성립은 북방계 문화를 가진 특정 주민(부여지역 주민)의 남하에 의한 것이라는 정복설을 주장하였다. 그리고 금관가야는 拘邪國과 瀆盧國이 양축으로 된 정치연합체로 중심영역은 外折口緣高杯를 지표로 하는 도질토기문화

倭人들이 고구려군의 추격을 피해 도망간 끝지점이 任那加羅 從拔城이므로 이곳은 倭人 왕래가 빈번하고 편리한 지역임이 분명하다. 김해지역은 이전부터 일본열도와 통하는 해로교통의 중심지였을 뿐 아니라 김해 대성동고분군에서는 다량의 倭계 유물이 출토되며 고분의 규모나 부장품의 질적, 양적 우수성이 인정된다. 그러므로 任那加羅는 고령세력이 아니라 김해세력으로 해석하는 것이 합리적이다.

66) 金泰植, 「4-5세기 國際情勢와 加耶聯盟의 변동」, 『4-5世紀 東亞細亞社會와 加耶』(제7회 加耶史국제학술회의 발표문), 김해시, 2001, 69쪽.

권인 울산, 부산, 동래, 밀양, 창원을 포함하는 것으로 보았다.[67]

이러한 견해는 홍보식에 의해 비판적으로 계승되었는데 논리와 자료를 보완하여 부여족 이동설을 제외한 금관가야의 성립시기, 핵심세력, 해석의 기준 등에서 공통점을 보인다. 즉 拘邪國에서 금관가야로의 전환은 3세기 말 4세기 초이며 금관가야는 拘邪國과 독로국의 정치적 결합을 통하여 성립되었다고 한다. 토기의 후장, 분묘의 대형화, 瓦質고배의 소멸, 把手付爐形土器의 등장 등을 금관가야 성립의 징표로 파악하였고 外折口緣高杯의 분포권을 금관가야의 세력권으로 설정하였다. [68]

이와 같이 4세기대 가야지역을 대표하는 정치체에 대해서는 그 호칭으로부터 변화과정, 세력범위, 핵심세력 등 주요 사항에 대해 견해차가 적지 않다. 그러므로 이 시기 가야 전 지역의 교역활동이나 경제상을 파악하는 기준을 잡는 것이 쉽지 않다. 여기에서는 발굴자료가 상대적으로 많고 변화의 핵심세력인 김해, 부산지역을 중심으로 이러한 정치사회적 변화가 진행되면서 교역상에는 어떠한 변화가 있었던가 하는 것을 살펴보고자 한다.

이 단계의 교역상의 변화과정을 검토함에 있어서 먼저 고려해야 할 것은 313년과 314년에 걸친 낙랑, 대방군의 축출과 고구려의 등장이라는 한반도 서북지방에서 일어난 정치적 변화와 그 영향이다. 지역마다 사정은 조금씩 다르겠지만 三韓 토착사회가 직면한 것은 정치 문화적 환경변화다. 낙랑 대방군은 중국 - 한반도 - 일본열도를 연결하는 각종 교섭의 구심점이었다. 특히 교역체계상 중국 군현은 중요 철 소비자인 동시에 희소가치가 높은 교역품 공급자로 기능하였다. 그러므로 낙랑, 대방군의 축출은 중부지역 중개무역조직의 와해와 辰弁韓지역 소국들의 교역활동에 직접적인 영향을 끼쳤다. 특히 한반도 내에서 새로운 문화유입의 시원지 역할을 해 온 서북한지역을 고구려가 점령했다는 것은 중남부지역 토착사회에 중요

---

67) 申敬澈, 「金海大成洞·東萊福泉洞古墳群 點描」, 『釜山史學』 19, 1995, 26, 35~39쪽 ; 申敬澈·金宰佑, 『金海大成洞古墳群 Ⅰ』, 2000a, 173~182쪽; 『金海大成洞古墳群 Ⅱ』, 2000b, 124~131쪽.

68) 홍보식, 「금관가야의 성립과 발전」, 『加耶文化遺蹟調査 및 整備計劃』, 1998, 187쪽 ; 「考古學으로 본 金官加耶」, 『考古學을 통해 본 加耶』, 한국고고학회, 2000.

한 변화가 올 것을 예고하는 것이다. 영남지역 소국들에게 있어서는 서북 방면뿐 아니라 함경남도와 강원도 동해안의 東濊지역까지 고구려의 세력권에 들어감에 따라 북방으로의 중요 통교루트가 모두 고구려에 의해 둘러 싸인 형세가 된 것이다. 그러므로 조만간 辰弁韓 사회는 직접 또는 간접으로 고구려를 통하여 새로운 문물을 접할 수밖에 없었다. 당시 고구려는 鮮卑族과 대결하면서 북방문화와 접촉하고 있었고 339, 342년에는 慕容皝의 침략을 받아 어려움을 겪기도 했다.[69] 결과적으로 북방문화와 선진 군사기술에 익숙하던 고구려의 등장은 분명 중남부지역 토착사회의 지배세력으로 하여금 무장체계의 개선과 군사력 증강 욕구를 자극하였을 것이다.

고고학상 4세기대에 들면서 경상도지역 지배계급의 무덤에서 북방계 철제투구와 철제 갑옷이 속속 발견되고 뒤이어 騎乘用具가 출토되는 것은 그간의 달라진 상황을 직접적으로 반영하는 것이다.[70] 초기 鐵製甲冑 제작 배경 및 무장체계의 구체적인 계보와 시기, 성격 등에 대해서는 견해가 서로 다르지만 적어도 4세기대에 들면서 중남부지역에서도 무기와 무구에 큰 변화가 있었다는 사실은 두루 인정되고 있다. 예를 들면 4세기대에 접어 들면서 철제투구가 사용되고 유기질제 短甲이 철제로 바뀌는 것은 부여족의 이동이라는 심각한 긴장관계의 조성과 騎乘文化의 전래에서 비롯된 것이라는 견해가 있다.[71] 이와 달리 초기 甲冑의 출현은 騎乘文化와 함께 등장하는 것이 아니라 前代에 비해 공격력이 향상된 鐵矛나 長劍 등 철제무기의 발달에 대응하여 이를 막아내기 위해 나무나 가죽 대신 철제 갑주로 바뀌었다는 견해도 있다.[72] 어쨋든 이러한 무기, 무구의 개선은 집

---

69) 고구려는 319년 慕容氏와 충돌한 이래 339년, 342년에는 慕容皝 침략으로 어려움을 겪었다(『三國史記』 高句麗本紀 美川王 20년, 故國原王 9년, 12년).

70) 申敬澈, 「加耶 初期馬具에 대하여」 『釜大史學』 18, 1994, 263~274쪽
   金斗喆, 「前期加耶의 馬具」 『加耶史論集』, 1998, 7~10쪽.

71) 申敬澈, 「嶺南의 古代甲冑」, 『韓國古代史와 考古學』, 2000, 262~263쪽.

72) 金永珉, 「영남지방 板甲에 대한 一考察」, 『古文化』 46, 1995 ; 宋桂鉉, 「4~5세기 동아시아의 갑주」, 『4~5世紀 東亞細亞社會와 加耶』(제7회 가야사국제학술회의 발표문), 김해시, 2001, 28쪽; 禹在柄, 「4~5세기 가야와 왜의 무기·무장체계 변

단 간의 경쟁과 전쟁을 가속화시키는 계기가 될 뿐 아니라 역으로 경쟁과 전쟁은 무기, 무구의 생산을 더욱 자극하는 순환관계를 연출하게 된다. 그리하여 무력경쟁은 정치체의 통합력과 통합규모를 확대시키고 정치체의 조직재편을 촉진하는 중요 계기로 작용한다. 따라서 이러한 고고학 자료의 출현은 낙동강 하구지역을 중심으로 보다 확대된 정치조직체 즉 任那加羅의 등장을 뒷받침하는 자료의 하나이다.

2) 교섭루트의 변화

중국 군현의 축출, 고구려의 南下, 신라의 성장, 任那加羅의 등장 등의 정치적 변동이 진행되면서 가야지역으로 들어오는 외래물자와 기술유입의 주된 경로에도 변화가 일어났다. 4세기대에 들면서 한반도 서남해안을 연결하는 해상루트가 상당기간 쇠퇴하고 한반도 북방에서 경주로 그리고 경주에서 낙동강 하구로 연결되는 남북간 경로가 활성화되었다. 4세기대의 북방 문화유입의 영향이라 할 수 있는 초기 철제갑옷과 투구자료가 신라권인 경주, 포항, 경산, 울산을 비롯하여 任那加羅권인 부산, 김해지역에서 출토되고 있다.73) 특히 4세기대의 목곽분 발굴자료가 집중된 부산, 김해지역에서 縱長板 板甲자료가 집중 출토되는 것은 깊은 관련이 있을 것이다. 그러나 초기단계의 갑주가 경주, 포항, 경산, 울산 등 신라 영역에서 속속 출토되는 것으로 미루어74) 철제투구와 갑옷의 제작이 신라지역에서 먼저 이루어졌을 가능성이 높다.

이러한 신제품 제작계기가 북방문화 접촉의 결과라면 관련 정보와 기술은 육로를 통해 들어온 것으로 보아야 한다. 신라의 영역은 부산, 김해세력

혁과 그 배경」, 『4~5世紀 東亞細亞社會와 加耶』, 2001, 119쪽.

73) 宋桂鉉, 앞의 논문, 2001, 27쪽 ; 張京淑, 「영남지역 출토 縱長板胄에 대한 연구」, 『영남고고학』 25, 1999.

74) 신라지역에는 경주 구정동고분 3곽(판갑), 울산 중산리 IA100호(종장판주), IA74 (판갑), 포항 옥성리 나17호(종장판주), 낙동강하구지역에는 동래 복천동 56, 38호 (판갑, 종장판주), 김해 대성동 10, 18호(종장판주), 김해 양동리 68호(종장판주)가 있다(宋桂鉉, 앞의 논문, 2001, 26~28쪽; 張京淑, 앞의 논문, 1999, 50~52쪽).

보다 지리적으로 이러한 육로 이용과 장악에 유리한 위치에 있다. 그러므로 고구려 내지는 북방문화와의 접촉이 신라지역을 건너 뛰어 부산, 김해지역에서 먼저 이루어진 것은 아닐 것이다. 아직 문헌기록상 신라와 고구려의 공식 접촉기사는 보이지 않지만[75] 영남지역의 철제 투구(縱長板胄)의 기술적 계보에 대해서는 4세기 전반대의 고구려 벽화고분인 龜神塚에 그려진 종장판주를 통해 고구려로부터 도입되었을 가능성이 제기되고 있다.[76] 그리고 경주 월성로 가-5호분에서 고구려계 綠釉토기가 출토되었고[77] 가-13호분에서 출토된 유리제품도 고구려와의 관계를 시사한다는 견해가 있다.[78] 가-5호분은 4세기 전반[79] 또는 중후반대로 편년되고 있다.[80] 그리고 동래 복천동에서 출토되는 철제재갈과 三葉環頭大刀 등에 고구려 集安이나 桓因지역 고분 출토품과 그 특징이 유사한 것이 있다는 지적도 주목된다.[81]

그리고 영남지역에서 출토되는 투구와 갑옷의 기본 형태는 신라권에서 출토되는 것과 任那加羅지역에서 출토되는 것이 거의 비슷하다. 그러므로 신라와 任那加羅 양 지역 지배세력은 새로운 문물과 기술 활용에 있어서 서로 간에 기술과 정보 교류가 있었던 것으로 추정된다. 경주세력과 김해세력 간의 공조관계는 浦上八國의 김해세력 공격과 그 이후의 대응과정에서도 나타난다. 새로운 정보와 기술의 유입이 어떠한 형식을 통해 이루어졌는지 아직은 구체적으로 알 수 없으나 적어도 4세기대에 들어 중요 기술과 정보의 교류는 각 정치체의 핵심 지배계급 간의 교섭을 통해 이루어졌

---

75) 신라 沾解尼師今 2년(248) 고구려에 견사하고 結和했다는 기록을 기년 조정에 의해 350년 경으로 추정하기도 한다(강종훈, 『신라상고사연구』, 2000, 46쪽).

76) 宋桂鉉, 앞의 논문, 2001, 27쪽.

77) 李健茂, 「慶州月城路古墳發掘調査」, 『영남지역 고고학연구의 현황과 과제』(제9회 한국고고학전국대회 발표요지), 1985, 71쪽 ; 국립경주박물관, 『慶州市月城路古墳群』, 1990.

78) 李熙濬, 「신라의 성립과 성장과정에 대한 고찰」, 『新羅考古學의 諸問題』(제20회 한국고고학전국대회 발표문), 1996.

79) 李熙濬, 앞의 발표문, 1996.

80) 崔秉鉉, 「嶺南地方 考古學資料의 編年」, 『韓國古代史論叢』 10, 2000, 93 · 104쪽.

81) 李在賢, 『東萊福泉洞古墳群 Ⅲ』, 1996, 46~47쪽.

을 것이다. 요컨대 중국 군현 축출, 고구려 등장이라는 서북방 지역의 정치적 변동은 북방문화의 확산과 육로를 통한 남북교섭 루트의 활성화를 가져왔으며 이러한 변화 속에서 정보와 기술, 루트를 독점한 핵심 정치체와 지배계급의 출현 그리고 독점적 물자유통 과정이 상정된다.

3) 전략물자의 교역형태

4세기대의 정치적 통합 추세는 지배계급에 의한 중요물자와 정보의 집중을 동반함으로써 물자유통에도 큰 영향을 끼쳤다. 각 지역 小國 중심지에는 아직 토착세력들이 개별적인 성장을 지속하고 있었으나 任那加羅의 핵심세력인 김해세력은 대성동고분군의 부장품 구성과 규모에서 나타나듯이 다른 소국들에 비해 월등 우세한 지위를 확립하고 있었다. 김해세력의 상대적 우세는 3세기 이전 양동리 유적을 통해서 이미 인정되는 사실이지만 4세기대에 들면서 그 격차가 질적, 양적으로 한층 확대되었다. 김해 대성동고분군과 동래 복천동지역의 지배계급의 무덤에서 나오는 다량의 철정과 철제갑주, 무기, 기승용구들은 당시 지배계급의 권력 집중과 집단 간의 편차 증대를 직접적으로 보여주는 자료다. 즉 무덤의 크기와 부장품의 질량에 따라 고분 등급을 나누어 1~2등급 분묘가 많은 고분군은 대성동과 복천동 2곳뿐이고 3등급이 많은 고분군은 양동리고분이며 그외 대부분의 고분군은 5등급 분묘로 구성되었다는 분석 사례가 있다.[82] 이처럼 철소재, 무기, 갑옷, 투구와 같은 중요한 물자들이 특정지역 지배계급의 무덤에 집중 부장되는 것은 바로 그들이 중요 물자의 생산과 관리를 독점한 주체임을 뜻한다. 따라서 중요 물자의 유통은 지배계급 권력증대의 중요 기반

---

82) 홍보식, 앞의 논문, 2000, 19~21쪽. 1등급 무덤은 묘의 길이가 10m 이상, 1인 이상의 순장, 2점 이상의 통형동기, 투구, 판갑, 찰갑을 모두 갖추고 20매 이상의 대형철정, 재갈과 환두대도 등이 부장된 것이다(대성동 3, 2, 1호분, 동래 복천동 38, 60호분). 2등급 무덤은 독립된 부곽, 1인 순장, 1점의 통형동기, 1~3벌의 투구와 판갑, 20매 내외의 대형철정, 재갈과 환두대도 등이 부장된 것이다(대성동 7, 39호분, 복천동 57, 71, 73, 69, 42, 46호분). 3등급 무덤은 1벌의 투구와 판갑, 20매 이하의 철정, 재갈 등이 부장된 것이다(대성동 13, 14, 18, 23호분, 복천동 64, 43, 44호분).

으로 활용되었고 철소재나 무기, 무구의 거래 또는 기술 이전은 핵심지배계급 간의 정치, 군사, 외교적 교섭을 통해 이루어지게 된다. 예컨대 任那加羅와 신라, 倭, 백제 등 각 정치체 간의 물자 교류는 해당지역 지배계급 간의 외교, 군사적인 문제와 밀접하게 결부되어 진행되었을 것으로 생각된다.

『三國史記』 신라본기에 나타나는 신라와 倭의 관계를 살펴보면 4세기대에 들면서 倭의 신라 침략기사가 중단된다. 그리고 신라와 交聘하거나(基臨尼師今 3년, A.D. 300) 신라에 청혼하여 응락을 받는 등(訖解尼師今 3년, A.D. 312년) 倭가 신라와의 교섭에 적극 나서고 345년 倭王이 絶交문서를 보내기까지 약 반 세기 동안 신라도 이를 받아들이고 있다.『日本書紀』에도 神功紀 元年(조정기년 321년)과 5년조에 倭와 신라가 처음 직접 통교한 내용이 실려 있다. 당시 중요 물자의 유통은 이러한 지배계급 간의 정치, 외교적 교섭과 분리해서 생각하기 어렵고 이를 주관하는 지배계급은 새로운 정보와 활용가치가 높은 물품을 독점 공급함으로써 대내적으로 다른 집단들을 보다 효과적으로 통제할 수 있고 세력도 확대해 나갈 수 있었다. 그러므로 정치체 간의 통합이 진행되고 무력경쟁이 빈번한 단계에서는 가격과 물자유통이라는 시장논리보다 정치체 간의 외교, 군사적인 이해관계가 우선 조건으로 작용하게 된다. 이는 여러 소국 간에 세력균형 관계가 유지되면서 각종 물자가 다원적으로 교류되던 이전 단계와 크게 달라진 상황이다.

이와 같이 중요 물자의 유통이 핵심세력에 의해 정치 외교적인 차원에서 다루어질 경우 권력이 집중될수록 물자에 대한 장악력이 높아진다. 아마도 김해지역의 지배계급은 독점적 지위의 제고를 위해 낙동강 하구 동안의 瀆盧國과 연합하였던 것 같다. 당시 낙동강 하구지역 지배계급의 상태를 반영하는 대표적인 유적은 김해 대성동고분군과 동래 복천동고분군이다. 동래지역은 弁辰瀆盧國지역으로 김해의 拘邪國과 더불어 경남해안과 일본열도를 왕래하는 해로교통상의 중요 지점이다. 그런데 4세기대 양 지역 지배계급의 부장품은 아주 유사한 성격을 나타내는 것으로 밝혀졌다.83) 김해, 부산지역 지배계급의 대표적인 묘역인 대성동고분군과 동래 복천동고분군에서는 공통적으로 다량의 철제갑주가 출토되고 있으며, 지역성이 강한 爐形器臺, 外折口緣高杯의 부장 등이다. 양 지역이 정치, 군사적으로 밀접한 관계에 있지 않으면 무구와 같은 중요 물품의 성격이 이처럼 서로 공통되기 어려울 것이다. 그리고 4세기 중반대까지도 의례용으로 사용되었던 것으로 생각되는 노형기대가 다른 지역과 형태 면에서 차별화되었다는 것은 양 지역이 물적인 것 이외에 정신적인 공유기반도 가지고 있었음을 시사한다.

이와 같이 낙동강 하구 서안의 김해와 동안의 동래라는 두 세력이 이해관계를 함께 했다는 것은 낙동강 하구의 통행권 관리 내지는 제해권이 하나로 모아졌다는 뜻이다. 이는 종래 분산되거나 통제력이 제한적이던 해로교통의 중요 포구를 장악한 세력간의 연합이 보다 강도 높게 진행된 결과이다. 이처럼 낙동강 하구의 동안, 서안 두 지역이 제휴하면 낙동강 하류의 유력세력뿐 아니라 경남해안지역의 각국들을 견제하는 데도 효과적이다. 즉 任那加羅는 정치, 군사력을 배경으로 낙동강 하구지역에서의 각종 교역활동과 통행로를 관장하였다. 이로 인해 4세기 중엽경 낙동강 하구의 상황은 더이상 정치 외교적 교섭없이 철소재와 각종 물자교역을 위해 자유롭게 접근할 수 있고 다양한 교역활동이 보장된 교역중개지는 아니었다. 낙동강 하구의 이러한 정세변화는 이 지역을 거점으로 전개되고 있던 각종 교섭과 교역활동에도 영향을 미쳤다. 만약 浦上八國의 亂이 4세기 전반대의 사건이라면84) 任那加羅의 이같은 독점적 운용으로 인해 불이익을 받고 있던 세력들에 의한 무력 도전으로 해석될 수 있다. 그리고 浦上八國의 도전을 막아내는 과정에서 신라가 김해세력을 지원한 것으로 미루어 아직은 신라도 任那加羅의 독자적인 입지를 용인하면서 공조관계를 유지하였던 것 같다. 경주세력 역시 각지의 소국들을 복속시키고 정치 경제적으로 강압적인 통치체계를 확립해 나가는 동안에는 任那加羅와의 연대가

---

83) 申敬澈, 앞의 논문, 1995, 21~29쪽.
84) 金泰植, 「咸安 安羅國의 성장과 변천」, 『韓國史硏究』 86, 1994, 51쪽.

유용할 수도 있었을 것이다. 당시 군사지원의 대가로 김해세력이 신라에 제공한 것이 무엇이었는지 의문이나 적어도 이로 인해 신라는 낙동강 하구와 동남해안 진출에서 상당히 유리한 조건을 획득했을 것으로 생각된다.

4) 토기의 유통

4세기 가야지역 교역체계의 성격을 검토함에 있어서 또 하나 주목해야 할 것은 陶質土器의 유통이다. 3세기 경에 이르기까지도 경상도 일원은 대체적으로 瓦質土器라고 하는 공통적인 토기문화권을 형성하고 있었다.[85] 이러한 현상은 토기제작집단의 수가 제한되어 있었고 일정 지역에서 제작된 토기가 정치체의 영역에 구애받지 않고 각지를 연결하는 교역조직을 통해 보급된 결과다. 그런데 3세기 말부터 영남지역에서는 토기생산 부면에서 기술 변화가 일어나 도질토기가 생산되기 시작하였다. 처음 圓底短頸壺, 兩耳付短頸壺 등 일부 기종에 국한되던 도질토기 제작기술이 점차 다른 기형이나 기종에도 응용되면서 와질토기가 점차 사라지고 도질토기가 일반화되어 갔다. 도질토기 출현에 대해서는 외부로부터의 새로운 기술유입에 의해 일시에 나타난 것이라는 견해와[86] 전통적인 繩蓆打捺文土器 소성기술이 급격한 개량, 발전과정을 거쳐 제작된 것이라는 자체발전 결과로 보는 견해로 나뉘어져 있다.[87] 어쨌든 도질토기의 출현 이후 점차 제작기술이 확산되면서 도질토기 제작처가 늘어나고 제작지별로 조금씩 다른 형태의 토기가 생산되었다. 그 결과 기종, 기형 구분 없이 영남 각 지역에서 공통으로 사용되던 와질토기의 분포양상과는 달리 점차 지역별 토기양식이 형성되고 일정한 분포권을 형성하였다.

현재 학계에서는 이를 정치체의 세력판도를 반영하는 것으로 해석하여

---

85) 후기 와질토기가 성립되면서 큰 지역단위별로 토기문화의 차별화가 진행되어 포항, 경주, 울산권과 김해권이 구분된다고 한다(홍보식, 앞의 논문, 2000, 29쪽).

86) 申敬澈, 「金海禮安里160號墳에 대하여」, 『伽耶考古學論叢』 1, 1992 ; 崔鍾圭, 「陶質土器의 起源」, 『考古學誌』 6, 1994.

87) 崔秉鉉, 「原三國土器의 系統과 性格」, 『韓國考古學報』 38, 1998, 125쪽 ; 李盛周, 「打捺文土器의 展開와 陶質土器의 發生」, 『韓國考古學報』 42, 2000, 98쪽.

정치체의 핵심근거지나 영역확대과정을 추론하는 방법으로 활용하고 있
다. 예를 들면 동래 복천동고분군 중에 신라토기가 부장되는 시점에 주목
하거나 把手付爐形土器가 분포하는 김해와 부산이 금관가야의 핵심세력
이며 이보다 넓은 外折口緣高杯의 분포 범위가 금관가야의 세력 범위를
나타내는 것으로 해석하는 것 등이다.[88] 또는 4세기 전반 弁韓소국들이 安
邪國 중심권과 拘邪國 중심권으로 분열되었을 것이라는 추론의 근거로 浦
上八國의 유지로 추정되는 마산, 창원, 진주 등에서는 阿羅가야 양식의 통
형고배가 기본을 이루나 김해, 부산은 外反口緣無透窓高杯가 기본을 이루
고 있다는 점을 들고 있다.[89] 이에 대해 4세기대 토기양식의 분포는 정치
체의 상호작용과 관련시켜 해석될 수 있을지는 몰라도 정치체의 영역이나
세력확산 문제와 관련지워질 수 없다는 비판적인 견해도 있다.[90]

　일반적으로 권력집중화가 진행되면 전문기술과 조직을 필요로 하는 생
산 부문은 지배계급에 의해 장악되고 국가의 통치조직 확립 이후에는 관
영수공업으로 편제되었다. 그 중에서도 무기, 무구와 같은 전략 물자는 속
성상 일찍부터 지배계급에 의해 장악되었고 유통과정에서 정치, 군사적 요
소가 우선적으로 작용하였다. 도질토기 생산 역시 전문기술과 조직을 필요
로 하였고 생산량이 늘어남에 따라 각 정치체를 경제적으로 뒷받침하는
중요 생산부문으로 자리잡아갔다. 軟質土器 소성온도인 섭씨 900~1000도
에서 200도 정도 온도를 올려 유리질화된 도질토기를 생산하려면 소성 지
속을 위해 그리고 이에 필요한 연료를 채취하는 데 4~5배의 노동력이 투
입되어야 한다고 한다.[91] 그러므로 토기양식의 정형화 내지 획일화 과정과

---

88) 申敬澈, 앞의 논문, 1995 ; 홍보식, 앞의 논문, 1998, 201쪽.
89) 金泰植, 앞의 논문, 1994, 52쪽.
90) 李盛周, 『新羅伽耶社會의 政治社會的 起源과 成長』, 서울대 박사학위논문, 1998,
　　314쪽. 정치체에 의해 토기생산체계가 조직화되고 독자적인 기종구성 기형적 특
　　성을 표현하기 이전 단계에 나타나는 토기양식의 지역차를 가지고서는 정치권력
　　의 범위나 그 관계성에 대하여 쉽게 추론하기 곤란하다는 의견이다.
91) 李盛周, 앞의 박사학위논문, 1998, 259, 286쪽. 토기제작의 민족지적 연구에 의하
　　면 섭씨 200도의 소성온도 한계를 넘기 위해 소성지속기간을 5~12배 정도 늘려
　　야 하고 窯의 구조에 따라 차이는 있으나 이만큼 소성시간을 늘리려면 연료 채취
　　에만 5~12배의 노동력이 투입되어야 한다고 한다.

권력집중화 과정은 서로 밀접한 관계가 있어 보인다. 결과론적으로 보면 정복지역에 대해 직접통치가 확대되는 등 권력장악력이 높아지면서 각지의 도질토기 생산기반도 중앙권력의 통제 하에 들어가게 된다.

그러나 토기는 생활용기이므로 무기, 무구와 같은 전략물자보다는 장악시기가 상대적으로 늦었던 것 같다. 즉 각 정복지역의 토기생산기반을 접수하여 관리, 운용할 정도로 권력이 강화되기 이전에는 상당기간 토착세력이 운용하던 생산기반과 교역조직이 존속되었던 것으로 나타난다. 예를 들면 榮山江유역 토착집단들은 4세기 중엽 백제의 무력정복 이후 군사, 외교권을 제한당한 상태였으나 5세기대에 이르도록 이른바 영산강유역 양식이라는 독자적인 토기양식과 생산조직을 운용하고 있었다. 물론 지배계급 간의 정치적 결속이나 복속을 상징하는 특수 용도의 토기가 있다면 그 분포권은 곧 정치체의 세력 범위를 나타낼 수도 있을 것이다. 그러나 4세기대 가야지역에 있어서 일정 지역에서 생산된 각종 도질토기의 분포권이 정치체의 세력판도와 항상 일치하는 것은 아닌 것 같다.

토기의 기종에 따라 분포범위가 넓은 것도 있고 일부 지역에 국한된 것도 있다. 함안 양식으로 분류된 도질토기의 하나인 筒形 또는 工자형 고배의 주된 분포권은 서부경남지역이지만 이 종류의 고배는 김해, 부산, 울산, 합천, 창녕, 대구, 구미, 경주지역에서도 출토된다.[92] 특히 함안산 통형고배, 노형토기는 김해, 부산지역으로 유입되고 있었으나 김해지역의 특색있는 도질제 把手付노형기대는 김해, 부산지역에서만 집중 분포한다.[93] 그러나 아무도 이러한 자료만으로 함안 안라국의 세력 범위가 통형고배의 분포 범위처럼 넓다거나, 任那加羅의 세력 범위가 노형기대의 분포권처럼 부산, 김해지역에 국한되었다고 해석하지는 않는다. 더욱이 함안지역 양식으로 인식되고 있는 도질제 원통형고배를 함안식으로 보는 데 반대하고, 4세기대 전 영남지역에 공통되는 古式도질토기 양식의 하나로 보는 견해도 있다.[94] 또한 시기는 조금 다르지만 小伽耶 양식 토기분포권에 속하는 것

---

92) 李盛周, 앞의 박사학위논문, 1998, 312쪽.
93) 부산대학교 박물관, 『東萊福泉洞古墳群 Ⅲ』 1996, 41~42쪽.
94) 禹枝南, 「咸安地域出土 陶質土器」, 『道項里末山里遺蹟(본문)』, 2000, 155~156쪽.

으로 알려진 고성과 산청지역은 水平口緣鉢形器臺와 水平口緣壺는 서로 같은 양식을 공유하나 고배는 서로 다른 양식의 것을 사용한다고 한다.95) 이처럼 동일지역 내에서도 제작지가 서로 다른 토기들이 함께 사용되고 있고, 동일지역에서 제작된 토기들도 기종에 따라 유통 범위가 서로 달라 지역양식 설정기준에 따라 분포권은 넓어지거나 세분화될 수 있다.96)

이러한 현상은 가야지역 도질토기의 유통상에 나타나는 중요 특징으로서 任那加羅에 의해 일부 정치적 통합이 전개되고 전략물자의 독점관리가 진행되고 있었으나 아직도 도질토기의 생산과 교역조직은 다원적으로 운용되고 있었던 증거다. 다시 말하면 토기의 유통과 조직은 전략물자에 비해 정치, 외교적인 작용으로부터 한시적이나마 상대적으로 자유로울 수 있었던 것 같다. 그러므로 토기의 교역과 유통조직에 대한 검토는 가야지역 각 정치체 간의 각종 관계 내지는 任那加羅의 정치적 통합력 수준을 이해하는 중요한 관건이 될 수 있다.

4. 任那加羅의 번영과 좌절

1) 任那加羅의 對倭교역 장악

가야지역에서 물자를 교역해가는 중요 세력의 하나는 倭人들이었다. 이전부터 倭人들은 경상도 해안지역을 오가며 필요한 물자를 교역해갔으나 점차 김해지역이 倭人들의 교역활동 중심지로 자리잡아 갔다. 2세기말 3세기대 이후가 되면 김해지역은 왜계 유물의 분포밀도가 가장 높은 곳으로 나타난다. 이것은 왜인들의 주요 관심 물자가 철이었던 데에 일차적인 원인이 있다. 이러한 추세는 4세기대에 이르러 낙동강 동안의 동래지역을 포

---

95) 趙榮濟, 「水平口緣 鉢形器臺에 대하여」, 『韓國考古學報』 44, 2001, 118쪽.

96) 예를 들면 금관가야 양식 토기의 설정에 따라 분포 범위가 조금씩 다르다(申敬澈, 앞의 논문, 1995 ; 홍보식, 앞의 논문, 1998 ; 박천수, 「고고학으로 본 가라국사」, 『가야 각국사의 재구성』, 2001, 95쪽 ; 朴升圭, 「고고학을 통해 본 小加耶」, 『考古學을 통해 본 加耶』, 2000).

함하면서 집중도가 더욱 높아진다. 4세기대의 경주 월성로 가-29호고분에서 일본열도산 돌팔찌가 출토되었고 가-31호분에서도 倭계 연질토기인 土師器의 존재가 확인되었지만[97] 수량 면에서 낙동강 하구지역이 훨씬 우세하다. 즉 倭계 유물의 분포밀도가 가장 높은 곳은 김해지역이며, 그 다음이 동래지역이고 김해에서 멀어질수록 분포 밀도가 낮아진다. 이 시기 왜인들과의 교섭 흔적으로 현재 확인되고 있는 유물로는 倭系 軟質土器(土師器)와 석제화살촉, 방추차형석제품, 청동제筒形銅器, 巴形銅器 등이다.[98] 통형동기의 제작지역과 용도에 대해서는 이론이 있지만[99] 토기를 제외한 왜계 유물들은 여전히 교환가치나 실용가치가 높은 물품이라기보다는 의례적이고 상징적인 것이 많다. 특히 대성동 13호, 18호분에서 보이듯이 왜계 유물이 집중 발견되는 곳은 지배계급의 무덤이다.[100] 이것은 對倭교섭의 장악 주체가 任那加羅의 지배계급들이었음을 뜻한다.

철 또는 토기 등을 구입하는 대가로 倭가 제공할 수 있는 것이 무엇이었는지 불확실하나 현재 유물로서 확인되는 倭계 물품들은 철과 같은 전략물자와 대등한 교환가치를 갖는 것으로 보기 어렵다. 이밖에 生絲, 옥류[101] 등의 토산품과 生口 등이 상정될 수 있으나 확인작업이 필요하다. 만약 물자의 수요 공급에 불균형이 있었다면 경제 외적 요소 즉 정치 외교적인 거래가 있었을 가능성이 있다. 예를 들면 철이나 위신재, 최첨단 문물

---

97) 李健茂, 앞의 논문, 1985, 71쪽 ; 국립경주박물관, 『慶州市月城路古墳群』, 1990, 239쪽.

98) 安在晧, 「土師器系 軟質土器考」, 『伽耶と古代東アジア』, 1993 ; 申敬澈, 「加耶出土 土師器系土器의 意義」, 『加耶의 對外交涉』(제5회 加耶史학술회의 발표문), 김해시, 1999 ; 申敬澈・金宰佑, 앞의 책, 2000a, 182~183쪽 ; 앞의 책, 2000b, 132~133쪽 ; 부산대학교박물관, 『東萊福泉洞古墳群 Ⅲ』, 1996.

99) 鐵槍의 나무자루 끝에 꽂는 장식품 또는 巫覡신앙과 관련된 儀器의 부속구라는 서로 다른 견해가 있다. 그리고 제작지를 일본열도로 보는 견해와 이에 반대하는 입장들이 있다. 통형동기에 관한 출토현황과 견해에 대해서는 홍보식, 앞의 논문, 2000, 31쪽 ; 申敬澈・金宰佑, 앞의 책, 2000a, 98쪽 ; 林孝澤, 앞의 논문, 2000a, 199쪽 참조.

100) 申敬澈・金宰佑, 앞의 책, 2000b.

101) 대성동18호분에서 나온 벽옥제 관옥과 비취 곡옥은 왜계 유물로 간주되고 있다 (申敬澈・金宰佑, 앞의 책, 2000b, 132쪽).

을 확보하는 대가로 군대파견과 같은 거래가 이루어졌을 가능성이 제기되기도 하고[102] 좀 더 구체적으로 신라, 고구려와의 대결에 任那加羅가 왜의 군사력을 투입하였을 것이라는 견해도 있다.[103] 이것은 그만큼 對倭교섭에 있어서 任那加羅의 일방적 우위를 반영하는 것이다.

2) 任那加羅와 新羅의 경쟁

낙동강 하구지역의 상황은 4세기 중반 백제의 가야지역 진출로 새로운 변화를 겪게 된다. 중국 군현 축출 이후 帶方故地를 두고 고구려와 대립하던 백제는 364년 九氐 등을 卓淳國에 보내는 것을 시작으로 가야지역 진출을 시도하였다. 백제의 목표는 전남지역을 정복하고[104] 서남해안을 연결하는 해로를 장악하는 것이다. 그리고 이를 효과적으로 달성하기 위해 필요한 세력과 제휴하는 것이다. 이 과정에서 卓淳國을 매개로 백제는 對倭통교를 성사시키고[105] 다른 한편으로는 경쟁세력인 신라 奈勿麻立干을 상대로 우호적인 외교전략을 구사하였다.[106] 이러한 백제의 시도는 결과적으로 고구려-신라-任那加羅로 연결되는 기존의 통교루트에 대한 도전이 되었다.

『日本書紀』神功紀 49년조(조정기년 369년)의 백제가 왜군을 끌어들여 전남지역을 정복하는 과정에서 주목되는 사항은 백제가 당시 가야지역에서 가장 강성한 任那加羅가 아니라 卓淳國을 매개로 하였으며[107] 卓淳國을 왜군의 집결지로 삼았다는 것이다. 卓淳國의 위치에 대해서는 대구,[108]

---

102) 鈴木靖民, 「4-5世紀 倭 王權의 展開와 加耶」, 『4-5世紀 東亞細亞社會와 加耶』, 2001, 17쪽.
103) 박천수, 「일본속의 伽耶문화」, 『加耶史의 새로운 이해』(가야문화학술대회 발표문), 한국고대사연구회, 1996, 67쪽 ; 李鎔賢, 「5세기 東아시아 속의 加耶」, 『4-5世紀 東亞細亞社會와 加耶』, 2001, 134쪽.
104) 李丙燾, 「近肖古王拓境考」, 『韓國古代史研究』, 1976, 512쪽.
105) 『日本書紀』神功紀 46・47년조(조정기년으로 366・367년).
106) 『三國史記』新羅本紀 奈勿麻立干條, "366년(奈勿麻立干 11년) 신라에 來聘하고, 368년 신라에 良馬를 보냈다".
107) 『日本書紀』 권9, 神功紀 46년조.

칠원,[109] 의령[110] 등 경상 내륙지방에 비정하는 견해도 있으나, 왜군 이동 루트가 해로이므로 卓淳國은 한반도 남부와 일본열도를 연결하는 해로상의 중요 지점이어야 한다는 점에서 창원설[111]이 더 합리적이다. 창원에 대형 고분이 없다는 약점은 창원지역 포구를 장악한 배후세력을 상정할 경우 해결될 수 있을 것 같다. 창원은 동래, 울산과 함께 조선시대 倭館이 두어진 三浦의 하나인 乃而浦(웅천)의 인접지역으로 남해안에서 일본열도를 왕래하는 중요 포구의 하나다. 말하자면 동래와 울산은 任那加羅와 신라가 각각 장악하고 나머지 한 곳을 백제가 對倭통교의 발판으로 이용한 것이다.

그리고 倭軍이 卓淳國에 집결하여 전남지역으로 가려면 낙동강 하구지역을 통과해야 하고 이를 신라와 任那加羅가 저지함으로써 충돌이 있었던 것 같고 이것이 과장 윤색되어 신라와 가라7국 평정으로 기록된 것이다.[112] 여기에서 任那加羅와 관련하여 주목되는 것은 369년 사건 이후 任那加羅는 신라와 함께 하던 종래의 입장에서 벗어나 중립 내지는 독자노선을 취하기 시작한 듯하다는 점이다.[113] 任那加羅로서는 백제를 배경으로 하는 卓淳國이 경쟁자로 부상하는 것에 부담을 느꼈을 것이고 다른 하나는 신라의 세력팽창에 위협을 느꼈을 가능성이 높다. 특히 신라와의 관계에서 浦上八國의 난으로 손상된 입지를 회복할 필요가 있었다. 그리하여 任那加羅는 백제의 전남지역 장악과 가야지역 진출을 계기로 신라와의 관계에 변화를 시도한 것 같다. 任那加羅로서는 신라와는 달리 낙동강 하구를 매개로 각종 물자를 획득하기를 바라던 백제와 왜의 요구를 들어줌

---

108) 末松保和, 『任那興亡史』, 1949, 47쪽.

109) 津田左右吉, 「任那疆域考」, 『朝鮮歷史地理』 1, 1913, 151쪽.

110) 李熙濬, 「토기로 본 大伽耶의 圈域과 그 변천」, 『加耶史研究』, 경상북도, 1995, 436쪽.

111) 今西龍, 『朝鮮古史の研究』, 1970, 349~352쪽 ; 金廷鶴, 「加耶史의 研究」, 『史學研究』 37, 1983, 50쪽.

112) 『日本書紀』 권9, 神功紀 49년조, "俱集于卓淳 擊新羅以破之 因以平比自炑南加羅喙國安羅多羅卓淳加羅七國 …… 至于百濟國 登辟支山盟之".

113) 김해 가야국을 중심한 가야 동부의 소국들은 신라를 포기하고 보다 유리한 교역체계 쪽으로 선회하였을 것이란 추정도 있다(金泰植, 앞의 논문, 2001, 69쪽).

으로써 백제와 왜 사이에서 중개지로서의 잇점을 지속적으로 누릴 수 있기 때문이다. 그리고 이것은 임나가라에게 있어서는 신라의 압력에 대한 아주 효과적인 방어책이기도 하다.

당시 신라는 4세기 전반 이래 북으로 고구려와 접촉하면서 북방교역로를 장악하고 남으로 任那加羅와 제휴하여 양 세력이 경상도 일원의 제 세력에 대해 새로운 기술과 전략물자의 교류를 독점하였다. 이 과정에서 앞서 살펴본 대로 초반에는 왜와 직접적인 교류관계가 있었던 것 같으나 奈勿麻立干 즉위 이후 신라는 倭의 요구에 대해 무언가 제약을 가한 것 같고 이로 인해 신라의 對倭정책에 대해 倭의 불만이 축적되고 있었다. 奈勿麻立干 9년(364)의 '倭兵大至'라는 기록은 이를 반영하는 것이다. 그리고 任那加羅에게 있어서도 奈勿麻立干대에 가속화된 신라의 세력팽창은 잠재적인 위협으로 인식되었을 것이다. 그러므로 任那加羅는 낙동강 하구에 대한 왜, 백제의 자유로운 접근을 보장함으로써 신라를 견제하고 정치 경제적인 이익을 확대하고자 시도했을 것이다.

한편 백제는 372년, 384년, 386년 세 차례에 걸친 東晉에의 遣使 등 계속하여 중국과 교섭관계를 지속하고 있었다.[114] 실제 고고학자료의 증대로 교섭의 흔적들이 확인되고 있으며[115] 그 중에는 372년 이전에 제작 유입되었을 것으로 여겨지는 東晋제 청자와 몽촌토성 출토 金銅銙帶金具가 출토되어 문헌기록에 앞서 백제는 東晉과 교섭을 전개하였을 것으로 추정되고 있다.[116] 이처럼 4세기 중엽 백제는 신라와는 다른 중국 南朝 계통의 문물과 접촉하면서 선진적인 기술과 물자를 확보하고 있었다. 당시의 백제

---

114) 『晉書』簡文帝紀 咸安2년조 ; 孝武帝紀 太元9년 · 11년조.

115) 한강유역의 夢村土城에서 발견된 西晉대의 도자기편을 비롯하여 4세기 중후반대의 백제지역 고분에서 출토되는 중국제 도자기들은 백제의 빈번한 對중국 교역활동을 뒷받침하는 유물들이다(金元龍, 「原城郡 法泉里 石槨墓와 出土遺物」, 『考古美術』 120, 1973, 8~10쪽 ; 三上次男, 「漢江地域發見の四世紀越州窯靑磁と初期百濟文化」, 『朝鮮學報』 81, 1976, 365~367쪽 ; 金元龍 · 李熙濬, 「서울石村洞3號墳의年代」, 『斗溪李丙燾博士九旬紀念 韓國史學論叢』, 1987, 28~30쪽).

116) 權五榮, 「백제국에서 백제로의 전환」, 『4세기 백제의 대외관계 진전과 지배체제의 정비』(2001.4.14 한국역사연구회 발표문), 11쪽.

가 확보한 기술과 물자에 대해서 구체적으로 밝혀진 것은 없으나 『日本書紀』에 백제의 近肖古王이 倭의 사신에게 여러 가지 珍寶를 보여주면서 그 가운데 일부인 五色綵絹, 角弓箭, 鐵鋌을 선물로 주었다는 기록이 있어 백제가 대외적으로 내세울 수 있는 물품의 일부가 엿보인다.117) 북으로 고구려와 대결하고 있던 백제는 배후의 연대세력이 필요하였고 이를 위해 선진 물자를 미끼로 任那加羅와 일본열도 유력세력과의 통교를 시도하였다. 즉 369년 백제 近肖古王의 南征으로 백제에서 전남지역을 거쳐 낙동강 하구-倭로 이어지는 해로를 통한 통교루트가 다시 활성화되기 시작하였다. 그리고 이것은 군현 축출 이후 단절된 중국 물자유입의 공백을 극복하려던 倭의 입장과 부합되어 백제, 왜, 任那加羅 삼자가 공통된 이해기반을 갖게 된 것이라고 생각된다.

이후 낙동강 하구지역을 중심으로 정치 외교적 채널을 통한 전략물자의 거래와는 별도로 토기와 같은 실용품이 활발하게 거래되었을 것으로 생각된다. 예컨대 일본 大阪 和岸田市의 久米田 方墳의 周溝에서 출토된 초기 須惠器 중 鉢形器臺는 동래 복천동 31·32호분 출토품과 세부 특징이 완전히 일치하여 한반도에서 舶來된 것으로 판단되고 있으며 동래 복천동 31·32호분은 4세기 후반의 중엽경으로 편년되고 있다.118) 즉 일본에서 출토된 초기 須惠器의 계보는 김해, 부산지역을 중심으로 마산, 창원, 함안, 진주 등지에서 구해지고 있으며 이후 초기 須惠器의 기종구성 중에는 영산강유역계 토기(蓋杯, 有孔廣口壺, 장군형토기)도 점차 등장하는 것으로 분석되고 있다.119) 久米田 方墳의 연대에 대해서는 400년 직후로 보는 견해와 4세기 후반 중엽경으로 보는 견해가 있다. 그러나 370년 이후 백제,

---

117) 『日本書紀』 권9 神功紀 46년조, “時百濟 肖古王 深之歡喜 以厚遇焉 仍而五色綵絹各一匹 及角弓箭 幷鐵鋌冊枚 幣爾波移 便木復開寶藏 以示諸珍異曰 吾國多有是珍寶 欲貢貴國 不知道路”.

118) 崔秉鉉, 앞의 논문, 2000, 102~103쪽.

119) 박천수, 앞의 논문, 1996, 57~59쪽 ; 신경철, 「日本 初期須惠器의 發現」, 『東아시아 속의 韓日關係』(부산대학교 한국민족문화연구소 ’97국제학술대회 발표문), 1997 ; 酒井淸治, 「倭における初期須惠器の系譜と渡來人」, 『4-5세기 東亞細亞社會와 加耶』(제7회 加耶史국제학술회의 발표문), 김해시, 2001.

왜와 더불어 任那加羅의 관계를 고려할 때 須惠器 기술 이전이 처음 시작된 연대를 굳이 任那加羅 와해 이후로 볼 이유가 없다. 4세기 후반 낙동강 하구지역을 중심으로 倭系 土師器가 다수 확인되고 있는데 이를 각종 거래를 위해 이 지역을 왕래하던 倭人들과의 접촉 흔적으로 이해할 때 더욱 그러하다.

이러한 상황에 대응하기 위해 신라는 377년[120](『三國史記』에는 381년) 前秦에 遣使하고, 392년에는 고구려에 質子를 보내는 등 육로를 통해 보다 적극적인 외교정책을 전개하였다. 동시에 4세기 4/4분기 내지 3/4분기에 동래지역에 신라양식 토기가 반입되었다면 신라는 동래지역에 대한 영향력 확대를 통해 任那加羅의 중요 세력기반에 도전하고 있었던 셈이다.[121] 이 편년에 의하면 370년 이후 어느 시점엔가 동래 복천동세력은 김해 대성동세력과 대외교섭에 있어서 입장 차이를 나타내기 시작한 것 같다. 기원후 400년 신라 奈勿痲立干은 결국 백제와 대립관계에 있던 고구려군을 끌어들임으로써[122] 任那加羅의 세력기반을 와해시키는 데 성공하였다. 그리고 이를 발판으로 2년 후 402년에 다시 倭에 未斯欣을 인질로 보냄으로써 倭와 독자적인 교섭관계를 성립시키려고 노력하였다. 고구려 廣開土大王碑文에 나오는 390년대의 가야지역의 상황은[123] 369년 이래 낙동강 하구지역에서 전개된 이러한 사정을 전제로 해석되어야 한다. 이후 고분 부장품에서 나타나듯이 김해, 부산지역이 이전의 지역적 특성을 상실한다는 사실은 任那加羅의 세력기반이 와해되면서 나타나는 현상이다. 한편 신라와 任那加羅가 경쟁하는 와중에서 마산, 고성, 사천, 진주 등지의

---

120) 『資治通鑑』 晉紀.

121) 신라토기가 부장되는 동래 복천동 21, 22호분의 연대는 400년 이후로 편년되어 왔으나 이와 달리 4세기 3/4분기, 또는 4세기 후엽에 가까운 후반으로 편년되기도 한다(李熙濬, 『4-5세기 新羅의 考古學的 硏究』, 서울대 박사학위논문, 1998, 115쪽; 崔秉鉉, 앞의 논문, 2000, 103쪽; 박천수, 앞의 논문, 2000, 100쪽).

122) 주 123 庚子年條 참조.

123) 王健群, 『好太王碑硏究』(일본어판), 1984, 160~161쪽, "倭以辛卯年 來渡海破百殘□□新羅以爲臣民 以六年丙申 王躬率水軍 討伐殘國 …… 九年己亥 百殘違誓 與倭和通 王巡下平壤 而新羅遣使白王云 倭人滿其國境 …… 十年庚子 敎遣步騎五萬 往救新羅 從南居城 至新羅城 倭滿其中 ……".

경남 해안일대의 國들은 독립성을 유지하면서 개별적인 성장을 지속하고 있었다. 5세기 이후에도 지속되고 있는 소가야양식 토기와 아라가야양식 토기의 생산과 유통이 이를 뒷받침하고 있다.124) 이후 가야지역에서는 고령세력의 주도 하에 경상 내륙지방의 각국들 간에 새로운 정치 경제적 질서와 체계가 형성되어 갔다. 그러나 이것은 단순한 移轉과 교체가 아니라 질적, 양적으로 새로운 성장단계로의 진입을 동반하는 것이다.

5. 맺음말

이상에서 낙동강 하구지역을 중심으로 1~4세기 간에 걸친 교역활동의 전개과정을 살펴보았다. 이 시기 낙동강 하구지역은 국제교역의 중심지로 번성하면서 4세기 가야연맹의 핵심세력으로 성장하였다. 그러므로 이 지역을 중심으로 전개된 교역활동에 대한 검토는 4세기 가야사의 성격과 번영의 토대를 이해하는 지름길이 될 수 있다. 이에 검토 내용을 요약하여 맺음말로 삼고자 한다.

기원전 108년 한반도 서북지역에 중국 한나라의 군현이 설치된 이래 중국군현을 구심점으로 하여 주변 토착세력 사이에 다양한 물자교류가 이루어졌다. 토착 지배계급들은 조공과 책봉이라는 형식을 통해 토산물을 바치고 하사품을 받았다. 청동거울, 의책과 같은 외래물자는 이러한 경로를 통해 유입되었다. 그리고 선박을 이용해 한반도 서남해안을 왕래하던 중국 또는 낙랑 등지 상인들의 상거래에 의해 각종 장신구나 낙랑산 물품들이 교역되었으며 중국 화폐가 사용되기도 하였다.

특히 2세기말~3세기대에 이르러 그간에 진행된 철제생산도구 보급과 생산력 증대라는 경제성장을 토대로 삼한 토착사회의 교역욕구가 증대되면서 교역품, 교역종사자의 수가 크게 늘어나고 상거래의 비중이 훨씬 높아졌다. 그리하여 魏代의 군현은 의책, 인수를 남발하였고 마한 등지에서

---

124) 박천수, 앞의 논문, 2000, 99~100쪽.

는 중개무역이 이루어지기도 하였다. 당시 번영의 핵심에 있었던 것이 바로 김해의 弁辰狗邪國과 철이었고 그 편린을 보여주는 것이 김해 양동리 고분군의 부장품이다. 김해지역은 철의 생산과 집산지로서 그리고 철 운송에 유리한 해로교통의 요지라는 이점을 가지면서도 자유로운 접근과 안정적인 교역활동을 보장함으로써 국제교역의 중심지로서의 번영을 누렸다.

이후 3세기말~4세기 초반 북방지역의 정치 문화적 변화는 고구려에 의한 낙랑, 대방군의 축출과 북방문화의 남하 그리고 무기, 무장체계의 개선을 촉진시키는 배경으로 작용하였다. 이러한 정치 문화적 변동은 전쟁과 갈등을 수반하면서 任那加羅라는 보다 확대된 정치체의 출현을 가져왔다. 그리고 북방 육상루트의 활성화와 함께 영남지역에 신라와 任那加羅 양대세력을 축으로 하는 독점적인 교역체계를 성립시켰다. 철과 무기, 무구 등 중요 물자의 교류는 지배계급 간의 정치 외교적 교섭을 통해 이루어졌다. 특히 任那加羅의 핵심세력인 김해 대성동과 동래 복천동고분군의 주인공들은 낙동강 하구의 제해권을 장악함으로써 대왜교역 중심지로서의 이익을 누리고 있었다. 그러나 4세기 후반 任那加羅는 서남해안을 통해 백제-중국 東晉 그리고 남으로 일본열도를 연결하는 해상 교섭루트에 동참함으로써 신라 그리고 고구려와 맞서게 되었다. 기원후 400년 신라 奈勿麻立干은 결국 백제와 대립관계에 있던 고구려군을 끌어들임으로써 任那加羅의 세력 기반을 와해시켰고 가야 각지의 정치 경제적 환경은 새로운 단계에 들어갔다. 이 사건은 비단 가야사뿐 아니라 백제, 신라 및 倭地의 역사전개에도 중요 획기로 작용하였다.

任那加羅와 대가야는 가야사라는 큰 틀 속에 있는 것은 분명하나 시대적 배경과 지리적 배경뿐 아니라 정치 경제적인 운용과 조직 등 여러 부문에서 구분해야 할 요소가 많다. 본고에서 任那加羅만을 다룬 것은 능력의 한계 탓이기도 하지만 다른 중요 까닭이 여기에 있다. 4세기 任那加羅의 영역과 각국 간의 정치 경제적인 관계에 대한 의문은 여전히 연구과제로 남겨져 있다. 보다 체계적이고 종합적인 가야사 이해를 위해 가야사 자체의 시기구분에 좀 더 관심을 기울일 필요가 있다고 생각된다.

가야의 대외관계

이 용 현[*]

1. 머리말

가야의 대외관계를 서술한다는 것은 그리 쉬운 일은 아닌 듯하다. 우선 가야의 대외관계하면 떠오르는 것이 이른바 「임나일본부」 문제이고, 임나 일본부 문제 자체도 그다지 용이한 것이 아니기 때문이다. 가야사 관련 사료가 대외관계 중심으로 남아 있기 때문에, 가야의 대외관계라는 것은, 자연히 가야사 서술이란 문제와 관련된다.

통상 대외관계를 논함에 있어, 관계 상대국가별로 서술하는 방법과 시기별로 서술하는 방법이 있다. 본고에서는 편의상, 먼저 시기별로 축을 세우고, 그 시기별로 관계 상대국과의 관계를 기술하는 방편을 취하기로 한다. 가야사를 서술함에 있어 그 시기구분은 여러 가지가 있을 텐데, 본고에서는 대외관계상 의미있다고 판단되는 사안 혹은 사건들을 기준으로 구분하고자 한다.

먼저 논의전개의 전제로서, 卓淳을 어디로 보는가는 대단히 중대하다. 그 탁순은 구례산과 그 위치가 연동되는 것이어서, 卓(卓淳) - 久禮山을 세트로 고찰하는 것이 자연스럽다.

관련기사로서 가장 중요한 것은 『일본서기』 흠명기에 보이는 백제성왕의 회고이다.

---

* 고려대학교 민족문화연구원

A1. 喙己呑은 加羅와 新羅의 경계에 있어, 連年 공격당하여 패하였다. 任那도 능히 구원할 수 없었다. 이 때문에 멸망하였다. 南加羅는 적고 협소하여 급작스럽게 대비할 수 없었으며, 맡길 바를 알지 못하였다. 이 때문에 멸망하였다. 卓淳은 上下가 두 마음을 먹어 主가 스스로 귀부하고자 하여 新羅에 내응하였다. 이 때문에 멸망하였다. 이로 보건대, 3國이 패망한 것은 실로 이유가 있다.

A2. 新羅는 봄에 喙淳을 取하였다. 이어 우리의 久禮山의 수비병을 내쫓고 급기야 갖게 되었다. 安羅에 가까운 곳은 安羅가 耕種하였고 久禮山에 가까운 곳은 新羅가 耕種하게 되었다.

A3. 삼가 듣건대, 新羅와 安羅 양국의 경계에 커다란 江水가 있어 要害地가 됩니다. 제가(＝백제가) 여기에 의거해 6城을 修繕하고자 합니다. 삼가 天皇에게 3천의 병사를 요청하여 城마다 5백씩 충당하여, 우리 병사와 합하여, 作田하지 못하게 하여 逼腦하게 하면, 久禮山의 5城들은 거의 스스로 병기를 던지고 항복할 것이며, 卓淳國도 復興될 것입니다.

南加羅가 김해, 安羅가 함안이라는 점에는 이견이 없다. 이를 전제로 하여 이상의 A1, A2, A3의 기사들을 근거로 다음과 같은 사실을 추측할 수 있다.

(1) 남가라·안라와 탁순·탁기탄·구례산은 서로 가까운 위치에 있다.
(2) 탁순·탁기탄이 신라왕의 지배 하에 들어간 것은, 남가라의 신라 편입과 거의 일련의 사태였다.
(3) 탁순이 신라군에게 함락된 것, 안라에 가까운 구례산의 백제 수비병이 구축당한 것은 인과관계에 있었다. 즉 탁순이 함락되면, 구례산이 구축당하게 되고, 역으로 구례산을 수중에 넣게 되면 탁순도 회복할 수 있는 관계에 있었다.
(4) 안라에 가까운 낙동강안을 막아 신라와의 관계를 차단하면 구례산의 신라 수비병은 고립된다.

지금까지 탁순에 관해서는 ① 경북 대구설, ② 경남 창원설, ③ 경남 의령설이 제기되고 있다.[1] 여기서 ③설은 탁기탄＝경산, 구례산＝달성으로 보는 일련의 사고와 연동되고 있다. (3)으로 보아, 西에서 東으로, 「백제 - 안라 - 구례산 - 탁순 - 남가라 - 신라」의 순서가 상정 가능하다.

아울러 위의 (1)~(4)의 조건으로 보아, ①설을 취하기는 곤란하다.[2] 이는 大江水＝낙동강의 입장에서, 강을 사이에 두고 안라와 신라가 마주하고 있다는 점을 대전제로 한 것이다. 그런데 大江水＝낙동강이라 하더라도, 안라와 신라가 양자 간에 대치의 경계를 낙동강으로 삼고 있었다고 볼 적극적인 근거는 확실하지 않은 것 같다.[3] 오히려 (3)의 조건을 중시하면, 탁순이나 구례산은 안라＝함안의 낙동강 대안에 있었다고 보기보다는, 낙동강 하류 남안의 안라＝함안과 남가라＝김해의 사이에 있었다고 보는 것이 더 합리적이라고 생각한다.

다음 ①설을 받아들일 수 없는 또다른 이유가, 『양직공도』 백제국사조의 「旁小國」의 기사에서도 찾아진다. 백제의 이웃(旁)에 있었다는 「小國」의 명단에는 가야제국으로서 「叛波」「卓」「多羅」「前羅」의 4개국이 등장한다. 여기서 「叛波」는 加羅 즉 고령이요, 「多羅」은 합천 옥전이요, 「前羅」는 安羅 즉 함안이다. 여기서 「卓」은 卓淳에 다름 아니다. 이는 521년을 전후한 가야지역의 상황인데,[4] 이 시점에서 대구를 말하기란 어렵다고 본다. 자연히 구례산도 낙동강하류의 북안 혹은 중류의 동안에서 찾기는 어렵다고 본다. 역시 탁순은 낙동강하류 남안의 안라와 탁순 사이에서 찾을 수 있으며, 그 후보지로서는 여전히 昌原이 유력하다고 본다. 이러한 점에서 보더라도, 久禮山은 안라(＝咸安)와 탁순(＝昌原)의 사이에서 찾을 수 있으리라 본다. 이상을 전제로 해서 논의를 진행시켜 나가기로 한다.

---

1) 연구사의 정리는 白承玉, 「卓淳의 위치와 성격」, 『釜大史學』 19, 1995 참조.
2) 필자는 석사논문을 쓸 당시 ①설을 취하였었는데(졸고, 「6세기전반경 가야의 멸망과정」, 고려대 석사학위논문, 1986.8.), 이를 기각한다.
3) 그런 점에서 「大江水」를 남강으로 보는 李熙濬의 발상은 흥미롭다(李熙濬, 「신라의 가야 服屬 過程에 대한 고고학적 검토」, 『嶺南考古學』 25, 1999.12).
4) 졸고, 「『梁職貢圖』百濟國使條の『旁小國』」, 『朝鮮史研究會論文集』 37, 1999.10.

2. 3세기 전후

3세기 전후 영남 남부지역의 동향은 『三國志』魏志 東夷傳 韓條의 辰王 관련기사에서 엿볼 수 있다.

> 辰王治月支國. <u>臣智或加優呼臣雲遣支報安邪踧支濆臣離兒不例拘邪秦支廉之號</u>. 其官有魏率善邑君·歸義侯·中郎將·都尉·伯長.

辰王은 月支國(目支國)을 다스리고 있으며, 그 官職에「魏率善」을 두고 있었음을 알 수 있다. 辰王은, 漢의 불안정과「韓濊彊盛」으로 대변되는 재지사회의 성장을 바탕으로 한 漢郡縣으로부터의 이탈을 배경으로, 公孫氏 정권기인 3세기 초경 즉 204년 직후 帶方郡 신설을 계기로 일어났다고 한다. 238년 魏에 의한 대방군 수복과 함께 변화하게 되는데, 246년 조공권 이속을 둘러싸고 일어난 韓族의 대반란과 그 종결과정에서 타격을 입고 멸망하였다고 한다.[5]

그런데 예전부터 밑줄친 부분에 대한 해석을 둘러싸고 논란이 있다.

> 臣智, 或加優呼 …… 之號
> (臣智에게는, 혹 優呼 …… 의 號가 더(加)해졌다.)

「……부분」(<u>臣雲遣支報安邪踧支濆臣離兒不例拘邪秦支廉</u>)에 대한 해석에서, 臣雲은 마한제국의「臣雲新國」, 安邪는 변진한제국 중「弁辰安邪國」, 濆臣은 마한제국 중「臣濆活(혹沽, 혹沾)國」, 拘邪는 변진한제국 중「弁辰狗耶國」으로 보고, 遣支報·踧支·離兒不例·秦支廉은 무엇인가의 號로 여겨지고 있다.[6]

---

5) 武田幸男,「三韓社會における辰王と臣智(上)·(下)」,『朝鮮文化研究』2·3, 1994·1995.

6) 四國說을 처음 주장한 것은 那珂通世(「外交譯史」,『那珂通世遺書』, 1915)이다. 이후 李丙燾(『韓國史(고대편)』, 진단학회, 1959)·武田幸男(주 5의 논문)씨 등도 이에 따르고 있다.

여기서 號를 준 주체에 대해서는 다음과 같이 몇 가지로 의견이 갈리고 있다. 魏, 月支國의 臣智, 辰王라는 견해가 각각 제출되어 있다.

　① 魏[7]
　② 月支國의 臣智[8]
　③ 辰王[9]

月支國의 臣智가 같은 月支國의 臣智에게 수여하였다는 것, 즉 自授하였다고 보는 ②설은 부자연스럽다. ①설은 優呼에 魏와 관련되는 率善官 관련의 표기가 보이지 않는 점, 優呼의 표기가 漢字借音의 표기인 점,[10] 優呼의 표기 속에 國의 표기에 倒置와 誤記가 보이는 점[11] 등의 부정확한 면이 있다. 같은 韓條의 馬韓諸國과 弁辰韓諸國의 국명기술과 비교할 때, 諸國 名簿와 優呼의 사이에 正誤나 우열을 결정짓기란 어렵지만, 표기에 정확성을 결여하고 있음은 움직일 수 없는 사실이다. 고로 魏가 수여했다면, 그러한 오류가 있었을까 하는 의문이 든다.

그러므로 결국 ③설이 보다 타당하다고 여겨진다. 이에 입각해서 보게 되면, 「臣智」는 加號의 객체가 된다. 다시 말하면, 「臣智」는 號를 수여받은 측이 될 것이다. 그렇게 되면 다음과 같이 해석할 수 있게 된다.

　辰王은 月支國을 다스린다 <u>臣智에게는 或 優呼인 臣雲·遣支報, 安邪· 踧支, 瀆臣·離兒不例, 拘邪·秦支廉의 號가 더하여졌다.</u> 그 官에는 魏의 率善 邑君·歸義侯·中郎將·都尉·伯長이 있었다.

그런데 이렇게 볼 경우에도, 「臣智」에 관해서는 해석이 갈리고 있다.

---

7) 三品彰英,「史實と考證 – 魏志東夷傳의 辰國と辰王 – 」,『史學雜誌』55-1, 1946.1.
8) 三上次男,「南部朝鮮における 韓人部族國家の成立と發展(第一編第三)」,『古代東北 アジア史研究』, 1966.
9) 武田幸男, 주 5의 논문.
10) 두 가지는 武田幸男, 주 5의 논문에서 열거되고 있다
11) 諸國 名簿의 '臣雲新'이 優呼에서는 '臣雲'으로, '臣瀆活(沾·沾)'은 '瀆臣'으로, '狗邪'는 '拘邪'로 되어 있어서 脫字·誤字·倒置가 보인다.

　　① 月支國의 臣智[12)]
　　② 諸韓國의 臣智 중의 어떤 자, 구체적으로는 優呼의 4개국의 臣智[13)]

　　①에 따르면 4개국을 아우르는 號를 月支國의 臣智가 갖고 있었던 것이 되고, ②에 입각하면 4국 각각의 臣智들에게 각각의 號가 주어진 것이 된다. ①의 경우는, 月支國은 辰王이 존재하고, 그 아래에 臣智가 존재하며, 그 臣智가 바로 장황한 號를 갖고 있는 것이 된다. 이것은 辰王 아래에 있는 月支國의 臣智가 4개국을 아우른 號를 갖고 있는 것이 되므로, 4개국의 臣智는 月支國의 臣智보다는 등급이 낮거나, 높지는 않다고 할 수 있다. 당연 辰王은 月支國의 臣智 및 4國의 臣智보다 우위에 있던 것이 된다는 점에서, 辰王의 格이 ②의 경우보다는 한 단계 높은 듯한 인상도 있다. ① 이나 ② 어느 쪽을 따르든 간에, 기본적으로 月支國과 諸韓國의 4국과의 사이에 특정 관계가 설정되어 있었음에는 변함이 없다.

　　여기서 4국의 면면을 보면, 「臣雲」=「臣雲新國」(앞은 優呼상의 표기이고, 뒤는 그에 대응하는 韓條 諸國 명부상의 표기이다 ; 이하 같음), 「安邪」=「弁辰安邪國」, 「瀆臣」=「臣瀆沽」(혹沾, 혹活[14)])國, 「拘邪」=「弁辰狗邪國」으로, 2개국은 마한의 나라, 2개국은 변진(혹 변한)의 나라이다. 그런데 4개국은 모두 서해안과 남해안에 면한 해상연안 교통의 요충지에 위치하고 있다.[15)] 따라서 이 4개국은 중국과의 교통에 있어서, 辰王에 이어 교역 네트워크상의 중간중개자·조정역으로 기능하고 있었음을 지적해 두고자 한다.

　　4개국 안에 변진한 혹은 변진을 대표하여, 安邪國과 狗邪國 2국이 등장하고 있는 점은 주목된다. 즉 安邪와 狗邪는 남해안 항로를 중심으로 하는 연안교통의 결절지에 입지하면서, 辰王과의 관계를 매개로, 중국, 직접적

---

12) 武田幸男, 주 5의 논문.

13) 田中俊明, 『大加耶連盟の興亡と「任那」』, 1992.

14) 판본대교는 윤용구, 「『三國志』 韓傳 對外關係記事에 대한 一檢討」, 『마한사 연구』(백제연구총서6), 1998.

15) 武田幸男, 주 5의 논문.

으로는 帶方·樂浪의 兩郡과 弁辰韓의 재지사회의 교역에서 우선권을 거
머쥐게 되었던 것이다. 이는 弁辰韓사회에서 兩國의 우위성을 담보해주는
것이었다. 바꿔 말하자면, 변진한지역은 狗邪·安邪의 2强체제가 구축되
었던 것이라 할 수 있다.

　公孫氏가 몰락하고 帶方郡을 접수한 魏가는 재지사회의 수장들을 직접
파악하려 했었는데, 여기에는 종래의 재지적 제 관계를 바탕으로 하고 있
다. 그래서 3세기 전반에 양성된 弁辰韓 혹 弁辰지역에 있어서의 교역체
계 및 역학관계의 틀이, 公孫씨의 몰락과 함께 辰王체제가 붕괴한 이후에
도, 400년경까지 지속적으로 기능하였다고 추정된다.

　바로 뒤에서 서술할 「廣開土王碑」 庚子年(400년)의 기사에서 「任那加
羅」와 「安羅」가 전쟁수행의 중심적 역할을 하고 있는 것은, 바로 3세기 전
반의 변진=가야지역의 제 관계가 4세기에도 기능하고 있었음을 보여준다.
다시 말해, 이 비문에 보이는 「任那加羅」「安羅」 중심의 남부가야의 구도
는 그 연원을 3세기 전반의 辰王體制에서 찾을 수 있다. 그런데 이러한 구
도의 존립기반이 해안간선 항로를 통한 대외교역과 밀접한 관련이 있었다
는 사실은 5세기 가야지역의 세력변동을 이해하는 데 중요하다.

3. 3세기~4세기 후반

1) 百濟 및 倭와의 관계

　4세기 가야의 대외관계를 파악함에 있어 중요한 1차 자료는 단연 일본
奈良市 石上神宮의 「七支刀銘」이다. 그 명문은 다음과 같다.

[앞면] 泰和四年 □月十六日 丙午正陽 造百鍊鋼七支刀 生辟百兵 宜□供侯
　　　王 □□□□作 (태화 4년, □월 16일 병오 정양에, 백련강의 칠지도를
　　　만들어 백병을 물리치니, 마땅히 후왕에게 줄 만하다. □□□□□ 제작)
[뒷면] 先世以來 未有此刀 百濟王世子奇生聖音 故爲倭王旨造 傳示後世(선

세 이래 이러한 칼이 없었다. 백제의 왕세자 기생성음이 짐짓 왜왕의 뜻을 따라 만들었다. 후세에 전하여 보여라.)

이에 대한 석독과 해석은 다양하지만, 대체적으로 4세기 중엽 백제와 왜의 공식외교 개시의 기념물로 보는 데에는[16] 이견이 없다. 이러한 백제와 왜의 공식외교관계 개시에 남부가야가 관여한 형적이『日本書紀』에서 찾아진다.『日本書紀』神功紀 46~49년조에, 「卓淳」을 중개로 하여 백제가 왜와 왕권간 외교를 개시한다는 설화가 전해지고 있다.『日本書紀』편자의 편년을 기계적으로 2주갑 인하하면, 이때는 4세기 3/4 분기에 해당된다. 양국을 중개했다는 「卓淳」이란 이름이 당시의 이름이었는지는 의문의 여지가 있는데, 남부가야의 중개에 의해 양국 혹 양지역 간의 교통이 개시되었을 개연성은 대단히 짙다. 시기적으로도, 七支刀와 神功紀와는 정합성이 있다. 그러므로 4세기 3/4 분기에 남부가야의 중개로 백제와 왜가 교통했다 함은, 그 이전에 남부가야가 각각 왜 및 백제와 교통관계에 있었음을 전제로 한다.

4세기 가야지역 혹 변진지역 교통의 중심은, 앞에서 보았듯이, 狗邪(김해)와 安邪(함안)였다. 이들 중 특히 狗邪의 경우는, 3세기 이래로, 대방군(지금의 황해도)에서 왜(일본열도)에 이르는 해로상 교통의 요지이자 결절지였다. 중국의 군현을 매개로 해서 변진지역에서 생산되던 鐵을 동아시아로 유통하는 과정에서, 狗邪는 자연 倭와 교류를 갖고 있었음은 주지의 사실이다. 왜와의 교통개시가 정확히 언제인지는 알기 어려우나, 이르면 3세기로 소급될 수도 있지 않을까 한다.

辰王체제 속에서 安邪와 狗邪는 月支國과 교통관계에 있었고, 그들이 百濟가 영역국가로 성장하여 대두하게 된 뒤에는, 자연스럽게 백제와 교통했을 것이다. 또 그 가야지역의 백제와의 교통개시 시기는, 백제가 영역국가로 성장하던 근초고왕대(346~374)에서 크게 벗어나지 않을 것이다. 그러므로 가야는 4세기 중엽 아마도 근초고왕대에 백제와 교통하기 시작했

---

16) 鈴木靖民, 「石上神宮七支刀銘についての一試論」,『坂本太郞博士頌壽記念 日本史學論集』, 1983.

다고 보여진다.

2) 신라와의 관계

3~4세기의 가야의 대 신라관계를 살펴보는 데 있어,『三國史記』「新羅本紀」의 초기기록이 주목된다. 거기에는 加耶와 新羅의 交戰기사가 자주 등장하고 있기 때문이다. 소개하면 다음과 같다.

B1. 脫解尼師今二一年秋八月 阿湌吉門與加耶兵 戰於黃山津口 獲一千餘級 以吉門爲波珍湌 賞功也

B2. 婆娑尼師今十五年春二月 加耶賊圍馬頭城 遣阿湌吉元 將騎一千擊走之

B3. 婆娑尼師今十七年九月 加耶人襲南部 遣加召城主長世拒之 爲賊所殺 王怒 率勇士五千 出戰敗之 虜獲甚多

B4. 婆娑尼師今二十七年秋八月 命馬頭城主 伐加耶

B5. 婆娑尼師今二十九年夏五月 遣兵伐比只國・多伐國・草八國 幷之

B6. 祗摩尼師今四年春二月 加耶寇南边

B7. 祗摩尼師今四年秋七月 親征加耶 師步騎度黃山河 加耶人伏兵林薄 以待之 王不覺直前 伏發圍數重 王揮軍奮擊 決圍而退

B8. 祗摩尼師今五年秋八月 遣將侵加耶 王帥精兵一萬 以繼之 加耶嬰城固守 會久雨 乃還

전쟁의 무대로서 등장하는 곳은 黃山津・黃山河(B1・B7), 馬頭城(B2・B4), 南边・南部(B3・B6)이다. 黃山河는 낙동강하류를 가리키며, 黃山津은 그 낙동강하류와 관련된 교통의 요지일 것이다. 馬頭城의 위치에 대해서는 경남 居昌郡 馬利로 보는 설과 경북 淸道郡 馬谷山頂으로 보는 설이 있는데,[17] 낙동강 하류의 北岸지역으로 보여진다. 또 南辺·南部도 그와 관련이 있을 것으로 짐작된다. 이렇게 보면, 新羅와의 전쟁 주체가 되고 있는 「加耶」란 적어도 낙동강하류 이남의 세력과 불가분의 관계에 있다. 그 점에서 그 「加耶」를 생각함에 있어 金海를 비롯한 남부가야를 빼놓을 수 없다.

위의 일련의 자료들에서 낙동강하류를 경계로 해서 신라와 남부가야 세력이 공방을 거듭하였던 모습을 그려낼 수 있다. 또 B5의 比只國·多伐國·草八國은 그 위치비정에 대해서는 定見이 없다. 그런데, 예를 들어 比只를 比斯伐(昌寧)으로 보는 등 그 나라들이 가야제국과 관련이 있다고 볼 수 있다면,[18] 신라의 가야지역에 대한 공격이 격렬의 도를 더하게 되었다고 해석할 수 있을 것이다. 위 기사의 紀年을『삼국사기』편자가 설정한 그대로 받아들이기는 어렵다. 이 기사가 사실에 대한 반영이라고 한다면, 뒤에 볼 광개토왕비문과 결부시켜 생각할 때, 400년에서 아마도 그리 떨어지지 않은 앞선 시기, 즉 4세기 후반 또는 4세기 중후반의 상황이라고 볼 수 있다.

광개토왕비문의 영락 10년(400)조를 보면, 倭가 고구려의 보병과 기병 5만의 대군에게 몰려 쫓겨나 달아난 종착역이 「任那加羅」였는데, 이는 신라를 공격한 倭가 한반도의 기착점으로 삼은 곳이 「任那加羅」였음을 시사한다. 3세기 帶方郡에서 倭의 對馬國에 이르는 道程에 대해『魏志』倭條에서 "대방군에서 왜에 이르기까지, 해안을 따라 물길로 한국을 거처 남으로 가다 동으로 가서, 그 북안의 구야한국에 이르기까지 7천 리, 거기서부터 처음으로 바다를 건너 7천여 리 가면 대마국(＝쯔시마국)에 이른다."[19]라고 하듯, 任那加羅 즉 狗邪(김해)는[20] 倭가 중국의 군현 혹은 한반도로

---

17) 제설에 관한 정리는 李永植,『加耶諸國と任那日本府』, 1993 참조.

18) 比只國·多伐國·草八國은 그 위치 비정에 定見이 없다. 단 比只를 比斯伐(昌寧)으로 보는 견해도 있다. 李永植, 주 17의 책 참조.

19)『魏志』倭條, "從郡至倭 循海岸水行 歷韓國 乍南乍東 到其北岸狗邪韓國七千里 始渡一海 千餘里 至對馬國".

20) 任那加羅를 김해에 비정할 수 있는 것에 대해서는 白承玉,「3~5세기의 남부가야

나아갈 때의 교통의 관문이었다.

또한 앞에서 살펴본 고구려가 신라와 가야지역에서 倭를 격퇴하는 과정에 任那加羅와 安羅가 등장하는 사실(「광대토대왕비」 영락 10년조)과 4세기 후반 倭가 백제와 교통을 개시하게 되는 것이 卓淳(喙淳・卓 ; 경남 창원)이라는 남부가야를 매개로 하였다는 사실(『일본서기』 神功紀 46~49년조)은, 신라지역에 대한 倭의 공세가 남부가야와의 연계 속에서 이뤄지고 있었음을 말해준다.

이를 통해 볼 때, 4세기 중후반 남부가야는 낙동강하류를 사이에 두고 신라와의 대결이 격화되자 倭의 군사력을 對신라전선에 투입하였음을 알 수 있다. 남부가야와 신라의 경쟁에서 倭가 남부가야 측에 가세하게 되자, 결국 균형이 남부가야로 기울기 시작하게 되었을 것이고, 이것이 바로 399년 신라가 고구려에 구원을 요청하는 배경이 되었던 것이다.

영락 10년(400)조 이후에 보이는 백제 - 남부가야 - 왜의 라인 형성은, 4세기 후반으로 소급된다고 볼 수 있다.

3) 포상팔국의 난에 대한 해석

『三國史記』와 『三國遺事』에는 浦上八國의 亂에 관한 기사가 보인다. 이것은 한국사서에 보이는 얼마 되지 않는 가야관계 기사이기도 하다. 대충 이야기 하자면, 新羅奈解尼師今期(삼국사기의 연대 그대로는 196~226년)에 이른바 포상팔국이 加羅 혹은 安羅에 침입했는데 이것을 신라가 구원하였다는 내용이다.

이에 대해서는, ① 斯盧세력의 확대,[21] ② 경상남도 해안 일대의 김해세력(狗邪國)에 대한 도전,[22] ③ 首露집단 쇠퇴와 사로세력 팽창의 반영,[23]

제국」, 『加耶史大觀』所收, 1998.

21) 이종욱, 『新羅國家形成史研究』, 1982.

22) 이현혜, 「4세기의 가야사회의 교역체계의 변천」, 『韓國古代史研究』 1, 1988.7.

23) 白承忠, 「1~3세기 가야세력의 성격과 그 추이 - 수로집단의 등장과 浦上八國의 亂을 중심으로 - 」, 『釜大史學』 13, 1989.

④ 4세기 전반 낙랑군의 약화·소멸에 의한 선진문물의 교역의 단절, 그로 인한 가야지역의 혼란,[24] ⑤『日本書紀』推古朝의「任那」「任那의 調」관계기사와 결부시킨 7세기 신라와 가야 잔여세력의 충돌[25] 등의 해석이 있다. ①, ②, ③이 그 연대를『삼국사기』·『삼국유사』기록 그대로 3세기 초로 하고 있는 반면에, ③과 ④는 3세기 초가 아니라 4세기 전반 혹은 7세기로 보고 있다.

黃巾의 亂 발발로 시작된 後漢의 大動亂, 그에 따른 東北아시아 지배의 거점이었던 樂浪郡의 붕괴는, 濊·韓·倭에 대한 통제의 이완을 초래했다. 그때까지 後漢의 특히 郡을 중심으로 한 체제가 흔들리고, 濊·韓·倭지역에 각각 무통제·전쟁 등의 유동적 상태가 일어났다. 이러한 현상은 連動·連鎖的인 움직임이었다고 할 수 있는데, 변진한지역에 이어 倭에도 커다란 동요(「大亂」)를 가져왔다.

그러므로 포상팔국의 난은 2세기말 동아시아적인 동란에서 기인한 변진한지역의 동요로 파악할 수 있다.[26] 이는 변진한시대의 변진한의 상호관계를 이야기해 주는 사료이다.

4. 4세기말~5세기 초반

1) 고구려의「南征」

5세기 벽두의 가야지역의 대외관계를 논하는 데 있어서 빼놓을 수 없는 사료는「광개토왕비」이다. 비문에 따르면 400년(영락 10년, 庚子年)에 가야지역에는 고구려의 공격이 미치게 된다. 400년 고구려의 한반도 남부지역 정벌을 본고에서는 통칭에 따라「南征」으로 약칭한다.

C1. [永樂]十年(400)庚子 敎遣步騎五萬 往救新羅 從男居城 至新羅城 倭滿

---

24) 金泰植,『加耶聯盟史』, 1993.
25) 三品彰英,「聖德太子の任那對策」,『聖德太子論集』所收, 1971.
26) 미발표졸고,「포상팔국의 난에 대하여」.

其中 官□方至 倭賊退□ 侵背急追至**任那加羅**從拔城 城卽歸服 **安羅人
戍兵**□新□□□城倭□大城大××盡×□尖**安羅人戍兵**□□城□□其□□
□□□□□□言□□□□□□城□城□××××××××□□□□□□□□□辭
□□□□□□□□□□□□□□**安羅人戍兵** 昔新羅寐錦 未有身來
論事 □□□□□開土境好太王□□□□寐錦□□僕勾□□□□朝貢 (× ;
탁본에 拓字가 보이지 않는 부분, □ ; 석독할 수 없는 字)

위의 기사(C1)에 의하면, 고구려 광개토왕은 5만의 보병과 기병을 파견
하여 신라를 구원하게 하였다. 男居城에서 新羅城에 이르기까지 가득했던
倭는 고구려 관군이 도착하자 달아나기 시작했다. 달아나는 倭를 추격하여
任那加羅의 從拔城에 이르렀고, 이에 從拔城이 항복하였다는 내용이다.
이는 영락 9년조의 기사에 "九年己亥 百殘違誓 與倭和通. 王巡下平穰 而
新羅遣使白王云 「倭人滿其國境 潰破城池 以奴客爲民. 歸王請命」 太王
恩慈 稱其忠誠. □遣使還告以□計"라 한 것으로 보아, 신라의 구원요청에
응답하는 형태로 이루어진 것이었음을 알 수 있다.

(1) 「任那加羅從拔城」의 해석

「任那加羅從拔城」의 해석에 대해서는 다음과 같은 견해가 있다. 먼저
「從拔」을 동사로 보아,

> [고구려가 달아나는 왜를] 추격하여 任那加羅에 이르러 城을 뽑자(＝함
> 락시키자), 城이 歸附하여 복종하였다.

고 해석한 견해이며,[27] 「從拔城」 자체를 고유명사로 보아

> [고구려가 달아나는 왜를] 추격하여 任那加羅從拔城에 이르자, 城이 귀
> 부하여 복종하였다.

---

27) 鈴木靖民, 「好太王碑の倭記事」, 『東アジアの古代文化』 44, 1985.

고 해석하는 견해이다.[28] 후자가 일반적으로 많은 지지를 얻고 있는데 필자도 후자가 타당하다고 본다. 즉「任那加羅」의「從拔城」이 되는 셈이다.

이와 관련하여 짚고 넘어갈 논의가 있다. 김태식씨는 비문에 보이는「任那加羅」를「任那」와「加羅」의 兩者로 분리하여 파악하는 새로운 說을 주장하고 있다.[29]「任那」는 창원과 관련된 지역이고「加羅」는 김해와 관련된 지역이라고 위치를 추단하고 있다. 그런데 그 위치가 어디인가에 관계없이, 金설에 입각하면,「任那加羅從拔城」이란「任那」와「加羅」의「從拔城」이 되게 된다. 즉「從拔城」은 任那와 加羅에 兩屬的인 城이었다는 것이 된다. 이 점은 고대 가야지역의 城 혹 그 지역의 지배구조와 관련하여 중대한 문제가 될 수도 있는데, 채택하기에 매우 곤란을 느낀다.

從拔城에 대한 고구려의 인식과도 관련해서, 여기서의「任那加羅」는 바로「任那」를 가리킨다고 보아도 무리 없다고 생각한다. 곧『일본서기』에 보이는 협의의「任那」에 대해서 5세기 1/4 분기의 고구려는「任那加羅」로 지칭·인식하고 있었다고 보여진다.「任那」는 바로 김해지역이다. 한편 이전부터 비문의「任那加羅」를 고령으로 인식하는 견해들도 있지만,[30] 이는 상당한 무리가 따르므로 채택하기 어렵다.[31]

(2)「安羅人戍兵」의 해석

이어 C1의 밑줄 친「安羅人戍兵 …… 安羅人戍兵」의 문장은 석독할 수 없는 자가 많아, 정확한 해석이 어렵다. 그 다음 기사에, 이전까지 신라의 매금은 몸소 와서「論事」한 적이 없었는데「朝貢」하게 되었다고 한 것을 보면,「安羅人戍兵 …… 安羅人戍兵」에는 고구려의 전선에서의 활약상이 그려져 있었을 것으로 여겨진다.

「安羅人戍兵」에 대한 해석에 있어서는 다양한 의견이 제기되고 있는데,[32] ① 安羅(=阿羅加耶)人 戍兵으로 보는 견해, ②「安」을 동사로 보

---

28) 武田幸男,『高句麗史と東アジア』, 1989.
29) 金泰植,「廣開土王陵碑文의 任那加羅와 ‘安羅人戍兵’」,『韓國古代史論叢』6, 1994.
30) 최근의 것으로는 李永植, 주 17의 책.
31) 그에 대한 비판으로 白承玉, 주 20의 논문.

아, 「羅人」＝新羅人 혹 邏人을 安置하였다고 보는 견해로 간략히 대별할 수 있다. 필자는 ①이 옳다고 본다. 비문의 상기 문제 부분을 제외하고서 「新羅」를 「羅」로 약칭한 예는 보이지 않는다. 또한 「羅人」을 「邏人」 즉 술라병으로 보는 견해는, 「邏人」과 「戍兵」이 중복되는 점 때문에 부자연스럽다.

문맥으로 보아 ①의 해석이 곤란하다는 견해도 있다.[33] 그러나 석독되지 않는 부분이 많은 것을 감안하면 해석 자체에 제약이 따르므로, 확실한 논거가 되기는 어렵다고 본다. 따라서 비문의 「安羅人戍兵」은 「安羅人·戍兵」, 즉 安羅人 수비병으로 해석하는 것이 가장 합리적이다.

(3) 남부가야와 倭의 연합작전

위의 영락10년 기사(C1)에서 확인할 수 있는, 가야제국 관련 단어는 「任那加羅從拔城」과 「安羅人·戍兵」이다. 결론부터 이야기하면, 광개토왕의 가야지역 정벌과 관련된 혹 연루된 것은 「任那加羅」와 「安羅」였다.

먼저, 광개토왕이 파견한 보병과 기병 5만이 남거성(위치 미상)에서 신라성(지금의 경주) 사이의 왜를 토벌하자, 왜가 달아난 곳이 「任那加羅」의 從拔城이라고 했다. 퇴각로를 가지고 399년 왜의 신라공격 진출로를 추적한다면, 일본열도(아마도 구주지역) → 종발성(김해) → 신라성(경주)이었다고 추정할 수 있을 것이다. 이는 왜의 신라지역 공격에 任那加羅가 깊숙이 관여하고 있음을 보여주는 대목이다. 즉 任那加羅가 군사기지(＝城)를 제공하고, 신라공략의 길을 안내하였을 것으로 상정되는 것이다.

다음은 「安羅人·戍兵」의 존재이다. 「安羅人·戍兵」이란 글자 그대로 안라인 수비병 혹 수비군이란 뜻인데, 「安羅」는 지금의 경상남도 함안의 유서 있는 가야제국 중 하나다.『삼국유사』에 나오는 5가야(혹 6가야)의 하나인 「阿羅伽倻」,『일본서기』에 보이는 「安羅」 혹 「安羅國」,『梁職貢圖』百濟國使條의 「前羅」,『三國志』 魏志 東夷傳 韓條의 「安邪」 혹 「安

---

32) 연구사에 대한 정리는 鈴木英夫,『古代の倭國と朝鮮諸國』, 1996 참조.
33)「金泰植, 주 29의 논문, 1994.

邪國」이 이와 관련된다. 고구려의 신라구원 원정 중에, 그 戰場이 어디까지였는가가 문제된다. 新羅의 남거성에서 신라성(＝경주), 「任那加羅」가 전장이 되었음도 읽어낼 수 있다. 하지만 「安羅」의 경우는 불분명하다. 「安羅人 戍兵」＝안라인 수비병이란 단어를 되새겨보면, 이는 安羅人들의 행동반경에 관한 것이므로, 반드시 「安羅」가 전장에 들어간다는 적극적인 근거는 아닌 듯하다.

결국 대고구려 및 대신라전선에서, 任那加羅 - 安羅 - 倭가 공동전선을 형성하였던 것이며, 그 과정에서 안라인 수비병이 任那加羅 주변의 전선 혹은 신라전선에 배치되고 있었던 것일 것이다. 「安羅戍兵」이나 「安羅國戍兵」이란 표현을 쓰지 않고 「安羅人 · 戍兵」이란 표기를 쓴 점은, 남부가야와 倭의 연합군대 편제와 관련있는 것이 아닐까 싶다.

기본적으로 비문에 보이는 구도는 고구려 - 신라 라인 대 백제 - 남부가야 - 왜 라인의 대결이다.34) 백제 - 남부가야 - 왜 라인의 결성 경위는 앞의 3장에서 본 바와 같이, 4세기 후반에서 찾을 수 있다. 즉 가야제국 중에서 任那加羅와 安羅가 중심이 된 남부가야가 倭와 함께 신라전선을 압박하였던 것이다. 영락 10년(400) 고구려 南征의 직접적 계기가 되고 있는 영락 9년(399)의 「倭人滿其國境 潰破城池」의 상황과 영락 10년의 「男居城에서 부터 新羅城에 이르기까지 倭가 그 안에 가득한」 상황은, 任那加羅와 安羅 즉 남부가야의 倭에 대한 배후지원 없이는 성취될 수 없는 것이었을 것이다.

이상을 바탕으로 위의 기사(C1)를 해독하면 다음과 같다.

C2. [영락] 10년(400) 庚子, [광개토왕이] 보병과 기병 5만을 파견하여 가서 新羅를 구원하였다. 男居城에서부터 新羅城에 이르기까지 倭가 그 안에 가득하였다. 官□(＝官軍일 듯 ; 고구려군)이 이르려 하자, 倭賊이 달아났다(退□). 추격하여 **任那加羅**의 從拔城이르자, 城(＝종발성)이 곧 歸服하였다. ㉮ **安羅人戍兵**이 □新□□□城倭□大城大××盡×□尖**安羅人戍兵**□□城□□其□□□□□□□□□言□□□□□□□城□城□×××××××××□

---

34) 졸고, 「廣開土王碑文에 보이는 각국의 군사전략」, 『軍史』 39, 1999.12.

□□□□□□□□**辭**□□□□□□□□□□□□□□□□□**安羅人戌兵**. 옛적
에 新羅의 寐錦이 몸소 [고구려에] 와서 [신라의 政]事를 논한 적이 없었
다. ⓙ □□□□□**開土境好太王** □□□□**寐錦**□□**僕勾**□□□□ **朝貢**하
였다. (×탁본에 拓字가 보이지 않는 부분, □석독할 수 없는 字)

밑줄 친 ㉮의 바로 뒷 부분에서 전후처리 및 신라의 고구려에 대한 보답
이 서술되고 있는 것으로 보아, ㉮ 부분은 고구려의 가야지역전선에서의
전과가 기술된 부분이라고 보여진다. ㉮는 安羅人 戌兵으로 시작되는 것
으로 보아, 安羅人 戌兵＝守備兵의 전선에서의 활동이 묘사된 것으로 보
이며, 또한 안라인 수병으로 끝나는 것으로 보아, 이것이 목적어가 되므로,
안라인 수병을 어떻게 했다는 것이 된다. 추정하자면, 고구려 군대가 안라
인 수병을 격퇴했다든가 하는 타격을 입혔다는 내용이 올 듯하다.

㉮ 부분에서 「城」이 5군데 확인되는데, 정확한 명칭은 확인할 수가 없
다. 또 「倭」가 1군데 등장한다. 이들 「城」들이 從拔城과 동의어라고 한다
면, 종발성이 고구려에 함락되고 난 다음, 종발성 탈환을 둘러싸고 「安羅
人 戌兵」과 「倭」가 반격했을 가능성을 상정할 수 있다. 또 이들 「城」이 종
발성과 동의어가 아니라면, 고구려의 종발성 점령 이후 전선이 확대되어,
인근의 여러 城에서 고구려 대 「안라인 수병」·「왜」의 격전이 이루어지고
있었다고 추정된다.

밑줄친 ㉯는 바로 앞의 신라매금 관련기사에 연속되는 문장으로 여겨진
다. ㉯의 제일 마지막이 「朝貢」으로 끝나고 있다. 「朝貢」에 대해서는 이
비문에서 다른 3곳의 용례를 찾을 수 있다. 「由來朝貢(그 이후로 계속해서
조공하였다)」(6년 丙申條의 전치문), 「自此以來朝貢論事(이로부터 조공하
여 정사를 논하였다)」(8년 戊戌條), 「中叛不貢(도중에 반란을 일으켜 조공
하지 않았다)」(20년 庚戌條)가 그것인데, 모두 동사로 쓰이고 있다. 그러니
㉯의 말미의 「朝貢」도 「조공하였다」로 해석할 수 있다. 그 조공관계는 신
라가 고구려에게 「조공하는」 방향이었음에 이론이 없다. 결국 ㉯ 부분은
＜고구려의 戰果, 신라전선에서의 공헌 → 신라 매금의 조공·논사＞의 서
술이라고 보여진다. 그러므로 일찍이 菅政友의 "옛적부터 신라가 와서 조

공한 적이 없었지만, 지금 광개토왕 때에 이르러 왜적을 격퇴한 기쁨에 의해 스스로 조공하게 되었다"는 추정 해석[35]은 올바르다 하겠다.

(4) 「百殘□□新羅」의 「□□」

이른바 신묘년조, 엄격히 말해서, (영락) 6년 병신조의 전치문에 다음과 같은 기사가 있다.

> 百殘新羅 舊是屬民 由來朝貢 而倭以辛卯年來 渡海破百殘□□新羅 以
> 爲臣民

이 중에서 밑줄 친 □□ 부분을 任那로 읽는 견해에 대해 살펴보자. 여기에는 동사나 명사가 올 수 있다. 먼저 동사로 보는 견해 중엔 「招倭」「連侵」[36]「東□(招誘라는 의미의 동사)」[37] 등이 추정 補塡되고 있다. 이는 물론 비문 전체에 대한 연구자 자신의 구도에서 기인한 것이다. 박시형의 경우는 "고구려가 바다를 건너 왜를 격파였는데, 백제가 신라를 침입하여 신민으로 삼았다"는 자설에 입각한다. 한편 명사로 볼 경우는 목적어에 해당하는데, 그 후보에 「安羅」「任那」「加羅」가 있다.[38] 비문에서는 「任那加羅」로 보이고 있기 때문에, 「任那」나 「加羅」가 오기에는 위화감이 있다. 또 「安羅」가 온다고 보기에도, 가야제국의 대표성 문제에서 「任那加羅」와의 관계 면에 문제가 있다. 그러므로 비문 전체의 맥락과 필법에서 보건대, 국명이 오기는 어렵지 않을까 한다. 그렇다면, 동사가 왔을 공산이 큰데, 주어를 倭로 놓고 보면 「招倭(왜를 불러)」는 상정하기 어렵다. 결국 어떤 글자인지 정확히 읽어내기는 어렵지만, 「破百殘」의 「破」와 유사한 의미의 동사이지 않았을까 하고 추정해 둔다.

---

35) 菅政友, 「高麗好太王碑銘考」, 『史學會雜誌』 24, 1891.
36) 「招倭」「連侵」 둘다 박시형, 『광개토왕릉비』, 평양 : 사회과학원출판사, 1966.
37) 손영종, 『광개토왕릉비문연구』, 중심, 2001.
38) 李亨求·朴魯姬, 『廣開土大王陵碑新研究』, 동화, 1986에서는 「倭寇」로 석독.

2) 「南征」이후

4세기 말에 등극하여 外征에 크게 업적을 남긴 광개토왕은, 370년 북중국을 통일한 前秦에 사신을 파견하여 교통을 개시함으로써 불교를 전해받고 율령을 공적으로 수용·시행하였다. 유교교육기관을 설치하고, 禮制를 정비하였는데, 이 모두는 선대의 정치작업에 힘입은 바 크다. 이러한 광개토왕은 外征을 통해 百濟領을 크게 획득하고, 그와 동맹관계에 있던 왜·남부가야를 쳐부수어 신라를 고구려 수하에 두는 데 성공하였다. 이러한 고구려의 석권은, 그 후 遠征處에 있어 군사적·정치적으로 커다란 자극을 주었다. 가야지역에도 큰 자극을 주었음은 물론이다. 고고학적으로 여러 가지 증거가 제시되고 있다.

6세기의 가야 국명에 새롭게 보이는 것 중 하나가 「卓淳(喙淳)」「喙己呑(喙國)」인데, 이 「탁」에 대해 400년 고구려의 南征과 관련시켜 보는 견해[39]가 새롭게 등장하여 주목할 만하다. 탁순과 탁기탄은 安羅(함안) 以西의 동부 경남으로 여겨지는데, 앞서 추정한 南征時 전장과 일치한다. 일반적으로 南征으로 「任那加羅(＝狗邪國)」가 쇠락하고, 대신 내륙의 高靈이 발전하여 「加羅(＝大加耶, 伴跛)」가 두각을 드러내게 된다고 설명된다.[40] 즉 4세기까지 가야지역의 중심을 이루어왔던 安羅(함안)와 任那加羅(김해)의 약화로 남부가야 제국의 재편성이 이루어진다고 파악된다. 任那加羅(김해)는 세력이 약화되고 인구의 이동이 추정되고 있다. 일찍이 任那加羅로부터 倭 및 加羅로의 인구이동이 가설로 제기되어 왔다. 최근에는 多羅(합천 옥전)로의 인구이동도 주창되고 있는데,[41] 이것이 성립된다면 주목될 만하다 하겠다. 安羅는 任那加羅와 달리 직접 전쟁의 무대가 되지는 않아 타격이 任那加羅 정도는 아니었던 것 같다. 대신, 고구려의 위력 아래 동부경남지역에 탁기탄·탁순이 고개를 들고, 加羅와 多羅가 대두하게 되는 계기를 마련하였다 할 수 있겠다.

---

39) 山尾幸久, 「倭王權と加耶諸國との歷史的關係」, 『靑丘學術論集』, 1999.

40) 대표적인 것이 金泰植, 주 24의 책 ; 田中俊明, 『大加耶連盟の興亡と「任那」』, 1992.

41) 조영제, 「多羅國의 成立에 대한 研究」, 『가야 각국사의 재구성』, 혜안, 2000. 물론 향후 정밀한 검증이 필요하다.

3) 백제로부터의 인구유입

『일본서기』繼體 3년조에서는 4세기말 5세기초에 백제로부터 가야지역
으로의 인구유입의 흔적을 찾을 수 있다.

D. 三年春二月 遣使于百濟[百濟本記云 久羅麻致支彌 從日本來 未詳也] 括
   出在任那日本縣邑 百濟百姓 浮逃絶貫 三四世者 並遷百濟附貫也 (사신
   을 백제에 파견해서[백제본기에는 久羅麻致 기미(支彌)가 일본에서 왔다고
   하나, 미상이다], 임나의 일본현읍에 있던 백제백성으로서 달아나 (백제)호
   적에서 누락된 지 3~4세대가 지난 자들을 모두 추쇄하도록 하였다.)

   계체 3년은 509년에 해당한다. 3~4세대는 1세를 30년으로 환산하면, 90
~120년에 해당된다. 고로, 백제백성이 가야지역으로 유입된 것은 389~
419년 언저리의 일로 볼 수 있다. 즉 4세기 4/4 분기~5세기 1/4 분기 혹은
4세기말~5세기초로 볼 수 있다. 그런데 「任那日本縣邑」은 문자 그대로
취하기는 어렵다. 이 기사는 대체적으로 임나지역에 있는 백제백성의 송환
문제라 볼 수 있을 것이다. 여기서 「任那」가 정확히 어느 지역이라고 찝어
내기는 어렵지만, 가야지역이라고 보아 크게 문제되지 않을 것이다. 적극적
인 근거는 없지만, 倭와의 관계를 정황적으로 고려하면, 남부가야지역이 후
보가 되겠다.

   4세기말 5세기초 백제백성의 가야지역으로의 유입 배경은, 백제와 고구
려의 관계에서 찾을 수 있지 않을까 한다. 「광개토왕비」에 의하면 396년에
백제는, 고구려의 거대한 공격에 의해 국왕인 阿華王(阿莘王)이 직접 고구
려왕에게 충성을 맹서하고, 인질로서 국왕의 동생과 대신 10여 명을 보내
고 사죄금으로 男女生口 1천 명과 가는 베(細布) 1천 필을 바치는 일대 위
기를 맞이하게 된다.

   또한 『삼국사기』에 의하면, 4세기 후반의 백제는 고구려의 빈번한 전쟁
을 벌이고 있다. 辰斯王 때에는 386·387·389·390·391년에서 그 기록
을 찾을 수 있는데,[42] 辰斯王은 이 전투로 인해 사망한 것으로 보인다. 또
한 阿莘王 때에는 394·395·396·399년에서 그 기록을 찾을 수 있다.[43]

이러한 전쟁 중에 인구의 유동은 있을 수 있는 일이고, 백제백성의 가야로의 유입은 이로써 설명될 수 있을 듯하다.

5. 5세기 중반

1) 신라의 고구려 종속화 - 中原碑 -

충북 중원 소재의 고구려비는 5세기경 고구려와 신라의 관계를 극명히 나타내주고 있다.44) 비문에는 고구려와 신라의 上下관계가 알기 쉽게 명확히 드러나고 있다.

1) 먼저 用字에 있어서 왕호는, 고구려는 「太王」(혹 「大王」)으로 신라는 「寐錦」으로, 영토를 나타내는 표기에서, 고구려는 「國土」로 신라는 「土內」로 각각 차별적으로 구분되어 選字되어 있고, 新羅는 高麗의 「東夷」로 규정되고 있으며,

2) 儀禮的으로도 신라의 寐錦(혹은 매금의 신하도 포함해서)은 고구려의 왕에게 고구려의 諸臣과 같이 「衣服」을 「賜」여 받고 있으며, 신라의 매금은 고구려의 「官」에서 「跪」하는 禮를 올리고 있었으며, 고구려와 신라는 「兄」과 「弟」의 관계로서, 그것을 「守天(하늘 아래 맹세)」하고 있었으며,

3) 실질적으로도 신라 영토 안에서 고구려의 관인인 「幢主」가 신라의 사람들을 「募」집하고 있었던 것이다.

이러한 양국관계에 대한 연대설정에는 다양한 논의가 진행되고 있다.45)

---

42) 『삼국사기』 「백제본기」 辰斯王기.
43) 『삼국사기』 「백제본기」 阿莘王기.
44) 석문에 대해서는 졸고, 「中原高句麗碑와 新羅의 諸碑」, 『中原高句麗碑(高句麗研究 10집)』, 2000.12.
45) 최근의 연구사 정리로는 篠原啓方, 「中原高句麗碑의 解釋과 內容의 意義」, 『史叢』 51, 2000.6.

크게는 5세기 중반 혹은 5세기 전반설로 보아 큰 잘못이 없다고 여겨지는
데, 필자는 449년설에 호감을 갖고 있다. 즉 5세기 초반에 결성된 고구려 -
신라의 관계는 400년 이후 신라가 고구려에 「朝貢」하여 「論事」하는 국면
에 이어 449년 단계에서는 「守天」「跪官」「賜衣服」하는 국면으로 접어들
고 있는 것이다. 이는 5세기 전반에 고구려 - 신라의 상하관계가 지속되고
있었음을 말해준다. 이러한 흐름은 알려진 바와 같이 호우총의 好杆, 人質
문제를 통해서도 볼 수 있다.

　신라의 고구려에의 종속은 신라의 안보를 보증하는 것이었다. 신라영내
에서 고구려의 拔位使者나 幢主가 新羅諸衆人을 「募人」하는 사태는, 400
년 고구려의 南征을 통하여 「强敵」고구려의 강력한 힘을 경험했던 가야
제국은 커다란 두려움을 갖게 되었을 것이다. 가야제국 중 중원지역 즉 國
原城과 가장 가까운 지역에 있던 加羅를 비롯한 북부가야가 체감하는 위
기감은 더 컸을 것이고, 그러한 대외적인 계기를 통해서 집단 내 결속이
가속화되었을 공산이 크다. 그러므로 대가야연맹 결성의 계기를 중원비 국
면 즉 5세기 중엽에서 찾을 수 있다고 생각한다.

2) 加羅의 대두 - 倭 諸王의 官爵號 -

　倭의 五王은 劉宋으로부터 관작호의 제정을 요구하였고, 이를 인정받지
않을 때는 自稱하거나, 인정받거나 하였다. 그런데 이러한 자료는 5세기
전반 가야의 동향을 살펴볼 수 있다는 점에서 중요하다. 이들 관작호를 정
리하면 다음의 표와 같다.

　보이는 바의, 5세기 倭의 諸王이 劉宋에게 요청하거나 받은 관작호는,
당시 倭王을 중심으로 한 천하관을 반영한다 할 것이다. 국가 기재 순에는
서열이 관철되고 있는데, 倭 → 百濟 → 新羅 → 任那 → (加羅→) 秦韓
→ 慕韓이 그것이다. 이러한 인식의 토대는 438년 珍 때에 이미 성립되고
있는 것인데, 珍부터 보이는 倭王의 한반도 남부에 대한 인식은 齊, 興에
걸쳐 武에 이르기까지 일관성과 계승성을 갖고 있다.

王名	年代	自稱	除正	授與側
珍	438○	使持節都督倭百濟新羅**任那**秦韓慕韓六國諸軍事安東大將軍倭國王	安東將軍倭國王	宋文帝
濟	443○		安東將軍倭國王	
	451○		使持節都督倭新羅**任那**<u>加羅</u>秦韓慕韓六國諸軍事安東將軍	
興	462○		安東將軍倭國王	宋孝武帝
武	?○	使持節都督倭百濟新羅**任那**<u>加羅</u>秦韓慕韓七國諸軍事安東大軍倭國王		?
	478○		使持節都督倭新羅**任那**<u>加羅</u>秦韓慕韓六國諸軍事安東大將軍倭王	宋順帝
	479×		使持節都督倭新羅**任那**<u>加羅</u>秦韓慕韓六國諸軍事鎭東大將軍倭王	南齊高帝
荷知*	479○		輔國將軍<u>本國王</u>**	
武	502×		征東將軍	梁武帝

굵은 字는 <任那>, 밑줄 친 字는 <加羅>.
*는 加羅王, **의 「本國」은 加羅國임.
○는 실지 견사한 경우, ×는 실지 견사하지 않은 경우.

여기서 주목되는 것은 武가 478년(昇明 2년) 宋의 順帝에게 올린 상표문이다.

　自昔祖禰 期揖甲冑 跋涉山川 不追寧處 東征毛人五十五國 西服衆夷六十六國 渡平海北九十五國 (옛 선조대부터 갑주를 걸치고 산천을 돌아다니느라 편안할 날이 없었습니다. 동으로 모인 55국을 정벌하고, 서로 중이 66국을 복속시키고, 바다 건너 바다 북쪽의 95국을 평정하였습니다.)

즉 武 先祖 때의 東·西와 海北으로의 征服활동을 열거하고 있는데, 東에 55국과 西에 66국이 들어가는 것을 감안하면, 武田幸男씨가 주장하는 바와 같이, 그 중심은 畿內가 될 것이다. 즉 東은 현재의 關東지방이요, 西는 九州지방이 될 것이며, 海北은 바다 북쪽으로 한반도에 다름 아니다.[46)]

武의 先代 중에 한반도에서 군사활동을 펼친 적이 있다는 것은, 廣開土王碑에 보이는 倭의 활동과 관련 있으며, 「平」이란 일시적 진공을 과장적으로 표현한 것이다.47) 앞 절에서 살펴본 바와 같이, 「광개토왕비」에서 倭는 신라영토에 진공하여 城池를 파괴하는 등 군사활동을 진행하고 있었으며(영락 9·10년조), 임나가라 및 안라와도 연계작전을 수행했고(영락 10년조), 「帶方界」 즉 고구려의 서남부변경을 침입하기도 했었다(영락 14년조). 곧, 4세기말에서 5세기초에 한반도에서 군사활동을 벌인 「광개토왕비」의 倭와, 『宋書』에 보이는 五王의 倭는 계통을 같이 하는 倭라 할 수 있다. 그러므로 贊 이전의 王 혹은 王들이 한반도에서의 군사활동의 주역이었으며, 그들은 機內세력이었던 것이 된다.

백제 - 남부가야와 함께 한 라인을 이루면서 한반도에 군사활동을 벌였던 왜는, 한반도 중남부에 관한 정보를 가지고 있었을 것이다. 그러니 관작호에 보이는 諸國은 바로 永樂年間 당시 倭의 한반도에 관한 인식을 보여주는 것이라 할 수 있다. 여기에는 倭의 입장에서 본 당시 정세도 반영되어 있었을 것이다. 秦韓·慕韓에 대해서는 완전 가공의 나라라고 볼 수도 있지만, 각각 新羅와 百濟에 아직 포섭되지 않은 세력이라는 설도 있어 흥미롭다.48) 주목하고자 하는 것은, 諸國의 열거순서이다. 倭를 정점으로 하여, 통칭 三國(百濟→新羅→任那)이 오고, 마지막에 二韓 즉 秦韓·慕韓이 온다. 451년에 등장한 加羅는 새롭게 대두된 國임에도 불구하도 마지막에 나오는 二韓의 뒤, 즉 전체의 말미에 두지 않고, 철저하게 三國과 二韓의 사이에 두는 있다. 이것은 같은 「國」이라 하더라도, 三國과 三韓(二韓) 사이에 格差를 두고 있었던 것에 다름 아니다. 한편 이들 여러 國의 실재는 인정하되 일본열도 내의 한반도로부터의 이주계 주민으로 보는 견해도 제시되고 있으나,49) 취하기 어렵다.

438년에는 보이지 않던 加羅가 451년에 등장하는 것은, 加羅의 성장을

---

46) 武田幸男, 「平西將軍·倭隋の解釋」, 『朝鮮學報』 77, 1975.
47) 鈴木英夫, 주 32의 책.
48) 東潮, 「榮山江流域と慕韓」, 『展望考古學』, 1995.
49) 김석형, 『초기조일관계연구』, 평양 : 사회과학원출판사, 1966.

반영하는 것이라 해석할 수 있다. 관작호에서 任那는 남부가야를, 加羅는 북부가야를 가리킨다. 고로 438년 이후에서 451년까지의 사이에 「加羅」의 대두와, 그에 대한 倭王權의 파악 내지 인지를 상정할 수 있다.이를 479년 가라왕의 조공기사와 함께 고려한다면, 加羅가 중국에 견사하는 것은 479년이지만, 국제사회에서 주목받기 시작하는 것은 451년으로 소급된다고 할 수 있다. 다시 말해 451년 전후에 이미, 任那뿐만 아니라 加羅도 왜의 주시 대상이 되었던 것이다. 이는 加羅가 가야지역 내에서 任那에 버금가는 세력으로 성장하기 시작하였거나 성장하여 있었음을 의미한다고 볼 수 있다.

이것은 倭가 가야제국에 대해 김해를 중심으로 한 남부가야를 「任那」로, 고령을 중심으로 한 북부가야를 「加羅」로 인식하고 있었음을 나타내주는 것이기도 하다.

3) 『百濟記』 壬午年條의 해석

『日本書紀』 神功紀 62년조에 인용된 『百濟記』에는 다음과 같은 기사가 있다.

壬午年 新羅不奉貴國 々々遣沙至比跪令討之 新羅人莊飾美女二人 迎誘於津 沙至比跪 受其美女 反伐加羅國 々々々王己本旱岐 …… 將其人民 來奔百濟 百濟厚遇之 加羅國王妹旣殿至 向大倭啓云 …… 天皇大怒 卽遣木羅斤資 領兵衆來集加羅 復其社稷 임오년, 신라가 귀국(＝왜국)을 받들지 않았다. 귀국이 사찌히코(沙至比跪)를 보내어 [신라를] 토벌하게 하게 하였다. 신라인이 미녀 2인을 장식하여 津에서 맞아 유혹하였다. 사찌히코가 그 미녀들을 받고서는 도리어 가라국을 토벌하였다. 가라국왕 기본한기가 …… 인민을 거느리고 백제로 달아났다. 백제가 두텁게 대우하였다. 가라국왕의 여동생 기전지가 大倭로 가서 이르기를 …… 천황이 크게 노하여 즉시 목라근자를 파견하여서 그가 군대를 이끌고 와 가라에 모여와 그 사직을 복구해 주었다.

내용은 倭의 將軍 沙至比跪가 신라를 공격하지 않고 오히려 加羅國을 공격하여 加羅國王 등이 백제로 달아났고, 倭王이 木羅斤資를 파견하여 加羅의 사직을 복구하여 주었다는 것이다. 그런데 木羅斤資는 백제의 장군이어서, 그를 파견한 것은 天皇이 아니라 百濟王일 수밖에 없다.『百濟記』의 기사가 백제계 사료로서 사실을 반영하고 있는 것으로 보아 이를 적극적으로 해석하면, 이 기사는 加羅를 둘러싸고 倭와 百濟 간에 알력이 생겨 결국 百濟 측이 주도권을 잡게 된다는 것으로 풀 수 있다.

여기서의 「加羅國」이란,『日本書紀』백제계 사료의 용법으로 보아, 북부가야 즉 고령과 관련된 지역을 가리킨다. 「壬午年」에 대해서는, 382년설50)과 442년설51)이 병존하고 있다. 전자는 干支를 2주갑 인하하는 것이고, 후자는 3주갑 인하하는 것이다. 442년설의 입장에 서게 되면, 앞의 倭王의 관작호 변화에서 추정한 438~451년 사이의 加羅의 약진에 대해 보강자료가 될 수 있다. 결국 이 기사는 설화적 요소가 다분하여 액면 그대로 수용하기에는 한계가 있지만, 전체적으로는 加羅(여기서는 고령세력)를 둘러싼 주변 倭와 百濟, 新羅의 동향을 살피는 자료로 삼을 수 있다.

고구려의 구원(400년) 이후, 신라의 고구려의존도가 심화되어, 신라는 고구려에 종속되어 가고 있었다. 5세기 2/4 분기에 건립된 것으로 여겨지는 중원고구려비에서 그러한 양상을 읽을 수 있다. 중원을 중심으로 한 고구려의 존재가 북부가야 세력에게는 커다란 위협이 되었음에 틀림없다. 또한 고구려군의 신라영토 내 주둔 등, 고구려의 군사력을 등에 업은 신라의 가라지역에 대한 압박도 적지 않은 것이었을 것이다. 그러므로 加羅가 신라에 유화책을 취하지 않는 한, 주변의 다른 세력에게 도움을 청했을 가능성은 상당히 높은 것이었다. 그런 점에서, 倭나 百濟가 연루되어 있었다는 윗 기사의 설정은 현실성을 더해준다. 즉 加羅의 요청에 의해 신라전선에 투입되어야 할 倭軍이 실지로는 가라에 대한 영향력 강화에 나섰으며, 그래서 가라가 백제에 구원을 요청하여 백제가 이를 수습하게 되었다는 이야기는 그런 면에서 대단히 생생한 현실미를 띤다고 할 수 있다. 가라의

---

50) 三品彰英, 주 7의 논문 등.
51) 山尾幸久,『古代の日朝關係』, 1989 등.

성장과정에 백제가 깊숙이 관여하는 배경은 바로 이런 데서 찾을 수 있는 것이 아닐까 한다. 이는 「대가야연맹」의 형성배경과 관련하여 대단히 중시되어야 할 대목이라 하겠다.

6. 5세기 후반

1) 加羅의 南齊통교 - 南齊書 -

고령의 加羅＝大加耶가 연맹을 결성하여 그 세력을 확대시켜 나가는 데 있어서, 그 성장과 발전의 지표로 들어지는 것은 南齊와의 통교 및 高靈型土器의 확산이다.[52]

이 중 전자는 『南齊書』 加羅國조에 보이는 다음 기사를 통해 알 수 있다.

建元元年 國王荷知使來獻 詔曰 量廣始登 遠夷洽化 加羅王荷知 款關海外 奉贄東遐 可授輔國將軍本國王 (건원 원년, (가라)국왕 하지의 사신이 와서 헌물하였다. 조를 내려 “(高帝의) 국량이 널리 비로소 이루어져, 먼 곳의 오랑캐가 흡화되었다. 가라왕 하지가 해외에서 관문을 열어 달라고 두드리며, 동쪽 먼 곳에서 예물을 받으러 왔다. 보국장군 본국(＝가라국)왕을 줄 만하다”고 하였다.)

즉, 479년에 加羅王 荷知가 남제에 조공을 와서 南齊의 高帝는 그를 本國王 즉 加羅王으로 봉하였다는 것이다. 加羅에서 중국으로의 조공은 이 기사 이전에도 이후에도 없어서, 이 기사는 독특 유일하다. 기사에 등장하는 「荷知」의 「加羅國」에 대해서는 제설이 있는데,[53] 그 加羅國이 남제와 교통할 정도의 실력을 갖고 있었다는 데는 이론이 없다. 바로 이러한 점에서 朝貢의 주체는 高靈의 加羅＝大加耶라고 보는 데에는 토를 달 수 없을

---

52) 金泰植, 주 24의 책 ; 田中俊明, 주 40의 책.
53) 함안의 安羅, 고령의 加羅＝대가야, 김해의 가라＝南加羅(제설소개는 金泰植, 주 24의 책).

것이다.

이 조공기사에 대해 일찍이 주목한 것은 末松保和였는데,[54] 이는 확실히 중요한 착안이었다. 이후 加羅國의 통교과정에 대해서, 倭王權 혹은 百濟가 개재하였다는 견해가 있는가 하면, 주변세력의 도움 없이 자력으로 이룬 것이라는 견해도 제기되었다.[55] 479년에 倭나 百濟가 南齊로 견사했다는 사실이 사료에서 확인되는 바는 전혀 없다. 그러므로 왜나 백제의 사신을 개재하여 가라가 남제에 조공했다고 볼 수 있는 직접 근거는 없다 하겠다.

그런데 여기서 주목되는 것이 전북 扶安 竹幕洞 제사유적이다. 이 유적은 航海와 漁撈의 안전을 기원하는 제사와 관련된 것인데, 출토품으로 남조중국·백제·왜·가야 등 주변 각 지역의 유물들이 보고되고 있다. 그 중 구연외면아래 1열을 돌린 형식의 廣口長頸壺·鐵鉾·劍菱形杏葉·鞍橋 등은 大加耶와의 관련성이 추정되고 있는데, 시기는 5세기 후반에서 6세기 전반으로 추정되고 있다.[56] 바로 여기에서 479년 加羅王 荷知의 南齊 통교의 사실과의 관련성이 찾아진다.

우선 扶安 竹幕洞에서 加羅의 使臣들이 제사를 지내고 南齊로 항해하였을 가능성이 상정되는데, 이는

경북 高靈 → 扶安 竹幕洞 → 중국 南京 주변(南齊 建康)

의 코스였을 것이다. 한반도 중부지역에서 중국 산동반도를 왕래하는 데 직접 黃海를 횡단하기 시작하는 것은 남조 劉宋 때부터이므로,[57] 남중국까지 黃海를 직접 횡단하는 海洋航路로 이용했을 것으로 보는 데에는 큰 잘못이 없을 것이다. 문제는 고령에서 부안에 이르기까지 어떤 루트를 이

---

54) 末松保和,『任那興亡史』, 1949.

55) 연구사는 田中俊明, 주 40의 책 참조.

56) 국립전주박물관,『扶安竹幕洞祭祀遺蹟』(학술조사보고 제1집), 1994 ;『(특별전)바다와 제사 - 扶安竹幕洞祭祀遺蹟 - 』, 1995.

57) 朱建君,「[윤명철씨 논문에 대한] 토론요지문」,『영산강유역 고대사회의 새로운 조명』, 전라남도, 2000.

용했는가이다.

『日本書紀』繼體紀·神功紀에, 「帶沙江」「多沙津」「多沙城」「帶沙」「滯沙」라는 기재가 보이는데, 이들은 동일지역으로 여겨지고 있다. 「津」「江」이란 표기로 보아 江岸에 위치한 연안교통의 결절지·요충지임을 알 수 있다. 繼體紀 23년(529) 3월에 보면, 원래 「加羅」의 多沙津를 놓고 백제와 가라=대가야가 경합을 벌이다가, 백제의 손에 들어가게 된다. 多沙津=帶沙가 지금의 경남 河東으로 비정되는 데는 이론이 없다. 즉 백제가 손에 넣기 이전 즉 529년 이전에 多沙津은 加羅의 영향 하에 있었던 것으로 보이는데, 이는 5세기 후반으로도 소급시킬 수 있을 것이다. 다시 말해서, 5세기 후반에도 섬진강하류는 加羅의 대외교통로로 이용되었다고 할 수 있을 것이다. 섬진강하류의 外港을 이용했다고 할 경우, 남해안 이어 서해안 연안항로를 이용했을 것인데, 그 경우 고령과 부안 사이에 河東을 거쳤을 것이라 본다.

고령 → 하동 → 부안

다음으로, 고령에서 하동까지의 루트를 생각해보자.

호남지역의 내륙교통로에 대해서는 郭長根씨의 近業이 있다.[58] 거기서는 경남 합천 혹 경남 함안에서 전북 부안에 사이에 「동서방향 교통로」로서, 지형과 수계의 관찰을 기반으로 몇 가지 경우를 제시하고 있는데 加羅가 이 중 어떤 루트를 이용했을 가능성을 상정할 수 있다.

내륙 육로를 상정하면, 고령형토기의 분포에 입각한 朴天秀씨의 대가야권 대외교역로의 상정은 참고가 될 것인데,[59]

高靈 → 鳳山 → 居昌 → 咸陽 → 阿英 → 雲峰 →求禮 → 河東

의 루트를 생각할 수 있다. 수로를 이용했다고 볼 경우에는, 낙동강중류→

---

58) 郭長根, 『湖南東部地域 石槨墓研究』, 1999.
59) 朴天秀, 「大加耶の國家形成」, 『東アジアの古代文化』 90, 1997.2.

남강중상류를 적절히 구사했을 가능성도 있다.

그런데 한편으로는, 섬진강하구에서 연안항로로 남서해안을 돌아 죽막동에 이르는 코스를 이용하지 않았을 경우도 상정 가능하다. 이 경우는 구태여 하동까지 내려와 돌아갈 필요는 없었을 것이므로, 咸陽 방면에서 내륙으로 직접 扶安으로 가는 코스를 생각할 수 있다. 5세기 가야계 토기의 분포를 고려하면, 전북 장수와 전남 남원을 방면을 고려할 수 있다. 郭長根 씨는 동서 내륙교통로서 「任實 → 雲井里 → 井邑 → 扶安竹幕洞」의 루트를 상정하고 있다.60) 수로를 위주로 이용했다면, 任實이나 南原에서 섬진강을 이용하여 내려가거나 올라가, 다시 東津江 수계를 연계하여 이용했을 가능성도 있을 것이다.

이상의 제 코스의 가능성을 상정해 보았는데, 특히 내륙코스의 경우, 호남의 해당 지역사회 혹 백제(백제가 그 지역사회를 통제하고 있었다고 한다면)의 협력 없이는 곤란했을 것으로 생각된다. 중국과의 통역 문제, 長江까지의 황해 행단이 初行이었던 점 등을 고려하면 더욱 더 그렇다. 이렇듯 加羅의 남중국 통교는 多難한 긴 여정이었는데, 加羅國이 독자적으로 南齊통교를 관철해낸 사실은, 加羅國 성장의 지표로서 대단히 유효하다.

2) 加羅의 고구려에의 交通시도 -『일본서기』 顯宗紀 3년 是歲조 -

479년의 남제통교 이외에, 5세기 후반 가라의 성장 행보를 추적할 수 있는 것으로서 『日本書紀』 顯宗紀 기사가 주목된다. 이미 필자는 이에 대해 詳論한 바 있어서,61) 제설에 대한 소개와 비판은 생략하고 간단한 언급에 그치고자 한다.

현종기 3년 是歲조는 다음과 같이 해석된다.

---

60) 郭長根, 주 58의 책.

61) 졸고, 「五世紀末における加耶の高句麗接近と挫折」, 『東アジアの古代文化』 90호, 1997.2.

487년을 전후한 시기 즉 5세기 4/4 분기에, 加羅＝대가야와 밀접한 관련을 가진 재지수장 那奇他(혹은 那干陀, 那奇陀)가 대고구려전선에서 신라와 협력하고 있던 백제장군 適莫爾解를 살해하고, 백제군의 軍糧과 통로를 차단하여 고립시키면서, 고구려와 交通을 시도하였다. 그러나 백제 東城王의 응징을 받아 좌절되어 관련자 300여 인이 몰살되었다.

위의 현종기 기사에서 那奇他의 활동무대는 경북 서부와 충북이다. 이렇듯, 加羅와 관련을 갖는 가야의 한 수장이 경북 서부와 충북에서 활동할 수 있었던 것은, 5세기 후반 羅濟同盟에서 그 배경을 구할 수 있다. 5세기 후반의 주요 상황을 스케치하면 다음과 같다.

450년	悉直之原에서 高句麗와 新羅가 전투
455년	高句麗가 百濟를 침입, 新羅가 百濟를 구원
475년	高句麗의 공격으로 百濟王都「漢城」함락, 新羅가 백제를 구원하였으나, 뒤늦음.
	百濟가 수도를 熊津(＝충남공주)으로 천도
479년	加羅王이 南齊에 朝貢
481년	高句麗와 靺鞨(＝濊)가 新羅를 침입, 百濟・加耶가 新羅를 구원
487±a년	加羅 관련 首長이 高句麗와 교통을 시도하다가 百濟에게 저지당함
494년	高句麗가 新羅를 침입, 百濟가 新羅를 구원
495년	高句麗가 新羅를 침입, 新羅가 百濟를 구원
496년	加耶가 新羅에 白雉를 보냄

고구려의 예속 하에 있던 신라가 고구려로부터 이탈하면서, 백제와 신라 사이에 화해가 이루어졌다. 고구려의 남진에 대해 양국이 공동 방어라인을 결성하면서, 한반도에서의 국제역학관계는 커다란 변동을 보이게 된다. 즉 455년 이후에 고구려가 백제를 공격할 때는 신라가 백제를, 또 고구려가 신라를 공격할 때는 백제가 신라를 구원하게 된다.

가야는 백제 - 신라 라인에 속하면서, 481년에 보는 바와 같이, 대고구려 공동 방어라인에 동참하고 있었다. 이를 통해 가야는, 군사활동의 범위가 대고구려전선상 백제 및 신라영토로 확대되었음은 물론이다. 앞서 가라가 현종기에서처럼 호서지역과 영남 북부지역에서 군사활동을 벌이면서, 고구려와 교통을 시도할 수 있었던 배경은 바로 거기서 찾을 수 있다.

5세기 후반에 들어서 고구려와 한 솥밥을 먹던 신라가 탈고구려하게 됨으로써,[62] 가야 주로 북부가야는 기존의 백제와 돈독한 유대를 바탕으로, 적국이었던 신라와 대결국면을 완화하게 된다. 대고구려전선에서 백제 및 신라와 공동전선을 전개해 나가는 과정에서, 대외교섭창구의 일원화의 필요가 생겼을 것이다. 이로써 북부가야의 유력국이면서 백제와 외교의 파이프를 갖고 있었던 加羅가[63] 가야제국 가운데서 이니셔티브를 쥐어나가기 시작한 것이다. 496년 신라에 「白雉」를 보낸 「加耶」가 구체적으로 어떤 가야인지 추적할 길은 없다. 그러나 당시 외교적 주도권을 쥐고 있던 북부가야 즉 「加羅」와 관련된 세력이라고 한다면, 이는 바로 5세기 후반의 백제와 신라 간의 화해 우호의 무드 속에서 설명이 가능하다. 즉, 가야 주로 북부가야를 중심으로 한 세력은 백제와의 공동 군사행동 속에서 5세기 전반까지 적대관계에 있던 신라를 구원하고, 드디어 5세기 늦은 시기에는 신라와 우호를 맺게 된 것이었다.

7. 6세기 1/4 분기
- 叛波와 백제의 대립과 신라에 접근 -

『일본서기』繼體紀 전반 부분에는 가야제국의 하나로 여겨지는 叛波와 百濟의 대립이 묘사되고 있다. 그 기사들을 들어보면 다음과 같다.

7년(513) 6월 百濟遣姐彌文貴將軍・州利卽爾將軍 副穗積臣押山[百濟本記 云 委意斯移麻岐彌] 貢五經博士段楊爾 別奏云 伴跛國略奪臣國己汶之地 伏願 天恩判還本屬

---

62) 井上直樹,「高句驪の對北魏外交と朝鮮半島情勢」,『朝鮮史硏究會論文集』38, 2000.
63) 미공간졸고,「木羅씨와 북부가야」, 한국사연구회월례발표회, 1999.11.

7년 11월 辛亥朔乙卯 於朝庭 引列百濟姐彌文貴將軍 斯羅汶得至 安羅辛
已奚及賁巴委佐 伴跛旣殿奚及竹汶至等 奉宣恩勅 以己汶·滯沙 賜百濟國

7년 11월 是月 伴跛國 遣戢支獻珍寶 乞己汶之地 而終不賜

8년(514) 3월 伴跛築城於子呑·帶沙 而連滿奚 置烽候邸閣 以備日本 復築
城於爾列比·麻須比 而絚麻且奚·推封 聚士卒兵器 以逼新羅 馳略子女
剝掠村邑

9년(515) 2월 戌朔丁丑 百濟使者文貴將軍等請罷 仍勅 副物部連[闕名] 遣
罷歸之[百濟本記云 物部至至連]

9년 2월 是月 到于沙都嶋 傳聞伴跛人 懷恨銜毒 恃强縱虐 故物部連 率舟
師五百 直詣帶沙江 文貴將軍 自新羅去

9년 4월 物部連於帶沙江停住六日 伴跛興師往伐 逼脱衣裳 劫掠所賣 盡燒
帷幕 物部連等 怖畏逃遁 僅存身命 泊汶慕羅[汶慕羅嶋名也]

10년(516) 5월 百濟遣前部木劦不麻甲背 迎勞物部連等於己汶 而引導入國

10년 9월 百濟遣州利卽次將軍 副物部連來 謝賜己汶之地 別貢五經博士漢
高安茂 請代博士段楊爾 依請代之

이 기사는 대체적으로 기문땅을 놓고 叛波와 百濟가 경쟁하고 있는 내
용인데, 문면 그대로 받아들이기 곤란한 것도 있다. 특히 기문땅을 반파 혹
은 백제에 하사하는 결정권을 가진 것이 倭였던 것으로 묘사되고 있는데,
취신하기에 주저된다. 「下賜」가 당시의 백제 - 왜 혹 반파 - 왜 간의 외교실
태를 반영하는지는 불확실하다. 백제가 영역을 확대할 때, 『일본서기』에서
는 그 영역을 倭왕이 백제에게 하사한다는 관용적인 표현을 구사하는 경
우가 종종 있다. 이것을 대입하면, 기문땅을 백제가 취득하는 데 있어서 倭
의 하사는 근본적으로 근거없는 사실이 된다. 만약 조금이라도 사실의 반

영을 추구한다고 한다면, 기문땅을 놓고 반파와 백제가 접전함에 있어서 倭의 외교적 지원 혹은 군사적 지원의 반영 정도로 파악할 수 있을 것이다.

그런데 후속기사에, 반파가 倭에 대한 외교공세에서 기문땅이 백제로 넘어간 이후 공격적인 태도를 취하고 있는 점과 백제가 오경박사를 보내는 등 왜에 문물공세를 가하고 있는 상황을 전혀 무시하지 않는다면, 왜의 모종의 관여가 상정될 수 있을 것이다. 그러므로 위의 추정 중 후자에 무게를 싣코자 한다.

반파는『梁職貢圖』百濟國使의「叛波」에 다름 아닌데, 이는 고령「加羅」의 완전 이칭이거나,[64] 고령과 星州의 연합세력으로 여겨지고 있다.[65] 이 시기의 반파는 이른바「대가야연맹」의 중심으로서, 고령 - 합천 - 거창 - 함양의 지역을 그 세력권으로 하고 있었다.[66] 위 8년 3월의 자료는 바로 그러한 반파의 위력을 보여주는 문헌적 증거 중 하나로 열거되기도 한다.[67]

『양직공도』백제국사조의「旁小國」관련 기사는 6세기 1/4 분기의 가야제국의 정황을 적확하게 알려주고 있다.[68] 이에 따르면, 가야제국은 叛波(伴跛), 卓(卓淳), 多羅, 前羅(安羅)의 4강 구도였다. 즉 반파는 북부가야에서 주변 소국을 포섭해 나가면서, 기문을 놓고 백제와 정면대결하게 되었던 것 같다. 기문(전북 임실)은 교통의 요충지로서, 백제의 전라남도지역 진출에 있어서, 또 반파＝가라의 전라남도 및 서해안 진출에 있어서 대단히 중요한 지역이었다.

7년 11월조의 기사는 난해하다. 기문을 백제에 공식적으로 하사함에 있어서, 왜의 조정에 백제, 신라 및 안라와 반파의 대표자를 불러모아 선포하였다는 것이다. 실지로 4국 사신을 불러모은 것과 선포한 것은 전연 별개 문제일 수 있다. 관련 4개국 사료에서 인명을 합성하여, 倭의 大王을 정점으로 놓고, 백제, 신라와 가야제국이「蕃」으로서「朝會」하는 장면을 연출

---

64) 今西龍,『朝鮮古史の硏究』, 1937 ; 金泰植, 주 24의 책 ; 田中俊明, 주 40의 책.
65) 今西龍, 주 64의 책.
66) 田中俊明, 주 40의 책.
67) 金泰植, 주 24의 책.
68) 졸고, 주 4의 논문.

한 것이 아닐까 한다. 그리고 거기에서 기문땅을 백제에 하사한다고 권위 있게 결정내렸다는 설정이다. 이는『일본서기』편찬 당시에, 在倭백제왕족 및 귀족이 天皇의 신하로서 조직되어 있었던 사실과 무관하지 않다. 이 점을 무시하고 문면대로 읽어내려서는 안 된다는 지적은[69] 중요하다. 반대로『일본서기』편자의 당시 한반도 남부에 대한 인식 중 흥미로운 점이 보인다. 즉 가야제국과 백제와의 문제에 신라가 관여해야 하며, 가야제국에서 직접 문제의 당사자인 반파 이외에 안라도 간여되어야 한다는 인식이다. 북부가야의 대표자로서 반파=가라의 존재와 남부가야 대표자로서의 안라의 존재의 상정은,『양직공도』와『일본서기』欽明紀에 보이는 가야제국의 세력관계와 정합성을 갖는 점이 주목된다.

　반파 즉 북부가야의 중심국은, 기문을 놓고 백제와 정면충돌하게 되었다. 이에 대해 안라는 방관적인 태도를 취한 것이 아닌가 한다. 또 倭는 반파보다는 백제에 찬성하는 입장을 취한 것으로 여겨진다. 8년 3월조를 보면,「逼新羅」를 인정한다면, 신라와도 우호관계에 있었던 것 같지는 않다.
　이 시기에 관련 주요 사건을 정리하면 다음과 같다.

503년 동성왕을 배제한 무녕왕이 즉위 직후, 차기 왜왕 후보인 계체에게 중신
　　　을 파견(『日本書紀』)
505년 무녕왕이 태자 淳陀를 파견(『日本書紀』)
513년 무녕왕이 왜국이 필요한 여러 박사를 제공하다(『日本書紀』)
521년 무녕왕은 신라사신을 동반하고 梁에 사신을 보냄(『梁職貢圖』,『梁書』)
522년 대가라의 異腦王이 신라왕에게 청혼하고 혼인에 의해 맹약을 맺다(『三
　　　國史記』)
524년 신라 法興王이「南境拓地」를 시찰할 때「加耶國王」이 왔다(『三國史
　　　記』)

　백제는 왜와 돈독한 외교를 전개하고 있었다. 상기 기문을 놓고 왜로부터 반파를 제치고 지지를 얻어낸 것은 이러한 관계를 배경으로 한다고 할

---

69) 山尾幸久, 주 39의 논문.

수 있다. 522년의 대가라 - 신라 혼인관계는『일본서기』계체기 23년 시월 조에도 관련기사가 보인다. 加羅＝叛波(伴跛)가 新羅와 왕권 간 혼인을 체결하는 것인데, 이것이 가라의 요청에 의해 신라가 응답하는 형식으로 이루어지고 있다는 점에 주목하고자 한다. 앞서 계체기 기사에서의 정황은 513년에서 516년에 걸쳐 기문 문제로 반파가 백제 및 왜와 적대하는 관계에 접어들게 되는 것이었는데, 이와 맞물리워 설명이 가능하다. 외교적 고립에 대한 타개책으로 반파＝가라는 신라에 적극적 외교공세를 펼쳐 신라와 우호관계를 맺게 되는 것이며, 이것은「加羅結儻新羅」(『일본서기』계체 23년)의 표현과도 같이, 강력한 유대관계의 성립을 의미하는 것이었다.

6세기 1/4 분기의 가야제국의 대외교섭은 백제로부터 반파＝가라의 이반과, 반파＝가라의 신라로의 접근으로 요약할 수 있다. 반파(가라, 북부가야)는 백제 및 백제를 지지하는 倭와는 대립, 신라와는 우호의 관계를 유지하고 있었다.

한편 이 시기 남부가야의 움직임을 정확히 캐취할 수 있는 자료는 거의 없다. 반파의 위와 같은 대외교섭에 있어 남부가야의 유력국인 안라가 공동보조를 취한 형적은 보이지 않는다. 1/4 분기는 이와 같이 백제 - 왜 라인에 대항하는 형태로 가라(북부가야) - 신라 라인이 구축되어 가고 있었다고 할 수 있다. 기본적으로 백제 - 신라의 고구려의 피침에 대한「동맹」관계는 유지되고 있었다고 볼 수 있다.

결국 가라(북부가야)가 백제 - 신라의 연합의 틀 속에서, 5세기대의 백제에 기울어 있던 스탠스에서 한 걸음 물러나 백제와는 거리를 두고 신라쪽으로 옮겨가는 상황이었다고 설명할 수 있다. 안라의 경우는 가라의 움직임과는 일선을 두고 방관적이자 독자적인 자세를 취하고 있었던 듯하다. 남가라(금관국, 김해)의 경우, 이미 6세기 1/4 분기 시기에는 상당히 약체화되어 있었던 것 같다. 1/4 분기의 가야제국 중 4대국 안에, 또 남부가야에서 2대국에 꼽히지 못하는 지경이었다.『양직공도』백제국사조에 의하면, 남부가야의 주요국은 안라와 탁순이었고, 여기서 남가라는 제외되고 있다.

496년에 신라에 「白雉」를 바치는 「加耶」가 남부가야 특히 남가라와 관련 있다고 한다면, 5세기 4/4 분기에 남가라는 신라에 상당히 근접하고 있었다고 할 수 있을 것이다.

8. 6세기 30년대
- 남부가야의 동요 -

1) 529년 백제의 참패와 신라의 가야진공 개시

529년은 가야제국의 역사에 있어 대단히 중요한 분기점을 이루고 있다고 판단된다. 이 점에 주목하여 본절을 서술하고자 한다.

계체 23년 3월 是月 遣物部伊勢連父根·吉士老等 以津賜百濟王 …… 由是 加羅結儻新羅 生怨日本 加羅王娶新羅王女 遂有兒息 新羅初送女時 并遣百人 爲女從 受而散置諸縣 令着新羅衣冠 阿利斯等 嗔其變服 遣使徵還 新羅大羞 飜欲還女曰 前承汝聘 吾便許婚 今旣若斯 請 還王女 加羅己富利知伽[未詳]報云 配合夫婦 安得更離 亦有息兒 棄之何往 遂於所經 拔刀伽·古跛·布那牟羅 三城 亦拔北境五城 (모노노베노 이세노 무라지노 찌찌네·키시노 오카나 등을 파견하여 백제왕에게 (다사)진을 하사하였다. …… 이에 가라가 신라와 당을 맺고 일본(=왜)를 원망하였다. 가라왕은 신라왕녀를 취하여 아이를 낳았다. 신라가 전에 왕녀를 보낼 때, 함께 100인을 보내어 여종으로 삼았다. (가라가) 받아 여러 현에 흩어 두고 신라의 의관을 쓰게 하였다. 아리사등이 그들이 복장을 바꾼 것에 노하여 (신라에) 사신을 보내어 (여종 100인을) 송환해갈 것을 요구하였다. 신라가 크게 수치스럽게 여기어 도리어 왕녀를 송환해 가고자 하여 "전에 너희의 교빙을 받아, 우리가 혼인을 허락하였었다. 지금 이미 이 지경이 되었으니, 왕녀를 송환하고자 한다"고 하였다. 가라의 기부지지가[미상]가 답변하여 "부부로 짝하였는데 어떻게 떨어질 수 있겠소. 게다가 아이까지 있는데 아이를 버리고 어디를 가겠소."라 하였다. 드디어 들리는 길에 도가·고파·포나모라의 3성을 뽑고 또 북경의 5성을 함락시켰다.)

혼인 운운은 522년의 일이다. 계체 23년은 환산하면 529년에 해당한다. 그러므로 이 기사는 혼인 이후 7년간의 일이 압축 서술되어 있다고 할 수 있다. 여기서 신라의 왕녀에 딸린 여종 100명이 있었고, 이들이 變服하여 그것이 양국 간의 외교분쟁의 씨앗이 되었다는 이야기이다. 그 變服의 방향이 가라복에서 신라복으로 인지, 신라복에서 가라복으로 인지에는 異論이 있는데,[70] 어느 쪽을 취하더라도 설명이 가능하다. 방향이 어느 쪽에서 어느 쪽으로 인가와 관계 없이 變服이 문제가 되었던 것인데, 그것이 가야 측에 위기감을 느끼게 했던 듯하다. 여기서 여종들의 변복이 언제 발생했는가가 문제인데, 이것은 바로 계체 23년(529) 당해년에 벌어진 것이라고 보여진다. 이 사건은 신라의 가라에 대한 야욕을 드러내는 사건이었는데, 바로 529년 백제가 대패한 해에 이루어지고 있다는 점에 주목하고자 한다. 이후 가라와 신라 사이에 3성과 북경의 5성을 뺏고 빼앗기는 전쟁으로까지 치닫는데, 어느 쪽이 탈취했는가에 대해서도, 가라, 신라의 양론이 병립하고 있다. 어느 쪽을 취하더라도, 혼인으로 맺어진 양국 간의 유대가 파탄을 고하는 순간이라 할 수 있다.

다음 계체 23년 4월 是月조에 의하면, 신라 上臣 伊叱夫禮知(=異斯夫)干岐의 남가라 4村 토벌 기사가 보인다. 이러한 「變服」사건과 남가라 4村 토벌은, 신라의 가야지역에 대한 본격적 침략의 개시라고 할 수 있다. 남가라는 이로부터 4년 뒤인 532년에 國主 仇亥가 나라를 들어 신라에 투항하고 있다(『삼국사기』「신라본기」 법흥왕 19년조). 즉 가야지역 공세의 시작이 529년이었다는 점인데, 이는 이 해에 백제가 고구려에 五谷原 전투에서 참패하는 것과 깊은 연결점을 찾을 수 있다고 본다.

『삼국사기』「신라본기」와 『삼국사기』「백제본기」에 의하면 529년 백제 聖王(聖明王)은 2천여 명이 죽거나 포로로 잡히는 대패를 맛보게 된다. 이는 백제에게 대단한 충격을 가져왔을 것이다. 9년 뒤인 538년(성왕 16년)에 도읍을 웅진(지금의 공주)에서 사비(지금의 부여)로 다시 옮기게 된다.

---

70) 연구사에 대해서는 武田幸男, 「新羅・法興王代の律令と衣冠制」, 『古代朝鮮と日本』, 1974 ; 金泰植, 주 24의 책 참조.

사비천도 계획이 언제부터 시작되었는가에는 이론이 있으며, 성왕 이전부터라는 의견이 있는데, 529년의 참패가 백제조정에 충격과 위기감을 주었을 것임은 자명하다. 그 점에서 천도의 행보가 재촉되었을 공산이 크다.

백제의 고구려에 대한 참패의 소식은 신라에도 전해졌을 것이다. 가야지역에 대해 그간 자제의 태도를 보이고 있던 신라는, 백제의 오곡원 전투 참패를 계기로 가야지역에 대한 적극적인 진출에 시동을 걸었다고 보여진다. 참패의 와중에 백제가 가야지역에 개입하기 어려울 것이라는 판단이 작용했을 개연성이 높다.

이 시기 가야제국 지배층의 대외교섭으로 주목할 만한 것은, 다음에 보이는 기능말다 간기의 외교행각이다.

> 계체 23년(529) 4월 7일 任那王己能末多干岐來朝[言己能末多者 蓋阿利斯等也] 啓大伴大連金村曰 …… 今新羅 違元所賜封限 數越境以來侵 請 奏 天皇 救助臣國 大伴大連 依乞奏聞

> 계체 23년 4월 是月 遣使送己能末多干岐

기능말다 간기(己能末多干岐)의[71] 위호로 나와 있는 「任那王」은 남부가야 아마도 安羅계열의 재지수장인 듯하다.『일본서기』편자의 추정대로 그가 阿利斯等이라고 한다면, 신라의 變服사건에 반발하였던 반신라파였다. 그가 바로 變服사건으로 인해 신라와 갈등이 발생하고, 남가라 방면에 신라의 무력진공이 진행되자, 渡倭하여 오오토모(大伴)씨를 통해 倭에 군원을 요청하고 돌아온다. 기능말다 간기=아리사등은 외교 면에서 오오토모씨와 각별한 관계를 갖고 있었으며, 이 오오토모씨와의 파이프를 통해서, 倭王과의 대외교섭을 진행하였다. 한편 그는 안라왕에게 배속되어 있는 兩屬的 존재였다. 안라왕은 기능말다 간기=아리사등을 통해 왜와의 교섭을 진행해 나갔던 것 같다.[72] 한편 안라왕이 백제에게 군사원조를 청

---

71) 그에 대한 해석의 여러 가지 가능성은 村上四男,『朝鮮古代史硏究』, 1978.
72) 미공간졸고,「阿利斯等와 日羅」, 한일관계사학회월례발표회, 2000.11.

하지 않은 것은, 오곡원 전투의 패배와 같은 정황이 작용한 면도 있지 않
을까 한다.

2) 南加羅(金官)의 신라로의 편입

529년에 신라에 초략된 남부가라의 4촌은 계체 23년 4월 是月조의 분주
에 의하면 다음 두 가지 계열의 지명이 전하고 있다.

① 金官 背伐 安多 委陀
② 多々羅 須那羅 和陀 費智

이에 대해서는 三品彰英의 지명비정이 있다.[73] 그에 따르면, 금관은 金
官國 즉 김해, 背伐은 웅천, 多多羅는 多大浦, 수나라는 쇠나라 즉 金官國,
費智는 창녕에 비정하고 있다. 금관과 수나라가 김해인 것, 다다라가 다대
포인 것에는 이론이 없다. 그러나 나머지의 비정에는 이의가 있다. 본고에
서 정확한 지명비정은 하지 않지만, 모두 김해와 부산 근방의 범위를 넘지
않으리라고 본다.

529년의 抄掠으로 시작된 남부가야에 대한 신라 공략은 이어 532년에
金官國主 仇亥의 자진투항을 이끌어낸다. 신라는 그들에게 「上等」의 관위
를 주고, 본국을 食邑으로 인정해 주고, 금관국 왕족을 모두 신라의 왕도로
이주시켜 沙喙部에 소속시켜 진골에 편입하는 파격적인 우대를 더하였
다.[74] 남부가야에 대한 공략이 한창이었던 사정도 있고, 유서있는 가야제
국의 1국, 즉 가야제국의 원조인 金官의 투항을 가야제국에게 대대적으로
선전하기 위한 의도가 기능하고 있었기 때문이었다.

532년 금관국의 신라로의 투항은 가야제국에게는 어느 정도 예기되었던
일이었던 것으로 보인다. 『양직공도』 백제국사조로 판단컨대, 이미 521년
시점에서 금관은 남부가야제국 사이에서 더 이상 유력국의 지위를 갖고

---

73) 三品彰英, 「「繼體紀」の諸問題」, 『日本書紀研究』 2, 1966.
74) 村上四男, 주 71의 책.

있지 못하였음이 백제에 의해 간파되고 있었다. 남부가야는 안라와 탁순이 이끌어가고 있는 상황이었다.[75] 『일본서기』에는 금관국에 대해 「南加羅」라는 호칭을 쓰고 있다. 그에 대해 「加羅」라고 칭하고 있는 것은 고령의 대가야 일명 叛波(伴跛)이다. 원래 가야란 호칭은 김해 즉 금관국에서 비롯된 것이었다. 狗邪가 그 원조였던 것이다. 그러한 원조「加羅」의 칭호가 고령으로 넘어가고, 그와 대비되는「南加羅」라고 불리우게 되었다는 것 자체가 가야제국의 중심으로서의 역할 상실을 의미하는 것이었다고 보여진다. 그런데 금관국 즉 남가라의 신라편입은 남부가야의 喙己呑과 卓淳의 멸망이라는 도미노현상의 시발이 되었다.

3) 卓淳과 喙己呑의 신라로의 편입

양국의 멸망시기는 조금 복잡하여 정리해 둘 필요가 있다. 우선 欽明 2년에 그 멸망에 관한 백제 성왕(성명왕)의 회고가 등장하는데, 이 기사에 신빙성을 둘 수 있으므로, 흠명 2년 즉 541년 이전에 탁순과 탁기탄이 멸망하였다고 보는 데는 별 문제가 없다. 문제는 멸망의 상한이 될 것이다. 남부가야제국의 신라로의 편입 관련기사는 다음과 같다.

新羅가 격파한 南加羅 · 喙己呑 (계체 21년 6월조)

다시 南加羅 · 喙己呑를 재건 (계체 23년 3월 是月Ⅱ조)

久禮牟羅城을 백제가 축성하다 (계체 24년 정월조)

喙己呑, 南加羅, 卓淳의 멸망을 언급 (흠명 2년 4월조 성왕의 언급)

卓淳이 신라의 손에 들어가고 난 다음 久禮山도 신라에 떨어졌다(新羅春取 卓淳 仍擯出我久禮山戌卓淳) (흠명 5년 3년조 백제성왕의 詔)

---

75) 졸고, 주 4의 논문.

安羅와 久禮山을 각각 안라와 신라가 차지하고 대치하다(近安羅處 安羅耕種 近久禮山處 斯羅耕種) (위와 같음)

安羅는 551년이전에 신라의 수중에 들어감 (흠명 22년)

이를 정리하면 제국의 멸망순서는 다음과 같다.

남가라 → 탁기탄 → 탁순 → 구례산 → 안라

남가라와 탁기탄이 거의 동시에 멸망하고, 그 뒤를 이어 탁순이 멸망하였던 것으로 정리할 수 있다. 南加羅는 529년에 실질적으로 멸망하고, 532년 신라에 완전편입됨으로써 정리된다. 그러므로 喙己呑의 멸망은 빨라도 529년을 올라가지 않을 것이다. 또한 백제가 久禮山城(久禮牟羅城)을 축성하는 것은 계체 23년 즉 530년이므로 구례산의 신라 소유는 530년 이전이 될 수 없다. 卓淳의 신라편입은 久禮山의 그것과 연동하므로, 탁순 및 구례산의 멸망도 530년 이전이 되기는 어렵다.

그러므로 남가라가 529년에 실질적으로 그 명운이 기울고, 그와 멀지 않은 시기에 탁기탄도 신라의 수중에 들어간다. 이어서 530년 이후 541년이 되기 이전 환언하면 530년에서 540년 사이의 어느 해인가의 봄에 卓淳이 신라에 수중에 들어가고 곧이어 久禮山도 떨어지게 되었다. 卓淳은 앞의 전제에서 언급한 바와 같이, 昌原으로 판단되며, 喙己呑은 창원과 김해의 사이일 것이라 본다.[76]

백제가 안라의 乞乇城에 진주하는 것은 辛亥年 3월(계체 24년 분주) 즉 531년 3월인데, 이것이 신라의 남부가야로의 西進에 대한 대응이었다고 본다면, 신라의 남부가야 즉 남가라·탁기탄·탁순의 접수는 531년 3월이 하한이 될 것이다.

이상을 정리하여 사견을 제시하면 다음과 같다. 남가라는 529년에 실질적으로 멸망하고, 탁기탄은 남가라가 멸망하는 전후에 신라에 접수된다.

---

76) 田中俊明, 주 40의 책.

탁순이 신라의 수중에 들어가는 것은 530년 이후~531년 3월 이전의 시기가 될 것이다. 즉 탁순은 530년 혹 531년 봄 다시 말해서 530년 1~3월 혹 531년 1~2월에 신라에 접수되었을 것이다. 그 직후에 구례산도 신라에 접수되었다. 532년 금관국주의 신라에의 투항과 특별우대책은, 실질적으로 남부가야에 대한 일정 정도의 제압이 달성된 뒤에 행해진 것이어서, 이 지역의 민심 위무와 선전의 의도가 다분하다 할 것이다.

4) 久禮山의 신라로의 편입

久禮山에 백제가 축성하는 것은 계체 24년 9월조에 보인다. 이 기사는 백제와 신라가 공동으로 久禮山城(久禮牟羅城)을 축성한 것으로 되어 있으나, 전후관계로 보아 百濟 단독의 군사활동으로 판단된다.[77] 남부가야의 잇따른 멸망은, 신라의 남부가야에 대한 西進 蠶食의 과정이었다. 남가라와 탁기탄의 멸망으로 신라의 위협 앞에 직접 노출되게 된 것은 卓淳과 安羅였다.

529년에 安羅에서는 높은 건물을 짓고 회의가 열리고 있다. 『일본서기』 계체 23년 是月조에서는 倭 王權이 파견한 사신 毛野臣이 倭 大王의 「勅」을 안라에서 반포하는데, 백제와 신라의 사신이 참열하였다고 기재하고 있다. 이를 표현 그대로를 받아들이기는 어려우나, 회의가 安羅王의 주도 하에 열렸다는 점은 주목되어야 한다. 백제와 신라가 사신을 보내어 참석하였지만, 회담의 중심이 된 것은, 「安羅國主」 즉 安羅王, 「國內大人」 즉 안라국의 유력지배자, 흠명 2년이나 5년의 이른바 「임나부흥회의」 기사로 볼 경우 次旱岐 혹은 下旱岐 1~2인, 倭王의 使臣 近江臣이었던 것 같다. 近江臣의 도래 목적이 「南加羅·喙己呑」을 재건하기 위한 것이었다고 한다면, 회의의 목적도 529년 신라의 남부가야에 대한 압력에 대한 대책협의였다고 할 수 있다. 『삼국사기』에 보이는 524년 신라의 「南境에 來會한 加耶王」을 남가라 혹 남부가야의 지배자였다고 한다면,[78] 이미 524년부터 신라

---

77) 金泰植, 주 24의 책.
78) 田中俊明, 주 40의 책.

는 이 지역에 대한 관심이 발동되고 있었던 것으로 해석되기 때문이다.

흠명 5년 3월에 보이는 백제 측의 분석에 의하면 「喙國之函跛旱岐 貳心加羅國 而內應新羅 加羅自外合戰 由是滅焉 若使函跛旱岐 不爲內應 喙國雖少 未必亡也 至於卓淳 亦復然之 假使卓淳國主 不爲內應新羅招寇 豈至滅乎 歷觀諸國敗亡之禍 皆由內應貳心人者」라고 하여, 喙國＝喙己呑의 멸망과 卓淳의 멸망원인을 지배층의 신라에의 內應으로 꼽고 있다. 이는 백제 측의 정치적 주장인 측면도 있는데, 喙己呑·卓淳의 신라로의 편입과정이 신라의 무력에 의한 접수가 아니라, 사전 협의에 의한 편입이었을 것임을 시사해준다. 이 경우 南加羅와 마찬가지로 물론 무력적 시위와 압박이 바탕이 되긴 했었을 테지만, 과정에서 정치적 회유와 타협을 통한 무혈이양과 접수를 통해서 탁기탄·탁순도 신라에 편입되었음을 추정케 한다. 이는 후술할 안라 멸망과정에서도 유사한 현상을 이야기할 수 있는데, 남부가야에 대한 신라의 접수정책의 매뉴얼과도 같은 것이 아니었을까 한다.

安羅의 회의 개최는, 실질적 목적달성과는 별도로 가야제국 내에서는 물론, 관련 주변제국 즉 백제·왜·신라에게 안라의 위상을 과시하는 기능을 하였다. 5세기 후반 이후 가야제국에서 대외교섭의 이니셔티브를 가지고 있었던 것은 북부가야의 加羅＝叛波(伴跛)였다. 그런데 백제와의 관계가 붕괴되면서, 신라와의 연합을 도모하였으나 그것이 실패하게 됨으로써 加羅의 외교는 위축되게 되었다. 신라의 남부가야 진공이 시작되면서, 현실적인 위기와 더불어, 倭에 파이프를 가지고 있었던 남부가야의 중심국 安羅가 대외교섭의 주도권을 쥐기 시작하게 되었던 것이다.

5) 百濟軍의 安羅進駐

현실적 위기감과 주변 신라 및 백제에게 전략요충지로서 주목받게 되면서, 안라를 축으로 한 대외교섭이 더욱 긴박하게 돌아가고 있었다. 倭에서 온 近江臣이 소기의 기능을 완수하지 못하여 安羅의 부담이 되게 되자, 안라의 재지수장 阿利斯等은 백제와 신라에 군사적 지원을 요청한다. 신라에 군원을 요청하기 위해 파견한 사신은 「久禮斯己母」였다. 여기서 「久禮」가 「久禮山」「久禮牟羅城」과 관련 있다고 한다면, 久禮牟羅는 안라의 지배 하에 있었던 것으로 설명 가능하다. 이것이 바로 咸安城山山城 출토 목간에 보이는 「仇利伐」과 관련될 가능성이 적지 않다.[79] 阿利斯等의 요청에 응한 것은 百濟였는데, 백제는 이것을 계기로 군대를 출동시켜, 久禮牟羅城과 5城을 접수하게 된다. 이것을 『일본서기』의 편년을 그대로 취한다면, 계체 25년 9월 즉 530년 9월이 된다.

『일본서기』 계체 24년 12월 분주의 「百濟本記」에 의하면, 辛亥年 3월 즉 531년 3월에 고구려에서는 국왕 安臧王이 시살되는 내란이 일어나고 있으며, 같은 해에 백제군이 安羅의 乞乇城을 造營하였던 것을 기록하고 있다. 乞乇城이 安羅의 어디인지는 결정하기 어려운데, 구례산은 포덕산성으로 여겨지니, 구례산성에서 안라(함안)의 사이에 있는 동지산성·문암산성이나 안라의 북부에 있는 봉산산성이 그 후보지가 될 듯하다. 성산산성은 561년에 신라가 함락시키는 「波斯山」의 城(흠명 22년조)에 해당한다고 본다. 즉 安羅의 요청에 의해, 530년 9월에는 안라의 대신라전선 前方에 있는 久禮牟羅에, 531년 3월에는 안라 안의 乞乇城을 조영하고 군대를 進駐시키고 있다. 백제가 안라에 군대를 배치할 수 있었던 것은, 529년 대고구려전 참패의 충격이 완화되고, 530년 고구려 조정 내의 혼란을 계기로 대고구려전선에 약간의 여유가 생겼기 때문이 아닐까 한다. 阿利斯等이 군원요청의 방향을 倭에서 百濟로 돌린 것도 그같은 상황의 察知에서 기인하는 것이 아닐까 한다.

6) 남부가야의 정황과 阿利斯等의 외교

6세기 2/4 분기 즉 530년대는, 남부가야에 신라의 공세가 휘몰아쳐 남가라 - 탁기탄 - 탁순 - 구례산이 잇달아 529년에서 531년 사이에 신라의 수중으로 넘어가고, 안라와 구례산 사이를 경계로 안라와 신라가 대치하게 되

---

79) 朴鍾益, 「咸安城山山城 發掘調査와 木簡」, 『한국고대사연구』 19, 2000.9.

었다. 이 시기의 남부가야 특히 안라의 외교를 주도한 인물 중 阿利斯等＝己能末多干岐를 빼놓을 수 없다. 그는 안라지역의 수장으로서 유력 지배자였던 듯하다. 529년 신라의 공세가 남가라 등에 강화되자 倭에 군원을 요청하였고, 近江臣의 기능이 불충분하자 다시 530년에는 백제에 군사지원을 요청하였다. 안라멸망 뒤에는 倭로 망명하여 九州의 葦北國으로 이주정착하게 된다.[80] 신라에 대해서는 變服사건에서 크게 반발하였던 것처럼 일정한 거리를 두고 있었던 것으로 보인다.

530년과 531년의 백제군의 안라 및 그 부근으로의 進駐를 통해서, 신라의 가야공세는 일단 멈추게 된다. 안라와 구례산 사이를 경계로 하는 선에서 소강상태를 맞이하게 되고, 신라의 남부가야로의 西進은 일단 중지되게 된다. 여기에서 阿利斯等＝己能末多干岐의 외교교섭의 역할을 평가할 수 있다.

阿利斯等의 大伴씨에 대한 군원요청이 실행의 움직임을 보이는 것은 남부가야의 정국이 안정을 보이고 난 다음인 537년이 되어서였다. 宣化 2년 10월조에 의하면, 大伴씨에게 百濟를 도와 新羅가 침략한 「任那」를 구조할 것이 倭 大王에 의해 명령되고 있다. 이에 의하면, 倭의 軍은 百濟를 돕는 형태를 취하여 남부가야 지역에 투입된다는 점이다. 이 점은 종래 주목되지 않았었는데, 남부가야 혹 安羅에 직접 지원되던 군사원조가 530년에서 537년 10월 사이에 백제를 통해서 남부가야 직접적으로는 安羅를 지원하게 되었다는 것이다. 남가라와 탁순이 신라의 수중에 들어간 상황에서, 남부가야의 유일 유력국이었던 安羅에 대한 개입에 있어, 倭 왕권은 종래의 직접 지원에서 백제를 통한 간접지원으로 외교형태를 바꾸고 있다. 동시에 安羅의 대倭교섭권도 상당히 제약적인 것이 되었을 것임을 시사한다. 그리고 그 변화를 결정지은 것은 531년 安羅의 乞乇城에 백제군이 진주한 것과 그에 따른 倭의 대加耶 외교방침의 조정에 있다고 보여진다. 흠명 4년 11월조에 의하면 「任那之下韓」지역에 「郡令・城主」가 주둔하고 있고 이것이 백제와 倭 간의 외교적 문제가 되고 있다. 여기서 「任那之下

---

80) 미공간졸고, 주 72의 논문.

韓」은 安羅 혹 그 부근과 관련 깊은 듯하다. 乞乇城에의 백제군의 진주 즉
안라에 대한 군사지원은 安羅에 대한 백제의 규제라는 값비싼 대가를 담
보로 한 것이었다.

9. 6세기 40년대
- 외교권의 제약 -

1) 제1차 「임나부흥회의」(541년 4월)

540년대에 들어서 주목할 만한 것은, 541년과 544년의 두 차례에 걸쳐
이른바 「임나부흥회의」가 개최된다는 점이다. 흠명 2년 4월조와 동 5년 11
월조에 의하면, 백제 성왕(성명왕)의 소집에 의해, 加羅·安羅·多羅를 비
롯한 전체 가야제국이 모여 신라로부터 멸망한 남부가야 즉 남가라·탁기
탄·탁순과 구례산을 회복하는 방안에 대해 논의를 거듭한다.

백제는 538년 왕도를 泗沘로 옮기어 체제와 지배구조의 재정비를 완료
하였다. 541년에는 梁과의 외교를 통해 제 박사와 기술자를 요청하는 등
대남조교섭에 박차를 가하고 있었다. 가야지역의 동향은 앞 장에서 언급한
바와 같다. 제1차 회의는 양국 간의 이러한 배경을 바탕으로 개최되었다.

541년 4월에 개최된 제1차 회의에서, 가야제국 측은 신라와의 회담이 성
사되지 않고 있음에 대한 불만과 함께, 卓淳 등과 같은 멸망에 대한 위기
감을 백제에게 드러내고 있다. 이에 대해, 백제는 군사원조 같은 실질 해결
책이 아니라, 신라에게 內應하지 않는 것이 해결책임을 주장하고 있다(흠
명 2년 7월 I 조). 백제가 가야제국의 신라로의 접근을 극력 경계하고 있음
은, 541년 7월 백제가 安羅에 사신을 파견하여 倭臣들의 신라와의 교섭을
견제하였던 것(흠명 2년 7월조)에서도 확연하다.

한편 백제는 가야제국에 대해 「昔我先祖速古王·貴首王 與故旱岐等
始約和親 式爲兄弟 於是 我以汝爲子弟 汝以我爲父兄 共事天皇 俱距强
敵 安國全家 至于今日」라고 해서, 근초고왕·근구수왕대부터 백제와 가

야제국이 父兄 - 子弟의 관계에 있어 지금에 이르고 있음을 강조하고 있는데, 이 父兄 - 子弟 관계가 바로 541년 당시 백제와 가야제국과의 관계를 상징한다고 할 수 있다.

같은 달인 541년 7월에 백제는 倭도 사신을 파견하여 가야제국의 정사를 놓고 倭와 의논한다. 한편, 543년(계체 4) 11월에 倭는 가야제국이 아니라 百濟에 사신을 보내어 가야제국의 정사를 논의하고 있다. 즉 541년에서 543년 단계에 가야제국에 대한 외교교섭권은 백제로 이관되어 있었던 것이다.

鬼頭淸明 · 金鉉球 양씨는 일찍이 백제와 왜의 관계를 「傭兵관계」라 지칭하였었다.[81] 백제가 왜에게 선진문물을 공여하는 반대급부로, 왜는 백제에게 傭兵 즉 군대를 제공하는 관계를 일컫는 것이다. 이는 적확한 지적이라 할 수 있다. 덧붙이자면 용병 즉 군대뿐만 아니라, 무기 혹은 築城人夫 등도 공여되고 있어 주로 전쟁 혹 노동 인력과 무기의 공여라 할 수 있다. 쌍무적으로 「文物 - 軍事 授受關係」라 고쳐부를 수 있다. 이러한 상호 수수관계는 바로 6세기 1/4 분기를 기점으로 시작되는 6세기 전반기를 그 전형으로 볼 수 있다. 즉 백제는 왜에게 오경박사(514년), 扶南의 財物(543년), 學者(548년)를 제공하는 대신, 馬 43필(511년), 舟師 500(515년), 良馬 70필 · 船 11척(546년), 築城人夫 370인(548년)을 공여받고 있다.

倭가 가야지역에서의 백제의 우세권을 인정한 배경은, 바로 백제 의존의 선진문물과 지식의 수입에 있었다고 할 수 있다. 가야지역은 왜에게, 선진문물 수입에 있어, 백제만큼 매력 있는 공급처로서 더이상 기능하지 못하게 되었음을 말해준다. 즉 倭 왕권은 한반도 남부와의 외교에 있어서 가야의 비중을 하향 조정하고, 대신 백제관계를 중시하게 되었음을 의미한다. 따라서 종래 남부가야 특히 안라와 倭 사이를 연결하던 루트가 단절되고 사실상 왜와의 교섭은 백제를 통해서 이루어지게 된 것이다. 결과적으로 백제에의 대외교섭 의존도가 심화되고 있었던 것이다. 이 점에 있어서는

---

81) 鬼頭淸明, 『日本古代國家の形成と東アジア』, 1976 ; 金鉉球, 『大和政權の對外關係研究』, 1985.

가야제국뿐만 아니라 安羅在住의 倭臣의 입장도 마찬가지였다.

2) 제2차 「임나부흥회의」(544년 11월)

백제의 가야에 대한 고압적 자세는 흠명 4년 12월 是月조·동 5년 정월·동 5년 정월 是月조·동 5년 2월조에 보이는 끈질긴 가야제국의 지배자 및 倭臣의 소집에서도 엿볼 수 있다. 가야제국은 백제의 소집에 응하려 하지 않고 미온적인 자세를 보였다. 그러나 끈질긴 백제의 압력에 굴복하여 흠명 5년 11월에 백제의 소집에 응하게 되었는데, 이것이 바로 제2차 「임나부흥회의」다.

제2차 회의에서, 백제가 가야제국의 수장들에게 제시한 「三策」 속에서 백제의 대가야외교의 의도를 엿볼 수 있다. 「三策」은 다음과 같다.

E1. 竊聞 新羅安羅 兩國之境 有大江水 要害之地也 吾欲據此 修繕六城 謹請 天皇三千兵士 每城充以五百 幷我兵士 勿使作田 而逼惱者 久禮山之五 城 庶自投兵降首 卓淳之國 亦復當興 所請兵士 吾給衣粮 欲奏天皇 其策 一也

E2. 猶於南韓 置郡令·城主者 豈欲違背天皇 遮斷貢調之路 唯庶 剋濟多難 殲撲强敵 凡厥凶黨 誰不謀附 北敵强大 我國微弱 若不置南韓 郡領·城 主 修理防護 不可以禦此强敵 亦不可以制新羅 故猶置之 攻逼新羅 撫存 任那 若不爾者 恐見滅亡 不得朝聘 欲奏天皇 其策二也

E3. 又吉備臣·河內直·移那斯·麻都 猶在任那國者 天皇雖詔建成任那 不 可得也 請 移此四人 各遣還其本邑 奏於天皇 其策三也

제1책(E1)은 久禮山과 근처에 築城과 軍의 주둔, 제2책은 백제의 군령·성주의 지속적 주둔, 제3책은 吉備臣 등 倭臣들의 처리이다. 제1책과 제2책(E2)은 가야지역에서의 군사작전에 관한 것이고, 제3책(E3)은 在가야 인물에 관한 규제에 관한 것이다.

　제1책은 신라와 안라의 경계의 요충지에 6城의 修城과 작전권의 요구이다. 6개 성은 城마다 5백 명의 왜군과 백제군이 합동주둔하고, 군량은 백제가 댄다는 것을 전제로 한다. 「修繕 6城」의 합당성으로는, 卓淳과 久禮山의 5城 회복의 전제가 된다는 점을 들고 있다.

　제2책은 下韓(여기서는 가야지역 아마도 남부가야지역을 의미)에 주둔하고 있던 백제의 군령·성주에 대해 금후 지속적인 주둔을 주장하는 것이다. 이는 가야제국과 왜 측이 下韓지역에 있어서의 군령·성주의 퇴출요구(흠명 4년 11월조)에 답변하는 형태이다. 지속적인 주둔의 필연성으로서 백제는 고구려와 신라의 방어를 이유로 들고 있다.

　제3책의 상세한 논의는 다음 절로 미루는데, 대강의 내용은 친신라적이거나 신라와 교섭을 행하고 있는 倭臣 혹 가야계 인물의 가야로부터의 추방을 요구하는 것이다. 즉 백제의 대加耶정책은, 군사적으로는 기존 군사력의 유지에 더하여 요충지 6城의 추가 점유요구였다.

　특히 제1책은, 앞서 같은해 2월에도 논의된 바 있는데, 「夫建任那之國 不假天皇之威 誰能建也 故我思欲就天皇 請將士 而助任那之國 將士之粮 我當須運 將士之數 未限若干 運粮之處 亦難自決 願居一處 俱論可不 擇從其善 將奏天皇 故頻遣召 汝猶不來 不得議也」[82]으로 보아, 가야제국에 대한 군사원조는 군대를 왜가 공급하고, 그 군량은 백제가 제공하는 형태를 취하고 있다. 군량운반처 결정 등을 비롯한 군사작전 일반에 대한 교섭은, 가야제국과 백제 사이에 논의되고 있는 점은 주목할 만하다.

　이러한 三策 논의의 상대는 가야제국의 지배자와 倭臣이었는데, 그 중 최고결정권자는 「於是 吉備臣·旱岐等曰 大王所述三策 亦協愚情而已 今願 歸以敬諮日本大臣[謂在任那日本府之大臣也] 安羅王·加羅王 俱遣使同奏天皇 此誠千載一會之期 可不深思而熟計歟(흠명 5년 11월)」로 보아, 安羅王과 加羅王과 倭臣이었음을 알 수 있다.

3) 가야제국의 대倭교섭권 상실

---

82) 흠명 5년 2월조 백제가 사신을 보내어 가야제국왕에게 한 말이다.

가야지역에서의 신라에 대한 방어문제 논의가, 안라가 高堂을 세워 倭의 사신과 논의하던 국면에서 안라를 비롯한 여러 가야의 지배자들이 백제의 소집에 의해 백제 성왕의 주재 하에 논의하는 국면으로 변화하는 양상과, 또 가야의 재지수장이 도왜하여 왜에게 군원을 요청하던 국면에서 왜와 백제가 상호 간에 사신을 교환하면서 가야제국이 배제된 상태에서 가야제국의 방어문제를 1차적으로 논의하고, 그 의견조정을 바탕으로 백제가 왜까지도 대리하여 가야제국과 2차적 논의를 하는 국면으로 변화하는 양상은 상징적이다.

6세기 초반까지의 백제·신라·왜는, 각각 가야제국에게 있어 경우에 따라 親疎를 加減하고 거리를 조절할 수 있는 외교적 선택지 중의 하나였었다. 그러나 백제와 반파의 충돌 이후, 백제는 그 선택지 중에서 사라지고 오히려 신라에 대한 비중이 높아졌다. 신라와의 관계가 파탄한 이후에는, 그 선택지가 더욱 축소되어 버렸다. 게다가 531년 백제의 安羅 및 下韓에의 군대 주둔 및 군령·성주의 설치를 경계로, 왜와의 교섭권마저 백제가 접수해 나아가게 되었다. 즉 백제는 안라를 비롯한 가야제국의 대倭교섭권을 접수한 데다가, 신라와의 교섭에 대해서도 극력 제지하고자 압력을 가하였다. 그리하여 6세기 초반 이후의 가야제국의 대외교섭은 대단히 제한적인 것이 되어 버렸다.

10. 在安羅諸倭臣의 외교활동과 安羅

1) 移那斯·麻都의 신라와의 교섭

「三策」 중 제3책은, 앞에서 살펴본 바와 같이, 4인에 관한 송환문제이다. 「各遣還其本邑」이란 이 4인을 가야지역으로부터 퇴출시키는 것을 의미한다. 여기서 4인은 吉備臣·河內直·移那斯·麻都를 말한다.

吉備臣·河內直는 「任那日本府」 인물이다. 「任那日本府」는 「安羅日本府」로도 표기되고 있는데 「在安羅諸倭臣」(흠명 15년 12월조 백제사신이

올린 表)이 원래의 표기에 가까울 것으로 추정되어, 安羅에 있던 倭臣들이 었던 것으로 알려지고 있다.83) 이들은 「今的臣·吉備臣·河內直等 咸從移那斯·麻都指撝而已 移那斯·麻都 雖是小家微者 專擅日本府之政 又制任那 障而勿遣」(흠명 5년 3월조)에서 보면, 移那斯·麻都의 지휘를 받고 있었다.

移那斯·麻都는 阿賢移那斯·佐魯麻都라고도 불리고 있었다(흠명 2년 7월조). 이 2인은 가야의 방어전선 및 남부가야 회복에 방해요인으로 백제에 의해 특별히 지목받고 있다(흠명 5년 2월조). 특히 이들은 「韓腹」(흠명 5년 3월조) 즉 가야출신으로서, 신라의 奈麻禮(＝奈麻·奈末)의 冠(혹은 奈麻의 禮官으로도 읽을 수 있음)과 服을 착용하고, 신라영역을 자유로이 왕래하고 있었다.84) 奈麻는 신라 京位 제11위로 外位로 환산하면 제4위인 選干(撰干)에 해당하지만, 신라 입장에서 520년(법흥왕 7) 관위제가 성립한 직후에 非王京人에게 경위를 수여했다는 자체가 파격적인 것이었다고 할 것이다. 麻都에 대한 신라의 특별우대는, 거기서 그치지 않고, 국경을 넘어 신라의 영역에서도 耕種을 보장받고 있었다.85) 이러한 越境耕種은 移那斯도 마찬가지였다. 이 2인은 「逃去」했다고 하는 것처럼 언제든지 신라로 망명할 수 있는 존재였다. 倭臣들의 분위기를 좌우하는 移那斯·麻都의 이러한 신라와의 교섭은 백제의 정책에 역행되는 것이었다.

2) 倭臣의 외교적 역할

倭臣으로 등장하는 인물은 的臣·吉備臣·河內直 등인데, 백제의 퇴출 명단에 오른 것은 吉備臣·河內直이다. 이 중 河內直는 移那斯·麻都와

---

83) 이른바 日本府에 관한 연구사정리는 鈴木英夫, 앞의 책, 1996 ; 李永植, 주 17의 책.

84) 『일본서기』 欽明紀 2년 7월조, "佐魯麻都 雖是韓腹 位居大連 廁日本執事之間 入榮班貴盛之例 而今反着新羅奈麻禮冠 卽身心歸附 …… 今猶着他服 日赴新羅域 公私往還 都無所憚 …… 今麻都等 腹心新羅 遂着其服 往還旦夕".

85) 『일본서기』 欽明紀 5년 3월조, "新羅春取㖨淳 仍擯出我久禮山戌 而遂有之 近安羅處 安羅耕種 近久禮山處 斯羅耕種 各自耕之 不相侵奪 而移那斯·麻都 過耕他界 六月逃去".

는 이복형제관계에 있으며,86) 흠명 2년 7월조에 의하면, 신라와 「通計」(계책을 공유)하고 있었고, 그런 이유로 백제에게 심히 비난 질책을 받고 있다. 吉備臣은 「임나부흥회의」에서 가야제국의 지배자와 동석하던 것으로 보아, 여러 倭臣 중에서 高位者였던 것으로 보인다. 이들이 백제에게 剔抉의 대상이 되었던 것은, 가야지역에서의 백제의 이익에 걸림돌이 되었기 때문일 것이다. 送還이 백제와 倭 사이에서 논의되는 것으로 보아, 倭에서 파견된 인물들이었다고 보여진다.

제2차 「임나부흥회의」의 개최에 있어서는, 가야제국과 백제의 사이에 밀고 당기는 일이 있어 백제의 소집에 가야제국이 여러 차례 응하지 않는 일이 있었다. 쟁점이 되었던 것은, 倭의 使臣이 가져온 倭 大王의 詔勅을 즉 倭 王權의 전달문을 가야(구체적으로는 安羅일 듯)에서 들어야 하는지, 아니면 백제에 가서 들어야 하는지에 관한 당위성의 문제였다(흠명 5년 2월조).

실질적으로 倭臣이 倭王의 명령에 따라 움직이고 있는 것은 아니었다 (「詔曰 的臣等[等者 謂吉備弟君臣·河內直等也] 往來新羅 非朕心也」흠명 5년 3월조 백제의 질문에 대한 倭 大王의 답변). 가야제국은 安羅在住의 倭臣을, 왜 왕권을 대변하는 존재임을 부각시켜 백제와의 회담·회의에서 방패막이로 삼고 있었다. 이는, 가야제국과 왜 왕권 간의 직접적 교섭을 저지하고, 그 사이에 개재해서, 가야의 대倭교섭을 통제 관리하여 가야제국에 대한 정치적 주도권을 행사하려는 백제의 의도에 反하는 것이었다.

이 시기에 「安羅日本府與新羅通計」「召到新羅任那執事」「別以安羅日本府河內直 通計新羅 深責罵之[百濟本記云 加不至費直·阿賢移那斯·佐魯麻都等 未詳也]」(이상 모두 흠명 2년 7월조) 등 倭臣의 신라와의 교섭이 두드러진다. 이는 앞서 본 移那斯·麻都 등의 동향과도 일치한다.

또한 가야제국 측에서 백제에 요구하고 있는 사항은, 「三策」의 제2책, 즉 下韓에 있는 백제의 郡令·城主의 퇴출이었다. 郡令·城主는 백제의 지방지배체제인 方 - 郡 - 城의 일환이었고, 따라서 군령과 성주의 설치는

---

86) 미공간졸고, 「移那斯와 麻都」, 한국고대사학회월례발표회, 1999.12.

백제의 지방체제인 郡과 城의 설치를 의미하는 것이었다. 가야제국은 이 점에 반발하였던 것이다. 신라의 공세로 남부가야가 함몰된 이후, 안라를 비롯한 가야제국은 倭의 원조 속에 위기를 극복하려 하였으나 지지부진하여 백제의 군사원조를 받게 된다. 그런데 이번에는 백제가 원조를 계기로 통제를 강화하여 가야제국의 자치권 특히 외교권을 제약하려는 태세를 보이게 되었다. 이에 안라는 倭臣을 내세워 백제일변도의 교섭을 자제하면서, 다시금 신라와의 교섭에 적극성을 보이게 되었다. 즉 백제와 신라 사이에서 아슬아슬한 줄타기를 시도하고 있었던 셈이다. 이 과정에서 倭臣은 즉 바다 건너 왜 왕권의 대변자로서 내세워지면서, 안라에게 대백제 및 대신라외교의 카드로서 구사되고 있었던 것으로 여겨진다.

3) 안라의 위상

백제는 「夫任那者 以安羅爲兄 唯從其意 安羅人者 以日本府爲天 唯從其意[百濟本記云 以安羅爲父 以日本府爲本也] 今的臣 · 吉備臣 · 河內直等 咸從移那斯 · 麻都指撝而已(흠명 5년 3월조)」라고 서술하고 있는데, 가야제국 중에서 安羅가 「兄」의 위치에 있고, 그러한 안라에서는 「日本府」즉 倭臣들을 「天」이라고 기술하고 있다. 이는 이 시기 가야제국의 외교는 안라에 의해 완전 주도되고 있음을 반영하는 것이다. 백제가 가야제국의 지배자들을 소집하기 위해서나 그밖의 사안으로 해서 사신을 파견한 곳은, 다름 아닌 안라였다.[87] 또한 안라에서의 倭臣들의 위상은 바로, 앞 절에서 본 바의, 안라에서의 倭臣들의 기능과 합치한다. 그리고 안라의 대신라외교의 주역은 바로 移那斯와 麻都였던 것이다.

안라의 지배층은 安羅王을 정점으로, 그 아래 복수의 次旱岐(下旱岐)로 구성되어 있었다. 旱岐란 소국의 首長을 일컫는 것으로, 안라는 재지수장의 연합체제였다 하겠다. 그 안라에서 6세기 1/4 분기에 재지수장 중 유력

---

87) 『일본서기』 欽明紀 2년 7월조, "百濟聞安羅日本府與新羅通計 遣前部奈率鼻利莫古 · 奈率宣文 · 中部奈率木刕眯淳 · 紀臣奈率彌麻沙等[紀臣奈率者 蓋是紀臣娶韓婦所生 因留百濟 爲奈率者也 未詳其父 他皆效此也] 使于安羅".

자로 아마도 지배층의 일각이었다고 보여지는 阿利斯等를 중심으로 대倭 교섭을 적극적으로 전개하였다. 그것이 성공을 거두지 못하자, 百濟와의 관계를 바탕으로 軍隊를 도입하게 된다. 그런데 백제군의 駐在가 안라 및 가야제국의 자립을 위협할 우려가 생기자, 이어 2/4 분기에 들어서서는 재지수장이 아니라 移那斯·麻都와 倭臣을 전면에 내세워 新羅와의 교통 (백제의 주장에 의하면, 고구려와의 교통까지도)을 전개하면서, 百濟와의 교섭에 길항작용을 첨가하게 되었다.

이 시기는 아직 백제와 신라의 동맹관계가 유지되고 있는 시기였다. 구례산과 안라 사이를 신라와 안라의 경계로 하는 선에서, 일단 6세기 초반의 물밀듯한 신라의 남부가야에서의 西進은 일단락되고, 백제와 신라는 직접 충돌을 회피하였던 것 같다. 백제 입장에서는 고구려와의 긴장상태로 인해, 남부가야지역에서 신라 동부의 남부가야 편입을 기정사실로 인정해 주고 사태를 수습한 것 같다. 대신, 양국 간에 가야제국에 대한 외교공세가 격화되고 있었다. 신라는 교섭의 문을 열어놓고 移那斯·麻都 등 유력 안라재지인에게 耕種의 편의를 봐주고, 신라의 경위를 수여하는 등의 회유책을 펼쳤다. 이에 대해 백제는 그것을 극력 제지하려 하였다.

548년 고구려가 말갈과 함께 백제의 獨山城을 공격하였는데, 이 때 백제의 구원요청에 의해 신라가 3천의 군사를 출동시켜 고구려군을 패퇴시켰다.[88] 또 『일본서기』 흠명기 12년 是歲조에는

> 百濟聖明王 親率衆及二國兵[二國謂新羅·任那也] 往伐高麗 獲漢城之
> 地 又進軍討平壤

라고 해서, 551년 백제 성명왕 즉 성왕이 백제군에 신라군·임나군을 거느리고 고구려를 공격하여 漢城과 平壤을 손에 넣었다고 한다. 여기서의 任那는 544년 「임나부흥회의」의 정황을 보건대, 거기에 등장하는 안라·가라 등을 비롯한 가야제국으로 추정된다. 한걸음 더 나아가자면, 연합작전의 주축이 된 것은 이 시기 외교적 주도권을 갖고 있던 安羅가 아닐까 한

---

88) 『삼국사기』 「백제본기」 성왕 26년조 ; 『삼국사기』 「신라본기」 진흥왕 9년조.

다. 이같은 상황에서, 가야지역에서는 백제 - 신라 - 가야제국의 연합을 전제로 하는 小康상태가 유지되었을 것으로 보인다. 小康의 평화가 유지되는 상황에서, 倭臣들의 역할 혹 필요성은 상당히 축소되지 않았을까 한다.

11. 6세기 50년대
- 멸망기 -

1) 안라의 空洞化와 백제로의 傾倒

멸망기 가야의 외교상 커다란 변화는 안라의 공동화 개시와 그 외교권을 백제로 이전하는 것이었다. 548년, 551년에 고구려와 전쟁으로 백제는 병력을 북변의 고구려전선에 집중시켰던 것 같다. 가야지역에서의 백제군의 감소는 예상할 수 있는 일이었는데, 흠명 13년(552) 5월에 다음과 같은 기사가 있다.

> 百濟・加羅・安羅　遣中部德率木刕今敦・河內部阿斯比多等　奏曰　高麗與新羅　通和幷勢　謀滅臣國與任那　故謹求請救兵　先攻不意　軍之多少　隨天皇勅　詔曰　今百濟王・安羅王・加羅王　與日本府臣等　俱遣使奏狀聞訖　亦宜共任那　幷心一力　猶尙若玆　必蒙上天擁護之福　亦賴可畏天皇之靈也

즉 백제・가라・안라가 공동으로 사신을 보내어 왜왕에게 고구려와 신라가 연합하여 백제와 가야를 공격하려 하므로 원군을 요청하고 있다. 실지로 고구려와 신라가 이 시기에 연합하여 백제와 가야를 치려고 하였다는 심증은, 551년에 있었던 신라의 백제 道薩城 탈취와 관련 있다(다음 제2절에서 서술). 여기서 백제가 가라, 안라와 함께 하는 형태로, 또 백제 및 가야지역의 방어를 구실로 군원을 요청하였다는 사실은 대단히 주목해야 할 사안이다. 552년 단계에서 가야지역의 대倭교섭권은 완전히 백제에게 넘어간 것임을 알 수 있다. 백제는 가라와 안라뿐만 아니라 안라의 倭臣도 대倭 군원요청의 카드로서 사용하고 있었던 것이다. 安羅와 倭臣은 544년 「임나부흥회의」에서는 물론 548년까지만 해도, 백제에게는 축출의 대상이었다. 즉 흠명 9년 4월(548)조에 보면, 백제가 고구려의 백제공격을 安羅와 倭臣이 초래한 것이라고 왜에게 주장하고 있다. 가야 특히 안라의 대倭외교 카드였던 倭臣이, 552년에 와서는, 安羅와 함께 백제의 대倭군원요청의 수단으로 쓰였다는 점에서 국면의 변화를 적시할 수 있다. 즉 백제의 대고구려전선의 급박성과, 안라의 백제로의 종속화에 다름 아니었다.

사실 安羅의 공동화 현상은 이미 548년부터 보이고 있었다. 흠명 9년 4월조의 왜왕의 언급에 「朕當遣送若干人 充實安羅逃亡空地」가 있다. 「安羅逃亡空地」란 「안라가 도망하여 [그로 말미암아 생긴] 빈 땅」이란 의미일 것이다. 通釋에서는 「安羅」를 「加羅」의 오류라고 보고 있지만, 특별히 고쳐볼 필요는 없다. 「逃亡」이 인구의 유동을 의미한다고 보면, 격변 속에서 인구가 유동하여 안라에 공동화가 초래되었음이 유추 가능하다. 逃亡한 사정에 대해서는 불분명한데, 移那斯·麻都의 신라로의 「逃去」, 阿利斯等의 九州로의 망명 등과 같은 것을 생각해볼 수 있다. 즉 어느 정도 공동화가 진행되기 시작한 安羅가 백제로 상당히 경도되어가고 있었다고 볼 수 있겠다.

2) 백제와 신라의 관계 파탄

멸망기 가야제국의 운명을 결정짓게 되는 것은, 가야를 둘러싼 국제적 환경, 즉 백제와 신라의 관계 변화였다. 551년에 백제는 고구려의 道薩城을 함락시키고, 고구려는 백제의 金峴城을 손에 넣는 등, 일진일퇴의 격렬한 공방을 펼치고 있었다. 이에 신라는 양국군이 피폐한 틈을 노려 2城을 손에 넣어 버렸다.[89] 이에 백제는 신라에게 의구심을 갖기 시작하였다(앞절에서 서술한 흠명 13년 5월조의 백제사신의 언급). 553년에 신라는 백

---

89) 『삼국사기』 「신라본기」 진흥왕 11년조.

제·고구려로부터 탈취한 지역에 신라의 新州를 설치하였다.90) 이로써 백제의 신라에 대한 신뢰는 완전히 깨어지게 되었다. 이를 계기로 백제는 신라가 5세기대 전반처럼 고구려와 다시 연합했다고 규정하고, 가야제국과 왜와 더 강력히 연합하여 4세기 후반에서 5세기에 걸치던 라인을 재구축하려 한 것 같다. 성왕의 신라에 대한 공격이 개시되어 管山城(函山城)을 공격하는 것도, 가야에 1만이라는 대규모 군사를 도입하는 것도, 倭에의 군원요청의 규모와 행보가 커지고 빨라지는 것도 이 무렵이었다(『일본서기』흠명 15년 12월조 참조). 백제와 신라의 전쟁이 격화되는 과정에서 554년에 성왕이 狗川(管山城)에서 전사하게 된다.91)

이 전투에 관해서는 몇 가지 자료가 전하는데, 『삼국사기』「신라본기」 진흥왕 15년조에 의하면, 성왕의 군대가 「加良」과 더불어 공격해 왔다고 전하고 있다. 「加良」은 가야에 다름 아니다. 또 『일본서기』흠명 15년조에는, 전선에서 倭의 筑紫國造의 활약을 전하고 있다. 이로써 554년 단계에서 백제-倭-가야의 연합체제의 결성이 확인된다. 또 『삼국사기』「신라본기」 진흥왕 15년조에 의하면, 신라군이 管山城전투에서 승리를 거두는데, 전세를 역전시키는 데에 新州軍主였던 武力과 三年山郡의 高干(외위 제3위) 都刀의 공이 컸음을 특기하고 있다. 武力은 532년 즉 20여 년 전 신라로 투항했던 남가라＝금관의 왕이었다.

3) 신라의 팽창과 가야제국의 종언

553년 신라의 新州설치를 기화로 가야를 둘러싼 상황은 급변하여, 백제와 신라가 일거에 대결 격전의 구도를 그리게 되었다. 백제에 왜, 가야제국이 가세하고, 신라는 舊금관국계를 내세워 이에 항전하게 되었다. 아울러 백제와 경계를 이루는 지대를 중심으로 국경지역의 행정적 군사적 정비를 서둘렀다. 555년 比子伐(창녕)에 停을 설치하고, 동시에 州를 신설하였다.

---

90) 『삼국사기』「백제본기」 성왕 31년조 ; 『일본서기』흠명기 13년 是歲조.
91) 『삼국사기』「백제본기」 성왕 32년조 ; 『삼국사기』「신라본기」 진흥왕 15년조 ; 『일본서기』흠명기 15년 12월조

같은 해에 북한산을 진흥왕이 巡幸하고 영역을 확정짓는다. 556년에는 比列忽州를 신설하고, 557년에는 國原小京을 신설하고, 沙伐州를 없애는 대신 甘文州를 두는 한편, 新州를 전진 배치시켜 北漢山州를 두었다. 이로써 가야지역을 둘러싼 小康상태는 급작스럽게 무너지게 된다.

백제는 성왕의 전사 이후, 556년 정월 倭에 가 있던 성왕의 둘째 아들 왕자 惠를 불러들이고 이듬해인 557년 3월에 성왕의 元子인 威德이 즉위하였다. 2년 여의 空位기간이 이어졌던 셈이다.

561년은 가야사 상에 있어서 한 획을 긋는 해다. 이 해(『삼국사기』「백제본기」에는 561년이나, 『삼국사기』「백제본기」에는 562년)에 백제 威德王은 신라의 변경을 침입하였으나, 대패하여 1천여 명의 사상자를 낸다.[92] 반면 신라는 안라의 波斯山에 築城하여 백제를 대비한다.[93] 波斯山은 함안의 城山山城으로 여겨지는데, 신라는 이곳에 멀리는 경북 내륙, 가까이는 久禮山으로부터 낙동강 수운을 이용하여 군량과 鹽 등을 貢調物로 반입시키고 있다. 이는 바로 축성 및 그 유지와 관련 있었다고 본다(성산산성출토목간). 또 이 해에는 창녕에 碑를 건립하게 되는데(진흥왕척경비), 비 건립시에 「四方」의 軍主 및 주요 지방관을 부르는 일대 퍼포먼스를 거행한다. 이것은 다분히 加羅를 비롯한 가야제국을 의식한 것이었다고 할 수 있다. 한편 흠명 22년조(561)에는 신라가 倭에 「久禮叱及伐干」을 보내어 「貢調」를 보내었다고 기록하고 있다. 앞서 계체 24년(530) 9월조에서 안라가 신라에 보낸 사신 「久禮斯己母」를 久禮 출신자로 추정한 것처럼, 이 「久禮叱」의 久禮가 久禮(久禮山·久禮牟羅)지역을 말한다면, 이는 의미심장한 것이다. 久禮지역이 신라에 들어가는 것은 530년경인데, 30년 뒤에 久禮 출신자가 及伐干(경위 9위)을 소지하게 되는 것은, 신라의 남부가야 통치가 착착 궤도에 오르고 있었음을 의미한다.

진흥왕은 신라역대의 왕 중에서 碑를 많이 세운 왕 중 한 사람이다. 碑의 정치성을 잘 이해하고 활용한 인물이다. 북한산, 황초령, 마운령의 순수

---

92) 『삼국사기』「백제본기」 위덕왕 8년조 ; 『삼국사기』「신라본기」 진흥왕 23년조.
93) 『일본서기』흠명기 22년 是歲조.

비는 각각의 재지 주민에 대한 퍼포먼스였었다. 창녕의 척경비는 가야지역에 대한 시위였고, 久禮叱을 遣倭使로 삼은 것 또한 久禮까지 이르는 남부가야의 소유를 倭에 과시하기 위한 것에 다름 아니었다.

562년에 결국 가야제국은 멸망하고 말았다. 『삼국사기』와 『일본서기』에 기록이 남아 있다. 『삼국사기』 「신라본기」 진흥왕 23년조에는, 9월에 「加耶」가 「叛」하여서 異斯夫가 토벌하게 되었는데, 선봉장 斯多含의 기병 5천에 의해 일거에 제압되었다고 전하고 있다. 여기서의 「加耶」는 加羅＝대가야로 인식된다. 『일본서기』 흠명기 23년 정월조에는, 신라가 「任那官家」를 쳐서 멸망시켰다고 전하고 분주에 「任那諸國」이 나온다. 『삼국사기』의 「叛」에 의미를 두면, 562년 2월 이전에 이미 가야에게 철퇴를 맞았음을 의미하는데, 561년의 신라의 일련의 군사활동 속에서 이미 加羅＝대가야는 쇠퇴를 맞이하였던 것인지도 모른다.

12. 맺음말

진왕체제 아래서, 安邪와 狗邪가 지역의 교통의 거점으로서의 역할을 한 것으로 보이는데, 그러한 교통을 배경으로 가야제국 중 유력국으로 부각되게 되었다. 변진사회에서 양국은 철을 매개로 해서 중국, 한반도 제 지역, 일본열도와 다각적인 관계를 갖는 중심이었다.

4세기 중엽 동아시아 세계에서, 백제와 왜를 연계하여 백제 - 남부가야 - 왜의 라인을 구축하는 데 가야가 중요한 주도적 중개역할을 하고 있다. 사실 신라의 성장과 더불어 남부가야 즉 금관은, 신라와의 경쟁 속에서 무력충돌이 격화되게 된다. 경쟁에서 무력적 우위를 담보하기 위해 남부가야는, 왜의 군사력을 도입하였다. 이는 물론 철 등을 필두로 하는 선진문물의 이전과 중개를 반대급부로 하는 것이었다. 더불어 성장을 거듭하고 있던 백제와도 우호를 맺어, 원활한 교통의 네트워크를 유지하려 했던 것 같다.

남부가야를 중심으로 한 이러한 남부 라인의 형성은, 신라에게는 버거운

하중을 주게 되어, 결국 신라는 고구려에게 군사적 원조를 호소하게 된다. 이를 직접적 계기로, 고구려는 신라를 구원하기 위해 남부가야의 동반부까지 원정하게 된다. 5세기 벽두에 벌어진, 고구려의 南征과 그 이후의 상황은 가야사회에 커다란 파장을 가져와서, 가야사회 질서의 재편을 가져왔다. 이는 남부가야뿐만 아니라 북부가야에도 자극을 가해 북부가야 성장의 계기가 되었다. 즉 고구려의 國原城(지금의 중원) 설치와 신라 내의 군대 주둔은, 북부가야의 긴장을 고조시켜, 加羅를 중심으로 결속이 굳어지는 배경을 만들었다. 加羅는 백제와의 유대를 바탕으로, 가야사회에서 任那(김해)=南加羅에 버금가는 세력으로 성장해, 5세기 중엽에는 국제사회에서 주목받기에 이른다.

5세기 중엽을 경계로 신라가 고구려의 종속 하에서 이탈하여 백제와 동맹을 맺게 되는데, 加羅는 여기에 가담하여 백제 - 加羅 - 신라의 라인을 구축하여 고구려에 대항하게 된다. 이 과정에서 가라의 운신의 폭이 확대되어, 남중국(南齊)과도 교섭을 실현하는 등 대외교섭의 전성기를 맞이하게 된다. 그 과정에서 북부가야의 한 수장이 고구려와 교통을 시도하려던 것을 기화로 백제와의 관계 악화가 초래된다. 이를 계기로 가라의 외교는 위축을 맞이한다.

6세기 초에 가라는 己文을 놓고 남방으로 진출하던 백제와 격돌하였으나, 倭를 포섭하는 데 실패하여, 결국 경쟁에서 패배한다. 백제 및 왜와의 관계 악화로 고립에 빠진 가라는, 신라와 혼인동맹을 추진함으로써 난국을 극복하려 하였다. 그러나 신라는 혼인을 계기로, 백제가 고구려에 대패한 것을 틈타, 가라 등 제국에 대한 야심을 드러낸다. 그래서 가라의 신라와의 동맹은 오래가지 못하였다.

6세기 30년대 전후부터 가야제국의 대외교섭은, 가라가 뒤로 물러나고, 안라가 주도하게 된다. 안라는 동남진하는 신라의 무력을 저지하기 위해, 왜에 군원을 요청하여 극복을 도모한다. 이 과정에서 재지수장 출신의 유력자인 阿利斯等이 외교의 전면에 나선다. 그런데 왜로부터의 원조가 소기의 목적을 다하지 못하자, 안라는 백제의 군사적 원조를 도입한다. 백제가 원조를 빌미로 가야제국에 통제를 가하려 하자, 안라를 중심으로 가야 제국은, 왜뿐만 아니라 신라와도 교섭을 재개하게 된다. 이 과정에서 倭臣과 移那斯·麻都가 활약하게 된다. 결국은 540년대 이후 확연히 안라의 대외교섭권이 백제로 접수되어 가고, 550년대에 가서는 백제의 완전 종속하에 놓여 외교권이 상실되게 된다. 이 때는 백제 - 신라관계가 파탄을 보는 시기이기도 해서, 백제의 외교방침에 따라 백제주도 아래 백제 - 가야 - 왜의 라인이 복구되게 된다. 그러나 신라의 강력한 외교와 무력공세 아래, 가야는 결국 561년에서 562년에 걸쳐 멸망의 길을 가게 되었다.

가야제국의 대외교섭이 활발해지는 것은 5세기 후반에서부터이며, 구체적으로 인물의 활동을 운위할 수 있는 것은 5세기 말부터이다. 이른바 「대가야연맹」 즉 가라를 중심으로 한 연합체의 전성기에 해당한다. 이 시기는 가야제국에게 외교가 절실히 요구되었다. 그 과정에서 대백제외교의 실패가 연맹 나아가 가야제국 전체 쇠락의 길을 가져왔던 게 아닐까 한다. 가라 즉 북부가야의 대외교섭 실패 후에, 안라 즉 남부가야가 대외교섭의 전면에 나서게 되는데, 「임나일본부」는 그러한 시대적 배경 속에서 설명 가능하다.

가야 외교의 특징은 외교 단위의 개별성과 불통일성이다. 5세기 후반 「대가야연맹」(북부가야)의 대백제정책은 안라의 그것과는 거리를 두고 있었던 듯하다. 6세기 전반, 북부가야의 가라와 남부가야의 남가라와 안라는 대백제·대신라·대왜 외교에 각기 입장 차가 역력하였다. 6세기 40년대에, 안라·가라 등 가야제국이 안라를 중심으로 대외교섭에 齊一性을 보이기는 했으나, 이는 이미 남가라가 신라에 편입되고, 신라의 압박이 코 앞에 닥친 상황에서, 백제에 의해 상당히 규제받는 제한성을 갖는 것이었다.

加耶諸國과 東아시아

연 민 수[*]

1. 머리말

가야사를 연구하는 데 최대의 장애는 사료의 빈곤이다. 가야 제국은 고대국가로의 출발을 예고하는 통합정권을 이룩하지 못하고 연맹체 단계에서 소멸해 버린 까닭에 『三國史記』의 本紀 자리도 박탈당한 채 사료상에서 흩어진 역사가 되고 말았다. 그런 까닭에 독자의 역사적 기록은 찾아볼 수 없고 후대의 편찬물이나 전승에 의존할 수밖에 없다. 더욱이 『日本書紀』라는 특정의 사료에 집중되어 있고, 그것도 가야의 내부 사정을 알려주는 것보다는 외교사를 중심으로 한 기록이 대부분을 차지하고 있어 가야사의 연구에 많은 제약이 뒤따르고 있는 것이 현상이다. 이러한 기록성 때문에 가야사 연구는 대외관계사 속에서 가야사의 실태를 究明하려는 노력이 그간의 실정이었다고 해도 좋을 것이다. 최근에 이르러 가야사 연구인력의 증가와 연구환경의 호조 그리고 고고학적인 연구성과에 힘입어 가야 각국사에 대한 개별적인 연구, 가야의 지역정치체 간의 관계사를 규명하려는 일련의 시도는 고무적인 현상으로 가야사의 연구수준을 한 단계 높여 주고 있다.

필자에게 부여된 과제는 가야 제국의 동아시아 국제관계를 밝히는 것이다. 가야 제국이 동아시아의 역사적 무대에 등장하는 시기는 언제부터일

---

* 동국대학교 사학과 강사

까. 그리고 동아시아 제국과 어떠한 교류·교섭관계를 가졌으며, 그 특징과 성격은 어떠하며, 시대적 추이에 따라 어떠한 변화의 양상을 보여왔는가를 살펴보고자 한다. 이는 동아시아 속에서의 가야사의 위치를 설정하고 동시에 가야사의 전개과정과 역사적 성격을 이해하는 데에도 중요한 일이라 생각된다. 본고에서는 그간의 연구성과를 점검해 보면서, 변진시대로부터 가야 제국이 주변 제국의 핍박으로부터 벗어나려고 하는 6세기대의 가야부흥운동기에 이르는 시기의 중국과 왜를 중심으로 한 가야 제국의 동아시아 대외관계의 전체상을 파악해 나가기로 한다.

2. 弁辰시대의 동아시아 국제관계

가야의 前史라고 할 수 있는 삼한시대의 역사를 알려주는 사료로 중국 정사의 동이전 중에서 『後漢書』 韓傳과 『魏書』 韓傳을 들 수가 있다. 여기에는 韓 諸國의 생활상과 풍습, 아울러 중국과의 교섭 내용을 기록하고 있다. 또한 『후한서』 왜전, 『위서』 왜인전에는 왜국과 중국 간의 상세한 교류 내용을 기록하고 있어 이를 통하여 변한사회와 왜인사회의 교류 양상과 나아가 당시 동아시아 제국 교섭사의 흐름과 성격도 파악할 수 있다고 생각한다.

韓 제국의 대중국관계는 낙랑군과 대방군으로 대표되는 중국 군현과의 교섭이 중심이다. 낙랑군은 漢이 衛氏朝鮮을 멸망시킨 B.C. 108년에 고조선의 옛 강역인 대동강유역에 설치하였다. 고구려에 의해 소멸당하는 313년까지 무릇 400여년 간 존속하였고, 그동안 거쳐간 왕조만 하더라도 前漢으로부터 新, 後漢, 魏, 晉 등의 5왕조에 이르렀다. 중국왕조의 흥망성쇠와 재지세력의 저항 등으로 낙랑군의 통치도 크게 흔들리곤 했으나 전한 말기에는 낙랑군의 관할지역이 25개 현에 6만2812호, 40만6749명의 인구를 지닌 거대세력으로 성장하기도 하였다.[1] 그런 까닭에 주변 제 지역에 대해

---

1) 『漢書』 卷28下 地理志8下.

정치, 문화적으로 적지않은 영향을 끼쳤으며 韓 제국의 수장들 역시 낙랑
과의 교섭을 통해서 중국의 선진문화를 섭취하는 한편 책봉관계를 통한
내부의 정치적 안정을 추구하려고 했다.

『후한서』 한전에는 "建武二十年(44), 韓人廉斯人蘇馬諟等詣樂浪貢獻
[廉斯邑名也, 諟音是], 光武封蘇馬諟爲漢廉斯邑君, 使屬樂浪郡四時朝謁"
이라 하여 韓人 蘇馬諟 등이 낙랑에 조공하여 광무제로부터 '漢廉斯邑君'
에 책봉되었다 하고, 낙랑군에 편입되어 계절마다 입공했다는 기록을 전하
고 있다. 廉斯는 읍명으로 이 지역의 수장인 소마시가 중국으로부터 책봉
받은 사실을 알려주고 있는데 삼한사회의 수장층으로서는 최초의 책봉기
록이다. 염사의 위치에 대해서는 종래 충청남도 牙山說[2]이 대세를 이루고
있는 가운데 일본학계의 일부에서도 마한지역으로 보는 견해가 주장되기
도 하였다.[3] 한편으로는 염사를 김해의 구야국으로 비정하는 설[4]이 일찍
이 제기된 이래 근년에 이를 계승하는 연구[5]가 나오고 있고, 昌原 방면[6]
이나 경상도 주변[7]으로 보려는 적극적인 견해도 나오고 있다.

이와 관련하여 『위서』 한전에 인용된 『魏略』의 廉斯鑡 설화를 살펴보기
로 한다. 내용을 정리하면 다음과 같다.

王莽의 地皇年間(A.D. 20~23)에 辰韓의 右渠帥가 된 廉斯鑡가 낙랑의
토지가 비옥하여 인민들의 생활이 풍요함을 듣고 투항하기로 했다. 가는
길에 漢人 戶來라는 사람을 만났는데, 그의 말에 의하면 무리 1500명이 벌
채를 하다가 韓의 습격을 받아 포로가 된 지 3년이 되었다고 한다. 鑡는 낙
랑으로 가기를 희망하는 戶來를 데리고 含資縣으로 가 낙랑군에 연락을

---

2) 李丙燾, 『韓國古代史硏究』, 박영사, 1976, 245쪽 ; 李基東, 『韓國史講座(고대편)』,
   일조각, 1982, 73쪽.
3) 栗原朋信, 「邪馬臺國と大和政權」, 『上代日本對外關係史の硏究』, 吉川弘文館, 1978,
   126쪽 ; 山尾幸久, 「朝鮮における兩漢の郡縣と倭人」, 『立命館文學』 439・440・441,
   1982, 259쪽.
4) 丁仲煥, 「廉斯鑡說話考」, 『大丘史學』 7・8, 1973 ; 『加羅史硏究』, 혜안, 2000.
5) 白承忠, 「1~3세기 가야세력의 성격과 그 추이」, 『釜大史學』 13, 1989, 21~23쪽.
6) 西本昌弘, 「樂浪郡治の所在地と辰韓廉斯鑡」, 『朝鮮學報』 130, 1989, 60~61쪽.
7) 鈴木靖民, 「加耶史の展開と倭」, 『巨大古墳と加耶文化』, 角川選書, 1992, 109쪽.

취했다. 郡은 鑡를 통역으로 삼아 苓中으로부터 大船을 타고 진한에 들어
가 戶來를 맞이하였다. 그러나 함께 항복한 무리 중 천 명은 얻었으나 5백
명은 이미 죽은 뒤여서 鑡는 낙랑이 萬兵을 보내 공격할 것이라고 위협하
여 진한인 만5천 명과 弁韓布 만5천 필을 보상으로 받았다. 樂浪郡에서는
鑡의 功과 義를 표창하고 冠幘과 전택을 주었다. 그의 자손들은 여러 대를
지나 安帝 延光 4년(125)에 이르러서는 선조의 공으로 부역을 면제받았다.

위에서 廉斯鑡는 인명과 같이 나오고 있으나 鑡(치)가 한국 고대어의 수
장의 音寫인 '智'·'知'·'支'·'借'와 같은 용어로 추정되어[8] 염사지역의
수장으로 생각된다. 즉 염사의 수장으로 진한의 右渠帥가 된 인물로 되어
있다. 그럼 염사읍의 수장이 진한의 右渠帥가 되었다는 것은 무슨 의미일
까. 염사치 이야기는 설화성이 강해 사실관계를 그대로 신뢰하기는 어렵
다. 진한을 위협해서 만5천 명을 끌고 갔다는 내용이라든가 漢人 천5백 명
이 韓의 노예가 되었다는 戶來 이야기도 민간에 떠도는 전승을 채록했다
고 보이는데 역시 설화성이 짙은 내용을 담고 있다.

『위지』 변진전에는 "弁辰亦十二國, 又有諸小別邑, 各有渠帥"라 하여
거수는 변진의 소읍장을 나타내는 호칭으로 표기되어 있듯이 염사치는 변
진의 지역 수장이었을 것으로 생각된다. 더욱이 동 변진전에는 "弁辰與辰
韓雜居 …… 衣服居處與辰韓同, 言語法俗相似"라고 하듯이, 변진은 진한
사람들과 뒤섞여 살며 의복과 주택은 진한과 같고 언어와 습속이 비슷함
을 기록하고 있다. 말하자면 당시 중국인이 인식하고 있었던 변한은 진한
과 더불어 광의의 동일 지역, 동일한 정치·문화권으로 인식하고 있던 것
으로 추정된다. 아마도 진한의 右渠帥라고 하는 것은 진한의 우측에 있는
거수 즉 진한의 서방에 위치한 변한의 거수란 의미로 해석해야 할 것이다.
漢代 흉노의 우현왕은 서방이고 좌현왕은 동방에 있고,『당서』고구려전에
도 東部順奴部를 左部로 표기하고 있듯이 중국인이 외민족의 일에 대해서
기록한 좌우의 위치는 左가 東方, 右가 西方을 가리킨다.[9] 염사치가 弁韓

---

8) 李丙燾,『韓國史(고대편)』, 진단학회, 1959, 317쪽.
9) 栗原朋信, 앞의 책, 1978, 126쪽.

布 만5천 필을 획득했다는 것도 변한지역의 수장이 할 수 있는 일이라 생
각된다. 특히 염사지역을 지배하고 있던 염사치는 낙랑의 통역을 담당할
정도로 漢語에 능통한 인물이다. 이것은 낙랑과의 오랜 교섭를 통해서 얻
어진 지식이다. 게다가 염사치가 漢人 戶來와 그 무리를 데려오기 위하여
大船을 타고 진한으로 들어갔다는 전승은 낙랑군으로부터 서해를 남하하
여 남해안을 지나는 항해코스를 잘 숙지하고 있었다는 것을 말해주고 있
고, 그의 수장 시절에 이미 활발한 대낙랑 교류가 있었음을 시사하는 내용
이다.10) 그는 해양에 익숙한 변진지역의 수장으로 그의 지배지였던 염사국
은 내륙보다는 해양으로 진출하기 용이하면서 진한에 근접한 지역이 아닐
까 생각된다. 그렇다면 염사국의 위치는 낙동강 서안, 김해로부터 마산, 창
원 방면을 유력한 후보지로서 들 수가 있겠다. 이 중에서 김해는 이미 구
야국이 존재해 있어 제외되고, 마산, 창원 방면으로 추정되는 탁순국의 전
신으로 염사국의 위치를 추정할 수 있지 않을까 보여진다.11)

　　그럼 地皇연간에 활동한 염사치와 『후한서』에 나오는 염사인 소마시와
의 관계는 무엇인가. 양자 모두 염사국의 수장층이지만 동일 인물일 가능
성은 적어 보인다. 진한의 우거수가 된 염사치가 낙랑에 투항하여 그의 자
손이 수대를 지나 부역이 면제되었다고 하듯이 염사치와 그의 자손은 이

---

10) 염사치를 낙랑에 거주하는 대규모의 교역상인이라 보는 견해가 있다(白承忠, 앞
　　의 논문, 1989). 그가 낙랑에서 교역상인으로서 활약했을 가능성은 있다. 그러나
　　염사국의 수장이자 진한의 거수였던 그의 이주사정에 대해선 언급이 없다. 다만
　　한 지역의 수장이 단지 낙랑의 풍요함에 동경되어 자신의 지배지를 버리고 타지
　　에 이주하여 본거지와 교역을 했다는 설명은 부자연스럽다. 정치적인 이유가 아니
　　면 염사치의 낙랑에의 투항을 간단히 설명하기 어렵다고 본다. 염사치는 민간인이
　　아니라 한 지역을 책임지고 있는 정치적인 수장이기 때문이다. 염사치 설화를 중
　　국상인과 토착인과의 교역의 반영이라는 설명은 李賢惠의 논고(「三韓의 대외교
　　역체계」, 『韓國古代의 생산과 교역』, 일조각, 1998)에도 나타난다. 크게 보아 수긍
　　할 수 있는 견해라고 생각되는데, 이 논고에서도 염사치의 낙랑 투항의 사정에 대
　　해서는 언급이 없다.
11) 염사국의 위치를 마산, 창원방면으로 추정한 것은 필자가 처음 주장한 것은 아니
　　다. 이미 본문에서 지적했듯이 西本昌弘이 창원설을 제기한 바 있다(주6의 논문).
　　다만 염사국을 가야시대 탁순국의 전신세력으로 보는 필자의 관점과는 다소 차이
　　가 있다.

미 낙랑에 이주해 낙랑인으로서 생존해 있는 것으로 되어 있다. 그런데 20여 년이 지난 A.D. 44년에 염사국의 소마시는 낙랑으로부터 漢廉斯邑君에 책봉되고 있다. 이 시기에 소마시란 인물은 새로운 염사국의 수장이 되었다고 보인다. 그렇다면 양자의 사이에는 무슨 일이 발생한 것일까. 추측컨대 소마시와 전 수장인 염사치와의 관계는 극단적 대립관계 아마도 권력투쟁에서 소마시가 염사치를 몰아내고 새로이 염사국의 권력을 장악한 것은 아닐까. 地皇연간에 염사치는 소마시 측과의 권력투쟁에서 패한 후 그의 일족을 비롯한 일단의 무리를 이끌고 낙랑으로 이주했을 것이다. 진한인 만5천 명을 위협하여 데리고 왔다든가 漢人 포로 천5백 명을 송환하려 했다는 전승은 숫자 면에서는 신뢰하기 어렵지만 염사치의 집단적 투항을 반영하는 것으로 생각된다. 인력은 곧 노동력이고 생산을 담당하는 주체이기 때문에 낙랑에서도 이들을 적극적으로 수용했음에 틀림없다.『후한서』 왜전에 왜국왕 帥升이 安帝 永初元年(107)에 生口 160인을 바쳤다는 기록 역시 노동력의 헌상을 통해 왜국의 국가적 이익을 추구하려고 했던 것이다. 그러나 염사치의 낙랑에의 투항을 계기로 염사국의 새로운 수장이 된 소마시 정권의 대낙랑 교류는 일시 중단된 것으로 보인다.

한편 염사국 내부 권력의 변화를 지배층 내부의 권력투쟁 결과로 추정할 수 있다면, 이러한 변화를 초래케 한 요인으로서 당시 동아시아 정세의 동요를 생각하지 않을 수 없다. 전한말 왕실의 외척세력인 王莽이 帝位를 찬탈하여 스스로 황제라 일컫고 국호를 新이라 정하였다(A.D. 8). 이듬해 왕망은 五衛將軍 王奇 등 사자를 4方에 보내어 漢의 印綬를 회수하고 새로이 新의 것을 사여하였고, 더욱이 塞外諸蠻夷 君長의 王號를 侯號로 교체하는 등 주변 제 민족에 대한 강압적인 조치를 취했다. 그 범위는 동방의 현도, 낙랑, 고구려, 부여에까지 미쳤다. A.D. 12년에는 왕망정권에 복속을 거부하는 고구려를 공격하고 고구려 국명을 下句驪로 개칭하여 독존적 우월의식을 과시하기도 했다.[12] 그 후 A.D. 23년에 왕망정권은 타도되었지만, 이러한 혼란 중에서 낙랑의 토호인 王調가 25년 경 태수인 劉憲을 살

---

12)『漢書』 王莽傳.

해하고 스스로 '大將軍樂浪太守'를 칭하는 사건이 일어났다.13) 王調의 낙
랑군 지배는 수년 간 계속되다가 後漢 光武 6년(30)에 한에서 새로 파견된
낙랑태수 王遵에 의해 종식되었다. 王莽으로부터 王調에 이르는 이러한
불안정한 정세 하에서 낙랑군의 韓 제국에 대한 통제력도 상당히 후퇴했
을 것이다. 바로 염사국의 권력투쟁과 정권교체도 이러한 동아시아의 불안
정한 정세에 영향을 받았을 것임에 틀림없다. 그리고 염사치는 소마시에게
권력을 빼았기고 낙랑에 귀부했지만 이를 재탈환하지 못했던 것은 정치적
인 동요 속에 놓여져 있던 낙랑군의 지원을 받지 못했기 때문으로 생각된
다.

그 후 염사국의 새로운 권력자가 된 소마시는 염사치의 투항에 의해 중
단되었던 대낙랑 통교를 시도하였다. 後漢왕조의 성립과 더불어 안정기를
맞이한 동아시아의 정세 속에서 光武帝 20년(44)에 비로소 견사조공하여
낙랑과의 통교를 열었던 것이다.

후한왕조의 성립과 동아시아 정세의 안정으로 주변 제국의 낙랑군에의
통교는 활발해졌다. 그 중에서도 왜국의 동아시아 제국과의 통교는 적극적
으로 나타났다. 『후한서』왜전에 "建武中原二년(57), 倭奴國奉貢朝賀, 使
人自稱大夫, 倭國之極南界也, 光武賜以印綬"라 하여 A.D. 57년에 왜의
노국이 후한에 견사조공하여 광무제로부터 印綬를 받았음을 기록하고 있
다. 왜노국의 견사조공은 염사국과 마찬가지로 후한의 동방지역을 관할하
고 있던 낙랑군에 入貢한 사실을 말한다. 왜노국의 대중통교는 후한왕조의
성립, 염사국의 낙랑통교 등 동아시아 정세에 자극받아 행해진 것으로 보
인다. 한편 노국왕이 광무제로부터 하사받았다는 印綬는 금일 전하고 있는
'漢委奴國王'이라고 새겨진 金印으로 추정된다.14) 印綬는 인장과 손잡이

---

13) 『後漢書』王景傳.
14) 이 金印은 江戶시대 天明 4년(1784)에 북구주의 博多灣 연안의 志賀島에서 발견
되었다. 그후 끊임없이 眞僞說의 논쟁이 되어 왔으나 1변의 실측치가 23㎜로 漢
代 「方寸의 印」의 一寸과 합치하고, 동시에 유례가 없어 의심이 되던 금인의 손
잡이에 해당하는 蛇鈕가 중국의 1975년 雲南省 石寨山유적에서 출토된 '滇王之
印'이라 각인된 金印에도 확인되고 있어 금일에는 진품임을 의심하는 사람은 거
의 없다. '滇王之印'은 기원전 109년경 운남지방의 滇族의 수장에게 하사된 것이

에 해당하는 鈕에 부착된 綬(끈)을 말하는데, 인장의 재질과 鈕의 형태 그리고 綬의 색은 신분에 따라 달리한다.[15] 이러한 특징을 갖는 印綬는 외면에 佩用함으로써 당사자의 신분을 표시하는 威信財로서의 성격을 갖는다고 할 수 있다.[16]

중국이 주변 제 민족과 맺은 책봉체제의 징표로서 하사되는 印綬는 그것을 수여하는 중국 황제 그리고 하사받는 이민족의 수장에게 있어서 상호 정치적인 효과를 가져다 준다. 책봉체제는 중국왕조의 華夷思想에 기초한 중국과 주변 제국 간에 맺어진 정치적 질서이다. 중국왕조로서는 황제의 권위를 국내외적으로 과시하고 주변 제국에 대한 일종의 통제책의 일환으로서 시행되었다. 그리고 책봉된 주변 제국의 왕과 수장들에게는 印綬와 작호가 사여되고 중국왕조에의 조공의 의무가 뒤따른다. 책봉된 제국의 수장들은 이러한 중국적 권위와 지위를 이용하여 국내 지배체제를 강화하고 경쟁·적대관계에 있는 상대국으로부터 자국을 비호받을 수 있는 정당성을 구할 수 있다. 게다가 경제적으로는 조공무역을 통한 실리를 취할 수 있고 중국의 선진화된 문화를 섭취할 수 있다는 것이다. 경남 의창군 茶戶里 유적의 발굴조사에서 출토된 부장품 중 前漢鏡, 五銖錢 등 漢系의 유물은 韓 남부지역 수장들이 낙랑군과 교류했던 증거이다.[17] 특히 동 유적에서 문자를 기록하는 도구로서 붓이 출토되어 중국의 한자문화가 韓 사회에 전파되고 있었음을 말해주고 있다.[18] 필기도구로서의 붓은 정보

다. 이에 대해서는 小林庸浩, 「漢代官印私見」, 『東洋學報』 50-3, 1967 및 岡崎敬, 「'漢委奴國王'金印の測定」, 『史淵』 100, 1968 참조.

15) 漢代의 印綬制度에 의하면 官印의 명칭은, 皇帝·皇后·諸侯王은 「璽」라 불리고, 列侯·丞相 이하 百官의 경우는 「印」 혹은 「章」으로 방형의 인장이다. 그 재질도 황제·황후는 백옥이고, 그 이하는 서열에 따라 金·銀·銅으로 구분된다. 인장의 손잡이에 해당하는 鈕의 형상은 옥새는 螭虎, 제후왕·승상 이하의 고관은 龜, 하급관료는 鼻이고, 북방의 外夷의 수장에게는 駝鈕, 남방의 제왕에게는 蛇鈕였다. 그리고 인장의 鈕에 부착된 綬(끈)의 색은 옥새는 黃赤綬, 金璽는 盭綬(녹색), 金印은 赤綬 혹은 紫綬, 銀印은 靑綬, 銅印은 黑綬 혹은 黃綬였다고 한다 (西嶋定生, 『倭國の出現』, 東京大學出版會, 1999, 8장 「漢字の傳來とその變容」, 173~174쪽).

16) 西嶋定生, 앞의 책, 1999, 175쪽.

17) 李健武 外, 「義昌茶戶里遺蹟 發掘進展調査」, 『考古學誌』 1, 1989.

전달의 수단으로서 문자행정의 출현을 의미하고 특히 대낙랑 교섭에 上表
文 작성 등 문서외교가 시행되고 있었음을 시사하고 있다. 나아가 기원전
후 왜인들의 낙랑군에의 조공과 그 후의 倭奴國 등의 견사에는 문서외교
를 숙지하고 있던 韓 제국의 중개역할을 생각할 수 있다. 漢 文化의 전파
와 수용은 낙랑군과 주변 제국의 관계뿐만 아니라 韓 제국과 北九州 왜세
력의 수장층 간의 관계를 촉진시켰을 것으로 생각된다. 정보전달 수단의
공유는 정치적 교섭과 문물의 교류에 중요한 촉매제로서 기능했다고 보여
진다.

　그러나 2세기 후반이 되면 낙랑군 통치에 또 한번 변화를 초래하게 된
다. 후한왕조의 쇠퇴로 인해 낙랑군 주변의 제 민족에 대한 통제가 점차
어려워졌다. 동아시아 제국에 대한 중국 왕조의 정치적 권위가 붕괴되기
시작한 것이다. 특히 고구려의 성장으로 인해 고구려와 그 서방 요동군과
의 군사적 충돌이 빈번해지자 낙랑군의 본토와의 교통과 왕래에 큰 장애
를 받았다. 게다가 낙랑군의 통제를 받던 토착세력의 성장으로 낙랑 漢人
社會의 기반은 붕괴하기 시작했다.『위서』한전에 "후한의 桓帝(146~167)
~靈帝(167~189) 말기에 韓·濊가 강성하여 군현이 제대로 통치하지 못하
니 많은 백성들이 韓國으로 유입되었다"고 하는 기록은 그간의 사정을 말
해주고 있다. 이러한 동아시아 정세 변화의 와중에서 후한 말기에 요동태
수 公孫度는 요동·현도의 2군을 영유하는 지방정권으로 성장하였다. 公
孫氏 政權은 建安연간(196~220)에 공손도의 아들 公孫康이 낙랑군의 屯
有縣 이남의 황무지를 분할하여 帶方郡을 설치하였다. 이어 公孫模, 張敞
등을 韓·濊에 파견해서 이들 지역을 정벌하여 낙랑의 유민들을 불러 들
이고, 이후 倭·韓을 대방군에 예속시켰다. 그러나 공손씨 정권 하의 낙랑
·대방시대가 열렸지만 그리 오래가지 못했다. 明帝 景初 2년(238) 魏는
司馬懿가 이끄는 4만의 병력으로 요동을 공격하여 함락시키고 공손씨 정
권을 멸망시켰다. 이때 위는 대방태수 劉昕, 낙랑태수 鮮于嗣를 새로 임명

---

18) 茶戸里유적의 붓의 출토를 한자문화의 유입으로 지적한 논고는 다음과 같다. 西
　　嶋定生, 앞의 책, 1999, 175~177쪽 ; 木村誠,「倭人の出現と東アジア」, 平野邦雄
　　編,『古代を考える·邪馬臺國』, 吉川弘文館, 1998, 37~38쪽 참조.

해 비밀리에 바다를 건너 낙랑·대방 2군을 평정시켰다.

낙랑·대방 2군을 접수한 위왕조는 韓 제국에 대한 전대의 지배정책을 계승하였다.『위서』한전에 "諸韓國臣智加賜邑君·印綬, 其次與邑長"이라 하여 臣智에게는 邑君의 작호와 印綬를 하사하고 그 다음 수장층에게는 邑長이라는 위왕조의 작호를 주었다. 그리고 同傳에 의하면 "其官有魏率善邑君·歸義侯·中郞將·都尉·伯長"이라 하는 魏의 관작명이 보인다.[19] 魏의 官制를 韓 제국이 채용한 것으로 생각된다. 인수는 최고지배자인 臣智에게만 하사하고 그 외의 수장층에게는 세력의 대소에 따라 관작의 하사를 달리하였다.[20]

『위서』변진전에는 변진 제국 수장의 일반적인 칭호로서 渠帥가 있고, 지배하는 읍락의 크기에 따라 臣智를 필두로 險側, 樊濊, 殺奚, 邑次라고 하는 5종류의 수장층의 칭호가 있다. 변진 제국도 마한과 마찬가지로 수장층의 대소에 따라 인수 혹은 관작을 각각 위로부터 받았을 것이다. 경상북도 尙州에서 출토된 것으로 전하는 '魏率善韓伯長'이 새겨진 銅印은 韓·魏 간의 통교를 상징하는 증거물이다.

한편『위서』한전에 의하면 "下戶들도 郡에 朝謁할 적에는 모두 衣幘(衣冠)을 빌려 입으며, 印綬를 차고 衣幘을 착용하는 사람이 천여 명이나 된다"고 한다. 下戶가 일반 평민을 가리키고, 印綬의 수여는 수장층에만 한정된다는 점에서 볼 때 이 기록은 돌발적이다. 중국의 주변 제국에 있어 印綬는 首長權을 상징하는 징표이기 때문에 下戶의 印綬는 중국왕조로부터 공적으로 수여받은 것은 아닐 것이다. 중국왕조에서의 印綬는 외면에 착용할 수 있는 威信財 역할을 한다는 점에서 보면, 대방군에 통교하고 있던 하호들이 신분상승의 가시적인 효과를 노려 대방군에 요구해서 받은 것으로 추정된다. 대방군에서 이들 통교자들을 위무하기 위한 수단으로서

---

19)『後漢書』百官志(志28, 百官5)에는 「四夷, 國王·率重王·歸義侯·邑君·邑長, 皆有丞, 比郡縣」이라 되어 있다. 歸義侯와 邑君의 순서가 바뀌어 있다.

20) 중국왕조와 책봉관계를 맺은 주변제국들이 하사받은 印章의 성격과 특징에 대해서는, 大谷光男,「古代中國から冊封された官印について」,『朝鮮學報』119·120, 1986 참조.

수장층의 그것과는 성격을 달리하는 印綬를 대량으로 만들어 대방군의 일반 통교자들에게 배포했던 것은 아닐까 생각한다.

魏의 낙랑·대방 2군의 지배는 왜국에도 자극을 주어 魏가 공손씨 정권을 멸망시킨 이듬해인 景初 2년(실제는 景初 3년 : 239) 6월에 邪馬臺國 여왕인 卑彌呼가 대방군에 사신을 보냈다. 동아시아 정세에 민감하게 대응했던 것이다. 그해 12월에 왜 여왕은 魏 황제로부터 '親魏倭王'이라는 작호와 金印紫綬를 하사받아 왜국도 魏의 책봉체제에 편입되었다.[21] 이와 아울러 왜의 여왕이 보낸 사절인 難升米와 牛利에게도 각각 率善中郞將, 率善校尉 작호를 수여하고 아울러 銅印靑綬라는 인수도 하사하였다. 正始 원년(240)에는 대방태수 弓遵이 調書와 印綬를 휴대시켜 사자를 왜국에 보냈다. 왜 여왕도 사자에게 상표문을 바쳐 위 황제의 은혜에 답례의 예를 갖추었다. 동 4년(243)에도 왜 여왕은 大夫 伊聲耆 등 8인의 사자를 보내 生口와 재물을 헌상하였다. 이번에도 이들 8인 모두는 率善中郞將의 작호와 印綬를 사여받았다. 동 6년(246)에는 위 황제는 조서를 내려 왜의 난승미에게 黃幢을 주기로 하고 대방군에 부탁하여 하사하였다. 正始 8년(247)에 대방태수 王頎가 임관하면 왜 여왕은 사자를 보내 九州 남단의 狗奴國과의 전쟁사실을 고했다. 이에 대방태수는 위 황제의 調書와 黃幢을 여왕국에 보내고 정식의 문서로서 위의 입장을 왜 여왕에게 告諭하였다.

위왕조와 왜국 간 통교내용상의 특징을 보면 왜왕의 신료인 사자들에게도 작호와 인수가 사여되고 있다. 책봉관계라는 것은 중국 황제와 주변국가의 군주 사이에 군신관계를 맺는 것을 내용으로 하는 것이 일반적인데,

---

21) 위왕조가 卑彌呼를 親魏倭王에 책봉한 것에 대해, 遠夷來貢에 대한 특별한 은혜라든가 倭 혹은 한반도 남부의 韓 제국을 그 배후로부터 견제하려고 하는 정략설이 지적되어 왔다. 이에 대해 西嶋定生은 위왕조의 적대국 吳에 대한 정면전선인 淮河유역의 정세가 당시 긴박했고 동북지방에서도 오의 세력이 일어나고 있어 왜국과 제휴하여 후방으로부터 이를 견제하기 위해서 였다고 한다. 이것은 위왕조가 여왕국을 대방군의 남방 만2천여 리의 지점, 즉 會稽郡 東冶縣(현 福州市 부근)의 동방 해중에 있는 대국으로, 바로 오왕조의 후방에 위치해 있던 것으로 오인했을 것으로 추정했다(西嶋定生, 「親魏倭王冊封に至る東アジアの情勢 - 公孫氏政權の興亡を中心に - 」, 『中國古代國家と東アジア世界』, 東京大學出版會, 1983, 490~494쪽).

그 신료에게까지 하사했다는 것이다. 이것은 아마도 왜왕의 강력한 요구가 있었을 것으로 생각된다. 요컨대 중국적 신분질서에 의해 왜왕과 그 신료들 간의 신분관계를 명확히 해 둘 필요가 있었기 때문일 것이다.[22] 즉 왕이 지배계층 내에서 초월적 권위를 행사하지 못한 단계에서 정치적 권력의 서열화를 꾀하기 위한 조처로서 생각된다. 그리고 왜의 여왕이 구노국과의 전쟁에서 위 황제의 조서와 黃幢을 받았다는 사실이다. 황당은 軍旗를 가리키는 것으로 중국적 권위를 배경으로 적대하는 상대국을 제압하겠다는 의도일 것이다. 앞서 지적했듯이 피책봉국의 왕이나 수장들은 중국적 권위와 지위로서 내부적 권력을 공고히 하고, 적대국으로부터 중국의 지원을 받을 수 있는 점에서 책봉관계의 본질이 무엇인가를 잘 보여주고 있다.

한편 3세기 중엽이 되면 중국에서의 3국분립의 형세는 크게 변한다. 263년 蜀이 魏에 멸망하고, 2년 후인 265년에는 위왕조는 그 權臣인 司馬氏가 권력을 장악해 晉王朝를 성립시켰다. 그후 晉과 吳가 대립하다가 280년에 吳王朝도 晉에 멸망당해 진왕조는 중국의 통일왕조로서 동아시아세계에 새롭게 출현하였다.『晉書』馬韓傳과 同 倭人傳, 同 帝紀 등에 東夷諸國의 조공·복속기사가 빈번하게 나타나고 있듯이 韓 제국, 왜국의 진왕조와의 관계는 전대와 마찬가지로 계속되어졌다.

그러나 진왕조는 통일왕조 수립 후 20여 년이 지난 300년에 司馬氏 諸王들이 항쟁하는 내분이 일어나 이른바 8왕의 난이라 불리우는 내란상태에 빠져 진왕조의 국력은 급속히 쇠퇴해 갔다. 진왕조의 쇠퇴는 중국 북부와 서부에서 5胡라고 불리우는 외민족의 자립을 허용했다. 특히 중국 동북지역에서 세력을 떨치기 시작한 선비족인 慕容氏의 진출은 중국 본토와 낙랑·대방군이 있는 한반도와의 연락을 차단시키는 결과를 가져왔다. 이러한 기회를 틈탄 고구려는 313년에 낙랑군을 점령하고 이어 대방군도 같은 운명에 빠져 버렸다. 이리하여 한 제국과 왜국의 대중국 통교의 중심이 되었던 낙랑, 대방의 2군은 사라지고 이제 동아시아 세계는 국가적 성장을 지향해 가는 새로운 세력들을 중심으로 국제관계를 진행해 갔다. 바로 변

---

22) 堀敏一,『中國と古代東アジア世界』, 岩波書店, 1994, 133쪽.

진지역에서의 가야 제국, 그 동부와 서부에서는 각각 신라와 백제가 출현하고 그리고 일본열도에서는 고분문화가 시작되는 시기로 畿內의 大和정권을 비록하여 北九州, 吉備 등 문화권을 중심으로 지역정권이 대두한다.

3. 남부가야 성장기의 대왜관계

남부가야에서 초창기부터 선진성을 유지하며 발전해 갔던 국은 낙동강 하류역의 금관국이었다. 변진시대의 狗邪國이 모체가 되어 성립한 금관국은 일찍부터 국제교류의 중심지로서 번영해 왔다. 한반도의 남동해안을 끼고 있는 금관국은 지금의 김해지역을 중심으로 일찍부터 해상교통의 요충으로서 주변 제국에 알려져 왔다.

『위서』 왜인전에는 "대방군에서 왜로 가는 데에는 해안을 따라 水行해서 韓國을 거쳐 혹은 남으로 혹은 동으로, 그 北岸에 狗邪韓國에 가는 데에 7천여 리, 비로소 一海를 건너길 천여리로 對馬國에 도착한다"라 하여 대방군에서 남서해안을 거쳐 왜에 이르는 중계지점이 구야국임을 기록하고 있다. 이어서 同傳에는 "왕이 사자를 파견하여 京都(魏의 洛陽)·帶方郡·諸 韓國에 가기도 하고, 또 郡이 왜국에 사신을 보낼 때에는 모두 津에 臨하여 搜露하고……"라고 하여 낙양·대방군에서 왜의 왕래코스에 한반도 남해안의 諸津이 중간 기항지의 역할을 하고 있으며 당연 구야국도 諸津의 하나로서 통과하였을 것이다. 그러나 이 지역이 단순한 기항지나 통과지점이 아니라 해상교통의 요충으로서 발전해 가는 것이다.

김해를 거점으로 한 구야국은 낙동강의 풍부한 수자원을 바탕으로 그 본류와 지류에 펼쳐진 광활한 충적평야는 기타 지역에 비해 높은 농업생산력을 갖출 수 있었다. 『위서』 변진조에 "토지가 비옥하고 오곡 및 벼농사가 잘 된다"라는 기록은 김해지역의 자연조건과 잘 어울리는 말이다. 여기에 양질의 항구와 수산자원은 어로문화를 일층 발전시켜 여기서 채취한 해산물은 낙동강 수로를 통한 내륙으로 혹은 해상을 통한 대외무역으로 이익을 취했을 것으로 생각된다.[23)]

이와 같이 구야국은 낙동강유역의 풍부한 수자원과 충적평야 그리고 해상교통의 요지로서 천혜의 입지조건을 갖추고 있었다. 변진시대의 구야국이 번영할 수 있었던 요인은 이러한 지리적 환경을 근간으로 하여 철이라고 하는 고부가가치를 갖는 자원의 소유였다. 고대에 있어서 철자원은 생산력의 향상에 불가결한 경지의 개발, 수리시설의 정비, 철제농기구의 제작 등 농업생산성을 높힐 수 있는 중요한 소재였다. 게다가 철제무기는 바로 전쟁의 우위성을 확보하기 위한 도구로서 높은 가치를 갖는다. 바로 철자원은 구야국을 동아시아의 교역의 중심지로 만든 요인이었던 것이다.

『위서』변진조의 유명한 一節, "國으로부터 鐵을 산출한다. 韓·濊·倭가 모두 철을 취하고 있다. 어느 시장의 매매에서도 모두 철을 사용하고 있고 이는 중국에서 錢을 이용하는 것과 같다. 또 낙랑·대방의 二郡에도 공급하고 있다"라는 기록에서 알 수 있듯이 철을 매개로 한 동아시아의 교역이 구야국을 중심으로 행해지고 있었던 것이다. 철은 농업생산력의 향상과 전쟁무기의 주요한 소재이기 때문에 지배자의 권력을 뒷받침하는 도구로서 중요하다. 따라서 철의 교역에는 일반 상인 레벨의 교역이 아니라 국가권력의 직접적인 개입이 요구된다. 이로부터 구야국과 주변 제국 간의 정치적 교통이 열리게 되고 외교라는 새로운 형태의 대외관계가 성립하게 되는 것이다. 이에 따라 구야국 연안에는 교역과 외교업무를 담당하는 대외관계 부서도 조직되었을 것이다. 이미 왜국에서는 3세기 당시 외교와 교역을 관장하는 대외기구인 一大率을 북구주 연안의 伊都國에 설치한 일이 있다. 양 지역의 교류도 당연히 이러한 기구를 매개로 하여 성립되었다고 보인다.[24] 4세기 이후 금관국의 발전은 바로 이러한 변진시대 구야국의 성장을 바탕으로 이루어졌다. 4세기대 금관국의 동아시아 대외관계는 일본열도의 왜가 주된 대상이었다.

대중국관계는 교류의 중심지였던 낙랑·대방 2군의 소멸과 더불어 단절

---

23) 김해지역의 어로문화에 대해서는, 潘鏞夫·郭鍾喆, 「洛東江河口 金海地域의 環境과 漁撈文化」, 『釜山女子大學 伽倻文化研究所』 2, 1991 참조.

24) 拙稿, 「金官國의 멸망과 동아시아」, 『伽倻文化』 10, 1997/『고대한일관계사』, 혜안, 1998, 302~303쪽.

되었다. 특히 중국 본토는 5호16국이라는 이민족의 흥망성쇠가 계속되는 동란의 세기였기 때문에 대중국 통교는 자연 단절되었다. 중국에서의 거대 세력의 소멸과 끊임없는 쟁란의 소용돌이는 상대적으로 韓 제국의 정치적 성장과 지역적 통합을 야기시켰다. 마한과 진한지역에서는 백제와 신라가 등장하고 북방에서는 고구려 세력이 확산되었다.

그런데 변진지역의 가야 제국의 동향에 대해서는 잘 알 수가 없다. 특정 세력 중심의 정치적 연맹체를 상정하는 것은 문화적인 양상의 결과로서의 추정일 뿐 그 실태에 대해서는 여전히 불분명한 점이 적지 않다. 문화권을 정치권의 범주로 생각하는 것도 간단한 문제가 아니다. 가야지역의 정치체 간에 세력의 우열관계나 문화의 질적 차이는 분명히 존재하지만, 그것이 바로 정치적 통합으로 가는 것은 아니기 때문이다. 정치적인 통합에는 그 에 어울리는 조건과 계기, 환경이 갖추어져야 한다. 왕권을 형성하는 지배 계층의 유기적이고 조직적인 결합이 필요하고 정치·군사적으로 잘 정비 된 조직이 있어야 한다. 여기에 통합과 결집을 요구하는 국제정세와 환경 이 필요하다. 예컨대 광개토왕의 남정과 같은 외부의 침략에 대응하는 권 력의 집중과 같은 것이다. 이런 점에서 4세기대의 가야 제국은 통합이나 정치적 연맹을 형성하기에는 충분한 조건이 아니었던 것 같다. 오히려 가 야지역 상호간에 교역의 네트워크를 형성해 경제공동체를 통해 안정과 실 리를 추구하려 했던 것으로 보인다. 남부가야의 선진지역이었던 금관국은 바로 이러한 경제공동체의 중심지였다고 생각된다. 그러나 정치·군사적 인 면에서의 조직과 결집력은 약했던 까닭에 경제·문화적 번영에도 불구 하고 이후 주변 강대국들에 의해 시련의 역사를 맞이할 수밖에 없었던 것 이다.

한편 4세기대의 일본열도의 상황은 어떠했는가. 이 시기는 중국문헌에 도 왜인사회에 대한 기록이 소멸되어 이른바 수수께끼의 4세기라고 하는 시대이다. 문제는 대외관계의 중심이었던 北九州 정치세력들의 동향이다. 邪馬臺國의 대중국 통교는 266년 西晋에의 조공견사를 끝으로 단절되고, 이후 야마대국의 행적은 보이지 않는다. 중국의 권위를 바탕으로 국내의 정치적 안정을 유지해 왔던 야마대국이 그대로 유지되었다고는 보여지지 않는다.

이 문제는 일본고대사의 커다란 논쟁점인 '야마대국의 소재론'과 깊은 관계가 있다. 야마대국이 畿內에 있었다고 하면 야마대국이 대화정권으로 발전해 나갔던가 혹은 야마대국에 대신해서 새로이 대화정권으로 정권의 교체를 상정할 수 있다. 반면 야마대국이 九州에 있었다고 하면 구주의 세력이 무언가의 정치적 변동을 거쳐 기내로 진출하여 대화정권을 성립시켰다는 생각이다. 우선 기내설의 경우 3세기 당시에 기내세력을 중심으로 구주에 이르는 광역의 정치적 연합 내지 통합이 가능했겠느냐 하는 것이다. 고대국가 형성·발전단계로부터 추측하면 불가능한 일이다. 기내세력이 북구주지역까지 정치적 영향력을 미치고 제국들을 통합할 수 있으려면 5세기말 이후가 아니면 어렵다고 보여진다. 적어도 3세기대까지는 북구주지역이 대외교류의 중심이었고 야마대국도 그 연장선상에 있었다고 보여진다. 그럼 구주설의 경우 구주세력의 기내 진출설은 가능한 일인가. 대중교섭의 단절로 쇠퇴해 있던 구주세력이 기내에 들어가 기내세력을 제압하고 새로운 정권을 형성한다는 생각도 무리가 있다. 야마대국 이후의 구주의 정치적 동향에 대해선 잘 알 수 없지만, 연맹왕국으로서의 야마대국의 권력은 쇠퇴했다고 해도 그 뒤를 이은 지역적 정치체의 존재는 계속 유지되었다고 보인다. 대화정권이 북구주의 지방정권의 수장인 磐井을 제압하고 那津官家를 설치했던 것은 6세기 전반의 일이라는 점을 생각하면, 적어도 4~5세기대에는 내정과 외교를 독자적으로 행하는 다원적 정치체의 존재를 생각하지 않으면 안 된다.

가야 제국의 대왜관계도 당연히 다원적 형태로 행해질 수밖에 없었을 것이다. 왜의 제 세력도 대중국 통교가 단절된 상황에서 선진문물의 수입이라는 측면에서 볼 때 한반도 남부지역과의 교류는 전대보다 더욱 활발히 진행되었을 것으로 생각된다.

4세기대 가야 제국의 대왜관계를 보여주는 사료는 『일본서기』 신공기 기사가 유일하다. 잘 알려져 있듯이 신공기 기사는 그대로 신뢰하기 어려운 많은 문제점을 내포하고 있다. 특히 기술체계가 일방적인 천황중심 사관이고 대외관계의 주체는 모두 대화정권이다. 가야 측에서 보면 대왜관계는 대화정권 이외에는 존재하지 않는 것이 된다.

우선 신공기의 대한관계 기사의 중심을 이루는 신공기 46년(367)조에서 동 52년(372)조에 이르는 일련의 기사를 살펴보면, 그 골격은 백제와 왜국간의 국교성립과정이다. 양국의 국교성립에 가교 역할을 했던 국이 가야의 1국인 卓淳國으로 되어 있다. 이 과정 중에 일본이 가야 7국을 평정하였고, 이어 한반도 남부의 제 지역을 복속시키고 그 일부는 백제에 할양하였다고 한다. 그리고 백제가 일본에 대한 복속의 징표로서 칠지도 등을 헌상하는 것으로 끝을 맺고 있다.

이에 대한 일본학계의 통설이 되어 온 末松保和의 해석을 살펴보자. 그는 立論의 기초로서 기원 이후 1세기에서 3세기에 이르는 倭의 對中國 통교, 특히 樂浪·帶方 二郡에의 직접 통교에 의한 왜의 발전과정을 설명한다. 3세기 중엽에는 狗邪國을 韓 제국에 대한 정치적, 경제적 활동의 본거지로 삼았음을 상정한다. 그러나 낙랑·대방군의 멸망에 따른 한반도 정치세력의 변화로 왜인의 韓地에서의 활동은 파괴되었고, 이에 따라 구야국을 거점으로 全 韓地에 대한 통합을 기도였다고 한다. 이런 와중에서 백제는 367년 처음으로 일본에 遣使하여 국교를 열고, 백제의 요청에 따라 己巳年에 일본은 대규모의 출병을 단행하고, 그 결과로 백제는 일본에 부용하게 되고, 나아가 가야 제국을 총칭하는 이른바 任那의 성립을 보게 되었다고 한다.[25]

그러나 이 해석에는 동아시아 세계의 정치적 변동이라고 하는 시야의 크기에 비해서 너무도 일본 중심적 논리로 일관되어 있다. 첫째, 3세기 이전의 시기에 韓地에의 왜인의 정치적 본거지를 설정한 점, 둘째, 구야국을 거점으로 하는 全 韓地에의 통합을 기도했다는 점, 셋째, 己巳年에 일본군의 대규모 출병의 전제가 되는 대화정권의 서일본지역에 대한 통합 문제, 넷째, 任那의 성립을 일본에 의한 직접지배체제의 구축으로 단언한 점이

---

25) 末松保和, 『任那興亡史』, 大八州出版, 1949/吉川弘文館, 1956, 58~70쪽.

다. 이들 모두는 論證을 거치지 않은 결론들이다. 뿐만 아니라 일본의 백제
·신라에의 부용관계, 임나에 대한 지배체제 등은 사료비판이라는 역사 연
구의 기초작업도 거치지 않은 채『일본서기』의 논리에 의해 그대로 논지
를 이끌어 가고 있다. 요컨대 末松이 도달한 결론은 신공기 己巳年條를 核
으로 하여 전후에 상황논리를 끼워 맞추는 격이 되어 합리성과 객관적 타
당성을 결여하고 있다.[26]

국내학계에서는 천관우가 신공기의 '가야7국평정'이라는 것은 실은 백제
의 가야진출을 말하는 것이라는 관점을 제시하였다.[27] 이 논리를 더욱 발
전시킨 김현구는 신공기 기사는 전체적으로 百濟記를 기초로 하면서 여기
에『일본서기』편자가 조작, 개변한 것이라 한다. 즉 신공기 46년조의 백제
사의 卓淳 방문은 탁순을 가야7국평정의 거점으로 하기 위한 것이고, 근초
고왕이 일본에 西蕃이 될 것을 맹서하는 내용도 실은 가야 7국의 대표가
근초고왕을 상대로 맹서한 것을 모델로 했음을 논한다. 이어 가야7국평정
을 이룩한 백제는 남해안을 장악하고 372년에는 일본과도 국교를 열었다
고 한다. 결국 신공기의 한국 관계기사는 百濟記를 주로 했기 때문에 그
주체가 백제가 될 수밖에 없다는 것이며, 일본 주도의 표현은『일본서기』
편자의 百濟記에 대한 개변, 조작에 의해 그 주체가 백제에서 일본으로 바
뀌었던 것으로 보는 것이다.[28] 백제를 주체로 하는 신공기 기사에 대한 해

---

26) 末松의 說과는 달리 池內宏은 신공기의 가야7국 평정 기사를 일본서기 편자가 후
    대 임나일본부의 관할하에 놓여있던 임나 제소국의 복속기원 설화로 조작해서 삽
    입한 것으로 판단한다(『日本上代史の一硏究』,　中央公論美術出版,　1970[구판,
    1947], 53~55쪽). 또 三品彰英은 신공기의 가야7국 평정 기사란 성왕대의 對가야
    전략을 말하는 것으로 본다(『日本書紀朝鮮關係地名考證(上)』, 吉川弘文館, 1962,
    162~176쪽). 후대의 반영으로 본 것은 동의하지만 한반도 남부에 대한 고대일본
    의 지배를 주장하는 그들의 논리와 모순하고 있어 따르기 어렵다. 이에 대해 4세
    기중후엽 근초고왕의 남부가야에 대한 일시적인 군사활동은 인정하나 실제로는 5
    세기중엽 이후의 사실이 소급·반영되었다는 견해도 나왔다(李永植,「百濟の加耶
    進出過程」,『韓國古代史論叢』7, 1995, 199쪽).
27) 千寬宇,「復元加耶史(中)」,『文學と知性』29, 1977 가을 ;『加耶史硏究』, 일조각,
    1991, 23~25쪽.
28) 金鉉球,「神功紀加羅七國平定에 관한 一考察」,『史叢』39, 1990 ;『任那日本府硏
    究』, 일조각, 1993.

석은 상당 부분이 백제 측 기록에서 채록하였다는 점에서 일단 긍정적으로는 평가할 수 있다. 그러나 과연 백제가 이 당시 가야지역에 진출하여, 그들을 백제의 지배권 하에 두었던가 하는 것을 기타의 사료에 의해 객관적으로 증명할 수 있느냐 하는 것이다. 왜냐하면 『일본서기』에 대한 史料 操作은 연구자의 주관적 판단에 의해 얼마든지 가능하기 때문이다.

근년에는 神功紀의 가야7국평정 기사에 대해 본격적인 연구는 아니지만 정치·군사적인 관점에서 벗어나 백제의 남부가야에 대한 교역권의 장악 혹은 공납관계로 보려 하거나,[29] 백제와 가야만의 관계가 아니라 왜까지 연결되는 교역체계로서 이해하려는 견해도 나오고 있다.[30] 그러나 정치사적 기록을 간단히 교역적인 측면으로 바꿔 보려는 사료해석은 일면적이다. 엄정한 사료비판이 없는 편의주의적 해석은 곤란하다. 정치는 곧 외교이며 고대에 있어 외교와 교역은 서로 분리하기 어렵다. 교역을 위해서 외교를 하며, 외교는 정치력의 바탕 없이는 행해지기 어려운 것이다. 문제는 신공기의 백제, 가야, 왜 등이 혼재되어 있는 국제관계 기술에서 얼마나 사실관계를 이끌어낼 수 있느냐 하는 것이다.

신공기의 기록은 백제 측 사료인 百濟記에 근거했다고 해도 일본 중심적 기록으로 일관되게 윤색되어 있다. 근년의 수정안대로 왜국의 가야7국평정 기사의 주체를 백제로 바꿔서 백제의 가야진출 혹은 교역 관련 기사로 단순화시키기는 어렵다. 우선 시기적인 문제에서 신공기의 기사를 4세기 후반으로 고정화할 수 있느냐는 점이다. 근초고왕 등의 백제왕명과 백제왕력이 기술되어 있다고 해서 관련 기사가 당시의 사실을 모두 전하고 있는 것은 아니다.

수정론의 근거사료가 되고 있는 것이 欽明紀 2년4월조의 “昔我先祖肖古王·貴須王之世, 安羅·加羅·卓淳旱岐等, 初遣使相通, 厚結親好, 以

---

29) 盧重國, 『百濟政治史研究』, 일조각, 1988, 121쪽 ; 李道學, 『百濟古代國家史研究』, 일지사, 1995, 192쪽.

30) 李賢惠, 「4세기 加耶社會의 交易體系의 변천」, 『韓國古代史研究』 1, 1988, 172~173쪽/『韓國 古代의 생산과 교역』, 일조각, 1998 ; 金泰植, 「百濟의 加耶地域 關係史 - 交易과 征服 - 」, 『百濟의 中央과 地方』, 충남대학교 백제연구소, 1997, 48~50쪽.

爲子弟”와 동 2년7월조의 “昔我先祖速古王・貴須王, 與故旱岐等, 始約和親, 式爲兄弟”이다. 이 기사는 백제 聖王이 가야의 수장층인 旱岐들에게 과거를 회상하며 술한 것이다. 근초고왕대 백제와 가야 제국과의 ‘子弟’ 혹은 ‘兄弟’ 관계를 가야7국평정 기사에 대응시켜 백제의 가야지배, 진출로서 해석할 수 있다는 것이다. 문제는 성왕 회고담의 진실성 여부이다. 우선 회고의 내용에서 가야 제국 중 안라・가라・탁순의 3국만이 등장하고 있는데, 이는 성왕이 회고하고 있던 시점에서 백제의 관심이 가장 높았던 지역이기 때문이었다.[31]

  이와 관련하여 『梁職貢圖』의 기록을 살펴보자. 동 百濟國使條에 의하면 백제의 부용국으로서 “叛波・卓・多羅・前羅・斯羅・止迷・馬連・上巳汶・下枕羅” 등의 국명이 열기되어 있다. 이것은 6세기 전반에 梁에 파견된 백제사의 보고에 의해 채록된 것인데, 『양직공도』의 편찬 하한이 522년 경임을 추정하면,[32] 이 기록은 당시 6세기 전반의 백제의 대외관계, 대외인식을 반영하고 있다.[33] 그러나 기록대로 전부 백제의 부용국은 아니다. 특히 성왕이 과거사를 회고하던 540년대에는 叛波(대가야)・卓(탁순)・前羅(안라) 등은 신라의 세력이 강하게 뻗쳐 있는 지역이란 점에서, 이것은 당시 백제가 이들 제국을 사이에 두고 신라와 치열한 대립을 하고 있었다는 상황을 말한다. 『양직공도』를 기준으로 볼 때, 欽明紀의 성왕의 가야에 대한 부용관계 발언은 이들 지역에 대한 지배권을 확보하기 위한 정치적 발언이다. 그리고 흠명기의 성왕 회고담에 나오는 가야 3국이 『양직공도』

---

31) 百濟本記 편찬의 주요 목적의 하나는 聖王 사적을 후세에 나타내기 위한 것이다 (久信田喜一, 「百濟本記考」, 『日本歷史』 309, 76~77쪽)라는 지적이 있다. 실제로 繼體, 欽明紀의 百濟本記 인용사례 18例 중 3例를 제외하고는 모두 聖王대에 집중하고 있고 특히 對가야정책과 밀접한 관련이 있다. 그렇다고 보면 성왕의 회고담에는 적지 않은 과장이 있었을 것으로 추정된다.

32) 榎一雄, 「梁職貢圖について」, 『東方學』 26, 1963 ; 李弘稙, 「梁職貢圖論考」, 『高大60周年紀念記念論文集』, 1965 ; 『韓國古代史의 硏究』, 신구출판사, 1972).

33) 『梁職貢圖』에 대한 최근의 논고로서 李鎔賢, 「『梁職貢圖』百濟國使條の芳小國」 (『朝鮮史研究會論文集』 37, 1999)이 참고된다. 『양직공도』 백제국사조의 내용은 백제가 6세기 전반대 가야방면으로 진출하면서 자국 중심의 세계관이 강화되어 갔음을 표시한 것이다라고 한다. 올바른 지적으로 생각한다.

의 가야국명과 일치하고 있어 6세기 전반 가야 3국의 완전복속이라는 백제의 희망사항을 반영하고 있음을 알 수 있다. 성왕의 회고담 중에 "初遣使相通 厚結親好", "始約和親"이라고 하는 것이 진실에 가까운 내용일 것이다. 따라서 신공기의 백제의 대왜관계나 탁순국의 중개역할 기록도 신뢰하기 힘들다.

『일본서기』편찬 당시의 修史局에는 편찬의 재료로서 百濟記가 있었으며 여기에 기록된 백제왕력에는 근초고왕이 최초로 등장하는 백제왕이었을 것이다. 따라서 일본과 백제의 국교성립을 이 시기로 잡고 일본에 대한 복속의 기원으로서 일련의 백제관련 사건을 기술했던 것으로 짐작된다.[34] 『新撰姓氏錄』에 근초고왕을 선조로 하는 씨족이 압도적으로 많은 것을 보아도, 8세기 일본의 지배층은 근초고왕을 백제의 시조적인 인물로 인식했던 것은 아닐까 한다. 백제의 일본에 대한 복속시기가 국교성립과 함께 있었음을 강조한 것도 이 때문일 것으로 생각한다. 탁순국에 관한 기록 역시 6세기 전반대의 국제적 분쟁이 된 흠명기의 역사적 사실이 투영된 것으로 보인다.[35]

그렇다고 이 시기 가야의 대왜관계를 전부 부정하는 것은 아니다. 신공기의 기술에서 대화정권으로 일관되어 있는 대한 관계기사를 믿기 어렵다는 것이지 왜국과의 교류 그 자체를 부정하는 것은 아니다. 금관국, 탁순국, 안라국 등 남부가야의 제국들은 3세기의 전통을 이어 북구주 등 지역 정권들과의 교류가 지속되었을 것이다. 대성동고분군의 발굴조사에 의하면 4세기 전반대로 추정되는 고분에서부터 巴形銅器, 벽옥제 石鏃 등 왜계의 유물이 출토되었다. 이것은 왜의 수장층과 금관국 지배자 간의 교류

---

34) 『일본서기』 신공기 62년(382)조에 인용된 百濟記에 木羅斤資라는 백제장군이 나오는데, 그는 5세기 후반에 활약한 백제의 重臣 木滿致의 父이다. 양자의 활동시기가 1세기 가까운 차이를 보여 신공기의 기년에 신뢰성을 떨어뜨리게 한다. 百濟記는 王曆을 제외하고는 내용과 기년상에 문제가 있으며, 이를 저본으로 한 신공기의 기사는 더욱 부정확한 사실을 전하고 있음을 보여주고 있다.

35) 拙稿, 「日本書紀 神功紀의 사료비판」, 『일본학』 15, 1996 ; 「6세기전반 가야제국을 둘러싼 백제·신라의 동향」, 『新羅文化』 7, 1990/『고대한일관계사』, 혜안, 1998 에 재록.

의 상징물로서 금관국이 철을 공급하는 대신에 왜의 수장은 왜국에서 생산된 무기나 儀器를 바쳤던 것으로 생각된다.[36] 이러한 교류의 역사가 바탕이 되어 고구려 광개토왕의 남정시 가야 제국의 중개를 통한 백제와 왜국의 통교, 왜병의 출병, 가야 제국의 결집이라는 백제-가야-왜의 정치·군사적 라인이 형성되기에 이르렀다.

4. 고구려의 南征과 가야의 대왜관계

4세기말 5세기초의 고구려 광개토왕의 한반도 남부지역에의 대규모의 군사적 감행은 동아시아 제국을 동란의 소용돌이에 몰아 넣었다. 고구려는 이후 상당기간 동안 한반도 남부에 영향력을 행사했기 때문에 주변 관련국들은 자국의 정치적 이익에 따라 민감하게 대응해 나갔다. 광개토왕비문의 기록을 토대로 당시의 국제관계를 정리해 보면 다음과 같다.

永樂 6년(396) 고구려는 백제에 대한 대규모의 군사적 공격으로 58성, 700촌을 공취하고 아신왕의 항복을 받아냈다. 그러나 백제는 왜국과의 군사적 동맹을 모색하여 대고구려전을 준비했다. 비문의 '百殘違誓與倭和通'이 그것으로, 백제는 이듬해 397년 아신왕자 腆支를 왜국에 파견했다.[37] 전지의 대왜파견은 백제의 위급한 상황을 말해 주는 것으로 백제 대왜정책의 장기적 전망 속에서 나온 군사외교였다. 백제의 요청을 받은 왜국은 파병을 결정하고 399년에 신라국경으로 병력을 이동시켰다. 이때 왜병의 공격로는 금관국(任那加羅)을 통과하여 북진했을 것이다. 비문의 영락 10년(400)조에 의하면, 왜병이 신라국경에 출몰하자 신라의 요청을 받은 고구려는 步騎 5만의 병력을 신라에 보내어, 남거성으로부터 신라의 王城인 신라

---

36) 申敬澈, 「大成洞古墳の槪要」, 『東アジアの古代文化』 68, 1991.

37) 비문의 「殘倭和通」이라는 백제와 왜의 군사동맹 연대는 399년으로 『삼국사기』(백제본기 아신왕 6년조)와 『일본서기』(응신기 8년조)의 백제왕자 전지의 파견년대인 397년과 2년의 차이가 있다. 이것은 비문이 화통년대의 하한을 표시하고 있기 때문이다(武田幸男, 『高句麗史と東アジア』, 岩波書店, 1989, 197쪽).

성에 포진해 있던 왜병을 공격하고 任那加羅의 從拔城까지 추격하여 그 성을 歸服시켰다. 이때 安羅國에서 병력(安羅人戍兵)을 파견하여 왜병과 함께 고구려·신라의 연합군에 대항하였으나 패배하였다. 이 전쟁 후 신라는 고구려에 朝貢論事하게 되었다는 것이다.

가야 제국이 왜병과 함께 군사적 공동보조를 취했다는 사실은 가야 제국과 왜국의 역사적 관계를 이해하는 데 중요하다. 즉 남부가야의 대표적인 2국, 안라국과 금관국(임나가라)의 대왜관계가 이 시기에 비로소 시작된 것이 아니라 이전부터 진행되어 온 연장선상에서 이루어진 것임을 알 수 있다. 백제가 군사요청을 위해 왜에 아신왕자 전지를 파견하게 된 것도 이들 가야 제국의 역할이 있었던 것으로 보인다. 백제는 4세기 후반 근초고왕 때 맺은 화친관계를 바탕으로 가야의 도움을 받아 왜국에 청병을 할 수 있었던 것이다. 이는 가야 제국과 왜의 제 정치집단 간의 오랜 교류와 친연관계의 바탕 위에서 성립했다고 보여진다.

고구려의 남정으로 가장 큰 타격을 입은 국은 백제였지만, 그 여파는 가야 제국에까지 미쳐 가야 제국의 위기감은 고조되었다. 이는 가야 제국이 정치·군사적으로 일체감, 결속력을 가지는 데 결정적인 계기가 되었다고 생각된다. 가야 제국 상호간에 정치적인 연대의식을 형성했다고 하면 바로 이 시기였고, 이것을 주도했던 세력은 남부가야의 유력국이었던 안라국과 금관국이었다. 특히 안라국이 6세기대 가야 제국에서 중심적 위치를 차지할 수 있었던 배경에는 동란의 시기에 전쟁 지도자로서의 위상을 높였기 때문이다. 이들 가야 제국은 신라구원을 명분삼아 가야지역까지 남하해 오는 고구려군에 맞서 맹렬히 저항하였다. 초기에는 금관국이 왜병과 함께 고구려·신라군에 대응했으나 금관국은 고구려 기마군에 의해 종발성이 함락되는 등 큰 타격을 입었다. 곧이어 안라군이 가세하여 잔여 왜병과 함께 고구려에 대항했으나 결국은 패퇴하고 말았다.

고구려의 南征이 초래한 파문은 대단히 컸다. 고구려의 남정은 신라를 비롯하여 금관국, 안라국 등 가야지역의 상당부분에까지 그 세력이 뻗쳤다고 생각된다. 이들 지역에 군사를 주둔하고 재지세력에 대해 통치권을 행사했을 것으로 추정된다. 특히 전쟁의 당사자였던 금관국의 피해는 심각했을 것으로 생각된다.

근년 加耶文化圈에 대한 고고학적 발굴조사가 진행됨에 따라 가야문화에 대한 실태가 점차 드러나게 되고, 또 주변 제국과의 관련 하에서 문화유입의 경로, 그 양상을 추구하고 있다. 특히 부산 복천동고분군의 발굴조사에 의해 이 지역의 문화양상이 고구려의 영향을 가장 강하게 받고 있었음이 밝혀지게 되었다. 10호·11호분에서 출토된 갑주류, 마구류 등은 고구려 계통의 것으로 추정되며 그 배후에는 광개토왕비문의 경자년 전투, "自倭背急追至任那加羅從拔城"이라는 史的 사실과 관계가 있음을 보고하고 있다.[38] 즉 복천동 11호분 출토의 수장층 갑주가 고구려의 기마전법을 전제로 한 고구려계의 갑주라고 하는 배후에는 고구려의 정치적 지배가 동고분의 피장자에게 미치고 있었음을 보여 주는 것이라 생각된다.[39] 요컨대 경자년의 전투 이후, 고구려는 금관국으로부터 퇴거하지 않고 從拔城을 거점으로 이 지역의 수장층에 대한 강한 정치적 압력, 통치권을 행사했을 것으로 보인다. 더욱이 고구려의 계보를 잇는, 혹은 그 영향이고 추정되는 갑주류, 마구류는 同 보고서에 의하면, 咸安 末伊山34호분, 高靈 지산동32·44호분, 慶州 황남동109호분 등지에서도 출토되었다 한다.[40] 실상 경자년(400) 전투에서 고구려에 대항하여 참전한 함안 세력이 온존할 리가 없었다고 보여지며 고령 또한 고구려군에 의해 어떠한 형태로든 영향을 받았을 것이다.

고구려의 남정이 가져온 파장은 일본열도에도 적지 않은 영향을 미쳤을

---

38) 『東萊福泉洞古墳群 I 』(부산대학교박물관유적조사보고 제5집), 1983, 146~172쪽. 복천동고분군의 출토유물을 고구려의 남하와 관련해서 그 문화의 유입루트, 정치적 의미를 지적한 논고로는, 崔鍾圭, 「中期古墳의 性格에 대한 약간의 고찰」,『釜山史學』7, 1983 ; 堀田啓一, 「古代日朝の馬冑について」,『橿原考古學研究所論集』7, 吉川弘文館, 1984 ; 申敬澈, 「古式鐙子考」,『釜大史學』9, 1985 ; 鈴木英夫, 「倭國の統合と朝鮮」,『日本學』6, 名著刊行會, 1985/『古代の倭國と朝鮮諸國』, 靑木書店, 1996 참조.

39) 鈴木英夫, 「倭國の統合と朝鮮」,『日本學』6, 名著刊行會, 1985, 74쪽.

40) 『東萊福泉洞古墳群 I 』, 1983, 164~165쪽.

것임에 틀림없다. 전란에 의해 금관국을 비롯하여 제 지역의 加耶人들은
倭地로 이주, 망명했을 것이다. 근년의 연구에 의하면 일본 초기 須惠器의
계보는 가야의 陶質土器에 있으며 北部九州에서 생산이 개시, 이후 近畿
地域으로 들어갔다고 한다. 그리고 그 史的 背景으로서 광개토왕의 남하
에 동반하여 난을 피해서 가야로부터 북부구주로 이주해 온 기술자에 의
했을 것으로 추정했다.[41] 가야인들의 왜지로의 이주는 신기술, 신지식의
전파이며 일본 고대문화의 발전에 큰 기여를 했다고 보여진다. 이들 가야
인 중에는 기내의 왜 왕권에 포섭되어 왜 조정에 봉사하는 자도 있었을 것
이다.

　『일본서기』 응신기 20년조에는 倭漢直의 祖인 阿知使主와 그의 아들
都加使主가 黨類 17현을 이끌고 來歸했다는 倭漢氏의 이주 전승이 있다.
이 씨족은 後漢 靈帝의 증손 阿智王의 후예라고 주장하고 있지만, 본래의
출자는 한반도계 이주민이다. 倭漢氏의 씨명이 아야(漢)가 함안에 있던 安
羅와 공통하고 있는 것으로부터 倭漢氏의 주류의 일파는 안라국으로부터
이주한 것이 아닌가 생각된다.[42] 倭漢氏의 이주시기에 대해서는 명확히
확정짓기는 어렵다. 시조적 인물로서 등장하고 있는 雄略紀 7년조의 東漢
直掬이 응신조 때 이주전승을 갖는 都加使主와 동일이라는 점에서 5세기
후반 웅략기를 하나의 획기로 잡을 수 있다. 그러나 이 씨족의 이주시기는
그 이전으로 올라갈 가능성은 충분히 있다. 웅략기 7년조에 의하면, 東漢
直掬은 新來의 漢人 陶部高貴, 鞍部堅貴, 畵部因斯羅我, 錦部定安那錦,
譯語卯安那 등을 3곳에 옮겨 살게 하였다고 한다. 이 시기에 東漢氏는 한
반도계 이주민을 그 휘하에 거느리는 유력한 씨족으로 성장하고 있었다.
東漢直掬이 東漢氏의 시조적인 인물로 부상되었던 것은 웅략조 때의 그의

---

41) 西谷正, 「九州北部初期須惠器とその系譜」, 地方史硏究協議會編, 『異國と九州－歷
　　史における國際交流と地域形成－』, 雄山閣, 1992 ; 「加耶地域と北部九州」, 『大宰
　　府古代文化論叢(上卷)』, 吉川弘文館, 1983, 46~52쪽 ; 申敬澈, 「五世紀代におけ
　　る嶺南地方の情勢と韓日交涉」, 江上波夫・上田正昭編, 『謎の五世紀を探する』,
　　讀賣新聞社, 1992, 130~131쪽.
42) 加藤謙吉, 「渡來人」, 『古代史硏究の最前線 第1卷－政治・經濟編(上)』, 雄山閣
　　出版, 1986, 59~61쪽.

성장과 무관하지 않을 것이다. 생산기술에 종사하는 硬質土器(陶部), 고급 견직물(錦部), 금속가공(鞍部, 作金人), 제철·철기생산(韓鍛冶)과 같은 수공업 집단의 이주는 왜 조정에서 볼 때, 이른바 기술혁명이고 왜 왕권의 성장과 발전에 동반하여 각종 생산품들을 조직적이고 체계적으로 조달할 수 있는 계기가 되었을 것이다. 특히 新來漢人의 이름 중에 安那가 보이는 것은 그 출신지인 安羅와 관련 있는 것은 아닌가 생각한다. 그밖에도 三間名公, 己汶氏, 達沙氏, 多多良公 등 가야의 국명, 지역명을 딴 씨족들이 사료상에 등장하고 있어 가야로부터의 이주민의 존재를 말해 주고 있다.

가야인들의 倭地로의 이주와 왜 왕권에의 참여는 이후 가야 제국과 왜국과의 관계를 더욱 밀접하게 하는 계기가 되었을 것으로 생각된다. 그리고 왜 왕권의 가야문화에 대한 관심은 더욱 높아졌을 것이고 가야지역에 대한 강한 애착심을 품게 되었다고 보여진다. 가야멸망 이후에도 왜왕들이 지상의 과제로서 가야의 부흥을 외쳐대던 것도 바로 이 때문이다.

그럼 가야 제국과 연합해 신라를 공격하고 고구려와 전쟁을 벌인 왜병의 실체는 무엇인가. 이에 대해서는 일본학계의 통설로서 대화정권설, 北九州의 백제계 왜국설,[43] 친백제적인 북구주 세력설,[44] 북구주 일대의 해적집단설,[45] 한반도 남부의 왜인설[46] 등 다양한 견해가 제시되고 있으나 近畿에 중심을 두고 西日本을 비롯한 각지 정치세력의 연합체설[47]이 가장 타당하다.

비문의 倭를 북부구주로 한정할 경우, 畿內의 왜 왕권이라고 생각되는 『宋書』倭國傳에 나오는 5세기대 왜의 성격을 설명하는 데에 난점이 있다. 5세기대 왜 왕권의 對宋外交가 4세기말 고구려의 남정과 깊은 관계가 있음을 생각하면, 비문의 왜를 畿內의 왜 왕권과 분리하여 논하는 것은 어렵

---

43) 金錫亨, 『초기조일관계연구』, 사회과학원출판사, 1966, 297쪽.
44) 千寬宇, 「廣開土王陵碑文再論」, 『全海宗博士華甲紀念史學論叢』, 일조각, 1979, 559~561쪽.
45) 王健群, 임동석 역, 『廣開土王碑研究』, 역민사, 1985, 236쪽.
46) 井上秀雄, 『任那日本府と倭』, 東出版, 1973, 119쪽.
47) 鈴木靖民, 「好太王碑の倭の記事と倭の實體」, 『好太王碑と集安の壁畫古墳』, 木耳社, 1988, 68~69쪽.

다고 보여진다. 『송서』 왜국전에 의하면 송황제에 바치는 倭王 武의 상표문 중에 先代의 왜왕들의 영토정벌 관계기사가 있다. 이 중에서 '渡平海北九十五國'의 기록은 한반도 방면을 가리킨다고 보아 지장이 없을 것이다.[48] 물론 이 기록은 왜왕 무의 고구려에 대한 증오에 찬 적대의식으로부터 나온 것으로, 정치적 이익을 위해 작성된 극히 과장된 문서다. 이 기록은 4세기말~ 5세기초 한반도에서의 왜의 군사적 활동이 희미한 기억 속으로 전승된 이야기가 왜왕 무의 대에 정치적 목적에 융합되어 대송외교의 상표문에 반영된 것이다. 고고학적으로 보면 부산 복천동고분군에서 출토된 馬冑와 동형의 것이 일본 近畿地域에서 가까운 和歌山縣 大谷古墳에서 출토되었고, 더욱이 5세기 후반 근기지방의 고분군에서 대량으로 출토되는 甲冑와 거의 동형의 것이 부산, 함양 등 가야 혹은 신라지역에서 출토되고 있다고 한다.[49] 이들 유물의 원류에 대해서는 異論도 있지만, 일본 출토의 것은 아마도 광개토왕의 남정과 관련된 유물 혹은 그때의 갑주, 마구 제작기술의 전파일 것으로 짐작된다. 또 북부구주와 한반도를 잇는 현해탄의 중간에 위치한 沖島 제사유적인데, 모두가 大和政權 直祭의 성격을 표시하고 있다.[50] 沖島는 대화정권의 국가제사로서 신성시되기 전부터 북부구주의 재지세력에 의해 항해의 거점으로서 중시되어 왔고, 九州의 宗像3女神을 모시던 곳이다. 이 지방신이 대화정권의 수호신으로 승격된 후엔 沖島가 대화정권의 독점적 제사지로 기능해 왔다고 보인다. 4세기 후반부터 유물이 나오고 있어 4세기말 광개토왕비문의 왜의 출병이 沖島의 제사유적과 관련이 있다고 하면 同 유적은 바로 왜 왕권과 재지세력의 연합, 공존체제의 일면을 말해주는 증거로서 생각할 수 있다.

　당시 일본열도 각지의 首長들의 최대의 정치적 과제는 해외로부터의 철 자원의 확보였다. 국내 지배체제의 구축에 불가결한 철 자원이 고구려의

---

48) 武田幸男,「平西將軍·倭隋의 解釋 - 五世紀의 倭國政權에 ふれて - 」, 『朝鮮學報』 77, 1975 ; 拙稿,「倭의 五王時代의 對外關係 - 對宋外交와 韓半島問題 - 」, 『金甲周敎授華甲紀念史學論叢』, 1994/『고대한일관계사』, 혜안, 1998 재록.

49) 西谷正,「加耶地域と北部九州」, 『太宰府古代文化論叢 上券』, 吉川弘文館, 1983, 59~60쪽.

50) 『宗像沖ノ島(本文)』, 吉川弘文館, 1979.

남정으로 인해 수입에 제약을 받게 되자, 각 지역의 首長들은 공동의 위기의식을 지니게 되었다. 백제의 구원요청을 받은 왜 왕권은 각 지역의 수장층을 규합하여 출병을 단행하게 된다. 이때의 출병에는 북구주 등 서일본 지역의 首長軍이 그 중심이 되었을 것으로 생각된다. 이들 지역은 한반도 남부와 오랜 교류의 역사를 갖고 있으면서 가야문화를 가장 많이 받고 있던 지역이었다. 전란이 끝난 5세기대에 왜의 5왕들이 대송외교를 시작한 것도 고구려의 남정에 의한 한반도 남부와의 교류가 제약을 받았기 때문이었다. 대송외교를 통해 송 황제의 권위로 고구려 세력을 한반도 남부로부터 축출하려는 의도였다고 보여진다.

5. 중국 南齊와의 통교

『南齊書』 加羅傳에는 다음과 같은 기록이 있다.

　　加羅國은 삼한의 한 종족이다. 建元 원년(479)에 국왕 荷知가 사신을 보내와 방물을 바쳤다. 이에 조서를 내려 말하기를, 광대한 영역을 넓혀 비로소 즉위하니 遠方의 夷가 덕에 감화되도다. 加羅王 荷知는 해외로부터 관문을 두드려 먼 동방으로부터 공납을 바쳤으니 輔國將軍本國王에 제수함이 마땅하다.

　　가야 제국의 대중국 교섭은 변진시대의 일로서 낙랑, 대방 2군이 소멸하는 4세기 초를 마지막으로 단절되어 있었다. 따라서 가야의 대중국 통교는 백수십 년 만의 일이다. 가야 제국과 우호관계에 있었던 백제와 왜국이 5세기대를 통하여 지속적인 南朝의 宋과 책봉관계를 유지했던 시기에 가야 제국은 한 번도 중국에의 견사가 없었다. 그후 宋에서 南齊로의 왕조가 교체되던 479년에 견사조공하였던 것이다. 남제에 사신을 파견한 가라국에 대해선 그 실체를 비롯하여 파견의 배경에 논란이 있고 특히 1회성으로 끝난 견사가 중지된 이유에 대해선 궁금증을 더해준다.

남제에 견사한 加羅國에 대해서는 고령설과 김해설, 함안설로 갈라지고 있는 가운데 근년에는 고령설이 다수의 지지를 얻어 통설화되어 가고 있다.[51] 고령설의 주요한 근거가 되고 있는 것이 대가야연맹체론이다. 그 주장에 따르면 5세기 후반 고령의 반파국은 대가야라는 국호를 사용하며 후기 가야연맹의 대군장으로서 군림했으며 지산동고분군은 바로 그 세력이 축조하였다고 한다. 이를 배경으로 가라왕 荷知가 대중 통교를 독자적으로 성공시켰다는 것이다. 교통로는 육로로 섬진강 하류인 하동을 빠져나가 중국으로 향하는 해상루트를 상정했다. 그리고 가라왕 하지는 于勒에게 가야금을 만들게 한 嘉悉(嘉實)王에 해당시킨다.[52] 이 논리는 더욱 실증적으로 발전되어 대가야 왕 하지에 의한 남제 통교는 백제의 간섭으로부터 벗어나 가야제국연맹을 형성한 후, 그러한 실력을 배경으로 한 정치적인 어필이고, 연맹을 대표한 형태로 독자적으로 실행한 것이라는 견해도 제시되었다.[53]

이 연맹체론에 근거한 대가야의 남제 통교 주장은 설득력이 있고, 대세론적으로 보아 무시하기 어려운 견해라고 생각된다. 남제에의 통교가 고령에서 하동 방면에 이르는 코스를 상정한다면 그 통과지역은 대체로 대가야연맹의 소속국 내지는 우호관계에 있던 가야 제국이었다고 해도 좋을 것이다. 6세기초 백제가 섬진강 중하류유역의 己汶, 帶沙를 차지했을 때, 대가야는 백제를 지원한 일본을 원망하며 군사시설을 정비하는 등 전투태세를 갖추었다는 전승[54]은 바로 하동 방면에 이르는 섬진강 중하류유역이 대가야 세력권을 말해 주는 것이라고 할 수 있다. 479년의 남제 통교는 이러한 대가야의 성장을 배경으로, 여기에 4년 전 백제의 한성함락이라는 유리한 국제 정세의 영향도 있었을 것이다. 섬진강 방면에 이르는 광역의 정치적 연맹체를 성립시킨 대가야가 남제에 통교했다고 하면 이것은 연맹체

---

51) 金泰植, 「5세기 後半 大加耶의 발전에 관한 연구」, 『韓國史論』 12, 1985/『加耶聯盟史』, 일조각, 1993 ; 田中俊明, 『大加耶連盟の興亡と任那』, 吉川弘文館, 1992.
52) 金泰植, 앞의 책, 1993, 106~110쪽.
53) 田中俊明, 앞의 책, 1992, 70~80쪽.
54) 『日本書紀』 繼體紀 7년 6월·11월조 ; 동 8년 3월조.

의 대표자적인 입장에서 행해진 통교이고, 연맹체의 최고 수장으로서 남제의 작호를 받고 이를 배경으로 연맹체 내에서 대가야 왕의 권위를 높히고자 했을 것이다. 연맹체 유지에 필요한 것은 왕권의 위상이고 중국의 작호와 印綬가 주요한 작용을 하였다. 이것은 당시 동아시아 제국의 왕이나 수장들 사이에 보편적으로 행해졌던 것으로, 지배자가 왕권 내의 호족이나 귀족 혹은 지방세력에 대해서 초월적인 권위를 갖지 못한 단계에서 이를 극복하기 위한 정치적 수단이었다. 그런데 가라왕 하지가 남제로부터 받은 장군호는 輔國將軍이었다. 보국장군은 남조의 관품 서열에서 제3품에 해당하지만, 3품 중에서도 하위에 속하는 낮은 관품이었다. 물론 남제에의 첫 견사이기 때문에 견사의 횟수가 늘어나면 승진의 기회도 있을 수 있다고 생각된다. 그러나 438년 왜왕 珍이 남송에 견사하여 安東將軍號를 받은 것이나 그 신료들의 작호 제수를 요청했을 때, 倭隋 등 13인이 모두 보국장군 이상의 장군호를 받은 사실과 비교하면 가라왕 하지의 국제적 평가는 상대적으로 낮다고 할 수 있다. 특히 大明 2년(458)에 백제가 남송에 견사하여 백제왕의 신료들에게 제수를 요청하여 받은 장군호 가운데 보국장군 이상이 5명이나 된다. 탈백제화를 노리고 있던 대가야가 연맹체를 형성하고 그 대수장의 위치에서 중국에 견사했다면 백제왕을 능가하지는 못하더라도 백제왕의 신료들이 받은 작호보다는 높아야 될 것이다. 물론 작호를 제수하는 쪽은 남제이고, 남제의 주관적 판단에 의해 보국장군호 밖에 제수하지 않았을 지도 모른다. 그러나 가라왕 하지는 자신이 받은 보국장군호 이외에 백제나 왜국과 마찬가지로 그 휘하의 신료들이나 연맹체에 소속되어 있는 수장들의 작호도 아울러 요청해야 했을 것이다. 대수장으로서 연맹체의 지역 수장들에 대한 권위를 세우기 위해 중국의 관품을 이용한 정치적 신분질서의 서열화를 꾀해야 되지 않았을까. 가야왕 하지는 백제나 왜국의 대중국 통교와 작호의 제수에 대한 정보를 알고 있었을 것으로 생각되는데, 연맹체 유지를 위해 그에 상응하는 아무런 행동도 보이지 않았다는 점이다. 왜국의 경우는 438년 이외에도 元嘉 28년(451)에는 왜왕 濟의 신료 23명에게 제수를 요청해 軍, 郡(太守)에 임명한 바 있으며, 백제

도 동성왕대인 大明 2년(458) 11인의 장군호의 제수를 비롯하여 永明 8년
(490), 建武 2년(495)에 합계 15인의 王·侯號의 제정을 구하여, 軍, 太守의
직을 임명받은 바 있다. 중국 통교의 목적이 대가야 수장으로서의 권위와
연맹체의 질서를 유지하기 위해 중국적 권위를 수여받기 위한 것이었다면
단지 보국장군호 만을 제수받았다는 사실은 너무도 부자연스럽다. 더욱이
대가야가 백제로부터 기문·대사지역을 빼앗기는 6세기 초까지는 연맹체
를 유지했다고 볼 때, 중국에의 통교가 1회적으로 끝났다는 사실도 이상하
다. 첫 번째 통교에서 대가야 왕 자신만 작호를 제수받았다면, 연맹체의 유
지에 필요한 지역 수장들이나 신료들의 작호를 제수받기 위해 재차 통교
를 시도해야 되지 않았을까. 필자는 이러한 점으로부터 남제에 통교한 가
라를 고령세력으로 비정하는 데 주저하게 된다.

　한편 고령설에서는 가라왕 하지를 대가야의 嘉悉王으로 비정하고 있으
나, 음의 유사성과도 거리가 있고, 이를 고유명사가 아닌 位號와 같은 보통
명사로 볼 경우 선택의 범위는 넓어진다. 그리고 연대적으로 볼 때 양자는
동 세대 인물일 가능성이 희박하다.『삼국사기』樂志에 의하면 가야국 가
실왕이 省熱縣人 악사 우륵에게 12곡을 짓게 했는데, 후에 가야국이 어지
럽자 진흥왕대(540~576)에 신라에 투항했다고 한다. 가실왕과 우륵이 동
시대 사람이고 우륵이 진흥왕대에 투항했다고 하므로 적어도 가실왕은 진
흥왕이 즉위한 540년 가까운 시기까지는 재위해 있었다는 추정이 가능하
다. 어쩌면 가실왕은 우륵의 신라 투항 이후까지 생존해 있었을 가능성도
있다. 그렇다면 가실왕과 가라왕 하지는 활동기간에서 적어도 60여 년의
차이가 난다. 하지가 청년기에 즉위하여 60여 년 이상 재위했을 가능성도
있지만, 극단적인 추정이고 현실적으로 무리이다.『新增東國輿地勝覽』高
靈縣條에 의하면, 異惱王의 아들인 月光太子가 신라의 이찬 比枝輩(比助
夫)의 딸과 결혼했는데,『삼국사기』에 의하면 신라 법흥왕 9년(522)의 일이
다. 이 기록으로부터 가실왕은 이뇌왕 이후의 인물일 개연성이 높으므로
가라왕 하지와 가실왕은 동일 인물이 아니라 적어도 2세대 차가 나는 별개
의 인물임을 알 수 있다.

加羅라는 국명 역시 통설에서 말하는 고령정권에만 해당되는 것은 아니다.『일본서기』흠명기에는 南加羅라고 하여 고령에 대한 방향성으로부터 남방에 위치한 加羅라는 뜻으로 불렀고, 흠명기 2년 4월조의 분주에는 금관국을 加羅라고만 표기하고 있다. 또『삼국사기』樂志에도 우륵이 지은 12곡 중에 '上加羅都' '下加羅都'라는 곡명이 나오는데, 고령의 上加羅에 대해서 김해의 금관국을 下加羅라고 지칭한 경우이다. 어쩌면 광개토왕비문에 나오는 任那加羅도 廣義로 가야 제국 전체를 의미하는 任那 중의 加羅일지도 모르겠다. 사료상으로 가라라는 칭호를 사용했던 국은 김해와 고령정권뿐이어서 가라 단독으로 나올 경우는 어느 지역을 가리키는지 속단하기는 어렵다.

『송서』왜국전에는 왜왕에게 제수된 "都督 …… 任那·加羅 …… 諸軍事"라는 임나·가라가 병기된 작호가 보이는데, 이 경우는 임나를 김해, 가라를 고령에 비정하는 것이 통설이다. 왜왕은 처음에 작호로서 가라를 요구하지 않았지만, 宋에서는 왜왕이 요구한 6국의 숫자를 맞추기 위해 백제대신에 추가한 것이다. 그런데『송서』의 가라를 고령이라고 해서『남제서』의 加羅도 동일 지역이라고 추정할 근거는 되지 않는다. 금관국도 加羅라고 칭하고 있던 만큼 남제와의 통교에 가라의 국명을 사용했다면 문제는 발생하지 않는다. 송조에는 가야 제국에서 사신을 파견한 적이 없기 때문에 가야에 대한 정보가 없고 어느 지역에서 어떤 국명을 사용했는지에 대해서도 몰랐다고 보인다. 송조를 계승한 남제의 경우도 마찬가지다. 遠方의 夷가 내조하여 加羅를 자칭했다면 그 국이 바로 가라국인 것이다

다음은 하지가 남제로부터 받은 '輔國將軍本國王'이라는 칭호이다. 중국이 제수한 관작의 호칭을 보면, 장군호 다음에 국명이 나온다. 서두에 加羅라는 국명이 존재해 있어 本國이라는 호칭은 원래의 국명은 아닌 것 같다. 이 말의 본래 뜻은 '根本이 되는 國'이 아닌가. 이것은 남제에 대한 가라왕 하지의 적극적인 요구가 반영된 것으로 그의 本國에 대한 강렬한 의식의 소산이라고 생각한다. 필자는 本國을 남부가야 성장기의 주역이었던 금관국으로 비정하고 싶다. 금관국은 일명 任那, 任那加羅라고도 칭한다. 임나

를 님나라, 임금의 나라[55] 혹은 엄나라, 엄마의 나라라는 의미가 있다고 하면 王國, 君國, 母國, 祖國의 뜻이 되고,[56] 本國도 이와 상통하는 의미가 아닐까 한다. 『삼국유사』 金官城婆娑石塔條에 "第八代銍知王二年壬辰, 置寺於其地, 又創王后寺至今奉福焉, 兼以鎭南倭, 具本國本記"라 하여 금관국 8대왕인 질지왕대에 왕후사의 창사 내력과 아울러 왜의 진압을 위해 건립했다고 하는데, 모두 本國 本記에 기록되어 있음을 밝히고 있다. 本國 本記란 伽倻本紀를 지칭하는 것으로 생각된다.[57] 이것이 당시까지 어떠한 형태로 남아 있었는지는 알 길이 없지만 금관국에 관한 역사를 기록한 편찬물이라는 것은 추측하기 어렵지 않다. 駕洛國記는 고려 文宗(1047~1082) 때 金官知州事가 편찬한 것으로 아마도 本國 本紀가 그 저본이 되었음에 틀림없다. 本國은 駕洛國 즉 금관국을 가리키며, 가락국의 本國 의식이 강하게 표출되어 있음을 알 수 있다.

통설에서는 5세기 후반대의 금관국을 쇠퇴해 가는 국으로 보고 있다. 상대적으로 대가야의 성장을 강조하고 있고, 남제에의 통교의 기준으로 삼고 있는 것 같다. 그러나 중국과의 통교에 세력의 대소관계만을 기준으로 해서는 안 된다. 국가의 외교란 안정적일 때보다도 위기를 타개하기 위해서 종종 행해지는 것이 아닌가. 3세기 이전 韓 제국들의 대중국 통교나 일본 북구주의 邪馬臺國이 魏나 西晉 등과의 교섭의 예에서 볼 수 있듯이 통교의 주체는 다양하다. 통교는 내부적 필요성과 국제적 계기에 의해 얼마든지 가능한 것이다. 금관국은 5세기 이후 외압과 내부적 모순으로 왕권이 약화되고 지배집단 간의 권력 교체가 이루어졌을 가능성도 있지만, 신라에 병합되는 532년까지는 금관국의 왕통은 존속했다. 『삼국유사』의 駕洛國記에 "居登王이 즉위한 기사년에 便房을 둔 이후부터 仇衝(仇衡, 仇亥)朝까지 330년 동안 종묘의 제례가 오래도록 변함이 없었다 …… "라는 금관국

---

55) 金廷學, 『韓國上古史研究』, 범우사, 1990, 183쪽.

56) 丁仲煥, 「廉斯鑡 說話考」, 『大丘史學』 7・8, 1973/『加羅史研究』, 혜안, 2000, 288쪽.

57) 洪潤植, 「伽倻佛敎에 대한 諸問題와 그 史的 意義」, 『伽倻考古學論叢』 1, 1992, 235쪽.

지배층의 시조신에 대한 제사 기록이 보인다. 始祖廟에 대한 제사는 왕통의 正統性을 주장하고 연속성을 보여주는 것이고, 나아가 국가적 결속력을 다짐하는 종교적 의례이다. 금관국의 건국신화는 居登王시대인 3세기 중엽에 생성되었다고 보이며,[58] 시조신을 天과 결부시키는 神統思想은 왕권의 존엄성을 과시하는 지배 이데올로기로서 기능하였다고 생각된다.

남제에 통교한 가라국이 금관국이었다고 하는 가라왕 荷知는 銍知王일 가능성이 높다. 그는 451년에서 491년까지 재위한 왕으로 되어 있어 하지의 활동기간과 합치한다. 銍知(질지)의 知는 존칭으로 臣智, 叱知의 약칭으로 볼 수 있다면,[59] 銍知는 가야 지배자의 칭호로서 위호로 본 荷知와 그 의미가 통한다. 질지왕시대는 駕洛國記에 보이듯이 왕후사와 같은 사찰을 건립하는 등 불교의 융성을 꾀했던 시기라고 생각된다. 이 시기에 비로소 허황후나 시조왕을 위해 創寺奉福했다는 것은 질지왕 때에 이르러 創寺가 가능해졌다는 것을 말한다.[60] 또 왕후사의 창사가 남쪽 왜의 진압과 관계가 있다고 하듯이 해적으로 생각되는 왜병을 佛力에 의해 격퇴한다는 염원을 담고 있다. 이와 같이 불교는 금관국의 새로운 지배 이데올로기로서 왕권의 안정을 꾀하는 데 중요한 작용을 했을 것이다. 그렇다면 남제와의 통교도 불교문화 등 선진문물의 수용과 무관하지 않을 것이다. 침체해진 금관국의 부흥을 위해 가야왕 荷知는 남제가 수립되는 그 해에 독자적 판단으로 견사조공하였던 것으로 사료된다. 남제의 창업주 蕭道成은 송의 昇明 2년(478) 4월 順帝로부터 선양받았지만, 실제는 찬탈이고 그해 5월 순제를 살해해 버린다. 불안정한 왕권의 출발이어서 황제의 권위를 내외에 과시할 필요가 있었다. 특히 주변 제국으로부터 사절이 내조하고 책봉관계를 맺는 일은 皇帝權의 확립에 중요한 요소였다. 가라왕 하지가 남제로부

---

58) 『駕洛國記』에 의하면, 居登王의 부는 수로왕이고 모는 허황후라 한다. 建安 4년(199)에 즉위하여 치세 39년인 嘉平 5년(253)에 사망했다고 한다. 가락국이 10代 532년까지 존속했고, 1世를 30여 년으로 한다면 수로왕의 재위는 빨라야 3세기 전반경이다. 따라서 居登王은 3세기 중반 이후의 인물로 보인다.

59) 村上四男, 「金官國の世系と卒支公(率友公)」, 『朝鮮古代史研究』, 開明書院, 1978, 378쪽.

60) 金煐泰, 「駕洛佛敎의 傳來와 그 展開」, 『佛敎學報』 27, 1990, 48~50쪽.

터 크게 환영받았을 것은 자명하다. 그해 내조했던 국은 가라국 이외에 河南의 吐谷渾王이 유일했다. 남제의 황제가 된 高帝 蕭道成은 遠方의 소국 금관국왕 荷知에게 어울리는 輔國將軍·本國王에 책봉했던 것이다.

6. 가야부흥운동기의 대왜관계

5세기 말에서 가야 제국이 멸망해 가는 6세기 중엽까지 가야 제국의 역사는 자국의 독립보존을 위해 대내외적으로 정치, 군사, 외교적 노력을 기울인 저항의 시기였다. 동서의 강대국 신라, 백제의 침략공세에 시달려야 했고 이에 연동하여 왜의 세력도 분쟁의 소용돌이에 휘말리게 되었다. 가야지역에 대한 왜의 입장은 항상 일관된 것이 아니었다. 가야의 지역에 따라 그 대응에 확연한 차이를 보이고 있다. 이것은 왜 왕권의 가야 제국에 대한 정책의 다양성만으로는 구명되지 않는다. 왜 왕권의 백제와 신라와의 관계, 가야 제국과 교류하고 있었던 일본열도 각 지역정권의 복잡한 국제관계에 따라 외교의 양상은 달라진다. 부언하면 일본열도 내에서 가야 제국과 외교관계를 맺고 있었던 세력은 기내의 왜 왕권만이 아니라 다양한 외교의 주체가 존재하고 있었고, 왜 왕권도 그 중의 하나였다는 것이다. 왜 왕권이 지역에 따라 親加耶 혹은 反(非)加耶 정책을 취할 수밖에 없었던 것도 일본열도 내에 다양한 외교의 주체세력이 있었기 때문이다.

우선 백제의 가야 방면으로의 진출과정에서 야기된 가야의 대왜관계를 살펴보기로 한다. 백제는 475년 한성 함락과 웅진 천도라는 국가적 위기를 극복하고 남부가야지역으로의 적극적인 진출을 시도했다.『일본서기』현종기 3년(487)조에 보이는 紀生磐宿禰 전승은 백제의 가야진출 기사로서 중요하다. 이 사건은 기생반숙녜라는 왜계 인물이 임나에 와서 전권을 휘두르다가 백제와의 싸움에 패해 왜국으로 돌아갔다는 이야기다.『일본서기』에는 한반도에서의 활약상을 그린 고대일본의 씨족이나 호족에 관한 전승이 적지 않게 남아있다.『일본서기』에 채록된 이들 전승은 해당 씨족의 家傳類에 의존한 바가 크다. 그러나 원래의 전승이 그대로 전해진 것이 아니라 그들 후예씨족에 의해 과장·미화·윤색되어 있고, 이것이『일본서기』편찬시에 8세기 고대일본 율령국가의 이념인 천황통치의 정당성을 주장하기 위해 재차 손질이 가해졌다고 생각된다. 이 사건의 골격은 임나의 수장 左魯那奇他甲背가 남진해 오는 백제군에 맞서 싸우다가 죽음을 당한다는 것이다. 이 사건에 왜계인 紀氏가 무언가 관여가 있었다고 하면, 임나와 교류를 맺고 있었던 왜국의 한 호족이 백제의 침략에 군사적 지원을 한 것으로 이해하면 족할 것이다. 이때의 임나의 위치에 대해서는 제설이 있으나 전쟁의 무대가 된 爾林·帶山城이 전라북도 임실, 남원 방면으로 추정되므로, 이 지역에 있었던 임라의 국은 자연히 가야의 소국이었던 己汶國으로 귀착된다.61) 기문은 帶沙와 함께 섬진강 중하류유역에 이르는 대가야연맹체의 소속국으로서 대가야가 왜국으로 통하는 교통로로서도 중요한 기능을 했던 지역이다. 백제의 이들 지역의 장악은 대가야세력권의 중요 지역을 흡수하는 것이고, 아울러 대왜교통로도 확보하는 것이 되었다.

　『일본서기』계체기에는 보다 구체적으로 백제의 가야 방면 진출을 기록하고 있다. 계체 6년(512) 4월에 穗積臣押山이 백제에 파견되면서 筑紫國의 말 40필을 보냈다고 한다. 이것은 백제와 왜국의 교류실태를 말해 주는 기록으로서 중요하다. 말의 제공은 단지 의례적인 물품이 아니라 전쟁의 수단이고 물자라는 점에서, 왜국으로부터의 군사적 지원임을 시사한다. 동년 12월에 백제가 사신을 파견하여 임나국의 上哆唎·下哆唎·娑陀·牟婁의 4현의 할양을 청했다. 왜 조정에서는 논의 끝에 임나 4현을 백제에게 주었다고 한다. 또 동 23년조에는 백제왕이 下哆唎國守 穗積臣押山에게 加羅 多沙津의 할양을 요구하며 대왜교통로로 삼을 것을 요구하였다고 한다.62) 다사진은 帶沙를 말하고 지금의 섬진강하류역 河東지방이다. 임나 4

---

61) 拙稿,「6세기전반 가야제국을 둘러싼 백제·신라의 동향」,『新羅文化』7, 1990/『고대한일관계사』, 혜안, 1998 재록.

62)『일본서기』계체기에는 6년조에서 23년조에 걸쳐 임나 4현과 기문, 대사의 할양기사가 연대를 달리하며 중복되어 나온다. 이것은 계통이 다른 전승자료를『일본서기』편찬시의 채록과정에서 발생한 착오라고 생각된다. 즉 이 일련의 기록을 연대기적으로 순차적인 발생으로 생각할 필요는 없으며, 이 연대는 전체적으로 보아 백제의 임나지역에 대한 정복시기에 포함된다고 보면 좋을 것이다.

현과 기문·대사지역은 크게 보면 동일 지역권이고 임나 4현이 기문·대사를 포괄하는 지역으로 봐도 좋을 것이다. 대체로 섬진강 중하류유역을 중심으로 한 전라도 방면으로 비정하는 것이 온당할 것이다.63) 그런데 임나의 땅을 백제에의 할양에 주도적 역할을 했다고 하는 穗積臣押山이라는 인물은 哆唎國守로 나오고 있어 마치 이 지역이 일본의 지배 하에 있던 것처럼 기술되어 있다. 이러한 기술은『일본서기』에 자주 등장하는 이른바 국토할양 기사인데,『일본서기』편자의 임나지배사관에 기초한 기록으로 신뢰성은 없다. 이 사건의 원형은 백제의 임나지역 진출에 왜국의 군사적 지원을 말해 주는 것으로 생각하면 충분하다. 계체 7년조에 의하면 백제는 姐彌文貴將軍과 州利卽爾將軍을 파견하면서 오경박사 段楊爾를 함께 보내고, 동 10년조에는 박사 단양이를 귀국시키고 오경박사 漢高安茂를 보냈다고 한다. 바로 왜국의 군사적 지원에 대한 고급인력의 파견이라는 인적 자원의 제공인 것이다.

다음은 백제의 기문·대사 방면으로의 진출에 대가야연맹체의 주도국인 고령의 伴跛國은 어떻게 대응했는지 알아보자. 계체 8년 3월조에 伴跛는 子呑과 帶沙에 성을 쌓고 滿奚와 연결하여 봉수대, 무기고를 설치하고 일본에 대비했다고 한다. 또 爾列比, 麻須比에 성을 쌓고 麻且奚, 推封과 연결하여 사졸과 병기를 모아 신라를 압박했다고 한다. 이러한 상황에서 백제의 요청을 받은 物部連이 이끄는 500명의 왜병은 섬진강 하류역인 帶沙江으로 들어 갔으나 불과 6일 만에 伴跛의 공격을 받아 汶慕羅로 탈출했다. 동시에 物部連과 함께 귀국한 백제의 대왜청병사 文貴將軍은 직접 백제로 들어가지 못하고 신라를 경유하여 귀국했다고 한다.64) 이 기록으로부터 백제의 가야 방면으로의 침략전쟁에 왜 왕권의 군사적 지원이 있었음을 알 수 있고, 대가야는 섬진강 방면 자국 세력권의 방어를 위해 군사시설의 정비와 함께 왜병의 지원을 저지시키고자 했던 것이다. 이 시기까지는 백제와 신라의 관계가 가야 제국을 두고 직접적인 대립관계에 들어간

---

63)　末松保和,『任那興亡史』, 吉川弘文館, 1956, 100~113쪽.
64)『日本書紀』繼體紀 9年條.

상황이 아니었으므로, 왜국에 파견된 백제사가 신라 경유로 귀국이 가능했던 것이다. 기문, 대사가 백제의 세력권으로 들어가게 되자 대가야연맹체가 크게 흔들렸을 것은 자명하고, 이로 인하여 고령정권은 쇠퇴했을 것이다. 522년 신라와 대가야의 결혼동맹은 신라의 압력에 굴한 고령정권의 모습을 보여주고 있다.

그럼 대가야를 중심으로 한 섬진강 방면의 서부가야 제국의 대왜관계는 존재하지 않았던 것일까. 존재했다면 어째서 백제의 가야침략에 왜의 군사적 지원이 없었던 것일까. 이것은 『일본서기』 기록만으로는 판단하기가 쉽지 않다. 한반도 남부의 가야 제국과 관계한 모든 씨족, 호족들은 모두가 기내의 왕권에서 파견된 인물들이고, 지방의 호족이라 하더라도 왜 왕권하에 복속하고 있던 인물들로 기술되어 있기 때문에 교류의 주체가 오로지 왜 왕권밖에는 존재하지 않았던 것이 된다. 그런데 『일본서기』의 對가야관의 입장에서 보면 백제의 가야공격에 일본이 군사적 지원을 해준다는 것은 모순이다. 왜냐하면 가야는 고대일본의 통치를 받고 있던 內官家였다는 『일본서기』의 인식에서 보면 이런 사실들을 스스로 파기하는 경우가 되기 때문이다. 그렇다면 서부가야 제국이 교류하고 있었던 왜의 실체는 기내의 왜 왕권이라고 보기 어렵고 기내의 세력과는 별도의 왜, 즉 서일본지역의 유력호족세력인 지방정권이 아니었나 생각한다. 기내 왜 왕권의 지방에 대한 지배권의 완성은 중앙에서 지방장관인 國司가 파견되는 7세기 후반이고, 그 이전에는 國造라는 지방호족을 매개로 통치하고 있었다. 따라서 國造세력은 중앙에 정치적으로는 복속해 있었다 하더라도 상당한 독립성을 갖고 있었고, 대외활동도 활발하였다. 5세기 후반 岡山지방의 유력호족 吉備氏의 가야, 신라관계, 6세기대 북구주 수장 磐井의 對신라 교섭이나 火의 葦北國造의 아들 日羅의 대백제 관계에서 알 수 있듯이 서일본지역의 유력수장들은 중앙의 왜 왕권과는 별도로 독자적 대외교섭을 행하고 있었다. 외교권의 독점은 곧 국내지배의 완성이라는 점에서 적어도 6세기 중엽까지는 일본열도의 대외교섭 주체세력은 다양했다고 할 수 있다.

고령정권을 비롯한 서부가야의 제국들은 백제가 섬진강 하류유역의 多

沙津을 장악하기 전에는 이 항구를 통해 왜와 교섭하고 있었고, 己汶의 땅을 상실했을 때에는 왜국에 사신을 보내 외교적인 교섭을 시도하기도 했다.[65] 고고학적인 면에서도 전라남도 서남부지역을 비롯하여 서부가야 일원에서도 왜계 유물이 보고되고 있어 양 지역 간의 교류가 있었음을 말해주고 있다.[66] 6세기대 왜 왕권의 대외교섭의 주요 대상은 백제였다. 5세기대 왜 왕권의 대중국 통교가 478년을 마지막으로 중단되어 선진문물의 수입은 거의 백제에 의존한 것으로 보인다. 따라서 외교의 중심도 백제 일변도로 기울어졌고, 백제의 가야침공시 백제 편에 서서 군사적 지원을 단행했던 것이다. 따라서 서부가야 제국의 대왜관계는 기내의 왜 왕권과는 별도로 서일본지역 호족들과 개별적인 교류가 널리 행해졌던 것으로 생각된다.

한편 낙동강 하류유역을 중심으로 한 동부가야의 대왜관계 실태는 어떠했는지 살펴보자. 동부가야의 주요국은 金官國, 卓淳國, 喙己呑과 그 서쪽의 安羅國이다. 이 중에서 가장 일찍 멸망의 길로 들어선 국이 김해의 금관국이다. 일찍부터 풍부한 철 생산과 높은 농업생산력을 바탕으로 성장했던 금관국은 주변 제국의 관심지로 대두되어 동아시아 제국의 교역의 센타로서 번영하였다. 그러나 6세기 이후 신라의 성장과 더불어 금관국은 압박을 받기 시작했다. 금관국이 신라에 병합된 것은 532년이지만, 이미 그 이전에 예속상태에 들어갔다고 보인다. 524년 신라 법흥왕이 순행하여 南境을 拓地했고, 가야왕이 來會했다[67]는 사실은 이 시점에 금관국이 신라에 來服했음을 말하는 것으로, 복속의례를 동반한 신라왕의 순행이었다고 생각한다.

금관국의 멸망 사실은 『일본서기』에 보다 구체적으로 기술되어 있다. 계체기 23년 是月(夏4월)조에는 "上臣抄掠四村[金官·背伐·安多·委陀, 是爲四村. 一本云, 多多羅·須那羅·和多·費智爲四村也], 盡將人物, 入其本國"이라 하여 上臣인 신라장군 異斯夫가 금관국의 영역인 낙동강 하류유역 4촌

---

65) 『日本書紀』 繼體紀 7年 是月條.

66) 柳田康雄, 「倭と加耶の文物交流」, 『東アジアの古代文化』 62, 1990 참조.

67) 『三國史記』 新羅本紀 法興王 11年條.

을 정벌하고 인민들을 모두 이끌고 본국으로 돌아왔다고 기록하고 있다. 『일본서기』에 금관국 멸망에 관해 기술되어 있고, 그 이후에 임나부흥이 일본 천황의 지상 과제로 묘사되어 있는 것은 금관국에 관한 왜 왕권의 인식을 말해 주는 것이라 하겠다. 이른바 임나부흥에서의 임나국은 낙동강 하류유역의 남부가야 제국을 가리키지만 금관국이 그 중심이었다고 해도 좋을 것이다.

그럼 금관국의 멸망에 즈음하여 왜 왕권의 대응은 어떠했는지 살펴보기로 한다. 계체기 23년(529) 是月(춘3월)조에는 倭使 近江毛野臣을 安羅에 파견하여 신라를 설득해서 南加羅, 喙己呑을 재건하도록 했다고 한다. 『일본서기』의 금관국 멸망년대는 3년이 일찍 편년되어 있어 毛野臣의 안라입국도 금관국 멸망 직후로 보아야 한다. 모야신의 안라에서의 행동은 국제회의를 소집하여 신라에게 멸망당한 금관국을 부흥시키는 것으로 되어 있다. 동 기록에 의하면 안라에서는 새로이 高堂을 지어 왜사 모야신과 國主(安羅國王), 국내의 大人(가야 제국의 고위관료), 그리고 백제와 신라에서 파견한 관료와 함께 이른바 高堂會議를 열고 있다. 이 회의는 안라국이 주재한 것으로서 안라의 요청을 받고 倭使를 포함한 주변 제국의 대표가 참석한 국제회의였다. 여기에서 논의된 사항은 가야 제국이 직면한 위기상황을 타개하기 위한 것임은 추측하기 어렵지 않다. 금관국을 비롯함 남부가야의 멸망에 대한 대응책으로서, 외교적인 수단으로서 이 문제를 해결하려고 했던 것이다. 안라국은 이미 광개토왕의 남정시에 앞장 서 자국의 군대를 동원하여 고구려, 신라에 대항할 정도로 남부가야에서 주도적으로 행동하였다. 금관국의 멸망으로 남부가야에서의 안라국의 지위는 더욱 강화되었고, 가야 제국의 공동의 관심사에 중심적인 역할을 수행하고 있었던 것이다. 이 회의에는 가야 제국을 멸망시킨 당사자 신라를 참여시켰고, 이미 서부가야지역에 상당한 세력권을 형성한 백제의 참여도 유도했고, 여기에 왜로부터의 사절도 초청했던 것이다. 이것은 안라국의 외교적 역량을 나타낸 것이고 아울러 가야 제국의 리더로서의 모습을 모여준 것이라 할 수 있다. 그러나 이 회의는 쉽게 해결되지 않은 것 같다. "凡數月再三, 謨謀乎堂上"

이라 하듯이 당상에서 수개월 간 수차에 걸쳐 회의를 진행시켰지만, "將軍君等, 恨在庭焉"이라는 기술에서 백제 측의 불만이 있었던 것 같고 이해당사국 간 의견 조절의 실패로 회의는 결렬되었다고 보인다.

계체기 23년 하4월조에는 임나왕 己能末多干岐가 왜국에 내조했다고 한다. 또 동년 是月조에는 倭使를 파견하면서 기능말다간기를 보내고, 임나에 체재중이던 근강모야신에게 "임나왕이 주상하는 바를 잘 듣고 임나와 신라가 서로 의심하고 있는 것을 화해시키도록 하라"고 왜국 측의 의견을 제시했다. 이 기록에서 임나왕이 왜국에 내조했다는 것은 신뢰하기 어렵지만 가야 제국의 국가적 위기상황이라는 긴박했던 시기임을 감안하면 양국의 외교기사로서는 존중해도 좋다고 생각한다. 이때의 임나는 탁순국으로 추정되며,[68] 금관국의 멸망 직후 왜국에 사신을 파견해서 무언가의 지원을 요청했던 것으로 보인다. 이 시기 왜국은 辛亥의 變이라고 하는 정변이 일어나 일시적 혼란 상태에 있었던 듯하다. 그러므로 왜 왕권의 적극적인 협력은 얻을 수 없었다고 생각된다. 신라의 임나에 대한 군사적 공세에 왜국이 도움을 주었다면, 그 주체는 가야지역과 오랜 교류를 해왔던 서일본지역의 호족들이었을 것이다. 그러나 탁순국도 금관국의 멸망시점으로부터 그리 오래지 않은 시기에 신라에 의해 병합되었다고 보인다. 宣化紀 2년(537) 동 10월조에는 "천황은 신라가 임나를 침공한 까닭에 大伴金村大連에게 명하여 그의 아들 磐과 狹手彦을 보내 임나를 도와주게 했다. 이때에 磐은 筑紫에 머물러 그 지역을 다스리고 三韓에 대비하였다. 狹手彦은 임나를 진압하고 백제를 구원했다"고 한다. 대반금촌대련은 武烈, 繼體, 安閑, 宣化朝에 이르는 4왕조를 섬긴 중앙의 유력한 호족으로 大連의 지위에서 왜 왕권의 대외정책을 주도한 인물이다. 이 기록은 大伴氏 가전류에서 나온 것으로 보이는데, 축자국을 다스리고 삼한에 대비하였다는 것은 북구주의 호족인 磐井의 난 이후 현지에 지배체제를 구축하기 위한 조치였고, 삼한에 대비했다는 것은 신라에 대한 경계였다. 이 내용과 편년을

---

68) 拙稿, 「6세기전반 가야제국을 둘러싼 백제·신라의 동향」, 『고대한일관계사』, 1998, 200~206쪽 참조.

신뢰한다면 신라는 금관국·탁기탄 그리고 탁순국을 순차적으로 병합한 후에도 남부가야에 대한 지속적인 군사적 공세를 취했다고 보이며, 왜국의 지원이 있었다고 하면 아마도 안라국의 요청에 의해 이루어졌을 가능성이 높다. 그러나 임나를 진압했다라는 것은 출병을 전제로 한 것인데, 그후에도 임나부흥 문제가 계속 논의되고 있어 모순된다. 따라서 출병이 실제로 행해진 것은 아니고, 아마도 근강모야신과 같은 倭使의 파견 정도였을 가능성이 높다고 보인다.

540년대 欽明朝에 들어가면 신라에 의해 멸망당한 남부가야 제국의 부흥문제가 백제 혹은 왜국으로부터 집요하게 제기되면서 그 방법을 강구하고 있다. 흠명기에 나타난 임나부흥회의의 양상을 보면 거의가 일본천황의 위임 하에 백제 주도로 행해지는 것처럼 기술되어 있다. 흠명기의 대외관계 기사는 百濟本記라는 백제 측 사료에서 취한 것으로 백제의 가야에 대한 우위적 표현이 강조되고 있는데, 문제는 왜 왕권이 임나부흥문제를 그렇게 주장하면서도 실제로 부흥운동에 아무런 역할도 하지 못하고 있다는 점이다. 흠명기에 보이는 왜 왕권에 의한 임나부흥운동의 실체는 일관되게 백제와의 관련 하에서 이루어지고 있고, 백제 성왕의 목소리에 의존하면서 임나부흥을 외치고 있다. 즉 백제의 사자가 왜국에 왕래하면서 임나의 문제를 논하고, 왜국에서는 津守連이란 인물을 백제에 보내어 천황의 조칙이라며 임나부흥 문제를 다루고 있다. 요컨대 이 시기에 왜 왕권의 실질적인 대외관계의 대상은 백제였지 가야 제국이 아니었다.

이러한 관계는 대가야가 멸망하는 562년까지의 흠명기의 대외관계 기록을 정리해 보면 확연히 드러난다. 관련기사를 정리하면 다음과 같다.

① 544년, 백제 성왕이 임나 6성을 지키기 위해 3천의 왜병을 요청했다.
② 547년, 백제가 사신을 보내 구원군을 요청했다.
③ 548년, 백제가 대고구려 전투에 구원병을 요청하자 축성인부 370명을 보냈다.
④ 550년, 백제의 대고구려전에 화살 30구를 보냈다. 그해 4월 왜사 阿比多가 배 3척을 이끌고 都下에 이르렀다.

⑤ 551년, 보리종자 천 석을 백제에 보냈다.

⑥ 552년, 백제·가라·안라가 사신을 보내 고구려·신라군이 임나를 공격한다고 하여 구원병을 청했다. 동년 10월, 백제의 성왕이 달솔 怒唎斯致契를 보내 금동불, 경전 등을 보냈다.

⑦ 553년, 백제에 良馬 2필, 同船 2척, 활 50張, 화살 50구를 보냈다.

⑧ 554년, 백제에 병사 천 명, 말 100필, 배 30척을 보냈다. 백제왕자 여창이 신라와 싸워 패하고 성왕이 전사하였다.

⑨ 556년, 백제 혜왕자의 귀국시 무기와 양마를 하사하고, 축자국의 舟師와 축자화군의 용사 천 명을 호위하여 보냈다.

⑩ 562년, 7월에 신라가 임나를 패망시키자 군을 보내 백제와 함께 싸웠으나 패배했다. 8월에 大伴狹手彦을 대장군으로 하는 수만의 군을 보내 백제를 도와 고구려를 쳤다.

이상의 기록을 통해 알 수 있듯이 왜 왕권의 대외관계는 모두 백제와 관련된 것이고, 대부분 백제의 대고구려 전쟁에 필요한 병력과 군수물자를 보내고 있는 것이다. 가야문제와 관련된 것은 ①, ⑥, ⑩ 기사인데, 모두가 백제 측의 요구에 의해 이루어진 것으로 가야 제국이 병력을 요청한 경우는 한 번도 없다. 이것은 백제가 고구려, 신라와의 군사적 대립상황에서 왜국에 청병한 것이 주요 내용이다. 그리고 백제가 가야지역으로 진출하기 위해 필요한 병력을 왜국에 구하고 있지만, 실제로는 가야부흥이 아니라 가야침략을 위한 청병인 것이다. 이러한 사실은 가야를 부흥시키는 데에 왜왕권이 아무런 역할을 하지 못했음을 말해주는 것이다. 왜 왕권의 가야부흥의 외침은 공허한 소리일 뿐이다.

그렇다면 任那日本府로 상징되고 있는 고대일본의 가야지배설은 어떻게 이해해야 할 것인가. 임나일본부설의 구명에 가장 중요한 것은 일본부 관인들로 나오는 인물들의 出自와 그들의 행동양식과 性向이다. 이미 필자의 선행연구에서 밝혔듯이 일본부의 핵심을 이루고 있는 佐魯麻都, 阿賢移那斯, 加不至費直 3인은 가야 출신자이고, 여기에 吉備臣, 的臣과 같은 倭人도 포함되어 있다. 이들은 반백제적 성향을 띠고, 신라 혹은 백제에 가서 가야 제국의 부흥운동 활동을 하고 있던 인물들이다.[69] 吉備氏와 的

氏 등은 서일본 출신으로 가야지역과 장년의 교류를 맺고 있었던 현지의 수장들이다. 이들 지역의 호족들은 신라에 의해 남부가야 제국이 병합되어 가자 안라국에 와서 가야 제국의 부흥을 위해 안라국 주도의 국제회의에도 참석하고 백제 혹은 신라에 가서 가야 제국의 독립을 위해 외교적 노력을 경주해 왔다.

왜 왕권의 대외정책은 철저한 친백제노선이었다. 백제가 섬진강 방면 서부가야지역의 침공에 군사를 요청하자 이를 지원했던 사실이 있고, 낙동강 방면의 동부가야에 대해서는 신라의 침공을 저지하려는 노력을 기울였는데 이 또한 백제의 주도로 행해진 것이었다. 금관국 멸망 이후 近江毛野臣이나 大伴金村大連 등과 같은 유력호족을 통하여 가야부흥을 시도하려 했으나 이 역시 성공하지 못하고 540년대 흠명조에 들어오면 실질적으로 아무런 대응도 하지 못한 채 관념상의 문제로만 남게 되었다. 이 시기에 가야부흥을 주도했던 것은 바로 서일본의 호족집단이었던 것이다.

그럼 왜 왕권이 그토록 가야부흥을 외쳤고 欽明朝 이후에도 후계왕들의 지상과제로서 이 문제를 거론했던 것은 왜일까. 그것은 말할 것도 없이 가야지역이 왜 왕권의 지배지였다는 內官家 사상 때문이었다고 생각한다. 이러한 내관가 사상은 가야지역의 철 자원과 밀접한 관련이 있다.[70] 4세기 말 고구려의 남정시 백제, 가야 제국과 더불어 고구려에 맞서 대항한 것이나, 5세기 왜의 5왕들이 宋朝에 사절을 파견하면서 작호의 제수를 구했던 것도 고구려세력의 남부가야 침공의 결과 야기된 철 자원 수입처의 상실이라는 왜 왕권 내부의 위기의식에서였다고 생각된다. 5세기대의 왜국은 기내의 왜 왕권이 외교권을 독점한 것이 아니라 한반도 제국과의 관련 하에서는 다양한 정치세력들이 교섭을 하는 다원적 정치체가 존재해 있었다. 왜 왕권이 전국정권으로서 대외교섭이 가능했던 시기는 북구주의 수장 磐井을 제압한 527년 이후로 생각한다. 그러나 이 시기도 왜 왕권의 정치적

---

69) 拙稿, 「任那日本府論」, 『東國史學』 24, 1990/『고대한일관계사』, 1998 재록.

70) 철자원과 관련된 고대 일본의 가야 인식을 논한 것으로 李永植, 「所謂任那日本府の語意について」, 『早稲田大學大學院文學研究科紀要』 別冊第16, 1989/『加耶諸國と任那日本府』, 吉川弘文館, 1992 참조.

지배 하에 있으면서도 독자적 대외활동을 하는 지역적 정치세력은 의연 존재했던 것이다. 이후 왜 왕권이 통일적 권력을 구축한 7세기 후반을 거쳐 천황제 율령국가를 성립시킨 8세기가 되면 모든 지방정권의 대외교섭의 전승은 중앙의 왜 왕권의 일로 흡수되어 버렸다. 그리고 천황가의 일본 통치의 정당성을 주장하기 위해 편찬된 『일본서기』에 그대로 반영되어 천황가와 중앙·지방의 씨족, 호족들 간의 관계도 이미 오래 전부터 상하, 지배·복속관계로 규정했던 것이다. 따라서 왜 왕권의 가야지역에 대한 공허한 주장도 실은 지방정권이 행한 것이 대부분이며 그것도 관념적인 일로서 形骸化된 채로 나타났을 뿐이다. 왜 왕권의 남부가야에 대한 內官家 사상은 정치적인 일로서가 아니라 철 자원과 같은 선진문물의 수입처라는 문화사관으로부터 생성된 것이다. 국내지배체제의 구축과 관련된 철 자원의 상실이 이러한 정치사관으로 변형된 것으로 생각된다.71)

　『일본서기』의 신라관은 8세기 율령국가의 신라인식이 주류를 이루고 있지만, 역사적인 연원을 거슬러 올라가면 신라의 가야지역에 대한 병합이 그 근간이 되고 있다. 낙동강 하류유역의 남부가야의 멸망은 반사적으로 신라에 대한 적개심으로 표출된다. 계체, 흠명기에 임나부흥·재건에 대한 논의와 신라타도의 외침은 왜 왕권의 신라인식을 잘 보여주고 있다. 가야제국이 완전히 소멸하는 시기인 흠명기 23년조에는 "新羅西羌小醜, 逆天無狀, 違我恩義, 破我官家"라 하여 일본의 官家를 무너트린 신라에 대해 은혜를 배반하고 하늘의 뜻을 거역한 無道의 나라라고 비난하고 나섰던 것이다. 가야멸망 이후에도 가야에 대한 연고권을 주장하는 『일본서기』의 인식은 계속된다. 임나부흥에 대한 논의와는 별도로 이른바 '任那의 調'라는 매체를 통해 왜 왕권의 가야지역에 대한 연고권, 즉 지배의 역사를 확인하고 있다. 敏達紀4년조에 多多羅, 須奈羅, 和陀, 發鬼 등 금관국 영역이었던 낙동강 하류유역의 4개 촌에서 산출되는 調를 신라가 바쳤다고 하는 것이 그것이다. 이후 신라는 가공의 任那使를 대동하고 임나의 조 폐지

---

71) 拙稿, 「日本書紀에서 본 가야와 고대일본」, 『加耶史論集』 1, 1998/『고대한일관계사』, 1998 재록.

기사가 나오는 大化 2년(646)까지 계속된 것으로 되어 있다. 모두가 신뢰하기 어려운 내용이지만, 가야지역에 대한 『일본서기』 편자의 인식을 엿볼 수 있는 내용으로서는 중요하다. 바로 가야지역으로부터 얻어졌던 철자원 등의 선진문물의 상실이 신라 敵視觀으로 나타나고 8세기 율령국가의 신라 번국관과 융합되어 역사적 실체로서의 임나의 조, 그 前史로서의 가야 지배라는 역사상이 만들어졌던 것이다.[72]

7. 맺음말

변진시대로부터 가야의 멸망에 이르기까지 가야 제국의 대외관계를 살펴보았다. 6세기 30년대 이후 많은 가야 제국들이 신라, 백제에 의해 소멸해 갔지만, 가야 제국의 존속기간은 500년 이상 지속된 장년의 역사를 갖고 있다. 이것은 통일왕조가 아닌 지역적으로 분산된 정치세력으로서는 혼치 않은 긴 역사였다고 할 수 있다. 변진시대에는 낙랑·대방의 2군과 통교하여 책봉관계를 맺어 중국왕조의 작호와 인수를 하사받고 수장권의 확립에 노력했으며, 선진문물을 수입할 수 있는 계기를 마련하였다. 특히 풍부한 철생산으로 국제교역의 센터가 된 구야국은 남부가야의 중심지로 번영할 수가 있었다. 이 시기 대외관계의 특징은 북구주 일대의 왜와의 빈번한 교류였다. 신라, 백제의 대왜관계가 훨씬 후대에 발생한 것에 비하면 양 지역의 교류는 일찍부터 시작되었고, 이것은 곧 친연관계로 발전할 수 있

---

72) 拙稿, 『日本書紀の'任那の調'關係記事の檢討』, 『九州史學』 105, 1992/『고대한일관계사』, 1998 재록. 그밖에 任那의 調와 관련해서 다음의 논고가 참조된다. 末松保和, 앞의 책, 「제8장 任那問題の終末」, 1956 ; 鬼頭淸明, 「推古朝の外交的特質」, 『日本古代國家の形成と東アジア』, 校倉書房, 1976 ; 鈴木英夫, 「任那の調の起源と性格」, 『國史學』 119, 1983/『古代の倭國と朝鮮諸國』, 靑木書店, 1996 ; 山尾幸久, 「任那の調の實態と性格」, 『古代の日朝關係』, 塙書房, 1988 ; 西本昌彦, 「倭王權と任那の調」, 『ヒストリア』 129, 1990 ; 高寬敏, 「任那の滅亡と任那の調」, 『東アジア研究』 7, 1994/『古代朝鮮諸國と倭國』, 雄山閣, 1997 ; 鄭孝雲, 「日本書紀批判序說 I - 推古8·30년조의 '임나의 조' 기사를 중심으로 - 」, 『韓日關係史研究』 1, 1994/『고대한일정치교섭사연구』, 학연문화사, 1995.

었다. 오히려 이 시기까지는 신라의 사로국을 능가하는 국력을 보유할 수
가 있었던 것이다.

　그러나 4세기말 고구려의 남정으로 인해 가야 제국은 크게 타격을 받았
다. 특히 남부가야에서의 고구려의 영향력은 한동안 지속되었고, 특히 고
구려세력을 배경으로 한 신라의 남진은 그 남방의 금관국에 적지않은 피
해를 주었다. 한편으로는 고구려의 남정으로 가야 제국의 결속력은 더욱
강화되었다고 보이며 이 전란에서 주도적으로 활동한 안라국과 금관국의
지위는 높아졌을 것으로 생각된다. 그리고 전란의 파장은 倭地에도 미쳐
가야지역으로부터 이주민의 발생을 야기시켰으며 그것은 곧 선진문물의
유입이기도 했다. 인간과 문물의 이동은 양 지역의 정치적 친연성을 보다
증대시키는 계기가 되었을 것이다.

　5세기 후반 이후 가야 제국은 신라, 백제의 국가적 성장에 의한 영토팽
창 정책으로 국가적 위기에 직면하게 되었다. 대가야를 중심으로 한 연맹
체의 형성은 한때 강한 결속력을 과시하기도 했지만 백제의 남진으로 인
해 결국 섬진강 방면의 대가야연맹체의 상당지역을 빼앗기게 되었다. 이것
은 대가야의 쇠퇴이자 가야 제국이 와해되어 가는 요인이 되었다고 생각
된다. 이러한 와중에서 남부가야에서는 금관국이 시조묘에 대한 제사의례
를 통해 왕권의 정통성과 신성성을 과시하고 불교를 수용하여 쇠퇴해진
왕국을 부흥시키고자 하였다. 그리고 대외적으로 금관국의 존재를 나타내
고 주변 강대국으로부터의 영향력으로부터 탈피하기 위해 479년 중국의
남제에 사신을 파견하였다. 가야 제국이 성립한 이후 최초의 대중국 견사
였다. 남제는 금관국의 鉒知王인 荷知에게 보국장군·본국왕이라는 작호
를 제수하였다. 그러나 남제의 정치적 권위는 그 빛을 발하지 못하고 신라,
백제의 압박에 굴할 수밖에 없었다고 보인다. 6세기 이후 신라의 낙동강
방면으로의 군사적 공세는 거세지고, 백제도 경쟁적으로 남부가야 방면으
로 진출함에 따라 가야 제국의 분열은 가속화되었다.

　이 시기 남부가야지역에서 주도적 역할을 했던 국은 安羅國이었다. 남
북에서 가야 제국의 중심체 역할을 했던 대가야와 금관국이 쇠퇴하자 가

야 제국의 결속과 부흥을 위해 안라국의 노력은 시작되었다. 백제, 신라 그리고 왜국이 참여하는 국제회의를 개최하여 외교적 노력에 의한 가야 제국의 독립을 모색하게 되었다. 가야의 독립을 적극적으로 도왔던 왜의 세력은 서일본 일대의 유력호족들이었다. 이들은 기내의 왜 왕권과는 별도로 가야 제국과 장년에 걸친 사적 외교를 시도해 왔던 지방세력이었던 것이다. 하지만 서일본 제국도 이 시기가 되면 중앙의 왜 왕권에 의해 점차 사라져 가며 가야 제국의 운명과 같은 길을 걷게 되었다. 양 지역은 어쩌면 운명공동체와 같은 역사적 관계였다고 해도 과언이 아닐 정도로 소멸에 이르기까지 수백 년 간의 친연성을 유지해 왔던 것이다. 왜 왕권의 가야지역에 대한 전승은 이들 지방호족들의 전승에 기인된 바 적지 않으며 내관가 사상의 형성도 철자원이라는 문물로부터 생성된 정치적 이데올로기의 유산이었다고 생각된다.

강대국 틈에 끼어서 생존을 위해 몸부림쳤던 가야 제국은 562년 완전히 역사 상에서 사라졌다. 가야 제국의 멸망요인으로 통합된 국가를 형성하지 못한 것이 가장 크다고 하겠다. 국가적 통합을 이룩하지 못했던 것은 주변 강대국들의 침략정책과 내부적 모순에 의한 분열이 주요 요인일 것이다. 그러나 한편으로는 가야 개별 소국들 간의 통합에 대한 의식에 기인하는 것은 아닌가 생각한다. 신라, 백제와 같이 주변지역을 무력으로 제압하여 정치적 통합을 이룩했던 방식을 가야 제국에서는 행할 수 없는 강한 종족적 공동의식을 갖고 있었던 것을 아닐까. 가야의 건국설화에도 나오듯이 5가야, 6가야라고 하여 동일 조상으로부터 파생되었다는 동류의식이 어느 시기엔가 가야 제국 사이에 형성되었다고 보면 독자적 정치체를 상호 존중하는 이른바 종족공존의 공동체의식이 깔려 있었다고 보인다. 이러한 동일종족 의식은 통합을 촉진시키는 방향으로 나아가기보다는 오히려 통합을 저해하는 이데올로기로서 작용했던 것은 아닌가 사료된다. 정치적 통합은 국가조직의 확대를 가져오고 중앙과 지역, 지역과 지역을 연결하는 정보, 군사 네크워크가 형성된다는 점에서 가야 제국의 소멸은 피할 수 없었던 것같다. 그리고 외교적인 면에서 백제가 왜 왕권과 강한 군사적 동맹관

계를 맺고 신라, 고구려에 대항했던 사실과 신라가 당과의 결속력을 과시
하며 삼국을 통일한 예에 비추어 보면, 가야 제국의 외교력은 주변국가에
비해 뒤떨어져 있었다고 보인다. 한때 금관국이 남제와의 통교를 통해 再
興을 추진해 봤지만, 단발적으로 끝나고, 왜국과의 교섭도 주로 서일본 호
족을 중심으로 개별적인 교류에 머물러 가야 제국의 외교적 한계를 드러
낸 것이라 할 수 있다.

가야인의 정신세계
-연구서설과 가야불교-

이 영 식[*]

1. 연구서설

1) 연구의 문제제기

　1980년대부터 체계화되기 시작한 가야사 연구는 근년에 들어 어느 정도 기본적인 연대기의 복원이 가능하게 되었고, 이와 같은 연구성과는 한국고대사의 연구에서 가야사를 독립된 분야의 하나로 자리잡게 하였다. 그러나 이와 같은 연대기적 복원이란 가야 제국 간 또는 가야 제국과 주변 제국 간의 정치사적 사건의 전개에 대한 정리에 불과하다. 더구나 정치사적 사건의 전개에 반영된 가야사는 일부 지배층에 관한 역사의 표면적 이해에 불과하며, 가야의 역사적 향방을 결정케 했던 가야인의 저변의식, 다시 말해 가야시대의 상식이란 정신세계를 복원해내는 작업과는 매우 거리가 먼 것이었다. 진정한 가야사의 복원이란 가야인의 정신세계가 어떠하였던가를 되살려 보고자 하는 노력으로 귀결될 수 있다. 가야인의 정신세계에 대한 연구가 단순히 가야인의 생활, 신앙, 풍속, 예술 등과 같은 문화사적 복원에 그치는 것은 아니다. 가야인의 정신세계에 대한 연구는 가야 제국의 정치사적 전개를 좌우하였을 가야인의 사고방식이나 가치관 등을 검토해 보는 작업이다. 따라서 가야인의 내면적 정신세계에 대한 연구는 직접적으

---

[*] 인제대학교 인문문화학부 교수

로는 가야문화에 대한 보다 깊은 이해일 뿐만 아니라, 진정한 가야사의 복원이라고도 할 수 있는 것이다.

543년(欽明 4) 12월에 백제의 성왕이 安羅國에 사신을 파견해 가야 제국이 泗毗會議에 참가할 것을 권유하였으나, 正月이 지나면 가겠다고 했고, 이듬해(欽明 5) 1월에 다시 소환했으나, 이번에는 祭祀를 마치면 가겠다고 하여 회의참가를 기피하고 있다.[2] 이때 가야 제국이 백제와의 회의를 거부했던 이유는 다른 데 있었지만,[3] 당시 가야사회에는 백제에서도 인정하고 있던 正月의 祭祀라는 연중행사가 있었고, 이러한 가야의 연중행사는 백제에 대한 정치적 외교활동의 방편으로 이용되었다. 그렇기 때문에 이러한 가야 제국의 핑계는 백제에서도 받아들여졌다. 이와 같은 역사적 사실은 가야인의 정신세계를 표현하는 것이기도 하고, 가야인들은 물론 백제의 지배층도 당연시하고 있었던 시대적 상식이었다. 가야인의 정신세계에 대한 연구가 단순히 가야문화에 대한 심층적 이해에 국한될 수 없음을 짐작케 하는 자료가 될 수 있을 것이다.

그런데도 불구하고 가야인의 행동양식과 정치적 향방을 결정했던 가야인의 정신세계가 다양한 시각에서 심층적으로 다루어진 연구는 그다지 많지 않다. 한국고대사에서 국가형성의 기준이라든지 고대사회의 구성요소로서 아주 중요하게 다루어져 왔던 불교에 관한 문제가 가야사의 영역에서 학문적으로 검토된 바는 거의 없다. 가야 관련 문자기록의 대부분을 차지하고 있는 『삼국유사』가 불교적으로 채색되어진 가야의 역사를 전하고 있음에도 불구하고, 가야사회에 불교가 전파되었는지 또는 가야인들이 정말로 불교를 신봉하고 있었는지에 대해서는 뒤에 서술하는 바와 같이 일부 향토사학자의 연구에 머물고 있을 따름이다.

나아가 불교유입 이전의 가야인들의 價値觀이나 世界觀 또는 來世觀이

---

2) 『日本書紀』 欽明紀 4年 12月條, 百濟가 施德高分을 보내 '任那執事와 日本府執事'를 소환하였으나, 正月이 지나면 가겠다고 하였다. ; 5年 1月條, 百濟가 다시 '任那執事와 日本府執事'를 소환하였으나, 祭祀를 마치면 가겠다고 하였다. ; 5年 1月條, 百濟가 또 다시 '任那執事와 日本府執事'를 소환하였으나, '日本府'와 任那가 모두 낮은 신분을 보내 함께 任那復興을 도모할 수 없었다.

3) 李永植, 「百濟의 加耶進出過程」, 『韓國古代史論叢』 7, 1995.

나 信仰에 대한 검토는 전무에 가깝다. 근년에 활발히 진행되고 있는 발굴조사를 통해 엄청난 양과 많은 종류의 유물·유적들이 검출되고 있지만, 이들 모두에 가야인의 정신세계가 내포되었음은 다시 말할 필요가 없을 것이다. 가야문화의 유적과 유물에 대한 올바른 이해를 위해, 또는 가야 제국의 역사적 전개에 가야인의 정신세계가 어떻게 작용하고 있는가와 같은 문제를 검토해 나가는 작업은 이제부터의 과제다.

물론 가야인의 정신세계나 신앙과 같은 내용들이 눈에 보이거나 손에 잡히는 것들은 아니기 때문에, 적은 문자기록이나 고고학 자료를 가지고 복원해 나가는 작업이 원만하게 진행될 수 있는 것은 아니다. 그러나 많지 않은 자료라도 文化人類學, 宗敎學, 神話學, 民俗學 등과 같은 인접과학의 활용이나, 선사시대 이래 일본열도에 이주하여 일본의 문헌과 고고학 자료에 반영된 신앙생활의 흔적 등과의 비교를 통한다면 불가능한 작업도 아니다.

따라서 본 연구는 加耶 諸國에 샤마니즘을 비롯하여 道敎, 佛敎, 儒敎 등의 이데올로기가 존재하였을 가능성을 검증해 보면서, 가야인의 정신세계를 재구성해 볼 수 있는 문자기록과 고고학상의 관련 자료들을 발굴하고, 발굴되어진 자료들을 바탕으로 가야인의 정신세계에 대한 복원적 연구를 단계적으로 진행해 가고자 한다.

2) 연구범위와 방법

가야인의 정신세계를 복원해 가는 세부항목을 크게 다음과 같이 분류하였다. 물론 정신세계라는 주제가 이와 같이 구분되어질 수 있는 성질의 것은 아니기 때문에, 연구진행의 편의상 나눈 것에 불과하고, 경우에 따라서는 중복 서술도 피할 수 없을 것이며, 새로운 항목의 설정이나 조정이 필요할 것으로 생각된다. ① 가야인의 시간의식, ② 가야사회의 연중행사, ③ 가야인의 신앙(1) – 불교유입 이전, ④ 가야인의 신앙(2) – 불교, ⑤ 가야의 정치사상.

본 논고에서는 이상의 분류에 대한 연구적 발상과 관련자료에 대해 약

술하고, 우선적으로 가야인의 신앙 중에서 불교의 문제를 문헌과 고고학
자료에 의해 논술해 보고자 한다.

(1) 가야인의 시간의식

『三國志』魏書 東夷 韓傳은 삼한사회에서 5월과 10월의 두 차례에 걸
쳐 제사의례가 행해지고 있었음을 전하고 있어, 3세기 이전의 전기가야에
서도 동일한 내용의 제의가 행해졌음을 짐작할 수 있다. 5월의 제의가 파
종 후에 거행되었다는 기술과 10월에도 동일하게 진행되었다는 내용으로
부터 농경의례의 성격이 중심이었던 제사의례였음을 알 수 있다. 5월의 제
의가 농작물의 씨앗을 뿌린 뒤에 어린 싹이 자라는 힘을 북돋아 주면서 풍
작을 기원하는 의미였다면, 10월의 제의는 농작물의 수확을 신에게 감사하
는 추수감사제와 같은 성격이었을 것이다.

그러나 같은 東夷傳이라도 夫餘·高句麗·濊에 대해서는 12월의 迎鼓,
10월의 東盟, 10월의 舞天과 같이 단 한 차례의 제의만을 전하고 있을 뿐
이다. 물론 부여의 영고와 고구려의 동맹과 같이, 관련기술이나 명칭 등에
서 짐작되는 王室의 祖上神에 대한 제의와는 성격을 달리 했을 것으로 생
각할 수도 있다. 그러나 韓 南部의 三韓에서는 1년에 2회의 제의가 거행되
었으나, 韓 北部의 夫餘·高句麗·濊에서는 1년에 1회의 제의가 거행되었
던 사실만은 분명하다. 이러한 사실은 韓 南部와 韓 北部의 계절의식이 달
랐다고 볼 수도 있고, 제사의례를 기준으로 한다면 1년을 계산하는 방법이
달랐다고도 볼 수 있는 근거가 된다.

이러한 시각에서 한 남부의 삼한사회와 많은 유사점을 보이는 일본열도
倭人社會의 年齡에 대한 기술과 彌生時代의 人骨에서 추정되는 평균연령
의 비교는 시사적이다.『三國志』東夷 倭人傳에서는 3세기경 왜인들의 연
령을 80~100세로 기록하고 있다. 이 기록은 帶方郡에서 倭國까지 여행했
던 中國使節團의 傳聞을 채록한 것으로 비교적 높은 사료적 신빙성을 가
지고 있는 것으로 간주되고 있다. 그런데 현대에 비해 영양상태가 현저하
게 열악하고 의료 혜택은 생각할 수도 없었던 3세기 당시의 왜인들의 수명

이 이와 같았다고 믿을 수는 없다. 실제로 倭人傳과 같은 시기의 큐슈(九州)의 카네노쿠마유적(金隈遺跡)이나, 야마구치현(山口縣)의 도이가하마유적(土井ヵ浜遺跡)에서 출토되는 엄청난 양의 인골에서 확인되는 평균 수명은 40세 정도인 것으로 보고되고 있다.

그러나 문헌사료의 신빙성과 고고학 자료에서 확인되는 과학적 사실을 모두 존중해야 한다면, 양쪽의 사실을 절충해서 생각할 수밖에 없을 것이다. 따라서 3세기 당시의 야요이인은 중국인과는 다른 시간의식을 가지고 있었다고 보여진다. 삼한과 같은 제사의례를 기준으로 나이를 계산했다면 당시 중국인의 1년이 야요이인에게는 2년이 될 수 있는 것이다. 왜인전의 80~100세의 기록은 야요이 인골의 평균연령인 40~50세의 2배가 된다. 야요이인이 봄의 제사의례를 치르고 1세, 가을의 제사의례를 치르고 다시 1세를 먹는 식으로 인식하고 있었다면, 양쪽의 자료는 정합적으로 맞아 떨어지게 된다. 『三國志』魏書 倭人傳에 왜인들이 正月도 四季도 모르고, 봄의 경작과 가을의 수확으로 紀年을 삼는다는 기술은 바로 이와 같은 시간의식을 기록한 것으로 보인다.

가야사회에 있어서도 大加耶가 5세기 중후엽에 南齊의 건국을 축하하는 외교사절단을 파견하는 단계에는 이미 中國의 曆이 채용되었을 것으로 생각되지만, 전기가야에 중국의 왕조로부터 分朔이 이루어졌고, 중국식의 역법이 사용되고 있었을 것으로 생각하기는 힘들 것이다. 물론 전기가야에서도 漢郡縣을 매개로 한 외교교섭의 사례가 확인되고는 있으나, 매우 산발적이었고 현재까지 확인되고 있는 가야의 유적과 유물에서 한자를 문자로 구사하거나 曆이 채용되었던 적극적인 증거는 찾아보기 어렵다. 따라서 중국의 천자에게 1년의 초하룻날을 받는 分朔과 중국식 역법의 사용은 5세기 중후엽에 將軍號의 授受를 중심으로 하는 冊封體制에 가담하면서 비롯되었을 것으로 보는 것이 옳을 것이다. 그렇다면 전기가야의 사람들은 중국과는 다른 시간의식을 가지고 있었다고 보아야 할 것이고, 이 경우에 왜인전의 연령에 대한 기록과 야요이시대의 인골에서 추정되는 평균연령과의 비교는 중요한 시사를 주는 것으로 이해될 수 있을 것이다. 전기가야

사람들의 시간의식이 일본 彌生時代 사람들의 시간의식과 같거나 비슷했을 가능성이 있다.

이에 비해『日本書紀』欽明4·5년(543·544)에 보이는 정월의 제사가 당시 백제의 주된 외교상대였던 安羅國을 비롯한 가야 제국에서 행해졌던 사실과, 이에 앞서 5세기 중후엽 경에 大加耶의 嘉悉王이 于勒에게 12개월의 律을 본떠 伽倻琴을 만들게 했고, 南齊에 외교사절을 파견하여 책봉을 받고 있던 사실 등에서 본다면,4) 후기가야에서 중국과 같이 1년을 12개월로 계산하는 역법이 사용되고 있었던 것을 알 수 있다. 따라서 이러한 전기와 후기가야에서의 시간의식의 차이는 가야사회, 또는 가야 왕권의 변화와 발전을 보여 주는 지표의 하나가 될 수 있을 것이다.

(2) 가야사회의 연중행사

시간의식과 관련될 수밖에 없는 것이 연중행사이다. 탄생, 성인, 결혼, 죽음과 같은 통과의례가 개인적 시간의식의 하나가 되었다면, 절기에 따른 연중행사는 사회집단이 함께 경험하는 사회적 시간의식이었다. 연중행사는 사회집단 내의 공감대 형성에 기여하였으며 다른 집단과의 차별성을 확인하는 기회가 되기도 하였다. 가야의 연중행사는 한 남부에서 가야사회가 백제나 신라와 다를 수 있게 하였고, 어떤 의미에서는 정치체로서의 구별보다 근원적 차이를 나타내는 것으로 이해될 수도 있다.『三國遺事』가『三國史記』의 편찬태도에 대한 불만이나 보완의 의미에서 가락국기나 5가야에 대해 기술했던 것은 백제나 신라와의 구별을 중시했던 것이겠지만, 각각의 소국으로 나누어져 있던 정치체를 가야라는 하나의 그룹으로 규정했던 것은 문화적인 동질성에 기초했던 면이 적지 않다. 가야를 하나의 그룹으로 서술할 수 있었던 문화적 동질성이란 가야사회가 자신들의 연중행사를 통하여 타 집단과의 차별성을 강조하고, 집단 내의 동질성을 확인하는 계기로 삼았던 것에 기인하는 면이 적지 않았을 것으로 생각된다.

따라서 가야사회의 연중행사를 복원하는 작업은 가장 가야다움을 발견

---

4)『三國史記』卷4 新羅本紀4 眞興王 12年 正月條.

하는 일이 될 수 있을 것이다. 이후 본격적인 연구를 진행하는 과정에서 1년 열두 달의 연중행사와 관련되는 보다 많은 내용이 추가될 것으로 생각되지만, 우선 문헌기록에서 확인되는 계절에 따른 연중행사의 몇 가지를 제시해 보면 다음과 같다.

○ 정월

543년(欽明 4) 12월과 544년 1월에 백제 성왕의 소환에 대해 安羅國을 비롯한 가야 제국은 正月과 祭祀를 이유로 사비회의의 참가를 거부하였고, 백제는 그러한 이유를 수용하였다. 물론 별고에서 상론했던 바와 같이 백제가 가야 제국에 대해 또 다른 강제력을 행사할 수 없던 데에는 근본적인 이유가 있었겠지만,5) 가야사회의 正月祭儀는 백제에서도 인식하고 있던 중요한 연중행사였음을 짐작할 수 있는 대목이다.6) 가야사회에서 정월에 행했던 제의의 구체적인 내용은 알 길이 없으나, 『三國史記』 祭祀志에 보이는 신라의 정월제사로는 춘하추동의 始祖廟에 대한 제사와, 정월의 2일과 5일에 지내는 五廟에 대한 제사가 있었다. 더구나 정월의 제사는 중국식 역법의 채용과 관련되고 있음을 짐작할 수 있다. 따라서 중국식 역법에 따른 신년의 축하와 조상신에 대한 제사가 중심 내용이 되었을 것으로 생각할 수 있다. 다만 가야사회에서의 중국식 역법의 채용과 정월의 제사는 후기가야에서 王者觀의 形成을 추정하는 데 중요한 단서가 될 수 있다. 원래 중국에서 역법은 天子만이 독점할 수 있는 중요한 정보의 하나였고, 역법을 통하여 규정되는 천지 운행과 계절 변화는 천자의 현실적 권력을 뒷받침하는 상징적 권위로 기능하였다. 후기가야에서 중국식 역법에 의한 정월에 대한 인식과 제의가 진행되었다는 것은 연중행사를 통하여 끊임없이 왕권을 강화해 가던 흔적으로도 해석될 수 있는 것이다.

○ 3월

---

5) 李永植, 앞의 논문, 1995 참조.
6) 正月이 百濟에서도 祭祀儀禮의 중요한 節氣였음은 분명하다. 正月에 國王이 天地에 대한 祭祀를 거행했던 기록은 『三國史記』 祭祀志에 상세하다.

『三國遺事』駕洛國記에는 三月의 禊浴日(1일)에 首露王을 추대했다는 기록이 있다. 禊浴이란 마을 사람들이 물가에 모여, 지난 1년 동안의 일상 생활에서 묻었다고 생각되는 더러움(不淨)을 물에 씻어 흘려 보내고, 술잔을 나누던 의례였다. 물론 首露王의 등장이 실제로 禊浴日에 이루어졌다고 생각할 수는 없지만, 이 날에 수로왕의 등장이 부쳐지게 된 것은 전기 가야 사회의 禊浴祭라는 3월의 연중행사가 가지는 의미가 새로운 王者의 탄생이라는 이미지와 맞아 떨어지는 것이었기 때문이었다. 禊浴이란 재생과 부활의 관념에 기초하여 행해졌던 고대사회의 제의였다. 어렵고 길었던 겨울을 극복하고, 만물의 새 생명이 부활하는 봄날에, 작년까지의 부정을 흐르는 물에 씻고, 깨끗해진 몸이 되어 술을 마시면서 새로운 생명의 탄생을 북돋아 주어야 한다는 가야인들의 기원이 담겨 있던 제의였다.

반면에『三國遺事』에는 신라의 시조인 赫居世의 탄생도 首露王과 같이 3월의 첫째 날(禊浴日)로 되어 있고, 東泉에서 목욕시켰더니 몸에서 광채가 났다고 하였다. 또한 혁거세의 배필 關英을 북천에서 목욕시키니 입에 붙었던 닭 부리와 같은 것이 떨어졌다는 신화나, 蘿井・關英井・靑淵과 같은 탄생에 관련되고 있는 물의 지명들도 駕洛國 사람들의 禊浴과 같은 斯盧國의 연중행사를 반영한 기술이었다.7)『三國史記』祭祀志에 보이는 新羅의 四川上祭도 이러한 성격과 내용의 제의로 생각되는데,8) 삼한사회의 계욕제가 신라의 국가제사로 편입된 결과일 것이다. 계욕제와 같이 부정을 강물에 씻어 흘려 보내는 제의가 國家나 都城의 祭儀로 정착되었던 사실은 고대일본의 율령에 보이는 제사규정과 실제로 사람들의 부정을 옮겨 강물에 흘려 보냈던 목제인형(人形代)들이 7세기말~8세기초 이후의 유적에서 다수 출토되고 있는 것에서 증명되고 있다.9)

---

7) 李永植, 「신화와 역사」, 부산경남역사연구소 편,『한국사와 한국인 - 전근대편』, 선인, 2001.

8)『三國史記』卷32 雜誌1 祭祀條. 四川上祭는 1은 犬首, 2는 文熱林, 3은 靑淵, 4는 楸樹에서 지냈다. 여기에 포함되어 있는 靑淵은 關英을 목욕시켰던 곳으로, 삼한시대의 禊浴의 연중행사가 신라의 국가제사인 四川上祭로 정착되었음을 보여주는 연결고리로 생각된다.

9) 金子裕之, 「考古學からみた律令的祭祀の成立」,『考古學研究』47-2(186), 2000.9.

◦ 5월

『三國志』魏書 東夷 韓傳은 삼한사회, 즉 전기의 가야사회에서 5월에 곡물의 파종을 마친 뒤 제의가 행해졌음을 전하고 있다. 이 때의 제의가 파종을 하고 난 뒤라는 시기로 보아 뿌려진 씨앗의 성장을 촉진시켜 풍작을 기원하는 내용이 중심이었을 것은 재언할 필요가 없겠다. 나아가 같은 기록에서 神에게 제사를 올린 뒤 무리지어 밤낮으로 술을 마시고, 노래부르며 춤을 춘다고 한 것은 제의와 축제의 모습을 함께 하는 연중행사의 내용을 보여 주는 대목이다.10)

더구나 이 때 가야인들이 팔과 다리를 어울리게 흔들며 땅을 박차고 뛰고 내렸다는 춤의 모습은 파종제의 성격과 긴밀하게 연결되는 의미를 갖는 것으로 생각된다. 물론 이렇게 술을 마시고 춤을 추었던 것 자체를 단순한 놀이로 생각할 수도 있다. 그러나 가야사회는 물론 전근대사회의 5월은 식량공급이 가장 어려웠던 시기였다. 따라서 이 때의 음주가무가 단순한 놀이일 수는 없다. 오히려 파종의 제사의례를 위해 자신들의 식량을 줄여 가며 준비해야 했던 가야인들에게는 중요하고 간절한 염원을 나타내는 행위였을 것이다. 飮酒와 歌舞, 그리고 뛰어오르는 춤의 동작은 농작물의 성장과 풍작의 기원이라는 주술의례로 해석될 수밖에 없다. 술은 씨앗이 싹을 틔우는 데 힘을 북돋아 주기 위한 것이었고, 춤은 어린 싹이 건강하게 자라 오르는 모습을 흉내내며 염원했던 것으로, 노래와 함께 성장을 부추기는 呪術이었을 것이다. 이러한 가야인들의 농경의례는 세계의 민족지적 사례에서 어렵지 않게 확인되는 것이며, 고대일본의 율령에서 농작물의 성장과 풍작을 기원하며, 2월에 거행되었던 祈年祭와 같은 성격의 제의였을 것이다.

◦ 10월

『三國志』魏書 東夷 韓傳은 10월에도 5월의 파종제와 같은 제의가 행

---

10) 『三國志』卷30 魏書30 東夷傳 韓條, "常以五月下種訖 祭鬼神 群聚歌舞 飮酒晝夜無休. 其舞 數十人俱起相隨 踏地低昂 手足相應 節奏有似鐸舞 十月農功畢 亦復如之".

해졌음을 전하고 있다. 10월의 제의도 5월의 제의와 연결되어 기술되고 있는 것으로 보아, 농경과 관련되는 제사의례였음은 의심할 여지가 없다. 다만 5월의 제의가 농작물의 성장과 풍작을 기원하는 것이었다면, 10월의 제의는 한 해의 농사를 마치고 수확에 감사하는 추수감사제와 같은 성격이었을 것이다. 농작물의 수확을 허락한 신에게 감사의 폐백을 올리고, 5월의 제의와 같이 음주가무를 행했을 것이다. 다만 이 때의 음주가무는 신의 노고를 위로하며 수확을 축하하는 의미가 포함되었을 것으로 생각된다.

고대일본에서 8세기 중엽에 시행된 율령의 神祇令에 따르면, 수확을 기념하는 제의로 9월에 相嘗祭가, 11월에 神嘗祭와 大嘗祭(神嘗祭)가 행해졌음을 알 수 있다.11) 촌락공동체(相嘗祭)・神(神嘗祭)・大王(大嘗祭)이 새로운 곡물을 맛본다(嘗)는 뜻에서 수확을 기념하는 동일한 성격의 제의지만,12) 8세기 단계에 제사의 주체와 장소에 따라 구별되어진 것이었다. 따라서 전기가야에서의 행해졌던 10월의 수확제는 신과 촌락공동체의 구성원이 함께(相) 새로운 곡물을 맛보며(嘗) 축하했던 相嘗祭의 원초적인 형태였다고 생각될 수 있다.13)

---

11) 이와 같은 법은 718년(養老 2)에 편찬을 시작하여, 757년(天平宝字 1)에 시행된 養老令의 神祇에 규정되어 있고, 神祇令이 정하는 제사의 내용과 폐백에 대한 시행세칙은 式으로 규정되었다. 현재 神祇式의 내용은 927년에 편찬되었던 『延喜式』에 남아 있으나, 그 원전은 부분적으로 765년(天平 9)까지 거슬러 올라간다는 연구도 있다. 金子裕之, 앞의 논문, 2000 참조.

12) 相嘗祭는 『日本書紀』 天武 5年(676) 10月 丁酉條의 '祭幣帛於相新嘗諸神祇'에서 처음 확인되며, 『令義解』가 인용한 『貞觀講書私記』에 '上卯所司所行也 下卯爲以新穀供至尊所祭也'라 한 것 같이, 새로 수확한 곡물을 神에게 바치고 함께 맛보며 축하하는 제사의례이다. 神嘗祭는 天照大神이 高天原에서 新穀을 먹었던 儀式에 연원을 가지는 것으로, 天皇(大王)이 수확을 기념해 伊勢神宮에 폐백을 보내던 의식이다. 『續日本記』 養老 5년(721) 9月 乙卯條에 같은 내용이 보인다. 大嘗祭는 주 13) 참조.

13) 大嘗祭의 起源이 되는 新嘗祭는 大王이 神과 함께 新穀과 新酒를 먹고 마시는 벼의 수확제였다. 新嘗祭에서는 新嘗會라고도 불리는 節會가 행해졌다. 新嘗會(節會)는 왕과 신하가 함께 모인 자리에서 歌笛을 연주하고 舞姬가 五節의 춤을 추는 연회였다. 벼의 수확제로서 飮酒歌舞의 연회가 동반되고 있는 점은 비록 시대적 차이는 있지만, 전기가야에서 농사를 마친 뒤 치렀던 10월 연중행사의 구체적인 내용과 목적을 짐작케 하는 좋은 자료가 될 것이다.

　이러한 8세기 일본에서의 수확제는 각각 神社(相嘗祭)·神宮(神嘗祭)·王宮(大嘗祭)의 다른 장소에서 거행되었으나, 전기가야에서는 國邑과 蘇塗를 중심으로 행해졌을 것으로 생각된다. 國邑에서는 天君의 주제로 天神에 대한 제의가 행해졌고, 別邑에서는 '神主'가 주재하는 제의가 행해졌다.14) 8세기의 일본에서 세 단계의 수확제가 진행되었다면, 3세기의 전기가야에서는 두 단계의 수확제가 존재했던 것으로 생각할 수 있을 듯하다.

　가야에서 수확제가 행해졌던 蘇塗는 큰 나무를 세워 북과 방울을 달고, 죄인이 들어가도 잡아내지 못하는 성역이었다. 이러한 蘇塗의 성격과 형태는 고대일본에서 수확제가 행해졌던 여러 神社의 원초적 모습이었을 것이다. 우리의 蘇塗와 일본의 神社는 동일하게 성역으로 간주되었고, 새(鳥)가 앉아 있는 솟대가 일본의 토리이(鳥居)와 통하고, 북과 방울이 일본 神社의 神體 또는 祭器와 연결된다는 것은 주지의 사실이다. 특히 한일 양국에서 새는 벼를 여물게 하는 정령으로서 인식되고 있었음이 확실하다. 대전 괴정동에서 출토된 방패형의 청동기와 일본 銅鐸의 나무에 앉아 있는 새의 문양이 그러하고, 광주 신창동 유적과 일본 大阪의 이케가미(池上)·소네 유적(曾根遺跡) 등에서 출토된 새 모양의 목제품이 그러하다. 나아가 이들 새 모양의 목제품에는 장대에 꽂을 수 있는 홈이 파여져 있어 현존하는 솟대의 모습을 연상키에 충분하다. 더구나 일본 벼농사의 직접적인 기원지가 한국임이 틀림없는 만큼, 稻作의 전파에 동반되었던 농경의례에 이와 같은 유사점이 확인되는 것은 오히려 당연할지도 모르겠다. 고대일본의 관련자료를 보다 면밀히 검토하고 비교한다면, 가야사회의 연중행사나 신앙을 복원할 수 있는 내용도 적지 않을 것으로 생각한다.

---

14)　『三國志』 卷30 魏書30 東夷傳 韓條, "信鬼神 國邑各立一人主祭天神 名之天君 又諸國各有別邑 名之蘇塗 立大木 縣鈴鼓 事鬼神 諸亡逃至其中 皆不還之 好作賊 其立蘇塗之義 有似浮屠 而所行善惡有異". 다만, 別邑의 제의주관자를 '神主'로 가칭한 것에 대해 현재 일본에서 神社를 주관하는 칸누시(神主)의 명칭과 관련되어 저항감이 있을지는 모르겠으나, 伊勢神宮의 『皇大神宮儀式帳』의 아라키타신주(荒木田神主)나 오카야마현(岡山縣) 吉備津神社의 신주카야노아손(神主賀陽朝臣)과 같이 阿羅(荒)나 加耶(賀陽)와의 관련이 짙은 명칭이 있어 사용해 보았다.

(3) 가야인의 신앙(1) - 불교유입 이전

불교유입 이전이라 구분하였지만, 후술하는 바와 같이 가야사회에 불교가 전파되고 신봉되어진 것은 멸망하기 약 1세기 이전의 일로 가야인 신앙의 대부분은 여기에서 다루어져야 할 것으로 생각한다.

『三國遺事』塔像 魚山佛影條는 가야에 불교가 정착되는 과정에서 마찰을 빚었던 토속신앙의 존재를 보여 주고 있다. 물론 여기에 보이는 토속신앙의 존재 역시 羅刹女나 毒龍과 같이 불교적으로 윤색되어진 것이기는 하나, 毒龍과 羅刹女 때문에 4년 동안 오곡을 자라지 못하게 했던 벼락과 비를 수로왕이 불법을 받아들임으로써 해결할 수 있었다는 설화이다. 더구나 수로왕이 처음부터 불교의 힘에 의지했던 것이 아니라, 傳統의 呪術로서 毒龍과 羅刹女를 제압하려고 했다는 대목은 불교 유입 이전에 呪術을 중심으로 하는 토속신앙이 존재했음을 다시 한번 확인시켜 준다.15)

呪術을 중심으로 하는 가야의 토속신앙은 유물이나 유적을 통해 그 편린을 짐작할 수 있다. 우선 눈에 띄는 것을 나열해 보면 다음과 같다.

。샤마니즘

가야인의 신앙 중에서 어떤 것을 샤마니즘으로 볼 것인가에 관한 개념 규정은 앞으로의 연구에서 반드시 전제되어야 하겠다. 그러나 駕洛國과 大加耶의 건국신화에 보이는 龜旨峰과 加耶山이나, 蘇塗의 大木은 지상의 샤만이 하늘로 통하는 宇宙樹와 같은 의미로 해석되고 있으며,16) 大木에 걸리는 북과 방울은 샤만의 전형적인 祭器이다. 변진-전기가야에서 큰 새의 깃털을 매장하던 풍습, 가야고분 출토의 鴨形土器, 김해 부원동유적 등에서 출토되는 土製馬·馬骨, 舟形土製品, 가야고분에서 출토되는 舟形

---

15) 『三國遺事』卷4 塔像4 魚山佛影, "古記云 萬魚寺者古之慈成山也 又阿耶斯山 「常作摩耶斯 此云魚也」 傍有阿羅國 昔天卵下于海邊 作人御國 則首露王 當此時 境內有玉池 池有毒龍焉 萬魚山有五羅刹女 往來交通 故時降電雨 歷四年 五穀不成 王呪禁不能 稽首請佛說法 然後羅刹女受五戒而無後害 故東海魚龍遂化爲滿洞之石 各有鐘磬之聲 「已上古記」".

16) 李永植, 「신화와 역사」, 앞의 책, 2001 참조.

土器는 각각 새(天), 말(地), 배(海)의 상징으로서, 샤만이 저 세상을 여행하는 데 빠뜨릴 수 없는 수단이다. 샤만의 가장 중요한 역할이 死者의 靈魂을 저 세상으로 안내하는 데 있음을 고려할 때 가야의 샤마니즘을 짐작할 수 있는 자료가 될 것으로 생각한다. 나아가 샤만을 저 세상으로 여행시켜 준다고 믿었던 새, 말, 배 등은 加耶人의 來世觀을 보여 주는 근거이기도 하다. 말의 경우를 天馬로 생각한다면, 하늘(鳥, 馬)과 바다(舟)를 來世로 상정하고 있었던 가야인의 정신세계를 짐작해 볼 수 있을 것이다.

◦ 애니미즘

삼라만상에 정령이 깃들어 있다고 간주했던 애니미즘에 관한 자료는 이루 헤아릴 수 없을 정도로, 가야의 모든 유적과 유물에서 추정될 수 있는 신앙이다. 상세한 연구는 차후로 하고 여기에서는 현저한 몇 가지의 예만을 제시해 본다.

① 竈神信仰

『三國志』魏書 弁辰條는 전기가야에서 귀신을 섬기는 데 차이가 있었고, 부뚜막은 모두 집의 서쪽에 만들었다고 전하고 있다.17) 이러한 문헌기록을 증명이라도 하듯이, 김해의 부원동유적,18) 합천의 저포리유적,19) 진주의 대야리유적,20) 등에서는 모두 주거의 서쪽 벽에 만들어진 부뚜막이 여러 채 확인되었다. 『三國志』의 기록은 3세기 후반이고, 김해 부원동유적의 주거지는 1~2세기 경의 것으로 생각되고 있다. 따라서 김해의 駕洛國에서는 1·2~3세기 사이의 1~2백년 동안 부뚜막을 사용했을 뿐만 아니라, 부뚜막에 대한 특별한 의식을 가지고 있었음을 알 수 있다. 더구나, 『三國志』가 전하는 부뚜막에 관한 기록은 가야인의 신앙에 대한 기술에서 이어지고 있으며, 부뚜막이 설치된 주거지에서는 卜骨도 출토되었다. 결국

---

17) 『三國志』魏書 東夷 韓傳 弁辰條, "祠鬼神有異 施竈皆在戶西".
18) 東亞大學校博物館, 『金海府院洞遺跡』, 1981.
19) 曉星女子大學校博物館, 『陜川苧浦里C·D地區遺蹟』, 1987.
20) 東義大學校博物館, 『大也里住居址 I 』, 1988.

전기가야 사람들은 부뚜막에 대한 신앙을 가지고 있었고, 근세까지 전해지던 竈王神仰으로 이어져 왔다고 생각된다. 가야에서 節氣에 따라 별도의 부뚜막에 대한 제의가 있었을 것은 분명하다.

317년(晉)에 편찬된 중국의 『抱朴子』 卷17 登涉篇에 따르면 12월의 마지막 날에 부뚜막 신(竈神)이 지난 일년 동안 있었던 家族의 功과 罪를 天帝에게 보고하러 가는 것을 막기 위해 제의를 행하는 신앙이 있었다고 한다. 가야에서도 부뚜막에 대한 상례적인 제의가 12월 또는 12월 말일에 지내졌을 것으로 생각할 수 있는 자료이다. 고대일본의 神祇令에서 12월의 鎭火祭를 통해 불을 진정시켜 보려 했던 것이나, 律令期-8세기 전반의 千葉縣 山武郡 芝山町 庄作遺跡에서 출토되었던 土師器 底部의 外面에 ‘竈神’이라 씌여진 墨書銘文은 가야사회의 부뚜막에 관련된 主神의 存在와 祭儀의 季節을 추정하는 참고자료가 될 것으로 생각한다.[21]

반면에 부뚜막이 폐기될 때에는 다시 특별한 의례가 행해졌던 것으로 보인다. 고대일본의 주거유적에서는 부뚜막의 폐기에 土器·土製鏡·土製環玉 등이 매납되거나, 부뚜막에서 시루와 같은 취사용 토기를 받치던 支石을 뽑아 내거나, 부뚜막 전체를 부수는 경우가 확인되고 있다.[22] 한강유역의 미사리유적의 부뚜막에서도 청동제와 철제의 비녀가 출토된 바 있다.[23] 평소에 부뚜막을 다루던 여인들이 부뚜막 귀신에게 자신들의 귀중품을 바쳐 부뚜막 귀신의 노고를 치하하고, 부뚜막의 수명이 다함을 위로했던 것으로 생각된다. 물론 이와 같은 부뚜막의 폐기와 관련된 제의에는 불에 대한 두려움에서 불을 진정시켜 보려 했던 고대인의 생각도 더해졌을

---

21) 平川南, 「古代出土文字資料の語るもの」, 國立歷史民俗博物館편, 『新しい史料學を求めて』, 吉川弘文館, 1997.

22) 寺澤知子, 「祭祀の變化と民衆」, 『季刊考古學』 16, 1986. 고대 일본에서 이와 같은 주거지에 붙은 부뚜막의 폐기와 관련된 제의는 고분시대 중기(5세기)의 福岡縣의 浮羽郡吉井町 塚堂遺跡과 春日市 赤井手遺跡 등에서 확인되고 있다. 다만 부뚜막이 火神이 거하는 공간으로 인식되고 집의 흥망에 관련되는 宅神의 자리를 차지하게 되는 것은 律令國家의 家라는 관념이 정착하는 단계에서부터 확인되는 것이라 한다.

23) 尹世英·李弘鍾, 『美沙里遺跡』, 高麗大學校博物館, 1998.

것으로 생각된다. 고대일본의 율령이 규정하는 12월의 鎭火祭와 같은 의례와도 어느 정도 상통하는 성격을 가지고 있었을 것으로 보인다.

한편 가야의 부뚜막신앙은 일본열도에도 전파되었다. 큐슈(九州)의 북부지역,24) 오사카(大阪)의 가와치(河內),25) 시가현(滋賀縣)의 시가(志賀)26) 등의 住居址와 古墳群에서는 부뚜막과 이동식부뚜막 또는 미니어처부뚜막이 다수 출토되고 있다. 이러한 지역들이 韓系統 渡來人의 집단적 거주지였음은 분명하다. 다만 어느 계통인지에 대해서는 의견이 엇갈리고 있다.27) 필자는 전의 논고에서 '任那日本府'-加耶에 파견된 倭使인 카와치노아타히(河內直)에 관한 문헌기록과 가야의 부뚜막신앙을 근거로 가야계로 파악한 바 있다.28) 백제계가 포함되어 있을 수는 있겠으나, 가야의 부뚜막신앙이 전파되었던 근거로 삼는 데에는 문제가 없을 것으로 생각한다. 더욱이 시마네현(島根縣)의 가라카마신사(韓竈神社)는 너무나 유명하다. 가라카마신(韓竈神)이란 가라-가야의 부뚜막 신이란 뜻으로, 이 신사에서는 지금도 철제 솥이 걸쳐진 부뚜막을 主神으로 모시고 있다. 가라카마신사(韓竈神社)의 옆을 흐르는 가라카와(唐川, 韓川), 이 강이 대한해협으로 나가는 하구인 가마우라(釜浦) 등의 지명은 가야와의 관련성을 확신시켜 주고 있다.29)

---

24) 西谷正, 「加耶地域と北部九州」, 『大宰府古文化論叢』, 吉川弘文館, 1983.

25) 掘江門也, 「一須賀古墳群」, 『古代を考える河內飛鳥と磯長谷』, 1976. 4 ; 田中淸美, 「五世紀における攝津・河內の開發と渡來人」, 『ヒストリア』 12, 1989.

26) 水野正好, 『滋賀郡所在の漢人系歸化氏族とその墓制』(滋賀縣文化財調査報告4), 1970 ; 「河內飛鳥と漢・韓人の墳墓」, 『古代を考える河內飛鳥』, 吉川弘文館, 1989 ; 花田勝廣, 「渡來人の集落と墓域」, 『考古學研究』 39-4(156), 1993.

27) 앞 주 25), 26)의 水野正好와 掘江門也는 백제계로, 앞 주 25)의 田中淸美는 河內湖 주변에서 출토되는 韓式系土器를 근거로 가야계 도래인의 이주를 상정하고 있다. 韓式系土器研究會, 『韓式系土器研究 I 』, 1987.

28) 李永植, 『加耶諸國と任那日本府』, 吉川弘文館, 1993. 최근에는 김해의 봉황대유적에서 완전한 형태의 이동식부뚜막이 출토되었다(釜山大學校博物館, 『金海鳳凰臺遺蹟』, 2000).

29) 이상의 부뚜막신앙에 대한 상세한 내용은 李永植, 「이야기로 떠나는 가야사여행 8」, 『우연』, 2000/인제대학교 가야문화연구소 홈페이지의 같은 글 참조.

② 井泉信仰

물에는 부정을 깨끗이 씻어 주고 생명력을 유지케 하는 힘과 精靈이 있다는 믿음이다. 앞에서 소개한 가락국의 禊浴祭는 물에 부정을 씻어 주는 힘이 있다고 믿었기 때문이고, 가락국 이전의 구간사회인들이 우물을 파서 마셨다는 기록에서는 물이 생명력을 유지시켜 준다고 믿었던 신앙의 출발점을 추정할 수 있다.[30] 또한 후대의 전승이기는 하지만, 대가야에는 왕을 위한 특별한 우물이 있었다.[31] 왕궁 옆에 있었다는 우물은 왕궁에 필요한 물을 공급하는 곳이기도 했겠지만, 御井이라 불렸던 것으로 보아 이 우물물에는 왕의 생명력을 보장하고 통치력을 쇄신할 수 있는 특별한 힘이 있었다고 믿었던 것으로 보인다. 이러한 井泉信仰의 요소는 고구려·백제·신라는 물론 고려시대까지 확인되고 있다.[32] 특히 신라의 시조 혁거세가 등장하는 蘿井은 '나라의 우물(國井)'이고, 소지왕 9년 2월에 세워지는 奈乙神宮은 물 중에서도 '나라의 우물'이 특별한 능력을 가진다는 믿음과 관련되고 있다.[33] 더욱이 법흥왕 3년 정월에 왕이 奈乙神宮에 제사하는데, 楊山井(蘿井)에서 龍이 나타났다고 한다.[34] 龍이 왕을 상징하는 것은 주지의 사실이며, 우물에서 용이 나타났다는 것은 왕의 통치력이 '나라의 우물'에서의 제사를 통해 쇄신되었음을 뜻하는 것이다.

---

30) 『三國遺事』 卷2 駕洛國記, "鑿井而飮".

31) 『新增東國輿地勝覽』 高靈縣 沿革條, "縣南一里 有大伽倻國宮闕遺趾 其旁有石井 俗云御井".

32) 李丙燾, 「韓國古代社會의 井泉信仰」, 『韓國古代史硏究』, 博英社, 1976. 관련사료에는 다음과 같은 것이 있다. <신라> 蘿井(赫居世), 閼英井(赫居世), 金城井(赫居世60年9月, 儒理23年9月, 慈悲4年4月, 炤知22年4月), 鄒蘿井(炤知12年3月), 奈乙(炤知9年2月, 法興3年正月) * 이상 『三國史記』·『三國遺事』. <고구려> 姓泉氏, 自云水中生(『唐書』 高麗傳, 『三國史記』 泉(淵)蓋蘇文傳), 原夫遠系, 本出於泉, 旣託神以濬祉, 遂因生以命族(「泉男生墓地銘」). <고려> 大井, 開城大井, 開城井(『高麗史』).

33) 『三國史記』 卷3 新羅本紀3 炤知麻立干 9年 2月條, "置神宮於奈乙 奈乙始祖初生之處也." 奈乙의 奈는 那, 蘿 등과 같이 땅 혹은 나라의 의미이고, 乙은 '얼'로 우물의 古訓이다. 결국 奈乙은 羅井과 같다.

34) 『三國史記』 卷4 新羅本紀4 法興王 3年 正月條, "親祀神宮 龍見楊山井中". 여기에 龍이 나타났다고 하는 楊山井은 혁거세 탄생신화에 楊山 아래의 蘿井이라 한 내용과 神宮의 위치로 보아 蘿井을 가리키는 것으로 보인다.

따라서 대가야의 御井도 이러한 井泉信仰의 존재를 보여 주는 동시에, 대가야에서 井泉信仰이 통치의 부가적 권위로 활용되었음을 짐작케 하는 자료가 될 것으로 생각된다. 실제로 가야유적에서는 井 또는 勿을 긁어 새긴 명문토기가 출토되고 있다. 물론 이러한 명문의 의미를 반드시 井泉信仰의 요소로만 보아야 하는가에 대해서는 의문도 없지 않지만,35) 동일한 신앙적 요소를 부정해야 하는 이유는 없다. 김해 예안리고분군에서는 '井' '井勿'이 刻字된 토기들이 출토되었고,36) 진주 남강의 귀동고분군에서도 6세기 중엽 경의 대가야식 토기의 뚜껑 안에 크게 '井'이라 쓴 刻字銘文이 확인된 바 있다.37)

③ 動物信仰

모든 동물에 정령이 깃들어 있다고 믿는 신앙이다. 김해의 대성동고분군, 구지로고분군, 양동리고분군 등에서 출토되는 虎形帶鉤와 馬形帶鉤는 힘있는 동물의 상징으로 지배층이 사용하였다. 龜旨歌의 거북이나 동래 복천동11호분 출토의 器臺에 붙여진 거북모양의 土偶, 김해 부원동유적, 창원 성산패총, 사천 늑도유적에서와 같이 卜骨로 사용된 사슴 뼈와 복천동32호분에서 출토된 사슴모양의 土偶,『三國志』弁辰條의 '大鳥羽'의 기록과 김해 대성동고분군·울산 하대유적에서 출토된 鴨形土器, 고성동 외동유적 출토의 鳥文靑銅器와 함안 도항리3호분 출토의 여러 마리 새가 달린 미늘쇠 등은 각각 海神·山神·天神과 인간세계를 연결해 주는 메신저로서 숭배되었다. 또한 복천동32호분에서 출토된 器臺의 멧돼지모양 土偶

---

35) 平川南,「墨書土器とその字形」,『國立歷史民俗博物館硏究紀要』35, 1991 ; 高島英之,「古代東國の村落と文字」, 關和彦편,『古代東國の民衆と社會』, 名著出版, 1994. 8세기 전반의 일본에서 출토되는 墨書土器의 銘文에도 '井' 같은 字形이 있어, 우물을 뜻하는 것도 있겠으나, 종횡에 여러 선이 격자문과 비슷한 문양의 銘文도 함께 있는 것을 근거로 道敎에서 惡鬼를 가두는 주술적 울타리의 기호와 같은 것으로 파악한 연구도 있다. 다만 高句麗에 道敎가 전파되는 것은 7세기 초반의 일이므로 그 이전의 刻字銘文을 이와 같이 해석하는 것에는 무리가 따를 수도 있다.

36) 釜山大學校博物館,『金海禮安里古墳群Ⅰ』, 1985.

37) 인제대학교 가야문화연구소 홈페이지 참조.

는 힘과 多産의 상징으로 인식되었을 것이다. 특히 동래 복천동32호분 출토의 기대에 붙은 개 모양 土偶와 삼천포 늑도유적A지구에서 개가 사람과 함께 매장되었던 사례는 가야인들이 개를 영혼이 있는 동물로 인식하고 있었던 증거가 될 것이다.

◦占卜信仰

『三國遺事』駕洛國記 坐知王條는 占卜이 단순한 신앙에 그치지 않고, 정치적 결정을 좌우하는 목적으로도 사용되었음을 전하고 있다. 407년(義熙三)에 즉위한 坐知王은 이례적으로 신분이 낮은 傭女를 娶하여 그 여자의 무리로써 벼슬을 시키니 국내가 소란해졌다. 이에 신라가 치려 하니, 駕洛國의 신하 朴元道가 군주다워야 할 것을 간하였다. 또한 王의 卜士가 占을 쳐서 解卦를 얻었다. 占辭에 "解卦는 拇로, 小人의 엄지발가락(拇)＝ 우두머리를 자르면 그 붕당들은 후회하여 악을 고치고 내부한다는 뜻이니, 군왕은 周易의 卦를 거울로 삼으소서"라 하였다. 왕이 옳다하여 사례하고, 傭女를 荷山島로 귀양을 보내고 政事를 고쳐 행하였다. 이러한 기록은 가야에서 占卜이 행해졌음은 물론, 王의 휘하에 卜士가 두어져 占卜의 결과가 정치적 결정을 좌우했던 사실을 보여 주고 있다.

부산의 조도패총, 김해의 부원동유적과 봉황대유적, 창원의 성산패총, 삼천포의 늑도유적 등과 같은 남해안의 가야유적에서는 수많은 卜骨이 출토되고 있다. 가야에서의 점복은 주로 사슴의 견갑골에 원형의 구멍을 뚫거나 구멍을 불로 지져 갈라지는 모양을 가지고 길흉을 점쳤던 것으로 생각되고 있다.

그러나 가야의 점복에 대한 이와 같은 이해는 중국에서 龜甲을 가지고 행했던 점복의 방법을 막연히 소개한 것에 지나지 않고, 그 구체적인 방법이나 의미에 대해 천착했던 연구는 거의 찾아 볼 수 없다. 중국이나 일본의 동일한 사례나 연구에 대해 보다 면밀히 검토하고, 가야유물로서의 卜骨에 대한 정밀한 관찰과 분석을 기초로 가야의 占卜信仰을 복원해 보아야 할 것이다.

또한 卜骨의 재료, 출토상황, 분포 등과 관련되는 문제이겠지만, 해안지역의 남부가야에서 수많은 卜骨이 출토되고 있는 데 반해, 내륙지역의 북부가야에서 卜骨이 출토되었던 예는 찾아보기 힘들다. 해안과 내륙이라는 지역적 풍습의 차이인지, 전기가야와 후기가야라는 시기적 차이인지는 앞으로 검토해 보아야 할 중요한 문제의 하나이다.

앞으로도 북부가야에서 卜骨出土의 例가 추가되지 않는다면, 이러한 차이는 가야의 역사와 문화를 새롭게 이해하는 중요한 단서가 될 수도 있을 것이다. 해안과 내륙이라는 지역적 차이라면 지금까지 동일한 문화권으로 간주하고 있던 가야 제국에 있어서도 지역에 따른 문화적 차이를 인정해야 할 것이다. 전기와 후기라는 시기적 차이라면 전기의 占卜信仰이 정치를 좌우할 정도의 비중을 가졌던 것에 비해, 후기가야에서는 그것을 대체할 다른 신앙이나 이데올로기의 등장과 채용을 의미하는 것으로, 가야사회의 발전을 가늠하는 새로운 기준이 될 수도 있을 것이다. 다시 말해 이와 같은 시기적 변화는 加耶諸國의 王者觀의 변화로도 이해될 수 있는 것이다.

이와 관련하여 占卜을 위해 동물 뼈에 구멍을 낼 수 있었던 철제도구의 존재를 상정하는 문제는 가야문화의 시작이 남해안의 여러 지역들에서 동시 다발적으로 전개되기 시작하였던 것과 관련 있을 것이다. 주지하다시피 전기가야의 소국의 형성과 발전은 바닷길을 통한 철기문화의 유입과 밀접한 관련이 있다. 특히 점복에 사용되었던 卜骨이 中國의 東北地方에서 많이 확인되고 있는 것은 가야문화의 계통을 밝히는 또 다른 소재가 될 수 있을 것이며, 기존의 이해와 같이 古朝鮮의 멸망이나 漢郡縣과의 교섭을 통해서 전해졌던 철기문화의 유입을 설명하는 보완자료의 하나가 될 수 있을 것이다.[38] 이 역시 앞으로 천착해 보아야 할 문제의 하나이다.

∘海洋信仰

최근에는 『三國志』 弁辰傳에 보이는 鐵輸出에 관한 기록과 倭人傳에

---

38) 國立全州博物館, 『특별전 - 바다와 祭祀』, 1995.

보이는 帶方郡에서 일본열도의 倭國에 이르는 바닷길의 중심에 駕洛國이 위치하고 있다는 문헌기록이나, 김해 회현리패총의 貨泉을 비롯한 남해안 가야지역의 패총유적이나 고분군에서 출토되는 中國系와 倭系 文物 등의 고고학 자료를 근거로 전기가야의 소국들을 海洋王國으로 규정하는 연구가 활발하다. 물론 이러한 연구경향에 문제가 있는 것은 아니지만, 가야인들의 구체적인 해상활동까지는 구체화하지 못하였다. 예를 들어 어떠한 선박을 이용하여 일본열도와 대방군까지는 얼마의 기간이 소요되었으며, 어떤 물자들이 해상을 통해 이동되고 교환되었는지, 해상교역의 주체들은 그러한 물자들을 어떻게 인식하고 활용하였는지, 나아가 가야인에게 바다는 무엇이었던지와 같은 해양신앙과 활동의 구체상에 대한 접근은 별다른 진전을 보이지 못하고 있다.

더구나 바다는 남부가야에 있어서 식량공급의 원천이기도 하였다. 따라서 해상교역의 이익을 포함하여 바다는 부의 원천으로 인식되었을 것이고, 바다는 보다 많은 부를 획득하려는 염원의 대상이기도 하였을 것이다. 여기에서 豊漁를 기원하는 제의나 신앙이 전개되었을 것이고, 해상교통의 안전을 기원하는 신앙과 제의가 행해졌을 것이다. 전자의 경우 원래의 龜旨歌에서처럼 거북을 협박하며 豊漁를 기원했던 것과 패총유적에서 발견되는 수많은 貝殼과 魚骨 등이 흔적으로 남았고, 후자의 경우는 전북 부안의 竹幕洞遺蹟에서 확인되는 대가야의 유물들이 흔적으로 남았다고 볼 수 있을 것이다.[39] 이와 같은 자료들을 어떻게 분석해 가야 할 것인가에 대해 아직 구체적인 대안을 가지고 있는 것은 아니나, 우리의 민속지적 자료나 고대의 중국과 일본의 해양신앙과의 비교를 통해 얼마간이나 복원해 갈 수 있을 것으로 생각한다.

예를 들면, 豊漁를 기원하며 바다에서 부를 가져다 주는 것으로 믿었던 고대일본의 에비쓰신앙(惠比壽信仰)과 같은 것이 전자에 대한 비교의 예가 될 수 있을 것이며, 海上交通의 안전을 기원하던 콘피라신앙(金比羅信仰)

---

39) 國立全州博物館, 『扶安竹幕洞祭祀遺蹟』, 1994 ; 中山淸隆, 「竹幕洞祭祀遺蹟と 湖南地域の古代文化」, 『情報 祭祀考古』 6, 1996 ; 竹谷俊夫, 「韓國古代の祭祀 - 竹幕洞遺蹟とその周辺ー」, 『宗敎と考古學』, 勉誠社, 1997.

과 같은 것이 후자에 대한 예가 될 수도 있을 것이다. 특히 대한해협에 떠 있는 오키노시마(沖の島)의 제사유적은 제사의 목적과 존재양태로 보아 竹幕洞遺蹟에서 보고되고 있는 대가야유물의 의미를 분석하는 데 중요한 참고자료로 활용될 수도 있을 것으로 보인다. 오키노시마(沖の島)에 대한 연구를 바탕으로 大和政權의 정치적 역량이나 국가제사로의 발전과 같은 연구는 단순한 신앙적 연구를 넘어 정치권력의 형성이나 고대국가의 발전과정을 짐작하는 데 중요한 자료가 되고 있다.

이외에도 頭蓋骨成形의 風習이나, 巴形銅器·筒形銅器·靑銅製鼎과 같은 靑銅製儀器, 板狀鐵斧·鐵鋌·辟邪로서의 鐵器의 부장과 의미, 샤만과 철에 관한 바이칼연안의 민족지적 자료, '大鳥羽'의 기록과 鴨型土器·車輪型土器·미니어처農工具 등에 보이는 가야인의 來世觀, 고분 부장품의 배열상과 출토위치, 각종의 제사유적 등과 같이 가야인의 신앙에 관련된 이루 헤아릴 수 없는 자료들이 있을 것이다. 향후의 연구에서 세분하여 다루어 보고자 한다.

(4) 가야인의 신앙(2) - 가야불교

이에 대해서는 뒤의 제2장에서 상세한 검토를 진행한다.

(5) 가야의 정치사상

加耶諸國의 王者觀의 변천에 대해서 다루어 보고자 한다. 전기가야에서 漢郡縣과의 외교교섭에서 획득되어진 인수나 칭호의 의미가 후기가야에서 남제와의 외교교섭의 그것과 어떠한 차이가 있는가. 양자의 비교를 통하여 加耶의 王者觀의 특질에 대해 논하고자 한다.

이러한 문제와 관련해서는 기존의 문헌기록에 대한 재검토와 새롭게 확인되는 고고학 자료의 정리 분석이 연구의 소재가 될 것이다. 예를 들면 漢郡縣과의 외교교섭에서 획득되었던 軍事號와 行政號가 사전에 검토되어야겠지만, 전기가야에서의 중국식 曆法의 수용이나 후기가야에서 南齊

로부터의 冊封과 '吳財'와 같은 남조문물의 유입, 伽倻琴 12曲의 작곡과 연주 등의 사실이 새로운 王者觀의 形成에 어떠한 기능을 하였는가, 또는 지배층의 古墳에서 墳丘의 발생과 규모, 威勢品의 종류와 의미, 副葬品의 구성과 배열, 殉葬과 같은 것은 가야의 王者觀을 새롭게 조명해 볼 수 있는 자료가 될 것으로 생각한다.

아울러 古墳에서 확인되는 被葬者의 枕向 문제도 마찬가지이다. 가야고분에서의 枕向은 대체로 강의 흐름이나 등고선과 일출 방향 등과 같은 자연지리적 조건에 의해 결정되던 데에서 방위의 개념이 수입되면서 北向으로 바뀌는 듯하다. 이 역시 새로운 王者觀의 형성과 관련되는 부분이 있을 것으로 생각한다. 중국의 天子는 의례 북쪽에 앉아 南面하고, 臣下는 남에서 북을 향해 머리를 조아리는 규정 속에서 그 권위를 과시하고 인정케 하였다. 가야고분에서의 枕向의 변화와 시기의 문제는 중국식 방위관념을 기초로 표현된 中國式 王者觀의 발생과 전개의 표식으로 인식할 수도 있을 것이다.[40)]

2. 가야불교

1) 불교유입 시비의 문제

경상남도 김해시의 동북에 위치하고 있는 해발 630m의 神魚山 중턱에는 西林寺·東林寺·靈龜庵의 三寺가 자리하고 있다. 현재 銀河寺로 불리는 西林寺는 東林寺와 함께 인도 아유타국의 왕자였던 長遊和尙에 의해 세워졌으며, 인도 아유타국의 수호신인 神魚가 산의 이름으로 붙여졌다고 전해진다. 銀河寺 大雄殿의 동편 벽위에 걸려 있는 板文에는 駕洛國의 시조 首露王과 혼인하러 왔던 許皇玉-許皇后의 오빠 長遊和尙이 인도의 아유타국에서 함께 도래했다고 기록되어 있다. 이 밖에도 김해시의 여러 곳에 불교의 전파 내지 신봉에 관한 설화나 전승이 전해지고 있어 김해시

---

40) 都出比呂志, 「墳墓」, 『岩波講座 日本考古學』, 岩波書店, 1986.

민이라면 누구나 우리나라 최초로 駕洛國에 불교가 전해졌으며, 가야인의 신앙으로서 뿌리를 내렸다고 믿고 있다.[41]

그러나 정작 가야사 연구자들은 이에 대해 부정적 입장을 취하는 것이 보통이다. 우리 고대사에서 최초로 김해 가락국을 비롯한 가야 제국에 불교가 전해졌고, 불교가 가야인의 정신세계를 좌우하는 이데올로기적 지위를 차지하고 있었다고 생각하는 사람은 그리 많지 않다. 그 이유로 다음의 두 가지 사실을 들 수 있다.

첫째, 가야불교는 가락국이 성립한 기원전후의 시기부터 6세기 중엽의 멸망에 이르기까지 무려 600여년 간이나 가야인들에 의해 신봉되어졌다고 하지만, 신빙성 있는 고고학 자료로서의 불교 흔적은 좀처럼 발견되지 않고 있다. 1970년대 중반부터 현재에 이르기까지 가야지역의 수많은 고분군·주거지·조개무지 등의 발굴조사가 이루어지고 있지만, 불교 관련의 유적이나 유물이 확인된 바는 거의 없었다. 물론 가야시대에 세워졌다고 전하는 寺址나 石塔과 같은 축조물은 오늘날까지도 존재하고 있지만, 이들 중에서 연대적으로 가야시대까지 올라가는 확증을 가지는 것은 없다.

둘째, 가야의 역사를 전하는 문헌자료로는 『三國史記』·『三國遺事』·『日本書紀』 등이 있지만, 가야불교에 관련된 기술이나 가야인들에 의한 불교 신봉의 면모를 전하는 것은 『三國遺事』에 집중되어 있다. 『三國遺事』는 고려시대의 普覺國師 一然이 편찬한 사서로 우리 고대사에 관한 기술에 불교적 윤색이 심하다는 것은 주지의 사실이다. 이러한 경향은 『三國遺事』에 채록된 「駕洛國記」나 그 밖의 가야불교에 관련된 기술들에 있어서도 예외는 아니며, 가야불교에 관한 기록이 여기에 집중되고 있는 사실은 가야불교의 전래에 관해 비판적 검토를 필요케 한다. 더구나 『三國遺事』駕洛國記의 원본이 되었던 「駕洛國記」 역시 고려시대의 문인 金良鎰에 의해 편찬되었다. 고려왕조가 불교를 국가적 이데올로기로 하고 있었던 시대적 영향은 재론의 여지가 없을 것이다. 결국 『三國遺事』의 불교적 윤색은 물론, 「駕洛國記」 편찬의 단계에서도 駕洛國의 늦은 시기 또는 멸망

---

41) 許明徹, 『伽倻佛敎의 考察』, 宗敎文化社, 1987.

후에 만들어진 설화나 지명전승들이 불교나 인도에 의탁되어 쓰여졌을 가능성이 적지 않다.

가야불교에 관련된 충분한 고고학 자료가 있는 것도 아니고 관련의 문헌자료도 불충분하다면, 고대 한국에서 가야에 가장 먼저 불교가 전파되었고, 600년이란 긴 세월동안 불교가 가야인의 신앙이나 중심 이데올로기로서 뿌리를 내리고 있었다고 믿는 속설은 다시 검토되어야 할 것이다.

그런가 하면 가야 제국과 인접하고 있던 고구려·백제·신라에 불교가 전해졌고, 국가적으로 신봉되었다는 것은 역사적 사실이다. 고구려와 백제에 불교가 공적으로 전해졌던 것은 372년과 384년의 일이며, 신라에는 다소 늦은 5세기 중엽 경에 불교가 전해졌으며 국가적으로 공인되었다. 근년의 연구에 따르면 이와 같은 불교의 전래는 왕실 차원의 것으로 이른바 公傳의 연대를 말하는 것이고, 민간 차원에서의 전래는 시기적으로 약간 거슬러 올라갈 수 있다고 한다.

4~5세기 경에 가야 제국은 국가적으로 불교를 수용하고 있던 고구려·백제·신라의 삼국과 이웃하면서 고대국가로서의 면모를 갖추어 가고 있었다. 가야 제국은 「廣開土王陵碑」·『日本書紀』·『三國史記』 등에서 확인되는 바와 같이, 4세기말~5세기초경에는 전쟁을 통해 고구려와 접촉하였고, 백제와의 교섭을 보다 빈번하게 전개하고 있었으며, 신라와는 가야 제국이 존립하던 거의 전 기간을 통해 전쟁과 외교 등의 교섭을 가지고 있었다. 가야 제국이 신라에 최종적으로 병합되는 것은 6세기 중엽의 일이다. 불교가 고구려·백제·신라의 삼국에서 국가적으로 공인되고 나서도, 대개 2세기 동안에 걸쳐 가야 제국은 이들 삼국과의 빈번한 교섭관계를 유지하고 있었다.

이렇게 볼 때, 5~6세기 경의 우리 고대사회에서 가야인만이 불교를 몰랐었다고 생각하는 것이 오히려 부자연스러울지도 모르겠다. 따라서 이러한 시기에 가야 제국에 불교가 전파되었을 개연성은 아주 높다고 생각해야 할 것이다.

실제로 가락국의 김해지역 이외에도 고령·합천 등의 대가야권과 함안 등의 안라국권에서는 가야불교의 존재를 논해 볼 수 있는 약간의 문헌자료와 고고학 자료들이 보고되고 있다. 이러한 자료들은 김해지역의 그것에 비해 보다 확실한 가야불교의 존재 및 내용을 전하는 것들이다. 따라서 이러한 자료들에 의하는 한 가야 제국에 불교가 전래되었다는 사실은 당연한 것으로 받아들일 수밖에 없고, 자료의 내용과 성격에 따라서는 각각의 지배층에 의한 불교의 수용도 논의되지 않으면 안 될 것이다.

과연 가야 제국에 불교는 전파되었을까? 전파되었다면 어떠한 경로로 언제 전파되었고 어떻게 수용되었을까? 현존하는 자료에서 어떠한 증거들을 가지고 해당 사실과 시기를 추론해 볼 수 있을까? 가야불교에 관련되는 현존의 자료들을 서술내용과 출토위치를 중심으로, 가락국·대가야·안라국의 세 권역으로 나누어 각각의 자료에 대한 개별적 검토를 진행해 보고자 한다.

2) 가락국 관련의 불교자료

가야 제국은 동쪽의 낙동강에서 서쪽의 섬진강까지의 지역에 십여 국으로 나뉘어 위치하고 있었으나, 현존하는 가야불교에 관한 문자기록 대부분은 김해지역에 집중되고 있다. 그렇기 때문에 이러한 문제에 접근하는 연구에서는 加耶佛敎라는 범칭보다는 駕洛佛敎라는 제한적 명칭을 사용하려는 경향도 있었다.[42] 그러나 고령을 중심으로 하는 대가야권에도 불교에 관한 약간의 문자기록과 고고학 자료가 전해지고 있으며, 함안의 안라국권에도 직접적이지는 않지만 불교전래와 관련되는 것으로 추정해 볼 수 있는 문자기록이나 고고학 자료가 현존하는 것도 사실이다. 따라서 여기에서는 이들을 함께 포함할 수 있는 가야불교라는 범칭을 사용하고자 한다.

(1) 『삼국유사』에 보이는 가야불교

가락국의 불교에 관련된 문자기록으로는 『三國遺事』를 비롯하여 김해

---

42) 金英泰, 「駕洛佛敎의 傳來와 그 展開」, 『佛敎學報』 27, 1990.

지역에 현존하는 근세의 금석문 약간이 전해지고 있다.『三國遺事』는 駕
洛國記・金官城婆娑石塔・魚山佛影의 3개조에 불교관련의 기사를 전하
고 있다.「三國遺事」駕洛國記에 보이는 불교관련의 기사는 다음과 같다.

> 二年癸卯春正月 王若曰 朕欲定置京都. 仍駕幸假宮之南新畓坪[是古來
> 閑田. 新耕作故云也. 畓乃俗文也]. 四望山嶽 顧左右曰 此地狹小如蓼葉
> 然而秀異 可爲十六羅漢住地. 何況自一成三 自三成七 七聖住地 固合于
> 是.[43]

首露王은 2년(43) 정월에 가락국을 세우면서 김해(新畓坪)의 땅이 十六
羅漢과 七聖이 살 만한 좋은 땅이어서 도읍을 정하기에 적합하다고 하였
다. 羅漢은 阿羅漢의 약칭으로 소승불교에서 최상급의 수행을 쌓은 수행
자를 가리키는 동시에 수행의 목표와 숭배의 대상이 되고 있다. 우리나라
의 사찰에서는 따로 羅漢殿을 세워 十六羅漢을 모시고 있는 것이 보통이
다.[44] 七聖은 七聖人 또는 七聖者로도 불리는데 7 종류로 구별된 불교의
聖人을 말한다.[45]

그러나 여기에 보이는 十六羅漢이나 七聖과 같은 불교용어는 가락국 도
읍지 선정의 타당성에 대한 형용으로 사용된 것이지, 불교의 전래나 신봉
을 나타내기 위하여 사용된 것은 아니다. 首露王에 의한 도읍지 선정에 관
련된 전승이 후대에 불교적 색채를 빌어 윤색되었던 것에 불과하다.

왜냐하면 이러한 내용을 전하는「駕洛國記」자체에도 이 시기부터 5세
기 경에 이르기까지 다른 불교관련의 기사는 전혀 보이지 않기 때문이다.
가락국이 건국될 당시에 이미 불교가 전파되어 가야인의 신앙이 되어 도
읍지의 결정에 중요한 영향력을 미칠 정도였다면, 그 이후 400여 년 동안
이나 불교에 관한 사실이 전혀 보이지 않는다는 것은 오히려 이상하다. 더
구나 가락국 불교의 시작이 수로왕과 혼인하기 위해 首露王 8년(48) 인도

---

43)『三國遺事』卷2 紀異2 駕洛國記條.
44)『韓國佛敎大辭典 4』, 서울 : 寶蓮閣, 1982, 297~298쪽.
45)『韓國佛敎大辭典 6』, 617쪽.

의 阿踰陀國에서 온 許黃玉과 동행한 長遊和尙에서 비롯된다고 전해지고 있는 점에 비교한다면, 가락국에 불교가 들어오기 6년 전에 이미 十六羅漢이나 七聖과 같은 불교적 용어가 사용되고 있었다는 모순이 생기는 것이다.

> 銍知王 一云金銍王. 元嘉二十八年卽位. 明年爲世祖許黃玉王后. 奉資冥福於初與世祖合御之地. 創寺曰王后寺 納田十結充之.[46]

「駕洛國記」에 보이는 또 하나의 불교관련 기사이다. 元嘉 28年(452)에 駕洛國 제8대의 銍知王은 許王后의 명복을 빌기 위해 수로왕과 혼인하였던 땅에 王后寺를 창건하였다고 전한다. 이는 가야인에 의해 불교사찰이 건립되었다고 하는 가야불교에 관련된 보다 적극적인 기술이다. 『三國遺事』金官城婆娑石塔에도 같은 내용의 기사가 확인되고 있어 그 내용과 시기에 있어 상당한 신빙성을 포함하고 있다고 생각된다.

> 金官虎溪寺婆娑石塔者 昔此邑爲金官國時 世祖首露王之妃許皇后名黃玉 以東漢建武二十 四年甲申 自西域阿踰陀國所載來. 初公主承二親之命 泛海將旨東 阻波神之怒 不克而還. 白父王. 父王命玆塔. 乃獲利涉來泊南涯. …… 首露王聘迎之. 同御國一百五十餘年. 然于時海東未有創寺奉法之事 蓋像敎未至. 而土人不信伏. 故本記無創寺之文. 逮第八代銍知王二年壬辰 置寺於其地. 又創王后寺[在阿道訥祗王之世 法興王之前] 至今奉福焉 兼以鎭南倭. 具見本國本記. 塔方四面五層 其彫鏤甚奇 石微赤班色 其質良脆 非此方類也 本草所云點鷄冠血爲驗者是也. 金官國亦名駕洛國 具載本記.[47]

王后寺와 함께 다른 사찰도 건립되었다고 전하는 점에서 차이를 보이지만, 452년에 銍知王이 許王后의 명복을 빌기 위해 불교사원을 건립하였다는 점에서는 일치하고 있다. 아울러 이 기사에 의하면 48년에 許王后에 의

---

46) 『三國遺事』卷2 紀異2 駕洛國記條.
47) 『三國遺事』卷4 塔像4 金官城婆娑石塔條.

해 婆娑石塔이 전래되기 이전부터 5세기 중엽의 銍知王에 이르기까지, 가락국 사람들은 불교를 몰랐으며, 이 시기를 전후로 처음 불교사찰이 창건되었다고 전하는 점은 앞뒤 사실이 잘 맞는 것으로 상당한 신빙성을 갖는 사료로 이해해도 좋을 것 같다. 더욱이 이 기사의 편찬자 一然禪師는 王后寺의 창건시기에 대해 阿道가 신라에 불교를 전파했던 5세기 중엽 경의 눌지왕대로 판단하였으며, 신라에서 불교가 공인되었던 527년의 법흥왕대에 앞서는 것임을 명백하게 밝히고 있다.

駕洛國에서의 創寺를 신라에서의 佛敎의 初傳이나 公認과 비교하고 있는 것은 452년의 銍知王에 의한 創寺를 역사적 사실로 파악하였음과 동시에, 이를 가락불교-가야불교의 시작으로 판단하였음을 분명히 읽을 수 있다. 따라서 위에서 언급한 대로 「駕洛國記」와 「金官城婆娑石塔」의 두 기술에 보이는 452년의 가락국 제8대 銍知王에 의한 불교사원 창건은 역사적 사실로 보아도 좋을 것이다.

그러나 동일한 「金官城婆娑石塔」조에 銍知王의 創寺에 대한 전제 또는 기원전승으로서 기록되어 있는 婆娑石塔에 관련된 기술까지 역사적 사실로 인정하기는 쉽지 않다. 왜냐하면 婆娑石塔이 許王后에 의해 전래되었던 이유에 대해 불교의 전파보다는 波神의 노여움을 진정시키기 위해서였다고 하기 때문이다. 더구나 같은 기술에서는 48년에 婆娑石塔이 전래된 이후 5세기 중엽의 銍知王대에 이르기까지 ‘土人’이라고 표현된 가야인이 불교를 알지 못했다고 기술하고 있기 때문이다. 許王后 一族의 도래전승이나 거친 파도를 진정시키기 위한 주술적 의식이 역사적 근거를 가지는 것으로 생각할 수는 있어도 婆娑石塔의 전승 자체를 가야에 불교가 전래되었던 문헌적 증거로 삼기는 어려울 것이다. 오히려 許王后 一族의 도래에 관한 전승이 후대에 불교적으로 윤색되었던 것으로 파악해야 할 것이다. 위의 기술에서는 許王后 一族의 도래전승 자체보다는 불법의 위력과 효험을 나타내고자 하는 의도를 분명히 읽을 수 있기 때문이다.

『三國遺事』魚山佛影조에도 다음과 같은 불교관련의 설화가 보이고 있다.

古記云 萬魚寺者古之慈成山也. 又阿耶斯山[常作摩耶斯 此云魚也] 傍

有阿羅國. 昔天卵下于海邊 作人御國 則首露王. 當此時 境內有玉池. 池有
毒龍焉. 萬魚山有五羅刹女 往來交通 故時降電雨 歷四年 五穀不成 王呪
禁不能 稽首請佛說法. 然後羅刹女受五戒而無後害 故東海魚龍遂化爲滿
洞之石. 各有鐘磬之聲[已上古記].48)

『三國遺事』가 古記에서 채록한 萬魚寺 創建에 관련된 설화에서도 가야
불교에 관한 서술이 보이고 있다. 萬魚山 근처에는 하늘에서 알의 형태로
내려 온 首露王에 의해 다스려지고 있던 '阿羅國'이 있었다. 萬魚寺의 玉
池에 살고 있던 玉龍이 萬魚山의 다섯 羅刹女들과 교통하고 있었기 때문
에 4년 동안이나 계속해서 뇌우가 내려 五穀이 익지 않았다. 이에 수로왕
은 呪術을 사용하여 뇌우를 멈춰보려 하였으나 효험이 없었기 때문에 불
교의 설법을 청하였다. 이에 羅刹女는 佛法의 五戒를 받게 되었고 이후에
같은 피해는 없게 되었다고 전한다.

그러나 이것은 『三國遺事』의 편찬자 一然禪師도 밝히고 있듯이 『觀佛
三昧經』에 보이는 것과 동일한 내용에 불과하다. 羅刹女는 인육을 먹는
귀신으로 불교설화로서 잘 알려져 있다.49) 따라서 위의 설화는 가야에 불
교가 전파되었던 증거라기보다는 佛法의 효험을 강조하기 위한 불교경전
의 이야기가 萬魚寺 또는 수로왕의 '阿羅國'-駕洛國에 붙여진 것에 불과
하다고 보는 것이 옳을 것이다. 물론 이와 같은 불교설화가 가락국의 시조
수로왕에 걸쳐진 것은 훨씬 후대에 가야에 불교가 전파되었던 사실이 시
기적으로 거슬러 올라가 형성되었던 기원전승으로서의 의미는 있겠으나,
앞에서 고증했던 것처럼 5세기 중엽 이전에 해당하는 사실로 보기는 힘들
것이다.

오히려 首露王이 건국 후 처음으로 재난에 직면했을 때, 불교가 아닌 土
着的 呪術을 통해 문제를 해결하려 했었다는 부분이야말로 역사적 사실이
반영되어 있는 것으로 생각된다. 가락국 성립 초기의 首露王은 統治者이
면서도 여전히 祭司長으로서의 성격도 아울러 가지고 있었을 것이다. 따

---

48) 『三國遺事』 卷3 塔像4 魚山佛影條.
49) 『韓國佛敎大辭典 2』, 17쪽.

라서 五穀이 익지 않는 것에 대한 제사장적인 책임도 져야 했을 것이고, 그렇기 때문에 首露王 자신이 샤만으로서 呪術을 통해 재난을 극복해 보려 했던 것으로 이해할 수 있을 것이다. 농작물이 제대로 익지 않으면 죽임을 당할 수도 있었던 초기의 夫餘王과 같은 성격은 역사적 사실의 반영이라고 보아 좋을 듯하다.[50]

萬魚山은 大定 12년(1180)에 萬魚寺가 창건되면서 붙여진 이름으로 원래는 慈成山 또는 阿耶斯山이었다. 『三國遺事』의 편찬자 一然禪師는 阿耶斯는 摩耶斯로 보는 것이 옳다고 하여 물고기(魚)로 해석하였으나, 阿耶는 가야 제국의 하나인 安羅國(阿羅國, 阿耶伽耶, 함안)을 가리킬 가능성도 있다. 이 기사는 阿羅國과 伽羅國(駕洛國, 金官伽耶, 김해)의 혼동을 보이고 있는데, 阿耶斯山의 근처에는 阿羅國이 있었다고 한다. 阿羅國의 阿는 '아' 또는 '가'의 음가를 함께 가진다. 이 설화에는 알로 하늘에서 내려 왔다는 수로왕이 등장하고 있으므로 阿羅國은 伽羅國의 잘못으로 해석하는 것이 일반적이다. 그러나 阿耶斯山은 『日本書紀』欽明 21~23年(560~562)조에 보이는 阿羅波斯山과 음이 비슷하다. 阿羅의 波斯山은 6세기 중엽 경에 安羅國과 新羅와의 분쟁지로서도 잘 알려져 있는데 함안군 여항면 봉화산에 비정되고 있다. 이와 같이 본다면 萬魚山에 붙여진 불교전승은 김해의 가락국만이 아니라 함안의 安羅國과의 관련을 나타내고 있을 가능성도 있다.

그러나 첫머리에 소개했던 것과 같이 김해에는 神魚山이 있고 현존하는 神魚의 전승도 김해지역에 국한되어 있어, 이 설화의 무대는 김해와 가까

---

50) 『三國志』魏書 東夷 夫餘傳, "舊夫餘俗 水旱不調 五穀不熟 輒歸咎於王 或言當易 或言當殺." J.G. Frazer, *The Golden Bough*, 1957/장병길 역, 『황금가지 I』, 삼성출판사, 1990, 232~244쪽. 인류발전의 초기사회에 있어 왕은 사제와 같이 나쁜 일기, 농사의 실패, 재앙에 대해 책임을 진다. 사람들은 이러한 재앙을 왕의 태만이나 죄악으로 돌려 태형과 같은 벌을 가하거나, 심지어는 왕위를 박탈하고 죽이기까지 한다. 어제까지 신으로서 숭배되던 왕이 오늘은 죄인으로서 살해되는 것이다. 이러한 초기사회의 왕은 '神聖王' 또는 '司祭王'으로 불리고 있는데, 가락국 성립기의 首露王 역시 이러한 성격을 가지고 있던 것으로 판단된다. 김해지역의 가야고분들에서 3세기경까지 많은 양의 靑銅製儀器가 출토되고 있는 것은 이러한 역사적 상황을 반영하는 것으로 생각할 수 있다.

운 곳으로 생각하는 것이 타당할 것이다. 김해에서 북쪽으로 낙동강을 건너 밀양군 삼랑진읍 용전리에는 萬魚山이 현존하고 있으며, 신라와 가락국의 분쟁에 관한 전승도 남아 있다. 산의 이름이 같고 龍에 관련된 지명도 현존하므로 이곳 역시 위에서 소개한 魚山佛影조가 전하는 설화의 후보지가 될 수 있을 것이다.

『三國遺事』에 보이는 가야불교에 관한 기술들은 이상과 같은데, 각각이 전하는 내용에 따라 나누어 보면 다음과 같다.

① 首露王의 建國神話에 붙여진 것
② 許王后의 渡來傳承에 붙여진 것
③ 銍知王의 創寺傳承으로 남게 된 것

이 중에서 앞에서 고증했던 바와 같이 5세기 중엽의 銍知王에 의한 王后寺 등의 창건에 관련된 내용은 역사적 사실로 인정해도 좋을 듯하나, 首露王과 許王后의 건국신화나 도래전승에 붙여진 것은 5세기 중엽 경에 가야지역에 전파되었던 불교의 기원전승에 불과한 것으로 후대의 불교적 윤색이 가해졌던 결과에 불과하다. 따라서 가야불교는 고구려와 백제에 비해서는 시기적으로 약간 늦게 유입되어졌으나 신라보다는 빠르거나 거의 동시기에 전파되었고, 5세기 중엽 경에는 가락국에 수용되었던 것으로 판단하는 것이 타당할 것이다.

(2) 금석문에 보이는 가야불교

김해지역에는 가야불교에 관련된 전승들을 전하는 근세·근대의 금석문 자료가 현존하고 있다. 그 중에서 몇 종류를 검토해 보면 다음과 같다.

① 明月寺事蹟碑文

『金海邑誌』에도 실려 있는 이 비문은 1708년에 명월사의 승려 證元이 찬술하였다. 여기에는 수로왕이 興國寺(王寺)·鎭國寺(王后寺)·新國寺(世

子寺)를 창건하였으며, 명월사를 중수할 때 '健康元年甲申三月藍色'의 명문이 있는 기와가 출토된 바 있다는 것과 長遊和尙이 서역에서부터 불법을 전하였음과 가락국에서 불교의 신봉이 융성하였음을 기록하고 있다.[51]

　그러나 이 비문에서 王后寺는 수로왕에 의해 창건되었다고 전하나, 앞에서 살펴본 바와 같이 王后寺가 제8대 銍知王에 의해 452년에 창건되었다는 『삼국유사』의 기술과는 모순되고 있어 신빙할 수는 없다. 또한 『삼국유사』 가락국기에서는 보이지 않았던 長遊和尙의 이름이 처음으로 보이고 있어, 「가락국기」와는 다른 계통의 자료에 기초하였음을 짐작할 수 있다.

　다만 이 비문에 의하면 明月寺를 중수할 때 명문기와가 출토되었는데, 그 명문은 '健康元年'이었다고 전하고 있다. '健康元年'은 後漢 順帝의 연호로서 서기 144년에 해당한다. 따라서 이러한 기술이 사실이라면 김해지역 가야불교의 기원이 무려 2세기까지 올라갈 수 있는 증거가 될 수도 있으나, 현재 명문기와의 실물이 전해지지 않는 까닭에 그 진위에 대해서는 확인할 길이 없다. 다만 현재 김해지역에 남아있는 불교관련의 전승들에서는 거의 대개가 전래의 기원을 長遊和尙의 도래와 사찰의 창건에서 찾고 있음을 감안할 때 소홀히 할 수 없는 자료의 하나임은 분명하다.

② 駕洛國師長遊和尙紀蹟碑文

　김해시 장유면 대청리 長遊寺에 長遊和尙舍利塔과 함께 현존하는 이 비는 1915년에 長遊庵의 住持 宣布潭에 의해 세워진 것이다. 首露王陵의 崇善殿 參奉 許式이 지은 비문은 『金海邑誌』에도 실려 있다.[52]

　長遊和尙의 俗名은 許寶玉이며 首露王妃 許皇玉의 남동생으로 함께 가락국에 도래하여 長遊山(현 佛母山)에 蓮花道場을 열어 불법을 전했다고 한다. 앞의 기술들에 비해 비교적 구체적이며 본격적인 불교전파의 내용을 보이고 있다. 長遊和尙과 許王后와의 남매관계는 여기에서 처음으로 확인되는 것으로, 이후에 형성되었던 김해지역의 불교전승에는 거의 빠짐없이

---

51) 『金海邑誌』 碑板 明月寺事蹟碑文.
52) 『金海邑誌』 碑板 長遊和尙紀蹟碑.

許王后의 오빠 또는 남동생으로 언급되고 있다. 그러나 정작 長遊和尙이 세웠다는 寺刹名은 기록되지 않고 있으며, 오히려 5세기 중엽에 銍知王이 長遊庵(長遊寺)을 세웠던 것으로 주장하고 있다.

이에 비해 「駕洛國記」는 長遊寺의 창건이 銍知王대(5세기 중엽)의 일이 아니라, 그로부터 500년 후가 되는 10세기 경의 사실로 전하고 있음이 눈에 띈다.

> 又有古今所歎息者. 元君八代孫金銍王 克勤爲政 又切崇眞. 爲世祖母許皇后奉資冥福. 以元嘉二十九年(452)壬辰 於元君與皇后合婚之地創寺. 額曰王后寺 遣使審量近側平田十結 以爲供億三寶之費. 自有是寺五百後置長遊寺 所納田柴三百結. 以王后寺在寺柴地東南標內 罷寺爲莊. 作秋收冬臧之場秣馬養牛之廐 悲夫.53)

여기에서는 가락국의 銍知王(金銍王)이 452년(元嘉 29)에 王后寺를 창건하였음을 반복 기술하고, 王后寺가 廢寺된 까닭으로 500년 후에 있었던 長遊寺의 창건에 관련되었던 사실을 들고 있다. 이러한 사실을 「가락국기」는 10세기 경에 장유사가 창건되면서 寺田으로 붙여졌던 田柴 300結 중 柴地의 동남쪽 경계 내에 王后寺가 위하고 있었기 때문에 이를 폐하였고, 王后寺는 長遊寺의 倉庫와 牛馬를 기르는 축사로 사용되었음을 한탄하고 있다.

이러한 「가락국기」의 기술은 장유사의 창건을 5세기 중엽으로 주장하고 있는 비문의 내용과는 큰 차이를 보이고 있다. 과연 어느 쪽의 기술에 신빙성을 두어야 할 것인가? 현재 『삼국유사』가 채록하여 전하는 「가락국기」는 고려 문종(1075~84년)조에 찬술된 것이나, 이 비문은 1915년에 찬술된 것이다. 더구나 「가락국기」에는 장유화상의 존재가 전혀 보이지 않았음에 비해, 이 비문에서는 許王后의 남동생으로서 기술되고 있다. 그렇다면 「가락국기」에서는 보이지 않던 장유화상에 관련되는 기술이 이 비문에서 새롭게 나타났던 것으로 생각하는 것이 순리일 것이다. 물론 장유화상의

---

53) 『三國遺事』 卷2 紀異2 駕洛國記條.

존재가 처음으로 보이는 것은 이 비문보다 약 200여 년 전에 찬술되었던 「明月寺事蹟碑文」(1708)에서였음은 앞에서 언급한 바와 같다. 그러나 그렇다고 해서 장유화상의 존재가 전혀 보이지 않는 「가락국기」의 단계까지 소급될 수 있는 가능성은 전혀 없다. 더욱이 「明月寺事蹟碑文」이 전하지 않았던 長遊和尚과 許王后의 남매관계가 여기에서 처음으로 나타나고 있음을 주목해야 할 것이다.

현존하는 사료에 의하는 한 장유화상에 관한 전승은 가락국의 단계는 말할 것도 없이 「明月寺事蹟碑文」(1708)에서 처음 나타나고, 「駕洛國師長遊和尚紀蹟碑文」(1915)에서 허왕후와의 남매관계가 설정되었다고 할 수 있다. 따라서 장유화상의 생존연대를 포함하는 관련전승의 형성은 고려 문종(11세기) 이후에서 조선 숙종 34년(18세기) 이전의 어느 시기에 해당하는 것으로 추정할 수밖에 없을 것이다. 이러한 추정은 「가락국기」가 10세기 경의 사실로 전하고 있는 長遊寺의 창건과 王后寺의 관계에 대한 서술로도 뒷받침된다.

長遊寺는 장유화상을 기리기 위한 것이고, 王后寺는 허왕후의 명복을 빌기 위한 것이었다. 「駕洛國師長遊和尚紀蹟碑文」에서 전하는 것처럼, 長遊和尚과 許王后가 실제로 남매관계였다면, 남동생을 기념하는 長遊寺를 창건하면서 누이의 명복을 빌기 위해 세워졌던 王后寺가 柴地의 일부에 포함되었다고 하여 廢寺해 버리고, 창고나 소나 말을 양육하는 축사로 사용할 수 있었겠는가 하는 의문이 생기는 것이 당연할 것이다. 따라서 長遊寺가 창건되던 10세기 경에는 아직 許王后와 長遊和尚의 남매관계와 같은 설정이나 전승은 없었을 것이며, 장유사의 창건과정에서 靈驗說話나 緣起의 기술로써 가락국의 건국신화에 걸쳐 허왕후와의 남매관계를 설정하여 치장하려 했던 것으로 판단하는 것이 타당할 것이다.

결국, 「駕洛國師長遊和尚紀蹟碑文」의 撰者가 首露王陵 崇善殿의 參奉이었던 점, 만년의 長遊和尚이 가락국의 7왕자와 함께 方丈山(현 지리산)에 들어가 입적하였다고 쓰여진 점, 「가락국기」에는 장유화상에 대한 언급이 보이지 않으며, 장유사의 창건을 10세기 경으로 전하고 있는 점, 長遊寺의 창건으로 王后寺가 廢寺되었다는 점,「駕洛國師長遊和尙紀蹟碑文」보다 200년 전에 세워진「明月寺事蹟碑文」에도 許王后와 長遊和尙의 남매관계에 대한 언급이 없는 점 등은, 이 비문이 찬술되기 이전인 11세기(고려 문종)~18세기(조선 숙종)의 어느 시기에 형성되어 있었던 長遊和尙에 관한 전승이 가락국의 건국신화와 銍知王대의 王后寺 창건에 덧붙여 쓰여진 것 같은 느낌을 지우기 어렵다. 이 비문에서는 長遊和尙이 만년에 駕洛國의 7王子와 함께 方丈山(현 지리산 七佛巖)에 들어가 입적하였다고 기록하고 있지만, 지리산과 가락국이 역사적으로 아무런 관계도 가지지 않았던 것은 분명하다.『삼국유사』가 표현했던 가야 제국의 영역 또는 그 문화권을 가락국이 영역으로 오해하였던 결과의 하나였을 것이다.

③ 翠雲樓重修記

김해시 동부의 神魚山에 있는 銀河寺 大雄殿의 동쪽 벽 위에 걸려 있는 板文으로 가락국 왕비인 許王后가 서역(인도)에서 올 때에 함께 왔던 許王后의 오빠인 長遊和尙이 수로왕의 명을 받아 明月寺와 銀河寺 등을 창건하였다는 기술이 보인다. 앞에서 살펴 본「駕洛國師長遊和尙紀蹟碑文」에서 長遊和尙은 許王后의 남동생으로 되어 있으나, 여기에는 許王后의 오빠로 기술되는 차이를 보이고 있다. 따라서 長遊和尙에 관한 정확한 기록이 있었다기보다는 민간에서 구전되어 오던 흔적으로 생각된다. 앞에서 지적한 바와 같이 長遊和尙의 傳承이 駕洛國의 建國神話와 결합되는 과정에서 생긴 異傳에 불과하다고 생각된다.

3) 대가야 관련의 불교자료

(1)『三國史記』의 가야불교 관련자료

신라에 의한 대가야의 멸망을 전하는 기술에서 대가야의 불교를 짐작할 수 있는 용어가 보이고 있다.

① (眞興王) 23년 9월, 加耶가 배반하니 王은 異斯夫에 명하여 치게 하였다.

斯多含을 부장으로 삼았는데, 斯多含이 오천의 騎兵을 거느리고 먼저 栴檀門으로 치달아 들어가 백기를 세우니 성안이 두려워 어찌 할 바를 몰랐다. 異斯夫가 군사를 이끌고 들어가니 일시에 모두 항복하였다.[54]

② (斯多含) 眞興王이 이찬 異斯夫에 명하여 加羅[加耶라고도 한다]國을 습격케 하였다. 이때 사다함의 나이는 열다섯여섯으로 종군하기를 청하였다. 왕은 나이가 어리다 하여 허락치 않았으나 그 청이 간절하고 뜻이 굳어 마침내 貴幢裨將으로 삼았는데, 그 낭도로서 따르는 자가 또한 많았다. 그 나라의 경계에 이르니 元帥에게 청하여 휘하의 병을 거느리고 먼저 栴檀梁[栴檀梁은 성문의 이름인데 加羅語에서는 門을 梁이라 하였다]으로 들어갔다. 그 나라 사람들은 뜻밖에 군사들이 갑자기 들이닥치니 놀라 우왕좌왕하여 막지 못하였다. 大兵이 승기를 타고 마침내 그 나라를 멸하였다.[55]

신라는 진흥왕 23년(562)에 대가야를 공격하여 멸망시켰다. 신라의 斯多含은 이 전쟁에서 으뜸가는 전공을 세웠는데, 그가 제일 먼저 공략하였던 대가야의 성문이 栴檀梁이었다. 여기에서 栴檀梁은 대가야 王城의 여러 문 중 하나의 명칭으로 보이고 있는데, 일찍부터 불교적인 용어임이 지적되어 왔다.[56]

『三國史記』가 門에 해당하는 加羅語가 梁이었음을 확실히 밝히고 있음을 볼 때, 栴檀梁은 대가야가 스스로 붙였던 성문의 이름이었음이 분명하다. 栴檀은 인도의 유명한 향나무로 현재에도 일상적으로 사용되고 있으나,『長阿含經』卷2 遊行經에 栴檀耳가 쓰인 후 불경에 자주 등장하는 용어이다.[57]

신라나 고대일본에서 王宮을 구성하는 몇 개소의 성문마다 제각기 다른 이름이 붙여져 있던 사실을 참고로 한다면,[58] 栴檀梁은 대가야의 王城을

---

54)『三國史記』卷4 新羅本紀4.

55)『三國史記』卷44 列傳4 斯多含條.

56) 金煐泰,「駕洛佛敎의 傳來와 그 展開」,『佛敎學報』27, 1991, 36쪽.

57) 金福順,「大伽耶의 불교」,『加耶史硏究 - 대가야의 政治와 文化 -』, 慶尙北道, 1995, 292~293쪽.

58)『三國史記』卷7 新羅本紀7 文武王十九年春正月,“創造東宮 始定內外諸門額號.” 이외에도『三國史記』에는 的門(聖德王三十年九月), 臨海門·仁化門(昭聖

구성하는 여러 성문 중의 하나였을 것이며, 불교의 전래 및 수용을 기념하는 의미에서 대가야인들이 성문의 이름을 지어 붙였을 것으로 추정된다.

(2)『新增東國輿地勝覽』의 가야불교

조선전기에 편찬된 인문지리서인『新增東國輿地勝覽』은 합천군의 가야산 부근에 있었던 대가야의 사찰로 擧德寺와 月光寺의 두 사찰명을 전하고 있다.

① 擧德寺, 절터는 해인사 서쪽 5리에 있다. 최치원이 지은 釋順應傳에는 ‘그 서쪽 산의 두 시내가 합쳐지는 물가에 擧德이라는 절이 있는데, 옛 대가야국 태자 월광이 결연한 곳이다’라고 하였다.[59]
② 月光寺, 야로현 북쪽 5리에 있다. 세간에 전하기를 대가야 태자 월광이 창건한 곳이라고 한다.[60]

해인사 서쪽 5리 되는 곳에 절터로 남아 있었다고 전하는 擧德寺에 대해서는 신라의 최치원이 찬술한 해인사 창건주 順應스님의 傳記를 인용한 전승이어서, 그 내용은 역사적 사실로 믿어 좋을 듯하다. 따라서 擧德寺는 월광태자가 결연하기 이전부터 존재해 왔던 대가야의 사찰이었음을 알 수 있다.

月光太子는 신라 법흥왕 9년(522)에 대가야의 제8대 異腦王과 신라에서 시집온 이찬 比助夫의 누이동생 사이에서 탄생한 아들이었다.[61] 522년의

王二年正月), 玄德門(憲德王五年正月), 武平門(興德王九年正月·景文王元年三月), 尊禮門(憲康王五年二月), 大井門·吐山良門·習比門·王后梯門(祭祀志 四城門祭) 등의 예가 보인다. 李永植,「‘任那日本府’ 關聯氏族의 硏究」,『先史와 古代』4, 1993, 44쪽.

59)『新增東國輿地勝覽』卷30 陝川郡 古蹟, “擧德寺 遺址在海印寺西五里 崔致遠釋順應傳 其西峄兩溪交潏有蘭若號擧德 往古大伽倻太子月光結緣之所云云”.

60)『新增東國輿地勝覽』卷30 陝川郡 佛宇, “月光寺 在冶爐縣北五里 世傳大伽倻太子月光所創”.

61)『三國史記』卷4 新羅本紀4 法興王九年春三月, “加耶國王遣使請婚 王以伊湌比助夫之妹送之.”;『新增東國輿地勝覽』卷29 高靈縣 建置沿革, “又釋順應傳 大

대가야 왕과 신라 왕녀의 혼인은 대가야와 신라가 동맹관계를 맺을 수 있었던 구실이었고, 여기에서 태어난 월광태자는 결혼동맹의 징표가 되었을 것이다. 그러나 이러한 대가야와 신라의 동맹관계는 그리 오래가지 못하였다. 倭 繼體 23년(529) 3월에 일어난 '變服事件' 때문에 신라는 왕녀의 소환을 요구하였고, 이때부터 대가야와 신라는 전쟁관계에 돌입하였다.62) 신라의 소환요구에 대해 대가야 왕은 부부관계를 끊을 수도 없고 자식도 있어 응할 수 없다고 하였으나, 이러한 국가분쟁의 소용돌이에 휘말리게 되었던 월광태자가 擧德寺에서 결연하고 출가하게 되었던 것은 아닐까.63) 다만 출가 시기는 529년 당시에 대가야 왕 스스로가 자식이 있다고 한 점과 당시 월광태자의 나이가 많아야 6세 정도였을 것인 점을 감안한다면 529년보다 조금 이후가 되어야 할 것이다.

이에 비해 月光寺에 대해서는 擧德寺의 경우처럼 「釋順應傳」과 같은 믿을 만한 원전에 의한 것이 아니라, '世傳'과 같은 불확실한 전문에 의지하여 기술된 전승이기 때문에 성급히 역사적 사실로 인정하기는 쉽지 않다. 위의 전승에 따르면 月光寺는 월광태자가 창건한 절이며, 월광태자는 擧德寺에서 처음으로 불교와 인연을 맺었다. 출가한 사람이 사찰을 창건하는데 자신의 이름을 사찰명으로 하였다는 것도 의심스럽고, 현재의 월광사지에는 통일신라의 삼층석탑 2기가 잔존하고 있어 역사적 사실일 가능성은 적어 보인다.64) 신라에 의해 창건되었던 사찰에 월광태자에 관련된

伽倻國月光太子 乃正見之十世孫 父曰異腦王求婚于新羅 迎夷粲比枝輩之女而生太子 則異腦王乃腦窒朱日之八世孫也".

62) 『日本書紀』 繼體 23年 3月, "加羅王이 新羅王女를 맞아 結婚하여 애를 낳았다. 신라가 처음 여자를 보낼 때 百名을 함께 보내어 從者로 삼게 하였다. (加羅王은) 이를 받아 들여 여러 縣에 나누어 안치하고, 신라의 의관을 입도록 하였다. 阿利斯等이 그 變服을 화내 사신을 보내 거둬 들이려 하니, 신라가 크게 부끄러워하여 여자 돌려보내기를 청하면서 '전에 그대의 청혼이 있어 내가 결혼을 허락하였는데, 지금 이와 같으니 왕녀를 돌려보내기를 청한다' 하였다. 加羅己富利知伽가 답해 말하기를 '이미 부부가 되었는데 어찌 헤어질 수 있으며, 아이도 낳았는데 어찌 버리고 가겠는가' 하고 지나는 길에 刀伽・古跛・布那牟羅의 三城을 공략하고 다시 北境의 五城을 공략하였다".

63) 金福順, 앞의 논문, 290쪽.

64) 慶尙南道, 『慶南文化財大觀(國家指定篇)』, 1995, 54~55쪽.

지역적 전승이 덧붙여져 조선시대에 위와 같이 채록되었던 것으로 보는 것이 옳지 않을까 한다. 따라서 月光寺를 대가야의 사찰로 보기 위해서는 보다 확실한 자료의 출현을 기다려야 할 듯하다.

(3) 고고학 자료에 보이는 가야불교

① 고령군 고아동벽화고분 연화문<도면 1>

1963년에 조사되었던 고아동벽화고분에서는 묘실과 천정에 녹색과 적색의 안료로 그려진 8엽 겹의 蓮花文이 십여 개 가량 확인되었다. 연도 천정에 그려진 4개와 현실 천정에 그려진 1개의 蓮花文은 지름 26㎝ 정도의 크기로서 비교적 선명하게 남아 있었으나, 나머지는 안료의 흔적 일부가 확인되는 데 불과하다.[65] 蓮花文이 불교의 이상세계를 표현하는 중요한 상징이라는 점은 새삼 언급할 필요가 없기 때문에, 이 벽화고분의 존재는 대가야에 불교가 전파되었음을 물론, 피장자의 성격 여하에 따라서는 대가야의 지배층에 의해 불교가 수용되었음을 보여주는 자료가 될 수도 있다.

이 벽화고분은 횡혈식 석실묘로 가야의 전통적인 수혈식 석실묘와는 전혀 다른 계통의 분묘형식이다. 원래 횡혈식 석실묘의 기원은 고구려에서 구해지고 있으나, 대가야를 비롯한 가야지역의 횡혈식 석실묘는 북부가야의 경우 백제에서, 남부가야의 경우 신라에서 전파되었을 가능성을 생각하는 것이 일반적이다. 따라서 이 벽화고분의 분묘형식은 멸망기의 대가야가 백제로부터 채용하였을 가능성이 가장 높다.

이 벽화고분의 연화문 역시 고구려와 백제의 벽화고분에서 보이는 것과 근사함이 인정되면서도, 6세기 경의 백제 연화문과 직접적인 계통관계를 갖는 것으로 이해되고 있다. 기존의 연구에 따르면 백제의 와당, 무령왕릉 출토의 托盞과 王妃頭枕, 능산리2호분벽화 등에서 보이는 연화문과 가장 근사하여, 고아동벽화고분의 연화문과 직접적인 영향관계가 상정되는 것

---

65) 金元龍, 「高靈古衙洞壁畵古墳略報」, 『考古美術』 5-3, 1964 ; 金元龍・金正基, 「高靈古衙洞壁畵古墳調査報告」, 『韓國考古』 2, 1967 ; 啓明大學校博物館, 『高靈壁畵古墳調査報告』, 1984 ; 全虎兒, 「伽倻古墳壁畵에 관한 일고찰」, 『韓國古代史論叢』 4, 1992.

<도면 1> 고아동벽화고분 연화문

은 백제의 연화문이라 할 수 있다.66)

이와 같이 묘제상으로나 연화문의 형식으로나, 백제와 직접적인 영향관계를 가지고 있었던 것이 대가야의 벽화고분에서 확인된다면, 불교의 전파 역시 동일한 경로를 상정해 볼 수 있을 것으로 생각한다.

고아동벽화고분은 대개 6세기 중엽 경에 축조되었던 것으로 편년되고 있는데, 이 시기의 대가야는 신라의 군사적 진출에 대응하기 위해 친백제적인 외교노선을 표방하는 세력들이 국정을 주도하고 있었다. 이에 대해서는 이미 상론한 바 있어 생략하지만, 이와 같은 배경을 통해 불교문화가 대가야로 전해졌을 가능성에 대해서만 서술하고자 한다.

5~6 세기경 대가야의 국제관계는 다음과 같이 정리된다. 487년, 513년, 529년에 각각 백제와 군사적으로 충돌하였다. 522년에 신라와 결혼동맹을 맺었으나, 529년에는 결렬되어 전쟁관계에 돌입하였다. 532년 가락국을 통합한 신라가 대가야에 대한 군사적 압박을 강화하자 친백제정책으로 전환하였고, 554년에는 백제의 管山城 탈환전에 참전하였다. 562년에 신라에 의해 멸망되었다.67)

이렇게 볼 때 백제에서 대가야로 불교문화가 전파되었을 가능성이 적극적으로 인정되는 것은 5세기 중후반 이전이나, 530년 경에서 562년까지의 사이가 될 수 있다.

---

66) 全虎兒, 앞의 논문, 173~192쪽.
67) 李永植, 「대가야의 영역과 국제관계」, 『伽倻文化』 10, 1997 ; 「百濟의 加耶進出過程」, 『韓國古代史論叢』 7, 1995.

이와 같은 시대적 배경에서 대가야에 불교가 전파되었을 가능성은 다음과 같이 두 가지로 생각해 볼 수 있다.

첫째, 중국의 남제에서 전파되었을 가능성이다. 479년(建元 元年)에 대가야 왕(加羅王) 荷知는 중국의 南齊에 사절단을 파견하여 외교교섭을 전개하였다.

> 加羅國은 三韓의 종족이다. 建元 元年에 국왕 荷知가 사신을 보내어 조공하였다. 詔를 내려 말하기를 "도량을 넓혀 비로소 등극하니 먼 오랑캐에 교화에 미쳤다. 加羅王 荷知가 바다 밖에서 찾아와 동쪽 변두리에서 폐백을 바쳤다. 가히 輔國將軍本國王을 제수할 만하다"고 하였다.68)

5세기 후반의 대가야는 삼한시대에 弁辰의 소국들이 漢郡縣과 통교하면서 依幘・印綬와 함께 邑君・邑長 등의 칭호 수수를 통해 冊封을 받았던 예를 제외한다면, 가야 제국 중에서는 유일하게 독자적으로 동아시아의 책봉외교 무대에 등장하였다. 위의 기사에서 보이는 것과 같이 대가야의 사절단은 조공외교의 관례대로 대가야의 토산품을 南齊에 바쳤고, 南齊는 당시의 선진문물로 답례하였을 것이며, 타국의 예에서 볼 때 불교와 관련되는 물품이 南齊가 답례했던 선진문물에 포함되었을 가능성은 매우 크다. 더구나 당시의 대가야 왕은 加耶琴十二曲의 제작동기에 대해 "여러 나라의 방언이 각기 다르니, 어찌 소리를 일정하게 할 것이냐"라고 밝히고 있다.69) 이것에서 대가야 왕이 음악을 통해 가야 제국에 대한 결속력을 강화하고자 했었던 의도를 읽을 수 있다. 따라서 가야 제국을 통합해 갈 여러 가지 수단을 필요로 하고 있었던 대가야 왕에게 가야 제국의 여러 토속적 신앙 위에 초월적으로 자리할 수 있는 불교는 안성맞춤이었을 것이다.

둘째는, 백제로부터 전파되었을 가능성이다. 554년에 대가야는 백제와

---

68) 『南齊書』 卷58 列傳39 東南夷, "加羅國三韓種也 建元元年 國王荷知使來獻 詔曰 量廣始登 遠夷洽化 加羅王荷知 款關海外 奉贄東遐 可授輔國將軍本國王".

69) 『三國史記』 卷32 雜誌1 樂 加耶琴條, "羅古記云 加耶國嘉實王 見唐之樂器而造之 王以謂諸國方言各異聲音 豈可一哉." 李永植, 앞의 논문, 1997, 94~95쪽.

함께 신라를 상대로 하는 管山城 탈환전에 참가하였다. 이는 시기적으로 벽화고분의 조영시기와 겹치고 있다. 같은 시기에 백제가 왜에 대해 원병을 요청하던 패턴에 비추어 볼 때, 백제로부터 대가야에 불교문화가 전파되던 시기로 상정할 수 있을 것이다. 552년에 백제가 왜에 불교를 전파했던 사실은 너무도 유명하다. 그러나 이 때의 불교전파는 553년에 확인되는 것처럼, 백제가 왜의 원병을 이끌어내기 위하여 반대급부적으로 행해졌던 선진문물 공여의 일환이었다.[70]

그렇다고 할 때 백제의 요청으로 管山城 전투에 참전하게 되었던 대가야에도 불교를 포함하는 선진문물의 공여가 이루어졌을 가능성이 크다고 볼 수 있다. 고아동벽화고분의 연화문은 이러한 배경에서 백제로부터 대가야에 전파된 불교를 보여주는 물적증거가 된다.

② 합천군 옥전 M3호분 출토 연화문장식<도면 2>

가야 제국의 하나였던 多羅國의 중심 고분군으로 주목되고 있는 합천군 多羅里의 옥전고분군에서도 연화문이 확인되고 있다. 옥전고분군 M3호분에서는 높이 2cm, 직경 1.8cm 가량의 청동제 연화문 장식이 피장자 머리 쪽의 말투구 아래에서 출토되었다. 이 청동제 연화문 장식은 윗 면에 8엽의 연화문이 돌려 있고, 연화문의 중심에는 고리 모양의 꼭지가 붙어 있다. 옆면에는 돌아가며 연꽃잎이 내려뜨려져 있으며, 아랫단은 반쯤 핀 듯한 연꽃 봉오리와 같이 표현되었다.[71]

M3호분은 금과 은으로 제작된 4자루의 環頭大刀를 비롯한 출토유물의 화려함으로 보아 多羅國 최고지배자의 고분으로 추정하는 데 부족함이 없다. 반면에 연화문장식은 청동제로서 크기로 보나 소재로 보나 금은의 환두대도를 따라가기는 어렵다. 따라서 환두대도의 경우와 같이 多羅國 이

---

70) 『日本書紀』 欽明 13年 10月, "百濟 聖明王(聖王이라고도 한다)이 西部姬氏達率 怒唎斯致契 등을 보내, 釋迦佛金銅像과 幡蓋와 經論 약간을 바쳤다." ; 『日本書紀』 欽明 14年 正月, "百濟가 上部德率科野次酒와 杆率禮塞敦 등을 보내 軍兵을 청하였다." 金鉉球, 『大和政權の對外關係研究』, 吉川弘文館, 1985, 14~65쪽 ; 李永植, 『加耶諸國と任那日本府』, 吉川弘文館, 1993, 322~324쪽.

71) 慶尙大學校博物館, 『陜川玉田古墳群Ⅱ』, 1992, 173쪽.

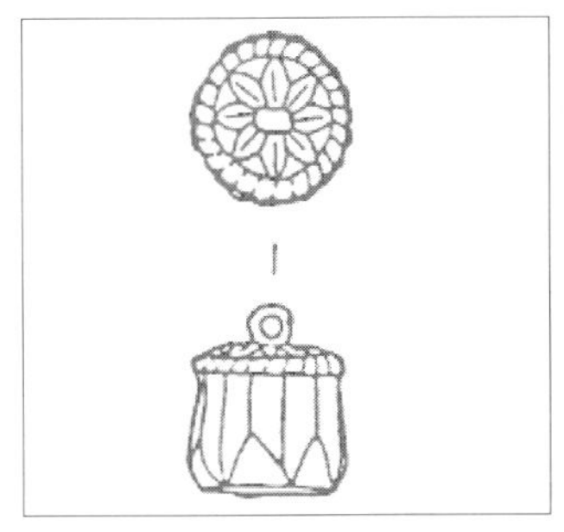

<도면 2> 옥전 M3호분 연화문장식

외에서 제작되어 수입되었을 가능성은 없는 듯하다. 그렇다고 할 때 이 연화문장식은 多羅國에서 만들어졌다고 보는 것이 타당할 것이고, 多羅國의 지배층이 불교에 대한 지식을 갖추고 있었다고 볼 수 있을 것이다.

M3호분은 대개 5세기 후반에 조영된 것으로 보고되고 있다. 따라서 5세기 후반에 多羅國에서 연화문이 구사되었다면 앞에서 살펴보았던 고령의 고아동벽화고분에 비해 약 반세기 가량 빠른 대가야권의 불교자료가 될 수 있을 것이다. 더구나 대가야 왕이 우륵에게 작곡시켰던 가야금 12곡명 중 下加羅都가 합천으로 비정될 수 있다면,[72] 上加羅都인 고령지역과의 긴밀한 유대관계를 전제로 하지 않을 수 없다. 이 지역의 불교문화가 대가야를 통해 전파되었을 가능성을 생각케 한다.

4) 안라국 관련의 불교자료

(1) 고고학 자료에 보이는 가야불교

① 함안 도항리 8호분 출토 연화문장식 금동판<도면 3>

함안 도항리 8호분에서 출토된 연화문장식 금동판은 安羅國에 관련되는 가야불교의 자료가 될 수 있다. 두께 3㎜ 내외의 금동판에 7엽 겹의 연화문을 선각으로 정교하게 새기고 도금한 이 유물은 본래 연화문의 1/3 가량의 잔편으로 출토되었다. 연화문의 꽃잎은 겹으로 구성되어 있는데, 아주 작은 파편이어서 유물의 전체적 형태를 알기는 어렵다. 그러므로 그 용도나 성격을 짐작하기도 어렵다. 다만 전북 익산 익점리1호분에서 출토된 것과 같은 관식의 일부이거나 피장자의 외모를 장식했던 금공품의 일종으로

---

72) 白承忠『加耶의 地域聯盟史研究』, 부산대학교 박사학위논문, 1995, 208~211쪽 ;
李永植, 앞의 논문, 1997, 90~96쪽.

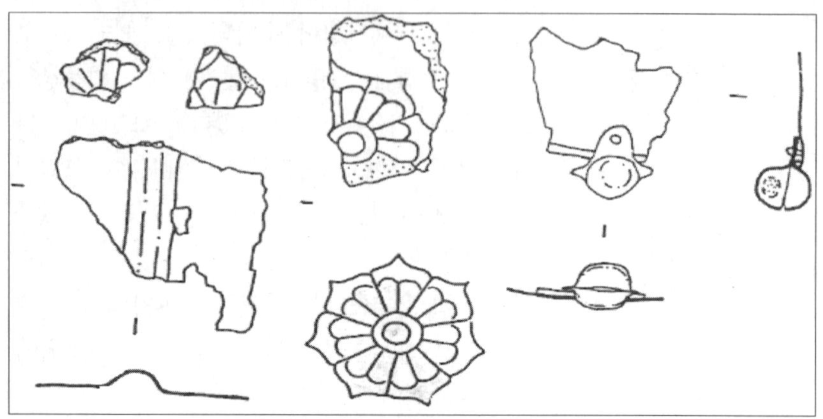

<도면 3> 도항리 8호분 연화문장식

생각되고 있다.[73] 도항리 8호분은 5세기 후반 경의 安羅國 최고지배자의
분묘로 추정되고 있다.[74]

② 함안 도항리 암각화고분 출토 금동제대금구<도면 4>

함안 도항리의 암각화고분에서 출토된 金銅製帶金具에는 점선으로 화
염문이 타출되어 있는데, 나주 번남면 신촌리9호분에서 출토된 乙冠의 金
銅冠帽側板에 점선으로 타출된 側示蓮花文과 유사한 형태이다. 이러한 側
示蓮花文은 5~6세기 경의 舞踊塚이나 장천1호분과 같은 고구려 벽화고
분에서 확인되고 있다.[75] 암각화고분은 6세기 전반으로 편년되고 있다.[76]

---

73) 李柱憲, 「토기로 본 安羅와 新羅 - 古式陶質土器와 火焰形透窓土器를 중심으
로 - 」, 『加耶와 新羅』(제4회 가야사학술회의자료집), 金海市, 1998, 63~64쪽.
74) 昌原文化財研究所, 「咸安道項里古墳群 發掘調査」(第3次 年度 會議資料), 1994.
75) 李柱憲, 앞의 논문, 65쪽. 다만, 이 논문에서는 함안지역에서 출토되고 있는 5세기
경의 火焰形透窓高杯를 불교적 유물로 주장하고 있으나, 일반인까지도 쉽게 공유
할 수 있는 토기에 불교적 색채를 반영시켰다고는 생각하기 어렵다. 고대왕국에
서 불교가 국가적으로 수용되는 것은 여러 경쟁집단의 샤마니즘적인 神들 위에
초월적으로 군림하겠다는 의지의 표상이기도 하다. 그렇기 때문에 불교 관련의
중요한 유물들이 금이나 은, 유리와 같이 특정의 집단만이 독점할 수 있는 것을
표현의 소재로 삼고 있는 것이다. 아무리 세련된 도질토기라 하여도 이와 같은 의
미에는 부합하기 어려울 것으로 생각한다.

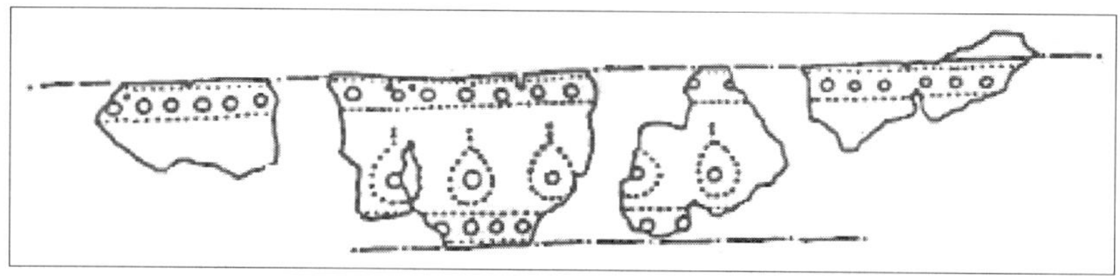

<도면 4> 도항리 암각화고분 대금구

위에서 제시한 두 종류의 고고학 자료가 安羅國의 지배층 분묘에서 출토될 수 있었던 역사적 배경을 생각하는 데는 『일본서기』가 전하는 이른바 '任那復興會議' 관련 기록이 참고가 될 듯하다. 6세기 전반경 안라국은 가야 제국의 대표자들을 불러모아 백제와 외교교섭을 벌이고 있었다.[77] 그러한 가운데 『日本書紀』 欽明 2년(544) 4월과 6년 9월에 각각 2회에 걸쳐, 백제는 미온적인 가야 제국을 회유하고자 安羅國에 모여있는 대표자들에게 '吳의 財物'을 보냈음이 기록되고 있다.[78]

이 '吳의 財物'은 백제가 중국의 남조와 외교교섭에서 얻어진 선진문물로서, 經典을 포함하는 불교관련의 문물들도 포함되어 있었다고 보여진다.[79] 백제가 가야 제국에 분배하였다는 '吳의 財物'에는 중국 남조의 불교

---

76) 昌原文化財研究所, 『咸安岩刻畵古墳』, 1996, 92쪽.

77) 李永植, 「六世紀 安羅國史 研究」, 『國史館論叢』 62, 1995 참조.

78) 『日本書紀』 卷19 欽明 2年 4月, "安羅 次旱岐 夷呑奚·大不孫·久取柔利, 加羅 上首位 古殿奚, 卒麻 旱岐, 散半奚 旱岐兒, 多羅 下旱岐 夷他, 斯二岐 旱岐兒, 子他 旱岐 등은 '任那日本府'인 吉備臣과 함께 백제로 가서 倭王의 뜻을 듣고 현안을 논의하였다. 任那旱岐들은 任那復興이 百濟王의 뜻에 달렸음을 인정하였으나, 卓淳·啄己呑·加羅와 같이 신라에 멸망될 것을 두려워하고 있었다. 聖明王은 과거 速古王과 貴首王代에 맺었던 安羅·加羅·卓淳 등과의 우호관계를 회고한 다음, 新羅의 任那侵入에 대처하기 위하여 '任那日本府'와 맹약을 맺었다. 또한 倭에 원조를 요청하면서 新羅가 침략하면 구하겠다는 의사를 표하였다. 百濟가 加耶諸國王과 '日本府'에 선물하였다."; 『日本書紀』 卷19 欽明 6年 9月, "百濟가 中部護德菩提를 任那에 보내 吳의 財物을 日本府와 加耶諸國의 旱岐들에게 차등있게 나누어 주었다".

79) 日本古典文學大系, 『日本書紀』下, 岩波書店, 1965, 92쪽 ; 『梁書』 東夷傳 百濟條, "中大通六年 大同七年(541년) 累遣使獻方物 並請涅槃等經義 毛詩博士 並工匠畵師等 敕並給之".

관련 경전이나 불구들이 포함되었을 가능성이 충분히 있다.

또한 『日本書紀』는 欽明 13년(552) 10월에는 백제가 처음으로 倭國에 불교를 전파했다고 기록하고 있다.[80] 이를 계기로 倭國의 주된 외교교섭의 상대는 가야 제국에서 백제로 바뀌어 가게 되지만, 가야 제국은 백제에 앞서 倭國과 외교교섭의 전통을 가지고 있었다.[81] 그럼에도 불구하고 정작 倭國에 처음으로 불교를 전파했던 것은 가야가 아니라 백제였다. 이것은 6세기 경에는 가야 제국에도 불교가 전파되어 있었을 것이지만, 백제가 중국 남조와의 지속적인 교섭을 통해 확보하고 있었던 불교관련의 물품들보다는 뒤떨어지는 것이었고, 가야 제국의 불교신앙이 그다지 융성하지는 않았음을 보여 주는 증거가 될 수도 있다. 그러나 이러한 기록들은 함안지역에서 출토되었던 불교자료의 계통이나 내용을 추정하는 데 전제가 될 수는 있다고 생각한다.

(2) 고미술자료에 보이는 가야불교

① 延嘉七年銘金銅如來立像

1963년 7월 16일 경남 의령군 대의면 하촌리 산 40번지의 도로변에서 延嘉七年의 명문을 가진 고구려의 금동여래입상이 출토되었다.[82] 동민들과 함께 도로공사에 참가하고 있던 강갑순씨 모자는 도로에서 10여 미터 떨어진 돌무더기에서 금동여래입상을 발견하였다. 폭 30㎝, 길이 40㎝, 깊이 30㎝ 가량의 석실 안에 누운 상태로 안치되어 있었으나, 다른 시설은 전혀 없었고, 그 일대에도 寺址와 같은 유구는 전혀 발견할 수 없었다고 한다. 금동여래입상이 발견된 돌무더기는 산사태로 산에서 도로쪽으로 흘러내린 것인데, 이 사태는 아무리 오래되어도 백년 이상은 안 되어 보인다고 한다. 더구나 가야시대부터 매장되어 있었던 것이라면 녹으로 뒤덮혀 있거나 손

---

80) 『日本書紀』 欽明 13年 10月, "百濟聖明王 遣西部姬氏達率怒唎斯致契等 獻釋迦佛金銅像一軀·幡蓋若干·經論若干卷".

81) 李永植, 앞의 책, 1993, 105~132쪽 ; 「百濟의 加耶進出過程」, 『韓國古代史論叢』 7, 1995.10.

82) 黃壽永, 「國寶 延嘉七年銘 金銅如來立像」, 『考古美術』 5-1, 1964.1.

상이 있을 만도 한데 그렇지 않았다. 그렇기 때문에 한국동란 중 함안전선에 침입한 북한군이 이 일대에 장시일 주둔하였던 사실을 들어 가야시대에 매장되었을 가능성에 대해 회의적인 의견이 제시된 바도 있다.[83]

출토경위를 둘러싼 논의는 더 이상 진전될 수가 없다. 주변에 대한 본격적인 발굴조사가 진행되기 이전에는 소모적일 뿐이다. 여기에서는 539년(延嘉 七年)[84]에 제작된 고구려 금동여래입상이 安羅國의 옛 터인 함안의 가까운 지역[85]에서 발견될 수 있었던 역사적 배경에 대해서만 정리해 두고자 한다.

이 금동여래입상은 높이 16.2㎝ 정도로 臺座·佛身·光背가 함께 주조된 것으로, 光背의 뒷면에 4행 47자의 명문이 새겨져 있다.

延嘉七年歲在己未高麗國樂浪
東寺主敬弟子僧演師徒卅人共
造賢劫千佛流布第卅九因現義
佛比丘法頻所供養[86]

---

83) 朴敬源,「延嘉七年銘 金銅如來像의 出土地」,『考古美術』5-6·7, 1964.7.

84) 延嘉七年을 599년으로 보는 언급도 있었으나, 현재는 539년으로 보는 것이 일반적이다. 黃壽永,「高句麗延嘉七年銘金銅如來立像」,『美術資料』8, 1963 ; 앞의 논문, 1964.1 ; 朴敬源, 앞의 논문, 1964.7 ; 金元龍,「延嘉七年銘 金銅如來像 銘文」,『考古美術』5-9, 1964.9 ; 尹武炳,「延嘉七年銘 金銅如來像의 명문에 대하여」,『考古美術』5-10, 1964.10 ; 손영종,「금석문에 보이는 삼국시기의 몇 개 년호에 대하여」,『력사과학』1966-4 ; 田中俊明,「高句麗の金石文」,『朝鮮史研究會論文集』18, 1981 ; 徐永大,「延嘉七年銘 金銅光背」,『譯註 韓國古代金石文Ⅰ』, 한국고대사회연구소, 1992 ; 文明大,「伽耶美術史 研究의 課題」,『先史와 古代』4, 1993 ;『국립중앙박물관』, 통천문화사, 1986, 100쪽.

85) 경남 의령군은 대개 함안에서 가까워 안라국의 권역으로 이해하는 것이 일반적이다. 그러나 금동여래입상이 출토된 하촌리는 합천의 삼가면에서 불과 5㎞밖에 되지 않으며, 함안에 인접해 있는 의령군에서도 자굴산을 넘은 반대편에 위치하고 있어 자연 지리적으로는 합천군 삼가면과 연결되는 지역으로 보는 것이 타당할 것이다. 더구나 의령군은 대가야왕의 명령에 따라 가야금 12곡을 작곡했던 于勒의 출신지이기도 하다. 따라서 대가야권으로 인식하는 것이 무리는 없겠으나, 고구려와의 관계를 생각해 보는 이 글에서는 일단 안라국의 권역으로 취급해 보기로 한다.

86) 여기 제시하는 원문과 번역문은 주로 徐永大의 석문과 번역을 따랐으나, 2행의

539년(延嘉 7년)에 高句麗 樂良東寺의 住持인 敬과 그 제자인 僧 演을 비롯한 師弟 40인이 함께 賢劫의 千佛을 만들어 세상에 유포하기로 하고 그에 따라 29번 째로 만든 因現義佛이 이 금동여래입상이라는 것이다. 과연 539년에 고구려의 평양에서 제작된 불상이 어떻게 가야 제국의 옛 터인 경남지역에서 발견될 수 있었을까?

이러한 가능성에 대해서는 5세기말~6세기 중엽에 安羅國이 고구려와 내통하였다고 비난하는 백제 성왕의 비난에서 추정해볼 수 있을 것 같다. 『日本書紀』顯宗 3년(487)조에 따르면, '任那'가 고구려와 내통하여 고구려와의 백제의 변경에서 백제의 변장을 살해하고, 백제의 후방보급로를 차단하였다고 한다.87) 또한『日本書紀』欽明 9년(548) 4월조에 따르면, 백제의 성왕은 고구려가 백제의 馬津城-獨山城88)을 공략하였던 것은 安羅國의 권유가 있었다고 한다.89)

끝 字로 '共'을 보입하고, 4행의 첫 字로 된 '義'를 3행의 끝에 배열한 것은 黃壽永의 석문에 의하였다. 黃壽永, 「延嘉七年銘金銅如來立像」, 『韓國金石遺文』, 一志社, 1976, 236쪽 ; 徐永大, 「延嘉七年銘 金銅光背」, 『譯註 韓國古代金石文 I』, 駕洛國史蹟開發院, 1992, 126~129쪽.

87) 『日本書紀』顯宗 3年, "是歲, 紀生磐宿彌가 任那를 근거로 高句麗와 통하였다. 장차 三韓의 왕 노릇을 하려고 '官府'를 정비하고 스스로를 '神聖'이라 칭하였다. 任那의 左魯那奇他甲背 등의 계책을 이용하여 백제의 適莫爾解를 爾林(爾林은 고구려 땅이다)에서 살해하고, 帶山城을 쌓아 東道를 봉쇄하고 군량을 나르는 나루를 끊어 軍을 곤궁케 하였다. 백제왕이 크게 노하여 領軍古爾解·內頭莫古解 등을 파견하여 무리를 이끌고 帶山을 공략하도록 하였다." 李永植, 앞의 논문, 1995.

88) 『三國史記』卷26 百濟本紀4 聖王 26年 春正月, "高句麗王平成與濊謀 攻漢北獨山城".

89) 『日本書紀』欽明 9年 4月, "…… 馬津城 전쟁(正月 辛丑日에 고구려가 무리를 이끌고 馬津城을 포위하였다)의 포로에 의하면 安羅國과 日本府가 高句麗를 끌어 들였다는데, 일을 미루어 보면 있음직한 일입니다. …… 倭王이 말하기를 백제의 말과 같이 日本府와 安羅가 이웃 나라의 어려움을 구하지 않는 것은 나도 머리를 잃는 일입니다. 그러나 그들이 몰래 高句麗에 사신을 보냈다는 것은 믿기 어렵습니다." 李永植, 「六世紀 安羅國史 研究」, 『國史館論叢』 62, 1995에서는 동일한 전투를 기록하고 있는 『三國史記』에 安羅의 활동이 전혀 보이지 않는 점, 당시 安羅에서 고구려로 통하는 교통로가 백제나 신라에 의해 차단되고 있었던 점을 근거로, 安羅와 高句麗의 적극적 교섭을 부정하면서, 백제의 외교적 주장의 의미를 강조하였으나 여기에서는 다시 그 가능성을 전혀 배제할 필요는 없을 것

  물론 위의 두 가지 전승조차 그 역사적 사실성을 곧바로 믿을 수 없는 부분도 있으나, 현존의 문자기록에 의하는 한 참고는 될 수 있을 것으로 생각한다. 따라서 延嘉七年銘金銅如來立像의 출토에 관한 의혹이 극복되고,[90]『日本書紀』가 전하는 내용이 어느 정도의 역사적 사실을 반영하고 있다고 있다고 인정한다면, 安羅國의 최고지배층 분묘에서 출토되고 있는 가야불교의 연원은 고구려로 볼 수 있는 가능성이 있다 할 것이다.[91]

3. 맺음말

  이상은 가야불교의 전파 및 수용에 대해 논할 때 언급되는 문자기록과 약간의 고고학 자료에 대한 검토이다. 서술한 바와 같이 駕洛國의 건국연대와 같이 이른 시기의 것으로 기록된 불교전파의 전승들은 역사적 사실로 믿기 어려우나, 가락국 제8대 銍知王에 의한 452년의 創寺는 역사적 사실로 보아 좋을 것이다. 또한 대가야나 안라국의 권역으로 포함되는 고령·합천·함안지역 등에도 5세기 중엽 경에 가야불교가 존재하였음은 분명히 확인되며, 5세기 전반 경의 전파를 추정해 볼 수 있었다.

  대개 이러한 시기는 신라에 불교가 전파되기 전이나, 거의 동시에 가야제국에도 불교는 전파되었고, 가락국·대가야·안라국의 경우에는 지배층에 의해 수용되었던 것으로 보여진다. 또한 이러한 가야불교가 전파되었을 경로에 대해서는 중국 남조나 백제 또는 고구려의 경우를 상정하여 보았다. 가야 제국의 역사가 그렇듯이 단일한 전파경로를 상정하는 것보다는 몇 가지의 경우를 고려하는 것이 좋을 듯하다.

  그러나 불교가 수용된 후 가락국은 불과 70여 년이 지나지 않아 멸망했

  으로 생각하고 있다.

90) 文明大,「伽倻美術史研究의 課題」,『先史와 古代』4, 1993, 65~67쪽에서는 延嘉七年銘金銅如來立像이 가야시대에 고구려에서 전래되었고, 가야사찰에 봉안되어 있었다가 가야 멸망시에 매장된 것으로 추정하였다.

91) 李柱憲, 앞의 주 73) 논문, 63~67쪽.

기 때문에 가야불교가 발전할 수 있는 시간이 너무나 짧았다. 백제와 같이 倭國에 불교를 전파해 줄 정도도 되지 못하였다. 김해지역에서 가야시대에 해당하는 불교의 흔적이 좀처럼 확인되지 않는 이유가 이러했을 것이다. 이러한 상황은 대가야나 안라국의 경우도 크게 다르지 않았을 것이다. 다만 가락국의 김해지역에 비해 대가야와 안라국의 고령·합천·의령·함안 지역에서는 약간이나마 가야불교에 관련된 물적 증거를 남기고 있다. 각각의 유물이나 유적이 남을 수 있었던 개연성의 문제도 있겠지만, 가락국에 비해 30~60여 년 가량 길게 가야불교로서 뿌리를 내릴 수 있었던 결과로 추정해 볼 수도 있지 않을까 한다.

加耶諸國의 사회발전단계

권 오 영[*]

1. 머리말

1980년대 이후 고고학적 발굴조사의 급증 속에서 가야사 연구는 새로운 국면에 접어들게 되었다. 식민사학에서 비롯된 임나일본부설, 이에 대한 반박논리에서 개발된 삼한·삼국의 분국론, 빈약한 문헌자료에 기초한 피상적인 이해에서 벗어나 가야사회 자체의 발전과정과 그 수준에 대한 심도 있는 논의가 이루어지기 시작한 것이다.

고고학과 역사학 양 분야에서 이루어진 연구는 서로 보족적인 경우도 있었으며 때로는 상치된 입장이 표명되기도 하였다. 역사학자들의 고고자료에 대한 편의적 선택, 혹은 고고학자들에 의한 문헌 내지 고대사연구 성과에 대한 자의적 해석도 종종 노출되었다. 특히 가야사회를 고구려·백제·신라와 비교하여 그 발전수준을 가늠할 때 연구자 간의 다양한 시각차가 부각되고 있다. 이 글은 고고학과 고대사 양 방면에서 이루어진 가야의 사회발전 수준에 대한 지금까지의 논의내용을 정리하고 간단하게나마 앞으로의 연구방향을 전망하는 데에 그 목적이 있다.

가야사회를 이해하는 데 있어서 우선 부딪히는 문제는 그 시간적 범위이다. 하한은 고령의 대가야(가라)가 신라에 통합된 562년으로 보는 데에 이견이 없으나 문제는 상한이다.

가야사의 시간적 상한에 대한 심도 있는 논의는 주보돈에 의해 이루어졌다.[1] 3세기 이전의 변한사회와 4세기 이후의 가야사회를 어떻게 이해할 것인가에 대한 고민 속에서 그는 변한사를 가야사의 일부로 포함시키는 입장을 前期論, 양자를 분리하는 입장을 前史論으로 명명하고 스스로 前史論을 택하고 있다. 이후 이에 대한 찬반논의가 일고 있다.

전기론과 전사론의 차이는 변한사회에 대한 인식은 물론이고 가야사의 발전단계에서 중대한 획기를 어디에 두는가 하는 문제와 직결된다. 전사론자들은 전기론이 구야국 중심의 제한된 시각에서 변한의 역사를 보게 하는 문제점을 지적하고 있다.[2] 이러한 고민 속에서 변한을 가야전기에 포함시키는 전기론과 달리 3세기 후엽~5세기 전엽을 김해 중심의 가야 전기로, 5세기 후엽~6세기 중엽을 고령 중심의 가야 후기로 구분하는 견해가[3] 표명되었다.

반면 전기론자로 분류된 金泰植은 한국 고대사회의 발전과정에서 보편적 획기로 인정되고 있는 3세기 말~4세기 초라는 시점은 가야사에서는 변한의 해체 및 가야사의 시작이 진행된 단절의 시기가 아니라 3세기 경부터 성립된 狗邪國 중심의 소국연맹체가 보다 강화되어간 발전의 시기로 보고 있다. 그는 전사론이 가야사의 특수성을 부정한 점에서 많은 문제를 안고 있다고 비판하고 廣開土王 南征을 기점으로 한 4세기 말~5세기 초를 대변동기로 삼아 이전과 이후를 각각 전·후기로 명명하여야 한다고 주장한다.[4] 사실 전사론의 전기론 비판이 많은 설득력을 가지고 있지만 변한과 가야의 계기성과 연속성을 소홀히 하여 가야사를 단층적으로 이해하게 한 점에서 약점이 있는 것은 사실이다.

전기론자와 전사론자를 망라하여 가야사회의 발전단계에 대한 견해는 매우 다양한데 1980년대까지의 논의는 김태식에 의해 상세히 정리된 바

---

1) 朱甫暾, 「加耶史의 새로운 定立을 위하여」, 『加耶史硏究』, 1995, 慶尙北道.
2) 南在祐, 『安羅國의 成長과 對外關係 硏究』, 성균관대학교 박사학위논문, 1998, 29쪽.
3) 朴天秀, 「大伽耶の國家形成」, 『東アジアの古代文化』 90, 1997a, 105쪽.
4) 金泰植, 「加耶聯盟體의 性格 再論」, 『韓國古代史論叢』 10, 2000a, 160~161쪽.

있다.[5] 이 글에서는 그 작업을 기초로 하여 1990년대 이후 개진된 다양한 견해와 고고학계에서의 논의를 중심으로 정리하고자 한다. 정리 방식은 연맹체개념의 적용 여부, 가야사회 집권력의 강도, 무덤 등 고고학적 자료에 나타난 위계화의 실상 등을 중심으로 하고자 한다.

2. 연맹체의 개념과 성격

1) 연맹의 개념

한국 고대사의 발전단계 내지 정치형태와 관련된 연구에서 연맹이란 개념은 매우 자주 사용되고 있으면서도 그 의미에서 다양한 편차를 보이고 있다. 이에 대해서는 크게 사회발전단계로 보는 견해와 정치형태로 보는 견해로 나눌 수 있다.[6]

한편 마한·진한과 달리 변한은 4~5세기까지 소국연맹체 수립에 실패하였다는 견해,[7] 가야사회의 발전과정은 군장사회→도시국가의 과정을 밟았으며 연맹의 형성은 이루어지지 않았다는 견해,[8] 연맹이란 용어의 사용 자체에 대해 비판적인 입장도[9] 있다.

연맹의 개념에 대해서는 "동일한 군사 외교적 처지에서 공동의 이익을 위해 결합구조를 가지는 것"이고 지역연맹체는 "일정한 지역을 중심으로 복수의 소국이 결합한 형태의 연맹체"라는 정의가 내려진 바 있다.[10]

---

5) 金泰植,「加耶의 社會發展段階」,『한국 고대국가의 형성』, 한국고대사연구회, 1990, 52쪽의 표 참조.

6) 朱甫暾, 앞의 논문, 1995, 35쪽.
   반면 김태식은 이러한 二分論에 대해 연맹의 개념은 양쪽 모두에 적용될 수 있다고 보고 있다(金泰植, 앞의 논문, 2000a, 167쪽).

7) 李賢惠,『三韓社會形成過程研究』, 一潮閣, 1984, 182~183쪽.

8) 이영식,「加耶諸國의 國家形成問題」,『白山學報』32, 1985.

9) 金瑛河,「고대국가의 형성과 사회성격」,『한국역사입문 1』, 한국역사연구회, 1995 ; 南在祐, 앞의 박사학위논문, 1998.

10) 白承玉,『加耶 各國의 成長과 發展에 관한 研究』, 부산대학교 박사학위논문, 2001, 49쪽.

연맹이라는 개념을 사용하는 경우에도 구체적으로 어느 단계부터, 혹은 어느 정치체에 대해 사용하는가에 따라 다양한 편차가 존재한다. 가야 제국 중 고령의 대가야가 가장 발달된 수준에 도달하였음은 대부분의 연구자들이 동의하고 있다. 李熙濬·朴天秀는 대가야연맹을 영역국가로 간주하면서 고대국가 수준에 접근한 것으로 보고 있고, 盧重國·白承忠 등은 部體制의 성립까지는 인정하면서 일정한 한계를 지적하고 있으며, 김태식은 部體制 단계에 진입하지 못한 것으로 간주한다.

안라국에 대해서는 가야사의 전 기간을 통해 유력한 정치체였음이 인정되지만 그 발전수준에 대해서는 연구자 간 입장차이가 노출된다. 이러한 차이는 가야사에서의 연맹을 인정하는 입장과 인정하지 않는 입장에 따라 구분되는 것도 아니다. 가야연맹을 인정하는 권주현은11) 안라국의 정치적 발전단계가 고대 율령국가체제의 전단계라고 보았으며, 연맹부정론자인 南在祐도12) 안라가 가라와 대등한 발전수준을 보인다고 주장하였다. 근거로는 6세기 對倭교섭에 백제, 신라, 伴跛와 더불어 참여한 점, 성왕주도의 사비회의에서 가라를 능가하는 외교활동을 보인 점, 국명에 신라와 마찬가지로 영역의 개념을 내포하는 "羅"가 포함된 점, 도항리-말산리고분군의 우월함, 『梁職貢圖』의 前羅를 안라로 간주하면서 유력세력으로 인정한 점, 稱王과 下旱岐에서 관찰되는 지배층의 분화현상 등을 들었다. 따라서 안라국의 발전수준은 연맹보다는 영역국가 단계에 진입하였다고 본 것이다. 반면에 이성주는 대가야는 토기양식, 매장의례 등에서 외형적 팽창이 두드러지지만 안라국은 공간적 규모로 진화하지 않았음을 지적함으로써 안라국의 성장의 한계를 지적하고 있다.13)

김해세력이 가야후기단계에도 의연히 강력한 존재였다고 보는 견해는 드물며14) 대개는 3~4세기대에 관심이 모아지고 있다. 홍보식은 김해세력

---

11) 權珠賢, 「阿羅加耶의 成立과 發展」, 『啓明史學』 4, 1993.

12) 南在祐, 앞의 박사학위논문, 1998, 120쪽.

13) 李盛周, 「考古學을 통해 본 阿羅加耶」, 『考古學을 통해 본 加耶』, 2000, 74쪽.

14) 김해세력이 6세기까지도 의연히 경제적·정치적으로 중요한 위치를 점하고 있었다는 견해도 만만치 않다.
    權鶴洙, 「加耶諸國의 相互關係와 聯盟構造」, 『韓國考古學報』 31, 1994.

이 3세기 후반 경에는 소국단계를 벗어나 초기국가로 발전하였다고 보며 그 구체적인 내용은 김해와 부산세력이 결합된 소국연맹국가라고 보고 있다.[15] 김해와 부산이라는 지역 단위의 연맹을 상정한 점에서 일종의 지역연맹체론에 포함시킬 수 있을 것이다.

이렇듯 가야사회의 발전수준에 대한 논의가 연맹의 존재여부 및 그 성격에 집중되자 김태식은 자신의 입장을 재정리하게 되었다. 그는 한때 단순군장사회 → 복합군장사회 → 군장사회 최고수준이라는 발전도식을 상정한 적이 있었으나[16] 곧 입장을 변경하게 된다. 일반적으로 정치체의 발달은 소국 → 소국연맹체 → 부체제의 과정을 거치는데[17] 변진 12국은 김해 구야국을 중심으로 통합되어 변한소국연맹＝전기가야연맹을 형성하였으며 그 시기는 2세기 후반~3세기 전반이라고 한다.[18]

가야후기의 연맹체에 대한 견해는 훨씬 유연하여져서 하나의 단일 연맹체의 외형을 갖추더라도 그 내부에 다시 몇 개의 정치체로 나뉘어 상호 견제할 수 있는 분절체제는 존재할 수 있는 것으로 보고 있다. 이런 점에서 6세기 중반의 이른바 任那復興會議(泗沘會議) 당시 가야연맹의 제국은 정치적으로 분리되어 대가야와 안라가 南北二元體制를 이루고 있었음을 인정한다. 하지만 보다 중요한 사실은 신라가 가야를 하나의 정치체로 인정한 점이며 이는 가야 제국이 정치적, 문화적으로 오랫동안 하나의 연맹체를 이루고 있었기 때문에 나타난 현상으로 보고 있다.[19]

2) 연맹체의 범위

연맹체의 존재를 인정하는 연구자들도 가야 연맹체가 전체 가야사회를 포괄한 연맹을 구성하였다는 입장(단일연맹체설)과 그렇지 못하다는 입장의

---

15) 洪潽植, 「考古學으로 본 金官加耶」, 『考古學을 통해 본 加耶』, 2000.
16) 金泰植, 앞의 논문, 1990, 102~103쪽.
17) 김태식, 「加耶聯盟體의 部體制 成立與否에 대한 小論」, 『韓國古代史硏究』 17, 2000b, 293쪽.
18) 金泰植, 「加耶聯盟의 諸槪念 比較」, 『加耶諸國의 王權』, 1997, 27~28쪽.
19) 金泰植, 위의 논문, 35~38쪽.

차이가 있다.

단일연맹체론자라고 할 수 있는 김태식은 가야사의 발전단계를 가야문화기반 형성기(기원전 1~기원후 1세기) → 가야 제국 성립시기(2세기) → 가락국 중심으로 변진 12국이 연맹체를 이룬 전기가야연맹(3~4세기) → 가야 제국 복구시기(5세기 전반) → 대가야 중심의 후기가야연맹(5세기 중반~멸망기)으로 설정하고 있다.[20] 여기서 가락국 중심의 전기가야연맹과 대가야 중심의 후기가야연맹이란 개념이 도출되며 가야사는 전기와 후기 모두 중심세력이 존재하면서 여타 세력을 묶는 연맹체의 역사였다는 논리로 귀결된다.

이와 달리 田中俊明은[21] 대가야연맹의 권역은 南江 이북에 한정되며 그 이남은 안라를 포함하여 모두 연맹체와 무관한 것으로 간주함으로써 단일연맹체론을 부정한다. 佐藤長門[22] 역시 6세기 가야는 안라 중심의 남부 제국(친신라파)과 伴跛(대가야) 중심의 북부 제국(친백제파)으로 나뉘어져 있었다고 봄으로써 田中俊明과 동일하게 단일연맹체설을 부정하고 있다. 백승충은 지역연맹체라는 개념을 사용하여 가야사를 김해 지역연맹체와 고령 지역연맹체 중심으로 이해하고 있다.[23]

백승옥은 지역연맹체론을 발전시켜 3~4세기에 가야 남부사회가 남가라 지역연맹체, 안라 지역연맹체, 포상팔국 지역연맹체로 삼분되어 있었다는 견해를 전개한다.[24]

이희준은 함안토기의 독자분포양상을 근거로 가야전역을 포괄하는 단일연맹체의 존재를 부정하고 복수의 지역연맹체를 상정하였다. 상당기간 몇 개의 지역연맹체가 공존하면서 서로 연계한 것으로 본 것이다.[25] 대가야연맹이란 고령의 가라가 대표이고 나머지 구성국은 독립성을 유지하되 어느

---

20) 金泰植, 앞의 논문, 2000a.

21) 田中俊明, 『大加耶連盟の興亡と任那』, 1992.

22) 佐藤長門, 「加耶地域の権力構造」, 『東アジアの古代文化』, 1997, 67쪽.

23) 白承忠, 『加耶의 地域聯盟史硏究』, 부산대학교 박사학위논문, 1995.

24) 白承玉, 앞의 박사학위논문, 2001, 227쪽.

25) 李熙濬, 「토기로 본 大伽耶의 圈域과 그 變遷」, 『加耶史硏究』, 慶尙北道, 1995, 371쪽.

정도의 상하관계를 맺은 것으로 보고 있다.26) 그러면서도 이른바 임나부흥회의 이후 대가야는 진주지역과도 수장층만의 연맹관계를 형성하여 가야 전체가 한 연맹을 형성하였음을 인정한다.27) 그렇다면 극히 짧은 시기나마 단일연맹의 존재를 인정하는 셈이 되는 것이다.

노중국 역시 대연맹체 내에 소지역 연맹체를 설정한다.28) 3~4세기 단계의 가야가 금관가야연맹체, 아라가야연맹체, 소가야연맹체, 대가야연맹체로 구성되었다는 이형기의 견해나29) 가야의 권역을 대가야권, 금관가야권, 아라가야권, 소가야권으로 四分하는 견해30) 모두 지역연맹체론에 속한다.

단일연맹체론과 지역연맹체론의 입장 차이는 우륵 12곡에 나타난 국명의 위치비정으로 연결된다. 단일연맹체론의 입장에서는 가야 전체를 포괄하기 때문에 下加羅都를 김해로 보게 되며31) 지역연맹체론에서는 대가야만을 대상으로 하기 때문에 노중국·李熙濬·田中俊明은 모두 쌍책을 포함한 합천일대로 보고 있다.32) 특이하게 下加羅都를 안라에 비정하는 이용현의 견해도 있다.33)

문헌의 이용이나 변한사회와의 연관성을 고려하지 않은 상태에서 가야토기의 형태적 특성을 근거로 가야문화권을 고령권, 함안권, 진주권으로 분류하고 각각 다른 정치권을 상정하는 견해나34) 후기가야 지역권을 고령권, 함안권, 진주권으로 삼분하는 견해35) 모두 김해를 제외하는 점에서 공

---

26) 李熙濬, 앞의 논문, 1995, 420쪽.

27) 李熙濬, 위의 논문, 425쪽.

28) 盧重國, 「大伽耶의 政治·社會構造」, 『加耶史研究』, 慶尙北道, 1995, 158~159쪽.

29) 李炯基, 「大伽耶의 聯盟構造에 대한 試論」, 『대가야의 정치와 문화적 특성』(제1회 대가야사 학술세미나 발표요지), 1995, 6쪽.

30) 노중국 외, 『가야문화도록』, 경상북도, 1998.

31) 金泰植, 앞의 논문, 1990, 77쪽.

32) 李熙濬, 앞의 논문, 1995, 426쪽.

33) 李鎔賢, 「加耶諸國の權力構造」, 『國史學』 164, 1998, 17쪽.

34) 朴升圭, 「晉陽 兩水里遺蹟 採集土器에 대한 考察」, 『古文化』 39, 1993.

35) 朴天秀, 「政治體의 相互關係로 본 大伽耶王權」, 『加耶諸國의 王權』, 1997b, 185쪽 ; 「大伽耶の國家形成」, 『東アジアの古代文化』 90, 1997a, 105쪽.

통적인데 이는 단일연맹체설을 부정하는 논리이기도 하다. 순장의 형태적 차이를 근거로 김해, 함안, 고령을 구분하는 견해[36] 역시 각 정치체 간 차별성을 부각시키고 있는 점에서는 역시 단일연맹체론과 다른 입장인 것으로 간주된다.

권학수는 가야사회가 연맹을 형성하였음은 분명하지만 그 내부는 시기에 따라 다수의 소연맹이 공존하면서 기능하였을 것으로 간주하고 있다.[37]

김태식도 지역연맹체의 개념이나 존재를 완전히 부정하지는 않고 있으며[38] 대연맹체 내의 하위개념으로서 지역연맹체를 인정하며 대연맹체의 존재는 문화적 동질성, 외부의 인식 등에 의해 증명된다고 한다.[39] 그렇다면 연맹의 개념에 대한 본질적인 의문이 다시금 제기된다. 연맹의 개념이 지나치게 확대된 느낌을 지울 수 없기 때문이다. 김태식이 상정하는 대연맹체에 과연 정치적 의미를 둘 수 있는가? 이것은 오히려 문화권에 가까운 것은 아닌가? 하는 의문이 드는 것이다.

3. 지배구조의 정비와 집권력의 강도

가야사회가 어느 정도의 발전수준에 도달하였는지에 대한 구체적인 논의는 다양한 방면에서 이루어지고 있다. 특히 지배구조의 짜임새가 이웃한 백제나 신라사회에 비교하여 어느 정도의 유사성과 차별성을 갖는지 논의되어 왔다. 최근에는 가야에도 부체제가 성립되었는지 여부에 대한 찬반논쟁이 이어지고 있다.

1) 왕호의 변천과 왕권의 성립

---

36) 金世基, 「加耶의 殉葬과 王權」, 『加耶諸國의 王權』, 1997, 115쪽.
37) 權鶴洙, 「加耶諸國의 相互關係와 聯盟構造」, 『韓國考古學報』 31, 1994.
38) 金泰植, 앞의 논문, 2000a, 167쪽.
39) 金泰植, 위의 논문, 168쪽.

『三國志』와 『南齊書』·『日本書紀』에 나타나는 수장의 칭호를 대상으로 그 변화과정을 통하여 가야사회의 발전과정을 추적하려는 노력이 있다. 최근에는 충남대 박물관에 소장되어 있는 고령계 토기에 "大王"이란 문자가 새겨져 있음이 확인되면서 대가야의 대왕에 대한 논의가 일고 있다.

旱岐라는 칭호가 가야의 최고수장을 칭하는 것에는 이론이 없다. 李根雨는 阿利斯等을 大等과 같은 의미, 즉 가야의 수장을 뜻하는 일반명사로 보고 旱岐와 대등하다고 보았다.[40]

노중국은 수장의 칭호가 변화하는 과정을 險側·邑借단계(1세기~3세기 말 내지 4세기초) → 旱岐단계(4세기초~5세기 중엽) → 왕·대왕단계(5세기 중엽~6세기 중반)라는 3단계로 설정하고 각각의 단계를 소국단계, 지역연맹체단계, 부체제단계에 대응시키고 있다.[41]

김태식은 旱岐는 『삼국지』의 險側과 동일하다고 보며 이런 점에서 3세기와 비교하여 6세기 이른바 임나부흥회의 당시 지배권력의 구조는 별로 차이가 없다고 보았다. 다만 안라와 다라에는 왕이 존재하며 여타 旱岐가 자문을 구하는 것으로 보아 그들의 우월성은 인정할 수 있다고 보았다.[42]

李鎔賢은 가라와 안라만이 왕이라 불린 사실에 주목하며 안라의 칭왕은 중국의 조공책봉과는 무관하고 가야 제국의 힘의 관계에 따른 것으로 간주한다. 다만 백제, 신라의 왕과는 격차가 있음을 인정하고 있다.[43]

백승옥은 명문토기를 적극적으로 취급하여 대가야에 대왕이 존재하였으며 이것이 바로 대가야가 연맹체단계에 머물렀다는 견해를 부정하는 주요 근거라고 주장하였다. 왕호에 대해서는 가라국의 경우 5세기 중엽 旱岐와 王號의 병칭, 5세기 후엽 왕호의 사용을 설정하고 있다. 왕과 대왕이 질적인 차이를 가지고 있는 것은 아니라고 보고 있는 것 같다.[44]

---

40) 李根雨, 「6世紀代 加耶諸國의 국가구조에 대한 試論」, 『加耶와 新羅』(第4回 加耶史 學術會議), 1998, 85쪽.

41) 盧重國, 「大伽耶의 政治·社會構造」, 『加耶史研究』, 慶尙北道, 1995, 190쪽.

42) 金泰植, 앞의 논문, 1990, 75쪽.

43) 李鎔賢, 앞의 논문, 1998, 14~15쪽.

44) 白承玉, 앞의 박사학위논문, 2001, 194~195쪽.

田中俊明은 명문토기의 대왕은 王中王이 아니라 美稱에 불과하다고 보면서 대왕의 의미를 그다지 높게 인정하지 않는다.[45] 집권력의 강도는 가라-안라-다라의 순이며 대가야의 왕은 여타 旱岐에 대해 초월적인 권력을 갖고 있었으므로 왕권의 성립이 인정된다고 보았다.[46]

대가야의 왕호사용은 모두가 인정하고 그 의미를 중시하지만 명문토기의 내용을 근거로 대가야의 왕이 휘하에 여러 왕을 거느린 왕중왕의 단계에 올라섰다고 보는 연구자는 거의 없는 것 같다. 이는 가야의 사회발전 수준이 여타 삼국에 미달했다는 일반적 인식과도 궤를 같이 한다.

2) 지배구조

가야의 지배구조를 규명할 문헌자료는 『일본서기』 欽明紀에 기재된 약간의 기사가 널리 활용되고 있다. 任那復建會議, 任那復興會議, 泗沘會議 등으로 불리는 이 회의의 참가자는 아래와 같다.[47]

　　◦ 사비회의 참가자

	흠명 2년(541)	흠명 5년(544)
安羅	次旱岐 3인	下旱岐 3인
加羅	上首位	上首位
卒麻	旱岐	君
散半奚	旱岐兒	君兒
多羅	下旱岐	二首位
斯二岐	旱岐兒	君
子他	旱岐	旱岐
久嗟		旱岐

---

45) 田中俊明, 「가야제국의 왕권에 대하여」, 『加耶諸國의 王權』, 1997, 62쪽.
46) 田中俊明, 위의 논문, 67~68쪽.
47) 이하 회의라고 약칭한다.

관련기사가 백제 측 사서에 기초한 기록이란 점에서 회의 참여자의 분석을 통해 가야의 권력구조를 해부하는 데에는 한계가 없지 않을 것이지만[48] 별다른 자료가 없는 상황에서 거의 모든 연구자들이 이 부분에 주목하고 있다.

田中俊明은 旱岐(수장)와 首位(관료적)는 계통을 달리하며 전자는 수장에 대한 호칭, 후자는 관료적이라고 추정하였다. 왕은 旱岐의 상위에 존재한 수장호로서 안라의 경우 회의 참가자로는 보이지 않지만 별도의 旱岐, 곧 왕이 존재하였을 것으로 보았다. 한편 대부분이 旱岐 또는 旱岐의 兒를 참석시키는 데 비해 안라, 가라, 다라만이 이들보다 하위자를 참석시키는 것을 볼 때 이들 삼국이 대국 내지는 유력국임을 알 수 있다고 하였다.[49]

이용현도[50] 君과 旱岐를 모두 在地首長의 칭호로 인정하며 旱岐兒가 旱岐를 대신하여 출석한 것은 旱岐 지위의 부자상속이라는 族的 세습의 일면을 보인다고 간주한다. 최고위인 旱岐를 정점으로 하여 복수의 次(下)旱岐가 원추형의 旱岐層을 형성하는데 次(下)旱岐도 원래는 소국의 톱(top) 내지는 그 후예라고 보며 旱岐와 次(下)旱岐의 정치적 위상의 차이는 그리 크지 않을 것으로 보고 있다. 가라 이외에 안라와 다라도 유력국으로서 이를 보건대 6세기 중엽이 되면 적어도 유력국에서는 旱岐層의 분화가 인정된다고 본다.

한편 首位는 최고 수장의 직속구성원으로서 최고 수장의 권력이 높아짐에 따라 그 집단 내의 총체적 지위가 상승하면서 직속구성원이 정치무대에 대두한 결과 首位가 등장하였다고 보면서 上, 二首位의 존재는 官位的이라고 본다. 이런 점에서 首位가 가라와 다라에서만 보이는 점이 주목된다.

佐藤長門은 旱岐와 首位를 동일시하는 鬼頭淸明과 旱岐(＝王)-次旱岐-上首位-二首位의 구도로 旱岐와 首位를 동일선상에 배치한 田中俊明의 견해를 비판하면서 시간의 흐름에 따라 ① 旱岐層 → ② (上)旱岐(＝왕)-

---

48) 田中俊明, 앞의 책, 1992, 252쪽 ; 李鎔賢, 앞의 논문, 1998, 2쪽.
49) 田中俊明, 앞의 논문, 1997, 59~60쪽.
50) 李鎔賢, 앞의 논문, 1998, 6~14쪽.

下旱岐 → ③ 왕(＝旱岐)-上首位-二首位의 차례로 변화하였다고 주장하였다. 이 주장의 특징은 上首位, 二首位를 下旱岐層에서 분화한 것으로 보는 점인데[51] 이 점에서 이용현의 견해와 큰 차이가 있다.

佐藤長門은 회의를 통한 合議制의 존재에 주목하고 있다. 그는 합의제를 동아시아세계에서 통일국가 형성 시에 널리 채용된 일반적 권력구조의 하나로 간주하고 首長間 聯合政權體制에서 集權國家로 나아가는 도정에 위치시키고 있다. 나아가 합의제를 기초로 가야사회가 단위회의(각국 단위, 旱岐層을 멤버로) → 가야연맹회의(제국 旱岐의 대표인 왕이 결집) → 임나부흥회의(백제왕 주최)의 3단계로 구성되었음을 주장한다.[52]

이용현도 역시 合意制의 존재에 주목한다. 가라왕과 안라왕을 중심으로 하는 합의 · 결정 시스템의 구도는 6세기 전엽까지 소급되며 참가국은 유동적이고 그 내부에서 군사 · 외교 · 종교에 대한 결정이 이루어진다고 본다.[53]

가야의 합의체는 연맹의 구조 내지 부체제를 논의하는 과정에서 반드시 거쳐야 할 부분인 만큼 주변 국가와의 비교가 매우 유용할 것으로 판단된다.

한편 지배구조의 체계화란 측면과 연결된 公服制에 대한 관심은 거의 없었으나 白承玉은 繼體 23년(529)조의 變服事件을 근거로 가라국에서도 공복제가 실시되었음을 주장하였다. 변복문제가 중요한 정치적 시비거리가 되었다는 점에서 가라국도 신라와 같이 공복제도가 실시되었기 때문에 이 문제가 쟁점화되었다는 것이다.[54]

문헌을 이용하여 가야사회의 내적 구성을 규명하려 한 연구는 그리 많지 않다. 田中俊明은 복수의 자연촌락이 연합한 지역집단(旱岐를 수장으로 함)을 상정하고 이것이 다시 복수로 결합하여 가야 소국을 형성한 것으로 보았으며 이를 旱岐聯合體로 부르고 있다.[55] 자연촌락-지역집단-소국의

---

51) 佐藤長門, 앞의 논문, 1997, 69쪽.
52) 佐藤長門, 위의 논문, 71~73쪽.
53) 李鎔賢, 앞의 논문, 1998, 6 · 16~19쪽.
54) 白承玉, 앞의 박사학위논문, 2001, 201쪽.

구도인 셈이다.

李根雨는 『일본서기』에 편린으로 존재하는 사료를 얽어 가야소국의 구조를 성곽을 갖춘 국읍 및 牟羅城, 성곽이 없는 牟羅, 성곽이 없는 촌락, 국읍에 예속되어 있는 촌락으로 단계화하였다.[56]

3) 중앙-지방관계의 설정과 部體制論

(1) 중앙-지방관계의 설정

가야 제국 중 가라국, 혹은 대가야가 가장 진전된 정치제도를 갖추었음은 대부분의 연구자들이 인정하고 있다. 다만 그 정도가 문제인데 중앙과 지방의 종적 관계의 강도, 영역국가의 진입 여부 등이 관건이다.

주보돈은 5세기 후반의 대가야는 중앙집권화가 상당한 수준으로 진전되어 관료조직이 정비되고 중앙에 대비되는 지방의 개념이 존재하였다고 보고 있다. 479년 남제와의 통교는 연맹의 성립에 기초한 것이 어느 정도 영역의 모습을 갖춘 영역국가로서의 존재를 입증하는 것이라고 주장한다.[57] 나아가 안라도 영역국가 또는 연맹왕국단계에 진입하였을 가능성을 상정하고 있다.[58] 이희준과[59] 박천수도[60] 대가야권은 단순한 연맹관계가 아니라 고령세력에 의한 직접적, 또는 간접적 지배의 반영이라고 간주한다.

반면 김태식은 6세기 중엽 가야의 외교적 창구가 일원화되지 못한 점을 주목하며[61] 대가야 성장의 한계를 지적하였고 이른바 영역국가론자들의 문제점을 지적하고 자신의 연맹체론을 재삼 확인하고 있다.[62]

5세기 후반 이후의 대가야가 영역국가단계에 진입하였는지 여부는 앞으

---

55) 田中俊明, 앞의 논문, 1997, 67쪽.
56) 李根雨, 앞의 논문, 1998, 92쪽.
57) 朱甫暾, 앞의 논문, 1995, 53쪽.
58) 朱甫暾, 위의 논문, 37쪽.
59) 李熙濬, 앞의 논문, 1995, 367쪽.
60) 朴天秀, 앞의 논문, 1997a, 97쪽.
61) 金泰植, 앞의 논문, 1990, 74쪽.
62) 金泰植, 앞의 논문, 2000a, 181~190쪽.

로 보다 다양한 각도에서의 논의가 필요할 것으로 여겨진다. 이런 점에서
于勒 12곡의 곡명을 지명(국명)으로 간주한 田中俊明의 시도는[63] 새로운
착목이었다. 우륵에게 12곡 제작을 명령한 嘉悉王의 의도는 諸國을 하나
로 하겠다는 정치적 의도를 담은 것으로 보이기 때문에[64] 지방에 대한 중
앙 권력의 침투와 밀접한 연관을 가지는 것이다.

(2) 부체제의 존재여부

대가야의 영역국가론과 표리를 이루는 부분이 部體制論이다. 가야 후기
에 부체제가 성립되었다는 입장과 이에 대한 반대 입장이 양립하고 있다.

부체제논쟁의 단초를 연 것은 합천 저포리의 한 고분에서 명문토기가
출토된 이후부터이다. 蔡尙植은 이 명문을 "下部思利利"로 판독하고 가야
에도 백제의 영향을 받아 5부가 존재했을 가능성을 처음으로 제기하였
다.[65]

白承忠은 저포리 토기의 명문을 가야와 연관된 것으로 인정한 위에서
하부의 존재, 우륵 12곡에 보이는 上下加羅都와 임나부흥회의 참여 首位
層의 분포에 주목하여 部의 존재 가능성을 주장하였다.[66] 그는 上·下加
羅都는 廣義의 王京, 上下部는 이에 짝하는 직할지의 거점이라 하면서 가
야의 부는 백제 같은 5부가 아니라 상부-하부 중심의 2부 체제라는 주장을
펴고 있다.[67]

노중국은 대가야의 部制는 중앙의 지배자집단을 재편제한 것이며 上下
加羅都가 고령과 합천을 가리킨다고 보면서 상-하부를 상정한다. 하지만
내용적으로는 고구려의 5부체제나 마립간기 신라 6부체제와 비슷한 부체
제라고 주장한다.[68]

---

63) 田中俊明, 앞의 책, 1992.
64) 田中俊明, 앞의 논문, 1997, 71쪽.
65) 蔡尙植, 「4號墳 出土 土器의 銘文」, 『陜川苧浦里E地區遺蹟』, 1987, 220~224쪽.
66) 白承忠, 앞의 박사학위논문, 1995, 178~180쪽.
67) 白承忠, 「가야의 정치구조」, 『韓國古代史硏究』17, 2000, 336~337쪽.
68) 盧重國, 앞의 논문, 1995, 162~170쪽.

이에 대해 김태식은 저포 토기는 대가야 멸망 이후에 해당되므로 대가야 전성기의 부체제를 주장하는 자료로는 부적합하다는 회의적인 반응을 보였다.[69] 대가야는 연맹체의 단계로는 올라섰으나 연맹 소속국의 외교권이 맹주국에 의해 통제되어 대외창구가 단일화된 엄격한 의미의 부체제로는 올라서지 못한 것으로 간주하면서[70] 가야사회의 발전수준을 지나치게 높이려는 최근 연구동향을 비판한다. 그는 가야사회의 발전정도가 영역국가와 유사한 면모를 보이는 자료도 있으나 강력한 연맹체사회는 일시적으로, 또는 외형적으로 영역국가와 같은 행동을 할 수 있기 때문에 속단은 곤란하고 단일 맹주국 중심의 강력한 연맹체가 2~3세대 정도 지속된 후 部가 등장하고 교섭권을 독점한 증거가 확보된 이후에야 부체제의 수립을 주장할 수 있을 것이라고 하였다.[71]

부체제와 관련해서 선결되어야 할 과제는 두 가지이다. 우선 관련 유물에 대한 정확한 이해가 필요하다. 저포출토 토기의 연대와 인명의 성격이 우선 해결되어야 할 것이다. 간혹 창령 교동출토 명문대도가 부체제론과 관련되어 논의되는데 이 칼에 대해서는 가야의 것이 아닐 가능성이 제기된 상태이다.[72] 이 명문은 칼등에 금실을 상감하여 표현한 것인데 판독이 용이하지 않다. "上部"로 읽은 부분 중 "上"자는 그 자체로서는 작은 점 하나에 불과한데, 그럼에도 불구하고 "上"으로 읽은 것은 다음 글자가 "部"일 경우를 전제로 한 추독에 불과하다. 그 다음 글자는 部자의 阝가 탈락된 형태인데 韓日 고대 금석문에서 部의 약자가 阝로 표기된 경우는 흔하지만 그 반대는 없다는 점에서 이해하기 어려운 부분이다. 게다가 칼의 형식이 가야에서는 보기 드물고 창령지역 정치체의 성격에 논란이 있는 만큼 이 칼을 통해 가야에서 上部의 존재를 입증할 수는 없을 것이다.

그 다음은 부체제의 개념문제이다. 가야 후기에 부체제가 존재하였음을

---

69) 金泰植, 앞의 논문, 2000a, 184쪽.
70) 김태식, 앞의 논문, 2000b, 302쪽.
71) 金泰植, 앞의 논문, 2000a, 190쪽.
72) 鈴木靖民・東潮・早乙女雅博, 「加耶史と古代國際關係」, 『東アジアの古代文化』 90, 1997, 42쪽의 鈴木발언.

주장하는 논자들은 대가야를 비롯한 몇몇 유력국이 연맹의 단계를 벗어나 영역국가의 단계에 진입하였음을 주장하는데 이는 중앙–지방의 문제와 연결된다. 부체제의 원래적 의미가 중앙의 핵심건국세력, 혹은 지배자공동체를 대상으로 한다는 점에서 중앙과 지방의 관계를 부체제와 연결시키는 것은 곤란하다. 나아가 부체제, 연맹, 영역국가라는 세 가지 개념을 어떻게 이해하고 자리매김하는지 다양한 편차가 드러나고 있어서 혼란을 더하고 있다. 문제의 해결은 엄밀한 개념정의를 기초로 이루어져야 할 것이다.

4. 무덤에 반영된 계층구조

1) 계층화의 진전과 수장묘의 존재양태

무덤과 그 부장품을 통하여 변한과 가야사회의 발전과정을 거시적으로 언급한 연구는 최종규에서 비롯되었다. 그는 무덤에 대한 분석을 통하여 삼한사회를 성층화된 사회, 취락 성원의 전반적 소유의 확장, 고총에로의 준비라고 규정지은 바 있다.[73]

고분을 일반인의 무덤과는 구분하여 高塚, 혹은 王者의 묘로 정의하면서 영남지역에서 고분의 출현을 이 지역 정치체의 성장과정에서 중요한 분기로 인식한 견해가 일찍부터 제기되어 왔다. 고분으로 인정되기 위한 필요조건은 입지의 우월성, 매장주체부의 대형화와 부곽의 등장, 무기의 개인집중화, 순장의 실시 등이라고 한다.[74] 신경철은 이러한 기준에서 진정한 의미의 고분은 3세기 말에 출현한다고 보면서 김해의 경우 그 이전은 狗邪國, 이후를 金官加耶라고 구분하였다.[75] 李盛周는 영남지역의 정치체들이 성장하여 신라와 가야로 성장해 가는 과정을 심도 있게 정리하였다.[76] 필자는 무덤에 나타난 불평등성을 추적하면서 변한사회의 이른 단계

---

73) 최종규, 「무덤에서 본 三韓社會의 구조 및 특징」, 『韓國古代史論叢』 2, 1991.

74) 崔鍾圭, 「慶州 九政洞一帶 發掘調查」, 『博物館新聞』 139, 1983 ; 申敬澈, 「金海 禮安里 160號墳에 대하여 - 고분의 발생과 관련하여 - 」, 『伽耶考古學論叢』 1, 1992.

75) 申敬澈, 앞의 논문, 1992, 163쪽.

에 지역 집단간 불평등성이 심화된 양상을 조명한 바 있다.[77]

영남, 혹은 가야지역 전체 차원의 거시적 연구에서 보다 심화된 단계로 연구가 진척되면서 지역단위 정치체의 성장과정을 고고학적 자료, 특히 무덤을 통해 구체적으로 추적하는 연구가 이어지고 있다. 방법론적으로는 무덤의 규모, 위치, 사치품·위세품의 부장유무, 순장실시 등이 주요한 기준이 되고 있다.

김해지역에 대해서는 홍보식의 연구가[78] 주목된다. 그는 김해지역의 물질문화의 양상을 1기(기원 전후~2세기 전반), 2기(2세기 후반~3세기 3/4분기), 3기(3세기 4/4분기~5세기 초)로 삼분하고 墳墓群, 그리고 墳墓群間 위계화의 양상을 추적하고 있다. 그 결과 1기에는 구성원 간 사회적 지위의 차이가 나타나지만 명확한 위계의 성립으로는 진전되지 못하였고, 2기에는 구성원 간 차등화가 진전되며, 3기에는 피라미드 형태의 계급사회가 형성되었다고 하였다.

趙榮濟는 합천 옥전고분군을 분석하여 위계화가 진행되는 과정을 추적하였다.[79] 그 내용을 정리하면 다음과 같다.

◦ 옥전 I 기(4세기) : 우월자는 존재하지만 돌출도는 미미.
◦ 옥전 II 기(5세기 전반대) : 왕을 정점으로 상위계층과 하위지배계층, 일반인들의 무덤이 유구 규모와 유물부장에서는 큰 격차를 보이지만 배치면에서는 분리현상이 보이지 않음.
◦ 옥전 III 기(5세기 3/4분기) : 순장의 실시, 고총 등장, 묘역 분리현상, 수혈식 석곽묘 채용, 유물에서의 탁월성 간취됨.
◦ 옥전 IV 기(5세기 4/4분기~6세기 1/4분기) : 왕릉의 거대화, 유물 탁월도 심화.

---

76) 李盛周, 『新羅·伽倻社會의 起源과 成長』, 1998.
77) 권오영, 「무덤에 나타난 불평등성의 발생과 심화과정」, 『한국 고대의 신분제와 관등제』, 2000.
78) 洪潽植, 앞의 논문, 2000, 14~21쪽.
79) 趙榮濟, 「玉田古墳群을 통해 본 多羅國의 成立과 發展」, 『鶴山金廷鶴博士頌壽紀念論叢 韓國古代史와 考古學』, 2000, 444~445쪽.

◦ 옥전Ⅴ기(6세기 2/4분기) : 신라계 횡구식석실의 출현과 薄葬化가 엿보임.
◦ 옥전Ⅵ기(6세기 3/4분기) : 왕릉으로 백제계 무덤이 채택.

고령지역에 대해서는 이희준과 박천수의 연구가 주목되는데 고령은 가라국 자체만이 아니라 주변의 가야 제국과의 관계가 보다 중요하기 때문에 뒤에서 정리하고자 한다.

이러한 지역단위의 연구가 활성화되고 이것이 다시 종합되면 고고학적 물질문화에 반영된 가야사회의 발전정도가 보다 입체적으로 조망될 것으로 기대된다.

2) 殉葬과 薄葬

필자는 개별 인신에 대한 지배예속도의 심화란 측면에서 신라와 가야의 순장을 정리하면서 가야사회에서 순장의 내용이 지배권력의 강도를 반영할 가능성을 타진한 바 있다.[80] 반면 그 동안 순장묘로 인식되어 온 고분자료의 대부분이 순장묘가 아닐 가능성을 제기하면서 순장 여부에 대한 신중한 자세를 강조하는 연구도 발표되었다.[81] 사실 순장묘 여부에 대한 속단이 국내외 학계에서 종종 이루어진 것을 감안할 때[82] 순장의 성격논의 이전에 순장묘 여부의 심도 있는 논의가 필요한 것은 사실이다.

가야지역의 순장자료를 종합한 金世基의 글에[83] 의하면 가야지역의 순장방식은 금관가야권, 아라가야권, 대가야권으로 분류된다. 대가야권의 특징은 이른바 "殉葬槨殉葬"으로서 고령 지산동, 합천 반계제·봉계리·옥전, 함양 백천리 등에 분포하는데 지산동을 제외하면 모두 單槨순장에 머물고 있어서 위계의 차이를 엿볼 수 있다고 한다. 고령에서 순장의 실시는

---

80) 權五榮, 「고대 영남지방의 순장」, 『韓國古代史論叢』 4, 1992.
81) 金宰賢, 「韓國의 殉葬研究에 대한 檢討」, 『文物研究』 1, 1997.
82) 대표적인 예가 강상묘 등의 무덤을 고조선의 순장묘로 파악하여 고조선의 사회성격을 논단한 경우일 것이다.
　　權五榮, 「崗上墓殉葬制說에 대한 비판적 검토」, 『韓國古代史研究會報』 21, 1991.
83) 金世基, 「加耶의 殉葬과 王權」, 『加耶諸國의 王權』, 1997.

5세기 전반에 시작하여 후반에 성행하는데 다수의 인신을 순장한 지산동 44·45호분은 南齊에 遣使하여 작호를 받고 왕권을 과시하기 위해 장례에서도 순장자를 직능별로 배치한 결과 나타난 현상으로 보고 있다.

가야에서는 6세기 초까지 순장묘가 축조되었는데 이는 왕권이 미숙하고 국가기구가 미정비된 단계를 보인다는 鈴木靖民의 발언에[84] 주목할 필요가 있다. 가야지역 내에서는 순장의 규모가 각 정치체의 권력집중도를 반영하는 징표가 되지만 다른 지역이나 국가와 비교할 때에는 후장에서 박장으로의 변동, 순장의 폐지가 중요한 기준이 되는 것이다. 이런 점에서 옥전Ⅴ기에 박장화가 엿보인다는 조영제의 지적은 가야 제국 중 선진지역에서는 후장에서 박장으로의 전화가 시작되었을 가능성을 보여준다는 점에서 흥미롭다.

가야가 신라와 달리 박장화에 진입하지 못한 현상은 율령반포, 불교수용 등과 연동된다. 앞에서 언급한 공복제실시 여부가 갖는 중요성이 새삼 부각되며 불교의 수용에 대해서도 주목하게 된다. 지금까지 가야지역 불교의 존재는 고령 고아동고분의 벽화에 나타난 연꽃무늬 등이 주 논의 대상이었는데, 최근 함안계 토기에 나타나는 화염형 투창의 존재를 근거로 400년 광개토왕 南征時에 불교가 이미 유입되었을 것으로 보는 견해가[85] 제기된 바 있다.

순장의 의미와 시행, 그리고 소멸의 과정은 가야와 여타 삼국과의 비교, 가야 내부에서 각국간 지배력의 강도를 규명하는 데에 유용함이 분명한 만큼 후장에서 박장으로의 전환이라는 큰 구도 내에서 면밀히 검토되어야 할 것이다.

3) 지역간 고분군의 위계

홍보식은 김해와 부산의 고분군을 분석대상으로 삼아 3세기 후반 이후

---

84) 鈴木靖民·東潮·早乙女雅博, 앞의 논문, 1997, 31쪽의 鈴木발언.
85) 李柱憲, 「火焰形透窓土器의 新視角」, 『鶴山金廷鶴博士頌壽紀念論叢 韓國古代史와 考古學』, 2000.

구야국과 瀆盧國이 연맹관계를 맺게 되는데 그 내용은 전자의 국읍인 대성동집단이 후자의 국읍인 복천동집단을 간섭하고 통제하는 방식이었다고 보았다.[86] 고분간 위계의 설정을 통하여 양 정치체 간 연맹의 구성을 인정하고 그 내부의 역학관계를 추정하는 셈이다. 많은 차이가 있기는 하지만 3세기 단계의 김해지역의 여타 지역에 대한 우월성과 이에 기초한 연맹형성을 상정하고 있는 점에서 전기가야연맹론과 맥이 닿아 있다고 평가할 수 있다.

하나의 國을 대상으로 하는 분지 내의 고분군 간 위계에 대한 연구도 종종 있으나 보다 본질적인 논의는 대가야를 대상으로 이루어졌다.

李熙濬은 대가야권을 무대로 고령 토기가 확산되는 과정을 추적하여[87] 아래와 같은 단계를 설정하였다.

- 5세기 1/4분기말~2/4분기초 : 고령 이외 지역에 고령토기 출현. 옥전 28호. 고령-옥전 수장 간 관계 수립.
- 5세기 2/4분기 : 남원 월산리고분군에 고령토기 등장.
- 5세기 3/4분기 : 옥전고분군에서 고령양식토기가 주류 형성.
- 5세기 4/4분기 : 함양·남원·거창 등 고령토기 일색으로 변모.
- 6세기 1/4분기 : 고령토기 일색 지역 중 반계제에서 중대형 수장묘 소멸.
- 6세기 2/4분기 : 이외 지역에도 고령지역 토기. 이어서 신라토기로 대체됨.

이러한 양상을 통해 5세기 3/4분기에 연맹단계에서 간접지배로의 변화가 이루어지고 4/4분기에는 권역 내 대부분이 가라의 간접지배 하에 들게 되는데, 이는 곧 대가야가 영역국가화한 증거이며 6세기에는 인접지역에 직접지배를 실시했다는 주장으로 이어진다.

여기서 생기는 의문은 중앙권력이 지방세력에 침투하였음을 증명할 기준이 무엇인가 하는 점이다.[88] 신라의 경우는 5세기대에 대구·경산·창

---

86) 洪潽植, 앞의 논문, 2000, 39~42쪽.
87) 李熙濬, 앞의 논문, 1995, 412~416쪽.
88) 鈴木靖民·東潮·早乙女雅博, 앞의 논문, 1997, 27쪽의 早乙女발언.

령 등지에 대형 고분이 존재하더라도 부장품의 구성에서 경주토기와 출자형 금동관을 비롯한 장신구가 큰 비중을 차지한다는 점에서 신라 중앙권력이 진한의 각 소국에 침투한 결과로 간주되고 있다.[89] 백제의 경우는 흑색마연토기를 비롯한 중앙양식토기와 중국제 위세품이 지방의 고분에 부장되었을 때 중앙권력의 침투를 상정한다. 이렇듯 중앙의 물품이 지방에서 등장할 때, 어느 정도까지가 교류의 증거이고 어디부터 지배-예속관계의 증거인가, 나아가 지배-예속의 정도가 심화되는 양상은 고분자료에 어떻게 반영되는가 하는 점이 문제인 것이다.

이 부분에서 박천수의 견해가 참고된다. 그는 수장묘 외에 하위분묘에도 고령형 위신재와 토기·마구·무구·무기류가 부장되었을 경우 고령세력이 중간층 및 일반성원에까지 영향력을 행사한 증거로 보고 있다. 진주지역의 경우는 수장묘로 추정되는 수정봉·옥봉고분군에서 고령토기가, 가좌동과 같은 일반성원묘에서는 在地 토기가 출토될 때 이는 일반성원이 배제되는 엘리트 사이의 위세품 시스템으로 간주한다. 고성지역도 이와 동일한 양상으로 파악하고 있다.[90]

박천수는 대가야권 무덤을 다섯 등급으로 나누어 최고수장(고령), 대수장(옥전), 상위수장, 하위수장, 중간층과 일반성원으로 성층화하였다. 최고수장은 고령에만, 대수장은 옥전에만 존재하고 여타 지역은 상위수장 이하의 위계를 가진 무덤만이 존재함을 근거로 수장간 위계질서는 대가야에 의해 조직된 것으로 보고 이를 근거로 대가야사회는 지연적·제도적 원리를 기초로 하며 수장제사회와 수장연합단계를 지나 초기국가단계에 돌입한 것으로 보고 있다.[91]

이에 대한 방증자료로서 지산동에서 塼의 사용, 30인 이상 순장, 위세품과 부실의 존재, 석실의 대형화 등을 들면서 대가야 왕이 대왕적 존재임을

---

89) 이러한 관계를 정복활동이나 부용관계의 수립으로 보는 데에 신중한 견해도 존재한다.
　　權鶴洙, 「加耶諸國의 相互關係와 聯盟構造」, 『韓國考古學報』 31, 1994, 153쪽.
90) 朴天秀, 「政治體의 相互關係로 본 大伽耶王權」, 『加耶諸國의 王權』, 1997, 189~190쪽.
91) 朴天秀, 「考古學 資料를 통해 본 大加耶」, 『考古學을 통해 본 加耶』, 2000, 125쪽.

주장한다.92)

고분만이 아니라 축성도 인력동원이란 점에서 중요한 변수이다. 박천수는 대가야의 중심영역은 산성으로 둘러싸였으며 축성작업에는 왕도 성원이외의 지방성원까지 동원되었을 것으로 본다.93)

그는 최종적으로 대가야사회를 수장제사회의 최고단계로 보는 김태식의 견해를 반박한다. 왜냐하면 영토관념과 관인조직이라는 권력기구를 갖추고 정치체의 틀을 넘어선 지연적, 제도적 원리에 기초하였기 때문에 고대국가단계에 이미 진입하였다는 것이다.94)

5. 맺음말

지금까지 가야의 사회발전단계에 대한 여러 가지 견해를 연맹체, 지배구조의 실상, 고분에 나타난 위계화라는 세 가지 측면에서 검토해 보았다. 그 결과 연구자 간 의견의 접근을 보고 있는 부분과 그렇지 못한 부분이 혼재함을 확인할 수 있었다.

우선 가야의 유력국으로서 이른 시기에는 김해와 함안, 늦은 시기에는 고령·함안·다라 등을 꼽는 데에는 의견이 모아지고 있다. 다만 김해세력이 주변의 정치체들과 모종의 관계를 맺게 되는 시점과 그 관계의 성격에 대한 의견이 분분하다. 후기 가야의 맹주격인 고령의 사회발전 수준이 가장 높은 점은 모두 인정하지만 그 수준이 연맹단계인지, 아니면 부체제나 영역국가의 단계에 진입하였는지에 대해서는 여전히 대립된 상태이다. 아울러 함안이나 합천세력의 수준이 고령에 필적한지 그렇지 못한지가 문제인데 아무래도 고령과는 격차가 있는 것으로 보아야 할 것이다.

전체적으로 보면 가야의 역사를 연맹의 역사로 설명하면서 전기가야연맹에서 후기가야연맹으로의 전환을 축으로 삼는 견해와 이에 대한 비판으

---

92) 朴天秀, 앞의 논문, 1997b, 206쪽.
93) 朴天秀, 앞의 논문, 1997a, 112~113쪽.
94) 朴天秀, 위의 논문, 117~118쪽.

로서 소지역연맹의 존재에 무게를 두는 견해로 양립된 상태이다. 전자가 가야사에 대한 보편적이고 거시적인 접근을 가능케 한 점에서는 강점이 있으나 가야사를 김해와 고령 위주로 보게 만드는 한계가 있다는 점, 후자는 지역 정치체의 성장과정을 입체적으로 설명하고 있는 반면 인접한 백제·신라와의 균형 있는 비교를 결여하고 있다는 점에서 양 입장은 상호 보완적으로 발전되어야 할 것이다.

신라사 속의 가야인들
―金海金氏와 慶州金氏―

선 석 열[*]

1. 머리말

562년을 경계로 가야 諸小國의 거의 대부분이 신라에 병합되었다. 이후 가야인들이 신라에서 활동한 상황을 기록으로 남긴 것은 그다지 많지 않으며, 金官加耶系 후손들의 기록이 대부분을 차지하고 있다. 대가야계의 경우, 642년 대야성전투에 관련된 竹竹이나, 羅唐戰爭期에 외교문서로서 유명한 強首에 관한 기록이 알려져 있을 뿐이다. 羅末麗初에 이르면 崔致遠이 찬술한 「釋利貞傳」「釋順應傳」이 있으나 그들 승려의 활동은 잘 알려져 있지 않고, 다만 대가야의 세계와 개국설화를 단편적으로 알 수 있을 뿐이다.

이에 비하여 고대의 기록이 영성하여 계보를 제대로 파악할 수 없는 문제점에도 불구하고, 金官加耶系 후손들에 대해서는 金庾信을 중심으로 하여 매우 풍부한 편이다. 그외에도 신라 下代의 기록인 「皇龍寺利柱本記」와 「鳳林寺眞鏡大師塔碑文」, 그리고 고려 전기의 『駕洛國記』도 전하고 있어 中代 이후 金官加耶系의 활동을 이해하는 데 유용하다. 따라서 新羅史上 가야인의 활동은 금관가야계 가야인을 중심으로 살펴볼 수 있다.

532년 신라에 병합된 金官加耶系 후손들은 신라사에서 중요한 역할을

---

* 경남대학교 인문학부 강사

수행하였다. 6세기 삼국의 격렬한 대립 속에서 신라사회 속의 가야인들이 삼국통일에 지대한 역할을 하였다는 사실은 이미 다 알고 있는 바이다. 신라사 속의 가야인이라면 대표적으로 金庾信을 연상하게 되는데, 그것은 바로 그가 삼국통일의 위업을 달성한 주역 가운데 한 사람이라는 사실 때문이다.

기존의 연구성과를 살펴보면 다음과 같다.[1] 金官加耶 멸망기의 世系 문제를 추구하였으며,[2] 金官加耶系의 경우 金庾信을 중심으로 하여 신라의 유력한 진골귀족가문이 성립되었다고 보기도 한다.[3] 武烈王系와 金庾信 家門의 중첩된 혼인관계를 중심으로 출생연도나 嫡庶 문제를 다루어 문제 제기를 하기도 하였다.[4] 그리고 「鳳林寺眞鏡大師塔碑文」의 분석을 통하여 羅末麗初 김해지역의 호족과 禪宗의 관계를 추구하면서 鳳林山派의 개창자인 審希와 호족 金仁匡 등 당시 김해지역에서의 金官加耶系의 존재를 밝히고 있다.[5]

본고는 이와 같은 연구성과를 참고하면서 新羅史 상에서 활동한 가야인을 金官加耶人에 한정하고, 三國時期 統一期 羅末麗初의 세 시기로 나누어 다음과 같이 살펴보기로 하겠다.

첫째, 삼국시기의 활동을 고찰하기에 앞서 먼저 金官加耶系의 계보에 대하여 검토하겠다. 『三國史記』에 金庾信 중심으로 기재한 世系와 「駕洛國記」의 文武王을 기준으로 한 世系에 1세대의 차이가 난다. 후자의 경우 仇亥王의 장자 중심으로 世系를 기록하고 있는데, 전자의 경우에는 제3子 武力을 중심으로 그 후손들을 기록하고 있다. 이 차이점이 어떠한 의미를

---

1) 신라사에 있어서 金官加耶系의 활동에 대한 연구는 단편적으로 언급되고 있는 논고는 열거할 수 없을 정도로 많다. 여기서는 그에 관한 전문적인 논고만을 소개하기로 하고 생략하겠다.

2) 村上四男, 「金官國世系卒支公(率友公)」, 『朝鮮學報』 21·22合輯, 1961/『朝鮮古代史研究』, 1974.

3) 申瀅植, 「金庾信家門의 成立과 活動」, 『梨大史學硏究』 13·14合輯, 1983/『韓國古代史의 新研究』, 一潮閣, 1984.

4) 黃善榮, 「新羅 武烈王家와 金庾信家의 嫡庶問題」, 『釜山史學』 9, 1985.

5) 崔柄憲, 「新羅末 金海地方의 豪族勢力과 禪宗」, 『韓國史論』(서울대) 4, 1978.

가지는가 추구해 보겠다.

둘째, 金官加耶系가 어떠한 과정을 거쳐 신라의 진골귀족으로 편입되어 가는가에 대해서이다. 기존의 견해에서는 金庾信代로 보고 있지만, 金庾信 이전 세대가 보유한 관등이나 그들의 정치적 위상을 통하여 金官加耶系가 언제 진골귀족으로 편입되었는가를 재검토해 보고자 한다.

셋째, 삼국통일전쟁을 전후한 시기에 김유신의 활동을 살펴보고 그 위상을 통해 통일기 이후 金庾信系의 정치적 위상과 가계인식에 대하여 살펴보겠다. 여기서는 김유신의 위상을 그 후손이 어떻게 인식해 가는가를 추구하겠다.

넷째, 나말여초의 시기에 金官加耶系가 어떻게 존재하고 있는가를 살펴보겠다. 9세기말 신라가 지방통제력을 상실한 이후 金官加耶의 옛 땅인 김해지역에 독자적인 세력으로 등장한 호족세력이 어떻게 존재하고 있으며 정치적 성향이 어떠한가를 살펴보려는 것이다.

2. 金官加耶系의 系譜 問題

金官加耶가 신라에 병합된 이후 그 후손들은 신라에서 중요한 역할을 수행하고 있었다. 먼저 金官加耶가 신라에 병합될 당시를 알려주는 기록에 대해 몇 가지 살펴보도록 하겠다.

A1. 法興王 19年(532) 金官國主 金仇亥가 왕비 및 세 아들과, 즉 장남은 奴宗이라 하고 차남을 武德이라 하고 막내아들을 武力이라 하는데, 함께 나라의 보물을 가지고 항복해 왔다. 法興王이 예로써 대접하여 上等의 벼슬을 주고 本國을 食邑으로 삼게 하였다. 아들 武力은 벼슬하여 角干에 이르렀다.[6]

A2. ① 保定 2年 壬午年(562) 9月에 新羅 제24대 眞興王이 군사를 일으켜 와서 치니 仇衡王이 친히 군대를 부렸으나 저 편은 수가 많고 이 편은 적어

---

6) 『三國史記』卷4 新羅本紀 第4.

대적하여 싸울 수 없었다. 이내 同氣 脫知爾叱今을 보내어 나라에 남겨
두고 王子와 上孫 卒支公 등이 항복하여 新羅에 들어갔다. 王妃는 分叱
水爾叱의 딸 桂花夫人으로서 세 아들을 낳았는데, 첫째는 世宗 角干이고
둘째는 茂刀 角干이고 셋째는 茂得 角干이다. ②『開皇錄』에는 梁나라
中大統 4年 壬子年(532)에 新羅에 항복하였다고 한다. ③『三國史』를 살
피건대 仇衡은 梁나라 中大統 4年 壬子年에 땅을 新羅에 바치고 투항한
즉 首露가 처음 즉위한 東漢 建武 18年 壬寅年(42)으로부터 仇衡의 말년
인 壬子年까지 490年에 이른다.[7]

첫째, 金官加耶의 멸망연대와 그 과정에 대해서이다. 우선 멸망연대에
대해서 보자.[8] A1의『三國史記』기록에 의하면 法興王 19년(532)에 이르
러 金官國 즉 金官加耶는 신라에 항복하였다고 하였으나, A2. ①의「駕洛
國記」에는 北周의 연호인 保定 2년 즉 眞興王 23년(562)에 이르러 신라의
공격을 받아 투항하였다고 하고 있어 차이를 보인다. 그런데 A2. ②의『開
皇錄』에는 532년으로 기재되어 있어『三國史記』의 연대와 일치한다. A2.
①에 명시된 562년설의 경우『三國史記』의 본기 기록내용에 대가야가 신
라의 공격을 받아 투항하였다[9]고 함에서 A2. ①의 내용과 합치되는 것이
므로 A2. ①의 연대는 대가야의 멸망연대로 추정할 수 있다.

---

7)『三國遺事』所引「駕洛國記」.

8) 金官加耶 멸망시기에 대한 제설에 대해서는 세 가지 견해로 정리될 수 있다. ①
　『三國史記』와『日本書紀』의 두 기년을 모두 인정하여 529년에 4村이 함락되고
　532년에 그 王이 투항하였다는 설(末松保和,『任那興亡史』, 大八洲出版, 1949 ;
　平野邦雄,「繼體・欽明紀의 對外關係記事」,『古代東アジア史論集』下, 吉川弘文
　館, 1978), ② 繼體紀 23年 4月條의 기사를『三國史記』法興王 11年條의 '南境拓
　地'기사와 동일시하여 524년에 4村이 함락되고 532년에 투항하였다는 설(千寬宇,
　「復原加耶史(下)」,『文學과 知性』31, 1978/『加耶史研究』, 一潮閣, 1991 ; 朱甫暾,
　「加耶滅亡問題에 대한 一考察」,『慶北史學』4, 1982), ③ 繼體紀 후반부의 기록
　이 기년편성상 3년의 오차가 있으므로 이를『三國史記』의 기년편성에 맞추어 4村
　함락과 金官國王의 투항을 모두 532년의 사건으로 보는 설(三品彰英,「繼體紀의
　諸問題」,『日本書紀研究』2, 1966 ; 山尾幸久,「朝鮮三國의 軍區組織」,『古代朝鮮
　과 日本』, 龍溪書舍, 1974 ; 大山誠一,「所謂'任那日本府'의 成立에 대하여(中)」,『古
　代文化』32-11, 1980 ; 金泰植,『加耶聯盟史』, 一潮閣, 1993)이 있다.

9)『三國史記』卷4 新羅本紀 第4 眞興王 23年(562) 9月條.

　그런데 위의 기사에서는 모두 항복 사실만을 기록하고 있는 데 비해, 異斯夫傳에는 智證王 때에 지방관이 되어 술책을 써서 가야를 속여 병합하였다10)고 하여 金官加耶가 신라에 병합되는 과정에 대해 기록하고 있다. 위의 기록에서 法興王과 眞興王 때에 金官加耶와 대가야가 각각 멸망했다고 한 것과는 달리, 열전의 기록에는 智證王 때 멸망하였다고 하고 있다. 이는 단순히 해당 王代의 誤記라기보다 다른 의미가 있는 것으로 보아야 할 것이다. 『日本書紀』에 의하면 이전에 신라가 가야를 자주 침범하다가 529년에 異斯夫가 金官加耶를 멸망시켰다11)고 하는데, 이는 異斯夫傳의 기록과 유사한 내용을 보이고 있다. 즉 6세기를 전후하여 신라가 팽창하기 시작하는 시기에 가장 가까이 있었던 金官加耶가 압박을 받다가 신라에 항복한 것으로 보인다.

　이들 기록을 종합해 볼 때 金官加耶는 아무런 저항도 하지 않고 곧장 신라에 항복한 것은 아니었다. 異斯夫傳에 보이는 바와 같이 상당 기간 양국이 대립 충돌하다가 6세기 전반 金官加耶는 세력이 약해진 반면 신라는 더욱 강성해져, 결국 금관가야는 異斯夫 등이 이끄는 신라군의 압박을 견디지 못하고 『三國史記』나 『開皇曆』에 명시된 바의 532년에 멸망하였던 것으로 이해된다.12)

---

10) 『三國史記』 卷44 列傳4 異斯夫傳, “智度路王時 爲沿邊官 襲居道權謀 以馬戲誤加耶(或云加羅)取之”.

11) 『日本書紀』 卷17 繼體紀 23年(529) 4月條, “壬子朔戊子 任那王己能末多干岐來朝 啓大伴大連金村曰 夫海表諸蕃 自胎中天皇置內官家 不棄本土 因封其地 良有以也 今新羅違元所賜封限 數越境以來侵 請奏天皇 救助臣國 大伴大連 依乞奏聞 是月 …… 於是 毛野臣 次于熊川 召集新羅百濟二國之王 …… 由是 新羅改遣其上臣伊叱夫禮智干岐(新羅 以大臣爲上臣 一本云 伊叱夫禮智奈末) 率衆三千 來請聽勅 毛野臣 遙見兵仗圍繞 衆數千人 自熊川 入任那己叱己利城 伊叱夫禮智干岐 次于多多羅原 不敬歸待三月 頻請聞勅 終不肯宣 …… 上臣抄掠四村(金官・背伐・安多・委陀 是爲四村 一本云 多多羅・須那羅・和多・費智爲四村也) 盡將人物 入其本國”.

12) 『三國史記』 新羅本紀의 初期記錄에 의하면 金官加耶와 신라가 黃山津(양산시 물금)에서 격렬한 전투를 전개하는 기록들이 있다. 필자가 이미 검토해 본 결과에 따르면 이 기록은 2세기를 전후한 시기에 일어난 사실이 아니라 6세기를 전후한 시기에 일어난 것으로서 金官加耶의 멸망 직전 양국의 전쟁을 반영하는 기록으로 이해하였다(宣石悅, 「『三國史記』 新羅本紀 加耶關係記事의 檢討와 그 紀年」,

A3. 신라 30代王 法敏은 龍朔 元年 辛酉年(661) 3月 日에 영을 내리기를 "伽耶國 元君의 9代孫 仇衡王이 이 나라에 항복할 때 거느리고 온 아들 世宗의 子 率友公의 子인 庶云 角干의 女 文明皇后께서 나를 낳았다. 고로 元君은 나에게 15代 始祖가 된다. 그 나라는 망했으나 장사를 지낸 陵廟는 아직 그대로 남아 있으니 이를 종묘에 합하여 제사를 이을 것이다."라 하였다.13)

A4. 金庾信은 王京人이다. 12世祖는 首露인데, 어디 사람인지 알 수 없다. 後漢 建武 18年 壬寅年(42)에 龜旨峰에 올라 駕洛 9村을 바라보고 드디어 그 땅에 이르러 나라를 열었다. 國號를 加耶라 하였느데, 뒤에 고쳐서 金官國이라 하였다. 그 자손이 서로 이어 9世孫 仇亥 혹은 仇次休라고도 하는데, 金庾信에게는 曾祖父가 된다. 신라인은 스스로 少昊金天氏의 후예라 하므로 성을 金氏라 하였다.『金庾信碑』에 또한 말하기를 軒轅의 후예이며 少昊의 후손이라 한즉 南加耶 시조 首露와 신라는 同姓이다. 祖父 武力은 新州道行軍摠管이 되었는데, 일찍이 군사를 거느리고 百濟王과 그 장수 4인을 잡고 1만여 명을 목베었다. 부친 舒玄은 벼슬이 蘇判으로서 大梁州都督安撫大梁州諸軍事에 이르렀다.14)

둘째, 위의 두 기록에 보이는 인물 가운데 나타나는 차이점이다. A1에서는 仇亥王의 子 武力이 신라에서 벼슬하였다고 하고, A4의 金庾信傳에서 首露王의 9世孫 仇亥王이 金庾信의 曾祖父로서 양자 사이의 계보를 仇亥王 - 奴宗·武力 - 舒玄 - 金庾信으로 보았다. 그런데 A3에서는 首露王의 9代孫 仇衡王에서 시작하여 世宗(奴宗) - 率友公(卒支公) - 庶云(舒玄) - 文明皇后 - 文武王으로 계보를 인식하여 首露王이 文武王의 15代祖로 되어 있다. A1·A2·A4의 경우 金庾信으로부터 소급해 보면 계보상에 차이가 없으나, A3만 계보가 다르게 인식되고 있는 것이다. 양 계보를 살펴보면 始祖 首露王에서 10代王 仇亥王까지의 王統에는 차이가 없으나, A3 후자의 계보에서 12代로 되어 있는 率友公이 武力의 兄인 11代 奴宗과 12代

『釜山史學』 24, 1993).

13)『三國遺事』所引「駕洛國記」.

14)『三國史記』卷41 列傳1 金庾信傳.

舒玄 사이에 끼어 있는 점에 문제가 있다. 率友公의 존재에 대하여 武力과 동일인이라고 보는 견해가 있는데,[15] A1·A2에 의하면 武力은 仇亥王의 子로 나타나 있고 率友公은 仇亥王의 上孫 즉 長孫으로 명시되어 있어 의문이 남는다. 양 계보의 차이에 대해서는 전자의 경우 金庾信을 중심으로 直系인 조부 武力까지 삼국통일의 위업을 강조하는 기술이고, 후자는 원래 金官加耶 투항 이후 首露王 直系인 奴宗-率友公 등 제사 주관자를 중심으로 기술한 것으로 후대에 武力-舒玄-金庾信의 계보가 추가된 것으로 보기도 하였다.[16]

이 같이 계보가 변형되기도 하였다는 점은 개연성이 있으나, 필자는 다른 면에 주목하여 보고자 한다. 그것은 文武王이 首露王을 15代祖로 인식하고 있는 점에 유의해야 할 것이다. 文武王陵碑에 의하면 文武王代에 신라왕실의 연원을 언급하면서 그 시조를 '十五代祖星漢王'[17]이라고 인식하고 있는 점이 王의 외가의 시조인 首露王 15代祖로 인식하였던 점과 무관하지 않을 것이다. A4의 기록에서 신라와 金官加耶 두 왕실을 같은 金氏로서 연원을 추구하고 있는 점과 마찬가지로 친가와 외가의 시조 인식도 동일한 세대로 이해하고자 하는 자세에서 양 계보의 차이가 드러난 것으로 생각된다. 따라서 金官加耶系의 계보는 전자의 金庾信傳에 명시된 것을 실제적인 것으로 보고자 한다. 정리된 계보를 제시하면 <표 1>과 같다.

3. 金官加耶系의 新羅 眞骨貴族 編入過程

멸망 이후 金官加耶系는 기록상에 나타나듯이 武力系를 중심으로 활동을 전개하였다. 먼저 武力은 金官加耶가 멸망한 지 약 20년 뒤인 550년대에 활동을 전개하고 있는데, 관련 기록을 제시하면 다음과 같다.

---

15) 村上四男, 앞의 논문, 467~471쪽.
16) 白承忠, 「통일기·나말여초의 가야사인식」, 『韓國 古代史와 考古學』, 學研文化社, 2000.
17) 「文武王陵碑」, 『韓國古代金石文 Ⅱ』, 駕洛國史蹟開發研究院, 1992, 125쪽.

<표 1> 金官加耶系의 系譜

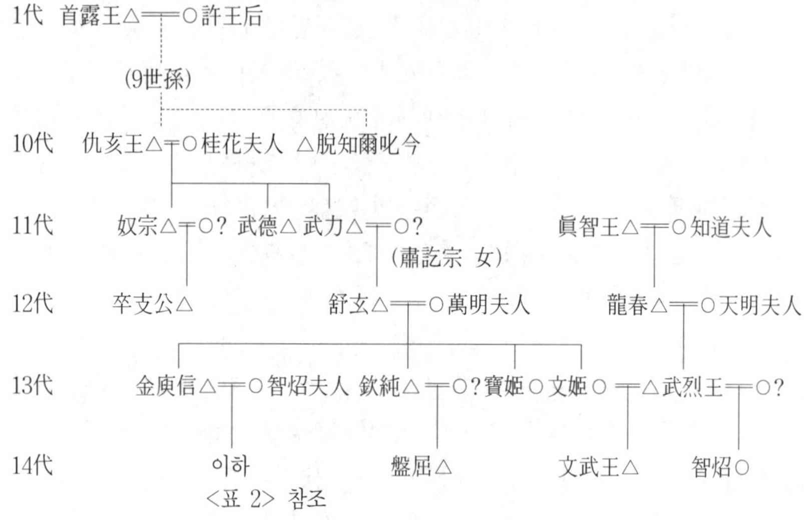

B1. 眞興王 12년(551) 辛未年에 王이 居柒夫와 仇珍 大角湌, 比台 角湌, 耽知
　　迊湌, 奴夫 波珍湌, 西方夫 波珍湌, 比次夫 大阿湌, 未珍夫 阿湌 등 여덟
　　將軍에게 명하여 百濟와 더불어 高句麗를 침공하였는데, 백제인이 먼저
　　平壤을 공격하여 격파하고 居柒夫 등이 승세를 타서 竹嶺 밖에서 高峴
　　안쪽의 10郡을 취하였다.[18]

B2. 百濟의 동북지방을 취하여 新州라 하고 阿湌 武力을 軍主로 삼았다.[19]

B3. 百濟王 明襛이 加良과 함께 管山城을 공격해 오니 軍主 角干 于德과 伊
　　湌 耽知 등이 맞받아 싸웠으나 이로운 형세를 잃었다. 新州軍主 金武力이
　　州兵을 이끌고 와서 교전하기에 이르렀는데, 裨將 三年山郡의 高干 都刀
　　가 급히 쳐서 百濟王을 죽였다. 이에 여러 군대가 승세를 타서 크게 이겼
　　는데, 佐平 4인과 군사 2만 9천 6백인을 죽였고 한 마리의 말도 돌아간 것
　　이 없었다.[20]

---

18) 『三國史記』 卷44 列傳4 居柒夫傳.
19) 『三國史記』 卷4 新羅本紀 第4 眞興王 14年(553) 7月條.
20) 『三國史記』 卷4 新羅本紀 第4 眞興王 15年(554) 7月條.

B1의 기록에 의하면 5세기 후반 이후 신라 백제 등 한반도 남부의 제세력이 고구려의 위협에 대하여 공동으로 대응하고 있었다.[21] 550년대에 이르러 신라 백제 가야가 백제의 옛 영토회복작전에 동참하여 한강유역을 점령하였는데, 이 때 武力의 활동이 나타나고 있었다. 武力은 한강회복작전에 참가하여 竹嶺 밖에서 高峴 안쪽의 10郡을 차지하는 데 공을 세웠다. 553년에는 B2와 같이 동북지방 즉 한강하류유역의 6郡을 차지한 백제가 신라의 점령지를 탈취하려다 실패하였고,[22] 오히려 신라가 백제의 6郡마저 점령하게 되었다. 그곳에 新州를 설치할 때 이전에 軍主의 경력이 있었던 武力이 軍主가 되었다.[23] 武力은 이 같은 전공을 세웠음에도 551년 직전에 건립된 丹陽赤城碑에서부터[24] 553년까지는 관등이 阿湌이었다. 그런데 561년 건립의 昌寧眞興王拓境碑[25]에 의하면 武力은 迊湌으로[26] 관

---

21) 일반적으로 5세기 후반의 한반도 정세를 언급할 때 흔히 고구려의 위협에 대응하기 위하여 羅濟同盟을 결성하였다고 보아 왔으나, 이에 대해 필자는 조금 달리 생각한다. 廣開土王의 南征 이후 한반도 정세는 고구려의 위협에 대응하기 위한 상황으로 되어 있었지만, 공동대응체제 아래 가야를 제외할 수는 없을 것이다. 예를 들면 481년에 고구려가 신라를 대대적으로 공격하였을 때 백제뿐 아니라 가야도 신라를 구원하고 있었던 점(『三國史記』 卷3 新羅本紀 第3 炤知麻立干 4年 月條), 551년 백제가 고구려에 상실당한 한강유역을 회복하였을 때 신라뿐 아니라 가야도 참가하고 있었던 점(『日本書紀』 卷30, 欽明紀 10年 是歲條) 등이 그것을 반영한다.

22) 『三國史記』에는 A6과 같이 단순히 신라가 백제의 동북지방을 빼앗았다고 하였으나, 이 사실을 상세히 기록하고 있는『日本書紀』에 의하면 백제가 신라에게 빼앗긴 사실을 聖王의 잘못이라 하고 있다(同 卷30 欽明紀 13年 是歲條). 이는『三國史記』의 기록이 잘못된 것이 아니라, 체재의 특성에서 빚어진 결과로서 오해를 불러 일으킬 수 있다. 백제 聖王이 상실당한 영토를 회복하려 하였으나 그 성과는 신라보다 적은 땅이었으므로, 백제는 완전한 영토회복을 위하여 신라를 공격하여 빼앗으려 하였을 것은 오히려 당연한 귀결이라 생각한다.

23) 丹陽赤城碑에 의하면 武力은 大衆等 가운데 2명의 高頭林城在軍主 중의 하나로 되어 있다. '高頭林城在軍主'란 高頭林城에 주재하고 있는 軍主로 이해할 수 있다. 여기서의 軍主는 한 지역에 두 명이 파견되는 것이 아니므로 高頭林城에 상주한 것이 아니라, 단양지역을 점령할 당시에 군대를 거느리고 高頭林城에 파견되어 있었던 州의 長官을 말하는 것이다. 즉 武力은 553년 新州軍主가 되기 이전에 이미 軍主職을 가지고 있었던 것이다.

24) 「丹陽赤城碑」, 『韓國古代金石文 II』, 駕洛國史蹟開發研究院, 1992, 35쪽.

25) 이하 昌寧碑라 약칭.

등이 승진되어 있었는데, 568년 건립의 磨雲嶺 眞興王巡狩碑[27)에 의하면 관등이 迊湌으로서[28) 561년과 변화가 없다. 무력이 阿湌에서 迊湌으로 승진한 것은 B3의 管山城 전투에서 불리한 전세를 역전시키고 백제 국왕을 죽이는 등의 커다란 전공을 세움에 따라 나타난 결과였다. 이후 武力의 활동 기록은 보이지 않지만, 금석문에서 武力의 기재 순위가 변화를 보이고 있다. 丹陽赤城碑에서는 9명 중 8위에 그쳤으나, 昌寧碑에서는 42명 중의 8위이고 磨雲嶺碑에서는 23명 가운데 5위로 나타나고 있어 568년 경에는 최고위층으로 부각된 것으로 보인다.[29) 또한 B1의 居柒夫傳에 보이듯이 한강유역을 점령한 주역인 8명의 장군에 거론되지 못할 정도로 551년 경에는 정치적 위상이 그다지 높지 않았으나, 磨雲嶺碑를 통해 볼 때 隨駕한 大等 가운데 居柒夫 內夫智 다음으로 나타나 그 위상이 급상승하고 있음을 엿볼 수 있다. 金官加耶系인 武力은 신라에서 정치적 입지를 확고히 해나갔다. 그것은 그의 아들 舒玄이 신라왕실의 여자와 혼인한 사실에서 엿볼 수 있다.

B4. 일찍이 舒玄이 길에서 葛文王 立宗의 아들인 肅訖宗의 딸 萬明을 보고, 마음으로 기뻐하여 눈으로 꾀어 중매를 기다리지 않고 결합하였다. 舒玄이 萬弩郡 太守가 되어 장차 (萬明과) 더불어 함께 떠나려 하니, 肅訖宗이 그제서야 딸이 舒玄과 야합한 것을 알고 그를 미워하여 별채에 가두어 두고 사람을 시켜 지키게 하였다. 이때 갑자기 벼락이 집문을 치니 지키는 자가 놀라 정신이 어지러워지자, 萬明이 구멍 틈새로 빠져 나가 드디어 舒玄과 함께 萬弩郡에 이르렀다.[30)

위 기록에 의하면 舒玄이 萬明과 혼인하였을 때 立宗 葛文王의 아들이

26) 「昌寧眞興王拓境碑」, 『譯註 韓國古代金石文 Ⅱ』, 駕洛國史蹟開發硏究院, 1992, 55쪽.
27) 이하 磨雲嶺碑라 약칭.
28) 「磨雲嶺眞興王巡狩碑」, 『譯註 韓國古代金石文 Ⅱ』, 駕洛國史蹟開發硏究院, 1992, 88쪽.
29) 申瀅植, 앞의 책, 1984, 247~248쪽.
30) 『三國史記』 卷41 列傳1 金庾信傳(上).

자 眞興王의 동생인 肅訖宗의 반대에 부딪히고 있다. 이것은 투항해 온 金官加耶系가 신라 왕실과 혼인하려 한 데 대한 반발로서 아직은 뚜렷한 정치적 지위를 확보하지 못한 것으로 이해되지만,[31] 혼인이 성립되었다는 점은 일단 유의해 둘 필요가 있을 것이다. 위의 혼인이 이루어진 시기는 김유신이 태어나기 전이므로 眞平王 17년 즉 595년 이전에 해당되는 시기이다. 眞平王이 즉위하기 이전부터 眞興王이 사망하는 사이의 기간에는 銅輪太子系와 舍輪(眞智王)系가 왕위계승을 두고 경쟁하는 상황이었다. 566년 眞興王은 장자인 銅輪을 太子로 책봉하였으나,[32] 572년 銅輪이 사망하였다.[33] 576년 眞興王이 사망하자 銅輪 太子의 아들인 白淨(眞平王)이 장손으로서 왕위를 계승하지 못하였다.[34] 居柒夫의 지원 아래 舍輪이 왕위를 계승하였으나, 곧이어 銅輪系에 의해 眞智王이 폐위당한 이후에 白淨은 왕위에 즉위하였다. 572년을 전후한 시기의 이 같은 상황 아래에서 武力은 정치적으로 어떠한 입장에 처해 있었을까. 이미 살펴보았듯이 武力은 550년대 초반에 阿湌으로서 眞興王의 영토확장정책에 참여하였는데, 554년 管山城 전투에서 백제군을 격파한 이후 정치적인 위상이 높아져 갔다. 磨雲嶺碑에 보이듯이 568년경 武力은 大等으로서 중앙정계에 중요한 비중을 차지하고 있었으며, 특히 같은 大等으로 되어 있는 居柒夫와 정치적으로 연계되어 있었을 것이다.[35] 居柒夫가 舍輪을 眞興王의 후계자로

---

31) 末松保和, 「新羅三代考」, 『史學雜誌』 57-5·6合輯, 1949/『新羅史の諸問題』, 1954, 11~15쪽.

32) 『三國史記』 卷4 新羅本紀 第4 眞興王 27年條.

33) 『三國史記』 卷4 新羅本紀 第4 眞興王 33年 3月條.

34) 眞平王의 父인 銅輪이 사망한 때는 572년이고 576년에 眞興王이 사망하였으므로, 이때 白淨의 나이는 최소한 5세로 볼 수 있다. 眞平王 元年(579)에 王弟 伯飯과 國飯을 葛文王에 책봉한 사실(『三國史記』 卷4 新羅本紀 第4 眞興王 元年 8月條)을 참고하면 이들 王弟가 579년 당시 15세 이상이었을 것으로 생각된다. 이보다 3년 전인 576년 眞興王이 사망할 당시 白淨은 15세를 넘었을 것으로 생각된다. 그것은 眞平王이 즉위 초기부터 왕권강화를 위한 개혁을 단행한 사실에서도 확인된다. 신라의 왕위계승에서 볼 때 왕위계승자가 幼少하여 왕위를 계승할 수 없었던 시기가 있었으나, 法興王 사후에 眞興王이 幼少하였으나 왕위를 계승한 예로 보더라도 白淨이 眞興王의 장손으로서 왕위를 계승할 수 있다고 생각된다.

35) 眞興王代의 금석문 가운데 丹陽赤城碑에서는 異斯夫가 중심이 되어 나타나지만,

옹립하였을 때 武力의 지원이 커다란 힘이 되었을 것이다. 그러나 眞智王
은 재위 4년 만에 물러나고 銅輪系의 白淨이 왕권을 차지하게 되자 당시
의 上大等이었던 居柒夫도 물러나게 됨으로써 武力도 정치적인 위상이
위축되었을 것이다.

　眞智王의 폐위 이후 眞平王代에 이르러 金官加耶系는 정치적인 위상이
하락하게 되어 별다른 정치활동이 보이지 않다가 B4의 혼인사건을 통해
나타나기 시작한다. 武力의 아들인 舒玄은 이때 郡太守로 있었는데, 그 관
등이 기재되어 있지 않으나 小舍에서 阿湌까지가 해당되는 것이다.36) 武
力은 정치적 위상이 높아져 대등으로서 중앙의 고위관에 있었으나 眞智王
의 폐위로 몰락하게 되자 舒玄은 그다지 뚜렷한 활동 없이 하위관직을 가
지고 있었던 것이다. 肅訖宗이 그 혼인을 반대한 것은 단지 金官加耶系라
는 이유로서가 아니라 다른 원인이 있었을 것이다. 舒玄이 낮은 관등의 소
유자로서뿐 아니라 그의 父인 武力이 眞智王의 비정상적인 왕위계승에 동
조하였기 때문에, 왕족인 肅訖宗이 그 혼인을 반대하였을 것이다. 이러한
배경을 가진 武力系가 정치적 위상을 회복해 갈 수 있었던 것도 또한 舒
玄의 혼인이 작용하였을 것이다. 이후 기록이 없어 잘 알 수 없으나, 舒玄
은 여러 관직을 역임하였을 것이다. 629년에 舒玄은 波珍湌 龍春 등과 함
께 고구려 娘臂城을 공격하였을 때 大將軍으로서 관등이 迊湌으로 되어
있는데,37) 이때는 이미 중앙의 고위관으로서 정치적 위상을 회복하고 있었
다. 여기서 주목되는 것은 舒玄이 舍輪系의 龍春과 함께 활동하고 있다는
점이다.

　龍春은 父인 眞智王의 폐위 이후 활동기록이 보이지 않는데, 622년에
內省私臣이 되었다는 기록이 있다.38) 私臣은 원래 585년에 3개의 왕궁에

　　이후의 경우에는 居柒夫가 중심으로 되어 있다. 또한 B1의 기록에 보이듯이 한강
　　유역점령 때에 나타난 8명의 장군이 568년의 眞興王巡狩碑에는 거의 보이지 않
　　는데, 이는 568년을 전후한 시기에 기존의 진골귀족이 사라지고 중앙정계가 새로
　　이 재편된 것이 아닌가 한다.
　36)『三國史記』卷40 職官志(下) 外官條.
　37)『三國史記』卷4 新羅本紀 第4 眞平王 51年(629) 3月條 ; 卷41, 列傳1 金庾信傳.
　38)『三國史記』卷4 新羅本紀 第4 眞平王 44年(622) 2月條.

3인을 둔 것으로 622년에 이르러 통합된 것이다.[39] 龍春은 622년 이전에 이미 3명의 私臣 가운데 하나의 직책을 담당하고 있었을 것으로 보이는데,[40] 私臣은 또한 兵部令을 겸할 수 있으므로[41] 龍春은 이 시기 정치·군사상의 중요한 지위를 확보하고 있었다. 眞智王의 폐위 이후 舍輪系의 龍春이 銅輪系의 眞平王 재위시기에 정치적 위상을 회복할 수 있었는데, 그것은 당시의 정치적 상황에 기인하였을 것이다. 당시 眞平王의 재위 전반기는 왕권강화를 위해 정치제도를 개혁하던 시기였는데, 왕권을 지원해 줄 세력이 필요한 때였다. 眞平王代 초기에 국내에서는 같은 奈勿王系의 大世와 仇柒이 해외로 망명하는 등[42] 왕권강화에 반대하는 움직임이 일어나기 시작하였고, 대외적으로는 고구려 백제의 침공이 거세어지고 있었다. 이러한 상황에서 眞平王은 먼저 王弟 2인을 葛文王으로 봉하여[43] 銅輪系 왕실의 안정을 도모하고, 3개의 왕궁을 관리하기 위하여 私臣을 설치하여 왕실관리체계의 기반을 공고히 하였다. 아울러 舍輪系의 龍春과도 연계하여 왕실의 외연부가 되도록 하면서 私臣과 兵部令에 겸하게 하여 정치·군사적인 기반을 강화하였다. 재위 후반기에 이르러 龍春은 왕실관리기구의 통합체인 內省의 장관 私臣을 맡아 두 王系의 결속이 강화되어 갔다. 여기에 더해진 세력이 金官加耶系로서 舍輪系와 세력을 연계하고 있었다. 앞의 娘臂城 전투에서 舒玄과 龍春이 함께 출전하였는데, 이는 眞興王 말기인 568년 전후에 居柒夫와 연계하여 舍輪이 왕위를 계승케 한 적이 있었음과 관련지을 수 있을 것이다.

어쨌든 金官加耶系와 舍輪系의 세력 연계는 이후 더욱 강화되어 갔는

---

39) 『三國史記』卷38 職官志(中) 內省條.

40) 職官志의 內省條에 의하면 眞平王 7년 3宮의 私臣을 설치할 때 大宮은 大阿湌 和文, 梁宮은 阿湌 首肹夫, 沙梁宮은 伊湌 弩知가 임명되었다. 재직 연한이 정해져 있지 않으나 위의 3인이 622년까지 수십 년간 재직하였다고 보기 힘들다. 622년 3宮을 통합하였을 때 龍春이 그 私臣으로 임명된 것은 私臣을 역임하였거나 재직중이었을 가능성이 높다.

41) 『三國史記』卷38, 職官志(上) 兵部條.

42) 『三國史記』卷4 新羅本紀 第4 眞平王 9年(587) 7月條.

43) 『三國史記』卷4 新羅本紀 第4 眞平王 元年(579) 8月條.

데, 그것은 舒玄의 딸인 文姬와 龍春의 아들인 金春秋가 혼인하고 舒玄의
아들인 金庾信과 金春秋의 딸인 智炤가 결혼한 사실에서도 알 수 있다.
먼저 文姬와 金春秋의 혼인과정을 살펴보기로 하겠는데, 그 기록을 제시
하면 다음과 같다.

B5. 제29대 太宗大王은 이름이 春秋이고 성은 金氏이며, 龍樹(혹은 龍春이라
    고도 한다) 角干으로서 추봉한 文興葛文王의 아들이다. 어머니는 眞平大
    王의 딸 天明夫人이고 王妃는 文明皇后 文姬 즉 金庾信公의 막내 누이
    이다. …… 어느 날 善德王이 南山에 놀러나가는 것을 기다려 마당에 장
    작을 쌓고 불을 질러 연기를 올렸다. 王이 바라보고 무슨 연기인가 물으
    니, 좌우에서 "아마 유신이 그 누이를 태워 죽이는 것 같습니다"라고 하였
    다. …… 이때 春秋公이 王을 모시고 앞에 있다가 얼굴빛이 크게 변하였
    다. 王이 "이것이 너의 소행이로구나. 빨리 가서 구하라"라고 하였다. 春秋
    公이 명을 받고 말을 타고 달려가 王의 명령을 전하니, 이후로부터 드러내
    어 혼례를 치루었다.[44]

B6. 武烈王의 딸 智照를 大角湌 金庾信에게 시집보내었다.[45]

이 기록에 의하면 金春秋와 文姬의 혼인이 善德王代에 이루어진 것으
로 되어 있으나, 이는 의문이다. 이 경우 그들의 소생으로 되어 있는 文武
王 法敏과 仁問의 연령과 맞지 않는다. 文武王은 681년 56세에 사망한 것
으로 되어 있음에서 보아[46] 626년에 출생하였으므로, 위의 혼인은 善德王
代로 볼 수 없다.[47] 그리고 仁問의 경우에도 651년 唐에 宿衛하러 갔을 때
나이가 23세였다고 하므로[48] 629年에 출생한 셈이다. 따라서 위의 혼인 시

---

44)『三國遺事』卷1 紀異2 太宗金春秋公條.

45)『三國史記』卷5 新羅本紀 第5 武烈王 2年(655) 10月條.

46)「文武王陵碑」,『韓國古代金石文 Ⅱ』, 駕洛國史蹟開發研究院, 1992, 126쪽.

47)『三國遺事』에는 해당 王代가 혼동이 일어나는 경우가 드물게 나타난다. 예를 들
   면 孝昭王代竹旨郎條(同 卷2)의 사실을 眞平王代의 상황으로 보는 경우(金哲埈,
   「新羅時代 貴族의 經濟的 基盤」,『歷史學報』17・18合輯, 1962/『韓國古代社會
   研究』, 知識産業社, 1975)가 대표적이다.

기는 善德王代가 아니라 眞平王代로 보아야 할 것이며, 元子 法敏의 출생년을 참조하면 眞平王 48년 이전 시기로 볼 수 있다. 문제는 金春秋가 文姬와 결혼한 것은 처음이 아니라는 점이다.[49] 金春秋의 경우 642년 大耶城 전투에서 백제군에게 살해당한 品釋 伊湌과 그의 부인 古陀炤娘의 경우,[50] 그리고 B6의 智炤의 경우가 그것을 방증해 준다.

먼저 古陀炤娘의 경우 626년 이후에 태어났다면 642년에 나이가 15세 이하가 되므로 伊湌까지 승진한 品釋의 부인으로 보기 힘들다. 특히 智炤의 경우는 의문이 크게 남는다. 智炤가 626년 이후에 출생하여 金庾信과 혼인한 시기가 655년이면 그때 나이는 30세 이하가 된다. 우선 金庾信의 누이인 文姬가 낳은 소생과 金庾信이 결혼한다는 사실 자체가 성립될 수 없는 것이다. 또한 그의 자손인 長子 三光과 次子 元述이 활동한 시기와 대조하더라도 의혹은 여전히 남는다. 金庾信과 智炤가 655년에 혼인하여 三光과 元述 등을 낳았다면 三光의 경우 666년 奈麻로서 唐에 宿衛할 때[51] 12세 이하의 나이라는 점, 元述의 경우 672년 羅唐戰爭에 裨將으로서 참전하였을 때[52] 三光보다 2세 연하라고 보더라도 16세 정도에 불과하다는 점 등이다. 이 문제에 대하여 智炤의 소생이 아니라고 볼 수도 있으나, 655년 당시 金庾信의 나이가 61세라는 점을 감안하면 그 이전에 혼인하였다고 봄이 보다 타당할 것이다. 위의 몇 가지 의문점 외에 金庾信과 金春秋의 관계가 긴밀하고 돈독해지는 과정을 감안하면, 642년 大耶城 전투에서 사위와 딸을 잃고 고구려에 원병을 요청하러 갔다가 억류되자 金庾信이 그를 구원하려 한 사건[53] 이후에 金庾信과 智炤가 혼인하였을 가능성이 높다.

---

48)『三國史記』卷44 列傳4 金仁問傳.

49) 이에 대한 구체적인 검토는 黃善榮의 앞의 논문이 참고된다.

50)『三國史記』卷5 新羅本紀 第5 善德王 11年(642) 8月 是月條.

51)『三國史記』卷6 新羅本紀 第6 文武王 6年(666) 4月條.

52)『三國史記』卷6 新羅本紀 第6 文武王 12年(666) 8月條 ; 卷43 列傳3 金庾信傳 (下).

53)『三國史記』卷5 新羅本紀 第5 善德王 11年(642) 겨울條 ; 卷41, 列傳1 金庾信傳 (上).

이러한 중첩된 혼인을 통해 武力系와 舍輪系의 관계는 더욱 밀착되어 갔을 것이다. 善德王代부터 金庾信과 金春秋는 군사와 외교를 분담하면서 신라 정계의 핵심세력으로 부상하였으며, 上大等 毗曇의 亂을 진압함으로써 신라 국정을 장악하기 시작하였다. 654년 眞德王이 사망하자 金庾信은 和白會議를 통해 金春秋를 新羅國王으로 즉위케 하였다.

4. 金庾信의 活動과 그 家系의 認識

金官加耶系 가운데 金庾信은 관련 기록이 가장 풍부하게 남아 있어 일일이 열거할 수도 없을 정도이다.[54] 金庾信의 일대기를 잠시 요약해 보면 다음과 같다. 15세에 花郞이 되었다. 당시는 고구려 백제 말갈이 신라를 자주 침범하는 위기상황이었다. 35세에 고구려의 娘臂城을 공격할 때 처음 활동을 시작하여, 48세에 백제가 大耶城을 함락하였을 때 押梁州軍主가 되었다. 50세에 迊湌으로서 上將軍이 되고 53세에 上大等 毗曇의 亂을 진압한 이후 군사권을 장악하게 되었다. 60세에 金春秋를 국왕으로 즉위케 하였다. 66세에 백제를 정벌하여 멸망시킨 후부터 고구려를 멸망시켜 삼국을 통일하였고 79세로 사망할 때까지 신라 국정의 핵심에 있었다. 이를 요점만 살펴보면 다음과 같다.

첫째, 金庾信의 군사적 활동에 대해서이다. 629년 고구려의 娘臂城을 공격할 때[55] 中幢幢主로서 참전한 것이 金庾信의 기록상의 첫 활동이었다. 642년 金庾信은 押梁州 軍主가 되어[56] 이후 백제의 지속적인 공격을 차단하였다. 644년에는 迊湌으로서 上將軍이 되어 백제의 加兮城·省熱城·同火城 등 7城을 공략하여 加兮津의 통로를 열어[57] 옛 가야 방면에

---

54) 김유신에 관한 기록 가운데 가장 많은 것은 列傳 第1·2·3에 할애된 金庾信傳이다. 이후의 논지 전개상 金庾信傳의 내용에 대해서는 일일이 인용의 註를 달지 않겠다.
55) 『三國史記』 卷4 新羅本紀 第4 眞平王 51年(629) 8月條.
56) 『三國史記』 卷5 新羅本紀 第5 善德王 11年(642) 겨울條.
57) 『三國史記』 卷5 新羅本紀 第5 善德王 13年(644) 9月條.

서 전개되는 백제의 침공로와 신라의 진격로를 확보하였다. 이후 金庾信은 백제의 계속적인 공격을 막아내는 데 주력하였다. 648년에는 腰車城 등 10여 城을 함락한 백제군을 격퇴하고,[58] 그 여세를 몰아 백제 영토로 진격하여 嶽城 등 12城을 공략하였다. 649년 백제가 石吐城 등 7城을 쳐서 함락시키자 金庾信 등이 이를 격퇴시켰다.[59] 이와 같이 金庾信은 백제의 끊임없는 침략을 방어하거나 공격하였는데, 당시 상황에서는 다소 예외적인 것이라 할 수 있다.

610년에 讚德이 3州의 군대와 합세하여 椵岑城에서 백제군과 싸워 패전하였고, 618년에 아들 奚論이 漢山州 군대와 합세하여 椵岑城을 탈환하려다 실패하였다.[60] 624년에 백제가 쳐들어오자 訥催가 速含城 등 6城의 군대를 합하여 싸웠으나 패전하였다.[61] 626년에 백제가 主在城을 공격하자 城主 東所가 패전하였으며,[62] 642년 백제가 대대적으로 大耶城을 공격하여 함락되어 都督 品釋과 金春秋의 딸 古陀炤娘이 죽임을 당하였다.[63] 이와 같이 7세기 전반 이후 신라는 백제의 침공을 제대로 막아내지 못하고 있었다. 그럼에도 불구하고 金庾信은 계속되는 백제의 공격을 막아내어 신라가 대외적인 위기를 극복하는 데 커다란 공헌을 하였다. 이러한 상황 속에서 金庾信은 毗曇의 亂을 진압함으로써 신라에서의 군사적 정치적 위상이 높아져 갔다. 그리하여 신라는 金庾信 등이 군사 5만을 거느리고 唐의 백제 원정군과 함께 출전하여 백제를 멸망시켰으며, 이후 羅唐聯合軍은 수차에 걸쳐 원정하여 668년 고구려를 멸망시켰다. 金庾信傳에 의하면 668년 삼국통일을 이룬 후 신라는 당의 위협에 대항하고 있었는데, 文武王이 金庾信에게 자문을 구하기도 하였다.

둘째, 金庾信의 정치적 활동에 대해서이다. 647년에 上大等 毗曇이 반

---

58) 『三國史記』 卷5 新羅本紀 第5 眞德王 2年(648) 3月條.
59) 『三國史記』 卷5 新羅本紀 第5 眞德王 3年(649) 8月條.
60) 『三國史記』 卷47 列傳7 奚論傳.
61) 『三國史記』 卷47 列傳7 訥催傳.
62) 『三國史記』 卷4 新羅本紀 第4 眞平王 48年(626) 8月條.
63) 『三國史記』 卷5 新羅本紀 第5 善德王 11年(642) 8月條.

란을 일으켰다.[64] 반란의 원인에 대해 기록에서는 '女主不能善理'라고 하였으나, 이와 유사한 사건은 이전에도 있었음을 감안해 볼 수 있다.[65] 바로 631년에 일어난 伊湌 柒宿과 阿湌 石品 등의 반란이었는데,[66] 이 당시 王弟인 國飯과 伯飯이 모두 사망하였을 것으로 생각된다. 眞平王은 이 같은 '聖骨男盡'의 상황에서 이후의 후계자 문제에 직면하여 631년 직전에 王女 德曼을 후계자로 내정한 것으로 보인다. 이러한 조처에 대해 柒宿과 石品 등이 반발하여 난을 일으켰을 것이다. 善德王 말년에 일어난 毗曇의 亂 경우에도 聖骨 신분의 남자가 없는 상황에서 善德王은 眞平王의 弟인 國飯 葛文王의 딸, 즉 사촌간인 勝曼을 후계자로 한 것에 대한 반발이었다. 전자인 柒宿과 石品 등의 亂은 金庾信과 金春秋가 진압하였다고 보는 견해[67]가 있지만, 위의 金庾信의 군사적 활동과정을 감안하면 신귀족세력인 龍春과 舒玄이 진압하였을 가능성이 크다.[68] 후자인 毗曇의 亂은 기록에도 명시되어 있듯이 이를 金庾信과 金春秋가 주도하여 진압하고 眞德王을 국왕으로 옹립하였다. 또한 眞德王 사후에는 聖骨 신분이 모두 소멸하게 되었는데, 그 후계자 문제를 두고 귀족회의가 열려 아래와 같은 상황이 일어났다.

C1. 眞德王 때에 閼川公·林宗公·述宗公·虎林公·廉長公·金庾信公이 있었는데, 南山 于知巖에 모여 나라 일을 의논하였다. …… 閼川公의 근력이 이와 같았으므로 수석에 앉았으나, 여러 公들은 金庾信의 위엄에 복종하였다.[69]

眞德王代의 경우 위의 인물들이 신라 정계를 대변할 수 있는 것으로 보이는데, 위 기록에는 閼川과 金庾信이 대표적인 세력이었음을 알 수 있다.

---

64)『三國史記』卷5 新羅本紀 第5 善德王 16年(647) 正月條.
65) 金瑛河,「新羅 中古期의 政治過程試論」,『泰東古典研究』4, 1988, 31쪽.
66)『三國史記』卷4 新羅本紀 第4 眞平王 53年(631) 5月條.
67) 金杜珍,「新羅 眞平王代의 釋迦佛信仰」,『韓國學論叢』23, 1988.
68) 金德原,「新羅 眞平王代 政治改革 小考」,『明知史論』4, 1992.
69)『三國遺事』卷1 紀異2 眞德王條.

闕川의 경우 구체적인 활동 기록이 없으나 636년 將軍으로서 玉門谷에 잠입해 들어온 백제군을 격파하였고,[70] 637년에는 대장군에 임명되었으며,[71] 647년에는 伊湌으로서 上大等이 되었다.[72] 闕川은 眞德王 사후 국왕으로 추대되었을 만큼 신라 정계에서 중요한 위상을 가지고 있었으나, 金庾信은 앞의 군사적 활동에서 보았듯이 정치적 위상이 闕川보다 높아져 있었으므로 유력한 진골귀족들이 金庾信에게 복종하였던 것이다. 그리하여 金庾信이 지지하는 金春秋가 眞德王을 이어 왕위를 계승한 것이다.

武烈王은 이후 왕권을 안정시키기 위한 조처를 취하게 되었는데, 즉위 다음해인 655년에 法敏을 太子로 책봉하고 다섯 아들의 위상을 정하여[73] 후계문제를 사전에 매듭지었고, 이어 658년에는 王子 文汪을 中侍에 임명하여[74] 주요 관부를 장악하는 등 왕실을 안정시키고 왕권을 강화해 나갔다. 특히 武烈王은 말년인 660년에 이르러 金庾信을 上大等으로 임명하였는데,[75] 이는 655년에 장자 法敏을 太子로 책봉한 이후 武烈王系의 왕위 계승체계를 확립하기 위한 것으로서 金庾信을 후견인으로서의 역할을 감안한 것으로 이해된다. 金庾信은 664년에 70세가 되어 물러날 것을 청했으나 文武王이 이를 허락하지 않고 几杖을 하사하여 국정을 보좌케 한 사실,[76] 668년 삼국통일을 이룬 후 신라는 당의 야욕에 대항하고 있었는데 文武王은 유신에게 자문을 구하였을 때 金庾信은 삼국통일이라는 성공이 쉽지 않음과 통일왕국의 유지라는 守成이 또한 어려움을 유념하여 小人을 멀리하고 君子를 가까이하는 人事를 행하여야 함을 자문하고 있는 점 등에서 武烈王系의 왕권 유지에 있어 金庾信의 정치적 비중을 짐작할 수 있다.

셋째, 金庾信과 金春秋의 정치적 연계에 대해서이다. 642년 백제에 의해

---

70) 『三國史記』 卷5 新羅本紀 第5 善德王 5年(636) 5月條.
71) 『三國史記』 卷5 新羅本紀 第5 善德王 6年(637) 7月條.
72) 『三國史記』 卷5 新羅本紀 第5 眞德王 元年(647) 2月條.
73) 『三國史記』 卷5 新羅本紀 第5 武烈王 2年(655) 3月條.
74) 『三國史記』 卷5 新羅本紀 第5 武烈王 5年(658) 正月條.
75) 『三國史記』 卷5 新羅本紀 第5 武烈王 7年(660) 正月條.
76) 『三國史記』 卷6 新羅本紀 第6 文武王 4年(664) 正月條.

大耶城이 함락되어 사위와 딸이 죽임을 당하자 金春秋가 복수를 위해 고구려에 가서 군대를 청하였다가 억류되었을 때 金庾信이 그를 구하러 결사대 3천 명을 조직하여 고구려로 향하였던 사실에서77) 구체적으로 확인되기 시작한다. 앞의 C1에 보이듯 閼川은 眞德王 사후 국왕으로 추대되었을 만큼 신라 정계에서 중요한 위상을 가지고 있었으나, 金春秋를 지지하는 金庾信의 정치적 위상이 상대적으로 높았던 것으로 보인다. 金春秋는 舍輪系 왕족으로서 銅輪系 왕실에 가장 가까운 혈연이라는 점과 연동되어 聖骨의 소멸 이후 왕위에 오를 수 있었다. 이러한 배경에는 眞智王과 武力, 舒玄과 龍春, 金庾信과 金春秋 등 3대에 걸쳐 이루어진 武力系와 舍輪系의 정치적 연계가 크게 작용하게 되었다. 金庾信代에 와서 그 위상이 매우 높아졌기 때문에, 많은 眞骨 귀족들이 閼川을 추대한 상황에서도 毗曇亂 진압의 주체인 金庾信이 金春秋를 추대함으로써 그의 즉위가 가능하였던 것으로 이해된다.

武烈王이 즉위하기 이전 金春秋는 親唐外交에 주력하고 있었는데, 金庾信은 642년 大耶城 함락사건 이후 백제 고구려 등의 신라 침공에 대한 방어에 주력하고 있었다. 즉 金庾信의 군사적 활동으로 인해 대외적 위기가 해소됨으로써 金春秋는 외교업무에 전념할 수 있었던 것이다. 642년 金春秋가 고구려에 가서 수행한 請兵外交가 실패한 이후 648년 겨울에 金春秋가 아들 文汪과 함께 唐에 가서 請兵하고 돌아오는 길에 바다에서 고구려 순라병을 만났다가 간신히 위기를 모면하고 돌아왔다.78) 이때 唐은 신라의 요구를 받아들였는데, 신라는 이로부터 親唐外交에 주력하였다. 즉 642년 金春秋의 請兵이 실패한 이후에는 삼국 간의 대립문제를 삼국 내에서 해결하고자 하였으나, 648년 이후에는 唐과의 협력을 통해 위기를 극복하려는 방향으로 전환되었던 것이다. 金春秋는 親唐外交를 통해 中朝衣冠 즉 唐의 복식을 받아들이고79) 신라가 독자적으로 사용해 왔던 연호를 버리고 당시 唐의 연호인 永徽를 사용하는 등80) 唐의 문물 수용을 적극적으

---

77) 『三國史記』 卷5 新羅本紀 第5 善德王 11年(642) 8月 및 겨울條.
78) 『三國史記』 卷5 新羅本紀 第5 眞德王 2年(648) 겨울條.
79) 『三國史記』 卷5 新羅本紀 第5 眞德王 3年(649) 正月條.

로 추진하였다. 650년 眞德王이 五言詩의 太平頌을 지어 金春秋의 아들 法敏을 시켜 이를 唐에 전하게 하였다.[81] 이는 신라가 親唐外交를 적극화하고 있었음을 반영하는 것이다.

이와 같이 金春秋는 정치적 외교적 수완을 통하여 국내외의 난국을 해결해 왔으며, 金庾信은 군사적 활동을 통하여 국내의 위기를 극복하여 왔던 것이다. 양 세력의 연계에 의해 신라는 국내외의 위기를 해소하고 고구려 백제를 멸망시키고 唐의 세력을 축출하여 삼국통일을 이룩하였으며, 唐을 통한 지속적인 문물 수용을 통해 中代의 확고한 왕권강화체제를 구축하게 되었던 것이다.

고구려 백제를 멸망시킨 이후 신라가 행한 金庾信에 대한 대우는 다른 귀족에 비해 매우 각별한 것이었다. 668년 고구려를 멸망시킨 뒤 王은 金庾信에게 太大角干이라는 직위를 주었는데,[82] 이는 전무후무한 특별 직위였다. 또 金庾信傳에 의하면 673년에 유신이 79세로 죽으니 王은 彩帛 1천 匹과 租 2천 石을 賻儀로 하사하고 軍樂鼓吹 100인을 내려 장례를 치르도록 하였으며, 有司에 명하여 碑를 세워 공명을 기리도록 하고 民戶를 정하여 守墓케 하였다. 그의 부인 智炤夫人에게는 해마다 租 1천 石을 내려 그 공에 보답하였다.[83] 그 후 유신의 후손에 대해서도 많은 은전이 베풀어졌다.

이제 金庾信系에 대해서 언급하겠는데, 그 계보를 작성해 보면 <표 2>와 같다.

金庾信의 아들로는 三光·元述·元貞·長耳·元望 및 庶子 軍勝이 있었으며, 金庾信의 동생으로는 欽純이 있었다. 欽純은 활동 기록이 660년의 백제원정에 처음 나타나는데, 黃山 전투에서 欽純은 백제의 階伯이 항전하여 진격이 어려워지자 아들 盤屈을 시켜 선봉에 서게 하였다.[84] 662년에는

---

80) 『三國史記』 卷5 新羅本紀 第5 眞德王 3年(649)條.

81) 『三國史記』 卷5 新羅本紀 第5 眞德王 4年(650) 6月條.

82) 『三國史記』 卷6 新羅本紀 第6 文武王 8年(668) 10月 22日條.

83) 『三國史記』 卷8 新羅本紀 第8 聖德王 11年(712) 8月條.

84) 『三國史記』 卷5 新羅本紀 第5 武烈王 7年(660) 7月 9日條.

<표 2> 金庾信系의 系譜

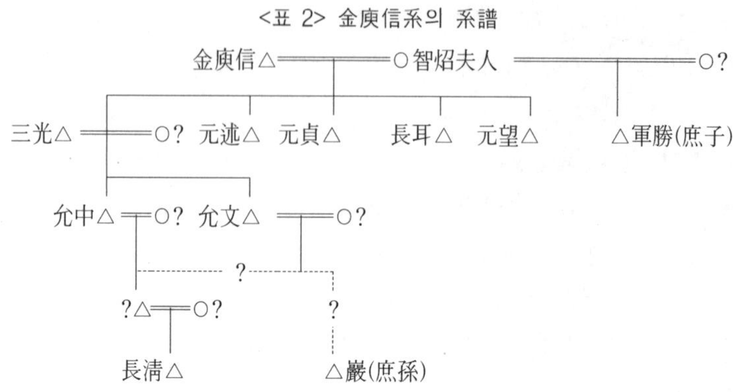

백제의 잔여세력이 內斯只城에서 준동하자 이를 소탕하였고,[85] 668년 고구려 멸망 때에는 大幢將軍으로서 출정하였다.[86] 669년에는 角干으로서 唐에 사신으로 갔다가 이듬해에 귀국하였으나,[87] 그 후의 기록은 보이지 않는다. 欽純의 손자 永胤은 684년에 報德國 安勝의 族子 大文이 모반하다가 죽고 잔여세력이 준동하였을 때 黃衿誓幢 步騎監으로 출전하였다가 전세가 불리함에도 싸워 전사하였다.[88] 欽純系는 삼국통일전쟁기에 주로 활약하였으나, 이후의 활동은 분명하지 않다.

金庾信의 장자 三光은 666년에 唐에 숙위하였다가 668년에 唐의 고구려 정벌을 알리러 귀국하였고,[89] 683년 神文王이 金欽運의 딸과 혼인할 때 波珍湌으로서 왕비를 맞아들이는 의식을 주관하였다.[90] 이후 三光은 執政이 되어 金庾信의 뒤를 이어 신라 정계에 위상이 서 있었다.[91] 元述은 金庾信傳에만 보인다. 그에 의하면 672년 나당전쟁 때에 石門 전투에서[92] 패하여 달아났다가 부친 金庾信에게 배척당하였는데, 675년 買蘇川

---

85) 『三國史記』 卷6 新羅本紀 第6 文武王 2年(662) 7月條.
86) 『三國史記』 卷6 新羅本紀 第6 文武王 8年(668) 6月條.
87) 『三國史記』 卷6 新羅本紀 第6 文武王 9年(669) 5月 및 10年(670) 正月條.
88) 『三國史記』 卷47 列傳7 金永胤傳.
89) 『三國史記』 卷6 新羅本紀 第6 文武王 6年(668) 4月條 및 8年(668) 6月條.
90) 『三國史記』 卷8 新羅本紀 第8 神文王 3年(683)條.
91) 『三國史記』 卷47 列傳7 裂起傳.

城 전투에서[93] 唐軍을 격파하여 공을 세우고 은둔하였다.[94] 元貞은 기록이 거의 없으나 열전에 仇近과 함께 西原述城을 쌓았다는 것만 전해지고,[95] 長耳와 元望은 金庾信傳에 관등이 大阿湌으로만 기록이 남아 있을 뿐이다. 그런데 金庾信의 庶子인 軍勝은 智炤夫人의 소생이 아니라, 앞에서 언급한 바와 같이 金庾信이 智炤夫人과 혼인하기 이전의 부인에서 낳은 아들이었다. 軍勝은 662년 고구려를 정벌할 때 金庾信을 따라 군량보급에 종사하였는데,[96] 金庾信傳에 의하면 金仁問·良圖 등과 같이 중국어에 능통한 것으로 알려져 있어 상당한 식견을 가진 인물이었다.

　聖德王代에 활동한 允中과 允文은 三光의 아들로서 736년 唐의 요청으로 將軍이 되어 渤海를 공격하였다. 允中은 725년 中侍로 임명된 伊湌 允忠과 동일인으로서[97] 736년의 발해 원정 이후에 唐이 신라 영토로 공인한 浿江지역의 지세를 검찰하였다. 聖德王은 允中을 金庾信의 후손으로서 우대하였는데, 다음의 기록에는 어떠한 변화가 일어나고 있음을 시사하고 있다.

C2. 金庾信의 嫡孫 允中은 聖德大王 때에 벼슬하여 大阿湌이 되었고 여러 번 은혜를 받았는데, 王의 친족들이 자못 질투하였다. 때는 중추절이라 王이 月城 岑頭에 올라 시종 관료와 더불어 주연을 베풀고 윤중을 부르니 간하는 자가 있었다. …… 왕이 말하기를 "지금 과인이 경들과 함께 평안하고 무사하게 지내는 것은 允中 조부의 덕이다."라고 하였다. …… 이윽고 允中을 가까이 앉게 하여 조부의 평생을 말하게 하였다. …… 이에 群臣들은 불평만 늘어놓을 뿐이었다.[98]

---

92)『三國史記』卷7 新羅本紀 第7 文武王 12年(672) 8月條.

93)『三國史記』卷7 新羅本紀 第7 文武王 15年(672) 9月 29日條.

94) 우리나라 성씨에 관한 자료에 의하면 元述을 晉州金氏의 시조로 되어 있는 경우도 있다. 晉州金氏를 신라 闕智의 후손으로도 전하고 있어 어느 쪽도 분명하지 않다. 참고로 적어둔다.

95)『三國史記』卷47 列傳7 裂起傳.

96)『三國史記』卷6 新羅本紀 第6 文武王 2年(662) 2月 6日條.

97) 李基白, 「新羅 執事部의 成立」, 『震檀學報』 25·26·27합집, 1964/『新羅政治社會史研究』, 1974, 163~164쪽.

C3. 37代 惠恭王代 大曆 14年 己未年(779) 4月에 갑자기 돌풍이 金庾信公의
    무덤에서 일어났다. …… 竹現陵으로 들어갔다. 얼마 있다가 왕릉 속에서
    천지가 울리고 크게 울면서 하소연하는 듯한 소리가 났다. 그 말소리에는
    "臣이 평생 정사를 보좌하고 환란을 구제하고 통일한 공로를 세웠습니다.
    …… 지난 庚戌年에 臣의 자손이 죄없이 죽임을 당하였습니다. ……"라고
    하였다. …… 王이 이 말을 듣고 두려워하여 이내 大臣 金敬信을 보내어
    金庾信의 무덤에 가서 사과하게 하였다. 公을 위하여 鷲仙寺에 功德寶田
    30結을 세웠다. …… 이로써 나라사람들이 그 덕을 사모하여 三山과 함께
    제사하여 끊이지 않게 하고 그 등급을 五廟의 위로 올려서 大廟라 일컬었
    다.99)

   C2에서와 같이 金庾信의 손자 때에 이르면 정치적 위상이 약화되어 가
고 있었다. 7세기 말까지 金庾信의 아들들은 모두 阿湌 이상의 관등을 가
지고 있었으며, 中侍나 執政 등 국가의 요직을 역임하고 武烈王系 왕실과
친밀한 관계에 있었다. 반면에 8세기 전반에 이르면 손자 允中도 요직을
맡고는 있었으나 위와 같이 견제를 심하게 받고 있었으므로, 이전과 달리
金庾信系가 대거 정계에 진출하지 못하고 세력이 위축되고 있었다. C3에
서의 庚戌年은 770년의 사건, 즉 金融의 모반사건이100) 일어난 것을 의미
한다. 이 사건은 기록과 같이 金庾信系가 죄없이 죽임을 당한 데 대한 신
원운동일 뿐 아니라 위기를 극복하기 위한 노력의 일환이기도 하였다.101)
즉 7세기 신라 정국의 안정과 삼국통일에 지대한 공헌을 하였던 金庾信系
가 중앙 정계에서 배제되어 가고 있는 상황에 대한 정치적인 저항이라고
할 수 있을 것이다. 이 당시 允中의 庶孫으로서 陰陽學·兵法에 정통하였
던 金巖은 宿衛學生으로서 귀국하여 司天博士를 거쳐 郡太守·執事侍
郞·浿江鎭頭上을 역임하였고, 779년 惠恭王 말년 경에는 일본에 사신으

---

 98)『三國史記』卷43 列傳3 金庾信傳(下).
 99)『三國遺事』卷1 紀異2 味鄒王竹葉軍條.
100)『三國史記』卷9 新羅本紀 第9 惠恭王 6年(770) 8月條.
101) 井上秀雄,「新羅政治體制變遷過程」,『古代史講座』4, 1962/『新羅史基礎研究』,
    1974, 458쪽.

로 갔다.102) 金巖은 관등이 伊湌이었으나 요직에는 임명되지 못하였는데, 이 또한 8세기 후반 金庾信系의 정치적 위상이 약화되었음을 반영한다. 같은 세대인 金長淸은『金庾信行錄』을 찬술하였는데, 관직이 최말단인 執事郎에 불과하였다.『金庾信行錄』은 당시 金庾信系가 몰락하고 있는 상황에 대한 항변이라고 할 수 있는데,103) 金長淸을 끝으로 金庾信系의 활동은 나타나지 않는다. 이후 金庾信系는 중앙정계에서 배제되어 뒤에서 볼 審希의 예에서 보듯이 지방으로 낙향하게 되었을 것이다.

지금까지 7세기 중엽을 전후한 시기부터 8세기까지 金庾信系의 활동을 살펴보았는데, 이에 근거한 자료의 대부분은『金庾信行錄』을 底本으로 하여 저술된『三國史記』金庾信傳이었다.『金庾信行錄』이 나오기 이전의 기록으로 알려진 것이『開皇曆(錄)』이다.

C4.『開皇曆』에 말하기를 '姓은 金氏인데, 대개 나라의 世祖가 金卵에서 나왔으므로 金으로써 姓으로 하였다'고 한다.

C5.『開皇錄』에 말하기를 '梁나라 中大統 4年 壬子年(532)에 新羅에 항복하였다'고 한다.104)

『開皇曆』은『三國遺事』의 王曆과「駕洛國記」의 居登王代 및 멸망기사에서 인용되고 있는데, 편찬시기에 대해서는 隋의 開皇年間(581~600)說 文武王代說, 羅末麗初說 등 세 가지 설이 있다.

첫째, 開皇年間(581~600)說에 의하면 書名에 근거하면서 신라와 백제의 역사서 편찬이 6세기에 본격화되므로 金官加耶도 이 시기에 편찬되었을 것으로 추정하고 있는데,105) 신라의 경우에 중국 연호사용의 시작이 眞德王 4년(650) 이후이므로 타당하지 않다. 오히려 開皇이란 연호라기보다 왕

---

102)『續日本記』卷35 光仁紀 寶龜 10年(779) 및 11年條.
103) 李基白,「金大問과 金長淸」,『韓國史市民講座』1, 1987.
104) 이상『三國遺事』所引「駕洛國記」.
105) 三品彰英,『三國遺事考證(上)』, 塙書房, 1975.

조를 개창하였다는 의미로 보아야 할 것이다.

둘째, 羅末麗初說은 나말여초 金官加耶 왕손들이 고려에서 보다 나은 지위를 차지하려는 의도에서 편찬되었다고 보는 견해이다.[106] 이렇게 볼 경우『開皇曆』에 보이는 金卵說이 보다 세련된 金庾信碑文의 少昊金天氏說보다 앞서 등장하기 때문에 타당하지 않다.

셋째, 文武王代說은 신라의 중국연호 사용시기와 함께 金庾信의 정치적 제 조건에서 그의 출생과 관련하여 文武王代 전후에 편찬되었다고 보는 견해이다.[107] 이 견해는 일견 타당한 것으로 보인다. 661년에 文武王이 즉위하면서 首露王廟 제사에 대해 내린 制旨[108]에서 王 자신과 首露王의 세계를 인식하고 있음을 감안하면, 이보다 조금 시기인 武烈王代에 舍輪系가 자기 왕실의 위엄을 높이기 위한 조처를 취할 때 중첩된 혼인관계에 있었던 金官加耶系의 위엄도 고양시키려 하였던 것이 아닌가 한다. 앞서 말했듯이 王 자신의 직계 시조와 외가 시조를 15代祖로 동일하게 인식하고 있었던 것과 그 궤를 같이하고 있음도 감안해야 할 것이다.

『開皇曆』은『開皇錄』이라고도 하는 것으로 일종의 年代記이다.[109] C4에 世祖 즉 金官加耶의 始祖 首露王에서부터 C5에 532년 멸망시기까지를 기록한 점에서 金官加耶의 역사서로 볼 수 있다.『開皇曆』이 연대기이기는 하나『三國史記』나『日本書紀』와 같이 정연하게 짜여진 것이 아니라『三國遺事』의 王曆 또는『金庾信行錄』과 같이 金官加耶 왕실의 世系와 해당 王代의 주요 사항만을 기재한 것으로서 王代曆에 가까운 것으로 추측된다.[110]『開皇曆』이 開國 始祖 首露王을 중심으로 하여 편찬된 것이라면『金庾信行錄』은 바로 金庾信을 중심으로 그의 활동을 강조하면서 그 후손들의 존재를 언급한 것이다. 薛因宣가 찬술한 金庾信碑文에는 金庾信

---

106) 丁仲煥,「駕洛國記의 文獻學的 考察」,『伽倻文化』3, 1990.
107) 金泰植,「加耶의 社會發展段階」,『한국고대국가의 형성』, 민음사, 1990 ; 白承忠, 앞의 논문, 2000, 845쪽.
108)『三國遺事』所引「駕洛國記」.
109) 末松保和,「三國遺事經籍關係記事」,『靑丘史草』2, 1966.
110) 白承忠, 앞의 논문, 2000, 845쪽 주) 27 참조.

의 일대기와 업적뿐 아니라 그 이전 직계의 世系도 언급한 정도였을 것이다. 이와 달리 行錄 자체의 성격상 金庾信의 업적을 강조한 것이 아니었으며, 7세기까지의 사실뿐만 아니라 8세기 金巖 등 玄孫까지 그 후손의 활동을 기록하고 있다. 이 점은 그 찬술시기의 상한이 적어도 8세기 말경이었을 것으로 볼 수 있다. 이 시기는 武烈王系의 왕권이 붕괴되어 가고 金庾信系의 세력이 몰락하는 상황 속에 있었으므로, 『金庾信行錄』은 金庾信系의 위상을 높이고 정치적인 몰락을 방지하기 위한 목적에서 金庾信의 국내외의 위기 해소와 삼국통일의 업적을 강조하는 방향으로 편찬되었을 것이다. 金官加耶系의 후손들 가운데 金庾信系는 10세기 전반에 이르러서도 審希가 興武大王의 후손이라 천명함에서[111] 金庾信을 중심으로 하는 家系를 인식하고 있었다.

반면 11세기 중엽에 찬술된 『駕洛國記』는 위의 기록과 다르다. 즉 그 世系의 인식을 1대 시조 首露王부터 10대 仇衡王까지 金官加耶의 王系를 기재한 것은 같으나, 11대부터 武力이 아니라 奴宗(世宗)을 중심으로 12대 卒支公 - 17대 膚世 級飡 - 宗孫 圭林 - 間元卿으로 世系를 인식하여 金庾信系는 전혀 언급이 없다. 이러한 점은 신라 때에 金庾信을 중심으로 하는 가계인식이 고려 때에 이르러 변화가 있었던 것이다. 그렇다 하더라도 『駕洛國記』의 편찬 동기를 감안하면 金庾信 중심의 인식이 소멸된 것은 아니다. 신라통일기에 이르면 신라 김씨의 진골귀족 내에서도 家系分枝의 경향이 강해졌기 때문에 金庾信系만 강조된 것이라 이해된다.

5. 羅末麗初 金海豪族과 金官加耶系의 動向

長淸과 金巖 이후에는 다시 金庾信系의 후손은 나타나지 않다가 신라 下代에 와서 新羅의 王姓인 慶州金氏와는 구분하여 新金氏라 칭하면서 대두하고 있었다. 新金氏라고 칭한 예는 景文王 12(872)년에 조성된 명문

---

111) 「鳳林寺眞鏡大師塔碑」, 『譯註 韓國古代金石文 Ⅲ』, 駕洛國史蹟開發研究院, 1992, 214쪽.

552 한국 고대사 속의 가야

인 「皇龍寺九層木塔舍利函記」 즉 소위 「皇龍寺刹柱本記」에 '成典 赤位 大奈麻臣新金賢雄 靑位奈麻臣新金平矜'에서 확인할 수 있다.112) 이들은 金庾信系의 후예인지 확실하지 않지만, 惠恭王代를 경계로 金庾信系가 몰락한 이후 下代에 이르러서도 중앙정계에 잔존하고 있었던 세력이었다. 中代의 金庾信系와 달리 金賢雄과 金平矜이 皇龍寺 成典 소속의 관직을 가지고 각기 大奈麻와 奈麻라는 조금 낮은 관등을 보유하고 있었는데, 9세기 후반에 이들을 新金氏라고 일컫고 있었던 것은 新羅系의 金氏 진골귀족과 차별되는 상황에 있었음을 반영하는 것이다.

9세기 후반 이후에 이르면 중앙정계에서 활동하는 金官加耶系 후손들은 찾아 볼 수 없지만, 그들은 지방 즉 김해지역에서 존재하고 있음을 확인할 수 있다.

D1. 大師의 이름은 審希요 俗姓은 新金氏이니, 그 先祖는 任那王族이다. 풀에서 성스러운 가지를 나왔으나 이웃 나라의 침략으로 괴로워하다가 우리나라(新羅)에 투항하였다. 遠祖 興武大王은 鼈山의 정기를 타고 바다의 정기로 올라서 文符를 잡아 宰相의 뜰로 나오고 武略을 지니고 왕실을 높이 받들었다. □□에 평생을 바쳐 두 적이 영원토록 평안케 하고 우리 사람들이 능히 세 임금을 받들어 멀리 辰韓의 풍속을 위무하였다. 아버지 盃相은 道로써 老莊을 높였고 마음으로는 신선을 흠모하였으니 물과 구름이 비록 그 한가로움을 내버려둘지라도 朝野에서는 그가 벼슬을 귀하게 여기지 않음을 아쉽게 여겼다. 어머니 朴氏는 일찍이 앉은 채 잠들었다가 꿈에 休□을 얻었다. 얼마 후에 미루어 생각해 보니 임신한 것에 깜짝 놀랐다. …… 大中 7年(853 ; 文聖王 15) 12月 10日에 태어났다. …… 나이 아홉살에 곧장 惠目山으로 가서 圓鑑大師를 뵈었다. …… 열아홉살에 具足戒를 받았다. 이윽고 계율을 지킴에 마음이 들떠서 정처없이 발길닿는 대로 떠돌아 다녔다. …… 文德 初年(888)부터 乾寧 末年(894~898) 사이에 먼저 松溪에 자리를 잡으니 學人들이 비처럼 모여들었고, 雪嶽에 잠시 깃드니 禪客이 바람처럼 달려오니 어디 간들 감출 수 없음이 어찌 비단 이것뿐이

---

112) 「皇龍寺九層木塔舍利函記」, 『譯註 韓國古代金石文』 Ⅲ, 駕洛國史蹟開發硏究院, 1992, 370쪽.

겠는가. 眞聖大王이 급히 書札을 보내어 궁정에 불렀다. 大師는 외람되이 왕의 말씀을 받들었으나 어찌 祖師의 業을 중단하리오. 길이 험하다고 하여 表를 올리고 굳이 사양하였으니, 가히 하늘 밖의 鶴의 소리는 雞林의 경계에 빨리 닿지만 사람 가운데 龍德을 대궐 문 옆에서 구하기는 어렵다고 할 것이다.[113]

위 비문에 의하면 禪門九山派 가운데 鳳林山派의 開山人인 審希(855~923)는 金官加耶의 王族, 특히 金庾信의 직계 후손으로서 삼국통일의 업적은 크게 내세우고 있었으나 그 후손들에 대해서는 전혀 언급하지 않고 있다. 金官加耶系로 보이는 金賢雄과 金平矜과 달리 같은 시기의 인물인 盃相 즉 審希의 아버지 때에는 일체의 관직을 갖지 못하고 老莊的인 분위기에서 은거생활을 하고 있었음을 말하고 있다. 이것을 보면 신라 말기에 와서 金官加耶系 王族 후손들의 현실적인 세력은 이미 몰락하여 신라 지배세력에서는 완전히 떨어져 나갔으나, 金庾信의 후손이라는 것을 특별히 내세우고 있었던 것을 알 수 있다.

853년에 태어난 審希는 862년 9세에 出家하여 곧 바로 慧目山의 玄昱을 찾아가 禪宗 승려가 되었다. 審希가 일찍이 불교에 귀의하였던 것은 惠恭王代 이후 몰락한 金庾信系의 후손들은 거의 대부분 현실적으로 진출의 길이 막혀버린 데서 나온 것이다. 즉 眞聖王이 불렀으나 응하지 않았던 점은 華嚴宗을 비판 공격하면서 새로 등장되고 있었던 禪宗을 택하고 있었던 데에 그 원인이 있었다. 審希는 이후 10여 년 동안 玄昱의 門下에서 수업하다가 玄昱이 세상을 떠나자 각처를 유람하게 되었고, 마침내는 孝恭王代에 이르러 자신의 연고지인 김해지방에 와서 당시 그 지방의 지배세력이었던 蘇律熙의 지원을 받아 독자적인 禪派로서 鳳林山門을 개창하고 있었다.

金官加耶系 후손들은 중앙정계에서 배제되어 현실적으로 몰락한 이후에도 金官加耶系 王族의 후예 특히 金庾信의 후손이라는 의식은 계속 유지되어 왔던 것이다. 이 같은 가계인식의 전통은 金官加耶의 始祖에 대한

---

113) 「鳳林寺眞鏡大師塔碑」, 『韓國古代金石文』 Ⅲ, 駕洛國史蹟開發硏究院, 1992, 214쪽.

제사 행사를 통하여 계속 확인되어 온 것이며, 그러한 의식은 신라下代에 와서도 그 후손들이 견지하고 있었다. 지방호족으로서 다시 대두하게 될 때에도 新羅 王族인 慶州金氏와는 구분하여 ‘新金氏’라 칭하면서 王京의 귀족세력과 대립하게 되었던 것이다.

8세기 후반 惠恭王을 끝으로 武烈王系의 中代 王權이 붕괴되고 元聖王系의 下代 王權이 성립되었다. 下代에 이르면 왕위계승을 둘러싼 권력투쟁이 점차 심화되어 가고 중앙권력이 약화되면서 9세기 말에 이르면 전국 각 지역에서 호족세력이 대두하여 독자적인 세력을 형성하고 있었다. 金官加耶의 옛 터인 김해지역에서도 커다란 호족세력이 대두하고 있었다. 당시 김해지역의 세력으로서 首露王의 眞孫 즉 직계 자손으로서 김해지역에 토착하고 있었던 圭林·間元 부자가 있었다. 또한 김해지역의 호족세력으로서 기록에 전하고 있는 존재로는 金仁匡을 비롯하여 蘇忠子·蘇律熙 형제 등이 있었다. 이들은 모두 金海府知軍府事 또는 知進禮城諸軍事라는 관직을 칭하면서 김해지역을 장악하고 있었다. 그에 관한 기록으로는 景明王 8(924)년에 건립된 「鳳林寺眞鏡大師塔碑文」가 있는데, 그 부분을 제시하면 다음과 같다.

D2. 大師는 세속을 피하여 홀연히 구름처럼 떠나 溟州로 가서 머무르며 山寺에 의지하여 마음을 깃들엿다. 千里가 다스려져 편안하고 한 지방이 소생한 듯하였다. 머지않아 金海 서쪽에 福林이 있다는 말을 듣고 문득 이 산을 떠났다. 소문이 남쪽 경계에 돌아서 進禮에 이르러 잠시 머물렀다. 知進禮城諸軍事 金律熙라는 자가 있어 大師의 道를 사모하는 정이 깊고 가르침을 듣고자 하는 뜻이 간절하여 경계 밖에서 기다리다가 맞이하여 성안으로 들어갔다. 인하여 절을 수리하고 佛法의 가르침을 자문하는 것이 마치 고아가 자애로운 아버지를 만난 듯하고 병자가 훌륭한 의사를 만난 것 같았다. 孝恭大王이 특별히 政法典의 大德인 如奐을 보내어 멀리 조서를 보내어 法力을 빌었다. …… 이보다 먼저 知金海府進禮城諸軍事明義將軍 金仁匡은 가정에서 아버지의 가르침을 받고 대궐에 정성을 다하였으며 禪門에 귀의하여 숭앙하고 三寶가 있는 寺院을 돕고 수리하였다. …… [景明王이]114) 興輪寺 上座 釋 彦林과 中事省 內養 金文式을 보내

어 겸손한 말과 두터운 예로 간절히 초청하였다. 大師가 대중들에게 말하기를, "비록 깊은 산속에 있더라도 이 곳 역시 임금의 땅에 속하고 佛陀의 付囑도 있으니, 王의 使者를 거절하기 어렵다"고 하여 貞明 4年(918 ; 景明王 2年) 겨울 10월에 문득 山門을 나서 서울로 향하였다. 가마가 11月 4日에 도착하였다. …… 이 날 大師를 따라 궁궐로 오른 자가 80인이었다.[115]

김해지역에서 호족으로서 가장 먼저 나타나는 존재는 金仁匡이다. 그는 '知金海府進禮城諸軍事明義將軍'이라는 관직을 가지고 있었다. 이 職名을 검토해 보면 金海府를 지배하는 進禮城主로서 明義將軍을 일컫는 것으로 金仁匡은 10세기 초에 김해지역을 지배하는 호족세력이었다.

金海府는 文武王 20년(680)에 金官小京으로 설치되었던 것이 8세기 중엽 景德王代에 京으로 개칭되었다가 10세기초 전후에 이르러 府로 개편되었다. 신라의 小京 또는 京이 언제 府로 개편되었는가에 대해서는 자세하지 않으나, 가장 일찍 나타나는 예로는 景文王 10년(870)에 조성된 「寶林寺北塔誌」에 나오는 西原部(府)가 있다.[116] 西原京이 870년 이전에 西原府로 개편되었음을 시사하고 있다. 종래에는 羅末麗初의 府에 대해 후삼국 통일기에 高麗 太祖에 의해 설치된 것이라 보았다. 즉 지방에서 반독립적으로 존재하였던 호족세력의 지배거점으로 이해되어 왔다.[117] 그런데 위에서 제시한 西原府의 경우는, 지방에서 대대적으로 호족이 할거하기 이전에 존재한 府라는 점에서 기존의 통설에 의문을 던진다. 그러므로 신라 下代, 특히 9세기 전반에 이르러 金憲昌·金梵文 부자의 叛亂과 張保皐 세력의 위협 등 지방에서의 세력결집에 의한 위기상황에 대응하여 신라가 5小京 및 주요 거점에 설치한 것이 府였다고 보는 편이 타당하다 하겠

---

114) □□ 부분은 문장의 전후 사정을 보아 아마도 '王遣'으로 되었던 것으로 추측된다.
115) 「鳳林寺眞鏡大師塔碑」, 『譯註 韓國古代金石文 Ⅲ』, 駕洛國史蹟開發硏究院, 1992, 214쪽.
116) 「寶林寺北塔誌」, 『韓國古代金石文 Ⅲ』, 124쪽.
117) 旗田巍, 「高麗王朝成立期의'府'と豪族」, 『法制史硏究』 10, 1960/『朝鮮中世社會史の硏究』, 法政大學 出版局, 1972.

다.[118]

위의 비문에 의하면 金仁匡이 '대궐에 정성을 다하였다'고 하는 점으로 보아 원래는 金官加耶系로서[119] 신라의 중앙귀족이었음을 알 수 있다. 하지만 중앙의 권력투쟁 속에서 몰락하여 지방의 관리로 내려갔다가 중앙정부의 지방에 대한 통제력이 약화되자 새로운 기반을 닦아 신라 말에 이르러 김해지역을 거점으로 하여 신라 중앙과 일정한 관계를 유지하면서 독자세력으로 대두하였던 것이다.[120] 城主將軍이라는 관직으로 보아 金仁匡은 다른 호족세력들과 마찬가지로 김해지역에서 進禮城이라는 성을 중심으로 조직된 私兵의 지휘자였다. 나아가 그 군사력을 기반으로 하여 인근 지방의 일정한 지역에 대하여도 실질적인 지배권을 행사하는 세력가였음을 알 수 있다. 金仁匡의 등장시기는, 蘇忠子·蘇律熙 형제가 등장한 시기가 906년 경으로 추측되므로,[121] 眞聖王 말년 경에서 孝恭王 10년(906) 이전까지 존재하였을 것으로 본다. 따라서 金仁匡은 중앙정계에서 몰락하여 낙향한 金官加耶系로서, 9세기 말엽에 府로 개편된 김해지역에서 관리 또는 유력한 토호로서 존재하다가 중앙의 지방통제력이 약화되자 金海府를

---

118) 黃善榮, 「新羅下代의 府」, 『한국중세사연구』 1, 1994.

119) 金仁匡의 出自에 대해서는 신라 왕족으로 보거나(金英夏, 「金海 進禮 출토의 十二支像이 새겨진 石棺」, 『古文化』 31, 1987), 金官加耶系 왕족의 후손으로 보는 견해가 있다(崔柄憲, 앞의 논문, 1978, 405쪽). 비문에서 審希의 경우 任那王族 즉 金官加耶 王族의 후손이며 金庾信의 후예라고 명시하고 있다. 그러나 金仁匡의 경우에는 출자에 대해 아무런 언급 없이 대궐에 정성을 다하였다고만 서술하고 있어 약간 대조적인데, 이는 金官加耶系이기는 하나 김유신과 직접적으로 혈연관계가 없는 계통일 것으로 생각된다.

120) 崔柄憲에 의하면 신라말기의 지방호족을 두 가지의 경우로 보았다. 즉 하나는 원래 중앙귀족이었지만 뒤에 지방으로 몰락해 내려가 새로운 기반을 닦아 신라 말에 와서 다시 대두하는 경우이고, 다른 하나는 원래부터 지방에 토착하여 살면서 군현의 행정체계 밑에서 촌락민을 통제하는 구실을 담당하다가 신라말 중앙정부의 지방에 대한 통제력이 약화되면서 독립하여 실질적으로 군현의 지방관을 대신하는 지위를 차지하고 주위의 다른 村主들을 지배하여 마침내 호족세력으로 등장한 경우도 있었을 것으로 보았다(앞의 논문, 1978, 404~405쪽).

121) 蘇忠子·蘇律熙 형제는 「太子寺朗空大師白月栖雲塔碑文」(『朝鮮金石總覽 上』, 184쪽)에 가장 먼저 나오는데, 그에 의하면 孝恭王 11년(907) 여름은 行寂이 김해지방에 찾아갔을 때이므로 그들 형제는 이 직전에 등장하였을 것이다.

장악하여 유력한 호족세력으로 등장하였던 것이다.

蘇忠子·蘇律熙 형제는 906년경 金仁匡을 이어 김해지역을 장악한 세력이다. 그들은 姓을 蘇氏라 칭하고 있었다. '蘇'와 '金'이 음의상 각각 '쇠'를 나타내는 음과 뜻이지만, 그리고 얼마 뒤에 律熙가 성을 金氏로 바꾸어 사용하였다 하나 審希나 金仁匡과는 혈연적인 관계가 전혀 다르다. 즉 金仁匡과 달리 蘇忠子·蘇律熙 형제는 그보다 미천한 村主 정도의 신분으로서 신라 말에 와서 대두하여 마침내 김해지방의 지배세력이 되었던 것으로 보인다. 「太子寺朗空大師白月栖雲塔碑文」에 의하면 '金海府蘇公忠子知府及第律熙領軍'이라 기록되어 있는데,[122] 蘇忠子는 金仁匡과 같이 知金海府로서 김해지방의 최고지배자였고, 다음 蘇律熙는 領軍으로서 군사지휘권을 담당하고 있었다. 907년 당시에 김해지방의 정치·군사권 및 재정권을 망라한 최고지배자는 蘇忠子이고, 그 아우 蘇律熙는 제2인자로서 형인 蘇忠子 아래에서 군사권만을 전담하고 있었던 것을 알 수 있다. 당시 지방호족들이 일정 지역에 대한 지배권을 행사함에 있어서 제일 중요한 권한은 군사권과 재정권이었다. 그 가운데 군사권은 私兵을 거느리고 자기 지역을 방위하는 한편, 다른 지역으로 勢力圈을 확장하기 위한 것이고, 재정권은 자기 勢力圈 안에 있는 촌락들에 대하여 경제적인 지배력을 행사하는 것으로서 촌락민들에게서 일정한 조세와 역역을 수취하였다.

그런데 D2의 기록에서는 '知進禮城諸軍事 金律熙'라고 하여 蘇律熙만 보이고 蘇忠子가 보이지 않고 있다. 蘇律熙는 형인 蘇忠子와 함께 그 이전의 지배세력이었던 金仁匡을 몰아낸 다음 蘇忠子 밑에서 군사권을 장악하고 제2인자의 위치에 있다가, 911년 이후 蘇忠子를 이어 金海府知軍府事가 되고 있다. 그리고 그 뒤 金律熙로 이름을 고치면서 金氏姓를 칭하게 된 단계에 와서 그 官名도 知進禮城諸軍事로 바꾸면서 김해지역에 대한 지배력을 강화시켜 나갔던 것이라고 본다.

다음에는 신라 말기에 와서 新金氏를 칭하면서 다시 대두하고 있었던 金官加耶 王族의 후손들과 김해지방의 새로운 지배세력으로 등장한 蘇忠

---

122) 「太子寺朗空大師白月栖雲塔碑文」, 『朝鮮金石總覽(上)』, 42쪽.

子·蘇律熙와의 관계를 살펴보기로 하겠다.

우선『駕洛國記』는 金官加耶 왕족과 蘇忠子·蘇律熙의 관계에 대하여 다음과 같은 중요한 사실을 전해 주고 있다.

D3. 신라 30代王 法敏은 龍朔 元年(661) 辛酉年 3月 日에 영을 내리기를 "…… 고로 元君은 나에게 15代 始祖가 된다. 그 나라는 망했으나 장사를 지낸 陵廟는 아직 그대로 남아 있으니 이를 종묘에 합하여 제사를 이을 것이다."라 하였다. 이어 고국의 옛터에 使者를 보내어 廟堂 부근의 上上田 30頃을 취하여 운영하는 자금으로 삼아 王位田이라 하여 본래의 토지에 붙이고 首露王의 17대손 賡世 級干이 삼가 조정의 뜻을 받들어 그 토지를 주관케 하였다. …… 仇衡王이 王位를 잃고 나라를 떠나 龍朔 元年까지 60년 동안 廟堂의 祭禮를 간혹 빠뜨렸던 것이다. …… 新羅末에 忠至 匝干이란 자가 있어 金官城을 쳐서 빼앗아 城主將軍이 되었는데, 이에 英規 阿干이란 자가 將軍의 위세를 빌려 廟享을 뺏어 淫祀를 지내더니 단오를 당하여 告祀를 지내다가 대들보가 까닭없이 부러져 떨어지면서 죽었다. 이에 將軍이 스스로 생각하기를 '다행히 묵은 인연으로 始祖王이 계시던 國城의 祭奠을 욕되게 하였으니, 마땅히 나는 그 影幀을 그려서 香燈을 바쳐 은혜를 갚아야 하겠다'고 하였다. 드디어 비단 석 자에 眞影을 그려서 壁에 奉安하고 朝夕으로 등불을 켜서 우러러 경건히 받들었더니, 겨우 3일 만에 眞影의 두 눈에서 피눈물이 흘러내려 거의 한 말이나 바닥에 고였다. 將軍이 크게 두려워하여 그 眞影을 받들어 모시고 廟堂에 나아가 불사르고, 곧 首露王의 직계 자손 圭林을 불러 말하기를, "어제 불상사가 있었다. 어쩌면 하나같이 불상사가 겹치니, 이것은 반드시 廟堂의 威靈이 내가 影幀을 그려서 공양함을 불손하다고 진노하신 것이다. 그대는 首露王의 직계 자손이니 종전대로 제사를 모시는 것이 진실로 합당하다"고 하였다. 圭林이 代를 이어 祭尊을 받들더니 나이 88세에 죽고 그 아들 間元卿이 계속하여 제사를 지내었다. 단오날에 廟堂을 참배하는 제사에 英規의 아들 俊必이 또 發光하여 廟堂에 와서 間元의 祭奠을 걷어치우고 자기의 祭奠을 베풀더니, 三獻이 채 끝나지 아니하여 갑자기 병이 나자 집으로 돌아가 쓰러져 죽었다. 그런데 옛 사람들의 말에 淫祠는 복이 없고 도리어 재앙을 받는다. 앞서는 英規, 뒤에는 俊必 두 父子를 이름인가[123)

文武王代부터 신라 말까지 金官加耶의 始祖인 首露王의 廟堂에 대한 제사가 그 후손들에 의해서 계속되어 온 사실을 말한 다음, 이어 蘇忠子·蘇律熙와의 관계에 대하여 언급하고 있다. 이는 신라 말에 김해지방의 새로운 지배자가 된 忠子(至) 세력과 金官加耶 王族의 후손들 사이에 金官加耶 始祖 首露王의 祠堂에 대한 제사문제를 놓고 상당한 마찰이 있었음을 나타내고 있다. 이 사건은 蘇忠子 형제가 金仁匡 세력을 몰아내고 김해지역의 최고지배자로 등장한 906년 이후부터 蘇律熙가 최고지배자로 등장한 911년 이전에 있었던 것으로 이해된다.

위 기록에서 金官加耶 王族의 直系孫을 眞孫이라 한 것과 달리 蘇忠子 형제는 蘇氏를 姓氏로 내세우고 있다. 蘇忠子 형제는 阿干 英規 등의 여러 세력을 규합하여 金官城을 쳐서 빼앗아 金仁匡 세력을 몰락시키고 城主將軍이 되었다. 김해지역의 지배권을 장악한 이후 곧이어 金官加耶 始祖 首露王廟의 제사를 탈취하고자 하였다. 英規 俊必 부자의 사망에서 보듯이 金官加耶系 세력의 저항도 만만치 않았다. 이로써 보건대 이 사건은 906년 경에 발생한 것으로 보이며, 이는 蘇忠子 형제가 김해지역의 지배권을 확고히 하기 위하여 首露王廟의 제사권을 장악하고자 한 것이다. 蘇忠子와 달리 金仁匡의 경우 金官加耶系 후손이었으므로 그 제사권을 장악할 필요성은 없었을 것이며, 오히려 金官加耶 왕족의 직계 후손이 金仁匡의 지배권을 인정해 주었던 것으로 보인다. 그러나 蘇忠子 형제가 새로운 지배자로 등장한 상황에서 金官加耶 왕족의 직계 후손은 그들 세력에 대해 부정적인 자세를 견지하였으므로, 위와 같은 갈등과 대립이 일어나게 되었던 것으로 이해된다. 蘇忠子를 이어 지배자로 등장한 蘇律熙가 새로이 金氏姓을 칭한 것은 그의 형과 같이 강경책을 쓰지 않고, 유화책을 써서 金官加耶系 세력을 회유하여 지배권을 공고히 하고자 한 것이라 생각된다.

911년 이후 蘇律熙는 김해지역의 지배자로서 존재하게 되었는데, 그 후의 상황에 대해서는 알려진 바가 없다. 이 시기는 후삼국 정립기로서 신라

---

123) 『三國遺事』 所引 「駕洛國記」.

가 크게 위축된 반면에 후백제와 고려는 서로 각축하면서 경쟁하고 있었
다. 후백제와 고려가 김해지역에 세력을 미친 시기는 알 수 없으나, 다음
기록을 통해 볼 때 후백제가 김해지역에 위협을 가한 적이 있었음을 알 수
있다.

D4. 太祖 3年(920) 10月 甄萱이 신라를 침공하여 大良·仇史 두 郡을 빼앗고
　　進禮郡에 이르렀다. 신라는 阿燦 金律을 보내어 구원을 청하니 (高麗)王
　　이 군사를 보내어 구원하였다.124)

D5. 新羅의 登州知後官으로 本國(新羅)의 金州司馬인 李彦謨는 檢校右散騎
　　常侍를 겸하였다.125)

　　D4에 의하면 920년에 후백제가 신라를 침공하여 합천지역을 점령하고
이어 김해지역까지 진출하고 있다. 그 이전 후백제가 901년과 916년 두 차
례에 걸쳐 大耶城을 공격하였으나 실패하였는데,126) 920년의 공격에서 성
공하여 창원지역의 仇史郡을 점령하고 김해의 進禮郡으로127) 진격하고
있다. 이때 고려 태조가 구원병을 보내었다고 하였으나, 924년 甄萱이 고
려의 王建에게 부산지역인 絶影島의 명마를 선물로 보냈다고 하는 기록
을128) 참고해 보면 후백제는 김해지역을 장악한 다음 부산지역까지 진격
한 것으로 이해된다. 즉 이 시기에 김해지역은 일시적으로 후백제에게 점
령당하게 되었을 것이며, 蘇律熙 세력은 이 와중에 쇠퇴하였을 것으로 추

---

124)『高麗史』卷1 世家 第1 太祖世家.
125)『五代會要』卷30 新羅條 天成 2年(927) 3月條.
126)『三國史記』卷12 新羅本紀 第12 孝恭王 5年(902) 8月條 ; 神德王 5(916)年 8月
　　條.
127) 仇史郡(城)에 대한 위치 비정에는 경주 경산 청도 초계 창원 등으로 보거나, 進禮
　　郡(城)에 대한 위치 비정에는 무주 청도 김해 등으로 보아 논란이 분분하였다. 필
　　자는 기록의 상황을 감안하면 仇史郡(城)은 창원 즉 屈自郡의 이칭으로 進禮郡
　　(城)은 김해의 진례로 보는 견해(金侖禹,「新羅末의 仇史城과 進禮城考」,『史學
　　志』22, 1989)가 타당하다고 생각한다.
128)『高麗史』卷1 世家 第1 太祖 7年(924) 8月條.

측된다.

 D2의 기록에 의하면 918년에 審希가 景明王의 초청으로 신라 중앙의 王京으로 가고 있다. 이때 왕궁으로 간 승려가 무려 80인이나 되었다고 하였는데, 이 사실은 審希의 禪宗집단과 김해지역의 蘇律熙 세력 사이에 어떠한 알력이 있었던 것으로 이해된다. 여기에는 蘇忠子의 집권 이후부터 있어 왔던 首露王廟의 제사권을 둘러싼 충돌이 蘇律熙 집권 이후까지 완전히 해소되지 못하여 김해지역의 민심을 장악하지 못하였던 것이라 생각된다. 이리하여 918년에 審希가 신라 王京으로 떠나고 920년 후백제의 침입을 제대로 막지 못한 결과를 초래한 것이 아닌가 한다.

 그런데 D5의 기록을 보면 927년 당시 金州(김해)지역은 일찍이 신라의 대외활동의 근거지 가운데 하나였으며, 張保皐 사후에도 김해지역은 신라의 해상활동을 담당하였던 것을 알 수 있다. 여기서의 李彦謨는 본래 신라 金州(김해)의 司馬 즉 군사책임자로 있다가 唐의 登州가 신라 거류인들의 해상활동 중심지로 부각되자 신라인 거류지의 중심인 登州와 신라의 김해를 연결하는 행정업무를 담당하였다.129) 이에 대해 927년경 唐에서도 品階를 주어 李彦謨의 외교적 지위를 인정하였던 것이다. 즉 김해지역의 호족세력은 중국 山東의 登州지역에 司馬 李彦謨를 파견하여 해상활동에 참여하고 있었던 것이다. 이들 기록을 통해 볼 때 10세기 전반의 김해지역에는 호족세력이 존재하고 있으면서 審希와 같은 禪宗 승려와 연결되어 정치적 사상적으로 독자성을 부각하고 있었으나, 920년대 전반에 후백제 세력의 침공으로 인하여 蘇律熙의 호족세력이 쇠퇴하게 되었다. 927년을 전후한 시기에 이르면 김해지역의 세력은 신라 중앙과 연계하여 자구책을 모색하게 되었던 것으로 보이는데, 이 시기 김해지역에는 金官加耶系 왕족의 후손들이 이 같은 활동을 전개한 것으로 이해된다.

---

129) 李彦謨의 출신에 대해서는 전혀 알려진 바가 없다. 金州司馬라는 관직에서 볼 때 이전의 金海府가 920년 이후 金州로 개편되어졌음을 알 수 있다. 李彦謨가 金州 司馬라는 관직을 보유하고 있었음을 참고하면 첫째 신라 중앙에서 파견된 관리이거나, 둘째 신라 중앙과 연계되어 있었던 김해의 호 출신으로도 추측해 볼 수 있다.

그 후의 동향에 대해서는 잘 알 수 없으나 『駕洛國記』의 내용을 통해 어느 정도 유추해 볼 수 있다. 즉 『駕洛國記』의 본문에 의하면 金官加耶가 保定 2年 壬午年 즉 562년에 신라가 공격해 오니 衆寡不敵으로 대적하여 싸울 수 없어 항복하였다고 한다. 여기서 金官加耶 중심의 가야 인식을 엿볼 수 있다. 이 점은 같은 고려 전기에 편찬된 것으로 보이는 『本朝史略』이 대가야 중심의 가야 인식과 대조를 보이는 것이다. 이 같이 金官加耶系 후예들은 후삼국시기에도 친신라적인 입장을 고수하고 있었으며, 신라와 친선관계를 유지하였던 고려가 등장한 이후에도 친고려적인 자세를 견지하고 있었던 것으로 보인다. 『駕洛國記』의 찬술은 金官加耶 후손들이 가야 인식에서 대가야 후손과 경쟁적으로 가야사에서의 종주적인 입장을 대변하고자 하는 의도가 내포되어 있었다고 생각된다.

6. 맺음말

이상에서 신라사에 있어 金官加耶系 후손들의 존재와 활동에 대해서 삼국시기, 통일기, 나말여초 등으로 나누어 살펴보았다. 이에 대한 결론을 요약해 보면 다음과 같다.

첫째, 金官加耶系의 계보에 대해서이다. 그에 앞서 언급해 본 것은 金官加耶의 멸망연대에 대한 것으로 金官加耶가 532년 또는 562년에 멸망한 것으로 되어 있는데, 『駕洛國記』의 562년설은 대가야를 포함한 것에 불과한 것이다. 이는 고려시기의 가야사에 대한 인식이 金官加耶 주류설과 대가야 주류설이 공존하고 있었음을 보여준다. 532년에 멸망한 金官加耶는 기록과 같이 아무런 저항도 하지 않고 곧장 신라에 항복한 것이 아니라, 異斯夫傳에 보이는 바와 같이 金官加耶가 상당기간 대항하다가 명시된 바의 532년에 멸망하였던 것이다. 그리고 멸망 이후 金官加耶系 왕족의 계보는 기록에 따라 계보 상의 문제가 남아 있다. 즉 文武王陵碑에 의하면 文武王이 王의 외가의 시조인 首露王을 15代祖로 인식하였는데, 일반적으로는 金庾信 중심의 계보 인식에서는 首露王으로부터 金庾信까지 12世祖

즉 13代祖로 되어져 文武王의 경우 首露王이 14代祖로 인식되어진다. 이는 文武王代에 신라왕실의 시조를 '十五代祖星漢王'로 인식하고 있는 점과 마찬가지로 親家와 外家의 始祖를 동일하게 세대로 이해하고자 하는 자세에서 양 계보의 차이가 드러난 것이었다. 따라서 金官加耶系의 계보는 전자의 金庾信傳에 명시된 것이 실제적인 것이다.

둘째, 金官加耶系가 신라의 진골귀족으로 편입되어 가는 과정에 대해서이다. 金官加耶系 왕족 후손 가운데 武力系가 신라 정계에 진출하였는데, 武力은 550년 전후에 10郡 점령에 핵심적인 역할을 수행하였다. 武力은 군사적인 활동과정에서 특히 管山城 전투를 승리로 이끌어 한반도 남부의 전세를 역전시켰는데, 이후 迊浪으로 승진하였던 점에서 이미 진골귀족으로 편입되어 있었다. 眞興王 말기에 이르러 신라 왕실의 銅輪系와 舍輪系의 왕권을 둘러싼 대립 속에서 居柒夫와 함께 舍輪系를 지원하였다가 실패하였다. 武力系가 진골귀족으로 편입된 이후 舒玄이 왕족과의 혼인을 추구한 것은 진골귀족으로 편입하려는 것이 아니라, 보다 상위권으로의 상승을 모색하려는 것이었다. 金庾信은 일시 위축되었다가, 다시 부각되고 있었던 舍輪系의 金春秋와 중첩된 혼인관계를 통하여 세력을 연계하여 善德王代 이후의 국정을 장악해 나갔다. 金春秋의 왕위계승은 바로 신라 국정 장악의 결과였던 것이다.

셋째, 통일기 金庾信의 活動과 金庾信 중심의 家系認識에 대해서이다. 629년 娘臂城 전투에 처음 참전한 이후 金庾信은 金春秋와 함께 신라의 대내외적인 위기를 극복해 나갔다. 金春秋는 정치적 외교적 수완을 통하여 국내외의 난국을 해결해 왔으며, 金庾信은 군사적 활동을 통하여 국내의 위기를 극복하여 왔던 것이다. 양 세력의 연계에 의해 신라는 국내외의 위기를 해소하고 고구려 백제를 멸망시키고 唐의 세력을 축출하여 삼국통일을 이룩하였으며, 唐을 통한 지속적인 문물수용을 통해 中代의 확고한 왕권강화체제를 구축하게 되었던 것이다. 고구려 백제를 멸망시킨 이후 신라가 행한 金庾信에 대한 대우는 다른 귀족에 비해 매우 각별한 것이었으나, 시기가 지날수록 金庾信系의 세력은 점차 약회되어 갔다. 7세기 말까지 金庾信의 아들들은 모두 阿湌 이상의 관등과 中侍나 執政 등 국가의 요직을 역임하고 武烈王系 왕실과 친밀한 관계에 있었던 반면에, 8세기 전반 손자 允中代에 이르면 심한 견제를 받다가 8세기 후반 惠恭王代의 金融의 모반사건 이후 중앙정계에서 배제되어 갔다.

이러한 가운데 金官加耶系는 7세기 중엽에 『開皇曆』을 찬술하였다. 始祖 首露王에서부터 왕실의 世系와 해당 王代의 주요 사항만을 기재한 것으로 王代曆에 가까운 것이었다. 그리고 8세기 말엽 金長淸이 찬술한 『金庾信行錄』은 金庾信을 중심으로 그의 활동을 강조하면서 그 후손들의 존재를 언급한 것이었다. 8세기 후반은 武烈王系의 왕권이 붕괴되어 가고 金庾信系의 세력이 몰락하는 상황 속에 있었으므로, 金庾信系의 위상을 높이고 정치적인 몰락을 방지하기 위한 목적에서 金庾信의 국내외 위기 해소와 삼국통일의 업적을 강조하는 방향으로 편찬되었을 것이다. 審希가 興武大王의 후손이라 천명함에서 이러한 인식은 10세기 전반에 이르러서도 金庾信 중심의 家系認識이 존속하고 있었다. 이는 신라 통일기에 家系分枝의 경향이 강해졌기 때문에 金庾信系만 강조된 것이라 이해된다.

넷째, 羅末麗初에 이르러 김해지역에 등장한 지방호족 가운데 金官加耶系의 動向에 대해서이다. 9세기 말부터 10세기 전반에 걸쳐 신라의 지방통제력이 쇠퇴한 이후 김해지역에도 독자적인 호족세력이 등장하고 있었다. 기록에 의하면 김해지역에는 金庾信系의 金仁匡이 처음 호족으로 등장하였고 이어 토착세력으로서 蘇忠子·蘇律熙 형제가 등장하였다. 이들은 신라 중앙과 일정한 관련을 가지면서도 金庾信系의 審希로 대표되는 禪宗과 결합하여 독자적인 지배체제를 유지하였다. 920년 후백제의 침입으로 호족세력이 쇠퇴하자 직계 후손을 중심으로 하는 金官加耶系 왕족의 후손들은 신라 중앙과 밀접한 관련을 가지게 되었다. 특히 蘇忠子 형제는 金官加耶系 직계 후손으로부터 首露王廟의 제사권을 빼았으려 하였는데, 審希가 신라 조정으로 옮겨 간 것은 이후 金官加耶系 집단의 동향과 그 궤를 같이 한 것이다. 이들은 이후의 고려시기에도 金官加耶의 후손을 표방하는 세력으로서 존속해 나갔다.

일본열도에 진출한 가야인들

정 효 운[*]

1. 머리말

한국과 일본은 해협을 사이에 둔 지형적 특성으로 인해 선사시대 이래 해로를 통한 인적·물적교류가 끊임없이 행하여져 왔다. 해로란 기상조건의 변화에 의해 많은 영향을 받기도 하지만, 도로 등의 육로교통이 미발달한 고대에 있어서는 보다 유용한 교통로로서 작용하였다. 특히 한반도와 일본열도의 경우, 항로의 목적지를 육안으로 확인할 수 있는 對馬島 혹은 제주도라는 중간기착지 역할을 할 수 있는 섬들이 있었기 때문에 인적교류가 보다 용이하였으리라 생각된다. 이러한 사실은 많은 고고학적 유물과 유적, 그리고 문헌기록 등에 의해 뒷받침되고 있다.

이와 같은 교류 속에서 청동기와 도작농경을 기반으로 하는 문화가 한반도 남부를 통해 일본에 전래되어 彌生문화를 형성할 수 있었을 뿐만 아니라, 고대국가를 형성할 수 있는 토대를 제공하였다. 이처럼 고대 가야지역이었던 한반도 남부지역 거주인의 우수한 선진기술과 문화가 일본의 고대국가 형성의 계기가 되었음에도 불구하고, 종래 가야사에서 한·일 학계의 주된 쟁점은 임나일본부의 실증과 비판·극복이라는 정치사적 관점에서 논의되어 왔다.

그러므로 본고에서는 교류사적 관점에서 고대 한반도 남부지역에서 일

---

* 동의대학교 일어일문학과 교수

본열도로 진출한 가야인들의 흔적을 문헌자료와 관련 지명, 전승 그리고 고고학 자료 등을 통해 살펴보고자 한다.

한편, 가야국의 역사를 연구대상으로 할 경우에는 A.D. 280년대에 편찬되었다고 추정되는 『三國志』 東夷傳 등의 관련 기사를 바탕으로 그 기원을 A.D. 3~4세기경[1]으로 인식할 수도 있다. 그러나 가야인을 검토의 대상으로 삼을 경우, 『三國遺事』의 전설적 건국설화,[2] 『三國史記』·『日本書紀』 등의 교섭설화, 그리고 『後漢書』 韓傳[3]의 廉斯人 설화 등을 참고로 하면 A.D. 1세기경까지 거슬러 올려 검토할 필요성이 있다. 따라서 시간적 범위는 이른바 弁辰시대인 A.D. 1세기 경부터 멸망기인 6세기[4]까지를 대상으로 하기로 한다. 공간적 범위는 가야국의 발전단계에 따라 영역의 변화가 있다고 보지만 대개 섬진강과 낙동강을 사이로 하는 한반도 남부지역으로 상정하여 검토하기로 한다.

2. 선행연구 검토

먼저 가야인들의 일본진출 문제를 선행연구에서는 어떻게 취급되고 있었는가에 대해 살펴보기로 하자. 이들 문제에 대해 한국과 일본학계에서는 각기 다른 인식을 가지고 연구되었는데, 우선 이를 비교해 보도록 하겠다.

일본학계의 경우, 가야인들을 일본 고대국가 형성에 기여한 한반도계인의 일부로 보았다. 이른바 『日本書紀』와 『古事記』에 서술된 8세기의 율령적 사고를 받아들여 식민지사관의 관점에서 해석하여 이들을 '歸化人',[5]

---

1) 김태식, 「가야사 연구의 시간적·공간적 범위」, 『한국고대사논총』 2, 1991, 23쪽. 이 경우 이전의 시기를 弁辰시대로 인식하고 있는 듯하다.
2) 『三國遺事』 「駕洛國記」에 의하면 後漢 光武帝 18년(42)이라고 한다.
3) 『後漢書』 韓傳에 의하면 A.D.44년에 廉斯人·蘇馬提가 樂浪에 와서 光武帝로부터 책봉받았다고 한다.
4) 멸망은 562년으로 이해되고 있다.
5) 『日本書紀』에는 '來歸' '歸化' '化來' '投化'로, 『古事記』에는 '參渡來'란 용어로 기록되어 있다.

즉 일본 천황의 敎化에 化外의 한반도계 주민들이 일본에 歸依했다는 의미로 이해하였다. 이것은 유교의 禮思想을 기준으로 만들어진 同化와 差別의 논리인 '華夷思想'에 의한 해석이었던 것이다.

한반도계 귀화인은 『日本書紀』와 『古事記』에 따르면 오진키(應神紀)에 집중적으로 기록되어 있다. 양 사서가 이 시기의 이주민들에게 '귀화'[6]라는 의미를 부여한 것은, 應神시대에 천황이 일본열도의 대소영역 지배자들을 지방행정관으로 조직하여 중앙집권적인 통일국가를 성립하였는데 한반도는 이러한 천황의 지배질서 바깥에 있었기에 신라왕은 藩臣으로 책봉되었다고 하는 8세기 율령국가적 사고가 반영되었기 때문이라고 보아진다.

그러므로 『日本書紀』에 기록에 따르는 한, 한반도 각국을 外蕃이나 夷狄視하는 구조는 崇神에서 神功 사이에 성립되었다고 보았기 때문에 應神시기에 일본열도에 진출한 한반도계 이주민들을 귀화인으로 위치지웠던 것이다. 이후 『日本書紀』의 한반도계 이주민에 대한 표기인 귀화인[7]은 율령국가의 이념적 표현으로 보았기 때문에 '渡來人'으로 표기하였으나, 이주민들의 첫 도래 시기는 여전히 양 사서의 기록을 사실로 해석하여 4세기 후반의 應神期로 보았다. 그러나 이것도 4세기 중반의 '任那支配' 성립을 계기로 보았기 때문에 형성된 양 사서의 체계적인 국가형성사의 구상에서 만들어진 허구[8]로, 이주민의 첫 도래시기는 유랴쿠기(雄略期)로 이해하고 있는 듯하다.

이로 볼 때, 한반도계 이주민의 이주시기에 대한 시기적 차이에 대해서는 견해를 달리 하지만 일본학계의 주된 관심사는 한반도에서 이주한 이들이 大和조정의 하부 구조로서 어떻게 봉사하였는가 하는 점에 연구의 초점이 두어졌던 듯하다. 예를 들면, 한반도에서 일본열도에 이주한 유력한 씨족인 東漢氏는 5세기 후반에 관장하던 몇 개의 집단을 직능별로 나

---

6) 이 점에 대해서는 平野邦雄, 「記紀·律令における"歸化""外蕃"の槪念とその用例」, 『大化前代政治過程の硏究』, 吉川弘文館, 1985를 참조,.

7) 이에 대해서는 關晃, 『歸化人』, 至文堂, 1966을 참조.

8) 여기에 대해서는 山尾幸久, 「5世紀の日朝關係と移住民」, 『古代の日朝關係』, 1989, 塙書房, 286~290쪽을 참조.

누어 왕권에 봉사하는 토모(部)로 하였다던지, 6세기 전반에 秦氏가 서일본 각지의 한반도계 사람들을 공납민인 가키(部曲)로 조직하여 왕권에 봉사하였다[9]고 보는 관점이다.

한편, 한국학계에서는 일본열도에 진출한 한반도계 이주민에 대해서는 일본학계가 '귀화'나 '도래'로 표현하는 것과는 달리 '진출'로 이해하고 있는 듯하다. 이는 일본열도로 건너온 사람이란 일본측의 시점이 아니라 한반도 남부에서 자발적으로 건너간 사람이란 한국측의 시점이 반영된 것이다. 그러나 이것은 용어의 차이보다는 그들의 역할을 어떻게 평가하는가 하는 점이 양국의 역사 인식과 더불어 달리 해석되어져 왔다고 생각한다. 즉, 일본학계에서는 한반도계 이주민의 역할을 왕권형성의 봉사자로 평가하는 데 반해, 한국학계에서는 고대국가 형성에 큰 영향을 끼친 주체적 존재로 이해하고 있다는 점이다. 이러한 차이는 가야사에 대한 역사인식 즉, '任那日本府'설과 그 비판의 논쟁 과정과 연계되어 이해되어 왔기 때문이다. 대표적인 것이 김석형의 「삼한·삼국의 일본열도내의 분국에 대해서」[10]에서 나타난다.

그러나 가야사의 연구성과가 축적된 오늘날, 이제는 가야사를 고대한일관계사의 일부분으로만 이해하는 타율적인 입장에서가 아니라 가야인을 주체로 하는 연구가 진행되어야 한다. 즉 가야사의 입장에서 가야인의 진출문제를 검토하여야 할 단계에 이르렀다고 생각한다.

이로 볼 때, 양국의 연구자들도 한반도계 주민의 일본열도로의 이주에 대해서는 역사적 사실로 인정하지만 이주민들의 진출 혹은 도래시기와 그들의 역할에 대해서는 인식을 달리하고 있는 것으로 생각된다. 또한 가야인의 이주에 대해서는 가야국사의 인식문제의 비판과 연동되어 왔기에 그들의 활동에 대한 적극적인 연구가 필요하다.

---

9) 山尾幸久, 「朝鮮からの移住民」, 『日本と朝鮮の古代史』, 三省堂出版, 1979, 176쪽.

10) 김석형, 「삼한·삼국의 일본열도 내의 분국에 대해서」, 『역사과학』 1963 ; 『초기조일관계연구』, 사회과학원출판사, 1966.

3. 가야인의 일본열도 진출과 계기

1) 지리적 환경

고대의 경우 바다에 의해 격리된 한반도와 일본열도를 왕래할 수 있는 교통수단은 선박에 의존할 수밖에 없었다. 이 해상 교통로는 일정 시기, 일정한 방향으로 움직이는 조류와 해류 그리고 계절풍 등의 자연조건에 직접적인 영향[11]을 많이 받기 때문에 출발지와 도착지는 어느 정도 한정되었으리라 추정된다.

한반도지역에서 일본열도로 진출할 수 있는 해로는 다음과 같다. 첫째는, 부산이나 거제 부근의 남해안에서 對馬島와 이키섬(壹岐島)을 거쳐 규슈(九州)의 북쪽 해안에 이르는 길이 있다. 둘째는, 영산강 하구나 섬진강 하구 등 남해서안에서 출발하여 대마도를 거쳐 규슈 북안에 상륙하거나, 남해안 다도해를 빠져 나와 먼바다로 나가 제주도를 오른쪽으로 바라보면서 항해하여 고토(五島)열도에 도착하거나 규슈서안에 상륙하는 항로가 있다. 셋째는 울산이나 포항의 동해안에서 출발하여 오키노시마(沖島)을 중간기착지로 하여 일본 혼슈(本州)의 시마네켄(島根縣)이나 후쿠이켄(福井縣)지역에 도착하는 항로가 있다.[12]

가야인의 경우, 지리적 조건으로 보아 첫 번째 항로를 이용했으리라 보아진다. 부산에서 대마도까지의 최단거리가 53㎞이고 대마도의 남단에서 이키섬까지가 53㎞, 이키섬에서 규슈까지가 약 20㎞인 점을 감안하면, 항해하면서 관측이 가능하고 유사시에는 避港할 수 있는 지형적 이점을 제공하기 때문이다.[13] 그리고 이 해로에 관해서는 3세기말 중국의 陳壽가 편찬한 『三國志』 魏志 倭人傳에도 기록되어 있다.

倭人 在帶方東南大海中 …… 從郡至倭 循海岸水行 歷韓國 乍南乍東

---

11) 윤명철, 「해양조건을 통해서 본 고대 한일 관계사의 이해」, 『일본학』 14, 1995, 76쪽.
12) 첫 번째 항로는 주로 백제인이 많이 이용하였을 것이고, 세 번째 항로는 신라인들이 주로 이용하였으리라 추측된다.
13) 한일관계연구사, 『한국과 일본, 왜곡과 콤플랙스의 역사』 2, 1998, 자작나무, 12쪽.

到其北岸狗邪韓國七千餘里 始度一海千餘里 至對海國 …… 又南渡一海
千餘里 名曰瀚海 至一大國 …… 又渡一海千餘里 至末盧國 …… (『三國
志』魏志 卷三○ 東夷傳・倭人條)

사료에서 알 수 있듯이 '김해(狗邪韓國) → 대마도(對海國) → 이키섬(一
大國) → 규슈 북안(末盧國)'의 해상로가 단거리이면서 가장 안전한 항로였
던 것이다. 이러한 천해의 해상교통로를 이용하여 선가야인들이 일본열도
로 건너가 일본의 야요이문화를 꽃피우는 데 많은 기여를 하였고, 가야 성
립 이후에는 가야인들이 건너가 일본의 고대국가 형성과 문화성립에 많은
영향을 미쳤으리라 생각된다. 그리고 이들 해로를 통해 가야지역 거주민뿐
만 아니라 한반도의 여러 지역 주민들이 남해안 지역을 경유하여 선사시
대 이래 끊임없이 일본열도로 진출하였을 것이고, 그 반대적 현상도 반복
되었을 것이다.

2) 정치적 상황과 가야 주민의 이주

그러나 한반도에 정치세력이 등장하여 고대국가가 성립함에 즈음하여서
는 일본열도에 진출한 주민들도 本國 혹은 母國과의 정치적 결합을 통하
여 정치・경제적 이익을 추구하려는 경향을 보였을 것이라고 추측된다. 그
결과 가야계・신라계・백제계・고구려계・왜계 등 고대국가와 연결된 세
력들의 형성을 가져왔다고 보아진다. 이들 가운데서도 남해 동부해안을 장
악한 가야계가 보다 유리한 조건을 향유하였을 것이고 보다 주도적 역할
을 하였을 것이다.

한편, 타지역에서 정치적 세력을 형성하기 위해서는 장기간에 걸친 점진
적 진출을 상정하기보다는 단기간에, 그리고 많은 수가 진출했을 것이라는
점이 고려되어야 한다. 그 실태를 잘 알 수 없는 선사시대는 달리 고찰되
어야 하겠지만, 이주민들의 이주시기를 한반도에서의 안정적인 삶을 유지
할 수 없게 하는 정치적・군사적 상황에 주목한다든지, 일본열도에서 이들
을 필요로 하는 사회적・경제적 사정에서 찾으려는 시도[14]는 타당하다고

생각한다.

가야 주민의 1차적 대규모 이주 시기는 4세기 말과 5세기 초엽이다. 그 요인은 고구려의 군사행동15)에서 찾을 수 있다. 즉, 광개토왕 남정으로 백제·왜·가야세력과 고구려·신라세력의 충돌로 인한 사회적 혼란상황이 가야 주민의 대규모 이주를 유발하는 요인으로 작용하였다고 생각한다.

2차적 대규모 이주의 시기는 6세기 중엽으로, 그 요인은 532년의 금관가야의 신라투항과 562년의 대가야 멸망에서 찾을 수 있을 것이다. 6세기의 가야를 둘러싼 대외적 군사 긴장상태와 그와 연동한 국내의 정치·사회적 불안정은 가야인들을 일본열도로 이주시키는 주요인으로 작용하였다고 보아진다. 한편 왜의 입장에서 본다면 가야인들은 전쟁과 억압을 피해 왜국의 정치·사회적 요청에 응하여 다양한 집단적 규모로 도래16)하였다고 이해할 수 있을 것이다.

그러므로 가야 주민의 대규모 이주는 대체로 4세기 말부터 시작하여 6세기 중엽까지 계속되었지만, 5세기가 주된 시기였다고 볼 수 있다. 대대적인 도래를 유발한 요인은 한반도 남부지역을 둘러싼 장기간에 걸친 불안정한 정치·군사적 대립이란 정세에서 찾을 수 있다. 아울러 일본열도 내의 사회·경제적 필요라는 상황이 주된 배경이 되었을 것이다. 이 시기에 물론 가야민들만이 일본열도에 이주한 것은 아니다. 백제민이나 신라민들도 일본열도로 건너갔지만, 그 주체적 역할을 하였던 것은 가야 주민이었다는 점은 앞서 지적한 바이다.

5세기 무렵부터 본격적으로 이주를 시작한 가야 주민의 일본 내 定住지역은 어디였을까. 현 시점에서 확정하기란 어렵다. 하지만 해상교통로를 감안할 때, 앞선 시기와 마찬가지로 초기에는 북부 규슈를 중심으로 한 지역에 한정되다가 점차 大和지역으로 이주하는 자가 증가하였을 것으로 추

---

14) 山尾幸久, 「5世紀の日朝關係と移住民」, 앞의 책, 1989, 292쪽.

15) 平野邦雄, 『大化前代政治過程の研究』, 吉川弘文館, 1985 第1編 第2章 第1節 ; 鈴木英夫, 「倭國の統合と朝鮮」, 『日本學』 6, 1986, 72~75쪽.

16) 鈴木靖民, 「加耶の鐵と倭」, 인제대학교 가야문화연구소편, 『加耶諸國의 鐵』, 신서원, 1995, 42쪽.

측된다. 다음 장에서는 이상의 검토를 토대로, 정치체로서의 가야인의 집단적 이주에 관한 직접적인 기록은 남아 있지 않지만, 관련 문헌과 지명·전승 혹은 고고학 자료 등을 통하여 일본열도에 진출한 이주한 가야인들의 흔적을 살펴보도록 하겠다.

4. 가야 주민의 일본열도 이주 흔적

1) 문헌에 보이는 가야인의 흔적

(1)『日本書紀』의 기사

720년에 편찬된『日本書紀』에는 가야와 일본의 정치·군사적 관계에 관한 기사가 상당수 존재하고 있다. 관련 기사를 시대별로 나누어 요약하면 다음의 6개 군으로 나눌 수 있다.

A1. 崇神紀 65년 7월조 任那國 蘇那曷叱知 조공기사
　　垂仁紀 2년 是歲조 蘇那曷叱知 귀국기사
　　同 分註 意富加羅王子 都怒我阿羅斯等 귀화기사

A2. 神功紀 46년조 斯摩宿禰 탁순국 파견기사
　　　　　49년조 가야7국 평정기사
　　　　　62년조 沙至比跪 加羅國 공격기사
　　應神紀 14년조 葛城襲津彦 加羅 파견기사
　　　　　16년조 葛城襲津彦 加羅 귀국기사

A3. 雄略紀 7년조 吉備上道臣田狹 任那國司 파견기사
　　　　　8년조 日本府行軍元帥 기사
　　顯宗紀 3년조 阿閉臣 任那 파견기사
　　　　　3년조 紀生磐宿禰 任那 거주기사

A4. 繼體紀 3년조~10년조, 21년조~23년조 국토할양기사와 近江毛野臣 전승

기사

A5. 宣化紀 2년조~23년조 大伴金村大連의 任那 구원기사

A6. 欽明紀 2년조~23년조 任那日本府와 任那 부흥기사

A7. 欽明紀 23년조~大化 2년조 任那부흥과 '任那의 調' 기사

이들 기사는 시기적 신빙성이란 관점에서 볼 때, 다시 A1, A2, A3의 기사군과 A4, A5, A6, A7의 2개의 기사군으로 나눌 수 있다. 전자의 경우 내용문제는 별개로 하더라도 당시의 기사가 아니라고 보는 점은 선행연구자들이 지적하고 있는 바와 같다. A1 기사군의 경우, 이른 시기부터 일본과 가야가 정치적 관계를 맺어 왔다는 사실의 설화적 반영으로 볼 수 있다. A2 기사군은 전체적으로 5세기 후반에서 6세기 전반 사이의 백제와 가야 제국 간의 정치·군사적 교섭의 기사로 이해[17]하여야 할 것이다. 그 중 神功 62년조와 應神 14년, 16년조는 일본계 씨족으로 추측되는 사비히코(沙至比跪) 즉, 가츠라기노소츠히코(葛城襲津彦)[18]의 가야지역에서의 활약상을 주된 내용으로 하고 있다. A3 기사군 또한 5세기 후반 시기에 활동하였다고 추정되는 서일본 유력호족이나 서일본세력들의 가야지역에서의 정치·군사적 활동에 관련한 기록들로 보아진다.

한편, 이들 사료군의 대부분이 일본 측의 가야지역에의 군사활동 및 정치교섭 관계를 기록하고 있는 데 반해, A1군의 사료는 가야지역에서 일본지역으로 파견된 이야기를 기록하고 있다. 즉, 미마나(任那)에서 파견된 소나가시치(蘇那曷叱知)의 조공과 귀국기사가 보이고 있는데, 이 인물은 스이닌기(垂仁紀) 2년조 분주의 이설에 따르면 오호가라구니(意富加羅)의 왕자 스누가아라시토(都怒我阿羅斯)[19]로 표현되어 있다. 이에 대해서는 김해지

---

17) 연민수, 「일본서기 신공기의 사료비판」, 『일본학』 15, 1996.

18) 神功 62년조의 백제기에는 沙至比跪라고 되어 있기에 동일 인물로 해석할 수 있을 것이다.

19) 三品彰英은 都怒我(쓰누가)는 신라와 금관가라의 최고관위호인 '角干'을 일본식

역인 금관가야[20]와 연관하여 해석하는 경향이 강하다. 그러나 이들 기록은
『일본서기』의 편년을 따르면 B.C. 33년이 되기에 역사적 사실로서 받아들
이기에는 부자연스러운 점이 많다. 가야 수장층의 位號로 보이는 아리시토
(阿羅斯等)는 6세기 전반 게이타이기(繼體紀)에 집중적으로 보이기 때문에
후대의 양국 간 통교사실을 반영하는 것[21]으로 해석하는 것이 좋을 듯하
다. 이것은 가야국의 일본국에 대한 조공의 기원이 오래되었음을 강조하려
는 율령국가의 정치적 의도에서 나온 것으로, 시기적으로 상당히 하향하여
해석되어야 하겠지만, 이른 시기부터 가야와 왜가 교통관계를 가졌던 사실
을 반영하는 설화로는 이해할 수 있다.

이상의 검토에서, 이들 사료군이 내용 면에서 후대 사실을 소급 적용하
였다는 점 외에 가야와 일본 측의 전승이 8세기 율령사관에 의해 개작 혹
은 윤색된 형태를 보이고 있다는 점을 지적할 수 있다. 그리고 가야의 각
지역과 고대일본 각 지역이 호족 및 씨족 단위별로 끊임없이 인적 교류를
행하였다는 점은 사료에서 확인되고 있으나, 각 지역의 주체를 명확히 할
수 없는 것은 이 시기가 아직 지역적 통합이 이루어지지 않은 시기였기 때
문이라고 생각한다.

후자 사료군의 경우, 시대적 상황이란 면에서는 당시의 것으로 이해되고
있지만, 내용 면에서는 『日本書紀』의 사료적 성격으로 보아 전자의 사료
군과 마찬가지로 율령사관에 의한 윤색이란 비판은 피할 수 없다고 본다.
A4, A5, A6, A7 기사군은 일본과 가야의 직접적인 정치관계의 서술이라기
보다는 5세기 후반부터 전개되는 고대일본과 백제 사이의 정치·군사적
교류관계에서 가야가 종속적 역할을 하였다고 표현하고 있는 것이다. 즉,
일본의 직할령인 任那 4현과 己汶·帶沙 등의 지역에 대한 백제에의 할양
이라든지 신라에 의해 멸망된 任那를 부흥하기 위한 近江毛野臣과 大伴

훈독으로 한 것이라고 설명하고 있다(『日本書紀朝鮮關係記事考證 上』, 吉川弘文
館, 1962, 25쪽).

20) 이병도, 「蘇那曷叱知」, 『한국고대사연구』, 박영사, 1976 ; 일본고전문학대계, 『일
본서기』의 頭註 참조.

21) 연민수, 「일본서기에서 본 가야와 고대일본」, 『가야와 고대일본』(제3회 가야사국
제학술회의 발표요지), 1997, 73쪽.

金村大連 등의 활약과 백제 주도 하의 이른바 '임나부흥회의'와 '任那의 조'22)문제 등의 내용이 그것들이다.

그러나 고대 한반도제국을 번국시하는 연장선상에서 가야지역을 고대일본의 직할령인 것처럼 서술하고 있는『日本書紀』편자의 왜곡된 인식을, 왜 일본이 이처럼 가야지역에 대해 관심을 갖게 되었겠는가 하는 관점에서 재해석한다면, 가야지역과 일본 각 지역 간의 문화교류의 실상뿐만 아니라 인적교류 나아가 가야인의 일본진출이란 사실을 엿볼 수 있는 자료로 활용할 수 있을 것이라 생각한다.

『日本書紀』의 '任那日本府'관련 기사에 나타나는 가와치노아타히(河內直)23)와 기비노오미(吉備臣)와 같은 씨족은 가야지역에서 일본열도로 건너가 현 오사카(大阪) 남부의 가와치(河內)와 현 오카야마(岡山) 서부와 히로시마(廣島) 동부지역인 기비(吉備)지역에 정착하였던 씨족으로, 금관가야가 신라에 복속된 전후의 시기에 倭 使臣으로서 가야지역에 파견되었던 사실에서도 확인할 수 있다. 이 시기의 河內氏와 吉備氏의 가야에서의 활동을 종합하여 보면, 백제와 신라 사이에서 모국인 가야제국의 독립유지를 위해 노력하였다24)고 할 수 있다. 이와 같은 활동이 가능하였던 것은 가야의 이주민으로 가야의 문화와 언어에 익숙하였기 때문이었다고 본다.

이상에서『日本書紀』의 가야관련 기사를 살펴보았다. 이들 기사는 내용의 허구성이나 설화성은 별개로 하더라도 모두 정치적 교섭기사로, 가야국에 파견된 사신이나 일본군의 군사적 활동을 서술한 것일 뿐이며 가야인의 일본진출과는 직접적인 관계가 없는 듯이 보인다. 그러나 일본에서 가야지역에 군사를 파견할 수 있었다는 점은 가야가 고대일본과 어떠한 형

---

22) 이것은 가야멸망 후 일본과 신라의 관계를 '任那의 조'를 중심으로 설명하고 있지만, 기년의 오차에 의한 것으로 다른 각도에서 해석되어야 할 내용이기에 검토는 졸고, 「日本書紀와 推古紀」, 『일본학』15를 참조하기 바란다.

23) 『日本書紀』에 의하면 河內直은 백제와의 전쟁에서 패배한 가야 왕의 후예로 백제가 가야지역에 본격적으로 진출하는 6세기 중반부터 가야 왕들과 함께 친신라·반백제정책을 전개한 인물이다.

24) 이영식, 「古代日本の任那派遣氏族」, 『加耶諸國と任那日本府』, 吉川弘文館, 1993, 274쪽.

식이든 간에 긴밀한 정치·경제적 교섭상태를 끊임없이 유지하고 있었으며, 이 인적교섭의 배경에는 가야인들의 일본진출이라는 역사적 사실이 내재되어 있었다고 보아야 할 것이다. 그러한 점에서 볼 때,『일본서기』의 가야관계 기사들은 가야인의 일본진출을 간접적으로 증명하는 자료들로 이해하여도 좋을 것이라 생각한다.

(2)『新撰姓氏錄』의 기사

후대의 자료이지만 815년에 작성된『新撰姓氏錄』에도 가야인들의 실상을 파악케 하는 사실들이 보이고 있다. 이것은 기나이(畿內)[25]지역에 거주하던 1,182개 씨족의 계통과 그 지위를 기술한 고대일본의 氏族誌로 각 씨족의 지위를 皇別·神別·諸蕃으로 분류하고 있다. 여기에는 고구려·백제·신라·가야 계통의 한반도 도래인에 관한 항목도 있는데, 이 중 任那로 표기된 가야계통의 씨족이 10개로 분류되어 있다. 이 숫자는 9세기경 이들 지역에 거주한 전체 씨족의 2%에 해당[26]하는 것이다.

우선, 任那 씨족의 관련사료를『新撰姓氏錄』에서 추출하면 다음과 같다.

A8. 道田連　出自任那國賀羅賀室王也
　　大市首　出自任那國人都怒賀阿羅斯止也
　　清水首　出自任那國人都怒賀阿羅志止也 (이상 左京 諸蕃下條)

A9. 多多良公　出自御間名國主爾利久牟王也　天國排開廣庭天皇[諡欽明]御世
　　投化　獻金多多　利金乎居等　天皇譽之　賜多多良公姓也 (山城國 諸蕃條)

A10. 僻田首　出自任那國主都奴加阿羅斯等也

---

25) 기나이는 지금의 나라(奈良)·교토(京都)·오사카(大阪)·와카야마(和歌山)지역을 지칭하는 것으로 중국의 중화사상에 의한 수도 주변지역의 의미이다.

26) 도래 씨족 중 가야계통의 씨족이 보다 많이 존재하였으리라 추측되나, 가야가 일찍 멸망한 정치적 입지로 인하여 백제나 신라와 같은 다른 한반도계를 표방하였을 가능성이 높다고 생각한다.

　　　大伴造　出自任那國主龍主王孫佐利王也 (이상 大和國 諸蕃條)

A11.　豐津造　出自任那國人左李金[亦名佐利己牟]也
　　　韓人　豐津造同祖　左李金[亦名佐利己牟]之後也
　　　荒荒公　任那國豐貴王之後也 (이상 攝津國 諸蕃條)

A12.　三間名公　彌麻奈國主牟留知王之後也　初御間城入彦五十瓊殖天皇[諡崇
　　　神]御世　額有角人　乘船泊于越國笥飯浦　遣人問曰何國人也　對曰　意富
　　　加羅國王子　名都努我阿羅斯等亦阿利叱智干岐　傳聞日本國有聖歸化　到
　　　于穴門　有人　名伊都都比古　謂臣曰　吾是國王也　除吾復無二王　勿往他
　　　處　臣察其爲人　知非王也　卽更還不知道路　留連島浦　海北廻　經出雲國
　　　至此國也　是時會天皇崩　便留　仕活目入彦五十狹茅天皇[諡垂人]　詔曰
　　　汝速來者　得仕先皇　是以改汝本國名　追負御間城善號　曰彌麻奈　因給織
　　　絹　卽還本鄉　是改國號之緣也(未定雜姓 右京條)

　　이로 볼 때, 가야와 관련을 가지는 씨족들이 기나이(畿內) 대부분의 지역
에 거주하였다는 사실을 알 수 있다. 다시 말해 사료 A8에 의하면 사코쿠
(左京)[27]에는 미치타노무라지(道田連)와 오치노오비토(大市首), 시미즈노오
비토(淸水首)의 성씨가 있었고, 야마시로쿠니(山城國)[28]에는 다타라노키미
(多多良公)씨가 거주[사료 A9]하였다고 한다. 또한 사료 A10에 의하면 야마
토쿠니(大和國)[29]에는 히라타노오비토(僻田首), 오토모노미야츠코(大伴造)
씨가 사료 A11에 의하면 세츠쿠니(攝津國)[30]에는 도요츠노미야츠코(豐津
造)와 가라히토(韓人), 아라라노키미(荒荒公)씨가 각각 거주하였다고 기록
되어 있다. 그리고 사료 A12에 의하면 우코쿠(右京)지역에는 미미나노키미
(三間名公)씨가 분포하였다고 한다.
　　이들 가운데 미치타노무라지는 가라(賀羅)[31]의 가실왕(賀室王)을, 오치노

---

27) 지금의 나라현의 북부지역에 해당.
28) 지금의 교토지역에 해당.
29) 지금의 나라현 남부지역에 해당.
30) 지금의 오사카 남서부지역에 해당.
31) 고령의 대가야.

오비토와 히라타노오비토 그리고 시미즈노오비토는 즈누가노아라시토(都怒我阿羅斯等)를, 오토모노미야츠코와 도요츠노미야츠 그리고 가라히토는 사리코무(佐利己牟·佐李金)를, 아라라노키미는 호우키왕(豊貴王)을, 다타라노키미는 이리쿠모왕(爾利久牟王)을, 미마나노키미는 모루치왕(牟留智王)을 각기 자신의 조상으로 삼는 전승을 가지고 있다. 이 가운데『三國史記』에 보이는 고령의 가라국 왕으로 추정되는 가실왕과 같이 역사성을 동반하는 경우도 있지만, 대개의 경우 현존하는 사료에는 나타나지 않는 가야의 왕들을 시조로 결부시켜 주장하는 경향이 강하다.

다만 아라시토(阿羅斯等)는『日本書紀』의 관련사료를 참고할 때 고령의 가라국이나 함안의 안라국일 가능성이 있으며, 나머지도 씨족명에 가라(韓＝加羅)·아라(荒＝阿羅)·미마나(三間名＝任那)의 명칭이 포함되어 있는 것으로 보아 가야에서 일본열도로 이주하여 지금의 교토(京都)·나라(奈良)·오사카(大阪)지역에 정착하여 씨족을 구성하였던 집단32)으로 추정할 수 있다.

그러나 諸藩 중에서도 원래는 가야계 씨족이었지만 가야가 멸망한 이후 정치적인 입지에서 신라계나 백제계 혹은 중국계인 漢系와 秦系를 내세웠던 씨족들도 있었다고 보이기 때문에 그 수는 훨씬 더 많았으리라 생각된다. 이것은 일본열도로 이주한 가야계 이주민의 수가 상당히 많았다는 사실을 반영하는 것으로 해석할 수 있다.

대표적인 예로 아야씨(東漢氏)를 들 수 있다. 東漢直氏는 원래 아야(安邪)33) 즉, 慶尙南道 咸安출신으로 族稱에 '漢'의 字를 사용한다든지 漢 왕실의 후예로 칭하며 백제왕실과 밀착한 계보와 전설을 가지게 된 것은 6세기 전반에 南朝系 중국인을 포함하는 백제로부터의 이마키노아야히토(新來者)를 관할함으로써 유래34)된 것이다.

한편, 후대의 자료이지만『續日本記』寶龜 3년(772) 4월 庚午조에 의하면 당시 야마토쿠니 다게이치군(大和國 高市郡, 현 나라현 아스카)에 거주하

---

32) 부산·경남역사연구소,『시민을 위한 가야사』, 집문당, 1996, 89쪽.
33) 아라(安羅) 혹은 아나(安那)라고도 씀.
34) 山尾幸久, 앞의 책, 1979, 162쪽.

는 주민의 80~90% 이상이 韓계통의 도래인[35]들이었다고 한다. 이곳은 이전에는 이마키군(今來郡)으로 불렸던 곳으로 백제계가 주류였던 곳으로 추정된다. 이들 백제인을 새로운 도래인이란 의미의 이마키(今來)로 일컫는다면, 이에 대응하는 이전의 도래인 즉, 후루키(古來)의 집단이란 가야인을 지칭하였던 것으로 보아도 좋을 것이다.[36]

2) 지명과 전승 및 고고학 자료에 보이는 가야인의 흔적

(1) 지명과 전승 자료

가야인들이 일본열도에 이주한 흔적은 고대의 지명이나 현존하는 지명과 전승되는 기록에서도 어느 정도 엿볼 수 있다.

奈良시대의 地誌인『風土記』는 和同 6년(713) 元明천황의 명에 의해 일본 각 지역 郡鄕의 유래·산물·지형·전승 등을 중앙정부에 보고하기 위해 만든 인문지리서이다. 이 사료를 검토하면 일본열도에 이주한 가야인들의 흔적을 다소나마 찾을 수 있다.

韓銍社 (「出雲國風土記」 出雲郡 神戶鄕條)

우선, 지금의 마츠에시(松江市) 지역에 있는 가라카마신사(韓竈神社)는 『風土記』에 의하면 이즈모노쿠니(出雲國) 시절에는 가라카마노야시로(韓銍社)라고 불렸다고 한다. 이 '가마(竈＝銍)'란 부엌을 가리키는 것으로 부뚜막 즉, 부엌신에 대한 신앙[37]을 연상케 하기 때문에 이는 가야인들에 의한 가

---

35) 관련 기사를 인용하면 다음과 같다. "以檜前忌寸 任大和國高市郡司元由者 先祖 阿智使主 輕嶋豊明宮馭宇天皇御世 率十七縣人夫歸化 詔賜高市郡檜前村而居 焉 凡高市郡內者 檜前忌村及十七縣人夫滿地而居 他姓者十而一二焉".

36) 이 지역 가야인의 흔적으로는 가야나루미신사(賀夜奈流美神社)를 들 수 있는데, 아스카(飛鳥)의 가야노모리(栢森) 가운데 자리를 잡고 있다.

37) 『三國志』東夷傳 弁辰傳條에 의하면 가야인들은 부엌을 집의 서쪽에 두는 신앙 및 풍습을 가졌던 듯하다. "弁辰與辰韓雜居 …… 言語法俗相似 祠祭鬼神有異 施竈皆在戶西".

야의 신을 숭배하던 흔적으로 이해할 수 있을 것이다.

① 漢部里[土中上] 右 稱漢部者 讚藝國漢人等 到來居於此處 故號漢部
② 所以號手刈丘者 近國之神 到於此處 以手刈草 以爲食薦 故號手刈 一云
   韓人等 始來之時 不識用鎌 但以手刈稻 故云手刈村
③ 韓室里[土中中] 右 稱韓室者 韓室首寶等上祖 家大富饒 造韓室 故號韓室
   所以云草上者 韓人山村等上祖 柞巨智賀那 請此地而墾田之時 有一聚草
   其根尤臭 故號草上
④ 安師里[土中中] 右 稱安師者 倭穴无神神戶託仕奉
⑤ 大田里[土中上] 所以稱大田者 昔 吳勝 從韓國度來 始
⑥ 韓荷嶋 韓人破船 所漂之物 漂就於此嶋 故號韓荷嶋 高嶋 高勝於當處嶋等
   故號高嶋
(이상「播磨國風土記」飾磨郡條)

　　이들 자료는 지금의 효고켄(兵庫縣) 일대인 하리마노쿠니(播磨國)의 시
카마노코오리(飾磨郡)條에 실려있는 사료들 가운데 가야인과 관련이 있다
고 추정되는 자료를 추출한 것이다. 아야베노사토(漢部里)의 지명 유래는
사누키노쿠니(讚藝國)[38]의 아야히토(漢人＝安羅人)가 이주하여 온 것에서
부터 시작되었다고 한다(사료 ①). 그리고 데가리가오카(手刈丘)라는 지명은
가라히토(韓人＝가야인)들이 처음 이곳에 왔을 때, 선주민들이 낫(鎌)을 사
용하지 않고 손으로 벼를 베었기 때문에 붙여진 것이라고 한다(사료 ②).
가라무로리(韓室里)는 가라무로노오비토타카라(韓室首寶)의 조상이 가야식
집을 지은 데서 유래되었다(사료 ③). 아나시토노사토(安師里)에 대한 지명
유래는 보이지 않으나 아나시(安師)가 안라국의 이칭인 아나(阿那)를 연상
케 하기 때문에 붙여진 지명으로 생각된다(사료 ④). 오오타노사토(大田里)
의 지명은 구레노스구리(吳勝)란 자가 가라쿠니(韓國)에서 이주해 왔기 때
문에 생긴 명칭이라고 한다(사료 ⑤). 가라니시마(韓荷島)는 가라히토(韓人)
의 배가 난파되어 이곳에 표착하게 되었던 데서 유래하는 지명이라 한다

---

38) 지금의 시코쿠(四國)지방을 말함.

(사료 ⑥).

「肥前國風土記」에도 아야히토(漢人)가 거주함으로써 유래된 아야베노사토(漢部鄕)란 지명이 남아 있다.

　　漢部鄕[在郡北] 昔者 來目皇子 爲征伐新羅 勒忍海漢人 將來居此村令造兵器 因曰漢部鄕

히젠노쿠니(肥前國)는 지금의 사가켄(佐賀縣)과 나가사키켄(長崎縣)에 해당하는 지역으로 구메노미코(來目皇子)의 신라정벌 설화에 첨부된 이야기로 오시누미(忍海)의 아야히토가 동원되어 온 것으로 되어 있다. 이 유래담이 신빙성을 가진다면 현 나라켄 미나미카츠라기군(奈良縣 南葛城郡)인 오시누미지역에도 아야히토가 거주하였던 것이 된다.

　그리고 『風土記』의 逸文39)에도 가야와 관련된 기사가 일부 남아 있는데, 이를 인용하여 보면 다음과 같다.

⑦　カラコト、云所ハ、伊賀國ニアリ。彼國ノ風土記云、大和・伊賀ノ界ニ河アリ。中嶋ノ邊ニ神女常ニ來テ琴ヲ鼓ス。人怪テ見之、神女琴ヲ捨テワセヌ。此琴ヲ神トイハヘリ。故ニ其所ヲ號シテカラコト、云也　（「伊賀國」唐琴條40)）
⑧　昔、智瑳武別ト云ケル人、韓國ニワタリテ、此ノ栗ヲトリテカヘリテ、ワエタリ。此ノ故ニ穗生ノ村トハ云フナリ。風土記云、俗語ニハ謂栗爲區兒。然則韓穗生村ト云フ者ハ、蓋、云韓栗林歟ト云ヘリ（「日向國」　韓穗生村條）

　사료 ⑦은 지금의 미에켄(三重縣) 남서부지역인 이가노쿠니(伊賀國)41)에

---

39) 『風土記』의 인용은 平安후기부터 鎌倉시대에 걸쳐 많이 행해졌기 때문인지, 원문대로의 것도 있지만 일본식 독음이 딸린 인용이 많이 남아 있다.
40) 毘沙門堂本古今集註에서 발췌하였다고 함.
41) 日本古典文學大系『日本書紀』의 頭註에는 伊賀國을 가라쿠니(カラクニ)라고 불렀다고 한다.

전해오는 가야 거문고(가라코토)의 유래를 전하는 것으로 이곳도 가라와 관련된 전승이 있는 곳으로 보아진다. ⑧에 의하면 현 미야자키켄(宮崎縣)지역인 히무카노쿠니(日向國)에 있는 가라노쿠시후노무라(韓穗生村)의 지명전승은 이곳의 가사무와케(笥瑳武別)란 사람이 가라쿠니(韓國)에 건너가 밤을 채취하여 돌아와 심은 데서 유래한다고 한다. 또한 韓穗生村이란 가라쿠리바야시(韓栗林) 즉, 밤 숲을 의미한다고 한다.

현존하는 지명 가운데 가야와 관련이 있다고 생각되는 것으로는 규슈지방 사가켄(佐賀縣)의 가라츠시(唐津市), 나가사키켄(長崎縣)의 가라미자키(唐見崎)가 있고, 후쿠오카켄(福岡縣)의 가야야마(加耶山)·가라(韓良)·가라쿄(韓良鄉)·다다라가와(多多羅川)·다타라무라(多田羅村), 미야자키켄(宮崎縣)의 가라쿠니타케(韓國岳) 등이 있다. 또한, 혼슈(本州)지방에는 야마구치켄(山口縣)의 아나(穴)·다라(多羅)·다타라야마(多多良山),[42] 오카야마켄(岡山縣)의 가야군(賀陽郡), 가가와켄(香川縣)의 아야우타군(綾歌郡), 나라켄(奈良縣) 아스카(飛鳥)의 가야나루미(賀夜奈流美)신사, 치바켄(千葉縣)의 다타라(太太良)와 나리타시(成田市)의 가라베(加良部) 등이 있다.

이 가운데 오카야마켄(岡山縣)은 吉備氏가 정착하였던 곳으로 『國造本紀』에 의하면 이 지역을 지배한 씨족으로 가야쿠니노미야츠코(加夜國造)와 아나쿠니노미야츠코(穴國造·阿那國造)가 보이는데, 이것들은 加夜와 아나(穴)는 加耶와 아나(阿那)의 일본식 표기라고 생각된다. 加夜國造가 지배하였던 이 지역[43]은 지금도 가야군(賀陽郡)으로 불리고 있다. 또한 쏘우자시(總社市) 가야군(賀陽郡)에는 키노죠(鬼ノ城)[44]라 불리는 산성이 있는데, 축조방식이나 입지조건에서 볼 때 가야의 산성과 많이 닮아 있다. 이 지역에 전승되는 '鬼退治神話'의 내용[45]을 보면 가락국 수로왕과 신라 탈해왕

---

42) 타타라는 제철에 쓰이는 도구인 풀무를 가르키는 말이다. 『古事記』와 『日本書紀』에 의하면 가야의 소국명으로 등장하고 있는데, 이 지역의 위치에 대해서는 부산의 다대포설이 있으나 玉田고분군의 발굴로 인해 다라의 지명이 남아 있는 합천으로 비정되는 설이 유력한 듯하다.

43) 또한 吉備씨족의 신사인 기비츠(吉備津)신사의 주지는 江戶시대까지 加夜國造에 의해 계승되었다.

44) 鬼ノ城學術調査委員會, 『鬼ノ城』, 鬼ノ城學術調査委員會, 1980.

의 변신술에 의한 싸움 내용과 상당 부분 닮은 점이 있는데, 이것도 가야와의 관련을 연상케 하는 자료가 된다.

한편, 일본열도에 건너간 가야인들은 선진문물과 기술을 바탕으로 한 수공업집단으로서 당시 일본사회에 정착한 것으로 보인다. 대표적인 것이 제철기술이다. 기비(吉備)지역을 비롯하여 각 지역에 야마토누치(倭鍛冶)와 구별되는 집단으로서 가라카누치(韓鍛冶)집단이 거주하였던 것으로 추측된다.

이상의 지명이나 관련 전승에 보이는 가라(韓, カラ)·아야(漢)는 加耶와 阿耶(安羅)에서 유래된 것으로 보이기 때문에 이러한 명칭들은 가야인들과 관계가 깊다고 하겠다. 이처럼 가야관련 지명들이 일본열도 각 지역에 남아 있는 것은, 규슈 북부지방으로 건너간 가야인들이 점차 東進하여 야마토(大和)지역과 도호쿠(東北)지방으로 이동하는 과정에서 각지에 정착하면서 남겨진 흔적으로 보인다.

(2) 고고학 자료

일본지역에는 한반도계 유적이나 유물이 수없이 많이 남아 있다. 하지만 이들 유적과 유물 가운데 그것이 가야계라고 확정할 수 있는 자료들은 그다지 많지 않다고 생각한다. 이 점은 양국 간의 문화 및 문물 교류현상[46]을 이주와 어떻게 구별할 것인가 하는 문제와 왜인의 기술습득에 따른 모방제작과의 구별 문제 등과 연동되기 때문[47]이다. 예를 들면 일본의 竪穴系 橫口式 石室은 가야에서 원류[48]를 찾을 수 있겠지만, 발굴된 각 유적

---

45) 藤井駿, 「吉備津宮緣起について」, 『鬼ノ城』, 鬼ノ城學術調査委員會, 1980.

46) 일본의 유적지에서 유물이 출토될 경우, 한반도계로 인정하더라도 항시 舶載品인가 國産品인가에 대한 논쟁은 언제나 상존하고 있다고 본다. 또한 역으로 한반도 지역에서 출토되는 倭系유물도 같은 문제점을 동반하고 있다고 생각한다.

47) 토기의 경우를 예로 들자면, 첫째 가야에서 만들어 가야인이 가지고 오는 경우, 둘째 이주한 가야인이 일본에서 제작하는 경우, 셋째 가야에서 만든 것을 왜인이 가지고 오는 경우, 넷째 왜인에 의한 일본에서의 제작인 경우 각각 상정할 수 있는데, 이를 어떻게 구별할 것인가 하는 문제점이 있을 수 있다.

48) 박광춘, 「伽耶·九州の竪穴系橫口式石室の源流について」, 西谷正編, 『古代朝鮮

이 재지화된 것인지 혹은 도래한 가야인에 의해 축조된 것인지에 대해서는 견해를 달리하는 경우가 바로 이와 같은 현상이다[49].

일본 고고학에서의 4·5세기는 각지에서 거대고분이 축조되던 시기였을 뿐만 아니라 수공업생산에 있어서도 종종의 기술혁신이 진보하였던 시기로, 스에키(須惠器)·馬具·甲冑·金製 및 도금제 장신구·유리제 용기·상감기법 등 새로운 문물이나 기술이 출현 혹은 혁신되었다[50]. 이러한 선진수공업 기술은 한반도에서 일본으로 전래된 것이다.

이중 가야계로 이해되는 유물을 살펴보면, 오사카후(大阪府) 사카이시(界市)의 七觀山고분의 제1槨이나 시가켄(滋賀縣) 栗東町의 新開1호분에서 출토한 木心鐵張의 輪鐙이 가야고분인 부산시 복천동11호분의 부실에 해당하는 10호 토광묘에서 출토한 輪鐙[51]과 유사하다는 점이 지적되고 있고, 와카야마시(和歌山市)의 大谷고분에서 출토[52]된 馬具와 馬冑 중 마주가 역시 복천동 10호분의 토광묘를 비롯해 2·3개의 가야고분에서 발견된다[53]고 한다.

스에키(須惠器)의 문제에 있어서도 일본의 초기 스에키가 한반도의 제작기술을 계승하였다는 점은 학계의 공통된 견해이다. 초기의 대표적인 유적으로 오바데라(大庭寺) 窯址유적을 들 수 있다.[54] 그 외 오사카후(大阪府) 기시와다시(岸和田市) 구메다(久米田)고분군의 方墳 출토 기대, 기후켄(岐

と日本』, 名著出版, 1990, 325쪽.

49) 하리마(播磨)지역 宮山고분의 경우도 석실 내의 배치상황과 석실구조의 특색으로 보아 가야고분과 통한다는 주장도 있다(『倭の五王時代の海外交流 - 渡來人の足跡』(特別展圖錄 28冊), 奈良縣立橿原考古學研究所附屬博物館, 1987, 2쪽).

50) 西谷正, 「古代朝鮮と日本」, 西谷正編, 『古代朝鮮と日本』, 名著出版, 1990, 8·9쪽.

51) 5세기 전엽의 유물로 비정되고 있다.

52) 출토된 금동제 마구는 5세기 후반으로 편년되고 있다.

53) 西谷正, 「古代朝鮮と日本」, 西谷正編, 『古代朝鮮と日本』, 名著出版, 1990, 10쪽.

54) 이 유적에서 출토된 스에키의 祖型은 마산에서 창원·부산·김해라는 경상도 연안지대의 가야토기에 있다고 하고(酒井淸治, 「日本における初期須惠器の系譜」, 『伽耶および日本の古墳出土遺物の比較研究』, 1994), 박천수는 금관가야를 중심으로 하는 주변지역 출신 공인에 의해 각각 제작되었다고 한다(「考古學から見た古代の韓·日交涉」, 『靑丘學術論集』 12, 1998).

阜縣) 유쓰카(遊塚)고분 출토의 蓋, 나라켄(奈良縣) 난잔(南山) 4호분의 기마 인물형 토기[55] 등을 들 수 있다.

對馬島의 것으로는 에비스야마(惠比須山) 2호 석관묘를 들 수 있고, 九州지방의 것으로는 하카다완(博多灣)을 면한 국제교역 항으로 보이는 니시진마찌(西新町) 취락유적[56]을 들 수 있다. 이 유적은 初現期의 아궁이를 보유한 수혈주거지[57]와 상당량의 가야계 토기와 가야에서 많이 출토되는 대형판상철부 등이 나와 가야인들이 진출하여 거주하였을 것으로 추정되는 곳이다. 그리고 아마기시(甘木市)의 이케노우에(池ノ上)·고테라(古寺)고분군[58]에서는 大甕과 파상문을 口頸部에 시문한 壺, 단면 원형의 손잡이를 붙인 鉢이, 長三角形의 透孔이 뚫린 有蓋高杯, 透孔을 직열로 배치한 鉢形器臺 등의 陶質토기인 스에키가 棺內에 매납된 예가 많아 가야계 도래인의 묘가 포함되었을 것으로 추정되고 있다. 그 외에 오이타켄(大分縣)의 시모코오리(下郡) 유적과 미야자키켄(宮崎縣)의 시와이케(志和池) 유적 등이 있다.

세토우치(瀨戶內)지방 기비(吉備)지역의 고고학 자료로서는 사카키야마(榊山)고분에서 수집된 도질토기의 파편에서 가야지역과의 관련성을 엿볼 수 있다. 또한 긴조야마(金藏山)고분에서는 진해 웅천패총과 합천 옥전고분군에서 출토된 것과 닮은 도끼모양의 철기가 출토되었고, 스키노와(月ノ輪)고분에서는 직물을 담당한 집단의 존재[59]를 상정케 하는 많은 양의 섬

55) 박천수, 「고고학 자료를 통해 본 대가야」, 『考古學을 통해 본 加耶』, 한국고고학회, 2000, 109쪽.

56) 이 유적은 야요이 종말에서 고분시대 전기까지의 집락유적으로 하카타(博多)만에 면한 사구에 형성되었다.

57) 武末純一, 「西新町遺蹟の竈 - その歷史的意義 -」, 『碩吾尹容鎭敎授停年退任紀念論叢』, 1996.

58) 고데라 10호묘에서는 토광묘 내의 머리와 발 부근에 토기를 넣은 예가 있다고 한다(甘木市敎育委員會, 『古寺墳墓群』(甘木市文化財調査報告 第14集), 1982). 이러한 葬法은 가야지역에서 보편적으로 사용하는 방법이다.

59) 『日本書紀』에는 가야노하타오리(蚊屋織)·아야노하타오리(漢織)·아나노하타오리(穴織) 등의 직물담당 집단의 존재가 보이고 있는데, 여기에 보이는 가야(蚊)·아야(漢)·아나(穴)는 加耶와 阿耶의 다른 표기로 가야지역의 이주민 집단과 관련성이 있는 명칭으로 볼 수 있을 것이다.

586 한국 고대사 속의 가야

유가 출토되었다고 한다.

5세기대의 대규모 스에무라(陶邑)古窯跡群이 발견된 기나이(畿內)의 이즈미(和泉) 남부지역 스에키는 크게 백제계와 가야계로 나눌 수 있는데, 그 가운데서도 백제계보다 가야계의 스에키가 많이 나타나고 있다. 이는 백제계 스에키 工人보다는 가야계의 스에키 공인이 보다 많았던 것으로 이해[60]할 수 있을 것이다. 이 점은 가야계 공인의 집단 이주에 의한 거주를 상정하게 한다. 또한 오사카후(大阪府) 남부의 河內지역[61]에 있는 이치스카(一須賀)고분군[62]은 가야 묘제의 특징을 보이는 장방형 수혈식 석실분으로 고분 내에 부뚜막형(竈形) 토기가 한 점씩 부장되어 있는데, 이 토기는 『三國志』 魏志 東夷傳 弁辰條에 기록되어 있는 부뚜막 신앙과 연관[63]되는 것으로 보인다. 이 지역에 가라쿠니노무라지(韓國連)를 주신으로 모시는 가라쿠니(韓國・辛國・漢國)신사가 있는 점도 가야와의 관련성을 엿보게 하는 방증 자료라 생각된다.

또한 구로히메야마(黑姬山)고분에서는 동래 복천동고분군과 함양 상백리고분군에서 출토된 갑주와 동일한 것들이 다수 출토[64]되고 있고, 함안계통의 토기라고 볼 수 있는 火焰形透窓高杯도 이 近畿지역에서 출토[65]되었다고 한다. 그리고 시가현의 이리에우치코(入江內湖) 유적과 모리야마시(守山市)의 핫토리(服部)유적에서 출토된 스에키도 가야계[66]라고 한다.

---

60) 武末純一, 「土器에서 본 加耶와 古代日本」, 『가야와 고대일본』(제3회 가야사 국제학술회의 발표요지), 김해시, 1997, 98쪽.
61) 安羅日本府의 왜 사신이었던 가와치노아타히(河內直)의 출신지이다.
62) 大阪府敎育委員會, 『一須賀古墳群分布調査槪要』, 1974・1982・1984.
63) 이영식은 부뚜막신앙을 가지고 일본열도로 이주했던 가락국인의 흔적으로 이해하고 있다(이영식, 「문헌으로 본 가락국사」, 『가야 각국사의 재구성』, 혜안, 2001, 22쪽).
64) 부산・경남역사연구소, 앞의 책, 1996, 90・91쪽.
65) 竹谷俊夫, 「初期須惠器の系譜に關する一考察 - 火焰形透窓をもつ陶器を中心に - 」, 『天理大學學報』145, 1985. 또한 金泰植은 이 토기를 근거로 안라국과 왜의 교류 관계를 상정하고 있다(「咸安 安羅國의 成長과 變遷」, 『韓國史研究』86, 1994, 63・64쪽).
66) 大橋信彌・谷口徹, 『服部遺蹟發掘調査報告書V』, 滋賀縣敎育委員會・守山市敎育委員會, 1985.

　이처럼 고고학 자료로 볼 때, 오사카(大阪) 연안지역은 가야인들의 이주 흔적을 많이 찾아볼 수 있는 곳의 하나라 할 수 있다. 이는 가와치(河內)湖 주변의 沖積 저지대나 우에마찌(上町) 臺地 북부의 개발에 가야계 도래인이 관련되었다는 지적67)과도 맥을 같이 하는 것으로 이해할 수 있다.

　이상 고고학 유적을 통해 가야인들의 흔적을 살펴보았는데, 이들 유적지의 분포는 문헌에서 살핀 바와 같이 규슈지방과 오카야마지방, 긴키지방의 부근에 많이 나타나고 있다. 이는 가야인의 진출루트와 일치하는 현상이라고 볼 수 있을 것이다.

5. 맺음말

　이상에서 가야인들의 일본지역 진출 문제를 문헌과 지명·전승, 고고학 자료에 의해 살펴보았다. 가야인은 지역적인 조건으로 인해 백제, 신라인들보다 보다 앞선 시기에 일본에 진출하였다고 생각된다. 주된 이주 혹은 진출지역은 규슈(九州) 북부였다고 생각되며, 이후 세토우치(瀨戶內)지역을 거쳐 점차 기나이(畿內)지역과 도호쿠(東北)지역으로 이주하여 갔다고 보아진다.

　가야인들의 이주는 한반도의 정치적 불안정에 의한 것이다. 그 규모는 전란을 피해 안정적 장소를 추구하는 촌락 단위의 소규모 이주와 정치적 망명의 성격을 띤 소국 지배층 단위의 대규모 이주를 상정할 수 있다. 전자와 같은 소규모 단위의 이주는, 가야 형성 이전의 단계부터 끊임없이 계속된 것으로 보인다. 반면 후자의 경우는, 4세기말 광개토왕의 남진에 의한 군사적 요인이 1차적인 대규모 진출을 촉진하였으며, 2차의 대규모 진출은 6세기 중엽 신라에 의해 가야 각국이 멸망해 가는 과정에서 동반된 현상이라고 볼 수 있다.

　이처럼 가야인들의 일본열도에의 진출은, 일차적으로는 한반도 諸國의

---

67) 田中淸美, 「5世紀における攝津·河內の開發と渡來人」, 『ヒストリア』 125號, 1989.

국가형성과정에서 일어난 경쟁에서 가야인들이 도태됨으로써 비롯되었다고 생각되지만, 한편으로는 일본열도에서 가야계 이주민을 필요로 하는 사회적·경제적 사정이 있었기 때문에 가능하였다고 생각한다. 즉, 이들 이주민은 앞의 자료들에서 알 수 있듯이 농기구나 무기와 마구를 만드는 철을 다룰 줄 아는 집단이거나 농경기술이나 직조, 스에키를 만들 줄 아는 선진기술과 사상을 습득하고 있는 집단이었기 때문에 가능하였다고 생각한다.

따라서 많은 이주민은 이후 왜 왕권에 봉사하는 수공업집단으로 편입되었을 가능성이 있지만, 그 가운데는 河內氏와 吉備氏 등과 같이 왕권과 정치권력과 결합하여 외교관으로 활약한 집단도 있었던 것이다. 그러나 이후 가야의 제국들이 주변국의 침범에 의해 점차 쇠퇴하여 멸망하게 되자, 많은 가야인들은 자신들보다 우수한 선진기술을 지니고 진출한 이마키 집단인 백제계와 신라계에 의해 흡수·통합되어 소멸하여갔다고 추측된다. 또한 일부는 당시의 정치적 입지로 인해 스스로 백제계나 신라계 혹은 漢계로 자칭하면서 변질되어갔다고 생각된다. 이점은 가야가 고대국가로서 형성되지 못하고 멸망하였기 때문에, 가야인이란 민족적 개념이 형성되지 못한 점도 한 요인으로 작용하였다고 생각된다.

해외 가야사 관련 자료의 데이터베이스 구축방안

이 근 무*·이 근 우**

1. 머리말

본 연구는 해외에 소재하는 가야사 관련 자료를 데이터베이스로 구축하는 방안을 연구하는 것을 목적으로 한다. 대상자료의 범위는 다음과 같이 정리할 수 있다.

1) 『古事記』『日本書紀』『續日本紀』『新撰姓氏錄』 등의 일본 사서 및 『漢書』『三國志』『後漢書』『宋書』 등 중국 사서와 같은 텍스트 자료.
2) 해외에서 간행된 가야사 관련 문헌에 대한 목록.
3) 일본에 소재하고 있는 가야사 관련 도판자료.

그러나 해외자료만을 따로 독립적인 데이터베이스로 운영해야 할 필연성은 없으므로, 가야사에 관련된 자료 전체에 대한 데이터베이스 구축이라는 입장에서 논의를 전개해 가고자 한다. 우선은 한문원전 자료를 디지털 자료로 구축하는 데 수반되는 일반적인 문제점을 지적하고, 다음으로 인문과학분야 데이터베이스에 대한 일반적인 이론을 정리하고, 마지막으로 실질적으로 데이터베이스를 구축하는 과정에서 문제가 되는 한자처리나 데이터의 구조화 방법 등에 대하여 논의하고자 한다.

---

* 경주대학교 컴퓨터전자공학부 교수
** 부경대학교 사학과 교수

2. 한문 원전자료의 성격과 텍스트 전자화의 필요성

1) 한문 원전자료의 성격

가야사 데이터베이스(가칭)를 구축하는 데 있어서 문제가 되는 것은 크게 2가지로 나누어 생각할 수 있다. 하나는 가야사에 관한 사료들이 대부분 순수한 한문으로 기록된 자료들이라는 점이다. 두 번째는 관련문헌 목록 속에 한국어 일본어 중국어 영어 등 다양한 언어가 포함되어 있다는 점이다.

첫 번째 사항과 관련하여 일반적으로 지적할 수 있는 문제점으로는 한자의 글자 수가 대단히 많다는 점이다. 현재까지 알려진 바로는 한자는 俗字·異體字를 포함하여 10만 자에 달한다고도 한다.[1] 직접적인 예로『八萬大藏經』을 전산화하는 과정에서 大藏經에 사용된 글자만 8만 자 이상이었다고 한다.[2] 이렇게 많은 한자가 필요하기 때문에 실제로 한자를 전산화하는 과정에서 여러 가지 독자적인 방법을 강구하여, 한자를 입력해 온 것이 현실이다.[3] 역시『팔만대장경』의 경우는 4바이트 방식의 독자적인 한자코드체계를 만들어 작업을 수행하였으며,[4] 『朝鮮王朝實錄』의 경우는, 흔글에 포함되어 있는 이른바 '제2수준 한자'를 이용하여 異體字를 正字로 바꾸어 입력하는 방식을 택하였다. 특히 후자의 경우는 표준화된 한자코드가 아니기 때문에 호환성이 부족하다는 문제점을 지적할 수 있다. 전자의 경우도 4바이트 체계를 독자적으로 고안하였기 때문에 유니코드에 기반을

---

1) 일본에서 출간된『今昔文字鏡』에는 8만 자의 한자가 수록되어 있으며, 현재 90,000자까지 한자를 확장하고 있는 중이다. 이들 한자에 대한 트루폰트를 이하의 사이트에서 제공하고 있다(http://www.mojikyo.org/html/index.html). 한편 2바이트 체계로 구성된 유니코드에서 구현할 수 있는 최대의 글자 수는 65,000자이다.

2) http://www.sutra.re.kr/

3) 대만에서 개발된 3바이트 기반의 CCCII 시스템도 한자를 망라하기 위해서 개발되었다. 75,000자를 정의할 수 있으며, 현실적으로도 60,000자를 처리할 수 있을 것을 기대되고 있다. 한편 일본에서는 今昔文字鏡이 90,000자를 수용하고 있어서, 현재까지 개발된 한자검색 시스템 중에서 가장 방대한 것이다.

4) 윤용석,「고려대장경 인터넷 검색 및 열람」, 동국대학교 전자불전연구소 건립기념 세미나발표논문, 1999.

두고 있다고는 하지만, 문서교환 등에서는 문자코드의 변환 등을 거쳐야 하는 등 한계성을 가지고 있다고 할 수 있다.[5]

현존하는 한자의 수가 10만자에 달할 수도 있다고 하는 것은 원래의 한자 수라기보다는, 필사나 판각의 과정에서 나타나기 마련인 異體字 때문이라고 할 수 있다. 『팔만대장경』의 입력 과정에서도 異體字가 문제가 되었으며, 이 문제를 해결하기 위해서 판각된 문자를 그대로 재현하는 스크린 폰트를 개발하여 타개책을 모색하였다고 한다.[6] 異體字라고 판단하여 正字로 바꾸는 과정이 개입되면, 그 과정에 많은 시간이 필요할 뿐만 아니라 의외로 입력된 결과물의 품질이 떨어지는 결과를 초래하기도 한다.

이처럼 사료에 포함되어 있는 모든 한자를 처리할 수 있는 표준화된 코드가 존재하지 않을 뿐만 아니라, 한문원전을 입력하거나 교정하는 일 역시 용이하지 않다.[7] 종래에는 일일이 수작업으로 한자를 입력할 수밖에 없었다. 현재에는 OCR(optical character reader)을 이용하는 방법이 활용되고 있기는 하지만, 문자인식의 적중률이 높지 않은 편이며, 특히 OCR로 입력한 경우에는 교정작업에 많은 노력을 기울여야 한다.[8] 그밖에도 일단 전산화된 데이터라고 하더라도 한문원전을 검색하는 것은 한글이나 영문으로 된 문장을 검색하는 것처럼 용이하지 않다. 특히 한문원전에 대해서 한글로 검색하고자 할 때 同字異意語를 비롯하여, 頭音法則이 적용되는 경우,

---

5) 텍스트 파일의 경우 일반적으로 사용되는 워드프로세서에서 문자코드의 교환이 가능하도록 되어 있으나, 흔글의 경우에도 이른바 제1수준 한자에 포함되어 있지 않은 한자에 대해서는 공백으로 남기는 등 여전히 문제점이 남아 있다.

6) Urs App의 「고려대장경입려계획 탐방」에 의함(1996. 5. 8). 텍스트 전자화에 풍부한 경험을 가진 필자가 『고려대장경』 입력과정을 관찰하면서 여러 가지 문제점을 지적하고 있으므로, 텍스트 전자화에 관심을 가지고 있는 연구자라면 반드시 읽어 볼 필요가 있는 글이다(http://www.iijnet.or.jp/iriz/irizhtml/ebti/samsungj.htm#history).

7) 한자입력의 경우, 먼저 한글로 한자의 음을 알아야 다음 단계인 한자의 변환이 가능하다. 한자를 숙지하고 있는 수준이 낮으면, 우선 한자 음을 알기 위해서 사전부터 찾아야 하는 등 많은 시간이 걸린다. 또 혼동하기 쉬운 한자의 경우에도 제대로 입력되지 않는 경우가 많다. 『팔만대장경』 입력의 과정에도 시스템에 들어 있는 한자에 대하여 缺字로 처리한 사례를 Urs App가 보고하고 있다. 주7) 참조.

8) 『新修大藏經』을 스캐너로 입력하는 프로젝트를 추진해 온 Urs App의 발언이 주목된다(http://www.iijnet.or.jp/iriz/irizhtml/maketext/guidelinj.htm).

俗音이 있는 경우 등 변칙적인 음이 통용되는 한자들에 대한 검색은 결코 용이하지 않다.

한편 여러 가지 현실적인 제약을 무릅쓰고 입력한 자료들이 표준화되어 있지 않아서, 학계 전체가 공유할 수 있는 정보로 운용되기 어렵다는 점도 지적할 수 있다. 개별 연구자들이 입력한 자료들은, 지금까지 흔글이 가장 많은 한자들을 지원하였기 때문에 주로 hwp파일로 만들어져 있다. 물론 이런 자료들도 원전자료를 각 연구자가 다시 입력해야 하는 번거로움을 덜어주는 데는 크게 기여하고 있는 것이 사실이지만, 연구자들이 그 자료들을 이용하는 과정에서 얻은 성과들이 축적되지 못하므로, 자료의 심층적인 이용을 위한 길이 막혀 있다.

연구소나 기업에서 구축한 데이터베이스들은 그 축적방법이 몇 가지로 나누어져 있다. 예를 들어『팔만대장경』의 경우에는 독자적으로 개발한 한자코드를 이용하고 있으며,『고려사』『삼국사기』『삼국유사』등의 데이터베이스를 개발한 누리미디어의 경우에는, 유니코드를 지원하는 워드2000 등을 이용한 방법을 채택하고 있다.『조선왕조실록』은 흔글의 한자를 중심으로 처리하였다. 이처럼 독자적인 코드를 개발하거나 아니면 현재로서 이용가능한 한자코드를 채용하는 방법으로 크게 나눌 수 있는데, 이러한 결과물을 전체적으로 보면 결국 한자코드의 통일성이나 처리방법의 통일성이 결여되어 있다.

데이터베이스 구축에 있어서 통일성과 일관성은 지금 논의하려고 하는 가야사 관련 데이터베이스에 국한되는 것이 아니라, 역사학 사료의 전산화 작업이라는 관점에서 논의되어야 할 필요가 있다. 따라서 가능한 한 여러 분야에 걸친 사료들을 일관성있게 데이터베이스로 구축할 수 있는 원칙을 세우지 않을 수 없다. 이 글에서도 앞으로 구축되어야 할 한국사 전 분야의 데이터베이스 구축이라는 과제를 의식하면서, 한자코드의 문제나 사료를 입력하는 체계 등에 대해서 논의하고자 한다.

2) 텍스트 전자화의 필요성

텍스트를 전자화하는 가장 근본적인 이유는 '정보의 재생산이 무한하기 때문'이다. 일단 전자화된 텍스트는 다양하게 활용될 수 있으며, 그것도 손쉽게 이용할 수 있다. 단어나 개념을 추출하거나, 분류하거나 정리하거나 가공하는 작업을 손쉽게 처리할 수 있는 것이다. 좀더 자세하게 텍스트 전자화의 장점을 생각한다면 ① 효율적인 연구수행 ② 정보의 고도 활용 ③ 연구의 심화를 들 수 있다.[9]

먼저 효율적인 연구란 성가신 수작업에서 해방되어 본래의 연구에 집중할 수 있다는 뜻이다. 사료의 경우라면 사료를 인용하기 위해서 일일이 원문을 확인해 가면서 한자를 입력할 필요도 없으며, 필요한 내용을 찾기 위해서 방대한 자료를 몇 차례나 뒤적여야 할 필요가 없다. 문헌목록의 경우라면, 각종 도서관에 소장되어 있는 장서를 즉각적으로 확인할 수 있기 때문에 일일이 도서관을 찾아다니면서 장서목록을 뒤져야 할 필요가 없어진다.

최근에는 학위논문 전문을 게재하여 다운로드받을 수 있는 데이터베이스가 있는가 하면, 학술논문 원문을 열람하거나 다운로드받을 수 있는 사이트도 있다. 또 연구자의 자발적인 참여를 통해서 자신이 쓴 논문을 업로드해 두면 다른 사용자들이 자유롭게 다운로드받을 수 있도록 한 사이트도 있다.[10] 또 각종 자료 전문을 입력하여 자유롭게 다운로드할 수 있도록 한 사이트가 있어서 해당 학계의 학술연구에 많은 도움을 주고 있는 경우도 있다.[11] 이러한 텍스트의 전산화, 문헌목록의 전산화, 연구논문의 전산화는 인문과학 분야의 학문연구 환경을 크게 변모시키고 있다고 할 수 있다.

---

9) 安永尙志 編著, 『講座 人文科學硏究のための情報處理 - 第三卷 テキスト處理編』, 向學社, 4쪽.

10) 한국고대사연구회 자료실. http://www.hongik.ac.kr/~kosa/

11) 한국사 사료연구소. http://www.clepsi.co.kr/eduline/hsy. 한국사 사료연구소 사업 내용에서는 우리가 흔히 흔글 확장한자로 알고 사용하고 있는 '한국사 사료연구소 한자부호계'를 제정하는 각고의 과정을 알 수 있다.

다음으로 정보의 고도활용으로는 컴퓨터의 정보처리능력을 이용하여 다양한 방식으로 전산화된 자료를 가공하는 것이라고 할 수 있다. 정보처리능력이란 일반적으로 정보의 편집, 관리, 축적, 가공, 추출, 검색, 계산, 변환, 통신 등의 기능을 말한다. 그밖에도 입력, 출력, 전달, 교환, 인쇄 등의 기능도 있다. 편집기능 중에는 다시 정보의 추가, 삭제, 갱신 등의 기능이 있으며, 텍스트의 일부분이나 전체에 대한 추가, 삭제, 갱신, 기능은 보다 이상적인 텍스트를 구축해 가는 과정에서 필요불가결한 것이다.12)

연구를 심화시킬 수 있는 대표적인 사례는 '발견적 이용'을 들 수 있다. 『續日本紀』의 경우에, 전체 텍스트를 1일부터 월말까지 날짜별로 집계해 본 결과, 6일마다 기사가 적어진다는 사실을 확인할 수 있었다고 한다. 이는 당시 관인들의 휴일이 6일 간격이었기 때문이라고 한다. 아울러 종래에는 생각할 수 없을 정도로 많은 자료를 대상으로 한 검토와 연구도 가능해진다. 많은 자료들을 이용할 수 있게 되면, 자신의 학문적인 가설이나 논의를 광범위하게 검증할 수 있게 된다.

이처럼 텍스트를 전자화하는 이점은 얼마든지 들 수 있지만, 전자화된 텍스트의 가치는 단순히 입력된 것만으로 완성되는 것이 아니라 전자 텍스트의 품질, 그리고 사용상의 편리성, 개별계획의 적합성 등의 요건을 갖추어야 비로소 그 진가를 발휘할 수 있다.13)

실제로 텍스트 전산화가 어떻게 진행되고 있는가를 잠시 살펴보도록 하자. 텍스트의 전산화는 역시 유럽과 미국 등지에 일찍부터 시작되었다. 토마스 만이나 괴테, 칸트, 헤겔 등의 텍스트 데이터베이스는 10년 이상의 연구업적이 축적되어 거의 완성에 가깝다고 한다. 또 아시아 각국 언어에 대한 연구사례도 적지 않다. 태국문자 처리나 『三印寶典』의 전자화 텍스트 작성, 인도 서사시의 데이터베이스화, 『大平御覽』의 데이터베이스화 등이 대표적인 사례이다. 일본의 경우에도 일본사 데이터베이스, 『續日本紀』 총

---

12) 安永尙志, 『講座 人文科學硏究のための情報處理 - 第三卷 テキスト處理編』, 向學社, 1998, 6쪽.

13) Urs App, 「大規模漢文デ-タベ-ス作成についてのガイドライン」. 1995. 4. 23. http://www.iijnet.or.jp/iriz/irizhtml/maketext/guidelinj.htm

색인, 明治維新 사료의 전자화 텍스트, 『令集解』 총색인 등 역사학 분야의 연구축적이 늘고 있다. 문학작품의 경우에도 『萬葉集』, 『源氏物語』를 비롯하여 일본문학종합색인 등도 개발되어 있다. 특히 일본의 '國文學研究資料館'이 중심이 되어 '日本古典文學大系'의 전 작품을 위시하여 현대작품까지도 전자화하고 있다. 일본어학 분야에서도 계량적인 분석을 필요로 하는 이유도 있어서, 텍스트의 전자화가 일찍부터 추진되어 『源氏物語』의 丁寧語 문법연구, 대량데이터에 입각한 새로운 문법연구 등이 이루어지고 있다. 또한 통계적 수법에 의한 문서의 진위감정을 비롯하여,14) 문서의 성립과정에 대한 연구도 진전을 보이고 있다.

한편 구미에서는 언어학 분야를 중심으로 1960년대부터 전자화 텍스트의 개발연구가 시작되었다. BUC(Brown Univ. Corpus)는 이미 1961년에 文語 약 백만 단어를 집성하였으며, LOB(Lancaster-Oslo-Bergen)는 1970년대 영어를 중심으로 단어를 모으고 있다. 그 중에서도 1989년부터 口語를 포함하여 현대영어를 망라하는 BNC(British National Corpus) 계획은 대규모의 국가적인 사업이자 국제협력사업으로 추진되고 있어서 문화유산의 전자화 개발연구로서 주목을 받고 있다. 코퍼스는 기계번역 및 자연언어 처리연구에 있어서 불가결한 기초자료라고 할 수 있다.

문학작품에 대해서도 OUCS(Oxford University Computing Services)는 OTA(Oxford Text Archives)라고 불리는 1,000종이 넘는 문학 텍스트를 축적하였다. 아울러 OCP(Oxford Concordance Program)라고 불리는 뛰어난 문장해석시스템도 제공하고 있다. 미국에서도 1991년부터 프린스턴대학 등이 주도가 되어 CETH(Center for Electronic Texts in the Humanities)를 설립하고, 인벤트리라고 불리는 인문과학에 관한 모든 자료 및 정보의 축적하고 있다. 현재 1,000종 이상의 전자화 텍스트에 대한 목록정보를 인터넷을 통해서 제공하고 있으며, TEI에 준거한 표준화를 진행하고 있다. 또한 구텐베르크계획이 일리노이대학을 거점으로 추진되어 약 10,000점에 달하는 전자화 텍스트 작성을 추진하고 있다.

---

14) 村上征勝, 『眞贋の科學 - 計量文獻學入門』, 朝倉書店, 1994.

3) 텍스트의 정보구조

이 글에서 다루고자 하는 가야사 관련 해외자료 데이터베이스 구축에 있어서도 가장 중요한 부분을 차지하는 것이 관련 사료의 전자화이다.『日本書紀』를 비롯하여『古事記』·『新撰姓氏錄』·『續日本紀』등이 텍스트 전자화의 대상이 된다. 이제부터 이들 사료를 전자화하기 위한 기초적인 작업으로서, 문헌자료 일반의 전자화과정에서 고려해야 할 텍스트의 정보구조에 대해서 간략하게 다루어 살펴보도록 하자.15)

텍스트 전자화의 대상은 동일한 문헌에 대한 여러 가지 傳本 그 자체가 아니라, 일정한 교정절차를 거친 교정본이다. 즉 텍스트는 교정이라는 틀 속에서 성립된다. 따라서 텍스트는 본문 내용에 대한 텍스트 데이터 이외에 교정에 관한 데이터(屬性)를 포함한다. 즉 전자화 텍스트는 본문 속의 특정한 문장이나 어구, 문자에 대하여 異本에 나타내는 차이를 직접 확인할 수 있는 것이 이상적이다. 교정 텍스트의 경우에 어떤 傳本의 본문을 단독으로 이용할 수 있는 경우는 거의 없다. 따라서 본문과 교정데이터(屬性) 사이의 밀접한 대응관계(링크)가 필수적이다. 屬性이 발생하는 이유는 본문이 유일하게 고정될 수 없기 때문이다. 筆寫나 板刻을 통해서 생기는 다양한 傳本이 생기게 되므로, 이들 傳本의 내용을 종합적으로 고찰하여 신뢰할 만한 교정본을 만드는 작업을 수행해야만 한다.

이러한 교정작업을 수행하기 위해서는 책, 사료, 텍스트의 의미와 그 상호관련성에 대해서 이해할 필요가 있다. 상식적으로는 책에는 사료가 기록되어 있고, 사료는 텍스트로 구성되어 있다. 이들의 논리구조를 정리해 보면 다음과 같다.

우선 <그림 1>은 문헌의 종류를 정의하고 있다. 이를 문헌의 형태구조라고 한다. 텍스트를 전자화하는 대상은 유포되어 있는 어떤 傳本 그 자체가 아니라, 여러 傳本 중에서 가장 신뢰할 만한 善本을 골라서 底本으로 삼고, 각 異本들의 내용과 비교해서 가면서 校勘하여 교정본을 만들게 된

---

15) 이하 安永尚志 編著,『講座 人文科學硏究のための情報處理 - 第三卷 テキスト處理編』제2장 텍스트의 전자화에 의거하여 정리하였다.

다. 이 교정본이야말로 전자화 텍스트의 대상이 되는 것이다.

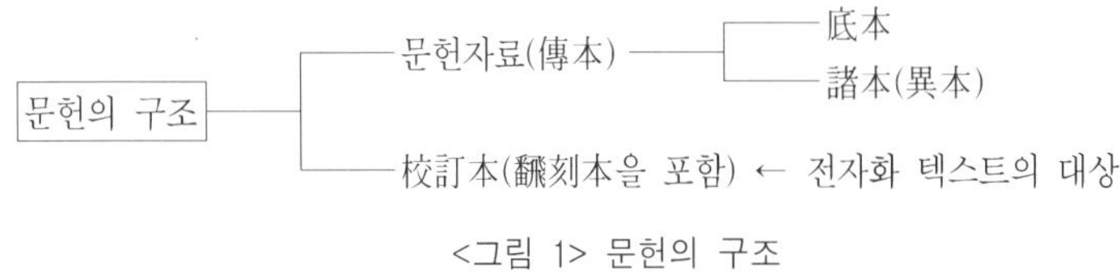

<그림 1> 문헌의 구조

底本과 異本, 그리고 이들의 상호비교를 통해서 완성된 校訂本은 각각의 書誌情報, 所藏情報, 成立情報을 가진다. 문헌이 가지고 있는 각종 정보를 구조적으로 파악해 두면, 여러 문헌 중에서 특정한 문헌을 찾아내기 위한 단서를 얻을 수 있다. 서지 및 소장정보는 도서관 등에서 일반적으로 목록으로 사용되고 있는 정보라고 생각할 수 있다. 예를 들어 저자 서명 소장자 등에 대한 정보이다(<그림 2> 참조).

<그림 2> 문헌의 정보구조 모델

한편 문헌의 논리적인 구조에 대해서 살펴보면, 전자화되는 텍스트의 직접적인 대상은 교본 즉 교정본이다. 전자화 과정에서는 교본의 정보를 빠짐없이 보존하는 것이 원칙이다. 이러한 원칙은 전자화 텍스트의 근거를 교정본에 두어 데이터의 신뢰도를 보증하기 위한 것이다. 즉 교정본에 있

는 그대로의 텍스트 데이터가 데이터베이스에 옮겨지지 않으면 안 된다. 그러기 위해서는 전자화 텍스트의 한 글자, 한 단어, 한 문장이 교정본의 그것과 일대일로 완전히 대응시켜야만 한다. 일대일로 완전히 대응시키기 위해서 생각할 수 있는 한 가지 방안은 즉 교정본의 각 페이지를 논리 파일로 정의하고, 교정본의 한 행을 논리 레코드로 정의하는 방법이 있다.16)

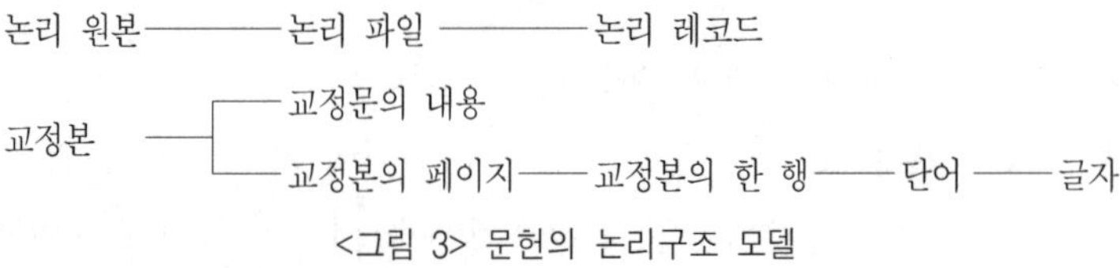

<그림 3> 문헌의 논리구조 모델

한편 텍스트에 관한 정보는 그 출전에 따라서 원본 텍스트 정보와 교정본 텍스트 정보가 있다. 원본 텍스트 정보는 저본에 기재된 텍스트와 그 텍스트 속에 追記된 여러 가지 정보들도 이루어진다. 교정 텍스트는 텍스트(본문)와 傍記로 이루어진다. 傍記는 본문을 구성한 문장이나 단어 글자 등에 직접 부가된 텍스트이다. 예를 들어 저본과 다른 텍스트나 그 注記, 혹은 追記 등을 들 수 있다. 이러한 傍記는 본문에 대하여 副文의 성격을 갖는 것이며, 교정 텍스트는 본문과 傍記의 병렬 텍스트로서의 성격을 갖는다.

또 교정정보는 교정이라는 과정에서 생겨난 여러 가지 정보다. 예를 들어 해제 해설 두주 또는 각주 범례 참고문헌 등이다. 구체적으로 교정정보는 협의의 교정정보와 교주정보로 이루어진다. 협의의 교정정보는 해제처

---

16) 의미있는 한 문장을 논리 레코드의 단위로 삼지 않는 것은, 한 문장을 확정한다는 자체에 문제가 있는 경우가 있기 때문이다. 연구자에 따라서 다르게 끊어서 읽는 경우가 그러한 예이다. 따라서 앞으로의 자유로운 연구를 보증하기 위해서는 형식적으로 한 행을 레코드로 입력할 수도 있는 것이다. 예를 들어『日本書紀』皇極 元年 二月 丁亥朔 戊子條의 "今年正月 國主母薨. 又弟王子兒翹岐及其母妹女子 四人 內佐平岐味 有高名之人四十餘 被放於島" 중에서, '弟王子兒翹岐'라는 부분을 해석하는 데 있어서도 ① (의자왕)의 弟王子의 아들 翹岐(의자왕의 조카), ② (의자왕의) 弟王子와 그 아들 翹岐, ③ (무왕의) 弟王子와 그 아들 翹岐, ④ (무왕의) 弟王子인 아들 翹岐(의자왕의 아우) 등으로 다르게 해석되고 있다.

럼 텍스트 전체에 대한 정보이다. 교주정보는 두주와 같이 본문의 어휘 등에 관한 정보를 담고 있는 것이다. 교주정보는 다시 교정주와 해설주로 나눌 수 있는데, 교정주는 본문의 異同에 대한 교정자의 견해나 종래의 견해를 참조할 수 있다. 이에 대하여 해설주는 주로 본문 속의 여러 가지 사항에 대한 해설이다. 예를 들어 인물, 관위, 관직을 비롯하여 본문의 해석도 여기에 포함된다.

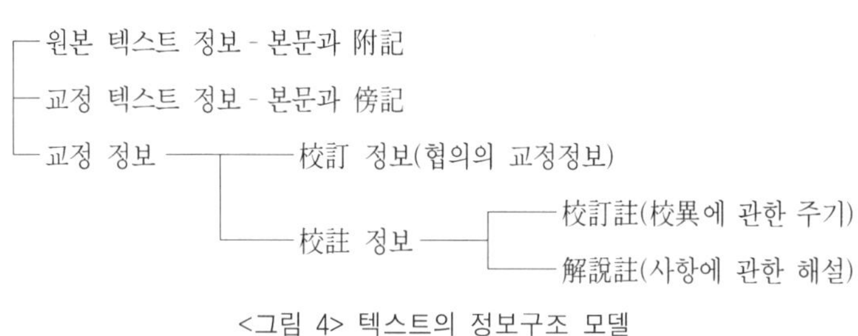

<그림 4> 텍스트의 정보구조 모델

이상 문헌과 텍스트의 정보구조와 논리구조에 대하여 살펴보았는데, 이러한 모델은 텍스트를 전자화하기 위한 가장 기본이 되는 출발점이다. 동시에 이를 바탕으로 시스템의 실현성과 범위를 정할 수 있다. 기존의 전자화 텍스트들은 어떤 底本만을 바탕으로 만든 경우도 적지 않았다. 그러나 가야사 데이터베이스에서 다루어야 할 『日本書紀』나 『續日本紀』 등의 사료들은 대부분 다양한 異本을 가지고 있으므로, 이를 전자화하기 위해서는 이러한 기본적인 개념을 파악해 두지 않을 수 없다.

그러나 텍스트를 전자화하는 것만으로 모든 문제가 해결되는 것은 아니다. 효율적이고 심도있는 연구를 수행하기 위해서는 텍스트와 그와 관련된 모든 정보들을 동시에 참조하고 처리할 수 있어야 한다. 단순히 문헌의 텍스트를 전자화하여 축적하는 것만으로는 충분하지 않다. 이들 텍스트들을 다시 데이터베이스로 구축해야만 한다. 특히 관련 사료들처럼 텍스트, 교정정보 등을 중층적으로 가지고 있는 데이터는 데이터베이스로 구축하는 것이 바람직하다.

3. 데이터베이스의 구축을 위한 방안

1) 인문과학과 데이터베이스

데이터베이스는 불특정 다수의 사용자들이 이용할 것을 전제로 한 기계가독(機械可讀)한 데이터의 집적체라고 할 수 있다. 특히 인문과학에서 실제로 다루어야 할 데이터의 형태는 텍스트(문장), 이미지(그림, 도형, 화상), 기호(숫자 및 문자를 포함), 음성, 지리 혹은 양적인 데이터 등 다양하다. 그러므로 추상적인 논의가 아니라, 어떤 데이터에 대하여, 무엇을 목적으로, 어떤 방법으로, 어떻게 다룰 것인가 하는 구체적인 관점에서 데이터베이스를 파악할 필요가 있다.

<정보형태의 분류와 예>
정보의 형태 문자정보 - 사서 고문서 등
　　　　　　　화상정보 - 회화 도면 사진 비데오 등
　　　　　　　수치정보 - 계측결과 실험데이터 연표
　　　　　　　음성정보 - 악기 녹음 사람의 목소리 등

따라서 인문과학에 있어서 데이터베이스를 생각할 때는 정보공학적으로 엄밀한 정의가 아니라, 단순한 데이터의 집적, 혹은 정보 또는 지식의 집적이라고 하는 느슨한 정의에 따르는 편이 타당할 것이다. 인문과학에 있어서 데이터란 어떤 것인가, 무엇이 중시되는가 등 있는 그대로의 실태를 원점으로 하여, 거기서부터 인문과학에 있어서의 데이터 관리와 활용법을 생각해야 한다.17)

인문과학에서 가장 흔히 문제가 되는 문자정보는 문헌이나 기사 등의 내용을 표준화된 문자코드로 나타낸 것으로, 워드프로세서 등으로 간단히 입력할 수 있고 또 편집이나 검색작업이 용이하며, 저장효율도 좋으므로, 가장 표준적인 정보형태이다. 전문(full-text)을 대상으로 하는 것만이 아니

---

17) 小澤一雅編著, 『講座 人文科學研究のための情報處理 - 第2卷 データベース編』, 向學社, 1998, 5~8쪽.

라, 서지사항이나 초록과 같은 요약 및 검색을 위한 키워드 등 2차 정보도 문자정보로 나타내는 것이 일반적이다.

다만 그러한 문자정보의 경우에도 가야사 데이터베이스와 같이 한자로 된 사료를 다루는 경우에는 문제가 적지 않다. 역사문헌에 기록되어 있는 한자처럼 일상적으로 사용되지 않는 문자정보를 많이 포함하는 경우, 이를 표준적으로 다룰 수 있는 방법이 아직 확립되어 있지 않기 때문이다. 가야사 데이터베이스를 최소한 중국 및 일본에서도 인터넷을 통해서 이용할 수 있는 환경에서 운용되는 체제로 구축하고자 하면 더더욱 그렇다.

사료원전에 대한 데이터베이스이든 연구문헌목록에 대한 데이터베이스든 간에 이를 많은 사람들이 공유하기 위해서는, 정보유통을 위한 표준이 필요하다. 이를 위해서는 컴퓨터에 사용되는 문자, 텍스트데이터에의 記述에 대한 문제, 여러 가지 문체를 파악하는 문제 등에서 표준에 대한 합의와 그에 따르는 작업이 필요하다.

유니코드라는 규격이 있지만 제한이 많다. 코드표에 없는 문자의 경우에는 코드표의 빈칸에 적당히 할당하는 방법을 택하고 있지만, 그것이 인터넷상에서는 그대로 통용되기 어렵다. 이런 경우에는 원문을 화상정보로 남겨서 이를 하이퍼링크하여 상호참조할 수 있도록 하는 것이 바람직할 것이다.

표준화를 위해서는 먼저 텍스트를 전산화하는 데 사용할 문자세트를 결정해야 한다. 특히 한·중·일을 포괄하는 연구환경과 인터넷상의 운용까지를 감안한다면, 유니코드를 선택할 수밖에 없으나,18) 앞으로 한중일 삼국에서 구축되어 갈 한문원전에 대한 데이터베이스 전체를 생각한다면 또 다른 선택지가 필요할지도 모른다.

일본에 있어서 고전문학 등의 전문 데이터의 기술규칙과 표준화활동을 참고할 필요가 있다.19)

---

18) Christian Wittern, 「Chinese character codes: an update」. 1995. 5. 1.
   http://www.iijnet.or.jp/iriz/irizhtml/multling/codes.htm
19) 安永尚志, 「日本古典文學の本文デ-タベ-ス」, 『情報處理』 35-7, 1994.

2) 데이터베이스 구축의 필요성

원래 인문과학에서는 흔히 색인이나 목록 사전 등을 많이 이용하는데, 이들도 역시 데이터베이스의 한 종류라고 생각할 수 있다. 그런 면에서 전산화된 데이터베이스도 인문과학 연구 형태와 친화성을 가지고 있는 것이라고 할 수 있다. 인문과학의 연구에서는 여러 가지 자료를 참조하면서 이들로부터 歸納的인 결론을 끌어내는 방법을 취한다. 이러한 연구방법에서는 자료 사이에 관련성을 짓는 일이 중요하며, 그 때문에 관련되는 자료를 효율적으로 기록하고 검색할 수 있는 틀 즉 데이터베이스가 중요한 의미를 갖는다고 할 수 있다.[20]

먼저 데이터베이스 구축을 통해서 불완전한 데이터에 기인하는 불완전한 추론을 극복할 수 있다. 그리고 데이터베이스 구축의 가장 큰 목적은 정보자원의 공유에 있다. 어떤 연구시설에서 수집 정리한 정보를 다른 연구조직 및 연구자가 똑같이 이용할 수 있고, 시간차를 갖지 않고 교환할 수 있다면, 보다 고도의 공동연구와 비교연구가 가능해질 것이기 때문이다.

또한 사료에 대한 데이터베이스가 만들어지면 해당 사료 전체에 대하여 용자 및 용례색인작성, 어휘분석, 색인분석, 문체분석 등이 가능해진다. 즉 해당 사료에 대한 보다 정밀한 검토와 연구를 가능케 하는 환경을 만들 수 있는 것이다.

데이터베이스에 포함될 수 있는 여러 가지 데이터 중에서 텍스트에 대해서 그 전자화의 의의는 어디에 있는지를 먼저 생각해 보자. 전자화된 텍스트의 위력은 이미 『조선왕조실록』이나 『팔만대장경』 등의 예에서 확인된 바와 같이, 연구를 효율적으로 진행할 수 있다는 점을 가장 먼저 지적할 수 있다.[21] 어떤 문헌을 연구하기 위해서는 용어와 용례의 색인이 필요불가결하며, 예전에는 이를 작성하는 데 엄청난 시간과 노력을 기울일 수

---

20) 八村廣三郎, 「人文科學とデータベース」, 『情報處理』 38-5, 1997.

21) 이웃 일본의 경우를 보더라도 많은 고전문헌의 텍스트들이 전자화되고 있다. 예를 들어, 新日本古典文學大系 CD-ROM版 八代集(岩波書店, 1995)이나 CD-ROM 新潮文庫 100책(新潮社, 1995) 등이 있다.

밖에 없었다. 또 수작업에 의존하였기 때문에 예기치 않은 누락이나 오류가 발생할 가능성도 있었다.[22] 그러나 전자화된 텍스트 데이터베이스가 있으면 부주의나 실수로 자료를 잘못 처리할 가능성은 크게 배제할 수 있다.

사료 등의 원전에 대한 데이터베이스만이 아니라 연구문헌에 대한 데이터베이스도 연구효율화에 크게 기여할 수 있다. 예를 들어 일본의 경우 대학도서관이 소장하고 있는 학술도서에 대한 종합목록 데이터베이스가 있다. 학술정보센타가 관리운용하고 있는 이 데이터베이스는 '目錄所在情報데이터베이스'라고 하며, '共有分擔目錄方式'이라는 각 대학이 공동으로 공통목록을 데이터베이스로 가짐으로써 항상 최신상태로 유지하고 있다. 각 대학은 도서를 구입할 때 그 목록데이터를 공통데이터베이스에 반드시 등록하여야 한다. 1998년 현재 일본도서의 서지정보는 120만 건이며 소장정보는 1,500만 건을 넘는 방대한 데이터베이스이다. 이 데이터베이스를 이용하면 어느 대학에서든지 도서관의 단말기를 이용하여 전국대학의 도서목록을 검색할 수 있다.[23]

이처럼 일단 표준화된 텍스트 데이터나 문헌목록 데이터가 마련된다면, 연구자들은 더 이상 스스로 텍스트를 하나하나 입력할 필요가 없어진다. 논문을 쓰면서 한문원문을 입력해 본 경험이 있는 연구자라면 누구나 절감한 적이 있듯이, 한글을 입력하는 것과 달리 많은 노력과 시간을 필요로 한다. 그러나 다루고자 하는 원전의 데이터베이스가 구축되어 있다면 필요에 따라서 언제나 접속해서 원하는 부분을 다운로드받아서 사용할 수 있게 된다. 그렇게 된다면 한문원문을 입력하는 데 써야 할 시간을 논문의 구상이나 검증에 돌릴 수 있을 것이다.

종래에 인문학 분야에서는 물리적인 자료인 원자료를 가지고 연구를 행하는 경우가 많았으므로, 필연적으로 원자료를 가진 연구자만이 특권적으

---

22) 기존 색인에서 표제어를 추출하는 과정에서 누락된 사례로는,『속일본기색인』에서 『속일본기』에 3번 실려있는 蟻를 2건밖에 기재하지 못한 경우를 들 수 있다 (星野聰,「日本史デ-タベ-ス」,『情報處理』33-10, 1992).

23) 이밖에도 일본에서 인문과학 및 한문원전과 관련된 데이터베이스에 대한 소개는 安永尙志,「日本古典文學のデ-タベ-ス」,『情報處理』35-7에 자세하다.

로 연구를 수행하는 경향이 있었다. 이는 사실상 자료를 공유하고자 하여도 공유를 위한 효율적인 방법이 마련되어 있지 않았기 때문이었다.[24] 그러나 후술할 바와 같이 일정한 표준에 입각하여 자료를 전산화할 경우, 인터넷을 통해서도 용이하게 유통시킬 수 있고 공유할 수 있게 된다. 자료의 공개 및 공유를 통해서 입론의 객관성을 향상시킬 수 있고, 동시에 원자료에 대한 협동연구도 가능해질 수 있다. 아울러 관련되는 모든 자료를 망라할 수 있는 가능성이 높아질 것이다.

다음으로 일단 데이터베이스에 입력된 데이터는 보다 깊이 있게 이용될 수 있다. 즉 고도이용이 가능한 셈이다. 데이터베이스에 들어있는 원전을 컴퓨터를 통해서 검색하다 보면 흔히 수작업과정에 얻을 수 없는 새로운 정보를 획득하는 일이 적지 않다고 한다.『조선왕조실록』과 같은 방대한 자료의 경우에는 수작업으로 전체 자료를 검색한다는 것 자체가 거의 불가능한 일이었으나, 그 전체가 전산화되면서 손쉽게 검색이 가능해졌고 많은 새로운 연구거리를 제공하고 있다. 또 수작업을 통한 검색이 기록되어 있는 내용에 대한 검색을 중심으로 한 것이었다면, 전산화된 환경에서는 그와는 반대로 기록되어 있지 않는 내용도 손쉽게 확인할 수 있게 된다. 예를 들어서『萬葉集』속에 모기(蚊)라는 글자는 있으나 이(蝨)와 벼룩(蚤)이라는 글자는 나오지 않는다고 한다. 한편『古事記』에는 이(蝨)는 있으나 벼룩(蚤)은 없다. 이처럼 어떤 내용이 들어있는가가 아니라 어떤 내용이 들어있지 않은가 하는 전혀 다른 관점에 입각한 검색이 가능하게 되는 것 자체가 새로운 연구를 위한 출발점이 될 수 있다.

한편 京都大學 大型計算機센터에서는『令義解』전문을 데이터베이스화해서 공개하고 있다. 이른바 다지형(多肢型) 데이터베이스 형태로 구축되어 있어서 내용 전체에 대한 정밀한 조사가 가능하다. 현재는『영의해』의 문장특징을 해석하는 방법을 개발하려고 하고 있다. 구체적으로는 일본의 한문은 중국의 한문을 참고로 하면서 작성된 것이지만, 일본의 독특한 문체 등이 반영되어 있으므로, 이를 계량적인 방법으로 해석해 보려는 것

---

24) 星野聰,「日本史デ-タベ-ス」,『情報處理』33-10, 1992.

이다.25) 이러한 예에서 알 수 있듯이, 전산화된 텍스트는 종래의 연구방법과 다른 각도에서 여러 가지로 이용될 수 있다.

아울러 전산화된 텍스트를 바탕으로 손쉽게 인명이나 지명 관직명과 같은 항목색인을 만들 수 있을 뿐만 아니라, 종래에는 작성하기 어려웠던 단어의 용례색인도 만들 수 있고, 특정한 글자나 단어의 빈도분석 등도 가능해진다.

이처럼 전산화된 텍스트는 무한하다고 할 정도로 정보를 재생산할 수 있다. 즉 재이용이 가능한 것이다. 재이용 과정에서 어떤 새로운 결과물을 낳을지 예측할 수 없을 정도다. 그러나 이러한 재이용을 하기 위해서는 역시 문제가 되는 것은 표준화이다. 가야사 학술연구 데이터베이스 구축에 있어서도 현시점에 가장 중시해야 할 측면은 정보공유를 위한 표준화이다. 구축될 데이터베이스를 범용적으로 쓸 수 있으려면, 적어도 한국 중국 일본에서 인터넷을 통해서 접근할 수 있어야 한다.

보다 이상적인 데이터베이스를 구축하기 위해서는 다음과 같은 사항에 대하여 고려해야 할 필요가 있다. 예를 들어 원본으로 사용한 인쇄문헌의 선택, 학술적인 해설이나 주석의 존재, 인쇄원본에 대한 참고서의 존재, 예상되는 유저층의 설정, 필요한 검색 툴, 필요한 하드웨어와 소프트웨어의 질과 가격, 장래의 하드 및 소프트웨어 환경의 전망, 하드와 소프트웨어의 사용편리성, 문자변환 유틸리티의 다양성과 질, 데이터의 가격, 데이터 정확성의 레벨, 데이터 가변성의 레벨, 데이터구조 및 그 유연성(포맷의 적응성), 표준화의 레벨 등을 들 수 있다.26)

3) 데이터베이스와 정보 검색

데이터베이스27)에서 특정한 정보(information)을 찾아내는 작업을 정보검

---

25) 柴田博子, 「令集解總索引とデ-タベ-ス」, 『人文學と情報處理』 7, 28-33, 1995 ; 永村眞, 「日本史史料全文テキストデ-タベ-スの構築と句切處理について」, 『京都大學大型計算機センタセミナ報告』 28, 57-68, 1990.
26) Urs App, 「大規模漢文デ-タベ-ス作成についてのガイドライン」.
27) 이석호, 『데이터베이스론』, 정익사, 1997.

색(information retrieval)이라고 한다. 정보검색이야말로 데이터베이스 구축의 가장 기본적인 목적이라고 할 수 있다. 정보검색의 기반은 데이터베이스이며, 데이터베이스는 실세계의 사상(event) 중에서 특정한 부분을 잘라내어 조직화한 것이다. 실세계의 사상을 일정한 관점에 입각해서 컴퓨터 속에 조직화하는 조작을 모델화(modelling)라고 한다. 모델화를 수학적으로 말하면, 실세계의 사상과 컴퓨터 내에 축적된 데이터 간의 寫像(mapping) 혹은 함수(function)이며, 정보처리의 관점에서 말하면 실세계에서 원하는 데이터를 끌어내는 필터(filter)이다.

이런 모델화에는 개념모델(conceptual model)과 논리모델(logical model)이 있다. 개념모델이란 데이터베이스화의 대상이 되는 사상을 구성하는 요소와 요소 사이의 관련을 데이터베이스 설계자가 개념적으로 어떻게 파악하는가를 기술한다. 개념모델을 기술하는 記號系를 개념모델기술언어(conceptual model description language)이라고 한다. 대표적인 개념모델은 실체-관련모델(Entity-Relationship Model : E-R Model)이다. 실체-관련모델에서는 데이터의 집적을 엔티티(entity)라고 부른다. 또 이 집적된 데이터 속의 분류된 내용 즉 하위 데이터를 애트리뷰트(attribute)라고 한다. 또 엔티티(entity)와 엔티티 간의 일대일 대응을 관련(relationship)이라고 한다.

개념모델은 사상을 파악하는 방법을 기술한 것에 불과하여 실제로 컴퓨터 상에 이용할 수 있는 것은 아니다. 논리모델은 개념모델에서 기술된 데이터 및 데이터 간의 관련을 컴퓨터에서 처리가능한 표현, 혹은 기호열로 변환한 것이다. 일반적으로 데이터베이스모델이라고 하면 논리모델을 가리키는 경우가 많다. 논리모델에서 이용되는 기호열은 컴퓨터에서 이용가능해야 하지만, 그것이 컴퓨터 내부의 물리적인 표현을 규정한 것은 아니다. 이때의 논리는 컴퓨터 내부에 있어서 실제로 데이터를 축적하는 방법이나 구체적인 데이터처리방법과는 별도로, 데이터의 구조나 연산법을 기술한다는 의미이다.

대표적인 논리모델로는 계층데이터모델(hierarchical data mode), 네트워크데이터모델(network data model), 관계데이터모델(relational data model)의 3

종류가 있다. 계층모델은 데이터를 계층적으로 구조화한 것이다. 계층데이터모델의 데이터구조는 제일 위쪽을 루트(root)로 하고 거기에서 나누어지는 가지와 잎으로 이루어진 즉 트리(tree) 구조를 연상하면 된다. 가지가 갈라지는 부분을 節(nod)이라고 하고 최종적인 개별데이터를 잎(leaf)이라고 한다. 절과 절 사이, 절과 잎 사이를 연결하는 가지 부분을 아크(arc) 혹은 링크(link)라고 한다. 루트와 절은 데이터의 집적이며, 잎은 하나의 데이터를 뜻한다. 또 링크는 절과 절 혹은 절과 잎 사이의 관련성을 나타낸다. 네트워크데이터모델은 데이터를 그물모양으로 구조화한 것이다. 계층구조와 마찬가지로 절은 데이터의 집적, 잎은 데이터, 링크는 관련을 나타내지만, 링크가 양 방향이라는 점에 차이가 있다.

이에 대하여 관계데이터모델은 수학의 집합론에 기초한 형식적인 기술에 특징이 있다. 수학적이기 때문에 데이터의 정의법이나 연산법이 추상적이며, 따라서 컴퓨터의 하드웨어나 소프트웨어로부터 독립된 데이터모델이라고 할 수 있다. 관계데이터모델에서 사용되는 용어로는 도메인(domain), 튜플(tuple), 관련(relation)이 있다. 도메인은 값(요소)의 집합이며 정의역이라고도 한다. 흔히 볼 수 있는 데이터베이스의 테이블에서 칼럼(column)이 도메인에 해당한다. 튜플은 복수의 도메인 속에 있는 값들을 짝지은 것으로 테이블의 행(row)이 이에 해당한다. 행은 칼럼의 집합이자 도메인의 집합인 셈이다. 관계는 n개 집합의 도메인 간 곱집합의 유한부분집합이다. 즉 각 도메인에서 끌어낸 요소 전체에 대한 조합이라고 할 수 있다. 이러한 관계를 표로 나타낼 수 있으며, 그러한 표를 테이블(table)이라고 한다. 테이블에는 행(row)과 열(column)이 있는데, 열은 속성이라고 하기도 한다. 하나의 열은 하나의 도메인에 대응하는 데이터 항목인 셈이다. 데이터베이스 전체에서 보면, 열을 필드(field), 튜플은 레코드(record), 테이블은 파일(file)에 해당한다.

4. 한문 입력 코드와 기술언어

1) 한문 입력의 표준화 방안

한자 혹은 한문자료를 실제 연구자 혹은 이용자가 이용하고자 할 때 문제가 되는 것은 한자 원문의 검색이다.『일본서기』등의 원전에는 가령 흔글의 제1수준에 들어 있지 않은 한자들이 다수 포함되어 있다. 그러므로 찾고자 하는 단어 속에 든 한자가 1수준에 포함되어 있지 않은 한자는 검색어로 지정할 수 없게 된다. 이는 곧 일반적인 한자변환 방법을 통해서, 원전 텍스트를 검색할 수 없다는 뜻이다.

이러한 문제를 해결하기 위하여 등장한 것이 CD-ROM『팔만대장경』에서 사용되고 있는 한자검색방식이다. 즉 한자의 부수나 음으로 한자를 지정할 수 있는 환경을 제공하여, 8만자 이상에 달하는 한자를 입력하고 또 검색할 수 있게 만들었다. 본 데이터베이스의 검색에 있어서도 CD-ROM『팔만대장경』방식의 한자검색 시스템을 고려하지 않을 수 없으나, 앞에서도 언급한 바와 같이 4바이트 체계의 독자적인 한자코드이므로, 표준화와 배치된다고 할 수 있다.

표준화라는 환경을 고려하면, 현재로서 가장 많은 한자를 지원하는 유니코드를 기반으로 하는 검색시스템이 가장 바람직한 것으로 생각된다. 왜냐하면 데이터베이스의 대상이 되는 사서들의 한자는 판각된 불경과 같이 8만 자 이상의 한자가 필요하지는 않은 상황이다. 물론 유니코드에 포함되지 않은 한자들도 있을 것으로 예상된다. 특히 이체자의 경우에 그러한 문제가 발생하기 쉽다. 그러나 표준화를 위해서는 이체자를 모두 수용하기는 현실적으로 무리가 있으므로, 정자체로 바꾸어 나타냄으로써 가능한 한 유니코드 범위 안에 한자들이 수용될 수 있는 방안을 강구하고자 한다.

컴퓨터 상에서 한자를 입력하고 검색할 수 있는 환경이 점차 나아지고 있다고는 하지만, 여전히 원전사료의 한자를 일반적인 환경에서 자유롭게 구현하는 일은 결코 용이하지 않다. 유니코드의 제정으로 컴퓨터에서 나타낼 수 있는 한자의 수가 26,000자 이상으로 확장되었다고 하지만, 이들 한

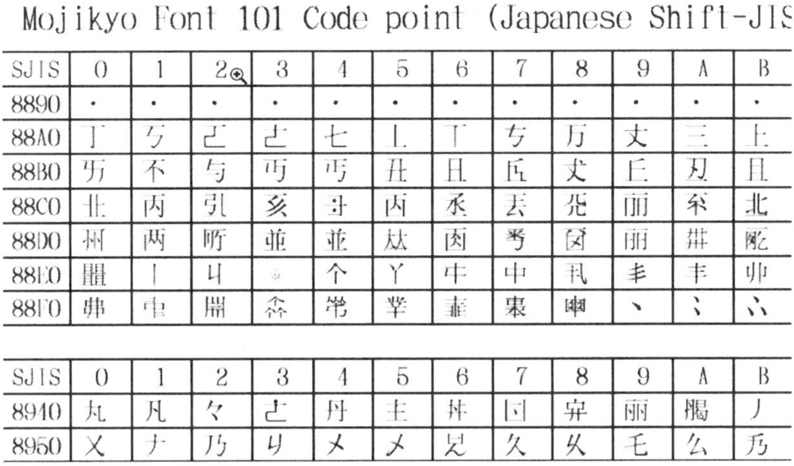

Mojikyo Font 101 Code point (Japanese Shift-JIS

SJIS	0	1	2	3	4	5	6	7	8	9	A	B
8890	・	・	・	・	・	・	・	・	・	・	・	・
88A0	丁	ㄅ	己	𠃋	七	ㄴ	丁	ㄆ	万	丈	三	上
88B0	卐	不	与	丏	丏	丑	且	氐	丈	臣	刃	且
88C0	北	内	引	亥	斗	丙	承	丟	兂	丽	术	北
88D0	州	兩	听	並	並	𣏟	囟	丂	囟	丽	卅	阤
88E0	𠖌	丨	丩		个	丫	牛	中	丮	丰	丰	卌
88F0	弗	电	开	仐	芇	芉	韭	裏	幽	丶	冫	灬

SJIS	0	1	2	3	4	5	6	7	8	9	A	B
8940	丸	凡	々	亡	丹	主	林	回	宇	丽	楬	丿
8950	乂	𠂇	乃	丩	乂	乄	𠃊	久	夂	毛	么	𠂆

<그림 5> Mojikyo 한자배열

자들을 일반적인 pc환경에서 항상 자유롭게 쓸 수 있는 것은 아니다.

한걸음 더 나아가 인터넷 상에서 중국 일본에서도 가야사 데이터베이스를 이용할 수 있는 환경을 만들고자 하면 더욱 문제는 복잡해진다. 일본의 경우 현재 인터넷환경에서는 JIS에 제정된 한자 6,349자에 대한 읽기 획수 등의 속성정보에 대한 자료를 제공하고 있다. 그러나 일본 내에서도 JIS, S-JIS, EUC 등의 한자코드가 혼재하고 있는 상황이다. 중국과 대만의 경우에도 각각 間體와 繁體로 다른 문자코드를 사용하고 있다. 한자코드의 문제를 좀더 생각해 보도록 하자.

현재 우리나라를 비롯해서 중국 대만 일본에서 일반적으로 사용되는 한자코드는 서로 다르다. 예를 들어 一이라는 글자에 대해서 우리나라의 KS 코드로는 6c69(16진수)인데 대하여, 중국의 GB에서는 523b, 대만의 CNS에서는 4421, 일본의 JIS에서는 306c에 해당한다(유니코드에서는 4E00이다). 그러므로 예를 들어 『일본서기』에 대한 한문자료를 입수해서 읽으려고 해도 서로 다른 문자코드 때문에 자료를 직접 해독할 수는 없다.[28] 특히 가능한

---

28) 다만 최근에는 흔글 등에 일본의 JIS, SJIS, EUC 그리고 중국의 GB 등으로 기록된 자료를 KS나 KSSM 코드로 전환해 주는 기능이 생겨서, 그러한 자료들을 제

4E00 CJK Unified Ideographs **4EDF**

	4E0	4E1	4E2	4E3	4E4	4E5	4E6	4E7	4E8	4E9	4EA	4EB	4EC	4ED
0	一	丐	丠	丰	乀	乐	习	买	亀	亐	亠	亰	什	仐
1	丁	丑	両	丱	乁	乑	乡	乱	亁	云	亡	亱	仁	仑
2	丂	丒	丢	串	乂	乒	乢	乲	亂	互	亢	亲	仂	令
3	七	专	丣	丳	乃	乓	乣	乳	亃	亓	亣	亳	仃	仓
4	丄	且	两	临	乄	乔	乤	乴	亄	五	交	亴	仄	仔
5	丅	丕	严	丵	久	乕	乥	乵	亅	井	亥	亵	仅	仕

<그림 6> 유니코드 한자배열

한 많은 문자를 수용하기 위하여 독자적으로 개발된 한자코드로 입력된 데이터인 경우에는 더욱 어려움이 따르고 인터넷을 통한 정보교환에는 문제가 많다. 예를 들어 일본에서 역시 독자적인 한자입력 체계로 개발된 Mojikyo(今昔文字鏡)[29]의 경우가 그렇다. 이들 문자는 gif파일로 출력해서 글자를 볼 수는 있지만 문자데이터 형태로 사용하기에는 어려움이 있다.

그래서 세계적으로 공통되는 코드를 제정할 필요성이 생겼고, 그 결과 제정된 것이 ISO10646이라는 규격이다. 이 규격은 1문자를 2바이트 혹은 4바이트로 나타내는 것이며, 현재 구체적으로 코드가 지정된 것은 2바이트 부분이다. 이를 ISO에서는 BMP(Basic Multilingual Plane)라고 하고, 유니코드 콘소시움(Unicode Consortium)에서는 유니코드(Unicode)라고 한다. 물론 유니코드는 프로그램을 작성하는 데 드는 비용과 노력을 줄이기 위해서 상업적인 목적에 만들어진 것이기 때문에 편의성을 위주로 하여 한글코드 등에도 적지 않은 문제점도 안고 있고, 또 유니코드에 지정된 한자는 국제

한적인 환경이기는 하지만 이용가능해졌다. 그러나 흔글 97까지는 txt파일로는 unicode를 저장할 수 있으나, htm파일로는 unicode를 저장할 수 없었다.

29) http://www.mojikyo.org/html/abroad/index_k.html

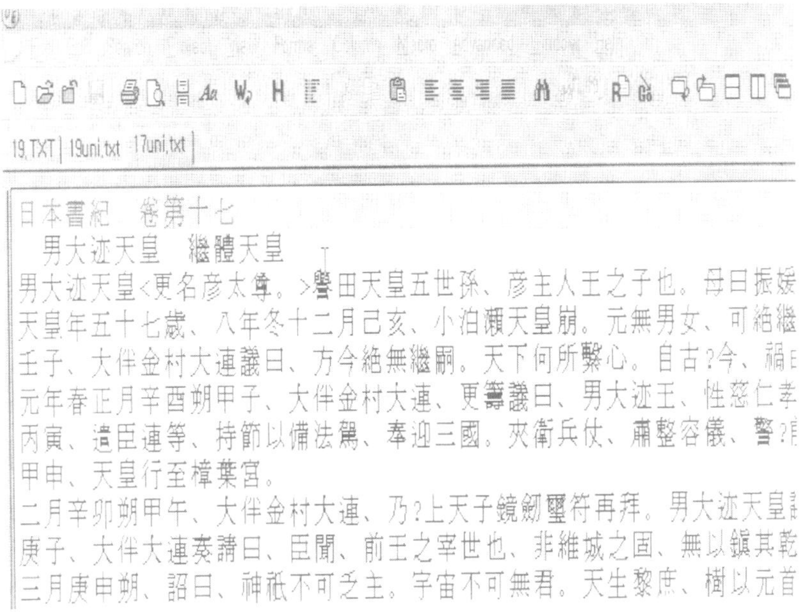

日本書紀　卷第十七
　男大迹天皇　繼體天皇
男大迹天皇<更名彦太尊。>譽田天皇五世孫、彦主人王之子也。母曰振媛
天皇年五十七歳、八年冬十二月己亥、小泊瀬天皇崩。元無男女、可絶継
壬子、大伴金村大連議曰、方今絶無繼嗣。天下何所繋心。自古?今、禍日
元年春正月辛酉朔甲子、大伴金村大連、更籌議曰、男大迹王、性慈仁孝
丙寅、遣臣連等、持節以備法駕、奉迎三國。夾衛兵仗、蕭整容儀、警?自
甲申、天皇行至樟葉宮。
二月辛卯朔甲午、大伴金村大連、乃?上天子鏡劒璽符再拜。男大迹天皇
庚子、大伴大連奏請曰、臣聞、前王之宰世也、非維城之固、無以鎭其乾
三月庚申朔、詔曰、神祇不可乏主。宇宙不可無君。天生黎庶、樹以元首

<그림 7> 유니코드 지원 에디터의 『일본서기』 계체기 출력예

한자위원회에서 선정한 한자를 모두 충족시키지는 못하지만, 현재로서는 가장 많은 한자를 지원하는 코드인 셈이다.

유니코드는 세계 대부분의 문자를 2바이트로 처리할 수 있는 공통적인 코드를 목적으로 만들어졌으며, 전체 문자영역에는 65,536문자를 수용할 수 있다. 그 속에 우리나라 중국 일본에서 사용되는 한자 27,136자가 지정되어 있다.[30]

그러나 현실적으로 인터넷 특히 www 상에서 유니코드로 기록된 텍스트를 보거나 조작, 인쇄하는 일은 여전히 용이하지 않다. 단순히 유니코드 텍스트를 보는 것은 넷스케이프 커뮤니케이터(Netscape's Communicator)나 익스플로러에서도 Multilanguage Support 프로그램을 설치하면 가능하다. 그러나 현재는 UTF-7나 UTF-8[31]체계로 된 유니코드 문서만을 지원하

---

30) 통합한자(CJK Unified Ideographs)로 지정된 것이 20,774자이며, 확장A로 지정한 것이 6,392자로, 합계 27,136자이다.

며, 16비트 유니코드 문서는 아직 다른 프로그램의 도움을 받아야 읽을 수 있다. 또 이러한 브라우저에서는 한 문서 안에 여러 개의 다른 문자 세트에 의거해서 기록된 문서, 예를 들어 한글과 일본어가 함께 들어있는 문서를 볼 수는 없다.

현재까지 정해진 기준 중에서 한자를 가장 많이 표현할 수 있는 문자체계가 유니코드임에도 불구하고 인터넷 환경에서 원활하게 사용하는 데는 아직도 문제점이 남아있는 상황이다.

그러나 이미 유니코드에서 정해진 한자를 입력하는 툴도 개발되어 있는 상황이므로,32) 가야사 학술연구 데이터베이스도 데이터들을 유니코드로 입력하여 정리해야 할 것이다.

표준화에 있어서 또 하나의 문제는 원본 속에 들어있는 異體字나 俗字들을 어떻게 처리해야 할 것인가 하는 점이다. 앞에서『팔만대장경』과 관련해서도 지적한 것처럼 사용빈도가 낮은 한자의 문제보다도 동일한 한자로 간주될 수 있는 異體字와 俗字의 문제가 사실은 더 큰 문제로 대두되고 있다. 전자화하고자 하는 원전들은 일반적으로 여러 차례에 걸쳐 필사되거나 판각되면서, 동일한 한자가 조금씩 다르게 나타나는 경우가 있다. 각 사본의 문자를 충실하게 표현하려고 하면 필요한 문자의 수가 증가하므로, 같은 종류의 문자 즉 異體字들은 하나의 자형으로 통일하여, 문자의 수를 줄이는 방법도 생각할 수 있다. 이에 대해서 가능한 한 텍스트에 충실해야 한다는 주장도 있다.33) 전자화 텍스트에는 필터 처리가 가능한 특수한 마커를 설정해 두면, 같은 자리에 복수의 문자를 사용할 수 있으므로,

---

31) http://www.unicode.org/unicode/uni2errata/UTF-8_Corrigendum.html

32) 홍영식 외, 「유니코드를 기반으로 한 한자 입력시스템」, 한국정보과학회 춘계학술발표회, 1998 및 윤지헌·변정용, 「유니코드3.0 한자 입력시스템」, 한국정보과학회 27회 학술발표논문, 1999년 봄.

33) Urs App, 「大規模漢文デ-タベ-ス作成についてのガイドライン」. App는 전자화 텍스트가 국제적인 user나 다양한 하드웨어 환경을 대상으로 할 경우, 기본적인 텍스트의 내용을 가능한 충실하게 전자화하되, 그 대신 데이터베이스의 원본이라 할 수 있는 master set과 이용을 위한 user set을 구별하여 운영할 것을 주장하고 있다.

필요에 따라서 일반인용 서체와 전문가용의 원본 서체를 나누어 쓸 수도 있다.[34] 이처럼 미래에 예상되는 다양한 연구목적에 부응하기 위해서는 원본을 충실히 전자화해 두는 것이 바람직하다. 다만 일반적인 이용자들을 위해서 그러나 의미상 차이가 없이 자형만 조금 다른 경우에는 구별하지 않아도 큰 지장이 없다. 이른바 user set의 경우에는 異體字나 俗字를 정자로 표준화하는 방법도 생각할 수 있다. 또 일반인을 위해 공개하는 데이터베이스에서도 개개의 자형이 문제가 되는 경우에는 원래의 글자를 참조할 수 있도록 주를 달거나 화상으로 처리하여 링크하는 방법을 생각할 수 있다.

2) 텍스트 기술언어로서의 SGML과 XML

코드의 문제가 해결되고 나면 그 다음에는 문서를 어떤 언어로 기술할 것인가도 문제가 된다. 지금까지 한자를 유니코드로 저장하면 인터넷 상에서도 읽어낼 수 있다고 설명하였으나, 그것은 순수한 문자열 데이터(plain text 혹은 pure text)를 의미한다. 물론 순수한 데이터만으로도 충분히 의미가 있지만, 문서의 구조도 문서를 정확하게 읽어내는 데 반드시 필요할 뿐만 아니라 문서구조 자체도 연구의 중요한 대상이 된다는 점을 감안한다면, 순수한 문자열 데이터만을 전달하는 것만으로는 충분하지 않다.[35]

예를 들어서 『일본서기』의 경우라면, 본문과 분주(分注)를 구별해서 구조적으로 나타낼 필요가 있다. 분주는 『일본서기』의 편찬과정 등을 검토하는 데 중요한 단서를 제공하는 부분일 뿐만 아니라, 한편으로는 본문에 기록된 내용의 出典 혹은 異傳 등에 대하여 기록하고 있어서, 데이터베이스 상에서도 본문과 구별된 체재를 갖는 것이 바람직하다.

또 한자의 음을 달거나, 중요한 용어에 대해서는 주석을 달거나, 인명에는 생몰년 등의 부가정보를 더하거나, 텍스트의 다른 곳에 관련사항이 있

---

34) Urs App, 「高麗大藏經入力 探訪」.

35) 김태규 외, 「유니코드 한자 지원 문법지시적 SGML 편집기의 설계 및 구현」, 한국 정보과학회 1998년 봄 학술발표논문, 1998.

다는 점을 밝혀 둔다면, 이러한 정보들을 다양하게 활용할 수 있다. 이렇게 하면 텍스트 데이터는 단순히 문자가 나열되어 있는 1차적인 정보에서 다양한 분석의 대상이 될 수 있는 2차원적인 정보로 바뀔 수 있다. 이처럼 텍스트를 구조화하는 것이 텍스트의 심층적인 이용에 필요불가결한 과정이라고 하겠다. 이렇게 그 구조를 알 수 있도록 가공한 텍스트를 인코디드 텍스트(encoded text) 혹은 마크업 텍스트(markup text)라고 할 수 있을 것이다.36)

뿐만 아니라, 각 연구자들이 축적하는 데이터를 개별적인 원칙에 입각해서 저장하는 것보다는, 공통된 원칙에 따라서 저장하면 자료의 공유나 데이터베이스의 확장 등에 유용하게 사용될 수 있다. 사료가 한정된 고대사의 경우에는 그러한 필요성이 적기는 하지만, 역사학 일반으로 눈을 돌리면 어느 영역이든 공통된 원칙을 가지고 자료를 기술해서 축적해 갈 필요가 있다고 하겠다.37) 또한 논문을 작성할 경우에도 일정한 규칙을 따른다면, 자료의 공유나 배포에 크게 도움이 될 것은 말할 나위도 없다. 즉 논문의 경우에 목차, 제목, 소제목, 본문, 각주, 주요용어, 색인 등으로 구조화해서 일정한 규칙에 따라서 입력하고 축적해 둔다면, 이러한 논문을 바로 데이터베이스로 구축하여 필요한 방식대로 검색할 수 있게 된다.

원래 문서가 가지고 있는 형태 즉 사료의 구조도 전달될 수 있어야 한다. 이러한 목적에 부응할 수 있는 언어로는 SGML(Standard Generalized Markup Language)과 XML(eXtensible Markup Language)을 들 수 있다. 문서가 가지고 있는 구조를 컴퓨터가 식별할 수 있도록 미리 문서에 표시를 해 둘 필요가 있는데, 그러한 조작을 마크업(markup)이라고 한다.38) 이처럼 문

---

36) 安永尙志,「日本古典文學の本文デ−タベ−ス」,『情報處理』35-7, 1994, 643쪽.

37) 인문과학 전반에 대한 전자화 텍스트의 유통과 관련하여 국제표준화 방안을 모색하는 활동으로는 TEI(Text Encoding Initiative)가 있으며, SGML를 기반으로 하는 표준안을 보고한 바 있다(http://www.tei-c.org). 이에 대한 개설서로는 루 버나드, 마이클 스퍼버그 머퀸 저, 강범모 편역,『전자 텍스트 부호화 개설 : TEI 라이트』(컴퓨터와 인문학 시리즈 2), 고려대학교 민족문화연구소, 1997이 있다.

38) 마크업(Markup)이란 본문, 즉 원래의 텍스트에 추가적인 정보를 표시하는 것을 말한다. 즉 평면적인 데이터를 계층화 혹은 구조화하거나 출력을 위한 정보를 부

서를 그 내용과 구조로 나누어 생각했을 때, 그 구조를 효율적으로 표현하기 위해서 마련된 것이 SGML과 XML인 것이다.

SGML은 1986년 국제표준(ISO 8879)으로 제정된 마크업 언어로 그 개념은 1960년대 후반부터 존재했다. 언어의 각 요소(element)와 속성(attribute)에 대한 정규적 정의를 작성하는 방식을 통해서 자신만의 태그를 규정할 수 있도록 하는 데 필요한 메타 언어, 즉 '언어의 언어'라고 할 수 있다. SGML의 목적은 텍스트, 이미지, 오디오 및 비디오 등을 포함하는 멀티미디어 전자 문서들을 다른 기종 시스템들 간에 정보를 손실없이 효율적으로 전송, 저장 및 자동처리하는 것이다. SGML은 문서의 논리 구조와 내용을 함께 기술하기 위한 언어로 CALS, EC 등 웹의 공개된 표준체계로 정착되어 많이 사용되고 있다. 그리고 시스템이나 플랫폼에 독립적으로 동작하고 문서의 구조를 저장할 수 있기 때문에 문서 구조를 기반으로 한 검색 저장 등에 다양하게 응용될 수 있다.

SGML에는 강력한 논리 구조 기술능력을 가지고 있으며, 또한 문법적으로도 정비되어 있으며, 또 여러 가지 툴들이 갖추어져 있어서, 이를 이용한 고도의 처리를 간단하게 실현할 수 있다. SGML의 특색은 그 표준성과 범용성에 있다. SGML은 인쇄나 레이아웃을 의식하지 않아도 되며, 또 사용하는 컴퓨터 기종으로부터 독립된 형식으로 텍스트 데이터를 작성하는 방법이다. 그 때문에, SGML은 출판 이외에도 데이터베이스 작성, 데이터 교환 등 여러 분야에 도입되고 있다.

SGML은 여러 가지 언어로 쓰여진 다양한 구조를 가진 문서를 마크업할 수 있도록 다음과 같은 3가지 요소로 구성되어 있다. ① SGML 선언(SGML Declaration), ② 문서형태 정의(Document Type Definition : DTD), ③

가하는 것이다. 마크업에는 다음 3가지가 있다. ① 양식적인 마크업(또는 유형적 마크업, Stylistic Markup) : 문서가 시각적으로(또는 외형적으로) 나타나는 방법에 관련된 것이다. HTML의 <FONT>, <I>, <B>, <U> 등이 이에 해당한다. ② 구조적인 마크업(Structural Markup) : 문서의 구성방식을 표현한 것이다. HTML의 <Hn>, <P>, <DIV> 등이 이에 해당한다. ③ 의미적인 마크업(Semantic Markup) : 데이터 내용 자체에 관한 마크업이다. HTML의 <TITLE>, <CODE> 등이 이에 해당한다.

텍스트 데이터(text data). SGML 선언은 사용되는 문자집합, 처리에 필요한 기억용량, 사용되는 구문(syntax)과 그 유효범위, 사용되는 SGML기능, 처리에 이용된 어플리케이션의 고유기능 등을 선언한다. 즉 문서 데이터의 기록방식과 그 데이터를 처리하기 위해 필요한 시스템 상의 기능을 정의하는 것이다.

DTD는 텍스트의 구조를 SGML의 구문을 사용하여 정의한 것이다. 문서의 논리구조는 잡지, 논문, 레포트 등 그 문서의 성격에 따라 다르므로, 목적에 맞추어서 DTD를 작성해야 한다. 그러나 전형적인 문서용 DTD가 작성되어 있기 때문에 이를 이용하면 일일이 새로이 문서형태를 자신이 정의할 필요는 없다. 텍스트 데이터는 DTD에 따라서 마크업된 문서의 문자열이다. SGML에서는 마크업에 사용된 논리요소의 식별자를 태그(tag)라고 한다.

『일본서기』를 예로 들어서 논리구조와 DTD의 관계, 그리고 DTD의 기록방식을 알아보자. 우선『일본서기』에 대한 논리구조를 다음과 같이 계층적으로 파악해 볼 수 있다. 계층의 시작점을 루트(root)라고 보고, 뿌리에서 아래를 향해서 줄기가 뻗어나가고 최종적으로 잎(leaf)에 도달하는 나무모양을 상정해 보자.『일본서기』를 史書라는 요소(element)로 상정하고, 史書에서 史書名과 原文으로 줄기(link)를 뻗어 나가고, 原文에서는 다시 編名과 編으로, 編은 다시 月別名과 月別, 月別은 다시 日別名과 本文으로, 本文은 다시 記事와 注로 나눌 수 있다.

이러한 SGML 언어에 기초해서 인터넷 상에서 편리하게 문서를 교환할 수 있는 언어로 개발된 것이 HTML이다. HTML(Hyper Text Markup Language)은 원래 SGML 애플리케이션의 하나로서 WWW(World Wide Web) 상에서 어떤 문서가 표시되는 방식을 규정한 것이다. HTML은 SGML 규칙들, 즉 어떤 태그가 어떤 의미를 가지는지에 대한 약속들의 집합일 뿐이며, 그러한 규칙은 공식 DTD 문서에 담겨 있다. HTML의 경우 DTD는 웹브라우저 자체에 내장되는 경우가 일반적이며, HTML의 규칙은 SGML에 비해 매우 간단하고 크기도 작기 때문에 현재는 일반적인 최종 사용자들까지도 HTML 문서를 쉽게 만들어서 사용하고 있다.

HTML은 1991년 Tim Berners-Lee라는 학자가 만든 것인데, 자신의 기술 논문들을 쉽게 작성하고, 또 다른 기종을 사용하는 학계의 사람들이 볼 때에도 원래의 문서 모양을 그대로 유지할 수 있도록 하는 것이 목적이었다. 즉, 문서의 구성이나 양식을 설명할 수 있는 몇 가지 태그들을 만들고 그것들을 이용해서 문서를 작성하면 다른 컴퓨터에 문서를 전송해도 별다른 어려움 없이 문서가 원래 담고있는 내용과 양식을 그대로 표현할 수 있을 것이라는 생각이었다.

HTML은 문서를 인터넷 상에서 전송할 때 HTTP(Hyper Text Transfer Protocol)라는 프로토콜을 사용한다. HTTP는 인터넷에서 사용되는 여러 프로토콜들, 인터넷 프로토콜 슈트(Internet Protocol Suit) 또는 흔히 TCP/IP라고 하는 일련의 프로토콜들 중 하나이다. HTTP가 인기를 끈 이유는 한 문서에서 다른 문서로 연결(Link)하기가 무척 간단하다는 점이었다. 거기에 HTTP를 사용하는 HTML의 강력함과 단순성이 결합됨으로써, HTML과 HTTP는 인터넷을 대중화한 일등공신이 되었다.

물론 HTML이 장점만을 가지고 있는 것은 아니다. 먼저 HTML은 태그가 한정되어 있어서 사용자가 스스로 만든 태그로 문서를 꾸며서 다른 사용자들에게 보여줄 수가 없다. 또 HTML은 어디까지나 표현을 위한 기술이 중심이 되어 있으므로, 태그에 포함된 내용의 의미를 전달하기에는 부적합하다. 때문에 HTML은 평면적(flat)이라고 할 수 있다. 즉 태그들의 중요도를 직접 지정할 수 없으므로 데이터의 계층구조를 표현할 수 없다.

이러한 제약 때문에 브라우저(browser)가 애플리케이션 플랫폼으로 사용되고 있는 상황임에도 HTML 자체는 현재 개발자들이 추구하는 수준의 진보적인 웹 애플리케이션을 만드는 데 필요한 기능들을 제공하지 못한다. 시간이 지날수록 사용자들은 좀더 창의적이고 특수한 정보를 자신만의 방식으로 웹에 표현하고 싶어 하지만, HTML 자체의 한계를 극복하려 하기보다는 여러 가지 스크립트 언어나 DHTML(Dynamic HTML), 채널 같은 우회적인 방법을 통해서 해결책을 찾으려고 하고 있으며, 결과적으로는 브라우저 사이의 호환성 부재라는 심각한 문제가 발생하는 상황이다.

그래서 SGML 언어가 갖는 문서의 구조를 자세하게 기술할 수 있는 특징을 살리면서도, 규칙을 단순화하여 보다 사용하기에 편리하도록 만들어진 것이 XML 언어이다.[39] XML 언어는 SGML의 장점을 계승하면서 보다 쉽게 텍스트의 구조를 나타낼 수 있도록 고안된 것으로, 인터넷 상에서도 HTML을 대신할 수 있는 차세대 언어로 주목받고 있다.

XML 언어는 데이터의 내용과 구조를 기술하는 것이고, 이를 실제로 화면이나 프린터로 출력할 때는 XSL과 같은 문서의 형식을 별도로 작성해야 하는 것은 SGML과 같다(SGML의 DTD). 이렇게 문서의 내용과 형식을 분리함으로써, 한 문서의 내용을 여러 가지 형식으로 나타낼 수 있을 뿐만 아니라, 하나의 문서형식으로 여러 가지 문서내용을 출력할 수 있는 장점을 가지게 된다.

XML이 SGML의 Subset이지만 XML은 웹을 지원하기 위한 언어이므로 몇 가지 차이점이 있다. SGML을 계승한 대표적인 내용으로는 ① 문서형 선언, ② Element 선언, ③ 문자 Entity, ④ 외부 Entity 등이 있다. 그러나 한편으로 웹을 지향한다는 속성 때문에 XML만이 갖는 독특한 속성으로 ① XML-Link(XLL), ② 스타일시트(StyleSheet, XSL) 처리법, ③ 이름공간(Name Space) ④ XML 데이터(XML-Data) ⑤ 문서내용 정의(Document Content Definition) 등이 있다. 또한 XML은 Well-Formed 문서(DTD가 존재하지 않는 인스턴스라도 XML 구문에 맞게 태그된 문서)를 처리할 수 있다는 것도 SGML과는 큰 차이점이라 할 수 있다.

---

39) XML은 W3C(World Wide Web Consortium)에서 제정된 규약이다. W3C는 1994년 WWW의 발전을 위해 구성된 전세계적 산업 컨소시움으로 HTML, CSS, XML 등의 WWW에 관련된 표준화 작업과 WWW 개발자/사용자를 위한 정보공유 및 신기술에 대한 다양한 프로토타입을 개발하고 있다. 현재 11개 국가 이상에서 가입되어 있고, 국내에서는 WWW-KR이 가입하여 활동하고 있다. 여러 표준 스펙들을 보면 많은 업체에서 표준화 작업에 참가한 것을 볼 수 있다. 특히, XML 관련 표준들을 보면 Inso, Adobe, Microsoft, Netscape, Oracle, IBM 등 SGML 및 WWW을 이끌어가고 있는 유명한 업체들이 상당수 참가하고 있다. 이는 다른 표준안들과는 달리 실제적인 표준으로서 프로젝트 및 개발에 적용될 수 있음을 뜻한다.

게다가 XML은 아주 범용적이다. XML의 범용성을 가능하게 하는 요인을 두 가지로 정리하면 다음과 같다. ① XML 파일을 작성하는 사용자는 내용에 관련된 태그를 직접 만들 수 있다. ② XML 파일에는 오직 문서의 구조와 의미에 관한 정보만 들어가며, 요소들을 꾸미는 부분은 스타일 시트로 분리된다.

우선 태그가 문서의 내용과 밀접하게 관련되어 있다고 하는 것은 하나의 XML 파일 자체가 잘 설계된 데이터베이스 역할을 할 수도 있다는 뜻이 된다. XML은 브라우저 상에서만 표시하기 위한 것이라기보다는 어떠한 종류의 응용프로그램과도 통합될 수 있는 범용적인 데이터베이스라고 할 수 있는 것이다. 하나의 데이터 파일로서의 XML은 XSL을 이용하여 여러 형태로 나타낼 수 있다. 아울러 여러 개의 XML 문서를 하나의 큰 문서로 병합할 수 있으며 이 병합된 문서로부터 필요한 정보만 골라내어 쓸 수 있다.

다음은 하나의 XML 문서가 제대로 표시되기 위해 필요한 필수적인 구성요소 또는 절차들이다. 먼저 다른 사용자들이 한 사용자가 작성한 태그들의 의미를 파악할 수 있도록, 또는 XML 문서가 태그정의를 참조할 수 있도록 하는 선언 파일인 DTD(Document Type Definition)가 필요하다. 그리고 XML에는 없는 XML이 표시되는 방식에 대한 규정을 담고 있는 스타일 시트(Style Sheet)가 필요한데, 확장성 양식시트 언어(eXtensible Stylesheet Language, XSL) 또는 계단식 스타일 시트(Cascading Stylesheet, CSS) 메커니즘을 사용한다. 그리고 HTML이 갖는 장점 중의 하나인 링크방식을 보다 발전시킨 확장성 연결 언어(eXtensible Linking Language)가 있다. HTML의 링크 메커니즘은 상당히 제한적이다. XML은 HTML식의 기본적인 링크방식을 보다 발전시켜 좀더 획기적인 링크 연결 메커니즘을 갖추었는데, XML의 링크 연결 사양은 Xlinks와 Xpointers라는 두 가지 부분으로 구성되어 있다. Xlinks는 문서들 사이의 일 대 다, 다 대 일 관계를 만들게 할 수 있으며, Xpointers는 문서들의 특정 부분만을 서로 연결하게 할 수 있다.

XML의 장점을 정리하면 다음과 같다. 첫째, 정보 제공자는 자기 마음대로 새로운 태그 세트와 속성을 정의할 수 있다. 즉 사용자가 자신의 편의에 따라 혹은 자신의 데이터를 구분하고자 새로운 태그 세트를 임의로 만들 수 있다. 또 문서의 구조는 연속적인 중첩을 허용한다. 즉, XML은 HTML이 지원하지 않는 객체 지향적 구조 혹은 데이터베이스 스키마의 구성을 위해 필요한 여러 번의 중첩을 허용하고 있다. 아울러 문서구조의 검증이 필요한 애플리케이션을 위하여 필요한 문법적인 구별을 문서 안에서 제공할 수 있다. 즉, 애플리케이션이 어떠한 문서를 받아들일 때 그 문서의 오류를 쉽게 판단할 수 있게 된다. 한편 DTD를 이용하여 문서의 논리적 구조를 다양한 형식으로 표현하는 것이 가능하며, 또한 하나의 문서로 각각의 목적에 맞게 스타일 시트를 적용시켜서 정보를 재가공할 수 있다. 동시에 양방향 링크, 다방향 링크를 지원한다. 마지막으로 이 글의 목적인 데이터베이스 구축과 관련하여 가장 중요한 특징으로서 구조검색 및 전문검색이 가능하다는 점을 들 수 있다.

이러한 장점을 가진 XML(eXtensible Markup Language)은 웹 기반 애플리케이션을 통해 데이터를 표현하고 교환하기 위한 표준 공통 포맷인 마크업 언어이다. 전통적인 문서는 정보(Contents 혹은 Information), 구조(Organization 혹은 Structure), 형식(Format 혹은 Display)이 하나의 형태로 서로 묶여져 있어 효과적인 처리가 어려웠으나, XML은 <그림 1>과 같이 문서의 구성요소를 분리하여 다룸으로써 인터넷 상에서의 성능 향상을 가져온다.[40]

[부록]에서 XML 언어의 기술원칙에 따라 텍스트의 구조적인 정보를 반영하면서, 『일본서기』 계체기의 내용을 기술해 보았다.

---

40) Alex Coponkus, Faraz Hoodbhoy, *The applied XML : A Toolkit for Programmers*, JOHN WILEY & SONS, INC., 1999 ; 신행자·박경환, 「웹 기반 교육시스템에서 강의 컨텐츠를 위한 XML문서 설계 및 구현」, 『동아대학교 부설 정보기술연구소 논문지』 제7권 1호, 1999.

5. 데이터베이스 구축의 실제

1) 데이터베이스 서버의 결정

현재 WINDOW NT[41]환경에서의 데이타베이스 서버로서의 SQL서버[42] 그리고 WINDOW에서 흔히 사용되는 데스크탑용 데이터베이스 도구인 ACCESS[43]에서도 유니코드가 지원되므로, 유니코드를 이용한 데이터베이스 구축환경은 갖추어진 셈이다. 데이터베이스를 구축하기 위한 기반으로 SQL을 채택하는 데는 이미 SQL이 관계형 DB를 구축하는 기본 언어로 정착되어 있을 뿐만 아니라 멀티미디어 DB 구축도구로서 활용될 수 있는 방향으로 계속적으로 수정 및 연구가 진행되고 있기 때문이다.

본 연구를 위한 시스템구축에 데스크탑용 기반 데이터베이스 도구는 MS-WINDOW 상에서 운용되는 ACCESS2000으로, 네트웍 및 인터넷 연결 기반으로는 MS-SQL SEVER 7.O을 설정하고자 한다. 이들은 모두 유니코드를 지원하며 MS 기반의 가장 기본적인 DB 솔루션으로 채택되고 있다. 그러나 ACCESS에서도 유니코드를 제대로 다루기 위해서는 입력 및 검색과 관련되어 추가작업이 필수적이다.

2) 시스템의 구성

XML은 앞에서 언급한 것처럼 텍스트의 내용을 바탕으로 구조를 생성할 수 있으며, 사용자 인터페이스를 구조화된 데이터로부터 분리하여 다룰 수 있으므로 다양한 데이터 소스로부터 혹은 데이터 소스로의 다방향 정보 교환 및 처리가 가능하며 인텔리전트한 데이터 통합이 쉬운 기술이다. 현재 3-tier 시스템구조에서 대부분의 정보는 특정 데이터베이스 포맷으로 저장되어 있으며 RDBMS는 데이터 저장과 복구에는 매우 훌륭하지만 정보 공유의 문제를 안고 있다.[44] 웹을 통해 내부 데이터베이스에 저장된 정

---

41) 김상욱, 『윈도우 NT4.0』, 21세기사, 1999.
42) 정원혁, 『MICROSOFT SQL SERVER7.0』, 대림, 2000.
43) 김홍일 외, 『ACCESS 97 개발자 핸드북』, 삼각형, 1999.

보를 공유하고자 할 때 필요한 데이터를 쿼리함으로써 결과를 얻으며 또한 그 결과 데이터는 어떠한 의미구조를 가질 수 있는 데이터여야 한다. 이러한 웹 상에서의 의미있는 정보를 공유하고 처리할 수 있는 해결책은 미들티어에서 XML 데이터 포맷을 사용하는 것이다. 즉 클라이언트와 서버는 플랫폼에 관계없이 XML로 정보를 교환하고, 서버와 데이터베이스 엔진 사이에는 기존 데이터베이스의 구조를 변경해야 하는 부담없이 번역자(translators)를 두어 SQL로 쿼리한 결과를 XML 정보로 변환한다. XML 스트림은 전세계적으로 파싱 가능한 유니코드 체계를 사용하므로 브라우저들 사이에서 쉽게 전송 가능하고, 일단 클라이언트에 보내진 데이터는 사용자가 자신의 단일 애플리케이션에서 원하는 대로 데이터를 편집, 조작, 렌더링할 수 있다. 이것은 가용성과 사용자당 성능이 증가할 수 있다.

설계한 해외가야사 데이터베이스 시스템의 구성은 다음 <그림 9>와 같다. MS사의 IE5는 XML과 XSL을 위한 파서를 가지고 있어 XML문서 지원이 가능하지만 웹 기반 시스템에서 모든 학습자들이 IE5를 사용한다고 볼 수 없으므로 미들티어인 웹 서버에서 사용자의 브라우저를 검사하여 IE5면 XSL로 처리하여 XML 문서를, 그 외의 브라우저이면 CSS로 처리하여 HTML 문서를 전송하도록 한다.

또한 MSXML 파서는 서버에서 W3C 표준 DOM 메소드나 속성 또는 MS사의 확장된 MSXML 메소드와 속성이 자바스크립트와 함께 사용되어 클라이언트에 정보를 표시할 수도 있다.[45]

본 논문에서는 DOM을 사용하여 IIS 웹 서버에서 데이터베이스에 저장된 참고문헌 정보에 접근하여 XML포맷으로 변환해 DOM으로 처리한 후 클라이언트에 표시되게 할 것이다. 빠른 개발 프로토타입을 위해 데이터베이스는 MSSQL-SERVER를 사용했다.

<그림 10>은 해외가야사 DB시스템에서 XML 문서를 정의한 DTD를 보인 것이다

---

44) Michael Morrison, et al., *XML Unleashed*, SAMS, 1999.
45) W3C DOM WG, http://www.w3.org/DOM/2000

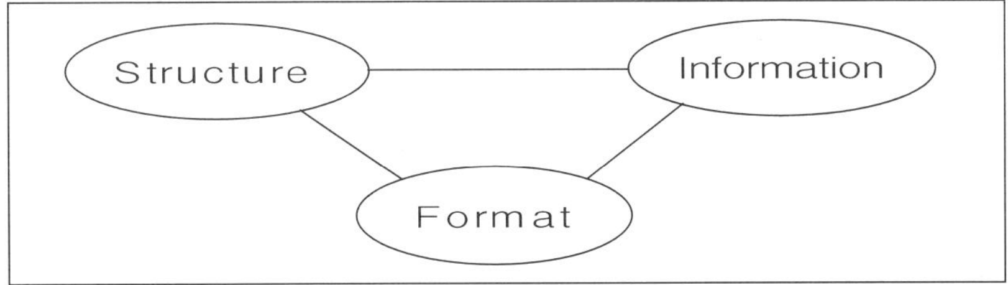

<그림 8> 비전통적인 문서 구조 모델

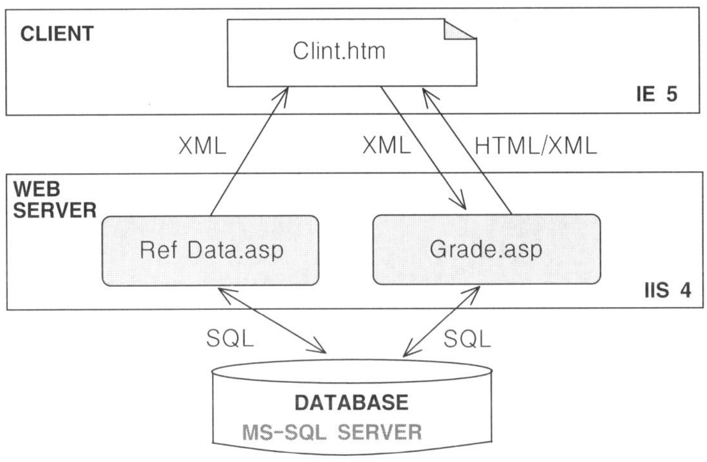

<그림 9> 해외가야사 데이터베이스 시스템 구성도

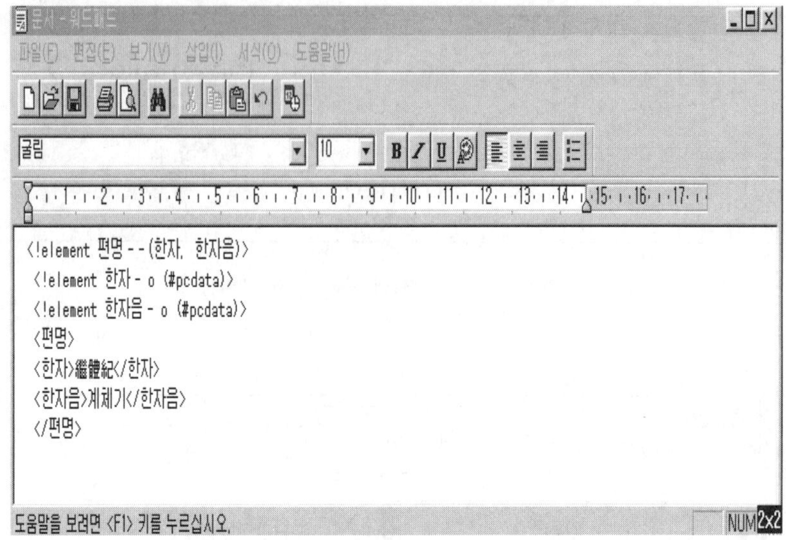

<그림 10> 해외가야사 데이터베이스를 검색을 위한 DTD

3) 동작 원리 및 구현

미들티어로 동작하는 웹 서버는 IIS이며 데이터베이스 내 참고문헌 정보의 XML 데이터로의 변환 처리는 ASP 스크립트와 DOM을 사용하여 구현하였다. 사용자는 필요한 자료를 검색 및 자료의 형태를 선택할 수 있는 client.htm으로 이동한다. 원하는 참고문헌의 타입을 선택하면 SQL 쿼리문으로 선택된 데이터베이스 테이블에 접근할 수 있다. 이때 DOM API를 이용하여 서버의 데이터베이스에 저장된 참고문헌 정보 MSSQL-SERVER에 접근하여 데이터베이스 테이블의 필드를 DOM의 Element 노드로 생성하여 XML포맷으로 변환시킨다. 각 Element 노드에 실제 저장된 각 필드 값을 Text노드로 생성시켜 Element노드의 자식 노드로 붙인다. 이것은 레코드의 끝에 도달할 때까지 루프로 돌려 웹 상에 테이블 형식으로 표시되게 구현한다.

<그림 11>는 해외가야사 DB를 DOM으로 처리하여 VLFDYGKS 검색 결과를 확인하고 변경하는 절차에 대한 예이다. 위와 같은 형태로 논의한

<그림 11> 해외가야사 DB를 DOM으로 처리한 테이블의 예

시스템에 대한 개략적 설계를 보였다.

6. 맺음말 - 데이터베이스 구축을 위한 제언

『일본서기』의 경우를 예로 들자면, 평면적인 데이터베이스로 구축하는 것이 아니라, 우선은 사료의 형식이나 내용에 따라서 몇 가지 데이터파일로 나누어 다룰 필요가 있다. 먼저 한문원문의 경우에는 본문과 주석, 가요를 각각의 데이터 파일로 나눌 필요가 있다. 한편 번역문, 번역주석, 원본화상자료 등도 각각의 테이블로 만들어 검색시에 서로 연동될 수 있도록 해야할 것이다.

현재 『일본서기』를 중심으로 한 가야사학술연구 데이터베이스 구축에 있어서 고려할 수 있는 언어는 XML이다. XML의 규칙에 따라서 검색과 레이아웃, 링크 등에 대한 마크업을 하게 되면, 검색을 용이하게 할 수 있을 뿐만 아니라 여러 가지 관점에서 필요한 부분을 중심으로 검색하는 고차 검색도 가능하게 된다. 앞에서도 지적한 바와 같이 XML로 마크업된 텍스트는 평면적인 전문검색뿐만 아니라 구조검색이 가능하다. 예를 들어 XML로 마크업된 텍스트에서는 주석 속의 특정한 용례만을 찾을 수도 있으며, 가요 속의 특정한 문자의 사용례 등을 손쉽게 검색할 수 있다.

한문원전의 입력에 있어서는 유니코드를 기반으로 해야할 것이다. 현재 상용화된 유니코드 한자입력 툴은 없으나, 학술적인 목적으로 개발된 것이 있으므로 이를 이용하면 입력에는 문제가 없을 것으로 생각된다. 일단 한문원문의 입력이 이루어지면, 이 원전 텍스트를 다시 일정한 규칙을 세워서 XML로 마크업하는 구조화작업을 진행해야 한다. 현재 생각할 수 있는 구조화로서, 『일본서기』를 예로 든다면, 우선 천황별 및 권수별에 따른 구분, 卽位前紀, 월별 및 일별 구분, 詔·曰 등 대화체 부분, 인용부분, 주석부분, 가요부분 등으로 구조화할 수 있을 것이다. 또 태그를 사용하여 표시를 해 둘 내용으로는 인명, 지명, 국명, 서명, 관직명, 관위명, 물품명, 법률용어 등이 있다. 이러한 부분은 기존의 사서색인을 이용해서 분류방법을 보다 세분할 필요가 있다.

한편 문헌목록의 경우에는 이미 출간되어 있는 가야사연구문헌목록을 바탕으로 해서, 목록발간 이후의 연구논문과 저서를 포함시켜 작성하되, 한문원전 입력과 마찬가지로 자료를 유니코드로 변환해서 원전자료와의 일관성을 유지하는 한편, 이들 문헌을 한중일 삼국에서 코드의 변환없이 손쉽게 검색할 수 있도록 해야 할 필요가 있다. 물론 XML 언어로 마크업해서 태그를 붙이는 작업도 수반되어야 할 것이다. 현재 생각할 수 있는 구분으로는 저자, 논문명, 저서명, 부제, 게재문헌, 발행지, 발행연도 등이다. 또 원문을 텍스트 자료로 입수가 가능한 경우에는 문헌목록에서 직접 논문으로 링크할 수 있도록 해야 할 것이다. 장래 데이터베이스를 인터넷에 공개한 후에는 저자들이 직접 자신들의 논문을 로드업할 수 있도록 한다면, 문헌목록에서 직접 논문으로 링크할 수 있도록 크게 범위를 넓힐 수 있을 것이다.

〔**부록**〕

∘ 범례

<약부호>   <content> 본문
『 』는 국명   <year> 연도별 기사
「 」은 인명   <month> 월별 기사
[ ]은 지명   <day> 일별 기사
{ }은 서명   <note> 원래 있는 주석
<volume> 권에 관한 정보   <song> 가요
<profile> 즉위전기   <back> 권말 정보
    천황에 대한 즉위전의 기사 %은 입력할 수 없었던 한자

<nihonshoki>{日本書紀}</nihonshoki>

<volume>

<volumenumber>卷第十七</volumenumber>

<volumename>「男大迹天皇」「繼體天皇」</volumename>

<content>「男大迹天皇」<note>更名「彦太尊」。</note>

<profile>「譽田天皇」五世孫,「彦主人王」之子也.
母曰「振媛」.「振媛」,「活目天皇」七世之孫也. 天皇父聞「振媛」顔容姝妙甚有媺色, 自[近江國][高島郡][三尾]之別業, 遣使聘于[三國坂][中井], <note>中, 此云那. </note> 納以爲妃. 遂産天皇. 天皇幼年, 父王薨.「振媛」迺歎曰, 妾今遠離桑梓. 安能得膝養. 餘歸寧[高向], <note>[高向]者, [越前國]邑名. </note>奉養天皇. 天皇壯大, 愛士禮賢, 意豁如也. 天皇年五十七歲, 八年冬十二月己亥,「小泊瀬天皇」崩. 元無男女, 可絶繼嗣.

 壬子, 大伴金村大連議曰, <dialect>方今絶無繼嗣. 天下何所繫心. 自古迄今, 禍由斯起. 今「足仲彦天皇」五世孫「倭彦王」, 在[丹波國][桑田郡]. 請, 試設兵仗, 夾衛乘輿, 就而奉迎, 立爲人主. </dialect> 大臣大連等, 一皆隨焉, 奉迎如計. 於是,「倭彦王」, 遙望迎兵, 懼然失色. 仍遁山壑, 不知所詣.

</profile>

　<year>元年<month>春正月辛酉朔<day>甲子,「大伴金村大連」, 更籌議曰, <dialect>「男大迹王」, 性慈仁孝順. 可承天緒. 冀慇懃勸進, 紹隆帝業. </dialect>「物部麤鹿火大連」·「許勢男人大臣」等, 僉曰, <dialect>妙簡枝孫, 賢者唯「男大迹王」也. </dialect></day>

　<day>丙寅, 遣臣連等, 持節以備法駕, 奉迎三國. 夾衛兵仗, 肅整容儀, 警蹕前駈, 奄然而至. 於是,「男大迹天皇」, 晏然自若, 踞坐胡床. 齊列陪臣, 旣如帝坐. 持節使等, 由是敬憚, 傾心委命, 冀盡忠誠. 然天皇, 意裏尙疑, 久而不就. 適知「河內馬飼首荒籠」. 密奉遣使, 具述大臣大連等所以奉迎本意. 留二日三夜, 遂發. 乃喟然而歎曰, <dialect>懿哉,「馬飼首」. 汝若無遣使來告, 殆取嗤於天下.</dialect> 世云, <dialect>勿論貴賤. 但重其心, 蓋「荒籠」之謂乎.</dialect> 及至踐祚, 厚加「荒籠」寵待.</day>

　<day>甲申, 天皇行至[樟葉宮]. </day></month>

　<month>二月辛卯朔<day>甲午,「大伴金村大連」, 乃跪上天子鏡劒璽符再拜.「男大迹天皇」謝曰, <dialect>子民治國重事也. 寡人不才, 不足以稱. 願請, 廻慮擇賢者. 寡人不敢當. </dialect>「大伴大連」, 伏地固請.「男大迹天皇」, 西向讓者三. 南向讓者再.「大伴大連」等皆曰, <dialect>臣伏計之, 大王子民治國, 最宜稱. 臣等, 爲宗廟社稷, 計不敢忽. 幸藉衆願, 乞垂聽納. </dialect>「男大迹天皇」曰, <dialect>大臣大連, 將相諸臣, 咸推寡人. 寡人敢不乖.</dialect>乃受璽符. 是日, 則天皇位. 以「大伴金村大連」爲大連. 「許勢男人大臣」爲大臣,「物部麤鹿火大連」爲大連, 竝如故. 是以, 大臣大連等, 各依職位焉. </day>

　<day>庚子,「大伴大連」奏請曰, <dialect>臣聞, 前王之宰世也, 非維城之固, 無以鎭其乾坤. 非掖庭之親, 無以繼其趺萼. 是故,「白髮天皇」無嗣, 遣臣祖父「大伴大連室屋」, 每州安置三種白髮部, <note>言三種者, 一白髮部舍人, 二白髮部供膳, 三白髮部靫負也. </note> 以留後世之名. 嗟夫, 可不愴歟. 請, 立「手白香皇女」, 納爲皇后, 遣神祇伯等, 敬祭神祇, 求天皇息, 允答民望. </dialect>天皇曰, <dialect>可矣. </dialect></day></month>

　<month>三月庚申朔, 詔曰, <dialect>神祇不可乏主. 宇宙不可無君. 天

生黎庶, 樹以元首, 使司助養, 令全性命. 大連憂朕無息, 披誠款, 以國家, 世世盡忠. 豈唯朕日歟. </dialect>宜備禮儀, 奉迎「手白香皇女」.

<day>甲子, 立皇后「手白香皇女」, 脩敎于內. 遂生一男. 是爲「天國排開廣庭尊」. <note>開, 此云波羅企. </note> 是嫡子而幼年. 於二兄治後, 有其天下. <note>二兄者, 「廣國排武金日尊」, 與「武小廣國押盾尊」也. 見下文. </note> </day>

<day>戊辰, 詔曰, <dialect>朕聞, 士有當年而不耕者, 則天下或受其飢矣. 女有當年而不績者, 天下或受其寒矣. 故, 帝王躬耕, 而勸農業, 后妃親蠶, 而勉桑序. 況厥百寮, 暨于萬族, 廢棄農績, 而至殷富者乎. 有司普告天下, 令識朕懷. </dialect></day>

<day>癸酉, 納八妃. <note>納八妃, 雖有先後, 而此日癸酉納者, 據卽天位, 占擇良日, 初拜後宮, 爲文. 他皆放此. </note>元妃, 「尾張連草香」女曰「目子媛」. <note>更名色部. </note>生二子. 皆有天下. 其一曰「勾大兄皇子」. 是爲「廣國排武金日尊」. 其二曰「檜隈高田皇子」. 是爲「武小廣國排盾尊」. 次妃, 「三尾角折君」妹曰「稚子媛」. 生「大郎皇子」, 與「出雲皇女」. 次, 「坂田大跨王」女曰「廣媛」. 生三女. 長曰「神前皇女」. 仲曰「茨田皇女」. 少曰「馬來田皇女」.　次, 「息長眞手王」女曰「麻績娘子」.　生「荳角皇女」. <note>荳角, 此云娑佐礙. </note>是侍伊勢大神祠. 次, 「茨田連小望」女<note>或曰妹. </note>曰「關媛」. 生三女. 長曰「茨田大娘皇女」. 仲曰「白坂活日姬皇女」. 少曰「小野稚郎皇女」. <note>更名「長石姬」. </note> 次, 「三尾君堅%木+威%」女曰「倭媛」. 生二男二女. 其一曰「大娘子皇女」. 其二曰「椀子皇子」. 是「三國公」之先也. 其三曰「耳皇子」. 其四曰「赤姬皇女」. 次, 「和珥臣河內」女曰「荑媛」. 生一男一女. 其一曰「稚綾姬皇女」. 其二曰「円娘皇女」. 其三曰「厚皇子」. 次, 「根王」女曰「廣媛」. 生二男. 長曰「兔皇子」. 是「酒人公」之先也. 少曰「中皇子」. 是「坂田公」之先也. </day></month>

是年也, 太歲丁亥.

</year>

<year>二年<month>冬十月辛亥朔<day>癸丑, 葬「小泊瀨稚鷦鷯天皇」于[傍丘磐杯丘陵].</day></month>
<month>十二月, 南海中[耽羅]人, 初通『百濟國』.</month></year>

<year>三年<month>春二月, 遣使于『百濟』. <note>{百濟本記}云, 「久羅麻致支彌」, 從『日本』來. 未詳也. </note> 括出在『任那』『日本』縣邑, 『百濟』百姓, 浮逃絕貫, 三四世者, 竝遷『百濟』附貫也. </month></year>

<year>五年<month>冬十月, 遷都[山背][筒城]. </month></year>

<year>六年<month>夏四月<day>辛酉朔丙寅, 遣「穗積臣押山」, 使於『百濟』. 仍賜[筑紫國]馬%四+十%匹. </day></month>
<month>冬十二月, 『百濟』遣使貢調. 別表請『任那國』[上%口+多%唎]·[下%口+多%唎]·[娑陀]·[牟婁], 四縣. [%口+多%唎]駎國守「穗積臣押山」奏曰, <dialect>此四縣, 近連『百濟』, 遠隔『日本』. 旦暮易通, 鷄犬難別. 今賜『百濟』, 合爲同國, 固存之策, 無以過此. 然縱賜合國, 後世猶危. 況爲異場, 幾年能守. </dialect>「大伴大連金村」, 具得是言, 同謨而奏. 迺以「物部大連麤鹿火」, 宛宣勅使. 「物部大連」, 方欲發向[難波]館, 宣勅於『百濟』客. 其妻「固要」曰, <dialect>夫「住吉大神」, 初以海表金銀之國, 『高麗』·『百濟』·『新羅』·『任那』等, 授記「胎中譽田天皇」. 故大后「息長足姬尊」, 與大臣「武內宿祢」, 每國初置官家, 爲海表之蕃屏, 其來尙矣. 抑有由焉. 縱削賜他, 違本區域. 綿世之刺, 簀離於口. </dialect> 大連報曰, <dialect>敎示合理, 恐背天勅. </dialect> 其妻切諫云, <dialect>稱疾莫宣. </dialect> 大連依諫. 由是, 改使而宣勅. 付賜物幷制旨, 依表賜[任那]四縣. 「大兄皇子」, 前有緣事, 不關賜國, 晚知宣勅. 驚悔欲改. 令曰, <dialect>自「胎中之帝」, 置官家之國, 輕隨蕃乞, 輒爾賜乎. </dialect> 乃遣「日鷹吉士」, 改宣『百濟』客. 使者答啓, <dialect>父天皇, 圖計便宜, 勅賜旣畢. 子皇子, 豈違帝勅, 妄改而令. 必是虛也. 縱是實者, 特杖大頭打, 孰與特

杖小頭打痛乎. </dialect>遂罷. 於是, 或有流言曰, <dialect>大伴大連, 與[%口+多%唎]國守「穗積臣押山」, 受『百濟』之略矣. </dialect></month>
　　</year>

　　<year>七年<month>夏六月, 『百濟』遣「姐彌文貴」將軍・「州利卽爾」將軍, 副「穗積臣押山」, <note>{百濟本記}云, 「委意斯移麻岐彌」. </note>貢五經博士「段楊爾」. 別奏云, <dialect>『伴跛國』略奪臣國[己汶]之地. 伏願, 天恩判還本屬.</dialect></month>
　　<month>秋八月癸未朔<day>戊申,『百濟』太子「淳陀」薨.</day></month>
　　<month>九月, 「勾大兄皇子」, 親聘「春日皇女」. 於是, 月夜淸談, 不覺天曉. 斐然之藻, 忽形於言. 乃口唱曰, <song>野絁磨俱儞薈, 都磨磨祁弭泥底, 播屢比能, 弬須我能俱儞儞, 俱波絁謎鳴, 阿利等枳枳底, 與慮志謎鳴, 阿利等枳枳底, 莽紀佐俱, 避能伊陀圖鳴, 飫斯毗羅枳, 倭例以梨魔志, 阿都圖唎, 都麼怒唎絁底, 魔俱囉圖唎, 都麼怒唎絁底, 伊慕我堤鳴, 倭例儞魔柯斯每, 倭我堤鳴麼, 伊慕儞魔柯絁每, 麼左棄逗囉, 多多企阿藏播梨, 矢泊矩矢慮, 于魔伊祢矢度儞, 儞播都等唎, 柯稽播儞俱儺梨, 奴都等利, 枳蟻矢播等餘武, 婆絁稽矩謨, 伊麻娜以播孺底, 阿開儞啓梨倭蟻慕.</song>
妃和唱曰, <song>莒母唎矩能, 簸覩細能弬波庚, 那峨例俱屢, 駄開能, 以矩美娜開餘囊開, 謨等陛鳴麼, 莒等儞都俱唎, 須衛陛鳴麼, 府曳儞都俱唎, 符企儺須, 美母慮我紆陪儞, 能朋梨陀致, 倭我彌細麼, 都奴娑播符, 以簸例能伊開能, 美那矢駄府, 紆鳴謨, 紆陪儞堤堤那曀矩, 野須美矢矢, 倭我於朋枳美能, 於魔細屢, 娑佐羅能美於寐能, 武須彌陀例, 駄例夜矢比等母, 紆陪儞泥堤那曀矩. </song></month>
　　<month>冬十一月辛亥朔<day>乙卯, 於朝庭, 引列『百濟』「姐彌文貴」將軍, 『斯羅』「汶得至」, 『安羅』「辛巳奚」及「賁巴委佐」, 『伴跛』「旣殿奚」及「竹汶至」等, 奉宣恩勅. 以[己汶]・[滯沙], 賜『百濟國』. </day></month>
　　<month>是月, 『伴跛國』, 遣「戢支」獻珍寶, 乞[己汶]之地. 而終不賜.</month>

<month>十二月辛巳朔<day>戊子, 詔曰, <dialect>朕承天緒, 獲保宗廟, 兢兢業業. 間者, 天下安靜, 海內淸平, 屢致豊年, 頻使饒國. 懿哉, 摩呂古, 示朕心於八方. 盛哉, 「勾大兄」, 光吾風於萬國. 『日本』邕邕, 名擅天下. 秋津赫赫, 譽重王畿. 所寶惟賢, 爲善最樂. 聖化憑茲遠扇, 玄功藉此長懸. 寔汝之力. 宜處春宮, 助朕施仁, 翼吾補缺.</dialect></day></month>
</year>

<year>八年<month>春正月, 太子妃「春日皇女」, 晨朝晏出, 有異於常. 太子意疑, 入殿而見. 妃臥床涕泣, 惋痛不能自勝. 太子怪問曰, <dialect>今旦涕泣, 有何恨乎.</dialect> 妃曰, <dialect>非餘事也. 唯妾所悲者, 飛天之鳥, 爲愛養兒, 樹巓作樔. 其愛深矣. 伏地之蟲, 爲護衛子, 土中作窟. 其護厚焉. 乃至於人, 豈得无慮. 無嗣之恨, 方鍾太子. 妾名隨絶.</dialect> 於是, 太子感痛, 而奏天皇. 詔曰, <dialect>朕子麻呂古, 汝妃之詞, 深稱於理. 安得空爾無答慰乎. 宜賜[匝布]屯倉, 表妃名於萬代.</dialect></month>
<month>三月, [伴跛]築城於[子呑]·[帶沙], 而連[滿奚], 置烽候邸閣, 以備『日本』. 復築城於[爾列比]·[麻須比], 而絙[麻且奚]·[推封]. 聚士卒兵器, 以逼『新羅』. 駈略子女, 剝掠村邑. 凶勢所加, 罕有遺類. 夫暴虐奢侈, 惱害侵凌, 誅殺尤多. 不可詳載. </month>
</year>

<year>九年<month>春二月甲戌朔<day>丁丑, 『百濟』使者「文貴」將軍等請罷. 仍勅, 副「物部連」, <note>闕名.</note> 遣罷歸之. <note>{百濟本記}云, 「物部至至連」.</note></day></month>
<month>是月, 到于[沙都島], 傳聞[伴跛]人, 懷恨銜毒, 恃强縱虐. 故「物部連」, 率舟師五百, 直詣[帶沙江]. 「文貴」將軍, 自『新羅』去. </month>
<month>夏四月, 「物部連」於「帶沙江」停住六日. 『伴跛』興師往伐. 逼脫衣裳, 劫掠所賷, 盡燒帷幕. 「物部連」等, 怖畏逃遁. 僅存身命, 泊[汶慕羅]. <note>[汶慕羅]島名也. </note></month>

</year>

<year>十年<month>夏五月, 『百濟』遣前部「木%刀+刀+刀%不麻甲背」,
迎勞「物部連」等於[己汶], 而引導入國. 群臣各出衣裳斧鐵帛布, 助加國物,
積置朝庭. 慰問慇懃. 賞祿優節. </month>
<month>秋九月, 『百濟』遣「州利卽次」將軍, 副「物部連」來, 謝賜[己汶]
之地. 別貢五經博士「漢高安茂」, 請代博士「段楊爾」. 依請代之.
<day>戊寅, 『百濟』遣「灼莫古」將軍・『日本』「斯那奴阿比多」, 副『高麗』
使「安定」等, 來朝結好.</day></month>
</year>

<year>十二年<month>春三月丙辰朔<day>甲子, 遷都[弟國].</day></
month></year>

<year>十七年<month>夏五月, 『百濟』王「武寧」薨. </month></year>

<year>十八年<month>春正月, 『百濟』太子「明」卽位. </month></year>

<year>廿年<month>秋九月丁酉朔<day>己酉, 遷都[磐餘][玉穗]. <note>
{一本}云, 七年也.</note></month></year>

<year>廿一年<month>夏六月壬辰朔<day>甲午, 「近江毛野臣」, 率衆六
萬, 欲住『任那』, 爲復興建『新羅』所破『南加羅』・『喙己呑』, 而合『任那』. 於是,
[筑紫]國造「磐井」, 陰謨叛逆, 猶預經年. 恐事難成, 恆伺間隙. 『新羅』知是, 密
行貨賂于「磐井」所, 而勸防遏「毛野臣」軍. 於是, 「磐井」掩據[火豊]二國, 勿使
修職. 外邀海路, 誘致『高麗』・『百濟』・『新羅』・『任那』等國年貢職船, 內遮遣
『任那』「毛野臣」軍, 亂語揚言曰, <dialect>今爲使者, 昔爲吾伴, 摩肩觸肘, 共
器同食. 安得率爾爲使, 俾餘自伏儞前.</dialect> 遂戰而不受. 驕而自矜. 是

以,「毛野臣」, 乃見防遏, 中途淹滯. 天皇詔「大伴大連金村」·「物部大連麤鹿火」·「許勢大臣男人等」曰, <dialect>[筑紫]「磐井」反掩, 有西戎之地. 今誰可將者.</dialect>「大伴大連」等僉曰, <dialect>正直仁勇通於兵事, 今無出於「麤鹿火」右.</dialect> 天皇曰, <dialect>可</dialect>.</day></month>

<month>秋八月辛卯朔, 詔曰, <dialect>咨, 大連, 惟茲「磐井」弗率. 汝徂征.</dialect>「物部麤鹿火大連」再拜言, <dialect>嗟, 夫「磐井」西戎之奸猾. 負川阻而不庭. 憑山峻而稱亂. 敗德反道. 侮㳙自賢. 在昔道臣, 爰及室屋, 助帝而罰. 拯民塗炭, 彼此一時. 唯天所贊, 臣恆所重. 能不恭伐.</dialect> 詔曰, <dialect>良將之軍也, 施恩推惠, 恕己治人. 攻如河決. 戰如風發.</dialect> 重詔曰, <dialect>大將民之司命. 社稷存亡, 於是乎在. 勗哉. 恭行天罰.</dialect> 天皇親操斧鉞, 授大連曰, <dialect>[長門]以東朕制之. [筑紫]以西汝制之. 專行賞罰. 勿煩頻奏.</dialect>

</month>

</year>

<year>廿二年<month>冬十一月甲寅朔<day>甲子, 大將軍「物部大連麤鹿火」, 親與賊帥「磐井」, 交戰於「筑紫」「御井郡」. 旗鼓相望, 埃塵相接. 決機兩陣之間, 不避萬死之地. 遂斬「磐井」, 果定疆場.</day></month>

<month>十二月, 「筑紫君葛子」, 恐坐父誅, 獻[糟屋]屯倉, 求贖死罪.</month>

</year>

<year>廿三年<month>春三月, 『百濟』王謂[下%口+多%喇]國守[穗積押山臣]曰, <dialect>夫朝貢使者, 恆避島曲, <note>謂海中島曲崎岸也. 俗云美佐祁.</note>每苦風波. 因茲, 濕所賷, 全壞无色. 請, 以『加羅』[多沙津], 爲臣朝貢津路.</dialect> 是以, 「押山臣」爲請聞奏.</month>

<month>是月, 遣「物部伊勢連父根」·「吉士老」等, 以津賜『百濟』王. 於是, 『加羅』王謂勅使云, <dialect>此津, 從置官家以來, 爲臣朝貢津涉. 安

得輒改賜隣國. 違元所封限地.</dialect> 勅使「父根」等, 因斯, 難以面賜, 却還大嶋. 別遣錄史, 果賜『扶餘』. 由是, 『加羅』結儻『新羅』, 生怨『日本』. 『加羅』王娶『新羅』王女, 遂有兒息. 『新羅』初送女時, 幷遣百人, 爲女從. 受而散置諸縣, 令着『新羅』衣冠. 「阿利斯等」, 嗔其變服, 遣使徵還. 『新羅』大羞, 飜欲還女曰, <dialect>前承汝聘, 吾便許婚. 今旣若斯, 請, 還王女.</dialect> 『加羅』「己富利知伽」<note>未詳.</note> 報云, <dialect>配合夫婦, 安得更離. 亦有息兒, 棄之何往.</dialect> 遂於所經, 拔[刀伽]・[古跛]・[布那牟羅], 三城. 亦拔北境五城. </month>

<month>是月, 遣「近江毛野臣」, 使于『安羅』. 勅勸『新羅』, 更建『南加羅』・『㖨己呑』. 『百濟』遣將軍「君尹貴」・「麻那甲背」・「麻鹵」等, 往赴『安羅』, 式聽詔勅. 『新羅』, 恐破蕃國官家, 不遣大人, 而遣「夫智奈麻禮」・「奚奈麻禮」等, 往赴『安羅』, 式聽詔勅. 於是, 『安羅』新起高堂, 引昇勅使. 國主隨後昇階. 國內大人, 預昇堂者一二. 『百濟』使將軍君等, 在於堂下. 凡數月再三, 謨謀乎堂上. 將軍「君」等, 恨在庭焉. </month>

<month>夏四月壬午朔<day>戊子, 『任那』王「己能末多干岐」來朝.<note>言「己能末多」者, 蓋「阿利斯等」也. </note> 啓「大伴大連金村」曰, <dialect>夫海表諸蕃, 自胎中天皇, 置內官家, 不棄本土, 因封其地, 良有以也. 今『新羅』, 違元所賜封限, 數越境以來侵. 請, 奏天皇, 救助臣國. </dialect>「大伴大連」, 依乞奏聞. </day></month>

<month>是月, 遣使送「己能末多干岐」. 幷詔在『任那』「近江毛野臣」, 推問所奏, 和解相疑. 於是, 「毛野臣」, 次于[熊川], <note>{一本}云, 次于『任那』[久斯牟羅]. </note>召集『新羅』・『百濟』, 二國之王. 『新羅』王「佐利遲」遣「久遲布禮」, <note>{一本云, 「久禮爾師知于奈師磨里」. </note>『百濟』遣恩率「彌騰利」, 赴集「毛野臣」所, 而二王不自來參. 「毛野臣」大怒, 責問二國使云, <dialect>以小事大, 天之道也. <note>{一本}云, 大木端者以大木續之. 小木端者以小木續之. </note>何故二國之王, 不躬來集受天皇勅, 輕遣使乎. 今縱汝王, 自來聞勅, 吾不肯勅. 必追逐退.</dialect>「久遲布禮」・恩率「彌縢利」, 心懷怖畏, 各歸召王. 由是, 『新羅』改遣其上臣「伊

叱夫禮智干岐」, <note>『新羅』, 以大臣爲上臣. {一本}云, 「伊叱夫禮知奈末」. </note> 率衆三千, 來請聽勅. 「毛野臣」, 遙見兵仗圍繞, 衆數千人, 自[熊川], 入『任那』[己叱己利城]. 「伊叱夫禮智干岐」, 次于[多多羅原], 不敬歸待三月. 頻請聞勅. 終不肯宣. 「伊叱夫禮智」所將士卒等, 於聚落乞食. 相過「毛野臣」儐人「河內馬飼首御狩」. 「御狩」入隱他門, 待乞者過, 捲手遙擊. 乞者見云, <dialect>謹待三月, 佇聞勅旨, 尙不肯宣. 惱聽勅使. 乃知欺誑, 誅戮上臣矣.</dialect> 乃以所見, 具述上臣. 上臣抄掠四村, <note>[金官]・[背伐]・[安多]・[委陀], 是爲四村. {一本}云, [多多羅]・[須那羅]・[和多]・[費智]爲四村也. </note> 盡將人物, 入其本國. 或曰, <dialect>[多多羅]等四村之所掠者, 「毛野臣」之過也.</dialect></month>

<month>秋九月, 「巨勢男人大臣」薨. </month>

</year>

<year>卄四年<month>春二月丁未朔, 詔曰, <dialect>自「磐餘彦之帝」・「水間城之王」, 皆賴博物之臣, 明哲之佐. 故「道臣」陳謨, 而神日本以盛. 「大彦」申略, 而膽瓊殖用隆. 及乎繼體之君, 欲立中興之功者, 曷嘗不賴賢哲之謨謀乎. 爰降「小泊瀨天皇」之王天下, 幸承前聖, 隆平日久. 俗漸蔽而不寤. 政浸衰而不改. 但須其人各以類進. 有大略者, 不問其所短. 有高才者, 不非其所失. 故獲奉宗廟, 不危社稷. 由是觀之, 豈非明佐. 朕承帝業, 於今卄四年, 天下淸泰, 內外無虞. 土地膏腴, 穀稼有實. 竊恐元元, 由斯生俗, 藉此成驕. 故令人擧廉節, 宣揚大道, 流通鴻化, 能官之事, 自古爲難. 爰曁朕身, 豈不愼歟.</dialect></month>

<month>秋九月, 『任那』使奏云, <dialect>「毛野臣」, 遂於[久斯牟羅], 起造舍宅, 淹留二歲, <note>{一本}云三歲者, 連去來歲數也. </note>懶聽政焉. 爰以『日本』人與『任那』人, 頻以兒息, 諍訟難決, 元無能判. 「毛野臣」樂置誓湯曰, 實者不爛. 虛者必爛. 是以, 投湯爛死者衆. 又殺「吉備韓子那多利」・「斯布利」, <note>大『日本』人, 娶蕃女所生, 爲韓子也. </note>恆惱人民, 終無和解.</dialect> 於是, 天皇聞其行狀, 遣人徵入. 而不肯來. 顧以

「河內母樹馬飼首御狩」, 奉詣於京而奏曰, <dialect>臣 未成勅旨, 還入京鄕, 勞往虛歸. 憊惡安措. 伏願, 陛下, 待成國命, 入朝謝罪</dialect>. 奉使之後, 更自謨曰, <dialect>其「調吉士」, 亦是皇華之使. 若先吾取歸, 依實奏聞, 吾之罪過, 必應重矣.</dialect> 乃遣「調吉士」, 率衆守[伊斯枳牟羅城]. 於是,「阿利斯等」, 知其細碎爲事, 不務所期, 頻勸歸朝, 尙不聽還. 由是, 悉知行迹, 心生飜背. 乃遣「久禮斯己母」, 使于『新羅』請兵.「奴須久利」, 使于『百濟』請兵.「毛野臣」聞『百濟』兵來, 迎討[背評]. <note>[背評]地名. 亦名[能備己富里]也. </note>傷死者半.『百濟』, 則捉「奴須久利」, 杻械枷鏁, 而共『新羅』圍城. 責罵「阿利斯等」曰, <dialect>可出「毛野臣」.</dialect> 「毛野臣」, 嬰城自固. 勢不可擒. 於是, 二國圖度便地, 淹留弦晦. 築城而還. 號曰[久禮牟羅城]. 還時觸路, 拔[騰利枳牟羅]·[布那牟羅]·[牟雌枳牟羅]·[阿夫羅]·[久知波多枳], 五城. </month>

<month>冬十月,「調吉士」至自『任那』, 奏言, <dialect>「毛野臣」爲人傲悢, 不閑治體. 竟無和解, 擾亂『加羅』. 倜儻任意, 而思不防患.</dialect> 故遣「目頰子」. 徵召. <note>「目頰子」未詳也. </note></month>

</year>

<year>是歲,「毛野臣」, 被召到于[對馬], 逢疾而死. 送葬尋河, 而入[近江]. 其妻歌曰, <song>比%才+羅%哿繁奁馱喩, 輔曳輔枳能朋樓, 阿符美能野, 愷那能倭俱吾伊, 輔曳符枳能朋樓.</song> 「目頰子」, 初到『任那』時, 在彼鄕家等, 贈歌曰, <song>柯羅屢儞鳴, 以柯儞輔居等所, 梅豆羅古枳馱樓, 武哿左屨樓, 以祗能和馱唎鳴, 梅豆羅古枳馱樓.</song>

</year>

<year>廿五年<month>春二月, 天皇病甚.
<day>丁未, 天皇崩于[磐餘][玉穗宮]. 時年八十二.</day> </month>
<month>冬十二月丙申朔<day>庚子, 葬于[藍野陵]. <note>{或本}云, 天皇, 廿八年歲次甲寅崩. 而此云廿五年歲次辛亥崩者, 取{百濟本記}爲文.

其文云, 太歲辛亥三月, 軍進至于『安羅』, 營[乞乇城]. 是月,『高麗』弑其王安. 又聞,『日本』天皇及太子皇子, 俱崩薨. 由此而言, 辛亥之歲, 當卄五年矣. 後勘校者, 知之也. </note></day></month>
</year>

<back>{日本書紀}卷第十七</back>
</content>
</volume>
</nihonshoki>

가야사 홈페이지 구축방안의 연구[*]

김 재 호[**]

1. 머리말

학술적 연구주제로 익숙한 가야사와 가야문화를 연구성과의 대중화라는 목적에서 웹이라는 매체의 구성으로 풀어쓴다는 것은 쉽지 않다. 우선 필자들은 홈페이지구축을 위한 기술적 습득이 전무에 가깝다. 가야의 역사와 문화의 연구에 오랫동안 관계해 왔다고 해도, 그 성과를 대중에게 어떤 방법으로 전파하는 것이 효과적일까 하는 문제는 별개이다. 더구나 홈페이지 구축에 관련되는 기술적 능력의 대부분은 컴퓨터나 인터넷 등의 전자공학과 같은 자연과학에 속하는 것이다. 인문과학의 연구자로서 이와 같은 능력을 아울러 갖추기란 쉽지 않다. 다음으로 이러한 능력의 약간을 갖추었다고 해도 본문의 논술에서 수없이 등장하게 될 수밖에 없는 난해한 용어들과 기술구현에 대해 전문의 역사연구자를 포함하는 일반인들이 얼마나 이해할 수 있을지는 실로 의문이다. 끝으로 홈페이지작성에 능통한 컴퓨터와 인터넷의 전문가라 해도 문제가 없는 것은 아니다. 여기에서 제시되는 홈페이지구성의 기술적 문제가 이들에게는 유치한 수준이겠지만, 가야사에 대한 적절하고 깊이 있는 이해가 전제로 되지 않으면 안 된다. 전자공

---

* 본 연구는 김재호의 책임으로 이루어졌으나, 해당사례의 조사와 정리는 주영민(인제대학교 가야문화연구소 조교)이 담당하였고, 목차 설정과 윤문은 이영식(인제대학교 가야문화연구소 소장)이 담당하였다.
** 인제대학교 가야문화연구소 연구원

학도에게는 가야의 역사와 문화가, 가야사의 전문가에겐 홈페이지 구축에 관련되는 기술적인 문제가 각각 장애가 될 수 있는 것이다. 이러한 학제간 연구의 문제점이 직접적으로 노출될 수밖에 없는 것이 가야사 홈페이지 구축방안의 연구이다.

이번의 연구에서 다루어 보고자 하는 내용은 다음과 같다.

첫째, 가야사와 한국고대사 또는 한국고고학에 관련되는 기존의 홈페이지를 분석해 본다. 이러한 분석을 통해 기존의 홈페이지가 가지는 장단점을 파악하고 새로운 가야사 홈페이지는 어떻게 만들어져야 하는가 하는 문제의식을 분명히 하고자 한다. 기존 홈페이지의 장점은 확대해가야 하고, 단점은 지양해가야 하기 때문이다.

둘째, 필자들 자신의 문제이기도 하지만, 홈페이지 구축과 운영에 관한 일반론을 다루어 본다. 홈페이지 구축의 주체나 구성, 홈페이지 구성을 위한 초보적 기술의 문제, 홈페이지 운영에 관한 실제를 다루어 본다. 어떤 기술을 활용할 것인가에 따라 전달할 수 있는 정보의 형태나 내용이 달라질 수도 있기 때문이다.

셋째, 가야사 홈페이지의 실제적인 구축안을 제시해 본다. 홈페이지의 기획, 목차구성, 컨텐츠의 내용을 전체와 각론으로 나누어 살펴보고자 한다. 여기에서 제시되는 가야사 홈페이지는 전문가와 일반인 이용자의 양쪽에 다 유용할 수 있는 내용으로 구성해 보고자 하였다. 그러나 인터넷의 효용과 홈페이지구축의 의의를 생각한다면 가야사와 가야문화의 대중화에 더 많은 비중을 두지 않을 수 없다. 따라서 이번의 연구는 가야의 역사와 문화에 대한 대중화의 매체로서 홈페이지를 의식하였고, 일반인 이용자의 요구와 편리성에 초점을 맞추었다.

넷째, 가야사 홈페이지의 활용방안을 제시해 본다. 한번 홈페이지를 구축하는 것은 오히려 쉽다. 그러나 약간이라도 인터넷에서 홈페이지에 접속하거나 이용해 본 사람이라면 누구나 폐가가 되어 버린 홈페이지를 쉽게 발견할 수 있을 것이다. 구축보다 활용이 더 어려움을 느끼게 하는 대목이다. 정보라는 속성이 그렇듯이 홈페이지는 끊임없는 업데이트를 생명으로 한다. 현대 건축물의 수명이 30년 정도라면, 홈페이지의 수명은 채 한 달도 되지 못한다. 홈페이지를 구축하는 것도 중요하지만, 관리하고 활용하는 것은 더욱 중요하다. 그런데도 불구하고 구축에는 인원과 경비를 지원해도 관리는 그렇지 못하다. 기존 홈페이지에서 활용상의 문제점을 지적하고 관리에 필요한 체재의 구성과 예산의 문제를 다루어 보고자 한다.

다만 필자들은 인제대학교 가야문화연구소의 홈페이지를 제작해 본 경험밖에는 없다. 그것도 기술구현에 관한 문제의 대부분은 다른 전문가의 도움을 수없이 받았다. 따라서 기술적 문제에 관해서는 전문 웹디자이너에 의한 방안연구에는 미치지 못할 것이다. 다만 가야의 역사와 문화를 연구해 왔고, 가야사 홈페이지의 제작과 운영을 통해 대중에게 어떻게 전달하는 매체로 만들 것인가에 대한 고민은 적지 않았다고 생각한다. 따라서 만드는 주체보다는 한 사람의 일반이용자의 입장에서 이런 것은 필요하겠다, 이렇게 만들면 좋겠다와 같은 수준에서 제시하는 희망과 대안 같은 방안연구임을 밝혀두고 싶다.

2. 기존 홈페이지의 분석과 문제점

가야사 홈페이지의 구축방안을 연구하는 데 있어서 가장 먼저 해야 할 작업은 기존의 홈페이지들에 대한 분석이다. 기존의 홈페이지를 크게 가야사 관련의 직·간접적인 홈페이지로 나누고, 다시 홈페이지별로 세분하였으며, 간접적인 홈페이지들의 경우 크게 대학박물관, 국립박물관, 학회 홈페이지로 나누어 검토해 보았다. 직접적인 홈페이지들의 경우 특정 개인의 홈페이지들에서 5개의 사례를 다루었으며, 간접적인 홈페이지들의 경우 각기 7개의 사례를 분석하였다.

이상의 기존 홈페이지의 분석은 웹 구성과 웹 구현의 기술적인 측면, 그리고 관리의 3가지를 중점적으로 다루었다. 분석대상의 선정은 객관성의 유지를 위해 필자들이 근무하고 있는 인제대학교 가야문화연구소의 홈페이지는 제외하였고, 선정된 홈페이지에 대한 여론조사는 인제대학교 학생들을 대상으로 실시하였다. 사례 선정 후 각 홈페이지들의 관찰 및 여론조사의 기간은 2000년 5월에서 2001년 1월까지로 하였다.

몇 가지 특기사항 및 양해를 구할 점으로는 사례대상 홈페이지들의 명칭문제와 지면관계 그리고 하드웨어적인 문제점 등이 있다. 우선 명칭에 있어서는 국립박물관 홈페이지들의 경우 국립을 생략하고 고유명칭만을 사용하였다. 지면관계에 있어서는 이해를 돕기 위해 본문에 들어가는 그림의 크기를 크게 했으나, 반면 본 논저의 가독성이 떨어지는 본래의 취지와는 상반되는 문제점을 가지고 있다.[1] 아울러 하드웨어적인 문제점으로 사례로 삼은 홈페이지들을 컴퓨터 모니터상으로 본 것과 프린터로 출력했을 때 지원되는 색조에 있어서 불일치하는 점 등이 있었다.

1) 역사 · 고고학 메인페이지의 사례 소개

홈페이지 메인페이지 사례 소개에서는 가독성 · 판독성과 내용구성을 다루어 보았다. 기존 홈페이지의 메인화면에 대한 분석을 통해 가독성 · 판독성의[2] 문제를 다루었고, 각 홈페이지가 다루고 있는 항목을 검토하여 해당 자료의 양과 특정의 주제 유무 및 내용의 편중도에 대해 살펴보았다.[3]

---

1) 본 논저를 구상할 당시 필자들은 홈페이지 구축에 있어서 가독성 문제를 가장 중시하였다. 왜냐하면 누구나 이해하기 쉬운 가야사에 관한 홈페이지를 구축하기 위해선 무엇보다도 읽기 편해야 하기 때문이다. 이러한 의도로 시작된 논저가 필자들의 의도를 정확하게 보여주기 위해서 그림의 크기를 크게 하다 보니 논저의 가독성이 떨어져 다소 염려스럽다.

2) 가독성이란 어떻게 단어들이 잘 읽혀지는가 하는 정보 취득 능력, 다시 말하면 편집물로서 인쇄된 페이지 안의 글이나 메시지를 쉽게 읽고 이해하는 능력을 말하며, 판독성은 글자 하나하나가 얼마나 잘 보이는가 하는 시각적 가시도를 의미한다. 이것은 문자 디자인과 연관되어 있다고 할 수 있다. 문자는 각 글자마다 다른 특징과 모양을 가지고 있는데, 판독성이란 문자의 특징을 가진 한 글자가 얼마나 빠르게 인식될 수 있는가를 나타내준다. 이것은 대중이 한 글자를 빨리 보고 빨리 인식할 수 있는 능력으로 대개 서체의 종류, 서체의 크기, 서체의 스타일, 그리고 글자의 색조 등과 관련이 있다.

3) 항목별 내용은 홈페이지 화면에 보이는 글자와 동일하게 적는 것을 원칙으로 하였다. 서울대학교박물관 홈페이지의 경우 '약도및문의'라 적고 있으나 본래 올바른 표기는 '약도 및 문의'일 것이다.

가독성·판독성은 방문자가 쉽게 홈페이지 화면에 접근하여 소개의 글을 능률적으로 읽게 하는데 그 목적이 있을 것이다. 홈페이지를 제작하는데 있어서 어떻게 화면을 구성하여 가독성과 판독성을 높일 것인가의 문제는 홈페이지에 보다 많은 방문자를 끌어들이는 결정적인 요소가 될 수 있다.

(1) 대학박물관 홈페이지

① 서울대학교 박물관

메인화면은 상·중·하 삼단으로 구성되어 있다. 다시 상단은 좌·우로 나뉘어, 좌측 상단에는 학교를 상징하는 로고와 '서울대학교박물관'이라는 문자를 써서 하나의 이미지로 처리하고 있다. 우측은 11개의 유물사진을 펼쳐놓고, 그 아래에 '박물관개요', '소장품안내', '전시실안내', '도서실안내', '약도및문의'4)의 항목을 보여주고 있다. 중단은 흑백의 그레이 톤으로 박물관 전경을 담고 있다. 하단은 좌·우로 나뉘어 '박물관 새소식', '전시회 소식'을 담고 있으며 각 항목별로 별개의 페이지를 구성하고 있다. 각 페이지는 하나의 페이지 위에 내용만을 바꾸어 표현하고 있다<그림 2>. 메인화면에 방명록과 SITE-MAP이 없으며, 전체적으로 백색 배경에 검정색 글자를 쓰고 있다. 다만 화면은 왼쪽으로 치우쳐 오른쪽에 여백이 많은 것이 눈에 걸린다<그림 1>. 방명록과 SITE-MAP이 없어 이용자가 원하는 박물관의 정보에 쉽게 접근할 수 없으며 의문사항에 대한 문의도 불가능하다.

전체적으로 깔끔한 이미지를 주나 화면이 왼쪽으로 치우쳐 있고 여백이 많아 공간활용도5)에서 떨어진다.

---

4) 상단의 항목에서는 띄어쓰기를 무시하고 있는 반면, 하단 항목에서는 잘 지키고 있다. 많은 사람이 접속하는 홈페이지의 기능적 측면에서 볼 때, 띄어쓰기를 무시하는 것은 구축 당사자 스스로 교육적 공익성을 져버리는 행위이다. 일관된 원칙을 가지고 홈페이지를 구축해야 할 것이다.

5) 여백은 홈페이지 내용을 읽다가 쉴 수 있는 시각적인 안정감을 주는 역할을 한다. 여백은 디자인의 통일감을 주며 본문을 강조해 줌으로써 시선이 글로 가도록 하여 가독성을 유지시키는데 도움을 준다. 흰 공간은 어간, 적당한 자간, 행간, 글줄

<그림 1> 서울대학교 HP 메인화면

구성내용은 홈페이지에 고정된 5가지 항목과 별개로 하단에 좌·우로 2개의 항목을 다루고 있다<그림 2-①~③>. <그림 2-①>은 서울대학교 개교 54주년 행사로 마련된 '역사와 의식, 고구려의 숨결을 찾아서'의 세부페이지다. 행사기간은 2000년 10월 15일~20일까지로 관람기간 이후에 새로운 내용의 업데이트는 이루어지지 않고 있었다. <그림 2-②>와 <그림 2-③>은 기획전시실의 전시내용을 소개하고 있으나, 이 경우 역시 행사기간이 지나서도 해당 내용의 수정은 확인할 수 없었다. 전시기간 동안에 홈페이지에 기획전시를 홍보하고 소개하는 것은 당연하다. 그러나 전시기간이

의 길이, 여백과 밀접한 관계가 있다. 만약 레이아웃 공간 위에 여백 없이 빽빽하게 글을 실었다면 가독성에 상당한 영향을 받을 것이다. 실지로 서울대학교 박물관 홈페이지도 같은 경우에 해당된다. 필요 이상의 오른쪽 여백 활용으로 왼쪽 하단에 실린 글자의 자간과 행간이 좁아져 가독성을 저하시키고 있다. 여백은 방문자의 눈이 쉽게 행에서 다음 행으로 이동하도록 안내하며, 가독성을 유지시키는데 상당히 중요하므로 홈페이지를 제작할 때 여백을 확보하거나 한 컬럼 정도는 비워서 흰 공간을 확보하는 것이 웹디자인의 융통성을 부여하는 바람직한 방법일 것이다.

<그림 2> 세부페이지 구성

지나고 나면 새로운 주제의 기획전시물로 전시실이 바뀔 것이고 홈페이지
역시 수정되어야 할 것이다. 홈페이지의 관리에서 적시성이 떨어짐을 확인
할 수 있었다. 또한 <그림 2-②>의 '파푸아누기니 민속유물전'의 경우는
접속 후 어느 정도의 로딩(loading) 시간이 초과되면 접속이 거부되는 경
우가 있다.6) 움직이는 그림 즉 플래시화면이 로딩 되는 시간은 컴퓨터 사
양과 내부 사용환경에 따라서 차이가 있을 수도 있다. 그러나 '파푸아누기
니 민속유물전'의 경우는 내용과 직접적인 관련이 없는 기하학 문양을 보
여주기 위해서 무리하게 플래시를 꼭 사용해야만 했을까 하는 의문이 있
었다. 물론 문양이 '파푸아누기니 민속유물전' 내용과 관련이 있다는 것은
필자들이 인제대학교 가야문화연구소 홈페이지를 구축할 때 홈페이지의
로고(logo)7)을 선정했던 경험에서 이해가 되지 않는 것은 아니다. 그러나

---

6) 본 논저를 집필하기 위해서 사용하고 있는 컴퓨터 사양은 Pentium(r) Ⅲ processor
128.0MB RAM이며, 내부 사용환경은 솔라리스 서버를 사용하고 RAN선을 통하
여 통신환경이 조성되어 있는 것을 밝힌다.

<그림 2-①> 세부페이지 구성

어떤 관련을 가지고 있는지 해당 설명이 없다면 그 의미에 대해 이용자가 이해하기는 쉽지 않다.

상단에서 다루고 있는 항목들 중에 '소장품안내'의 경우는 전체 4,084건의 6,904점에 대해서 단지 12개의 유물 사진만을 보여주고 있을 뿐이다. 소장품의 수효에 비해 빈약한 사진의 제시는 소장품이 빈약한 것으로 오해될 수 있다. 다만 소개사진의 비중은 발굴유물 중심이 아닌 현대미술품과 자연사품 등 총 4종류로 분류를 하고 있어 발굴품 위주의 단편성을 탈피하려는 노력이 보인다. 그러나 '도서실안내'는 해당 웹페이지는 있으나 내용이 없어 홈페이지 관리의 허점으로 지적될 수 있다.

---

7) 로고는 회사명이나 상표명 등 그 명칭을 나타내는 일련의 문자 또는 상징물 전체를 디자인하여 심벌화한 것이다. 로고는 독창적으로 디자인되어 정보과잉 사회에서 커뮤니케이션 경로를 단축시키는 기능을 수행하고 있다.

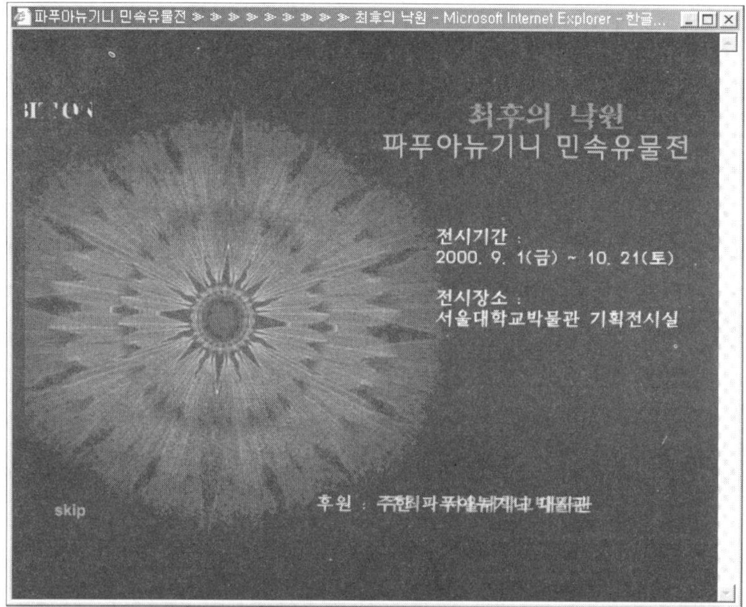

<그림 2-②> 세부페이지 구성

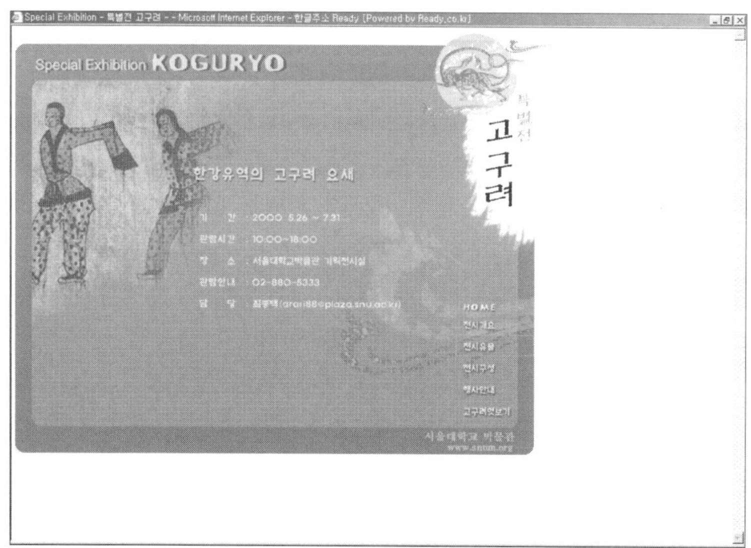

<그림 2-③> 세부페이지 구성

② 고려대학교 박물관

메인화면의 구성은 상·하 이단으로 구분하고 있다<그림 3>. 상단은 가운데에 학교를 상징하는 로고를 이미지로 처리하고 있다. 하단은 중앙에서부터 좌측으로 활용하고 있다. 좌측 상단에 '박물관'이란 문자 이미지를 쓰고 있으며, 중앙 부분에 세부항목을 위에서 아래로 나열하고 있다. 세부항목으로 '기관소개', '일반안내', '전시관', '정보서비스', '사이버문화관', '학교사자료실', '전시 및 행사', '고려대학교'의 항목이 있다. 각 페이지는 하나의 페이지 위에 내용만을 바꾸어 표현하고 있다<그림 4>. 전체적으로 연한 살색 배경에 위아래로 고려대학교의 상징색깔인 짙은 자주색을 둘러 보색 효과를 주고, 글자의 색은 검정과 회색, 자주색을 쓰고 있다. 그러나 서울대학교 박물관 홈페이지와 마찬가지로 SITE-MAP이 없어 원하는 박물관 정보에 쉽게 접근할 수 없으며, 배경색과 같은 자주색으로 글자를 강조하여 쉽게 알아 볼 수 없어 가독성이 떨어진다.

구성내용은 8개로 박물관 내부의 인적구성과 관람안내 및 전시관 소개까지는 다른 박물관 홈페이지와 같으나 '사이버문화관'과 '정보서비스'는 별다른 개성을 가지고 있다. '사이버문화관'의 경우 문화관광부와 경향신문사가 후원하는 문화정보화운동(Culture-Net)사업으로 24개 단체들의 링크와 자료가 공유되어 있다. 그러나 검색기능의 작동이 제대로 이루어지지 않고 있다.[8] 네트워크를 구축해놓고 작동여부를 확인해서 지속적으로 보완하지 않는다면 네트워크 구축의 본래적 의미는 없어지는 것이나 마찬가지다. 물론 구축당사자는 문화관광부와 경향신문사이지만 홈페이지에 링크를 허락한 해당 기관의 무성의로 생각될 수 있다. 구축당사자와 링크자 간의 긴밀한 연구와 협조를 요구하는 대목이다.

'정보서비스'의 경우는 방명록과 자료검색기능을 총괄하고 있다. 메인페이지에서 방명록과 자료검색기능 그리고 SITE-MAP을 확인하지 못한다면 세부항목을 하나하나 확인해볼 수밖에 없는 불편함을 겪을 것이며, 그만큼 정보접근의 시간이 소요됨을 의미하는 것이다. 또한 검색서비스의 경

---

8) 검색 창에서 목아박물관을 검색하면 자료가 없다는 화면이 나타난다.

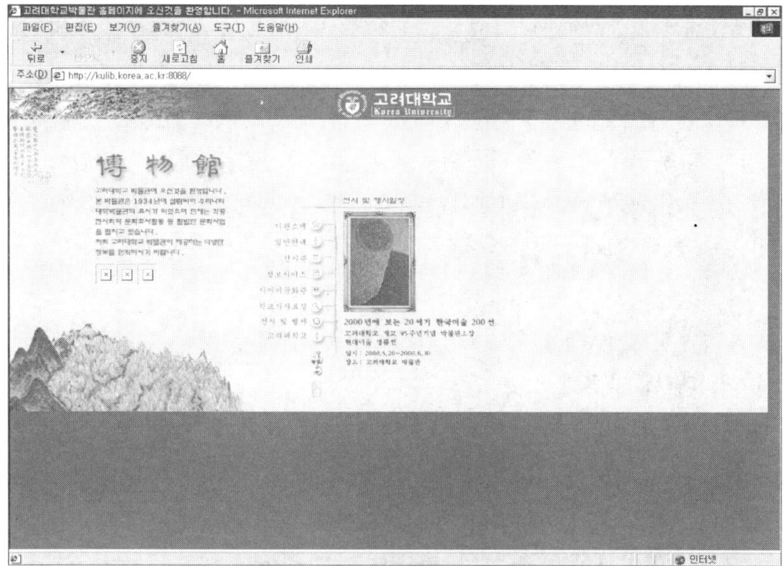

<그림 3> 고려대학교 HP 첫 화면

<그림 4> 세부페이지 구성

우 '메뉴검색'기능과 '가나다검색'기능으로 나누어 놓고 있다. 전자의 경우 간략하게 '고고자료 30건'이라는 명기와 함께 고고자료의 개념을 정리하고 있다. 후자의 경우 'ㄱ' 'ㄴ' 순서에 따른 검색기능을 제공하고 있다. 너무 잘게 나눈 세부항목은 방문자들에게 혼란을 줄 수 있다.9) 친절이 지나치면 실례가 되기 마련이다. '관련사이트'의 경우 전체 81개의 링크 중 24개가 작동하지 않아 만들어만 놓고 관리에는 소홀한 일면을 보여주고 있다.

③ 신라대학교 박물관

메인화면의 구성은 상·하 이단으로 구분하고 있다<그림 5>. 상단 중앙에 '신라대학교박물관'이란 문자이미지를 두고 있다. 하단은 정중앙 좌측부에 전시실 전경 사진이미지를 두고 우측에 '박물관소개', '유적조사개관', '소장유물', '공지사항', '방명록', '발굴도록'의 순서로 세부사항을 나열하고 있다. 세부 각 페이지는 별개의 페이지로 바꾸어 표현하고 있다<그림 6>. 전체적으로 백색 배경에 글자는 검정과 파란색을 쓰고 있다.

구성내용은 5개를 다루고 있다. 방명록과 공지사항은 있으나 기능이 정지된 상태이고<그림 7>, SITE-MAP이 없어 원하는 박물관 정보에 쉽게 접근하기 어렵다. '발굴도록'은 별도의 프로그램 설치를 요구하고 있어, 일반이용자에게는 제한사항으로 작용하고 있다<그림 8>. 전체 6가지의 항목 중 3가지나 작동하지 않고 있어 관리에 소홀한 일면을 보여주고 있다.

---

9) 본 논저의 '4. 가야사 홈페이지 구축방안' 중 2) 홈페이지의 목차구성 (마) 논문 및 보고서 검색 참조.

<그림 5> 신라대학교 HP 메인 화면

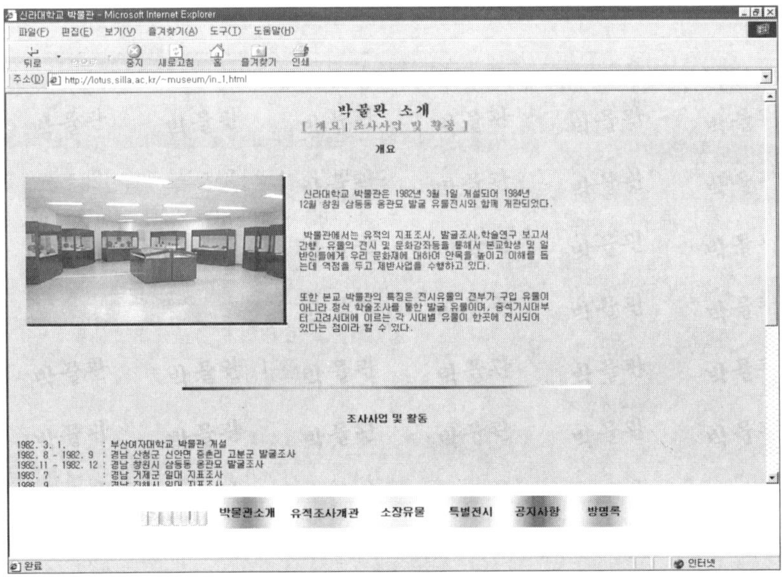

<그림 6> 세부페이지 구성

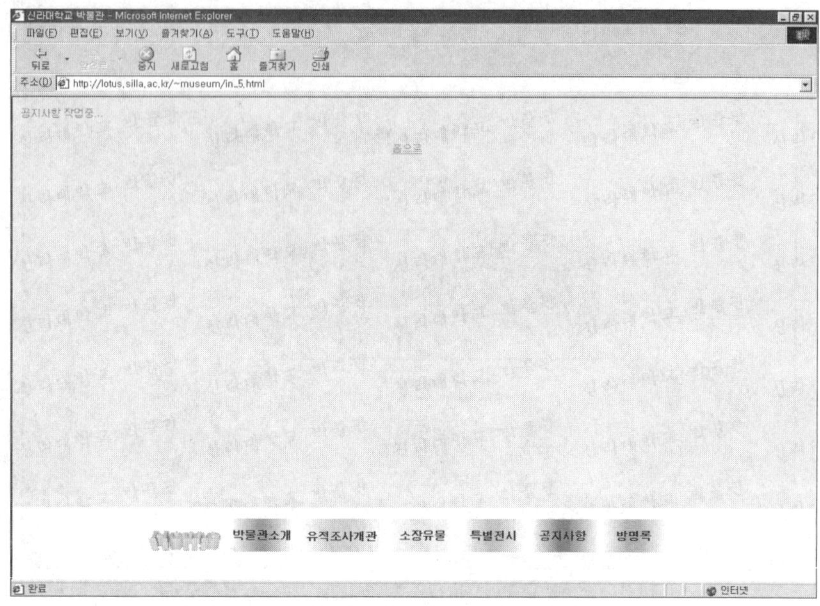

<그림 7> 공지사항 작동불능

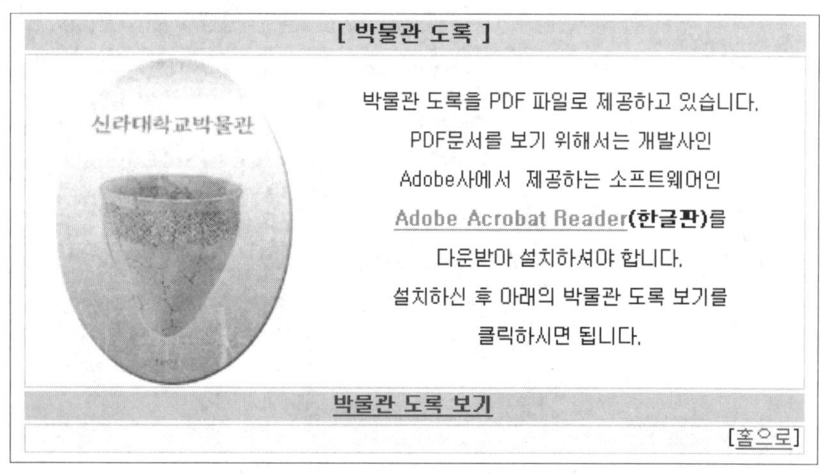

<그림 8> 박물관도록 관련 페이지

④ 부산대학교 박물관

메인화면은 좌·우 양쪽으로 나누어 구성하고 있다. 좌측 상단으로부터 아래로 'Home', '박물관 소개', '소장유물', '발굴유적', '관련자료', '행사일정', '방명록', '링크사이트', 'PNU Home'의 순서로 세부사항을 나열하고 있다. 세부 각 페이지는 별개의 페이지로 바꾸어 표현하고 있다<그림 10>. '관련자료' 항목의 경우 작동이 되지 않는다. 전체적으로 백색 배경에 글자는 검정색과 파란색을 쓰고 있다<그림 9>.

구성내용의 경우 방명록의 운영은 양호하나, 공지사항은 '99 1학기 박물관 교육활동에 관한 내용 이후 업그레이드되지 않고 있어, 관리에 소홀한 일면을 보이고 있다. 관련자료의 경우는 링크가 깨져 있어 공지사항과 마찬가지로 업데이트 및 관리가 소홀하다. 링크사이트의 경우 전체 68개 중 35개의 링크가 오작동을 한다. 역시 만들어 놓고 사후 관리의 소홀함을 보이고 있다. 또한 SITE-MAP과 검색기능이 없어 원하는 박물관 정보에 접근하기 어렵다. 해상도와 구동 소프트웨어에 관한 별도의 권장사항10)을 권유하고 있다(해상도 800*600 Full Screen Netscape 4.03).

---

10) '해상도 800*600 Full Screen Netscape 4.03' 혹은 어떠한 웹브라우저에서 최적화 되어 있다는 안내 문구는 사용자 환경을 고려한 것으로 보일 수도 있다. 그러나 해상도 문제는 사용 하드웨어 즉 어떤 크기의 모니터를 사용하고 있는가의 문제로 귀결된다. 15인치와 17인치 모니터의 경우 17인치가 해상도가 높다. 17인치에 맞추어 해상도가 높게 제작된 홈페이지의 경우 당연히 15인치 모니터에서는 화면에 나타나는 글자 줄이 밀리는 현상이 나타난다. 그러나 막상 프린터 출력을 하면 글자 줄의 밀리는 현상은 발견할 수 없다. 또한 사용 웹브라우저에 따라 네스케이프에서는 보이는 사진이 익스플로러에서는 보이지 않을 수도 있다. 따라서 홈페이지 구축당시 사용자환경의 면밀한 조사로 사용자들이 혼란에 빠지는 것을 미연에 방지하고, 좀더 자세한 안내 문구로 소개해야 할 것이다.

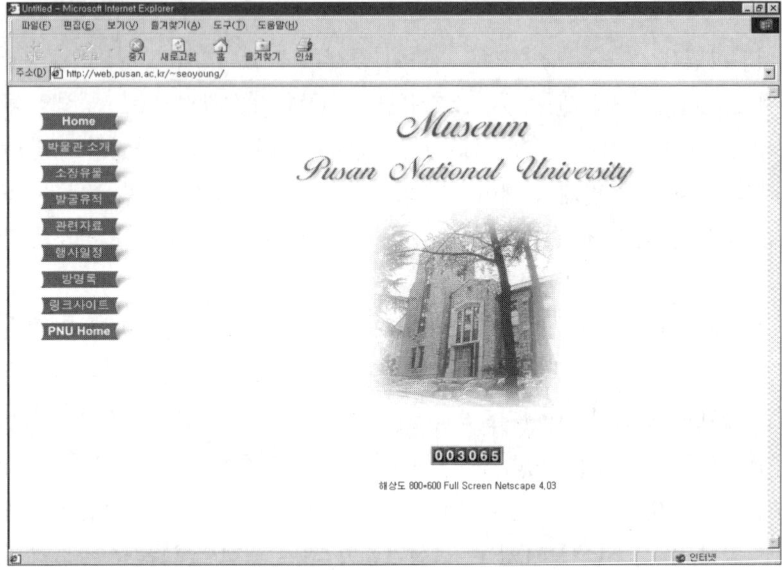

<그림 9> 부산대학교 HP 메인 화면

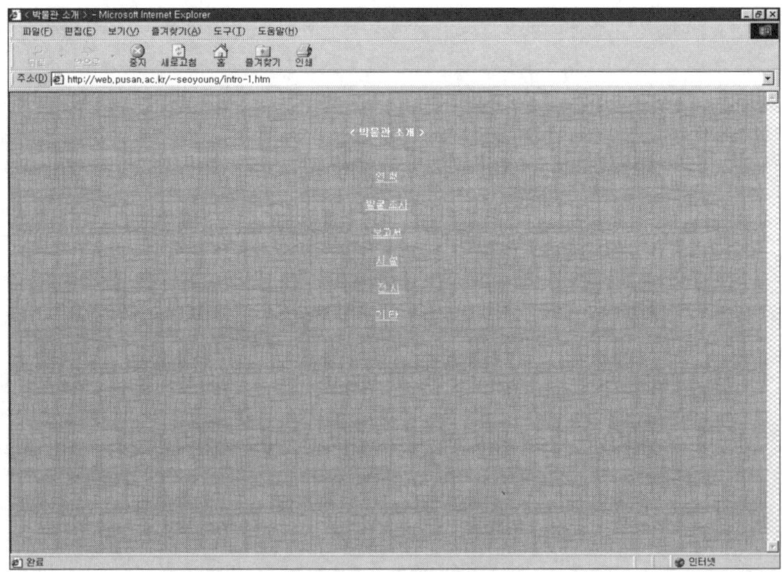

<그림 10> 세부페이지 구성

⑤ 경북대학교 박물관

메인화면의 구성은 부산대학교 박물관과 동일한 양상을 보이고 있다. 중앙에 별도의 Box를 마련하고 Box 좌측에 '유물검색', '박물관 역사', '소장유물 소개', '학술활동', '국보소개', '관람안내', '다른 박물관'의 세부사항을 마련하고 있다<그림 11>. 세부 각 페이지는 각기 별개의 페이지로 바꾸어 표현하고 있다<그림 12>. 전체적으로 살색 배경에 글자는 검정색으로 통일하여 사용하고 있다. 별도의 공지사항 없이 첫 페이지의 하단에 파란색 글자로 안내문을 만들어 놓고 있으며(고인쇄 유물 특별전 개최), SITE-MAP이 없어 원하는 박물관 정보에 쉽게 접근할 수 없고 방명록이 없어 의문사항의 질문이 불가능하다.

구성내용은 7개로 '관람안내' 및 '박물관 역사', '학술활동'은 다른 대학박물관 홈페이지와 별반 차이가 없다. '소장유물 소개'의 경우 발굴유물의 비중이 높다.11) '유물검색'은 검색 조건에 따라 세부항목을 두어 잘 만들어진 편이나, 검색화면 하단에 생소한 용어에 관해서 상세한 설명을 달아 주었으면 한다. 전문가들의 경우 재질 항목지정에서 골각패(骨角貝)하면 짐승의 뿔로 만든 유물과 조개류라는 것을 알 수 있으나, 일반인들 특히 한자에 미숙한 방문자의 경우 처음 접하는 생소한 용어에 당혹감을 가질 수 있다. '다른 박물관' 즉 링크 사이트의 경우 35개 중 13개의 링크가 깨져 있어 관리에 소홀한 일면을 엿볼 수 있다.

---

11) '소장유물 소개'에서 다루고 있는 유물의 분류는 고분금속, 금동불·마애불, 청자·토기, 석불, 공예, 탑파, 석조, 백자·분청사기, 사원건축, 총서, 궁실건축, 서예·전적이며 대부분이 발굴유물 중심이다. 박물관이 전문화되어 있지 못한 실정에서 서울대학교 박물관의 경우처럼 현대미술품과 자연사품 등을 전시목록에 추가하여 일반인들의 인식 속에 지리잡고 있는 박물관에 대한 고정관념을 바꾸어줄 필요가 있다. 물론 이와 같은 노력은 경북대학교 박물관 혼자만이 할 일이 아니고 관련기관 전체가 새롭게 인식할 문제일 것이다.

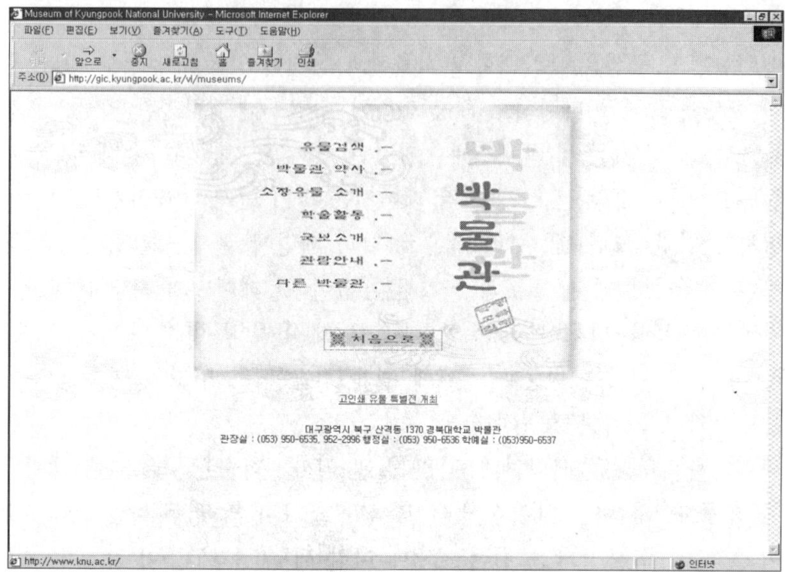

<그림 11> 경북대학교 HP 메인 페이지

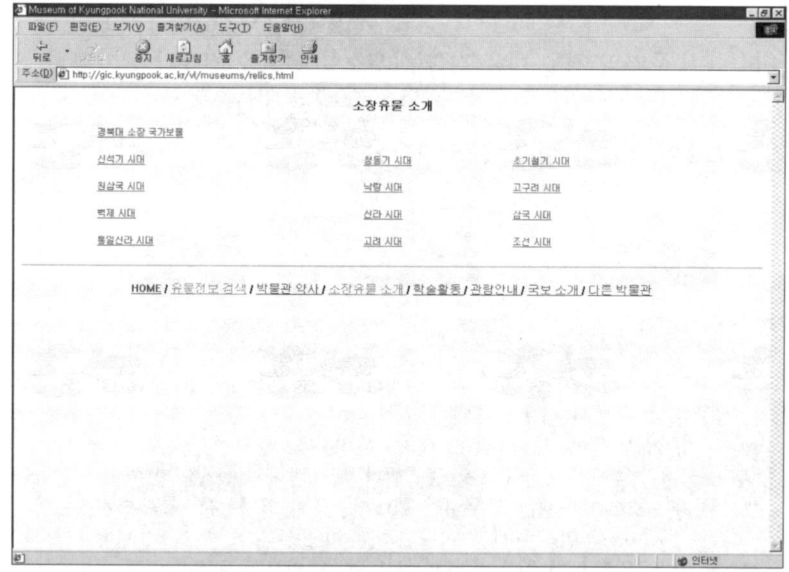

<그림 12> 세부페이지 구성

⑥ 동아대학교 박물관

　메인화면의 구성은 좌측 4/5를 새로운 뉴스로 채우고 우측 1/5에 홈페이지의 목차를 제시하고 있다. 다시 좌측은 크게 2단으로 나누어, 상단에 문자로고를 두고 있고 하단에 최근의 박물관 활동을 간략하게 소개하고 있다. 우측 편에는 '박물관 안내', '소장품감상', '학술활동', '부산문화·역사', '홈페이지', '관련사이트', '방명록'의 세부 항목을 마련하고 있다<그림 13>. 세부항목은 각기 별개의 페이지를 마련하고 있다<그림 14>.

　전체적으로 살색 배경에 글자는 검정색과 파란색으로 쓰고 있으며, 방명록은 있으나 SITE-MAP과 검색기능이 없어 원하는 정보에 쉽게 접속할 수 없다. E-MAIL의 경우 첫 화면 하단에 관리자 이름을 클릭했을 때 연결되게 만들었다.

　자료의 양이 많고 꾸준한 업데이트가 이루어지고 있으나 각 세부 항목별로 로딩 속도가(대략 1분 정도의 시간이 소요됨) 떨어진다.

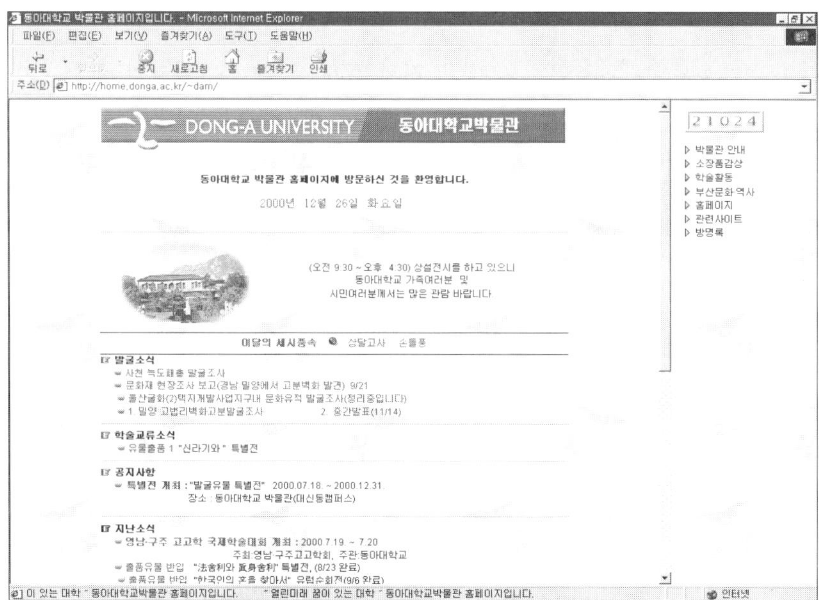

<그림 13> 동아대학교 HP 메인 페이지

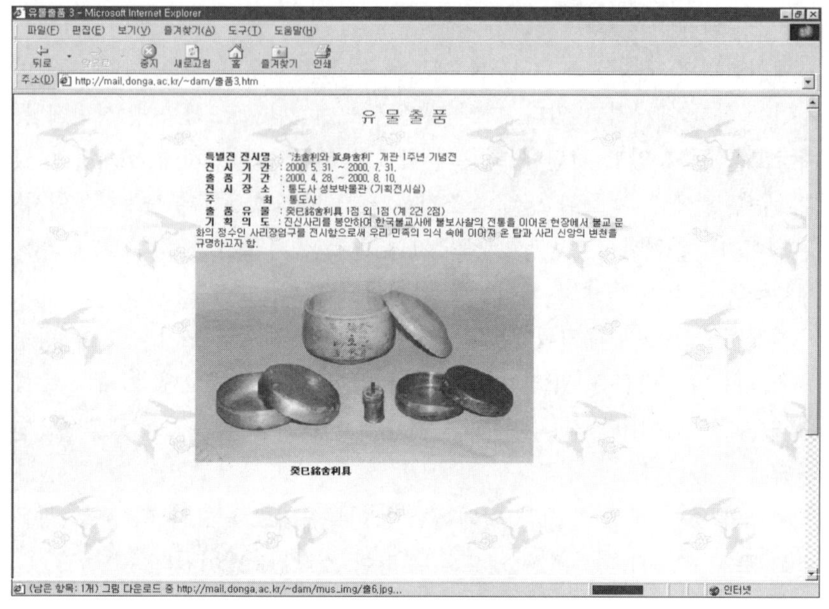

<그림 14> 세부페이지 구성

구성내용 중 '관련사이트'의 경우 전체 77개 중 22개의 링크가 깨져 있어 관리가 소홀한 일면을 알 수 있다. '소장품감상'의 경우 시대별 분류를 중심으로 발굴품 위주로 안내하고 있으며 민속자료도 소개하고 있다.

⑦ 동의대학교 박물관

메인화면의 구성은 중앙을 기준으로 상단에 문자로고를 쓰고 있다. 그 아래에 움직이는 그림 문자를 사용하고 있으나 글자가 웹 화면에서 깨져 알아볼 수 없다<그림 15>. 하단에 세부 항목을 마련하고 각 항목은 '수로왕사람이야기', '박물관소식', '가야문화탐방', '학술발굴조사', '가야와이웃나라', '가야의 유물', '가야를찾는사람들', '발굴뒷이야기'를 다루고 있다<그림 16>.

전체적으로 백색 배경에 파란, 주황, 적색, 보라의 4가지 색을 다채롭게 사용하고 있으나, 다소 산만한 느낌을 주며, 세부항목 좌우에 현대적 애니

<그림 15> 동의대학교 HP 메인 페이지

<그림 16> 세부페이지 세부

<그림 17> 글자가 깨진 부분

<그림 18> 권장사항

메이션의 이미지를 두어 오히려 로고가 상징하는 사이버 가야문화의 이미지를 감소시키고 있다. 각 세부 페이지는 별개의 페이지로 구성되어 있으며, 중간 중간에 정지 그림을 사용하고 있다<그림 17>.

내용구성의 경우 '가야외 유물', '가야와이웃나라', '가야문화탐방'은 항목만 있고 내용이 아직 구성되지 않은 채로 있다. 페이지를 만들기는 했으나 아직은 내용이 없다. 아직 작업이 완료되지 않은 항목의 경우 작업중 혹은 공사중이라는 멘트를 웹페이지 하단에 써놓아 방문자들에게 양해를 구하는 것이 좋다고 생각한다. SITE-MAP과 검색기능이 없어 원하는 정보에 쉽게 접근할 수 없고, 방명록과 E-MAIL이 없어 의문사항을 질문할 수 없다. 또한 "이 홈페이지는 Netscape 3.0 이상에서 가장 완벽하게 동작합니다"라는 권장사항을 별도로 안내하고 있다<그림 18>.

(2) 국립박물관 홈페이지

① 중앙박물관

메인화면의 경우 정중앙을 기준으로 상단에는 문자와 그림을 사용한 로고를 배치하고 아래쪽으로 권장사항과 방문카운터 및 박물관 주소와 전화번호를 작은 글씨로 소개하고 있다. 다음 페이지로 넘어가기 위해서는 첫 페이지 상단의 문자로고를 클릭해야 하며, 전체적으로 살색 배경에 검정색 글자를 쓰고 있다<그림 19>. 두 번째 페이지에서 세부 항목을 다루고 있다. 세부항목은 '박물관 도우미', '유물정보', '유물정보 검색', '국립지방박물

<그림 19> 중앙박물관 HP 메인 페이지

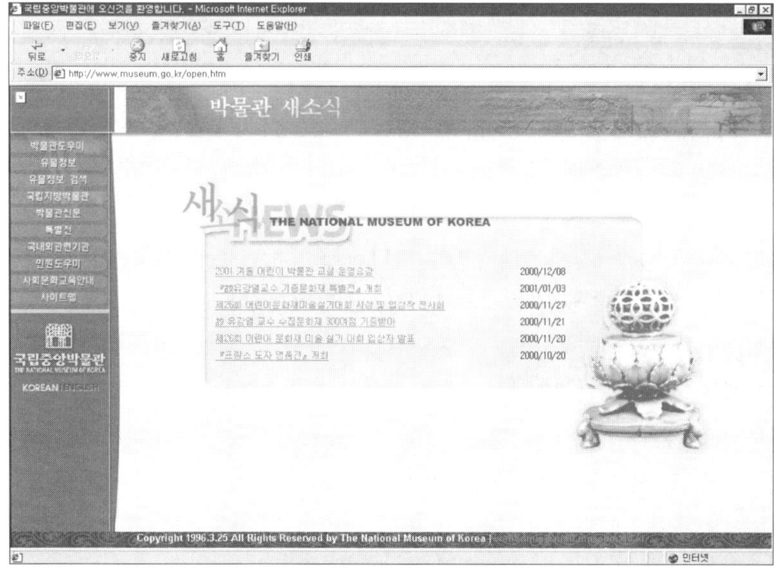

<그림 20> 세부페이지 구성①

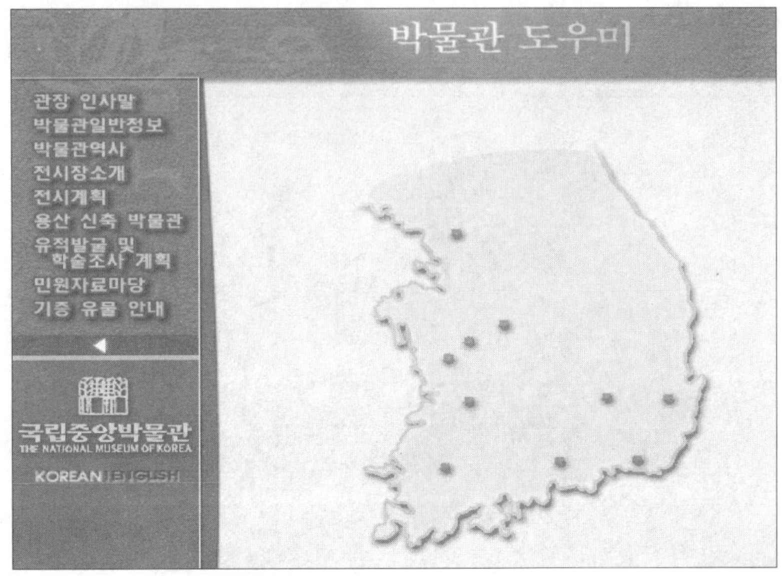

<그림 21> 세부페이지 구성②

관’, ‘박물관신문’, ‘특별전’, ‘국내외관련기관’, ‘민원도우미’, ‘사회문화교육안내’, ‘사이트맵’ 등이다. 세부 항목 페이지의 경우 배경은 첫 화면과 동일하나 왼쪽과 위쪽에 적색의 테두리를 두어 테두리 안의 내용을 강조하는 화면효과를 거두고 있다<그림 20>. 또한 각 세부 항목은 별개의 페이지로 구성되었고, 페이지에 따라 다루는 내용도 다시 나누어져 있다<그림 21>.

내용구성은 관련링크의 경우 국내외 133개 중 44개의 링크가 깨져 있다. 영어 사용권역의 경우 웹페이지에 나타나는 글꼴에 이상이 없으나 일본사이트 링크의 경우 문자가 깨져 나오는 경우가 있다. 이러한 경우를 미리 예상해 일본어 구현을 위해 어떤 프로그램을 미리 컴퓨터에 설치해야 되는지를 일본어로 친절하게 알려줄 필요가 있다. 다른 특이사항으로는 ‘사회문화교육안내’를 들 수 있다. 박물관의 일반적인 기능이 전시에 한정되어져 있다고 생각되지만 실지로 박물관의 기능은 지역사회의 교육에도 있다. 우리나라를 대표하는 박물관이지만 서울에 있다는 지역적 특성을 살려 시민들의 문화공간으로서 활용할 수 있는 별도의 장을 모색한 것으로 볼

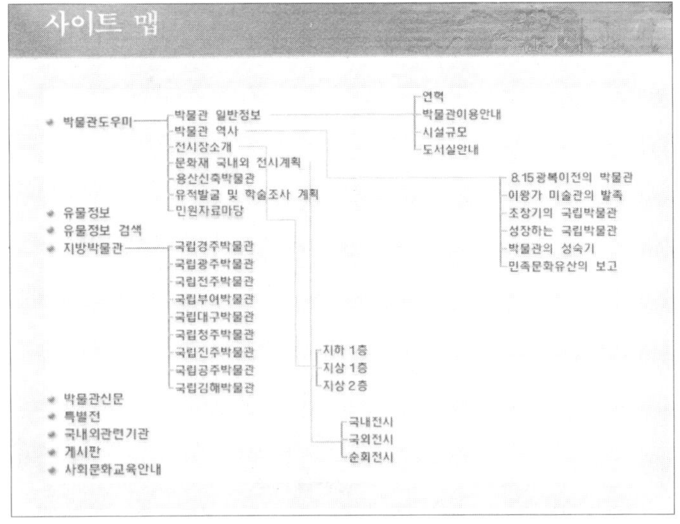

<그림 22> SITE-MAP

수 있다.

SITE-MAP이 있어 한 눈에 홈페이지의 구성을 알 수 있다<그림 22>. E-MAIL과 방명록이 있어 의문사항의 질의와 응답이 가능하며, 영어 구현이 가능한 점이 특징이다.

② 부여박물관

메인화면의 구성은 중앙을 중심으로 능산리유적에서 출토된 백제대향로를 로고로 두고 있으며, 배경색은 베이지색 계통의 미색을 사용하고 있다. 글자의 색은 초록색 계통의 미색을 사용하여 음영을 표시하고 있다. 로고를 중심으로 흰색 톤을 주어 이미지를 부각시키는 효과를 거두고 있다<그림 23>. 세부 항목은 별개의 페이지를 두어 '박물관안내', '문화사랑방', '사이버박물관', '사이트맵', '공지사항', '방명록', '게시판'의 내용으로 나누고 있다. 세부페이지는 좌·우 모퉁이에 짙은 초록색 테두리를 두고, 안쪽 배경색은 연분홍 미색을 사용하며 글자의 색은 검정색을 위주로 하고 있다<그림 24>.

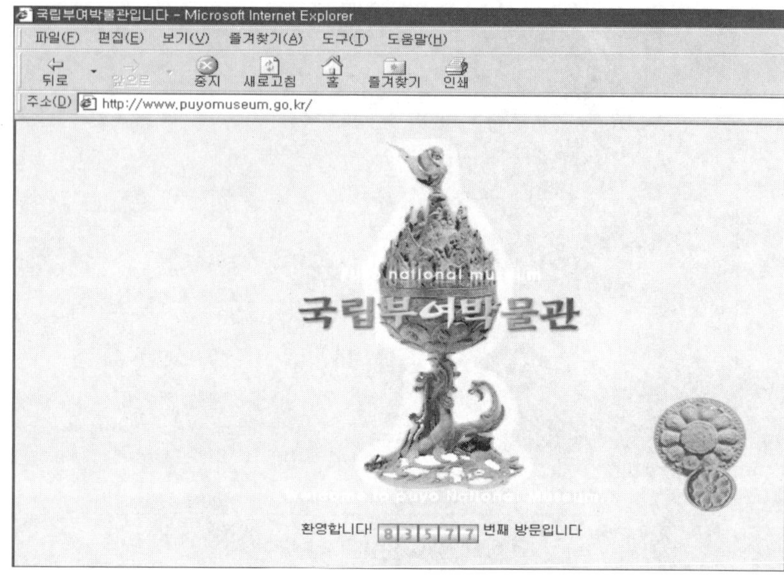

<그림 23> 부여박물관 HP 메인 페이지

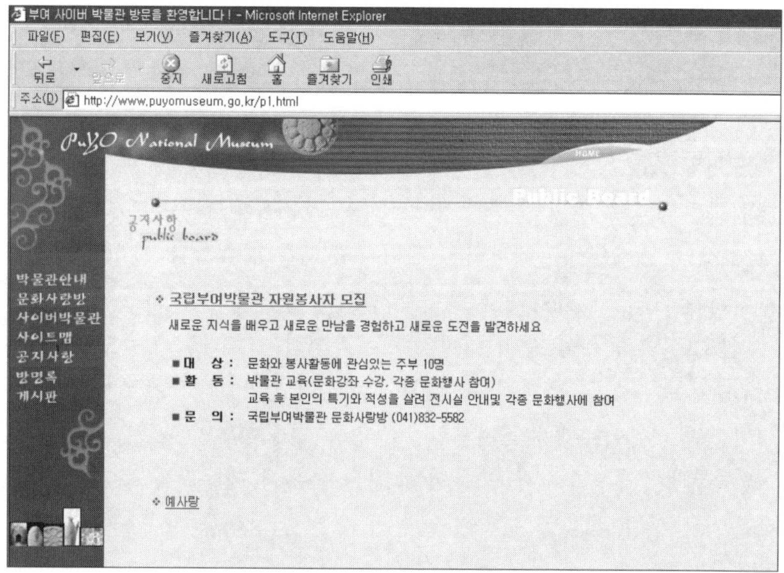

<그림 24> 세부페이지 구성

<그림 25> 오작동을 알리는 문구

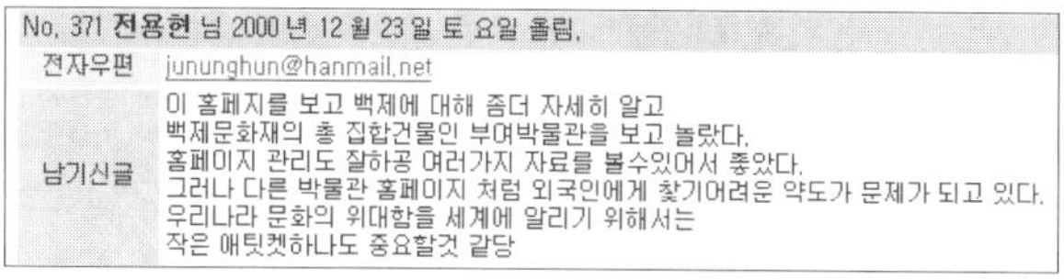

No, 371 **전용현** 님 2000 년 12 월 23 일 토 요일 올림,

전자우편 jununghun@hanmail.net

남기신글
이 홈페지를 보고 백제에 대해 좀더 자세히 알고
백제문화재의 총 집합건물인 부여박물관을 보고 놀랐다.
홈페이지 관리도 잘하공 여러가지 자료를 볼수있어서 좋았다.
그러나 다른 박물관 홈페이지 처럼 외국인에게 찾기어려운 약도가 문제가 되고 있다.
우리나라 문화의 위대함를 세계에 알리기 위해서는
작은 애틋켓하나도 중요할것 같당

<그림 26> 박물관HP 개선사항 지적

메인페이지에서 두 번째 페이지(세부페이지)로 넘어가는 과정에서 간혹 오작동을 일으켜 <그림 25>와 같은 문구가 나타난다. 홈페이지 관리 측면에서 미흡한 점이 보인다.

내용구성에 별다른 특징은 없고 중앙박물관과 동일하게 지역 주민들을 위해 박물관 자체 내에서 주기적으로 시행하고 있는 문화행사를 홍보하여 참여를 유도하고 있다. 아쉬운 것은 행사참여가 무료인지 참가비를 필요로 하는지 알 수 없다는 것으로 이 부분을 밝혀주었으면 좋겠다. SITE-MAP이 있어 홈페이지를 한 눈에 알아볼 수 있으나 검색기능이 없어 원하는 정보에 쉽게 접근할 수 없다. 공지사항과 게시판이 있어 박물관 행사를 접속자에게 알릴 수 있어 홍보에 도움이 된다. 방명록을 통하여 의문사항의 질의와 응답 및 개선사항에 대한 조회도 가능하다<그림 26>.

③ 공주박물관

메인화면의 구성은 중앙박물관과 유사한 패턴을 가지고 있다. 중앙을 기준으로 상단에는 문자를 사용하여 메인타이틀(공주박물관사이버기행)을 적고, 그림을 사용한 로고를 배치하고 있다. 다음 페이지로 넘어가기 위해서는 첫 페이지 상단의 로고를 클릭하여야 하며, 전체적으로 적색 배경에 백·황·검정색 글자를 쓰고 있다<그림 27>. 두 번째 페이지에서 세부항목을 다루며 세부항목은 '지도보기', '박물관안내'이다<그림 28>. 세부페이지의 배경과 글자의 색은 첫 페이지와 동일하다. 세부페이지는 다시 각각

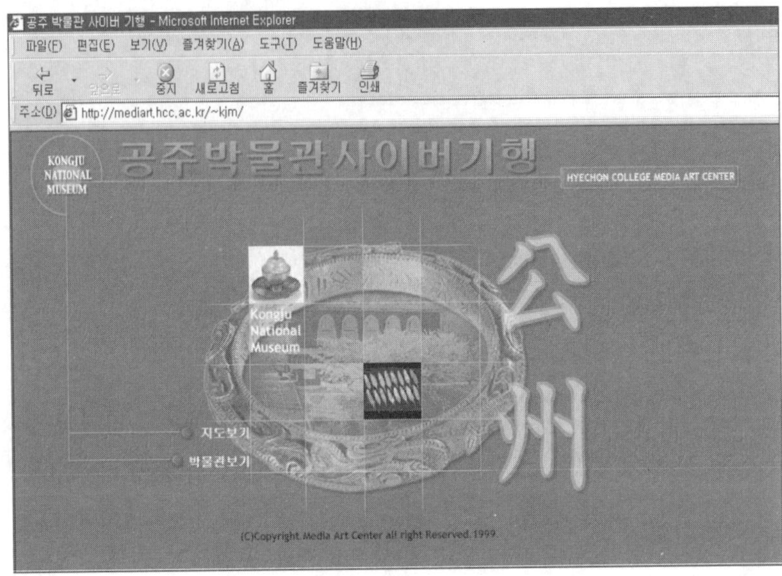

<그림 27> 공주박물관 HP 메인 페이지

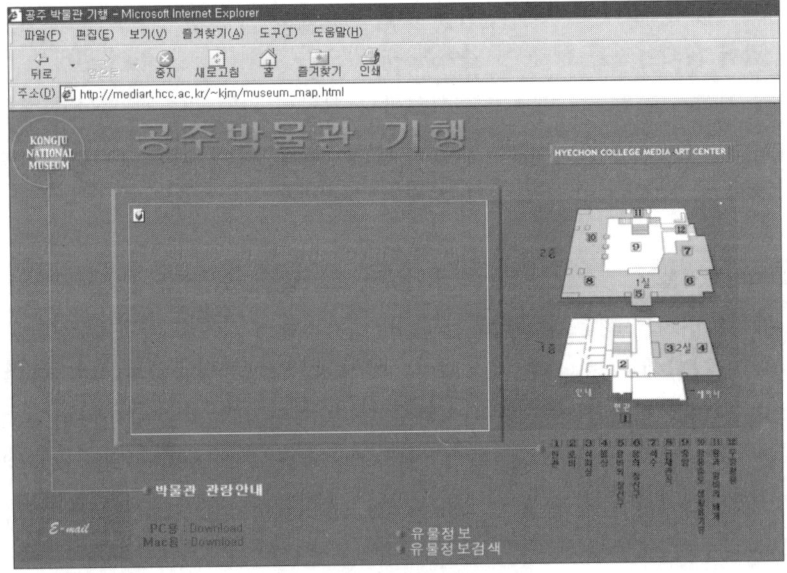

<그림 28> 세부페이지 구성①

<그림 29> 세부페이지 구성②

의 항목별로 페이지가 나뉘며 배경은 분홍계열의 미색을 쓰고 글자는 파란색을 쓰고 있다<그림 29>.

　내용구성의 경우 E-MAIL은 있으나 방명록이 없어 의문사항에 대한 질의 응답의 내용 전체를 공유할 수 없다. SITE-MAP이 없는 반면 검색기능이 있어 원하는 정보에 쉽게 접할 수 있다. 그러나 정보검색 기능은 중앙박물관 홈페이지를 링크시켜 놓은 것으로서 공주박물관 자체의 상세정보는 미약하다. 유물정보는 국립중앙박물관과 지방의 9개 국립박물관에서 소장하고 있는 유물 중 문화·교육자료, 학술자료활용에 도움이 되는 유물을 유물번호순으로 2,000여 점을 다루고 있으나, 전체 수량 중 공주박물관 소장 유물의 정확한 숫자의 파악은 일일이 하나의 항목을 클릭해서 찾아보는 방법밖에 없다. 또한 항목을 클릭했을 때 나타나는 내용 중 '축소 이미지, 비디오 아이콘, 3차원 아이콘 등이 있을 경우, 이를 선택하면 유물의 완전한 이미지, 유물동화상, 그리고 3차원 정보를 각각 보실 수 있습니다.'라는 문구가 보인다. 그러나 동영상을 보기 위해서 클릭했을 때 전송속도

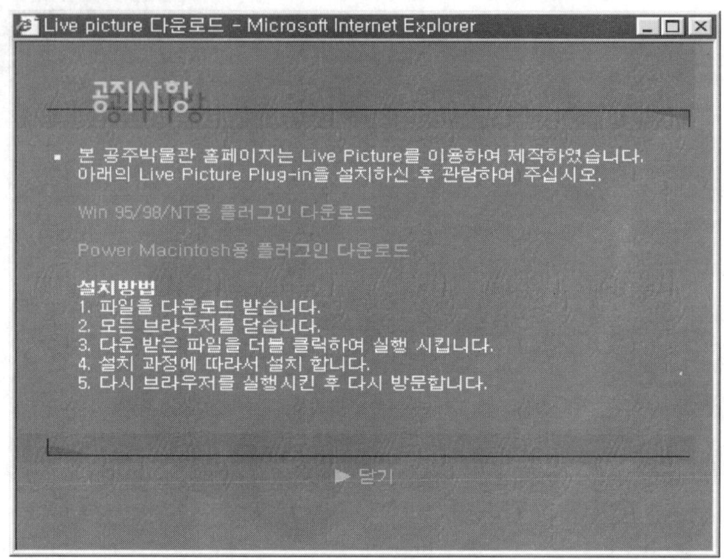

<그림 30> 공지사항

가 느린 경우 화면이 연결되지 않았으며 결국 다운받아서 보아야 한다. 또한 별도의 프로그램 설치를 요구하며, <그림 30>의 프로그램을 설치하지 않았을 때, <그림 28>과 같이 유물사진이 보이지 않는다.

④ 전주박물관

메인화면의 구성은 중앙에 로고를 배치하고 왼편에 세부항목을 다루고 있다. 배경은 백색을 사용하고 있으며 글자는 검정색과 초록색을 사용하고 있다<그림 31>. 세부항목은 '박물관 일반정보', '박물관 교육', '박물관 전시', '박물관 조사계획', '박물관 유물정보', '박물관 유물검색'을 다루며, 배경은 역시 백색 바탕을 쓰고 있고 글자색은 첫 페이지와 동일하다<그림 32>.

구성내용의 경우 박물관의 연혁 및 시설현황을 다루는 '박물관 일반정보'와 지역민을 대상으로 하는 '박물관 교육'과 박물관에서 전시하고 있는 전시품을 소개하는 '박물관 전시'가 있다. '박물관 유물정보'와 '박물관 유물

<그림 31> 전주박물관 HP 메인 페이지

<그림 32> 세부페이지 구성

검색'은 중앙박물관 홈페이지의 유물검색기능을 링크시켜 사용하고 있다. 이 역시 공주박물관의 경우처럼 전주박물관 자체내의 상세 유물정보를 찾아보기가 힘들게 되어 있다. SITE-MAP과 E-MAIL이 없으며 '이 페이지는 1024*768 High Color(16Bit) 해상도 이상에서 정상적으로 볼 수 있습니다' 라는 권장사항을 제시하고 있다.

⑤ 광주박물관

메인화면의 구성 및 세부항목의 페이지 배경과 글자색은 전주박물관 홈페이지와 동일하다<그림 33 · 34>. 광주박물관 홈페이지 역시 SITE-MAP과 E-MAIL이 없다. 중앙박물관 홈페이지의 유물검색기능을 링크시켜 사용하고 있으며, "이 페이지는 1024*768 High Color(16Bit) 해상도 이상에서 정상적으로 볼 수 있습니다"라는 권장사항을 제시하고 있다. 전체적으로 다른 국립박물관 홈페이지와 웹구성 및 색조의 사용, 내용구성에 있어 동일한 양식을 따르고 있어 광주박물관만의 특색이 없다. 공주와 부여박물

<그림 33> 광주박물관 HP 메인 페이지

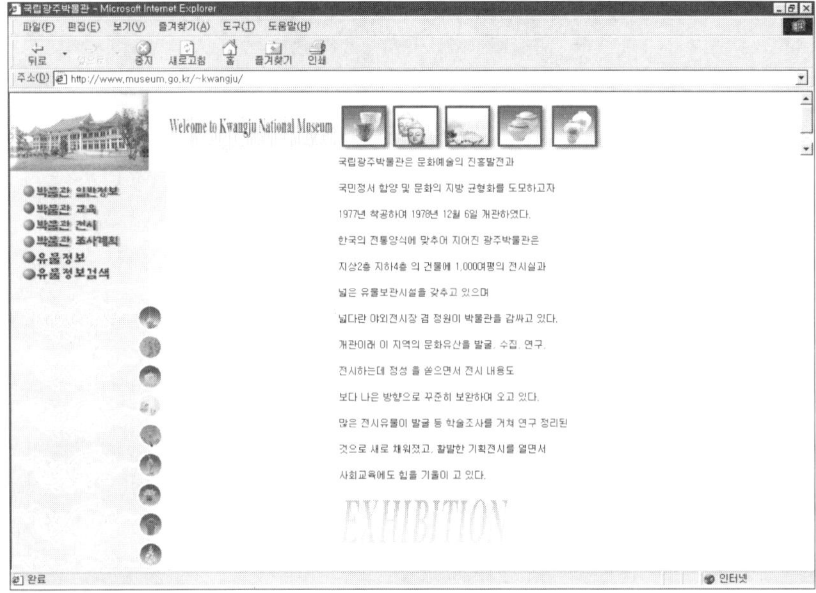

<그림 34> 세부페이지 구성

관은 그렇지 않았다. 이러한 지적은 세부항목으로 '박물관교육'에서 보여주는 지역민에 대한 공공성의 측면을 살리기보다는, 그 지역을 대표하는 지역박물관으로서의 기능에 충실치 못한 것으로 생각된다. 광주를 대표하는 박물관으로서 지역적 특색이 있는 홈페이지의 구축이 아쉽다.

⑥ 경주박물관

메인화면은 상·하 2단으로 나누고 위에 세부항목을 나열하고 있다<그림 35>. 세부항목은 전주박물관 홈페이지, 광주박물관 홈페이지와 동일하다<그림 36>. 배경은 옅은 살색을 쓰며 글자색은 빨강·초록색·검정색을 쓰고 있다. 경주박물관 홈페이지 역시 SITE-MAP과 E-MAIL이 없으며, '이 페이지는 1024*768 High Color(16Bit) 해상도 이상에서 정상적으로 볼 수 있습니다'라는 권장사항을 제시하고 있다. 다른 국립박물관 홈페이지와 같이 중앙박물관 홈페이지의 유물검색기능을 링크시켜 사용하고 있으며 색조의 사용에 있어서 동일한 양식을 따르고 있다. 웹구성의 경우 다른 국

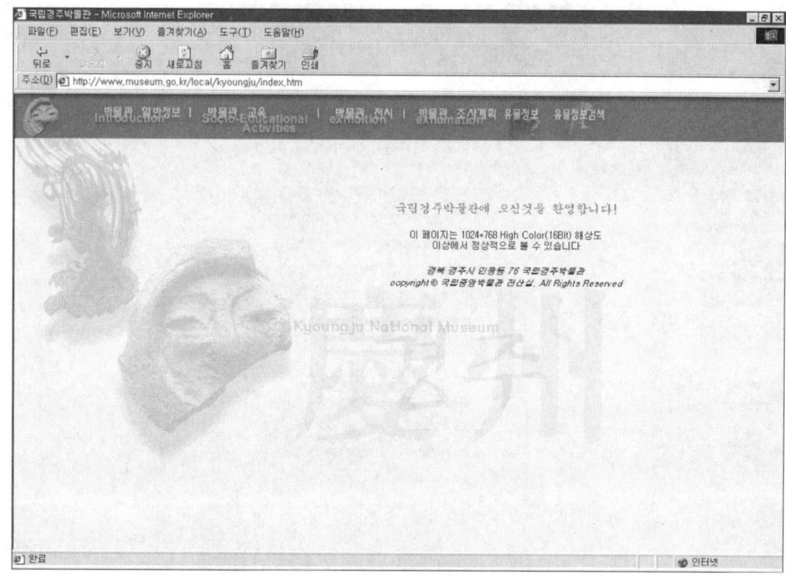

<그림 35> 경주박물관 HP 메인 페이지

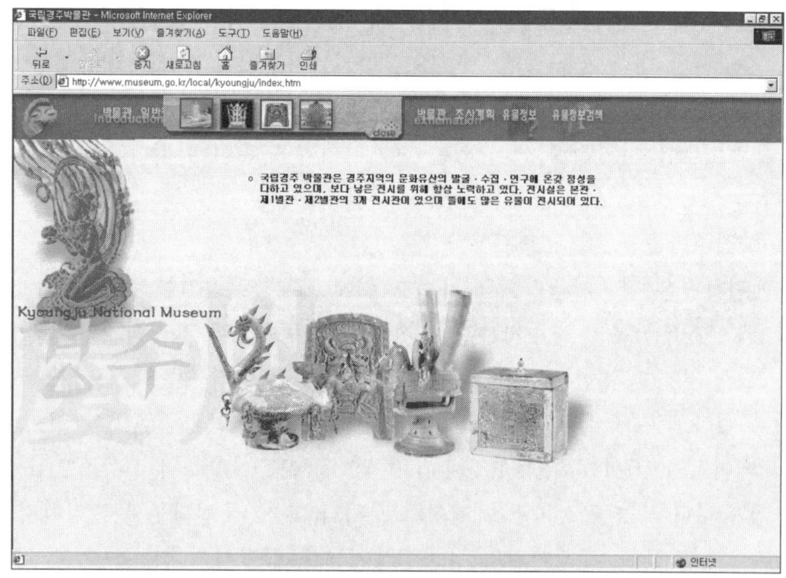

<그림 36> 세부페이지 구성

립박물관에 비해 특이한 점은 세부항목의 나열을 화면 상단에 좌우로 펼쳐놓는 점이다. 구성내용 역시 다른 국립박물관과 동일한 모습을 보이고 있다.

⑦ 김해박물관

메인화면의 구성과 세부항목 페이지 배경과 글자색은 전주·광주박물관 홈페이지와 동일하다<그림 37·38>. 김해박물관 홈페이지 역시 SITE-MAP과 E-MAIL이 없고 중앙박물관 홈페이지의 유물검색기능을 링크시켜 사용하고 있으며, '이 페이지는 1024*768 High Color(16Bit) 해상도 이상에서 정상적으로 볼 수 있습니다'라는 권장사항을 제시하고 있다.

김해박물관 홈페이지 역시 중앙박물관 홈페이지와 웹 구성 및 내용구성 그리고 색조의 사용에 있어서 동일한 양식을 따르고 있어 특색이 없다.

<그림 37> 김해박물관 HP 메인 페이지

<그림 38> 세부페이지 구성

(3) 학회 홈페이지

① 한국고고학회

메인화면의 구성은 중앙을 기준으로 상·하로 나누어 위쪽에는 로고를 두고(기마인물상) 있으며 아래쪽에는 흰색글자로 '한국고고학회'라는 문자 설명을 달고 있다. 배경은 중앙을 기준으로 위에는 검정색을 쓰며 아래에는 파란색 계통의 미색을 쓰고 있다. 글자는 백색과 검정색, 파란색을 쓰고 있다<그림 39>. 로고를 클릭하면 다음 페이지로 넘어가며 세부항목 왼쪽과 위쪽에 각기 파란색(미색)의 테두리를 두고 그 안에 배치하고 있다. 세부항목으로는 위쪽에 'HOME', '학회소개', '학회가입',[12] '고고학보 원문서

---

12) 학회 홈페이지는 회원과 비회원에 차등의 서비스를 제공하고 있다. 물론 회원들의 회비를 받아 운영하는 점을 감안하면 십분 이해되는 부분이다. 그러나 홈페이지 홍보에는 역행하는 것으로 볼 수 있다. '어렵게 찾아온 홈페이지에서 회원이 아니라는 이유로 원하는 정보에 접속하지 못했을 때 방문자들의 기분은 어떠할까?'

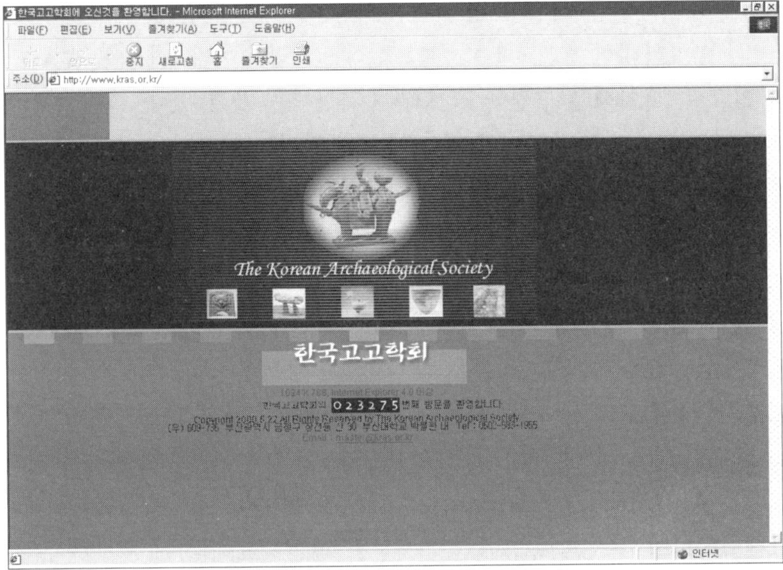

<그림 39> 한국고고학회 HP 메인화면

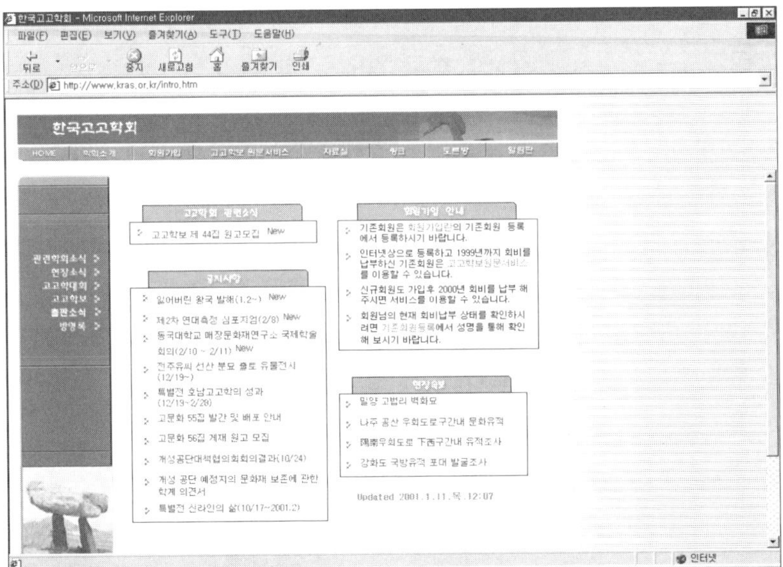

<그림 40> 세부페이지 구성

비스’, ‘자료실’, ‘링크’, ‘토론방’, ‘알림판’이고, 왼쪽은 ‘관련학회소식’, ‘현장소식’, ‘고고학대회’, ‘고고학보’, ‘출판소식’, ‘방명록’이다. 배경은 백색을 쓰고 있으며, 글자색은 빨간색·파란색·검정색을 쓰고 있다<그림 40>.

내용구성의 경우 학회의 소개와 가입을 알리는 세부항목과 고고학보 원문을 서비스하는 항목이 있다. 또한 방명록과 알림판 토론방의 기능이 있으나 토론방과 방명록의 기능이 서로 중복되는 면이 있다. 이 경우 토론방에 올려야 되는 글이 알림방에 올라가 있는 경우를 볼 수 있다. SITE-MAP이 없어 홈페이지 전체 내용을 한눈에 알아보기가 쉽지 않다. E-MAIL이 있어 사적인 질문을 할 수 있는 장점이 있다. 별도의 권장사항으로 ‘1024 X 768, Internet Explorer 4.0 이상’을 마련하고 있다.

② 한국상고사학회

메인화면의 구성은 중앙에 공지사항을 배치하고 왼편에 세부사항을 두고 있다. 배경은 백색 바탕에 검정색·빨간색·파란색의 글자를 쓰고 있다<그림 41>. 세부항목은 ‘학회소개’, ‘학술활동’, ‘공지사항’, ‘회원 가입안내’, ‘토론과문답’, ‘방명록’, ‘게시판’, ‘인터넷검색’을 다루며, 배경은 백색 바탕이고 글자색은 검정색과 청색을 쓰고 있다<그림 42>.

내용구성의 경우 학회 홈페이지의 특성상 학회를 소개하는 세부항목과 회원가입항목을 기준으로 학회의 학술활동에 관하여 1999년~2000년도까지 간략한 소개를 하고 있으며, 2001년도 학술활동 일정도 소개하고 있다. 링크 사이트인 ‘인터넷검색’의 경우 링크가 깨진 곳이 하나도 없어 양호한 홈페이지 관리를 미루어 짐작할 수 있다. SITE-MAP이 없어 홈페이지의 전체적인 내용을 한눈에 살필 수는 없다. 또한 권장사항으로 ‘이 홈페이지를 보기 위해서는 익스플로러 4.0 이상과 16만color 이상이 적당합니다’라는 문구를 두고 있다.

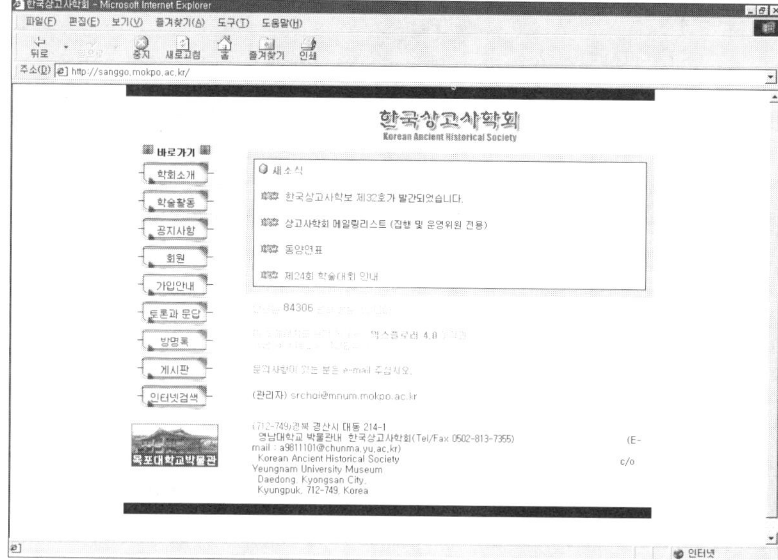

<그림 41> 상고사학회 HP 메인 페이지

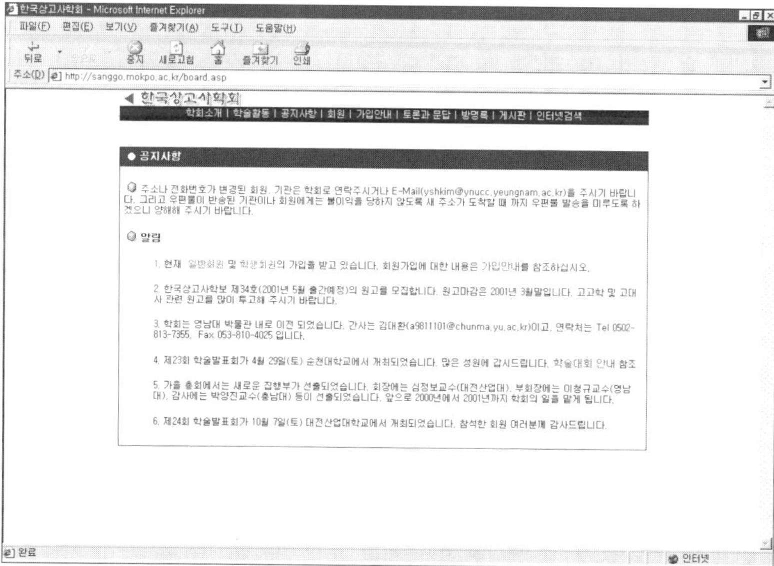

<그림 42> 세부페이지 구성

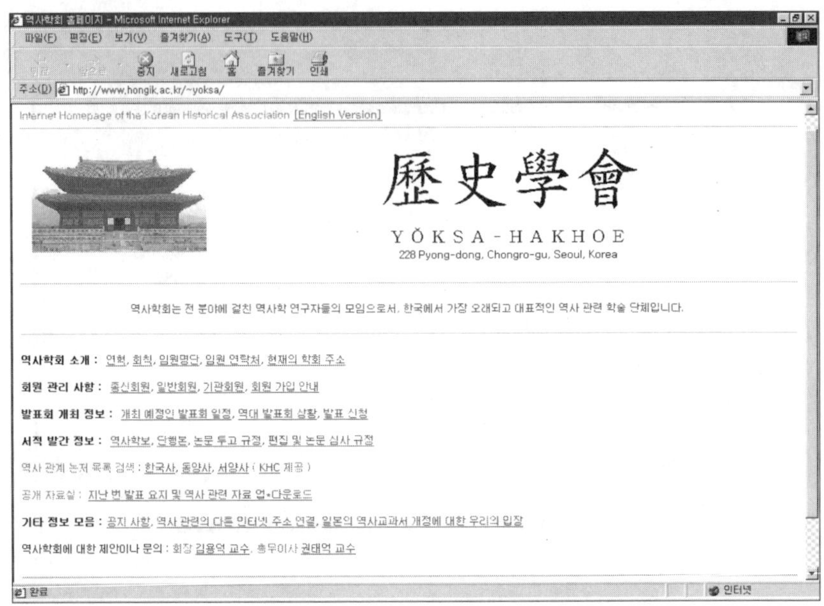

<그림 43> 역사학회 HP 메인 페이지

③ 역사학회

메인화면은 단순하게 백색 바탕에 검정색과 파란색 글자를 쓰고 있고 상단과 하단으로 나누어 상단 왼편에 경복궁 근정전의 이미지를 두고 있으며 하단에 세부항목을 마련하고 있다<그림 43>. 세부항목은 '역사학회 소개', '회원 관리 사항', '발표회 개최 정보', '서적 발간 정보', '역사 관계 논저 목록 검색', '공개자료실', '기타 정보 모음', '역사학회에 대한 제안이나 문의'를 다루고 있다<그림 44>. 세부페이지 역시 배경과 글자색은 첫 페이지와 동일하다. 화면구성의 전부가 문자만으로 되어 있어 단조롭고 지루한 느낌을 준다.

내용구성의 경우 학회소개 및 가입을 안내하는 세부항목과 역대 발표회 정보 및 개최 예정 발표회 일정과 신청양식을 소개하는 '발표회 개최 정보'가 있다. 서적발간 정보와 역사관계 논저목록 검색서비스도 실시하고 있다. 검색의 경우 키워드 검색엔진을 사용하고 있으나 검색옵션의 선택사항

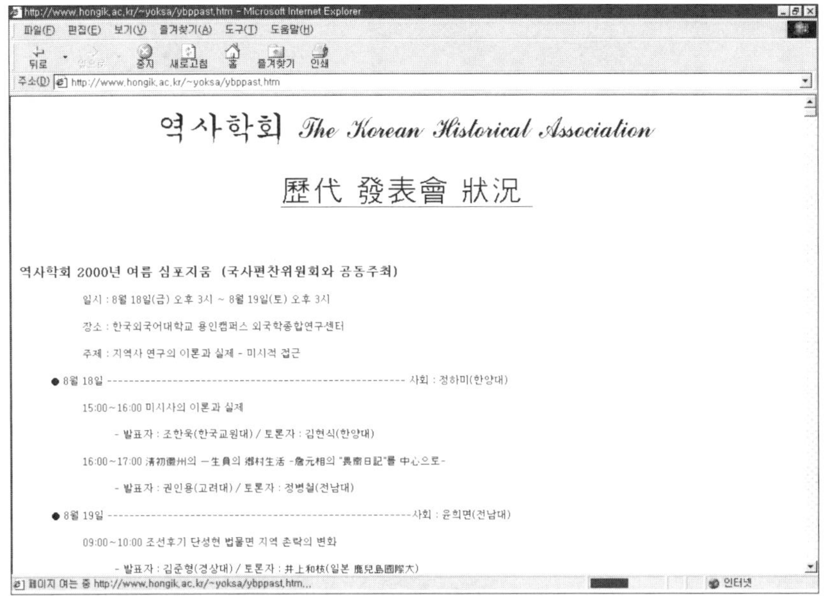

<그림 44> 세부페이지 구성

이 없어 찾고자 하는 주제와 관련 없는 논저들이 검색되는 경우가 있다.[13) 전체 59개 관련 사이트 링크의 경우 모두 살아 있어 양호한 관리 상태를 유지하고 있다.

④ 한국역사연구회

메인화면은 단순하게 문자만을 사용하여 베이지색 바탕에 빨강·황색·파란색·검정색의 글자를 혼용해 왼쪽 상단에서 아래로 세부항목을 나열하고 있다<그림 45>. 세부항목은 '홈으로', '새소식', '연구회소개', '역사와 현실', '간행물', '한국역사산책', '열린게시판', '공개자료실', '연결', '회원공간'을 다루고 있다. 세부페이지의 배경은 메인페이지와 동일하고 단지 두 가지 색만을 사용한 점이 다르다<그림 46>.

내용구성은 다른 학회 홈페이지와 동일하게 간단한 소개와 가입안내 그

---

13) 이점에 관해서는 본 논문, 4장의 논문보고서 검색 항목을 참조하기 바란다.

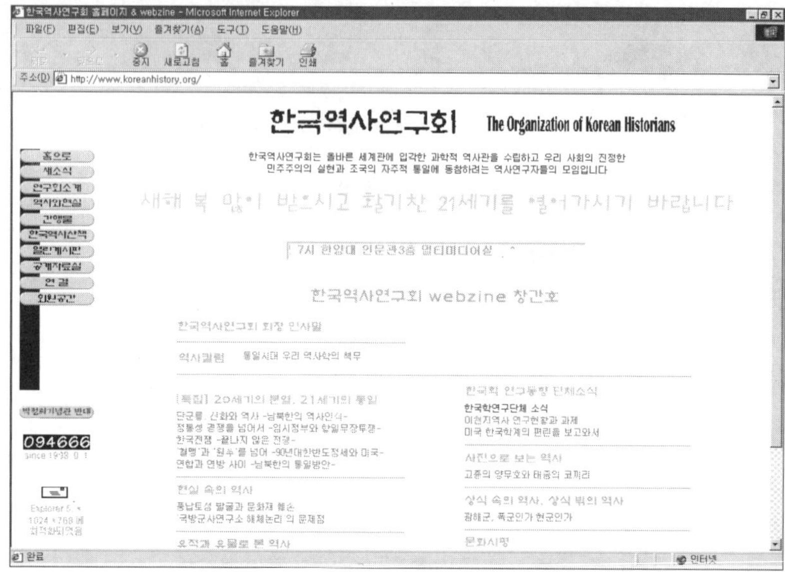

<그림 45> 한국역사연구회 HP 메인 페이지

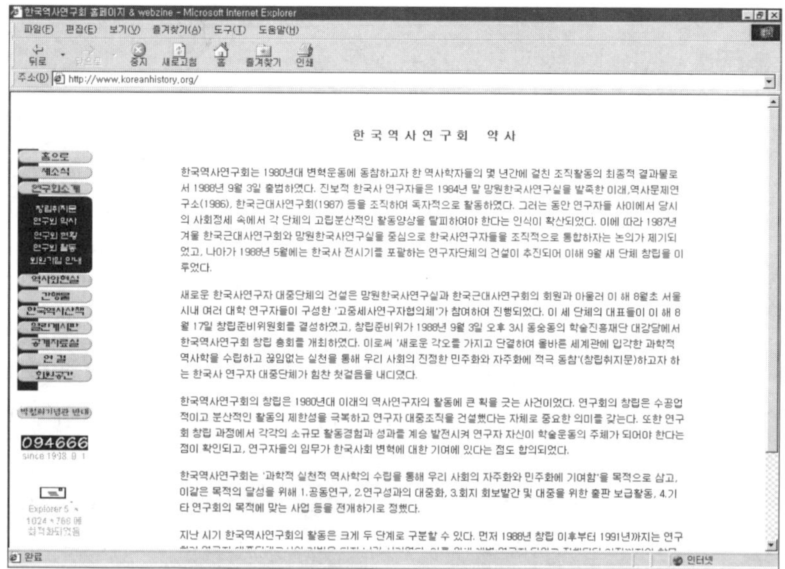

<그림 46> 세부페이지 구성

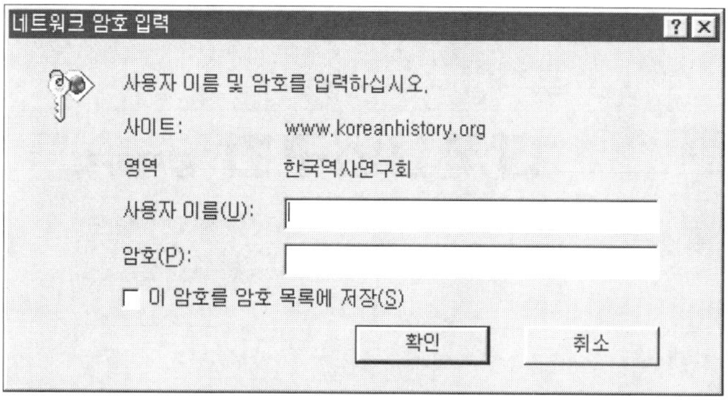

<그림 47> 패스워드 문의

리고 정기간행물들을 안내하고 있다. 한국역사연구회 역시 '회원공간'이라
는 차별화된 페이지를 마련하고 있어 일반 방문자와는 다른 차등화된 서
비스를 제공하고 있다. SITE-MAP과 E-MAIL이 없으나 방명록은 있다.
특이한 점은 별도의 회원제를 운영하여 일부 사용을 제한하고 있다<그림
47>. 또한 별도의 권장사항으로 'Explorer 5. * 1024 * 768에 최적화되었음'
을 알리고 있다.

⑤ 한국사연구회

메인 화면은 단순한 백색 배경에 글자는 파란색과 검정색을 쓰고 있으
며, 화면상단 좌측에 白磁 이미지를 두고 상단 중앙에 문자로 홈페이지명
을 밝히고 있다<그림 48>. 세부항목 역시 첫 페이지와 동일한 배경과 글
자색을 쓰고 있다. 다루는 항목은 '한국사연구회 소개'. '회원 관리 사항',
'발표회 개최 정보', '논문집 발간 정보', '한국사 자료실', '기타 정보 모음'을
다루며 각기 별도의 세부항목으로 나누고 있다<그림 49>. 전체적으로 단
순한 백색 바탕에 두 가지 글자색만 사용하고 있으며, 내용을 아래로 길게
나열해서 단순한 홈페이지 이미지를 보여주고 있다. 처음 방문하는 사람들
에 대한 호기심 유발이 부족하며, 한국사 전문가들만의 공간으로 만들어진
홈페이지 같다는 인상이 짙다.

내용구성은 간단한 학회 소개와 논문 및 발표정보 알림이 있으며 '회원

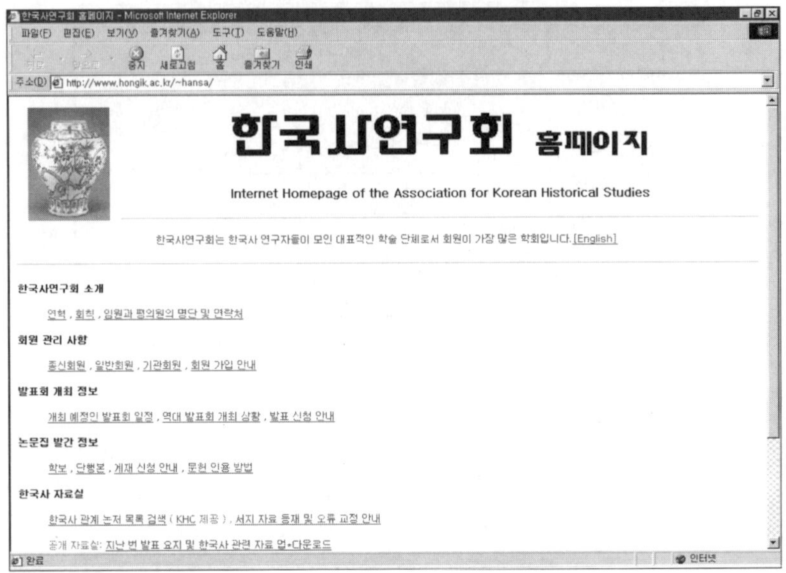

<그림 48> 한국사연구회 HP 메인 페이지

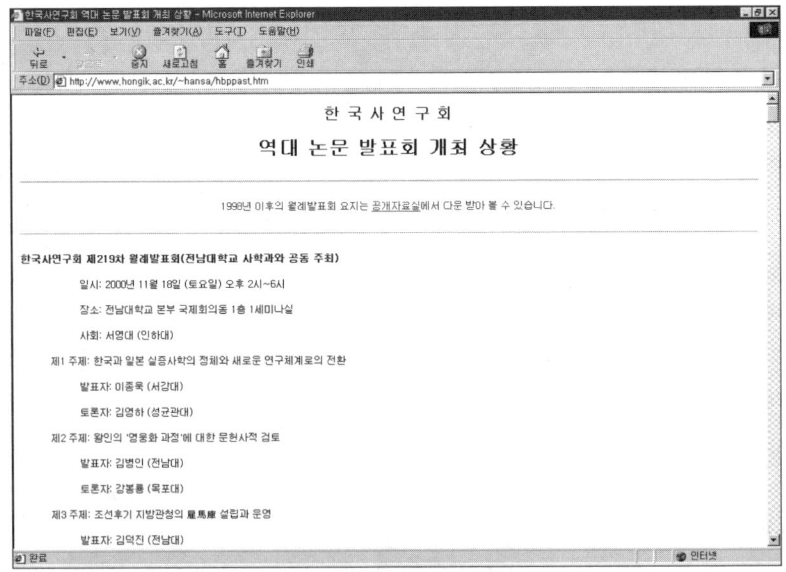

<그림 49> 세부페이지 구성

관리 사항'을 두고 있다. 비회원에게도 회원과 차별 없이 정보를 이용하게
한 점이 특색이다.

⑥ 한일관계사학회

　메인화면의 구성은 중앙에 한국지도를 이미지로 두고 아래에 방문자 수
를 알 수 있는 카운터를 달고 있다. 백색의 단순한 배경 위에 파란색 글자
와 검정색 글자를 쓰고 있다<그림 50>. 로고를 클릭하면 두 번째 페이지
로 넘어가며 세부항목으로는 '학회회칙', '가입안내', '임원명단', '회원명단',
'월례발표', '심포지움', '학술지', '기사모음', '링크모음'을 다루고 있다<그림
51>. 세부항목의 페이지는 각기 별개의 페이지로 구성되며 배경과 글자는
메인페이지와 동일하다.

　내용구성의 경우 관련 링크 항목은 전체 17개 링크 중 2개의 링크가 깨
져있다. 특색은 일반 학회 홈페이지와는 다르게 별도의 페이지를 만들지

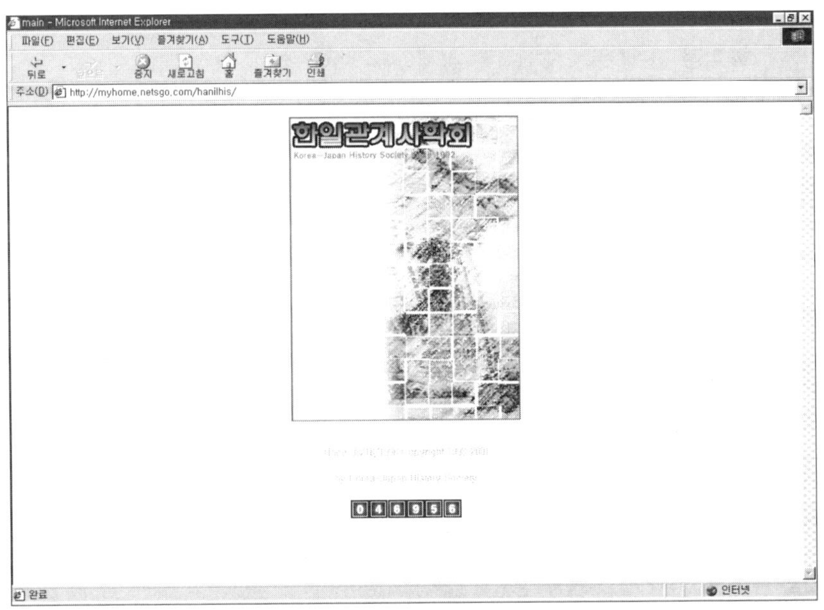

<그림 50> 한일관계사학회 HP 메인 페이지

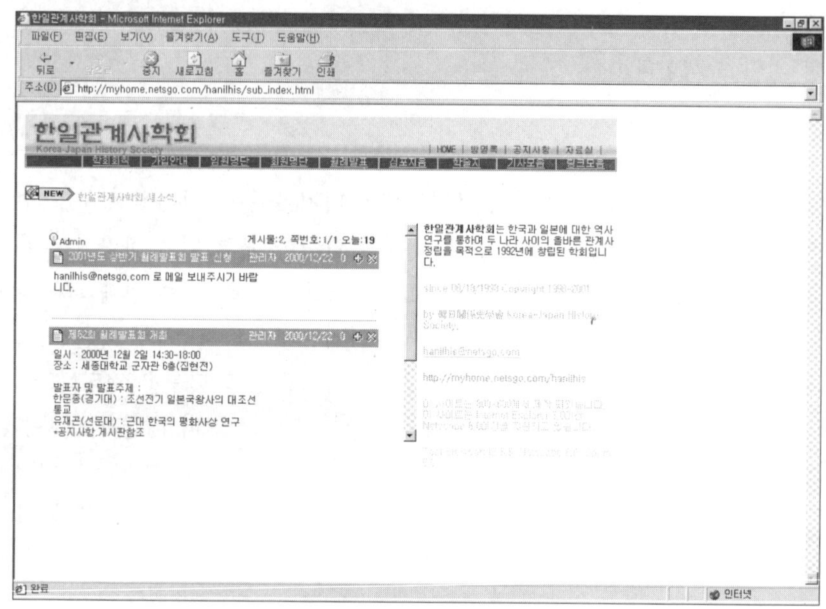

<그림 51> 세부페이지 구성

않고, 학회를 소개하는 글을 두 번째 페이지에 짧게 보여주고 있다.14) '이 사이트는 800X600에서 제작되었습니다. 이 사이트는 Internet Explorer 3.0 이상 Netscape 6.0이상을 지원하고 있습니다'라는 별도의 권장사항을 명시하고 있다.

⑦ 동양사학회

메인화면은 백색 바탕에 명황색과 파란색 글씨를 쓰고 있으며, 로고는 없고 중앙 상단에 학회명을 명시해 놓고 있다<그림 52>. 세부항목으로는 '학회소개', '학회소식', '간행물', '분과학회', '자유게시판', '자료실', '주소록', '링크'를 다루고 있으며 페이지 구성은 첫 페이지와 동일하다<그림 53>.

내용구성은 간단한 학회 소개와 소식을 다루는 항목 및 자료실을 들 수

---

14) 학회 설립의의를 다음과 같이 소개하고 있다.
  '한일관계사학회는 한국과 일본에 대한 역사연구를 통하여 두 나라 사이의 올바른 관계사 정립을 목적으로 1992년에 창립된 학회입니다.'

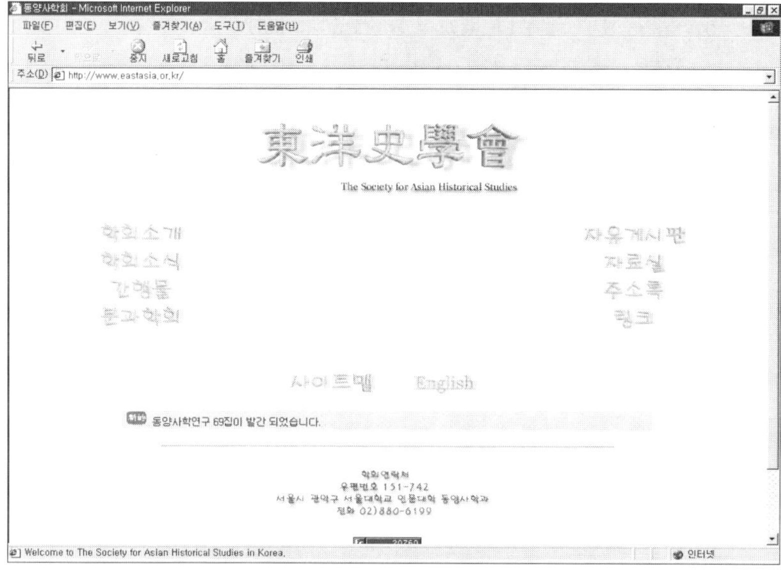

<그림 52> 동양사학회 HP 메인 페이지

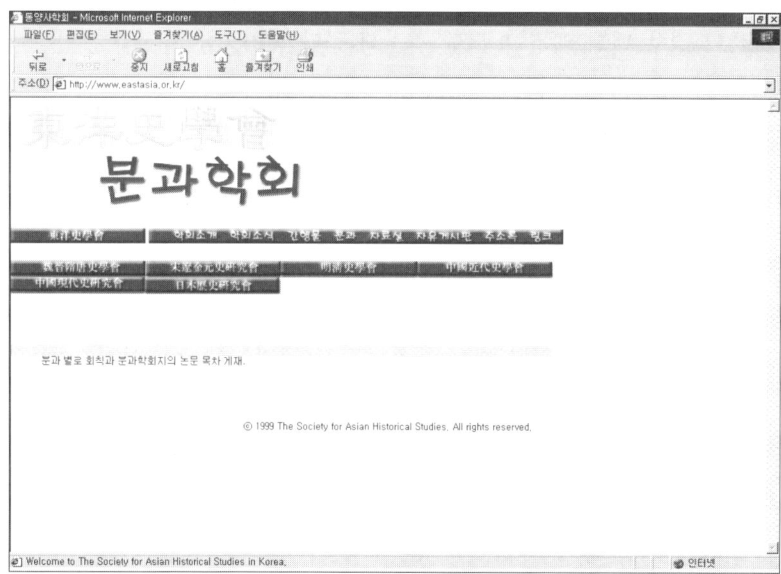

<그림 53> 세부페이지 구성

있다. 자료실의 경우 누구나 업로드를 가능하게 해놓은 점이 특색이다. 관련 링크의 경우 전체 49개 중 5개의 링크가 깨져 있었으며 3개 링크의 경우 로딩속도 초과로 연결이 안 되었다.

(4) 사례분석

대학박물관, 국립박물관, 학회 홈페이지의 3가지 사례를 통하여 총 21개의 메인페이지 구성사례를 분석하고 그 결과를 다음과 같이 <표 1~3>으로 정리해 보았다.

<표 1~3>에서 다루고자 하는 내용은 홈페이지의 구성·기술·관리의 문제로 각 내용별로 항목을 나누었다. 먼저 구성의 문제는 메인페이지의 배경색, 글자색, 세부항목, 강조항목, 사이트맵, 로고 및 위치이다. 다음으로 기술의 문제는 자료검색의 기능, 링크, 그리고 권장사항이다. 끝으로 관리의 문제는 방명록, E-MAIL, 자료실, 공지사항, 업그레이드, 검색엔진에서의 검색여부를 다루었다.

분석대상 홈페이지 구성의 문제에서 확인된 것으로 메인페이지 배경과 글자색의 경우 백색 배경이 48%, 검정색 글자가 81%를 차지하고 있다. 세부항목의 경우 메인페이지의 배경색이 백색인 경우가 52%, 글자색이 검정색인 경우가 90%를 점하고 있다. 강조항목의 경우 대부분의 홈페이지들이 글자를 크게 하거나 검정색 이외의 색을 사용하여 강조하고 있다. 그러나 사이트맵이 있는 경우는 의외로 적어 14%에 불과하고, 로고 또는 상징그림이 있는 경우가 71%였으며 위치는 대개 상단 중앙을 선호하고 있다. 다만 상징그림15)은 많으나 독자적인 로고를 제작한 곳은 매우 드물다.

기술의 문제에서 확인된 것으로 자료검색이 가능한 홈페이지는 71%를

---

15) 문자, 그림, 기호는 기표와 기의 그리고 그 자체의 의미를 포함한다. 로고 또한 웹페이지에서 쓰이면 특정단체를 대표하는 상징성 즉 기의를 가지게 된다. 따라서 웹페이지 메인화면에 보이는 그림이미지 역시 로고로 보는 것이 좋다. 그러나 인제대학교 가야문화연구소와 같이 별도로 로고를 제작해서 홈페이지에 쓰고 있는 경우도 있어, 본문에서는 로고와 이미지를 구분했으나 사례분석에서는 같은 것으로 보았다.

차지하며, 링크가 연결되어 있는 홈페이지는 76%에 달했다. 권장사항은 57%로 대개 반 정도가 게시되어 있었다.

관리의 문제에서 확인된 것으로 방명록,[16] 이메일, 자료실,[17] 공지사항,[18] 업그레이드, 검색엔진 검색의 경우 각 52%, 43%, 76%, 76%, 62%, 100%를 점한다.

상술한 구성·기술·관리의 문제로 살펴본 홈페이지의 경향은 기술과 관리에 있어서, 방명록과 E-MAIL의 경우는 없거나 있어도 작동되지 않는 경우가 1/2정도이며, 업그레이드는 62%에 불과하다. 이것은 홈페이지 구축 당시부터 잘못된 계획을 가지고 홈페이지를 구축했다는 것을 보여준다. 또한 업그레이드가 62%에 불과하다는 것은, 홈페이지를 만들고 관리에 소홀했다는 것을 보여주는 구체적인 예이다. 구성 경향의 경우 로고는 주로 상단 중앙에 두고, 백색 바탕에 검정색 글자를 위주로 쓰며, 강조가 필요한 부분에는 검정 이외의 색을 사용하고 있다.

---

16) 방명록 분석의 경우 신라대학교 박물관도 포함시킨 것을 밝힌다.

17) 자료실의 경우 부산대학교 박물관, 동의대학교 박물관, 한일관계사학회도 포함시킨 것을 밝힌다. 부산대학교 박물관의 경우 작동을 하지 않았으며, 동의대학교 박물관의 경우는 작동은 하지만 Download되지 않았다. 한일관계사학회의 경우 자료실은 있으나 자료가 전무한 실정이다. 조사기간은 2000년 5월~2001년 1월까지이다.

18) 공지사항의 경우 신라대학교 박물관도 포함시킨 것을 밝힌다.

기관명	메인 페이지 배경색	메인 페이지 글자색	세부항목		항목강조	Site Map	방명록	E mail	링크	자료실	자료 검색	로고 및 위치	공지 사항	업그 레이 드	검색 엔진 검색	권장 사항
			배경색	글자색												
서울대학교 박물관	백색 (미색)	검정색	백색	검정색	주황색과 글자 point를 크게	×	×	×	×	○	○	○ 좌측 상단	○	×	○	×
고려대학교 박물관	살색 (미색)	자주색 회색 검정색	백색	검정색	자주색, 글자 point를 크게	×	○	×	○	○	○	○ 상단 중앙	○	○	○	×
신라대학교 박물관	백색	검정색	백색	검정색	파란색	×	○ 작동불능	○	×	×	×	×	○ 작동불능	×	○	○
부산대학교 박물관	백색	검정색	백색 황색	검정색	밤색 파란색	×	○	×	○	○ 작동 불능	×	×	×	×	×	○
경북대학교 박물관	살색 (미색)	검정색	살색	검정색	글자 point를 크게	×	×	×	○	○	○	×	×	×	○	×
동아대학교 박물관	살색 (미색)	검정색 파란색	살색	검정색 파란색	글자 point를 크게	×	○	○	○	○	×	○ 상단	○	○	○	×
동의대학교 박물관	백색	검정색 파란색 보라색 빨간색	백색	검정색 파란색	글자 point를 크게, 빨간색	×	×	×	×	○ DOWN 불능	×	○ 상단	×	○	○	○

<표 1> 대학박물관홈페이지 사례분석

기관명	메인 페이지 배경색	메인 페이지 글자색	세부항목		항목강조	Site Map	방명록	E mail	링크	자료실	자료 검색	로고 및 위치	공지 사항	업그 레이 드	검색 앤진 검색	권장 사항
			배경색	글자색												
중앙 박물관	살 색	검정색	살 색	검정색	글자 point를 크게	○	○	○	○	○	○	○	○	○	○	○
부여 박물관	베이지 (미색)	초록색 (미색)	연분홍 (미색)	검정색	글자 point를 크게, 파란색	○	○	×	×	×	×	○ 중앙	○	× (기능)	○	×
광주 박물관	밤색 (미색)	빨간색 백색 검정색 (미색)	연분홍 (미색)	파란색 백 색	글자 point를 크게	×	×	○	○	×	○	○ 중앙	○	○	○	×
전주 박물관	백색	검정색 초록색	백색	검정색 초록색	글자 point를 크게, 파란색	×	×	×	○	○	○	○	○	○	○	○
공주 박물관	백색	검정색 초록색	백색	검정색 초록색	글자 point를 크게, 파란색	×	×	×	○	○	○	○	○	○	○	○
경주 박물관	살색 (미색)	검정색 빨간색 초록색	살색 미색	검정색 초록색	글자 point를 크게, 파란색	×	×	×	○	○	○	○	○	○	○	○
김해 박물관	백색	초록색 검정색	백색	초록색 검정색	글자 point를 크게, 파란색	×	×	×	○	○	○	○	○	○	○	○

<표 2> 국립박물관 홈페이지 사례분석

기관명	메인페이지 배경색	메인페이지 글자색	세부항목 배경색	세부항목 글자색	항목강조	Site Map	방명록	E mail	링크	자료실	자료검색	로고 및 위치	공지사항	업그레이드	검색엔진검색	권장사항
한국 고고학회	검정색 파란색 (미색)	백색 검정색 파란색	백색	빨간색 파란색 검정색	글자 point를 크게, 파란색	×	○	○	○	○	○	○ 상단 중앙	○	○	○	○
상고사학회	베이지 (미색)	초록색 (미색)	연분홍 (미색)	검정색	글자 point를 크게, 파란색	×	○	○	×	×	○	×	○	○	○	○
역사학회	밤색 (미색)	빨간색 백색 검정색 (미색)	연분홍 (미색)	파란색 백색	글자 point를 크게	×	×	○	○	×	○	○ 중앙	○	○	○	×
역사연구회	베이지 (미색)	황색 녹색 빨간색 파란색 검정색	베이지 (미색)	검정색 빨간색	글자 point를 크게, 파란색	×	○	×	○	○	○	×	×	○	○	○
한국사 연구회	백색	검정색 파란색	백색	검정색 파란색	파란색,빨간색 글자 point를 크게	×	×	○	○	○	○	○ 상단 중앙	○	○	○	×
한일 관계사학회	백색	검정색 파란색	백색	검정색 파란색	파란색,빨간색 글자 point를 크게	×	○	○	○	○ 자료없음	×	○ 중앙	○	×	○	○
동양사학회	백색	명황색 파란색 검정색	백색	검정색 파란색	파란색 글자 point를 크게	○	○	×	○	○	○	×	×	○	○	×

<표 3> 학회 홈페이지 사례분석

2) 가야사 전문홈페이지 항목별 사례분석

가야사만을 전문적으로 다루는 홈페이지들을 대상으로 각 홈페이지들의 내용구성과 방문자 층의 분석을 통해 계층에 따른 선호도를 다루어 볼 것이며 아울러 구성상의 기술적인 측면도 함께 다루어 볼 것이다.

(1) 김태식 교수 홈페이지

메인화면의 경우 별도로 화면을 나누지 않고 단순하게 위에서부터 아래로 필요한 항목을 배치하고 있다. 화면 상단에는 김태식 교수 개인 홈페이지를 알리는 얼굴사진을 로고 대신 배치하고 있다. 화면 바탕색과 글자색은 백색바탕에 검정색 글씨를 사용하고 있으며 세부항목의 경우 파란색 글자로서 구별하고 있다<그림 54>.

세부항목의 경우 간략한 소개, 연구정보, 한국사연구에 유용한 인터넷 주소로 나누어서 다루고 있다. 화면구성은 홈페이지 메인화면과 동일하고 바탕색과 문자색 역시 동일하다<그림 55>. 전체적으로 단조로운 느낌의 홈페이지 구성이며, 내용이 너무 길어 모니터 상의 화면을 넘어가기 때문에 스크롤하지 않고는 세부항목을 한눈에 알아볼 수 없다.

내용구성의 경우 간략한 본인 소개와 재직 대학의 강좌 수강생을 위해 개설강좌를 알리는 항목이 있으며, 교수라는 업무적 특성에 맞게 자신이 담당하고 있는 과목을 학년별로 상세하게 수업계획서와 공지사항으로 나누어 소개하고 있다. 그러나 김태식 교수 홈페이지에서 가야사와 관련이 있는 항목으로는 '연구정보'를 들 수 있을 정도이다. 연구정보에서는 김태식 교수 개인 연구의 논저목록과 가야사를 중심으로 하는 공개자료실을 두고 있다. 공개자료실에서는 총 19개의 논저를 소개하고 있는데, 이 중 가야사 관련의 논저는 13개이다. 각 논저의 원문 전체에 대한 다운이 가능한 것은 아니고, 논저에 대한 초록만을 실어 간략한 소개에 그치고 있다. 한국사논문의 검색에서는 전체 검색 가능한 자료가 '1872년부터 2000년 상반기까지의 49,569건'임을 밝히고 '검색하려는 단어 혹은 단어들을 한글로 입력하고 엔터를 치시오'라는 친절한 안내문을 달고 있다. 그러나 일반적으로

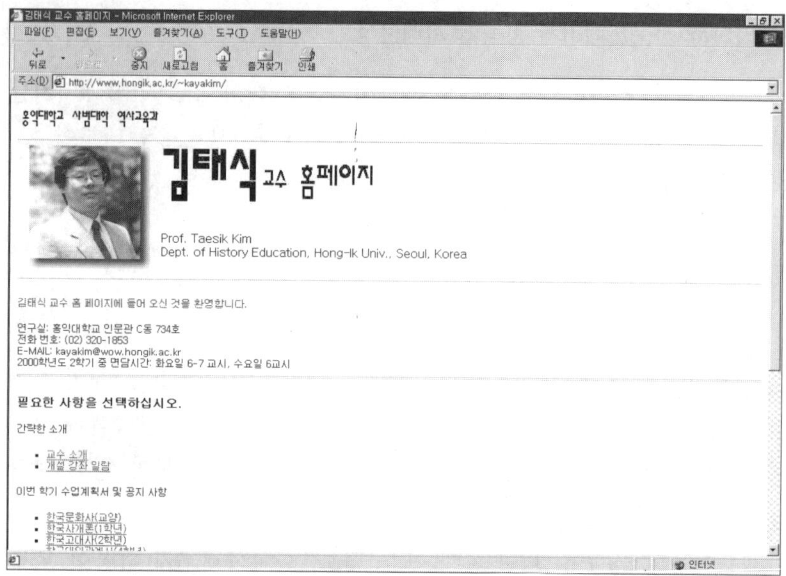

<그림 54> 김태식 교수 HP 메인 페이지

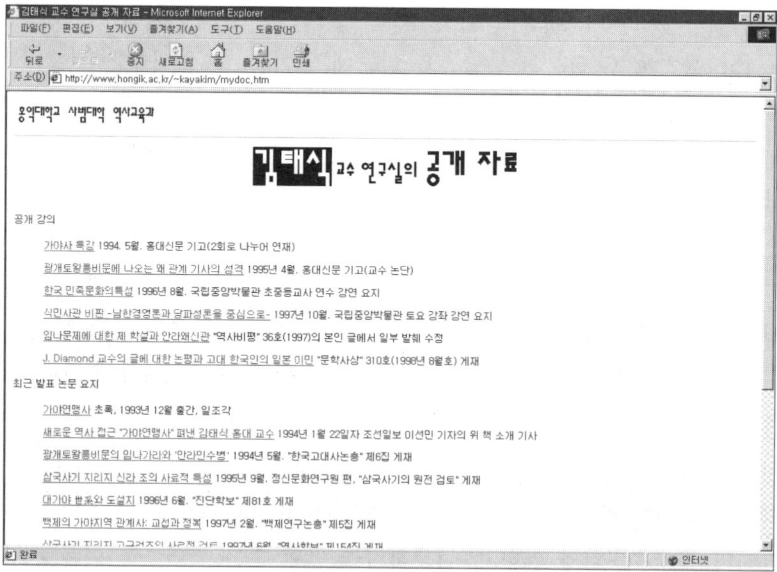

<그림 55> 세부페이지 구성

검색엔진의 다양성을 고려한다면 구축된 검색엔진의 유형에 맞추어 적절한 안내 멘트를 붙이는 것이 당연하다. 이 경우 '검색하려는 단어 혹은 단어들을 치고'라는 간략한 멘트만 있어 단어들을 붙여 적어야 하는지 아니면 단어들 사이에 '+'기호를 넣어야 되는지 방문자들에게 혼란을 가져다준다. 간단한 예시가 아쉬운 경우라 생각된다. 또한 이 홈페이지는 방문자 수를 알 수 있는 카운터 기능이 없고 사적인 질문만 가능한 E-mail만 있으며 방명록 혹은 메모장이 없어 방문자 층의 분석을 통한 계층에 따른 선호도를 살필 수가 없다. 뿐만 아니라 방명록의 질의응답을 통한 정보의 공유가 불가능하다. 각각의 질의응답은 E-mail로 충분하겠지만 수 많은 접속자가 동일한 질문을 해올 경우가 많은 점을 감안한다면 중복되는 질문에 대한 응답으로 관리상의 어려움을 겪게될 것은 분명하다. 방명록은 동일한 질문에 대한 응답을 한 번으로 해결할 수 있는 기능으로도 활용될 수 있다. 전체적으로 강의 위주의 내용구성에 치중하였으며 게재 내용 역시 연구자 중심의 논문 뿐으로 가야문화에 대한 의문이나 유적답사 및 관광을 위해 접속하는 일반이용자가 쉽게 접근하기엔 부담이 크다. 가야사 전문가 중심의 홈페이지 이미지가 짙다.

(2) 백승충 교수 홈페이지

메인페이지와 세부 페이지의 화면구성은 김태식 교수 홈페이지와 동일하며, 바탕색 및 문자색의 사용도 역시 같다<그림 56>. 다른 점이 있다면 화면 하단부에 <그림 57>과 같이 방문자들에게 링크 기능으로 약간의 편의를 제공하고 있다는 점이다.

검색엔진에서 가야사를 검색하면 백승충 교수의 홈페이지를 쉽게 찾을 수 있으나, 가야사에 관한 15개의 개인논저 제목만 나열했을 뿐으로 자료의 다운기능도 없고 간략한 초록도 없다. 아쉽게도 제목만으로 논저의 내용을 미루어 짐작해 볼 수밖에 없다. 또한 '담당과목 강의' 항목만 클릭이 가능하게 되어있어 개인강의 위주 홈페이지 인상이 짙다. 사적인 질문만이 가능한 E-mail만 있고, 카운터 기능이 없어 방문자 층의 분석을 통한 계층

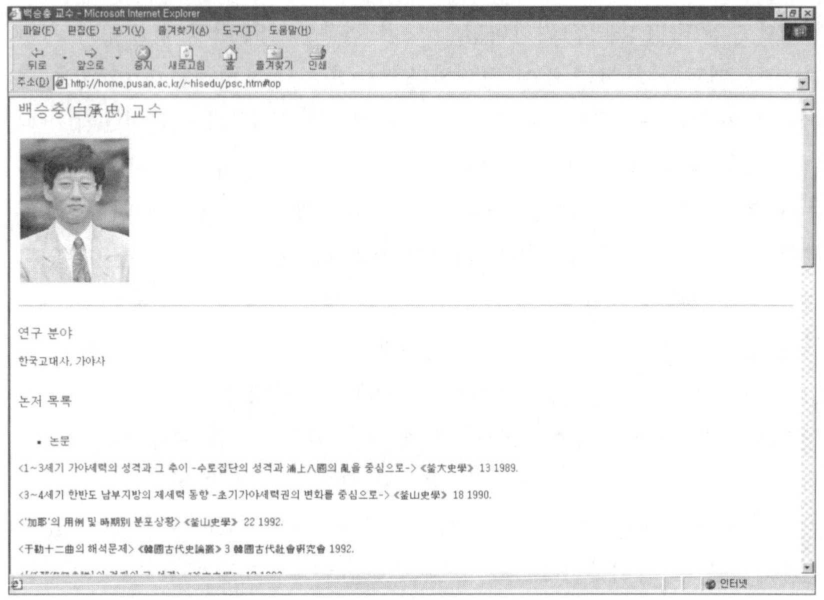

<그림 56> 백승충 교수 HP 메인 페이지

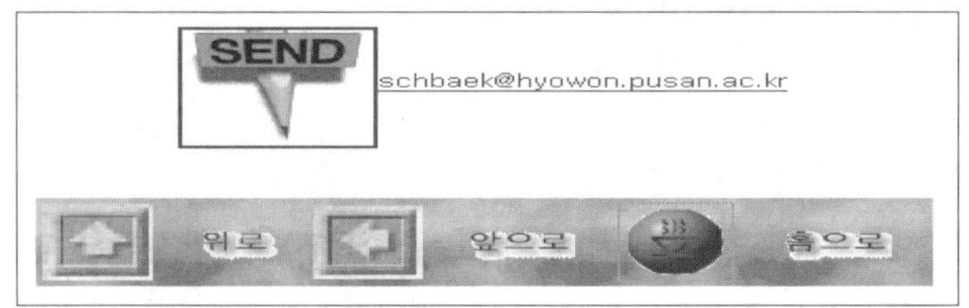

<그림 57> 링크기능

에 따른 선호도를 살필 수는 없었다. 전체적으로 강의 위주의 내용구성에 치중하였다.

가야사의 홈페이지라고 볼수는 없고, 백승충교수의 개인적 홍보와 강의 진행만을 위한 공간에 불과한 것으로 생각된다.

(3) GAYAROAD 홈페이지

메인화면의 구성은 상단 좌측에 전통건축의 이미지를 배치하고 아래로 홈페이지 개설 취지를 짤막한 글로서 밝히고 있다. 하단에 인제대학교 가야문화연구소와 같은 형태의 세부항목을 다루는 별도의 아이콘(icon)[19]을 만들어 놓고 있다. 바탕색은 백색을 위주로 쓰며 문자색은 파란색과 검정색을 쓰고 있다<그림 58>.

　세부항목은 'SITEMAP', '지도서비스', '옛이야기', '보물창고'. 'E-CARD', '놀이터', '방명록'이며 별도의 페이지를 두어 구성하고 있다. 화면구성은 '보물창고'의 경우 상단 중앙에 여러 가야의 國名을 표기하고 좌측에 대표적인 유물사진을 보여주고 있다. 배경색과 문자색은 메인페이지와 동일하다<그림 59>.

　내용구성에서 이 홈페이지의 특이한 점은 '옛이야기' 항목을 보면 알 수 있다. 가야사 개관을 웹페이지 한 장 분량으로 짧게 기술하고 있으며[20] <그림 60>, 각 이야기 주제에 관해서 플래쉬 화면으로 보여주고 있다<그림 61>. 글 읽기보다는 영상을 선호하는 요즘 신세대들 취향에 맞춘 노력이 보인다. 사적인 질문만 가능한 E-mail만 있고, 방명록과 놀이터는 작동이 안되며, 카운터 기능이 없어 방문자 층의 분석을 통한 계층에 따른 선호도를 살필 수는 없었다. 일반적으로 홈페이지에서 미처 다 만들지 못해서 작동이 안되는 경우에는 '공사중'이라는 멘트를 붙여 방문자들에게 양해를 구하는 방법이 쓰이고 있다. 이 홈페이지의 경우에도 친절하게 '공사중'이라는 안내멘트를 달고 있다.

---

19) 컴퓨터의 그래픽 사용자인터페이스에서, 아이콘은 응용프로그램이나, 기능, 어떤 개념 또는 특별한 의미를 갖는 개체 등을 나타내는 작은 이미지이다. 아이콘의 모양은 보통 선택 가능하여 원하는 아이콘으로 바꿀 수도 있지만, 경우에 따라서는 회사의 로고와 같이 선택이 불가능한 이미지도 있다. 웹페이지에서, 아이콘은 종종 다른 웹페이지의 토픽이나 정보분류를 나타내는 그래픽 이미지를 의미하는데, 대개 다른 페이지로 향하는 하이퍼링크가 숨겨져 있다. 일반적으로 아이콘들은 한 페이지내의 한두 곳의 장소에 모여있게 되는데, 각각이 별개의 그래픽 파일일 수도 있고, 하나의 이미지 맵으로 구성될 수도 있다. 각종 프로그램, 명령어, 또는 데이터 파일들을 쉽게 지정할 수 있도록 하기 위해 각각에 해당되는 조그만 그림 또는 기호를 만들어 화면에 표시한 것이다.

20) 인제대학교 가야문화연구소 소장 이영식 작성 원고.

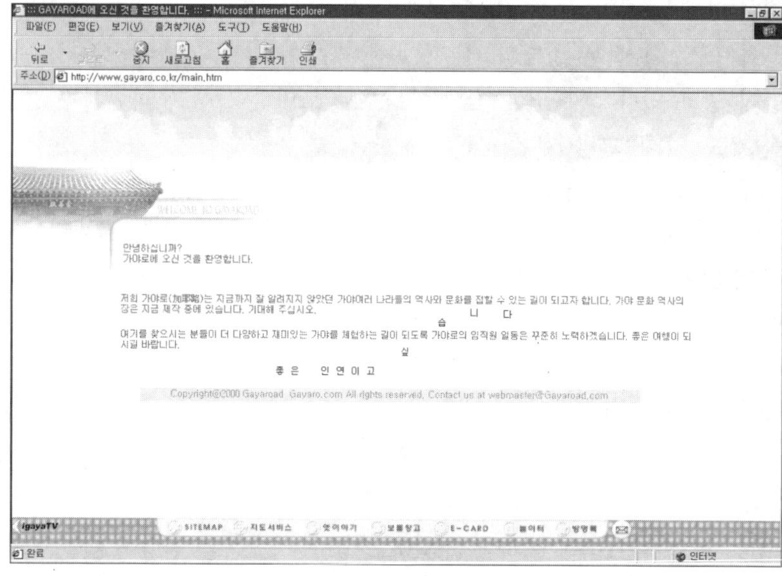

<그림 58> GAYAROAD 홈페이지 메인 페이지

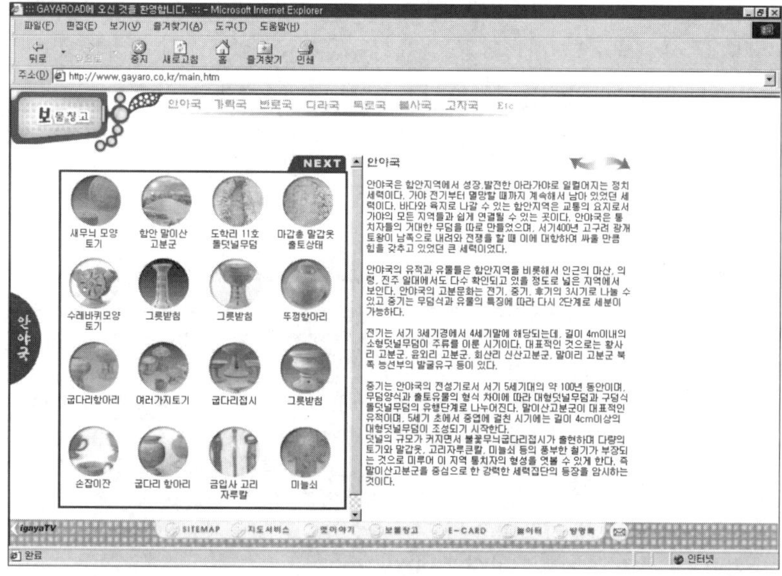

<그림 59> 세부페이지 구성

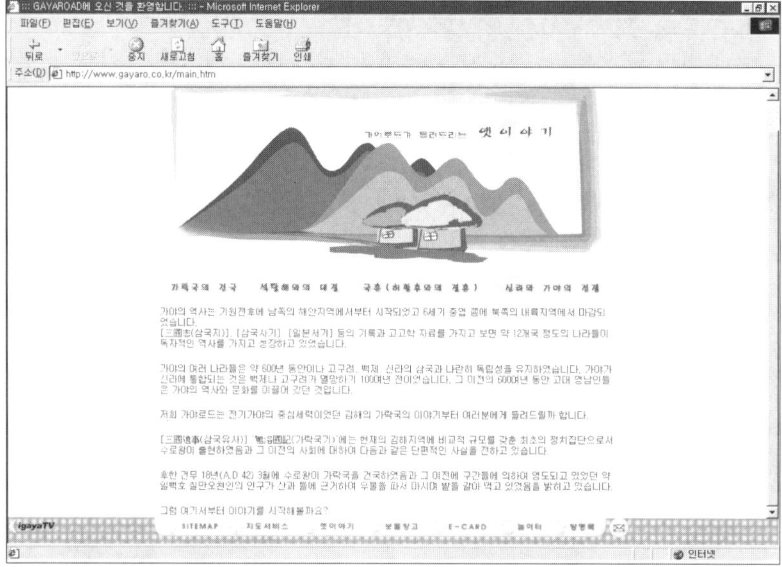

<그림 60> 옛이야기 페이지

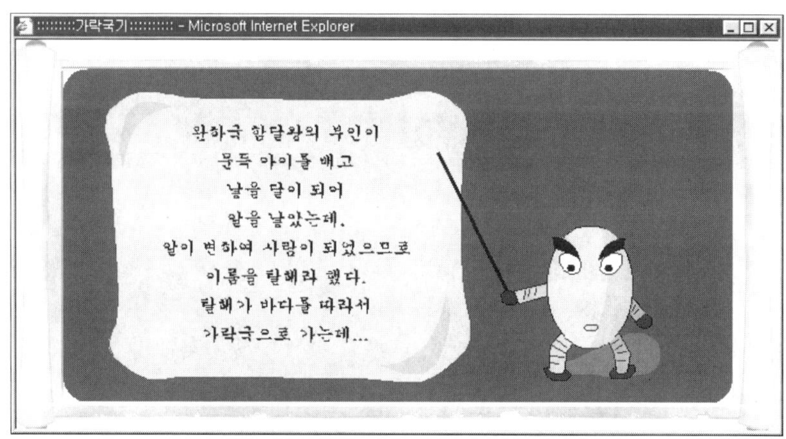

<그림 61> 플래시 화면

(4) 서정미, 성은경, 최윤정의 가야문화탐방

메인화면의 구성은 단순하게 상단 좌측에 왕관 이미지를 배치하고 하단에 세부항목을 다루고 있다. 로고는 왕관을 촬영한 사진을 아무런 효과 없이 단순하게 쓰고 있다<그림 62>. 세부항목 역시 별개의 페이지를 따로 두었으나, 사진만 있고 설명은 없다. '교수님 방에서'란 항목으로 보아 학생들 스스로가 만든 홈페이지인 것 같다. 바탕색은 푸른색을 쓰며 문자색은 파란색이다<그림 63>.

내용구성의 경우도 역시 메인화면에 열거되어 있는 항목의 사진만을 나열하고 있을 뿐 별다른 설명은 찾아볼 수 없다. E-mail뿐만 아니라 방명록, 카운터 기능도 없어 미완성 홈페이지란 인상이 짙으며, 무성의하게 만들어 사이트에 올려놓은 전형적인 유형을 보여주는 홈페이지로서 관리 역시 전혀 이루어지지 않고 있다.

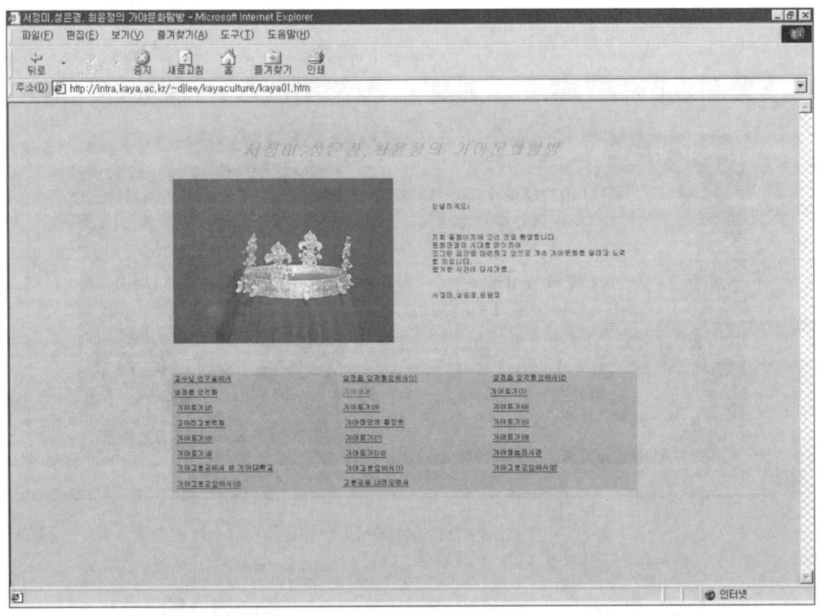

<그림 62> 서정미, 성은경, 최윤정의 가야문화탐방 HP 메인 페이지

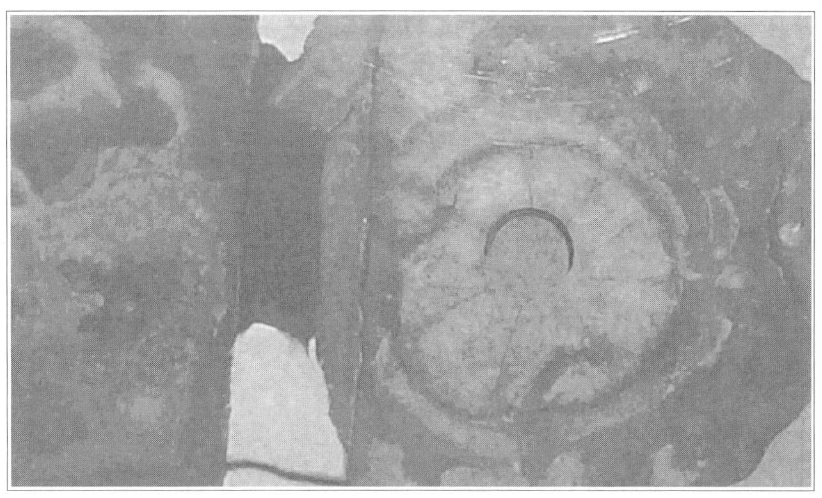

<그림 63> 세부페이지 구성

(5) 역사문화기행 답사 홈페이지

메인화면은 백색 바탕에 초록색 미색 계통의 문자색을 쓰고 있으며 화면은 상·하로 나누고 있다. 상단에 SITEMAP 기능을 하는 세부항목을 배치하고 있으며 하단에 '알림마당'과 '이용안내'를 두어 출판물 홍보와 홈페이지 이용안내를 겸하고 있다<그림 64>.

로고나 이미지는 없으며 세부항목은 '방명록', '답사상식', '불교상식', '답사매거진', '가야사', '추천사이트', '자유게시판', '여명'을 다루고 있다. 세부항목을 다루는 페이지 역시 첫 페이지와 화면구성은 동일하다. 단지 밤색 미색 계통의 문자색을 쓰고 있다<그림 65>.

특징이라면 인제대학교 가야문화연구소 홈페이지와 유사하게 상단에 SITEMAP 기능을 하는 세부항목을 배치하고 세부페이지로 바뀌어도 세부항목을 표시하는 프레임은 변하지 않고 남아있는 점이다. 또한 가야문화 이해에 도움이 되는 답사를 다루는 홈페이지임을 화면구성에서 쉽게 파악할 수 있는 점도 특징가운데 하나이다.

가야사에 관한 내용구성 중 '가야 자료'의 경우 자료의 출처를 부산일보

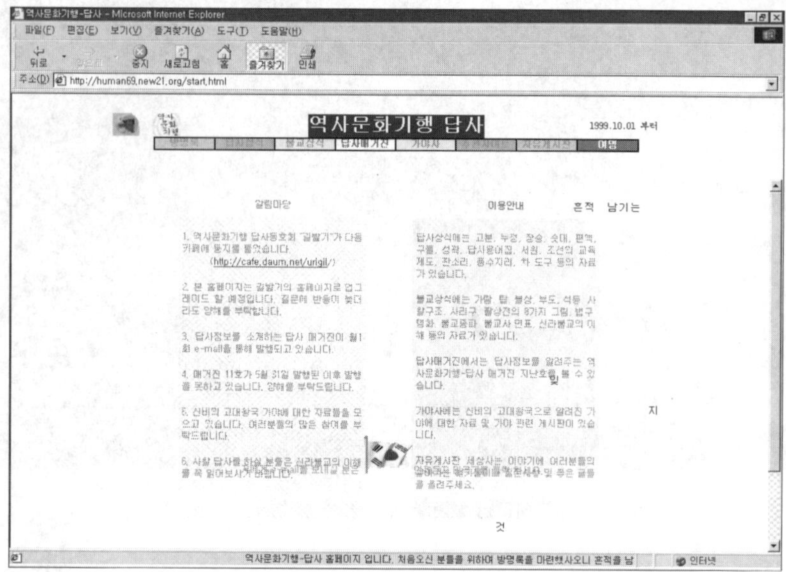

<그림 64> 역사문화기행 답사 HP 메인 페이지

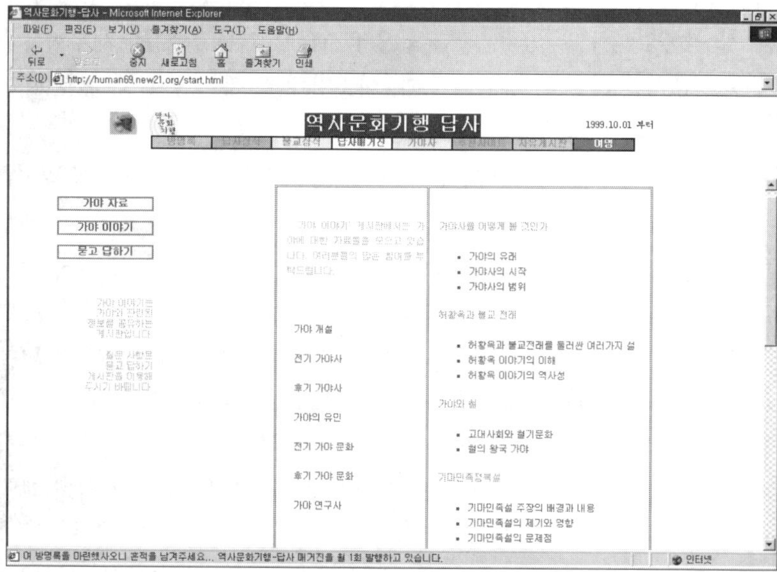

<그림 65> 세부페이지 구성

최학림 기자와 시민을 위한 가야사(부산경남역사연구소편, 집문당)로 밝히고 있는 반면 자료의 출처를 밝히지 않고 있는 경우도 있어 홈페이지 구축당사자 개인의 의견인지 혹은 다른 사람의 주장인지 불분명한 점을 엿볼 수 있다. '가야 이야기'의 경우 수로왕의 탄생에서부터 결혼, 자식에 관해서 이야기식으로 전개하고 있는 점이 특색이나, 이야기를 전개해 나가는 '답사도령'의 정체를 밝히지 않아 그가 가야사 전문 연구자인지 혹은 향토사가인지 아니면 가야사에 관심을 가지고 있는 아마추어 연구자인지가 불분명하다. 홈페이지 자료의 이용 측면에서 살펴보면, 이 경우 공인된 학계의 보편적인 가야사 연구와 동일한지 알 수 있는 기준을 홈페이지 구축당사자 스스로 포기하고 있는 것이다. 자료의 선택은 신중해야되며 개인의 성향에 치우쳐서는 곤란하다.

1999년 10월 26일~2000년 1월 19일 동안의 방명록을 분석해본 결과 방명록에 글을 남긴 전체 36명의 방문자중 남자는 24명에 달했고 그에 비해 여자는 12명에 그쳐 남자가 다수를 차지하고 있었다. 접속동기는 자료수집이 2번에 그친 반면 기타(동호인끼리의 안부, 자기홈페이지 소개, 감사인사 및 격려 등)가 34번이었다. 접속 환경의 경우 LAN선을 통한 접속은 11번, 모뎀을 통한 접속은 25번에 달해 아직까지 전용선보다는 모뎀이 사용환경에서 다수를 차지하고 있는 것을 알 수 있었다.

(6) 사례분석

가야사 전문 홈페이지의 사례를 살펴보고 얻은 메인페이지에 대한 결론은 <표 4>와 같다. 메인페이지에서 선호하는 바탕색은 백색이며 문자색은 검정색이다. 세부항목의 경우에도 역시 바탕색은 백색으로 동일했으며 문자색의 경우 검정색과 별개의 한 가지 이상의 색을 섞어 쓰고 있었다. 강조항목의 경우 문자 Point를 크게 하거나 혹은 주된 사용 문자색과 다른 색을 써서 강조하고 있다. SITEMAP과 방명록이 만들어져 있지 않은 경우가 다수를 차지하여(5개 홈페이지 중 1개에 불과하였다.), 방명록을 통하여 사용자 계층의 분석이 가능한 홈페이지는 GAYAROAD 홈페이지 1개였다.[21] E-MAIL은 5개 HP중 1개의 홈페이지만이 없었다. 링크의 경우에는 연결이 가능한 홈페이지가 3개였고, 자료실과 자료검색의 경우는 자료실은 3곳이 있는 반면 검색이 가능한 홈페이지는 2곳이었다. 로고의 사용과 사용위치는 주로 좌측 상단을 이용하였으며, 공지사항은 1개 홈페이지만 만들어 놓고 있었다. 검색엔진에서 각 홈페이지의 검색은 5개 모두가 가능하였다. 자료의 업그레이드는 3개의 홈페이지에서만 이루어지고 있었으며 업데이트 자료선정의 경우 '역사문화기행 답사 홈페이지'의 경우처럼 자료의 출처를 명시하지 않는 곳도 있어 신뢰성의 문제를 노출하고 있다. 또한 <표 4>를 살펴보면 가야사 전문가가 만든 홈페이지와 가야사에 흥미를 가지고 있는 개인이 만든 홈페이지로 분류할 수 있다. 가야사 전문가 홈페이지는 단순히 메인화면에 자신의 가야사 관련 논저를 중심으로 소개하고 있으나 이것 역시 논저 소개에만 그치고 있다. 원문의 다운이 가능하지 않으며, 움직이는 그림과 문자의 사용은 찾아볼 수 없어 방문자의 흥미를 유발하려는 노력은 거의 발견할 수 없었다. 엄격히 말해 가야사의 홈페이지라기 보다는 가야사 연구에 종사하는 자신의 성과를 홍보하려는 의미에 그치고 있을 뿐이다. 이런 성격이라면 가야사의 대중화로서 인터넷상의 홈페이지는 굳이 구현할 필요가 없다고 생각한다. 향후 가야사 홈페이지의 구축에 있어서는 가장 먼저 인터넷이라는 매체의 특성을 의식하고 그 기능을 활용할 수 잇는 가야사 대중화의 길을 모색하여야 할 것이다. 반면에 가야사에 흥미를 가지고 있는 개인이 일반인과의 공유를 의식해서 만든 홈페이지의 경우에는 자료의 정확한 출처를 명기하지 않은 경우가 있어 신뢰성이 떨어지고 있다.

　홈페이지의 화면구성에 있어 가야사 전문가 홈페이지가 모니터 화면을 넘어가게 가로로 나열하고 있는 반면, 흥미중심의 개인 홈페이지에서는 적당하게 한 화면에 다루고자하는 모든 항목을 펼쳐 깔끔한 이미지 구성을 보이고 있다. 흥미유발의 측면에서도 움직이는 문자 및 그림을 써서 다양하게 구성하고 있다.

---

21) 방명록을 통하여 살펴본 결과는 앞의 (3) GAYAROAD홈페이지에서 밝혔다.

기관명	메인페이지 배경색	메인페이지 문자색	세부항목		항목강조	Site Map	방명록	E mail	링크	자료실	자료검색	로고 및 위치	공지사항	업그레이드	검색엔진검색	권장사항
			배경색	문자색												
김태식 교수 홈페이지	백색	검정색 파란색	백색	검정색 파란색	문자 point를 크게, 파란색	×	×	○	○	○	○	○ 상단 사진	×	○	○	×
백승충 교수 홈페이지	백색	검정색 파란색	백색	검정색 파란색	문자 point를 크게, 파란색	×	×	○	○	×	×	○ 상단 사진	×	×	○	×
GAYAROAD 홈페이지	백색	검정색 파란색	백색	검정색 파란색	문자 point를 크게	○	○	○	×	×	×	○ 상단 좌측	×	○	○	×
서정미, 성은경, 최윤정의 가야문화탐방	푸른색 (미색)	파란색	추정 불가	추정 불가	無	×	×	×	×	×	×	○ 상단 좌측	×	×	○	×
역사문화 기행답사 홈페이지	백색	초록색 (미색)	백색	밤색 (미색)	빨간색 (미색)	×	×	○	○	○	×	×	○	○	○	×

<표 4> 가야사전문 홈페이지 사례분석

결국 기존의 가야사 홈페이지에서 확인되는 특징과 문제점은 두 가지이다. 하나는 가야사연구자 HP로서 전문성이 보장될지는 모르겠으나, 대중화를 목적으로 하는 HP에는 적합하지 않다. 또 하나는 흥미 중심의 HP로서 대중화에 기여하는 장점을 가지는 반면에 올바른 가야사의 전달이라는 점에서는 많은 문제점을 가지고 있음을 알 수 있다. 더구나 연구자의 HP라 해서 반드시 가야사의 올바른 내용을 전달하고 있다고 볼 수는 없다. 자신의 학설을 거듭 주장하는 공간으로 이용되고 있을 뿐이다. 따라서 새로운 가야사 HP구축의 기본방향은 가야사의 올바른 이해는 물론 학계의 공통된 견해를 중심으로 일반의 이용자가 즐기면서 가야사에 접근할 수 있는 대중화에 대한 철학을 바탕으로 설정되어야할 것으로 생각한다.

3. 홈페이지구축과 운영의 일반론

1) 구축단체의 선정

홈페이지 구축에 있어서 일반적인 구축단체 선정은 구축당사자가 직접 전문제작자를 선정하는 것이 보통이다. 그러나 이러한 선정은 구축하고자 하는 홈페이지의 특성을 살리기에 부족한 점이 적지 않다. 왜냐하면 전문제작자는 구축당사자가 원하는 구성방안을 염두에 두고 기술적인 측면만을 고려할 뿐, 홈페이지의 상세한 성격이나 활용목적 나아가서는 관리자의 기술수준과 같은 구축 목적의 상세한 부분까지 알기는 어렵기 때문이다. 이러한 이유 때문에 구축하고자 하는 홈페이지의 목적에 가장 적합한 기관을 먼저 선정해야 함은 물론, 구축을 위임한 뒤에도 끊임없는 대화와 조정의 시간을 반드시 가져야한다. 왜냐하면 기술을 구현하는 과정에서 한번 고정된 시스템을 사후에 바꾸기란 HP를 새로 제작하는 것보다 어렵기 때문이다.

실질적인 사례로 '시민단체 홈페이지 갖기 운동워크샵'의 내용을 보면, 다음과 같이 구축단체 선정기준과 교육과정을 명시하고 있음을 알 수 있다.

　우선 시민단체의 선정에 있어서는 컨텐츠 보유 정도, 활동성(정기간행물 보유 등), 홈페이지 독자 운영능력, 홈페이지 운영계획서 등을 종합적으로 심사하고 있다. 참여하는 시민단체의 교육에서는 그 대상을 100개의 시민단체를 홈페이지의 운영예정자로 한정하고, 교육 내용은 정보자원봉사자와의 협력방안, 홈페이지 운영 및 관리 마인드의 공유, 시민단체의 정보교류와 네트워크 구축방안 등으로 나누어 기획하고 있다.

　정보자원봉사자와의 협력방안은 다시 정보자원봉사자의 구성 및 운영안으로 세분하고, 그 대상을 대학(단체)의 인터넷 관련 재취업과정 이수자 및 대학생 등 300명 이내로 규정하고 있다. 인원은 단체별 3명(웹 PD, 프로그래머, 디자이너)으로 구성하고 있으며, 역할은 시민단체의 요구를 반영한 홈페이지 제작(최소 활동비 지급)으로 규정하고 있다.

　이상의 사례를 통하여 살펴본 것과 같이 구축단체의 선정기준은 컨텐츠 보유 정도와 그 동안의 연구실적 및 자료보유량과 홈페이지 독자 운영 능력을 먼저 살펴보아야 하며, 우선 이 기준을 만족시킨 다수의 단체를 선정하고 최종적으로 홈페이지 운영계획서를 검토한 후 가장 적합한 단체를 선정하여야 할 것이다.

2) 인적구성

　구성단체의 선정을 마친 후 인적구성을 하여야 된다. 인적구성은 주관 구축단체로 선정된 전문기관을 중심으로 홈페이지 제작 전문업체와 사용자계층의 참여가 있어야 한다. 그렇지 못한 경우 특정 계층에 한정되어 활용방안이 제작시점에 있어서 이미 제한되는 한계를 보인다. 상기한 한계성을 '○○YMCA'의 의뢰로 이화여자대학교에서 준비한 '이화여대 워크샵 교육생 준비자료(샘플)'의 구체적인 사례를 통하여 살펴보면 <표 5>와 같다.

　<표 5>의 내용을 분석하면 업무분담에 있어선 팀장, 기획 및 대외접촉, 플래시 작업, 발표의 4가지 분야로 작업을 분담하고 있으며, 작업일정은 '○○YMCA'측의 조건에 따라 수정이 가능함을 전제로 두고 있다. '○○

항　목	내　용
업　무　분　담	팀장, 기획 및 대외접촉, 플래시 작업, 발표
작　업　일　정	달력에 표시하여 제시(○○Y측의 조건에 따라 수정 가능함)
YM CA 측 협조 사항	담당자의 명확한 설정	담당자가 명확하게 설정되어 있지 않을 시 접속라인 혼미(작업에 혼선) 담당자와 즉시 연락할 수 있는 방법 필요(삐삐, 핸드폰 등)

<표 5> 이화여자대학교 워크샵 교육생 준비자료 내용

YMCA'측 협조사항은 크게 7가지로 세분하여 각 항목별로 별도의 지침을 마련하고 있다. 여기서 주목할만한 점은 'PC활용정도'의 조사로 조사 방법은 설문조사를 상정하고 있으며, 조사대상은 간사 및 업무담당자로 한정하고 있고 설문조사 내용은 PC보유대수 및 보유기종, 주로 사용하는 프로그램, PC통신 사용여부 및 이용통신사, PC통신에서 주로 사용하는 서비스, 사용 가능한 프로그래밍 언어, 인터넷 이용 여부, 인터넷을 이용하고 있다면 주로 관심을 갖고 있는 분야(예: 디자인, 전자상거래 등), 홈페이지의 활용도에 대한 견해, 해외 홈페이지와 국내 홈페이지의 차이에 대한 견해, 기타 홈페이지 제작에 대하여 하고 싶은 말, 교육생 측 제시자료(제작시안, 작업일정)에 대한 의견으로 총 7가지 항목을 제시하고 있다.

　분석한 것과 같이 '○○YMCA' 홈페이지 구축 방향은 구축당사자의 환경을 먼저 고려하고 있다. 그 단적인 예로 간사 및 담당자의 'PC활용정도'

를 설문으로 조사하는 항목을 들 수 있다. 그러나 '사업·행사 참여자 성향'과 '교육생 측 자료제시'를 통하여 이용자 의견을 수용하는 측면도 있으나 홈페이지 구축에 있어서의 협의 대상은 '○○YMCA'측과 홈페이지 구축 선정기관인 '이화여자대학교'이다. 따라서 이용자의 의견은 어디까지나 참고의 대상일 뿐이다. 결국 홈페이지 구축방향은 운영자 환경에 적합한 홈페이지 구축을 의미한다.

상기한 것과 같이 이원론적인 인적구성은 운영자 환경에 적합한 홈페이지 구축으로 귀결되고 사용자 환경의 고려는 미흡하게 된다. 결국 이러한 인적구성의 맹점은 사용자 환경의 무시로 구축 이후의 활용에 한계를 가지는 문제점을 안게 된다. 따라서 이용자의 참여가 배제된 홈페이지의 구축은 폐쇄적인 사용환경을 만들고 나아가서는 홈페이지 구축 목적에 부합하지 못하게 된다.

3) 제작

사용자와 구축당사자, 구축 주관단체 삼자로 이루어진 인적구성이 끝나면 이 삼자들의 협의를 통해서 모아진 사항을 토대로 전체적인 홈페이지 제작의 대강을 설계하며 그 과정은 다음과 같다.

(1) 작성과정 제안

기획서 작성 → 웹사이트 구조 설계 → 레이아웃 짜기의 순서로 진행한다.

① 기획서 작성

홈페이지의 구축 목적과 대상을 명확히 하여 홈페이지 설계의 기본 방향을 잡는데 그 목적이 있으며, 구축단체의 활동 취지나 목적 및 사용자 환경도 고려하여 설계의 기본 방향을 설정한다. 이 과정이 명확해야 홈페이지가 일관성 있게 구성될 수 있다.

② 홈페이지 구조 설계

이 과정에서는 기획서에서 표현된 목적과 대상에 맞는 메뉴를 결정하고
메뉴에 대한 접근 절차를 구조화한다.

③ 레이아웃 짜기

홈페이지 구조 설계과정에서 설정된 메뉴별로 홈페이지가 완성되었을
때의 모습을 대략적으로 그려보는 과정으로, 구체적인 그래픽이 포함되지
않아도 되나 그래픽이나 내용의 배치가 쉽게 파악될 수 있도록 도식화하
여야 된다.

(2) 작성의 실제 과정

① 기획서 작성

가. 홈페이지의 목적과 대상의 구체화

홈페이지의 사용목적을 세부항목별로 표를 이용하여 정리한다<표 6>.

항 목	내 용
홈페이지의 대상	
홈페이지의 목적	1.
	2.
	3.
	4.

<표 6> 홈페이지의 사용목적

나. 홈페이지에 들어갈 내용 정하기

홈페이지에 들어갈 내용의 항목(홈페이지의 메뉴)을 정하고 그 구체적
내용을 표를 이용하여 정리한다<표 7>.

번호	항 목	구체적 내용
1		
2		
3		
4		
5		
6		
7		
8		

<표 7> 홈페이지 메뉴 정하기

다. 기획서 작성

홈페이지의 사용목적과 대상, 홈페이지에 들어갈 내용들을 종합하여 간략히 정리하고 구체적인 내용을 만들어서 기획서로 작성한다<표 8>.

항목	내 용		
제목			
목적	1. 2. 등		
대상			
주요 메뉴	번호	메뉴명	주요 내용
	1.		
	2.		
	3.		
	4.		
	5.		
	등		

<표 8> 홈페이지 기획서 작성

② 홈페이지 구조 설계

홈페이지의 기획이 완성되면, 기획안을 근거로 홈페이지의 설계를 한다. 홈페이지의 구조는 사이트맵의 형태로 표현되어야 하며, 가장 손쉬운 방법은 'F'자 모양의 모식도로 표현하는 것이다. 또한 사이트맵은 각 메뉴에서 다른 메뉴로 이동하는 경로가 명확히 표현되어야 하며, 만약 주 메뉴의 하위 메뉴가 있을 때는 이것도 자세히 표현한다.

③ 레이아웃 짜기

홈페이지의 구조 설계가 끝나면 디자인해야 할 웹 페이지의 수를 알 수 있다. 따라서 그 수만큼, 각 웹 페이지의 수 만큼에 해당하는 대략의 바탕 그림을 그려야한다. 각 페이지의 디자인은 인적 구성에서 밝힌 삼자가 참여한다.

4) 운영

홈페이지를 구축하고 나서 가장 중요한 점은 운영의 문제이다. 홈페이지를 어떻게 운영하느냐는 구축 이후 홈페이지 성공여부를 결정짓는 중요한 부분이다. 따라서 별도로 운영관리 체크리스트를 설문지 형태로 만들어 2~3개월 단위로 체크해야 된다<표 9>.

설문조사 대상은 임의로 선정되어야 하며 각 항목에 차등의 점수를 주어 A = 우수 : 10점, B = 양호 : 7점, C = 보통 : 4점, D = 미흡 : 0점으로 하고 각 항목의 합계가 90점 이상이면 최적의 홈페이지 운영으로 보고, 70점 이상이면 부분적인 개선으로 운영이 가능한 것으로 간주하고, 60점 이상이면 운영관리 전반에 있어서 재검토 필요가 있는 것으로 보고, 50점 이하인 경우에는 홈페이지의 전면적인 개보수가 시급한 것으로 설정한다.

질 문	A	B	C	D
PC통신 인터넷 공 통 구축 목적이 명확한가				
컨셉이 나타나 있는가				
운영요원의 구성은 적절한가(관리자의 실명화)				
자료갱신의 최소 1~3주일이내 이루어지는가(방명록 답변 등)				
문의 전자메일이 자주 들어오는지, 또 반드시 답장을 해주는가				
이용자의 검색 편리성이 잘 되어 있는가(평이한 용어 사용 유무)				
적극적인 홍보를 하고 있는가(최근 활동내용 기제 유무)				
제공되는 내용(정보)중 불필요한 것은 없는가(중복 유무 등)				
인터넷 홈페이지 접속시 화면이 뜨는 속도는 적당한가(불필요한 동영상 유무 등)				
모든 브라우저에서 제대로 보이는가(제작 프로그램의 적절성)				
다국어 지원이 되고 있거나 그럴 계획이 있는가(영어·일본어 등)				
합 계				

<표 9> 운영관리 체크리스트

4. 가야사 홈페이지 구축방안

홈페이지 구축에 있어서 기획만큼 중요한 것은 없다. 대부분의 사람들은 디자인, 기술 등을 중요시 하나 홈페이지가 성공하느냐 실패하느냐는 기획에 따라 달라진다.

기존 홈페이지의 문제점에서 드러난 문제의식을 바탕으로 가야사 홈페이지를 기획할 때 사전에 염두에 두어야 할 것으로, 크게 기획단계와 내용구성으로 나누어 볼 수 있다.

1) 가야사 홈페이지 기획

홈페이지 테마에 적절하고 유용한 기획을 하기 위해서는 기획단계에 앞서 주지하여야 할 사항들이 있다. 첫 번째로 방문할 사람이 누가 될 것인지 미리 예상하여야 한다. 특정 주제를 다루는 홈페이지인 만큼 우선적으로 짐작할 수 있는 대상으로는 가야사 전공자를 꼽을 수 있다. 다음으로는 크게 비전공자 그룹으로 나눌 수 있다.

두 번째로는 방문자가 원하는 내용은 무엇이며, 어떤 내용들을 보여줄 것인가를 염두에 두어야 한다. 일반의 방문자들은 아무도 홈페이지 구축당사자 혹은 관리대상자들 중에서 최고 책임자가 누구이며, 그 단체의 내부조직이 어떻게 이루어졌는지에는 관심이 없다. 특히 장문의 인사말 등에는 전혀 관심이 없으며, WAV와 동영상 등으로 만들어 놓은 환영사는 질색이다.

세 번째로는 관리자는 명확히 밝혀야 된다. 기획단계에서부터 향후 홈페이지를 관리할 사람의 '인터넷에 대한 이해도'와 '관리에 할애할 수 있는 시간' 등에 대해서 사전에 검토한 후, 이에 맞는 홈페이지를 설계해야 한다. 일주일에 겨우 한두 시간밖에 인터넷에 접속할 수 없는 사람이나, 혹은 단체가 가야사에 대한 의문점에 대한 답변과 같은 내용을 관리하도록 사이트를 기획할 수는 없다. 또한 관리를 담당하는 당사자가 전공자인 경우, 질문에 대한 답변은 쉬울 수 있으나, 자료를 홈페이지상에 올리는 기술적인 어려움을 가질 수 있다. 반면 전문 홈페이지 디자이너(웹디자이너)의 경우에는 가야사에 대한 전문적인 지식의 부족으로 적당한 답변을 하기는 어려울 것이다. 애초에 무리한 내용을 기획하지 말고 자신이, 혹은 향후 담당자가 감당할 수 있는 선에서 홈페이지를 기획하도록 해야 할 것이다.

네 번째로는 하드웨어의 성능에 적합한 홈페이지를 기획해야 한다. 우선 사용자의 환경을 고려해 보편적으로 사용하는 인터넷 접속수단이 통신모뎀인지 혹은 전용선인지의 빈도를 짐작해야 한다. 나아가서 모뎀과 전용선의 경우 각각의 고유한 사용환경이 있기 때문에 적당한 속도를 낼 수 있는 크기의 홈페이지를 기획해야 한다. 이러한 사전 이용환경에 대한 조사를 바탕으로 거기에 알맞은 웹서버[22]를 선정해야 한다. 웹서버 선정이 가지는 중요한 의미는 무엇보다도 서버의 종류에 따라 홈페이지를 만드는 프로그램의 종류가 제한된다는 점이다. 또한 향후 업그레이드 일정 등도 고려대상에 두어, 홈페이지구축 당시에 향후의 업그레이드가 용이하게 기획해야 한다.

　　다섯 번째　스토리보드를 활용해야 한다. 사이트를 기획할 때 스토리보드를 우선 만들어 제작에 들어가야 된다. 물론 스토리보드는 협의체 내에서 충분한 협의를 거쳐가면서 만들어지는 것이 이상적이다.

2) 홈페이지의 목차구성

---

22) 서버는 그 종류가 무척이나 다양하다. 구체적인 분류기준이 보편화되지는 않지만, 일반적으로 몇 가지 사례들에 대해서 소개하면 다음과 같다.
WINDOWS 웹서버: 인터넷상에서 각종 서비스를 제공하는 웹 페이지가 들어 있는 파일을 사용자들에게 제공하는 각종 프로그램이다. 뉴스 검색을 위한 뉴스서버, 채팅을 위한 채트서버, 전자상거래, 카탈로그, 메일, 전화번호, 주소서버 등이 있다. 일반 적인 웹서버는 32 비트 window와 unix 기반의 운영체계에서 사용하는 아파치와, 윈도우 NT의 IIS, 엔터프라이즈 서버 등이 있다. 전자우편, FTP 파일의 다운로드, 그리고 웹페이지 구축, 발간 등 패키지 프로그램을 제공하는 회사로는, 네트스케이프와 마이크로소프트 회사 등이 있다.
네트워크관리 프록시서버: 사설 통신망의 사용자가 공중 통신망을 간접적으로 엑세스 할 수 있도록 마련된 네트워크 서버이다. 사설 통신 사용자가 대리 서버를 통해 공적인 네트워크 정보를 액세스하거나 저장하여 공중 통신망에 대한 액세스를 제한할 수 있다. 프록시 서버를 사용하는 경우는 두 가지가 있다. 하나는 사내의 네트워크와 인터넷간의 액세스 제어를 행하는 경우인데 프록시 서버를 사용하면 인터넷에서 회사로의 액세스는 금지시키고, 사내가 허가한 사용자만이 인터넷 특정의 서비스를 사용하도록 설정할 수 있다. 액세스 제어에 사용하는 프록시 서버는 대개 방화벽으로 머신 상에서 동작시킨다. 또 하나는 사내 네트워크와 인터넷간의 트래픽을 경감하고 싶을때 사용하는 캐쉬 기능이다. 예를 들어 사용자가 있는 www 페이지를 액세스하면 그 내용을 프록시 서버는 일정기간 기억해 둔다. 이렇게 하면 인터넷 액세스의 빈도를 줄일 수 있다. 유럽 CERN이 프리소프트웨어로 배포하고 있는 www 서버 등이 이러한 기능을 가진다.
PC일반의 프린터서버: 근거리통신망(LAN)에서 파일을 수신하고 임시로 그 파일을 저장하기 위해 공유하는 PC로, 파일을 하나씩 프린터로 보내 준다. 네트워크상의 모든 워크스테이션에 액세스할 수 있는 프린터 서버는 프린터 큐를 관리하기 위해 프린터 스풀러 소프트웨어를 실행한다.

이 절에서는 가야사 홈페이지를 구축하기 위해서 앞에서 살펴본 내용을 바탕으로, 다루고자 하는 주제의 구체적인 항목을 정하고, 각 항목들 간의 분류를 바탕으로 스토리보드를 꾸며보고, 이에 따른 홈페이지 내에서의 유기적인 연결고리를 밝히려고 한다. 그러나 여기에서 제시하는 홈페이지의 내용항목이 가야사 홈페이지 구축에 있어서 가장 적합하다는 것은 아니다. 단지 각 항목 별로 유사한 연관을 가지는 임의로 정한 주제를 바탕으로 어떠한 방법을 통하여 가야사 홈페이지를 구축해야 하는지를 제시해 보는 것이다. 또한 예로 든 항목별 주제들에는 어느 정도 필자의 개인적 주관이 반영된 것임을 먼저 밝혀 두고 싶다.

(1) 메인페이지

① 배경색과 유의사항

가. 바탕색 선정

홈페이지 구축에 있어서 첫 페이지(Main Page)는 모든 사회생활에서의 첫 인상과도 같다. 따라서 첫 페이지의 배경색으로 무슨 색을 써야하는지를 결정하는 것이 중요하다. 기존 홈페이지의 분석에서 드러난 것과 같이, 가야사관련의 홈페이지들은 원색을 피하고 명도가 높은 중간색 계통의 미색을 쓰고 있는 것이 대부분이다. 따라서 새로 구축하는 가야사홈페이지도 명도가 높은 미색을 원칙으로 하되 사용빈도가 높은 백색을 쓰는 것이 무난하겠지만, 가야의 역사와 문화 등이 연상될 수 있는 이미지나 색조를 결정하는 것을 추천하고 싶다. 예를들면 가야의 철을 상징하는 흑적색이라든지, 해상왕국의 바다를 나타내는 연청색과 같은 색조의 사용도 한 가지 예가 될 수 있을 것이다.

일반적으로 홈페이지를 어떤 톤으로 이끌어 나갈지 결정하는 것은 그 홈페이지 성격을 결정 지운다. 색깔은 그 홈페이지의 이미지를 결정하는 것이다. 예를 들자면 파란색은 젊고 신선한 이미지를 떠올리게 한다. 따라서 웹디자이너는 홈페이지를 만들 때 구축대상자 즉, 가야사 전문가와 상의한 다음 분위기 연출과 색을 결정해야 한다. 만약 구축대상자가 색에 대한 센스가 없다면 좀더 많은 선택권이 웹디자이너에게 주어질 수 있다. 그러나 웹디자이너 개인의 취향이나 미적 감각으로 홈페이지를 만들어서는 안 된다. 색은 그 홈페이지의 첫 인상을 결정하기 때문이다.

국내에서 사용되는 대다수의 색은 노랑, 주황 같은 따뜻한 계열이다. 따라서 홈페이지가 예뻐 보이고 한눈에 쉽게 들어온다는 장점은 있다. 그러나 따뜻한 계열의 색을 쓴 홈페이지는 그 반대의 경우보다 같은 시간을 머물러 있어도 보다 오래 있었다는 느낌을 주기 때문에 사용자들에게 지루한 느낌을 주어, 머무르는 시간이 짧아질 수 있다. 따라서 홈페이지에 조금이라도 오래 머물기를 바란다면, 전체적인 분위기는 차가운 계통의 색으로 가져가고, 중요하거나 강조할 부분만 따뜻한 색으로 표현하는 것이 좋다.

나. 유의사항
(가) 가독성의 문제
유명한 홈페이지의 경우는 대부분이 배경화면이 없고, 흰색 바탕을 많이 쓰고 있다. 그러나 이것은 자칫하면 단조로운 느낌을 줄 수도 있다. 그런 이유 때문인지 앞에서 검토한 국내의 많은 대학박물관 및 역사학 관련 홈페이지에서는 파랑, 노랑, 초록 등 다양한 색조가 사용되고 있다. 하지만 이것은 홈페이지에서 게시하는 그림이나 문자의 색조와 관련지워 결정되어야 할 것이다. 가독성 측면을 고려해야 하기 때문이다.

주지하다시피 홈페이지를 방문하는 이유는 그곳에서 정보를 얻기 위해서이다. 즉, 주된 방문의 목적이 글을 읽고 자료를 찾는 것에 있지 감상을 위한 것은 아니다. 따라서 가독성은 홈페이지에서 빼놓을 수 없는 중요한 요소이지만 현재 대부분의 홈페이지에서는 이를 무시하고 있는 실정이다.

가독성이 중요한 이유는, 가독성이 떨어지면 모뎀 이용자의 시간을 빼앗을 뿐 아니라 전화요금의 부담을 높인다. 당연히 이런 홈페이지는 다시 방문할 확률이 낮아진다. 이런 이유 때문에 잘 만든 홈페이지는 사람이 가장 편하면서도 잘 볼 수 있는 흰색 바탕에 검은색 글씨를 쓰고 있다.[23] 따라

------

23) 주변에서 쉽게 찾아볼 수 있는 홈페이지로는 인텔사가 있다. 일반인들은 '인텔'

서 가야사 홈페이지도 바탕색을 결정하고 그에 적당한 색으로서 문자와 상징이미지를 처리해야 된다. 대체로 보색대비를 통한 색처리가 적절할 것이다. 물론 아무리 보색이라고 해도 눈에 쉽게 피로를 주어서 가독성이 떨어지는 색조는 피해야 할 것이다.

(나) 로고 사용

대학을 제외한 학회의 홈페이지 및 연구소 홈페이지에는 로고 또는 이미지를 잘 사용하지 않는다. 간혹 사용한다고 해도 그 위치가 일정하지 않은 경우가 대부분이다.[24] 그러나 잘 알려진 유명 홈페이지[25]는 대부분 로고를 사용하고 있으며, 그 위치의 대부분은 페이지 왼쪽 상단이다. 로고나 로고의 위치를 대수롭지 않게 생각하기 쉽다. 그러나 사실은 상당히 중요한 부분이다. 로고는 그 홈페이지의 이미지를 형상화하며 기억시킨다. 유명한 홈페이지들이 왼쪽에 로고를 배치하고 있다는 것은 일반적인 관습이나 단순한 유행이 아니라 다음과 같은 두 가지 효과를 노리는 것이다.

첫 번째, 홈페이지에 대한 확실한 이미지를 기억하게 만든다.
두 번째, 홈페이지의 내용을 미리 짐작케 한다.

하면 쉽게 파란색을 떠올린다. 인텔 CPU 케이스조차도 파란색으로 포장되어 있으며, TV광고 역시 파란색이다. 인텔이 파란색을 고집하는 이유는 파란색이 갖고 있는 젊고 신선한 이미지를 최대한 기업이미지에 도입하는 '컬러마케팅기법'을 쓰고 있기 때문이다. 그러나 홈페이지에 파란색을 조심스럽게 쓰고 있다. 홈페이지를 보면 왼쪽의 프레임은 파란색으로 하고, 문자가 많은 오른쪽은 가독성을 고려해서 흰 바탕을 썼다. 대신 문자를 파란색으로 해서 가독성을 해치지 않는 범위 안에서 파란색 이미지를 최대한 심으려고 노력한다.

가야사 홈페이지 구축에서도 가독성은 중요하다. 따라서 흰색 바탕에 검정색 글씨를 사용하는 것이 좋다. 모 대학박물관의 경우 파란색 바탕에 검정색 글씨를 쓰고 있다. 처음 방문했을 때 페이지가 완전히 열릴 때까지 내용을 읽지 못했으며, 시각적으로 매우 당혹감을 느꼈다.

24) 로고를 일부 채용하고 있는 홈페이지의 경우에 그 위치의 대부분을 점유하고 있는 곳은 왼쪽 상단이다. 그러나 대부분의 경우에 왜 로고가 그 위치에 와야 되는가 하는 것에는 별반 의문을 가지고 있지 못하다. 로고의 위치선정은 웹디자이너의 권유에 따르고 있는 실정이다.

25) 주 23) 참조.

첫 번째의 경우 목적의식을 가지고 필요에 의해서 방문하는 사용자들을 제외하고, 일반적인 사용자들이 인터넷에 접속해서 돌아다니는 사이트는 한번 접속할 때마다 수백 군데에서 많게는 수천 군데에 이른다. 따라서 대부분의 사용자들은 접속을 끊은 다음 어느 사이트를 방문했는지 일일이 다 기억하지 못한다. 나중에 다시 접속해도 즐겨 찾기에 추가하지 않으면 그 사이트가 방문한 적이 있는 곳인지 잘 기억하지 못한다. 그러나 로고를 사용하면 접속을 끊은 뒤나 다음에 다시 방문했을 때 그 홈페이지를 기억할 확률이 훨씬 더 높아진다.

두 번째의 경우 기술적인 측면을 고려한 것으로써, 홈페이지 로딩 순서를 염두에 둔 것이다. 웹페이지는 위에서부터 로딩 된다. 따라서 왼쪽 위에 로고를 배치하면 사용자들이 의식하든 못하든 간에 지금부터 보는 정보는 어느 곳에서 얻는지 확실히 머리 속에 기억하게 된다. 왼쪽 중에서도 굳이 위쪽을 주장하는 이유는 다음과 같다.

첫째, 사람들은 좌·우 방향에 따라 인식하는 정도가 다르다. 대부분의 사람들은 똑같은 사물이 왼쪽과 오른쪽에 있을 때 왼쪽에 있는 것을 더 주목한다. 따라서 똑같은 말을 해도 오른쪽보다는 왼쪽에 앉아서 이야기하는 것이 더 신빙성이 높다.

둘째, 많은 사람들이 무엇을 바라볼 때 왼쪽부터 직시하도록 훈련받아 왔다. 글을 읽을 때나 특정한 무엇을 바라볼 때 습관적으로 왼쪽에서 오른쪽으로 바라보기 때문에 로고를 왼쪽에 두는 것이 더 효과적이다.[26]

셋째, 로고는 문자가 아니라 이미지이다. 이미지는 상징을 형상화한다. 로고를 만들 때 그래픽 프로그램에서 그림 파일로 만들었기 때문에 이미지라는 것은 아니다. 사람이 로고를 보았을 때 그것이 문자로 되어 있어도 이미지로 인식한다는 것이다. 사람들은 책을 읽을 때 어떤 단어에 대해서 즉 일반적으로 명사와 형용사의 경우 보통 이미지로 떠오르는 것을 추상

---

26) 인간은 왼쪽 뇌와 오른쪽 뇌가 하는 역할이 다르다. 인간의 왼쪽 뇌는 언어나 산술적 능력이, 오른쪽 뇌는 그림이나 공간 지각 능력이 강하다. 따라서 문자를 이미지로 바꾼 로고를 왼쪽에 배치하는 것이 방문자들에게 더 크게 어필할 수 있다.

화해서 인식한다.

(다) 적절한 이미지 이용

단순하게 만들면 로딩 속도가 훨씬 빠르다. 처음부터 더 많은 정보를 제공하기 위해서 홈페이지의 첫 장을 복잡하게 만들면 로딩 속도는 많이 떨어진다. 로딩속도가 길면 가야사 홈페이지 방문자들은 중도에서 페이지를 닫을 것이다. 이미지는 로딩 속도, 홈페이지 용량과 직접적인 관계가 있기 때문에 꼭 필요한 곳에만 쓰는 것이 좋다.

이미지의 배치요령을 간략히 언급해보면 아래와 같다.

그림은 한 페이지당 4개 단위로 자르는 것이 좋으며,[27] 그래픽 크기는 최대한 줄여야된다.[28] 이유는 접속자 가운데 모뎀사용자를 고려해야 하기 때문이다. 요즘 전용선의 등장으로 가정에서 모뎀사용자들이 점차 줄어들고 있는 추세이다. 그러나 현재까지 가장 일반적으로 쓰이는 것이 모뎀이다. 모뎀을 사용하면 파일사이즈가 큰 그림을 로딩하는 데 많은 시간이 필요하기 때문이다.

(라) 신기술의 신중한 적용

인터넷에서 여러 사이트를 찾아다니다 보면, 많은 홈페이지에서 흔히 볼 수 있는 '이 사이트는 ○○○브라우저에 최적화되어 있습니다'라는 안내 문구와 쉽게 만나게 된다. 이러한 글은 사용자들에게 적절하지 못하다. 따라서 아직W3C[29]에서 국제 표준으로 인정받지 못한 태그[30]나 신기술은 쓰

---

27) 전 세계적으로 널리 쓰이는 웹서버 '아파치'(Apache)는 그림을 4개 단위로 불러온다. 큰 이미지를 자르거나 이미지 수를 고려할 때에는 될 수 있으면 4개 단위로 하는 것이 좋다.

28) 홈페이지를 불러오는 시간 중 80~90%는 그래픽을 읽어 들이는 데 쓰인다. 따라서 그래픽의 크기를 줄이는 것이 홈페이지의 로딩 속도를 높이는 것이다. 그러기 위해서는 그림 파일의 종류인 JPG와 GIF를 상황에 맞게 잘 써야 한다. JPG는 압축률이 좋아 큰 이미지에 좋고, 32비트 컬러를 쓸 수 있다는 등의 장점이 있다. GIF는 움직이는 아이콘을 만들 수 있고, 작은 아이콘을 만들 때 좋다.

29) 웹 표준을 제정하는 등 웹의 장기적인 발전을 위해 94년에 창립된 인터넷 관련 공동체로 국제 산업 컨소시엄 중 하나다.

지 않는 것이 좋다. 하지만 홈페이지 성격상 꼭 필요할 때는 신기술을 이용해야 된다. 예를 들어 가야사의 대강을 플래시를 이용하거나 혹은 동영상을 이용하여 실감나게 표현한다면, 일반인들이 쉽게 가야사를 이해할 수 있을 것이다. 이런 식으로 신기술을 활용하는 것은 좋지만, 그런 것이 아니라면 자제해야 한다.

② 페이지구성

페이지 구성에 앞서 앞에서도 지적했듯이 선행되어야 할 것으로 먼저 스토리보드를 이용해서 전체적인 구성내용의 맥락을 잡아야 된다. 스토리보드의 활용은 홈페이지를 구체적으로 구축하기 이전에 미리 어떤 내용을 어디에 배치 할 것인가를 살펴볼 수 있는 장점을 가지고 있다.

가. 첫 페이지(MAIN PAGE)

홈페이지에 접속했을 때 처음으로 나타나는 페이지의 이미지는 앞에서 지적했듯이 방문자들에게 그 홈페이지에 대한 강렬한 인상을 심어주는 것이어야 된다. 따라서 바탕색은 대체로 흰색을 위주로 하며, 문자는 검정색으로 통일해서 사용해야 된다. 단 홈페이지 이름과 구축단체의 이름 및 연락처는 파란색과 보색이 되는 계통의 색을 이용하면 좋다. 홈페이지를 상징하는 로고는 왼편 상단에 위치해야 한다. 로고는 가야유물을 상징화한 것으로서 문양화된 이미지로 만드는 것이 좋다. 페이지 전면에 가야를 상징하는 대표적인 유물 사진을 넣어야 된다. 단 유물사진은 로고와 연관이 있어야 한다. 마지막으로 홈페이지 제작 단체의 이름과 연락처를 넣어야 된다<그림 66>.

미국의 MIT컴퓨터 과학 연구소, 유럽의 INRIA, 아시아의 게이오대학과 쇼난후지사와 캠퍼스 등이 주도적으로 참여해 결성했다. CERN과 협력해 결성된 단체로 W3C의 디렉터이자 웹의 창안자이기도 한 팀 버나스리의 주도 아래 움직이고 있으며, HTML표준안을 확정하는 곳으로 인터넷 웹사이트의 향방을 주도한다.

30) 태그란 어떤 언어의 요소 기술자를 가리키는 일반적인 용어인 HTML 문서의 표현 기호이다. 하나의 문서 또는 정보 단위에 사용되는 태그모음을 마크업이라고 부르기도 한다. 태그는 < >안에 기술하며 대개 < >로 시작해서 < >로 끝난다.

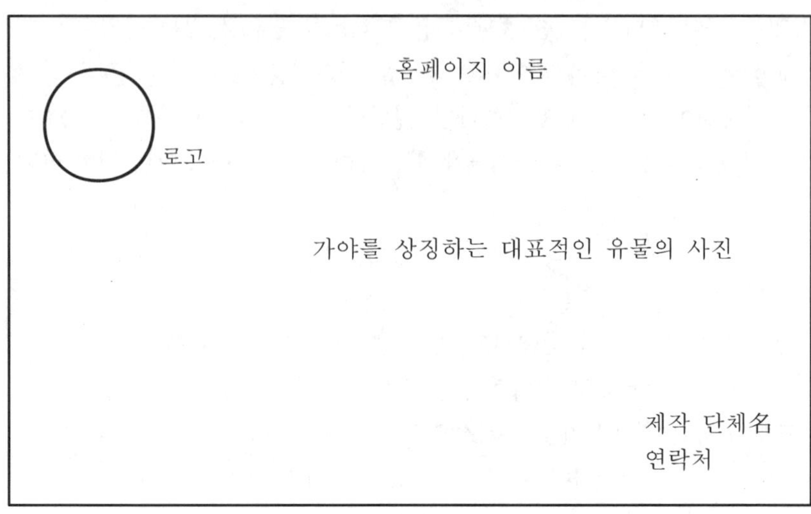

<그림 66> 가야사 홈페이지 MAIN페이지 구성

나. 두 번째 페이지

두 번째 페이지는 본격적인 가야사 홈페이지를 소개하는 것이어야 된다. 따라서 다루고자 하는 항목을 적절히 배치하여야 한다. 이 때 주의하여야 할 것으로, 화면을 많은 프레임으로 나누어 방문자들이 미로에 빠지게 하지는 말아야 할 것이다. 프레임은 상하 2단으로 나누는 것이 가장 적당하다. 협의체와 의논을 하여 나누어 본 항목, 즉 다루고자 하는 내용들의 배열은 상단 프레임에 두는 것이 좋다.[31] 또한 우측 하단의 오른쪽 아래로 반복해서 넣어주면 좋다.

다루고자 하는 항목은 '홈페이지 구축의의', '가야사 개관', '가야사 여행', '문화유적 탐사', '논문 보고서 검색', '방명록' 등으로 나누는 것이 좋다. 다

---

31) 다루고자 하는 내용을 상단 프레임에 두는 목적은, 상단 프레임을 SITE MAP로 활용하려는 이유에서다. 일반적인 홈페이지들은 첫 장에서 두 번째 장으로 페이지가 넘어가면, 전체적인 페이지의 이미지가 전부 바뀐다. 이미지의 전환은 일관성의 상실로 방문자들에게 다음 내용으로 넘어가기 위해서 다시 첫 장으로 돌아와야 하는 번거로움을 준다. 그래서 보통 많이 쓰이는 것으로 SITE MAP을 별도로 두고 있다. 그러나 상단 프레임을 변하지 않게 고정하면, SITE MAP으로 활용할 수 있다.

음으로 'SITE MAP'과 'E-MAIL'을 넣는 것이 적당하다. 하단의 오른편에는 역시 가야를 대표하는 적절한 유물의 사진을 넣어주는 것이 좋다<그림 67>.

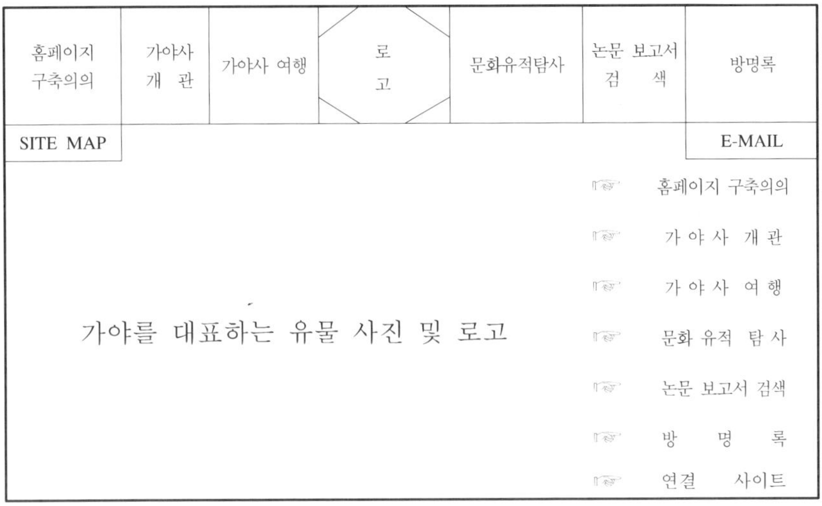

홈페이지 구축의의	가야사 개 관	가야사 여행	로 고	문화유적탐사	논문 보고서 검　색	방명록
SITE MAP						E-MAIL

가야를 대표하는 유물 사진 및 로고

☞　홈페이지 구축의의
☞　가 야 사 　개 관
☞　가 야 사 　여 행
☞　문 화 유 적 　탐 사
☞　논 문 보 고 서 검색
☞　방 　명 　록
☞　연 결 　　사 이 트

<그림 67> 가야사 홈페이지 두 번째 페이지 구성

다. 항목별 세부내용 구성

(가) 가야사 홈페이지 구축의의

가야사 홈페이지 구축의의에 대해서 간략하게 서술하는 것을 그 목적으로 한다. 내용은 홈페이지 구축 동기와 목적을 나타내야 하며, 아울러 활용방안도 첨가해야 한다. 이를 통하여 전체적인 홈페이지의 이미지를 접속자들에게 심어줄 수 있을 것이다.

(나) 가야사 개관

전체적인 맥락의 가야사를 일반인들이 이해하기 쉽게 서술하고 문자화된 이미지에 쉽게 실증 내는 요즘 신세대들의 경향을 살펴 그림으로 된 이미지를 따로 두어 가야사에 대한 이해를 도모하며 구성내용은 다음과 같다.

가) 글로 보는 가야사

김해와 고령으로 이어지는 대략적인 가야사 전체의 역사를 페이지 한 장 정도의 짧은 글로써 서술한다. 내용은 알기 쉬운 평이한 문체를 사용하여야 하며, 불가피한 경우를 제외하고는 전공용어의 사용을 최대한 줄여 향후 전개되는 홈페이지 내용 이해를 쉽게 하는데 그 목적을 두어야 한다.

ㄱ. 영화로 보는 가야사

가야의 역사가 신비와 수수께끼의 역사가 아님을 강조하고, 우리역사에서 가야사가 차지하는 비중과 의미를 갖도록 구성해야 된다. 고구려, 백제, 신라 삼국으로 대별되는 우리 고대사에서 가야가 가지는 의미를 삼국과 비교할 수 있는 도표 제시를 통하여, 비록 가야가 고구려, 백제보다 100년 앞서 멸망한 것은 사실이나 삼국과 500년 이상을 동등하게 병립해 왔으며, 독자적 역사와 문화를 영위했다는 사실을 산술적 계산을 통하여 보여주어, 우리역사상에서 가야사가 차지하는 비중을 인식시켜 주어야 한다. 이것을 가능하게 하는 방법은 이미지가 주는 장점을 충분히 살려 요즘 젊은 세대들이 실증내지 않을 정도의 시간인 15~20분[32] 정도로 대략적인 가야 역사의 시간적 공간과 지리적 공간을 동영상, 애니메이션, 스틸사진, 나레이션, 자막, 효과음 등을 구사하여 영화로 보여주는 것이며, 그 대강을 쉽게 이해시키고 가야의 역사와 문화에 관심을 가질 수 있도록 유도 한다.

내용은 아래와 같다.

(ㄱ) 최초의 김해인(신석기 문화인)

김해지역에 사람이 집단을 이루어 생활했던 흔적이 최초로 확인 된 곳은 장유면 수가리 패총이다. 패총에서 확인된 동물·식물 유체와 도구를 통하여 당시의 대략적인 생활상을 복원하고, 이것을 짤막한 동영상 혹은 사진으로 보여 준다.

---

32) 물론 동영상 등과 같은 이미지 파일은 로딩속도의 저하를 가져 올 것임은 분명하다. 그러나 문자로써 인지되는 정보와 시각을 통하여 그림으로 인지되는 정보의 습득 정도를 따져 보았을 때 약간의 움직이는 이미지의 사용은 불가피하다.

(ㄴ) 구간사회-부족연합사회(청동기 문화인)

『삼국유사』 가락국기에 보이는 아도간, 신귀간 등의 아홉 추장이 나누어 인민을 영도하던 사회였다는 문자 기록을 보여주고, 부와 권력의 분산을 나타내는 김해 9개면 지역의 균등한 고인돌 분포와 그들의 삶과 죽음을 유적과 유물을 통해서 보여준다<표 10>.

고인돌	구지봉, 회현리 패총, 내동, 장유 무계리 등
독무덤	회현리 패총, 양동고분군, 대성동고분군 등
돌널무덤	회현리 패총
세형동검	청동기 문화

<표 10> 고고학적 증거

(ㄷ) 가락국의 성립(소수정치제의 성립)

『삼국유사』 가락국기에 보이는 수로왕의 등장과 건국신화로 각색된 구지가의 문자 자료를 보여주고, 대성동고분군과 양동고분군으로 집중되는 부와 권력을 철기의 출현과 철기문화의 시작으로 보고 이를 증명하는 고고학적 자료33)를 보여준다.

(ㄹ) 해상왕국 가락국

ㄱ) 철을 수출하는 나라

『삼국지』 위서 왜인전34)에 보이는 문자 자료를 보여주고, 지역전승자료와 고고학적 자료를 통하여 증명한다<표 11>.

---

33) 목관묘 : 구지로고분군 12호
     목곽묘 : 양동고분군 162호, 대성동고분군 29호
34) '나라에서 풍부하게 철이 나서 인근한 여러 나라에는 물론 서북한의 한군현과 바다 건너 일본열도의 왜국에도 수출되었다.'

고 고 학 자 료	봉황대출토 송풍관, 양동고분군 출토 판상철부, 밀양 사촌 제철유적, 대성동 고분군 출토 철정 등
지역전승 자 료	양산 물금광산, 생림면 생철리, 묵척산, 식산

<표 11> 고고학 지역전승자료

ㄴ) 고대 동아시아의 유일한 무역항

『삼국지』위서 왜인전에 보이는 바닷길을 통하여 한군현에서 구야한국을 통해서 왜국으로 가는 바닷길을 복원해 본다

　- 고고학적 자료 : 화천, 배모양토기(고대선박)

ㄷ) 고대사회에서의 최적의 항구

고대사회에서 항구로 이용하기에 가장 적합한 옛 김해만의 지형을 복원해본다.

ㄹ) 남해안의 교역권을 둘러싼 쟁탈전

탈해와 수로의 해로 장악전의 내용을 『삼국유사』가락국기의 내용을 빌어 방증한다.

포상 팔국의 난을 『삼국유사』와 『삼국사기』의 내용을 빌어 방증한다.

(ㅁ) 고구려 광개토왕을 상대하는 전쟁

'광개토대왕비'에 보이는 가야와의 전쟁기사를 통하여 왜와 연합한 가야가 신라를 공략하고 신라는 고구려에 구원병을 요청하여 기병과 보병 5만을 파병하여 신라를 돕는 과정을 복원한다.

　- 고고학적 자료 : 기마인물상(국립 경주박물관 소장)

(ㅂ) 가야 중심권의 변화

ㄱ) 대가야의 등장 : 고령, 합천

ㄴ) 479년 대가야의 왕 하지는 양자강 이남의 중국 남제에게 외교사절단을 파견하여 보국장군·본국왕의 칭호를 받음

ㄷ) 가야금 12곡에 얽힌 사연
가야금 12곡의 곡명은 서부경남 일대를 석권하고 영역국가로 발전하고 있던 대가야의 위세를 보여주는 것으로서 고고학자료[35)]와 지도를 통하여 당시의 판도를 추정해 본다.

(ㅅ) 풍전등화의 가야(6세기 전반~중반)

ㄱ) 시대상
 - 신라 : 창녕(비사벌국)과 김해 금관국을 통해 서진
 - 백제 : 섬진강을 건너 함양 안라국의 동부에 진출
 - 가야제국 : 고령의 대가야 함안의 안라국이 중심이 되어 가야국의 힘을 규합하고 신라와 백제에 대적

(ㅇ) 가야제국의 멸망 : 『삼국사기』 신라본기 법흥왕조, 진흥왕순수비, 『일본서기』 흠명기

ㄱ) 가야제국 멸망 연대기 : 금관국 멸망(532년), 안라국 멸망(560년), 대가야 멸망(562년)

(다) 가야사 여행
이 페이지에서는 역사문학관·예술문화관을 각각의 테마로 두고 관광정보를 따로 두어 가야권역 답사의 편의를 도모한다.
각각의 주제별 내용은 아래와 같다.

---

35) 고령 지산동고분군44호, 45호분의 35개의 순장곽.

가) 역사문학관

보통 타지역 문화정보 시스템의 특징은 수동적 정보제공의 형태를 고수하고 있다. 이러한 시스템은 해당지역에 가고 싶은 동기유발이 매우 부족하다. 따라서 역사문학관은 구축의의에서 밝힌 동기유발을 한번 더 접속자들에게 각인시키고 확실한 동기부여를 그 목적으로 삼아야 한다.

구성내용으로는 김해의 역사, 지리적 환경과 시간여행을 다루는 가야로의 여정, 가야사회 문화와 생활, 민속의 장을 다루는 가야인의 삶과 죽음, 가야 가상체험의 장인 가상 가락국사 박물관 등 3개의 별개 페이지로 구성되어야 한다.

ㄱ. 가야로의 여정

김해의 역사, 지리적 환경과 시간여행의 장으로서 남해에서 낙동강을 거슬러 김해시로 들어오는 가야로의 행로를 가상으로 표현하고, 가야의 역사와 문화가 꽃피었던 현 김해시 일원의 자연·지리적 환경을 둘러보면서, 현재의 지명을 클릭하면 가야시대로 타임슬립하여 각 지역에 얽힌 가야시대의 사연을 문자나 나레이션, 화상 등으로 소개할 수 있는 것을 원칙으로 한다. 내용은 아래와 같다.

(ㄱ) 김해시 일원의 역사·자연환경

분산성에서 전망한 김해시 일원의 전경과 백운대에서 내려다 보이는 김해시 시내 전경을 비디오 또는 영상자료에 기초한 가상의 화면을 통하여 웹상으로 구현한다. 구성 내용은 다음과 같다.

ㄱ) 분산성에서 내려다 본 김해시 일원의 전경

다대포와 녹산, 김해평야, 낙동강, 서낙동강, 임호산, 신어산, 경운산, 무척산, 김해공항, 김해시내의 원경을 보여준다.

ㄴ) 백운대에서 내려다본 김해시내의 전경

봉황대와 회현리 패총, 수로왕릉, 해반천, 문화의 거리, 대성동 고분군, 공설운동장, 국립김해박물관, 연지공원·구지봉, 허왕후릉, 구산동고분군, 김해시청, 김해문화원·舊시외버스터미널, 김해읍성터를 보여준다.

(ㄴ) 가야로의 가상 행로

ㄱ) 남해에서 김해시로 이르는 길

가야문화가 성립하고 번영을 이룩했던 인간과 선진문물의 이동 루트를 보여 주는 장으로서, 이용자는 이러한 가상루트를 따라 가면서 부근에 산재해 있는 가야문화의 흔적을 확인하고, 아울러 가야로 가는 자연적 경관을 즐기며 가야의 역사와 문화를 가상적으로 체험할 수 있다.

ㄴ) 남해에서 진해시 용원 부근에 도착하는 길

가야시대 김해지역으로 들어오던 수로왕·허왕후·석탈해 등의 시각에서 보이는 바닷길과 남해에서 바라보이는 가락국 해안의 자연적 경관을 구현하며, 구현 포인트는 거제도, 진해만, 가덕도, 욕망산, 부인당(보배산), 용원, 망산도, 돌배, 유주각 등의 부각으로 한다.

ㄷ) 낙동강을 거슬러 조만포를 지나 상륙하는 길

지금은 김해평야로 변한 자연지형을 고고학, 지질학, 역사학에서 밝혀진 사실을 토대로 옛 김해만의 경관을 가상으로 재현하며, 구현 포인트는 녹산, 을숙도, 생곡 가달고분군, 세산, 와룡마을, 범방패총, 덕도, 죽도, 칠산 등의 부각으로 한다.

ㄹ) 태정고개를 넘어 주촌을 지나, 김해시로 들어오는 길

허왕후의 신행길을 재현하고 있는 김해시의 추정안을 따라 태정고개를 넘어 육로를 통하여 김해시로 들어오는 길을 가상으로 재현하며, 구현 포인트는 와룡마을, 태정고개, 장유 아랫덕정주거지 유적, 장유 광석마을, 주

촌 양동고분군, 선지리, 경운산, 선지고개, 김해시 내동지석묘, 봉황대 등의 부각으로 한다.

(ㄷ) 김해시 全圖에서 찾아보는 가야의 역사와 문화

김해시 지도에서 지명을 클릭해 가야시대로 타임슬립할 수 있는 후보지를 제시하고, 후보지의 발굴장면 및 그 시대의 인물 등을 제시하며 내용구성은 다음과 같다.

ㄱ) 장유면 수가리

최초의 김해인이란 테마로 발굴조사의 광경과 대표적인 출토 유물인 덧무늬토기와 빗살무늬토기를 보여준다.

ㄴ) 장유면 광석마을

수로탄강 이전의 구간사회란 테마로 발굴조사의 광경과 고인돌, 붉은 간토기, 세형동검, 옥, 마제석촉을 보여준다.

ㄷ) 봉황대

가야의 환호마을과 제철공방, 수로왕의 가락국 왕궁, 여의 낭자와 황새장군이란 테마로 발굴조사광경(주거지 46호)과, 이동식 아궁이형 토기, 환호유구, 송풍관, 가락국왕궁허비를 보여주며, 고장설화의 기록물과 여의각을 보여준다.

ㄹ) 부원동

가야인의 주거와 신앙생활이란 테마로, 발굴광경과 집자리, 부뚜막, 제사토기, 복골을 보여주며, 『삼국지』 변진전에 보이는 문헌기록을 제시한다.

ㅁ) 구산동

허왕후의 도래란 테마로 허왕후릉을 보여주며, 『삼국유사』 가락국기에 보이는 문헌기록을 제시한다.

ㅂ) 대동면 예안리

가야의 두개골 성형 풍속이란 테마로 발굴조사의 광경과 인골 자료인 편두를 보여준다.

ㅅ) 생림면 생철리

가야의 철생산과 철의 왕국이란 테마로 『삼국지』 변진전에 보이는 문헌 기록을 보여주고, 생철리 촌로의 증언을 음성파일로 들려준다.

ㅇ) 주촌면 양동리

가야인의 주호와 패션이란 테마로 발굴조사 광경과 옥·구슬, 갑옷과 철검의 고사리 문양과 청동제 검을 보여준다.

ㅈ) 신어산

허왕후와 장유화상이란 테마로 가야의 불교 수용여부와 은하사의 神魚象을 보여준다.

ㅊ) 양산 물금 나루

신라와의 전쟁이란 테마로 물금의 가야진사에 대해 설명한다.

ㄴ. 가야인의 삶과 죽음

일반인들이 가야사에 대해 관심을 가지는 것은 연표나 사건의 나열과 같은 정치사보다는, 가야인들은 어떻게 살았을까이다. 이와 같은 궁금증을 해소하기 위해서 스틸사진, 3D그래픽, VR기법, 나레이션, 애니메이션, 효과음향 등의 수단을 통해 가야인들의 생활을 현실감 있게 재현한다.

(ㄱ) 가야인의 주거

김해 봉황대유적, 김해 부원동유적, 장유 아랫덕정유적, 진해 용원유적, 거창 대아리유적, 산청 소남리유적 등의 유적지 도면과 사진을 토대로 주거형태를 3차원적으로 복원하며 구성내용은 다음과 같다.

- 가야 주거 복원(움집) : 수혈식 주거(움집), 고상식 가옥(창고) 복원 (장유 아랫덕정마을유적 복원 장면), 가야 마을의 복원, 가야산성의 복원을 원칙으로 한다.
- 가야인의 먹거리(식생활) : 문헌36)과 고고학 자료의 이용<표 12>.

종류	분류	출토유적명
곡물류	탄화미	김해 회현리패총, 산청 소남리유적, 광주 신창동유적, 부여 송국리유적, 여주 혼암리유적, 평양 남경유적
	조	평양 남경유적, 춘천 중도유적
	수수	평양 남경유적
	기장	평양 남경유적
	콩	산청 소남리유적, 대구 칠곡 3택지 지구, 평양 남경유적
	밀	대구 칠곡 3택지 지구
	보리	대구 칠곡 3택지 지구, 여주 혼암리유적
과실류	도토리	진주 대평리유적, 서울 암사동유적
	복숭아	고령 지산동고분군
	밤	광주 쌍총동유적, 대구 칠곡 3택지 지구, 평양 남경유적
동물류	조가비	김해 회현리패총(김해시청 전사 패총 단면), 김해 부원동유적, 김해 예안리고분군, 장유 범방패총, 고령 지산동고분군(고동)
	생선뼈	고령 지산동고분군(대구, 청어)
	닭뼈	고령 지산동고분군
	달걀	고령 지산동고분군
논밭 유적	논	울산 무거동 옥현유적(청동기 시대)
	밭	진주 대평리유적, 대전 괴정동출토 농경문 청동기, 하남 미사리유적
부엌과 조리기구	부뚜막	고정식(김해 부원동유적, 하남시 미사리유적), 이동식(김해 봉황대유적, 전 가야출토 부뚜막형 토기(김해박물관)
	시루	김해 부원동유적, 경주 황남대총 청동시루, 서울 구의동유정 쇠솥과 시루, 대구 단양 경주

<표 12> 고고학 자료

---

36) 『삼국지』 위서 한전 변진 조의 '땅이 五穀과 벼를 재배하기에 알맞다'는 기술.

● 가야의 신앙 생활 : 고고학 자료를 통한 복원<표 13>

종류	숭배대상	유물
동물	호랑이	힘을 숭상하는 대상으로 지배층의 버클로 사용, 호랑이 모양 띠고리, 김해 대성동고분군
	말	힘을 숭상하는 대상으로 지배층의 버클로 사용, 말모양 띠고리, 김해 구지로고분군, 승마문항아리, 김해 양동리고분군
	거북	『삼국유사』 가락국기 구지가, 동래 복천동고분군 11호분 출토 항아리 받침대
	멧돼지	동래 복천동고분군 32호 출토 항아리 받침대
	사슴	산신과 인간을 연결해주는 메신저, 동래 복천동고분군 32호 출토 항아리 받침대
	개	동래 복천동고분군 32호 출토 항아리 받침대
	새	하늘의 신과 인간을 연결해 주는 메신저, 김해 대성동고분군 출토 오리모양토기, 울산 하대유적 출토 오리모양토기, 고성 동외동유적 출토 청동기 새문양, 함안 도항리 3호분 출토 미늘쇠
부뚜막 신 앙		<삼국지>위서 한전 변진전, 김해 부원동유적
가야인의 제 사		제사용 소형토기의 출토(김해 봉황대유적, 김해 부원동유적, 창원 성산패총, 사천 늑도유적) 제사터 유적의 확인(산청 묵곡리유적) 일본열도에 건너간 가야의 귀신들(솟대신앙-도리이(鳥居) : 일본 모든 신사의 정문)
가야인의 점 술		복골의 출토(김해 부원동유적, 창원 성산패총, 사천 늑도유적)

<표 13> 가야인의 신앙생활 고고학자료

● 가야인의 죽음

가야인은 사후에 대한 어떤 생각을 가지고 있었을까? 가야인의 또 다른 정신세계를 탐험해 볼 수 있는 자료가 가야의 무덤들과 부장품들이다. 현재 가야 고고학의 대부분이 고분자료에 한정되고 있는 현실을 감안하여 가야고분을 체계적으로 정리하고 소개하여 가야의 사회와 문화를 이해시키고자 한다<표 14~16>.

내부시설에 의한 구분	시대 유물	신석기시대	본격적인 매장풍습이 생기지 않았던 시기 생활 쓰레기가 퇴적된 패총에서 인골이 출토(통영 연대도)
		청동기시대	고인돌, 독무덤, 돌널무덤
		철기시대 I 기 (전기가야)	구덩이무덤, 널무덤, 덧널무덤
		철기시대 II 기 (후기가야)	돌덧널무덤, 앞트기식 돌방무덤, 돌방무덤
외부시설에 의한 구분	종류	대형봉토분	가야지역에서의 일반적인 고분 축조방법(김해 구산동고분군, 장유 유하리 왕릉, 고령 지산동고분군, 함안 말산리고분군, 창령 교동고분군)
		분구묘	먼저 흙을 다져가며 인공의 산을 쌓아 올린 후, 안에 매장시설을 한 뒤 다시 봉토를 쌓아 올리는 방법사용(고성 송학동고분군, 고성 내산리고분군)

<표 14> 가야고분의 변천

시대순	입지조건
낮은데서 높은 곳으로, 평지에서 구릉으로 축조 (김해 구지로고분군, 김해 대성동고분군, 김해 가락국 왕릉 묘역)	구릉의 정상에서 내려오는 능선 상에 대대로 배열 (고령 지산동고분군, 창령 교동고분군)

<표 15> 가야고분의 입지조건

종류	출 토 지
금관	출처가 확실하지 않은 2점(호암미술관소장 전 고령 출토품, 동경박물관 소장 오쿠라콜렉션)
금귀걸이	합천 옥전고분군, 고령 지산동고분군 등에서 약간 출토
금은장식 환두대도	합천 옥전고분군, 남원 월산리 등에서 약간 출토
옥·구슬류	『삼국지』 위서 한전 변진조에 '가야인들은 금·은 보다 옥과 구슬을 더 좋아하였다'고 전하는 바와 같이 부장품이 많다.(김해 양동고분군 출토 수정목걸이, 김해 양동고분군 55·462·427·162·200·212·235·280·349·304호 출토 목걸이)
청동제 의기	청동제 솥(김해 양동고분군 322호 중국계, 김해 양동고분군 235호 유목민계, 김해 대성동고분군 29호 유목민계, 김해 대성동고분군 47호 유목민계) 청동거울(김해 양동고분군 427호, 김해 양동고분군 162호, 김해 양동고분군 55호, 김해 양동고분군 441호, 김해 대성동고분군 23호, 김해 대성동고분군 147호 파편, 김해 대성동고분군 2호 파편) 방패꾸미개(김해 대성동고분군 2호 1개, 김해 대성동고분군 13호 6개, 창끝꾸미개, 김해 양동고분군 340호 1개, 김해 양동고분군 304호 3개, 김해 양동고분군 331호 3개, 김해 대성동고분군 1호 8개, 김해 대성동고분군 2호 2개, 김해 대성동고분군 39호 2개)
철기	철소재(판상철부, 철정)
토기	지역색이 풍부(특징에 따라 김해·창령·함안·고령 등으로 산지와 시기가 나누어짐)
순장	생사람을 죽여 무덤의 주인공과 함께 매장하는 풍습(김해 대성동고분군 24호, 고령 지산동고분군 44호분)

<표 16> 가야고분의 부장품들

ㄷ. 가상 가락국사 박물관(가야문화 가상체험의 장)

가야인들의 문화를 가상으로 체험하게 하는 공간으로 각종 영상매체를 사용하여 당시 문화를 재현하며 내용구성은 다음과 같다.

(ㄱ) 최초의 김해인(신석기 문화기) : 고고학 자료를 이용한 복원<표 17>.

유 물	유 적
토 기	수가리패총 출토 덧무늬토기, 수가리패총 출토 빗살무늬토기, 수가리패총 전경
흑요석제 화살촉	통영 연대도, 욕지도
도구 뼈연장	수가리패총, 남해안유적

<표 17> 고고학자료

(ㄴ) 가야문화의 여명(청동기) : 고고학 자료를 이용한 복원<표 18>.

유 물	유 적
무 덤	고인돌 2개(장유면, 수가리 광석마을/구지봉 고인돌) 독무덤(옹관묘) 돌널무덤
의장 및 위세품	검(세형동검-수가리 광석마을) 경(청동거울-다뉴세문경) 옥(옥목걸이)
생활도구	석기-갈판과 갈돌, 반달 돌칼, 돌도끼, 돌보습, 그물추, 가락바퀴 토기-홍도, 민무늬토기, 가지무늬토기
무 기 류	세형동검

<표 18> 고고학 자료

(ㄷ) 가락국 문화의 절정기(전기가야-변한) : 고고학 자료를 이용한 복원<표 19>.

유 물	유 적
무 덤	목관묘(널무덤) : 구지로고분군, 대성동, 양동, 예안리 목곽묘(덧널무덤, 목관목곽묘) : 대성동, 양동
의장 및 위세품	청동거울-대성동, 양동, 청동 솥A-대성동, 양동, 청동 솥B-양동 바람개비형 동기, 통형동기, 제사토기-부원동 장신구, 옥, 수정제 목걸이-양동
생활도구	토기 : 단지, 항아리, 사발, 굽다리 접시, 화로형 토기, 신선로 접시 철제새오할도구 끌, 칼, 낫, 낚시바늘, 따비, 쇠스랑
철제무기류	철모, 철검, 철제투구, 철제갑옷, 마구, 마주, 환두대도

<표 19> 고고학 자료

(ㄹ) 가락국 문화의 쇠퇴기(후기가야) : 고고학 자료를 이용한 복원<표 20>.

유 물	유 적
무 덤	수혈식석실-양동리 304·136호분 23호 횡구식석실, 횡혈식석실-이지구 14호분
의장 및 위세품	통형 동기-양동 304호, 각배 장신구, 목걸이-양동 304호
생활도구	토기-굽다리 접시(양동 136호), 화로형 기대, 발형 기대 부뚜막형 토기
철제무기류	가지창(대성동 96번, 대성동 2호, 14호), 화살촉(양동 6호, 136호). 환두대도(대성동 18호분, 양동 304호), 철검(대성동 3호), 갑주(대성동 3호), 마주횡엽(대성동 3호)
철 소 재	철정(덩이쇠) : 대성동 2호 집게 송풍관 : 김해 봉황대유적, 밀양 사촌제철유적

<표 20> 고고학 자료

나) 예술 문화관

가상 가야문물 전시회의 장(사이버 역사문물 전시회의 장)과 가야금의 과거와 현재의 장(가야금의 예술의 장) 두 개로 나누어 Cyber상에 상설전시관 및 특별전시관을 구성하고 가야금에 관련된 자료를 보여주기 위한 것으로서, 가야인이 먹고, 입고, 즐기고 하였던 생활상을 통해 가야인들의 여유로움과 멋에 흠뻑 취해 보도록 구성한다.

ㄱ. 가상 가야문물 전시회(사이버 역사문물 전시회의 장)

국립김해박물관을 비롯하여 부산·영남지역의 대학박물관 및 관련 연구소의 협조로 가야문화의 상설전시회와 테마별 특별전시회가 가상공간에서 이루어지게 하고, 기존 박물관의 특별전시회에서는 볼 수 없었던 유물의 밑이나 뒷부분까지도 이용자가 직접 움직여 보며 관람할 수 있는 VR기법을 사용하여 가야에 관한 보다 높은 이해를 구한다.

(ㄱ) 전시관 형태

상설Cyber전시관과 특별전시회의 두 개의 전시관으로 나누어 전자의 경우 가상 가락국사 박물관과 같이 상설 사이버 전시관으로 구성하며, 유물을 3D로 촬영 입체적으로 볼 수 있도록 구성한다. 후자의 경우 가야의 역사와 문화를 주제로 하는 Theme별 특별 전시회를 기획37)한다<표 21>.

---

37) 본고에서 예로든 기획안은 특별전시회 1회 구축분으로서 4개월 간 홈페이지에 올릴 분량이다. 4개월 주기로 특별전시회 기획을 새롭게 하여 방문자들에게 홈페이지의 계속적인 업그레이드를 실질적으로 보여주어야 할 것이다.

가야인의 연중행사	가야인의 문자생활
가야인의 신앙생활	가야의 문양과 멋
가야인의 음식문화	가야인의 장신구
가야인의 통과의례	가야제국의 대외관계
가야인의 집과 마을	가야제국과 고대중국
가야제국과 고대일본	가야제국의 왕권
가야제국의 토기문화	가야의 고분문화
가야제국의 철	

<표 21> 특별 전시회 기획안

(ㄴ) 가야금의 과거와 현재의 장(가야금의 예술의 장)

가야금의 역사와 가야금 12곡에 관련된 정보를 제공하는 장소로 가야금의 제작에 관련된 사료와 음악을 이미지와 소리로 제공하고 현재의 가야금을 활용한 문화거리, 탑 등을 가상현실로 제공한다.

ㄱ) 가상 가야금 박물관

가야금에 관련된 정보를 Cyber전시관에서 제공한다<표 22>.

과거의 가야금	가야금 자료	『삼국사기』 악지에 따르면 가야금은 대가야의 가실왕이 중국의 악기를 본떠 만들었다고 전하고 있으나, 그렇지 않음이 최근 고고학적 발굴조사의 결과로 밝혀지게 되었다.
	가야금 12곡	가야제국을 하나로 묶기 위한 고도의 정치적 장치 『삼국사기』가 전하는 가야금 12곡명은 가곡·연주곡·무곡 등으로 구성된 음악
현재의 가야금	가야금에 관련된 문 화 시 설	김해시 문화거리 고령군 가야금의 탑 및 우륵 사당
가상 가야금 박물관	가야금에 관련된 자료를 열람하는 장소	

<표 22> 가상 Cyber 가야금 박물관 계획

(라) 문화유적탐사

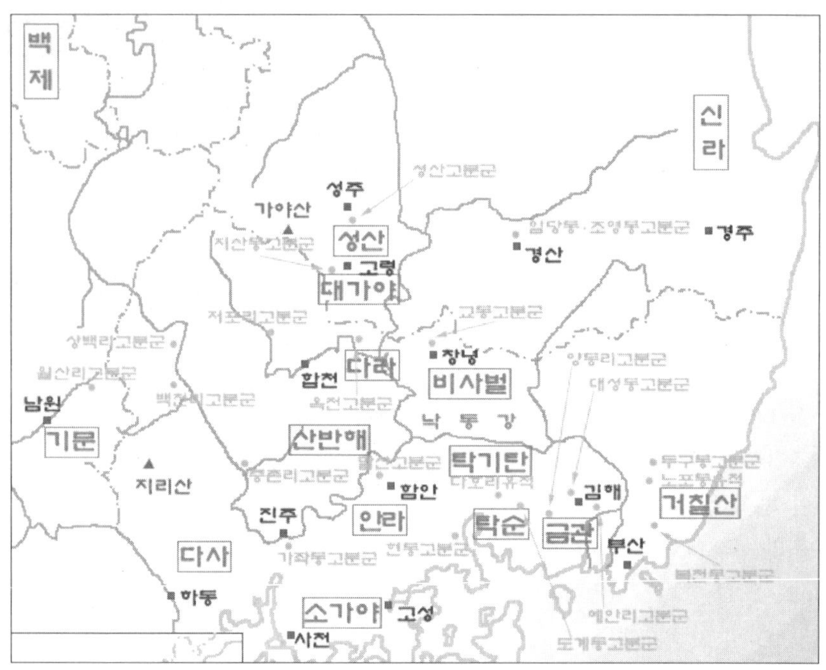

<그림 68> 가야 영역 분포도

　　가야 여러나라의 영역을 지도[38]로 나타내고 각 국명에 클릭했을 때 세부페이지로 넘어가는 형식을 취한다<그림 68>. 자료로 인용한 김해시 출판 『金海의 古墳文化』에 사용된 지도와 같이 대부분의 지도는 나라 이름 표기에 있어서 漢字를 사용하고 있다. 한자교육이 초등교육과 중등교육 과정에서 체계 있게 수행되지 못하는 실정에서, 방문자들이 국명을 쉽게 읽어 나간다는 확신은 없다. 따라서 국명은 한글로 표기하는 것이 좋다.

　　세부페이지의 경우 인제대학교 가야문화연구소 홈페이지와 같은 형식을 취하는 것이 좋다. 가야문화연구소 홈페이지의 경우 대표적인 유적과 용어 설명을 같이 나열하고 있다. 물론 별도의 검색기능이 있다면 모르는 용어

---

38) 본고에서 사용된 지도는 1998년 김해시 출판 『金海의 古墳文化』 부록에 들어있는 것을 이영식 가야문화연구소 소장이 손보고 약간의 그래픽 작업을 거쳐 인용한 것임을 밝힌다.

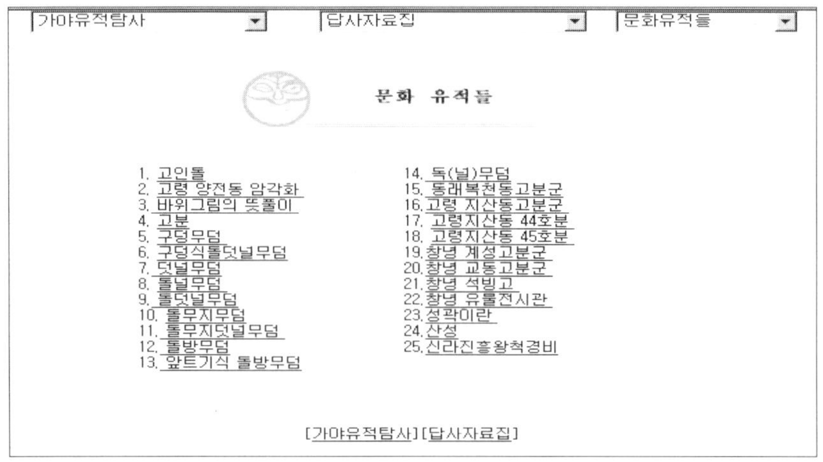

<그림 69> 가야문화연구소 유적답사 페이지

에 대한 의문은 검색을 통하여 쉽게 해결될 것이다. 그러나 검색을 하기 위해선 별도의 페이지를 따로 열어보아야 하는 번거로움이 있을 수 있다. 반면 용어와 유적을 같은 페이지에 나열한다면 이러한 번거로운 작업을 덜 수 있을 것이다<그림 69>.

(마) 논문 및 보고서 검색

가야사에 관련된 논문과 보고서의 검색을 목적으로 하고 관련 용어의 검색기능도 갖추어야할 것이다. 보편적으로 가야사에 관한 자료는 일반인 들이 쉽게 접할 수 없는 출판물의 형태로 공급되고 있다. 더욱이 논문의 경우 활자로 출판되지 못할 경우, 전공자들에게 제한적으로 공급되고 있을 뿐이다. 이러한 현실을 놓고 볼 때 일반인들이 결코 쉽게 가야사에 관한 학술적인 자료에 자유로이 접근할 수는 없다. 이러한 맹점을 피하기 위해 서 전공자들과 비전공자들 모두에게 만족을 주는 자료검색 기능을 갖추어 야 된다. 따라서 홈페이지 내부에 저장되어 있는 자료의 제한적인 검색 기 능에 한정시킬 것이 아니라 웹페이지 전반에까지 검색 능력의 확장을 시 도하여야 한다. 또한 검색기능을 담당하는 시중의 검색엔진의 특징을 살펴 활용해야할 것이다.

　일반적으로 검색엔진을 분류하는 기준이 공식적으로 정립된 바는 없지만, 검색엔진의 동작형태에 따라 크게 '주제별 카탈로그' 와 '키워드형 검색엔진'으로 나눌 수 있다. 전자는 다시 '일반키워드형', 'Front-End형', '지능형 검색엔진'으로 나눌 수 있다.[39] 이밖에도 다른 검색엔진이 있다.[40]

　주제별 카탈로그(Subject-oriented searching) 검색엔진의 경우 인터넷에 있는 정보를 큰 주제에 따라 분류해 놓은 목록을 제공하는 검색엔진이다. 주제별 카탈로그는 해당 주제에 해당하는 각종 정보를 목록으로 제공

---

39) 그러나 모든 검색엔진들이 앞에서 분류한 것처럼 뚜렷이 구분되는 것은 아니며, 주제별 카탈로그의 대명사인 'YAHOO!'도 키워드검색을 지원하고 있으며, 키워드형 검색엔진들 대부분이 주제별 카탈로그 service를 동시에 제공하고 있다.

40) Front-End형 검색엔진 : Front-End형 검색엔진이란 많은 검색엔진을 한 화면에 모아놓은 것을 말한다. 즉, 자기 자신은 로봇, 스파이더, 크롤러 등을 이용한 정보 DataBase를 구축해 놓지 않고 여러 가지 엔진의 '검색어 입력창'만을 따로 모아서 제공하는 것이다. Front-End형 검색엔진의 대표적인 것으로는 'All-In-One', 'All Internet Searches', 'Search.com', 'CUSI(한국)'이 있다. Front-End형 검색엔진은 각각의 검색엔진을 옮겨 다니면서 검색할 필요 없이 한 화면 안에서 각각의 검색엔진을 이용할 수 있는 장점이 있다. 또한 웹에 있는 HTML 문서만을 대상으로 검색하는 것이 아니라 공개소프트웨어나 뉴스그룹 또는 학술문서까지도 찾아주는 아주 넓은 검색영역을 갖고 있다는 장점이 있다. 그러나 자기 자신은 Data Base 를 갖고 있지 않기 때문에 각각의 검색엔진에서 사용할 수 있는 여러 가지 검색옵션을 모두 지원해 주지 못한다. 따라서 정교한 검색을 이끌어내는데 제한된 한계를 가지고 있다.
　지능형 검색엔진(Inteligent Search Engine) : 지능형 검색엔진은 '로봇 에이전트'를 이용하여 '멀티쓰레드 기법'으로 정보를 찾아주는 검색엔진을 말한다. Fornt-End형 검색엔진은 각각의 검색엔진마다 하나씩의 검색어 입력상자가 제공되는 반면, 지능형 검색엔진은 검색어 입력상자가 하나만 있으면서도 수십 개의 검색엔진을 통한 동시검색 기능이 가능하다. 지능형 검색엔진은 한번의 키워드 입력만으로 다양한 검색엔진을 참조하여 검색을 진행하므로 간편한 정보 찾기와 다양한 검색엔진에서의 출력결과를 얻을 수 있다는 장점이 있는 반면, 여러 개의 검색엔진을 거치므로, 검색속도가 다소 떨어지며, 수십 개의 검색엔진에서 찾은 결과가 한 화면에 출력되어 원하는 정보를 선별하는데 많은 시간이 소요된다는 단점이 있다.
　일반적으로 많이 사용하는 지능형 검색엔진으로는 '미스다찾니', 'All 4 One', 'IBM infoMarket', 'EZ-Find at The River', 'Metasearch', 'MetaCrawler', 'Savvy Search', 'Starting Point'가 있다.
　지능형 검색엔진을 좀더 세분하면 '검색결과까지 모두 보여주는 형태'와 '키워드 입력만 자동으로 하는 형태' 두 가지 타입이 있다.

하기 때문에 Directory서버, 주제별 검색엔진, 메뉴검색, Subject-oriented searching 등으로 부르기도 한다. 주제별 카탈로그는 정보를 찾기 위한 특별한 주제어나 중심 어를 뽑아낼 수 없는 상황일 때 사용하면 쉽게 해당정보에 접근할 수 있도록 도와주는 검색엔진이다.[41]

키워드형 검색엔진은 인터넷에 있는 홈페이지의 내용과 URL(Uniform Resource Locator: 홈페이지 주소)을 자체 Data Base로 구축해둔 것을 말한다. 키워드형 검색엔진은 찾으려고 하는 정보의 키워드(Keyword: 검색어)를 입력함으로써 원하는 정보를 쉽게 검색할 수 있다. 그러나 키워드형 검색엔진은 정확한 키워드를 뽑아낼 수 없는 상황에서 키워드검색을 실시할 경우, 엉뚱한 결과의 출력으로 많은 시간을 낭비하는 결과를 초래할 수 있다.

키워드형 검색엔진의 대표적인 것으로는 'AltaVista', 'HotBot', 'Info seek', 'Lycos', 'Webcrawler', 'Excite', 'DejaNews'가 있다. 한글을 지원하는 키워드형 검색엔진으로는 '네이버(NAVER)', '심마니', '정보탐정', '코시크(Kor-seek)', '마당발'이 있다.

주제별 카탈로그가 단점을 보완하기 위해 키워드형 검색을 지원하듯이, 키워드형 검색엔진도 별개의 보완점을 마련하고 있다. 즉, 자신의 단점을 보완하기 위해 키워드형 검색엔진 대부분이 주제별 카탈로그 Service를 동시에 제공하고 있다. 예를 들면 우리나라의 대표적인 키워드형 검색엔진인

---

41) 영문으로 Service되는 주제별 카탈로그 중 대표적인 것으로는 'Yahoo!', 'Galaxy', 'WWW Virtual Library', 'Point Communicaton', 'City Net'이 있다. 한글로 제공되는 주제별 카탈로그에는 'Yahoo! Korea', 'Korea Directory'가 있다.
　일반적으로 주제별 카탈로그는 찾고자 하는 정보에 대하여 주제어, 키워드, 중심 어 등을 모르더라도 대분류 정도만 알 수 있다면 쉽게 정보에 접근할 수 있다는 장점이 있다. 그러나 원하는 정보에 접근하기까지 '대분류 → 중분류 → 소분류 → 찾는정보'와 같이 여러 단계를 거쳐야하므로 중간에 길을 잘못 설정하면 찾는 내용과 더욱 더 멀어질 가능성이 산재하고 있다. 이러한 단점을 보완하기 위해서, 주제별 카탈로그 중 상당수가 별도로 키워드 입력을 통한 검색기능을 제공하고 있다. 예를 들면 'Yahoo!'의 홈페이지에서 화면 위 부분에 검색어를 입력하는 상자가 있고, 그 아래 부분에 주제별로 분류된 목록이 있는 것을 볼 수 있다. 'Yahoo!'는 각각의 중·소분류로 진입하면 해당 범위 안에 있는 내용만을 대상으로 키워드를 입력하여 정보를 찾을 수 있는 기능까지 제공하고 있다.

심마니의 경우 그 동안 키워드를 통한 검색방식만을 제공해오다, 1996년 6월부터는 과학, 교육, 역사, 종교, 컴퓨터 등 16가지 분야로 나누어진 주제별 카탈로그를 지원하고있다. 라이코스, 익사이트, 웹크롤러, 알타비스타 등도 자체적으로 정리한 주제별 카탈로그를 제공하고 있다.

　이상에서 살펴본 것과 같이 여러 종류의 검색엔진이 가지는 특징을 잘 살펴 홈페이지의 검색기능을 꾸며야 할 것이다. 따라서 검색기능의 적용 형태를 화면에 검색창을 두어 사용자로부터 키워드를 입력받는 키워드 활용검색과 검색창 아래에 주제별로 항목을 나열하여 사용자가 직접 주제를 선택하는 주제별 검색과 AND/OR, 특정 단어 제외 검색 등을 위해 옵션버튼을 선택하는 키워드 옵션검색의 3가지로 설정하여 크게는 한 페이지에서 검색기능을 선택하게 만들고<그림 70>, 세부적으로 별개의 페이지를 만들어야 할 것이다<그림 71~73>. 또한 옵션에서 선택사항으로 웹페이지 검색기능도 추가해야 된다.

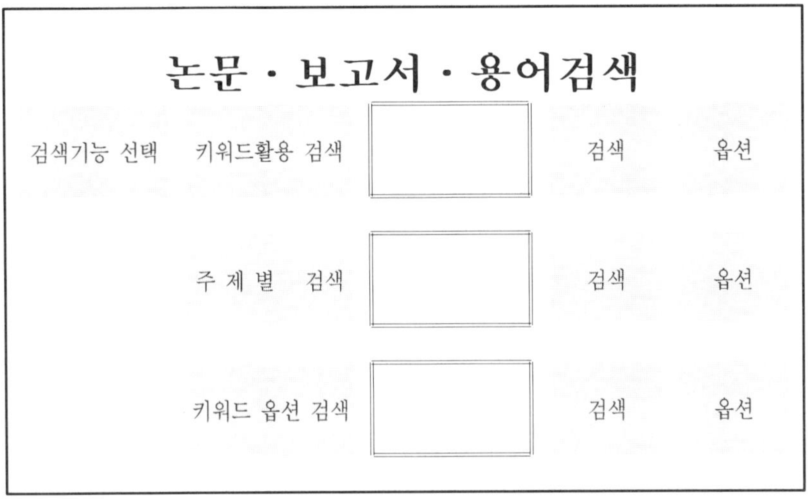

<그림 70> 검색기능 첫 페이지

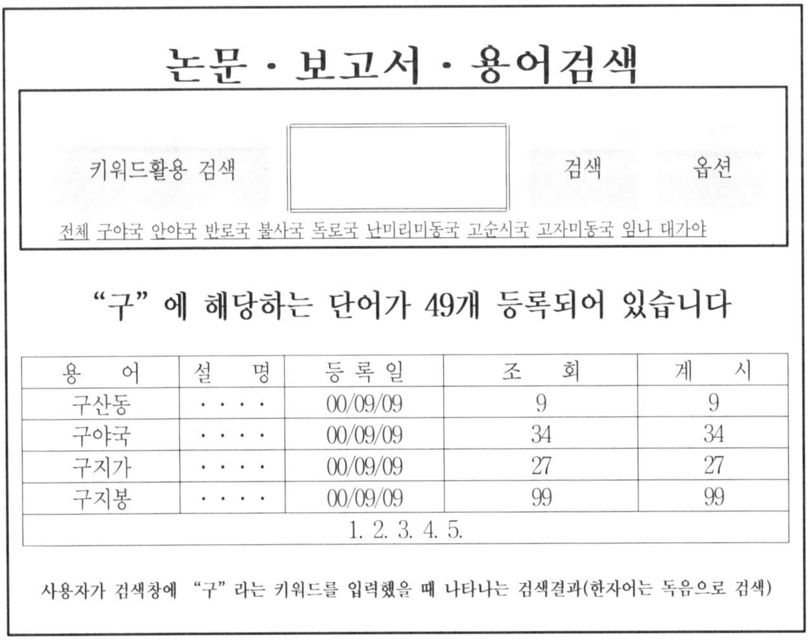

용 어	설 명	등 록 일	조 회	계 시
구산동	· · · ·	00/09/09	9	9
구야국	· · · ·	00/09/09	34	34
구지가	· · · ·	00/09/09	27	27
구지봉	· · · ·	00/09/09	99	99
1. 2. 3. 4. 5.				

<그림 71> 키워드 활용 검색

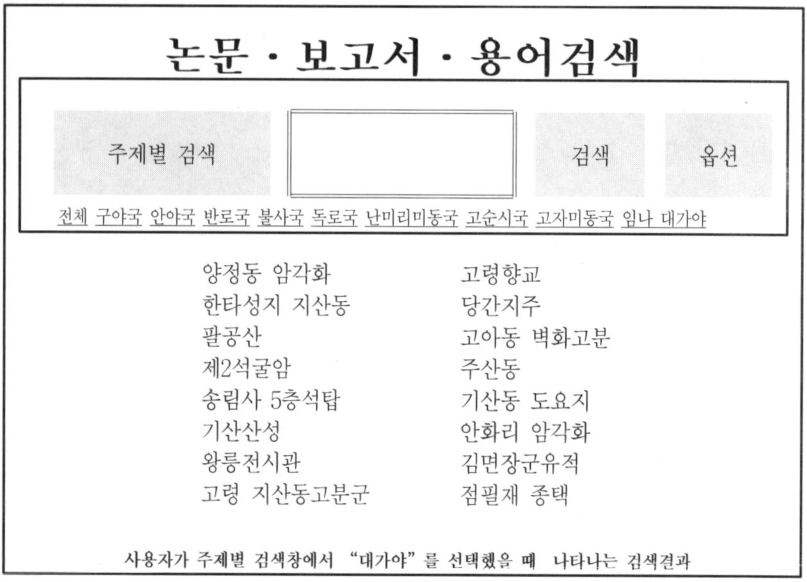

논문 · 보고서 · 용어검색

| 주제별 검색 | | 검색 | 옵션 |

전체 구야국 안야국 반로국 불사국 독로국 난미리미동국 고순시국 고자미동국 임나 대가야

양정동 암각화	고령향교
한타성지 지산동	당간지주
팔공산	고아동 벽화고분
제2석굴암	주산동
송림사 5층석탑	기산동 도요지
기산산성	안화리 암각화
왕릉전시관	김면장군유적
고령 지산동고분군	점필재 종택

사용자가 주제별 검색창에서 "대가야"를 선택했을 때 나타나는 검색결과

<그림 72> 주제별 활용 검색

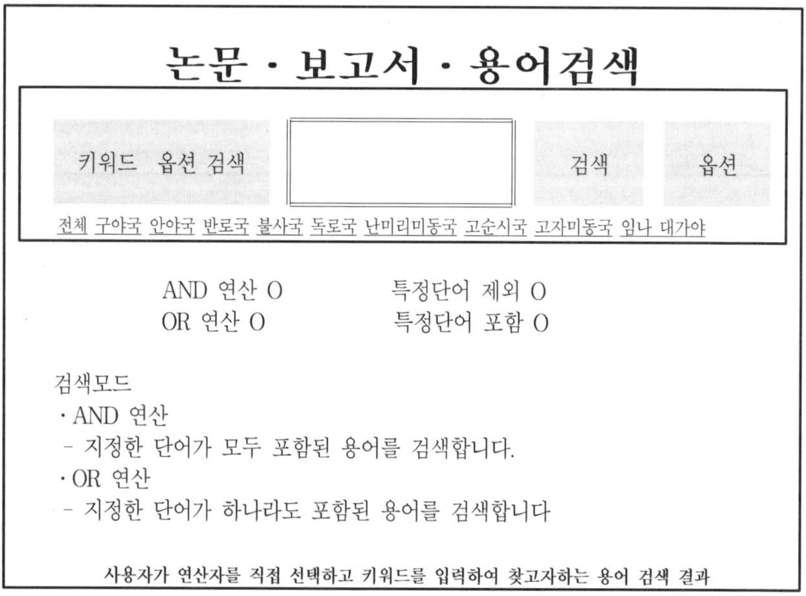

논문 · 보고서 · 용어검색

| 키워드 옵션 검색 | | 검색 | 옵션 |

전체 구야국 안야국 반로국 불사국 독로국 난미리미동국 고순시국 고자미동국 임나 대가야

AND 연산 O	특정단어 제외 O
OR 연산 O	특정단어 포함 O

검색모드
· AND 연산
 - 지정한 단어가 모두 포함된 용어를 검색합니다.
· OR 연산
 - 지정한 단어가 하나라도 포함된 용어를 검색합니다

사용자가 연산자를 직접 선택하고 키워드를 입력하여 찾고자하는 용어 검색 결과

<그림 73> 키워드 옵션 활용 검색

(바) 방명록

방명록은 가야문화연구소의 형태와 유사하게 꾸미는 것이 좋다.<그림 74> 한국고고학회 홈페이지의 경우 토론방과 방명록을 별도로 두고 있으나 간혹 방문자들이 혼란에 빠지는 것 같다<그림 75>. 따라서 이와 유사한 혼돈을 방문자들에게 주지 않기 위해서는 비슷한 주제를 다루는 별도 페이지의 중복은 피해야 된다.

번호		제목	이름	등록날짜	조회	다운
416		꼭 읽어 주세여^^*	김보영	2001/02/20	7	0
415		Re: 답사안내.....*^^*	관리자	2001/02/20	7	0
414		금관가야의 몰락	허수아비	2001/02/19	9	0
413		Re: 가락국의 쇠퇴	관리자	2001/02/20	6	0
412		수고하셨습니다^^	가야만세	2001/02/19	9	0
411		홈페이지가 업그레이드 되었다 하더이다...^^	관리자...^^	2001/02/18	12	0
410		김재호선생님께	이태호	2001/02/14	11	0
409		Re: 반갑습니다...*^^*	관리자	2001/02/15	12	0
408		안냐세염...	김미숙	2001/02/13	10	0
407		김해의 역사에 관해서 알고 싶습니다.	가락	2001/02/01	12	0
406		^^	혜려니..	2001/01/29	9	0
405		유적지 항공촬영장비?	궁금이	2001/01/29	8	0
404		Re: 항공촬영은요	관리자	2001/01/30	8	0
403		첫휴가를 보내며....	김수병	2001/01/20	7	0
402		[소식]가야문화권 개발, 본격 추진	가야만세	2001/01/18	11	0

<그림 74> 가야문화연구소 방명록

<그림 75> 혼동 사례

(사) SITE-MAP

SITE-MAP은 홈페이지의 모든 내용을 한눈에 보여 줄 수 있는 것이 되어야 한다. 따라서 각 항목별로 나누어지는 세부페이지까지도 상세하게 표시되어 있어야 한다. SITE-MAP은 결국 사전과 같은 기능을 하는 것이며, 처음 홈페이지를 찾아온 방문자들에게 이 홈페이지는 적어도 무슨 내용을 다루고 있며, 어떠한 순서로 꾸며져 있는지를 보여 줄 수 있어야 한다. <그림 76>은 인제대학교 가야문화 연구소의 SITE-MAP으로 홈페이지의 각 항목별로 정리되어 있다. 가야사 홈페이지의 경우에도 이와 같은 원칙으로 SITE-MAP을 꾸미는 것이 좋다.

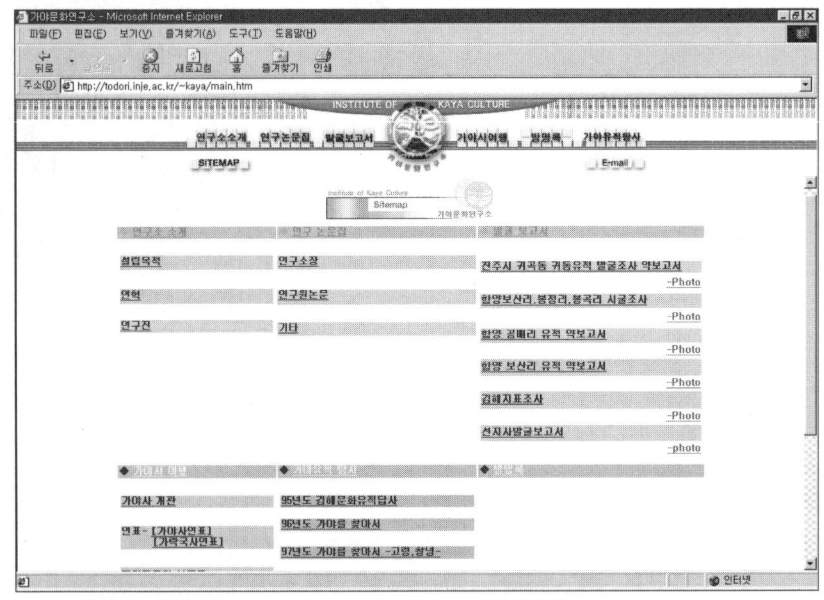

<그림 76> 가야문화연구소 SITE-MAP

(아) E-MAIL

E-MAIL은 앞에서도 설명했듯이 개인적인 질문이나 의문사항의 질의 응답이 가능하다. 이것은 그 기능이 매우 私覿임을 암시한다. Ⅱ장에서 예로든 홈페이지들의 경우 별도의 페이지를 만들지 않고 웹페이지 상에서

바로 연결되도록 만들어 개인의 私覿인 기능을 보호하고 있다. 따라서 가야사 홈페이지의 경우도 동일한 형식을 따르는 것이 좋다.

(자) 연결 사이트

가야사와 관련이 있는 다수의 홈페이지를 연결시켜 폭넓은 가야사에 대한 이해를 돕고 서로의 정보교환을 통하여 자료의 다양성을 꾀하는 것이 좋다. 이러한 연결 페이지의 장점을 살리기 위해서는 구축 당시에 미리 연결 대상 홈페이지를 관리하는 단체나 개인에 사전 협조를 구하는 것이 좋으며, 나아가서 자료의 교환도 가능하게 하는 것이 좋다. 또한 사전에 이루어진 협의 사항과 연결이 가능하게 허가해준 기관 및 개인에게 감사한다는 짤막한 글을 연결 페이지 하단에 작지만 실어주어 결코 무단으로 연결시킨 것이 아님을 밝혀야 한다.

연결 페이지로는 인제대학교 가야문화연구소, 김해넷, 한국고대사학회, 한국고고학회, 한국상고사학회, 한국사연구회, 한국역사연구회, 국사편찬위원회 외 대학박물관 및 연구소, 국립·시립박물관, 개인홈페이지 등의 30여 홈페이지 정도가 좋다.

5. 홈페이지의 활용방안

1) 기존 문제점

기존 홈페이지의 분석과 문제점에서 문제점을 3가지 항목으로 다루어본 결과 구성과 기술적용에 있어서 미흡한 홈페이지들은 관리 문제가 어렵고 나아가서는 활용도에서 떨어지는 결과를 볼 수 있었다. 이러한 결과를 토대로 활용과 가장 밀접한 관리의 문제를 근간으로 가야사 홈페이지의 활용방안을 제시하고자 한다.

각각의 측면이 가지는 활용방안에서의 문제점은 구성상의 경우 동기유발과 흥미유발이라고 할 수 있다. 동기와 흥미가 없으면 홈페이지에 접속을 하지 않을 것이며 이것은 곧 활용의 기회를 처음부터 상실하는 것이다.

기술상의 경우 프로그램과 사용 장치의 문제로 나눌 수 있다. 전자의 경우 신문사 홈페이지를 살펴보면 잘 알 수 있다. 신문사 홈페이지의 경우 화면에 다수의 Animated GIF[42]를 만들어 놓고 있다. 이 경우 기사내용이 우선인지 광고가 우선인지 알 수 없다.[43] 방문자는 원하는 기사에 접근하기 위해서 몇 차례의 번잡한 클릭을 해야 되며 그 과정 속에서 흥미를 상실할 것이다. 이와 마찬가지로 베너(광고)를 기재하는 경우 이러한 문제가 발생된다. 영리를 목적으로 하지 않는다면, 운영에 필요하다는 이유를 붙여서 배너를 달면 안 된다. 아울러 비슷한 성격의 다른 사이트와의 번잡한 링크 또한 접속자들의 집중력을 분산시켜, 어느 순간에 가서는 가야사 홈페이지를 잊고 다른 홈페이지에 몰두하게 만들 것이다. 후자의 경우 모니터에 대한 문제점이다. 모니터는 컴퓨터 시스템의 중핵으로서 시스템 전체의 수행 상태를 감시 감독하는 제어 프로그램을 말하는 것으로써, 컴퓨터의 화면 출력 장치 즉, 흑백이나 컬러로 된 CRT[44] 화면을 가리킨다. 요즘 구현되는 홈페이지 해상도[45]가 문제되는 것으로, 최근의 일반적인 추세는

---

42) 그림 여러 장을 하나의 파일에 넣어 놓고 필름처럼 돌아가게 하는 것을 말한다. 프로그래밍 작업 없이도 HTML문서를 동적으로 보이게 하는 좋은 방법이다. 단, 파일 크기에 유의해야 한다.

43) 국내 유명신문사들인 조선일보, 중앙일보, 동아일보 등이 좋은 예가 된다.

44) 정보를 나타낼 수 있는 화면을 갖춘 전자관으로서 1879년 발명된 크룩스관(Crooks tube)이 시초이다. 컴퓨터에 이용된 것은 1951년 MIT의 휠와인드 I 컴퓨터이다. 이것은 일종의 진공관으로서 후면에 장치된 전자총으로 전자빔을 발사하면 이를 수평, 수직 편광코일에 의해 휘게 하여 화면상의 한 위치를 때리게 한다. 화면 안쪽에는 빔을 받으면 빛을 내는 인(phosphor)이 코팅되어 있으며, 전자빔이 화면상의 각 위치를 연속으로 때리므로 각 위치의 빔의 유무에 따라 빛을 내고 이로써 화상을 표현한다. 용도는 레이더나 텔레비전, 컴퓨터의 출력장치로 사용되고 있으며, 여러 가지 종류의 문자와 그림을 화면에 표시할 수 있어 현대에 가장 보편적으로 사용되는 컴퓨터 출력장치이다.

45) 모니터의 화면 품질을 표시하는 말이다. 모니터는 영상을 구성하는데 사용되는 밝은 점의 개수를 '가로×세로'의 형식으로 표시한다. 컬러 모니터는 해상도를 '640×480', '1024×768' 등으로 표시하는데, 이것은 각각 가로 640 또는 1024개의 점과 480 또는 768개의 점으로 화면이 구성된다는 의미이다. 화면의 크기는 일정한데 점의 개수가 많아지면 더욱 정교하게 영상이나 문자를 나타낼 수 있으며, 같은 급

고해상도로 가고 있다. 15인치 모니터가 얼마 전까지는 보급률에 있어서 다수를 차지했으나, 요즘은 17인치 모니터를 선호하고 있으며, 시판되는 모니터의 기종에 관계없이 17인치가 절대다수를 차지하고 있다. 물론 추세가 17인치를 선호한다고는 하지만 기존에 보급되어 있는 15인치 모니터 사용자들에게 페이지의 크기를 1024×768 환경에 맞추도록 강요할 수는 없다. 가야사 홈페이지를 만들 때 이러한 장치 사용 환경도 고려되어져야 할 것이다. 또한 화려한 디자인과 효과를 위해 생소한 Plug-In이 필요하다고 사용자로 하여금 Download를 강요한다면, 사용자는 요즘 유행하는 컴퓨터바이러스 감염을 의심하여 설치하지 않을 것이다. 결국은 구축자가 의도하는 홈페이지를 방문자는 볼 수 없게된다. 따라서 이미지가 가지는 속성의 정확한 의미전달은 불가능할 것이다. 그리고 Navigation[46]에 전혀 신경을 쓰지 않는 경우에는 상위메뉴로 가는 링크, 초기화면으로 가는 링크, 이전 화면으로 가는 링크 등을 하나도 집어넣지 않는다면, 하위화면에서 초기화면으로 돌아가기 위해서는 최소 3~4번 정도 (뒤로) 이동버튼을 눌러야할 것이다. 방문자 측에서 볼 경우 의미 없는 시간 죽이기에 불과하다. 물론 많은 연결은 홈페이지 구동 속도의 저하를 가져온다. 그러나 최소한의 연결로 번잡한 작업을 줄인다면, 방문자의 편의를 최대한으로 살린 점을 부각시킬 수 있다.

관리 소홀로 지적할 수 있는 것으로는 첫째, 홈페이지 방문자의 의문점에 대한 답변을 회피하는 것이다. 보통의 경우 홈페이지에는 게시판이나 방명록이 만들어져 있다. 처음 만들 때의 의도는 방문자의 참여도 향상과 의문점 해결을 위한 유쾌한 발상의 발로였을 것이다. 그러나 방문자의 의문점에 명쾌한 답변을 거부하고 침묵으로 일관한다면, 불쾌감을 줄 수 있다. 간혹 방명록이 생략되고 게시판만 올리는 홈페이지가 있다. 이러한 유

수의 문자라도 더 작게 보이게 된다.
46) 하이퍼텍스트 시스템에서 각각의 주제어를 선택하고 이동하며 보여준다는 의미이고, 각종 형식의 정보미디어를 연결하여 자유로이 전환해서 사용 할 수 있도록 해주는 소프트웨어 툴이다.

의 홈페이지는 자신들의 이야기 즉, 필요한 것의 홍보만을 고집하는 것으로 보여진다.

둘째, 업데이트를 무시하는 것이다. 업데이트를 하지 않는다면 그야말로 죽은 홈페이지다. 특정 주제를 다루는 홈페이지의 경우 자료의 확충과 갱신 및 관리는 필수다.

업데이트의 문제는 구축당사자의 무책임에서 온다. 많은 돈을 사용하여 홈페이지를 처음 만들 때 일반적으로 관리비를 책정하지 않는 경우가 있다. 물론 전문 지식이 전무한 인문학도가 전문 제작자에게 제작을 의뢰하는 한계는 인정이 되나, 제작 초기와 협의 도중의 정열적인 열성은 만들고 나면 어찌할 줄 모르는 당혹감으로 변모된다. 이러한 문제의 시작은 홈페이지 구축계획 입안 초기에 일반 관리비를 배제함으로써 발생된다. 홈페이지 관리를 위해서는 최소, 한 명의 웹디자이너가 필요하다. 또한 관련 구현 주제에 관한 전문인의 채용도 필요하다. 이 경우 구축 대상자가 자금력이 풍부한 공공단체 혹은 기업의 경우라면, 전문인력의 체용은 쉽게 해결된다. 그러나 대학 혹은 개인은 홈페이지 관리비 확충에 어려움이 많을 것이다.

셋째, 일반인들이 검색엔진을 사용하여 찾고자하는 홈페이지를 검색하는 도중에서 나타나는 문제이다. 보통 각각의 검색엔진이 특정 홈페이지 정보를 인식하기 위해선 구축당사자가 검색엔진 회사에 접속하여 다루는 정보에 대한 성격과 특성을 먼저 알려야 된다. 만약 스스로 홍보를 전혀 하지 않는다면 웹사이트를 PC에 저장해놓고 있는 것이나 다름없다. 홍보를 위해선 각각의 검색엔진의 특징을 먼저 살핀 다음, 적절한 정보를 제공하여야 할 것이다.

이상의 지적에서 알 수 있듯이 구축된 홈페이지의 적절한 활용을 위해서는 구축당시부터 활용방안을 염두에 두어야 한다는 것이다. 즉 가야사란 주제로 어떠한 목적을 가지고 홈페이지를 구축할 것이며 그 목적에 적합한 내용을 끊임없이 업데이트하고 방문자들에 알려야 한다.

(1) 홈페이지 홍보(주요 검색엔진에 등록하기)

가야사홈페이지를 구축하고 난 후 '야후'나 '심마니' 같은 검색엔진에 등록[47])을 하여 사람들에게 알리는 것이 중요하다. 아무리 잘 만든 홈페이지라도 사람들이 찾아오지 않는다면 홈페이지를 만들 필요가 없기 때문이다. 또한 다른 홈페이지와 연결시키거나 다른 홈페이지의 방명록에 꾸준히 홈페이지 소개를 하거나 검색엔진에 일괄등록을 시켜주는 사이트 등을 통해서 홈페이지를 홍보해야된다.[48])

(2) 자료의 업데이트

홈페이지 자료 업데이트는 단순한 자료의 보강으로 끝나면 안 된다. 새로운 자료를 홈페이지에 올릴 때에는 문자색을 달리하거나 크게 하여 강조해야 된다. 또한 홈페이지 업데이트를 미리 고려해서 충분한 용량을 확보해야 하며, 3~4개월에 한번씩 자료를 보강하고 모니터 요원과 방명록에 올라온 개선사항을 체크해 1주단위로 수정하는 것이 바람직하다.

2) 관리체제

홈페이지의 관리는 '관리자', '자문기관', '모니터 요원'의 3자 구성을 하는 것이 좋다. 관리자만의 독단적인 홈페이지 관리는 사용자를 무시한 홈페이지가 될 수 있다. '자문기관'과 '모니터 요원'을 관리에 참여시켜 다양한 사용자 계층을 고려한 홈페이지 관리가 되어야 한다. 그러나 '자문기관'과 '모니터 요원'은 관리를 위한 의견을 제시할 뿐이지 그 의견이 강제성은 가져서는 안 된다. 자칫 강제성을 가지면 획일적인 홈페이지 관리에 지장을 줄 수 있다.

---

47) 검색엔진에 홈페이지를 등록하기 위해선 각 검색엔진의 특성을 알아야 된다. 본고에서는 '(마) 논문 및 보고서 검색'에서 상세히 다루어 보았다.

48) 이 방법은 주요 검색엔진에 등록하기·한꺼번에 국내외 검색엔진에 등록하기·배너 광고 교환서비스·인기순위 서비스에 등록하기가 있으나 자세한 설명은 하지 않기로 한다. 이에 대해서는 남기범, 『내 마음대로 요리하는 홈페이지 300』, 정보게이트, 1998, 729~749쪽을 참조하기 바란다.

(1) 관리자

관리자는 '구축단체'가 되야 한다. 홈페이지를 처음에 구축한 단체가 관리를 하는 것이 좋다. 왜냐하면 구축당시의 목적과 방법을 이미 알고있기 때문이다. 구축당시의 목적을 숙지하고 있다는 것은 업데이트나 홈페이지를 보수할 때에도 구축당시의 틀에서 크게 벗어나지 않도록 수정한다는 것을 의미한다. 업데이트나 보수로 인한 이미지의 변화는 사용자들에게 혼란을 가져온다. 또한 처음 구축당시 어떤 프로그램으로 자료를 어디에 넣어서 어떻게 만들었는가를 상세히 알고있는 측 역시 '구축단체'뿐이다. 업데이트와 수정을 빨리 그리고 정확하게 하기 위해서도 관리는 '구축단체'가 담당하는 것이 좋다.

관리자는 '자문기관'과 '모니터 요원'이 제시한 의견을 바탕으로 홈페이지 구축 목적에 부합되는 내용만을 관리에 이용해야 된다.

(2) 자문기관

자문기관은 관리자의 독단적인 홈페이지 활용 및 관리를 견제하는데 그 목적이 있다. 자문기관의 인적구성은 가야사 전공자와 일반시민 그리고 전문 웹디자이너 3자로 한다. 각 인원은 6명을 원칙으로 하되 20명이 넘지 않는 것이 좋으며<표 23>, 자문기관 내에서의 의사결정은 다수결을 원칙으로 한다. 의견 건의는 3~4개월을 단위로 한다.

참여계층	명수	성별	나이	비고
가야사 전공자	6	남녀 각 1/2	27~60대	
일 반 시 민	8	남녀 각 1/2	13~60대	교 직 2명 학 생 2명 직장인 2명 주 부 2명
전문 웹디자이너	6	남녀 각 1/2	20~30대	

<표 23> 자문기관 인적구성

(3) 모니터 요원

모니터요원 역시 목적은 '자문기관'과 같다. 모니터요원은 전적으로 인터넷에 접속하는 일반 시민을 대상으로 선정하며, 3~4개월 단위로 의견을 취합한다. 모니터 요원이 중점적으로 관찰하는 체크리스트는 홈페이지의 오작동여부와 로딩속도, 자료의 업데이트 정도 및 기간으로 하면 좋다.

(4) 관리비용 문제

홈페이지 관리에서 가장 중요한 것은 관리비용의 문제이다. 홈페이지 관리비 재원은 어디서 충당하고 얼마만큼의 비용을 확보해서 어떠한 방법으로 집행할 것인가? 이러한 문제를 쉽게 풀기 위해선 우선 관리문제에 있어서 두 가지 방안을 상정해 볼 수 있다. 두 가지 방안 모두 다 관리비용의 지원은 구축 위임단체가 맡는다는 전제로 한다.

첫째, 구축단체가 관리를 하는 것을 원칙으로 삼고 구축단체가 지정한 홈페이지 제작 전문회사에 위임하는 방안, 둘째, 구축단체 내부에 전문 웹디자이너를 고용해서 관리에 필요한 전문기술을 확보하는 경우이다.

전자의 경우 홈페이지의 처음 견적에 따라 관리비용이 틀리게 들어갈 것이다. <그림 77~78>에 나타난 '감각의 제국'이라는 홈페이지 제작전문단체의 가격표를 참고로 들면 업데이트의 종류에 따라 관리비용이 다르게 나타나는 점을 확인할 수 있다. 이 경우 매번 업데이트의 성격에 따라 관리비는 변동할 것이다.

후자의 경우 구축단체 내부에서 관리 전문인력으로 가야사 전문가와 웹디자이너를 채용하는 것이다. 이 경우 물론 구축단체는 가야사전문기관이 선정되기에 웹디자이너 한 명만 채용하면 된다.

홈페이지 제작 단가(원) : 부가세 별도				
	일반형	고급형	쇼핑몰	쇼핑몰 물품(개수)
인트로페이지	필요시 사용	필요시 사용	필요시 사용	10개 이하 : 20,000
메인페이지	100,000	200,000	250,000	30개 이하 : 15,000
서브페이지(장)	25,000(텍스트위주)	45,000(그래픽위주)	30,000	60개 이하 : 10,000
제작비용(10페이지)	350,000	650,000		100개 이하 : 8,000
샘플 사이트	보기			101개 이상 : 7,000
공통사항	1. 게시판,방명록,카운터 무료제공 (각각 2개이하) 2. 구축후 1개월간 무료 유지/보수/관리 무료 3. 국내 8개 검색 엔진에 등록 4. 도메인 등록 비용 별도 (33,000) , 호스팅 비용 별도 5. 번역비 별도			
애니에이션 & 영상	1. 로고(마크) 제작 (150,000 ~ 200,000) 2. GIF 애니메이션 (10,000 ~ 40,000) 3. Flash 애니메이션 (50,000 ~ 700,000) 100프래임당 4. 동영상 인코딩 (10분당 50,000) 5. 배너 GIF,Flash (10,000 ~ 100,000) 6. 20장까지 스캔 무료 추가시 (장당1,000)			
cgi 프로그램	1. 주문품 (무료) 2. 회원인증/관리(150,000) 3. 간단한 쇼핑몰(무료) 4. 전문쇼핑몰(무료)			

<그림 77> 홈페이지 제작 단가

홈페이지 보수(원)		홈페이지관리(원) 월별	
메인 디자인 변경	100,000 ~ 700,000	일반형	20,000 ~ 100,000
서브페이지(장)	15,000 ~ 40,000	고급형	50,000 ~ 200,000
		쇼핑몰	100,000 ~ 300,000
		1. 페이지 추가 제외 2. 1년 단위로 계약시 20% 할인	

<그림 78> 홈페이지 업데이트 단가

6. 맺음말

가야사 홈페이지를 구축하기 위한 방안으로 시작된 이번 연구는 머리말에서 밝혔듯이 홈페이지에 관한 지식이라곤 겨우 검색엔진을 통해서 필요한 정보를 검색하는 수준인 필자들에게 있어선 무척이나 당혹스러운 주제였다.

1999년에 처음으로 학생들의 도움을 받아 만들어 본 인제대학교 가야문화연구소 홈페이지 구축경험과 전문 웹디자이너에게 의논하여 전면적인 개축을 시도했던 경험을 바탕으로 하고, 기존 홈페이지에 대한 사례조사와 분석을 통해, 문제점을 도출하고, 원론적인 홈페이지 구축방법을 제시하였으며, 최종적으로 구체적인 가야사 홈페이지의 한 예를 기획해 보았다. 보통 홈페이지를 만들기 위해서는 '홈페이지 구축방안'에서 밝혔듯이 분명한 목적에 합당한 기획을 하여야 하며, 이를 충족시키는 기초의 자료수집과 전체적인 사이트의 구조, 화면상에서 필요한 일러스트, 아이콘, 로고 등을 디자인해야 한다. 이러한 사전준비를 거쳐 활용과 관리를 고려한 일관성 있는 홈페이지의 디자인을 끝으로 홈페이지 구축은 완료된다. 그러나 웹상에 홈페이지 등록을 해야 비로소 그 홈페이지는 사이버 공간 속에서 생명을 가지게 된다. 그러나 여기서 끝나는 것은 절대 아니다. 끊임없는 홍보와 내용의 업데이트를 통해서만이 여러 사람들에게 이용되고 기억 속에 살아남을 수 있는 것이다. 홈페이지 관리의 문제는 홈페이지의 구축보다 더 중요하다. 만들어만 놓고 관리되지 않는 홈페이지는 폐가와 같다. 필자들이 다루어본 사례분석에서도 이러한 문제점들은 너무도 확연히 드러났다. 무한의 정보바다에서 지식에 목말라 갈구하다 어렵게 찾아 들어간 홈페이지에서 거창한 제목과 안내문에도 불구하고 관리소홀로 원하는 정보를 얻을 수 없다면 일회성 방문에 그치고 말 것이다. 홈페이지를 방문하기 위한 노력에 보답하기 위해서도 관리는 홈페이지 기획단계에서부터 체계적으로 이루어져야 할 것이다. 끝으로 이번 논고를 위해서 여러모로 힘써준 인제대학교 가야문화연구소와 사학과 학생들에게 고마운 마음을 표하고 싶다.

민족문화 학술총서를 내면서

21세기의 새로운 미래를 향해 나아가는 현 시점에서 한국학 연구는 새로운 전기를 맞이하고 있다. 한국은 물론이고, 아시아·구미 지역에서도 한국학에 대한 관심은 고조되고 있으며 여러 분야에서 다각도로 심층적인 분석이 이루어지고 있다. 이러한 추세에 발맞추어 우리 나라의 한국학 연구자들도 지금까지의 연구를 기반으로 하여 방법론뿐 아니라, 연구 영역에서도 보다 심도 있는 연구가 요청되고 있는 형편이다. 따라서 우리는 동아시아 속의 한국, 더 나아가 세계 속의 한국이라는 관점에서 민족문화의 주체적 발전과 세계 문화와의 상호 관련성을 중시하는 방향에서 연구를 진행해야 할 것이다.

본 한국민족문화연구소는 한국문화연구소와 민족문화연구소를 하나로 합치면서 새롭게 도약의 발판을 마련한 이래 지금까지 민족문화의 산실로서 중요한 역할을 수행해 왔다. 그런 중에 기초 자료의 보존과 보급을 위한 자료총서, 기층 문화에 대한 보고서, 민족문화총서 및 정기학술지 등을 간행함으로써 연구소의 본래 기능을 확충시켜 왔다. 이제 이러한 성과를 바탕으로 한국학 연구자의 연구 성과를 보다 집약적으로 발전시켜 나아가기 위해서 민족문화 학술총서를 간행하고자 한다.

민족문화 학술총서는 한국 민족문화 전반에 관한 각각의 연구를 체계적으로 정리함으로써 본 연구소의 연구 기능을 극대화하는 역할을 할 것으로 기대한다. 또한 본 학술총서의 간행을 계기로 부산대학교 한국학 연구자들의 연구 분위기를 활성화하고 학술 활동의 새로운 장이 되기를 바란다.

아울러 본 학술총서는 한국학 연구의 외연적 범위를 확대하는 의미에서 한국학 관련 학문과의 상호 교류의 장이자, 학제간 연구의 중심 기능을 수행함으로써 명실상부한 한국학 학술총서로서 자리잡을 수 있도록 해야 할 것이다.

1997년 11월 20일

부산대학교 한국민족문화연구소

가야사 정책연구위원회

위 원 장 정징원(부산대학교 고고학과 교수)
위   원 이기동(동국대학교 사학과 교수)
            임효택(동의대학교 사학과 교수)
            신경철(부산대학교 고고학과 교수)
            이영식(인제대학교 인문문화학부 교수)
            김태식(홍익대학교 역사교육과 교수)
            이근우(부경대학교 사학과 교수)
            박천수(경북대학교 고고인류학과 교수)
            김열규(인제대학교 국어국문학과 교수)
실무간사 이희진(성신여자대학교 강사)

한국 고대사 속의 가야

부산대학교 한국민족문화연구소 편

초판 1쇄 인쇄 · 2001년 11월 28일
초판 1쇄 발행 · 2001년 12월 5일

발행처 · 도서출판 혜안
발행인 · 오일주
등록번호 · 제22 - 471호
등록일자 · 1993년 7월 30일
121 - 836 서울 마포구 서교동 326 - 26
전화 · 02) 3141 - 3711, 3712
팩시밀리 · 02) 3141 - 3710

값 36,000원

ISBN 89 - 8494 - 147 - 6 93910